금융인을 위한! 취업생을 위한! 개인투자자를 위한!

좋은기업 나쁜기업 이상한기업

in korea

financial advice of management 지음

파랑새미디어

이 책을 시작하면서

올해, 수능을 치른 철수는 어느 학과에 지원할지 고민이 많습니다. 이에 어머니는 좋은 대학 혹은 좋은 학과를 보내기 위해, 각종 대입 설명회 및 세미나가 있는 곳이면 어디든지 찾아갑니다. 한편, 졸업을 앞두고 있는 누나 영희는 한창 취업 준비에 스트레스가 이만 저만이 아닙니다. 베이비부머 세대로 은퇴한 아버지는 퇴직금으로 투자냐 창업이냐라는 선택의 기로에서 잠을 이루지 못합니다. 이는 비단 철수네뿐 아니라 대부분의 가정이 겪고 있는 문제들일 것입니다.

이제 이들에겐 실질적인 해결책이 필요합니다. 예를 들면, 철수가 원하는 학과의 전망은 앞으로 어떻게 되는지, 취업준비생인 영희가 마구잡이식이 아닌 전략적인 지원을 하는 것이 되겠습니다. 또한, 아버지는 목돈을 어떻게 활용해야 돈을 벌 수 있을지, 어머니는 자녀들이 어느 과 혹은 어디 회사로 들어가야 비전이 있는지 궁금해 할 것입니다.

이 책은 이러한 문제 해결에 조금이나마 도움이 되고자 하는 취지에서 출간되었습니다. 현재 우리는 정보화 시대에 살고 있습니다. 하지만 넘쳐나는 정보에 비해 쓸 만한 자료가 없는 게 실상입니다. 그러한 연유로 저희가 먼저 필요하고 원했기에 만들었습니다. 허나 완성된 자료를 보니 우리 만이 갖고 있는 것이 아니라, 사람들과 공유하여 발전하는 데에 활용 하는 것이 더 가치 있다는 판단이 들었습니다.

수학과 출신인 저희 네 명이 좋아하는 문구가 하나 있습니다.

Numbers Don't Lie (숫자는 거짓말을 하지 않는다)

거짓으로 투영된 세상 속에서, 그나마 정직한 것은 숫자이기 때문입니다. 또한, 숫자를 알면 정보가 보이고 돈이 보이기도 합니다. 이 책의 구성에서 표와 그래프가 상당 수를 차지하고 있는 이유도 방대한 자료를 효과적으로 보기 위함과 같습니다. 이처럼 저희는 숫자의 재해석을 중요시여겨, 그 뜻이 담긴 Financial Advice of Management(FAM)를 설립하였습니다. 또한, 다소 어려울 수 있는 재무정보를 대중들에게 쉽게 다가가기 위해 FAM BOOK을 기획하게 되었습니다.

FAM BOOK 시리즈의 첫 번째인 "좋은 기업, 나쁜 기업, 이상한 기업"은 한국에 상장된 대부분의 기업들을 정리해 놓은 책입니다. 또한, 당신이 원하는 기업 정보를 한 눈에 볼 수 있게 산업, 기업, 직군별로 구분해 놓았습니다. 금융감독원 전자공시시스템(dart.fss.or.kr)을 기반으로 작성하였으며, 해당기업에 대한 특이사항을 표와 그래프 아래에 설명해 두었습니다. 또한, 저희는 집필하는 과정에서 단순한 가정을 적용하였습니다.

"기업이 성장하면 연봉이 올라간다"

위의 문장에서 성장과 연봉이라는 두 단어가 등장합니다. 저희는 이 두 키워드를 중심으로 책을 구성했습니다. 기업의 매출과 순이익이 늘어나는 것은 규모가 커진다는 의미며, 이는 곧 직원의 증가로 이어집니다. 여기에 이익이 증가하면 종사자의 급여수준이 올라갑니다. 이러한 논리로 책을 접근한다면 이해하기가 한층 수월 할 것입니다. 또한, 최대 20년 치 자료를 기반으로 회사가 그동안 걸어온 업적들을 수치화, 도식화시켜 한눈에 알아볼 수 있도록 만들었습니다. 사람을 1~2년 알고 좋은지 나쁜지를 판단할 수 없듯이, 기업 또한 3~5년치 자료로는 회사의 수익성, 성장성, 안정성을 논하기에 어렵기 때문입니다.

저희는 독자들이 이 책을 통해 필히 알았으면 하는 바람이 있습니다.

바로 '나무보다 숲을 보라'입니다. 사람은 눈 앞의 이익에 사로잡힐 때가 종종 있습니다. 그래서 주위의 말에 현혹되어 무조건 연봉을 많이 주는 기업이 좋은 회사라는 인식을 갖거나, 거짓 정보와 주변 추천에 의한 주식 투자로 막대한 손실을 입기도 합니다. 이보다는 회사의 성장은 얼마나 되는지 매출에 비해 순이익은 얼마나 되는지 등등 전반적인 부분을 꼼꼼하게 보길 바랍니다.

저희 FAM은 여러분을 위해 끊임없이 달리겠습니다. 그리고 응원하겠습니다.

얼어붙은 취업시장에서 알짜 기업을 원하는 취업 준비생을 위해
거짓정보에 현혹되어 손실을 입은 투자자를 위해
예비 대학생과 그 자녀를 둔 부모님을 위해

그리고 행복을 위해

-Financial Advice of Management-

C O N T E N T S

머리말 2

목차 4

일러두기 14

한국경제 16

CHAPTER 1 _ IT

■ 디스플레이 26

엘엠에스 · 덕산하이메탈 27

루멘스 · 루미마이크로 28

서울반도체 · 실리콘웍스 29

엘비세미콘 · 케이맥 30

디이엔티 · 미래컴퍼니 31

솔브레인이엔지 · 아바코 32

아이씨디 · 유비프리시젼 33

참엔지니어링 · 테라세미콘 34

테라젠이텍스 · AP시스템 35

로체시스템즈 · 코텍 36

디아이디 · 레이젠 37

상보 · 세진티에스 38

아라온테크 · 아이컴포넌트 39

유아이디 · 인지디스플레이 40

일진디스플레이 · 제이엠아이 41

태산엘시디 · 파인디앤씨 42

피엘에이 · 하이쎌 43

LG디스플레이 · 금호전기 44

한솔테크닉스 · 동아엘텍 45

연이정보통신 · 토비스 46

다윈텍 · 티엘아이 47

현대아이비티 · 디에스케이 48

위지트 · 탑엔지니어링 49

HB테크놀러지 · LIG에이디피 50

미래나노텍 · 신화인터텍 51

케이엔더블유 · 오성엘에스티 52

삼진엘앤디 · 새로닉스 53

우리이티아이 · 우주일렉트로닉스 54

제이엠티 · 한국컴퓨터 55

휘닉스소재 · 동부라이텍 56

에스에프에이 · 에스엔유 57

톱텍 · DMS 58

이그잭스 59

■ 반도체 60

신성이엔지 · 웰덱스 61

바른전자 · 세미텍 62

시그네틱스 · 어보브반도체 63

엠케이전자 · 오디텍 64

윈팩 · 큐에스아이 65

한국전자홀딩스/KEC · SK하이닉스 66

인텍플러스 · 고려반도체 67

국제엘렉트릭 · 비아이이엠티 68

에스티아이 · 에프에스티 69

엘오티베큠 · 원익IPS 70

유니셈 · 유니테스트 71

유진테크 · 이오테크닉스 72

제이티 · 젬백스 73

테스 · 프로텍 74

프롬써어티 · 피에스케이 75

한미반도체 · 한양이엔지 76

AST젯텍 · GST 77

아이에이 · 성도이엔지 78

엑사이엔씨 · OCI머티리얼즈 79

케이씨텍 · 유비벨록스 80

미코 · 매커스 81

에스에이엠티 · 에이디칩스 82

유니퀘스트 · 마이크로컨텍솔 83

디아이 · 코디에스 84

큐로홀딩스 · 티에스아이 85

다믈멀티미디어 · 동부하이텍 86

에스이티아이 · 엠텍비젼 87

텔레칩스 · 하나마이크론 88

한양디지텍 · STS반도체 89

네패스신소재 · 주성엔지니어링 90

아이텍반도체 · 동진쎄미켐 91

티씨케이 · 디엔에프 92

이엔에프테크놀로지 · 원익QnC 93

네패스 · 리노공업 94

성우테크론 · 에스앤에스텍 95

피에스엠씨 · ISC 96

SKC 솔믹스 · 미래산업 97

신성에프에이 · 제우스 … 98

케이엠 · 솔브레인 … 99

■ 휴대폰 및 부품 … 100

디지탈옵틱 · 세코닉스 … 101

코렌 · 신양 … 102

알에프세미 · 에임하이 … 103

이엘케이 · 에스코넥 … 104

모베이스 · 서원인텍 … 105

성우전자 · 아이디에스 … 106

알에프텍 · 에스맥 … 107

유아이엘 · 이랜텍 … 108

인탑스 · 재영솔루텍 … 109

태양기전 · 피앤텔 … 110

엠씨넥스 · 디스플레이텍 … 111

GemTech · KJ프리텍 … 112

경원산업 · 이필름 … 113

일야 · 크루셜엠스 … 114

디에이피 · 블루콤 … 115

와이즈파워 · 삼성전자 … 116

우전앤한단 · 이엠텍 … 117

EMW · LG전자 … 118

실리콘화일 · 아이앤씨 … 119

이미지스 · 제주반도체 … 120

피델릭스 · 엘컴텍 … 121

다스텍 · 멜파스 … 122

모린스 · 시노펙스 … 123

이라이콤 · 캠시스 … 124

트레이스 · 파트론 … 125

하이소닉 · KH바텍 … 126

■ 전자장비 … 127

아이엠 · 옵트론텍 … 128

광전자 · 써니전자 … 129

씨티엘 · 코리아써키트 … 130

고영 · 심텍 … 131

비에스이 · 남성 … 132

코나아이 · 엘앤에프 … 133

뉴프렉스 · 대덕전자 … 134

대덕GDS · 비에이치 … 135

삼성전기 · 액트 … 136

이수페타시스 · 인터플렉스 … 137

현우산업 · 비츠로셀 … 138

파워로직스 · 삼성SDI … 139

나노트로닉스 · 코아로직 … 140

대동전자 · 인터엠 … 141

LG이노텍 · 자화전자 … 142

아진엑스텍 · 유양디앤유 … 143

성호전자 · 필코전자 … 144

바이오스마트 · 아비코전자 … 145

상신이디피 · 디지텍시스템 … 146

우노앤컴퍼니 · 에스티큐브 … 147

에스씨디 · 에코프로 … 148

동양이엔피 · 경인전자 … 149

대주전자재료 · 동일기연 … 150

모아텍 · 상아프론테크 … 151

아모텍 · 이노칩 … 152

이녹스 · 일진머티리얼즈 … 153

켐트로닉스 · 크로바하이텍 … 154

CU전자 · S&K폴리텍 … 155

이큐스앤자루 · 플렉스컴 … 156

■ 통신장비 … 157

대한광통신 · 에스에이티 … 158

빛과전자 · 기산텔레콤 … 159

네오아레나 · 삼지전자 … 160

서화정보통신 · 쏠리드 … 161

에이스테크 · 에프알텍 … 162

영우통신 · 웨이브일렉트로 … 163

이노와이어리스 · 콤텍시스템 … 164

한창 · 휴니드 … 165

CS · 리노스 … 166

다산네트웍스 · 우리넷 … 167

유비쿼스 · 코아크로스 … 168

코위버 · 텔레필드 … 169

SNH · 지에스인스트루 … 170

씨그널정보통신 · 에스넷 … 171

코닉글로리 · GT&T … 172

■ 컴퓨터 … 173

파캔OPC · 코스모신소재 … 174

백산OPC · 청호컴넷 … 175

푸른기술 · 녹십자셀 … 176

잉크테크 · 아이리버 … 177

디지아이 · 비티씨정보 … 178

빅솔론 · 잘만테크 … 179

케이씨티 · 제이씨현 … 180

에이텍 · 주연테크 … 181

메디프론 · 대진디엠피 … 182

지아이블루 · 세우테크 … 183

■기타하드웨어 184
코맥스 · 윈포넷 185
ITX시큐리티 · 코콤 186
현대통신 · 씨앤비텍 187
대명엔터프라이즈 · 디올메디바이오 188
히이드론 · 아이디스홀딩스 189
휴바이론 · 넥스트칩 190
아미노로직스 · 슈프리마 191
인테그레이티드에너지 · 신도리코 192
휴맥스 · 제이비어뮤즈먼트 193
(휴맥스홀딩스)
홈캐스트 · 가온미디어 194
아리온 · 토필드 195
■소프트웨어 196
한글과컴퓨터 · 넥스지 197
누리텔레콤 · 소프트포럼 198
안랩 · 이글루시큐리티 199
이니텍 · 이스트소프트 200
이트론 · 인포뱅크 201

인프라웨어 · 큐브스 202
텔코웨어 · 투비소프트 203
MDS테크 · 디오텍 204
디지탈아리아 · 라온시큐어 205
다우데이타 · 포비스티앤씨 206
더존비즈온 · SGA 207
■인터넷서비스 208
소리바다 · KT뮤직 209
다날 · 이크레더블 210
KG모빌리언스 · NAVER 211
SK컴즈 · 가비아 212
갤럭시아컴즈 · 아로마소프트 213
아프리카TV · 한국사이버결제 214
KG이니시스 · 옴니텔 215
KTH · 다음 216
아이디엔 · 이상네트웍스 217
인포바인 218
■IT 서비스 219

에프앤가이드 · 브리지텍 220
쌍용정보통신 · 아남정보기술 221
아이크래프트 · 엔텔스 222
유엔젤 · 이루온 223
지어소프트 · 포인트아이 224
씰링크 · 한솔인티큐브 225
이씨에스 · 다우인큐브 226
텍셀네트컴 · 삼영홀딩스 227
다우기술 · 대신정보통신 228
동부CNI · 링네트 229
신세계 I&C · 오상자이엘 230
오픈베이스 · 인성정보 231
정원엔시스 · 케이씨에스 232
큐로컴 · 현대정보기술 233
SK C&C · 한일네트웍스 234
포스코 ICT · 케이엘넷 235

CHAPTER 2 _ 제조업

■철강 238
동국제강 · 동양철관 239
부국철강 · 삼강엠앤티 240
세아제강 · 스틸플라워 241
하이스틸 · 현대하이스코 242
휴스틸 · 한국주강 243
자원 · 제일테크노스 244
동국산업 · 동부제철 245
세아특수강 · 유니온스틸 246
TCC동양 · 한국자원투자개발 247

세아홀딩스 · 광진실업 248
동양에스텍 · 동일철강 249
제일제강 · 한국특수형강 250
KISCO홀딩스/한국철강 · 고려제강 251
대한제강 · 세아베스틸 252
현대제철 · POSCO 253
한국주철관 · 대호피앤씨 254
만호제강 · 영흥철강 255
원일특강 · 한국선재 256
DSR제강 · 자연과환경 257

동일산업 · SIMPAC METALLOY 258
경남스틸 · 금강철강 259
대동스틸 · 문배철강 260
삼현철강 · 신화실업 261
한일철강 · NI스틸 262
나라케이아이씨씨 · EG 263
CS홀딩스/조선선재 · 티플랙스 264
■비철금속 265
DS제강 · 동국알앤에스 266
조선내화 · 한국내화 267

씨앤케이인터 · 케이피티	268	모토닉 · 부산주공 297	만도 · 삼목강업 326
대양금속 · 쎄니트	269	삼성공조 · 성우하이텍 298	삼보모터스 · 상신브레이크 327
현대비앤지스틸 · 대창	270	세원물산 · 세원정공 299	새론오토모티브 · 성창오토텍 328
이구산업 · 풍산홀딩스/풍산	271	에스엘 · 에코플라스틱 300	세동 · 세종공업 329
서원 · 금성테크	272	엠에스오토텍 · 영화금속 301	세진전자 · 우리산업 330
남선알미늄 · 대호에이엘	273	오리엔트정공 · 오스템 302	유니크 · 이엔드디 331
동양강철 · 삼보산업	274	우수AMS · 유성기업 303	이원컴포텍 · 이젠텍 332
삼아알미늄 · 조일알미늄	275	인지컨트롤스 · 인팩 304	지엠비코리아 · 체시스 333
고려아연 · 영풍	276	일지테크 · 지코 305	태양기계 · 티피씨글로벌 334
제일연마 · 코스온	277	청보산업 · 코다코 306	태원물산 · 한일단조 335
샤인 · 황금에스티	278	태양금속 · 평화정공 307	현대위아 · 화진 336
디씨엠 · 포스코강판	279	한국프랜지 · 한일이화 308	KB오토시스 · KCW 337
포스코엠텍 · 일진다이아	280	화신 · S&T모티브 309	대우부품 · 에이스하이텍 338
포스코켐텍	281	S&T중공업 · SJM홀딩스/SJM 310	크린앤사이언스 339
■자동차 및 부품	282	대동 · 한국단자 311	■화학 340
S&T모터스 · 기아차	283	대성엘텍 · 디브이에스 312	동남합성 · 한농화성 341
쌍용차 · 현대차	284	티에이치엔 · 화신테크 313	KPX그린케미칼 · 경농 342
도이치모터스 · 현대EP	285	넥센 · 현대모비스 314	동방아그로 · 성보화학 343
대동금속 · 한라비스테온공조	286	세방전지 · 아트라스BX 315	SKC · 백광산업 344
파나진 · 풍강	287	유라테크 · 금호타이어 316	남해화학 · 조비 345
백금T&A · 파인디지털	288	넥센타이어 · 동아타이어 317	KPX홀딩스 · 태경화학 346
평화홀딩스/평화산업 · S&T홀딩스 289		한국타이어월드와이드 · 동양기전 318 (한국타이어)	금호석유 · 동아화성 347
쌍용머티리얼 · 화승알앤에이	290	코오롱플라스틱 · 영신금속 319	삼영무역 · 동성하이켐 348
DRB동일 · 엔케이	291	헤스본 · 대원산업 320	롯데케미칼 · 이수화학 349
팅크웨어 · 대유신소재	292	일정실업 · 경창산업 321	한화케미칼 · LG화학 350
프리젠 · 삼원강재	293	광진윈텍 · 넥센테크 322	SK케미칼 · 한국카본 351
SG&G · 에이엔피	294	대성파인텍 · 대유에이텍 323	극동유화 · 미창석유 352
구영테크 · 대원강업	295	동국실업 · 두올산업 324	한국쉘석유 · 대정화금 353
덕양산업 · 동원금속	296	디아이씨 · 디젠스 325	원풍 · 한일화학 354

7

오공 · AK홀딩스/애경유화	355	한국알콜 · KPX케미칼	371	■에너지 인프라	387
삼성정밀화학 · 폴리비전	356	KPX화인케미칼 · 금양	372	오르비텍 · 에프티이앤이	388
NPC · 영보화학	357	나노신소재 · 보락	373	한국테크놀로지 · 동국S&C	389
진양산업 · 나노캠텍	358	송원산업 · 케이피엠테크	374	태웅 · 신성솔라에너지	390
한국큐빅 · 대원화성	359	코스모화학 · 휴켐스	375	에버테크노 · 우리기술	391
신양화학 · 대한화섬	360	효성오앤비 · KG케미칼	376	창해에너지어링 · 에스아이리소스	392
태광산업 · 휴비스	361	한창산업 · 세우글로벌	377	SDN · 세원셀론텍	393
엔피케이 · 국도화학	362	WISCOM · 원익큐브	378	일진에너지 · S&TC	394
대한유화 · 동성화인텍	363	후성	379	에스에프씨 · 월크론강원	395
동성화학 · 유원컴텍	364	■에너지	380	한솔신텍 · 포스코플랜텍	396
제일모직 · 진양폴리	365	E1 · SK가스	381	두산중공업 · 유니슨	397
HRS · SH에너지화학	366	GS · SK	382	OCI · 에스에너지	398
경인양행 · 이화산업	367	대성합동지주 · 중앙에너비스 (대성산업)	383	한전산업 · 에너지솔루션	399
케이에스씨비 · 웅진케미칼	368	흥구석유 · SK이노베이션	384	한전기술 · 파루	400
유니드 · 한솔케미칼	369	S-Oil · 쓰리원	385		
미원상사 · 카프로	370	테라리소스 · 키스톤글로벌	386		

CHAPTER 3 _ 수주산업

■건설	402	코오롱글로벌 · 태영건설	414	화성산업 · 국보디자인	426
도화엔지니어링 · 한국종합기술	403	한라 · 현대건설	415	르네코 · KT서브마린	427
유신 · 한미글로벌	404	KCC건설 · 세보엠이씨	416	대림산업 · 동부건설	428
희림 · 이테크건설	405	금화피에스시 · 동아지질	417	삼일기업공사 · 에어파크	429
신일건업 · 현대산업	406	특수건설 · 엔티피아	418	삼호개발 · 우원개발	430
GS건설 · 고려개발	407	계룡건설 · 동신건설	419	승화프리텍 · 스페코	431
남광토건 · 동양건설	408	서희건설 · 신세계건설	420	피에스앤지 · 삼성물산	432
범양건영 · 삼부토건	409	경남기업 · 금호산업	421	삼성엔지니어링 · 에쓰씨엔지니어링	433
삼호 · 삼환기업	410	대우건설 · 동원개발	422	이화공영 · 웰크론한텍	434
성지건설 · 신한	411	두산건설 · 벽산건설	423	해성산업 · 이스타코	435
쌍용건설 · 울트라건설	412	삼환까뮤 · 서한	424	■건축소재	436
일성건설 · 진흥기업	413	신원종합개발 · 한신공영	425	모헨즈 · 부산산업	437

서산 · 유진기업 438
티웨이홀딩스 · 일신석재 439
동원 · 백광소재 440
동양 · 성신양회 441
쌍용양회 · 아세아시멘트 442
유니온 · 한일시멘트 443
현대시멘트 · 한국석유 444
홈센타 · 동양시멘트 445

■건축자재 446
금강공업 · LG하우시스 447
이건창호 · 삼목에스폼 448
코리아에스이 · 노루홀딩스 449
(노루표페인트)
대림B&Co · 건설화학 450
삼화페인트 · 조광페인트 451
현대피앤씨 · KCC 452
와토스코리아 · 아이에스동서 453
대림통상 · 한국유리 454
뉴보텍 · 애강리메텍 455
프럼파스트 · 벽산 456
에스폴리텍 · 하츠 457
젠트로 · 국영지앤엠 458

■전기장비 459
광명전기 · 선도전기 460
LS산전 · 티이씨앤코 461
LS/LS전선 · 피에스텍 462
비츠로테크 · 일진홀딩스/일진전기 463
제룡전기 · 뉴인텍 464
삼영전자 · 성문전자 465
삼화콘덴서 · 갑을메탈 466

서울전자통신 · 삼화전기 467
다원시스 · 보성파워텍 468
옴니시스템 · 이화전기 469
세명전기 · 삼화전자 470
가온전선 · 대원전선 471
대한전선 · JS전선 472

■용기 및 포장 473
원림 · 대영포장 474
산성앨엔에스 · 삼보판지 475
수출포장 · 태림포장 476
대륙제관 · 디케이디앤아이 477
삼화왕관 · 승일 478
지엠피 · 삼륭물산 479
한국팩키지 · 고려포리머 480
금비 · 삼광글라스 481
율촌화학 · 삼영화학 482
한진피앤씨 · 락앤락 483

■종이 및 목재 484
한솔홈데코 · 성창기업지주 485
한솔아트원제지 · 선창산업 486
이건산업 · 동화기업 487
버추얼텍 · 페이퍼코리아 488
무림페이퍼 · 무림SP 489
한국제지 · 한솔제지 490
세하 · 신풍제지 491
아세아제지 · 한창제지 492
대림제지 · 무림P&P 493
한솔PNS · 국일제지 494
깨끗한나라 · 대양제지 495

동일제지 · 신대양제지 496
영풍제지 497

■유틸리티 498
경남에너지 · 경동가스 499
부산가스 · 삼천리 500
서울가스 · 예스코 501
인천도시가스 · 지에스이 502
한국가스공사 · 대성홀딩스 503
지역난방공사 · 에코에너지 504
한국전력 · 한전KPS 505

■조선 506
대우조선해양 · 삼성중공업 507
한진중공업홀딩스 · 현대미포조선 508
(한진중공업)
STX조선해양 · 에이치엘비 509
현진소재 · 두산엔진 510
에스앤더블류 · 케이에스피 511
STX엔진 · 현대중공업 512
대양전기공업 · 대창솔루션 513
동방선기 · 디엠씨 514
소셜미디어99 · 오리엔탈정공 515
인화정공 · 중앙오션 516
한라IMS · 해덕파워웨이 517
삼영이엔씨 · STX중공업 518

■기계 519
삼원테크 · 성광벤드 520
태광 · AJS 521
동일금속 · 혜인 522
우진플라임 · 3S 523
SIMPAC · 네오티스 524

넥스턴 · 신진에스엠	525	이엔쓰리 · 동부로봇	537	비엠티 · 에너토크	549
이엠코리아 · 한국정밀기계	526	로보스타 · 우진	538	에쎈테크 · 엔에스브이	550
화천기계 · 화천기공	527	현대엘리베이터 · 플랜티넷	539	조광ILI · 파라텍	551
삼영엠텍 · 포메탈	528	일경산업개발 · SMEC	540	하이록코리아 · 화성	552
용현BM · 케이피에프	529	영풍정밀 · 카스	541	두산인프라코어 · 수산중공업	553
대동기어 · 대창단조	530	에스피지 · 한광	542	에버다임 · 진성티이씨	554
루보 · 서암기계공업	531	국제디와이 · 기신정기	543	흥국 · 와이지-원	555
우림기계 · TPC	532	나라엠앤디 · 에이테크솔루션	544	삼양엔텍 · 부-스타	556
한신기계 · 대동공업	533	탑금속 · 프리엠스	545	수성 · 신흥기계	557
동양물산 · 아세아텍	534	대경기계 · 비에이치아이	546	코메론 · 우신시스템	558
계양전기 · 케이엠더블유	535	광림 · 오텍	547	티에스엠텍	559
터보테크 · 삼익THK	536	동양피엔에프 · 디케이락	548		

CHAPTER 4 _ 일상소비재

■통신	562	인터파크 · 현대홈쇼핑	578	현대그린푸드 · 푸드웰	594
LG유플러스 · SK텔레콤	563	CJ오쇼핑 · GS홈쇼핑	579	신세계푸드 · 동우	595
KT · 전파기지국	564	**■생활용품**	580	고려산업 · 대주산업	596
SK브로드밴드온세텔레콤	565	KCI · 태양	581	대한제당 · 동아원	597
아이즈비전	566	모나리자 · 삼정펄프	582	우성사료 · 이지바이오	598
■유통업(오프라인)	567	로케트전기 · 우리조명지주	583	케이씨피드 · 팜스코	599
롯데하이마트 · 동양네트웍스	568	LG생활건강 · 필룩스	584	팜스토리 · 한일사료	600
GS리테일 · 로엔케이	569	유니더스 · 인터로조	585	농심 · 삼양식품	601
피씨디렉트 · 한국정보공학	570	**■화장품**	586	대상홀딩스 · 풀무원홀딩스 (풀무원식품)	602
서울옥션 · 광주신세계	571	아모레G/아모레퍼시픽 · 네오팜	587	CJ/CJ제일제당 · 삼립식품	603
그랜드백화점 · 대구백화점	572	보령메디앙스 · 에이블씨엔씨	588	서울식품 · 삼양홀딩스/삼양사	604
롯데쇼핑 · 세이브존I&C	573	제닉 · 코리아나	589	동원F&B · 사조대림	605
신세계/이마트 · 한화타임월드	574	코스맥스 · 한국콜마홀딩스 (한국콜마)	590	한성기업 · 사조씨푸드	606
현대백화점	575	한국화장품제조/한국화장품	591	사조해표 · 롯데푸드	607
■온라인쇼핑	576	**■음식료**	592	남양유업 · 매일유업	608
예스24 · 아이에스이커머스	577	대한제분 · 영남제분	593	동원산업 · 동원수산	609

사조산업 · 신라교역　610

MPK · 오스코텍　611

큐렉소 · 샘표식품　612

삼양제넥스 · 대상　613

하림홀딩스/하림 · 롯데제과　614

오리온 · 크라운제과　615

동서 · CJ프레시웨이　616

엔알디 · 사조오양　617

신라에스지 · 빙그레　618

CJ씨푸드 · 엠에스씨　619

오뚜기 · 조흥　620

마니커 · 네이처셀　621

롯데칠성　622

■주류 및 담배　623

KT&G · 하이트진로홀딩스
(하이트진로)　624

무학 · 보해양조　625

진로발효 · 풍국주정　626

MH에탄올 · 국순당　627

■섬유 및 의복　628

SG세계물산 · 진도　629

베이직하우스 · 아비스타　630

엠케이트렌드 · 지엔코　631

원풍물산 · LG패션　632

남영비비안 · 신영와코루　633

좋은사람들 · BYC　634

휠라코리아 · 가희　635

경방 · 대한방직　636

동일방직 · 방림　637

일신방직 · 전방　638

SG충남방적 · 부산방직　639

코데즈컴바인 · 신성통상　640

LS네트웍스 · 국동　641

신세계인터내셔날 · 영원무역
(영원무역홀딩스)　642

윌비스 · 에스티오　643

우성I&C · 로만손　644

대현 · 신원　645

에리트베이직 · 인디에프　646

한섬 · 삼양통상　647

신우 · 유니켐　648

조광피혁 · 아가방컴퍼니　649

아즈텍WB · 데코네티션　650

화승인더 · 덕성　651

백산 · 와이비로드　652

성안 · 신라섬유　653

한세예스24홀딩스 · VGX인터
(한세실업)　654

태평양물산 · F&F　655

■레져용품　656

라이브플렉스 · 오로라　657

손오공 · 삼천리자전거　658

에이모션 · 유진로봇　659

TJ미디어 · 삼익악기　660

참좋은레져　661

■소비재　662

한샘 · 행남자기　663

경동나비엔 · 듀오백코리아　664

바른손 · 코아스　665

코웨이 · 아큐픽스　666

렉스엘이앤지 · 삼본정밀전자　667

삼진 · 아남전자　668

에스텍 · 코원　669

에넥스 · 위닉스　670

웰크론 · 신성델타테크　671

신일산업 · 파세코　672

리홈쿠첸 · 리바트　673

보루네오 · 에이스침대　674

퍼시스 · 한국가구　675

디피씨 · PN풍년　676

■의료장비　677

차바이오앤 · 바텍　678

인피니트헬스케어 · 나노엔텍　679

비트컴퓨터 · 유비케어　680

디오 · 제이브이엠　681

서린바이오 · 신흥　682

위노바 · 메타바이오메드　683

세운메디칼 · 케이엠알앤씨　684

피제이전자 · 한스바이오메드　685

셀루메드 · 메디아나　686

원익 · 솔고바이오　687

오스템임플란트 · 루트로닉　688

바이오스페이스 · 뷰웍스　689

인포피아 · 휴비츠　690

■제약　691

셀트리온제약 · 진바이오텍　692

대성미생물 · 대한뉴팜　693

우진비앤지 · 유유제약　694

이-글 벳 · 제일바이오　695

코미팜 · 녹십자홀딩스　696

JW홀딩스 · 메디톡스	697	신풍제약 · 안국약품	711	화일약품 · KPX생명과학	725
중앙백신 · LG생명과학	698	영진약품 · 우리들제약	712	씨티씨바이오 · 이연제약	726
경동제약 · 고려제약	699	유나이티드제약 · 일동제약	713	CMG제약 · JW중외신약	727
국제약품 · 녹십자	700	일성신약 · 조아제약	714	광동제약 · 팜스웰바이오	728
대웅/대웅제약 · 대원제약	701	종근당 · 진양제약	715	■바이오	729
대한약품 · 대화제약	702	코오롱생명과학 · 한독	716	일신바이오 · 오리엔트바이오	730
동국제약 · 동성제약	703	한미사이언스 · 한올바이오파마 (한미약품)	717	메디포스트 · 바이오니아	731
동아쏘시오홀딩스 · 동화약품	704	환인제약 · 휴온스	718	파미셀 · 쎌바이오텍	732
명문제약 · 바이넥스	705	JW중외제약 · 경남제약	719	이수앱지스 · 바이오랜드	733
부광약품 · 삼성제약	706	근화제약 · 대봉엘에스	720	랩지노믹스 · 바이로메드	734
삼아제약 · 삼일제약	707	보령제약 · 에스텍파마	721	바이오톡스텍 · 제넥신	735
삼진제약 · 삼천당제약	708	유한양행 · 일양약품	722	진매트릭스 · 크리스탈	736
서울제약 · 서흥캅셀	709	제일약품 · 종근당바이오	723	농우바이오 · 마크로젠	737
슈넬생명과학 · 신일제약	710	하이텍팜 · 현대약품	724	셀트리온 · 인트론바이오	738

CHAPTER 5 _ 서비스

■육상운송	740	KSS해운 · STX팬오션	754	롯데관광개발 · 모두투어	768
동양고속 · 천일고속	741	■기타운송업	755	세중 · 하나투어	769
국보 · 승화산업	742	동아에스텍 · 서호전기	756	SM C&C · AJ렌터카	770
유성티엔에스 · 인터지스	743	선광 · 대아티아이	757	강원랜드 · 파라다이스	771
한익스프레스 · KCTC	744	위즈정보기술 · 토탈소프트	758	GKL · 호텔신라	772
CJ대한통운 · 한솔CSN	745	동방 · 세방	759	태창파로스	773
현대글로비스 · 삼일	746	서부T&D	760	■방송 및 엔터	774
한진	747	■무역	761	오리콤 · 제일기획	775
■항공운송	748	현대상사 · STX	762	휘닉스컴 · 에스엠	776
대한항공 · 아시아나항공	749	대우인터내셔널 · GS글로벌	763	케이디미디어 · 네오위즈인터넷	777
한국공항	750	LG상사	764	디지틀조선 · 레드로버	778
■해상운송	751	■호텔 및 레저	765	iMBC · 웰메이드	779
한진해운홀딩스 · 대한해운 (한진해운)	752	에머슨퍼시픽 · 시공테크	766	IHQ · JYP Ent.	780
현대상선 · 흥아해운	753	이월드 · 레드캡투어	767	초록뱀 · 팬엔터테인먼트	781

GIIR · 삼성출판사 782

예림당 · 스포츠서울 783

대원미디어 · 미디어플렉스 784

제이웨이 · 삼화네트웍스 785

세기상사 · 제이콘텐트리 786

CJ CGV · 스카이라이프 787

케이디씨 · 씨씨에스 788

CJ헬로비전 · 로엔 789

와이지엔터테인먼트 · 캔들미디어 790

대구방송 · KNN 791

SBS · 키이스트 792

SBS콘텐츠허브 · 한국경제TV 793

YTN · 스타플렉스 794

IB월드와이드 795

■게임 796

드래곤플라이 · 플레이위드 797

네오위즈홀딩스 · 와이디온라인 798
(네오위즈게임즈)

게임빌 · 게임하이 799

바른손게임즈 · 소프트맥스 800

액토즈소프트 · 엔씨소프트 801

엠게임 · 웹젠 802

위메이드 · 조이맥스 803

조이시티 · 컴투스 804

한빛소프트 805

■교육 806

디지털대성 · YBM시사닷컴 807

대교 · 능률교육 808

비상교육 · 에듀박스 809

G러닝 · 메가스터디 810

아이넷스쿨 · 청담러닝 811

정상제이엘에스 · 이디 812

크레듀 · 영인프런티어 813

웅진홀딩스/웅진씽크빅 814

■기타서비스 815

인선이엔티 · 누리플랜 816

케이티스 · KTcs 817

NICE평가정보 · 빅텍 818

비츠로시스 · 에스원 819

KC그린홀딩스 · 삼성테크원 820

아이마켓코리아 · 한국기업평가 821

NICE · 와이제이브릭스 822

효성ITX · 아이씨케이 823

와이엔텍 · 코엔텍 824

퍼스텍 · 엠피씨 825

쎄트렉아이 · 한국항공우주 826

한국전자금융 · 모나미 827

양지사 · 나이스정보통신 828

한국정보통신 · 한네트 829

■기타 830

LG · SK네트웍스 831

동원시스템즈 · 두산 832

솔본 · 코오롱/코오롱인더 833

효성 · 한화 834

태경산업 835

■찾아보기 836

기업을 찾아보기 전에…

· 조사대상 : 2013년 6월까지 상장되어있는 대한민국 상장회사(유가증권, 코스닥, 코넥스)

　　　　　　1521개의 종목: 기록된 전 종목은 개별재무제표를 사용

　　　　　　(업력이 짧은 회사는 일부 제외. 단, '업계 3년평균성장률'에는 상장회사 전 종목 포함)

　　　　　　최대 20년 치 자료(1994년~2012년 해당 회사에서 공시한 사업보고서)를 바탕으로 경제지표들을

　　　　　　계산하였으며, 이를 한눈에 알아 볼 수 있게 도식화하였습니다. 표와 그래프의 의미는 다음과 같습니다.

◆ 표 : '숫자'로 알아보기 ◆

· 회사명 (주식 거래처 / 종목코드)

　－ 세부 업종명

구 분	해당 회사의 사업년도 (94'~12')
성장률	발생한 이익을 사내로 유보시킨 비율과 자기자본에 대한 이익률을 곱한 값 (사업에 투입할 수 있는 자금력에 대한 지표) (해당년도에 얼마만큼 성장했는지를 알 수 있는 지표)
EPS	해당 기업이 벌어들인 순이익을 해당 년도에 발행한 총 주식수로 나눈 값
배당금	해당 기업이 벌어들인 순이익을 기업 주주들에게 분배하는 금액
ROE	자기자본에 대한 당기순이익의 비율을 나타내는 지표 즉, 회사가 사업에 투입한 자기자본으로 얼만큼의 이익을 냈는지 나타내는 지표
직원의 수	해당 년도에 공시된 회사의 임원을 제외한 직원의 수
연봉정보	해당 년도에 공시된 회사의 임원을 제외한 연간급여총액을 직원의 수로 나눈 값

※ 경제지표 산출방법

· 성장률(%) : (유보율 × ROE) / 100

· EPS(원) : 당기순이익 / 발행한 주식 수

· 배당금(원) : 배당금의 지급 / 발행한 주식 수

· ROE(%) : (순이익 / 자본총계)*100

◆ 그래프 : '추세'로 알아보기 ◆

총 6개의 그래프로 구성되어 있으며, 순서는 다음과 같습니다.

①매출액 － 순이익	②직원의 수 － 연봉정보	③업계3년평균성장률 － 3년평균성장률
④유동비율 － 부채비율	⑤영업이익률 － ROE	⑥총자산회전율 － 재고자산회전율

이와 같은 그래프를 통해, '20년간, 기업이 어떻게 움직여 왔는지'를 한눈에 알아볼 수 있습니다. 그래프 하단에는 도식화된 경제지표들의 단위와 해당기업의 재무 및 사업적 특이사항을 기술하였습니다.

※ 그래프를 자세히 보기 위해서 알아야 할 경제지표 산출방법

· 유동비율(%) : (유동자산 / 유동부채) × 100

· 부채비율(%) : (부채총계 / 자본총계) × 100

· 영업이익률(%) : (영업이익 / 매출액) × 100

· 총자산회전율(회) : (영업이익 / 매출액)

· 재고자산회전율(회) : (매출액 / 재고자산)

출처 : 시사경제용어사전, 기획재정부, 2010.11, 대한민국정부
2010 기업경영분석결과(해설 및 통계편), 한국은행

◆ 주의) 그래프를 정확히 보려면? ◆

이 책에서 상당 부분이, 아래와 같은 양 축이 들어간 그래프로 사용되었습니다.

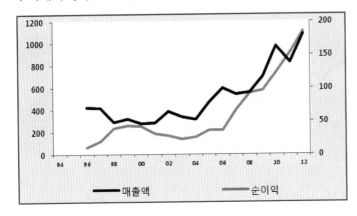

※ view point

① 그래프를 볼 때, 축의 위치를 확인!

: 검정색 선은 왼쪽 축, 회색 선은 오른쪽 축에 해당합니다.

② 양 축의 단위와 증가/감소 폭을 확인!

: ex) 왼쪽 축의 폭이 '20', 오른쪽 축의 폭은 '50'으로 서로 다른 폭을 가지고 있습니다.

③ 축의 시작점을 확인!

: 처음 시작하는 기준점이 어디부터인지를 확인하여, 시작점으로부터 얼마나 증가 혹은 감소했는지를 확인해야 합니다.

한국경제성장률

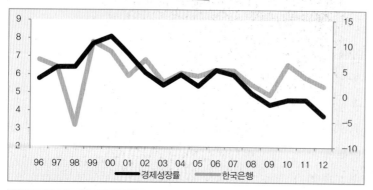

2012년 한국경제 성장률(상장기업 기준)은 3.75%(전년대비 0.86%p 감소)를 기록하였습니다. 한국경제 성장률은 2000년도에 8.09%를 기록한 이후로 낮아지고 있습니다. 한국은행에서 발표한 자료에 따르면, 2012년 경제성장률은 2.0%로 전년대비 1.7%p 감소한 것으로 나타났습니다. 하지만 99/00년도에 기장 높은 성장률을 기록한 이후, 전반적으로 낮아지고 있는 모습입니다.

	96	97	98	99	00	01	02	03	04	05	06	07	08	09	10	11	12
경제성장률	5.77	6.40	6.41	7.71	8.09	7.13	6.10	5.40	6.00	5.36	6.24	5.98	4.98	4.35	4.61	4.61	3.75
한국은행	7.2	5.8	-5.7	10.7	8.8	4	7.2	2.8	4.6	4	5.2	5.1	2.3	0.3	6.3	3.7	2

◆IT 성장률

– 2012년 IT 성장률 부문에서 인터넷서비스 산업이 8.07%로 가장 높게 나타났으며, 소프트웨어(7.67%), 반도체(7.46%)산업이 그 뒤를 이었습니다. 반면에 IT서비스(3.87%), 통신장비(2.5%), 기타하드웨어 산업(2.1%)은 낮은 성장률을 기록하였습니다. 특히, 컴퓨터 산업은 –0.26%로 유일하게 마이너스 성장하였습니다.

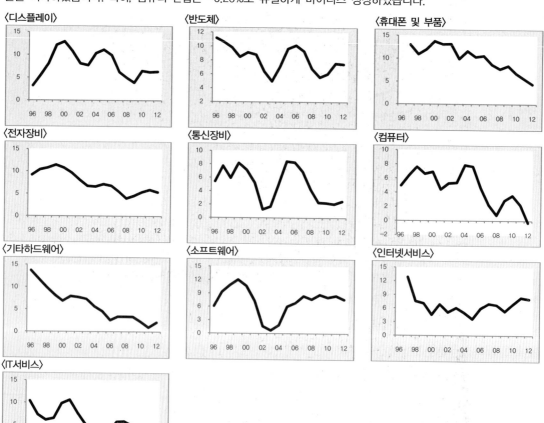

◆제조업(IT 제외) 성장률

– 2012년 제조업(IT 제외) 성장률 부문에서 자동차 및 부품산업(6.64%)이 가장 높게 나타났으며, 화학(4.62%), 철강(2.89%) 산업이 그 뒤를 이었습니다. 반면에 에너지 산업(-7.97%)이 가장 낮았으며 에너지 인프라(1.46%), 비철금속(1.99%) 산업이 낮은 성장률을 기록하였습니다.

〈철강〉
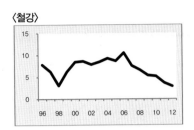

〈비철금속〉
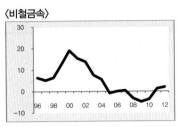

〈자동차 및 부품〉
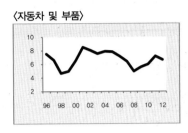

〈화학〉
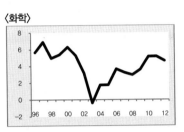

〈에너지〉
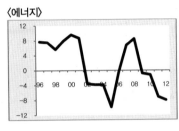

〈에너지 인프라〉
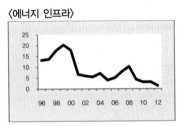

◆수주산업 성장률

– 2012년 수주산업 성장률 부문에서 기계(6.94%)가 가장 높게 나타났으며, 조선(4.53%), 용기 및 포장산업(3.24%)이 그 뒤를 이었습니다. 반면에, 전기장비산업(0.57%)이 가장 낮았으며, 건축소재(1.34%), 종이 및 목재(1.49%), 건설산업(2.02%) 등이 낮은 성장률을 기록하였습니다.

〈건설〉
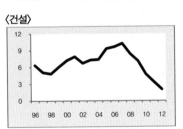

〈건축소재〉
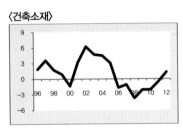

〈건축자재〉
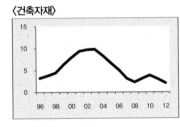

〈전기장비〉
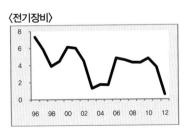

〈용기 및 포장〉
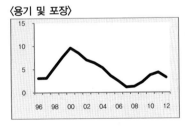

〈종이 및 목재〉
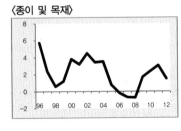

〈유틸리티〉
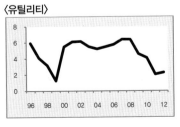

〈조선〉
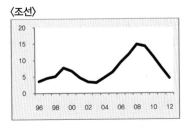

〈기계〉
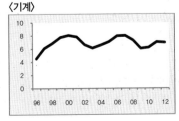

◆일상소비재(의료산업 제외) 산업 성장률

– 2012년 일상소비재 성장률 부문에서 온라인쇼핑(10.46%)이 가장 높게 나타났으며, 화장품(7.79%), 음식료 산업(4.91%)이 그 뒤를 이었습니다. 특히, 온라인쇼핑은 전체 산업에서 두 번째로 높은 순위에 올랐습니다. 반면에 레저용품(−0.52%), 통신(0.11%), 주류 및 담배산업(2.22%) 등이 낮은 성장률을 기록하였습니다.

〈통신〉

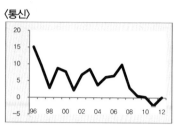

〈유통〉

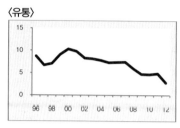

〈온라인쇼핑〉

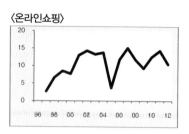

〈생활용품〉

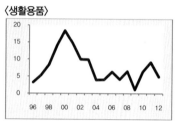

〈화장품〉

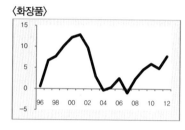

〈음식료〉

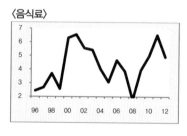

〈주류 및 담배〉

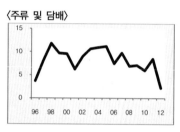

〈섬유 및 의복〉

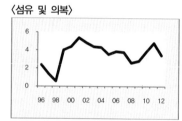

〈레저용품〉

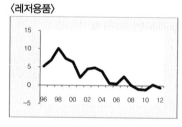

〈소비재〉

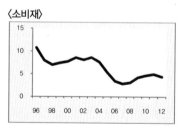

◆의료산업 성장률

– 2012년 의료산업 성장률 부문에서 의료장비산업(4.65%)이 가장 높게 나타났으며, 제약산업(3.23%)이 그 뒤를 이었습니다. 반면, 바이오산업(0.74%)은 가장 낮은 성장률을 기록하였습니다.

〈의료장비〉

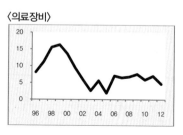

〈제약〉

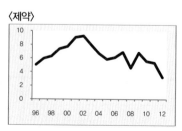

〈바이오〉

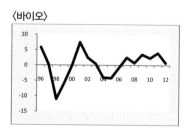

◆서비스산업 (운송/무역) 성장률

– 2012년 운송 및 무역 성장률 부문에서 무역산업(10.5%)이 가장 높게 나타났으며, 항공운송(7.36%), 육상운송산업(3.69%)이 그 뒤를 이었습니다. 특히, 무역산업은 전체 산업에서 가장 높은 순위에 올랐습니다. 반면, 기타운송업(3.09%)과 해상운송산업(0.7%)은 낮은 성장률을 기록하였습니다.

〈육상운송〉

〈항공운송〉

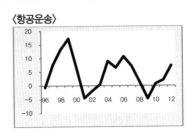

〈해상운송〉

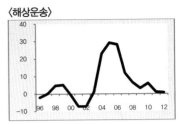

〈기타운송업〉

〈무역〉

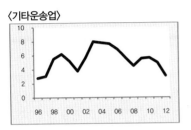

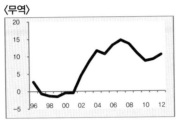

◆서비스산업(운송/무역 제외) 성장률

– 2012년 서비스산업(운송/무역 제외) 부문에서 기타 서비스산업(7.57%)이 가장 높게 나타났으며, 호텔 및 레져(6.47%), 게임산업(6.44%)이 그 뒤를 이었습니다. 반면에 기타산업(0.56%)이 가장 낮게 나타났으며, 교육(1.53%) 산업 등이 낮은 성장률을 기록하였습니다.

〈호텔 및 레져〉

〈방송 및 엔터〉

〈게임〉

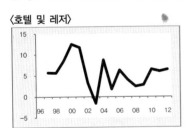

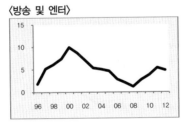

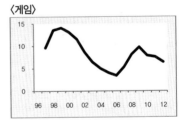

〈교육〉

〈기타 서비스〉

〈기타〉

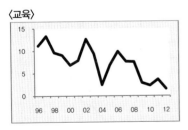

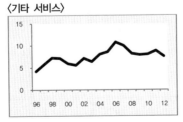

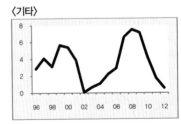

연봉 정보

◆상장기업 연봉정보

2012년 상장기업의 직원 수는 약 130만명(전년대비 2.6% 상승)이며, 평균 연봉은 약 4천 9백만원(전년대비 5% 상승)입니다. 상장기업의 고용 증가율은 매출액 증가율과 유사한 흐름을 보이고 있고, 2010년 고용증가율은 10.07%로 2000년 이후 가장 높은 수치를 기록하였습니다. 하지만 최근에는 급격히 하락하는 모습입니다. 연봉상승률은 12년도 큰 폭의 상승을 제외하면 전반적으로 낮아지고 있으며, 한국경제 성장률과 유사한 흐름을 보이고 있습니다.

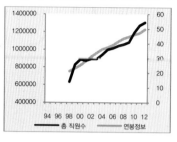
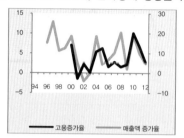
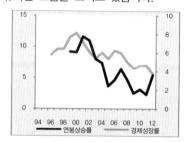

◆IT 직원의 현황

– 2012년 IT산업의 평균연봉은 휴대폰 및 부품산업이 약 6천 5백만원으로 가장 높게 나타났으며, 인터넷서비스(5천 7백만원), IT서비스 산업(5천 3백만원)이 그 뒤를 이었습니다. 반면에 컴퓨터 산업이 3천 3백만원으로 가장 낮았으며, 소프트웨어와 디스플레이 산업(3천 9백만원)이 낮은 수준을 기록하였습니다.

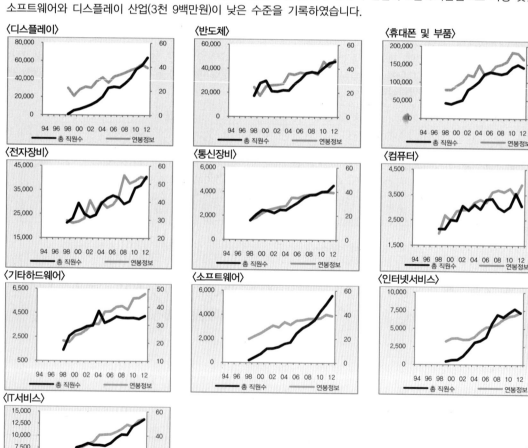

◆제조업(IT제외) 직원의 현황

− 2012년 제조업(IT제외)의 평균연봉은 자동차 및 부품산업이 약 7천 5백만원으로 가장 높게 나타났으며, 철강(6천 8백만원), 에너지 산업(6천 3백만원)이 그 뒤를 이었습니다. 특히, 자동차 및 부품산업은 전체 산업 중에서 가장 높은 수준의 연봉을 받고 있는 것으로 나타났습니다. 반면, 비철금속 산업은 5천 1백만원으로 해당업계에서 가장 낮은 수준을 기록하였습니다.

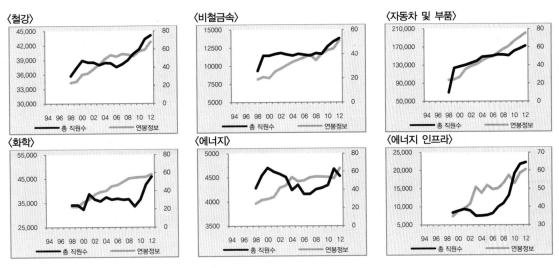

◆수주산업 직원의 현황

− 2012년 수주산업의 평균연봉은 유틸리티 및 조선산업이 약 7천 2백만원 수준으로 가장 높게 나타났으며, 건설 및 건축소재 산업이 약 5천 9백만원으로 그 뒤를 이었습니다. 반면에 용기 및 포장 산업은 약 3천 9백만원으로 가장 낮았으며, 전기장비(4천 1백만원)와 기계 산업(4천 7백만원)이 낮은 수준을 기록하였습니다.

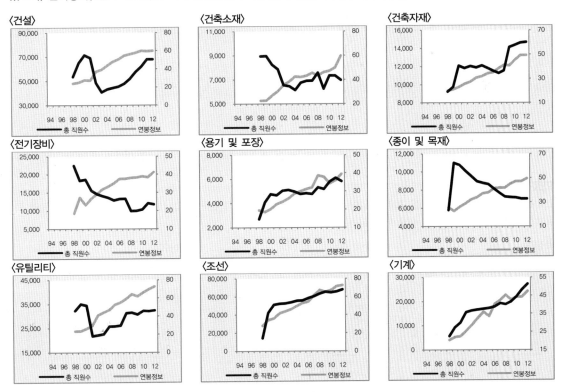

◆일상소비재(의료산업 제외) 산업 직원의 현황

– 2012년 일상소비재(의료산업 제외)산업의 평균연봉은 통신산업이 약 6천 4백만원으로 가장 높게 나타났으며, 주류 및 담배(6천 1백만원)와 온라인쇼핑 산업(4천 7백만원)이 그 뒤를 이었습니다. 반면에 섬유 및 의복 산업이 약 3천 2백만원으로 가장 낮았으며, 유통업(3천 4백만원)과 레저용품 산업(3천 6백만원)이 낮은 수준을 기록하였습니다.

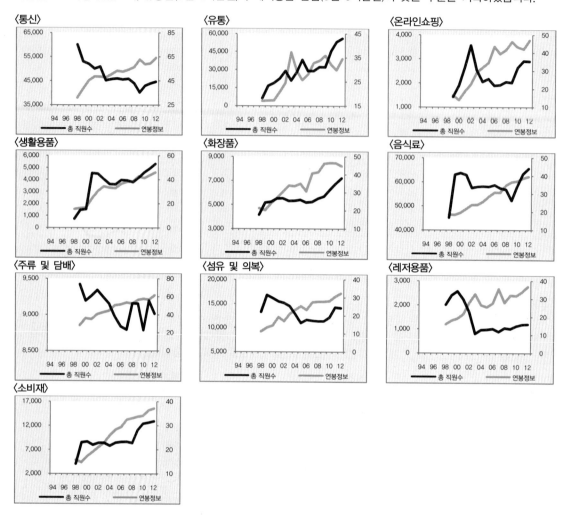

◆의료산업 직원의 현황

– 2012년 의료산업의 평균연봉은 제약 산업이 약 4천 7백만원으로 가장 높게 나타났으며, 바이오(3천 8백만원)와 의료장비 산업(3천 4백만원)이 그 뒤를 이었습니다.

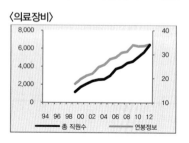
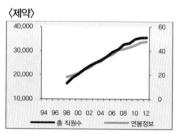
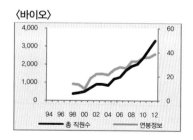

◆서비스산업(운송/무역) 직원의 현황
– 2012년 운송 및 무역업의 평균연봉은 무역업이 약 6천 3백만원으로 가장 높게 나타났으며, 항공운송(5천 9백만원)
과 해상운송산업(5천 4백만원)이 그 뒤를 이었습니다. 반면에 육상운송 산업이 4천만원으로 가장 낮았으며, 기타운송
산업은 4천 9백만원을 기록하였습니다.

〈육상운송〉

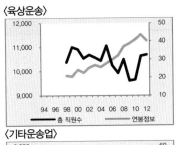

〈항공운송〉

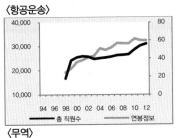

〈해상운송〉

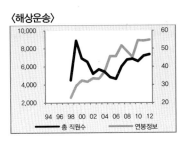

〈기타운송업〉

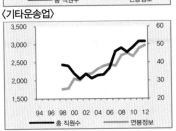

〈무역〉

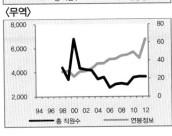

◆서비스산업(운송/무역 제외) 직원의 현황
– 2012년 서비스산업의 평균연봉은 기타산업이 약 5천 3백만원으로 가장 높게 나타났으며, 방송 및 엔터(5천 1백만
원)와 호텔 및 레저 산업(4천 5백만원)이 그 뒤를 이었습니다. 반면에 기타서비스 산업이 2천 6백만원으로 가장 낮았
으며, 교육(3천 5백만원)과 게임 산업(4천 4백만원)이 낮은 수준을 기록하였습니다.

〈호텔 및 레저〉

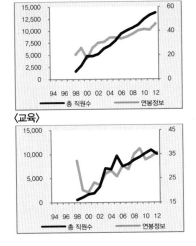

〈방송 및 엔터〉

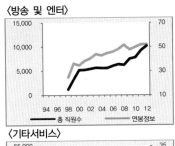

〈게임〉

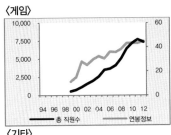

〈교육〉

〈기타서비스〉

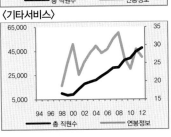

〈기타〉

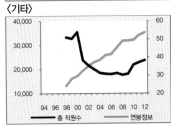

*평균연봉은 금융감독원 전자공시시스템(dart.fss.or.kr)에 공시된 자료입니다.
*연봉 앞의 '약'이란 단어는 중복되는 관계로 생략하였습니다.

CHAPTER 1.

IT

• 디스플레이

2012년 디스플레이 상장기업의 전체 매출액은 약 39조원으로 전년대비 11% 성장하였습니다. 반면에, 평균 성장률은 2012년도 3.9% 감소(전년대비 2.3%p 감소)하였으며, ROE는 4.0%(전년대비 2.4%p 감소)를 기록하였습니다. (총 매출액, 당기순이익은 단순합계액이며, 성장률 및 ROE는 단순평균값입니다)

해당 산업의 직원 수는 약 6만3천명(전년대비 16.3% 증가)이며, 최근 평균연봉(2012년)은 약 3천 9백만원(전년대비 약 8% 감소)입니다. 아래 표와 그래프를 통해, 2000년대 중반 이후의 연봉이 일정 수준을 유지하고 있음을 알 수 있습니다. 최근 3년 동안, 디스플레이 산업은 평균 6.3% 성장하고 있으나 수익성(ROE)은 낮아지고 있는 모습입니다. 최근 3년 평균 유동비율은 약 200%, 부채비율은 105.2%를 기록하고 있습니다.

구 분	총매출액	총 당기순이익	평균성장률	평균 ROE	총 직원수	연봉정보
94	134	-2	2.5	5.3		
95	305	3	2.8	2.4		
96	402	-11	4.4	1.5		
97	571	-34	9.5	8.0		
98	673	-45	10.5	10.6	826	22
99	3,131	623	16.5	18.7	4,975	16
00	3,875	551	11.7	12.5	6,474	21
01	4,287	-379	4.3	8.4	8,785	23
02	6,010	361	8.4	9.0	11,368	23
03	9,448	1,147	10.6	9.8	14,991	28
04	12,994	1,964	12.1	14.0	20,240	31
05	14,158	801	10.7	13.2	30,156	27
06	16,216	-649	6.9	8.7	31,452	32
07	20,040	1,368	1.1	3.0	30,573	34
08	24,085	148	7.0	9.2	35,387	35
09	28,915	1,743	3.7	4.7	41,270	38
10	38,309	1,616	8.9	9.8	51,009	39
11	35,625	-665	6.2	6.4	54,915	42
12	39,775	-54	3.9	4.0	63,895	39

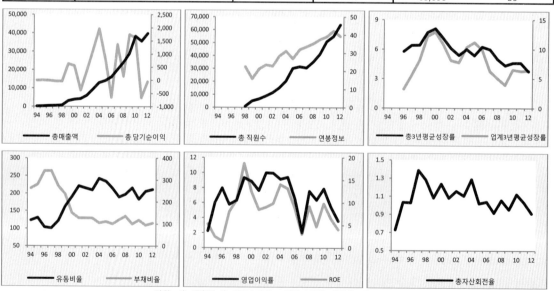

단위 : 총 매출액, 총 당기순이익 – 십억 / 평균 성장률, 평균 ROE - % / 총 직원 수 – 명 / 연봉정보 – 백만
연봉정보는 1 인당 평균 급여액이며, 대상기업들의 연간 총 급여액을 총 직원의 수로 나눈 금액입니다.
업계 3 년 평균 성장률은 디스플레이업종 전체 상장사의 평균이며, 사업보고서에 근거한 자료만으로 만들었습니다.

• 엘엠에스 (코스닥 / 073110)

- 광학렌즈 및 광학요소 제조업

구분	94	95	96	97	98	99	00	01	02	03	04	05	06	07	08	09	10	11	12
성장률										-26.27	-423.5	50.04	38.41	11.14	7.54	21.10	33.17	18.04	11.78
EPS										-126	-492	343	770	564	397	1,233	2,733	1,876	1,283
배당금										0	0	0	0	0	50	50	50	50	50
ROE										-26.27	-423.5	50.04	38.41	11.14	8.62	21.99	33.78	18.54	12.26
직원의 수														236	226	247	285	309	330
연봉정보														19	20	22	28	27	29

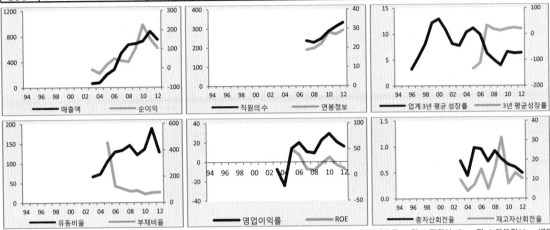

단위 : 성장률, ROE-% / EPS, 주당배당금 - 원 / 직원의 수 - 명 / 연봉정보 - 백만
2003년~2005년 사업보고서 미공시로 인하여 EPS는 감사보고서를 기준으로, 배당금은 0으로 간주해 성장률을 계산하였습니다.
03년~05년 성장률은 업계 3년 평균성장률 계산 과정에서 제외하였습니다.
특이값(2004년 부채비율, ROE)은 그래프에서 제외하였습니다.

• 덕산하이메탈 (코스닥 / 077360)

- 다이오드, 트랜지스터 및 유사 반도체소자 제조업

구분	94	95	96	97	98	99	00	01	02	03	04	05	06	07	08	09	10	11	12
성장률										61.11	41.35	-2.67	13.40	9.28	-5.71	6.72	15.92	24.95	22.96
EPS										420	413	55	477	492	-118	251	768	1,380	1,665
배당금										0	0	120	120	240	0	0	0	0	0
ROE								25.73	50.8	61.11	41.35	2.28	17.90	18.14	-5.71	6.72	15.92	24.95	22.96
직원의 수												72	66	68	74	125	166	212	236
연봉정보												36	30	35	31	37	39	47	47

단위 : 성장률, ROE-% / EPS, 주당배당금 - 원 / 직원의 수 - 명 / 연봉정보 - 백만
2009년 8월, AMOLED는 유기물재료 제조 및 판매사업을 영위하는 ㈜루디스를 흡수 합병하였습니다.

• 루멘스 (코스닥 / 038060)

- 다이오드, 트랜지스터 및 유사 반도체소자 제조업

구분	94	95	96	97	98	99	00	01	02	03	04	05	06	07	08	09	10	11	12
성장률									11.06	15.01	15.45	14.62	0.61	15.04	-8.24	7.82	16.57	12.01	11.80
EPS									11	17	21	23	33	138	-71	219	262	556	503
배당금									0	0	0	0	0	0	0	0	0	0	0
ROE									11.06	15.01	15.45	14.62	0.61	15.04	-8.24	7.82	16.57	12.01	11.80
직원의 수													74	61	154	211	212	211	미공시
연봉정보													30	44	31	30	41	44	

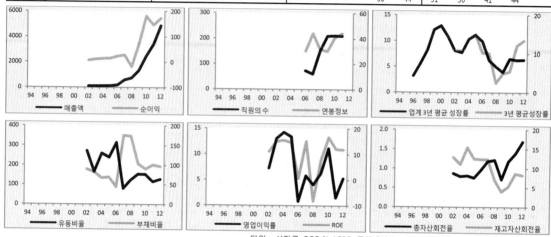

단위 : 성장률, ROE-% / EPS, 주당배당금 - 원 / 직원의 수 - 명 / 연봉정보 - 백만
2002년~2003년 사업보고서 미공시로 인하여 EPS는 감사보고서를 기준으로, 배당금은 0으로 간주해 성장률을 계산하였습니다.
02년~03년 성장률은 업계 3년 평균성장률 계산 과정에서 제외하였습니다.
2012년 직원의 수, 연봉정보는 미공시 되었습니다.

• 루미마이크로 (코스닥 / 082800)

- 다이오드, 트랜지스터 및 유사 반도체소자 제조업

구분	94	95	96	97	98	99	00	01	02	03	04	05	06	07	08	09	10	11	12
성장률										23.95	71.57	4.55	-28.16	-27.92	-208.5	-28.52	-17.00	-35.12	3.89
EPS										360	3,113	233	-836	-595	-1,352	-654	-188	-285	33
배당금										0	0	0	0	0	0	0	0	0	0
ROE									-9.9	23.95	71.57	4.55	-28.16	-27.92	-208.5	-28.52	-17.00	-35.12	3.89
직원의 수											104	86	97	97	118	221	205	200	
연봉정보											23	28	25	27	28	25	28	30	

단위 : 성장률, ROE-% / EPS, 주당배당금 - 원 / 직원의 수 - 명 / 연봉정보 - 백만
특이값(2002년 유동비율)은 그래프에서 제외하였습니다.

• 서울반도체 (코스닥 / 046890)
- 다이오드, 트랜지스터 및 유사 반도체소자 제조업

구분	94	95	96	97	98	99	00	01	02	03	04	05	06	07	08	09	10	11	12
성장률				40.79	-2.01	12.35	11.33	20.07	22.2	26.05	24.51	20.80	7.53	7.82	-7.58	5.12	15.21	4.54	1.19
EPS				57	1	16	171	370	764	1,238	1,498	1,691	427	356	-246	547	1,861	593	155
배당금				3	3	5	49	100	160	250	295	350	90	70	0	93	315	119	31
ROE				42.67	1.34	18.02	15.89	27.50	28.1	32.64	30.52	26.23	9.54	9.74	-7.58	6.17	18.31	5.68	1.48
직원의 수					330	440				452	453	660	752	984	1,097	1,120	1,707	1,441	1,328
연봉정보					17	18				22	36	27	미공시	31	미공시	29	36	46	31

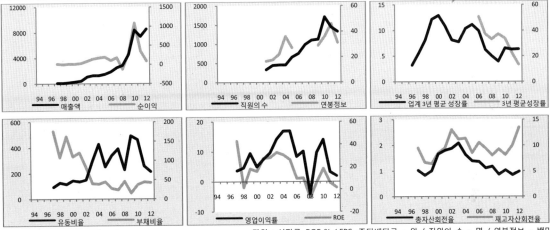

단위 : 성장률, ROE-% / EPS, 주당배당금 – 원 / 직원의 수 – 명 / 연봉정보 – 백만
2006년, 2008년 연봉정보는 미공시 되었습니다.

• 실리콘웍스 (코스닥 / 108320)
- 다이오드, 트랜지스터 및 유사 반도체소자 제조업

구분	94	95	96	97	98	99	00	01	02	03	04	05	06	07	08	09	10	11	12
성장률											66.90	57.40	27.99	25.94	45.50	40.03	15.53	12.14	12.34
EPS											3,061	4,818	3,260	4,152	1,047	277	2,688	2,072	2,675
배당금											0	0	0	0	0	0	600	400	650
ROE											66.90	57.40	27.99	25.94	45.50	40.03	20.00	15.05	16.29
직원의 수																	270	334	394
연봉정보																	46	45	61

단위 : 성장률, ROE-% / EPS, 주당배당금 – 원 / 직원의 수 – 명 / 연봉정보 – 백만
2004년~2007년 사업보고서 미공시로 인하여 EPS는 감사보고서를 기준으로, 배당금은 0으로 간주해 성장률을 계산하였습니다.
04년~07년 성장률은 업계 3년 평균성장률 계산 과정에서 제외하였습니다.

• 엘비세미콘 (코스닥 / 061970)

- 다이오드, 트랜지스터 및 유사 반도체소자 제조업

구분	94	95	96	97	98	99	00	01	02	03	04	05	06	07	08	09	10	11	12
성장률								-30.92	-170.4	169.09	-14.59	-66.23	-634.1	-71.46	-3.04	54.74	42.54	-3.54	12.99
EPS								-38	-83	-493	221	-696	-649	-182	-8	347	501	17	277
배당금								0	0	0	0	0	0	0	0	0	0	0	0
ROE								-30.92	-170.4	169.09	-14.59	-66.23	-634.1	-71.46	-3.04	54.74	42.54	-3.54	12.99
직원의 수																	316	289	358
연봉정보																	30	31	39

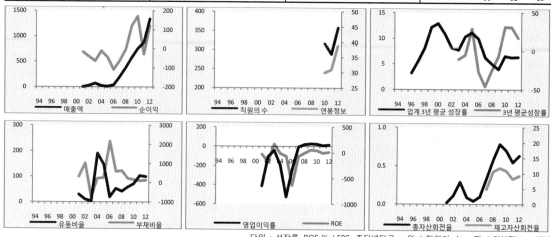

단위 : 성장률, ROE-% / EPS, 주당배당금 – 원 / 직원의 수 – 명 / 연봉정보 – 백만
2001~2005년 재고자산회전율(재고자산 비중이 낮음)과 2006년 성장률(대규모 적자)은 그래프에서 제외 및 보정하였습니다.
2001년~2007년 사업보고서 미공시로 인하여 EPS는 감사보고서를 기준으로, 배당금은 0으로 간주해 성장률을 계산하였습니다.
01년~07년 성장률은 업계 3년 평균성장률 계산 과정에서 제외하였습니다.

• 케이맥 (코스닥 / 043290)

- 물질검사, 측정 및 분석기구 제조업

구분	94	95	96	97	98	99	00	01	02	03	04	05	06	07	08	09	10	11	12
성장률											48.51	20.80	2.01	2.62	29.44	3.07	28.55	13.43	-6.24
EPS											704	365	37	56	919	89	1,174	1,308	-371
배당금											0	0	0	0	0	0	0	200	0
ROE											48.51	20.80	2.01	2.62	29.44	3.07	28.55	15.85	-6.24
직원의 수																		230	282
연봉정보																		35	38

단위 : 성장률, ROE-% / EPS, 주당배당금 – 원 / 직원의 수 – 명 / 연봉정보 – 백만
2004년~2008년 사업보고서 미공시로 인하여 EPS는 감사보고서를 기준으로, 배당금은 0으로 간주해 성장률을 계산하였습니다.
04년~08년 성장률은 업계 3년 평균성장률 계산 과정에서 제외하였습니다.

• 디이엔티 (코스닥 / 079810)

- 반도체 제조용 기계 제조업

구분	94	95	96	97	98	99	00	01	02	03	04	05	06	07	08	09	10	11	12
성장률									39.5	37.07	42.21	4.47	5.73	-23.04	18.88	-4.65	20.40	-4.03	3.79
EPS									463	999	936	142	201	-520	522	-131	738	-126	126
배당금									0	0	0	25	40	0	0	0	50	0	0
ROE								11.35	39.5	37.07	42.21	5.42	7.15	-23.04	18.88	-4.65	21.88	-4.03	3.79
직원의 수										151	146	176	125		112	105	112	127	128
연봉정보										26	28	24	25		32	30	33	30	30

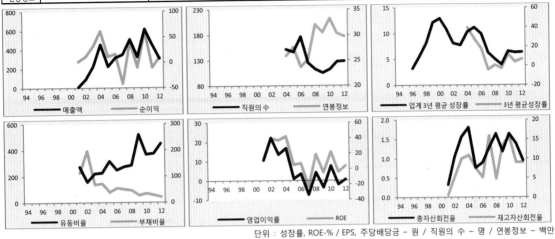

단위 : 성장률, ROE-% / EPS, 주당배당금 – 원 / 직원의 수 – 명 / 연봉정보 – 백만

• 미래컴퍼니 (코스닥 / 049950)

- 반도체 제조용 기계 제조업

구분	94	95	96	97	98	99	00	01	02	03	04	05	06	07	08	09	10	11	12
성장률								자본잠식	1047.4	66.02	36.21	3.58	-7.16	-24.64	1.87	4.33	7.04	21.58	16.79
EPS									495	1,504	3,837	361	-362	-1,306	159	350	467	2,134	1,879
배당금									0	175	175	100	100	0	50	100	100	150	150
ROE								자본잠식	1047.4	74.71	37.94	4.96	-5.61	-24.64	2.73	6.06	8.95	23.21	18.25
직원의 수										152	165	185	170		177	174	181	192	256
연봉정보										53	34	35	34		38	39	38	43	44

단위 : 성장률, ROE-% / EPS, 주당배당금 – 원 / 직원의 수 – 명 / 연봉정보 – 백만

자본잠식으로 인해, 계산 불가한 값(2000년~2002년 부채비율, ROE 및 성장률)은 그래프에서 제외하였습니다.

2004년, ㈜미래엔지니어링에서 ㈜미래컴퍼니로 상호 변경하였습니다.

• 솔브레인이앤지 (코스닥 / 039230)
- 반도체 제조용 기계 제조업

구분	94	95	96	97	98	99	00	01	02	03	04	05	06	07	08	09	10	11	12
성장률			31.52	46.95	32.08	15.53	-0.09	-79.73	2.3	-321.5	34.32	31.25	-13.13	1.27	70.99	-24.90	-23.27	-5.57	-25.43
EPS			4,565	7,997	7,958	372	323	-1,613	54	-1,730	660	1,107	-266	31	-1,393	-527	-356	-88	-286
배당금			0	0	0	0	0	0	0	0	100	150	0	0	0	0	0	0	0
ROE			31.52	46.95	32.08	15.53	-0.09	-79.73	2.3	-321.5	40.45	36.15	-13.13	1.27	70.99	-24.90	-23.27	-5.57	-25.43
직원의 수					186	198	179	193	230	269	329	383	373	305	314	299	165
연봉정보					17	24	22	25	36	31	35	28	32	38	33	36	37

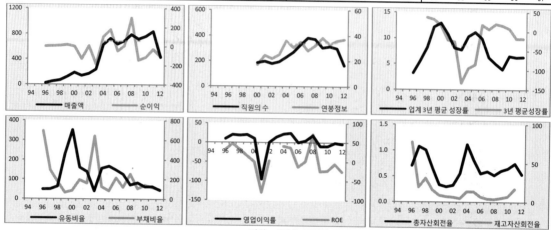

단위 : 성장률, ROE-% / EPS, 주당배당금 - 원 / 직원의 수 - 명 / 연봉정보 - 백만
특이값(2003년 ROE)은 그래프에서 제외하였습니다.

• 아바코 (코스닥 / 083930)
- 반도체 제조용 기계 제조업

구분	94	95	96	97	98	99	00	01	02	03	04	05	06	07	08	09	10	11	12
성장률										14.89	53.03	1.46	-17.11	0.61	15.46	20.40	23.18	12.03	-0.22
EPS										824	1,690	471	-565	21	793	1,183	1,485	701	-13
배당금										500	0	0	0	0	100	110	0	0	0
ROE								17.70	74.6	37.86	53.03	1.46	-17.11	0.61	17.69	22.49	23.18	12.03	-0.22
직원의 수											219	159	121	163	193	283	295	284
연봉정보											22	27	28	31	34	33	37	35

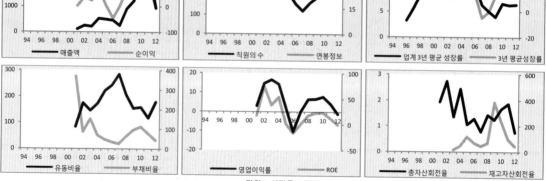

단위 : 성장률, ROE-% / EPS, 주당배당금 - 원 / 직원의 수 - 명 / 연봉정보 - 백만

• 아이씨디 (코스닥 / 040910)

- 반도체 제조용 기계 제조업

구분	94	95	96	97	98	99	00	01	02	03	04	05	06	07	08	09	10	11	12
성장률							3.42	-22.10	1.7	19.93	45.15	18.60	8.72	-29.40	16.37	-12.37	25.61	29.16	9.87
EPS							18	-93	8	43	569	296	152	-397	265	-178	504	4,115	621
배당금							0	0	0	0	0	0	0	0	0	0	0	0	0
ROE							3.42	-22.10	1.7	19.93	45.15	18.60	8.72	-29.40	16.37	-12.37	25.61	29.16	9.87
직원의 수							11	14	15	22	41	47	63	53	56	52	89	180	195
연봉정보							1	2	29	23	27	30	28	35	35	33	30	29	37

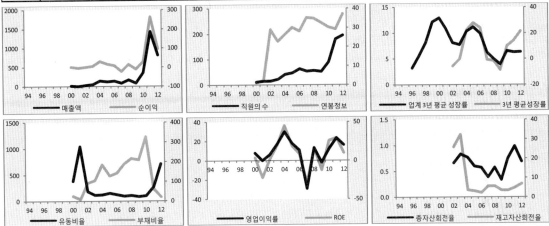

단위 : 성장률, ROE-% / EPS, 주당배당금 - 원 / 직원의 수 - 명 / 연봉정보 - 백만
1기(2000년)는 9개월(2월 26일~9월 30일)치 자료입니다.
2기(2001년) 매출이 없기에, 01~02년 총자산회전율과 재고자산회전율은 계산 과정에서 제외하였습니다.

• 유비프리시젼 (코스닥 / 053810)

- 반도체 제조용 기계 제조업

구분	94	95	96	97	98	99	00	01	02	03	04	05	06	07	08	09	10	11	12
성장률					자본잠식		48.38	39.57	-4.3	-32.93	28.99	24.69	12.35	-6.92	6.39	-31.27	-140.0	-51.79	-880.8
EPS							114	507	472	-102	219	1,114	1,226	525	-403	282	-1,158	-2,278	-2,161	-3,847
배당금							0	0	0	0	0	0	0	0	0	0	0	0	0
ROE					자본잠식		48.38	39.57	-4.3	-32.93	28.99	24.69	12.35	-6.92	6.39	-31.27	-140.0	-51.79	-880.8
직원의 수									34	30	19	230	240	220	259	294	282	200	138
연봉정보									16	20	31	27	30	32	31	33	37	49	45

단위 : 성장률, ROE-% / EPS, 주당배당금 - 원 / 직원의 수 - 명 / 연봉정보 - 백만
2005년 5월, 세안아이티 주식회사와 솔트론은 합병하였으며 해당 재무자료는 합병 전, 후로 구분하였습니다.
자본잠식으로 인해, 계산 불가한 값(1998년~1999년 부채비율, ROE 및 성장률)은 그래프에서 제외하였습니다.

· 참엔지니어링 (유가증권 / 009310)
- 반도체 제조용 기계 제조업

구분	94	95	96	97	98	99	00	01	02	03	04	05	06	07	08	09	10	11	12
성장률					자본잠식			-54.92	-10.5	-171.1	45.25	7.99	12.82	5.14	1.63	-13.28	12.80	14.51	-24.40
EPS						-2,599	-608	-221	-27	119	845	279	439	271	60	-454	431	624	-756
배당금						0	0	0	0	0	0	0	0	50	0	0	50	70	0
ROE		-4.85	-16.47	-1337.1	자본잠식			-54.92	-10.5	-171.1	45.25	7.99	12.82	6.30	1.63	-13.28	14.48	16.35	-24.40
직원의 수						93	44	미공시	52	40	28	179	204	293	250	243	313	317	221
연봉정보						10	18		21	21	22	30	28	31	31	27	46	42	43

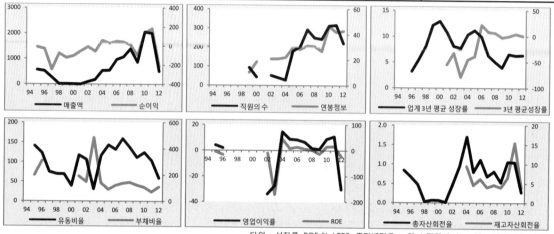

단위 : 성장률, ROE-% / EPS, 주당배당금 - 원 / 직원의 수 - 명 / 연봉정보 - 백만
2010년 6월, 참엔씨㈜에서 참엔지니어링㈜로 상호 변경하였습니다.
1998년~ 2001년 ROE와 영업이익률은 자본잠식 및 특이값으로 그래프에서 제외하였습니다.
2001년 직원의 수와 연봉정보는 미공시 되었습니다.

· 테라세미콘 (코스닥 / 123100)
- 반도체 제조용 기계 제조업

구분	94	95	96	97	98	99	00	01	02	03	04	05	06	07	08	09	10	11	12
성장률												0.01	11.26	2.82	2.20	1.34	37.03	22.88	14.21
EPS												113	240	40	63	17	1,054	1,283	1,041
배당금												0	0	0	0	0	0	0	0
ROE												0.01	11.26	2.82	2.20	1.34	37.03	22.88	14.21
직원의 수																		248	217
연봉정보																		44	63

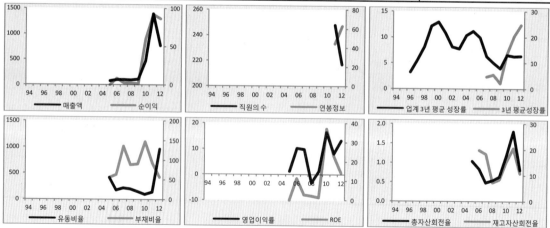

단위 : 성장률, ROE-% / EPS, 주당배당금 - 원 / 직원의 수 - 명 / 연봉정보 - 백만
2005년~2008년 사업보고서 미공시로 인하여 EPS는 감사보고서를 기준으로, 배당금은 0으로 간주해 성장률을 계산하였습니다.
05년~08년 성장률은 업계 3년 평균성장률 계산 과정에서 제외하였습니다.

• 테라젠이텍스 (코스닥 / 066700)
- 반도체 제조용 기계 제조업

구분	94	95	96	97	98	99	00	01	02	03	04	05	06	07	08	09	10	11	12
성장률									18.3	15.15	8.29	-171.7	-44.62	-36.82	-4.66	1.58	1.30	-11.19	-13.68
EPS									225	219	239	-1,122	-357	-295	-62	30	30	-259	-381
배당금									0	0	100	0	0	0	0	0	0	0	0
ROE					37.20	27.59	3.60	18.3	15.15	14.26	-171.7	-44.62	-36.82	-4.66	1.58	1.30	-11.19	-13.68
직원의 수										101	83	68	40	42	48	138	189	212
연봉정보										29	27	31	33	29	24	19	30	31

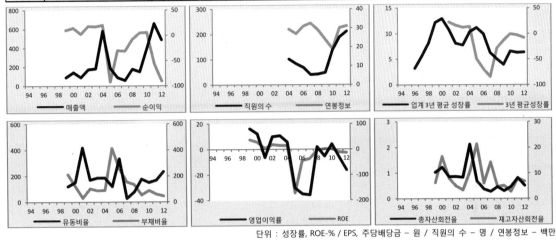

단위 : 성장률, ROE-% / EPS, 주당배당금 – 원 / 직원의 수 – 명 / 연봉정보 – 백만
1999년~2001년 사업보고서 미공시로 인하여 EPS는 감사보고서를 기준으로, 배당금은 0으로 간주해 성장률을 계산하였습니다.
99년~01년 성장률은 업계 3년 평균성장률 계산 과정에서 제외하였습니다.

• AP 시스템 (코스닥 / 054620)
- 반도체 제조용 기계 제조업

구분	94	95	96	97	98	99	00	01	02	03	04	05	06	07	08	09	10	11	12
성장률							63.45	17.01	2.7	-114.4	16.78	3.22	5.88	9.60	6.86	3.00	-18.44	14.36	15.18
EPS							1,762	841	292	-1,400	600	149	232	-837	466	142	-942	547	627
배당금							0	50	0	0	0	0	0	0	0	0	0	0	0
ROE							63.45	18.09	2.7	-114.4	16.78	3.22	5.88	9.60	6.86	3.00	-18.44	14.36	15.18
직원의 수							46	42	125	148	183	216	213	362	337	350	280	311	
연봉정보							17	20	23	31	33	32	35	41	38	42	52	50	

단위 : 성장률, ROE-% / EPS, 주당배당금 – 원 / 직원의 수 – 명 / 연봉정보 – 백만
특이값(2003년 영업이익률, ROE)은 그래프에서 제외하였습니다.
2기(1997년)~3기(1999년)는 각 그래프에서 제외하였습니다.

• 로체시스템즈 (코스닥 / 071280)

- 배전반 및 전기자동제어반 제조업

구 분	94	95	96	97	98	99	00	01	02	03	04	05	06	07	08	09	10	11	12
성장률							45.47	21.86	31.6	17.88	19.11	5.29	1.83	6.42	7.70	-8.77	8.91	8.44	1.65
EPS							473	672	702	932	1,106	338	152	152	302	-370	435	427	85
배당금							0	0	0	0	100	50	50	50	20	0	50	0	0
ROE						20.16	45.47	21.86	31.6	17.88	21.01	6.21	2.72	9.56	8.25	-8.77	10.07	8.44	1.65
직원의 수										62	94	99	106	112	122	122	144	160	161
연봉정보										33	26	28	19	36	32	26	41	42	41

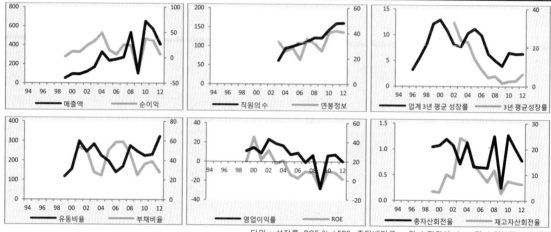

단위 : 성장률, ROE-% / EPS, 주당배당금 - 원 / 직원의 수 - 명 / 연봉정보 - 백만
특이값(1999년~2000년 부채비율)은 그래프에서 제외하였습니다.
2000년~2001년 사업보고서 미공시로 인하여 EPS는 감사보고서를 기준으로, 배당금은 0으로 간주해 성장률을 계산하였습니다.
00년~01년 성장률은 업계 3년 평균성장률 계산 과정에서 제외하였습니다.

• 코텍 (코스닥 / 052330)

- 산업용 모니터의 제조 및 판매업

구 분	94	95	96	97	98	99	00	01	02	03	04	05	06	07	08	09	10	11	12
성장률				11.28	14.98	28.01	28.45	19.91	8.3	13.27	8.24	7.44	9.00	7.74	2.52	9.48	10.69	13.12	9.17
EPS				160	251	737	545	770	376	608	487	552	668	663	336	1,038	1,268	1,675	1,345
배당금				0	0	0	0	38	75	100	125	150	160	160	160	200	250	250	250
ROE				11.28	14.98	28.01	28.45	20.94	10.4	15.88	11.08	10.22	11.83	10.20	4.82	11.74	13.31	15.42	11.26
직원의 수							121	145		136	128	125	127	151	164	192	206	226	251
연봉정보							18	19		24	24	33	37	38	41	42	42	53	50

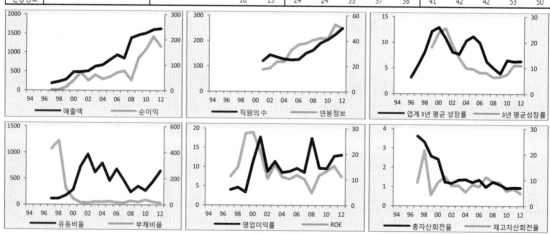

단위 : 성장률, ROE-% / EPS, 주당배당금 - 원 / 직원의 수 - 명 / 연봉정보 - 백만
1999년 9월, 주식회사 세주전자에서 주식회사 코텍으로 상호 변경하였습니다.

• 디아이디 (코스닥 / 074130)
- 액정 평판 디스플레이 제조업

구분	94	95	96	97	98	99	00	01	02	03	04	05	06	07	08	09	10	11	12
성장률						-48.61	3.54	-9.41	4.7	22.16	30.89	18.01	4.26	-15.30	1.40	4.24	15.81	-3.63	15.44
EPS						-310	20	-72	38	229	535	517	146	-276	30	146	480	-74	537
배당금						0	0	0	0	0	50	50	50	25	0	50	50	25	50
ROE						-48.61	3.54	-9.41	4.7	22.16	34.07	19.94	6.48	-14.03	1.40	6.46	17.64	-2.71	17.03
직원의 수												688	488	550	419	365	345	641	6,283
연봉정보												15	22	18	28	17	25	18	9

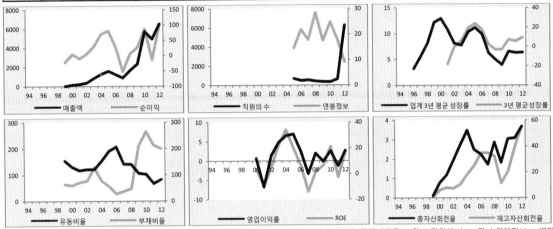

단위 : 성장률, ROE-% / EPS, 주당배당금 - 원 / 직원의 수 - 명 / 연봉정보 - 백만
1999년~2002년 사업보고서 미공시로 인하여 EPS는 감사보고서를 기준으로, 배당금은 0으로 간주해 성장률을 계산하였습니다.
대규모 적자로 인하여, 1999년 영업이익률과 ROE는 그래프에서 제외하였습니다.
99년~02년 성장률은 업계 3년 평균성장률 계산 과정에서 제외하였습니다.

• 레이젠 (코스닥 / 047440)
- 액정 평판 디스플레이 제조업

구분	94	95	96	97	98	99	00	01	02	03	04	05	06	07	08	09	10	11	12
성장률						20.71	14.13	8.10	8.4	-1.16	1.84	6.96	7.18	-4.94	2.66	3.13	11.93	0.54	0.48
EPS						135	380	297	291	-34	55	222	247	-162	92	0	40	24	21
배당금						0	0	25	41	0	0	0	0	0	0	0	0	0	0
ROE						20.71	14.13	8.84	9.8	-1.16	1.84	6.96	7.18	-4.94	2.66	3.13	12.91	0.54	0.48
직원의 수						244	331	442	376	371	551	423	339	224	227	209	197		
연봉정보						14	16	16	19	23	16	21	23	24	30	31	34		

단위 : 성장률, ROE-% / EPS, 주당배당금 - 원 / 직원의 수 - 명 / 연봉정보 - 백만
2000년 6월, 레이젠 주식회사로 상호 변경하였습니다.
1999년 재무분석자료(유동비율, 부채비율, 영업이익률, ROE, 총자산회전율, 재고자산회전율)는 그래프에서 제외하였습니다.

• 상보 (코스닥 / 027580)
- 액정 평판 디스플레이 제조업

구분	94	95	96	97	98	99	00	01	02	03	04	05	06	07	08	09	10	11	12
성장률						-10.85	-4.87	11.88	4.3	4.66	12.12	10.45	23.37	14.25	-300.9	6.11	10.56	17.65	9.43
EPS						-90	-39	107	41	46	86	36	730	993	-5,041	189	290	622	626
배당금						0	0	0	0	0	0	0	0	0	0	0	0	0	150
ROE						-10.85	-4.87	11.88	4.3	4.66	12.12	10.45	23.37	14.25	-300.9	6.11	10.56	17.65	12.41
직원의 수														267	242	226	305	300	321
연봉정보														26	28	31	32	34	36

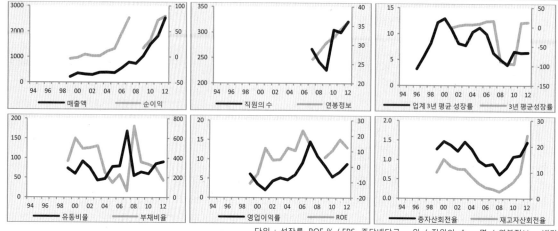

단위 : 성장률, ROE-% / EPS, 주당배당금 - 원 / 직원의 수 - 명 / 연봉정보 - 백만

1999년~2004년 사업보고서 미공시로 인하여 EPS는 감사보고서를 기준으로, 배당금은 0으로 간주해 성장률을 계산하였습니다.

99년~04년 성장률은 업계 3년 평균성장률 계산 과정에서 제외하였습니다.

특이값(2008년 ROE, 순이익)은 그래프에서 제외하였습니다.

• 세진티에스 (코스닥 / 067770)
- 액정 평판 디스플레이 제조업

구분	94	95	96	97	98	99	00	01	02	03	04	05	06	07	08	09	10	11	12
성장률							80.97	71.89	43.4	27.33	10.47	5.40	4.56	8.89	8.11	5.13	4.91	1.40	-6.35
EPS							10,982	6,565	1,900	1,646	1,001	346	319	573	596	426	431	145	-401
배당금							0	0	0	0	100	100	100	100	100	100	100	50	0
ROE							80.97	71.89	43.4	27.33	11.64	7.60	6.64	10.78	9.75	6.70	6.39	2.14	-6.35
직원의 수										112	116	132	153	164	163	136	126	105	82
연봉정보										20	20	20	20	24	24	26	29	27	30

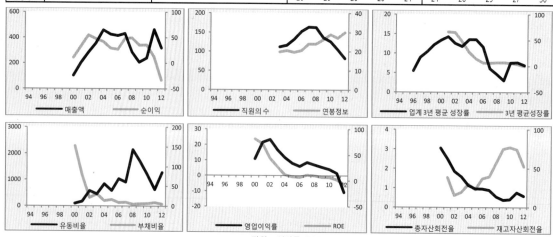

단위 : 성장률, ROE-% / EPS, 주당배당금 - 원 / 직원의 수 - 명 / 연봉정보 - 백만

• 아라온테크 (코스닥 / 041060)

- 액정 평판 디스플레이 제조업

구분	94	95	96	97	98	99	00	01	02	03	04	05	06	07	08	09	10	11	12
성장률					-28.35	20.88	7.75	8.18	-0.3	-257.1	8.91	-322.1	-45.20	-18.21	-52.36	-39.49	-21.19	-378.3	-91.60
EPS					-139	636	424	433	-988	-162	177	-1,087	-835	-251	-454	-279	-1,003	-3,429	-427
배당금					0	0	25	25											
ROE					-28.35	20.88	8.24	8.69	-0.3	-257.1	8.91	-322.1	-45.20	-18.21	-52.36	-39.49	-21.19	-378.3	-91.60
직원의 수							92	86	146	43	36	41	45	35	35	21	39	14	32
연봉정보							10	20	20	91	19	46	39	55	42	42	21	40	30

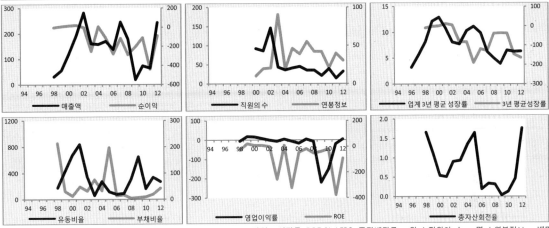

매출액　순이익　직원의 수　연봉정보　업계 3년 평균 성장률　3년 평균성장률
유동비율　부채비율　영업이익률　ROE　총자산회전율

단위 : 성장률, ROE-% / EPS, 주당배당금 – 원 / 직원의 수 – 명 / 연봉정보 – 백만
2013년 3월, ㈜뉴로테크에서 ㈜아라온테크로 상호 변경하였습니다.
1기(1996년), 2기(1997년)는 표와 그래프에서 제외하였습니다.

• 아이컴포넌트 (코스닥 / 059100)

- 액정 평판 디스플레이 제조업

구분	94	95	96	97	98	99	00	01	02	03	04	05	06	07	08	09	10	11	12
성장률								-12.94	-35.4	-18.48	23.01	16.26	9.52	14.50	10.22	10.15	14.04	0.86	-17.77
EPS								-1,255	-2,535	-2,764	447	540	318	567	477	442	687	44	-784
배당금								0	0	0	0	0	0	0	0	50	50	0	0
ROE								-12.94	-35.4	-18.48	23.01	16.26	9.52	14.50	10.22	11.44	15.14	0.86	-17.77
직원의 수															93	100	118	130	115
연봉정보															26	29	32	32	34

매출액　순이익　직원의 수　연봉정보　업계 3년 평균 성장률　3년 평균성장률
유동비율　부채비율　영업이익률　ROE　총자산회전율　재고자산회전율

단위 : 성장률, ROE-% / EPS, 주당배당금 – 원 / 직원의 수 – 명 / 연봉정보 – 백만
2001년~2005년 사업보고서 미공시로 인하여 EPS는 감사보고서를 기준으로, 배당금은 0으로 간주해 성장률을 계산하였습니다.
2기(2001년) 매출이 없기에, 01년 총자산회전율과 재고자산회전율은 계산 과정에서 제외하였습니다.
01년~05년 성장률은 업계 3년 평균성장률 계산 과정에서 제외하였습니다.

• 유아이디 (코스닥 / 069330)
- 액정 평판 디스플레이 제조업

구분	94	95	96	97	98	99	00	01	02	03	04	05	06	07	08	09	10	11	12
성장률						15.73	140.12	26.41	55.0	7.48	-3.88	4.74	-2.48	-16.27	16.54	16.33	-0.57	23.54	27.91
EPS						123	2,244	312	1,160	586	159	501	191	-583	733	841	-10	740	1,133
배당금						0	0	0	0	250	300	300	300					150	150
ROE						15.73	140.12	26.41	55.0	13.05	4.38	11.80	4.35	-16.27	16.54	16.33	-0.57	29.52	32.17
직원의 수										152	153	269	198	165	100	147	206	247	241
연봉정보										12	15	16	17	19	28	21	18	27	29

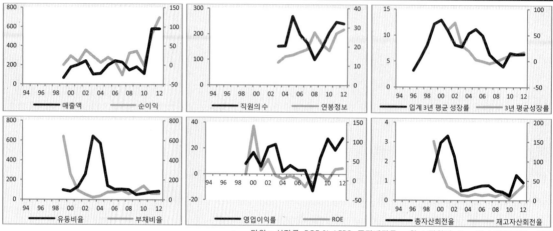

단위 : 성장률, ROE-% / EPS, 주당배당금 – 원 / 직원의 수 – 명 / 연봉정보 – 백만
1990년 5월 ㈜유인정광 설립 후, 2000년 10월 주식회사 유아이디로 상호 변경하였습니다.

• 인지디스플레이 (코스닥 / 037330)
- 액정 평판 디스플레이 제조업

구분	94	95	96	97	98	99	00	01	02	03	04	05	06	07	08	09	10	11	12
성장률		7.73	12.10	1.76	15.07	14.32	4.06	-16.56	자본잠식	32.51	39.56	30.84	19.52	8.74	14.95	8.71	20.67	12.76	11.45
EPS		1,633	1,538	1,697	1,539	3,853	-12	-367	-2,638	118	198	373	273	135	304	199	530	393	397
배당금		0	0	14	41	0	60	0	0	0	0	50	25	25	50	50	50	50	50
ROE		7.73	12.10	1.78	15.48	14.32	0.68	-16.56	자본잠식	32.51	39.56	35.62	21.48	10.72	17.89	11.64	22.83	14.62	13.10
직원의 수					214	212	231	220		285	360	744	637	537	503	529	509	473	322
연봉정보					12	17	17	20		16	25	19	19	29	31	27	34	27	7

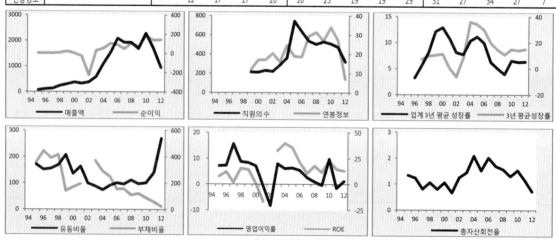

단위 : 성장률, ROE-% / EPS, 주당배당금 – 원 / 직원의 수 – 명 / 연봉정보 – 백만
자본잠식으로 인해, 계산 불가한 값(2002년 부채비율, ROE 및 성장률)은 그래프에서 제외 및 보정하였습니다.

• 일진디스플레이 (유가증권 / 020760)

- 액정 평판 디스플레이 제조업

구분	94	95	96	97	98	99	00	01	02	03	04	05	06	07	08	09	10	11	12
성장률		0.24	2.51	22.72	21.29	21.62	10.15	17.76	8.7	-5.16	-62.44	-56.58	-114.5	-127.9	-206.4	1.36	21.94	28.13	38.88
EPS		21	49	236	379	640	294	864	306	-144	-961	-1,444	-1,366	-713	-2,462	25	395	1,133	2,344
배당금		20	35	90	75	150	100	60	20	15	0	0	0	0	0	0	0	200	200
ROE		3.90	8.94	36.74	26.55	28.25	15.37	19.08	9.3	-4.68	-62.44	-56.58	-114.5	-127.9	-206.4	1.36	21.94	34.16	42.51
직원의 수						290	287	309	425	502	238	159	166	46	208	298	399	589	1,634
연봉정보						20	26	26	24	24	19	20	23	65	19	17	24	22	21

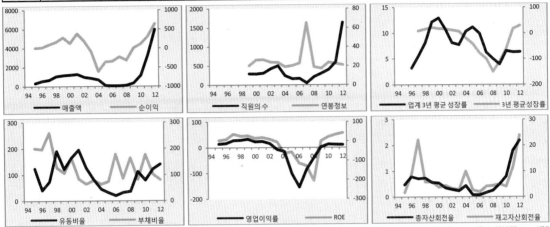

매출액 / 순이익   직원의 수 / 연봉정보   업계 3년 평균 성장률 / 3년 평균성장률

유동비율 / 부채비율   영업이익률 / ROE   총자산회전율 / 재고자산회전율

단위 : 성장률, ROE-% / EPS, 주당배당금 - 원 / 직원의 수 - 명 / 연봉정보 - 백만
2004년 12월 1일 기업분할로 인하여, 일진다이아몬드주식회사에서 일진디스플레이주식회사로 상호 변경하였습니다.
14기(2007년) 연간급여총액은 분할 전, 디스플레이사업부문 내용이 반영되어 있습니다.

• 제이엠아이 (코스닥 / 033050)

- 액정 평판 디스플레이 제조업

구분	94	95	96	97	98	99	00	01	02	03	04	05	06	07	08	09	10	11	12
성장률				11.81	4.32	14.84	7.24	0.93	-2.8	-13.85	-8.14	1.07	13.85	7.78	7.82	24.71	5.18	-1.14	-33.98
EPS				1,416	1,244	287	178	19	-57	-240	-126	18	229	135	170	847	186	-36	-803
배당금				0	750	0	0	0	0	0	0	0	0	0	0	100	0	0	0
ROE		43.78	50.25	11.81	10.88	14.84	7.24	0.93	-2.8	-13.85	-8.14	1.07	13.85	7.78	7.82	28.02	5.18	-1.14	-33.98
직원의 수						332	444	285	285	227	220	188	182	143	146	117	126	126	118
연봉정보						12	16	24	19	23	20	24	26	27	29	35	36	37	38

매출액 / 순이익   직원의 수 / 연봉정보   업계 3년 평균 성장률 / 3년 평균성장률

유동비율 / 부채비율   영업이익률 / ROE   총자산회전율 / 재고자산회전율

단위 : 성장률, ROE-% / EPS, 주당배당금 - 원 / 직원의 수 - 명 / 연봉정보 - 백만
2004년, 정문정보㈜에서 제이엠아이㈜로 상호 변경하였습니다.

• 태산엘시디 (코스닥 / 036210)

- 액정 평판 디스플레이 제조업

구분	94	95	96	97	98	99	00	01	02	03	04	05	06	07	08	09	10	11	12
성장률		-640.9	80.95	1.02	45.31	15.86	47.22	14.90	14.9	12.55	8.60	25.17	14.33	-12.45	자본잠식		170.07	-27.26	-79.80
EPS		-456	854	73	4,926	6,152	1,019	456	489	512	404	1,298	881	-517	-60,982	29,154	1,078	-123	-1,004
배당금		0	0	0	0	250	50	100	100	100	100	100	100	100	0	0	0	0	0
ROE		-640.9	80.95	1.02	45.31	16.53	49.66	19.09	18.7	15.59	11.43	27.27	16.17	-10.44	자본잠식		170.07	-27.26	-79.80
직원의 수						238	324	311	579	705	720	1,125	1,189	1,215	1,102	1,389	1,805	226	55
연봉정보						11	14	15	17	16	20	15	25	21	23	16	19	25	35

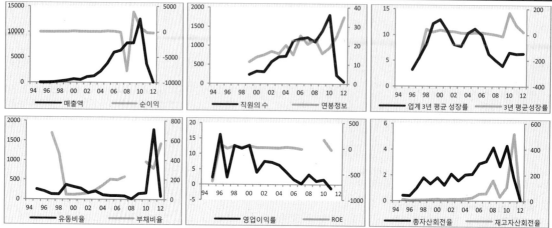

단위 : 성장률, ROE-% / EPS, 주당배당금 - 원 / 직원의 수 - 명 / 연봉정보 - 백만
자본잠식으로 인해, 계산 불가한 값(2008년~2009년 부채비율, ROE 및 성장률)은 그래프에서 제외하였습니다.
특이값(2012년 영업이익률과 ROE)는 그래프에서 제외하였습니다.

• 파인디앤씨 (코스닥 / 049120)

- 액정 평판 디스플레이 제조업

구분	94	95	96	97	98	99	00	01	02	03	04	05	06	07	08	09	10	11	12
성장률								29.98	27.2	16.13	7.38	17.75	7.27	3.28	4.32	-8.03	2.31	-5.38	-14.39
EPS								1,196	1,437	859	404	829	377	204	-153	-320	247	-224	-554
배당금								15	25	25	50	50	50	50	50	25	50	25	25
ROE						39.43	25.47	30.36	27.7	16.62	8.42	18.89	8.38	4.35	3.26	-7.45	2.90	-4.84	-13.77
직원의 수								144	232	287	464	643	674	572	641	426	754	447	190
연봉정보								17	18	21	20	19	26	24	23	23	29	26	30

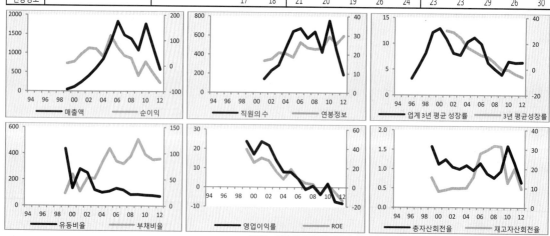

단위 : 성장률, ROE-% / EPS, 주당배당금 - 원 / 직원의 수 - 명 / 연봉정보 - 백만
2009년 1월 ㈜파인테크닉스 인적 분할로 인하여, 09년 이후의 재무제표를 합산해 그래프를 작성하였습니다.

• 피엘에이 (코스닥 / 082390)

- 액정 평판 디스플레이 제조업

구분	94	95	96	97	98	99	00	01	02	03	04	05	06	07	08	09	10	11	12
성장률										38.57	43.82	18.35	12.71	-29.02	-39.24	-44.58	378.70	19.18	59.16
EPS										1,162	1,278	885	725	-1,127	-932	-837	-6,250	98	562
배당금										0	0	130	100	0	0	0	0	0	0
ROE							18.18	21.3	38.57	43.82	21.51	14.74	-29.02	-39.24	-44.58	378.70	19.18	59.16
직원의 수										199	193	185	171	181	164	163	160
연봉정보										22	27	26	33	30	30	34	32

단위 : 성장률, ROE-% / EPS, 주당배당금 - 원 / 직원의 수 - 명 / 연봉정보 - 백만
2008년 2월, 케이엘테크에서 피엘에이로 상호 변경하였습니다.

• 하이쎌 (코스닥 / 066980)

- 액정 평판 디스플레이 제조업

구분	94	95	96	97	98	99	00	01	02	03	04	05	06	07	08	09	10	11	12
성장률							94.94	31.15	22.3	-19.74	22.03	-159.3	46.68	-9.22	-48.21	-22.02	-31.44	-22.96	-43.44
EPS							2,050	519	399	-524	1,415	-1,254	546	-76	-261	-404	-466	-275	-365
배당금							0	0	0	50	0	0	0	0	0	0	0	0	0
ROE							94.94	31.15	22.3	-18.02	22.03	-159.3	46.68	-9.22	-48.21	-22.02	-31.44	-22.96	-43.44
직원의 수							121	194	262	262	233	255	235	86	95	83	205
연봉정보							16	16	19	21	27	8	22	28	11	30	18

단위 : 성장률, ROE-% / EPS, 주당배당금 - 원 / 직원의 수 - 명 / 연봉정보 - 백만
2009년 8월, ㈜싸이더스에스엘과 합병하였으며 해당 재무자료는 08년 이전과 09년 이후(합병)로 구분하였습니다.

· LG디스플레이 (유가증권 / 034220)

- 액정 평판 디스플레이 제조업

구분	94	95	96	97	98	99	00	01	02	03	04	05	06	07	08	09	10	11	12
성장률						19.90	8.01	-24.17	15.5	35.21	28.68	6.74	-11.17	12.98	9.79	9.03	7.58	-10.23	0.30
EPS						3,184	1,706	-1,316	996	3,514	5,420	1,523	-2,150	3,756	3,038	2,985	2,802	-2,770	80
배당금						1,307	1,165	0	0	0	0	0	0	750	500	500	500		
ROE		자본잠식		3.20	0.09	33.76	25.24	-24.17	15.5	35.21	28.68	6.74	-11.17	16.21	11.72	10.85	9.22	-10.23	0.30
직원의 수						2,996	4,076	4,783	5,839	7,429	10,675	15,492	16,520	15,293	18,956	23,854	30,117	34,803	34,657
연봉정보						15	22	26	25	35	41	36	35	37	45	47	42	47	47

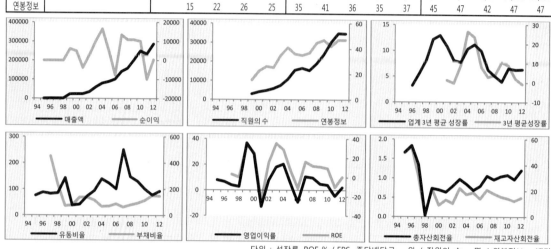

단위 : 성장률, ROE-% / EPS, 주당배당금 - 원 / 직원의 수 - 명 / 연봉정보 - 백만
자본잠식으로 인해, 계산 불가한 값(1995년~1996년 부채비율, ROE 및 성장률)은 그래프에서 제외하였습니다.
2008년 3월, 엘지.필립스 엘시디㈜에서 엘지디스플레이㈜로 상호 변경하였습니다.

· 금호전기 (유가증권 / 001210)

- 전구 및 램프 제조업

구분	94	95	96	97	98	99	00	01	02	03	04	05	06	07	08	09	10	11	12
성장률	2.51	0.60	-1.46	-0.27	-31.80	1.09	12.72	-0.94	6.8	8.59	10.49	11.16	13.65	8.85	3.50	5.23	3.04	3.13	-17.84
EPS	1,234	822	326	193	-4,205	-284	-2,294	-169	484	1,827	2,628	3,864	4,828	3,451	1,631	2,865	4,521	1,874	-6,708
배당금	650	650	650	250	0	0	0	0	150	100	350	600	700	650	550	600	600	450	100
ROE	5.30	2.89	1.46	0.91	-31.80	1.09	12.72	-0.94	9.9	9.09	12.10	13.22	15.96	10.90	5.28	6.62	3.50	4.12	-17.57
직원의 수					616	562	416	399	463	500	541	570	532	533	493	489	437	455	330
연봉정보					19	17	24	22	20	21	23	27	31	25	33	34	38	36	41

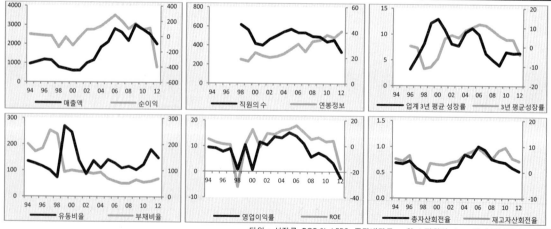

단위 : 성장률, ROE-% / EPS, 주당배당금 - 원 / 직원의 수 - 명 / 연봉정보 - 백만

• 한솔테크닉스 (유가증권 / 004710)
- 전자관 제조업

구분	94	95	96	97	98	99	00	01	02	03	04	05	06	07	08	09	10	11	12
성장률	-38.11	2.57	-32.83	-99.56	198.60	-40.20	2.23	-61.07	-135.9	2.33	2.42	33.96	35.25	7.21	4.37	15.51	3.55	-10.27	-58.34
EPS	-2,363	207	-3,027	-4,409	-8,914	-1,682	48	-8,229	-7,752	219	179	3,526	6,096	1,560	1,004	3,248	1,128	-2,408	-8,096
배당금					0	0	0	0	0	0	0	250	500	250	250	250	250	0	0
ROE	-38.11	2.57	-32.83	-99.56	198.60	-40.20	2.23	-61.07	-135.9	2.33	2.42	36.55	38.40	8.59	5.82	16.80	4.56	-10.27	-58.34
직원의 수					210	250	382	431	562	916	934	2,179	1,872	1,194	1,273	1,325	1,595	1,043	1,001
연봉정보					32	27	17	18	16	15	22	15	27	31	29	39	37	46	48

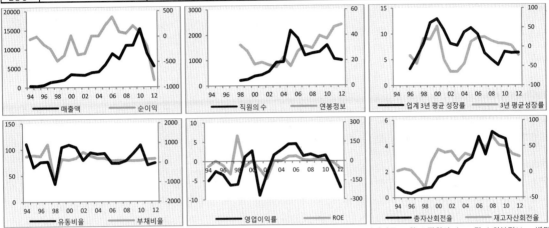

단위 : 성장률, ROE-% / EPS, 주당배당금 - 원 / 직원의 수 - 명 / 연봉정보 - 백만
2010년 12월, 한솔테크닉스주식회사로 상호 변경하였습니다.

• 동아엘텍 (코스닥 / 088130)
- 전자기 측정, 시험 및 분석기구 제조업

구분	94	95	96	97	98	99	00	01	02	03	04	05	06	07	08	09	10	11	12
성장률										24.38	18.40	28.27	19.87	15.01	-1.22	14.54	11.56	7.94	0.62
EPS										439	406	869	1,160	937	-73	1,046	848	579	91
배당금										0	0	0	0	120	0	120	120	50	50
ROE									17.9	24.38	18.40	28.27	19.87	17.21	-1.22	16.42	13.46	8.69	1.38
직원의 수											66	62	56	63	70	72	78		
연봉정보											42	44	46	52	54	55	56		

단위 : 성장률, ROE-% / EPS, 주당배당금 - 원 / 직원의 수 - 명 / 연봉정보 - 백만
2003년 사업보고서 미공시로 인하여 EPS는 감사보고서를 기준으로, 배당금은 0으로 간주해 성장률을 계산하였습니다.
03년 성장률은 업계 3년 평균성장률 계산 과정에서 제외하였습니다.

• 연이정보통신 (코스닥 / 090740)

- 전자기기부품 제조업

구분	94	95	96	97	98	99	00	01	02	03	04	05	06	07	08	09	10	11	12
성장률												36.56	20.48	11.55	12.00	10.96	4.43	2.96	2.03
EPS												718	443	347	366	407	179	120	84
배당금												0	0	0	0	0	0	0	0
ROE											51.23	36.56	20.48	11.55	12.00	10.96	4.43	2.96	2.03
직원의 수														228	284	280	293	154	1,600
연봉정보														25	25	23	25	22	12

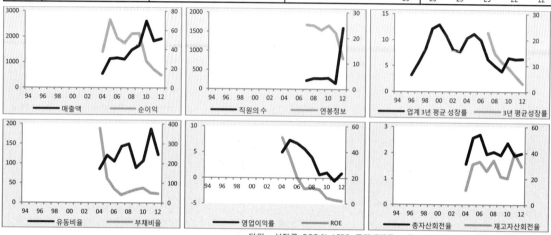

단위 : 성장률, ROE-% / EPS, 주당배당금 – 원 / 직원의 수 – 명 / 연봉정보 – 백만
1기(2003년) 자료는 표와 그래프에서 제외하였습니다.

• 토비스 (코스닥 / 051360)

- 전자부품, 컴퓨터, 영상, 음향 및 통신장비 제조업

구분	94	95	96	97	98	99	00	01	02	03	04	05	06	07	08	09	10	11	12
성장률							-282.8	24.23	9.2	23.83	12.73	13.67	0.39	-13.89	15.12	5.67	9.03	20.98	12.88
EPS							-401	378	135	457	442	411	10	-339	504	232	377	1,063	714
배당금							0	0	0	0	50	50	0	0	50	50	50	100	50
ROE							-282.8	24.23	9.2	23.83	14.35	15.57	0.39	-13.89	16.78	7.23	10.41	23.16	13.85
직원의 수											102	96	87	178	168	179	199	211	220
연봉정보											20	24	27	36	44	43	41	52	49

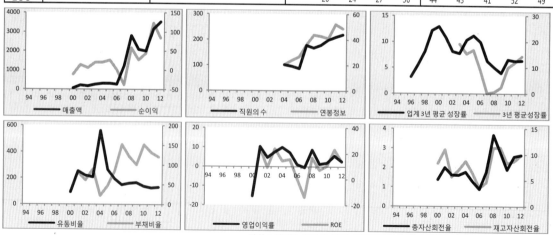

단위 : 성장률, ROE-% / EPS, 주당배당금 – 원 / 직원의 수 – 명 / 연봉정보 – 백만
2000년~2001년 사업보고서 미공시로 인하여 EPS는 감사보고서를 기준으로, 배당금은 0으로 간주해 성장률을 계산하였습니다.
00년~01년 성장률은 업계 3년 평균성장률 계산 과정에서 제외하였습니다.

• 다윈텍 (코스닥 / 077280)

- 전자집적회로 제조업

구 분	94	95	96	97	98	99	00	01	02	03	04	05	06	07	08	09	10	11	12
성장률									31.8	44.85	10.92	7.78	11.72	6.36	2.13	-16.24	-8.64	1.85	-6.59
EPS									712	1,407	1,181	878	1,347	1,018	226	-920	-599	96	-322
배당금									250	0	250	200	250	300	50	0	0	0	0
ROE							16.68	41.89	48.9	44.85	13.85	10.08	14.40	9.02	2.74	-16.24	-8.64	1.85	-6.59
직원의 수											39	40	46	44	57	55	45	30	53
연봉정보											36	38	38	40	37	44	48	45	34

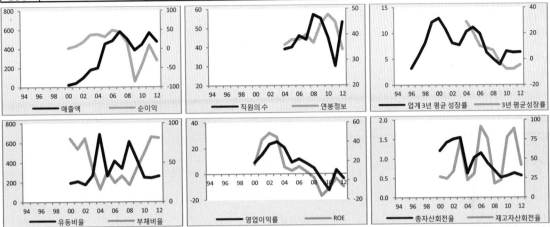

단위 : 성장률, ROE-% / EPS, 주당배당금 - 원 / 직원의 수 - 명 / 연봉정보 - 백만
2008 년 9 월, 최대주주가 ㈜에이에스이에서 소프트포럼㈜으로 변경되었습니다.

• 티엘아이 (코스닥 / 062860)

- 전자집적회로 제조업

구 분	94	95	96	97	98	99	00	01	02	03	04	05	06	07	08	09	10	11	12
성장률								-4.17	-275.7	6.52	6.71	41.61	15.22	10.77	11.73	16.97	11.63	-2.05	-3.87
EPS								-54	-947	239	58	1,671	1,236	1,026	2,448	2,346	1,539	-242	-443
배당금								0	0	0	0	0	220	260	350	500	240	0	0
ROE								-4.17	-275.7	6.52	6.71	41.61	18.51	14.42	13.69	21.57	13.78	-2.05	-3.87
직원의 수													36	52	61	79	100	108	108
연봉정보													46	56	49	63	56	51	53

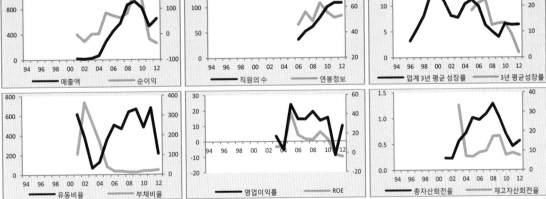

단위 : 성장률, ROE-% / EPS, 주당배당금 - 원 / 직원의 수 - 명 / 연봉정보 - 백만
2001년~2003년 사업보고서 미공시로 인하여 EPS는 감사보고서를 기준으로, 배당금은 0으로 간주해 성장률을 계산하였습니다.
2001년~2002년 재고자산회전율(재고자산=0)과 2002년 영업이익률, ROE(대규모 적자)은 그래프에서 제외하였습니다.
01년~03년 성장률은 업계 3년 평균성장률 계산 과정에서 제외하였습니다.

· 현대아이비티 (코스닥 / 048410)
- 컴퓨터 및 주변장치 제조업

구분	94	95	96	97	98	99	00	01	02	03	04	05	06	07	08	09	10	11	12
성장률							10.82	20.14	1.3	3.21	1.12	-15.20	자본잠식	3.48	10.44	-37.26	-23.55	-129.8	-35.45
EPS							113	147	39	57	11	-129	-1,146	74	55	-149	-73	-1,826	-349
배당금							0	0	25	25	0	0	0	0	0	0	0	0	0
ROE							10.82	20.14	3.7	5.75	1.12	-15.20	자본잠식	3.48	10.44	-37.26	-23.55	-129.8	-35.45
직원의 수										169	209	206	127	115	121	89	88	81	56
연봉정보										39	36	40	59	39	46	46	46	49	50

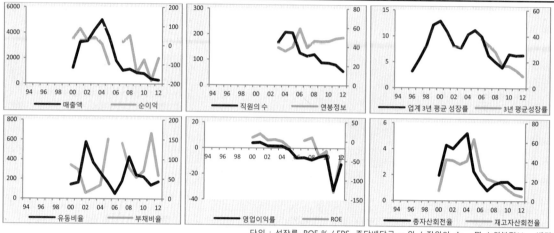

단위 : 성장률, ROE-% / EPS, 주당배당금 – 원 / 직원의 수 – 명 / 연봉정보 – 백만
2012년 3월, 현대아이티㈜에서 현대아이비티㈜로 상호 변경하였습니다.
자본잠식으로 인해, 계산 불가한 값(2006년 부채비율, ROE)은 그래프에서 제외하였습니다.
2006년 순이익(대규모적자)은 그래프에서 제외하였습니다.

· 디에스케이 (코스닥 / 109740)
- 평판디스플레이 제조용 기계 제조업

구분	94	95	96	97	98	99	00	01	02	03	04	05	06	07	08	09	10	11	12
성장률											29.37	41.77	43.18	14.52	25.99	10.88	14.33	15.86	-2.66
EPS											993	2,830	1,005	487	1,121	402	586	761	-115
배당금											0	0	0	0	0	0	50	50	0
ROE											29.37	41.77	43.18	14.52	25.99	10.88	15.66	16.98	-2.66
직원의 수															73	86	83	70	
연봉정보															34	39	37	40	

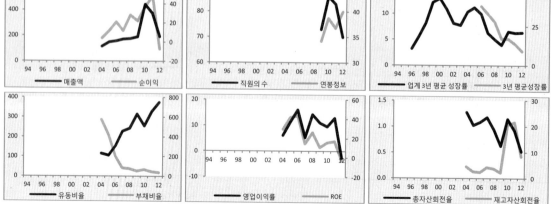

단위 : 성장률, ROE-% / EPS, 주당배당금 – 원 / 직원의 수 – 명 / 연봉정보 – 백만
2004년~2006년 사업보고서 미공시로 인하여 EPS는 감사보고서를 기준으로, 배당금은 0으로 간주해 성장률을 계산하였습니다.
04년~06년 성장률은 업계 3년 평균성장률 계산 과정에서 제외하였습니다.

• 위지트 (코스닥 / 036090)

- 평판디스플레이 제조용 기계 제조업

구분	94	95	96	97	98	99	00	01	02	03	04	05	06	07	08	09	10	11	12
성장률				14.89	19.85	10.65	4.82	-8.76	1.6	1.71	1.20	-11.24	2.06	-34.22	-165.7	자본잠식	12.95	5.66	13.92
EPS				895	1,741	763	270	-83	13	13	9	-97	111	-957	-1,443	-1,220	45	17	54
배당금				0	0	0	0	0	0	0	0	0	0	0	0	0	0	0	0
ROE				14.89	19.85	10.65	4.82	-8.76	1.6	1.71	1.20	-11.24	2.06	-34.22	-165.7	자본잠식	12.95	5.66	13.92
직원의 수								164	162	136	125	209	222	252	168	166	123	133	140
연봉정보								16	20	23	22	25	25	26	22	30	26	32	38

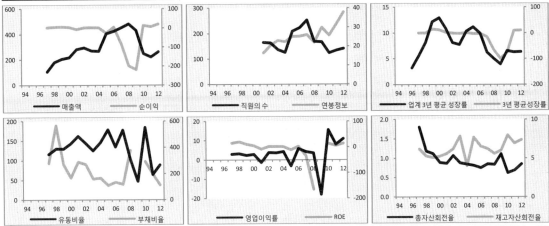

단위 : 성장률, ROE-% / EPS, 주당배당금 - 원 / 직원의 수 - 명 / 연봉정보 - 백만
자본잠식으로 인해, 계산 불가한 값(2009년 부채비율, ROE 및 성장률)은 제외 및 보정하였습니다.
2004년 12월, 금호미터텍㈜에서 ㈜위지트로 상호 변경하였습니다.

• 탑엔지니어링 (코스닥 / 065130)

- 평판디스플레이 제조용 기계 제조업

구분	94	95	96	97	98	99	00	01	02	03	04	05	06	07	08	09	10	11	12
성장률							16.61	29.24	49.6	16.96	27.43	12.71	3.52	0.91	4.78	10.65	7.68	8.60	1.68
EPS							105	264	889	841	1,511	837	259	204	397	999	749	781	146
배당금							0	0	0	0	150	100	50	150	100	100	100	0	0
ROE					5.74	72.08	16.61	29.24	49.6	16.96	30.46	14.44	4.37	3.44	6.38	11.83	8.86	8.60	1.68
직원의 수									84	154	175	171	155	157	185	188	195	220	193
연봉정보									17	17	28	41	33	34	42	30	41	39	46

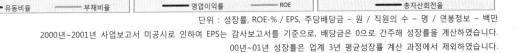

단위 : 성장률, ROE-% / EPS, 주당배당금 - 원 / 직원의 수 - 명 / 연봉정보 - 백만
2000년~2001년 사업보고서 미공시로 인하여 EPS는 감사보고서를 기준으로, 배당금은 0으로 간주해 성장률을 계산하였습니다.
00년~01년 성장률은 업계 3년 평균성장률 계산 과정에서 제외하였습니다.

· HB 테크놀러지 (코스닥 / 078150)

- 평판디스플레이 제조용 기계 제조업

구분	94	95	96	97	98	99	00	01	02	03	04	05	06	07	08	09	10	11	12
성장률							1.66	-97.19	22.9	44.65	19.27	1.65	-5.27	-13.22	-165.4	7.50	0.85	-29.11	-79.94
EPS							-22	-587	179	632	490	35	-143	-241	-1,510	47	12	-138	-285
배당금							0	0	0	0	0	0	0	0	0	0	0	0	0
ROE							1.66	-97.19	22.9	44.65	19.27	1.65	-5.27	-13.22	-165.4	7.50	0.85	-29.11	-79.94
직원의 수											199	190	177	142	119	84	102	119	122
연봉정보											21	33	33	43	37	44	51	45	47

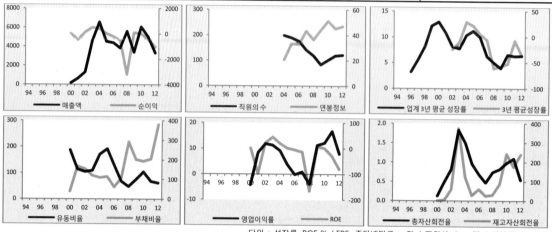

단위 : 성장률, ROE-% / EPS, 주당배당금 – 원 / 직원의 수 – 명 / 연봉정보 – 백만
2000년~2001년 사업보고서 미공시로 인하여 EPS는 감사보고서를 기준으로, 배당금은 0으로 간주해 성장률을 계산하였습니다.
00년~01년 성장률은 업계 3년 평균성장률 계산 과정에서 제외하였습니다.

· LIG 에이디피 (코스닥 / 079950)

- 평판디스플레이 제조용 기계 제조업

구분	94	95	96	97	98	99	00	01	02	03	04	05	06	07	08	09	10	11	12
성장률									50.3	21.97	40.02	15.83	6.88	-27.32	18.07	-42.42	19.63	-3.21	-61.95
EPS									506	457	647	359	164	-513	532	-700	587	-75	-886
배당금									0	0	0	0	0	0	100	0	100	0	0
ROE								-6.52	50.3	21.97	40.02	15.83	6.88	-27.32	22.25	-42.42	23.66	-3.21	-61.95
직원의 수										213	199	194	172		245	265	273	261	213
연봉정보										32	38	36	39		42	44	41	56	49

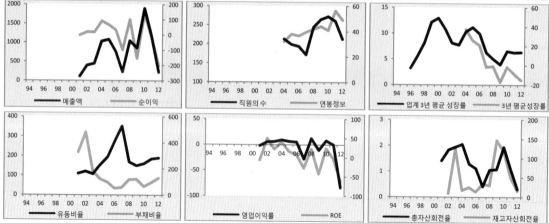

단위 : 성장률, ROE-% / EPS, 주당배당금 – 원 / 직원의 수 – 명 / 연봉정보 – 백만
2010년 3월, ㈜에이디피엔지니어링에서 LIG에이디피㈜로 상호 변경하였습니다.

• 미래나노텍 (코스닥 / 095500)
- 플라스틱 적층, 도포 및 기타 표면처리 제품 제조업

구분	94	95	96	97	98	99	00	01	02	03	04	05	06	07	08	09	10	11	12
성장률												9.24	37.43	7.00	5.76	16.86	13.01	5.11	9.13
EPS												805	3,741	1,243	399	1,476	1,083	455	890
배당금												0	0	170	60	130	90	60	110
ROE										13.13	4.64	9.24	37.43	8.11	6.79	18.49	14.19	5.89	10.42
직원의 수														246	306	341	438	545	905
연봉정보														26	38	36	31	34	30

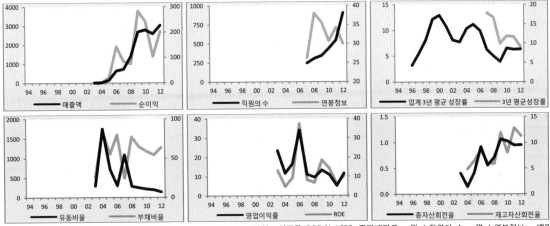

단위 : 성장률, ROE-% / EPS, 주당배당금 - 원 / 직원의 수 - 명 / 연봉정보 - 백만

• 신화인터텍 (코스닥 / 056700)
- 플라스틱 적층, 도포 및 기타 표면처리 제품 제조업

구분	94	95	96	97	98	99	00	01	02	03	04	05	06	07	08	09	10	11	12
성장률				0.26	30.00	40.37	26.32	9.77	5.5	1.54	0.23	18.20	3.55	-12.50	1.25	30.16	-13.15	-44.91	-11.60
EPS				6	495	1,248	454	240	108	29	4	482	120	-419	40	1,714	-706	-1,677	-436
배당금				0	0	0	0	15	17	0	0	0	0	0	0	50	0	0	0
ROE				0.26	30.00	40.37	26.32	10.42	6.5	1.54	0.23	18.20	3.55	-12.50	1.25	31.07	-13.15	-44.91	-11.60
직원의 수								104	135	153	186	293	486	518	602	542	546	473	386
연봉정보								21	16	19	21	20	24	29	29	37	37	37	31

단위 : 성장률, ROE-% / EPS, 주당배당금 - 원 / 직원의 수 - 명 / 연봉정보 - 백만
2000년 4월, 신화물산주식회사에서 신화인터텍주식회사로 상호 변경하였습니다.

• 케이엔더블유 (코스닥 / 105330)

- 플라스틱 적층, 도포 및 기타 표면처리 제품 제조업

구분	94	95	96	97	98	99	00	01	02	03	04	05	06	07	08	09	10	11	12
성장률												49.47	41.26	20.62	27.41	28.79	11.92	3.50	-7.87
EPS												214	304	48	899	2,254	956	392	-617
배당금												0	0	0	0	0	0	100	0
ROE												49.47	41.26	20.62	27.41	28.79	11.92	4.69	-7.87
직원의 수																129	156	136	117
연봉정보																28	28	30	31

단위 : 성장률, ROE-% / EPS, 주당배당금 – 원 / 직원의 수 – 명 / 연봉정보 – 백만
2008년 8월, 케이.엠.더블유로에서 케이엔더블유로 상호 변경하였습니다.

• 오성엘에스티 (코스닥 / 052420)

- 기타 가공공작기계 제조업

구분	94	95	96	97	98	99	00	01	02	03	04	05	06	07	08	09	10	11	12
성장률				22.69	20.08	17.54	24.11	2.04	5.5	16.14	4.91	-48.71	-20.63	58.24	0.90	5.01	1.96	-13.92	-290.4
EPS				935	214	384	250	35	90	534	159	-1,053	-336	2,942	37	254	142	-843	-4,471
배당금				0	0	0	0	0	0	60	30	0	0	0	0	0	0	0	0
ROE				22.69	20.08	17.54	24.11	2.04	5.5	18.18	6.05	-48.71	-20.63	58.24	0.90	5.01	1.96	-13.92	-290.4
직원의 수								80	91	107	171	157	134	231	257	364	313	304	276
연봉정보								22	25	24	22	31	33	30	33	29	31	32	37

단위 : 성장률, ROE-% / EPS, 주당배당금 – 원 / 직원의 수 – 명 / 연봉정보 – 백만
1999년 12월, ㈜오성과학에서 오성엘에스티㈜로 상호 변경하였습니다.

• 삼진엘앤디 (코스닥 / 054090)
- 기타 전자부품 제조업

구분	94	95	96	97	98	99	00	01	02	03	04	05	06	07	08	09	10	11	12
성장률						12.00	4.43	6.95	12.7	19.09	11.43	11.97	-7.53	-5.25	2.98	-22.10	4.87	1.88	7.62
EPS						1,056	140	304	557	1,078	850	991	-451	-271	265	-1,150	284	117	368
배당금						0	0	0	0	50	120	120	50	50	70	0	0	0	70
ROE						12.00	4.43	6.95	12.7	20.02	13.31	13.62	-6.78	-4.43	4.06	-22.10	4.87	1.88	9.41
직원의 수										295	279	324	346	360	394	280	259	208	203
연봉정보										16	20	22	25	26	23	34	28	27	24

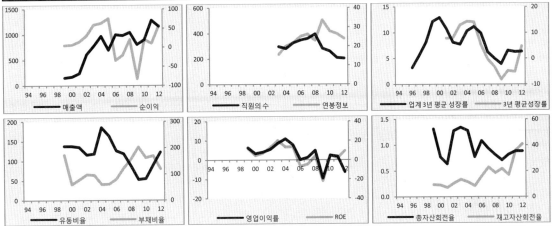

단위 : 성장률, ROE-% / EPS, 주당배당금 - 원 / 직원의 수 - 명 / 연봉정보 - 백만
2003년 7월, ㈜삼진기연에서 ㈜삼진엘앤디로 상호 변경하였습니다.

• 새로닉스 (코스닥 / 042600)
- 기타 전자부품 제조업

구분	94	95	96	97	98	99	00	01	02	03	04	05	06	07	08	09	10	11	12
성장률					29.44	29.79	9.97	6.68	0.1	3.59	3.86	4.19	5.16	-10.15	16.55	8.12	3.73	-3.22	-9.52
EPS					727	756	289	210	29	130	133	153	187	-288	593	342	280	-125	-335
배당금					0	0	0	0	25	25	30	40	30	0	0	30	40	0	0
ROE					29.44	29.79	9.97	6.68	0.9	4.44	4.98	5.67	6.15	-10.15	16.55	8.90	4.36	-3.22	-9.52
직원의 수									109	128	141	149	147	120	105	125	141	871	908
연봉정보									25	20	22	29	25	28	26	26	24	14	33

단위 : 성장률, ROE-% / EPS, 주당배당금 - 원 / 직원의 수 - 명 / 연봉정보 - 백만
2000년 2월, ㈜정화에서 ㈜새로닉스로 상호 변경하였습니다.

• 우리이티아이 (코스닥 / 082850)
- 기타 전자부품 제조업

구분	94	95	96	97	98	99	00	01	02	03	04	05	06	07	08	09	10	11	12
성장률							-1.56	-22.19	-17.1	1.41	40.65	19.81	20.69	12.87	14.85	15.90	3.46	-6.53	-15.10
EPS							-38	-89	-66	16	810	1,044	1,071	845	1,106	864	259	-252	-598
배당금							0	0	0	0	0	50	50	75	100	75	50	50	0
ROE							-1.56	-22.19	-17.1	1.41	40.65	20.81	21.70	14.13	16.33	17.41	4.28	-5.45	-15.10
직원의 수												603	727	808	830	912	621	42	35
연봉정보												16	23	27	33	22	19	36	71

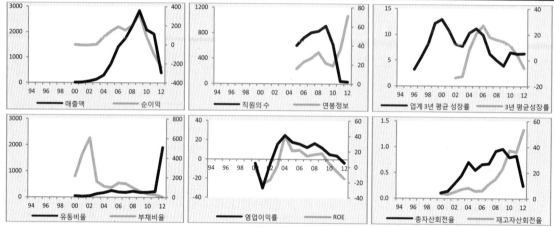

단위 : 성장률, ROE-% / EPS, 주당배당금 - 원 / 직원의 수 - 명 / 연봉정보 - 백만
2000년~2002년 사업보고서 미공시로 인하여 EPS는 감사보고서를 기준으로, 배당금은 0으로 간주해 성장률을 계산하였습니다.
00년~02년 성장률은 업계 3년 평균성장률 계산 과정에서 제외하였습니다.

• 우주일렉트로닉스 (코스닥 / 065680)
- 기타 전자부품 제조업

구분	94	95	96	97	98	99	00	01	02	03	04	05	06	07	08	09	10	11	12
성장률							30.73	1.52	22.8	22.37	22.37	33.45	17.88	23.45	17.44	33.17	18.20	6.25	4.54
EPS							715	35	508	885	826	2,010	797	1,302	1,000	3,299	2,669	1,017	799
배당금							0	0	0	0	0	100	100	120	50	200	150	100	100
ROE							30.73	1.52	22.8	22.37	22.37	35.20	20.45	25.83	18.35	35.31	19.28	6.93	5.19
직원의 수										101	125	199	223	268	281	429	509	540	732
연봉정보										25	26	31	30	29	30	36	34	32	34

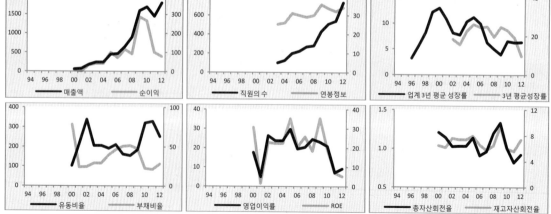

단위 : 성장률, ROE-% / EPS, 주당배당금 - 원 / 직원의 수 - 명 / 연봉정보 - 백만
1999년 8월, 우주전자에서 ㈜우주일렉트로닉스로 상호 변경하였습니다.

• 제이엠티 (코스닥 / 094970)

- 기타 전자부품 제조업

구분	94	95	96	97	98	99	00	01	02	03	04	05	06	07	08	09	10	11	12
성장률										자본잠식	68.46	22.39	10.64	11.43	14.07	-0.53	5.24	-0.85
EPS											223	101	195	207	301	88	118	-19
배당금											0	0	0	0	0	100	0	0
ROE										자본잠식	68.46	22.39	10.64	11.43	14.07	3.91	5.24	-0.85
직원의 수											123		172	263	272	251	246
연봉정보											28		24	26	33	33	38

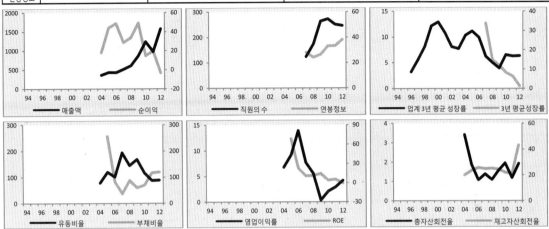

단위 : 성장률, ROE-% / EPS, 주당배당금 - 원 / 직원의 수 - 명 / 연봉정보 - 백만
자본잠식으로 인해, 계산 불가한 값(2004년 부채비율, ROE 및 성장률)은 그래프에서 제외하였습니다.
2010년 3월, 제이엠텔레콤㈜에서 제이엠티㈜로 상호 변경하였습니다.

• 한국컴퓨터 (코스닥 / 054040)

- 기타 전자부품 제조업

구분	94	95	96	97	98	99	00	01	02	03	04	05	06	07	08	09	10	11	12
성장률				8.71	-31.17	9.92	25.79	31.86	16.1	15.29	18.09	8.25	0.97	-3.28	8.36	5.50	14.04	6.10	4.74
EPS				74	-135	76	307	519	542	675	946	461	230	-47	379	314	750	358	338
배당금				20	0	0	0	0	125	200	250	200	200	50	100	120	180	120	120
ROE				11.92	-31.17	9.92	25.79	31.86	20.9	21.73	24.58	14.57	7.47	-1.59	11.36	8.90	18.47	9.18	7.35
직원의 수					220	342			459	591	520	508	308	348	359	376	312	294
연봉정보					15	17			20	14	21	23	28	19	27	29	28	33

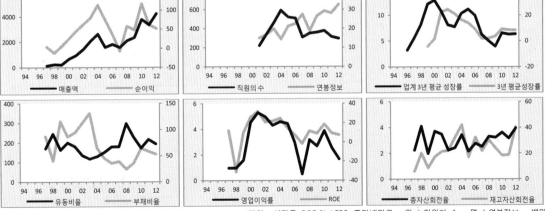

단위 : 성장률, ROE-% / EPS, 주당배당금 - 원 / 직원의 수 - 명 / 연봉정보 - 백만
2012년 9월, 한국트로닉스주식회사에서 한국컴퓨터주식회사로 상호 변경하였습니다.

• 휘닉스소재 (코스닥 / 050090)
- 기타 전자부품 제조업

구분	94	95	96	97	98	99	00	01	02	03	04	05	06	07	08	09	10	11	12
성장률							15.99	13.47	-31.6	30.66	18.68	13.50	7.39	-359.8	-28.32	0.26	-3.43	-18.91	40.80
EPS							102	184	-254	362	456	431	286	-1,913	-148	3	-26	-135	462
배당금							0	0	0	0	10	100	100	0	0	0	0	0	0
ROE							15.99	13.47	-31.6	30.66	19.10	17.57	11.36	-359.8	-28.32	0.26	-3.43	-18.91	40.80
직원의 수											223	186	205	189	136	124	204	203	181
연봉정보											14	37	32	41	40	30	33	43	48

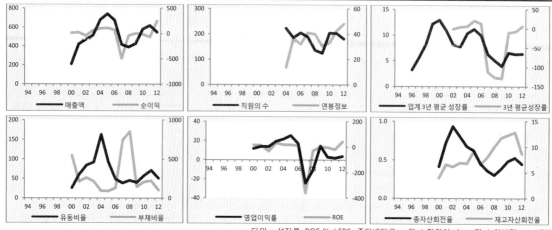

단위 : 성장률, ROE-% / EPS, 주당배당금 – 원 / 직원의 수 – 명 / 연봉정보 – 백만
2000년~2001년 사업보고서 미공시로 인하여 EPS는 감사보고서를 기준으로, 배당금은 0으로 간주해 성장률을 계산하였습니다.
00년~01년 성장률은 업계 3년 평균성장률 계산 과정에서 제외하였습니다.

• 동부라이텍 (코스닥 / 045890)
- 기타 특수목적용 기계 제조업

구분	94	95	96	97	98	99	00	01	02	03	04	05	06	07	08	09	10	11	12
성장률									10.7	11.95	30.52	13.52	6.03	15.97	9.16	-4.79	-31.92	-61.47	6.45
EPS									96	167	499	321	119	500	828	-380	-768	-1,366	-272
배당금									0	44	53	61	0	0	0	0	0	0	0
ROE								12.73	10.7	16.23	34.15	16.69	6.03	15.97	9.16	-4.79	-31.92	-61.47	6.45
직원의 수											80	95	123	332	385	286	223	259	
연봉정보											28	32	21	22	23	33	39	36	

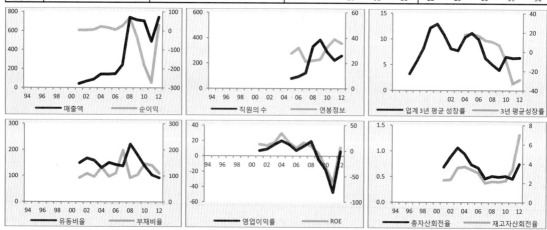

단위 : 성장률, ROE-% / EPS, 주당배당금 – 원 / 직원의 수 – 명 / 연봉정보 – 백만
2002년 사업보고서 미공시로 인하여 EPS는 감사보고서를 기준으로, 배당금은 0으로 간주해 성장률을 계산하였습니다.
02년 성장률은 업계 3년 평균성장률 계산 과정에서 제외하였습니다.

• 에스에프에이 (코스닥 / 056190)
- 기타 특수목적용 기계 제조업

구분	94	95	96	97	98	99	00	01	02	03	04	05	06	07	08	09	10	11	12
성장률						50.73	58.12	24.85	16.3	18.11	24.69	27.67	24.89	14.48	11.18	4.80	16.97	15.37	14.18
EPS						547	1,103	1,563	1,092	1,661	3,008	4,806	5,890	4,615	2,800	1,019	3,185	4,275	3,900
배당금						0	0	75	250	350	750	1,100	1,200	1,400	1,400	400	500	1,280	1,000
ROE						50.73	58.12	26.10	21.2	22.95	32.88	35.88	31.26	20.78	22.35	7.90	20.13	21.94	19.07
직원의 수							285	295		400	470	486	529	486	662	642	734	798	734
연봉정보							37	39		49	70	68	69	68	50	53	70	75	60

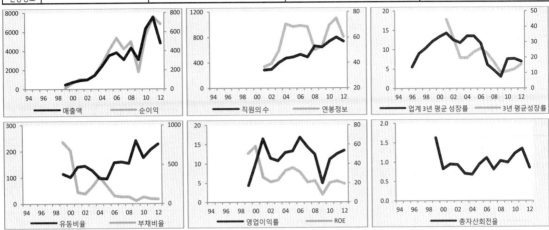

단위 : 성장률, ROE-% / EPS, 주당배당금 – 원 / 직원의 수 – 명 / 연봉정보 – 백만
1998년 12월, 삼성항공(현 삼성테크윈)의 자동화사업부가 분사하면서 설립되었습니다.

• 에스엔유 (코스닥 / 080000)
- 기타 특수목적용 기계 제조업

구분	94	95	96	97	98	99	00	01	02	03	04	05	06	07	08	09	10	11	12
성장률									1.1	18.79	68.64	25.76	6.85	-15.67	13.22	-11.11	5.74	-17.01	-35.96
EPS									17	61	13,901	4,166	1,098	-2,061	2,121	-1,498	453	-828	-1,291
배당금									0	0	0	150	0	0	100	0	50	0	0
ROE							-6.99	-10.52	1.1	18.79	68.64	26.72	7.18	-15.67	13.87	-11.11	6.45	-17.01	-35.96
직원의 수										93	133	129	153		172	240	288	360	247
연봉정보										24	36	34	31		33	32	36	35	40

단위 : 성장률, ROE-% / EPS, 주당배당금 – 원 / 직원의 수 – 명 / 연봉정보 – 백만
1998년 2월, 서울대학교 신기술창업네트워크를 통해 설립하였습니다.
2009년 1월, 에이엔에스㈜와 합병하였습니다.

• 톱텍 (코스닥 / 108230)
- 기타 특수목적용 기계 제조업

구분	94	95	96	97	98	99	00	01	02	03	04	05	06	07	08	09	10	11	12
성장률											33.81	8.72	28.05	23.71	35.08	16.18	16.92	20.75	8.97
EPS											65	82	367	537	1,443	1,504	788	1,217	573
배당금											0	0	0	0	0	100	0	0	0
ROE											33.81	8.72	28.05	23.71	35.08	17.33	16.92	20.75	8.97
직원의 수																162	230	268	266
연봉정보																31	36	46	46

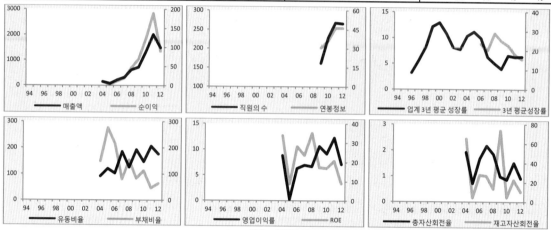

단위 : 성장률, ROE-% / EPS, 주당배당금 - 원 / 직원의 수 - 명 / 연봉정보 - 백만
2004년~2006년 사업보고서 미공시로 인하여 EPS는 감사보고서를 기준으로, 배당금은 0으로 간주해 성장률을 계산하였습니다.
04년~06년 성장률은 업계 3년 평균성장률 계산 과정에서 제외하였습니다.

• DMS (코스닥 / 068790)
- 기타 특수목적용 기계 제조업

구분	94	95	96	97	98	99	00	01	02	03	04	05	06	07	08	09	10	11	12
성장률							27.93	18.50	23.4	42.16	39.33	16.81	12.05	5.85	17.82	-21.89	6.61	2.86	-44.37
EPS							586	403	668	2,091	2,434	1,139	939	428	1,091	-1,479	558	249	-2,670
배당금							0	0	0	0	0	100	100	0	0	0	0	0	0
ROE							27.93	18.50	23.4	42.16	39.33	18.43	13.48	5.85	17.82	-21.89	6.61	2.86	-44.37
직원의 수											212	246	292	315	416	447	574	528	306
연봉정보											32	44	41	36	42	44	41	47	65

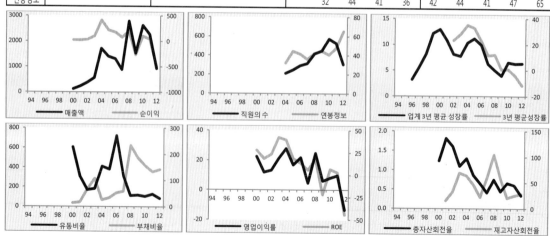

단위 : 성장률, ROE-% / EPS, 주당배당금 - 원 / 직원의 수 - 명 / 연봉정보 - 백만
2000년~2001년 사업보고서 미공시로 인하여 EPS는 감사보고서를 기준으로, 배당금은 0으로 간주해 성장률을 계산하였습니다.
00년~01년 성장률은 업계 3년 평균성장률 계산 과정에서 제외하였습니다.

• 이그잭스 (코스닥 / 060230)

- 기타 화학제품 제조업

구분	94	95	96	97	98	99	00	01	02	03	04	05	06	07	08	09	10	11	12
성장률							18.62	26.38	-20.1	-24.11	-45.76	-70.52	30.84	-63.12	-31.55	-27.42	-107.9	-546.4	41.29
EPS							123	217	-241	-235	-750	-548	386	-492	-398	415	-2,831	-5,971	680
배당금							0	0	0	0	0	0	0	0	0	0	0	0	0
ROE							18.62	26.38	-20.1	-24.11	-45.76	-70.52	30.84	-63.12	-31.55	-27.42	-107.9	-546.4	41.29
직원의 수									40	35	47	26	37	19	15	15	168	143	96
연봉정보									31	36	34	26	39	43	13	49	28	40	38

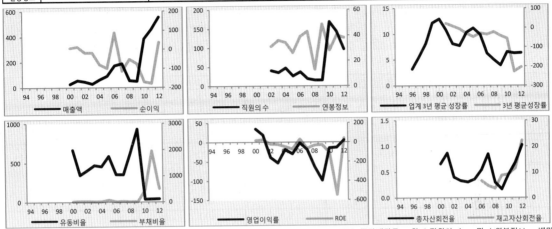

단위 : 성장률, ROE-% / EPS, 주당배당금 - 원 / 직원의 수 - 명 / 연봉정보 - 백만
2010년, ㈜이그잭스를 흡수 합병하였으며 해당 재무자료는 합병 전, 후로 구분하였습니다.

· 반도체

2012년 반도체 상장기업(삼성전자 반도체 사업부 제외)의 전체 매출액은 약 21조원(전년대비 약 3% 감소)이며, 총 당기순이익은 318억 적자를 기록하였습니다. 아래 표와 그래프를 통해, 최근 3년 매출이 정체하였고 최근 3년 이익이 급격히 하락(흑자에서 적자로 전환)했음을 알 수 있습니다. 평균성장률은 4.4%(전년대비 3.1%p 감소)이며, ROE는 4.8%(전년대비 3.4%p 감소)를 기록하였습니다.
(총 매출액, 당기순이익은 단순합계액이며, 성장률 및 ROE는 단순평균값입니다)

해당 산업의 직원 수는 약 4만 6천명(전년대비 약 2% 증가)이며, 최근 평균연봉(2012년)은 4천 8백만원(전년대비 약 14% 증가)입니다. 최근 3년 동안, 반도체 산업은 평균 7.46% 성장하였으나 수익성(ROE)은 낮아지고 있는 모습입니다. 최근 3년 유동비율은 약 198.8%, 부채비율은 98.7%를 기록하고 있습니다.

구 분	총매출액	총 당기순이익	평균성장률	평균 ROE	총 직원수	연봉정보
94	2,651	143	11.1	12.5		
95	4,850	873	8.5	8.8		
96	4,287	117	14.0	14.5		
97	5,402	-123	9.3	10.3		
98	6,443	-110	6.2	9.0	17,202	24
99	8,279	340	9.9	10.2	27,697	17
00	12,105	-2,320	11.3	12.6	29,736	25
01	6,799	-5,150	5.3	5.8	21,158	26
02	6,238	-1,888	2.7	4.5	20,955	26
03	7,488	-1,588	7.0	10.1	22,101	27
04	12,596	2,066	11.5	12.1	21,765	36
05	12,674	2,184	10.5	13.3	27,110	35
06	15,199	2,344	8.5	9.8	30,970	37
07	16,634	700	9.0	11.1	36,373	36
08	14,829	-5,249	3.0	3.8	37,160	38
09	15,308	-333	4.8	5.6	36,465	35
10	23,309	3,325	10.4	11.1	40,752	46
11	21,755	438	7.5	8.2	44,968	42
12	21,139	-318	4.4	4.8	46,155	48

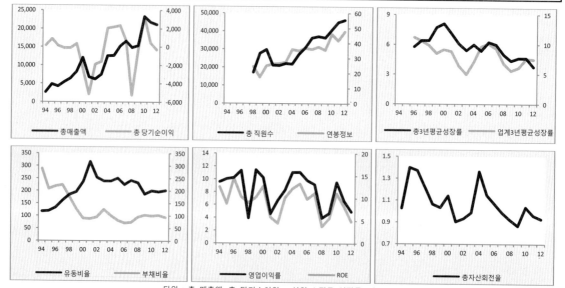

단위 : 총 매출액, 총 당기순이익 – 십억 / 평균 성장률, 평균 ROE - % / 총 직원 수 – 명 / 연봉정보 – 백만
연봉정보는 1 인당 평균 급여액이며, 대상기업들의 연간 총 급여액을 총 직원의 수로 나눈 금액입니다.
업계 3 년 평균 성장률은 반도체업종 전체 상장사의 평균이며, 사업보고서에 근거한 자료만으로 만들었습니다.

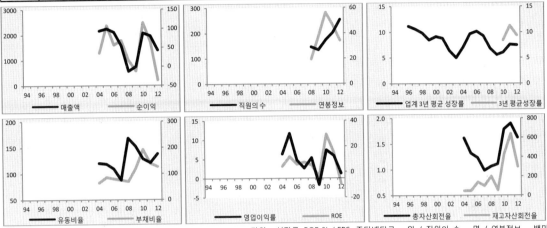

• 신성이엔지 (유가증권 / 104110)

- 공기조화장치 제조업

구분	94	95	96	97	98	99	00	01	02	03	04	05	06	07	08	09	10	11	12
성장률															4.55	-3.87	24.72	12.92	-9.49
EPS															185	-134	655	367	-203
배당금															25	0	100	50	0
ROE											4.36	11.80	5.95	7.50	5.26	-3.87	29.18	14.96	-9.49
직원의 수															145	133	173	202	253
연봉정보															19	37	56	46	34

단위 : 성장률, ROE-% / EPS, 주당배당금 - 원 / 직원의 수 - 명 / 연봉정보 - 백만

2008년 인적 분할(신성솔라에너지, 신성이엔지, 신성에프에이)로 인하여, 08년 이후의 재무제표를 합산해 그래프를 작성하였습니다.
2008년 9월, ㈜신성이엔지로 분할 및 재상장하였습니다.

• 월덱스 (코스닥 / 101160)

- 다이오드, 트랜지스터 및 유사 반도체소자 제조업

구분	94	95	96	97	98	99	00	01	02	03	04	05	06	07	08	09	10	11	12
성장률												67.16	43.70	31.24	3.20	3.06	11.01	10.19	0.96
EPS												502	1,121	1,185	264	229	902	893	175
배당금												0	0	0	60	50	100	100	100
ROE											86.66	67.16	43.70	31.24	4.14	3.92	12.38	11.47	2.23
직원의 수															154	146	213	214	216
연봉정보															23	25	32	34	34

단위 : 성장률, ROE-% / EPS, 주당배당금 - 원 / 직원의 수 - 명 / 연봉정보 - 백만

22005년 사업보고서 미공시로 인하여 EPS는 감사보고서를 기준으로, 배당금은 0으로 간주해 성장률을 계산하였습니다.
05년 성장률은 업계 3년 평균성장률 계산 과정에서 제외하였습니다.

• 바른전자 (코스닥 / 064520)

- 다이오드, 트랜지스터 및 유사 반도체소자 제조업

구분	94	95	96	97	98	99	00	01	02	03	04	05	06	07	08	09	10	11	12
성장률							3.76	20.74	11.7	-9.32	-41.58	-23.61	7.51	4.00	12.51	1.81	4.07	-120.9	-37.72
EPS							47	332	309	-150	-472	-238	198	144	267	113	105	-1,234	-208
배당금							0	0	50	0	0	0	0	0	0	0	0	0	0
ROE							3.76	20.74	14.0	-9.32	-41.58	-23.61	7.51	4.00	12.51	1.81	4.07	-120.9	-37.72
직원의 수									157	98	125	138	182	164	224	284	227	227	262
연봉정보									18	19	19	20	19	27	36	31	36	37	38

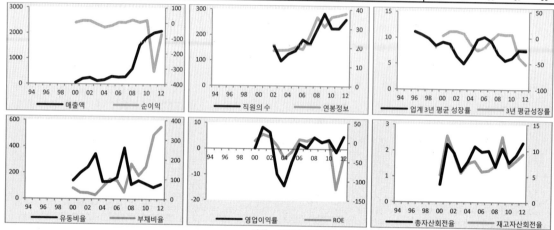

단위 : 성장률, ROE-% / EPS, 주당배당금 - 원 / 직원의 수 - 명 / 연봉정보 - 백만
1 기(1998 년), 2 기(1999 년) 자료는 표와 그래프에서 제외하였습니다.

• 세미텍 (코스닥 / 081220)

- 다이오드, 트랜지스터 및 유사 반도체소자 제조업

구분	94	95	96	97	98	99	00	01	02	03	04	05	06	07	08	09	10	11	12
성장률										16.68	13.84	29.89	16.58	18.17	-70.48	-12.77	7.78	1.07	-16.53
EPS										109	240	837	507	693	-2,369	-361	360	82	-401
배당금										0	0	0	0	0	0	0	0	50	0
ROE										16.68	13.84	29.89	16.58	18.17	-70.48	-12.77	7.78	2.74	-16.53
직원의 수															472	570	627	542	491
연봉정보															31	22	28	34	35

단위 : 성장률, ROE-% / EPS, 주당배당금 - 원 / 직원의 수 - 명 / 연봉정보 - 백만
2003년~2005년 사업보고서 미공시로 인하여 EPS는 감사보고서를 기준으로, 배당금은 0으로 간주해 성장률을 계산하였습니다.
03년~05년 성장률은 업계 3년 평균성장률 계산 과정에서 제외하였습니다.

• 시그네틱스 (코스닥 / 033170)
- 다이오드, 트랜지스터 및 유사 반도체소자 제조업

구분	94	95	96	97	98	99	00	01	02	03	04	05	06	07	08	09	10	11	12
성장률		19.07	8.92	2.12	-48.87	-10.84	-32.01	-219.4	253.7	146.22	35.75	19.32	23.67	10.17	2.76	13.60	10.78	10.21	8.43
EPS		1,702	64	16	-342	-226	-311	-698	-513	240	83	56	192	91	23	159	203	177	185
배당금		0	0	0	0	0	0	0	0	0	0	0	0	0	0	0	0	0	0
ROE		19.07	8.92	2.12	-48.87	-10.84	-32.01	-219.4	253.7	146.22	35.75	19.32	23.67	10.17	2.76	13.60	10.78	10.21	8.43
직원의 수					703	719				미공시						221	154	197	
연봉정보					16	18										40	46	36	

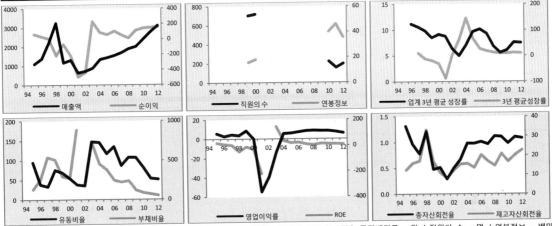

단위 : 성장률, ROE-% / EPS, 주당배당금 - 원 / 직원의 수 - 명 / 연봉정보 - 백만
2001년~2009년 직원의 수와 연봉정보는 미공시 되었습니다.
자본잠식으로 인해, 계산 불가한 값(2002년 부채비율, ROE)은 그래프에서 제외하였습니다.

• 어보브반도체 (코스닥 / 102120)
- 다이오드, 트랜지스터 및 유사 반도체소자 제조업

구분	94	95	96	97	98	99	00	01	02	03	04	05	06	07	08	09	10	11	12
성장률													27.56	17.88	21.37	10.95	18.23	6.96	5.30
EPS													227	227	338	237	455	308	200
배당금													0	23	23	25	40	20	35
ROE													27.56	19.90	22.93	12.24	19.99	7.44	6.43
직원의 수															74	93	94	105	
연봉정보															41	45	56	55	

단위 : 성장률, ROE-% / EPS, 주당배당금 - 원 / 직원의 수 - 명 / 연봉정보 - 백만
2006년 사업보고서 미공시로 인하여 EPS는 감사보고서를 기준으로, 배당금은 0으로 간주해 성장률을 계산하였습니다.
06년 성장률은 업계 3년 평균성장률 계산 과정에서 제외하였습니다.

• 엠케이전자 (코스닥 / 033160)

- 다이오드, 트랜지스터 및 유사 반도체소자 제조업

구분	94	95	96	97	98	99	00	01	02	03	04	05	06	07	08	09	10	11	12
성장률		40.05	38.09	42.70	31.78	11.60	12.37	1.51	5.1	3.25	4.89	3.90	5.95	4.49	17.09	8.33	8.64	3.99	2.97
EPS		1,594	17,983	12,778	13,500	6,314	811	97	287	951	1,074	1,021	501	320	669	364	578	404	308
배당금		150	1,269	800	450	1,000	250	25	25	750	750	750	200	170	0	0	150	200	150
ROE		44.21	40.98	45.56	32.87	13.78	17.88	2.03	5.6	15.36	16.20	14.71	9.91	9.59	17.09	8.33	11.66	7.90	5.80
직원의 수						148	157	124	143	145	146	154	171	194	189	198	219	234	254
연봉정보						19	21	30	26	29	32	29	30	32	39	38	37	36	38

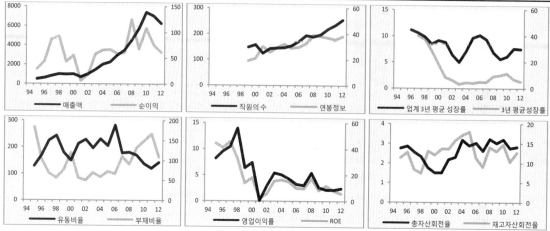

단위 : 성장률, ROE-% / EPS, 주당배당금 – 원 / 직원의 수 – 명 / 연봉정보 – 백만
1997년 8월, 주식회사 미경사에서 엠케이전자주식회사로 상호 변경하였습니다.

• 오디텍 (코스닥 / 080520)

- 다이오드, 트랜지스터 및 유사 반도체소자 제조업

구분	94	95	96	97	98	99	00	01	02	03	04	05	06	07	08	09	10	11	12
성장률											21.85	24.27	21.98	14.22	14.94	19.63	22.74	7.67	10.41
EPS											462	585	724	1,010	1,020	1,231	1,902	639	927
배당금											0	50	0	80	0	80	100	20	0
ROE									32.6	19.37	21.85	26.54	21.98	15.44	14.94	20.99	24.00	7.91	10.41
직원의 수														213	213	289	294	247	242
연봉정보														25	30	27	35	39	37

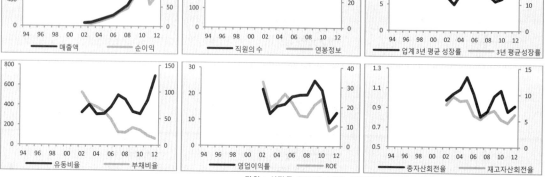

단위 : 성장률, ROE-% / EPS, 주당배당금 – 원 / 직원의 수 – 명 / 연봉정보 – 백만
2004년 사업보고서 미공시로 인하여 EPS는 감사보고서를 기준으로, 배당금은 0으로 간주해 성장률을 계산하였습니다.
04년 성장률은 업계 3년 평균성장률 계산 과정에서 제외하였습니다.

• 윈팩 (코스닥 / 097800)

- 다이오드, 트랜지스터 및 유사 반도체소자 제조업

구분	94	95	96	97	98	99	00	01	02	03	04	05	06	07	08	09	10	11	12
성장률											8.98	14.15	36.65	7.75	-22.20	14.59	12.02	23.76	14.62
EPS											83	129	488	155	-395	304	282	732	621
배당금											0	0	0	0	0	0	0	0	0
ROE											8.98	14.15	36.65	7.75	-22.20	14.59	12.02	23.76	14.62
직원의 수																			391
연봉정보																			32

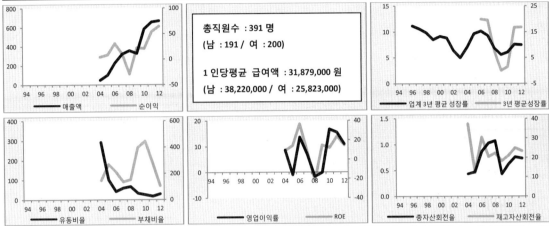

총직원수 : 391 명
(남 : 191 / 여 : 200)

1 인당평균 급여액 : 31,879,000 원
(남 : 38,220,000 / 여 : 25,823,000)

단위 : 성장률, ROE-% / EPS, 주당배당금 – 원 / 직원의 수 – 명 / 연봉정보 – 백만
2004년~2007년 사업보고서 미공시로 인하여 EPS는 감사보고서를 기준으로, 배당금은 0으로 간주해 성장률을 계산하였습니다.
04년~07년 성장률은 업계 3년 평균성장률 계산 과정에서 제외하였습니다.

• 큐에스아이 (코스닥 / 066310)

- 다이오드, 트랜지스터 및 유사 반도체소자 제조업

구분	94	95	96	97	98	99	00	01	02	03	04	05	06	07	08	09	10	11	12
성장률								-5.52	-75.7	-45.20	21.05	28.36	7.05	2.03	4.78	3.65	14.20	10.90	4.75
EPS								-68	-633	-308	174	668	395	123	173	142	632	550	278
배당금								0	0	0	0	0	100	50	0	0	0	0	0
ROE								-5.52	-75.7	-45.20	21.05	28.36	9.44	3.42	4.78	3.65	14.20	10.90	4.75
직원의 수													104	107	131	119	133	125	128
연봉정보													20	28	32	28	31	36	31

단위 : 성장률, ROE-% / EPS, 주당배당금 – 원 / 직원의 수 – 명 / 연봉정보 – 백만
특이값(2001~2002년 영업이익률, ROE)은 그래프에서 제외하였습니다.
2001년~2003년 사업보고서 미공시로 인하여 EPS는 감사보고서를 기준으로, 배당금은 0으로 간주해 성장률을 계산하였습니다.
01년~03년 성장률은 업계 3년 평균성장률 계산 과정에서 제외하였습니다.

• 한국전자홀딩스 (유가증권 / 006200) / KEC (유가증권 / 092220)

- 다이오드, 트랜지스터 및 유사 반도체소자 제조업

구분	94	95	96	97	98	99	00	01	02	03	04	05	06	07	08	09	10	11	12
성장률	4.91	2.30	-6.17	9.38	5.26	17.97	11.16	8.61	12.0	4.80	-0.90	-10.79	-11.44	0.83	0.11	-1.01	-12.39	-8.19	-18.89
EPS	174	105	-106	221	138	492	460	436	725	257	8	-1,704	-903	85	78	614	445	161	-102
배당금	50	45	10	30	35	70	75	100	150	75	50	35	0	40	15	25	0	0	0
ROE	6.89	4.04	-5.64	10.85	7.06	20.95	13.33	11.18	15.2	6.78	0.17	-10.57	-11.44	1.56	0.13	-1.05	-12.39	-8.19	-18.89
직원의 수					1,650	1,726	1,681	1,500	1,340	1,345	1,240	1,260	1,172	1,170	1,113	985	953	793	745
연봉정보					23	22	23	30	37	31	39	36	13	37	39	41	34	30	35

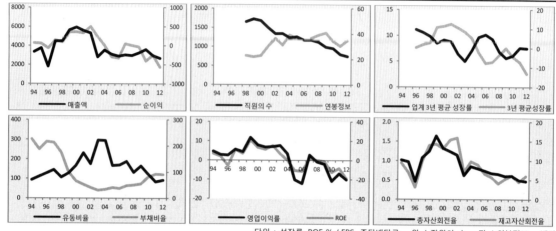

단위 : 성장률, ROE-% / EPS, 주당배당금 – 원 / 직원의 수 – 명 / 연봉정보 – 백만
2003년 결산 월 변경으로 인하여, 36기(03년도)는 4월부터 12월까지의 자료로 작성되었습니다.
KEC 1기(2006년)는 9월에서 12월까지의 자료이며, 2006년도 연간급여 총액은 그래프에서 제외하였습니다.
2006년도 이후는 한국전자홀딩스와 KEC를 단순 합한 수치입니다.
EPS는 한국전자홀딩스 기준입니다.

• SK하이닉스 (유가증권 / 000660)

- 다이오드, 트랜지스터 및 유사 반도체소자 제조업

구분	94	95	96	97	98	99	00	01	02	03	04	05	06	07	08	09	10	11	12
성장률	28.24	65.47	4.94	-13.44	-6.34	2.63	-39.73	-96.78	-39.0	-63.59	37.94	29.18	23.58	3.83	-92.72	-6.38	32.95	1.57	-4.92
EPS	2,576	18,144	1,520	-3,302	-2,002	990	-5,386	-6,631	-7,117	-4,718	3,806	4,070	4,430	754	-10,273	-620	4,400	-96	-233
배당금	0	0	0	0	0	0	0	0	0	0	0	0	0	0	0	0	150	0	0
ROE	28.24	65.47	4.94	-13.44	-6.34	2.63	-39.73	-96.78	-39.0	-63.59	37.94	29.18	23.58	3.83	-92.72	-6.38	34.11	1.57	-4.92
직원의 수					13,938	22,013	21,949	13,614	12,906	13,084	10,994	13,463	15,933	18,226	17,975	17,130	18,104	19,601	20,560
연봉정보					11	17	26	26	26	28	35	42	46	41	39	38	62	51	58

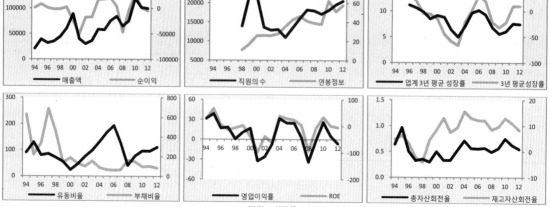

단위 : 성장률, ROE-% / EPS, 주당배당금 – 원 / 직원의 수 – 명 / 연봉정보 – 백만
2012년 3월, 하이닉스반도체에서 에스케이하이닉스 주식회사로 상호 변경하였습니다.

• 인텍플러스 (코스닥 / 064290)

- 물질 검사, 측정 및 분석기구 제조업

구분	94	95	96	97	98	99	00	01	02	03	04	05	06	07	08	09	10	11	12
성장률										10.29	10.39	-72.02	12.92	15.71	15.34	23.86	26.69	14.47	8.84
EPS										66	78	-518	69	113	134	303	689	544	337
배당금										0	0	0	0	0	0	0	0	100	50
ROE										10.29	10.39	-72.02	12.92	15.71	15.34	23.86	26.69	17.73	10.38
직원의 수																	130	136	156
연봉정보																	33	41	41

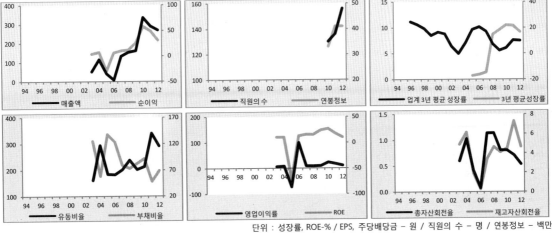

단위 : 성장률, ROE-% / EPS, 주당배당금 - 원 / 직원의 수 - 명 / 연봉정보 - 백만
2003년~2005년 사업보고서 미공시로 인하여 EPS는 감사보고서를 기준으로, 배당금은 0으로 간주해 성장률을 계산하였습니다.
03년~05년 성장률은 업계 3년 평균성장률 계산 과정에서 제외하였습니다.

• 고려반도체 (코스닥 / 089890)

- 반도체 제조용 기계 제조업

구분	94	95	96	97	98	99	00	01	02	03	04	05	06	07	08	09	10	11	12
성장률							42.26	14.65	-28.8	6.50	13.77	42.75	12.15	8.00	-4.20	-18.47	6.83	23.34	26.70
EPS							417	286	-356	86	132	715	400	237	-119	-444	172	514	787
배당금							0	0	0	0	0	0	0	0	0	0	0	0	0
ROE							42.26	14.65	-28.8	6.50	13.77	42.75	12.15	8.00	-4.20	-18.47	6.83	23.34	26.70
직원의 수													85	90	86	96	137	214	211
연봉정보													30	31	33	28	37	32	43

단위 : 성장률, ROE-% / EPS, 주당배당금 - 원 / 직원의 수 - 명 / 연봉정보 - 백만
2000년~2003년 사업보고서 미공시로 인하여 EPS는 감사보고서를 기준으로, 배당금은 0으로 간주해 성장률을 계산하였습니다.
00년~03년 성장률은 업계 3년 평균성장률 계산 과정에서 제외하였습니다.

• 국제엘렉트릭 (코스닥 / 053740)

- 반도체 제조용 기계 제조업

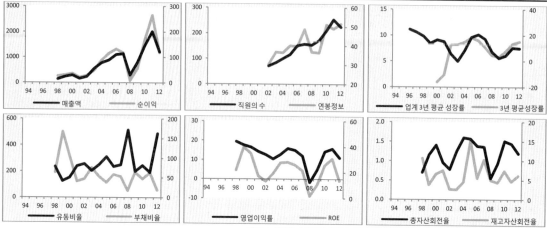

구분	94	95	96	97	98	99	00	01	02	03	04	05	06	07	08	09	10	11	12
성장률					-2.75	-60.67	14.99	13.77	9.7	15.35	19.87	19.74	8.54	3.49	1.80	4.14	17.01	19.59	9.07
EPS					889	1,006	701	349	378	489	891	1,168	1,338	1,193	85	656	1,760	2,734	1,194
배당금					1,000	2,543	400	75	100	100	250	350	900	1,000	0	400	600	1,000	400
ROE					21.99	39.71	34.90	17.54	13.2	19.29	27.62	28.18	26.08	21.59	1.80	10.62	25.81	30.89	13.65
직원의 수									71	84	100	116	151	157	154	172	210	254	225
연봉정보									30	37	36	40	40	49	37	36	51	49	52

단위 : 성장률, ROE-% / EPS, 주당배당금 - 원 / 직원의 수 - 명 / 연봉정보 - 백만
2011년 10월, 퓨전에이드를 흡수 합병하였습니다.

• 비아이이엠티 (코스닥 / 052900)

- 반도체 제조용 기계 제조업

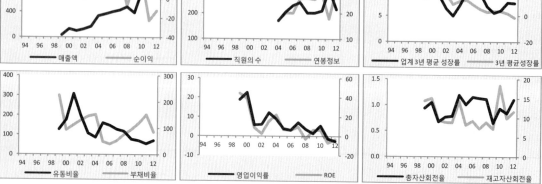

구분	94	95	96	97	98	99	00	01	02	03	04	05	06	07	08	09	10	11	12
성장률						44.22	38.60	8.60	2.4	15.55	16.27	4.51	4.26	6.60	-2.08	6.37	6.38	-7.01	-3.25
EPS						416	586	128	37	285	284	193	162	252	80	212	210	-248	-117
배당금						0	0	0	0	0	75	65	50	75	25	0	0	0	0
ROE						44.22	38.60	8.60	2.4	15.55	22.11	6.81	6.16	9.40	-3.03	6.37	6.38	-7.01	-3.25
직원의 수										171	206	231	243	202	202	210	295	216
연봉정보										17	20	20	26	26	26	28	18	30

단위 : 성장률, ROE-% / EPS, 주당배당금 - 원 / 직원의 수 - 명 / 연봉정보 - 백만
1999년~2001년 사업보고서 미공시로 인하여 EPS는 감사보고서를 기준으로, 배당금은 0으로 간주해 성장률을 계산하였습니다.
99년~01년 성장률은 업계 3년 평균성장률 계산 과정에서 제외하였습니다.

• 에스티아이 (코스닥 / 039440)

- 반도체 제조용 기계 제조업

구분	94	95	96	97	98	99	00	01	02	03	04	05	06	07	08	09	10	11	12
성장률					14.65	19.26	28.73	9.34	14.1	10.34	13.44	0.72	-18.45	1.05	5.75	-378.4	55.06	36.11	15.36
EPS					153	382	435	146	314	303	464	137	-442	79	215	-2,233	667	682	337
배당금					0	0	0	0	50	50	100	120	0	50	50	0	0	0	0
ROE					14.65	19.26	28.73	9.34	16.8	12.38	17.14	5.78	-18.45	2.86	7.49	-378.4	55.06	36.11	15.36
직원의 수								103	214	263	368	193	193	147	156	141	176	209	206
연봉정보								22	22	24	24	30	30	30	33	31	34	44	47

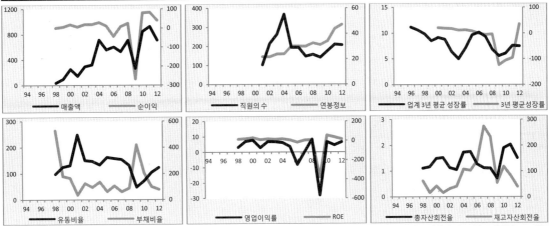

단위 : 성장률, ROE-% / EPS, 주당배당금 – 원 / 직원의 수 – 명 / 연봉정보 – 백만
1기(1997년) 자료는 표와 그래프에서 제외하였습니다.

• 에프에스티 (코스닥 / 036810)

- 반도체 제조용 기계 제조업

구분	94	95	96	97	98	99	00	01	02	03	04	05	06	07	08	09	10	11	12
성장률			9.99	14.81	-40.37	11.14	9.64	-10.98	-15.4	8.72	5.40	-1.90	5.61	16.82	-25.57	10.26	14.96	16.64	2.88
EPS			101	269	-311	85	198	-161	-197	118	105	-34	106	382	-454	215	388	520	94
배당금			35	34.9	0	0	0	0	0	0	0	0	0	0	0	0	0	0	0
ROE			15.32	17.02	-40.37	11.14	9.64	-10.98	-15.4	8.72	5.40	-1.90	5.61	16.82	-25.57	10.26	14.96	16.64	2.88
직원의 수							66	118	106	144	152	156	167	173	158	132	162	189	234
연봉정보							17	21	23	20	19	22	27	31	38	31	33	27	36

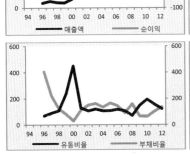
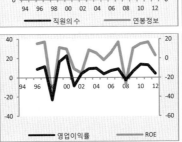
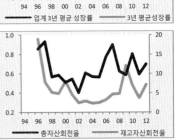

단위 : 성장률, ROE-% / EPS, 주당배당금 – 원 / 직원의 수 – 명 / 연봉정보 – 백만
2001년 결산 월 변경으로 인하여 14기는 제외하였으며 13기를 2000년, 15기를 2001년 기준으로 작성하였습니다.
2001년 7월, 화인반도체기술 주식회사에서 에프에스티로 상호 변경하였습니다.

• 엘오티베큠 (코스닥 / 083310)

- 반도체 제조용 기계 제조업

구분	94	95	96	97	98	99	00	01	02	03	04	05	06	07	08	09	10	11	12
성장률										52.83	34.47	16.72	12.95	10.59	-3.81	4.54	19.78	8.26	8.19
EPS										839	1,376	1,259	935	424	-130	162	984	400	436
배당금										50	0	100	100	50	0	0	50	0	0
ROE									-15.4	56.18	34.47	18.16	14.50	12.01	-3.81	4.54	20.83	8.26	8.19
직원의 수										130	136	151			171	155	209	237	247
연봉정보										31	33	33			35	28	35	39	40

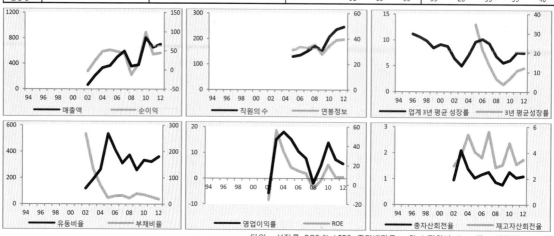

단위 : 성장률, ROE-% / EPS, 주당배당금 - 원 / 직원의 수 - 명 / 연봉정보 - 백만

• 원익IPS (코스닥 / 030530)

- 반도체 제조용 기계 제조업

구분	94	95	96	97	98	99	00	01	02	03	04	05	06	07	08	09	10	11	12
성장률		39.76	21.79	6.33	-11.04	9.04	7.81	-4.34	-28.1	5.10	-78.25	-31.12	30.67	21.72	16.51	13.57	10.15	12.91	1.96
EPS		573	296	68	-107	148	255	-121	-673	127	-1,205	-374	424	432	376	363	472	441	66
배당금		0	0	0	0	0	0	0	0	0	0	0	0	0	0	0	0	0	0
ROE		39.76	21.79	6.33	-11.04	9.04	7.81	-4.34	-28.1	5.10	-78.25	-31.12	30.67	21.72	16.51	13.57	10.15	12.91	1.96
직원의 수					92	171	178	201	242	250	221	189	193		212	222	498	568	579
연봉정보					21	22	24	24	24	36	36	34	43		45	47	69	47	50

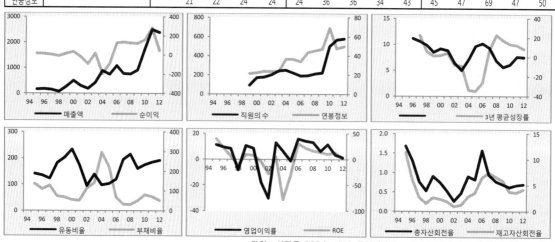

단위 : 성장률, ROE-% / EPS, 주당배당금 - 원 / 직원의 수 - 명 / 연봉정보 - 백만
2010년 12월, ㈜아이피에스를 흡수 합병하였습니다.
2011년 3월, ㈜아토에서 ㈜원익아이피에스로 상호 변경하였습니다.

• 유니셈 (코스닥 / 036200)

- 반도체 제조용 기계 제조업

구분	94	95	96	97	98	99	00	01	02	03	04	05	06	07	08	09	10	11	12
성장률			29.87	26.51	25.09	28.22	10.51	1.82	-8.6	4.83	2.99	7.22	12.79	11.94	-7.09	-0.62	9.59	4.06	2.01
EPS			213	257	325	1,167	412	41	-188	110	73	190	444	479	-227	-20	309	189	96
배당금			0	0	0	0	50	0	0	0	0	0	50	60	0	0	0	0	0
ROE			29.87	26.51	25.09	28.22	11.96	1.82	-8.6	4.83	2.99	7.22	14.41	13.65	-7.09	-0.62	9.59	4.06	2.01
직원의 수							126	109	123	175	188	230	268	267	279	249	341	351	279
연봉정보							20	23	24	19	26	23	25	30	30	31	24	29	32

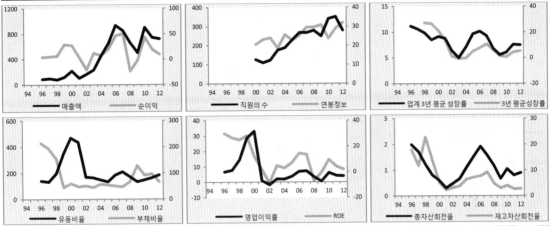

단위 : 성장률, ROE-% / EPS, 주당배당금 - 원 / 직원의 수 - 명 / 연봉정보 - 백만
2000년 2월, 유니온산업㈜에서 유니셈㈜로 상호 변경하였습니다.

• 유니테스트 (코스닥 / 086390)

- 반도체 제조용 기계 제조업

구분	94	95	96	97	98	99	00	01	02	03	04	05	06	07	08	09	10	11	12
성장률											79.41	66.89	11.44	4.23	-74.23	-29.35	11.73	18.71	6.46
EPS											980	1,725	689	171	-1,864	-460	348	527	151
배당금											0	200	100	0	0	0	0	60	0
ROE											79.41	75.66	13.39	4.23	-74.23	-29.35	11.73	21.11	6.46
직원의 수											103	117			116	97	92	102	114
연봉정보											45	40			35	29	31	42	50

단위 : 성장률, ROE-% / EPS, 주당배당금 - 원 / 직원의 수 - 명 / 연봉정보 - 백만
2002년 9월, ㈜토우테크로에서 ㈜유니테스트로 상호 변경하였습니다.
3기(2002년), 4기(2004년)는 표와 그래프에서 제외하였습니다.

· 유진테크 (코스닥 / 084370)
- 반도체 제조용 기계 제조업

구분	94	95	96	97	98	99	00	01	02	03	04	05	06	07	08	09	10	11	12
성장률										39.85	73.23	39.14	15.62	20.81	-5.03	17.00	29.39	31.74	38.33
EPS										150	1,320	1,228	736	770	-157	504	1,246	1,954	2,457
배당금										0	50	100	50	50	0	50	100	150	150
ROE								-187.1	5.9	39.85	76.11	42.61	16.76	22.26	-5.03	18.87	31.95	34.38	40.83
직원의 수												37	43	53	50	63	73	95	111
연봉정보												38	48	48	48	47	49	61	65

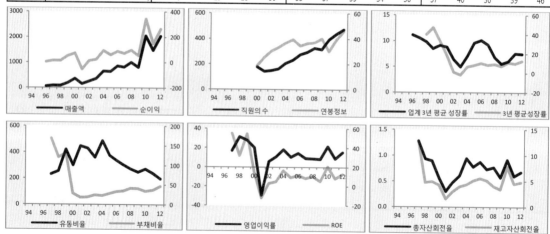

단위 : 성장률, ROE-% / EPS, 주당배당금 - 원 / 직원의 수 - 명 / 연봉정보 - 백만

· 이오테크닉스 (코스닥 / 039030)
- 반도체 제조용 기계 제조업

구분	94	95	96	97	98	99	00	01	02	03	04	05	06	07	08	09	10	11	12
성장률			33.23	54.91	31.79	54.48	12.46	-12.23	2.9	3.78	12.90	7.66	10.26	7.16	10.50	4.13	18.22	7.56	12.28
EPS			51	121	80	254	1,066	-703	134	235	952	606	839	659	908	479	1,752	1,201	2,164
배당금			0	0	0	0	150	0	0	50	200	100	100	100	0	100	100	100	100
ROE			33.23	54.91	31.79	54.48	14.50	-12.23	2.9	4.80	16.33	9.17	11.65	8.44	10.50	5.21	20.57	8.24	12.88
직원의 수							177	143	149	162	205	231	274	293	325	315	394	438	474
연봉정보							19	25	30	33	37	39	34	36	37	40	30	39	46

단위 : 성장률, ROE-% / EPS, 주당배당금 - 원 / 직원의 수 - 명 / 연봉정보 - 백만

1996년 재무분석자료(유동비율, 부채비율, 영업이익률, ROE, 총자산회전율, 재고자산회전율)는 그래프에서 제외하였습니다.

• 제이티 (코스닥 / 089790)
- 반도체 제조용 기계 제조업

구분	94	95	96	97	98	99	00	01	02	03	04	05	06	07	08	09	10	11	12
성장률							21.78	3.81	7.9	8.19	6.95	20.63	9.35	17.20	7.57	21.37	-103.5	25.53	6.50
EPS							274	68	116	131	119	447	327	583	250	-1,190	-2,646	751	215
배당금							0	0	0	0	0	0	50	50	0	0	0	0	0
ROE							21.78	3.81	7.9	8.19	6.95	20.63	11.04	18.82	7.57	21.37	-103.5	25.53	6.50
직원의 수													65	71	72	72	218	181	130
연봉정보													29	29	30	28	34	41	39

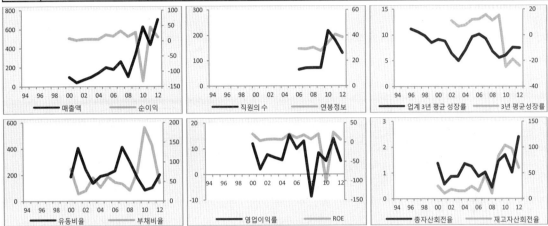

단위 : 성장률, ROE-% / EPS, 주당배당금 - 원 / 직원의 수 - 명 / 연봉정보 - 백만
2010년, 제이티와 세인시스템이 합병하였으며 해당 재무자료는 합병 전, 후로 구분하였습니다.
2000년~2003년 사업보고서 미공시로 인하여 EPS는 감사보고서를 기준으로, 배당금은 0으로 간주해 성장률을 계산하였습니다.
00년~03년 성장률은 업계 3년 평균성장률 계산 과정에서 제외하였습니다.

• 젬백스 (코스닥 / 082270)
- 반도체 제조용 기계 제조업

구분	94	95	96	97	98	99	00	01	02	03	04	05	06	07	08	09	10	11	12
성장률										36.68	33.53	6.58	14.02	5.66	3.22	-42.25	-5.83	-3.04	5.06
EPS										487	745	236	552	352	117	-1,158	-791	-94	184
배당금										0	50	50	100	150	0	0	0	0	0
ROE								-1.29	9.3	36.68	35.95	8.35	17.12	9.86	3.22	-42.25	-5.83	-3.04	5.06
직원의 수												75	76	92	87	83	100	81	96
연봉정보												25	32	28	36	30	28	45	35

단위 : 성장률, ROE-% / EPS, 주당배당금 - 원 / 직원의 수 - 명 / 연봉정보 - 백만
2009년 12월, 주식회사 카엘에서 켐백스&카엘(약칭: 젬백스)로 상호 변경하였습니다.

• 테스 (코스닥 / 095610)

- 반도체 제조용 기계 제조업

구분	94	95	96	97	98	99	00	01	02	03	04	05	06	07	08	09	10	11	12
성장률											66.00	25.18	39.80	48.14	-19.79	-18.81	13.36	8.30	2.79
EPS											2,992	1,001	2,138	3,884	-2,079	-1,732	738	568	167
배당금											0	0	0	0	0	0	0	80	0
ROE											66.00	25.18	39.80	48.14	-19.79	-18.81	13.36	9.67	2.79
직원의 수															103	109	131	157	169
연봉정보															49	44	45	50	59

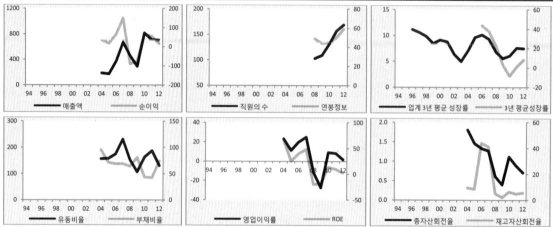

단위 : 성장률, ROE-% / EPS, 주당배당금 - 원 / 직원의 수 - 명 / 연봉정보 - 백만
2004년~2005년 사업보고서 미공시로 인하여 EPS는 감사보고서를 기준으로, 배당금은 0으로 간주해 성장률을 계산하였습니다.
04년~05년 성장률은 업계 3년 평균성장률 계산 과정에서 제외하였습니다.

• 프로텍 (코스닥 / 053610)

- 반도체 제조용 기계 제조업

구분	94	95	96	97	98	99	00	01	02	03	04	05	06	07	08	09	10	11	12
성장률							31.45	-5.79	1.2	1.16	12.53	25.05	7.19	14.44	22.55	23.17	26.88	26.45	17.11
EPS							701	-83	73	14	165	765	160	434	890	1,182	1,677	2,146	1,712
배당금							0	50	50	0	0	100	0	50	100	120	180	180	150
ROE							31.45	-3.61	3.7	1.16	12.53	28.81	7.19	16.32	25.41	25.78	30.12	28.87	18.75
직원의 수							72	81	114	130	135	154	152	153	173	165	193	195
연봉정보							18	20	17	22	26	26	26	29	40	48	43	44

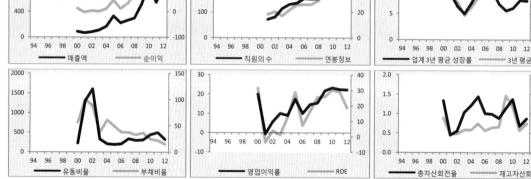

단위 : 성장률, ROE-% / EPS, 주당배당금 - 원 / 직원의 수 - 명 / 연봉정보 - 백만
2012년 8월, 일본의 MINAMI사 인수하였습니다.

• 프롬써어티 (코스닥 / 073570)

- 반도체 제조용 기계 제조업

구분	94	95	96	97	98	99	00	01	02	03	04	05	06	07	08	09	10	11	12
성장률								16.24	38.8	24.40	17.92	18.76	0.35	3.42	-20.92	-0.37	2.13	-8.66	-47.37
EPS								333	2,232	2,197	1,447	2,158	222	245	-936	-18	100	-358	-1,402
배당금								0	0	0	0	0	200	50	0	0	0	0	0
ROE								16.24	38.8	24.40	17.92	18.76	3.50	4.30	-20.92	-0.37	2.13	-8.66	-47.37
직원의 수										87	86	98	99	109	129	55	35	31	60
연봉정보										30	32	34	36	35	32	44	47	45	26

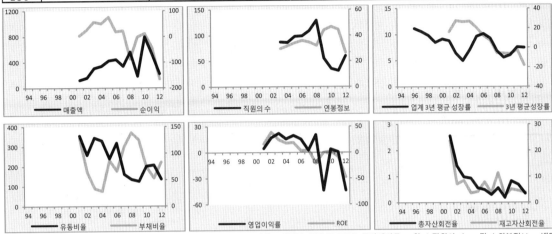

단위 : 성장률, ROE-% / EPS, 주당배당금 – 원 / 직원의 수 – 명 / 연봉정보 – 백만
2013년 1월, ㈜노메드테크놀로지를 소규모 합병하였습니다.

• 피에스케이 (코스닥 / 031980)

- 반도체 제조용 기계 제조업

구분	94	95	96	97	98	99	00	01	02	03	04	05	06	07	08	09	10	11	12
성장률		46.72	25.57	13.53	9.73	20.55	3.94	3.57	-4.3	9.53	14.81	15.95	26.02	13.85	-4.49	3.90	7.98	1.68	6.79
EPS		1,143	200	225	179	802	186	162	-154	486	916	1,123	2,263	975	-250	228	614	70	587
배당금		50	0	0	0	100	35	25	0	100	200	220	250	150	0	0	100	0	0
ROE		48.86	25.57	13.53	9.73	23.48	4.86	4.22	-4.3	12.00	18.95	19.83	29.25	16.36	-4.49	3.90	9.53	1.68	6.79
직원의 수					66	85	71	58	80	107	111	154	158	129	147	142	136	152
연봉정보					24	29	26	34	27	29	46	35	34	36	34	46	48	42

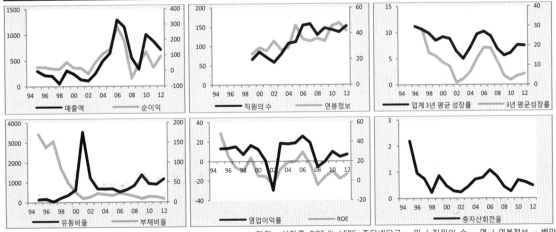

단위 : 성장률, ROE-% / EPS, 주당배당금 – 원 / 직원의 수 – 명 / 연봉정보 – 백만

• 한미반도체 (유가증권 / 042700)

- 반도체 제조용 기계 제조업

구분	94	95	96	97	98	99	00	01	02	03	04	05	06	07	08	09	10	11	12
성장률						31.84	30.30	0.46	-6.4	-1.20	9.73	9.27	13.69	19.76	4.22	3.71	13.92	8.13	7.90
EPS						862	1,011	15	-201	358	619	648	808	1,132	297	294	1,404	641	1,105
배당금						0	0	0	0	400	400	300	250	150	100	100	500	100	500
ROE						31.84	30.30	0.46	-6.4	10.19	27.50	17.25	19.82	22.78	6.36	5.62	21.62	9.63	14.43
직원의 수												392	452	501	496	480	577	540	535
연봉정보												39	40	39	36	37	40	40	43

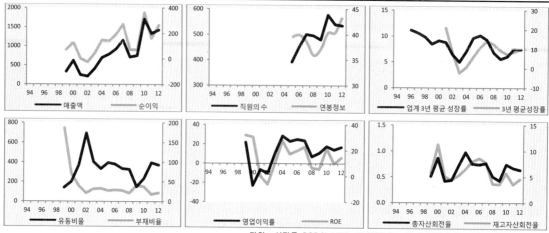

단위 : 성장률, ROE-% / EPS, 주당배당금 – 원 / 직원의 수 – 명 / 연봉정보 – 백만
1999년~2002년 사업보고서 미공시로 인하여 EPS는 감사보고서를 기준으로, 배당금은 0으로 간주해 성장률을 계산하였습니다.
99년~02년 성장률은 업계 3년 평균성장률 계산 과정에서 제외하였습니다.

• 한양이엔지 (코스닥 / 045100)

- 반도체 제조용 기계 제조업

구분	94	95	96	97	98	99	00	01	02	03	04	05	06	07	08	09	10	11	12
성장률			34.67	18.11	3.67	21.97	19.94	9.76	4.6	9.32	25.58	16.85	20.89	10.74	6.61	-28.72	8.85	10.36	6.50
EPS			112	328	50	482	408	332	213	382	1,051	613	898	527	363	-1,012	501	592	310
배당금			13	5	0	0	50	75	75	75	100	120	100	80	70	0	100	120	0
ROE			39.02	18.39	3.67	21.97	22.73	12.60	7.1	11.60	28.27	20.95	23.51	12.67	8.19	-28.72	11.06	13.00	6.50
직원의 수							334	352	562	604	348	456	513	552	609	459	491	554	539
연봉정보							16	25	23	23	38	33	21	35	35	35	40	45	45

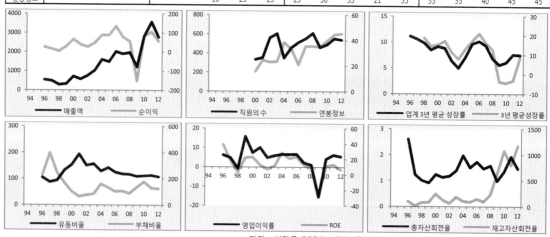

단위 : 성장률, ROE-% / EPS, 주당배당금 – 원 / 직원의 수 – 명 / 연봉정보 – 백만
*2013년 2월, 나로호 발사 성공기념 특별 포상 대통령상 수상

• AST젯텍 (코스닥 / 090470)

- 반도체 제조용 기계 제조업

구 분	94	95	96	97	98	99	00	01	02	03	04	05	06	07	08	09	10	11	12
성장률											19.84	12.35	23.83	18.15	12.43	-4.99	17.71	11.40	11.00
EPS											711	527	1,218	1,265	985	-252	865	641	626
배당금											75	75	75	100	100	100	50	100	50
ROE									24.0	22.33	22.18	14.40	25.39	19.71	13.84	-3.58	18.80	13.51	11.95
직원의 수											79	85	97	94	98	228	223		
연봉정보											31	29	31	26	33	37	43		

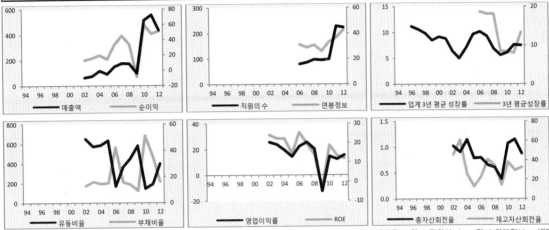

단위 : 성장률, ROE-% / EPS, 주당배당금 – 원 / 직원의 수 – 명 / 연봉정보 – 백만
2011년 10월, ㈜젯텍에서 AST젯텍으로 상호 변경하였습니다.

• GST (코스닥 / 083450)

- 반도체 제조용 기계 제조업

구 분	94	95	96	97	98	99	00	01	02	03	04	05	06	07	08	09	10	11	12
성장률										6.38	73.89	38.99	29.28	17.85	-0.88	9.03	24.17	7.48	15.14
EPS										23	706	379	655	484	-20	244	920	347	768
배당금										0	0	0	100	50	0	0	50	50	50
ROE								-25.31	-48.8	6.38	73.89	38.99	34.55	19.90	-0.88	9.03	25.56	8.73	16.19
직원의 수											88	120	137	148	148	180	271	267	
연봉정보											26	38	33	32	32	34	27	38	

단위 : 성장률, ROE-% / EPS, 주당배당금 – 원 / 직원의 수 – 명 / 연봉정보 – 백만

• 아이에이 (코스닥 / 038880)
- 방송 및 무선 통신장비 제조업

구분	94	95	96	97	98	99	00	01	02	03	04	05	06	07	08	09	10	11	12
성장률			44.57	9.02	1.59	4.63	3.20	-29.35	-27.0	-49.03	0.42	-22.75	-22.93	-42.25	-40.89	-17.34	-31.33	-50.77	-191.2
EPS			164	502	1	14	173	-1,233	-891	-1,082	9	-522	-350	-515	-618	-264	-286	-464	-596
배당금			0	8	0	0	0	0	0	0	0	0	0	0	0	0	0	0	0
ROE			44.57	9.15	1.59	4.63	3.20	-29.35	-27.0	-49.03	0.42	-22.75	-22.93	-42.25	-40.89	-17.34	-31.33	-50.77	-191.2
직원의 수							103	116	111	98	91	112	139	149	139	124	160	166	123
연봉정보							27	37	32	36	39	34	37	41	41	44	43	49	62

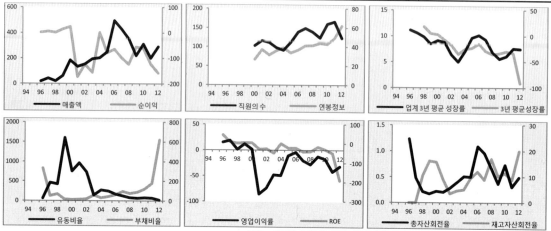

단위 : 성장률, ROE-% / EPS, 주당배당금 - 원 / 직원의 수 - 명 / 연봉정보 - 백만
2013년 3월, 주식회사 씨앤에스테크놀로지에서 주식회사 이이에이로 상호 변경하였습니다.

• 성도이엔지 (코스닥 / 037350)
- 배관 및 냉, 난방 공사업

구분	94	95	96	97	98	99	00	01	02	03	04	05	06	07	08	09	10	11	12
성장률		29.79	23.02	25.94	7.24	7.77	17.28	9.79	-0.9	8.27	13.28	20.01	14.55	-0.27	1.03	16.23	12.58	9.84	4.61
EPS		364	37	54	11	20	319	262	-13	186	341	694	527	-9	43	902	831	712	374
배당금		0	0	0	0	3	60	50	0	40	60	120	80	0	0	100	50	50	50
ROE		29.79	23.02	25.94	7.24	8.90	21.29	12.10	-0.9	10.54	16.12	24.20	17.16	-0.27	1.03	18.25	13.39	10.59	5.32
직원의 수					114	142	142	113	117	140	144	187	175	167	161	155	169	196
연봉정보					16	19	27	30	34	38	46	37	30	45	46	52	53	49

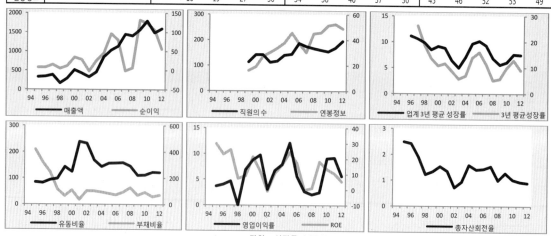

단위 : 성장률, ROE-% / EPS, 주당배당금 - 원 / 직원의 수 - 명 / 연봉정보 - 백만
1999년 11월, 성도엔지니어링㈜에서 ㈜성도이엔지로 상호 변경하였습니다.

• 엑사이엔씨 (코스닥 / 054940)

- 변압기 제조업

구분	94	95	96	97	98	99	00	01	02	03	04	05	06	07	08	09	10	11	12
성장률				7.96	28.60	13.84	27.64	13.09	16.7	11.42	-71.10	6.28	-37.04	-48.59	-122.5	4.86	-4.35	2.79	-18.71
EPS				77	388	250	635	424	366	298	-1,590	200	-554	-756	-1,040	76	-61	41	-230
배당금				0	0	0	0	75	75	75	0	60	0	0	0	0	0	0	0
ROE				7.96	28.60	13.84	27.64	15.90	21.0	15.26	-71.10	8.97	-37.04	-48.59	-122.5	4.86	-4.35	2.79	-18.71
직원의 수					64	76				48	194	247	210	239	251	248	286	261	226
연봉정보					13	15				19	10	25	26	25	28	28	25	28	31

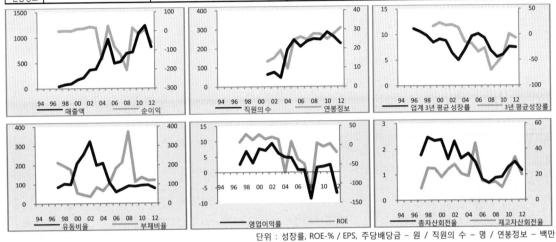

단위 : 성장률, ROE-% / EPS, 주당배당금 - 원 / 직원의 수 - 명 / 연봉정보 - 백만

2012년까지 중소기업으로 분류되었으나, 상한기준을 초과하여 2012년 12월 31일 현재 중소기업기본법 제2조에 의한 중소기업에 해당되지 않습니다.

• OCI머티리얼즈 (코스닥 / 036490)

- 산업용 가스 제조업

구분	94	95	96	97	98	99	00	01	02	03	04	05	06	07	08	09	10	11	12
성장률		1.31	4.95	8.88	9.28	8.50	19.15	7.50	2.6	13.72	29.76	14.65	10.10	14.00	19.00	20.53	19.25	18.20	0.18
EPS		219	129	159	145	267	479	237	115	762	1,971	1,439	1,141	1,821	4,055	4,798	5,617	6,363	2,910
배당금		0	0	50	50	50	50	50	50	50	50	100	150	150	500	500	750	750	2,850
ROE		1.31	4.95	12.95	14.16	10.45	21.38	9.50	4.6	14.68	30.54	15.74	11.63	15.25	21.67	22.92	22.22	20.63	8.80
직원의 수					104	124	115	133		153	222	204	241	249	270	278	318	353	375
연봉정보					12	15	17	18		22	21	25	29	28	42	40	41	48	48

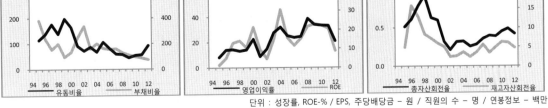

단위 : 성장률, ROE-% / EPS, 주당배당금 - 원 / 직원의 수 - 명 / 연봉정보 - 백만

2010년 7월, 소디프신소재에서 OCI머티리얼즈로 상호 변경하였습니다.

• 케이씨텍 (유가증권 / 029460)
- 산업처리공정 제어장비 제조업

구분	94	95	96	97	98	99	00	01	02	03	04	05	06	07	08	09	10	11	12
성장률	44.87	56.31	28.25	7.74	0.03	5.06	2.86	-1.23	-12.4	4.20	14.39	13.08	11.12	13.24	8.11	6.51	10.91	6.59	5.06
EPS	240	581	64	30	51	258	194	67	-254	157	475	514	463	630	390	339	641	389	308
배당금	0	5	3	5	50	100	100	100	50	50	50	50	50	50	20	30	60	30	20
ROE	44.87	56.80	29.40	9.32	1.60	8.27	5.90	2.49	-10.3	6.17	16.09	14.49	12.47	14.38	8.55	7.14	12.03	7.14	5.41
직원의 수					119	192	221	200	187	230	316	359	304	330	361	371	405	432	398
연봉정보					25	16	26	24	26	29	34	33	44	32	43	38	34	38	43

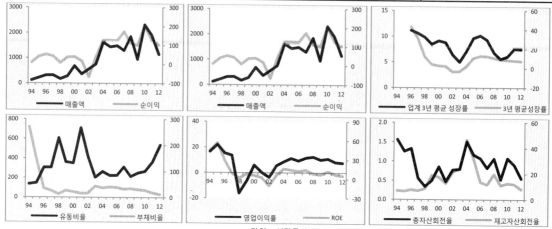

단위 : 성장률, ROE-% / EPS, 주당배당금 - 원 / 직원의 수 - 명 / 연봉정보 - 백만

• 유비벨록스 (코스닥 / 089850)
- 시스템 소프트웨어 개발 및 공급업

구분	94	95	96	97	98	99	00	01	02	03	04	05	06	07	08	09	10	11	12
성장률												20.85	17.30	25.09	18.07	21.53	24.24	18.19	9.92
EPS												807	845	1,545	704	1,357	2,185	1,900	1,300
배당금												0	0	0	0	0	0	0	0
ROE												20.85	17.30	25.09	18.07	21.53	24.24	18.19	9.92
직원의 수																	350	385	375
연봉정보																	39	41	44

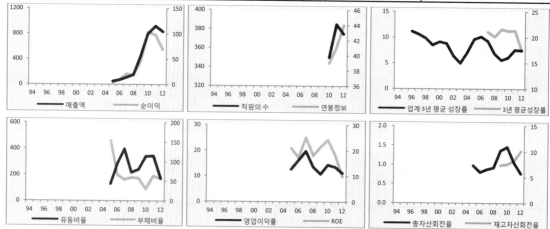

단위 : 성장률, ROE-% / EPS, 주당배당금 - 원 / 직원의 수 - 명 / 연봉정보 - 백만
2005년~2007년 사업보고서 미공시로 인하여 EPS는 감사보고서를 기준으로, 배당금은 0으로 간주해 성장률을 계산하였습니다.
05년~07년 성장률은 업계 3년 평균성장률 계산 과정에서 제외하였습니다.

• 미코 (코스닥 / 059090)

- 전기 및 정밀기기 수리업

구분	94	95	96	97	98	99	00	01	02	03	04	05	06	07	08	09	10	11	12
성장률						47.91	42.46	16.12	6.5	5.92	10.86	5.01	1.66	-1.69	-21.86	-16.81	19.69	-2.84	1.95
EPS						505	1,049	640	141	145	511	329	97	-53	-600	-435	509	-68	49
배당금						0	0	0	0	0	200	120	50	0	0	0	0	0	0
ROE						47.91	42.46	16.12	6.5	5.92	17.84	7.88	3.42	-1.69	-21.86	-16.81	19.69	-2.84	1.95
직원의 수								175	251	274	307	272	310	693	730	583	699	685	705
연봉정보								19	23	27	24	25	47	미공시	27	미공시		30	32

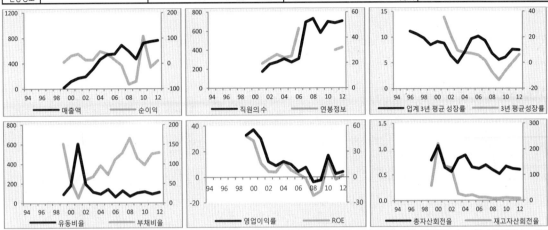

단위 : 성장률, ROE-% / EPS, 주당배당금 – 원 / 직원의 수 – 명 / 연봉정보 – 백만
2007년, 2009년, 2010년 연봉정보는 미공시 되었습니다.

• 매커스 (코스닥 / 093520)

- 전기용 기계장비 및 관련 기자재 도매업

구분	94	95	96	97	98	99	00	01	02	03	04	05	06	07	08	09	10	11	12
성장률													-2.92	17.59	6.42	10.03	13.14	15.53	14.07
EPS													-23	207	80	147	198	271	282
배당금													0	0	0	0	0	0	0
ROE													-2.92	17.59	6.42	10.03	13.14	15.53	14.07
직원의 수													19	23	26	25	27	32	31
연봉정보													37	45	54	55	61	51	51

단위 : 성장률, ROE-% / EPS, 주당배당금 – 원 / 직원의 수 – 명 / 연봉정보 – 백만
2000년 12월, ㈜코아크로스(구 ㈜메커스)는 인적분할 방식으로 설립되었습니다.
2006년 영업이익률, ROE, 총자산회전율, 재고자산회전율은 그래프에서 제외하였습니다.
1기(2006년)는 보름(12월 14일~12월 31일)치 자료입니다.

• 에스에이엠티 (코스닥 / 031330)

- 전기용 기계장비 및 관련 기자재 도매업

구분	94	95	96	97	98	99	00	01	02	03	04	05	06	07	08	09	10	11	12
성장률			16.33	15.40	4.94	14.04	14.59	9.97	11.2	15.29	14.41	12.26	9.50	8.77	자본잠식		0.00	25.56	27.87
EPS			251	152	68	524	673	523	659	1,009	1,084	1,073	932	887	-20,080	-2,511	2,244	134	190
배당금			75	25	25	50	100	100	125	150	150	150	150	100					100
ROE			23.29	18.43	7.81	15.53	17.14	12.33	13.9	17.96	16.72	14.25	11.33	9.88	자본잠식		217.19	25.56	27.87
직원의 수							113	115	104	127	131	128	108	113	95	98	113	115	100
연봉정보							30	29	36	35	35	41	50	59	37	41	35	42	48

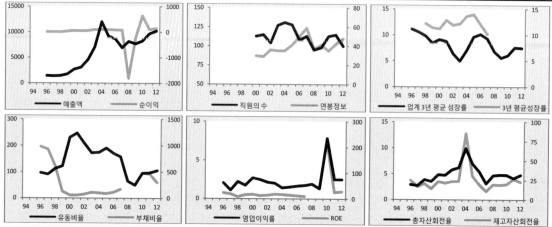

단위 : 성장률, ROE-% / EPS, 주당배당금 – 원 / 직원의 수 – 명 / 연봉정보 – 백만
자본잠식으로 인해, 계산 불가한 값(2008년, 2009년 부채비율과 ROE)은 그래프에서 제외 및 보정하였습니다.
대규모 적자(2008년) 및 자본잠식(08년,09년)으로 인하여, 08년도 이후의 성장률 계산이 불가합니다.

• 에이디칩스 (코스닥 / 054630)

- 전기용 기계장비 및 관련 기자재 도매업

구분	94	95	96	97	98	99	00	01	02	03	04	05	06	07	08	09	10	11	12
성장률					5.59	37.42	35.12	10.91	0.2	-20.39	-4.76	-16.06	-29.93	-37.08	-1.48	-2.93	-11.91	5.35	-24.13
EPS					33	306	667	249	3	-281	-65	-457	-554	-500	22	43	-157	73	-264
배당금					0	0	0	0	0	0	0	0	0	0	0	0	0	0	0
ROE					5.59	37.42	35.12	10.91	0.2	-20.39	-4.76	-16.06	-29.93	-37.08	-1.48	-2.93	-11.91	5.35	-24.13
직원의 수							52	66		64	59	68	73	68	64	58	57	55	54
연봉정보							30	32		36	44	40	51	44	49	50	59	59	64

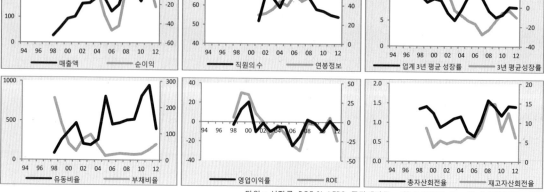

단위 : 성장률, ROE-% / EPS, 주당배당금 – 원 / 직원의 수 – 명 / 연봉정보 – 백만
1997년, 1998년 재고자산회전율(재고자산=0)은 그래프에서 제외하였습니다.
2기(1997년) 자료는 표와 그래프에서 제외하였습니다.

• 유니퀘스트 (유가증권 / 077500)
- 전기용 기계장비 및 관련 기자재 도매업

구분	94	95	96	97	98	99	00	01	02	03	04	05	06	07	08	09	10	11	12
성장률									47.3	33.37	14.21	10.66	9.63	10.33	15.00	9.19	6.28	7.14	6.13
EPS									62	965	997	852	708	806	934	609	436	547	559
배당금									0	0	380	400	320	300	0	0	0	0	68
ROE								80.11	48.56	47.3	33.37	22.96	20.09	17.58	16.46	15.00	9.19	6.28	7.14	6.98
직원의 수											111	128	116	123	126	123	131	107	102
연봉정보											50	45	45	45	37	40	52	50	49

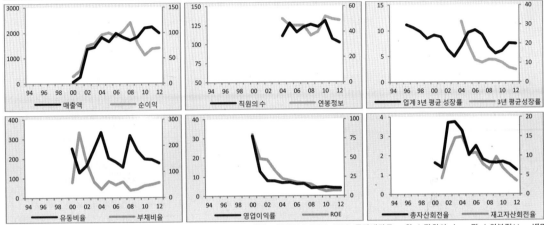

단위 : 성장률, ROE-% / EPS, 주당배당금 – 원 / 직원의 수 – 명 / 연봉정보 – 백만

• 마이크로컨텍솔 (코스닥 / 098120)
- 전기회로 개폐, 보호 및 접속 장치 제조업

구분	94	95	96	97	98	99	00	01	02	03	04	05	06	07	08	09	10	11	12
성장률												35.19	28.40	14.44	11.03	9.57	11.51	19.20	17.09
EPS												1,434	790	467	445	390	537	596	645
배당금												0	10	10	25	50	70	77	85
ROE											55.89	35.19	28.76	14.76	11.69	10.98	13.23	22.04	19.68
직원의 수															56	61	67	64	74
연봉정보															27	27	31	40	44

단위 : 성장률, ROE-% / EPS, 주당배당금 – 원 / 직원의 수 – 명 / 연봉정보 – 백만
2005년 사업보고서 미공시로 인하여 EPS는 감사보고서를 기준으로, 배당금은 0으로 간주해 성장률을 계산하였습니다.
05년 성장률은 업계 3년 평균성장률 계산 과정에서 제외하였습니다.

• 디아이 (유가증권 / 003160)

- 전자기 측정, 시험 및 분석기구 제조업

구분	94	95	96	97	98	99	00	01	02	03	04	05	06	07	08	09	10	11	12
성장률	9.76	30.12	25.42	11.41	-16.32	3.43	9.96	-0.09	-0.2	4.37	15.68	7.42	3.53	7.90	-2.66	6.77	-0.20	-2.96	-2.87
EPS	179	632	668	464	-436	149	372	58	56	175	534	321	110	296	-116	262	67	-109	-108
배당금	35	8	15	8	3	50	100	60	60	75	100	100	0	50	0	0	75	0	0
ROE	12.13	30.49	26.01	11.60	-16.23	5.16	13.61	2.52	2.4	7.65	19.29	10.77	3.53	9.51	-2.66	6.77	1.69	-2.96	-2.87
직원의 수					268	273	246	236	224	249	285	291	151	139	101	88	102	104	86
연봉정보					18	14	22	33	27	30	31	37	31	40	36	41	36	37	45

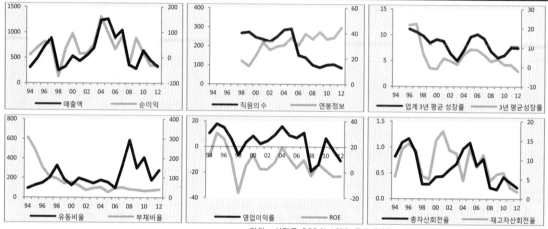

단위 : 성장률, ROE-% / EPS, 주당배당금 – 원 / 직원의 수 – 명 / 연봉정보 – 백만
1996년, 동일교역주식회사에서 주식회사 디아이로 상호 변경하였습니다.

• 코디에스 (코스닥 / 080530)

- 전자기 측정, 시험 및 분석기구 제조업

구분	94	95	96	97	98	99	00	01	02	03	04	05	06	07	08	09	10	11	12
성장률							12.42	17.61	-19964.0	자본잠식	51.77	27.06	1.39	6.68	19.59	23.04	23.20	11.99	-16.81
EPS							152	159	-1,737	-213	1,329	276	5	74	387	1,027	773	387	-479
배당금							0	0	0	0	0	0	0	0	0	0	100	0	0
ROE							12.42	17.61	-19964.0	자본잠식	51.77	27.06	1.39	6.68	19.59	23.04	26.65	11.99	-16.81
직원의 수												73	71	83	99	98	111	117	93
연봉정보												23	0	28	21	25	25	30	40

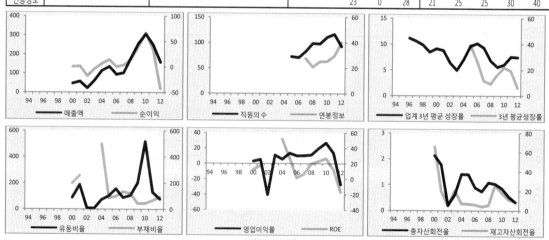

단위 : 성장률, ROE-% / EPS, 주당배당금 – 원 / 직원의 수 – 명 / 연봉정보 – 백만
2000년~2004년 사업보고서 미공시로 인하여 EPS는 감사보고서를 기준으로, 배당금은 0으로 간주해 성장률을 계산하였습니다.
자본잠식으로 인해, 계산 불가한 값(2003년 부채비율, ROE)과 특이값(2002년 부채비율, ROE)은 그래프에서 제외하였습니다.
00~04년 성장률은 업계 3년 평균성장률 계산 과정에서 제외하였습니다.
2006년 연봉정보는 미공시 되었습니다.

• 큐로홀딩스 (코스닥 / 051780)

- 전자기 측정, 시험 및 분석기구 제조업

구분	94	95	96	97	98	99	00	01	02	03	04	05	06	07	08	09	10	11	12
성장률				33.92	20.35	16.46	31.25	0.59	-2.3	-8.89	0.98	2.64	-0.80	1.51	-79.49	-42.48	0.22	1.56	-10.26
EPS				619	58	64	99	33	-144	-320	31	46	-12	17	-4,441	-1,836	4	29	-172
배당금				250	5	0	0	0	0	0	15	0	0	0	0	0	0	0	0
ROE				56.89	22.26	16.46	31.25	0.59	-2.3	-8.89	1.91	2.64	-0.80	1.51	-79.49	-42.48	0.22	1.56	-10.26
직원의 수									53	45	48	44	50	54	43	42	45	40	46
연봉정보									25	20	33	41	31	23	38	18	20	20	24

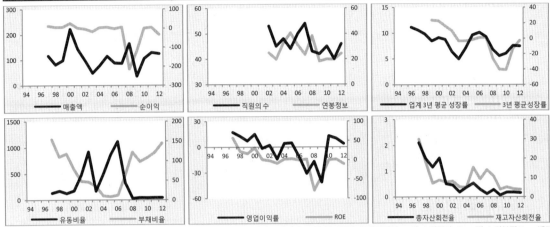

단위 : 성장률, ROE-% / EPS, 주당배당금 - 원 / 직원의 수 - 명 / 연봉정보 - 백만
2008년 3월, 에스비텍 주식회사에서 주식회사 큐로홀딩스로 상호 변경하였습니다.

• 티에스이 (코스닥 / 131290)

- 전자기 측정, 시험 및 분석기구 제조업

구분	94	95	96	97	98	99	00	01	02	03	04	05	06	07	08	09	10	11	12
성장률							47.12	28.60	28.5	26.53	27.51	26.19	41.81	26.66	8.49	5.35	8.13	11.29	2.39
EPS							1,889	998	1,364	1,630	2,184	2,749	7,212	6,231	2,537	1,454	3,272	1,208	266
배당금							0	0	0	0	0	0	0	0	352	0	0	0	0
ROE							47.12	28.60	28.5	26.53	27.51	26.19	41.81	26.66	9.86	5.35	8.13	11.29	2.39
직원의 수															354	379	323
연봉정보															34	37	41

단위 : 성장률, ROE-% / EPS, 주당배당금 - 원 / 직원의 수 - 명 / 연봉정보 - 백만
2000년~2007년 사업보고서 미공시로 인하여 EPS는 감사보고서를 기준으로, 배당금은 0으로 간주해 성장률을 계산하였습니다.
00년~07년 성장률은 업계 3년 평균성장률 계산 과정에서 제외하였습니다.

• 다믈멀티미디어 (코스닥 / 093640)
- 전자집적회로 제조업

구분	94	95	96	97	98	99	00	01	02	03	04	05	06	07	08	09	10	11	12
성장률											3.97	13.76	37.92	15.18	-32.00	-146.5	9.30	-52.56	10.32
EPS											79	193	874	684	-743	-1,405	103	-384	90
배당금											0	0	0	100	0	0	0	0	0
ROE											3.97	13.76	37.92	17.78	-32.00	-146.5	9.30	-52.56	10.32
직원의 수														95	118	81	56	49	52
연봉정보														37	39	43	55	63	49

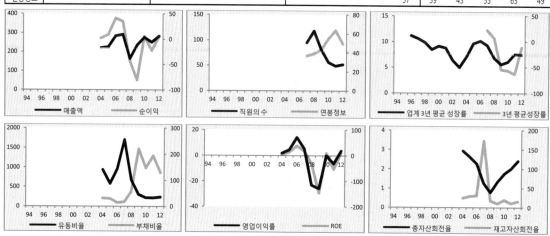

단위 : 성장률, ROE-% / EPS, 주당배당금 – 원 / 직원의 수 – 명 / 연봉정보 – 백만
2004년 사업보고서 미공시로 인하여 EPS는 감사보고서를 기준으로, 배당금은 0으로 간주해 성장률을 계산하였습니다.
04년 성장률은 업계 3년 평균성장률 계산 과정에서 제외하였습니다.

• 동부하이텍 (유가증권 / 000990)
- 전자집적회로 제조업

구분	94	95	96	97	98	99	00	01	02	03	04	05	06	07	08	09	10	11	12
성장률	1.36	-2.63	4.31	-19.83	1.63	2.34	3.37	1.90	3.8	2.57	9.65	2.16	-0.62	-1.91	-32.72	-27.97	-54.34	-31.91	-11.70
EPS	1,484	-1,346	3,016	-5,001	844	1,447	1,286	578	1,703	1,363	4,280	1,104	4	-684	-8,646	-5,361	-1,753	-2,414	-799
배당금	750	0	700	0	0	500	250	0	500	500	500	250	250	0	0	0	0	0	0
ROE	2.75	-2.63	5.61	-19.83	1.63	3.58	4.19	1.90	5.4	4.05	10.93	2.80	0.01	-1.91	-32.72	-27.97	-54.34	-31.91	-11.70
직원의 수					914	1,087	1,234	1,180	1,170	1,164	1,222	1,324	1,207	3,527	3,479	3,360	2,436	2,567	2,304
연봉정보					14	16	29	29	28	32	33	39	48	39	40	35	44	42	48

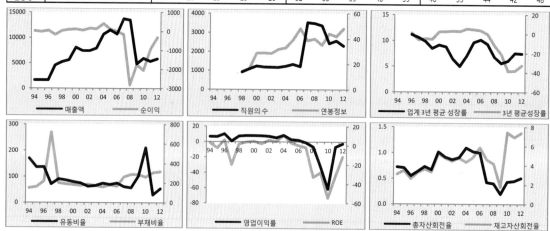

단위 : 성장률, ROE-% / EPS, 주당배당금 – 원 / 직원의 수 – 명 / 연봉정보 – 백만
2007년 5월, 주식회사 동부한농에서 주식회사 동부하이텍으로 상호 변경하였습니다.
2008년 2월, ㈜동부메탈 물적분할(금속재료사업부문을 분리)하여 신설회사를 설립하였습니다.
2010년 6월, ㈜동부한농 물적분할(농업사업부문을 분리)하여 신설회사를 설립하였습니다.

• 에스이티아이 (코스닥 / 114570)

- 전자집적회로 제조업

구분	94	95	96	97	98	99	00	01	02	03	04	05	06	07	08	09	10	11	12
성장률														35.23	49.43	29.87	-19.46	-77.98	-26.21
EPS														564	2,521	1,468	-986	-2,262	-673
배당금														0	710	0	0	0	0
ROE														35.23	68.82	29.87	-19.46	-77.98	-26.21
직원의 수																74	61	57	43
연봉정보																45	49	49	55

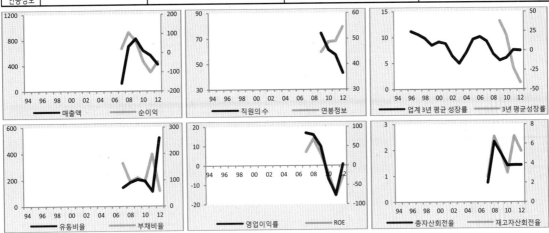

단위 : 성장률, ROE-% / EPS, 주당배당금 – 원 / 직원의 수 – 명 / 연봉정보 – 백만
2007년 10월, 에스이티센서㈜를 흡수 합병 및 합병 증자하였으며 에스이티아이주식회사로 상호 변경하였습니다.

• 엠텍비젼 (코스닥 / 074000)

- 전자집적회로 제조업

구분	94	95	96	97	98	99	00	01	02	03	04	05	06	07	08	09	10	11	12
성장률							-15.37	4.65	6.8	27.13	37.84	23.31	2.68	-7.51	-165.5	-40.73	-36.34	-256.8	-247.1
EPS							-13	4	8	2,632	4,705	4,513	386	-1,010	-8,482	-1,303	-1,732	-2,480	-150
배당금							0	0	0	0	500	1,000	0	0					0
ROE							-15.37	4.65	6.8	27.13	42.34	29.94	2.68	-7.51	-165.5	-40.73	-36.34	-256.8	-247.1
직원의 수										57	158	272	301	226	220	244	234	149	88
연봉정보										45	46	49	43	47	49	47	40	66	66

단위 : 성장률, ROE-% / EPS, 주당배당금 – 원 / 직원의 수 – 명 / 연봉정보 – 백만
1기(1999년) 자료는 표와 그래프에서 제외하였습니다.

• 텔레칩스 (코스닥 / 054450)
- 전자집적회로 제조업

구분	94	95	96	97	98	99	00	01	02	03	04	05	06	07	08	09	10	11	12
성장률									18.6	35.81	22.58	28.83	21.22	24.77	22.17	10.99	3.22	-4.64	0.29
EPS									187	729	1,006	1,278	1,220	1,812	2,061	1,130	382	-344	78
배당금									0	0	100	150	150	170	180	80	80	80	50
ROE							10.10	7.01	18.6	35.81	25.07	32.67	24.20	27.33	24.29	11.83	4.08	-3.77	0.81
직원의 수											76	119	208	245	272	299	267	264	260
연봉정보											37	40	41	48	55	58	57	59	64

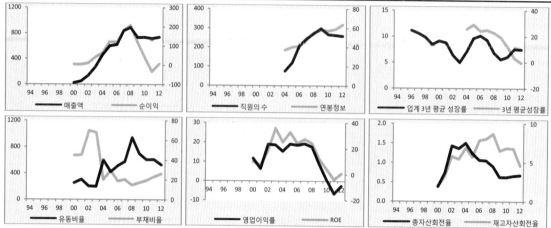

단위 : 성장률, ROE-% / EPS, 주당배당금 – 원 / 직원의 수 – 명 / 연봉정보 – 백만

• 하나마이크론 (코스닥 / 067310)
- 전자집적회로 제조업

구분	94	95	96	97	98	99	00	01	02	03	04	05	06	07	08	09	10	11	12
성장률									22.7	32.80	33.68	16.69	8.57	4.92	-20.76	-3.96	21.09	5.21	-4.25
EPS									338	532	1,021	1,030	520	331	-742	-175	1,618	532	-293
배당금									0	0	0	0	50	50	0	0	200	100	0
ROE									22.7	32.80	33.68	16.69	9.49	5.79	-20.76	-3.96	24.06	6.42	-4.25
직원의 수												629	913	841	727	847	1,187	1,386	1,203
연봉정보												17	21	26	30	23	28	28	33

단위 : 성장률, ROE-% / EPS, 주당배당금 – 원 / 직원의 수 – 명 / 연봉정보 – 백만

• 한양디지텍 (코스닥 / 078350)
- 전자집적회로 제조업

구분	94	95	96	97	98	99	00	01	02	03	04	05	06	07	08	09	10	11	12
성장률											8.52	-1.74	15.89	8.85	-21.87	10.24	2.77	-1.78	-10.13
EPS											407	-13	410	256	-637	324	97	-61	-314
배당금											100	50	70	50	0	0	0	0	0
ROE											11.30	-0.36	19.16	10.99	-21.87	10.24	2.77	-1.78	-10.13
직원의 수											655	604	780	196	110	63	50	38	52
연봉정보											25	25	25	27	37	35	52	40	38

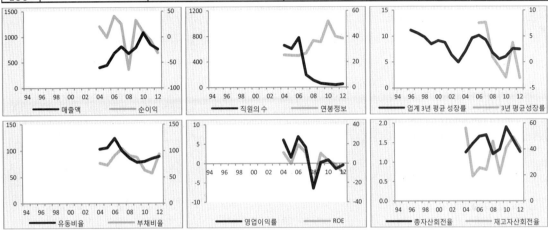

단위 : 성장률, ROE-% / EPS, 주당배당금 - 원 / 직원의 수 - 명 / 연봉정보 - 백만
2004년 4월, 한양디지텍(구 한양이엔지㈜ 메모리 모듈 제조사업부문)은 인적분할 방식으로 설립되었습니다.

• STS반도체 (코스닥 / 036540)
- 전자집적회로 제조업

구분	94	95	96	97	98	99	00	01	02	03	04	05	06	07	08	09	10	11	12
성장률						39.43	54.48	11.28	10.3	4.06	2.68	-0.06	3.93	4.21	-24.65	-25.21	16.44	5.74	-3.91
EPS						708	981	390	443	329	196	45	275	253	-1,360	-1,028	436	367	-190
배당금						0	0	25	50	50	50	50	50	0	0	0	0	50	0
ROE						39.43	54.48	12.05	11.6	4.78	3.60	0.55	4.80	4.21	-24.65	-25.21	16.44	6.64	-3.91
직원의 수							319	386	470	572	906	949	1,042	928	916	1,125	1,382	1,305
연봉정보							16	19	18	14	17	26	27	32	26	29	31	33

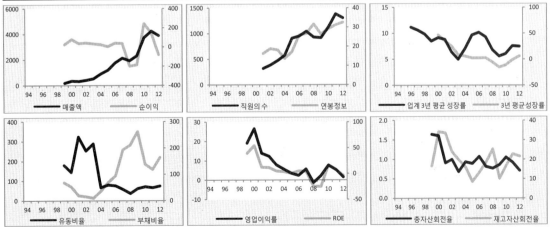

단위 : 성장률, ROE-% / EPS, 주당배당금 - 원 / 직원의 수 - 명 / 연봉정보 - 백만
2000년 3월, 에스티에스㈜에서 에스티에스반도체통신㈜로 상호 변경하였습니다.

• 네패스신소재 (코스닥 / 087730)
- 합성수지 및 기타 플라스틱물질 제조업

구분	94	95	96	97	98	99	00	01	02	03	04	05	06	07	08	09	10	11	12
성장률										6.39	15.32	19.58	10.82	19.01	-6.10	-7.48	-23.52	-22.33	25.16
EPS										138	388	632	395	760	-243	-262	-668	-523	759
배당금										0	0	0	40	0	0	0	0	0	0
ROE										6.39	15.32	19.58	12.04	19.01	-6.10	-7.48	-23.52	-22.33	25.16
직원의 수															73	73	72	71	77
연봉정보															33	38	39	40	39

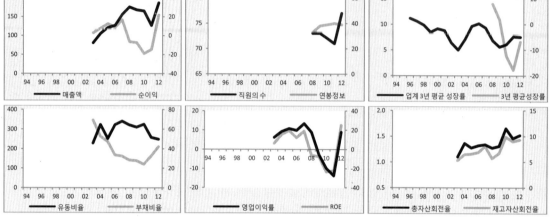

단위 : 성장률, ROE-% / EPS, 주당배당금 – 원 / 직원의 수 – 명 / 연봉정보 – 백만
2003년~2005년 사업보고서 미공시로 인하여 EPS는 감사보고서를 기준으로, 배당금은 0으로 간주해 성장률을 계산하였습니다.
03년~05년 성장률은 업계 3년 평균성장률 계산 과정에서 제외하였습니다.

• 주성엔지니어링 (코스닥 / 036930)
- 기타 가공공작기계 제조업

구분	94	95	96	97	98	99	00	01	02	03	04	05	06	07	08	09	10	11	12
성장률				48.21	42.90	6.01	0.86	-2.95	-93.7	-45.00	34.16	4.12	12.61	-19.25	-18.68	1.21	16.45	-4.29	-84.32
EPS				279	784	671	308	-189	-3,129	-972	1,106	154	527	1,248	-907	63	1,141	-144	-1,666
배당금				0	0	0	250	0	0	0	0	0	0	100	0	0	0	0	0
ROE				48.21	42.90	6.01	4.58	-2.95	-93.7	-45.00	34.16	4.12	12.61	-20.93	-18.68	1.21	16.45	-4.29	-84.32
직원의 수						206	248	246	215	207	229	330	359	416	446	450	724	705	497
연봉정보						22	28	38	33	33	42	31	33	36	44	35	36	44	55

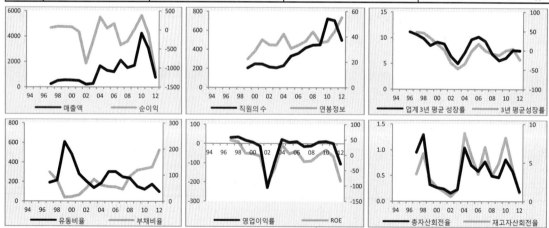

단위 : 성장률, ROE-% / EPS, 주당배당금 – 원 / 직원의 수 – 명 / 연봉정보 – 백만
1기(1995년), 2기(1996년) 자료는 표와 그래프에서 제외하였습니다.

• 아이텍반도체 (코스닥 / 119830)
- 기타 기술 시험, 검사 및 분석업

구분	94	95	96	97	98	99	00	01	02	03	04	05	06	07	08	09	10	11	12
성장률													48.69	19.32	6.77	25.47	11.88	2.12	-8.12
EPS													626	414	151	838	640	101	-359
배당금													0	0	0	0	0	0	0
ROE													48.69	19.32	6.77	25.47	11.88	2.12	-8.12
직원의 수																188	208	200	
연봉정보																30	30	33	

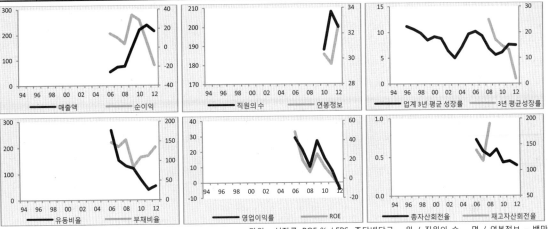

단위 : 성장률, ROE-% / EPS, 주당배당금 - 원 / 직원의 수 - 명 / 연봉정보 - 백만
2006년~2007년 사업보고서 미공시로 인하여 EPS는 감사보고서를 기준으로, 배당금은 0으로 간주해 성장률을 계산하였습니다.
06년~07년 성장률은 업계 3년 평균성장률 계산 과정에서 제외하였습니다.

• 동진쎄미켐 (코스닥 / 005290)
- 기타 기초무기화학물질 제조업

구분	94	95	96	97	98	99	00	01	02	03	04	05	06	07	08	09	10	11	12
성장률		1.00	1.46	2.23	9.25	3.50	-0.39	0.73	-1.6	-0.69	7.09	6.91	-7.81	-0.38	-0.13	12.93	8.24	-4.64	6.94
EPS		7	10	24	140	109	41	67	15	34	221	236	-134	41	46	514	309	-132	311
배당금		0	0	0	5	5	50	50	50	50	50	50	50	50	50	60	60	25	60
ROE		1.00	1.46	2.23	9.59	3.67	1.79	2.89	0.7	1.48	9.16	8.77	-5.69	1.73	1.51	14.64	10.22	-3.90	8.60
직원의 수						400	420	432	446	481	446	477	494	528	544	648	707	801	878
연봉정보						19	23	22	23	23	25	26	32	33	35	39	43	43	47

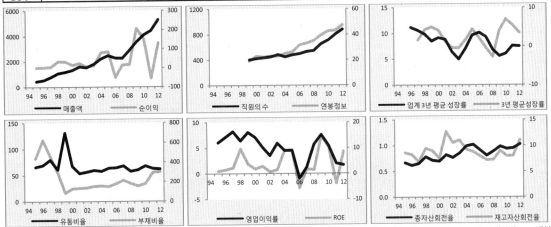

단위 : 성장률, ROE-% / EPS, 주당배당금 - 원 / 직원의 수 - 명 / 연봉정보 - 백만
1999년 8월, 동진화성공업주식회사에서 주식회사 동진쎄미켐으로 상호 변경하였습니다.

• 티씨케이 (코스닥 / 064760)

- 기타 비금속 광물제품 제조업

구분	94	95	96	97	98	99	00	01	02	03	04	05	06	07	08	09	10	11	12
성장률						-4.85	27.73	20.15	14.6	10.79	13.24	14.09	14.75	16.75	12.89	10.52	15.01	13.40	6.98
EPS						-224	21	184	216	246	332	359	470	603	539	504	904	1,037	583
배당금						0	0	0	50	50	100	75	100	100	100	100	100	200	120
ROE						-4.85	27.73	20.15	19.0	13.54	18.95	17.81	18.74	20.08	15.82	13.12	16.88	16.60	8.79
직원의 수										55	57	72	86	101	105	97	131	171	159.
연봉정보										25	28	27	31	39	38	38	48	44	41

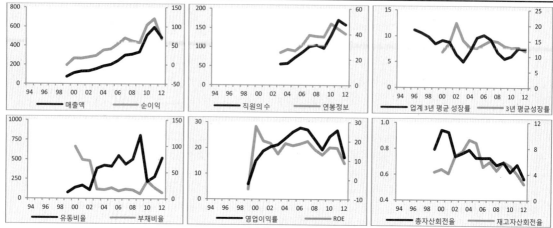

단위 : 성장률, ROE-% / EPS, 주당배당금 - 원 / 직원의 수 - 명 / 연봉정보 - 백만
2001년 10월, 한국도카이카본 주식회사에서 주식회사 티씨케이로 상호 변경하였습니다.
2005년 결산 월 변경으로 인하여 11기는 제외하였으며, 10기를 2005년 기준으로 작성하였습니다.
특이값(1999년 부채비율)은 그래프에서 제외하였습니다.

• 디엔에프 (코스닥 / 092070)

- 기타 화학제품 제조업

구분	94	95	96	97	98	99	00	01	02	03	04	05	06	07	08	09	10	11	12
성장률												58.01	47.33	17.64	5.22	-1.12	-0.15	6.37	1.54
EPS												482	1,378	1,080	261	-48	-4	209	50
배당금												0	0	50	40	0	0	0	0
ROE										-36.29	-58.44	58.01	47.33	18.50	6.17	-1.12	-0.15	6.37	1.54
직원의 수												130	155	146	137	145	162		
연봉정보												29	34	30	31	32	34		

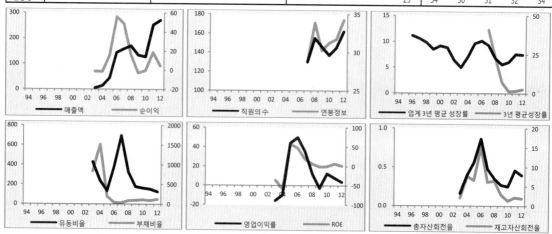

단위 : 성장률, ROE-% / EPS, 주당배당금 - 원 / 직원의 수 - 명 / 연봉정보 - 백만
2005년 12월, ㈜디엔에프솔루션에서 ㈜디엔에프로 상호 변경하였습니다.

• 이엔에프테크놀로지 (코스닥 / 102710)

- 기타 화학제품 제조업

구분	94	95	96	97	98	99	00	01	02	03	04	05	06	07	08	09	10	11	12
성장률											34.23	35.28	34.49	27.59	25.29	20.22	19.29	17.61	17.98
EPS											228	400	463	512	628	890	949	1,045	1,288
배당금											0	0	0	0	0	50	50	50	50
ROE											34.23	35.28	34.49	27.59	25.29	21.42	20.37	18.50	18.70
직원의 수																131	158	207	250
연봉정보																31	34	36	37

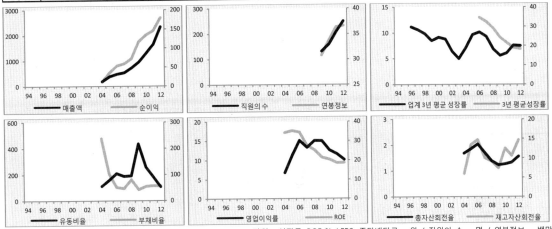

단위 : 성장률, ROE-% / EPS, 주당배당금 - 원 / 직원의 수 - 명 / 연봉정보 - 백만
2004년~2006년 사업보고서 미공시로 인하여 EPS는 감사보고서를 기준으로, 배당금은 0으로 간주해 성장률을 계산하였습니다.
04년~06년 성장률은 업계 3년 평균성장률 계산 과정에서 제외하였습니다.

• 원익QnC (코스닥 / 074600)

- 기타 산업용 유리제품 제조업

구분	94	95	96	97	98	99	00	01	02	03	04	05	06	07	08	09	10	11	12
성장률										1.68	24.22	18.32	19.56	14.07	4.76	-16.77	-3.74	14.92	11.52
EPS										114	687	601	808	698	268	-701	-151	716	629
배당금										50	75	75	100	100	30	0	0	0	0
ROE										2.99	27.19	20.93	22.32	16.42	5.36	-16.77	-3.74	14.92	11.52
직원의 수										119	143	152	187	197	198	190	257	296	323
연봉정보										35	29	30	29	34	33	31	37	36	34

단위 : 성장률, ROE-% / EPS, 주당배당금 - 원 / 직원의 수 - 명 / 연봉정보 - 백만
2003년 11월, 주식회사 원익에서 기업분할 방식으로 설립되었습니다.
1기(2003년)는 2개월(11월 11일~12월 31일)치 자료입니다.

• 네패스 (코스닥 / 033640)

- 기타 전자부품 제조업

구분	94	95	96	97	98	99	00	01	02	03	04	05	06	07	08	09	10	11	12
성장률		48.71	45.83	18.82	5.27	2.76	13.16	0.58	-11.1	15.26	37.40	19.62	6.97	8.67	-4.35	14.68	11.07	9.02	9.79
EPS		483	853	442	121	219	151	10	-160	278	1,077	1,145	376	500	-662	943	863	712	889
배당금		0	50	50	25	4	21	0	0	0	0	0	0	0	0	0	50	50	100
ROE		48.71	48.68	21.22	6.65	2.81	15.28	0.58	-11.1	15.26	37.40	19.62	6.97	8.67	-4.35	15.50	11.75	9.71	11.03
직원의 수						110	119	107	50	187	244	305	331	358	325	392	385	427	562
연봉정보						18	17	19	22	23	29	29	36	32	32	34	31	34	40

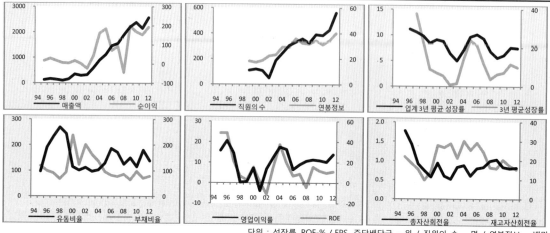

단위 : 성장률, ROE-% / EPS, 주당배당금 – 원 / 직원의 수 – 명 / 연봉정보 – 백만

• 리노공업 (코스닥 / 058470)

- 기타 전자부품 제조업

구분	94	95	96	97	98	99	00	01	02	03	04	05	06	07	08	09	10	11	12
성장률					36.33	32.01	32.62	15.43	14.0	13.90	19.29	16.39	14.96	12.94	10.13	6.17	11.96	11.53	13.85
EPS					32	41	34	607	517	771	1,442	1,476	1,607	1,619	1,468	1,061	2,228	2,401	3,099
배당금					0	0	0	0	50	200	400	500	550	600	600	500	800	900	1,000
ROE				51.13	36.33	32.01	32.62	15.43	15.5	18.77	26.69	24.79	22.74	20.56	17.13	11.67	18.66	18.45	20.45
직원의 수						94	110	126	166	182	202	205	212	217	241	279	306		
연봉정보						19	21	24	26	27	29	28	30	29	38	41	48		

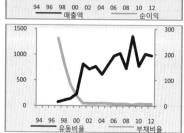
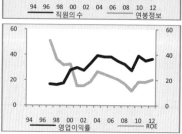
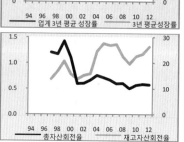

단위 : 성장률, ROE-% / EPS, 주당배당금 – 원 / 직원의 수 – 명 / 연봉정보 – 백만

• 성우테크론 (코스닥 / 045300)

- 기타 전자부품 제조업

구분	94	95	96	97	98	99	00	01	02	03	04	05	06	07	08	09	10	11	12
성장률						76.84	30.03	7.68	5.0	14.31	16.25	7.51	4.39	5.18	0.19	2.21	3.12	8.67	0.70
EPS						752	57	191	141	373	502	325	208	212	6	63	749	2,145	185
배당금						0	0	0	50	50	70	100	75	50	0	0	50	75	20
ROE						76.84	30.03	7.68	7.7	16.52	18.88	10.84	6.87	6.78	0.19	2.21	3.35	8.98	0.79
직원의 수						69	84	109	119	114	107	105			180	193	257	246	236
연봉정보						20	18	18	21	27	26	26			20	26	22	24	24

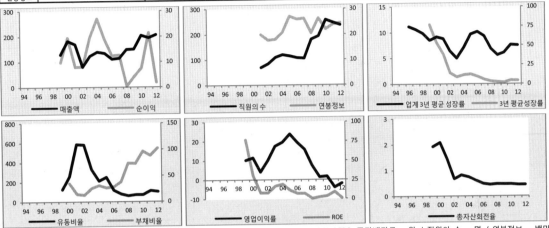

단위 : 성장률, ROE-% / EPS, 주당배당금 - 원 / 직원의 수 - 명 / 연봉정보 - 백만
1기(1997년)~2기(1998년) 자료는 표와 그래프에서, 특이값(1999년 부채비율)은 그래프에서 제외하였습니다.
2000년 7월, 성우정밀㈜에서 성우테크론㈜ 상호 변경하였습니다.

• 에스엔에스텍 (코스닥 / 101490)

- 기타 전자부품 제조업

구분	94	95	96	97	98	99	00	01	02	03	04	05	06	07	08	09	10	11	12
성장률								-3.23	-32.9	-93.93	18.27	24.71	0.69	13.37	12.87	14.51	6.06	6.64	7.05
EPS								-28	-215	-485	206	464	13	280	309	452	267	317	302
배당금								0	0	0	0	0	0	0	0	0	50	50	0
ROE								-3.23	-32.9	-93.93	18.27	24.71	0.69	13.37	12.87	14.51	7.46	7.88	7.05
직원의 수															115	119	126	137	
연봉정보															34	29	38	37	

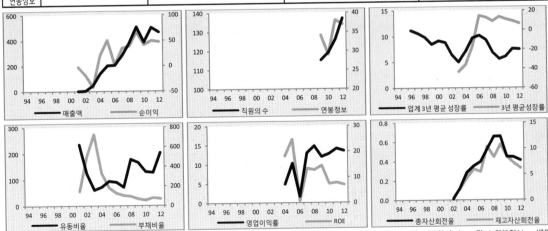

단위 : 성장률, ROE-% / EPS, 주당배당금 - 원 / 직원의 수 - 명 / 연봉정보 - 백만
특이값(2001년~2002년 ROE, 영업이익률)은 그래프에서 제외하였습니다.
2001년~2006년 사업보고서 미공시로 인하여 EPS는 감사보고서를 기준으로, 배당금은 0으로 간주해 성장률을 계산하였습니다.
01년~06년 성장률은 업계 3년 평균성장률 계산 과정에서 제외하였습니다.

• 피에스엠씨 (코스닥 / 024850)

- 기타 전자부품 제조업

구분	94	95	96	97	98	99	00	01	02	03	04	05	06	07	08	09	10	11	12
성장률			-0.12	8.50	19.15	7.02	6.88	4.02	2.4	-5.41	2.77	-2.10	-24.45	-11.82	-11.62	-8.83	0.81	-28.89	-13.54
EPS			48	134	467	181	244	115	59	-130	124	-51	-475	-209	-211	-143	15	-444	-164
배당금			50	0	0	0	50	15	0	0	55	0	0	0	0	0	0	0	0
ROE			2.99	8.50	19.15	7.02	8.65	4.62	2.4	-5.41	4.98	-2.10	-24.45	-11.82	-11.62	-8.83	0.81	-28.89	-13.54
직원의 수							664	594	535	516	510	491	351	317	319	299	261	192	394
연봉정보							22	23	29	29	31	31	45	42	35	39	43	51	20

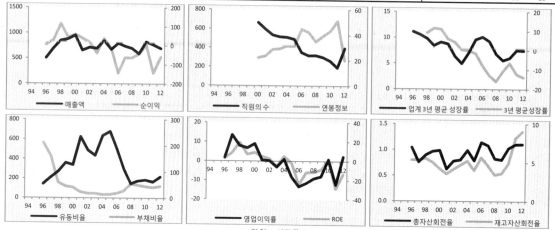

단위 : 성장률, ROE-% / EPS, 주당배당금 – 원 / 직원의 수 – 명 / 연봉정보 – 백만
2011년 3월, ㈜풍산마이크로텍에서 ㈜피에스엠씨로 상호 변경하였습니다.

• ISC (코스닥 / 095340)

- 기타 전자부품 제조업

구분	94	95	96	97	98	99	00	01	02	03	04	05	06	07	08	09	10	11	12
성장률												-5.12	47.25	5.61	4.07	-0.25	4.45	10.08	13.57
EPS												935	1,511	579	405	57	636	1,714	1,425
배당금												1,000	0	150	115	75	300	400	400
ROE										42.98	73.18	73.65	47.25	7.58	5.68	0.80	8.42	13.15	18.86
직원의 수														188	123	89	125	185	298
연봉정보														21	36	36	39	29	29

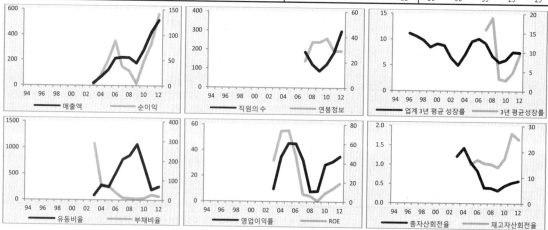

단위 : 성장률, ROE-% / EPS, 주당배당금 – 원 / 직원의 수 – 명 / 연봉정보 – 백만
2012년 3월, ㈜아이에스시테크놀러지에서 ㈜아이에스시로 상호 변경하였습니다.

• SKC솔믹스 (코스닥 / 057500)

- 기타 전자부품 제조업

구분	94	95	96	97	98	99	00	01	02	03	04	05	06	07	08	09	10	11	12
성장률						29.50	44.68	15.95	16.2	4.92	16.65	15.26	14.21	11.57	7.37	0.14	6.46	-7.65	-51.62
EPS						1,259	801	683	500	163	550	570	633	588	566	60	550	-487	-2,784
배당금						392	25	50	25	25	50	25	50	50	50	50	50	50	0
ROE						42.84	46.12	17.20	17.1	5.81	18.31	15.96	15.43	12.64	8.09	0.87	7.11	-6.94	-51.62
직원의 수						96	108			128	163	188	209	237	285	283	450	551	560
연봉정보						21	22			19	24	27	24	29	30	29	22	30	31

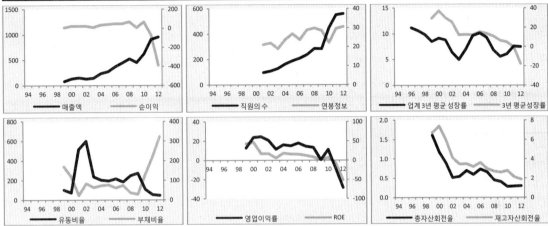

단위 : 성장률, ROE-% / EPS, 주당배당금 – 원 / 직원의 수 – 명 / 연봉정보 – 백만
2010년 1월, ㈜솔믹스에서 에스케이씨 솔믹스㈜로 상호 변경하였습니다.
3기(1997년), 4기(1998년) 자료는 표와 그래프에서 제외하였습니다.

• 미래산업 (유가증권 / 025560)

- 기타 측정, 시험, 항해, 제어 및 정밀기기 제조업

구분	94	95	96	97	98	99	00	01	02	03	04	05	06	07	08	09	10	11	12
성장률	77.35	52.13	25.43	12.67	2.36	-2.68	0.96	-43.11	-47.7	1.35	-25.05	2.09	-42.04	0.81	-82.43	-18.87	1.49	-37.23	-76.94
EPS	397	257	292	237	55	-19	40	-822	-597	13	-176	14	-198	4	-211	-46	4	-78	-110
배당금	0	31	65	65	17	20	15	0	0	0	0	0	0	0	0	0	0	0	0
ROE	77.35	59.28	32.71	17.46	3.42	-1.31	1.54	-43.11	-47.7	1.35	-25.05	2.09	-42.04	0.81	-82.43	-18.87	1.49	-37.23	-76.94
직원의 수					313	424	521	324	296	294	301	335	314	289	286	216	227	230	123
연봉정보					28	20	27	31	33	30	33	29	34	33	33	31	34	35	35

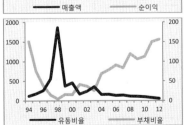
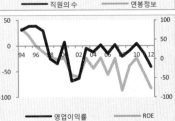
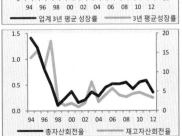

단위 : 성장률, ROE-% / EPS, 주당배당금 – 원 / 직원의 수 – 명 / 연봉정보 – 백만

· 신성에프에이 (유가증권 / 104120)

- 기타 특수목적용 기계 제조업

구분	94	95	96	97	98	99	00	01	02	03	04	05	06	07	08	09	10	11	12
성장률															8.40	7.51	17.61	4.50	-30.21
EPS															311	342	873	192	-476
배당금															25	50	100	0	0
ROE											4.36	11.80	5.95	7.50	9.14	8.79	19.89	4.50	-30.21
직원의 수															126	171	197	224	170
연봉정보															23	35	47	41	46

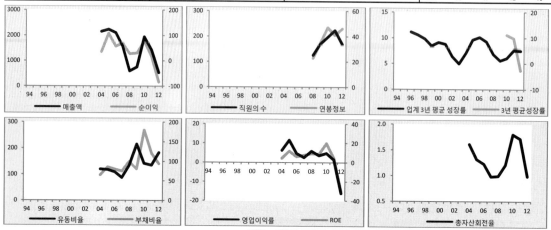

단위 : 성장률, ROE-% / EPS, 주당배당금 – 원 / 직원의 수 – 명 / 연봉정보 – 백만
2008년 8월, 신성에프에이는 인적 분할방식으로 설립되었습니다.

· 제우스 (코스닥 / 079370)

- 기타 특수목적용 기계 제조업

구분	94	95	96	97	98	99	00	01	02	03	04	05	06	07	08	09	10	11	12
성장률										40.43	53.75	31.79	5.76	1.00	-7.53	5.14	10.05	7.22	2.34
EPS										108	2,903	2,085	755	187	-606	436	1,114	799	230
배당금										25	507	250	250	187	0	0	200	100	0
ROE								39.06	53.3	52.59	65.12	36.12	8.61	2.14	-7.53	5.14	12.25	8.25	2.34
직원의 수												256	257	266	275	291	451	471	439
연봉정보												33	38	27	40	33	25	44	40

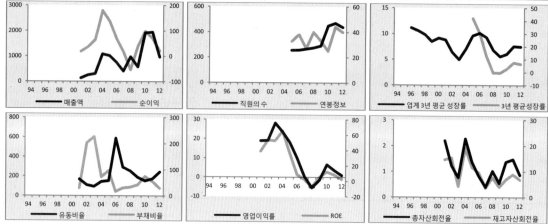

단위 : 성장률, ROE-% / EPS, 주당배당금 – 원 / 직원의 수 – 명 / 연봉정보 – 백만

• 케이엠 (코스닥 / 083550)
- 기타 플라스틱 제품 제조업

구분	94	95	96	97	98	99	00	01	02	03	04	05	06	07	08	09	10	11	12
성장률						15.92	24.01	9.02	11.6	26.90	32.29	12.98	10.16	-7.12	5.56	7.61	10.49	6.91	2.04
EPS						226	429	172	251	85	95	843	618	-346	311	572	932	470	152
배당금						0	0	0	0	6	0	0	100	0	0	100	130	50	30
ROE					6.02	15.92	24.01	9.02	11.6	28.93	32.29	12.98	12.12	-7.12	5.56	9.23	12.20	7.73	2.54
직원의 수												155	267	238	191	182	245	287	268
연봉정보												22	19	26	23	22	22	22	25

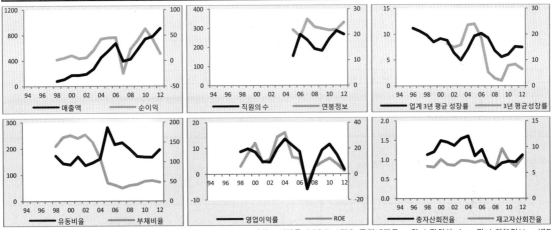

단위 : 성장률, ROE-% / EPS, 주당배당금 - 원 / 직원의 수 - 명 / 연봉정보 - 백만
1999년~2002년 사업보고서 미공시로 인하여 EPS는 감사보고서를 기준으로, 배당금은 0으로 간주해 성장률을 계산하였습니다.
99년~02년 성장률은 업계 3년 평균성장률 계산 과정에서 제외하였습니다.

• 솔브레인 (코스닥 / 036830)
- 기타 화학물질 및 화학제품 도매업

구분	94	95	96	97	98	99	00	01	02	03	04	05	06	07	08	09	10	11	12
성장률		72.06	45.32	43.42	32.44	18.19	17.05	15.05	13.4	11.21	13.94	15.49	18.85	16.28	10.07	12.69	16.60	5.17	16.82
EPS		3,541	3,489	5,734	6,575	783	523	569	655	614	903	1,150	1,737	1,797	1,281	1,753	2,271	1,181	3,876
배당금		150	250	250	50	25	3	60	70	65	100	100	150	200	200	250	300	350	375
ROE		75.25	48.82	45.40	32.69	18.79	17.14	16.83	15.1	12.53	15.67	16.97	20.63	18.32	11.93	14.80	19.12	7.34	18.62
직원의 수						39	116	98	126	156	190	239	355	373	387	448	598	967	1,230
연봉정보						25	14	19	18	23	25	26	32	35	36	36	33	28	28

단위 : 성장률, ROE-% / EPS, 주당배당금 - 원 / 직원의 수 - 명 / 연봉정보 - 백만
2011년 9월, 테크노세미켐에서 솔브레인으로 상호 변경하였습니다.

· 휴대폰 및 부품

2012년 휴대폰 및 부품 상장기업 전체 매출액은 약 175조원(전년대비 12% 성장), 총 당기순이익은 1조 7천억원 (전년대비 72% 상승)입니다. 평균성장률은 5.8%(전년대비 1.7% 증가)이며, 최근 3년간 좋은 흐름을 보이고 있습니다. ROE 또한 5.9%(전년대비 1.1% 상승)로 최근 3년간 수익성이 지속적으로 좋아지고 있습니다. 반면에, 수익성은 IMF나 금융위기 당시에 비해, 지속적으로 악화되고 있으며 업계 3년 평균성장률 또한 꾸준하게 감소하고 있습니다. (매출액 및 당기순이익은 단순합계금액이며, 성장률 및 ROE는 단순평균값 입니다)

해당 산업의 총 직원수는 약 14만 1천명(전년대비 약 6% 감소)이며, 최근 평균연봉(2012년)은 약 6천 6백만원(전년대비 8.4% 감소)입니다. 아래 표와 그래프를 통해, 2010년을 기점으로 연봉수준이 낮아지고 있음을 알 수 있습니다. 최근 3년 평균 유동비율은 약 200%이며, 부채비율은 102.7%를 기록하고 있습니다.

구 분	총매출액	총 당기순이익	평균성장률	평균 ROE	총 직원수	연봉정보
94	11,518	945				
95	16,209	2,507	17.3	7.6		
96	15,914	166	10.8	12.0		
97	18,710	134	10.9	11.7		
98	30,379	449	11.1	11.5	42,154	32
99	37,673	5,286	14.0	15.3	39,563	32
00	50,140	6,594	16.2	12.4	45,096	36
01	50,163	3,533	9.1	8.4	50,183	40
02	55,357	7,406	14.2	14.3	79,140	48
03	65,804	6,744	6.5	9.6	89,306	46
04	85,367	12,569	14.2	12.5	101,823	59
05	84,537	8,467	10.4	10.9	122,938	48
06	85,854	8,191	7.2	8.2	128,160	51
07	90,505	8,714	8.5	9.1	125,140	58
08	105,267	6,098	7.5	8.8	122,476	60
09	126,128	7,675	9.3	11.6	126,122	63
10	147,659	12,816	3.3	4.3	142,265	73
11	156,181	9,953	4.1	4.8	149,539	72
12	175,319	17,167	5.8	5.9	141,249	66

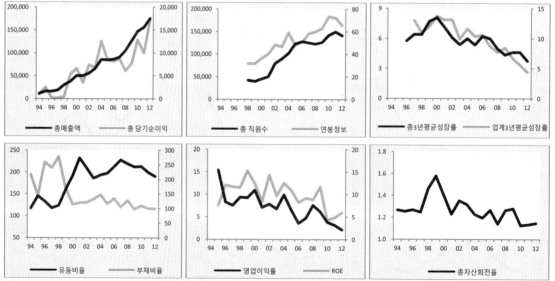

단위 : 총 매출액, 총 당기순이익 – 십억 / 평균 성장률, 평균 ROE - % / 총 직원 수 – 명 / 연봉정보 – 백만
연봉정보는 1 인당 평균 급여액이며, 대상기업들의 연간 총 급여액을 총 직원의 수로 나눈 금액입니다.
업계 3 년 평균 성장률은 휴대폰 및 부품 전체 상장사의 평균이며, 사업보고서에 근거한 자료만으로 만들었습니다.

• 디지탈옵틱 (코스닥 / 106520)

- 광학렌즈 및 광학요소 제조업

구분	94	95	96	97	98	99	00	01	02	03	04	05	06	07	08	09	10	11	12
성장률											22.29	8.72	12.99	6.44	0.68	3.76	12.59	29.19	19.38
EPS											878	206	376	198	21	122	468	1,490	1,941
배당금											0	0	0	0	0	0	0	0	100
ROE											22.29	8.72	12.99	6.44	0.68	3.76	12.59	29.19	20.43
직원의 수																			260
연봉정보																			27

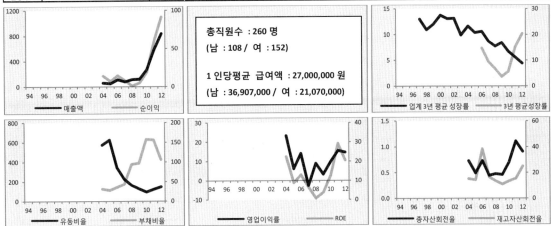

총직원수 : 260 명
(남 : 108 / 여 : 152)

1 인당평균 급여액 : 27,000,000 원
(남 : 36,907,000 / 여 : 21,070,000)

단위 : 성장률, ROE-% / EPS, 주당배당금 – 원 / 직원의 수 – 명 / 연봉정보 – 백만
2004년~2009년 사업보고서 미공시로 인하여 EPS는 감사보고서를 기준으로, 배당금은 0으로 간주해 성장률을 계산하였습니다.
04년~09년 성장률은 업계 3년 평균성장률 계산 과정에서 제외하였습니다.

• 세코닉스 (코스닥 / 053450)

- 광학렌즈 및 광학요소 제조업

구분	94	95	96	97	98	99	00	01	02	03	04	05	06	07	08	09	10	11	12
성장률				120.39	46.68	55.45	19.03	4.06	1.1	16.23	29.87	17.03	3.44	4.64	-4.36	15.85	12.68	2.35	17.00
EPS				413	273	887	451	119	33	953	1,732	938	198	348	-319	1,347	1,510	225	2,313
배당금				0	0	0	0	0	0	250	300	0	0	15	0	50	60	0	100
ROE				120.39	46.68	55.45	19.03	4.06	1.1	22.00	36.13	17.03	3.44	4.85	-4.36	16.46	13.20	2.35	17.77
직원의 수								69	89	211	216	219	205	177	193	227	318	393	562
연봉정보								18	21	18	19	23	25	30	34	27	31	31	27

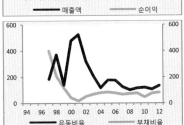
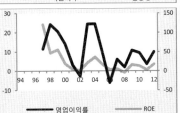
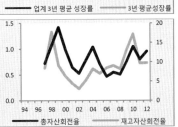

단위 : 성장률, ROE-% / EPS, 주당배당금 – 원 / 직원의 수 – 명 / 연봉정보 – 백만
2002년 3월, ㈜세키노스코리아에서 ㈜세코닉스로 상호 변경하였습니다.

• 코렌 (코스닥 / 078650)

- 광학렌즈 및 광학요소 제조업

구분	94	95	96	97	98	99	00	01	02	03	04	05	06	07	08	09	10	11	12
성장률										15.02	-17.62	-63.16	20.03	4.51	-5.67	25.57	4.42	-16.99	13.66
EPS										272	-276	-602	226	14	-307	1,100	236	-669	660
배당금										0	0	0	0	0	0	0	0	0	0
ROE										15.02	-17.62	-63.16	20.03	4.51	-5.67	25.57	4.42	-16.99	13.66
직원의 수															176	210	218		
연봉정보															26	25	33		

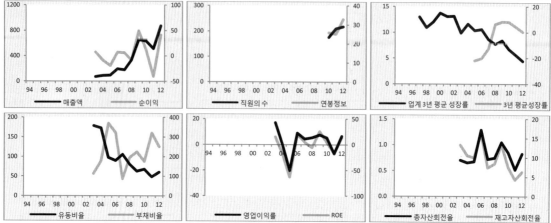

단위 : 성장률, ROE-% / EPS, 주당배당금 - 원 / 직원의 수 - 명 / 연봉정보 - 백만
2003년~2007년 사업보고서 미공시로 인하여 EPS는 감사보고서를 기준으로, 배당금은 0으로 간주해 성장률을 계산하였습니다.
03년~07년 성장률은 업계 3년 평균성장률 계산 과정에서 제외하였습니다.

• 신양 (코스닥 / 086830)

- 기계장비 조립용 플라스틱제품 제조업

구분	94	95	96	97	98	99	00	01	02	03	04	05	06	07	08	09	10	11	12
성장률						73.45	39.95	17.00	2.7	22.76	32.63	28.23	12.91	7.36	-2.17	-44.79	8.01	13.00	-5.03
EPS						3,841	2,652	1,479	240	2,628	577	371	1,124	626	-143	-2,044	306	1,019	-391
배당금						0	0	0	0	0	40	0	0	140	0	0	0	0	0
ROE						73.45	39.95	17.00	2.7	22.76	35.06	28.23	12.91	9.48	-2.17	-44.79	8.01	13.00	-5.03
직원의 수													594	540	324	362	295	284	363
연봉정보													20	18	27	21	27	27	24

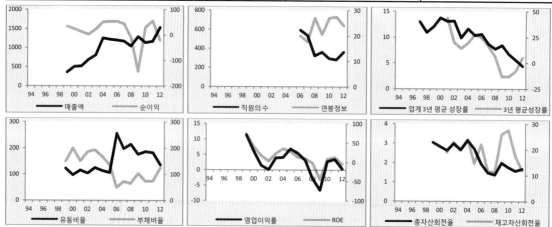

단위 : 성장률, ROE-% / EPS, 주당배당금 - 원 / 직원의 수 - 명 / 연봉정보 - 백만
1999년~2003년 사업보고서 미공시로 인하여 EPS는 감사보고서를 기준으로, 배당금은 0으로 간주해 성장률을 계산하였습니다.
99년~03년 성장률은 업계 3년 평균성장률 계산 과정에서 제외하였습니다.

• 알에프세미 (코스닥 / 096610)

- 다이오드, 트랜지스터 및 유사 반도체소자 제조업

구분	94	95	96	97	98	99	00	01	02	03	04	05	06	07	08	09	10	11	12
성장률										자본잠식	21.23	21.87	26.48	18.42	22.32	15.64	17.35	16.81	9.79
EPS											290	378	623	766	1,040	891	1,182	917	595
배당금											0	0	0	50	77	95	105	72	39
ROE										자본잠식	21.23	21.87	26.48	19.71	24.10	17.50	19.05	18.25	10.47
직원의 수														109	135	157	250	209	225
연봉정보														17	23	20	22	29	29

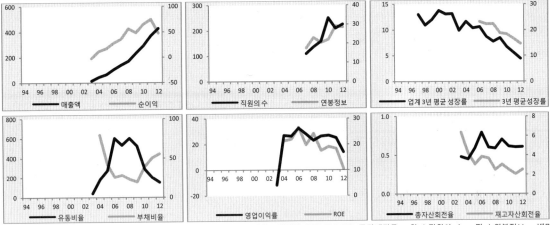

단위 : 성장률, ROE-% / EPS, 주당배당금 - 원 / 직원의 수 - 명 / 연봉정보 - 백만
자본잠식으로 인해, 계산 불가한 값(2003년 부채비율, ROE)은 그래프에서 제외하였습니다.
2004년 사업보고서 미공시로 인하여 EPS는 감사보고서를 기준으로, 배당금은 0으로 간주해 성장률을 계산하였습니다.
04년 성장률은 업계 3년 평균성장률 계산 과정에서 제외하였습니다.

• 에임하이 (코스닥 / 043580)

- 다이오드, 트랜지스터 및 유사 반도체소자 제조업

구분	94	95	96	97	98	99	00	01	02	03	04	05	06	07	08	09	10	11	12
성장률				자본잠식	2.35	26.14	23.45	4.73	2.9	-28.09	-6.34	-45.24	-46.60	-61.57	-72.10	-35.71	-13.92	-21.98	0.87
EPS					2	29	286	92	81	-306	-64	-348	-307	-244	-168	-1,256	-313	-276	12
배당금					0	0	0	25	40										
ROE				자본잠식	2.35	26.14	23.45	6.49	5.7	-28.09	-6.34	-45.24	-46.60	-61.57	-72.10	-35.71	-13.92	-21.98	0.87
직원의 수								457	542	440	414	251	235	60	37	20	15	31	14
연봉정보								13	18	17	22	26	23	29	19	8	26	17	40

단위 : 성장률, ROE-% / EPS, 주당배당금 - 원 / 직원의 수 - 명 / 연봉정보 - 백만
2006년 3월, 우석반도체 주식회사에서 주식회사 에임하이글로벌로 상호 변경하였습니다.

• 이엘케이 (코스닥 / 094190)

- 다이오드, 트랜지스터 및 유사 반도체소자 제조업

구분	94	95	96	97	98	99	00	01	02	03	04	05	06	07	08	09	10	11	12
성장률												23.88	49.57	14.04	-89.64	34.66	21.34	11.54	1.63
EPS												315	1,751	903	-2,071	1,601	1,806	1,040	140
배당금												0	75	85	0	0	100	100	0
ROE										-43.86	-25.59	23.88	51.79	15.49	-89.64	34.66	22.59	12.77	1.63
직원의 수														144	181	307	1,462	466	539
연봉정보														28	25	23	25	35	31

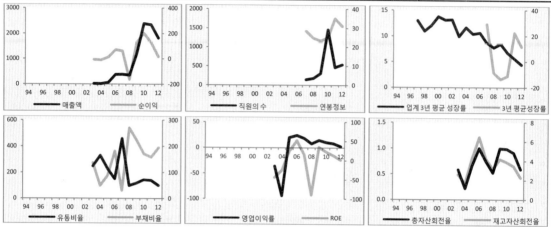

매출액 / 순이익 / 직원의 수 / 연봉정보 / 업계 3년 평균 성장률 / 3년 평균성장률
유동비율 / 부채비율 / 영업이익률 / ROE / 총자산회전율 / 재고자산회전율

단위 : 성장률, ROE-% / EPS, 주당배당금 – 원 / 직원의 수 – 명 / 연봉정보 – 백만

2007년 3월, 이엘코리아㈜ 에서 이엘케이㈜로 상호 변경하였습니다.

• 에스코넥 (코스닥 / 096630)

- 반도체 제조용 기계 제조업

구분	94	95	96	97	98	99	00	01	02	03	04	05	06	07	08	09	10	11	12
성장률												35.41	29.71	22.31	26.69	-59.38	4.71	2.18	3.77
EPS												225	527	566	-839	-1,543	73	24	36
배당금												0	0	30					
ROE											26.53	35.41	29.71	23.56	26.69	-59.38	4.71	2.18	3.77
직원의 수														55	51	102	85	101	115
연봉정보														32	28	37	37	32	34

매출액 / 순이익 / 직원의 수 / 연봉정보 / 업계 3년 평균 성장률 / 3년 평균성장률
유동비율 / 부채비율 / 영업이익률 / ROE / 총자산회전율 / 재고자산회전율

단위 : 성장률, ROE-% / EPS, 주당배당금 – 원 / 직원의 수 – 명 / 연봉정보 – 백만

2009년 5월, ㈜삼영코넥과의 합병으로 인하여 주식회사 에스코넥으로 상호 변경하였습니다.

• 모베이스 (코스닥 / 101330)
- 방송 및 무선 통신장비 제조업

구분	94	95	96	97	98	99	00	01	02	03	04	05	06	07	08	09	10	11	12
성장률										18.11	-30.54	59.67	42.51	13.62	7.75	39.00	3.45	1.65	4.50
EPS										725	-551	150	208	693	463	3,637	371	120	344
배당금										0	0	0	0	0	0	0	0	0	0
ROE										18.11	-30.54	59.67	42.51	13.62	7.75	39.00	3.45	1.65	4.50
직원의 수																265	241	241	223
연봉정보																26	32	29	32

단위 : 성장률, ROE-% / EPS, 주당배당금 - 원 / 직원의 수 - 명 / 연봉정보 - 백만
2003년~2006년 사업보고서 미공시로 인하여 EPS는 감사보고서를 기준으로, 배당금은 0으로 간주해 성장률을 계산하였습니다.
03년~06년 성장률은 업계 3년 평균성장률 계산 과정에서 제외하였습니다.

• 서원인텍 (코스닥 / 093920)
- 방송 및 무선 통신장비 제조업

구분	94	95	96	97	98	99	00	01	02	03	04	05	06	07	08	09	10	11	12
성장률									53.6	46.37	52.73	25.85	20.76	12.09	14.53	5.14	4.44	6.38	12.67
EPS									4,002	2,559	2,780	72	77	607	704	261	197	432	846
배당금									0	0	0	14.4	17.45	100	150	50	50	150	200
ROE									53.6	46.37	52.73	32.29	26.86	14.48	18.47	6.36	5.95	9.77	16.59
직원의 수														508	224	537	507	588	545
연봉정보														22	25	28	28	22	30

단위 : 성장률, ROE-% / EPS, 주당배당금 - 원 / 직원의 수 - 명 / 연봉정보 - 백만
2002년~2004년 사업보고서 미공시로 인하여 EPS는 감사보고서를 기준으로, 배당금은 0으로 간주해 성장률을 계산하였습니다.
02년~04년 성장률은 업계 3년 평균성장률 계산 과정에서 제외하였습니다.

• 성우전자 (코스닥 / 081580)
- 방송 및 무선 통신장비 제조업

구분	94	95	96	97	98	99	00	01	02	03	04	05	06	07	08	09	10	11	12
성장률							35.41	16.47	2.5	16.12	43.24	-2.21	27.54	13.81	23.80	18.76	6.39	9.05	4.62
EPS							1,195	667	102	804	3,373	-146	3,892	1,487	1,267	1,244	352	538	292
배당금							0	0	0					230	100	100	0	100	50
ROE							35.41	16.47	2.5	16.12	43.24	-2.21	27.54	16.34	25.84	20.40	6.39	11.12	5.58
직원의 수														128	185	164	140	145	153
연봉정보														24	21	25	26	35	36

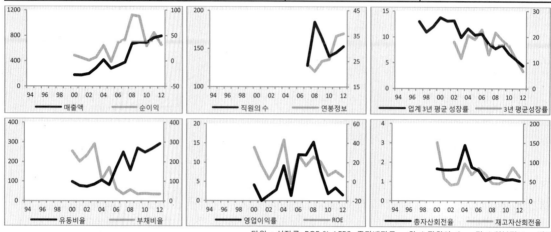

단위 : 성장률, ROE-% / EPS, 주당배당금 – 원 / 직원의 수 – 명 / 연봉정보 – 백만

2000년~2004년 사업보고서 미공시로 인하여 EPS는 감사보고서를 기준으로, 배당금은 0으로 간주해 성장률을 계산하였습니다.

00년~04년 성장률은 업계 3년 평균성장률 계산 과정에서 제외하였습니다.

• 아이디에스 (코스닥 / 078780)
- 방송 및 무선 통신장비 제조업

구분	94	95	96	97	98	99	00	01	02	03	04	05	06	07	08	09	10	11	12
성장률									44.6	45.39	63.33	3.84	-2.67	-17.77	-12.71	3.16	2.40	-4.19	5.24
EPS									510	1,215	4,986	466	-255	-962	-603	199	-779	-943	-592
배당금									0					150	150	0	0	0	0
ROE								0.83	44.6	45.39	63.33	3.84	-2.67	-15.37	-10.18	3.16	2.40	-4.19	5.24
직원의 수												688	434	171	103	103	118	108	107
연봉정보												14	31	24	23	34	35	32	15

단위 : 성장률, ROE-% / EPS, 주당배당금 – 원 / 직원의 수 - 명 / 연봉정보 – 백만

2002년 사업보고서 미공시로 인하여 EPS는 감사보고서를 기준으로, 배당금은 0으로 간주해 성장률을 계산하였습니다.

02년 성장률은 업계 3년 평균성장률 계산 과정에서 제외하였습니다.

• 알에프텍 (코스닥 / 061040)
- 방송 및 무선 통신장비 제조업

구분	94	95	96	97	98	99	00	01	02	03	04	05	06	07	08	09	10	11	12
성장률					19.42	21.42	5.07	26.39	29.6	19.37	21.51	11.30	5.07	0.37	-11.63	15.98	6.50	9.02	19.69
EPS					230	378	65	417	1,222	860	1,134	716	300	22	-583	1,089	542	755	1,838
배당금					0	0	0	0	150	100	100	50	0	0	0	100	100	100	100
ROE					19.42	21.42	5.07	26.39	33.7	21.92	23.59	12.15	5.07	0.37	-11.63	17.60	7.97	10.40	20.82
직원의 수									252	220	275	266	194	159	156	170	185	246	326
연봉정보									20	19	18	19	24	27	27	27	28	29	30

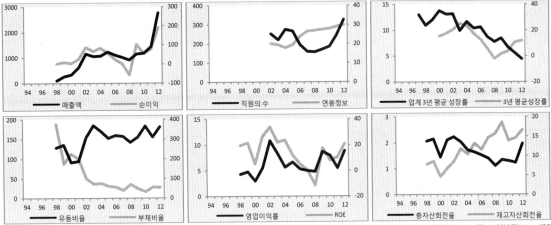

단위 : 성장률, ROE-% / EPS, 주당배당금 - 원 / 직원의 수 - 명 / 연봉정보 - 백만

• 에스맥 (코스닥 / 097780)
- 방송 및 무선 통신장비 제조업

구분	94	95	96	97	98	99	00	01	02	03	04	05	06	07	08	09	10	11	12
성장률											-12.49	57.87	34.20	23.52	20.73	-5.77	23.52	36.32	24.46
EPS											-6	157	132	987	1,003	-239	976	2,283	1,604
배당금											0	35	37	180	100	0	150	300	50
ROE											-12.49	74.44	47.35	28.77	23.02	-5.77	27.79	41.81	25.25
직원의 수														100	110	123	154	183	239
연봉정보														31	33	30	44	55	47

단위 : 성장률, ROE-% / EPS, 주당배당금 - 원 / 직원의 수 - 명 / 연봉정보 - 백만
• 1기(2004년) 자료는 2개월(11월~12월)치 자료입니다.

1기 재무분석자료(유동비율, 부채비율, 영업이익률, ROE, 총자산회전율, 재고자산회전율)는 그래프에서 제외하였습니다.

• 유아이엘 (코스닥 / 049520)
- 방송 및 무선 통신장비 제조업

구분	94	95	96	97	98	99	00	01	02	03	04	05	06	07	08	09	10	11	12
성장률				32.84	26.30	56.27	37.10	12.81	19.5	21.67	16.51	3.66	-22.20	9.03	11.10	2.95	-6.44	-6.45	5.52
EPS				738	4,911	22,762	1,273	915	1,466	2,439	2,345	523	-1,771	808	1,566	437	-683	-638	683
배당금				0	0	0	100	200	250	650	700	150	0	0	300	100	0	0	100
ROE				32.84	26.30	56.27	40.27	16.39	23.5	29.55	23.54	5.13	-22.20	9.03	13.73	3.83	-6.44	-6.45	6.47
직원의 수						395	495	502	630	620	593	573	585	577	446	342	324
연봉정보						8	15	19	22	25	23	27	31	33	31	36	36

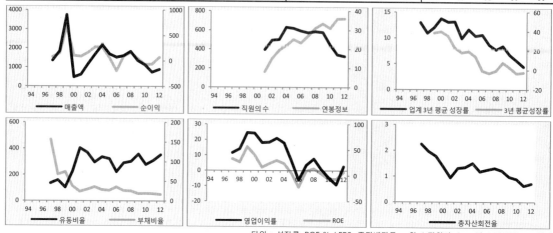

단위 : 성장률, ROE-% / EPS, 주당배당금 – 원 / 직원의 수 – 명 / 연봉정보 – 백만
2005년 9월, 동국제강㈜ 계열로 편입하였습니다.
2005년 10월, 유일전자에서 DK유아이엘㈜로 상호 변경하였습니다.

• 이랜텍 (코스닥 / 054210)
- 방송 및 무선 통신장비 제조업

구분	94	95	96	97	98	99	00	01	02	03	04	05	06	07	08	09	10	11	12
성장률					33.49	41.85	28.62	21.99	10.2	8.90	15.47	15.51	-2.89	-7.38	1.04	6.37	-0.33	0.20	4.32
EPS					875	1,090	632	663	638	506	967	1,122	-127	-427	69	548	50	623	323
배당금					0	0	0	0	75	75	100	100	50	0	0	100	50	50	50
ROE					33.49	41.85	28.62	21.99	11.6	10.45	17.26	17.02	-2.07	-7.38	1.04	7.79	0.49	1.03	5.11
직원의 수									604	465	488	558	517	439	364	330	366	349	339
연봉정보									16	18	22	24	24	26	27	28	29	30	32

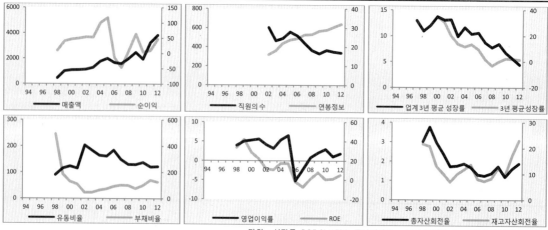

단위 : 성장률, ROE-% / EPS, 주당배당금 – 원 / 직원의 수 – 명 / 연봉정보 – 백만
2000년 4월, 대희전자공업에서 ㈜이랜텍으로 상호 변경하였습니다.

• 인탑스 (코스닥 / 049070)
- 방송 및 무선 통신장비 제조업

구분	94	95	96	97	98	99	00	01	02	03	04	05	06	07	08	09	10	11	12
성장률				17.27	26.53	46.58	47.76	30.59	14.5	15.17	24.92	22.92	20.08	15.81	3.85	7.55	6.49	5.15	11.93
EPS				150	362	157	202	1,714	1,364	1,580	3,474	4,356	4,793	4,608	1,700	2,761	2,378	2,070	4,727
배당금				0	0	0	0	0	250	300	500	700	800	850	700	650	400	430	450
ROE				17.27	26.53	46.58	47.76	30.59	17.7	18.72	29.11	27.31	24.11	19.38	6.54	9.87	7.80	6.50	13.19
직원의 수					595	662				678	725	891	755	752	646	623	720	718	881
연봉정보					13	13				19	21	20	23	24	25	25	28	29	22

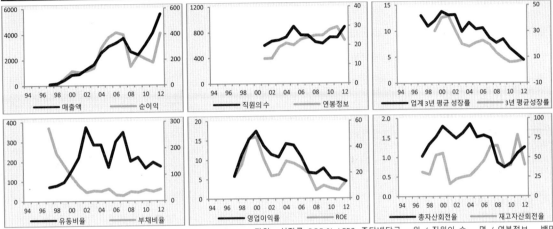

단위 : 성장률, ROE-% / EPS, 주당배당금 - 원 / 직원의 수 - 명 / 연봉정보 - 백만
1997년 7월, 신영화학공업사에서 인탑스㈜로 상호 변경하였습니다.

• 재영솔루텍 (코스닥 / 049630)
- 방송 및 무선 통신장비 제조업

구분	94	95	96	97	98	99	00	01	02	03	04	05	06	07	08	09	10	11	12
성장률					11.56	15.17	27.31	18.91	16.5	11.44	13.57	4.78	4.73	-5.70	-134.94	-36.31	-24.07	-8.08	-36.41
EPS					22	13	50	47	474	409	545	267	254	-143	-5,471	-1,531	-672	-118	-384
배당금					1	3	5	5	50	75	100	100	81	75	0	0	0	0	0
ROE					12.26	18.91	30.34	21.17	18.4	14.00	16.62	7.64	6.95	-3.74	-134.94	-36.31	-24.07	-8.08	-36.41
직원의 수										419	401	487	513	511	498	419	371	322	298
연봉정보										26	30	26	29	28	32	29	38	34	38

단위 : 성장률, ROE-% / EPS, 주당배당금 - 원 / 직원의 수 - 명 / 연봉정보 - 백만
2000년 5월, 재영금형정공㈜에서 재영솔루텍㈜로 상호 변경하였습니다.

• 태양기전 (코스닥 / 072520)
- 방송 및 무선 통신장비 제조업

구분	94	95	96	97	98	99	00	01	02	03	04	05	06	07	08	09	10	11	12
성장률								57.56	55.3	41.55	18.25	8.79	0.97	10.38	2.03	-16.09	-3.36	3.77	-1.71
EPS								1,217	1,863	2,307	2,338	752	219	1,080	267	-1,161	-539	322	-146
배당금								0	100	100	150	150	150	200	100	0	0	0	0
ROE							67.05	57.56	58.5	43.43	19.50	10.98	3.09	12.74	3.24	-16.09	-3.36	3.77	-1.71
직원의 수										327	562	545	582	512	468	666	671	827
연봉정보										20	13	23	26	24	23	20	21	23

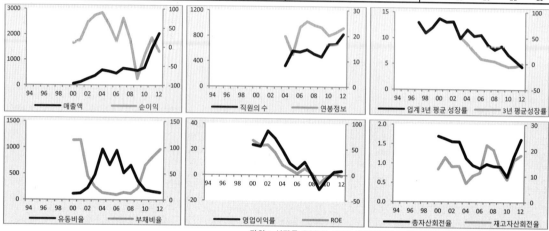

단위 : 성장률, ROE-% / EPS, 주당배당금 – 원 / 직원의 수 – 명 / 연봉정보 – 백만
2001년 사업보고서 미공시로 인하여 EPS는 감사보고서를 기준으로, 배당금은 0으로 간주해 성장률을 계산하였습니다.
01년 성장률은 업계 3년 평균성장률 계산 과정에서 제외하였습니다.

• 피앤텔 (코스닥 / 054340)
- 방송 및 무선 통신장비 제조업

구분	94	95	96	97	98	99	00	01	02	03	04	05	06	07	08	09	10	11	12
성장률				6.31	24.70	82.84	28.78	13.81	15.6	7.82	25.72	23.92	17.50	12.26	10.06	9.70	-0.03	-12.80	-15.83
EPS				22	10	188	50	417	556	419	1,380	1,854	1,562	1,385	1,236	1,292	59	-1,190	-1,241
배당금				0	0	0	5	50	150	200	350	430	440	400	320	330	60	0	0
ROE				6.31	24.70	82.84	32.01	15.69	21.4	14.97	34.46	31.14	24.36	17.24	13.58	13.03	1.72	-12.80	-15.83
직원의 수								695	806	782	764	1,391	1,578	1,030	936	990	907	521	472
연봉정보								15	16	19	22	20	20	31	26	29	29	31	24

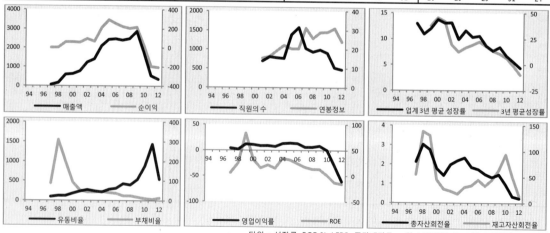

단위 : 성장률, ROE-% / EPS, 주당배당금 – 원 / 직원의 수 – 명 / 연봉정보 – 백만
2000년 3월, ㈜덕일산전에서 ㈜피앤텔로 상호 변경하였습니다.

• 엠씨넥스 (코스닥 / 097520)
- 사진기, 영사기 및 관련장비 제조업

구분	94	95	96	97	98	99	00	01	02	03	04	05	06	07	08	09	10	11	12
성장률												31.20	22.47	-4.49	25.76	20.12	21.70	22.53	4.18
EPS												656	1,018	-108	1,220	1,045	1,371	2,085	420
배당금												0	0	0	0	0	21	21	30
ROE												31.20	22.47	-4.49	25.76	20.12	22.04	22.75	4.50
직원의 수																			273
연봉정보																			33

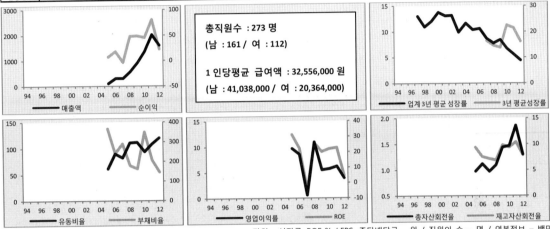

총직원수 : 273 명
(남 : 161 / 여 : 112)

1 인당평균 급여액 : 32,556,000 원
(남 : 41,038,000 / 여 : 20,364,000)

매출액 / 순이익 / 업계3년 평균 성장률 / 3년 평균성장률 / 유동비율 / 부채비율 / 영업이익률 / ROE / 총자산회전율 / 재고자산회전율

단위 : 성장률, ROE-% / EPS, 주당배당금 – 원 / 직원의 수 – 명 / 연봉정보 – 백만
2005년~2009년 사업보고서 미공시로 인하여 EPS는 감사보고서를 기준으로, 배당금은 0으로 간주해 성장률을 계산하였습니다.
05년~09년 성장률은 업계 3년 평균성장률 계산 과정에서 제외하였습니다.

• 디스플레이텍 (코스닥 / 066670)
- 액정 평판 디스플레이 제조업

구분	94	95	96	97	98	99	00	01	02	03	04	05	06	07	08	09	10	11	12
성장률							23.20	22.44	24.2	5.43	14.39	20.49	4.64	6.27	1.43	19.95	13.94	7.01	18.14
EPS							351	442	1,011	234	619	1,100	289	444	82	1,542	633	360	1,030
배당금							15	0	75	50	50	100	50	100	0	100	50	50	50
ROE						82.98	24.23	22.44	26.1	6.91	15.65	22.54	5.61	8.10	1.43	21.33	15.14	8.14	19.07
직원의 수							192			296	617	811	735	608	298	228	612	303	227
연봉정보							10			15	15	19	21	19	25	32	15	36	33

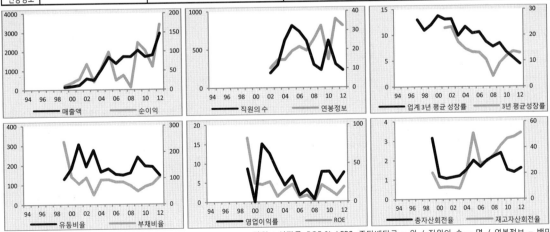

매출액 / 순이익 / 직원의 수 / 연봉정보 / 업계3년 평균 성장률 / 3년 평균성장률 / 유동비율 / 부채비율 / 영업이익률 / ROE / 총자산회전율 / 재고자산회전율

단위 : 성장률, ROE-% / EPS, 주당배당금 – 원 / 직원의 수 – 명 / 연봉정보 – 백만
1기(1998년) 자료는 표와 그래프에서 제외하였습니다.
2기(1999년) EPS는 표와 그래프에서 제외하였습니다.

• GemTech (코스닥 / 041590)

- 액정 평판 디스플레이 제조업

구분	94	95	96	97	98	99	00	01	02	03	04	05	06	07	08	09	10	11	12
성장률						20.52	25.85	14.60	11.3	20.55	14.80	3.67	-550.4	-30.28	-28.35	4.84	-20.45	28.37	25.35
EPS						1,220	308	206	205	394	429	90	-2,097	-387	-234	41	-187	298	350
배당금						0	0	0	0	0	80	0	0	0	0	0	0	0	0
ROE						20.52	25.85	14.60	11.3	20.55	18.19	3.67	-550.4	-30.28	-28.35	4.84	-20.45	28.37	25.35
직원의 수									42	50	55	64	57	39	40	35	40	42	37
연봉정보									29	30	40	35	47	34	28	31	29	33	54

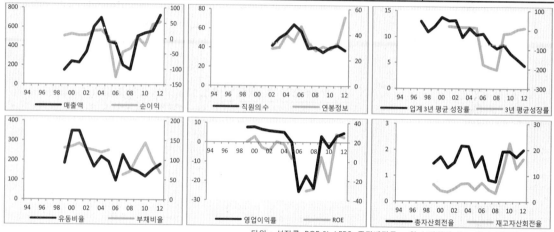

단위 : 성장률, ROE-% / EPS, 주당배당금 – 원 / 직원의 수 – 명 / 연봉정보 – 백만

2013년 3월, 한상호와 ㈜잼백스&카엘 간의 주식양수도 계약을 체결하였으며 최대주주가 한상호에서 ㈜잼백스&카엘로 바뀌었습니다.

2013년 4월, 잼백스테크놀러지로 상호 변경하였습니다.

특이값(2006년 부채비율, ROE)은 그래프에서 제외하였습니다.

• KJ 프리텍 (코스닥 / 083470)

- 액정 평판 디스플레이 제조업

구분	94	95	96	97	98	99	00	01	02	03	04	05	06	07	08	09	10	11	12
성장률										1.08	21.89	16.48	5.00	18.31	4.41	-26.53	-16.65	-65.57	6.91
EPS										19	408	448	132	769	184	-877	-516	-1,375	137
배당금										0	0	0	0	0	0	0	0	0	0
ROE										1.08	21.89	16.48	5.00	18.31	4.41	-26.53	-16.65	-65.57	6.91
직원의 수															132	154	138	107	102
연봉정보															34	24	34	29	31

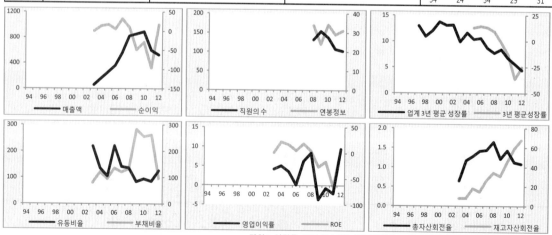

단위 : 성장률, ROE-% / EPS, 주당배당금 – 원 / 직원의 수 – 명 / 연봉정보 – 백만

2003년~2005년 사업보고서 미공시로 인하여 EPS는 감사보고서를 기준으로, 배당금은 0으로 간주해 성장률을 계산하였습니다.

03년~05년 성장률은 업계 3년 평균성장률 계산 과정에서 제외하였습니다.

• 경원산업 (코스닥 / 043220)

- 이동전화기 제조업

구분	94	95	96	97	98	99	00	01	02	03	04	05	06	07	08	09	10	11	12
성장률				9.51	69.81	43.64	36.56	6.68	자본잠식	-17.11	6.76	-14.44	20.68	-45.61	-190.5	-45.72	-50.80	-45.91	-248.5
EPS				4	84	101	418	341	-3,041	-57	22	894	528	-1,202	-1,517	-329	-43	-1,562	-4,938
배당금				0	0	0	0	150	0	0	0	0	0	0	0	0	0	0	0
ROE				9.51	69.81	43.64	36.56	11.92	자본잠식	-17.11	6.76	-14.44	20.68	-45.61	-190.5	-45.72	-50.80	-45.91	-248.5
직원의 수					46	16				28	25	20	20	87	39	22	22	23	13
연봉정보					15	61				19	27	31	29	44	34	39	33	51	54

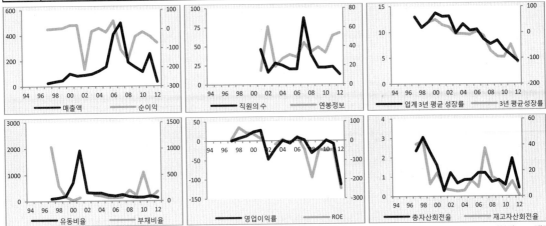

단위 : 성장률, ROE-% / EPS, 주당배당금 – 원 / 직원의 수 – 명 / 연봉정보 – 백만
자본잠식으로 인해, 계산 불가한 값(2002 년 부채비율, ROE)은 그래프에서 제외하였습니다.
2007 년, ㈜유비컴을 흡수 합병하였으며 ㈜로이트에서 ㈜유비컴으로 상호 변경하였습니다.

• 이필름 (유가증권 / 093230)

- 이동전화기 제조업

구분	94	95	96	97	98	99	00	01	02	03	04	05	06	07	08	09	10	11	12
성장률										71.09	54.31	49.46	51.23	15.59	11.37	5.65	-13.48	-41.58	-101.2
EPS										1,498	1,072	42	1,148	924	765	414	-686	-1,283	-1,578
배당금										0	0	5	200	120	240	160	40	0	0
ROE										71.09	54.31	56.19	62.04	17.91	16.57	9.20	-12.73	-41.58	-101.2
직원의 수														529	485	489	325	204	65
연봉정보														19	23	26	19	25	30

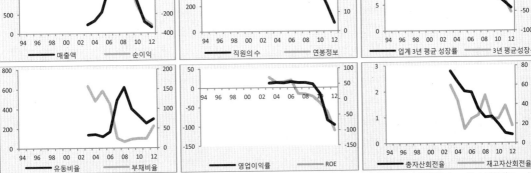

단위 : 성장률, ROE-% / EPS, 주당배당금 – 원 / 직원의 수 – 명 / 연봉정보 – 백만
2003년~2004년 사업보고서 미공시로 인하여 EPS는 감사보고서를 기준으로, 배당금은 0으로 간주해 성장률을 계산하였습니다.
03년~04년 성장률은 업계 3년 평균성장률 계산 과정에서 제외하였습니다.
2013년 3월, ㈜쉘라인에서 이필름㈜로 상호 변경하였습니다.

• 일야 (코스닥 / 058450)

- 이동전화기 제조업

구분	94	95	96	97	98	99	00	01	02	03	04	05	06	07	08	09	10	11	12
성장률				1.19	9.82	7.99	13.78	20.63	2.7	-21.48	7.05	-14.84	5.35	10.00	22.23	14.84	-3.02	-19.41	-46.84
EPS				16	146	336	29	386	74	-257	87	-163	77	159	450	469	-82	-444	-737
배당금				0	0	0	0	0	35	0	0	0	0	30	60	60	0	0	0
ROE				1.19	9.82	7.99	13.78	20.63	5.2	-21.48	7.05	-14.84	5.35	12.33	25.65	17.02	-3.02	-19.41	-46.84
직원의 수								176	221	133	142	134	137	129	109	114	119	122	121
연봉정보								18	16	23	25	23	24	28	39	29	30	32	32

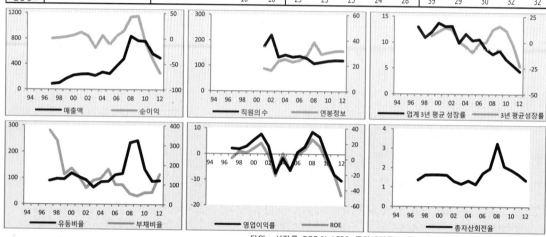

단위 : 성장률, ROE-% / EPS, 주당배당금 – 원 / 직원의 수 – 명 / 연봉정보 – 백만
2011년 4월, ㈜일야하이텍 에서 ㈜일야로 상호 변경하였습니다.

• 크루셜엠스 (코스닥 / 082660)

- 이동전화기 제조업

구분	94	95	96	97	98	99	00	01	02	03	04	05	06	07	08	09	10	11	12
성장률									77.7	34.81	53.46	15.67	-22.93	-219.7	27.24	12.21	-6.25	-29.22	-12.65
EPS									3,398	1,456	2,801	1,099	-931	-3,104	1,236	698	-213	-1,008	-407
배당금									0	245	0	0	100	0	130	150	70	0	0
ROE								35.77	77.7	41.85	53.46	15.67	-20.71	-219.7	30.44	15.55	-4.71	-29.22	-12.65
직원의 수										351	439	231			177	213	166	131	197
연봉정보										18	16	41			30	26	33	32	23

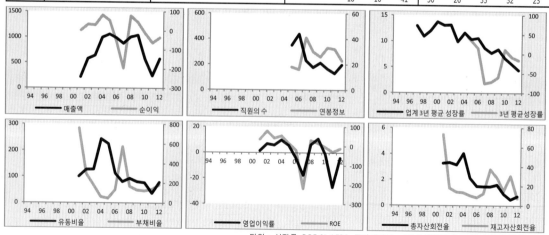

단위 : 성장률, ROE-% / EPS, 주당배당금 – 원 / 직원의 수 – 명 / 연봉정보 – 백만
2002년 사업보고서 미공시로 인하여 EPS는 감사보고서를 기준으로, 배당금은 0으로 간주해 성장률을 계산하였습니다.
02년 성장률은 업계 3년 평균성장률 계산 과정에서 제외하였습니다.

- **디에이피** (코스닥 / 066900)
  - 인쇄회로기판 제조업

구분	94	95	96	97	98	99	00	01	02	03	04	05	06	07	08	09	10	11	12
성장률						25.55	-3.38	11.41	18.9	23.28	19.66	11.16	-569.2	8.57	35.38	41.82	19.79	4.75	30.52
EPS						634	-42	149	316	450	686	359	-2,752	72	422	868	539	121	1,051
배당금						0	0	0	0	0	50	0	0	0	0	0	0	0	0
ROE						25.55	-3.38	11.41	18.9	23.28	21.20	11.16	-569.2	8.57	35.38	41.82	19.79	4.75	30.52
직원의 수											441	578	492	554	524	600	646	922	1,071
연봉정보											21	24	24	22	27	26	31	28	37

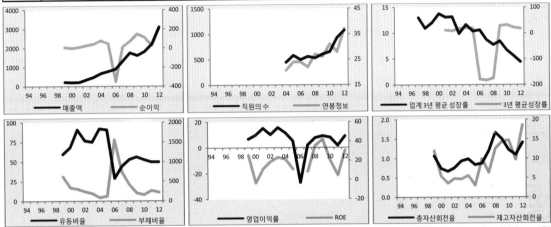

단위 : 성장률, ROE-% / EPS, 주당배당금 - 원 / 직원의 수 - 명 / 연봉정보 - 백만
2006년 대규모 적자로 인하여, ROE 그래프는 제외하였습니다.
99년~01년 사업보고서 미공시로 인하여 EPS는 감사보고서를 기준으로, 배당금은 0으로 간주해 성장률을 계산하였습니다.
99년~01년 성장률은 업계 3년 평균성장률 계산 과정에서 제외하였습니다.

- **블루콤** (코스닥 / 033560)
  - 전기경보 및 신호장치 제조업

구분	94	95	96	97	98	99	00	01	02	03	04	05	06	07	08	09	10	11	12
성장률						7.88	10.40	2.15	16.9	5.69	9.58	30.16	6.74	4.96	13.96	15.10	11.60	3.34	3.88
EPS						180	252	54	465	202	309	1,526	352	278	1,017	1,257	1,103	452	623
배당금						0	0	0	0	0	0	0	0	0	0	0	0	100	200
ROE						7.88	10.40	2.15	16.9	5.69	9.58	30.16	6.74	4.96	13.96	15.10	11.60	4.29	5.72
직원의 수																	122	106	95
연봉정보																	37	33	34

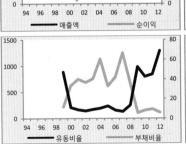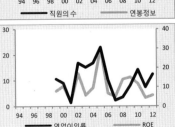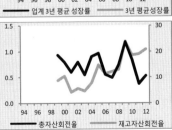

단위 : 성장률, ROE-% / EPS, 주당배당금 - 원 / 직원의 수 - 명 / 연봉정보 - 백만
1999년~2007년 사업보고서 미공시로 인하여 EPS는 감사보고서를 기준으로, 배당금은 0으로 간주해 성장률을 계산하였습니다.
99년~07년 성장률은 업계 3년 평균성장률 계산 과정에서 제외하였습니다.

115

• 와이즈파워 (코스닥 / 040670)
- 전기경보 및 신호장치 제조업

구분	94	95	96	97	98	99	00	01	02	03	04	05	06	07	08	09	10	11	12
성장률				6.28	7.06	38.66	26.34	0.75	-42.8	-110.3	9.37	-55.36	-132.6	1.95	53.43	-40.12	-46.90	-49.78	-195.2
EPS				28	8	68	86	1	-464	-684	64	-287	-281	15	517	-81	-67	-91	-179
배당금				0	0	0	4	0	0	0	0	0	0	0	0	0	0	0	0
ROE				6.28	7.06	38.66	27.63	1.68	-42.8	-110.3	9.37	-55.36	-132.6	1.95	53.43	-40.12	-46.90	-49.78	-195.2
직원의 수					476	434	335			229	287	313	242	167	130	97	109	100	58
연봉정보					15	25	24			23	21	24	35	30	38	20	25	30	29

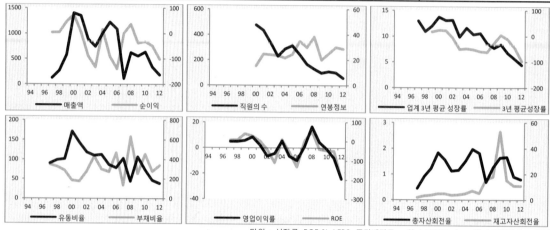

단위 : 성장률, ROE-% / EPS, 주당배당금 – 원 / 직원의 수 – 명 / 연봉정보 – 백만
* 상호변경: ㈜나운전자 → 단암전자통신㈜ → ㈜와이즈파워

• 삼성전자 (유가증권 / 005930)
- 전자부품, 컴퓨터, 영상, 음향 및 통신장비 제조업

구분	94	95	96	97	98	99	00	01	02	03	04	05	06	07	08	09	10	11	12
성장률	32.37	43.79	2.14	1.26	3.54	20.69	33.96	13.40	24.4	17.19	26.71	17.14	15.69	12.07	8.12	7.53	14.69	10.43	15.29
EPS	18,453	39,180	1,784	1,232	2,832	19,214	35,006	17,461	42,005	36,356	67,899	49,777	52,816	49,532	37,684	42,137	88,972	66,995	115,576
배당금	349	1,087	600	500	600	2,500	3,000	2,000	5,500	5,500	10,000	5,500	5,500	8,000	5,500	8,000	10,000	5,500	8,000
ROE	32.99	45.04	3.23	2.12	4.49	23.78	37.14	15.13	28.1	20.26	31.32	19.27	17.52	14.40	9.51	9.30	16.55	11.36	16.43
직원의 수					42,154	39,350	43,996	46,570	48,421	55,379	61,899	80,594	85,813	84,721	84,462	85,085	95,659	101,970	90,700
연봉정보					25	32	37	42	52	49	71	51	53	60	60	68	83	78	70

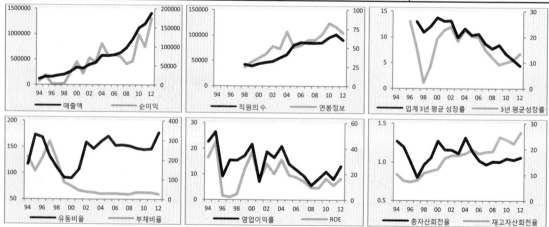

단위 : 성장률, ROE-% / EPS, 주당배당금 – 원 / 직원의 수 – 명 / 연봉정보 – 백만

• 우전앤한단 (코스닥 / 052270)

- 전자부품, 컴퓨터, 영상, 음향 및 통신장비 제조업

구분	94	95	96	97	98	99	00	01	02	03	04	05	06	07	08	09	10	11	12
성장률					-62.60	17.96	31.29	41.58	34.32	14.5	1.78	-32.03	-8.46	2.26	19.52	6.13	20.90	9.62	8.44	4.48
EPS					-370	88	337	482	1,693	785	123	-1,021	-264	123	969	1,278	1,696	410	773	467
배당금					0	0	0	0	150	150	50	0	0	50	150	575	250	150	200	150
ROE					-62.60	17.96	31.29	41.58	37.65	17.9	2.99	-32.03	-8.46	3.81	23.10	11.15	24.52	15.17	11.38	6.60
직원의 수						54	71			75	70	68	67	69	74	363	436	420	438
연봉정보						33	35			41	33	38	52	66	89	45	41	44	44

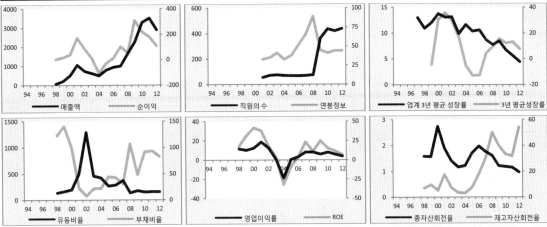

단위 : 성장률, ROE-% / EPS, 주당배당금 – 원 / 직원의 수 – 명 / 연봉정보 – 백만
2009년 12월, ㈜한단정보통신에서 ㈜우전앤한단으로 상호 변경하였습니다.
1기(1997년도) 자료는 그래프에서 제외하였습니다.

• 이엠텍 (코스닥 / 091120)

- 전자부품, 컴퓨터, 영상, 음향 및 통산장비 제조업

구분	94	95	96	97	98	99	00	01	02	03	04	05	06	07	08	09	10	11	12
성장률											24.13	28.99	16.98	21.70	9.37	-0.66	-5.30	26.37
EPS											590	997	958	1,381	644	168	211	1,531
배당금											0	0	125	0	0	0	0	0
ROE										4.43	15.83	24.13	28.99	19.52	21.70	9.37	-0.66	-5.30	26.37
직원의 수														85	96	130	138	156	173
연봉정보														38	34	29	30	31	36

단위 : 성장률, ROE-% / EPS, 주당배당금 – 원 / 직원의 수 – 명 / 연봉정보 – 백만

• EMW (코스닥 / 079190)

- 전자부품, 컴퓨터, 영상, 음향 및 통신장비 제조업

구분	94	95	96	97	98	99	00	01	02	03	04	05	06	07	08	09	10	11	12
성장률										42.67	38.47	15.65	3.09	7.00	1.53	8.82	-1.99	-11.68	-14.16
EPS										348	740	1,187	147	182	202	529	-59	-307	-335
배당금										0	0	300	0	0	160	250	0	0	
ROE									37.5	42.67	38.47	20.94	3.09	7.00	7.34	16.73	-1.99	-11.68	-14.16
직원의 수												169	167	154	200	199	224	167	183
연봉정보												17	20	25	24	25	23	22	30

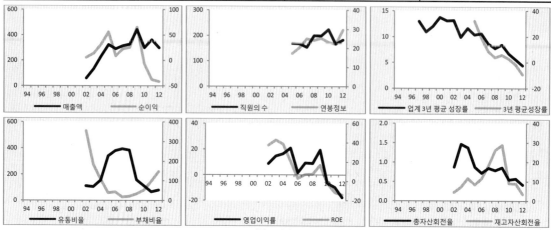

단위 : 성장률, ROE-% / EPS, 주당배당금 – 원 / 직원의 수 – 명 / 연봉정보 – 백만
2009년 12월, EMW안테나에서 EMW로 상호 변경하였습니다.

• LG 전자 (유가증권 / 066570)

- 전자부품, 컴퓨터, 영상, 음향 및 통산장비 제조업

구분	94	95	96	97	98	99	00	01	02	03	04	05	06	07	08	09	10	11	12
성장률					5.62	59.52	9.70	9.36	4.0	13.32	5.32	7.86	1.99	15.05	5.07	9.09	-6.73	-2.96	-3.90
EPS					1,246	18,494	4,431	3,527	1,768	4,229	9,890	4,023	1,480	7,584	2,992	12,740	-3,953	-1,707	-1,975
배당금					100	1,000	1,000	750	1,000	1,250	1,500	1,250	750	850	350	1,750	200	200	200
ROE					6.11	62.93	12.53	11.89	9.2	18.91	6.27	11.40	4.03	16.96	5.74	10.53	-6.41	-2.65	-3.54
직원의 수									25,024	27,683	31,614	31,633	31,201	29,496	28,409	29,554	32,972	35,286	36,376
연봉정보									48	49	55	56	58	62	64	64	64	71	64

단위 : 성장률, ROE-% / EPS, 주당배당금 – 원 / 직원의 수 – 명 / 연봉정보 – 백만
2002년 4월 ㈜LGEI와 LG전자㈜로 분할하였으며, 95년 2월 금성사에서 LG전자주식회사로 상호 변경하였습니다.
특이값(1999년 ROE)은 그래프에서 제외하였습니다.

• 실리콘화일 (코스닥 / 082930)

- 전자집적회로 제조업

구분	94	95	96	97	98	99	00	01	02	03	04	05	06	07	08	09	10	11	12
성장률											-11.37	19.47	22.14	21.25	-17.08	-11.84	-16.51	6.53	11.81
EPS											-266	550	82	855	-1,106	-417	-467	196	397
배당금											0	0	0	0	0	0	0	0	0
ROE											-11.37	19.47	22.14	21.25	-17.08	-11.84	-16.51	6.53	11.81
직원의 수															87	97	93	116	143
연봉정보															50	52	55	55	66

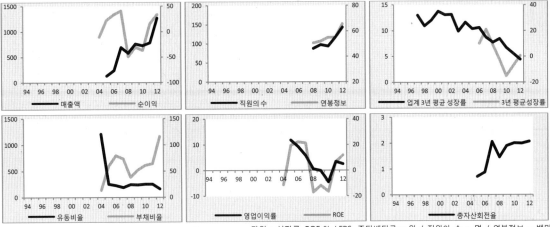

단위 : 성장률, ROE-% / EPS, 주당배당금 - 원 / 직원의 수 - 명 / 연봉정보 - 백만
2004년~2005년 사업보고서 미공시로 인하여 EPS는 감사보고서를 기준으로, 배당금은 0으로 간주해 성장률을 계산하였습니다.
04년~05년 성장률은 업계 3년 평균성장률 계산 과정에서 제외하였습니다.

• 아이앤씨 (코스닥 / 052860)

- 전자집적회로 제조업

구분	94	95	96	97	98	99	00	01	02	03	04	05	06	07	08	09	10	11	12
성장률							12.72	-21.74	6.1	-37.41	27.35	6.35	-16.16	-54.68	52.75	23.90	13.84	6.21	-8.14
EPS							113	-157	47	-209	210	61	-136	-436	765	1,747	1,157	618	-492
배당금							0	0	0	0	0	0	0	0	0	0	300	200	0
ROE							12.72	-21.74	6.1	-37.41	27.35	6.35	-16.16	-54.68	52.75	23.90	18.69	9.19	-8.14
직원의 수															76	74	85	82	
연봉정보															40	55	52	50	

단위 : 성장률, ROE-% / EPS, 주당배당금 - 원 / 직원의 수 - 명 / 연봉정보 - 백만
2000년~2006년 사업보고서 미공시로 인하여 EPS는 감사보고서를 기준으로, 배당금은 0으로 간주해 성장률을 계산하였습니다.
00년~06년 성장률은 업계 3년 평균성장률 계산 과정에서 제외하였습니다.

• 이미지스 (코스닥 / 115610)

- 전자집적회로 제조업

구분	94	95	96	97	98	99	00	01	02	03	04	05	06	07	08	09	10	11	12
성장률														15.11	38.49	32.79	6.98	5.34	0.80
EPS														96	557	699	300	238	28
배당금														0	0	0	50	50	0
ROE												20.54	21.93	15.11	38.49	32.79	8.38	6.76	0.80
직원의 수																30	39	46	57
연봉정보																37	44	43	49

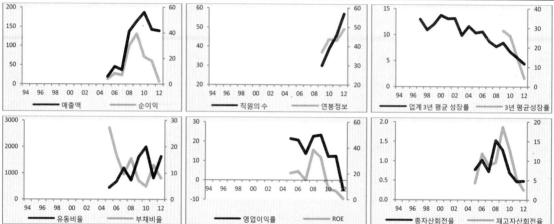

단위 : 성장률, ROE-% / EPS, 주당배당금 – 원 / 직원의 수 – 명 / 연봉정보 – 백만

• 제주반도체 (코스닥 / 080220)

- 전자집적회로 제조업

구분	94	95	96	97	98	99	00	01	02	03	04	05	06	07	08	09	10	11	12
성장률									11.1	66.67	40.57	12.05	-8.98	-25.54	-67.42	-48.44	30.75	23.80	-20.20
EPS									91	2,004	2,219	1,367	-815	-1,723	-2,527	-1,053	763	687	-460
배당금									0	100	300	300	0	0	0	0	0	0	0
ROE							-10.88	-6.46	11.1	70.17	46.91	15.44	-8.98	-25.54	-67.42	-48.44	30.75	23.80	-20.20
직원의 수										30	55	63	60		33	33	37	41	51
연봉정보										70	52	52	47		39	33	41	58	41

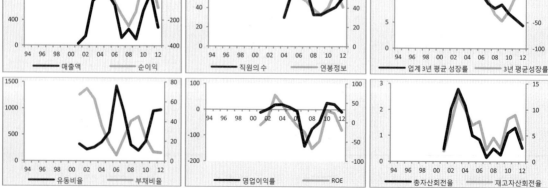

단위 : 성장률, ROE-% / EPS, 주당배당금 – 원 / 직원의 수 – 명 / 연봉정보 – 백만

1기 재무분석자료(2000년 유동비율, 부채비율, 영업이익률, ROE, 총자산회전율, 재고자산회전율)는 그래프에서 제외하였습니다.

• 피델릭스 (코스닥 / 032580)

- 전자집적회로 제조업

구분	94	95	96	97	98	99	00	01	02	03	04	05	06	07	08	09	10	11	12
성장률		29.80	23.36	9.36	6.61	-6.11	-5.97	-2.22	-73.1	36.61	-103.5	-2.25	-46.39	-125.7	30.63	0.99	2.86	8.97	6.07
EPS		341	362	150	110	-197	-141	-51	-936	0	-1,073	-48	-852	-1,010	502	64	72	167	129
배당금		15	15	15	15	0	0	0	0	0	0	0	0	0	50	50	20	30	30
ROE		31.17	24.37	10.40	7.65	-6.11	-5.97	-2.22	-73.1	36.61	-103.5	-2.25	-46.39	-125.7	34.01	4.51	3.96	10.94	7.91
직원의 수						119	110	93	132	43	89	43	76	48	57	58	65	66	60
연봉정보						17	25	26	24	33	26	28	48	60	54	61	65	67	66

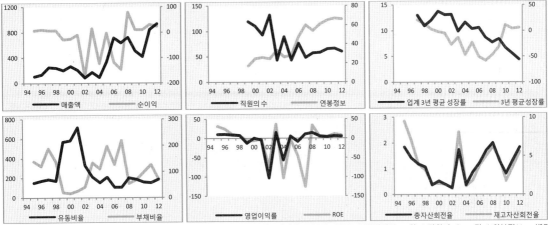

단위 : 성장률, ROE-% / EPS, 주당배당금 – 원 / 직원의 수 – 명 / 연봉정보 – 백만
2005년 3월, 씨앤아이에서 ㈜피델릭스로 상호 변경하였습니다.

• 엘컴텍 (코스닥 / 037950)

- 전자축전기 제조업

구분	94	95	96	97	98	99	00	01	02	03	04	05	06	07	08	09	10	11	12
성장률			11.09	26.91	40.98	24.27	9.34	12.81	14.7	4.25	20.93	-2.88	2.78	-5.07	2.49	5.73	-29.34	-24.69	자본잠식
EPS			8	26	74	69	431	502	725	283	1,219	-107	247	-186	295	400	-1,149	-676	-3,556
배당금			0	0	6	0	75	60	100	100	100	50	100	50	100	100	0	0	0
ROE			11.09	26.91	44.67	24.27	11.31	14.55	17.0	6.57	22.80	-1.97	4.67	-4.00	3.77	7.64	-29.34	-24.69	자본잠식
직원의 수							224	343	654	583	642	431	397	385	328	304	300	281	221
연봉정보							10	13	14	19	21	23	25	26	23	29	29	31	50

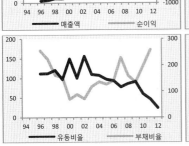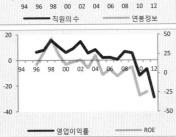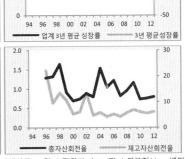

단위 : 성장률, ROE-% / EPS, 주당배당금 – 원 / 직원의 수 – 명 / 연봉정보 – 백만
자본잠식으로 인해, 계산 불가한 값(2012년 부채비율과 ROE)은 그래프에서 제외하였습니다.

• 다스텍 (코스닥 / 043710)

- 기타 전자부품 제조업

구 분	94	95	96	97	98	99	00	01	02	03	04	05	06	07	08	09	10	11	12
성장률					4.81	36.34	21.53	10.96	5.3	-20.22	4.40	4.42	-14.07	-19.27	-32.69	-33.04	-97.64	-8.95	11.95
EPS					4	16	290	158	577	-242	55	57	-273	-307	-335	-232	-321	-47	92
배당금					0	0	0	0	0	0	0	0	0	0	0	0	0	0	0
ROE					4.81	36.34	21.53	10.96	5.3	-20.22	4.40	4.42	-14.07	-19.27	-32.69	-33.04	-97.64	-8.95	11.95
직원의 수						48				64	66	48	58	56	54	400	42	22	49
연봉정보						12				17	18	19	35	21	26	23	24	18	23

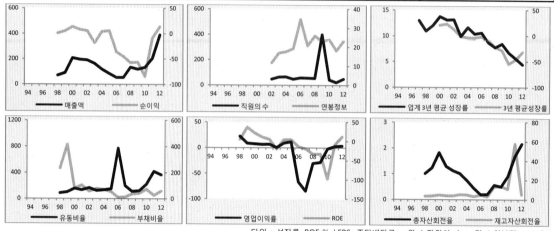

단위 : 성장률, ROE-% / EPS, 주당배당금 - 원 / 직원의 수 - 명 / 연봉정보 - 백만
2000년, ㈜동안전자에서 ㈜다스텍으로 상호 변경하였습니다.

• 멜파스 (코스닥 / 096640)

- 기타 전자부품 제조업

구 분	94	95	96	97	98	99	00	01	02	03	04	05	06	07	08	09	10	11	12
성장률													65.72	53.72	15.12	17.79	22.69	9.40	7.60
EPS													144	278	855	1,582	2,261	883	800
배당금													0	0	0	0	350	100	100
ROE												-144.2	65.72	53.72	15.12	17.79	26.85	10.60	8.68
직원의 수															160	294	312	309	
연봉정보															40	25	36	47	

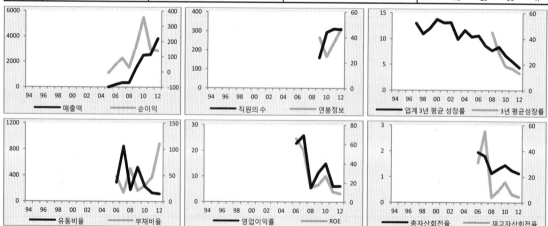

단위 : 성장률, ROE-% / EPS, 주당배당금 - 원 / 직원의 수 - 명 / 연봉정보 - 백만
2006년 사업보고서 미공시로 인하여 EPS는 감사보고서를 기준으로, 배당금은 0으로 간주해 성장률을 계산하였습니다.
06년 성장률은 업계 3년 평균성장률 계산 과정에서 제외하였습니다.
2005년 재무분석자료(유동비율, 부채비율, 영업이익률, ROE, 총자산회전율, 재고자산회전율)는 그래프에서 제외하였습니다.

• 모린스 (코스닥 / 110310)

- 기타 전자부품 제조업

구분	94	95	96	97	98	99	00	01	02	03	04	05	06	07	08	09	10	11	12
성장률														-131.4	38.16	22.80	3.19	-57.54	-83.62
EPS														-1,990	1,716	2,147	141	-1,661	-1,430
배당금														0	94	0	0	0	0
ROE												-105.2	-374.8	-131.4	40.37	22.80	3.19	-57.54	-83.62
직원의 수															102	108	115	135	
연봉정보															26	29	25	37	

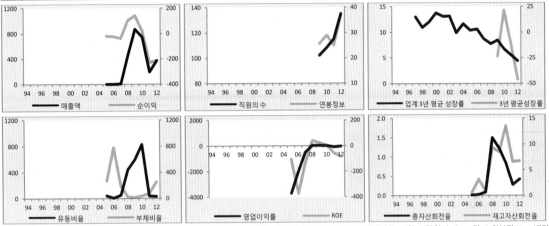

단위 : 성장률, ROE-% / EPS, 주당배당금 – 원 / 직원의 수 – 명 / 연봉정보 – 백만

• 시노팩스 (코스닥 / 025320)

- 기타 전자부품 제조업

구분	94	95	96	97	98	99	00	01	02	03	04	05	06	07	08	09	10	11	12
성장률		4.71	6.75	5.60	5.58	6.84	11.01	8.89	7.9	8.08	12.17	20.90	-5.18	16.73	7.26	2.80	-26.71	10.83	-38.85
EPS		17	23	21	18	211	268	260	276	301	178	17	-82	387	178	89	-713	297	-759
배당금		7	7	7	8	90	75	75	100	100	0	0	30	0	0	0	0	0	0
ROE		7.57	9.42	8.20	9.77	11.93	15.29	12.49	12.4	12.10	12.17	20.90	-3.79	16.73	7.26	2.80	-26.71	10.83	-38.85
직원의 수					94	98	98	94	92	94	84	248	255	235	278	269	402	544	
연봉정보					20	22	23	25	25	29	30	25	25	27	24	32	31	30	

단위 : 성장률, ROE-% / EPS, 주당배당금 – 원 / 직원의 수 – 명 / 연봉정보 – 백만
2006년 5월, 신양피앤피주식회사에서 주식회사 시노팩스로 상호 변경하였습니다.

• 이라이콤 (코스닥 / 041520)

- 기타 전자부품 제조업

구분	94	95	96	97	98	99	00	01	02	03	04	05	06	07	08	09	10	11	12
성장률						0.39	-8.34	3.74	15.6	4.47	19.31	20.88	17.67	14.73	-0.17	1.25	15.68	27.21	17.82
EPS						3	-19	8	367	117	661	839	891	840	93	219	1,154	2,630	2,340
배당금						0	0	0	0	0	100	130	130	130	100	150	150	150	150
ROE						0.39	-8.34	3.74	15.6	4.47	22.76	24.70	20.68	17.42	2.21	3.97	18.02	28.85	19.48
직원의 수										347	551	562	460	198	187	133	152	162	217
연봉정보										15	15	19	22	23	34	35	33	36	41

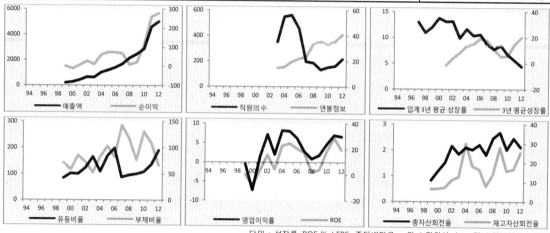

단위 : 성장률, ROE-% / EPS, 주당배당금 – 원 / 직원의 수 – 명 / 연봉정보 – 백만

• 캠시스 (코스닥 / 050110)

- 기타 전자부품 제조업

구분	94	95	96	97	98	99	00	01	02	03	04	05	06	07	08	09	10	11	12
성장률			37.84	26.45	-10.27	26.26	38.52	-9.40	-60.0	-77.42	24.24	12.52	11.36	-13.53	18.16	10.03	-9.49	3.86	-1.53
EPS			478	474	-20	229	539	-153	-593	-416	200	156	148	-366	379	233	-219	89	-35
배당금			0	0	0	0	0	0	0	0	0	0	0	0	0	0	0	0	0
ROE			37.84	26.45	-10.27	26.26	38.52	-9.40	-60.0	-77.42	24.24	12.52	11.36	-13.53	18.16	10.03	-9.49	3.86	-1.53
직원의 수							192	119	77	43	297	283	260	182	122	121	83	94	122
연봉정보							21	21	36	25	9	26	22	26	33	36	35	30	30

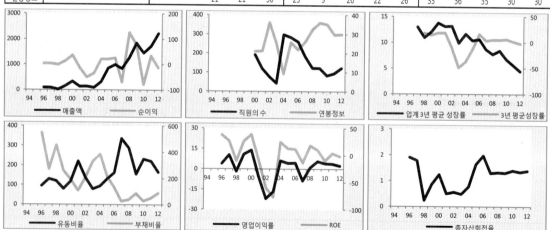

단위 : 성장률, ROE-% / EPS, 주당배당금 – 원 / 직원의 수 – 명 / 연봉정보 – 백만
2004년 결산 월 변경으로 인하여, 13기(04년도)는 4개월(4월~12월)치 자료로 작성되었습니다.
관계회사 흡수합병으로 인하여, 2004년 직원의 수는 4개월 치 자료를 근거로 작성되었습니다.
2010년 3월, 쿠스코엘비이에서 캠시스로 상호 변경하였습니다.

• 트레이스 (코스닥 / 052290)

- 기타 전자부품 제조업

구분	94	95	96	97	98	99	00	01	02	03	04	05	06	07	08	09	10	11	12
성장률				9.92	2.62	4.77	35.63	-24.95	24.8	-120.8	-344.2	1.70	-106.8	-30.53	-1139.9	24.08	7.06	-8.10	-10.57
EPS				62	20	35	186	-639	496	-1,004	-384	11	-400	-122	-2,014	98	131	-172	-203
배당금				0	0	0	0	0	0	0	0	0	0	0	0	0	0	0	0
ROE				9.92	2.62	4.77	35.63	-24.95	24.8	-120.8	-344.2	1.70	-106.8	-30.53	-1139.9	24.08	7.06	-8.10	-10.57
직원의 수						39	38			52	38	33	38	22	26	27	23	59	166
연봉정보						30	35			33	31	26	34	39	28	41	37	27	18

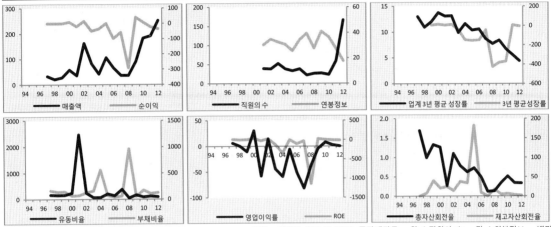

단위 : 성장률, ROE-% / EPS, 주당배당금 - 원 / 직원의 수 - 명 / 연봉정보 - 백만
2011년 4월, 주식회사 지오멘토에서 ㈜트레이스로 상호 변경하였습니다.

• 파트론 (코스닥 / 091700)

- 기타 전자부품 제조업

구분	94	95	96	97	98	99	00	01	02	03	04	05	06	07	08	09	10	11	12
성장률											10.09	9.13	13.22	15.28	18.27	21.40	21.29	17.23	26.23
EPS											237	353	956	1,006	843	1,253	1,619	1,090	1,766
배당금											0	50	150	200	200	250	275	200	300
ROE											10.09	10.64	15.68	19.07	23.95	26.73	25.65	21.10	31.60
직원의 수											237	275	247	292	356	357	427		
연봉정보											24	33	41	38	30	39	46		

단위 : 성장률, ROE-% / EPS, 주당배당금 - 원 / 직원의 수 - 명 / 연봉정보 - 백만
2003년 5월, 삼성전기와 삼화전기로부터 사업을 양수하였습니다.
1기(2003년)는 8개월(5월~12월)치 자료입니다.

• 하이소닉 (코스닥 / 106080)

- 기타 전자부품 제조업

구분	94	95	96	97	98	99	00	01	02	03	04	05	06	07	08	09	10	11	12
성장률											53.65	748.58	-205.8	26.36	44.71	41.43	5.18	5.33	10.11
EPS											215	-1,584	-1,406	199	1,182	1,831	305	255	533
배당금											0	0	0	0	0	0	0	0	0
ROE											53.65	748.58	-205.8	26.36	44.71	41.43	5.18	5.33	10.11
직원의 수																62	66	70	85
연봉정보																38	37	42	39

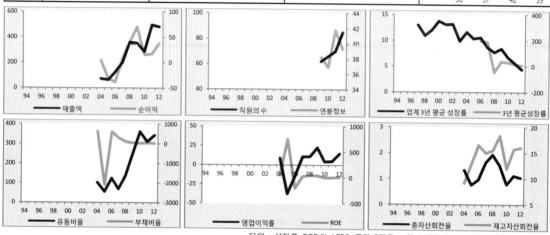

단위 : 성장률, ROE-% / EPS, 주당배당금 – 원 / 직원의 수 – 명 / 연봉정보 – 백만
2004년~2006년 사업보고서 미공시로 인하여 EPS는 감사보고서를 기준으로, 배당금은 0으로 간주해 성장률을 계산하였습니다.
04년~06년 성장률은 업계 3년 평균성장률 계산 과정에서 제외하였습니다.

• KH 바텍 (코스닥 / 060720)

- 기타 전자부품 제조업

구분	94	95	96	97	98	99	00	01	02	03	04	05	06	07	08	09	10	11	12
성장률					23.87	92.20	53.60	63.34	23.2	23.57	12.91	-1.72	-3.66	-5.37	30.26	31.07	7.49	8.29	3.74
EPS					172	2,595	260	2,870	1,915	2,505	1,799	168	-339	-471	1,898	3,795	1,167	1,098	511
배당금					0	0	0	250	250	250	437	0	0	0	0	500	500		
ROE					23.87	92.20	53.60	69.38	26.6	26.18	17.05	-1.72	-3.66	-5.37	30.26	35.78	9.53	8.29	3.74
직원의 수									325	492	626	731	790	752	685	664	625	520	536
연봉정보									13	14	14	17	24	20	26	37	31	35	33

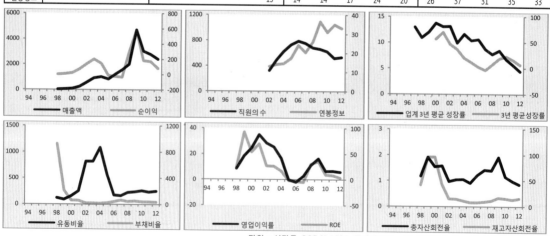

단위 : 성장률, ROE-% / EPS, 주당배당금 – 원 / 직원의 수 – 명 / 연봉정보 – 백만
2001년 9월, ㈜금호에서 ㈜KH바텍으로 상호 변경하였습니다.

· 전자장비

2012년 전자장비 상장기업의 전체 매출액은 약 21조원(전년대비 약 17% 증가)이며, 순이익은 약 3조 3천억원(전년대비 약 16배 증가)입니다. 12년도 업계 성장률은 5.5%(전년대비 약 1%p 상승)를, ROE는 5.5%(전년대비 0.8%p 상승)를 기록하였습니다. 90년대 후반, 두 자릿수 성장을 해온 전자장비 산업이 2000년대에 들어와서는 한 자릿수 성장을 기록하고 있는 모습입니다. (총 매출액, 당기순이익은 단순합계액이며, 성장률 및 ROE는 단순평균값입니다)

해당 산업의 직원 수는 약 4만명(전년대비 9.7%p 증가)이며, 최근 평균연봉(2012년)은 약 5천 3백만원입니다.
아래 표와 그래프를 통해, 최근 5년 연봉이 5천 ~ 5천 5백만원 수준을 유지하고 있음을 알 수 있습니다.
최근 3년 평균 유동비율은 194.1%이며, 부채비율은 78.8%를 기록하였습니다.

구 분	총매출액	총 당기순이익	평균성장률	평균 ROE	총 직원수	연봉정보
94	2,728	100	9.0	10.1		
95	3,855	164	10.0	10.4		
96	4,715	239	8.5	11.5		
97	5,345	207	12.7	11.1		
98	6,936	283	11.1	11.3	21,266	30
99	8,658	210	10.5	14.2	23,147	28
00	10,766	1,044	10.8	10.8	29,430	29
01	9,460	712	7.7	8.0	24,926	31
02	10,250	901	5.8	9.6	23,537	41
03	9,939	598	6.7	6.4	24,548	35
04	12,138	1,088	7.4	8.4	29,502	40
05	9,194	326	7.4	9.9	31,504	37
06	9,281	243	5.5	7.6	32,706	38
07	9,446	-429	3.5	4.9	31,845	43
08	11,523	-136	2.9	3.8	29,158	55
09	12,478	622	7.2	8.3	30,336	50
10	16,051	1,009	6.1	7.1	35,883	52
11	18,230	202	4.5	5.5	36,967	54
12	21,462	3,307	5.5	6.3	40,553	53

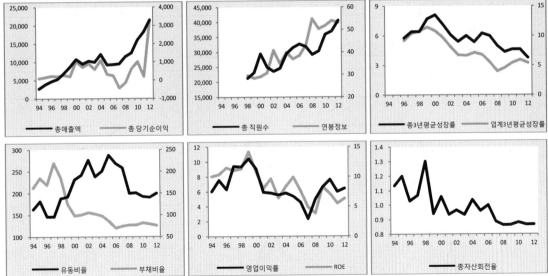

단위 : 총 매출액, 총 당기순이익 – 십억 / 평균 성장률, 평균 ROE - % / 총 직원 수 – 명 / 연봉정보 – 백만
연봉정보는 1인당 평균 급여액이며, 대상기업들의 연간 총 급여액을 총 직원의 수로 나눈 금액입니다.
업계 3년 평균 성장률은 전자장비업종 전체 상장사의 평균이며, 사업보고서에 근거한 자료만으로 만들었습니다.

• 아이엠 (코스닥 / 101390)
- 가전제품 및 부품 도매업

구분	94	95	96	97	98	99	00	01	02	03	04	05	06	07	08	09	10	11	12
성장률													67.54	29.76	14.12	15.83	13.45	8.57	0.32
EPS													1,096	984	588	767	784	369	60
배당금													0	37	25	100	100	50	50
ROE													67.54	30.92	14.74	18.20	15.42	9.91	1.94
직원의 수															66	72	93	101	110
연봉정보															56	58	59	48	47

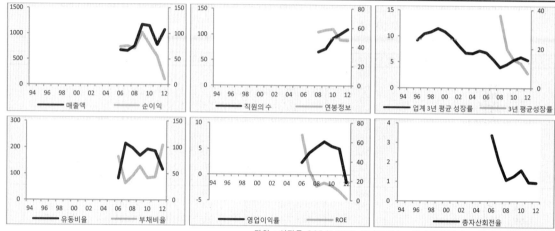

단위 : 성장률, ROE-% / EPS, 주당배당금 – 원 / 직원의 수 – 명 / 연봉정보 – 백만
삼성전기에서 독립 분사한 회사입니다.
2006년 1월, 영업양수 및 관련사업부문 유/무형 자산을 양수하였습니다.

• 옵트론텍 (코스닥 / 082210)
- 광학렌즈 및 광학요소 제조업

구분	94	95	96	97	98	99	00	01	02	03	04	05	06	07	08	09	10	11	12
성장률								-79.72	10.5	5.33	54.34	7.27	1.09	-21.75	-49.90	8.63	5.93	12.35	16.66
EPS								-306	15	5	1,086	465	94	-755	-1,289	361	217	527	811
배당금								0	0	0	0	100	50	0	0	0	0	0	0
ROE								-79.72	10.5	5.33	54.34	9.26	2.34	-21.75	-49.90	8.63	5.93	12.35	16.66
직원의 수											157	211	211		192	196	220	183	243
연봉정보											22	21	24		27	26	28	32	28

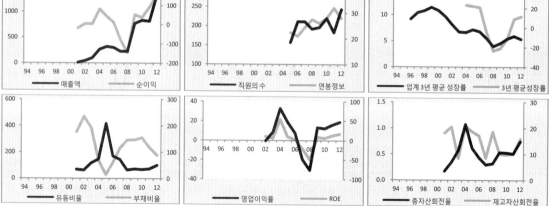

단위 : 성장률, ROE-% / EPS, 주당배당금 – 원 / 직원의 수 – 명 / 연봉정보 – 백만
2001년~2002년 사업보고서 미공시로 인하여 EPS는 감사보고서를 기준으로, 배당금은 0으로 간주해 성장률을 계산하였습니다.
01년~02년 성장률은 업계 3년 평균성장률 계산 과정에서 제외하였습니다.

• 광전자 (유가증권 / 017900)
- 다이오드, 트랜지스터 및 유사 반도체소자 제조업

구분	94	95	96	97	98	99	00	01	02	03	04	05	06	07	08	09	10	11	12
성장률	30.36	27.34	14.09	16.91	20.80	21.08	24.42	-0.13	6.8	8.84	13.13	-10.46	4.99	4.18	-25.06	1.67	0.20	-18.30	-6.09
EPS	205	396	346	364	54	722	1,033	70	369	495	779	-415	269	245	-1,055	92	128	-886	-276
배당금	5	50	65	75	8.8	88	90	75	85	85	90	80	25	25	20	20	110	0	0
ROE	31.11	31.30	17.35	21.30	24.88	24.01	26.75	1.83	8.8	10.68	14.84	-8.77	5.50	4.65	-24.60	2.13	1.44	-18.30	-6.09
직원의 수					878	1,115	1,349	975	978	868	950	1,051	1,072	1,050	862	750	1,500	1,376	797
연봉정보					17	14	16	18	19	22	22	22	22	23	28	21	28	28	24

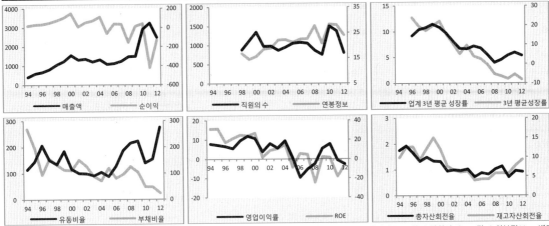

단위 : 성장률, ROE-% / EPS, 주당배당금 – 원 / 직원의 수 – 명 / 연봉정보 – 백만
1995년 9월, 코리아테크노㈜에서 광전자㈜로 상호 변경하였습니다.

• 써니전자 (유가증권 / 004770)
- 다이오드, 트랜지스터 및 유사 반도체소자 제조업

구분	94	95	96	97	98	99	00	01	02	03	04	05	06	07	08	09	10	11	12
성장률	10.49	3.93	5.49	1.73	5.90	3.04	10.46	-2.66	-15.0	43.03	-6.48	0.36	1.40	0.55	-10.03	1.15	-17.07	-19.30	-32.53
EPS	117	68	75	23	68	58	230	-40	-190	769	-110	6	50	40	-165	19	-219	-206	-340
배당금	25	33	30	9	16	40	70	0	0	30	0	0	30	30	6	0	0	0	0
ROE	13.33	7.50	9.12	2.76	7.74	9.63	15.03	-2.66	-15.0	44.78	-6.48	0.36	3.51	2.20	-9.68	1.15	-17.07	-19.30	-32.53
직원의 수					183	176	218	119	82	159	101	94	94	90	90	91	91	85	85
연봉정보					13	14	15	18	22	11	28	20	23	29	29	28	29	30	32

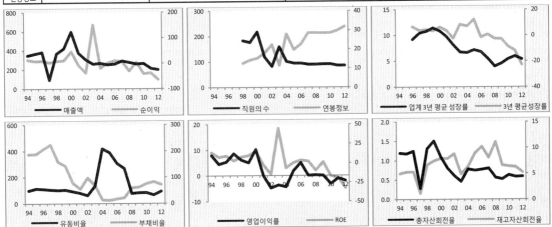

단위 : 성장률, ROE-% / EPS, 주당배당금 – 원 / 직원의 수 – 명 / 연봉정보 – 백만
1999년 3월, 써니전기공업주식회사에서 써니전자㈜로 상호 변경하였습니다.

• 씨티엘 (코스닥 / 036170)

- 다이오드, 트랜지스터 및 유사 반도체소자 제조업

구분	94	95	96	97	98	99	00	01	02	03	04	05	06	07	08	09	10	11	12
성장률		70.16	31.10	1.99	1.61	7.92	11.70	-17.32	-33.3	6.26	7.97	5.13	-27.15	-386.01	-49.43	-31.66	-59.33	-47.74	12.14
EPS		838	1,074	19	13	135	320	-305	-468	105	104	69	-295	-10,430	-1,107	-273	-1,787	-1,679	430
배당금		0	0	0	0	50	0	0	0	0	0	0	0	0	0	0	0	0	0
ROE		70.16	31.10	1.99	1.61	7.92	13.86	-17.32	-33.3	6.26	7.97	5.13	-27.15	-386.01	-49.43	-31.66	-59.33	-47.74	12.14
직원의 수						60	137	135	72	78	100	108	114	125	44	40	58	64	201
연봉정보						15	22	24	25	26	23	32	34	37	43	29	36	36	39

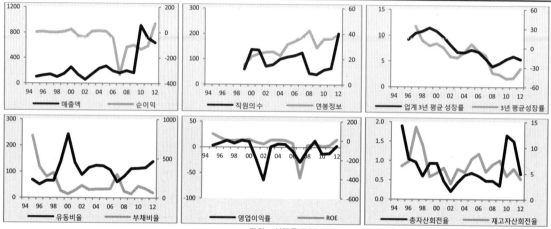

단위 : 성장률, ROE-% / EPS, 주당배당금 – 원 / 직원의 수 – 명 / 연봉정보 – 백만
2007년 6월, ㈜라셈텍에서 ㈜씨티엘로 상호 변경하였습니다.
2012년 11월, ㈜엑큐리스(인쇄회로기판 제지 및 판매를 영위)를 흡수 합병하였습니다.

• 코리아써키트 (유가증권 / 007810)

- 다이오드, 트랜지스터 및 유사 반도체소자 제조업

구분	94	95	96	97	98	99	00	01	02	03	04	05	06	07	08	09	10	11	12
성장률	5.07	7.77	13.88	27.38	28.49	19.32	14.00	6.02	0.0	4.82	17.43	11.42	-8.81	-6.08	0.72	2.78	-2.07	2.42	11.53
EPS	65	134	272	644	1,236	1,072	787	375	49	314	1,201	869	-663	-430	51	205	-220	253	1,303
배당금	0	30	50	75	100	100	100	75	50	75	125	75	0	0	0	0	0	0	0
ROE	5.07	10.02	17.02	30.99	30.99	21.31	16.04	7.53	1.0	6.33	19.45	12.50	-8.81	-6.08	0.72	2.78	-2.07	2.42	11.53
직원의 수					223	431	542	685	660	725	829	874	916	899	903	757	1,006	433	489
연봉정보					20	15	21	18	23	26	27	29	29	30	29	29	31	32	39

단위 : 성장률, ROE-% / EPS, 주당배당금 – 원 / 직원의 수 – 명 / 연봉정보 – 백만
2005년 1월, ㈜영풍과 기존 최대주주의 지분양수도 양해각서를 체결하였습니다.
2005년 5월, ㈜영풍의 기업집단으로 편입되었습니다.

• 고영 (코스닥 / 098460)

- 반도체 제조용 기계 제조업

전
자
장
비

구분	94	95	96	97	98	99	00	01	02	03	04	05	06	07	08	09	10	11	12
성장률												23.28	29.57	31.46	23.38	3.20	24.71	21.14	15.57
EPS												412	742	1,127	1,675	218	1,864	1,945	1,703
배당금												0	0	0	0	0	200	200	200
ROE											11.16	23.28	29.57	31.46	23.38	3.20	27.68	23.56	17.64
직원의 수															112	119	132	162	202
연봉정보															55	37	58	47	58

단위 : 성장률, ROE-% / EPS, 주당배당금 – 원 / 직원의 수 – 명 / 연봉정보 – 백만
2005년 사업보고서 미공시로 인하여 EPS는 감사보고서를 기준으로, 배당금은 0으로 간주해 성장률을 계산하였습니다.
05년 성장률은 업계 3년 평균성장률 계산 과정에서 제외하였습니다.

• 심텍 (코스닥 / 036710)

- 다이오드, 트랜지스터 및 유사 반도체소자 제조업

구분	94	95	96	97	98	99	00	01	02	03	04	05	06	07	08	09	10	11	12
성장률		자본잠식			55.77	5.85	-25.51	-65.74	-7.3	6.87	16.95	14.10	17.11	15.57	자본잠식	352.43	48.23	20.89	8.56
EPS		446	890	654	590	398	-901	-1,449	-149	154	681	656	811	869	-6,046	2,211	2,781	1,455	800
배당금		0	0	0	0	0	0	0	0	0	186	186	140	150	0	0	170	200	200
ROE		자본잠식			55.77	5.85	-25.51	-65.74	-7.3	6.87	23.32	19.69	20.68	18.82	자본잠식	352.43	51.37	24.22	11.41
직원의 수					613	768	539	460	537	709	1,025	1,116	1,024	1,118	1,157	1,498	1,720	1,862	
연봉정보					13	17	23	23	20	20	20	25	29	29	33	32	36	37	

단위 : 성장률, ROE-% / EPS, 주당배당금 – 원 / 직원의 수 – 명 / 연봉정보 – 백만
자본잠식으로 인해, 계산 불가한 값(1995년~1997년, 2008년 부채비율과 ROE / 2008년~2009년 성장률)은 그래프에서 제외하였습니다.

• 비에스이 (코스닥 / 045970)

- 비금융 지주회사

구분	94	95	96	97	98	99	00	01	02	03	04	05	06	07	08	09	10	11	12
성장률							7.20	1.00	-123.4	-30.93	-13.83	-39.81	0.80	2.41	-47.73	16.19	1.14	0.50	0.53
EPS							302	35	-2,079	-219	-86	-3,526	64	354	-3,464	1,336	1,336	95	45
배당금							0	0	0	0	0	0	0	150	0	0	0	0	0
ROE							7.20	1.00	-123.4	-30.93	-13.83	-39.81	0.80	4.18	-47.73	16.19	1.14	0.50	0.53
직원의 수							51	50	50	28	26	2	3	3	2	2	2	2	2
연봉정보							24	21	25	37	32	33	24	34	25	36	39	41	45

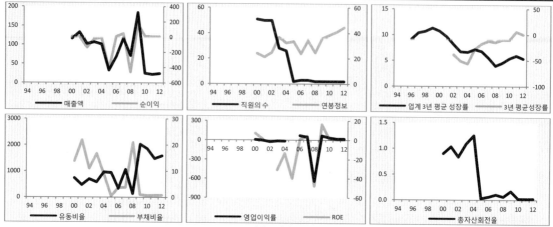

단위 : 성장률, ROE-% / EPS, 주당배당금 - 원 / 직원의 수 - 명 / 연봉정보 - 백만
특이값(2002년 ROE, 2005년 영업이익률)은 그래프에서 제외하였습니다.
2005년 3월, ㈜디지탈캠프에서 ㈜비에스이홀딩스로 상호 변경하였습니다.

• 남성 (유가증권 / 004270)

- 상품 종합 도매업

구분	94	95	96	97	98	99	00	01	02	03	04	05	06	07	08	09	10	11	12
성장률	3.06	1.85	0.87	1.99	2.17	1.97	1.31	1.01	1.42	-3.42	0.58	2.30	3.03	2.36	1.95	0.92	1.23	2.29	0.94
EPS	515	347	217	365	472	752	531	681	791	-529	547	1,134	1,384	1,125	1,276	811	903	1,278	613
배당금	100	100	100	100	100	250	250	400	400	400	400	400	500	400	400	400	400	400	250
ROE	3.80	2.60	1.62	2.74	2.75	2.95	2.48	2.44	2.9	-1.95	2.16	3.56	4.75	3.66	2.85	1.81	2.21	3.33	1.58
직원의 수					82	86	110	104	120	107	99	80	72	72	74	67	67	59	68
연봉정보					15	16	20	19	17	21	24	29	32	36	33	35	35	39	36

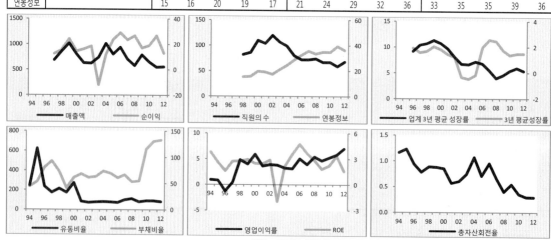

단위 : 성장률, ROE-% / EPS, 주당배당금 - 원 / 직원의 수 - 명 / 연봉정보 - 백만
1973년 11월, 남성흥업주식회사에서 주식회사 남성으로 상호 변경하였습니다.

• 코나아이 (코스닥 / 052400)

- 시스템 소프트웨어 개발 및 공급업

구분	94	95	96	97	98	99	00	01	02	03	04	05	06	07	08	09	10	11	12
성장률						47.60	34.57	15.86	19.7	2.20	-101.0	-58.05	10.89	16.08	20.39	16.71	13.33	15.86	14.82
EPS						187	1,000	1,963	2,054	154	-3,722	-1,354	296	522	1,269	1,248	1,297	1,650	1,677
배당금						10	0	250	75	0	0	0	0	0	350	300	350	300	200
ROE						50.27	34.57	18.18	20.4	2.20	-101.0	-58.05	10.89	16.08	28.15	22.00	18.25	19.39	16.82
직원의 수								102	121	102	79	71	56	60	65	72	98	123	188
연봉정보								19	25	27	29	29	35	37	48	49	43	44	37

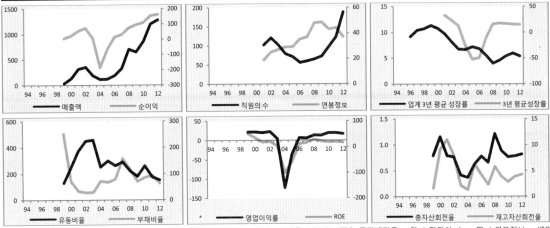

단위 : 성장률, ROE-% / EPS, 주당배당금 - 원 / 직원의 수 - 명 / 연봉정보 - 백만
2012년 3월, 케이비테크놀러지 주식회사에서 코나아이 주식회사로 상호 변경하였습니다.

• 엘앤에프 (코스닥 / 066970)

- 액정 평판 디스플레이 제조업

구분	94	95	96	97	98	99	00	01	02	03	04	05	06	07	08	09	10	11	12
성장률							7.69	14.76	22.2	20.93	16.86	12.33	1.35	-29.50	3.37	4.45	4.56	0.03	0.59
EPS							44	126	371	450	421	473	89	-634	175	209	236	21	44
배당금							0	0	0	70	80	100	50	30	50	50	50	20	20
ROE							7.69	14.76	22.2	24.79	20.81	15.64	3.08	-28.17	4.71	5.85	5.79	0.53	1.09
직원의 수										273	277	241	216	163	147	135	185	173	171
연봉정보										14	18	18	20	22	22	24	22	25	26

단위 : 성장률, ROE-% / EPS, 주당배당금 - 원 / 직원의 수 - 명 / 연봉정보 - 백만

• 뉴프렉스 (코스닥 / 085670)

- 인쇄회로기판 제조업

구분	94	95	96	97	98	99	00	01	02	03	04	05	06	07	08	09	10	11	12
성장률										12.71	26.03	23.61	4.03	5.67	-7.99	-2.59	-1.92	0.80	3.12
EPS										238	726	864	182	131	-255	-81	-60	25	101
배당금										0	0	0	0	0	0	0	0	0	0
ROE								10.12	-76.8	12.71	26.03	23.61	4.03	5.67	-7.99	-2.59	-1.92	0.80	3.12
직원의 수												200	226	278	260	284	303	324	348
연봉정보												21	24	25	28	21	25	31	31

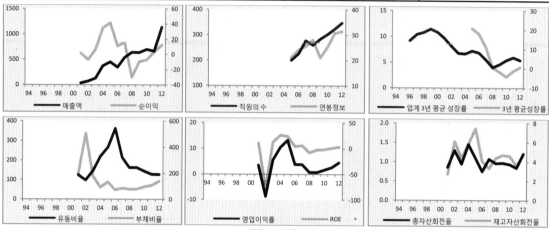

단위 : 성장률, ROE-% / EPS, 주당배당금 - 원 / 직원의 수 - 명 / 연봉정보 - 백만
2012년 3월, 케이비테크놀러지 주식회사에서 코나아이 주식회사로 상호 변경하였습니다.

• 대덕전자 (유가증권 / 008060)

- 인쇄회로기판 제조업

구분	94	95	96	97	98	99	00	01	02	03	04	05	06	07	08	09	10	11	12
성장률	10.27	10.66	14.13	4.80	11.07	11.13	19.68	10.61	4.5	2.51	4.62	4.52	-2.43	0.04	-30.93	11.63	11.23	7.72	8.30
EPS	273	290	448	262	673	762	1,302	840	647	496	719	739	101	303	-1,682	1,205	1,243	1,014	1,149
배당금	25	25	35	125	10	10	10	50	300	300	350	350	300	300	250	300	300	300	300
ROE	11.31	11.67	15.32	9.18	11.23	11.28	19.84	11.29	8.4	6.36	9.00	8.58	1.23	3.65	-26.93	15.48	14.81	10.96	11.23
직원의 수					845	1,036	1,063	988	1,018	1,069	1,058	873	663	650	636	622	633	656	664
연봉정보					32	26	29	32	34	34	35	34	38	43	36	42	42	51	54

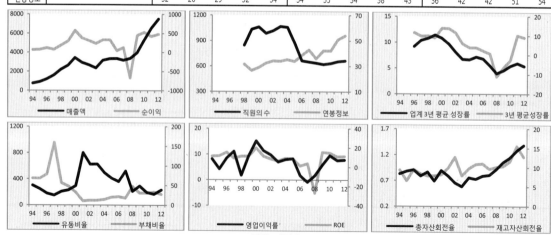

단위 : 성장률, ROE-% / EPS, 주당배당금 - 원 / 직원의 수 - 명 / 연봉정보 - 백만
1974년 4월, 한국우라하마전자공업㈜에서 대덕전자㈜로 상호 변경하였습니다.

전
자
장
비

• 대덕 GDS (유가증권 / 004130)

- 인쇄회로기판 제조업

구 분	94	95	96	97	98	99	00	01	02	03	04	05	06	07	08	09	10	11	12
성장률	10.13	12.97	16.72	12.49	15.75	12.20	12.03	11.33	7.8	4.45	4.96	4.19	2.29	3.35	-5.96	8.68	8.99	5.01	7.50
EPS	428	592	893	783	1,699	1,434	1,085	1,231	1,148	805	935	869	587	734	-584	1,637	1,470	1,137	1,720
배당금	25	25	35	125	25	25	25	65	300	300	350	350	300	300	300	300	300	300	300
ROE	10.76	13.54	17.40	14.87	15.98	12.42	12.32	11.96	10.6	7.10	7.93	7.02	4.68	5.67	-3.94	10.63	11.30	6.80	9.09
직원의 수					410	461	632	600	676	834	893	846	679	668	577	509	603	635	650
연봉정보					32	32	31	31	33	31	36	36	41	41	44	51	49	54	57

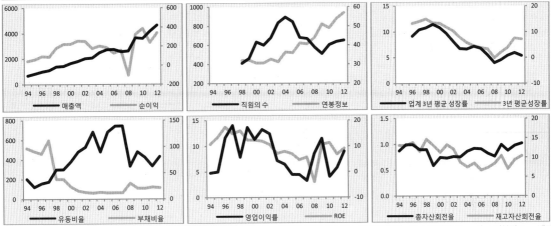

단위 : 성장률, ROE-% / EPS, 주당배당금 – 원 / 직원의 수 – 명 / 연봉정보 – 백만
2000년 3월, 대덕산업주식회사에서 대덕지디에스주식회사로 상호 변경하였습니다.

• 비에이치 (코스닥 / 090460)

- 인쇄회로기판 제조업

구 분	94	95	96	97	98	99	00	01	02	03	04	05	06	07	08	09	10	11	12
성장률									5.4	7.57	28.33	7.86	16.21	7.04	-19.71	14.96	5.15	11.00	17.82
EPS									87	157	939	263	649	286	-517	463	88	754	966
배당금									0	0	0	0	0	0	0	0	0	0	0
ROE									5.4	7.57	28.33	7.86	16.21	7.04	-19.71	14.96	5.15	11.00	17.82
직원의 수										264	297		272	296	340	395	550		
연봉정보										21	23		23	24	22	29	28		

단위 : 성장률, ROE-% / EPS, 주당배당금 – 원 / 직원의 수 – 명 / 연봉정보 – 백만
2002년~2004년 사업보고서 미공시로 인하여 EPS는 감사보고서를 기준으로, 배당금은 0으로 간주해 성장률을 계산하였습니다.
02년~04년 성장률은 업계 3년 평균성장률 계산 과정에서 제외하였습니다.

• 삼성전기 (유가증권 / 009150)
- 인쇄회로기판 제조업

구분	94	95	96	97	98	99	00	01	02	03	04	05	06	07	08	09	10	11	12
성장률	2.62	2.72	2.98	3.39	2.70	-10.19	14.38	4.08	7.9	-13.02	3.45	-4.02	3.29	3.77	1.47	5.92	10.83	7.23	11.19
EPS	895	1,803	1,381	1,418	1,260	-2,079	4,446	1,435	2,708	-2,948	1,235	-905	1,268	1,461	624	2,710	5,634	3,797	6,424
배당금	200	1,030	600	550	500		1,250	500	750	0	500	0	500	500	250	750	1,000	750	1,000
ROE	3.38	6.34	5.26	5.53	4.47	-10.19	20.01	6.26	10.9	-13.02	5.80	-4.02	5.44	5.73	2.46	8.19	13.17	9.01	13.26
직원의 수					9,176	9,648	13,486	9,890	8,438	7,787	10,428	12,102	12,664	12,153	11,769	10,100	10,738	11,456	11,940
연봉정보					30	31	30	31	42	37	39	39	40	45	56	58	60	63	64

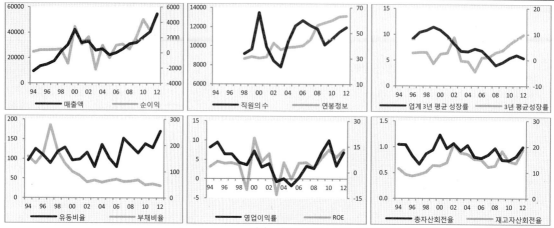

단위 : 성장률, ROE-% / EPS, 주당배당금 – 원 / 직원의 수 – 명 / 연봉정보 – 백만
1987년 2월, 삼성전자부품주식회사에서 삼성전기주식회사로 상호 변경하였습니다.

• 액트 (코스닥 / 131400)
- 인쇄회로기판 제조업

구분	94	95	96	97	98	99	00	01	02	03	04	05	06	07	08	09	10	11	12
성장률											자본잠식	-1110.56	77.99	34.53	13.01	20.48	12.10	20.64	2.63
EPS											-271	-516	165	225	97	184	393	576	112
배당금											0	0	0	0	0	0	50	100	50
ROE											자본잠식	-1110.56	77.99	34.53	13.01	20.48	13.86	24.98	4.75
직원의 수																	187	278	318
연봉정보																	30	25	28

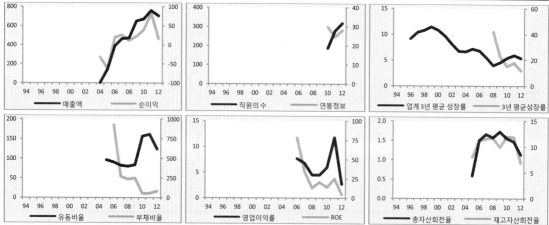

단위 : 성장률, ROE-% / EPS, 주당배당금 – 원 / 직원의 수 – 명 / 연봉정보 – 백만
2004년~2007년 사업보고서 미공시로 인하여 EPS는 감사보고서를 기준으로, 배당금은 0으로 간주해 성장률을 계산하였습니다.
04년~07년 성장률은 업계 3년 평균성장률 계산 과정에서 제외하였습니다.
특이값(2004년~2005년 영업이익률, 부채비율, ROE)은 그래프에서 제외하였습니다.

• 이수페타시스 (유가증권 / 007660)
- 인쇄회로기판 제조업

구분	94	95	96	97	98	99	00	01	02	03	04	05	06	07	08	09	10	11	12
성장률			자본잠식		56.76	17.52	14.23	-1.73	3.3	-1.26	4.84	0.87	-6.05	-2.46	9.12	11.53	7.70	6.32	6.48
EPS			-54	95	114	81	556	4	146	34	223	78	-133	-24	358	523	375	307	347
배당금			0	0	0	0	100	50	50	70	70	50	50	50	60	70	90	70	90
ROE			자본잠식		56.76	17.52	17.35	0.15	5.0	1.19	7.06	2.42	-4.40	-0.80	10.95	13.31	10.13	8.18	8.75
직원의 수					961	809	957	912	893	945	917	841	816	806	778	790	789		
연봉정보					20	24	24	29	34	32	36	39	42	43	48	48	50		

직원의 수 및 연봉정보는 00년부터 기재됨

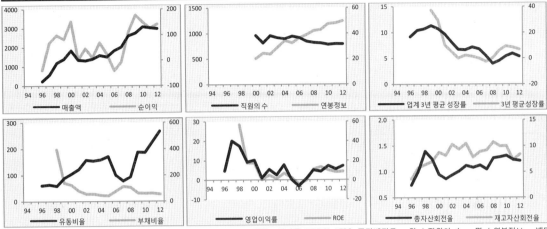

단위 : 성장률, ROE-% / EPS, 주당배당금 - 원 / 직원의 수 - 명 / 연봉정보 - 백만
자본잠식으로 인해, 계산 불가한 값(1996년~1997년 부채비율, ROE 및 성장률)은 그래프에서 제외하였습니다.
1996년 4월 이수그룹으로 편입되었으며, 2002년 3월 ㈜페타시스에서 ㈜이수페타시스로 상호 변경하였습니다.

• 인터플렉스 (코스닥 / 051370)
- 인쇄회로기판 제조업

구분	94	95	96	97	98	99	00	01	02	03	04	05	06	07	08	09	10	11	12
성장률				36.08	32.56	67.47	22.53	10.95	45.3	38.17	36.94	12.78	-6.35	-16.28	0.79	16.59	17.04	11.60	18.13
EPS				19	26	163	381	208	1,758	2,279	3,428	1,391	-595	-1,304	65	1,818	2,486	2,283	3,894
배당금				0	0	0	0	0	100	125	150	100	0	0	0	150	150	150	0
ROE				36.08	32.56	67.47	22.53	10.95	48.1	40.38	38.64	13.77	-6.35	-16.28	0.79	18.09	18.13	12.42	18.13
직원의 수								459	512	920	1,313	1,307	699	1,033	961	872	605	706	1,295
연봉정보								14	14	17	23	25	29	24	24	26	26	31	24

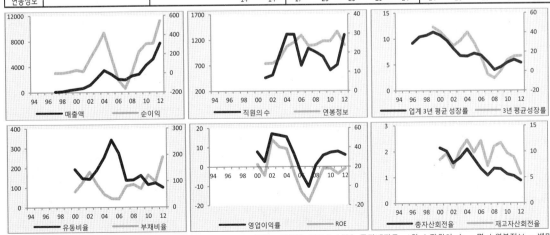

단위 : 성장률, ROE-% / EPS, 주당배당금 - 원 / 직원의 수 - 명 / 연봉정보 - 백만
1988년 2월, ㈜코리아써키트 FPCB생산부로 출범하였습니다.
2000년 5월 ㈜인터플렉스로 상호 변경하였으며 ㈜영풍의 계열회사로 편입되었습니다.
1997년~1999년 재무분석자료(유동비율, 부채비율, 영업이익률, ROE, 총자산회전율, 재고자산회전율)는 그래프에서 제외하였습니다.

• 현우산업 (코스닥 / 092300)

- 인쇄회로기판 제조업

구분	94	95	96	97	98	99	00	01	02	03	04	05	06	07	08	09	10	11	12
성장률							15.24	3.05	18.0	32.87	28.85	35.47	22.41	9.16	12.20	19.91	4.23	1.09	1.49
EPS							310	38	240	663	829	1,589	1,216	781	982	1,241	377	114	139
배당금							0	0	0	0	0	100	25	75	100	100	100	50	50
ROE							15.24	3.05	18.0	32.87	28.85	37.85	22.88	10.13	13.58	21.66	5.76	1.94	2.33
직원의 수														289	283	276	287	329	367
연봉정보														23	26	27	27	22	24

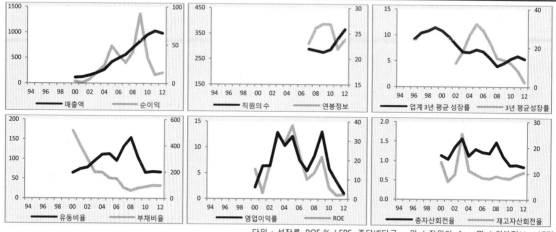

단위 : 성장률, ROE-% / EPS, 주당배당금 – 원 / 직원의 수 – 명 / 연봉정보 – 백만
2000 년~2004 년 사업보고서 미공시로 인하여 EPS 는 감사보고서를 기준으로, 배당금은 0 으로 간주해 성장률을 계산하였습니다.
00 년~04 년 성장률은 업계 3 년 평균성장률 계산 과정에서 제외하였습니다.

• 비츠로셀 (코스닥 / 082920)

- 일차전지 제조업

구분	94	95	96	97	98	99	00	01	02	03	04	05	06	07	08	09	10	11	12
성장률							자본잠식	126.5	9.54	13.55	2.82	0.83	10.10	38.52	16.95	13.41	13.03	10.41
EPS							-655	-890	20,934	1,086	178	38	7	108	669	621	543	599	561
배당금							0	0	0	0	0	0	0	0	0	0	50	60	60
ROE							자본잠식	126.5	9.54	13.55	2.82	0.83	10.10	38.52	16.95	14.77	14.48	11.65
직원의 수														249	254	229	247
연봉정보														27	36	36	36

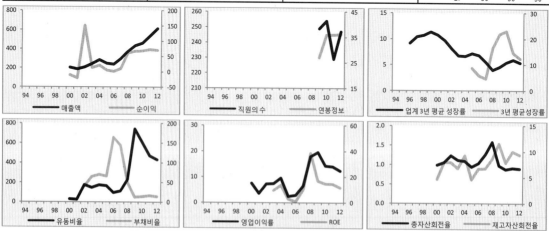

단위 : 성장률, ROE-% / EPS, 주당배당금 – 원 / 직원의 수 – 명 / 연봉정보 – 백만
2000년~2006년 사업보고서 미공시로 인하여 EPS는 감사보고서를 기준으로, 배당금은 0으로 간주해 성장률을 계산하였습니다.
00년~06년 성장률은 업계 3 년 평균성장률 계산 과정에서 제외하였습니다.
자본잠식으로 인해, 계산 불가한 값(2000년~2001년 부채비율, ROE)과 특이값(2002년 ROE)는 그래프에서 제외하였습니다.
2006년 결산 월 변경으로 인하여 20기는 제외하였으며, 19기를 2005년 기준으로 작성하였습니다.

전
자
장
비

• 파워로직스 (코스닥 / 047310)

- 전기회로 개폐, 보호 및 접속 장치 제조업

구분	94	95	96	97	98	99	00	01	02	03	04	05	06	07	08	09	10	11	12
성장률							3.86	1.55	28.9	41.92	18.82	20.62	6.72	-18.22	-54.39	-9.35	-24.54	-21.61	10.68
EPS							24	621	2,029	1,854	1,607	768	572	-1,443	-3,058	-873	-1,286	-1,005	442
배당금							0	0	0	250	250	0	0	0	0	0	0	0	0
ROE							3.86	1.55	28.9	48.46	22.29	20.62	6.72	-18.22	-54.39	-9.35	-24.54	-21.61	10.68
직원의 수							198			319	220	195	109	150	173	197	235	200	343
연봉정보							8			25	31	29	36	24	25	20	37	34	35

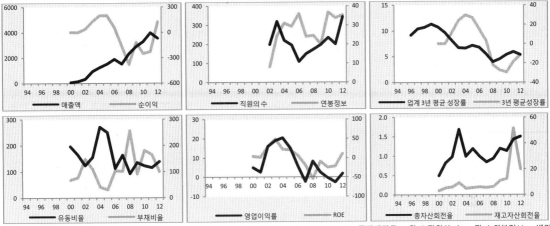

단위 : 성장률, ROE-% / EPS, 주당배당금 – 원 / 직원의 수 – 명 / 연봉정보 – 백만
1 기(1998 년), 2 기(1999 년) 자료는 표와 그래프에서 제외하였습니다.
2005 년 결산 월 변경으로 인하여 9 기는 제외하였으며, 8 기를 05 년도 기준으로 작성하였습니다.
1999 년 9 월, ㈜파워로직스로 상호 변경하였습니다.

• 삼성 SDI (유가증권 / 006400)

- 전자관 제조업

구분	94	95	96	97	98	99	00	01	02	03	04	05	06	07	08	09	10	11	12
성장률	9.91	9.52	11.57	6.77	6.95	7.16	19.24	16.02	14.3	13.39	14.11	3.84	1.35	-12.80	0.62	2.63	1.37	-2.59	31.41
EPS	6,005	5,555	6,357	3,920	4,751	4,239	11,617	11,889	12,551	14,528	16,682	5,539	2,040	-13,969	904	4,018	3,421	-1,874	58,694
배당금	850	350	850	600	650	1,000	2,000	2,000	2,500	3,000	3,000	1,500	600	0	250	1,000	1,600	1,500	1,500
ROE	11.55	10.15	13.35	7.99	8.05	9.37	23.25	19.26	17.8	16.88	17.21	5.26	1.91	-12.80	0.86	3.50	2.57	-1.44	32.24
직원의 수					8,454	7,900	8,189	7,742	7,368	8,140	9,884	9,819	11,214	10,404	6,359	6,193	6,941	7,368	7,486
연봉정보					33	32	36	38	53	44	57	41	46	52	64	57	69	69	73

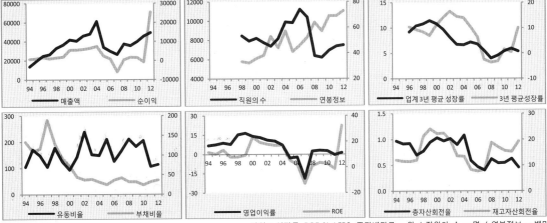

단위 : 성장률, ROE-% / EPS, 주당배당금 – 원 / 직원의 수 – 명 / 연봉정보 – 백만
1999년 11월, 삼성-NEC주식회사에서 삼성SDI로 상호 변경하였습니다.

• 나노트로닉스 (코스닥 / 010670)
- 전자기 측정, 시험 및 분석기구 제조업

구분	94	95	96	97	98	99	00	01	02	03	04	05	06	07	08	09	10	11	12
성장률		-3.25	-25.37	-0.90	-22.82	1.57	-28.58	-40.68	-4.9	-54.85	2.12	-9.97	-266.96	38.96	21.46	2.63	-13.52	-3.78	-19.14
EPS		4	-207	42	-165	9	-230	-273	-27	-200	7	-31	-5,812	660	464	62	-279	-76	-398
배당금		50	50	50	0	0	0	0	0	0	0	0	0	0	0	0	0	0	0
ROE		0.31	-20.44	4.73	-22.82	1.57	-28.58	-40.68	-4.9	-54.85	2.12	-9.97	-266.96	38.96	21.46	2.63	-13.52	-3.78	-19.14
직원의 수						95	84	12	8	3	2	2	10	19	24	31	37	39	31
연봉정보						12	16	15	29	28	28	30	17	26	34	21	35	35	40

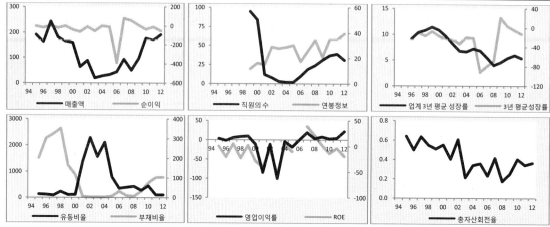

단위 : 성장률, ROE-% / EPS, 주당배당금 – 원 / 직원의 수 – 명 / 연봉정보 – 백만
2007년 3월, 인터리츠 주식회사에서 주식회사 나노트로닉스로 상호 변경하였습니다.
특이값(2006년 ROE)은 그래프에서 제외하였습니다.

• 코아로직 (코스닥 / 048870)
- 전자직접회로 제조업

구분	94	95	96	97	98	99	00	01	02	03	04	05	06	07	08	09	10	11	12
성장률									-401.8	78.05	38.04	20.92	17.04	0.69	1.76	-31.98	-31.99	-13.07	-3.28
EPS									-34	258	6,955	4,042	3,613	175	311	-3,734	-2,706	-1,059	-238
배당금									0	50	1,500	1,000	1,000	50	50	0	0	0	0
ROE							-1.25	-42.31	-401.8	96.79	48.50	27.80	23.56	0.97	2.10	-31.98	-31.99	-13.07	-3.28
직원의 수											102	176	240	263	254	190	172	150	154
연봉정보											27	45	34	48	51	65	61	47	52

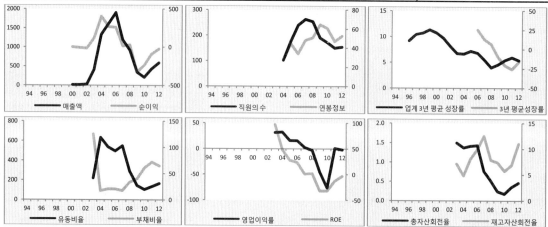

단위 : 성장률, ROE-% / EPS, 주당배당금 – 원 / 직원의 수 – 명 / 연봉정보 – 백만
2007년 12월, 최대주주가 에스티에스반도체통신㈜로 변경되면서 보광 기업집단으로 편입되었습니다.
3기~5기 재무분석자료(2000년~2002년 유동비율, 부채비율, 영업이익률, ROE, 총자산회전율, 재고자산회전율)는 그래프에서 제외하였습니다.

• 대동전자 (유가증권 / 008110)

- 전자부품, 컴퓨터, 영상, 음향 및 통신장비 제조업

구분	94	95	96	97	98	99	00	01	02	03	04	05	06	07	08	09	10	11	12
성장률			11.62	22.54	20.92	21.92	21.54	9.93	9.4	7.59	-2.36	1.00	0.83	3.54	7.73	3.43	3.50	-9.80	0.20
EPS	168	178	219	560	600	1,025	1,448	757	760	630	-178	75	63	295	793	340	359	-820	69
배당금	0	0	15	50	40	50	50	50	40	30	0	0	0	0	0	0	0	100	50
ROE			12.48	24.75	22.42	23.04	22.31	10.63	9.9	7.97	-2.36	1.00	0.83	3.54	7.73	3.43	3.50	-8.74	0.73
직원의 수					488	703	615	533	508	484	327	252	241	172	173	161	146	133	123
연봉정보					11	11	17	18	21	17	29	30	31	33	36	31	40	39	41

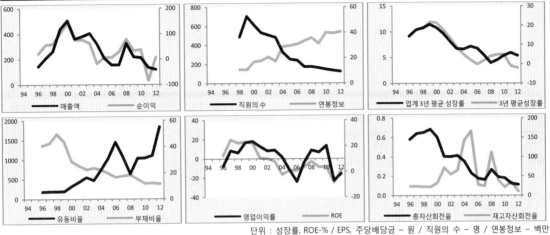

단위 : 성장률, ROE-% / EPS, 주당배당금 – 원 / 직원의 수 – 명 / 연봉정보 – 백만
2003년 12월, 한국대동전자공업㈜에서 대동전자㈜로 상호 변경하였습니다.

• 인터엠 (코스닥 / 017250)

- 전자부품, 컴퓨터, 영상, 음향 및 통신장비 제조업

구분	94	95	96	97	98	99	00	01	02	03	04	05	06	07	08	09	10	11	12
성장률			13.53	22.06	16.38	10.52	11.98	11.16	7.9	4.52	4.92	1.11	4.83	1.14	1.21	0.23	-0.66	-0.72	-0.75
EPS			105	270	215	192	388	383	362	301	270	139	277	142	146	109	75	69	68
배당금			0	0	0	0	60	75	120	150	100	100	100	100	100	100	100	100	100
ROE			13.53	22.06	16.38	10.52	14.17	13.87	11.8	9.01	7.81	3.97	7.56	3.85	3.83	2.85	1.97	1.60	1.60
직원의 수						459	436	475	477	489	414	258	267	272	279	278	238	234
연봉정보						17	18	19	18	20	24	29	20	27	25	26	33	29

단위 : 성장률, ROE-% / EPS, 주당배당금 – 원 / 직원의 수 – 명 / 연봉정보 – 백만
1995년 10월, 인켈P.A에서 ㈜인터엠으로 상호 변경하였습니다.

· LG 이노텍 (유가증권 / 011070)

- 전자부품, 컴퓨터, 영상, 음향 및 통신장비 제조업

구분	94	95	96	97	98	99	00	01	02	03	04	05	06	07	08	09	10	11	12
성장률						20.08	8.32	-3.09	1.4	7.58	10.01	11.28	1.35	8.71	10.75	3.17	13.43	-12.68	-3.32
EPS						3,867	1,510	-580	271	1,692	2,400	3,059	352	2,920	5,561	2,273	10,792	-8,153	102
배당금						0	0	0	0	0	0	0	0	335	350	350	350	0	0
ROE						20.08	8.32	-3.09	1.4	7.58	10.01	11.28	1.35	9.84	11.47	3.75	13.88	-12.68	-3.32
직원의 수															2,024	5,147	7,737	7,797	9,755
연봉정보															35	51	48	48	43

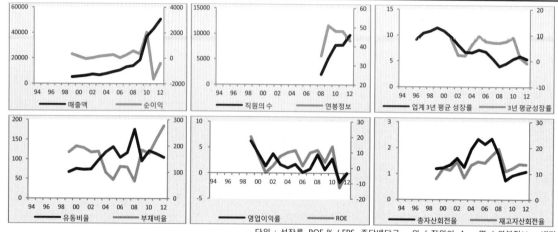

단위 : 성장률, ROE-% / EPS, 주당배당금 – 원 / 직원의 수 – 명 / 연봉정보 – 백만
2000년 5월 LG C&D에서 LG이노텍으로 상호 변경하였으며, 2009년 7월 LG마이크론㈜와 합병하였습니다.
1999년~2005년 사업보고서 미공시로 인하여 EPS는 감사보고서를 기준으로, 배당금은 0으로 간주해 성장률을 계산하였습니다.
99년~05년 성장률은 업계 3년 평균성장률 계산 과정에서 제외하였습니다.

· 자화전자 (유가증권 / 033240)

- 전자저항기 제조업

구분	94	95	96	97	98	99	00	01	02	03	04	05	06	07	08	09	10	11	12
성장률	18.18	13.43	15.03	24.13	22.99	22.86	15.80	11.51	9.7	10.95	11.47	6.03	3.32	4.85	5.86	3.05	0.52	5.47	12.42
EPS	290	527	147	466	968	844	789	700	600	797	984	616	376	547	573	380	180	706	1,703
배당금	0	0	0	0	0	10	160	160	130	170	250	200	150	200	120	120	100	200	300
ROE	18.18	13.43	15.03	24.13	22.99	23.13	19.82	14.92	12.3	13.92	15.37	8.94	5.52	7.65	7.41	4.46	1.17	7.63	15.08
직원의 수					356	617	479	392	415	309	322	334	322	292	274	274	272	283	276
연봉정보					9	12	19	21	24	28	34	35	36	39	40	40	37	37	47

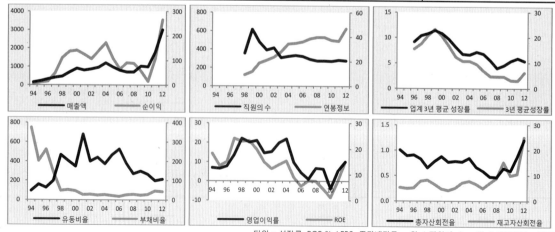

단위 : 성장률, ROE-% / EPS, 주당배당금 – 원 / 직원의 수 – 명 / 연봉정보 – 백만

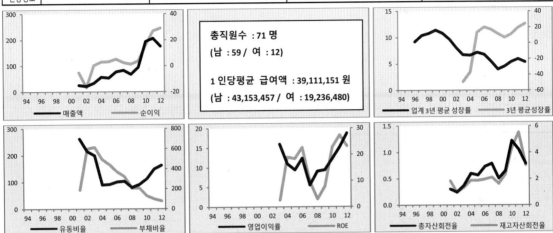

• 아진엑스텍 (코넥스 / 059120)
- 전자집적회로 제조업

구분	94	95	96	97	98	99	00	01	02	03	04	05	06	07	08	09	10	11	12
성장률								-17.82	-132.4	2.53	18.94	18.42	22.63	9.62	2.92	7.82	22.78	27.30	23.13
EPS								-124	-396	8	72	76	121	57	30	88	376	600	629
배당금								0	0	0	0	0	0	0	0	0	0	0	0
ROE								-17.82	-132.4	2.53	18.94	18.42	22.63	9.62	2.92	7.82	22.78	27.30	23.13
직원의 수																			71
연봉정보																			39

총직원수 : 71 명

(남 : 59 / 여 : 12)

1 인당평균 급여액 : 39,111,151 원

(남 : 43,153,457 / 여 : 19,236,480)

단위 : 성장률, ROE-% / EPS, 주당배당금 - 원 / 직원의 수 - 명 / 연봉정보 - 백만

1997년 12월 아진전자산업으로 설립되었으며, 2001년 아진엑스텍으로 상호 변경하였습니다.

2001년~2009년 사업보고서 미공시로 인하여 EPS는 감사보고서를 기준으로, 배당금은 0으로 간주해 성장률을 계산하였습니다.

01년~09년 성장률은 업계 3년 평균성장률 계산 과정에서 제외하였습니다.

• 유양디앤유 (유가증권 / 011690)
- 전자집적회로 제조업

구분	94	95	96	97	98	99	00	01	02	03	04	05	06	07	08	09	10	11	12
성장률	13.11	11.84	5.06	6.33	-23.80	4.03	-7.40	-16.21	-18.0	-1.42	-18.24	-8.68	-1.36	4.28	5.89	4.62	3.50	-12.40	-1.42
EPS	179	259	123	231	-434	170	-110	-201	-188	15	-163	-71	-11	37	54	75	37	-135	-16
배당금	0	30	50	40	0	15	0	0	0	0	0	0	0	0	0	20	10	0	0
ROE	13.11	13.39	8.51	7.66	-23.80	4.42	-7.40	-16.21	-18.0	-1.42	-18.24	-8.68	-1.36	4.28	5.89	6.29	4.80	-12.40	-1.42
직원의 수					171	206	287	235	225	194	180	176	186	184	178	204	216	194	185
연봉정보					13	15	14	16	17	18	18	22	23	25	28	28	30	34	33

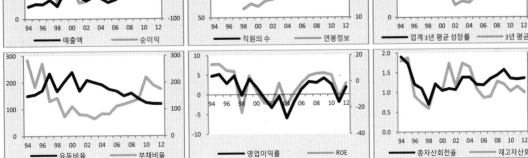

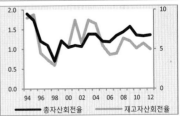

단위 : 성장률, ROE-% / EPS, 주당배당금 - 원 / 직원의 수 - 명 / 연봉정보 - 백만

2008년 3월, ㈜유양정보통신에서 ㈜유양디앤유로 상호 변경하였습니다.

• 성호전자 (코스닥 / 043260)

- 전자축전기 제조업

구분	94	95	96	97	98	99	00	01	02	03	04	05	06	07	08	09	10	11	12
성장률				52.94	26.27	4.31	13.73	11.05	11.0	5.79	1.06	-0.43	13.06	-3.87	4.88	7.77	13.42	5.62	1.22
EPS				27	13	2	87	114	95	53	9	-4	143	-52	106	166	281	110	24
배당금				0	0	0	0	0	0	0	0	0	15	0	15	15	15	0	0
ROE				52.94	26.27	4.31	13.73	11.05	11.0	5.79	1.06	-0.43	14.59	-3.87	5.69	8.55	14.18	5.62	1.22
직원의 수								121	196	223	221	160	144	188	178	188	171	120	113
연봉정보								17	27	17	20	23	29	22	22	28	38	52	32

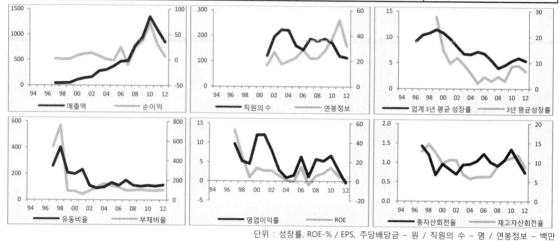

단위 : 성장률, ROE-% / EPS, 주당배당금 – 원 / 직원의 수 – 명 / 연봉정보 – 백만

• 필코전자 (코스닥 / 033290)

- 전자축전기 제조업

구분	94	95	96	97	98	99	00	01	02	03	04	05	06	07	08	09	10	11	12
성장률		11.62	17.11	27.70	17.85	15.83	10.72	-1.50	-12.8	0.75	-7.39	-6.44	-3.93	-15.09	3.24	-0.53	4.24	-13.08	1.18
EPS		76	272	659	872	77	-37	-67	-512	31	-297	-280	-110	-387	100	-15	156	-385	34
배당금		0	0	50	0	6	25	0	0	0	0	0	0	0	0	0	0	0	0
ROE		11.62	17.11	29.97	17.85	17.17	6.39	-1.50	-12.8	0.75	-7.39	-6.44	-3.93	-15.09	3.24	-0.53	4.24	-13.08	1.18
직원의 수					486	538	329	357		390	412	351	232	193	185	193	230	225	224
연봉정보					19	22	26	22		21	24	27	32	31	31	32	32	35	35

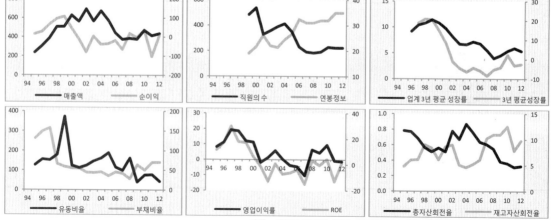

단위 : 성장률, ROE-% / EPS, 주당배당금 – 원 / 직원의 수 – 명 / 연봉정보 – 백만
1974년 6월 필립스코리아㈜로 설립되었으며, 1994년 필코전자㈜로 상호 변경하였습니다.

• 바이오스마트 (코스닥 / 038460)

- 전자카드 제조업

구분	94	95	96	97	98	99	00	01	02	03	04	05	06	07	08	09	10	11	12
성장률			19.49	3.48	0.48	6.61	3.64	11.30	2.1	-106.2	-179.4	-332.6	0.93	0.58	-6.89	-20.94	-28.61	2.77	4.95
EPS			22	5	1	10	108	305	76	-1,168	-726	-456	18	5	-53	-139	-1,364	96	168
배당금			0	0	0	0	35	50	25										
ROE			19.49	3.48	0.48	6.61	5.39	13.52	3.1	-106.2	-179.4	-332.6	0.93	0.58	-6.89	-20.94	-28.61	2.77	4.95
직원의 수					117	131	135	94	108	109	121	144	132	153	152	150	149		
연봉정보					13	16	16	25	15	18	19	21	24	26	31	33	36		

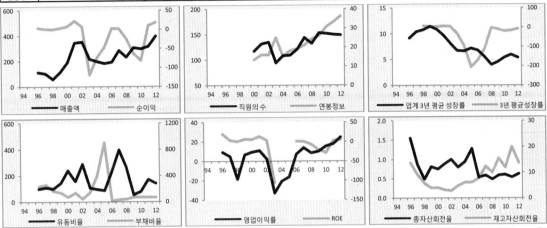

단위 : 성장률, ROE-% / EPS, 주당배당금 – 원 / 직원의 수 – 명 / 연봉정보 – 백만
2007년 3월, ㈜케이비씨에서 ㈜바이오스마트로 상호 변경하였습니다.
특이값(2004년~2005년 ROE)은 그래프에서 제외하였습니다.

• 아비코전자 (코스닥 / 036010)

- 전자코일, 변성기 및 기타 전자유도자 제조업

구분	94	95	96	97	98	99	00	01	02	03	04	05	06	07	08	09	10	11	12
성장률					17.32	16.17	17.14	16.15	4.6	4.76	1.94	4.85	6.74	7.38	-5.21	1.90	4.67	3.21	-7.58
EPS					963	500	434	553	241	91	54	117	204	501	-196	157	111	244	-347
배당금					0	0	0	8	50	0	15	15	50	130	50	60	30	70	30
ROE					17.32	16.17	17.14	16.38	5.8	4.76	2.69	5.56	8.93	9.97	-4.15	3.07	6.40	4.51	-6.97
직원의 수									187	159	147	126	129	133	131	124	131	133	135
연봉정보									18	17	20	26	26	26	30	26	34	41	35

단위 : 성장률, ROE-% / EPS, 주당배당금 – 원 / 직원의 수 – 명 / 연봉정보 – 백만
2001년 12월, 아비코주식회사에서 아비코전자 주식회사로 상호 변경하였습니다.

• 상신이디피 (코스닥 / 091580)

- 축전지 제조업

구분	94	95	96	97	98	99	00	01	02	03	04	05	06	07	08	09	10	11	12
성장률										19.24	9.63	31.73	42.14	19.06	-7.68	10.77	5.00	10.17	3.42
EPS										264	388	720	1,256	1,086	-313	664	215	412	172
배당금										0	0	0	0	100	50	100	60	60	50
ROE										19.24	9.63	31.73	42.14	20.99	-6.63	12.68	6.94	11.90	4.83
직원의 수														119	134	145	212	212	207
연봉정보														20	18	28	27	33	31

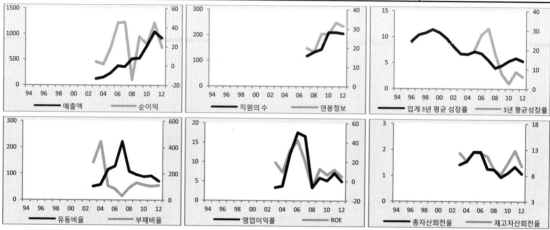

단위 : 성장률, ROE-% / EPS, 주당배당금 – 원 / 직원의 수 – 명 / 연봉정보 – 백만
2004년 6월, 상신정밀주식회사에서 상신이디피주식회사로 상호 변경하였습니다.

• 디지텍시스템 (코스닥 / 091690)

- 컴퓨터 및 주변장치 제조업

구분	94	95	96	97	98	99	00	01	02	03	04	05	06	07	08	09	10	11	12
성장률											32.54	48.98	49.91	22.04	18.54	25.96	17.14	4.33	7.68
EPS											280	80	768	1,029	874	1,827	1,243	361	747
배당금											0	0	0	0	0	100	0	0	0
ROE										-11.71	32.54	48.98	49.91	22.04	18.54	27.46	17.14	4.33	7.68
직원의 수														151	210	168	255	263	305
연봉정보														27	20	26	25	22	34

단위 : 성장률, ROE-% / EPS, 주당배당금 – 원 / 직원의 수 – 명 / 연봉정보 – 백만
2004년 사업보고서 미공시로 인하여 EPS는 감사보고서를 기준으로, 배당금은 0으로 간주해 성장률을 계산하였습니다.
04년 성장률은 업계 3년 평균성장률 계산 과정에서 제외하였습니다.

• 우노앤컴퍼니 (코스닥 / 114630)

- 합성섬유 제조업

구분	94	95	96	97	98	99	00	01	02	03	04	05	06	07	08	09	10	11	12
성장률														14.13	30.04	22.90	9.37	11.54	6.65
EPS														248	635	589	403	612	384
배당금														100	100	50	50	100	75
ROE											14.19	11.95	23.68	35.66	25.03	10.69	13.79	8.27
직원의 수															74	81	173	178
연봉정보															29	29	27	33

단위 : 성장률, ROE-% / EPS, 주당배당금 - 원 / 직원의 수 - 명 / 연봉정보 - 백만
2007년 5월, ㈜우노앤컴퍼니로 상호 변경하였습니다.
2011년 3월, ㈜우노켐(계열사)과 합병하였습니다.

• 에스티큐브 (코스닥 / 052020)

- 합성수지 및 기타 플라스틱물질 제조업

구분	94	95	96	97	98	99	00	01	02	03	04	05	06	07	08	09	10	11	12
성장률				8.24	3.10	8.85	22.64	6.27	3.2	2.96	-7.23	-1.99	-7.14	-10.14	-19.86	-14.65	6.08	-37.15	2.95
EPS				1,698	665	250	350	178	211	55	-130	-34	-114	-194	-264	-357	106	-499	37
배당금				0	0	0	0	50	150	0	0	0	0	0	0	0	0	0	0
ROE				8.24	3.10	8.85	22.64	8.71	11.0	2.96	-7.23	-1.99	-7.14	-10.14	-19.86	-14.65	6.08	-37.15	2.95
직원의 수								82	81	91	86	83	81	67	62	34	30	45	43
연봉정보								19	22	19	22	25	24	26	22	20	31	30	36

단위 : 성장률, ROE-% / EPS, 주당배당금 - 원 / 직원의 수 - 명 / 연봉정보 - 백만

· 에스씨디 (코스닥 / 042110)

- 기타 가정용 전기기기 제조업

구분	94	95	96	97	98	99	00	01	02	03	04	05	06	07	08	09	10	11	12
성장률				23.60	16.85	15.95	11.30	6.94	3.0	1.04	0.52	9.33	-0.66	6.21	2.04	-8.79	-60.95	3.39	0.43
EPS				586	835	684	564	416	265	135	111	246	-104	-21	197	79	-1,140	41	6
배당금				125	250	250	150	125	100	100	100	0	0	0	0	0	0	0	0
ROE				30.01	24.05	25.15	15.40	9.92	4.9	4.02	5.23	9.33	-0.66	6.21	2.04	-8.79	-60.95	3.39	0.43
직원의 수								240	241	214	231	241	243	274	244	281	249	384	307
연봉정보								17	16	20	25	25	28	27	30	24	26	21	32

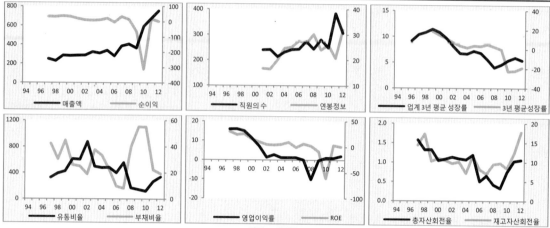

단위 : 성장률, ROE-% / EPS, 주당배당금 – 원 / 직원의 수 – 명 / 연봉정보 – 백만
2009년 결산 월 변경으로 인하여, 23기(09년도)는 9개월(4월~12월)치 자료로 작성되었습니다.
1999년 12월, 협진정밀에서 에스씨디로 상호 변경하였습니다.
2006년 8월, 에프디테크주식회사를 합병하였습니다.

· 에코프로 (코스닥 / 086520)

- 기타 기초무기화학물질 제조업

구분	94	95	96	97	98	99	00	01	02	03	04	05	06	07	08	09	10	11	12
성장률											20.34	22.01	27.22	5.84	1.41	1.23	3.56	1.09	0.86
EPS											266	573	973	720	146	152	184	64	44
배당금											0	0	0	75	0	0	0	0	0
ROE										12.06	20.34	22.01	27.22	6.52	1.41	1.23	3.56	1.09	0.86
직원의 수														98	108	129	168	211	233
연봉정보														44	30	30	16	32	32

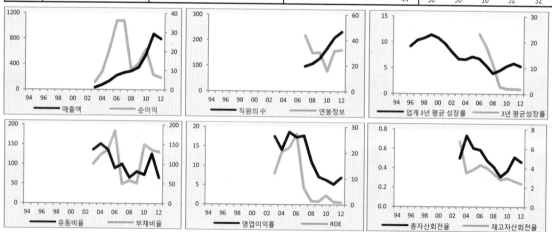

단위 : 성장률, ROE-% / EPS, 주당배당금 – 원 / 직원의 수 – 명 / 연봉정보 – 백만
1998년 10월 코리아제오륨으로 설립되었으며, 2001년 2월 에코프로로 상호 변경하였습니다.
2004년 사업보고서 미공시로 인하여 EPS는 감사보고서를 기준으로, 배당금은 0으로 간주해 성장률을 계산하였습니다.
04년 성장률은 업계 3년 평균성장률 계산 과정에서 제외하였습니다.

• 동양이엔피 (코스닥 / 079960)
- 기타 발전기 및 전기변환장치 제조업

구 분	94	95	96	97	98	99	00	01	02	03	04	05	06	07	08	09	10	11	12
성장률						34.38	33.30	31.09	33.3	32.68	34.94	17.81	12.01	11.40	6.93	24.24	9.24	12.46	16.50
EPS						520	673	915	154	147	206	1,817	1,361	1,573	1,220	2,892	1,560	1,961	2,935
배당금						0	0	0	35	35	33	500	400	500	300	300	300	300	300
ROE						34.38	33.30	31.09	43.1	42.86	41.50	24.57	17.01	16.71	9.19	27.04	11.43	14.71	18.38
직원의 수										368	397	417	404		424	476	468	445	454
연봉정보										19	21	17	23		26	20	29	35	37

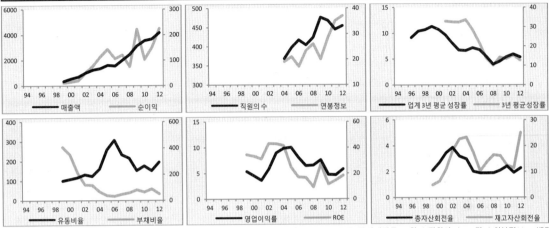

단위 : 성장률, ROE-% / EPS, 주당배당금 - 원 / 직원의 수 - 명 / 연봉정보 - 백만
2005 년 7 월, 동양계전공업 주식회사에서 동양이엔피 주식회사로 상호 변경하였습니다.
1999 년~2001 년 사업보고서 미공시로 인하여 EPS 는 감사보고서를 기준으로, 배당금은 0 으로 간주해 성장률을 계산하였습니다.
99 년~01 년 성장률은 업계 3 년 평균성장률 계산 과정에서 제외하였습니다.

• 경인전자 (유가증권 / 009140)
- 기타 전자부품 제조업

구 분	94	95	96	97	98	99	00	01	02	03	04	05	06	07	08	09	10	11	12
성장률	7.55	8.90	0.22	0.74	2.13	2.14	4.15	-0.92	-0.5	0.09	-4.84	-0.93	0.04	18.84	4.97	10.52	2.59	0.94	0.16
EPS	1,929	2,338	552	488	466	909	1,101	109	377	626	-636	349	610	6,485	2,261	4,524	1,493	857	410
배당금	500	500	500	350	50	500	100	350	500	600	600	600	600	750	600	600	500	500	350
ROE	10.19	11.33	2.29	2.61	2.39	4.76	4.57	0.41	1.4	2.17	-2.49	1.29	2.39	21.30	6.76	12.13	3.89	2.26	1.07
직원의 수					226	212	180	107	37	28	16	16	20	17	13	17	12	15	14
연봉정보					14	15	17	24	19	22	26	24	19	24	29	37	29	28	30

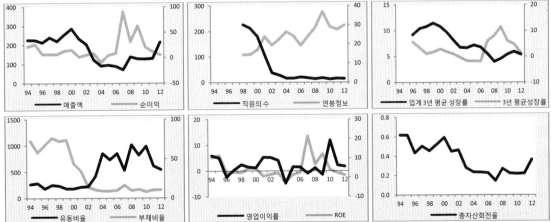

단위 : 성장률, ROE-% / EPS, 주당배당금 - 원 / 직원의 수 - 명 / 연봉정보 - 백만
1973년 8월 한국미유끼 전기㈜로 설립되었으며, 1974년 4월 경인전자㈜로 상호 변경하였습니다.

• 대주전자재료 (코스닥 / 078600)

- 기타 전자부품 제조업

구분	94	95	96	97	98	99	00	01	02	03	04	05	06	07	08	09	10	11	12
성장률						19.48	-5.23	2.98	7.5	15.99	19.34	15.81	0.36	0.73	-19.27	-14.03	3.27	13.63	12.92
EPS						61	-21	13	98	300	652	530	11	22	-688	-453	68	612	843
배당금						0	0	0	0	0	50	50	0	0	0	0	0	0	100
ROE						19.48	-5.23	2.98	7.5	15.99	20.95	17.45	0.36	0.73	-19.27	-14.03	3.27	13.63	14.66
직원의 수										169	169	157	162		151	166	183	192	178
연봉정보										27	27	30	37		28	33	30	24	39

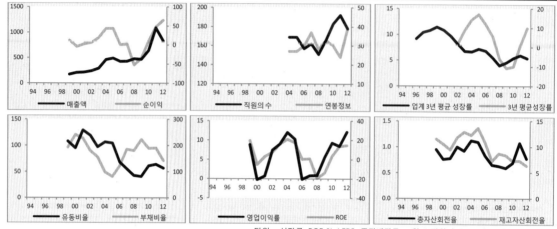

단위 : 성장률, ROE-% / EPS, 주당배당금 - 원 / 직원의 수 - 명 / 연봉정보 - 백만

2003 년 3 월, 대주정밀화학㈜에서 대주전자재료㈜로 상호 변경하였습니다.

1999 년~2001 년 사업보고서 미공시로 인하여 EPS 는 감사보고서를 기준으로, 배당금은 0 으로 간주해 성장률을 계산하였습니다.

99 년~01 년 성장률은 업계 3 년 평균성장률 계산 과정에서 제외하였습니다.

• 동일기연 (코스닥 / 032960)

- 기타 전자부품 제조업

구분	94	95	96	97	98	99	00	01	02	03	04	05	06	07	08	09	10	11	12
성장률		20.51	32.02	28.62	22.54	6.64	6.12	6.84	7.5	5.71	4.51	17.56	19.15	21.51	16.64	30.97	20.46	16.40	12.73
EPS		27	110	88	51	246	216	247	282	247	216	809	1,027	1,400	1,284	3,279	2,524	1,479	1,842
배당금		3	3	6	6	60	60	60	60	60	60	45	40	35	35	35	35	35	35
ROE		23.08	32.92	30.71	25.53	8.78	8.48	9.03	9.5	7.54	6.24	18.60	19.93	22.06	17.11	31.31	20.74	16.80	12.98
직원의 수					117	120	112	103		102	103	99	123	144	154	156	152	152	152
연봉정보					18	17	18	23		26	31	미공시	37	37	42	44	44	52	52

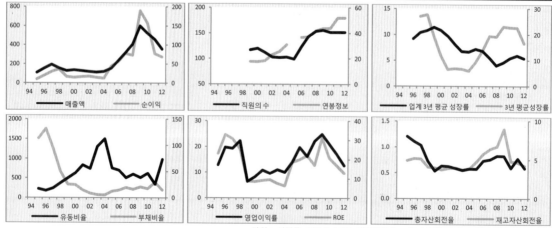

단위 : 성장률, ROE-% / EPS, 주당배당금 - 원 / 직원의 수 - 명 / 연봉정보 - 백만

2005년 연봉정보는 미공시 되었습니다.

• 모아텍 (코스닥 / 033200)

- 기타 전자부품 제조업

구 분	94	95	96	97	98	99	00	01	02	03	04	05	06	07	08	09	10	11	12
성장률		53.19	38.49	13.78	42.50	25.37	31.60	16.23	16.2	13.11	9.72	5.27	2.47	10.63	14.10	11.55	8.96	5.06	-1.87
EPS		1,197	1,789	54,054	1,099	898	1,308	870	1,061	1,115	822	474	205	1,010	1,308	1,286	960	519	-176
배당금		0	0	50	100	25	100	100	150	250	250	50	50	120	165	215	150	60	0
ROE		53.19	38.49	13.79	46.76	26.09	34.21	18.34	18.9	16.90	13.96	5.89	3.27	12.06	16.14	13.87	10.62	5.72	-1.87
직원의 수						84	104	102	100	83	94	84	82	86	88	87	105	125	127
연봉정보						18	21	39	32	37	33	39	29	35	43	42	41	35	37

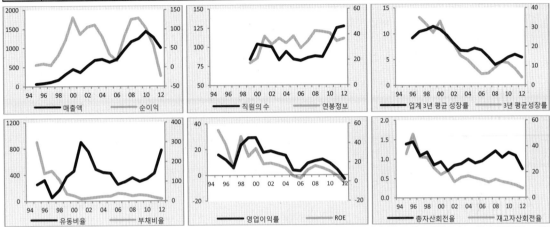

단위 : 성장률, ROE-% / EPS, 주당배당금 – 원 / 직원의 수 – 명 / 연봉정보 – 백만
1997 년 8 월, 주식회사 모아텍으로 상호 변경하였습니다.
2006 년 5 월, 주식회사 하이소닉 지분을 인수하였습니다.

• 상아프론테크 (코스닥 / 089980)

- 기타 전자부품 제조업

구 분	94	95	96	97	98	99	00	01	02	03	04	05	06	07	08	09	10	11	12
성장률						15.69	11.15	10.54	7.8	8.08	12.60	18.04	11.11	6.43	8.34	8.50	8.10	6.48	5.30
EPS						207	166	175	141	158	282	489	314	186	199	556	512	497	399
배당금						0	0	0	0	0	0	0	0	0	0	80	75	75	75
ROE						15.69	11.15	10.54	7.8	8.08	12.60	18.04	11.11	6.43	8.34	9.93	9.49	7.63	6.52
직원의 수																		314	358
연봉정보																		32	34

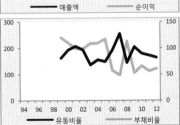
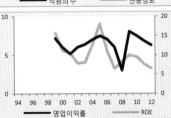

단위 : 성장률, ROE-% / EPS, 주당배당금 – 명 / 직원의 수 – 명 / 연봉정보 – 백만
1999년~2008년 사업보고서 미공시로 인하여 EPS는 감사보고서를 기준으로, 배당금은 0으로 간주해 성장률을 계산하였습니다.
99년~08년 성장률은 업계 3년 평균성장률 계산 과정에서 제외하였습니다.

• 아모텍 (코스닥 / 052710)

- 기타 전자부품 제조업

구분	94	95	96	97	98	99	00	01	02	03	04	05	06	07	08	09	10	11	12
성장률						5.44	-67.46	21.12	27.4	17.85	14.66	10.31	9.21	13.90	1.55	4.26	3.33	-1.77	9.50
EPS						8	-78	45	777	1,167	1,008	726	697	1,161	111	349	408	-210	1,246
배당금						0	0	0	0	200	200	100	100	100	0	0	0	0	0
ROE						5.44	-67.46	21.12	27.4	21.55	18.29	11.96	10.75	15.21	1.55	4.26	3.33	-1.77	9.50
직원의 수										375	445	451	441	520	593	625	691	773	1,037
연봉정보										19	23	25	33	33	32	29	30	29	30

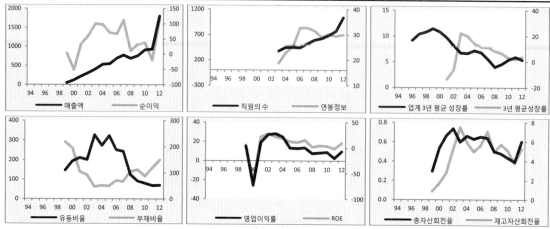

단위 : 성장률, ROE-% / EPS, 주당배당금 – 원 / 직원의 수 – 명 / 연봉정보 – 백만
1999 년 12 월, ㈜아모트론과 ㈜아멕스를 흡수합병 하였으며 ㈜아모텍으로 상호 변경하였습니다.

• 이노칩 (코스닥 / 080420)

- 기타 전자부품 제조업

구분	94	95	96	97	98	99	00	01	02	03	04	05	06	07	08	09	10	11	12
성장률										14.50	29.47	22.00	27.21	5.24	4.49	14.04	11.09	23.12	15.45
EPS										276	687	1,607	1,359	399	215	724	595	1,515	1,314
배당금										0	0	0	0	150	50	150	100	120	150
ROE							-326.96	69.6		14.50	29.47	22.00	27.21	8.40	5.85	17.72	13.33	25.11	17.44
직원의 수										281	286	249			251	255	238	255	342
연봉정보										14	19	21			22	26	27	28	28

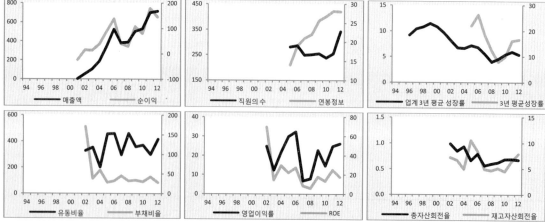

단위 : 성장률, ROE-% / EPS, 주당배당금 – 원 / 직원의 수 – 명 / 연봉정보 – 백만
1기 재무분석자료(2001년 유동비율, 부채비율, 영업이익률, ROE, 총자산회전율, 재고자산회전율)는 그래프에서 제외하였습니다.

• 이녹스 (코스닥 / 088390)

- 기타 전자부품 제조업

구 분	94	95	96	97	98	99	00	01	02	03	04	05	06	07	08	09	10	11	12
성장률											22.15	21.16	4.45	1.23	-7.46	14.75	17.61	14.79	16.52
EPS											637	652	183	43	-253	630	1,187	1,070	1,400
배당금											0	0	0	0	0	0	0	0	0
ROE										-7.53	22.15	21.16	4.45	1.23	-7.46	14.75	17.61	14.79	16.52
직원의 수											104	112	128	139	197	262	322
연봉정보											30	31	31	36	35	36	38

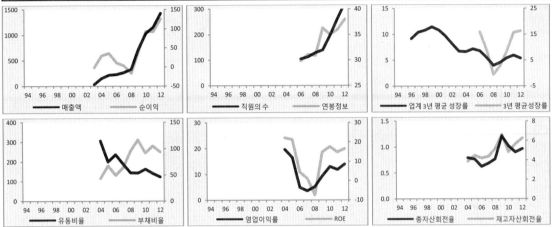

단위 : 성장률, ROE-% / EPS, 주당배당금 - 원 / 직원의 수 - 명 / 연봉정보 - 백만
2001 년 11 월 새한마이크로닉스로 설립되었으며, 2005 년 4 월 ㈜이녹스로 상호 변경하였습니다.
2003년 재무분석자료(유동비율, 부채비율, 영업이익률, ROE, 총자산회전율, 재고자산회전율)는 그래프에서 제외하였습니다.

• 일진머티리얼즈 (유가증권 / 020150)

- 기타 전자부품 제조업

구 분	94	95	96	97	98	99	00	01	02	03	04	05	06	07	08	09	10	11	12
성장률				50.61	24.64	19.20	25.77	12.73	-39.8	-33.73	15.79	0.84	21.11	28.26	31.14	9.40	21.14	3.56	-18.95
EPS				254	379	401	603	379	-634	-388	263	12	342	671	1,030	413	1,208	366	-1,345
배당금				0	0	0	0	0	0	0	0	0	0	0	50	100	150	50	0
ROE			-217.61	50.61	24.64	19.20	25.77	12.73	-39.8	-33.73	15.79	0.84	21.11	28.26	32.73	12.40	24.14	4.13	-18.95
직원의 수					394	438	384	338	364			미공시			516	692	604
연봉정보					18	22	24	22	23						38	30	37

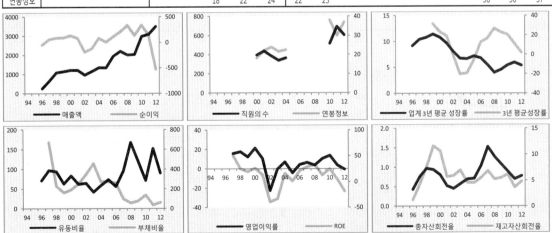

단위 : 성장률, ROE-% / EPS, 주당배당금 - 원 / 직원의 수 - 명 / 연봉정보 - 백만
2010년 10월, 일진소재산업㈜에서 일진머티리얼즈㈜로 상호 변경하였습니다.
특이값(1996년 부채비율, 영업이익률 및 ROE)는 그래프에서 제외하였습니다.
2005년~2009년 직원의 수와 연봉정보는 미공시 되었습니다.

• 켐트로닉스 (코스닥 / 089010)

- 기타 전자부품 제조업

구분	94	95	96	97	98	99	00	01	02	03	04	05	06	07	08	09	10	11	12
성장률							39.03	24.48	23.3	23.68	31.10	20.40	25.46	10.57	-49.18	15.22	12.93	12.32	21.59
EPS							805	445	551	822	1,493	1,752	3,078	1,170	-3,160	1,227	1,086	1,198	2,413
배당금							0	0	0	0	0	0	0	200	0	200	200	250	0
ROE							39.03	24.48	23.3	23.68	31.10	20.40	25.46	12.75	-49.18	18.19	15.85	15.56	21.59
직원의 수													155	200	205	209	254	253	283
연봉정보													미공시	27	30	27	32	36	37

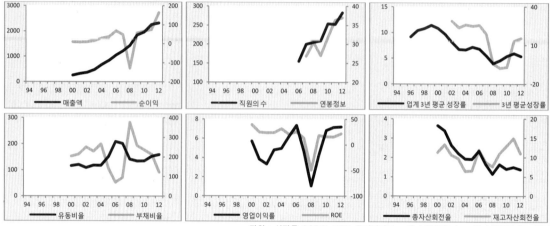

단위 : 성장률, ROE-% / EPS, 주당배당금 - 원 / 직원의 수 - 명 / 연봉정보 - 백만
2000 년 11 월, ㈜협진화학에서 ㈜켐트로닉스로 상호 변경하였습니다.
2000년~2003년 사업보고서 미공시로 인하여 EPS는 감사보고서를 기준으로, 배당금은 0으로 간주해 성장률을 계산하였습니다.
00년~03년 성장률은 업계 3년 평균성장률 계산 과정에서 제외하였습니다.
2006 년 연봉정보는 미공시 되었습니다.

• 크로바하이텍 (코스닥 / 043590)

- 기타 전자부품 제조업

구분	94	95	96	97	98	99	00	01	02	03	04	05	06	07	08	09	10	11	12
성장률				30.88	25.56	8.70	10.52	5.87	2.2	-20.14	13.03	15.88	-1.26	0.56	3.84	4.48	-3.50	4.76	8.24
EPS				59	68	26	211	133	31	-344	243	390	-29	13	100	144	-102	144	275
배당금				0	0	0	0	0	0	0	0	0	0	0	0	0	0	0	0
ROE				30.88	25.56	8.70	10.52	5.87	2.2	-20.14	13.03	15.88	-1.26	0.56	3.84	4.48	-3.50	4.76	8.24
직원의 수							101	135	188	210	217	307	292	289	283	345	317	244
연봉정보							10	14	14	16	19	16	21	23	22	21	26	30

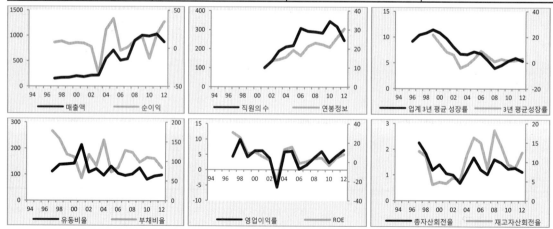

단위 : 성장률, ROE-% / EPS, 주당배당금 - 원 / 직원의 수 - 명 / 연봉정보 - 백만
2000년 4월, 크로바전자㈜에서 크로바하이텍㈜로 상호 변경하였습니다.

• CU 전자 (코스닥 / 056340)
- 기타 전자부품 제조업

구분	94	95	96	97	98	99	00	01	02	03	04	05	06	07	08	09	10	11	12
성장률					8.36	72.60	28.19	28.63	13.4	19.90	21.86	11.39	5.47	-49.66	13.30	2.68	-9.89	-1.62	-43.55
EPS					10	59	86	376	509	577	802	492	177	-1,060	386	402	-188	-19	-352
배당금					0	0	0	0	200	125	170	130	0	0	0	0	0	0	0
ROE					8.36	72.60	28.19	28.63	22.1	25.40	27.74	15.47	5.47	-49.66	13.30	2.68	-9.89	-1.62	-43.55
직원의 수									37	39	44	57	54	57	52	50	35	19	14
연봉정보									19	23	26	24	33	33	35	38	29	24	35

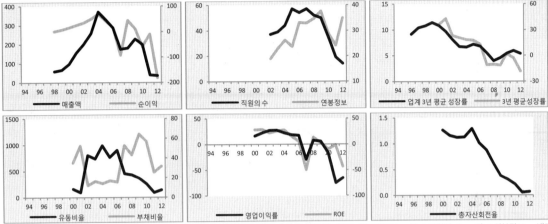

단위 : 성장률, ROE-% / EPS, 주당배당금 – 원 / 직원의 수 – 명 / 연봉정보 – 백만
2008 년 12 월, 동양크레디텍에서 씨유전자로 상호 변경하였습니다.

• S&K 폴리텍 (코스닥 / 091340)
- 기타 전자부품 제조업

구분	94	95	96	97	98	99	00	01	02	03	04	05	06	07	08	09	10	11	12
성장률												39.85	35.95	6.56	8.55	5.42	7.19	1.03	-2.53
EPS												856	646	444	549	436	536	206	3
배당금												0	0	125	150	150	150	150	150
ROE										35.84	33.88	39.85	35.95	9.12	11.77	8.26	9.98	3.81	0.05
직원의 수														75	74	72	77	79	77
연봉정보														27	32	35	36	34	36

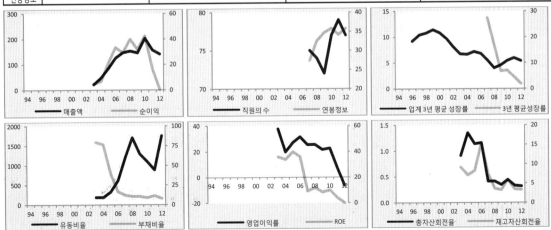

단위 : 성장률, ROE-% / EPS, 주당배당금 – 원 / 직원의 수 – 명 / 연봉정보 – 백만
2002년 2월, 에스케이폴리텍주식회사에서 에스엔케이폴리텍주식회사로 상호 변경하였습니다.

• 이큐스앤자루 (코스닥 / 058530)
- 기타 특수목적용 기계 제조업

구분	94	95	96	97	98	99	00	01	02	03	04	05	06	07	08	09	10	11	12
성장률				21.57	15.31	54.36	34.18	26.80	2.5	3.52	4.49	2.04	-3.10	2.08	-14.03	-127.8	-7.93	1.37	-24.00
EPS				34	28	113	54	466	126	206	101	-159	-48	34	-204	-824	33	12	-183
배당금				0	0	0	0	0	0	0	0	0	0	0	0	0	0	0	0
ROE				21.57	15.31	54.36	34.18	26.80	2.5	3.52	4.49	2.04	-3.10	2.08	-14.03	-127.8	-7.93	1.37	-24.00
직원의 수					46	48		56	57	62	76	81	71	72	77	84	83
연봉정보					18	22		27	30	32	30	31	38	36	41	43	47

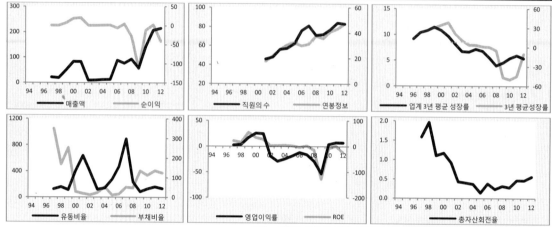

단위 : 성장률, ROE-% / EPS, 주당배당금 - 원 / 직원의 수 - 명 / 연봉정보 - 백만
2010 년 3 월, ㈜이큐스팜에서 ㈜이큐스앤자루로 상호 변경하였습니다.

• 플랙스컴 (코스닥 / 065270)
- 기타 플라스틱 제품 제조업

구분	94	95	96	97	98	99	00	01	02	03	04	05	06	07	08	09	10	11	12
성장률					39.81	51.01	22.34	31.57	5.3	-30.69	-102.6	4.71	-129.0	-25.07	-5.71	16.87	22.81	11.80	21.83
EPS					40	144	67	1,133	559	-756	-1,528	82	-2,474	-360	-87	850	1,054	618	1,918
배당금					0	0	15	0	250	250	0	0	0	0	0	0	0	0	0
ROE					39.81	51.01	28.77	31.57	9.6	-23.06	-102.6	4.71	-129.0	-25.07	-5.71	16.87	22.81	11.80	21.83
직원의 수									121	143	120	100	106	118	117	394	417	426	488
연봉정보									11	17	13	25	21	22	23	29	30	32	33

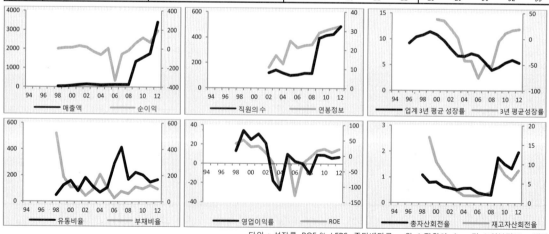

단위 : 성장률, ROE-% / EPS, 주당배당금 - 원 / 직원의 수 - 명 / 연봉정보 - 백만
2009년 2월, 플렉스컴을 흡수 합병하였으며 해당 재무자료는 합병 전·후로 구분하였습니다.
2009년 3월, ㈜굿센에서 ㈜플렉스컴으로 상호 변경하였습니다.

• 통신장비

2012년 통신장비 상장기업 전체 매출액은 약 1조 8천억원(전년대비 약 15% 상승)이며, 총 당기순이익은 510억 (전년대비 약 40억 감소)입니다. 12년도 업계 평균성장률은 3.1%(전년대비 약 2.8%p 상승)이며, ROE 또한 비슷한 수치인 3.1%(전년대비 2.4% 상승)를 기록하였습니다. 2000년대 중반 이후로는 성장률 부분에서 다소 하락하는 모습을 보이고 있습니다. (총 매출액, 당기순이익은 단순합계액이며, 성장률 및 ROE는 단순평균값입니다)

해당 산업의 직원 수는 약 4천 5백명(전년대비 약 12% 증가)이며, 최근 평균연봉(2012년)은 약 3천 9백만원 입니다. 아래 표와 그래프를 통해, 최근 5년 연봉이 3천 8백만원 ~ 4천만원 수준을 유지하고 있음을 알 수 있습니다. 최근 3년간 업계 평균 유동비율은 277.7%이며, 부채비율은 67.4%를 기록하였습니다.

구 분	총매출액	총 당기순이익	평균성장률	평균 ROE	총 직원수	연봉정보
94	302	6	3.2	4.5		
95	382	9	9.6	10.2		
96	457	10	3.5	4.1		
97	594	9	10.1	1.7		
98	562	-119	4.2	4.8	1,594	16
99	799	45	10.3	11.3	2,094	18
00	981	-16	6.9	6.0	2,457	22
01	754	-392	-1.5	-0.2	2,377	25
02	900	47	-1.7	1.4	2,215	26
03	850	-9	8.3	11.1	2,478	27
04	1,013	27	8.5	10.6	2,455	28
05	1,084	63	8.6	10.2	2,792	35
06	1,219	87	7.7	9.2	3,106	35
07	1,490	93	4.3	6.4	3,506	37
08	1,454	-37	0.8	1.3	3,729	38
09	1,462	43	1.9	3.1	3,763	38
10	1,706	64	4.1	4.6	4,007	40
11	1,637	55	0.3	0.7	4,036	40
12	1,894	51	3.1	3.1	4,528	39

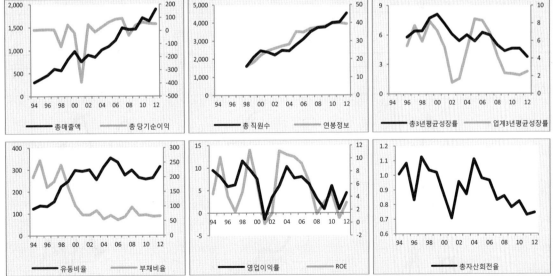

단위 : 총 매출액, 총 당기순이익 – 십억 / 평균 성장률, 평균 ROE - % / 총 직원 수 – 명 / 연봉정보 – 백만
연봉정보는 1인당 평균 급여액이며, 대상기업들의 연간 총 급여액을 총 직원의 수로 나눈 금액입니다.
업계 3년 평균 성장률은 통신장비업종 전체 상장사의 평균이며, 사업보고서에 근거한 자료만으로 만들었습니다.

157

통신
장비

• 대한광통신 (유가증권 / 010170)
- 광학렌즈 및 광학요소 제조업

구분	94	95	96	97	98	99	00	01	02	03	04	05	06	07	08	09	10	11	12
성장률		1.92	-14.83	-18.82	-12.10	-29.79	8.18	3.81	-13.4	12.46	5.40	2.54	4.16	-0.92	-63.73	3.99	-16.27	-0.56	-4.03
EPS	.	55	-2,333	-2,492	-1,430	-2,711	437	211	-655	697	228	110	192	-70	-2,496	165	-816	-36	-174
배당금		0	0	0	0	0	0	0	0	0	0	0	0	0	0	0	0	0	0
ROE		1.92	-14.83	-18.82	-12.10	-29.79	8.18	3.81	-13.4	12.46	5.40	2.54	4.16	-0.92	-63.73	3.99	-16.27	-0.56	-4.03
직원의 수						3	5	26	83	100	94	96	102	142	160	176	160	173	179
연봉정보						20	17	15	28	26	28	30	31	19	23	38	43	39	31

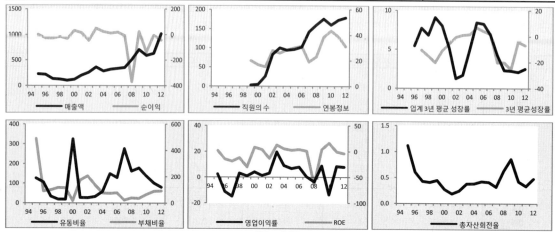

단위 : 성장률, ROE-% / EPS, 주당배당금 – 원 / 직원의 수 – 명 / 연봉정보 – 백만
2012년 4월, ㈜옵토매직에서 대한광통신㈜로 상호 변경하였습니다.

• 에스에이티 (코스닥 / 060540)
- 기기용 자동측정 및 제어장치 제조업

구분	94	95	96	97	98	99	00	01	02	03	04	05	06	07	08	09	10	11	12
성장률									22.4	12.95	10.97	21.01	12.97	-8.66	-0.98	-4.66	-14.28	-10.07	22.45
EPS									533	353	336	815	856	-469	-41	-188	-491	-270	814
배당금									0	0	0	0	0	0	0	0	0	0	10
ROE									22.4	12.95	10.97	21.01	12.97	-8.66	-0.98	-4.66	-14.28	-10.07	22.73
직원의 수													90	86	66	50	49	32	28
연봉정보													27	21	29	25	36	38	26

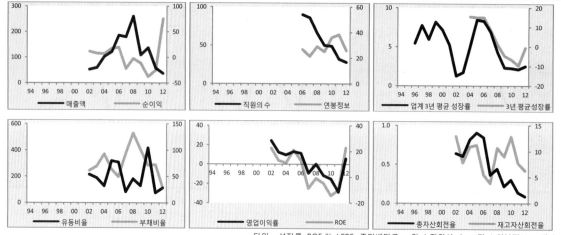

단위 : 성장률, ROE-% / EPS, 주당배당금 – 원 / 직원의 수 – 명 / 연봉정보 – 백만
2002년~2003년 사업보고서 미공시로 인하여 EPS는 감사보고서를 기준으로, 배당금은 0으로 간주해 성장률을 계산하였습니다.
02년~03년 성장률은 업계 3년 평균성장률 계산 과정에서 제외하였습니다.

• 빛과전자 (코스닥 / 069540)

- 다이오드, 트랜지스터 및 유사 반도체소자 제조업

구 분	94	95	96	97	98	99	00	01	02	03	04	05	06	07	08	09	10	11	12
성장률						3.55	6.27	5.01	11.74	33.71	26.03	-11.74	-51.50	-13.47	7.19	10.42	14.74	13.12	15.23
EPS						18	122	82	222	993	1,541	-510	-1,452	-337	202	360	674	593	812
배당금						0	0	0	0	0	200	0	0	0	0	0	100	0	0
ROE						3.55	6.27	5.01	11.74	33.71	29.92	-11.74	-51.50	-13.47	7.19	10.42	17.31	13.12	15.23
직원의 수										93	104	103	119	122	116	111	106	109	115
연봉정보										19	23	26	29	29	28	35	35	40	44

단위 : 성장률, ROE-% / EPS, 주당배당금 - 원 / 직원의 수 - 명 / 연봉정보 - 백만
1999년 재무분석자료(유동비율, 부채비율, 영업이익률, ROE, 총자산회전율, 재고자산회전율)는 그래프에서 제외하였습니다.

• 기산텔레콤 (코스닥 / 035460)

- 방송 및 무선 통신장비 제조업

구 분	94	95	96	97	98	99	00	01	02	03	04	05	06	07	08	09	10	11	12
성장률				48.25	30.48	26.01	7.05	1.44	-10.6	2.39	7.52	-18.12	2.88	-8.97	-19.34	-15.44	4.31	-27.23	4.23
EPS				2,273	1,878	927	357	84	-403	133	441	-684	112	-321	-574	-443	128	-644	104
배당금				0	0	100	50	25	0	35	100	0	0	0	0	0	0	0	0
ROE				48.25	30.48	29.15	8.19	2.05	-10.6	3.25	9.73	-18.12	2.88	-8.97	-19.34	-15.44	4.31	-27.23	4.23
직원의 수					87	135	160	150		150	159	171	183	194	150	125	125	92	84
연봉정보					19	24	26	32		35	40	39	68	38	41	31	43	41	43

단위 : 성장률, ROE-% / EPS, 주당배당금 - 원 / 직원의 수 - 명 / 연봉정보 - 백만
1997년 3월, 부혜정보통신에서 기산텔레콤으로 상호 변경하였습니다.

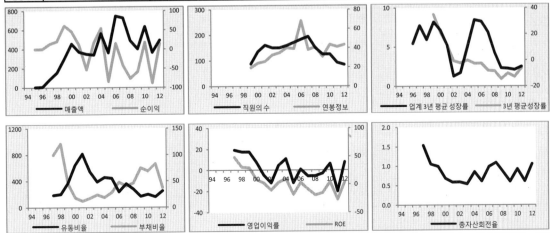

• 네오아레나 (코스닥 / 037340)

- 방송 및 무선 통신장비 제조업

구분	94	95	96	97	98	99	00	01	02	03	04	05	06	07	08	09	10	11	12
성장률						7.31	4.20	1.15	-7.4	-30.13	자본잠식	67.14	25.93	59.51	-37.98	-82.10	-53.81	-35.07	-9.45
EPS						250	97	37	-205	-640	-1,924	487	601	446	-216	-681	-517	-365	-82
배당금						50	0	0	0	0	0	0	0	0	0	0	0	0	0
ROE						9.14	4.20	1.15	-7.4	-30.13	자본잠식	67.14	25.93	59.51	-37.98	-82.10	-53.81	-35.07	-9.45
직원의 수						32	35	41	41	52	38	32	46	120	119	112	89	60	69
연봉정보						10	19	25	20	30	30	31	20	36	50	43	48	43	44

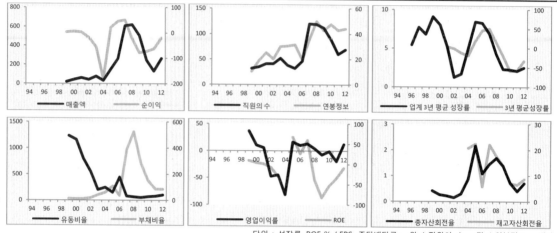

단위 : 성장률, ROE-% / EPS, 주당배당금 – 원 / 직원의 수 – 명 / 연봉정보 – 백만
2006년 소프트웨어 자문, 개발 및 공급업에서 통신기기 및 방송장비 제조업으로 업종 변경하였습니다.
2012년 1월, ㈜티모테크놀로지에서 ㈜티모이앤엠으로 상호 변경하였습니다.
자본잠식으로 인해, 계산 불가한 값(2004년 ROE)은 그래프에서 제외하였습니다.
1996년~1998년 자료는 표와 그래프에서 제외하였습니다.

• 삼지전자 (코스닥 / 037460)

- 방송 및 무선 통신장비 제조업

구분	94	95	96	97	98	99	00	01	02	03	04	05	06	07	08	09	10	11	12
성장률		19.93	7.56	12.88	60.94	19.24	5.55	-22.08	-10.0	4.86	3.82	7.85	2.76	6.63	-8.68	2.67	4.45	-3.24	4.25
EPS		179	76	152	1,130	1,571	358	-995	-372	357	259	653	358	606	-521	317	440	-94	363
배당금		0	0	0	75	75	50	0	50	125	75	220	200	200	0	150	150	100	100
ROE		19.93	7.56	12.88	65.28	20.21	6.46	-22.08	-8.8	7.48	5.38	11.83	6.26	9.90	-8.68	5.06	6.75	-1.57	5.87
직원의 수					182	277	197	143	126	97	85	79	69	82	68	109	149	157	
연봉정보					14	16	20	18	21	20	29	23	28	0	25	30	26	30	

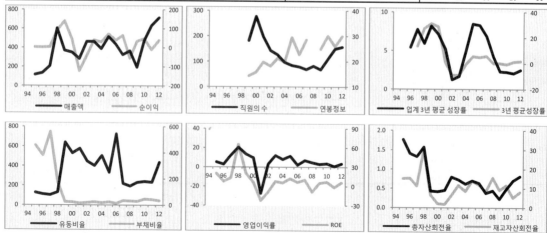

단위 : 성장률, ROE-% / EPS, 주당배당금 – 원 / 직원의 수 – 명 / 연봉정보 – 백만
1997년 1월, 삼지콘넥타주식회사에서 삼지전자주식회사로 상호 변경하였습니다.

• 서화정보통신 (코스닥 / 033790)
- 방송 및 무선 통신장비 제조업

구 분	94	95	96	97	98	99	00	01	02	03	04	05	06	07	08	09	10	11	12
성장률				40.27	20.96	19.12	26.56	-22.77	21.2	13.10	25.28	8.51	9.47	7.90	-5.98	-11.63	7.27	0.74	-9.55
EPS				188	124	179	259	-236	254	237	496	281	313	290	-137	-251	171	18	-206
배당금				0	0	0	0	0	0	50	75	75	80	80	0	0	0	0	0
ROE				40.27	20.96	19.12	26.56	-22.77	21.2	16.61	29.79	11.61	12.72	10.91	-5.98	-11.63	7.27	0.74	-9.55
직원의 수					51	50	51	49	52	50	55	56	60	57	52	44
연봉정보					23	31	31	37	33	44	39	37	42	41	36	40

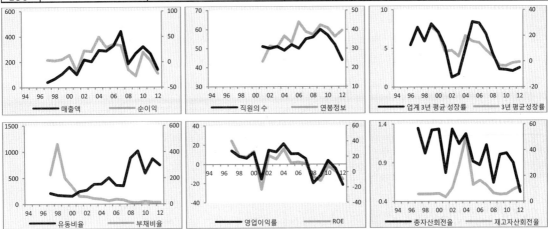

단위 : 성장률, ROE-% / EPS, 주당배당금 – 원 / 직원의 수 – 명 / 연봉정보 – 백만
1990년 2월, 주식회사 서화정밀에서 주식회사 서화정보통신으로 상호 변경하였습니다.

• 쏠리드 (코스닥 / 050890)
- 방송 및 무선 통신장비 제조업

구 분	94	95	96	97	98	99	00	01	02	03	04	05	06	07	08	09	10	11	12
성장률							23.75	5.38	-34.2	38.24	33.76	16.63	21.23	7.94	-4.98	-27.14	10.86	-4.75	6.46
EPS							537	109	-527	959	1,278	1,005	1,388	782	-245	-1,559	424	-143	238
배당금							0	0	0	0	0	0	0	200	100	0	70	0	70
ROE							23.75	5.38	-34.2	38.24	33.76	16.63	21.23	10.67	-3.54	-27.14	13.01	-4.75	9.15
직원의 수												158	160	171	174	166	148	154	158
연봉정보												40	57	52	50	54	52	48	57

단위 : 성장률, ROE-% / EPS, 주당배당금 – 원 / 직원의 수 – 명 / 연봉정보 – 백만
2012년, 쏠리테크에서 ㈜쏠리드로 상호 변경하였습니다.
2000년~2002년 사업보고서 미공시로 인하여 EPS는 감사보고서를 기준으로, 배당금은 0으로 간주해 성장률을 계산하였습니다.
00년~02년 성장률은 업계 3년 평균성장률 계산 과정에서 제외하였습니다.

통신장비

• 에이스테크 (코스닥 / 088800)
- 방송 및 무선 통신장비 제조업

구분	94	95	96	97	98	99	00	01	02	03	04	05	06	07	08	09	10	11	12
성장률													24.06	23.22	18.85	7.19	17.70	19.96	-1.99
EPS													1,643	2,062	2,049	891	1,069	1,851	-143
배당금													150	200	150	100	0	15	0
ROE													26.48	25.71	20.34	8.10	17.70	20.12	-1.99
직원의 수													191	225	232	237	341	222	253
연봉정보													27	33	44	43	34	37	41

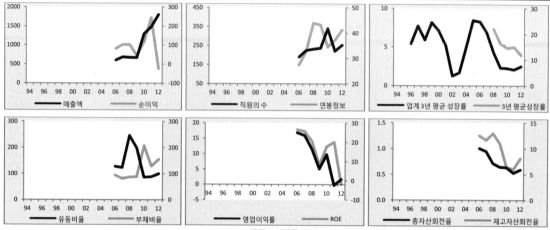

단위 : 성장률, ROE-% / EPS, 주당배당금 - 원 / 직원의 수 - 명 / 연봉정보 - 백만
2006년 3월 ㈜에이스테크놀로지에서 인적 분할방식을 통하여, ㈜에이스안테나로 설립되었습니다.
2010년 3월, ㈜에이스안테나에서 ㈜에이스테크놀로지로 상호 변경하였습니다.

• 에프알텍 (코스닥 / 073540)
- 방송 및 무선 통신장비 제조업

구분	94	95	96	97	98	99	00	01	02	03	04	05	06	07	08	09	10	11	12
성장률									69.4	19.86	46.93	7.92	11.70	-1.18	6.33	3.30	5.02	-2.94	27.79
EPS									868	334	1,352	266	485	-42	221	122	201	-144	1,663
배당금									0	0	0	25	75	0	0	0	0	0	125
ROE									69.4	19.86	46.93	8.74	13.85	-1.18	6.33	3.30	5.02	-2.94	30.05
직원의 수														51	63	59	61	70	63
연봉정보														34	28	34	34	35	47

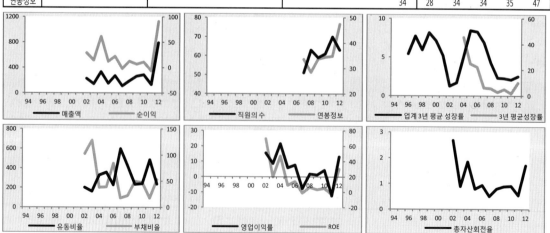

단위 : 성장률, ROE-% / EPS, 주당배당금 - 원 / 직원의 수 - 명 / 연봉정보 - 백만
2002년~2004년 사업보고서 미공시로 인하여 EPS는 감사보고서를 기준으로, 배당금은 0으로 간주해 성장률을 계산하였습니다.
02년~04년 성장률은 업계 3년 평균성장률 계산 과정에서 제외하였습니다.

• 영우통신 (코스닥 / 051390)

- 방송 및 무선 통신장비 제조업

구분	94	95	96	97	98	99	00	01	02	03	04	05	06	07	08	09	10	11	12
성장률				81.31	41.36	31.45	48.54	10.98	7.2	8.10	12.11	8.31	2.23	3.85	14.74	16.17	10.23	2.69	4.53
EPS				478	564	631	809	307	179	274	491	344	77	190	716	998	727	216	396
배당금				0	150	75	75	0	0	50	100	50	0	50	100	100	100	50	100
ROE				81.31	56.33	35.70	53.50	10.98	7.2	9.91	15.21	9.72	2.23	5.22	17.13	17.97	11.87	3.50	6.07
직원의 수								101	62	61	73	75	70	75	79	78	71	55	68
연봉정보								23	34	29	32	32	35	31	37	30	42	34	37

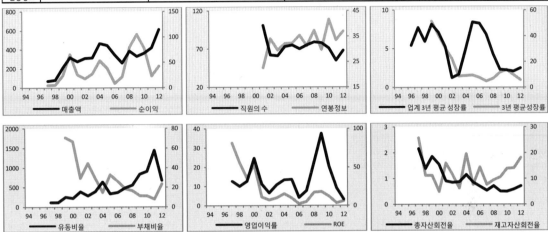

단위 : 성장률, ROE-% / EPS, 주당배당금 – 원 / 직원의 수 – 명 / 연봉정보 – 백만

• 웨이브일렉트로 (코스닥 / 095270)

- 방송 및 무선 통신장비 제조업

구분	94	95	96	97	98	99	00	01	02	03	04	05	06	07	08	09	10	11	12
성장률											3.31	15.64	44.76	2.32	4.75	1.87	1.30	-18.87	-4.68
EPS											28	160	873	101	187	80	443	-657	-159
배당금											0	0	0	0	0	0	50	0	0
ROE											3.31	15.64	44.76	2.32	4.75	1.87	1.46	-18.87	-4.68
직원의 수														95	115	114	127	69	59
연봉정보														37	36	34	42	60	38

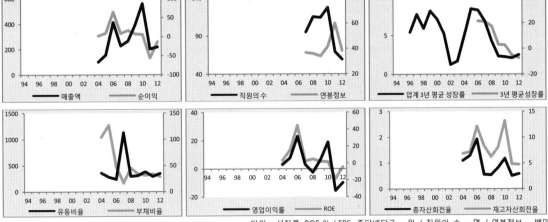

단위 : 성장률, ROE-% / EPS, 주당배당금 – 원 / 직원의 수 – 명 / 연봉정보 – 백만
2002년 8월, 주식회사 웨이브일렉컴에서 웨이브일렉트로닉스로 상호 변경하였습니다.
2004년 사업보고서 미공시로 인하여 EPS는 감사보고서를 기준으로, 배당금은 0으로 간주해 성장률을 계산하였습니다.
04년 성장률은 업계 3년 평균성장률 계산 과정에서 제외하였습니다.

• 이노와이어리스 (코스닥 / 073490)

- 방송 및 무선 통신장비 제조업

구분	94	95	96	97	98	99	00	01	02	03	04	05	06	07	08	09	10	11	12
성장률									42.3	46.04	43.83	15.58	6.61	17.79	3.65	-0.63	12.43	16.78	12.47
EPS									662	1,298	2,199	1,531	479	1,514	283	-48	1,240	2,004	1,698
배당금									0	0	0	150	70	150	0	0	120	180	150
ROE									42.3	46.04	43.83	17.27	7.74	19.75	3.65	-0.63	13.76	18.44	13.68
직원의 수										103	134	156	189		196	206	199	209	237
연봉정보										31	31	37	37		47	38	48	47	50

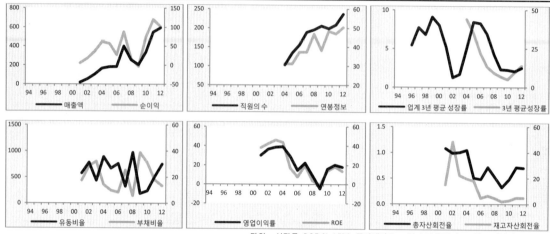

단위 : 성장률, ROE-% / EPS, 주당배당금 – 원 / 직원의 수 – 명 / 연봉정보 – 백만

• 콤텍시스템 (유가증권 / 031820)

- 방송 및 무선 통신장비 제조업

구분	94	95	96	97	98	99	00	01	02	03	04	05	06	07	08	09	10	11	12
성장률	31.82	28.73	20.19	3.36	5.34	6.47	3.36	-21.45	3.4	-62.48	-28.72	5.27	-18.81	0.08	1.11	9.80	2.96	10.22	5.08
EPS	418	462	431	147	23	286	145	-570	53	-1,040	-373	74	-117	1	12	123	39	151	107
배당금	0	0	0	60	6.5	90	40	0	0	0	0	0	0	0	0	0	0	0	30
ROE	31.82	28.73	20.19	5.69	7.50	9.44	4.64	-21.45	3.4	-62.48	-28.72	5.27	-18.81	0.08	1.11	9.80	2.96	10.22	7.05
직원의 수					378	418	456	311	251	211	196	192	210	206	218	218	160	169	329
연봉정보					19	21	23	33	34	37	34	36	35	42	35	38	45	42	28

단위 : 성장률, ROE-% / EPS, 주당배당금 – 원 / 직원의 수 – 명 / 연봉정보 – 백만

• 한창 (유가증권 / 005110)
- 방송 및 무선 통신장비 제조업

구분	94	95	96	97	98	99	00	01	02	03	04	05	06	07	08	09	10	11	12
성장률	2.36	1.78	1.47	0.82	-236.5	-49.43	2.56	자본잠식	-67.1	58.18	2.37	2.23	9.79	-4.26	-4.46	-5.39	-19.02	-26.55	11.32
EPS	61	51	40	20	-1,716	-243	13	-3,727	-43	151	52	25	140	-50	-54	-62	-169	-185	92
배당금	0	0	0	0	0	0	0	0	0	0	0	0	0	0	0	0	0	0	0
ROE	2.36	1.78	1.47	0.82	-236.5	-49.43	2.56	자본잠식	-67.1	58.18	2.37	2.23	9.79	-4.26	-4.46	-5.39	-19.02	-26.55	11.32
직원의 수					216	254	240	230	323	240	240	230	25	21	23	16	32	9	10
연봉정보					15	15	17	17	14	20	25	20	44	43	48	39	16	41	38

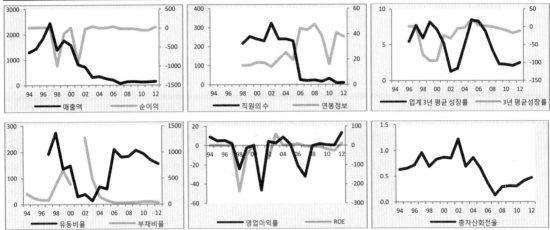

단위 : 성장률, ROE-% / EPS, 주당배당금 - 원 / 직원의 수 - 명 / 연봉정보 - 백만
자본잠식으로 인해, 계산 불가한 값(2001년 부채비율, ROE)은 그래프에서 제외하였습니다.
1984년 8월, 한창섬유공업사에서 한창으로 상호 변경하였습니다.

• 휴니드 (유가증권 / 005870)
- 방송 및 무선 통신장비 제조업

구분	94	95	96	97	98	99	00	01	02	03	04	05	06	07	08	09	10	11	12
성장률	1.04	0.18	0.53	0.30	-89.39	12.85	-155.9	자본잠식	88.7	17.06	-7.35	-4.17	2.41	3.77	-18.95	0.58	-5.17	-4.27	-12.59
EPS	446	325	350	149	-7,954	1,648	-7,261	-46,652	9,100	1,100	-430	-260	189	250	-1,060	44	-378	-302	-786
배당금	300	300	250	100	0	350	0	0	0	0	0	0	0	0	0	0	0	0	0
ROE	3.18	2.37	1.85	0.90	-89.39	16.31	-155.9	자본잠식	88.7	17.06	-7.35	-4.17	2.41	3.77	-18.95	0.58	-5.17	-4.27	-12.59
직원의 수					538	543	508	284	267	287	239	254	268	306	326	312	300	218	193
연봉정보					17	20	22	22	24	28	29	34	33	39	42	42	47	42	40

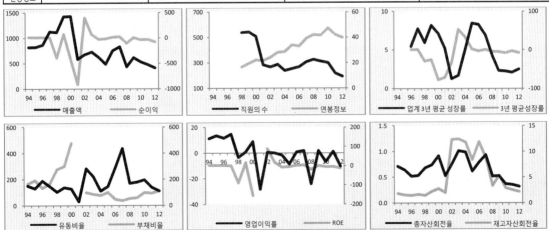

단위 : 성장률, ROE-% / EPS, 주당배당금 - 원 / 직원의 수 - 명 / 연봉정보 - 백만
2000년 3월, 대영전자공업주식회사에서 주식회사 휴니드테크놀러지스로 상호 변경하였습니다.
자본잠식으로 인해, 계산 불가한 값(2001년 부채비율, ROE)은 그래프에서 제외하였습니다.

· CS (코스닥 / 065770)

- 방송 및 무선 통신장비 제조업

구분	94	95	96	97	98	99	00	01	02	03	04	05	06	07	08	09	10	11	12
성장률						82.50	6.36	6.08	10.7	8.16	17.44	19.51	10.10	9.56	-2.16	3.61	8.32	-12.59	-25.75
EPS						239	106	88	201	144	505	824	459	477	-19	181	444	-442	-714
배당금						0	0	0	25	0	100	200	100	100	60	40	90	0	0
ROE						82.50	6.36	6.08	12.2	8.16	21.74	25.76	12.91	12.10	-0.52	4.63	10.44	-12.59	-25.75
직원의 수											75	75	86	109	109	117	116	124	120
연봉정보											40	41	41	52	51	48	43	58	53

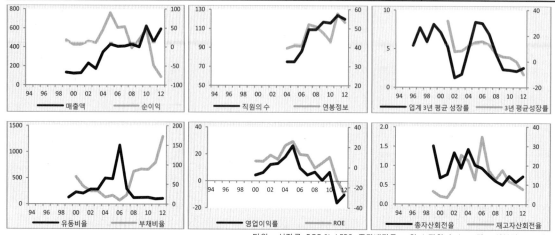

단위 : 성장률, ROE-% / EPS, 주당배당금 – 원 / 직원의 수 – 명 / 연봉정보 – 백만
1999년~2001년 사업보고서 미공시로 인하여 EPS는 감사보고서를 기준으로, 배당금은 0으로 간주해 성장률을 계산하였습니다.
99년~01년 성장률은 업계 3년 평균성장률 계산 과정에서 제외하였습니다.
특이값(1999년 부채비율, 영업이익률 및 ROE)은 그래프에서 제외하였습니다.

· 리노스 (코스닥 / 039980)

- 시스템 소프트웨어 개발 및 공급업

구분	94	95	96	97	98	99	00	01	02	03	04	05	06	07	08	09	10	11	12
성장률					1.44	22.08	4.68	11.63	1.4	-49.73	15.31	27.23	33.81	6.81	-45.12	6.29	18.68	14.31	6.51
EPS					0	8	6	238	48	-761	262	112	189	265	-1,050	163	192	165	187
배당금					0	0	0	0	15					50					100
ROE					1.44	22.08	4.68	11.63	2.0	-49.73	15.31	27.23	33.81	8.39	-45.12	6.29	18.68	14.31	14.00
직원의 수									33	87	92	103	251	214	231	241	256	275	193
연봉정보									21	10	20	29	29	34	35	31	31	32	36

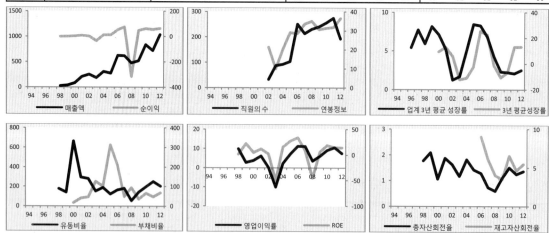

단위 : 성장률, ROE-% / EPS, 주당배당금 – 원 / 직원의 수 – 명 / 연봉정보 – 백만
2006년 10월, 에이피테크놀로지와 합병하였으며 해당 재무자료는 합병 전·후로 구분하였습니다.
특이값(1998년, 1999년 부채비율)은 그래프에서 제외하였습니다.

• 다산네트웍스 (코스닥 / 039560)

- 유선 통신장비 제조업

구분	94	95	96	97	98	99	00	01	02	03	04	05	06	07	08	09	10	11	12
성장률					36.41	15.26	-10.17	-1.87	-18.9	-13.12	18.58	5.07	-1.05	1.13	6.68	8.41	15.86	0.59	-9.55
EPS					53	57	-948	-136	-1,064	-820	1,170	872	62	71	379	685	1,381	58	-717
배당금					0	0	0	0	0	0	0	500	125	0	0	0	0	0	0
ROE					36.41	15.26	-10.17	-1.87	-18.9	-13.12	18.58	11.88	1.03	1.13	6.68	8.41	15.86	0.59	-9.55
직원의 수						122	128	226	198	349	398	464	465	399	396	281	340	386	384
연봉정보						19	32	24	36	31	25	45	14	38	34	41	42	40	43

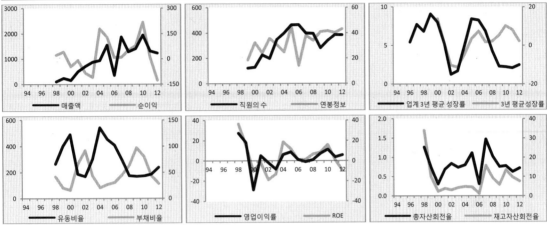

단위 : 성장률, ROE-% / EPS, 주당배당금 – 원 / 직원의 수 – 명 / 연봉정보 – 백만
2002년 3월, ㈜다산인터네트에서 ㈜다산네트웍스로 상호 변경하였습니다.

• 우리넷 (코스닥 / 115440)

- 유선 통신장비 제조업

구분	94	95	96	97	98	99	00	01	02	03	04	05	06	07	08	09	10	11	12
성장률															42.08	28.98	6.82	10.45	10.48
EPS															1,102	1,053	303	624	748
배당금															18	0	0	100	160
ROE														20.88	42.78	28.98	6.82	12.44	13.34
직원의 수																92	98	99	103
연봉정보																38	46	49	61

단위 : 성장률, ROE-% / EPS, 주당배당금 – 원 / 직원의 수 – 명 / 연봉정보 – 백만
*2000년 1월, 삼성전자 네트웍 출신 연구원들이 주축이 되어 설립한 벤처회사

• 유비쿼스 (코스닥 / 078070)
- 유선 통신장비 제조업

구 분	94	95	96	97	98	99	00	01	02	03	04	05	06	07	08	09	10	11	12
성장률								-31.15	10.7	19.56	20.58	39.38	38.41	33.61	19.51	25.84	15.99	11.52	9.99
EPS								-1,055	241	681	321	2,047	1,513	997	702	1,285	972	828	848
배당금								0	0	0	0	0	0	0	0	15	50	100	100
ROE								-31.15	10.7	19.56	20.58	39.38	38.41	33.61	19.51	26.15	16.85	13.11	11.33
직원의 수															151	185	181	190	224
연봉정보															36	29	25	39	42

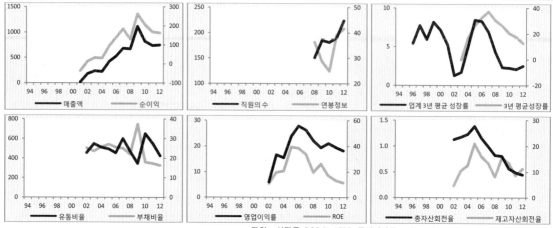

단위 : 성장률, ROE-% / EPS, 주당배당금 - 원 / 직원의 수 - 명 / 연봉정보 - 백만
2005년 3월, 주식회사 로커스네트웍스에서 주식회사 유비쿼스로 상호 변경하였습니다.
2001년 재무분석자료(유동비율, 부채비율, 영업이익률, ROE, 총자산회전율, 재고자산회전율)는 그래프에서 제외하였습니다.
2001년~2005년 사업보고서 미공시로 인하여 EPS는 감사보고서를 기준으로, 배당금은 0으로 간주해 성장률을 계산하였습니다.
01년~05년 성장률은 업계 3년 평균성장률 계산 과정에서 제외하였습니다.

• 코아크로스 (코스닥 / 038530)
- 유선 통신장비 제조업

구 분	94	95	96	97	98	99	00	01	02	03	04	05	06	07	08	09	10	11	12
성장률				0.97	0.22	12.19	1.87	-3.19	-17.4	-35.73	-112.36	-116.65	-5.11	-62.65	-6.72	0.76	1.65	4.54	1.11
EPS				5	1	159	93	-137	-643	-1,001	-1,646	-911	-23	-606	-68	7	16	45	11
배당금				0	0	0	0	0	0	0	0	0	0	0	0	0	0	0	0
ROE				0.97	0.22	12.19	1.87	-3.19	-17.4	-35.73	-112.4	-116.6	-5.11	-62.65	-6.72	0.76	1.65	4.54	1.11
직원의 수					78	92	109	106	50	60	33	37	25	22	19	59	70
연봉정보					25	29	36	43	11	53	65	41	40	43	39	28	26

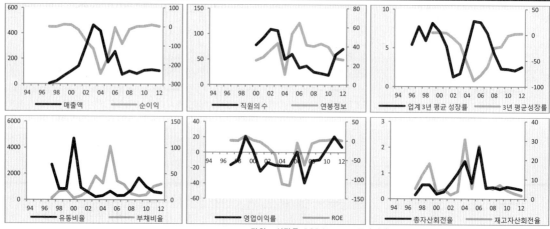

단위 : 성장률, ROE-% / EPS, 주당배당금 - 원 / 직원의 수 - 명 / 연봉정보 - 백만
2006년 11월, ㈜매커스에서 ㈜코아크로스로 상호 변경하였습니다.

• 코위버 (코스닥 / 056360)
- 유선 통신장비 제조업

구분	94	95	96	97	98	99	00	01	02	03	04	05	06	07	08	09	10	11	12
성장률							39.52	15.77	9.0	7.88	20.53	20.24	13.02	15.32	8.61	3.55	1.87	3.02	2.62
EPS							1,252	717	327	359	1,000	1,416	731	711	485	246	115	194	236
배당금							0	0	25	100	150	0	50	0	50	50	0	0	60
ROE							39.52	15.77	9.7	10.92	24.15	20.24	13.97	15.32	9.60	4.46	1.87	3.02	3.51
직원의 수								24	29	35	49	61	74	84	95	106	103	103	112
연봉정보								20	33	37	44	43	53	48	38	46	50	50	49

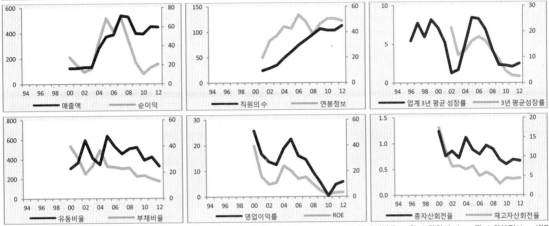

단위 : 성장률, ROE-% / EPS, 주당배당금 – 원 / 직원의 수 – 명 / 연봉정보 – 백만

• 텔레필드 (코스닥 / 091440)
- 유선 통신장비 제조업

구분	94	95	96	97	98	99	00	01	02	03	04	05	06	07	08	09	10	11	12
성장률												76.68	33.76	25.55	6.62	7.79	8.25	3.47	3.85
EPS												1,523	1,512	1,369	367	475	289	120	139
배당금												0	0	0	0	0	0	0	0
ROE												76.68	33.76	25.55	6.62	7.79	8.25	3.47	3.85
직원의 수														49	50	82	81	91	94
연봉정보														44	37	35	47	42	47

단위 : 성장률, ROE-% / EPS, 주당배당금 – 원 / 직원의 수 – 명 / 연봉정보 – 백만

169

• SNH (코스닥 / 051980)

- 유선 통신장비 제조업

구분	94	95	96	97	98	99	00	01	02	03	04	05	06	07	08	09	10	11	12
성장률						14.33	9.75	-13.03	2.1	38.96	28.27	29.97	25.24	41.04	11.34	-13.98	-25.33	9.40	6.57
EPS						361	194	246	-805	6,995	7,220	566	520	1,425	448	-410	-588	243	185
배당금						0	0	0	0	0	0	60	40	140	70	0	0	0	0
ROE						14.33	9.75	-13.03	2.1	38.96	28.27	33.52	27.35	45.51	13.44	-13.98	-25.33	9.40	6.57
직원의 수							101	101		210	24	45	38	50	52	64	52	65	67
연봉정보							15	21		9	41	46	55	64	63	45	57	41	48

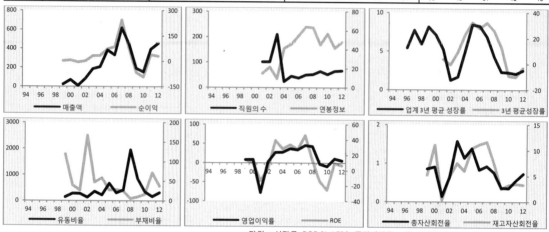

단위 : 성장률, ROE-% / EPS, 주당배당금 – 원 / 직원의 수 – 명 / 연봉정보 – 백만
2004년 2월 ㈜위자드소프트를 인수하였으며, 2005년 3월 ㈜위자드소프트에서 ㈜에스엔에이치로 상호 변경하였습니다.

• 지에스인스트루 (유가증권 / 007630)

- 전자부품, 컴퓨터, 영상, 음향, 및 통신장비 제조업

구분	94	95	96	97	98	99	00	01	02	03	04	05	06	07	08	09	10	11	12
성장률	6.19	5.15	6.02	7.63	3.21	4.64	-98.37	자본잠식	3149.5	29.46	-19.14	17.45	-3.52	3.29	9.39	-3.87	-44.15	-28.67	2.37
EPS	227	257	375	402	236	71	71	-187,966	10,657	36	-315	165	-7	42	96	-55	-444	-224	20
배당금	50	50	100	50	80	13	10	0	0	0	0	0	0	0	0	0	0	0	0
ROE	7.94	6.40	8.22	8.71	4.86	5.68	-114.55	자본잠식	3149.5	29.46	-19.14	17.45	-3.52	3.29	9.39	-3.87	-44.15	-28.67	2.37
직원의 수					462	453	416	281	158	123	171	193	198	179	203	227	206	202	161
연봉정보					13	18	20	19	미공시	24	16	22	26	24	29	23	30	37	34

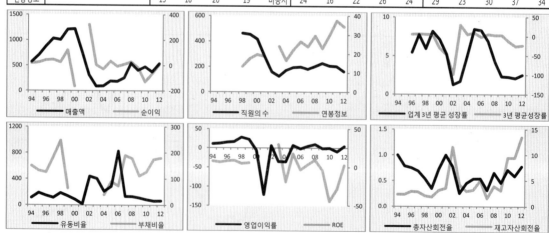

단위 : 성장률, ROE-% / EPS, 주당배당금 – 원 / 직원의 수 – 명 / 연봉정보 – 백만
2004년 11월, 홍창에서 지에스인스트루먼트로 상호 변경하였습니다.
자본잠식으로 인해 계산 불가한 값(2001년 ROE, 성장률 및 부채비율)은 그래프에서 제외하였습니다.
특이값(2000년~2003년 부채비율, 2001년 순이익과 영업이익률, 2000년~2002년 ROE)은 그래프에서 제외하였습니다.
2002년 연봉정보는 미공시되었습니다.

• 씨그널정보통신 (코스닥 / 099830)

- 컴퓨터시스템 통합 자문 및 구축 서비스업

구분	94	95	96	97	98	99	00	01	02	03	04	05	06	07	08	09	10	11	12
성장률							35.39	6.46	16.2	12.22	22.81	18.45	17.75	20.50	5.72	12.93	14.93	5.72	2.48
EPS							1,345	263	816	651	2,047	1,767	1,019	1,316	458	1,044	1,370	567	52
배당금							0	0	0						154	240	240	100	0
ROE							35.39	6.46	16.2	12.22	22.81	18.45	17.75	20.50	8.61	16.79	18.10	6.95	2.48
직원의 수																	117	150	163
연봉정보																	32	35	25

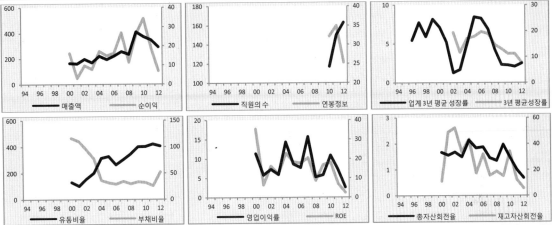

매출액　순이익　직원의수　연봉정보　업계 3년 평균 성장률　3년 평균성장률

유동비율　부채비율　영업이익률　ROE　총자산회전율　재고자산전율

단위 : 성장률, ROE-% / EPS, 주당배당금 - 원 / 직원의 수 - 명 / 연봉정보 - 백만

2000년~2007년 사업보고서 미공시로 인하여 EPS는 감사보고서를 기준으로, 배당금은 0으로 간주해 성장률을 계산하였습니다.

00년~07년 성장률은 업계 3년 평균성장률 계산 과정에서 제외하였습니다.

• 에스넷 (코스닥 / 038680)

- 컴퓨터시스템 통합 자문 및 구축 서비스업

구분	94	95	96	97	98	99	00	01	02	03	04	05	06	07	08	09	10	11	12
성장률						34.92	20.36	4.04	-6.0	0.40	-3.43	2.29	1.20	-6.17	-8.31	1.14	3.92	3.71	2.16
EPS						1,042	876	241	-263	16	-137	146	101	-241	-301	41	117	302	92
배당금						0	75	50	0	0	0	50	50	0	0	0	0	50	50
ROE						34.92	22.27	5.09	-6.0	0.40	-3.43	3.48	2.38	-6.17	-8.31	1.14	3.92	4.44	4.74
직원의 수						179	174	139		139	159	156	166	164	143	137	183	256	240
연봉정보						30	31	42		36	34	47	48	37	47	44	37	34	37

매출액　순이익　직원의수　연봉정보　업계 3년 평균 성장률　3년 평균성장률

유동비율　부채비율　영업이익률　ROE　총자산회전율　재고자산전율

단위 : 성장률, ROE-% / EPS, 주당배당금 - 원 / 직원의 수 - 명 / 연봉정보 - 백만

• 코닉글로리 (코스닥 / 094860)

- 컴퓨터시스템 통합 자문 및 구축 서비스업

구분	94	95	96	97	98	99	00	01	02	03	04	05	06	07	08	09	10	11	12
성장률														-36.19	-12.69	-7.72	-13.86	2.14	-10.47
EPS														-613	-260	-122	-263	46	-291
배당금														0	0	0	0	0	0
ROE														-36.19	-12.69	-7.72	-13.86	2.14	-10.47
직원의 수														45	48	51	65	70	140
연봉정보														32	24	35	40	48	44

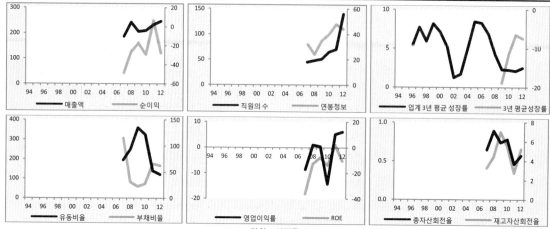

단위 : 성장률, ROE-% / EPS, 주당배당금 – 원 / 직원의 수 – 명 / 연봉정보 – 백만

• GT&T (코스닥 / 053870)

- 기타 무선 통신장비 제조업

구분	94	95	96	97	98	99	00	01	02	03	04	05	06	07	08	09	10	11	12
성장률				2.42	10.50	42.95	34.04	7.68	-9.5	-32.12	17.45	12.34	12.82	6.92	-10.65	4.51	1.25	-33.28	-42.43
EPS				23	60	600	505	199	-162	-414	267	239	280	126	-175	81	23	-457	-415
배당금				0	0	0	0	0	0	0	0	0	50	0	0	0	0	0	0
ROE				2.42	10.50	42.95	34.04	7.68	-9.5	-32.12	17.45	12.34	15.60	6.92	-10.65	4.51	1.25	-33.28	-42.43
직원의 수								78	78	58	45	53	46	49	51	50	56	42	19
연봉정보								18	26	34	25	23	30	26	26	38	39	28	39

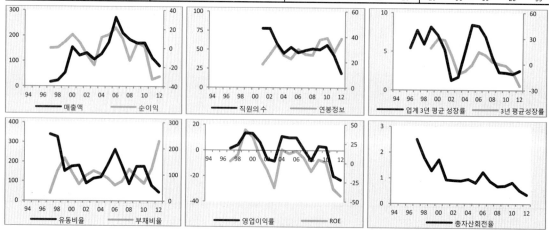

단위 : 성장률, ROE-% / EPS, 주당배당금 – 원 / 직원의 수 – 명 / 연봉정보 – 백만
1999년 7월, 거성정보 주식회사에서 주식회사 지티앤티로 상호 변경하였습니다.

· 컴퓨터

2012년 컴퓨터 상장기업 전체 매출액은 약 1조 2천억원(전년대비 0.8% 성장)이며, 총 당기순손실은 약 30억원 입니다. 아래 표와 그래프를 통해, 당기순손실의 폭이 점차 줄어들고 있음을 알 수 있습니다. 평균성장률은 0.3%(전년대비 3.5%p 증가)이며, 2009년도 이후로는 악화되고 있는 모습입니다. 1.3%(전년대비 3%p 증가)를 기록한 ROE는 IMF당시 두 자릿수 성장을 하였으나, 금융위기 이후 역성장 하였습니다.
(매출액 및 당기순이익은 단순합계금액이며, 성장률 및 ROE는 단순평균값 입니다)

해당 산업의 총 직원 수는 약 3천명(전년대비 약 14% 감소)이며, 최근 평균연봉(2012년)은 약 3천 4백만원(전년대비 17% 증가)입니다. 2007년 ~ 2011년 평균 3천만원 수준을 유지하고 있던 업계 평균연봉은 2012년에 비교적 큰 폭의 상승을 보여주고 있습니다. 최근 3년간 업계 평균 유동비율은 286.6%, 부채비율은 61.4%입니다.

구 분	총매출액	총 당기순이익	평균성장률	평균 ROE	총 직원수	연봉정보
94	399	11	5.4	7.0		
95	660	25	3.6	5.2		
96	792	26	5.9	7.3		
97	851	25	9.7	10.2		
98	841	28	7.2	10.8	2,147	15
99	911	-36	3.0	2.2	2,144	22
00	1,214	-327	10.5	8.8	2,502	20
01	1,240	7	-0.2	2.4	2,474	23
02	1,489	-21	5.6	2.3	3,068	24
03	1,625	59	10.8	11.1	2,874	24
04	1,814	71	7.3	9.4	3,111	27
05	1,716	14	5.0	5.9	2,926	28
06	1,451	-57	1.7	5.8	3,310	27
07	1,534	-21	0.1	2.1	3,339	31
08	1,393	-95	0.7	-0.2	2,998	32
09	1,240	6	7.8	7.4	2,855	31
10	1,261	47	2.1	3.7	3,028	32
11	1,226	-84	-3.2	-1.7	3,558	29
12	1,236	-3	0.3	1.3	3,060	34

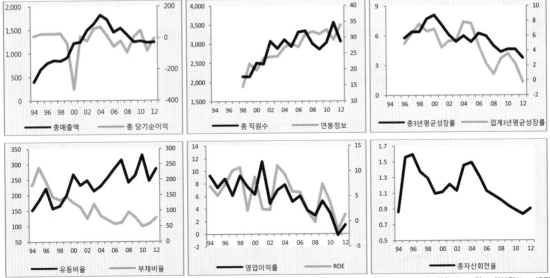

단위 : 총 매출액, 총 당기순이익 – 십억 / 평균 성장률, 평균 ROE - % / 총 직원 수 – 명 / 연봉정보 – 백만
연봉정보는 1 인당 평균 급여액이며, 대상기업들의 연간 총 급여액을 총 직원의 수로 나눈 금액입니다.
업계 3 년 평균 성장률은 컴퓨터업종 전체 상장사의 평균이며, 사업보고서에 근거한 자료만으로 만들었습니다.

• 파캔 OPC (코스닥 / 028040)
- 강관 제조업

구분	94	95	96	97	98	99	00	01	02	03	04	05	06	07	08	09	10	11	12
성장률		2.92	-1.27	1.14	1.69	0.70	-4.83	2.29	6.1	-7.00	7.32	-12.76	-16.08	-116.0	-205.6	79.38	-3.28	-26.66	-224.3
EPS		1,426	246	-108	240	425	-77	37	98	-107	120	-181	-188	-647	-6,238	3,326	168	822	2,015
배당금		0	0	0	0	250	0	0	0	0	0	0	0	0	0	0	0	0	0
ROE	5.32	2.92	-1.27	1.14	1.69	1.69	-4.83	2.29	6.1	-7.00	7.32	-12.76	-16.08	-116.0	-205.6	79.38	-3.28	-26.66	-224.3
직원의 수						187	186	294	334	378	278	198	197		149	148	180	215	110
연봉정보						14	21	20	20	22	20	22	18		31	26	25	23	25

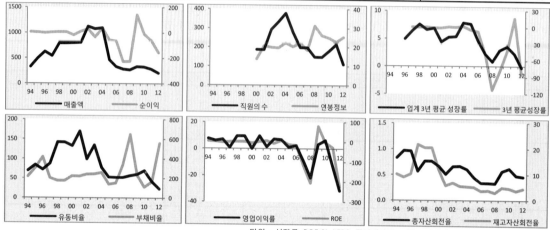

단위 : 성장률, ROE-% / EPS, 주당배당금 – 원 / 직원의 수 – 명 / 연봉정보 – 백만
2005년 4월, ㈜대원SCN에서 ㈜파캔오피씨로 상호 변경하였습니다.

• 코스모신소재 (유가증권 / 005070)
- 마그네틱 광학 매체 제조업

구분	94	95	96	97	98	99	00	01	02	03	04	05	06	07	08	09	10	11	12
성장률	0.00	0.21	0.24	0.84	-2.21	-17.01	-48087.2	-10.43	45.0	17.74	-1.97	19.59	-21.75	-58.02	-56.60	-23.59	66.18	0.21	-16.98
EPS	374	459	478	271	-681	-4,977	-14,979	-201	971	604	-57	770	-1,738	-2,967	-1,848	-623	4,817	16	-1,069
배당금	374	400	400	0	150	0	0	0	0	0	0	0	0	0	0	0	0	0	0
ROE	2.28	1.65	1.48	0.84	-1.81	-17.01	-9369.6	-10.43	45.0	17.74	-1.97	19.59	-21.75	-58.02	-56.60	-23.59	66.18	0.21	-16.98
직원의 수					1,224	848	835	742	697	655	521	529	494	462	379	272	267	333	363
연봉정보					18	26	24	26	29	32	40	34	35	32	35	31	44	36	39

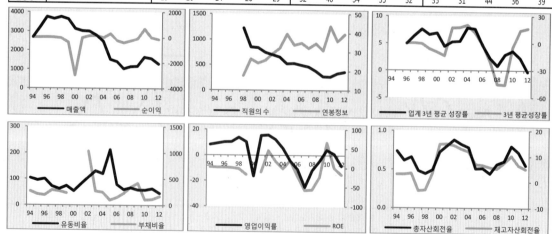

단위 : 성장률, ROE-% / EPS, 주당배당금 – 원 / 직원의 수 – 명 / 연봉정보 – 백만
2011년 3월, 새한미디어 주식회사에서 코스모신소재 주식회사로 상호 변경하였습니다.
특이값(2000년~2001년 부채비율, 2000년 ROE)은 그래프에서 제외하였으며, 성장률은 보정하였습니다.

• 백산 OPC (코스닥 / 066110)

- 사무용 기계 및 장비 제조업

구분	94	95	96	97	98	99	00	01	02	03	04	05	06	07	08	09	10	11	12
성장률					-118.21	자본잠식	48.97	48.40	20.1	22.95	15.67	8.35	5.23	-6.90	-37.86	12.99	7.77	-10.07	-5.47
EPS					-16	16	22	46	649	866	737	409	280	-196	-965	491	362	-283	-146
배당금					0	0	0	5	125	180	200	100	80	50	0	100	100	0	0
ROE					-118.21	자본잠식	48.97	54.28	24.9	28.97	21.50	11.05	7.32	-5.50	-37.86	16.32	10.73	-10.07	-5.47
직원의 수									163	198	230	274	306	270	261	296	309	283	285
연봉정보									18	21	20	25	25	26	26	25	30	34	30

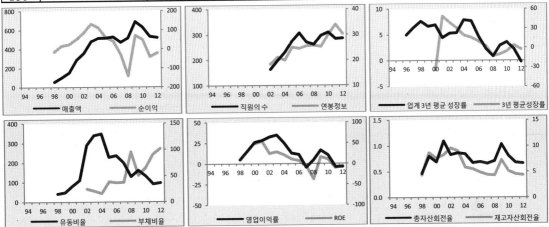

단위 : 성장률, ROE-% / EPS, 주당배당금 – 원 / 직원의 수 – 명 / 연봉정보 – 백만
2002년 2월, ㈜백산한정밀에서 ㈜백산OPC로 상호 변경하였습니다.
자본잠식으로 인해, 계산 불가한 값(1999년 부채비율, ROE 및 성장률)은 그래프에서 제외하였습니다.
특이값(1998년~2001년 부채비율, 1998년~1999년 ROE)은 그래프에서 제외하였습니다.

• 청호컴넷 (유가증권 / 012600)

- 사무용 기계 및 장비 제조업

구분	94	95	96	97	98	99	00	01	02	03	04	05	06	07	08	09	10	11	12
성장률	10.82	11.61	6.66	4.41	3.20	7.59	7.20	4.83	3.4	-7.79	1.03	0.11	6.03	10.48	-0.19	1.39	-15.92	-47.10	4.25
EPS	3,529	4,149	2,360	1,753	1,420	3,433	2,395	1,634	1,280	-1,154	388	270	2,265	3,817	58	462	-3,337	-7,153	599
배당금	700	1,100	750	650	600	850	600	750	600	250	200	250	1,000	1,200	100	100	0	0	0
ROE	13.50	15.79	9.76	7.00	5.55	10.09	9.61	8.94	6.5	-6.40	2.12	1.45	10.79	15.28	0.26	1.78	-15.92	-47.10	4.25
직원의 수					923	535	638	637	637	355	303	299	314	324	332	308	265	195	112
연봉정보					11	21	23	24	28	29	32	32	34	37	35	37	35	33	36

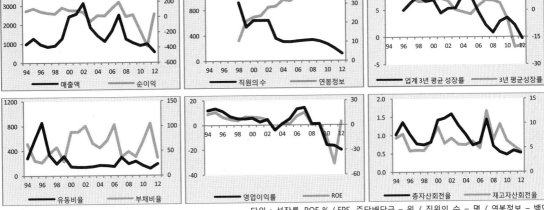

단위 : 성장률, ROE-% / EPS, 주당배당금 – 원 / 직원의 수 – 명 / 연봉정보 – 백만
2000년 3월, 청호컴퓨터㈜에서 ㈜청호컴넷으로 상호 변경하였습니다.

• 푸른기술 (코스닥 / 094940)

- 사무용 기계 및 장비 제조업

구분	94	95	96	97	98	99	00	01	02	03	04	05	06	07	08	09	10	11	12
성장률											16.91	17.85	21.66	20.04	7.37	9.43	-0.25	9.08	12.87
EPS											289	375	583	1,109	377	569	-15	614	963
배당금											0	0	0	12	16.5	16	0	21.5	17.5
ROE											16.91	17.85	21.66	20.26	7.70	9.70	-0.25	9.41	13.11
직원의 수														84	94	100	91	128	146
연봉정보														33	33	37	33	32	35

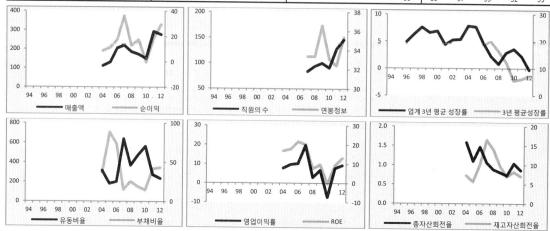

단위 : 성장률, ROE-% / EPS, 주당배당금 - 원 / 직원의 수 - 명 / 연봉정보 - 백만

2004년 사업보고서 미공시로 인하여 EPS는 감사보고서를 기준으로, 배당금은 0으로 간주해 성장률을 계산하였습니다.

04년 성장률은 업계 3년 평균성장률 계산 과정에서 제외하였습니다.

• 녹십자셀 (코스닥 / 031390)

- 생물학적 제제 제조업

구분	94	95	96	97	98	99	00	01	02	03	04	05	06	07	08	09	10	11	12
성장률		34.89	31.49	9.56	12.59	-17.32	-73.53	-27.77	-1058.9	-922.60	자본잠식	-134.92	-15.49	-24.86	-16.34	-36.91	-36.50	-15.37	-28.46
EPS		554	367	255	295	-288	-73	-235	-643	-8,879	-3,076	-545	-176	-267	-191	-275	-187	-80	-143
배당금		25	0	0	38	0	0	0	0	0	0	0	0	0	0	0	0	0	0
ROE		36.54	31.49	9.56	14.43	-17.32	-73.53	-27.77	-1058.9	-922.60	자본잠식	-134.92	-15.49	-24.86	-16.34	-36.91	-36.50	-15.37	-28.46
직원의 수						203	130	40	51	38	18	41	35	53	62	65	63	56	50
연봉정보						24	22	27	25	35	39	19	7	20	25	32	32	32	32

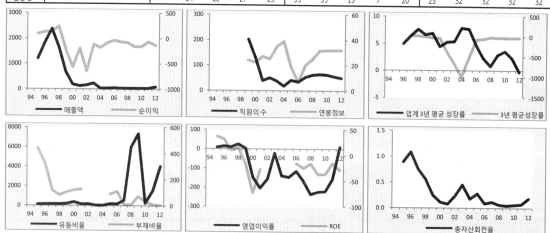

단위 : 성장률, ROE-% / EPS, 주당배당금 - 원 / 직원의 수 - 명 / 연봉정보 - 백만

2005년 2월 비상장회사인 ㈜바이오메디칼홀딩스의 BT사업 영업권을 양수하였으며, 2013년 3월 ㈜이노셀에서 ㈜녹십자셀로 상호 변경하였습니다.

자본잠식으로 인해, 계산 불가한 값(2004년 부채비율, ROE, 성장률)은 그래프에서 제외 및 보정하였습니다.

특이값(2002~2004년 부채비율, 2002년~2005년 ROE)은 그래프에서 제외하였습니다.

• 잉크테크 (코스닥 / 049550)

- 인쇄잉크 제조업

구분	94	95	96	97	98	99	00	01	02	03	04	05	06	07	08	09	10	11	12
성장률					-3.83	15.42	23.87	15.53	13.9	13.33	8.66	3.33	-24.93	-9.60	-13.51	16.35	-3.97	-29.95	4.83
EPS					434	467	298	33	606	567	382	128	-768	-269	-570	824	-219	-1,326	259
배당금					500	250	0	0	125	125	85	0	0	0	0	0	0	0	0
ROE					25.29	33.17	23.87	15.53	17.5	17.09	11.14	3.33	-24.93	-9.60	-13.51	16.35	-3.97	-29.95	4.83
직원의 수									185	221	224	248	256	227	247	271	328	360	359
연봉정보									21	23	26	25	25	30	27	29	29	32	32

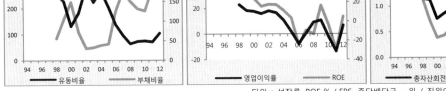

단위 : 성장률, ROE-% / EPS, 주당배당금 - 원 / 직원의 수 - 명 / 연봉정보 - 백만
2004년 결산 월 변경으로 인하여 13기는 제외하였으며, 12기를 2004년 기준으로 작성하였습니다.

• 아이리버 (코스닥 / 060570)

- 전자부품, 컴퓨터, 영상, 음향 및 통신장비 제조업

구분	94	95	96	97	98	99	00	01	02	03	04	05	06	07	08	09	10	11	12
성장률						8.81	6.73	40.76	27.9	28.97	23.24	-27.81	-90.89	0.87	2.98	-26.00	-27.17	-89.13	73.73
EPS						26	30	1,262	805	4,038	3,259	-2,701	-4,552	46	167	-1,130	-1,068	-1,568	-379
배당금						0	0	0	150	500	400	0	0	0	0	0	0	0	0
ROE						8.81	6.73	40.76	34.3	33.06	26.50	-27.81	-90.89	0.87	2.98	-26.00	-27.17	-89.13	73.73
직원의 수										147	199	270	192	229	222	175	178	126	130
연봉정보										30	39	32	31	36	40	36	36	34	45

단위 : 성장률, ROE-% / EPS, 주당배당금 - 원 / 직원의 수 - 명 / 연봉정보 - 백만
1기, 2기 재무분석(1999년~2000년 유동비율, 부채비율, 영업이익률, ROE, 총자산회전율, 재고자산회전율)은 그래프에서 제외하였습니다.
2009년 3월, 주식회사 레인콤에서 주식회사 아이리버로 상호 변경하였습니다.

• 디지아이 (코스닥 / 043360)
- 컴퓨터 및 주변장치 제조업

구분	94	95	96	97	98	99	00	01	02	03	04	05	06	07	08	09	10	11	12
성장률				6.36	8.01	37.97	28.36	23.19	25.6	13.95	12.53	6.20	6.13	3.60	-2.31	4.89	4.49	-0.57	0.81
EPS				6	9	88	66	1,204	1,486	768	812	423	353	249	-75	355	317	17	98
배당금				0	0	0	10	150	300	75	100	50	0	50	50	75	75	50	50
ROE				6.36	8.01	37.97	33.44	26.49	32.1	15.46	14.29	7.03	6.13	4.51	-1.39	6.20	5.88	0.30	1.65
직원의 수								84	104	108	117	111	109	110	83	82	86	81	86
연봉정보								29	25	24	28	31	26	28	33	31	31	33	34

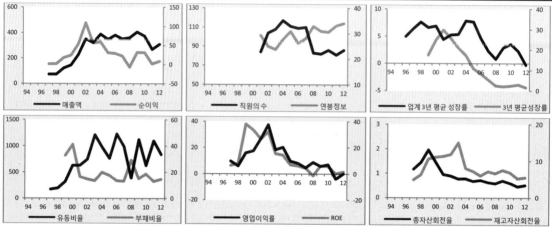

단위 : 성장률, ROE-% / EPS, 주당배당금 - 원 / 직원의 수 - 명 / 연봉정보 - 백만
2000년 4월, ㈜일리에서 ㈜디지아이로 상호 변경하였습니다.
특이값(1997년~1998년 부채비율)은 그래프에서 제외하였습니다.

• 비티씨정보 (코스닥 / 032680)
- 컴퓨터 및 주변장치 제조업

구분	94	95	96	97	98	99	00	01	02	03	04	05	06	07	08	09	10	11	12
성장률			7.34	14.96	1.43	1.11	-0.34	-3.26	-12.3	-37.25	-24.90	-14.69	6.31	-14.03	-83.67	-114.79	6.83	-17.02	-8.20
EPS			6	15	2	2	-8	-42	-115	-256	-109	-58	25	-53	-233	-1,038	60	-130	-60
배당금			0	0	0	0	0	0	0	0	0	0	0	0	0	0	0	0	0
ROE			7.34	14.96	1.43	1.11	-0.34	-3.26	-12.3	-37.25	-24.90	-14.69	6.31	-14.03	-83.67	-114.79	6.83	-17.02	-8.20
직원의 수					282	282	174	144	98	87	68	80	87	68	13	12	15	17	
연봉정보					11	11	20	22	16	20	26	23	30	36	26	24	25	28	

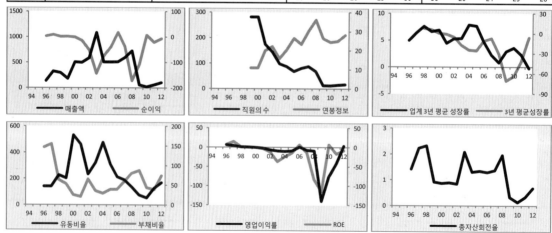

단위 : 성장률, ROE-% / EPS, 주당배당금 - 원 / 직원의 수 - 명 / 연봉정보 - 백만
1996년 10월, 주식회사 비티씨코리아에서 주식회사 비티씨정보통신으로 상호 변경하였습니다.
2012년 결산 월 변경으로 인하여 26기는 제외하였으며, 25기를 2012년 기준으로 작성하였습니다.

• 빅솔론 (코스닥 / 093190)
- 컴퓨터 및 주변장치 제조업

구 분	94	95	96	97	98	99	00	01	02	03	04	05	06	07	08	09	10	11	12
성장률										32.42	32.10	24.80	6.45	13.05	16.11	23.34	19.19	16.90	15.87
EPS										343	335	866	223	658	871	1,581	1,095	1,220	1,359
배당금										0	0	50	0	120	170	200	100	150	170
ROE									40.1	32.42	32.10	26.32	6.45	15.96	20.01	26.72	21.12	19.27	18.14
직원의 수														64	71	76	75	77	79
연봉정보														46	43	46	46	56	63

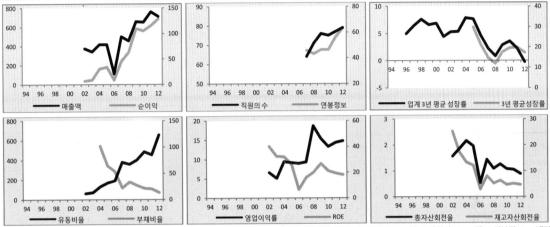

단위 : 성장률, ROE-% / EPS, 주당배당금 - 원 / 직원의 수 - 명 / 연봉정보 - 백만
2008년 결산 월 변경으로 인하여, 8기(11년도)는 9개월(4월~12월)치 자료로 작성되었습니다.
2003년~2004년 사업보고서 미공시로 인하여 EPS는 감사보고서를 기준으로, 배당금은 0으로 간주해 성장률을 계산하였습니다.
03년~04년 성장률은 업계 3년 평균성장률 계산 과정에서 제외하였습니다.

• 잘만테크 (코스닥 / 090120)
- 컴퓨터 및 주변장치 제조업

구 분	94	95	96	97	98	99	00	01	02	03	04	05	06	07	08	09	10	11	12
성장률										60.39	52.88	40.06	23.84	9.58	-111.20	-35.09	-49.26	-18.50	3.19
EPS										1,407	2,686	229	1,923	1,233	-2,510	-621	-766	-373	61
배당금										0	0	0	0	150	0	0	0	0	0
ROE										60.39	52.88	40.06	23.84	10.91	-111.20	-35.09	-49.26	-18.50	3.19
직원의 수														181	166	151	미공시	109	133
연봉정보														21	25	29		33	31

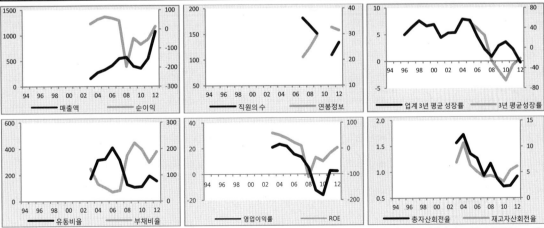

단위 : 성장률, ROE-% / EPS, 주당배당금 - 원 / 직원의 수 - 명 / 연봉정보 - 백만
2003년~2004년 사업보고서 미공시로 인하여 EPS는 감사보고서를 기준으로, 배당금은 0으로 간주해 성장률을 계산하였습니다.
03년~04년 성장률은 업계 3년 평균성장률 계산 과정에서 제외하였습니다.
2010년 직원의 수, 연봉정보는 미공시 되었습니다.

• 케이씨티 (코스닥 / 089150)

- 컴퓨터 및 주변장치 제조업

구분	94	95	96	97	98	99	00	01	02	03	04	05	06	07	08	09	10	11	12
성장률									-4.6	14.54	24.29	22.32	18.18	1.74	6.71	1.67	5.82	2.26	4.30
EPS									-22	81	179	212	567	284	199	82	180	107	244
배당금									0	0	0	0	120	250	70	50	60	60	150
ROE									-4.6	14.54	24.29	22.32	23.06	14.55	10.35	4.27	8.73	5.15	11.16
직원의 수													68	81	85	85	60	70	69
연봉정보													42	32	38	36	33	44	44

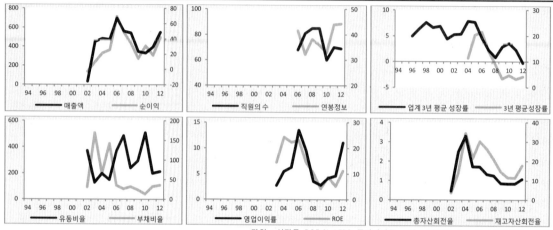

단위 : 성장률, ROE-% / EPS, 주당배당금 – 원 / 직원의 수 – 명 / 연봉정보 – 백만
2002년 12월 한국컴퓨터지주㈜에서 물적 분할방식으로 설립되었으며, 2012년 9월 ㈜케이씨티로 상호 변경하였습니다.
2002년~2003년 사업보고서 미공시로 인하여 EPS는 감사보고서를 기준으로, 배당금은 0으로 간주해 성장률을 계산하였습니다.
00년~02년 성장률은 업계 3년 평균성장률 계산 과정에서 제외하였습니다.
특이값(2002년 영업이익률, ROE)은 그래프에서 제외하였습니다.

• 제이씨현 (코스닥 / 033320)

- 컴퓨터 및 주변장치, 소프트웨어 도매업

구분	94	95	96	97	98	99	00	01	02	03	04	05	06	07	08	09	10	11	12
성장률		40.08	39.96	19.53	19.18	12.10	7.70	-7.48	-23.2	-12.45	10.77	3.04	2.26	4.71	2.17	-8.66	1.15	3.60	-3.29
EPS		2,160	2,715	225	302	494	324	-173	-576	-286	391	118	91	175	74	-236	33	125	-93
배당금		503	635	0	30	60	60	60	0	0	100	35	25	40	10	0	20	0	0
ROE		52.25	52.16	19.53	21.30	13.77	9.45	-5.56	-23.2	-12.45	14.47	4.33	3.12	6.11	2.51	-8.66	1.15	4.29	-3.29
직원의 수					136	178	170	148	121	137	128	164	182		177	170	164	155	147
연봉정보					12	22	24	24	22	25	28	26	31		28	31	37	31	29

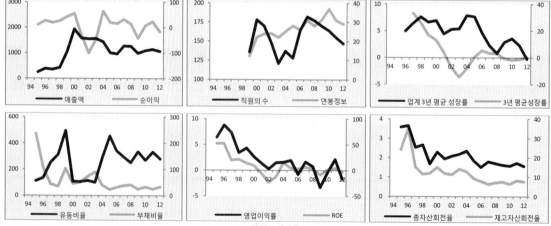

단위 : 성장률, ROE-% / EPS, 주당배당금 – 원 / 직원의 수 – 명 / 연봉정보 – 백만

• 에이텍 (코스닥 / 045660)

- 컴퓨터 제조업

구분	94	95	96	97	98	99	00	01	02	03	04	05	06	07	08	09	10	11	12
성장률				16.74	28.85	23.71	27.22	11.48	-0.5	4.87	1.59	11.04	7.29	-1.76	8.75	12.04	9.40	9.09	11.28
EPS				23	45	64	395	269	31	200	93	316	232	-42	300	533	402	498	573
배당금				0	0	0	0	35	40	100	60	60	50	0	70	100	70	100	100
ROE				16.74	28.85	23.71	27.22	13.19	1.7	9.73	4.49	13.63	9.30	-1.76	11.41	14.82	11.39	11.38	13.66
직원의 수						205	190			225	233	252	267	143	155	171	229	268	292
연봉정보						20	21			21	24	27	27	54	32	33	23	33	29

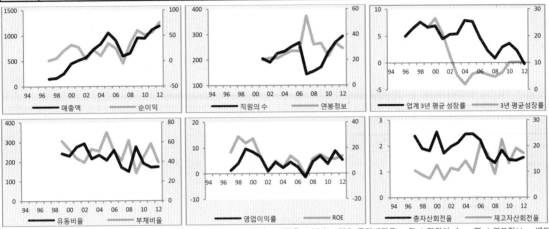

단위 : 성장률, ROE-% / EPS, 주당배당금 – 원 / 직원의 수 – 명 / 연봉정보 – 백만
2004년 3월, ㈜에이텍시스템에서 ㈜에이텍으로 상호 변경하였습니다.

• 주연테크 (유가증권 / 044380)

- 컴퓨터 제조업

구분	94	95	96	97	98	99	00	01	02	03	04	05	06	07	08	09	10	11	12
성장률						63.86	58.84	17.93	36.5	8.65	18.55	36.34	0.57	6.85	-45.77	19.58	4.01	-31.26	-7.09
EPS						234	340	116	74	19	196	604	476	113	-332	193	70	-233	-50
배당금						0	0	0	0	0	0	0	450	40	0	10	30	0	0
ROE						63.86	58.84	17.93	36.5	8.65	18.55	36.34	10.52	10.61	-45.77	20.65	7.02	-31.26	-7.09
직원의 수													391	363	144	144	130	131	127
연봉정보													17	20	22	23	27	25	27

단위 : 성장률, ROE-% / EPS, 주당배당금 – 원 / 직원의 수 – 명 / 연봉정보 – 백만
1999년~2003년 사업보고서 미공시로 인하여 EPS는 감사보고서를 기준으로, 배당금은 0으로 간주해 성장률을 계산하였습니다.
99년~03년 성장률은 업계 3년 평균성장률 계산 과정에서 제외하였습니다.

• **메디프론** (코스닥 / 065650)
- 기타 전문 디자인업

구분	94	95	96	97	98	99	00	01	02	03	04	05	06	07	08	09	10	11	12
성장률							40.36	38.15	6.1	22.04	-23.42	-105.2	-6.27	-7.25	-26.18	-4.35	-3.67	1.81	-6.06
EPS							369	1,136	809	413	-211	-312	-131	-135	-387	-63	-20	28	-87
배당금							0	0	0	0	0	0	0	0	0	0	0	0	0
ROE							40.36	38.15	6.1	22.04	-23.42	-105.2	-6.27	-7.25	-26.18	-4.35	-3.67	1.81	-6.06
직원의 수									34	33	35	11	9	8	10	9	25	26	25
연봉정보									30	25	19	26	34	36	31	35	17	24	29

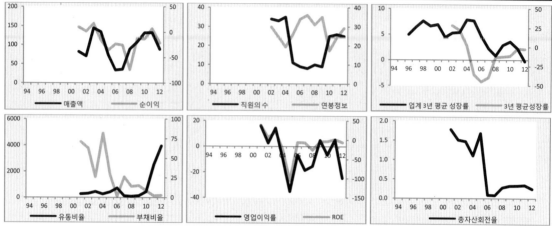

단위 : 성장률, ROE-% / EPS, 주당배당금 – 원 / 직원의 수 – 명 / 연봉정보 – 백만

• **대진디엠피** (코스닥 / 065690)
- 기타 고무부품 제조업

구분	94	95	96	97	98	99	00	01	02	03	04	05	06	07	08	09	10	11	12
성장률					35.89	32.02	52.15	43.30	16.4	16.33	17.18	9.44	2.97	14.26	18.65	16.16	7.49	3.55	3.04
EPS					15	24	96	72	937	933	1,194	770	401	785	1,142	1,218	687	242	214
배당금					0	0	13	0	150	150	200	200	300	190	220	230	190	0	0
ROE					35.89	32.02	60.01	43.30	19.5	19.46	20.63	12.75	11.80	18.81	23.11	19.93	10.35	3.55	3.04
직원의 수									167	221	228	158	154	140	177	198	280	563	221
연봉정보									16	18	20	28	31	34	30	33	33	28	24

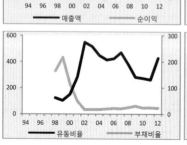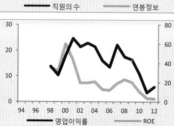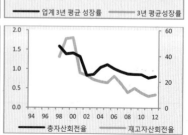

단위 : 성장률, ROE-% / EPS, 주당배당금 – 원 / 직원의 수 – 명 / 연봉정보 – 백만
2001년 12월, 대진정밀산업㈜에서 ㈜대진디엠피로 상호 변경하였습니다.

• 지아이블루 (코스닥 / 032790)
- 기타 전자부품 제조업

구분	94	95	96	97	98	99	00	01	02	03	04	05	06	07	08	09	10	11	12
성장률		-0.49	16.63	13.88	2.94	-5.26	-1.11	-10.69	-16.8	16.28	18.51	4.05	7.32	-19.42	-17.87	-33.20	-15.12	2.20	-82.15
EPS		21	1,451	915	52	-91	-25	-144	430	343	512	50	105	-224	-214	-931	-191	22	-447
배당금		50	200	90	0	0	0	0	0	0	0	0	0	0	0	0	0	0	0
ROE		0.34	19.29	15.39	2.94	-5.26	-1.11	-10.69	-16.8	16.28	18.51	4.05	7.32	-19.42	-17.87	-33.20	-15.12	2.20	-82.15
직원의 수						140	252	236	254	120	401	259	273	134	116	121	113	171	55
연봉정보						14	8	15	14	15	14	20	20	34	25	12	29	29	25

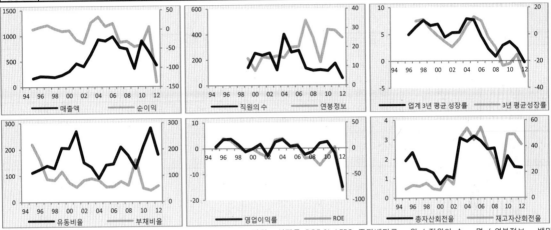

단위 : 성장률, ROE-% / EPS, 주당배당금 – 원 / 직원의 수 – 명 / 연봉정보 – 백만

2009년 8월 에스인포텍과 자이텍의 합병으로 인하여, 08년 이후의 각 재무제표를 합산해 표와 그래프를 작성하였습니다.

• 세우테크 (코스닥 / 096690)
- 기타 주변기기 제조업

구분	94	95	96	97	98	99	00	01	02	03	04	05	06	07	08	09	10	11	12
성장률													48.25	40.73	-5.30	20.06	18.18	9.05	6.22
EPS													2,696	1,890	-168	912	1,450	393	257
배당금													0	0	0	100	100	100	50
ROE													48.25	40.73	-5.30	22.53	19.52	12.13	7.73
직원의 수															104	115	122		
연봉정보															35	35	32		

단위 : 성장률, ROE-% / EPS, 주당배당금 – 원 / 직원의 수 – 명 / 연봉정보 – 백만

183

• 기타하드웨어

2012년 기타하드웨어 상장기업 전체 매출액은 약 2조 8천억원(전년대비 2% 성장)이며, 총 당기순이익은 39억(전년대비 82% 감소)입니다. 평균성장률은 2.4%(전년대비 1.5%p 증가), 평균 ROE는 3.3%(전년대비 1.4%p 증가)를 기록하였습니다. (매출액 및 당기순이익은 단순합계금액이며, 성장률 및 ROE는 단순평균값입니다)

해당 산업의 총 직원 수는 약 4천 2백명(전년대비 6% 증가)이며, 최근 평균연봉(2012년)은 약 4천 7백만원(전년대비 약 4% 증가)입니다. 최근 3년간 업계 평균연봉은 4천 5백 ~ 4천 7백만원 수준을 유지하고 있습니다. 최근 3년 평균 유동비율은 약 243.5%이며, 부채비율은 약 71.2%입니다.

구 분	총매출액	총 당기순이익	평균성상률	평균 ROE	총 식원수	연봉정보
94	234	21	16.1	20.4		
95	566	26	11.4	13.0		
96	653	17	13.6	14.4		
97	685	-25	10.4	11.6		
98	656	65	5.7	6.8	1,398	21
99	755	131	8.6	8.2	2,574	20
00	958	86	6.3	5.6	2,958	24
01	1,187	87	9.0	10.6	3,141	25
02	1,584	113	7.9	11.0	3,383	28
03	1,913	178	5.0	10.6	3,453	31
04	2,122	105	4.0	6.1	4,662	31
05	2,203	125	4.6	6.4	3,676	37
06	2,264	96	-0.9	0.2	3,911	38
07	2,427	118	6.4	6.7	4,209	40
08	2,533	77	4.6	6.6	4,111	41
09	2,548	98	-1.0	-0.3	4,096	39
10	2,739	100	3.1	1.8	4,105	45
11	2,762	215	0.9	1.9	4,014	45
12	2,821	39	2.4	3.3	4,259	47

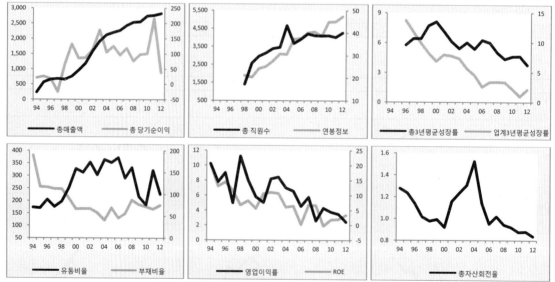

단위 : 총 매출액, 총 당기순이익 – 십억 / 평균 성장률, 평균 ROE - % / 총 직원 수 – 명 / 연봉정보 – 백만
연봉정보는 1 인당 평균 급여액이며, 대상기업들의 연간 총 급여액을 총 직원의 수로 나눈 금액입니다.
업계 3 년 평균 성장률은 기타하드웨어업종 전체 상장사의 평균이며, 사업보고서에 근거한 자료만으로 만들었습니다.

• 코맥스 (코스닥 / 036690)

- 방송 및 무선 통신장비 제조업

구분	94	95	96	97	98	99	00	01	02	03	04	05	06	07	08	09	10	11	12
성장률		8.43	7.21	14.24	12.09	5.55	10.90	11.24	9.9	10.15	8.22	4.27	4.46	2.44	-236.5	-8.58	6.17	16.27	14.61
EPS		120	110	286	277	446	316	364	341	369	391	262	217	199	-2,733	-149	115	479	501
배당금		0	0	32	32	60	50	25	50	50	100	100	40	100	0	0	0	100	100
ROE		8.43	7.21	16.06	13.68	6.42	12.95	12.07	11.6	11.74	11.04	6.90	5.46	4.90	-236.5	-8.58	6.17	20.57	18.26
직원의 수						307	353	358	378	296	246	233	202	192	174	159	153	158	166
연봉정보						13	15	13	20	18	27	26	28	32	30	19	29	32	35

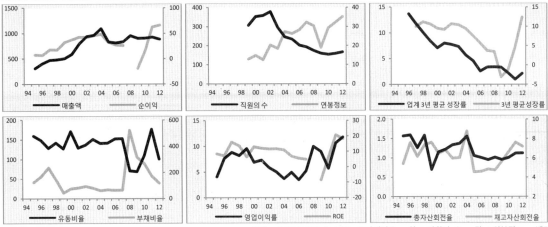

단위 : 성장률, ROE-% / EPS, 주당배당금 – 원 / 직원의 수 – 명 / 연봉정보 – 백만
1999년 10월, 중앙전자공업주식회사에서 주식회사 코맥스로 상호 변경하였습니다.
2008년 대규모 적자로 인하여, 순이익과 성장률 및 ROE는 그래프에서 제외 및 보정하였습니다.

• 윈포넷 (코스닥 / 083640)

- 비디오 및 기타 영상기기 제조업

구분	94	95	96	97	98	99	00	01	02	03	04	05	06	07	08	09	10	11	12
성장률										53.05	67.94	16.72	11.45	12.42	-4.31	10.59	8.48	7.94	9.32
EPS										726	521	931	497	646	39	616	571	415	680
배당금										0	0	200	100	150	200	150	150	0	150
ROE								12.32	6.0	53.05	67.94	21.30	14.33	16.18	1.04	14.00	11.50	7.94	11.96
직원의 수												70	62	74	73	79	75	69	140
연봉정보												46	37	40	33	41	44	43	34

단위 : 성장률, ROE-% / EPS, 주당배당금 – 원 / 직원의 수 – 명 / 연봉정보 – 백만

· ITX 시큐리티 (코스닥 / 099520)

- 비디오 및 기타 영상기기 제조업

구분	94	95	96	97	98	99	00	01	02	03	04	05	06	07	08	09	10	11	12
성장률													-40.80	49.39	37.98	13.40	-8.35	-0.82	0.45
EPS													-59	35	812	567	-178	-25	16
배당금													0	0	0	0	0	0	0
ROE													-40.80	49.39	37.98	13.40	-8.35	-0.82	0.45
직원의 수																169	160	172	177
연봉정보																36	37	38	36

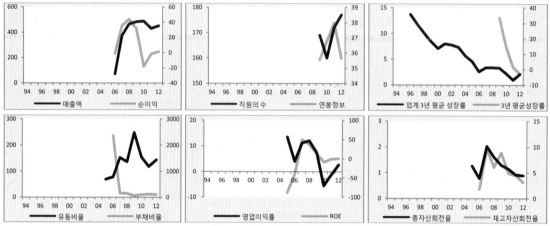

단위 : 성장률, ROE-% / EPS, 주당배당금 – 원 / 직원의 수 – 명 / 연봉정보 – 백만
2008년 3월, 인텔릭스에서 주식회사 아이티엑스시큐리티로 상호 변경하였습니다.
2006년 사업보고서 미공시로 인하여 EPS는 감사보고서를 기준으로, 배당금은 0으로 간주해 성장률을 계산하였습니다.
06년 성장률은 업계 3년 평균성장률 계산 과정에서 제외하였습니다.

· 코콤 (코스닥 / 015710)

- 유선 통신장비 제조업

구분	94	95	96	97	98	99	00	01	02	03	04	05	06	07	08	09	10	11	12
성장률		20.88	11.23	12.75	4.81	10.89	8.77	0.90	-8.7	-3.27	5.48	2.18	1.00	5.07	0.43	2.44	1.52	4.54	3.87
EPS		553	211	199	76	192	186	21	-109	-59	106	97	21	142	41	92	86	210	215
배당금		59	27	0	0	0	0	0	50	0	0	50	0	25	25	0	25	25	50
ROE		23.37	12.91	12.75	4.81	10.89	8.77	0.90	-6.0	-3.27	5.48	4.50	1.00	6.15	1.09	2.44	2.14	5.16	5.05
직원의 수						190	184	157	200	189	209	156	154	144	145	148	147	129	154
연봉정보						14	19	21	16	20	19	28	21	27	34	26	34	38	32

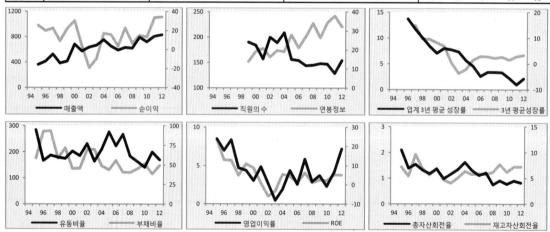

단위 : 성장률, ROE-% / EPS, 주당배당금 – 원 / 직원의 수 – 명 / 연봉정보 – 백만
2001년, 한국통신주식회사에서 주식회사 코콤으로 상호 변경하였습니다.

기타 하드웨어

• 현대통신 (코스닥 / 039010)
- 유선 통신장비 제조업

구 분	94	95	96	97	98	99	00	01	02	03	04	05	06	07	08	09	10	11	12
성장률					41.90	27.02	7.69	9.28	12.64	20.21	12.98	10.22	9.54	12.93	8.06	-2.59	-12.95	-28.23	-0.33
EPS					55	356	169	190	300	588	436	412	431	658	431	-106	-469	-799	-9
배당금					8	50	50	60	70	110	90	100	100	150	100	0	0	0	0
ROE					48.59	31.43	10.93	13.56	16.5	24.86	16.35	13.49	12.42	16.74	10.49	-2.59	-12.95	-28.23	-0.33
직원의 수						84	92	124	134	153	160	185	195	156	155	158	114	111
연봉정보						25	26	23	33	27	27	30	32	31	32	30	39	33

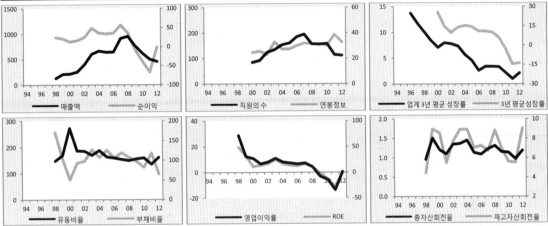

단위 : 성장률, ROE-% / EPS, 주당배당금 – 원 / 직원의 수 – 명 / 연봉정보 – 백만
1998년 4월, ㈜하이닉스반도체의 국내영업 산하 HA사업부문이 분사하여 설립되었습니다.
2003년 3월, 현대통신산업주식회사에서 현대통신 주식회사로 상호 변경하였습니다.

• 씨엔비텍 (코스닥 / 086200)
- 방송 및 무선 통신장비 제조업

구 분	94	95	96	97	98	99	00	01	02	03	04	05	06	07	08	09	10	11	12
성장률								44.54	35.69	22.93	9.53	16.95	13.81	19.31	25.98	9.86	6.87	6.15	-1.66
EPS								690	836	848	350	748	941	1,534	1,495	760	810	539	-101
배당금								0	0	0	0	0	100	200	150	200	150	150	0
ROE								44.54	35.7	22.93	9.53	16.95	15.45	22.21	28.88	13.38	8.43	8.53	-1.66
직원의 수													133	150	164	165	181	195	204
연봉정보													27	33	35	38	35	37	45

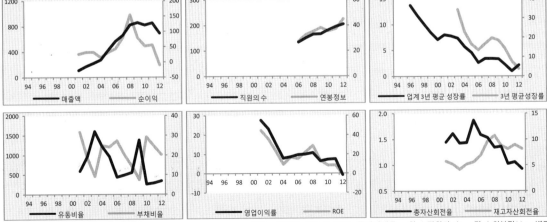

단위 : 성장률, ROE-% / EPS, 주당배당금 – 원 / 직원의 수 – 명 / 연봉정보 – 백만
2001년~2003년 사업보고서 미공시로 인하여 EPS는 감사보고서를 기준으로, 배당금은 0으로 간주해 성장률을 계산하였습니다.
01년~03년 성장률은 업계 3년 평균성장률 계산 과정에서 제외하였습니다.

• 대명엔터프라이즈 (코스닥 / 007720)

- 전기용 기계장비 및 관련 기자재 도매업

구분	94	95	96	97	98	99	00	01	02	03	04	05	06	07	08	09	10	11	12
성장률		-37.26	자본잠식			96.15	-14.46	자본잠식	37.45	48.44	-10.46	4.75	2.30	2.83	-7.69	-0.78	-2.99	-10.46	-14.24
EPS		-1,056	-4,253	-6,294	122	1,534	-195	-1,896	3,100	3,445	-2,230	320	305	355	-560	-60	-198	-544	-580
배당금		0	0	0	0	0	0	0	0	0	0	0	125	125	0	0	0	0	0
ROE		-37.26	자본잠식			96.15	-14.46	자본잠식	37.45	48.44	-10.46	4.75	3.90	4.36	-7.69	-0.78	-2.99	-10.46	-14.24
직원의 수						187	169	161	117	112	1,089	9	19	15	14	9	17	97	86
연봉정보						15	26	26	26	30	30	37	24	28	24	37	35	14	42

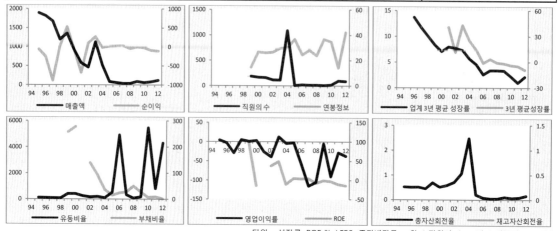

단위 : 성장률, ROE-% / EPS, 주당배당금 – 원 / 직원의 수 – 명 / 연봉정보 – 백만
2011년 3월, ㈜에이치에스홀딩스에서 ㈜대명엔터프라이즈로 상호 변경하였습니다.
자본잠식으로 인해, 계산 불가한 값(1996년~1998년, 2001년 부채비율과 ROE 및 성장률)은 그래프에서 제외 및 보정하였습니다.

• 디올메디바이오 (유가증권 / 007120)

- 전자부품, 컴퓨터, 영상, 음향 및 통신장비 제조업

구분	94	95	96	97	98	99	00	01	02	03	04	05	06	07	08	09	10	11	12
성장률		14.86	22.98	18.93	12.07	9.14	8.06	-5.39	-0.65	-12.84	-9.15	-23.80	-26.68	-23.14	-35.64	-13.12	-9.59	6.44	0.82
EPS		198	394	394	452	377	308	-199	28	-323	-196	-508	-426	-294	-340	-126	-121	71	10
배당금		0	0	0	0	10	10	0	50	50	50	0	0	0	0	0	0	0	0
ROE		14.86	22.98	18.93	12.07	9.39	8.33	-5.39	0.8	-11.12	-7.29	-23.80	-26.68	-23.14	-35.64	-13.12	-9.59	6.44	0.82
직원의 수						238	248	230	221	228	207	137	139	135	128	85	83	81	108
연봉정보						24	30	36	25	25	32	41	32	31	37	41	31	45	39

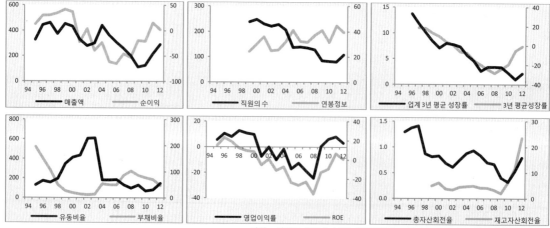

단위 : 성장률, ROE-% / EPS, 주당배당금 – 원 / 직원의 수 – 명 / 연봉정보 – 백만
2012년 12월, 유니모씨앤씨 주식회사에서 주식회사 디올메디바이오로 상호 변경하였습니다.
2002년 결산 월 변경으로 인하여, 32기(02년도)는 10개월(3월~12월)치 자료로 작성되었습니다.

• 하이트론 (유가증권 / 019490)

- 전자부품, 컴퓨터, 영상, 음향 및 통신장비 제조업

구분	94	95	96	97	98	99	00	01	02	03	04	05	06	07	08	09	10	11	12
성장률	19.84	15.05	15.60	35.36	25.18	10.08	10.73	-1.31	-18.89	2.38	-8.24	0.58	-4.85	0.46	8.27	-0.79	-7.15	-2.71	0.28
EPS	1,116	975	994	3,973	5,639	2,015	2,095	55	-2,405	315	-996	71	-574	55	1,286	-108	-930	-338	35
배당금	150	15	0	0	500	375	325	275	250	0	0	0	0	0	175	0	0	0	0
ROE	22.92	15.29	15.60	35.36	27.63	12.38	12.70	0.33	-17.11	2.38	-8.24	0.58	-4.85	0.46	9.57	-0.79	-7.15	-2.71	0.28
직원의 수					362	430	490	447	450	371	344	319	309	324	318	305	324	295	260
연봉정보					16	18	19	23	24	24	27	28	30	31	33	33	33	38	42

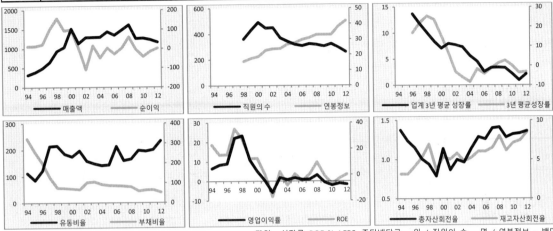

단위 : 성장률, ROE-% / EPS, 주당배당금 – 원 / 직원의 수 – 명 / 연봉정보 – 백만

• 아이디스홀딩스 (코스닥 / 054800)

- 전자부품, 컴퓨터, 영상, 음향 및 통신장비 제조업

구분	94	95	96	97	98	99	00	01	02	03	04	05	06	07	08	09	10	11	12
성장률						11.73	29.40	18.20	29.04	21.30	12.20	17.72	16.07	23.37	20.56	12.45	12.35	45.40	5.54
EPS						91	442	725	1,421	1,276	865	1,479	1,626	2,862	3,098	2,195	2,480	10,904	279
배당금						0	0	60	100	120	120	150	200	250	280	200	250	200	50
ROE						11.73	29.40	19.84	31.24	23.51	14.17	19.72	18.32	25.60	22.60	13.70	13.74	46.24	6.75
직원의 수								86	123	146	173	184	192	208	224	225	253	273	295
연봉정보								31	31	33	34	35	42	45	44	42	42	25	44

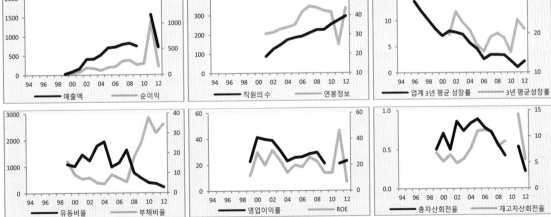

단위 : 성장률, ROE-% / EPS, 주당배당금 – 원 / 직원의 수 – 명 / 연봉정보 – 백만
2011년 7월 ㈜아이디스는 인적분할하였으며, ㈜아이디스홀딩스로 상호 변경하였습니다.
2010년 매출액은 미공시 되었으며, 계산 과정에서 영업이익률과 회전율을 그래프에서 제외하였습니다.
2011년, 2012년 자료는 아이디스와 아이디스홀딩스의 단순 합계입니다.

• 휴바이론 (코스닥 / 064090)

- 전자부품, 컴퓨터, 영상, 음향 및 통신장비 제조업

구분	94	95	96	97	98	99	00	01	02	03	04	05	06	07	08	09	10	11	12
성장률					64.95	40.04	37.28	28.34	7.03	8.84	8.29	10.07	-29.55	-302.4	-52.06	-42.90	-38.64	-79.19	-22.77
EPS					211	112	74	582	361	243	292	277	-825	-1,933	-221	-145	-150	-588	-131
배당금					0	0	0	0	125	50	125	50	0	0	0	0	0	0	0
ROE					64.95	40.04	37.28	28.34	10.75	11.13	14.50	12.29	-29.55	-302.4	-52.06	-42.90	-38.64	-79.19	-22.77
직원의 수									78	86	98	102	132	120	115	105	105	101	110
연봉정보									14	17	18	22	22	22	27	23	27	26	23

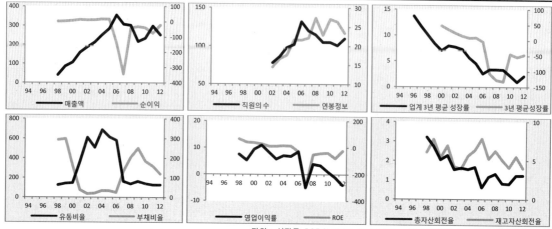

단위 : 성장률, ROE-% / EPS, 주당배당금 – 원 / 직원의 수 – 명 / 연봉정보 – 백만
2006년 3월, 선광전자㈜에서 ㈜휴바이론으로 상호 변경하였습니다.

• 넥스트칩 (코스닥 / 092600)

- 전자집적회로 제조업

구분	94	95	96	97	98	99	00	01	02	03	04	05	06	07	08	09	10	11	12
성장률											38.37	44.09	38.25	15.79	4.02	19.58	19.27	8.09	3.15
EPS											639	1,077	1,520	1,273	423	1,874	2,157	489	240
배당금											0	0	0	150	150	200	200	80	80
ROE										47.96	38.37	44.09	38.25	17.90	6.23	21.91	21.24	9.67	4.72
직원의 수														75	84	108	133	139	129
연봉정보														43	49	55	56	60	53

단위 : 성장률, ROE-% / EPS, 주당배당금 – 원 / 직원의 수 – 명 / 연봉정보 – 백만
2004년 사업보고서 미공시로 인하여 EPS는 감사보고서를 기준으로, 배당금은 0으로 간주해 성장률을 계산하였습니다.
04년 성장률은 업계 3년 평균성장률 계산 과정에서 제외하였습니다.

• 아미노로직스 (코스닥 / 074430)
- 전자집적회로 제조업

구분	94	95	96	97	98	99	00	01	02	03	04	05	06	07	08	09	10	11	12
성장률									46.6	36.10	8.07	-9.60	-14.23	1.85	-21.56	-11.70	-37.03	2.52	-120.2
EPS									166	228	123	-77	-119	7	-56	-29	-69	34	-671
배당금									0	0	30	20	0	0	0	0	0	0	0
ROE								57.11	46.6	36.10	10.67	-7.62	-14.23	1.85	-21.56	-11.70	-37.03	2.52	-120.2
직원의 수											56	66	69	81	67	36	45	29	60
연봉정보											36	43	42	44	50	43	49	46	38

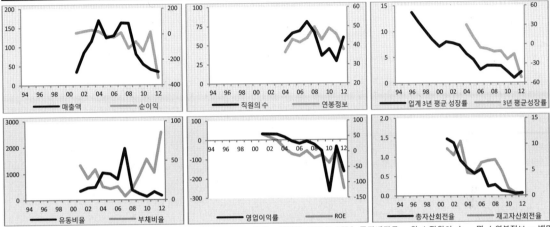

단위 : 성장률, ROE-% / EPS, 주당배당금 – 원 / 직원의 수 – 명 / 연봉정보 – 백만

• 슈프리마 (코스닥 / 094840)
- 컴퓨터 및 주변장치 제조업

구분	94	95	96	97	98	99	00	01	02	03	04	05	06	07	08	09	10	11	12
성장률													17.55	34.90	15.68	10.46	9.07	5.51	13.50
EPS													532	405	769	790	594	432	1,043
배당금													0	0	250	60	60	50	0
ROE											4.21	30.43	17.55	34.90	23.23	11.32	10.08	6.23	13.50
직원의 수															45	50	64	66	73
연봉정보															38	46	40	46	53

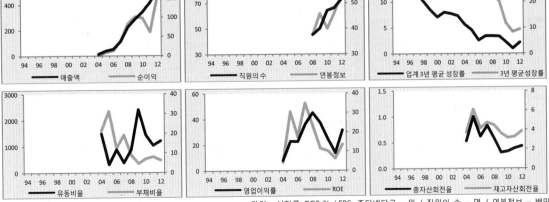

단위 : 성장률, ROE-% / EPS, 주당배당금 – 원 / 직원의 수 – 명 / 연봉정보 – 백만

· 인테그레이티드에너지 (코스닥 / 023430)
- 기타 전기 통신업

구분	94	95	96	97	98	99	00	01	02	03	04	05	06	07	08	09	10	11	12
성장률		4.82	6.60	3.49	-18.02	-21.21	-42.91	-18.29	-192.3	-23.20	-27.65	-23.12	-9.33	-342.22	-47.07	-20.91	7.71	-13.58	-90.61
EPS		212	315	173	-755	-1,223	-4,762	-1,738	-7,672	-654	-361	-187	-63	-948	-629	-107	43	-67	-587
배당금		0	0	0	0	0	0	0	0	0	0	0	0	0	0	0	0	0	0
ROE		4.82	6.60	3.49	-18.02	-21.21	-42.91	-18.29	-192.3	-23.20	-27.65	-23.12	-9.33	-342.22	-47.07	-20.91	7.71	-13.58	-90.61
직원의 수					115	108	45			52	62	41	44	49	67	47	54	61	51
연봉정보					19	0	31			29	32	42	35	21	26	42	36	30	37

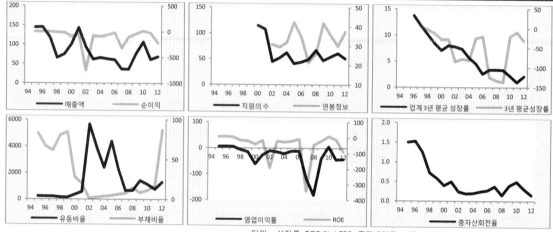

단위 : 성장률, ROE-% / EPS, 주당배당금 - 원 / 직원의 수 - 명 / 연봉정보 - 백만
2013년 3월, 니트젠앤컴퍼니에서 인테그레이티드에너지 주식회사로 상호 변경하였습니다.

· 신도리코 (유가증권 / 029530)
- 사무용 기계 및 장비 제조업

구분	94	95	96	97	98	99	00	01	02	03	04	05	06	07	08	09	10	11	12
성장률	12.34	11.66	8.23	11.47	5.86	7.53	6.39	6.89	8.31	7.46	4.95	2.66	4.21	6.92	6.36	4.93	4.03	4.36	4.07
EPS	6,379	4,819	4,581	4,701	3,638	4,654	4,243	5,292	6,399	6,365	4,888	3,449	4,648	6,522	6,805	5,743	6,611	6,196	5,825
배당금	2,000	2,000	1,500	1,500	1,500	2,000	2,000	2,250	2,500	2,500	2,250	2,000	2,250	2,250	2,500	2,250	2,500	2,750	2,500
ROE	17.97	19.93	12.24	16.85	9.97	13.20	12.09	11.99	13.64	12.28	9.18	6.33	8.17	10.57	10.06	8.10	6.49	7.85	7.13
직원의 수					1,036	997	994	1,079	1,129	1,194	1,142	1,050	970	1,094	1,053	1,009	935	833	844
연봉정보					23	24	28	28	30	32	35	38	43	42	41	45	49	53	54

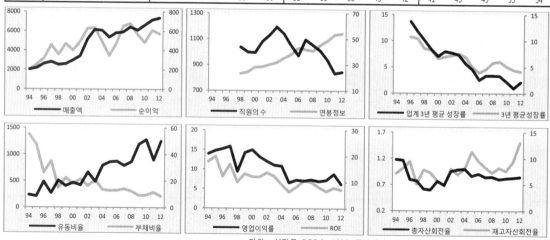

단위 : 성장률, ROE-% / EPS, 주당배당금 - 원 / 직원의 수 - 명 / 연봉정보 - 백만
1969년 12월, 신도교역 주식회사에서 주식회사 신도리코로 상호 변경하였습니다.

• 휴맥스홀딩스 (코스닥 / 028080) / 휴맥스 (코스닥 / 115160)
- 방송 및 무선 통신장비 제조업 / 비디오 및 기타 영상기기 제조업

구분	94	95	96	97	98	99	00	01	02	03	04	05	06	07	08	09	10	11	12
성장률		4.36	23.28	1.46	6.08	16.12	33.95	38.40	26.70	10.29	0.91	10.28	7.60	2.95	2.78	2.43	5.22	5.04	1.33
EPS		263	430	29	19	456	1,503	3,490	2,995	1,401	185	1,593	1,299	606	594	863	1,874	1,919	854
배당금		0	0	0	0	0	75	150	150	150	75	150	150	150	150	300	350	350	350
ROE		4.36	23.28	1.46	6.08	16.12	35.74	40.12	28.10	11.52	1.53	11.35	8.59	3.92	3.72	3.72	6.42	6.17	2.25
직원의 수					113	186	267	307	326	387	446	557	577	608	608	602	652	716	
연봉정보					20	39	37	46	45	45	47	37	45	56	93	67	59	59	

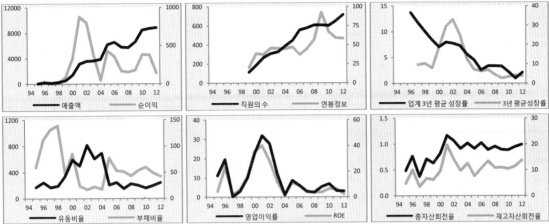

단위 : 성장률, ROE-% / EPS, 주당배당금 – 원 / 직원의 수 – 명 / 연봉정보 – 백만
2009년 10월 휴맥스 인적 분할하여, ㈜휴맥스홀딩스로 상호 변경하였습니다.
09년 이후의 자료는 휴맥스홀딩스와 휴맥스의 단순 합계(EPS, 배당금포함)입니다.
1기(2009년)는 3개월(10월~12월)치 휴맥스 자료입니다.

• 제이비어뮤즈먼트 (코스닥 / 035480)
- 비디오 및 기타 영상기기 제조업

구분	94	95	96	97	98	99	00	01	02	03	04	05	06	07	08	09	10	11	12
성장률					58.72	9.53	6.22	6.95	13.99	4.14	5.03	1.01	-6.42	1.95	-37.21	-16.23	-45.86	0.93	-33.62
EPS					125	21	228	310	643	201	243	64	-231	124	-1,013	-454	-886	18	-578
배당금					8	8	50	100	125	50	50	25	0	50	0	0	0	0	0
ROE					62.47	14.68	7.97	10.26	17.36	5.51	6.33	1.66	-6.42	3.27	-37.21	-16.23	-45.86	0.93	-33.62
직원의 수					112	135	156	160	197	211	211	183	208	176	158	106	77	60	
연봉정보					21	18	20	25	30	28	38	41	42	48	52	45	42	45	

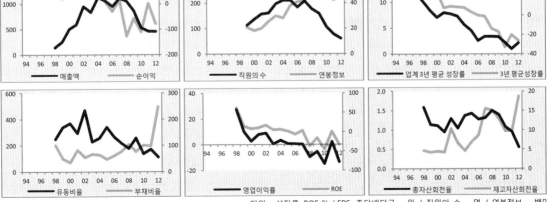

단위 : 성장률, ROE-% / EPS, 주당배당금 – 원 / 직원의 수 – 명 / 연봉정보 – 백만
2012년 10월, 현대디지탈테크 주식회사에서 제이비어뮤즈먼트 상호 변경하였습니다.

• 홈캐스트 (코스닥 / 064240)

- 비디오 및 기타 영상기기 제조업

구 분	94	95	96	97	98	99	00	01	02	03	04	05	06	07	08	09	10	11	12
성장률							-10.91	27.27	45.62	14.84	13.89	12.13	-12.16	0.84	16.46	-11.44	12.20	7.19	-3.95
EPS							-12	347	1,443	850	789	611	-402	29	756	-428	542	486	-193
배당금							0	0	250	400	300	150	0	0	100	0	0	130	50
ROE							-10.91	27.27	55.18	28.04	22.41	16.08	-12.16	0.84	18.96	-11.44	12.20	9.82	-3.13
직원의 수									51	75	215	234	191	116	124	105	98	101	98
연봉정보									36	53	30	32	57	60	53	57	57	62	55

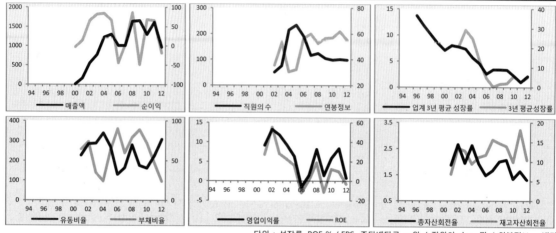

단위 : 성장률, ROE-% / EPS, 주당배당금 – 원 / 직원의 수 – 명 / 연봉정보 – 백만
1기 재무분석자료(2000년 유동비율, 부채비율, 영업이익률, ROE, 총자산회전율, 재고자산회전율)는 그래프에서 제외하였습니다.
2004년 3월, 주식회사 이엠테크닉스에서 주식회사 홈캐스트로 상호 변경하였습니다.

• 가온미디어 (코스닥 / 078890)

- 전자부품, 컴퓨터, 영상, 음향 및 통신장비 제조업

구 분	94	95	96	97	98	99	00	01	02	03	04	05	06	07	08	09	10	11	12
성장률									20.64	56.84	45.60	11.98	2.70	11.92	-17.75	-2.69	12.87	-18.74	8.98
EPS									251	1,487	2,121	972	230	1,031	-1,200	-178	741	-999	589
배당금									0	0	0	100	50	120	0	0	60	0	50
ROE									20.64	56.84	45.60	13.35	3.45	13.49	-17.75	-2.69	14.00	-18.74	9.81
직원의 수										100	148	203	185	194	216	180	185
연봉정보										39	30	38	42	43	45	48	48

단위 : 성장률, ROE-% / EPS, 주당배당금 – 원 / 직원의 수 – 명 / 연봉정보 – 백만
2002년 사업보고서 미공시로 인하여 EPS는 감사보고서를 기준으로, 배당금은 0으로 간주해 성장률을 계산하였습니다.
02년 성장률은 업계 3년 평균성장률 계산 과정에서 제외하였습니다.
1기(2001년) 자료는 표와 그래프에서 제외하였습니다.

• 아리온 (코스닥 / 058220)

- 전자부품, 컴퓨터, 영상, 음향 및 통신장비 제조업

구 분	94	95	96	97	98	99	00	01	02	03	04	05	06	07	08	09	10	11	12
성장률									29.31	32.55	31.58	8.08	-23.20	-11.22	10.55	-20.47	10.99	14.74	18.20
EPS									353	566	1,035	430	-676	-296	309	-521	320	616	881
배당금									0	0	0	100	0	0	0	0	0	120	150
ROE							40.54	29.31	32.55	31.58	10.53	-23.20	-11.22	10.55	-20.47	10.99	18.31	21.94
직원의 수											73	109	112	55	53	54	56	65
연봉정보											37	37	42	59	49	49	56	62

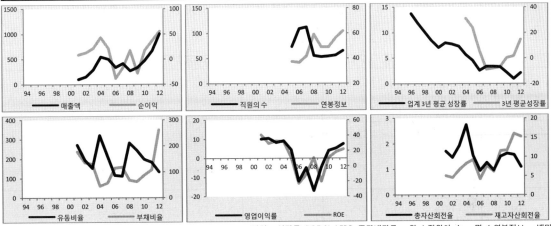

단위 : 성장률, ROE-% / EPS, 주당배당금 – 원 / 직원의 수 – 명 / 연봉정보 – 백만

2002년 사업보고서 미공시로 인하여 EPS는 감사보고서를 기준으로, 배당금은 0으로 간주해 성장률을 계산하였습니다.

02년 성장률은 업계 3년 평균성장률 계산 과정에서 제외하였습니다.

• 토필드 (코스닥 / 057880)

- 전자부품, 컴퓨터, 영상, 음향 및 통신장비 제조업

구 분	94	95	96	97	98	99	00	01	02	03	04	05	06	07	08	09	10	11	12
성장률								24.14	34.7	30.40	29.87	14.48	18.02	28.02	6.48	1.15	-17.55	3.05	-19.12
EPS								86	645	1,219	1,522	907	1,045	3,022	597	106	-1,303	232	-1,231
배당금								0	0	0	100	100	200	250	0	0	0	0	0
ROE							-16.36	24.14	34.7	30.40	31.97	16.27	22.29	30.55	6.48	1.15	-17.55	3.05	-19.12
직원의 수										47	70	85	113	137	136	124	142	136	91
연봉정보										30	31	39	29	37	42	29	25	31	45

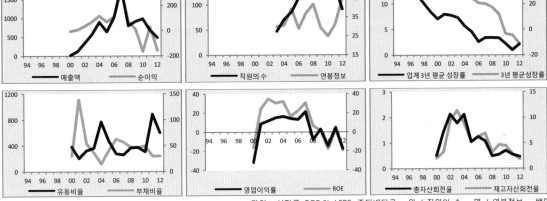

단위 : 성장률, ROE-% / EPS, 주당배당금 – 원 / 직원의 수 – 명 / 연봉정보 – 백만

• 소프트웨어

2012년 소프트웨어 상장기업 전체 매출액은 약 1조원(전년대비 10% 성장)이며, 총 당기순이익은 약 810억원(전년대비 24% 상승)입니다. 평균성장률은 8.1%(전년대비 0.3%p 증가), ROE는 9.3%(전년대비 0.6%p 증가)를 기록하였습니다. 특히, 성장률은 2002년을 기점으로 꾸준하게 회복하였으며 최근에는 일정한 수준을 유지하고 있습니다. (매출액 및 당기순이익은 단순합계금액이며, 성장률 및 ROE는 단순평균값입니다)

해당 산업의 총 직원 수는 약 5천 5백명(전년대비 14% 증가)이며, 최근 평균연봉(2012년)은 약 3천 9백만원(전년대비 0.25% 감소)입니다. 2000년대 중·후반 이후로는 업계 평균연봉이 3천만원 후반의 수준을 유지하고 있습니다. 최근 3년 업계 평균 유동비율은 321%, 부채비율은 55%입니다.

구 분	총매출액	총 당기순이익	평균성장률	평균 ROE	총 직원수	연봉정보
94	13	0	2.4	4.7		
95	41	1	6.1	7.2		
96	65	4	9.8	10.5		
97	70	6	12.1	14.0		
98	75	-12	10.5	11.5	200	20
99	179	16	13.5	13.5	460	22
00	275	0	7.9	7.4	723	25
01	355	-22	0.6	1.8	1,151	28
02	343	-31	-3.6	2.8	1,185	31
03	385	28	5.1	7.8	1,306	30
04	449	40	4.2	7.5	1,568	34
05	515	56	8.8	10.0	1,706	32
06	665	15	7.5	9.5	2,441	35
07	725	74	8.9	11.4	2,882	36
08	818	-10	6.7	8.1	3,165	37
09	805	75	10.6	11.9	3,551	37
10	932	72	7.1	5.0	4,293	37
11	970	65	7.8	8.7	4,899	40
12	1,068	81	8.1	9.3	5,595	39

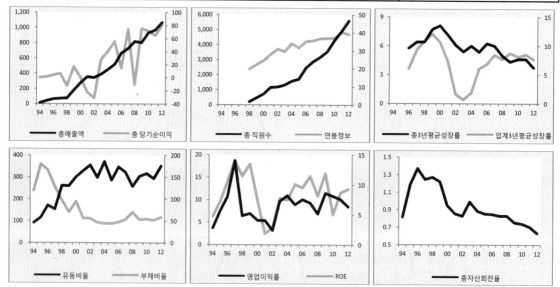

단위 : 총 매출액, 총 당기순이익 – 십억 / 평균 성장률, 평균 ROE - % / 총 직원 수 – 명 / 연봉정보 – 백만
연봉정보는 1 인당 평균 급여액이며, 대상기업들의 연간 총 급여액을 총 직원의 수로 나눈 금액입니다.
업계 3 년 평균 성장률은 소프트웨어업종 전체 상장사의 평균이며, 사업보고서에 근거한 자료만으로 만들었습니다.

• 한글과컴퓨터 (코스닥 / 030520)
- 소프트웨어 개발 및 공급업

구분	94	95	96	97	98	99	00	01	02	03	04	05	06	07	08	09	10	11	12
성장률		8.18	19.06	11.76	-103.2	14.51	-37.09	-112.73	-82.65	6.39	5.50	7.92	3.10	10.21	10.12	9.14	2.91	7.75	4.94
EPS		157	504	310	-1,212	22	-427	-762	-356	48	35	298	273	574	540	646	236	609	540
배당금		0	0	0	0	0	0	0	0	0	0	0	150	150	100	200	100	200	250
ROE		8.18	19.06	11.76	-103.2	14.51	-37.09	-112.73	-82.65	6.39	5.50	7.92	6.88	13.82	12.42	13.24	5.06	11.54	9.21
직원의 수						90	171	122	126	107	174	221	245	207	214	248	251	264	324
연봉정보						23	22	29	31	34	30	34	40	41	43	42	45	46	45

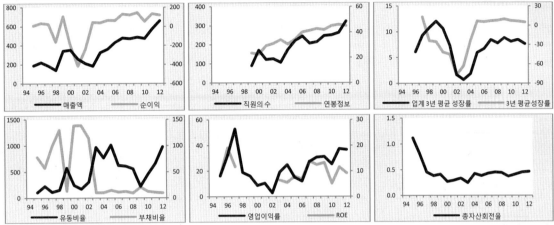

단위 : 성장률, ROE-% / EPS, 주당배당금 - 원 / 직원의 수 - 명 / 연봉정보 - 백만
특이값(1998년~2002년 ROE)는 그래프에서 제외하였습니다.

• 넥스지 (코스닥 / 081970)
- 시스템 소프트웨어 개발 및 공급업

구분	94	95	96	97	98	99	00	01	02	03	04	05	06	07	08	09	10	11	12
성장률												31.95	34.38	16.79	12.92	12.84	11.07	10.45	8.26
EPS												336	551	618	445	507	505	536	461
배당금												0	0	0	0	0	0	0	0
ROE										97.80	48.02	31.95	34.38	16.79	12.92	12.84	11.07	10.45	8.26
직원의 수														74	78	87	84	84	97
연봉정보														33	37	36	37	43	20

단위 : 성장률, ROE-% / EPS, 주당배당금 - 원 / 직원의 수 - 명 / 연봉정보 - 백만

• 누리텔레콤 (코스닥 / 040160)

- 시스템 소프트웨어 개발 및 공급업

구분	94	95	96	97	98	99	00	01	02	03	04	05	06	07	08	09	10	11	12
성장률			68.44	69.78	20.45	29.88	10.80	8.71	0.94	-14.62	-12.00	1.08	7.51	7.48	3.65	3.00	-8.91	-3.58	-44.48
EPS			1,521	5,129	679	939	1,254	609	67	-913	-680	33	252	285	248	134	-367	-142	-1,288
배당금			0	0	0	0	0	0	0	0	0	0	0	0	100	0	0	0	0
ROE			68.44	69.78	20.45	29.88	10.80	8.71	0.94	-14.62	-12.00	1.08	7.51	7.48	6.12	3.00	-8.91	-3.58	-44.48
직원의 수							76	90	70	68	60	89	123	123	144	141	130	118	99
연봉정보							27	30	32	30	30	33	35	39	37	35	45	38	49

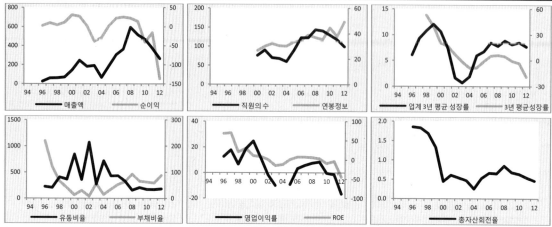

단위 : 성장률, ROE-% / EPS, 주당배당금 – 원 / 직원의 수 – 명 / 연봉정보 – 백만
2000년 1월, 주식회사 에이티아이시스템에서 ㈜누리텔레콤으로 상호 변경하였습니다.
특이값(2004년 영업이익률)은 그래프에서 제외하였습니다.

• 소프트포럼 (코스닥 / 054920)

- 시스템 소프트웨어 개발 및 공급업

구분	94	95	96	97	98	99	00	01	02	03	04	05	06	07	08	09	10	11	12
성장률						16.57	9.68	4.47	0.86	-8.96	-23.98	0.74	1.85	-10.23	-12.40	-45.35	-16.71	28.06	0.55
EPS						18	353	350	89	-373	-3,229	147	187	-574	-557	-1,500	-671	1,090	22
배당금						0	0	90	50	0	0	0	0	0	0	0	0	0	0
ROE						16.57	9.68	6.02	1.97	-8.96	-23.98	0.74	1.85	-10.23	-12.40	-45.35	-16.71	28.06	0.55
직원의 수								89	103	124	116	88	136	142	120	106	87	99	144
연봉정보								26	38	36	37	35	22	37	31	29	30	31	40

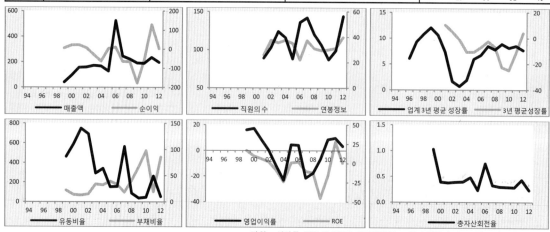

단위 : 성장률, ROE-% / EPS, 주당배당금 – 원 / 직원의 수 – 명 / 연봉정보 – 백만

• 안랩 (코스닥 / 053800)
- 시스템 소프트웨어 개발 및 공급업

구분	94	95	96	97	98	99	00	01	02	03	04	05	06	07	08	09	10	11	12
성장률						54.75	28.56	7.28	-13.44	6.27	9.49	11.46	12.42	12.50	6.33	11.02	8.93	6.31	7.76
EPS						85	816	1,006	-1,110	552	1,092	1,345	1,563	1,622	1,059	1,755	1,632	1,361	1,703
배당금						0	0	288	0	0	400	400	400	500	400	400	400	400	400
ROE						54.75	28.56	10.20	-13.44	6.27	14.98	16.31	16.69	18.07	10.17	14.27	11.83	8.94	10.14
직원의 수						191	252	268	281	319	358	486	457	509	571	686	859
연봉정보						25	30	29	34	36	39	34	38	42	42	45	43

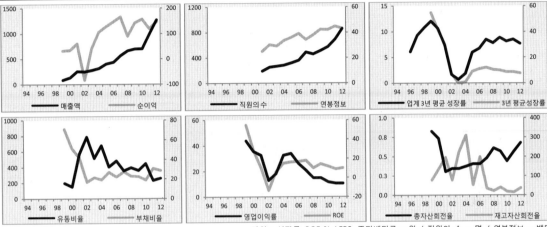

단위 : 성장률, ROE-% / EPS, 주당배당금 – 원 / 직원의 수 – 명 / 연봉정보 – 백만
2012년 3월, ㈜안철수연구소에서 주식회사 안랩으로 상호 변경하였습니다.
3기(1997년), 4기(1998년) 자료는 표와 그래프에서 제외하였습니다.

• 이글루시큐리티 (코스닥 / 067920)
- 시스템 소프트웨어 개발 및 공급업

구분	94	95	96	97	98	99	00	01	02	03	04	05	06	07	08	09	10	11	12
성장률							0.77	7.59	-32.05	-35.05	3.68	2.64	12.05	22.92	20.63	25.72	11.38	5.64	7.48
EPS							10	103	-330	-88	36	27	138	340	385	647	724	375	518
배당금							0	0	0	0	0	0	0	0	0	0	60	70	70
ROE							0.77	7.59	-32.05	-35.05	3.68	2.64	12.05	22.92	20.63	25.72	12.41	6.94	8.65
직원의 수															237	318	442
연봉정보															30	38	34

단위 : 성장률, ROE-% / EPS, 주당배당금 – 원 / 직원의 수 – 명 / 연봉정보 – 백만
2000년~2007년 사업보고서 미공시로 인하여 EPS는 감사보고서를 기준으로, 배당금은 0으로 간주해 성장률을 계산하였습니다.
00년~07년 성장률은 업계 3년 평균성장률 계산 과정에서 제외하였습니다.

• 이니텍 (코스닥 / 053350)
- 시스템 소프트웨어 개발 및 공급업

구분	94	95	96	97	98	99	00	01	02	03	04	05	06	07	08	09	10	11	12
성장률							6.13	3.74	0.87	3.56	-1.02	3.28	6.26	6.49	2.23	6.75	3.62	2.59	3.45
EPS							263	180	31	138	-39	137	274	285	98	323	181	132	139
배당금							0	0	0	0	0	0	0	0	0	0	0	0	0
ROE							6.13	3.74	0.87	3.56	-1.02	3.28	6.26	6.49	2.23	6.75	3.62	2.59	3.45
직원의 수							76	70	84	91	107	115	120	214	164	177	185	235
연봉정보							23	38	28	33	32	36	36	36	43	38	41	39

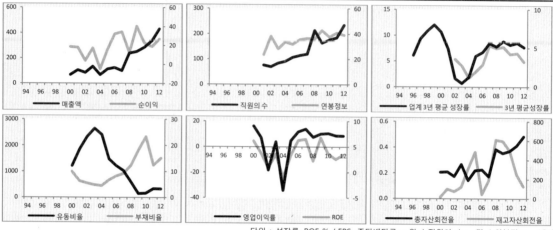

단위 : 성장률, ROE-% / EPS, 주당배당금 – 원 / 직원의 수 – 명 / 연봉정보 – 백만
1기(1997년)~3기(1999년) 자료는 표와 그래프에서 제외하였습니다.

• 이스트소프트 (코스닥 / 047560)
- 시스템 소프트웨어 개발 및 공급업

구분	94	95	96	97	98	99	00	01	02	03	04	05	06	07	08	09	10	11	12
성장률											18.42	11.36	21.54	27.99	35.89	20.45	17.00	27.90	-2.38
EPS											218	210	401	716	1,906	1,231	1,232	2,660	-210
배당금											0	0	0	0	0	0	100	100	0
ROE											18.42	11.36	21.54	27.99	35.89	20.45	18.50	28.99	-2.38
직원의 수															204	240	288	328	370
연봉정보															28	31	33	28	26

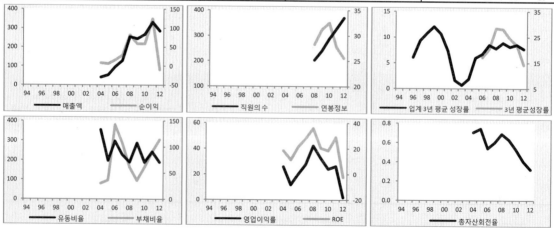

단위 : 성장률, ROE-% / EPS, 주당배당금 – 원 / 직원의 수 – 명 / 연봉정보 – 백만
2004년~2005년 사업보고서 미공시로 인하여 EPS는 감사보고서를 기준으로, 배당금은 0으로 간주해 성장률을 계산하였습니다.
04년~05년 성장률은 업계 3년 평균성장률 계산 과정에서 제외하였습니다.

• 이트론 (코스닥 / 096040)

- 시스템 소프트웨어 개발 및 공급업

구분	94	95	96	97	98	99	00	01	02	03	04	05	06	07	08	09	10	11	12
성장률										29.40	22.18	13.33	14.10	14.63	-20.45	-4.72	-1.64	-29.84	-8.20
EPS										798	773	555	683	838	-1,055	-197	-67	-947	-240
배당금										0	0	0	0	0	0	0	0	0	0
ROE										29.40	22.18	13.33	14.10	14.63	-20.45	-4.72	-1.64	-29.84	-8.20
직원의 수														107	103	99	81	65	41
연봉정보														32	33	35	33	33	33

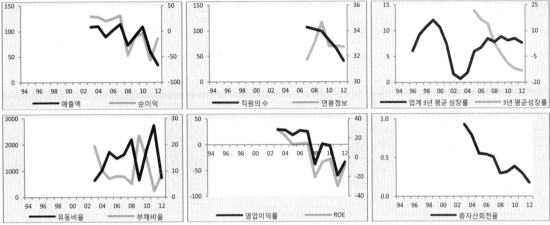

단위 : 성장률, ROE-% / EPS, 주당배당금 - 원 / 직원의 수 - 명 / 연봉정보 - 백만
2003년~2004년 사업보고서 미공시로 인하여 EPS는 감사보고서를 기준으로, 배당금은 0으로 간주해 성장률을 계산하였습니다.
03년~04년 성장률은 업계 3년 평균성장률 계산 과정에서 제외하였습니다.
2013년 7월, 주식회사 네오엠텔에서 이트론 주식회사로 상호 변경하였습니다.

• 인포뱅크 (코스닥 / 039290)

- 시스템 소프트웨어 개발 및 공급업

구분	94	95	96	97	98	99	00	01	02	03	04	05	06	07	08	09	10	11	12
성장률							-0.29	-14.23	-67.76	4.43	7.40	20.03	5.40	5.77	2.10	4.80	7.30	7.48	29.25
EPS							9	369	-1,151	85	154	521	218	548	165	266	383	431	1,967
배당금							0	0	0	0	0	30	30	30	20	30	30	30	30
ROE							-0.29	-14.23	-67.76	4.43	7.40	20.03	6.26	6.10	2.39	5.41	7.92	8.04	29.70
직원의 수											115	144	169	178	230	247	252		
연봉정보											36	35	41	40	36	45	44		

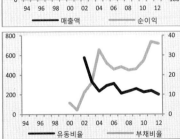
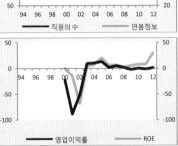
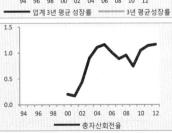

단위 : 성장률, ROE-% / EPS, 주당배당금 - 원 / 직원의 수 - 명 / 연봉정보 - 백만
2000년~2003년 사업보고서 미공시로 인하여 EPS는 감사보고서를 기준으로, 배당금은 0으로 간주해 성장률을 계산하였습니다.
00년~03년 성장률은 업계 3년 평균성장률 계산 과정에서 제외하였습니다.
특이값(2000년~2001년 유동비율)은 그래프에서 제외하였습니다.

• 인프라웨어 (코스닥 / 041020)
- 시스템 소프트웨어 개발 및 공급업

구분	94	95	96	97	98	99	00	01	02	03	04	05	06	07	08	09	10	11	12
성장률											33.19	4.19	8.20	15.53	17.38	5.33	-8.29	3.89	9.74
EPS											397	181	268	546	703	256	-321	156	430
배당금											0	0	0	0	0	0	0	0	0
ROE											33.19	4.19	8.20	15.53	17.38	5.33	-8.29	3.89	9.74
직원의 수											136	177	234		272	358	324	356	364
연봉정보											9	35	37		42	38	44	45	50

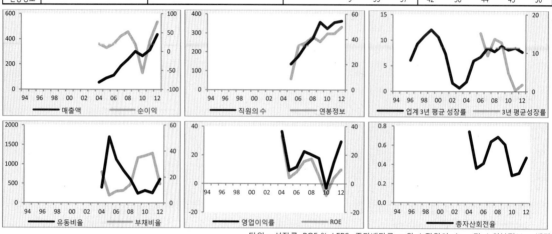

단위 : 성장률, ROE-% / EPS, 주당배당금 – 원 / 직원의 수 – 명 / 연봉정보 – 백만

• 큐브스 (코스닥 / 065560)
- 시스템 소프트웨어 개발 및 공급업

구분	94	95	96	97	98	99	00	01	02	03	04	05	06	07	08	09	10	11	12
성장률						자본잠식	153.33	40.56	23.39	13.53	12.53	6.56	10.32	-13.35	-53.91	10.34	0.29	6.21	-116.6
EPS						-545	264	444	307	366	384	222	375	-289	-881	233	36	65	-734
배당금						0	0	0	0	100	120	70	110	0	0	40	0	0	0
ROE						자본잠식	153.33	40.56	23.39	18.61	18.22	9.58	14.60	-13.35	-53.91	12.49	0.29	6.21	-116.6
직원의 수										115	165	177	225	261	248	218	179	166	142
연봉정보										25	28	26	27	28	33	31	34	36	34

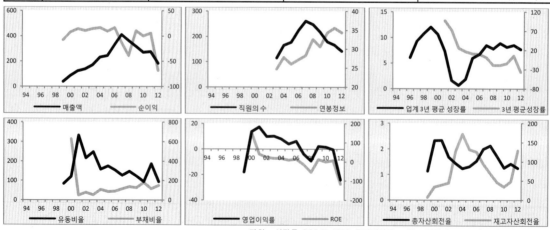

단위 : 성장률, ROE-% / EPS, 주당배당금 – 원 / 직원의 수 – 명 / 연봉정보 – 백만
자본잠식으로 인해, 계산 불가한 값(1999년 부채비율과 성장률 및 ROE)은 그래프에서 제외하였습니다.
2013년 7월, ㈜선도소프트에서 ㈜큐브스로 상호 변경하였습니다.

• 텔코웨어 (유가증권 / 078000)
- 시스템 소프트웨어 개발 및 공급업

구 분	94	95	96	97	98	99	00	01	02	03	04	05	06	07	08	09	10	11	12
성장률							92.62	59.70	24.77	26.56	14.18	11.83	5.74	4.97	5.27	3.53	1.74	4.04	4.46
EPS							170	281	1,219	1,659	1,824	1,467	835	816	913	727	467	870	1,058
배당금							0	0	0	0	220	200	250	300	320	300	250	320	400
ROE							92.62	59.70	24.77	26.56	16.13	13.70	8.20	7.87	8.12	6.02	3.74	6.39	7.17
직원의 수											165	184	183	187	203	198	194	200	206
연봉정보											44	47	50	50	54	47	45	50	56

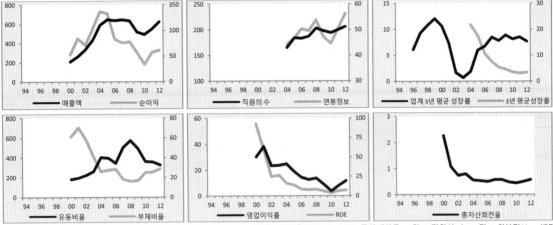

단위 : 성장률, ROE-% / EPS, 주당배당금 – 원 / 직원의 수 – 명 / 연봉정보 – 백만
2000년~2001년 사업보고서 미공시로 인하여 EPS는 감사보고서를 기준으로, 배당금은 0으로 간주해 성장률을 계산하였습니다.
00년~01년 성장률은 업계 3년 평균성장률 계산 과정에서 제외하였습니다.

• 투비소프트 (코스닥 / 079970)
- 시스템 소프트웨어 개발 및 공급업

구 분	94	95	96	97	98	99	00	01	02	03	04	05	06	07	08	09	10	11	12
성장률												21.34	13.98	5.98	21.72	22.62	13.38	14.39	15.87
EPS												342	349	161	512	689	694	682	894
배당금												0	0	0	0	0	0	0	0
ROE												21.34	13.98	5.98	21.72	22.62	13.38	14.39	15.87
직원의 수																	200	230	260
연봉정보																	40	44	44

단위 : 성장률, ROE-% / EPS, 주당배당금 – 원 / 직원의 수 – 명 / 연봉정보 – 백만
2005년~2007년 사업보고서 미공시로 인하여 EPS는 감사보고서를 기준으로, 배당금은 0으로 간주해 성장률을 계산하였습니다.
05년~07년 성장률은 업계 3년 평균성장률 계산 과정에서 제외하였습니다.

· MDS 테크 (코스닥 / 086960)
- 시스템 소프트웨어 개발 및 공급업

구분	94	95	96	97	98	99	00	01	02	03	04	05	06	07	08	09	10	11	12
성장률									40.64	35.15	26.83	22.19	11.57	6.62	8.37	10.33	11.35	11.20	10.33
EPS									197	124	1,152	1,236	953	450	492	710	965	1,053	1,112
배당금									0	0	100	150	210	130	150	220	260	290	270
ROE									40.64	35.15	29.38	25.25	14.84	9.30	12.04	14.96	15.53	15.46	13.64
직원의 수													157	154	159	170	192	197	199
연봉정보													42	43	39	45	40	42	44

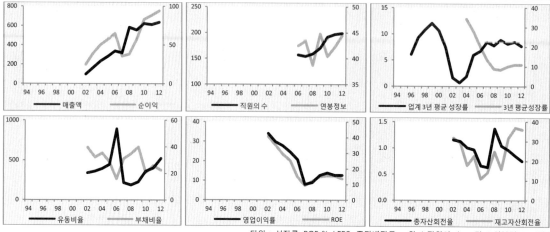

단위 : 성장률, ROE-% / EPS, 주당배당금 - 원 / 직원의 수 - 명 / 연봉정보 - 백만
2002년~2003년 사업보고서 미공시로 인하여 EPS는 감사보고서를 기준으로, 배당금은 0으로 간주해 성장률을 계산하였습니다.
02년~03년 성장률은 업계 3년 평균성장률 계산 과정에서 제외하였습니다.
2004년 4월, 한국MDS㈜에서 엠디에스테크놀로지㈜로 상호 변경하였습니다.

· 디오텍 (코스닥 / 108860)
- 시스템·응용 소프트웨어 개발 및 공급업

구분	94	95	96	97	98	99	00	01	02	03	04	05	06	07	08	09	10	11	12
성장률														19.44	17.44	15.35	19.60	3.00	-13.60
EPS														367	383	1,026	478	70	-316
배당금														0	0	200	0	0	0
ROE												7.09	10.91	19.44	17.44	19.06	19.60	3.00	-13.60
직원의 수																110	128	128	155
연봉정보																34	37	36	31

단위 : 성장률, ROE-% / EPS, 주당배당금 - 원 / 직원의 수 - 명 / 연봉정보 - 백만
2011년 11월, 최대주주가 도정인에서 ㈜인프라웨어로 변경되었습니다.

• 디지탈아리아 (코스닥 / 115450)
- 응용 소프트웨어 개발 및 공급업

구분	94	95	96	97	98	99	00	01	02	03	04	05	06	07	08	09	10	11	12
성장률											4.87	60.09	41.73	26.49	15.55	25.71	15.06	-164.3	-48.53
EPS											29	1,036	1,400	1,212	649	1,224	1,013	-6,740	-773
배당금											0	0	0	0	0	0	0	0	0
ROE											4.87	60.09	41.73	26.49	15.55	25.71	15.06	-164.3	-48.53
직원의 수																	107	180	57
연봉정보																	43	27	38

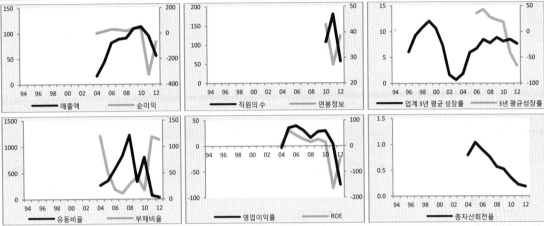

단위 : 성장률, ROE-% / EPS, 주당배당금 - 원 / 직원의 수 - 명 / 연봉정보 - 백만
2004년~2007년 사업보고서 미공시로 인하여 EPS는 감사보고서를 기준으로, 배당금은 0으로 간주해 성장률을 계산하였습니다.
04년~07년 성장률은 업계 3년 평균성장률 계산 과정에서 제외하였습니다.

• 라온시큐어 (코스닥 / 108860)
- 시스템·응용 소프트웨어 개발 및 공급업

구분	94	95	96	97	98	99	00	01	02	03	04	05	06	07	08	09	10	11	12
성장률					4.72	27.19	14.74	-12.15	3.47	1.04	8.86	10.77	7.21	0.63	-218.38	-42.08	66.88	13.35	22.25
EPS					4	23	389	-228	92	51	250	269	210	16	-15,335	-1,519	-4,047	-4,671	96
배당금					0	0	0		25			30	50						
ROE					4.72	27.19	14.74	-12.15	4.76	2.53	11.08	10.77	7.21	0.63	-218.38	-42.08	66.88	13.35	22.25
직원의 수					78	90	78			66	82	미공시	98	109	116	24	11	11	138
연봉정보					27	35	33			39	50		56	45	50	27	37	37	36

단위 : 성장률, ROE-% / EPS, 주당배당금 - 원 / 직원의 수 - 명 / 연봉정보 - 백만
2012년 9월, 테라움 주식회사에서 라온시큐어 주식회사로 상호 변경하였습니다.
2005년 직원의 수와 연봉정보는 미공시 되었습니다.

• 다우데이타 (코스닥 / 032190)

- 컴퓨터 및 주변장치, 소프트웨어 도매업

구분	94	95	96	97	98	99	00	01	02	03	04	05	06	07	08	09	10	11	12
성장률			8.17	3.75	-3.22	-10.40	-3.02	0.59	-8.45	7.65	6.86	4.74	10.51	9.45	17.49	9.06	1.93	-0.38	0.74
EPS			233	48	-34	237	-25	34	-115	153	144	135	411	360	729	460	717	49	72
배당금			3	3	0	60	25	25	0	35	35	35	35	40	50	70	70	60	50
ROE			8.26	3.96	-3.22	-13.93	-1.51	2.23	-8.45	9.92	9.06	6.40	11.49	10.63	18.78	10.68	2.14	1.69	2.43
직원의 수						73	103	136	131	102	106	116	128	133	120	112	126	117	73
연봉정보						21	24	28	30	32	34	31	32	31	36	36	32	34	37

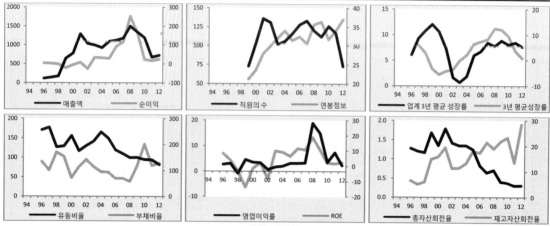

단위 : 성장률, ROE-% / EPS, 주당배당금 - 원 / 직원의 수 - 명 / 연봉정보 - 백만
2007년 3월, ㈜다우데이타시스템을 ㈜다우데이타로 상호 변경하였습니다.
1995년도 자료는 표와 그래프에서 제외하였습니다.

• 포비스티앤씨 (코스닥 / 016670)

- 컴퓨터 및 주변장치, 소프트웨어 도매업

구분	94	95	96	97	98	99	00	01	02	03	04	05	06	07	08	09	10	11	12
성장률		7.82	15.46	11.23	2.43	2.77	3.17	-2.38	-9.31	4.92	10.61	3.08	-15.89	-75.57	-843.1	38.25	34.61	20.83	12.79
EPS		13	25	12	5	55	42	-30	-111	63	138	51	-153	-495	-1,210	-338	253	138	118
배당금		4	4	1	2	15	0	0	0	7	20	15	0	0	0	0	0	0	0
ROE		11.25	18.43	11.92	4.37	3.81	3.17	-2.38	-9.31	5.54	12.41	4.36	-15.89	-75.57	-843.1	38.25	34.61	20.83	12.79
직원의 수						101	109	106	103	100	126	120	127	121	20	16	27	30	59
연봉정보						22	21	23	24	24	23	27	26	29	22	28	54	69	47

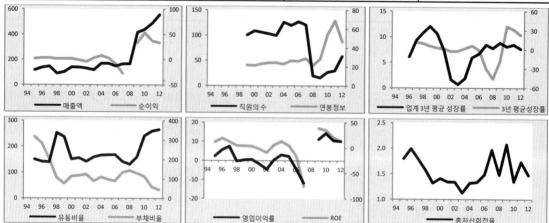

단위 : 성장률, ROE-% / EPS, 주당배당금 - 원 / 직원의 수 - 명 / 연봉정보 - 백만
2010년 9월, 우리담배판매㈜에서 ㈜포비스티앤씨로 상호 변경하였습니다.
*2010년 10월, 회생법원인 대전지방법원으로부터 회생종결 결정을 받았습니다.
특이값(2008년 순이익, 영업이익, ROE)은 그래프에서 제외하였습니다.

• 더존비즈온 (유가증권 / 012510)

- 컴퓨터시설 관리업

구분	94	95	96	97	98	99	00	01	02	03	04	05	06	07	08	09	10	11	12
성장률	2.39	2.21	-3.64	21.66	25.11	8.60	-8.41	5.07	-5.22	6.07	-11.49	-69.20	-433.0	24.19	-24.12	5.36	30.24	7.73	13.85
EPS	31	14	-23	208	321	120	-85	67	-58	76	-118	-449	-2,553	124	-99	82	730	193	642
배당금	15	0	0	50	40	25	0	0	0	0	0	0	0	0	0	0	0	0	200
ROE	4.69	2.21	-3.64	28.52	28.69	10.87	-8.41	5.07	-5.22	6.07	-11.49	-69.20	-433.0	24.19	-24.12	5.36	30.24	7.73	20.12
직원의 수					200	196	186	186	185	188	121	51	170	200	190	453	518	608	592
연봉정보					20	21	22	26	28	27	42	28	14	29	26	30	28	33	32

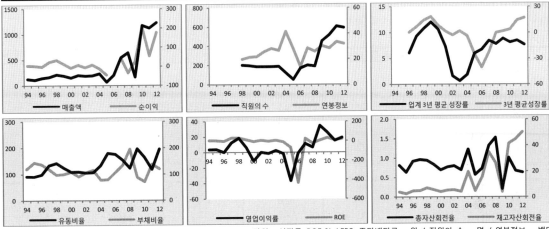

단위 : 성장률, ROE-% / EPS, 주당배당금 – 원 / 직원의 수 – 명 / 연봉정보 – 백만
2006 년 6 월, ㈜대동에서 ㈜더존비즈온으로 상호 변경하였습니다.
2006 년 대규모 적자로 인하여, 순이익은 그래프에서 제외하였습니다.

• SGA (코스닥 / 049470)

- 컴퓨터 제조업

구분	94	95	96	97	98	99	00	01	02	03	04	05	06	07	08	09	10	11	12
성장률					13.75	18.74	17.57	5.06	6.20	9.08	4.75	11.49	10.00	1.89	15.98	4.09	-50.90	1.05	-6.72
EPS					97	255	148	57	116	158	120	162	214	30	385	55	-322	7	-43
배당금					0	0	0	0	50	50	60	0	60	0	0	0	0	0	0
ROE					13.75	18.74	17.57	5.06	10.90	13.29	9.50	11.49	13.90	1.89	15.98	4.09	-50.90	1.05	-6.72
직원의 수								65	67	84	81	98	84	80	134	120	151	150	135
연봉정보								16	26	21	26	27	26	21	6	25	27	25	20

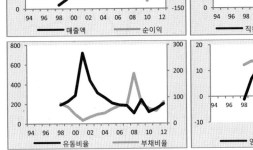
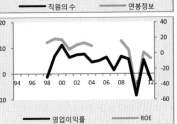
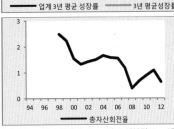

단위 : 성장률, ROE-% / EPS, 주당배당금 – 원 / 직원의 수 – 명 / 연봉정보 – 백만
2008년 12월, 보안업체 스캐니글로벌㈜와 합병하였으며 해당 재무자료는 합병 전·후로 구분하였습니다.
1기(1997년) 자료는 표와 그래프에서 제외하였습니다.

• 인터넷서비스

2012년 인터넷서비스 상장기업 전체 매출액은 약 3조 1천억원(전년대비 3% 성장)이며, 총 당기순이익은 약 6천 2백억원(전년대비 3% 상승)입니다. 평균성장률은 5.2%(전년대비 3.2%p 감소)이며, 최근 3년간 성장률이 하락하고 있습니다. ROE는 7%(전년대비 2.4%p 감소)를 기록하였습니다.
(매출액 및 당기순이익은 단순합계금액이며, 성장률 및 ROE는 단순평균값 입니다)

해당 산업의 직원 수는 약 7천 1백명(전년대비 7% 감소)이며, 최근 평균연봉(2012년)은 약 5천 8백만원(전년대비 5% 증가)입니다. 2000년대 중반 이후, 업계 평균연봉은 꾸준히 상승하고 있습니다.
최근 3년 업계 평균 유동비율은 248%, 부채비율은 69.3%입니다.

구 분	총매출액	총 당기순이익	평균성장률	평균 ROE	총 직원수	연봉정보
94						
95	46	5	14.6	17.0		
96	78	6	15.8	16.7		
97	103	2	8.2	13.6		
98	80	-15	-1.2	-0.8		
99	101	1	14.3	1.8	428	26
00	183	-22	0.5	2.3	613	29
01	301	-40	5.8	6.5	668	29
02	526	10	9.0	13.3	1,164	28
03	587	79	3.4	7.5	2,081	28
04	819	-3	2.6	6.9	3,078	31
05	1,098	4	4.9	5.5	3,324	37
06	1,432	135	10.4	13.6	3,814	42
07	1,891	238	5.8	11.6	5,680	42
08	2,304	377	4.0	9.1	6,918	45
09	2,421	505	6.1	10.2	6,578	50
10	2,780	587	10.6	13.6	7,197	53
11	3,039	603	8.4	9.4	7,711	55
12	3,142	624	5.2	7.0	7,196	58

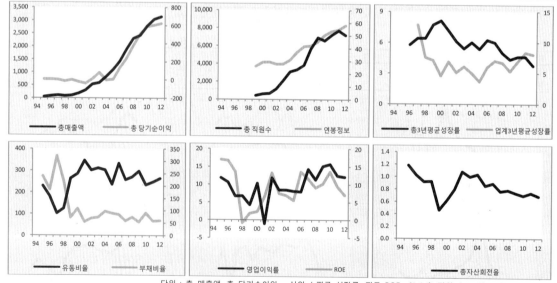

단위 : 총 매출액, 총 당기순이익 - 십억 / 평균 성장률, 평균 ROE - % / 총 직원 수 - 명 / 연봉정보 - 백만
연봉정보는 1인당 평균 급여액이며, 대상기업들의 연간 총 급여액을 총 직원의 수로 나눈 금액입니다.
업계 3년 평균 성장률은 인터넷서비스업종 전체 상장사의 평균이며, 사업보고서에 근거한 자료만으로 만들었습니다.

· 소리바다 (코스닥 / 053110)
- 데이터베이스 및 온라인정보 제공업

구분	94	95	96	97	98	99	00	01	02	03	04	05	06	07	08	09	10	11	12
성장률					6.32	29.90	18.24	3.83	-54.7	-14.12	7.17	자본잠식	-402.5	-42.02	-612.7	4.88	29.36	20.01	-2.44
EPS					34	278	283	73	-509	-122	64	-596	-467	-150	-386	5	22	157	-21
배당금					0	50	0	0	0	0	0	0	0	0	0	0	0	0	0
ROE					6.32	36.47	18.24	3.83	-54.7	-14.12	7.17	자본잠식	-402.5	-42.02	-612.7	4.88	29.36	20.01	-2.44
직원의 수									46	42	42	47	105	110	69	70	72	73	92
연봉정보									17	17	15	15	25	23	36	28	33	27	26

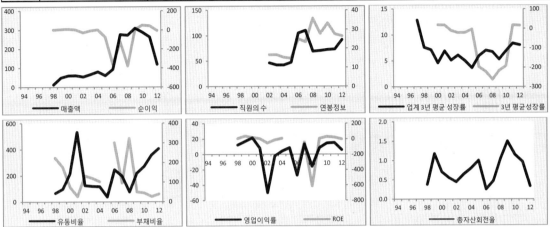

단위 : 성장률, ROE-% / EPS, 주당배당금 - 원 / 직원의 수 - 명 / 연봉정보 - 백만
자본잠식으로 인해, 계산 불가한 값(2005년 부채비율, ROE, 성장률)은 그래프에서 제외 및 보정하였습니다.
2006년 9월, 바이오메디아㈜에서 ㈜소리바다로 상호 변경하였습니다.
2007년 8월, 회사 분할(존속법인 : ㈜소리바다, 신설법인㈜부농)을 하였습니다.

· KT뮤직 (코스닥 / 043610)
- 데이터베이스 및 온라인정보 제공업

구분	94	95	96	97	98	99	00	01	02	03	04	05	06	07	08	09	10	11	12
성장률			11.31	12.77	-24.53	21.83	10.65	-30.31	7.4	-20.09	5.05	-181.1	-48.48	-54.37	-14.01	-24.89	2.88	-11.93	-4.99
EPS			7	11	-13	15	163	-239	63	-312	62	-944	-453	-832	-123	-194	22	-80	-66
배당금			0	3	0	0	40	0	0	0	0	0	0	0	0	0	0	0	0
ROE			11.31	16.57	-24.53	21.83	14.12	-30.31	7.4	-20.09	5.05	-181.1	-48.48	-54.37	-14.01	-24.89	2.88	-11.93	-4.99
직원의 수							39	40	30	28	40	102	101	78	123	99	117	129	131
연봉정보							32	36	32	37	26	26	25	25	25	37	23	31	32

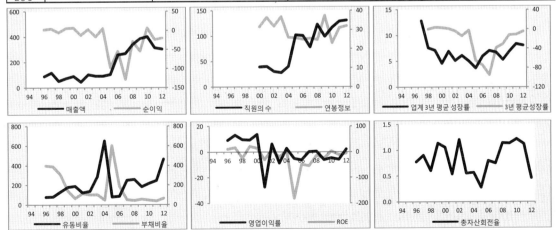

단위 : 성장률, ROE-% / EPS, 주당배당금 - 원 / 직원의 수 - 명 / 연봉정보 - 백만
2008년 3월, 블루코드테크놀로지㈜에서 ㈜K케이티에프뮤직으로 상호 변경하였습니다.

인 터 넷 서 비 스

• 다날 (코스닥 / 064260)
- 데이터베이스 및 온라인정보 제공업

구분	94	95	96	97	98	99	00	01	02	03	04	05	06	07	08	09	10	11	12
성장률								25.80	43.44	28.68	10.91	11.51	-3.51	1.20	-5.64	4.98	7.01	6.77	-5.29
EPS								449	642	595	403	486	-152	48	-225	249	333	354	-269
배당금								0	0	0	0	0	0	0	0	0	0	0	0
ROE							14.37	25.80	43.44	28.68	10.91	11.51	-3.51	1.20	-5.64	4.98	7.01	6.77	-5.29
직원의 수											141	142	140	147	132	126	127	135	95
연봉정보											26	24	30	35	43	49	43	38	40

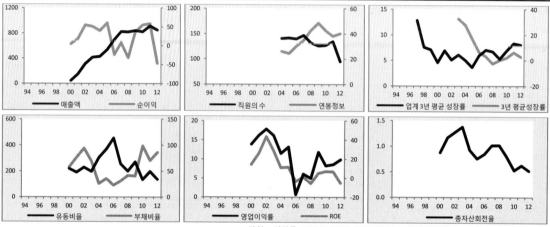

단위 : 성장률, ROE-% / EPS, 주당배당금 – 원 / 직원의 수 – 명 / 연봉정보 – 백만
2001년 사업보고서 미공시로 인하여 EPS는 감사보고서를 기준으로, 배당금은 0으로 간주해 성장률을 계산하였습니다.
01년 성장률은 업계 3년 평균성장률 계산 과정에서 제외하였습니다.

• 이크레더블 (코스닥 / 092130)
- 데이터베이스 및 온라인정보 제공업

구분	94	95	96	97	98	99	00	01	02	03	04	05	06	07	08	09	10	11	12
성장률													45.06	-34.25	-47.12	9.33	8.17	9.75	8.14
EPS													65	13	20	304	349	465	467
배당금													0	25	51	150	210	290	300
ROE											47.28	59.17	45.06	38.31	31.52	18.41	20.51	25.90	22.76
직원의 수														87	103	131	128	114	119
연봉정보														20	29	22	27	51	9

단위 : 성장률, ROE-% / EPS, 주당배당금 – 원 / 직원의 수 – 명 / 연봉정보 – 백만
2012년 결산 월 변경으로 인하여 13기는 제외하였으며, 12기를 2012년 기준으로 작성하였습니다.
2007년 5월, 한국기업인증㈜에서 ㈜이크레더블로 상호 변경하였습니다.

· KG 모빌리언스 (코스닥 / 046440)

- 데이터베이스 및 온라인정보 제공업

구분	94	95	96	97	98	99	00	01	02	03	04	05	06	07	08	09	10	11	12
성장률								2.77	49.41	39.29	20.49	10.36	8.00	4.41	-4.39	6.33	11.31	9.48	14.03
EPS								21	664	869	869	273	367	156	-164	295	477	506	871
배당금								0	0	0	0	0	75	0	0	0	0	75	100
ROE								2.77	49.41	39.29	20.49	10.36	10.05	4.41	-4.39	6.33	11.31	11.13	15.85
직원의 수										59	56	61	72		65	69	83	91	165
연봉정보										24	29	32	32		36	34	37	47	36

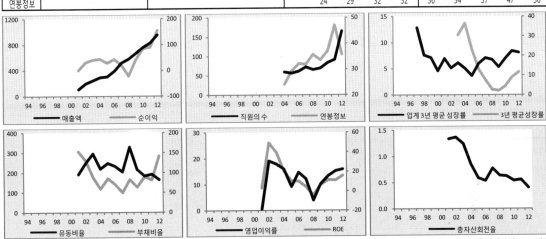

단위 : 성장률, ROE-% / EPS, 주당배당금 – 원 / 직원의 수 – 명 / 연봉정보 – 백만
2012년 3월, 주식회사 모빌리언스에서 주식회사 케이지모빌리언스로 상호 변경하였습니다.
2001년 사업보고서 미공시로 인하여 EPS는 감사보고서를 기준으로, 배당금은 0으로 간주해 성장률을 계산하였습니다.
01년 성장률은 업계 3년 평균성장률 계산 과정에서 제외하였습니다.

· NAVER (유가증권 / 035420)

- 데이터베이스 및 온라인정보 제공업

구분	94	95	96	97	98	99	00	01	02	03	04	05	06	07	08	09	10	11	12
성장률						1.40	-24.04	6.86	20.23	29.39	22.16	3.92	40.59	59.73	58.68	42.88	35.72	28.07	25.65
EPS						7	-211	552	3,995	3,712	1,182	196	3,286	6,056	7,959	9,307	10,566	10,624	12,196
배당금						0	0	0	250	500	0	0	0	0	0	0	0	536	616
ROE						1.40	-24.04	6.86	21.58	33.97	22.16	3.92	40.59	59.73	58.68	42.88	35.72	29.56	27.01
직원의 수									283	709	813	965	1,569	2,298	3,259	2,657	2,579	2,686	2,495
연봉정보									34	30	32	44	51	59	52	64	74	74	76

단위 : 성장률, ROE-% / EPS, 주당배당금 – 원 / 직원의 수 – 명 / 연봉정보 – 백만
2013년 8월, 한게임 사업부문을 인적 분할(존속법인: 네이버㈜, 신설법인: 엔에이치엔터테이먼트㈜)하였습니다.
특이값(1999년~2000년 영업이익률, ROE)는 그래프에서 제외하였습니다.

• SK 컴즈 (코스닥 / 066270)
- 데이터베이스 및 온라인정보 제공업

구분	94	95	96	97	98	99	00	01	02	03	04	05	06	07	08	09	10	11	12
성장률						-38.68	-27.90	-5.42	31.64	9.89	-11.17	11.33	8.90	-15.48	-10.41	1.10	0.47	1.83	-18.09
EPS						-27	-5	-8	743	962	-846	2,050	605	-992	-504	56	264	100	-835
배당금						0	0	0	0	100	100	0	0	0	0	0	0	0	0
ROE						-38.68	-27.90	-5.42	31.64	11.04	-9.99	11.33	8.90	-15.48	-10.41	1.10	0.47	1.83	-18.09
직원의 수										252	357	260	273	1,133	985	969	1,075	1,321	796
연봉정보										18	26	36	32	41	41	45	50	39	67

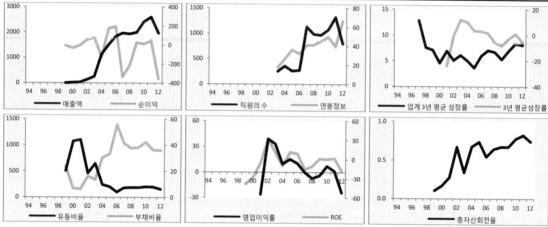

단위 : 성장률, ROE-% / EPS, 주당배당금 – 원 / 직원의 수 – 명 / 연봉정보 – 백만
2007년 6월, ㈜엠파스가 비상장법인인 에스케이커뮤니케이션즈㈜를 흡수 합병하였습니다.
2007년 11월, ㈜엠파스에서 에스케이커뮤니케이션즈 주식회사로 상호 변경하였습니다.
특이값(1999년~2000년 영업이익률)은 그래프에서 제외하였습니다.

• 가비아 (코스닥 / 079940)
- 시스템 소프트웨어 개발 및 공급업

구분	94	95	96	97	98	99	00	01	02	03	04	05	06	07	08	09	10	11	12
성장률										40.64	32.07	17.11	15.93	16.70	12.44	14.46	12.97	11.92	17.59
EPS										481	559	687	333	231	145	256	308	267	447
배당금										0	0	50	50	50	0	30	30	30	20
ROE								13.39	22.4	40.64	32.07	18.46	18.74	19.20	12.44	16.38	14.38	13.43	18.41
직원의 수											98	106	110	113	130	155	194	213
연봉정보											24	26	35	39	33	31	35	36

단위 : 성장률, ROE-% / EPS, 주당배당금 – 원 / 직원의 수 – 명 / 연봉정보 – 백만

• 갤럭시아컴즈 (코스닥 / 094480)
- 시스템 소프트웨어 개발 및 공급업

구분	94	95	96	97	98	99	00	01	02	03	04	05	06	07	08	09	10	11	12
성장률												70.72	38.97	1.89	0.10	0.88	-1.49	-82.70	2.53
EPS												800	659	82	8	50	-700	-1,301	15
배당금												0	0	0	0	0	0	0	0
ROE										자본잠식	345.93	70.72	38.97	1.89	0.10	0.88	-1.49	-82.70	2.53
직원의 수															45	45	142	149	156	100
연봉정보															40	40	20	38	38	52

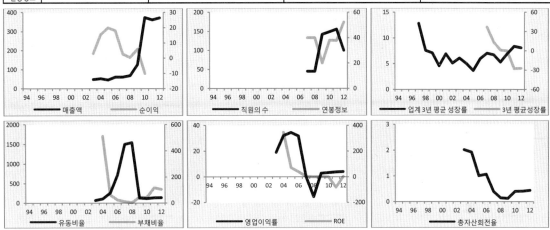

단위 : 성장률, ROE-% / EPS, 주당배당금 - 원 / 직원의 수 - 명 / 연봉정보 - 백만

2008년 10월 효성그룹 계열사로 편입되었으며, 2009년 12월 바로비젼 주식회사에서 갤럭시아커뮤니케이션즈 주식회사로 상호 변경하였습니다.
자본잠식으로 인해, 계산 불가한 값(2003년 부채비율, ROE, 성장률)은 그래프에서 제외 및 보정하였습니다.
특이값(2011년 순이익)은 그래프에서 제외하였습니다.

• 아로마소프트 (코스닥 / 072770)
- 시스템 소프트웨어 개발 및 공급업

구분	94	95	96	97	98	99	00	01	02	03	04	05	06	07	08	09	10	11	12
성장률												24.64	25.10	1.85	-21.26	-9.80	-361.9	20.17	8.74
EPS												333	431	70	-582	-247	-1,651	140	65
배당금												35	35	0	0	0	0	0	0
ROE										18.68	15.26	27.53	27.32	1.85	-21.26	-9.80	-361.9	20.17	8.74
직원의 수															43	59	57	68	75	77
연봉정보															34	38	37	28	37	37

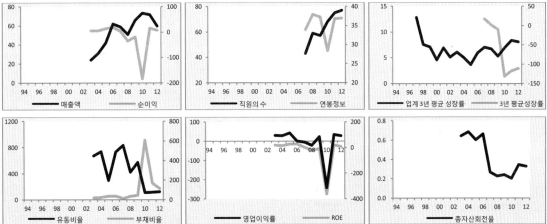

단위 : 성장률, ROE-% / EPS, 주당배당금 - 원 / 직원의 수 - 명 / 연봉정보 - 백만

• 아프리카 TV (코스닥 / 067160)
- 시스템 소프트웨어 개발 및 공급업

구분	94	95	96	97	98	99	00	01	02	03	04	05	06	07	08	09	10	11	12
성장률								12.39	17.98	12.55	2.92	8.31	12.66	4.50	8.23	12.46	11.04	2.22	3.36
EPS								229	282	327	98	232	330	237	266	386	414	122	233
배당금								0	0	0	50	50	50	50	50	60	50	0	110
ROE								12.39	17.98	12.55	5.96	10.59	14.92	5.71	10.13	14.75	12.55	2.22	6.37
직원의 수										45	54	61	81	95	262	320	336	211	283
연봉정보										35	35	34	33	40	34	34	36	37	36

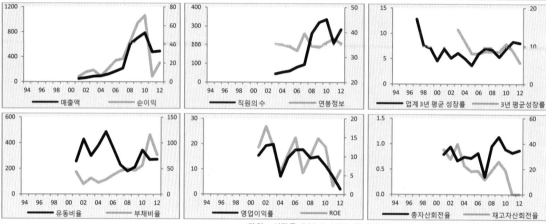

단위 : 성장률, ROE-% / EPS, 주당배당금 – 원 / 직원의 수 – 명 / 연봉정보 – 백만
2013년 3월, 주식회사 나우콤에서 주식회사 아프리카티비로 상호 변경하였습니다.
4기(1999년), 5기(2000년) 자료는 표와 그래프에서 제외하였습니다.

• 한국사이버결제 (코스닥 / 060250)
- 시스템 소프트웨어 개발 및 공급업

구분	94	95	96	97	98	99	00	01	02	03	04	05	06	07	08	09	10	11	12
성장률				4.53	12.33	41.88	19.59	16.37	9.74	2.86	0.49	-27.39	-433.2	12.29	19.09	18.35	29.79	28.43	14.37
EPS				23	5	24	172	277	188	93	57	-318	-1,442	114	178	225	518	720	417
배당금				20	0	0	0	0	50	50	50	0	0	0	0	0	0	120	50
ROE				38.74	12.33	41.88	19.59	16.37	13.27	6.18	3.98	-27.39	-433.2	12.29	19.09	18.35	29.79	34.11	16.32
직원의 수								66	66	68	63	63	75	83	86	97	111	140	131
연봉정보								17	17	17	29	27	28	23	31	45	33	27	26

단위 : 성장률, ROE-% / EPS, 주당배당금 – 원 / 직원의 수 – 명 / 연봉정보 – 백만
2006년 1월 한국사이버페이먼트㈜를 흡수 합병, 7월 POS사업부문을 물적 분할하였으며 ㈜한국사이버결제로 상호 변경하였습니다.
특이값(2006년 ROE)은 그래프에서 제외하였습니다.

- **KG 이니시스** (코스닥 / 035600)
  - 시스템 소프트웨어 개발 및 공급업

구분	94	95	96	97	98	99	00	01	02	03	04	05	06	07	08	09	10	11	12
성장률						2.95	-2.28	5.32	19.1	-32.17	-34.14	65.15	8.52	11.03	23.23	21.61	10.99	11.52	13.84
EPS						138	-18	50	269	-349	-312	1,550	221	316	848	1,043	599	810	918
배당금						0	0	0	0	0	0	0	0	0	0	0	0	100	125
ROE						2.95	-2.28	5.32	19.1	-32.17	-34.14	65.15	8.52	11.03	23.23	21.61	10.99	13.14	16.02
직원의 수						24	49	55	65	171	88	78	90	115	137	144	162	174	194
연봉정보						9	21	27	28	23	47	32	32	42	45	50	41	42	45

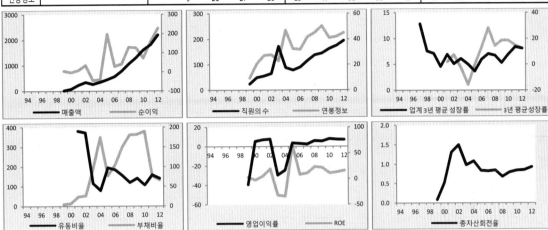

단위 : 성장률, ROE-% / EPS, 주당배당금 – 원 / 직원의 수 – 명 / 연봉정보 – 백만
2012년 3월, 주식회사 이니시스에서 주식회사 케이지이니시스로 상호 변경하였습니다.
특이값(1999년~2000년 유동비율)은 그래프에서 제외하였습니다.
1기(1998년) 자료는 표와 그래프에서 제외하였습니다.

- **옴니텔** (코스닥 / 057680)
  - 응용소프트웨어 개발 및 공급업

구분	94	95	96	97	98	99	00	01	02	03	04	05	06	07	08	09	10	11	12
성장률							8.19	12.40	1.78	-24.85	-48.70	-11.49	2.14	-47.29	2.25	3.86	-2.39	-10.94	-19.67
EPS							65	113	35	-340	-451	-148	33	-482	27	51	-35	-136	-186
배당금							0	0	0	0	0	0	0	0	0	0	0	0	0
ROE							8.19	12.40	1.78	-24.85	-48.70	-11.49	2.14	-47.29	2.25	3.86	-2.39	-10.94	-19.67
직원의 수							107			86	84	93	89	87	61	44	96	82	88
연봉정보							15			33	32	27	25	25	24	24	21	31	31

단위 : 성장률, ROE-% / EPS, 주당배당금 – 원 / 직원의 수 – 명 / 연봉정보 – 백만
2008년 2월, 무선인터넷 멀티미디어 컨텐츠 전문업체인 ㈜엠닥스를 인수 합병하였습니다.
1기(1998년), 2기(2000년) 자료는 표와 그래프에서 제외하였습니다.

• KTH (코스닥 / 036030)

- 통신 재판매업

구분	94	95	96	97	98	99	00	01	02	03	04	05	06	07	08	09	10	11	12
성장률		14.59	8.48	7.16	1.18	0.85	0.40	-5.45	-7.44	-9.12	-15.33	-4.13	0.21	2.24	4.27	5.10	-5.19	-6.66	-6.64
EPS		213	158	153	37	123	27	-357	-457	-519	-745	-193	10	112	222	278	-263	-330	-306
배당금		30	40	50	20	30	0	0	0	0	0	0	0	0	0	0	0	0	0
ROE		16.98	11.36	10.63	2.54	1.12	0.40	-5.45	-7.44	-9.12	-15.33	-4.13	0.21	2.24	4.27	5.10	-5.19	-6.66	-6.64
직원의 수						247	245	224	191	164	322	341	395	399	512	460	559	563	523
연봉정보						32	41	37	37	35	31	49	43	43	38	42	41	43	46

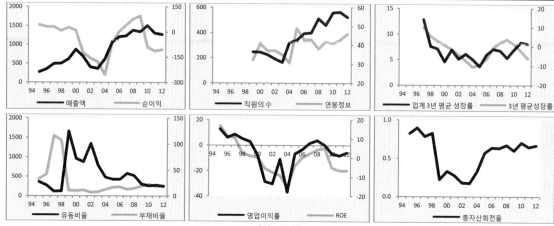

단위 : 성장률, ROE-% / EPS, 주당배당금 – 원 / 직원의 수 – 명 / 연봉정보 – 백만
2012년 7월, 포털 파란닷컴(www.paran.com) 서비스를 종료하였습니다.

• 다음 (코스닥 / 035720)

- 포털 및 기타 인터넷 정보매개 서비스업

구분	94	95	96	97	98	99	00	01	02	03	04	05	06	07	08	09	10	11	12
성장률						29.17	2.07	-45.09	3.41	18.95	-16.84	-42.92	19.96	13.68	26.35	14.84	25.47	20.07	13.04
EPS						1,090	93	-2,167	199	1,731	-1,222	-2,210	1,248	1,227	3,550	2,394	8,437	7,846	5,803
배당금						0	0	0	0	0	0	0	0	0	0	0	749	1,607	1,110
ROE						29.17	2.07	-45.09	3.41	18.95	-16.84	-42.92	19.96	13.68	26.35	14.84	27.95	25.23	16.12
직원의 수						79	178	217	344	497	653	618	587	681	831	921	1,123	1,307	1,402
연봉정보						15	20	25	22	28	34	40	44	45	46	48	49	55	52

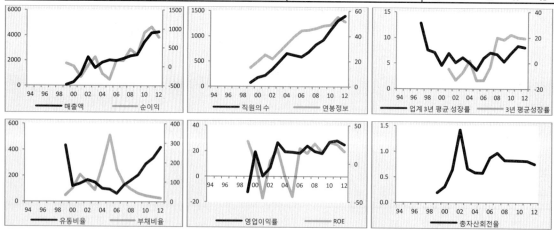

단위 : 성장률, ROE-% / EPS, 주당배당금 – 원 / 직원의 수 – 명 / 연봉정보 – 백만
1997년 5월, 한메일넷 서비스를 개시하였습니다.
1999년 5월, Daum카페를 오픈하였습니다.

• 아이디엔 (코스닥 / 026260)
- 컴퓨터 및 주변장치 제조업

구분	94	95	96	97	98	99	00	01	02	03	04	05	06	07	08	09	10	11	12
성장률		48.55	27.51	-75.87	239.45	-96.75	-520.6	-34.94	-604.1	45.41	-56.12	5.86	-75.58	-3352.6	-49.25	-44.37	-256.3	-14.35	-195.1
EPS		1,638	418	-955	-1,541	-286	-347	-246	-423	-1,138	-1,395	65	-667	-795	-278	-122	-1,720	-105	-473
배당금		0	0	0	0	0	0	0	0	0	0	0	0	0	0	0	0	0	0
ROE		48.55	27.51	-75.87	239.45	-96.75	-520.6	-34.94	-604.1	45.41	-56.12	5.86	-75.58	-3352.6	-49.25	-44.37	-256.3	-14.35	-195.1
직원의 수						78	102	66	32	19	362	359	87	42	13	45	40	18	13
연봉정보						15	24	26	35	13	21	24	23	11	41	27	26	35	11

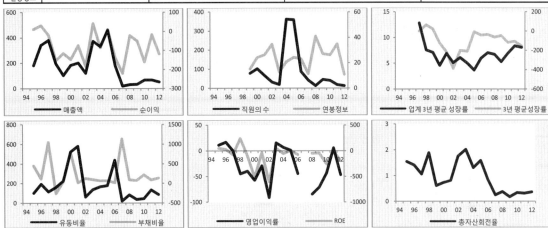

단위 : 성장률, ROE-% / EPS, 주당배당금 - 원 / 직원의 수 - 명 / 연봉정보 - 백만
2009년 8월, ㈜봉주에서 ㈜아이디엔으로 상호 변경하였습니다.
특이값(2007년 영업이익률, ROE)은 그래프에서 제외하였습니다.

• 이상네트웍스 (코스닥 / 080010)
- 기타 상품 중개업

구분	94	95	96	97	98	99	00	01	02	03	04	05	06	07	08	09	10	11	12
성장률									2.9	15.76	19.94	9.14	16.00	15.18	8.11	7.42	7.43	3.72	3.37
EPS									63	402	636	409	449	496	409	403	592	332	245
배당금									0	0	0	0	0	0	0	0	180	100	30
ROE								-9.90	2.9	15.76	19.94	9.14	16.00	15.18	8.11	7.42	10.67	5.33	3.84
직원의 수											41	55	55	63	62	88	78	83
연봉정보											22	22	28	30	32	29	30	33

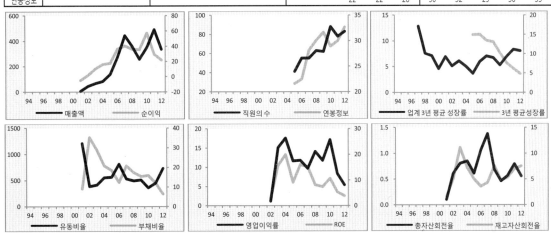

단위 : 성장률, ROE-% / EPS, 주당배당금 - 원 / 직원의 수 - 명 / 연봉정보 - 백만
특이값(2001년 영업이익률, ROE)은 그래프에서 제외하였습니다.
2002년~2004년 사업보고서 미공시로 인하여 EPS는 감사보고서를 기준으로, 배당금은 0으로 간주해 성장률을 계산하였습니다.
02년~04년 성장률은 업계 3년 평균성장률 계산 과정에서 제외하였습니다.

• 인포바인 (코스닥 / 115310)

- 기타 전기 통신업

구분	94	95	96	97	98	99	00	01	02	03	04	05	06	07	08	09	10	11	12
성장률										19.40	20.81	5.73	9.25	45.48	44.17	45.27	18.28	18.79	18.07
EPS										126	173	50	83	782	1,394	2,631	2,825	3,281	3,690
배당금										0	0	0	0	0	0	0	700	750	780
ROE										19.40	20.81	5.73	9.25	45.48	44.17	45.27	24.30	24.35	22.91
직원의 수															35	47	58	66
연봉정보															28	29	25	30

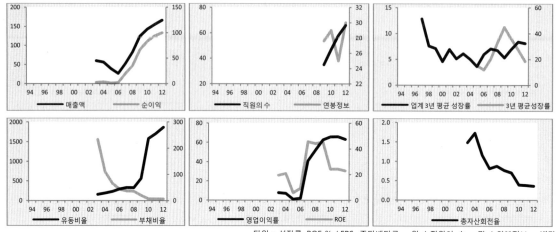

단위 : 성장률, ROE-% / EPS, 주당배당금 – 원 / 직원의 수 – 명 / 연봉정보 – 백만
2001년 3월, 주식회사 이프리아이에서 주식회사 인포바인으로 상호 변경하였습니다.
2003년~2006년 사업보고서 미공시로 인하여 EPS는 감사보고서를 기준으로, 배당금은 0으로 간주해 성장률을 계산하였습니다.
03년~06년 성장률은 업계 3년 평균성장률 계산 과정에서 제외하였습니다.

• IT서비스

2012년 IT 서비스 상장기업 전체 매출액은 약 5조 2천억원(전년대비 0.09% 성장)이며, 총 당기순이익은 약 2천 3백억원(전년대비 1.3% 성장)입니다. 평균성장률은 3.2%(전년대비 1.2%p 감소)이며, ROE는 4.4%(전년대비 1%p 감소)를 기록하였습니다. 성장률은 최근 5년간 가장 낮았으며, 90년대 후반 두 자릿수였던 ROE는 2000년대에 접어들면서 한 자릿수로 감소하였습니다.
(매출액 및 당기순이익은 단순합계금액이며, 성장률 및 ROE는 단순평균값 입니다)

해당 산업의 직원 수는 약 1만 3천명(전년대비 6%증가)입니다. 최근 평균연봉(2012년)은 약 5천 4백만원(전년대비 1% 증가)이며, 최근 3년 동안 꾸준히 상승하고 있는 모습입니다.
최근 3년 평균 유동비율은 212.8%, 부채비율은 95.5%입니다.

구 분	총매출액	총 당기순이익	평균성장률	평균 ROE	총 직원수	연봉정보
94	139	4	9.6	11.1		
95	583	14	9.7	10.0		
96	998	18	12.0	12.7		
97	1,145	29	0.4	0.4		
98	1,224	6	6.1	7.2	722	17
99	1,788	52	13.1	14.2	3,841	24
00	2,716	66	10.3	10.9	7,546	29
01	2,708	-18	8.5	11.8	7,869	31
02	2,869	-71	4.2	4.7	8,407	33
03	2,959	49	3.0	6.3	8,080	35
04	3,011	186	0.1	2.0	8,059	41
05	3,205	237	3.5	5.4	7,900	41
06	3,486	262	6.7	8.8	8,478	41
07	3,698	304	7.1	8.9	9,553	43
08	3,781	124	3.7	5.6	10,273	46
09	3,758	111	4.0	4.0	10,220	49
10	4,583	206	4.0	3.9	12,034	48
11	5,216	230	4.4	5.4	12,667	53
12	5,221	233	3.2	4.4	13,438	54

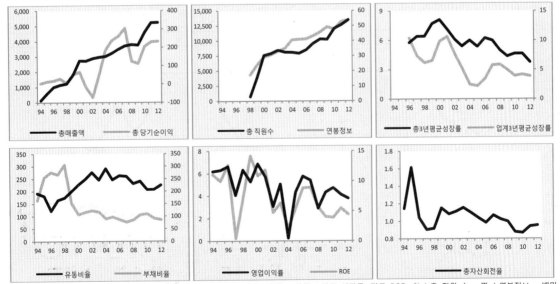

단위 : 총 매출액, 총 당기순이익 – 십억 / 평균 성장률, 평균 ROE - % / 총 직원 수 – 명 / 연봉정보 – 백만
연봉정보는 1 인당 평균 급여액이며, 대상기업들의 연간 총 급여액을 총 직원의 수로 나눈 금액입니다.
업계 3 년 평균 성장률은 IT 서비스업종 전체 상장사의 평균이며, 사업보고서에 근거한 자료만으로 만들었습니다.

• 에프앤가이드 (코넥스 / 064850)
- 데이터베이스 및 온라인정보 제공업

구분	94	95	96	97	98	99	00	01	02	03	04	05	06	07	08	09	10	11	12
성장률								-57.98	-6.67	-34.05	-22.62	5.29	19.81	26.21	18.34	15.80	21.21	15.17	13.92
EPS								-153	-16	-63	-34	8	39	70	117	163	254	239	247
배당금								0	0	0	0	0	0	0	0	25	35	50	50
ROE								-57.98	-6.67	-34.05	-22.62	5.29	19.81	26.21	18.34	18.66	24.60	19.18	17.45
직원의 수								40	35	33	33	34	44	49	49	53	54	56	65
연봉정보								36	34	29	29	30	35	33	34	34	35	36	39

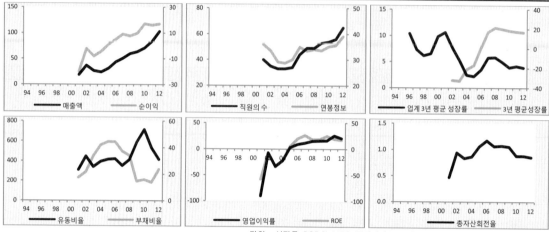

단위 : 성장률, ROE-% / EPS, 주당배당금 - 원 / 직원의 수 - 명 / 연봉정보 - 백만
2005년 1월, 최대주주가 가치네트에서 화천기공과 화천기계로 변경되었습니다.
1기(2000년) 자료는 그래프에서 제외하였습니다.

• 브리지텍 (코스닥 / 064480)
- 시스템 소프트웨어 개발 및 공급업

구분	94	95	96	97	98	99	00	01	02	03	04	05	06	07	08	09	10	11	12
성장률							17.13	-60.13	10.60	14.13	-72.59	44.10	23.96	30.28	9.30	21.11	10.38	3.76	14.57
EPS							159	-345	70	108	-321	349	249	452	299	841	484	263	710
배당금							0	0	0	0	0	0	0	0	100	250	180	150	180
ROE							17.13	-60.13	10.60	14.13	-72.59	44.10	23.96	30.28	13.97	30.03	16.52	8.74	19.52
직원의 수															127	127	136	140	150
연봉정보															42	39	44	44	43

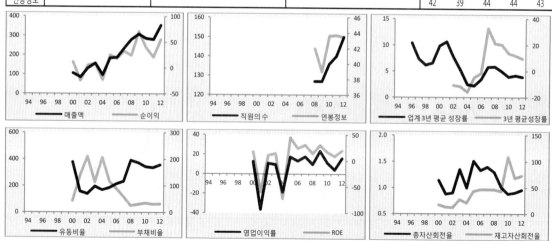

단위 : 성장률, ROE-% / EPS, 주당배당금 - 원 / 직원의 수 - 명 / 연봉정보 - 백만
1999년 5월, 주식회사 삼우티비에스에서 주식회사 브리지텍으로 상호 변경하였습니다.
2000년~2005년 사업보고서 미공시로 인하여 EPS는 감사보고서를 기준으로, 배당금은 0으로 간주해 성장률을 계산하였습니다.
00년~05년 성장률은 업계 3년 평균성장률 계산 과정에서 제외하였습니다.

IT
서비스

• 쌍용정보통신 (코스닥 / 010280)
- 시스템 소프트웨어 개발 및 공급업

구분	94	95	96	97	98	99	00	01	02	03	04	05	06	07	08	09	10	11	12
성장률		31.21	10.78	-10.21	-77.15	-49.82	30.71	-7.48	-171.0	-98.09	-21.25	4.69	11.98	16.02	-6.91	-15.26	20.51	11.50	10.61
EPS		373	159	-103	-439	-2,841	1,105	55	-1,918	-555	-173	30	93	151	-60	-117	175	112	114
배당금		0	0	0	0	0	200	100	0	0	0	0	0	0	0	0	0	0	0
ROE		31.21	10.78	-10.21	-77.15	-49.82	37.49	9.29	-171.0	-98.09	-21.25	4.69	11.98	16.02	-6.91	-15.26	20.51	11.50	10.61
직원의 수						777	878	864	857	810	492	387	403	438	439	377	385	390	382
연봉정보						21	31	21	19	17	19	24	45	37	39	40	39	42	32

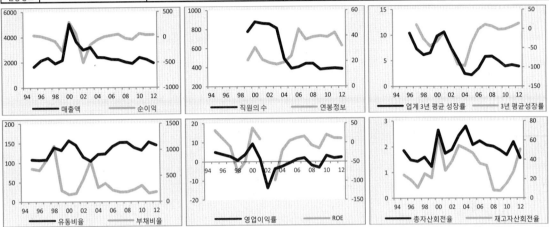

단위 : 성장률, ROE-% / EPS, 주당배당금 - 원 / 직원의 수 - 명 / 연봉정보 - 백만
특이값(2002 년 ROE)은 그래프에서 제외하였습니다.

• 아남정보기술 (코스닥 / 050320)
- 시스템 소프트웨어 개발 및 공급업

구분	94	95	96	97	98	99	00	01	02	03	04	05	06	07	08	09	10	11	12
성장률						57.86	32.29	1.14	0.25	0.41	0.15	-12.17	-2.68	1.29	-12.15	3.54	-17.00	-58.29	11.34
EPS						1,737	704	64	43	7	3	-193	-44	27	-173	55	-243	-520	124
배당금						0	0	35	0	0	0	0	0	0	0	0	0	0	0
ROE						57.86	32.29	2.51	0.25	0.41	0.15	-12.17	-2.68	1.29	-12.15	3.54	-17.00	-58.29	11.34
직원의 수							50	56	51	51	50	39	42	40	41	44	49	50	
연봉정보							23	32	39	28	30	23	25	26	32	35	29	35	

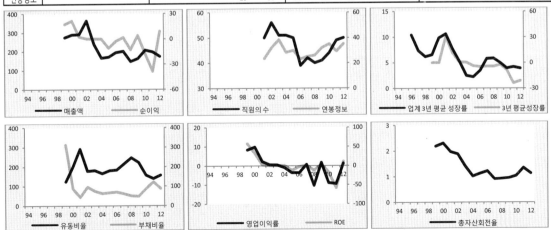

단위 : 성장률, ROE-% / EPS, 주당배당금 - 원 / 직원의 수 - 명 / 연봉정보 - 백만
1995년 9월, ㈜에이오에스에서 ㈜아남정보기술로 상호 변경하였습니다.
3기(1997년), 4기(1998년) 자료는 표와 그래프에서 제외하였습니다.

• 아이크래프트 (코스닥 / 052460)

- 시스템 소프트웨어 개발 및 공급업

구 분	94	95	96	97	98	99	00	01	02	03	04	05	06	07	08	09	10	11	12
성장률								29.83	26.62	53.73	28.21	5.16	10.31	17.57	-7.65	-11.46	6.24	1.46	10.95
EPS								359	441	1,800	1,904	502	918	943	-264	-405	233	55	554
배당금								0	0	0	0	200	250	200	0	0	0	0	80
ROE								29.83	26.62	53.73	28.21	8.57	14.17	22.30	-7.65	-11.46	6.24	1.46	12.80
직원의 수										73	79	71	77		74	66	70	77	73
연봉정보										44	45	36	38		39	37	35	35	41

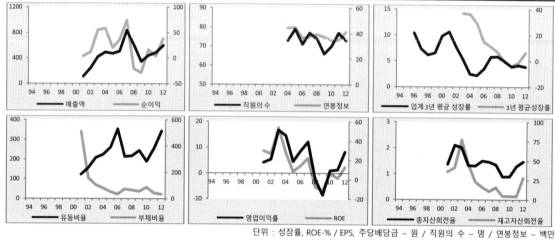

단위 : 성장률, ROE-% / EPS, 주당배당금 – 원 / 직원의 수 – 명 / 연봉정보 – 백만
1기(2000년) 자료는 표와 그래프에서 제외하였습니다.
2001년 사업보고서 미공시로 인하여 EPS는 감사보고서를 기준으로, 배당금은 0으로 간주해 성장률을 계산하였습니다.
01년 성장률은 업계 3년 평균성장률 계산 과정에서 제외하였습니다.

• 엔텔스 (코스닥 / 069410)

- 시스템 소프트웨어 개발 및 공급업

구 분	94	95	96	97	98	99	00	01	02	03	04	05	06	07	08	09	10	11	12
성장률								24.08	18.18	15.80	-20.25	7.20	12.57	3.95	-19.12	-21.86	21.89	21.72	16.55
EPS								934	890	929	-1,125	431	861	329	-1,270	-1,215	765	939	1,073
배당금								0	0	0	0	0	0	0	0	0	0	0	150
ROE								24.08	18.18	15.80	-20.25	7.20	12.57	3.95	-19.12	-21.86	21.89	21.72	19.24
직원의 수														152	143	131	110	138	318
연봉정보														40	48	45	50	47	49

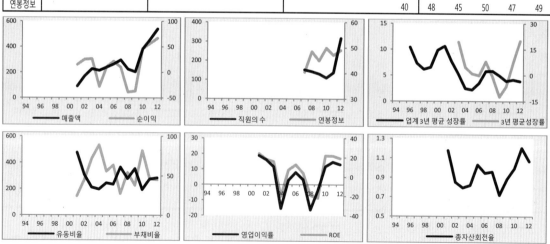

단위 : 성장률, ROE-% / EPS, 주당배당금 – 원 / 직원의 수 – 명 / 연봉정보 – 백만
2001년~2004년 사업보고서 미공시로 인하여 EPS는 감사보고서를 기준으로, 배당금은 0으로 간주해 성장률을 계산하였습니다.
01년~04년 성장률은 업계 3년 평균성장률 계산 과정에서 제외하였습니다.

• 유엔젤 (유가증권 / 072130)

- 시스템 소프트웨어 개발 및 공급업

구분	94	95	96	97	98	99	00	01	02	03	04	05	06	07	08	09	10	11	12
성장률							61.92	25.10	41.32	14.71	3.91	10.87	8.08	13.40	9.56	9.43	4.45	0.10	-20.21
EPS							2,704	967	1,392	1,407	244	600	487	867	753	830	459	157	-1,046
배당금							0	0	35	120	100	100	100	150	200	200	150	150	150
ROE							61.92	25.10	42.38	16.08	6.62	13.04	10.17	16.20	13.02	12.42	6.61	2.24	-17.67
직원의 수										117	136	144	159	165	175	186	192	212	232
연봉정보										35	36	44	46	51	54	60	47	44	45

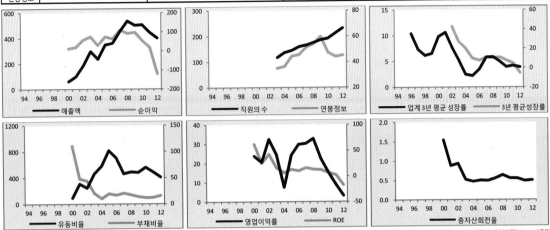

단위 : 성장률, ROE-% / EPS, 주당배당금 - 원 / 직원의 수 - 명 / 연봉정보 - 백만
1기(1999년) 자료는 표와 그래프에서 제외하였습니다.

• 이루온 (코스닥 / 065440)

- 시스템 소프트웨어 개발 및 공급업

구분	94	95	96	97	98	99	00	01	02	03	04	05	06	07	08	09	10	11	12
성장률							33.18	28.27	24.16	9.50	3.23	4.65	-8.29	2.61	-25.77	5.51	4.04	3.50	-17.74
EPS							466	314	353	302	69	165	-202	67	-522	119	93	83	-360
배당금							0	0	0	100	0	0	0	0	0	0	0	0	0
ROE							33.18	28.27	24.16	14.20	3.23	4.65	-8.29	2.61	-25.77	5.51	4.04	3.50	-17.74
직원의 수							56			66	72	82	118	118	129	142	149	146	127
연봉정보							34			32	35	36	28	34	34	35	34	34	33

단위 : 성장률, ROE-% / EPS, 주당배당금 - 원 / 직원의 수 - 명 / 연봉정보 - 백만
2006년 3월, 주식회사 소프텔레웨어에서 주식회사 이루온으로 상호 변경하였습니다.
1기(1998년), 2기(1999년) 자료는 표와 그래프에서 제외하였습니다.

• 지어소프트 (코스닥 / 051160)
- 시스템 소프트웨어 개발 및 공급업

구분	94	95	96	97	98	99	00	01	02	03	04	05	06	07	08	09	10	11	12
성장률							6.17	14.11	8.58	2.81	1.82	-0.02	8.44	11.04	4.45	-5.01	-31.06	-70.79	-5.17
EPS							7	296	248	233	74	199	388	538	233	-250	-1,172	-1,091	-73
배당금							0	0	0	100	0	200	0	0	0	25	50	0	0
ROE							6.17	14.11	8.58	4.92	1.82	4.44	8.44	11.04	4.45	-4.55	-29.79	-70.79	-5.17
직원의 수									70	86	82	101	128	140	153	255	305	237	224
연봉정보									23	29	37	38	34	39	34	32	35	38	30

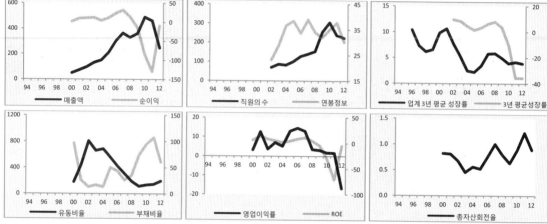

단위 : 성장률, ROE-% / EPS, 주당배당금 – 원 / 직원의 수 – 명 / 연봉정보 – 백만
2010년 3월, 주식회사 디지털오션에서 주식회사 지어소프트로 상호 변경하였습니다.
1기(1998년), 2기(1999년) 자료는 표와 그래프에서 제외하였습니다.

• 포인트아이 (코스닥 / 078860)
- 시스템 소프트웨어 개발 및 공급업

구분	94	95	96	97	98	99	00	01	02	03	04	05	06	07	08	09	10	11	12
성장률											14.44	18.39	18.82	16.18	0.81	-91.32	-642.8	-1.20	6.70
EPS											428	334	531	9,390	217	-3,640	-4,678	-11	65
배당금											0	0	0	0	0	0	0	0	0
ROE									33.68	21.18	14.44	18.39	18.82	16.18	0.81	-91.32	-642.8	-1.20	6.70
직원의 수														99	107	190	95	34	65
연봉정보														33	34	31	43	48	48

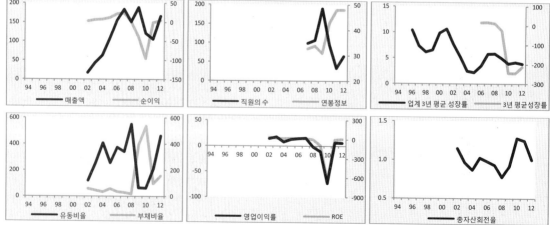

단위 : 성장률, ROE-% / EPS, 주당배당금 – 원 / 직원의 수 – 명 / 연봉정보 – 백만
2009 년 1 월 에이록스와 합병하였으며, 해당 재무자료는 합병 전, 후로 구분하였습니다.

• 필링크 (코스닥 / 064800)

- 컴퓨터 프로그래밍 서비스업

구분	94	95	96	97	98	99	00	01	02	03	04	05	06	07	08	09	10	11	12
성장률							29.14	26.31	11.35	13.53	4.97	-0.41	0.17	4.05	8.04	7.84	4.57	1.33	-3.05
EPS							43	52	521	752	205	-17	7	200	415	440	285	119	-123
배당금							0	0	125	150	0	0	0	30	50	50	50	50	30
ROE							29.14	26.31	14.93	16.90	4.97	-0.41	0.17	4.76	9.14	8.84	5.55	2.29	-2.45
직원의 수									68	78	96	110	146	197	220	211	219	227	223
연봉정보									31	38	36	31	39	31	37	41	40	41	43

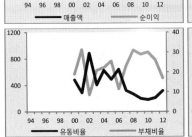
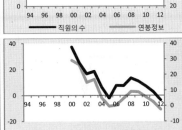
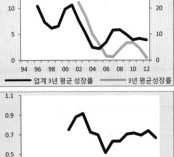

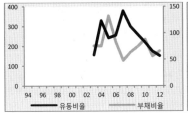
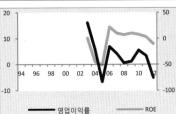
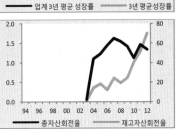

단위 : 성장률, ROE-% / EPS, 주당배당금 – 원 / 직원의 수 – 명 / 연봉정보 – 백만
2007년 7월, 교보생명보험㈜ 계열에서 제외되었습니다.

• 한솔인티큐브 (코스닥 / 070590)

- 시스템 소프트웨어 개발 및 공급업

구분	94	95	96	97	98	99	00	01	02	03	04	05	06	07	08	09	10	11	12
성장률										0.87	-44.94	-51.33	19.30	7.43	5.36	8.62	6.34	1.59	-10.08
EPS										21	-806	-676	353	179	122	192	147	61	-179
배당금										0	0	0	50	50	30	30	30	30	0
ROE										0.87	-44.94	-51.33	22.48	10.32	7.11	10.22	7.96	3.13	-10.08
직원의 수										196	200	196	239	251	321	318	312	302	257
연봉정보										19	33	36	33	34	34	미공시	36	45	41

단위 : 성장률, ROE-% / EPS, 주딩배당금 – 원 / 직원의 수 – 명 / 연봉정보 – 백만
2008년 6월, 주식회사 인티큐브에서 한솔인티큐브 주식회사로 상호 변경하였습니다.
2009년 연봉정보는 미공시 되었습니다.

• 이씨에스 (코스닥 / 067010)

- 유선 통신장비 제조업

구분	94	95	96	97	98	99	00	01	02	03	04	05	06	07	08	09	10	11	12
성장률								18.35	10.51	15.72	11.12	-2.91	12.22	11.28	9.34	6.05	7.20	7.59	7.69
EPS								174	343	209	363	-69	444	528	408	321	410	471	537
배당금								0	0	0	0	0	100	150	100	100	130	150	180
ROE						9.18	18.35	10.51	15.72	11.12	-2.91	15.78	15.76	12.37	8.79	10.54	11.13	11.57	
직원의 수														81	82	96	102	117	124
연봉정보														45	63	51	56	59	61

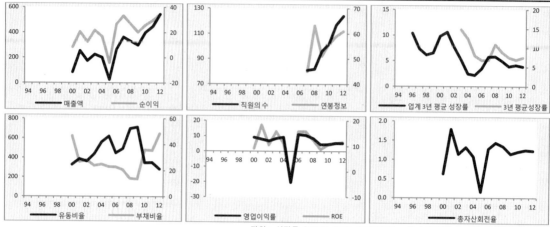

단위 : 성장률, ROE-% / EPS, 주당배당금 – 원 / 직원의 수 – 명 / 연봉정보 – 백만
2001년~2004년 사업보고서 미공시로 인하여 EPS는 감사보고서를 기준으로, 배당금은 0으로 간주해 성장률을 계산하였습니다.
01년~04년 성장률은 업계 3년 평균성장률 계산 과정에서 제외하였습니다.

• 다우인큐브 (유가증권 / 020120)

- 사무용 가구 및 기기 도매업

구분	94	95	96	97	98	99	00	01	02	03	04	05	06	07	08	09	10	11	12
성장률	20.12	20.35	5.18	-13.01	-2.23	0.61	-337.8	자본잠식	-33.92	-77.57	-27.94	17.99	-79.48	9.96	2.74	2.95	-5.09	-32.80	-20.52
EPS	341	425	193	-263	-38	50	-1,270	-473	-198	-293	-91	18	-42	58	17	19	-36	-203	-209
배당금	30	30	65	0	0	35	0	0	0	0	0	0	0	0	0	0	0	0	0
ROE	22.06	21.89	7.82	-13.01	-2.23	2.06	-337.8	자본잠식	-33.92	-77.57	-27.94	17.99	-79.48	9.96	2.74	2.95	-5.09	-32.80	-20.52
직원의 수					46	108	117	75	64	52	61	47	42	35	40	43	49	53	77
연봉정보					17	19	22	24	30	31	32	39	37	31	23	25	33	40	18

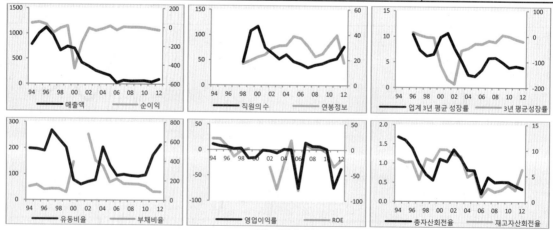

단위 : 성장률, ROE-% / EPS, 주당배당금 – 원 / 직원의 수 – 명 / 연봉정보 – 백만
2011 년 5 월, 최대주주가 ㈜다우기술에서 ㈜다우데이타로 변경되었습니다.
자본잠식으로 인해, 계산 불가한 값(2001 년 부채비율, ROE)은 그래프에서 제외하였습니다.
특이값(2000 년 부채비율, ROE)는 그래프에서 제외하였습니다.

• 텍셀네트컴 (코스닥 / 038540)

- 전기회로 개폐, 보호 및 접속 장치 제조업

구분	94	95	96	97	98	99	00	01	02	03	04	05	06	07	08	09	10	11	12
성장률				26.33	15.08	20.25	8.20	-9.63	-0.26	4.24	0.05	5.27	-42.19	-37.45	-183.9	-14.79	5.09	11.50	11.03
EPS				397	366	716	145	-94	12	51	1	37	-388	-364	-512	-146	44	84	121
배당금				0	100	50	10	25	15	0	0	0	0	0	0	0	0	0	0
ROE				26.33	20.76	21.77	8.81	-7.61	1.06	4.24	0.05	5.27	-42.19	-37.45	-183.9	-14.79	5.09	11.50	11.03
직원의 수					96	67	35			10	13	94	92	96	96	105	107	112	128
연봉정보					17	15	15			18	21	26	29	27	31	32	34	36	39

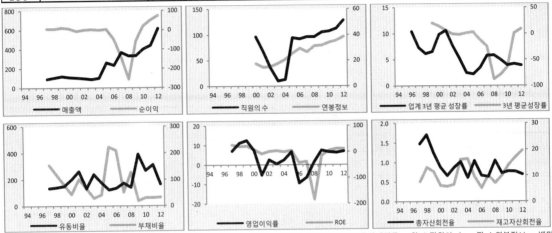

단위 : 성장률, ROE-% / EPS, 주당배당금 - 원 / 직원의 수 - 명 / 연봉정보 - 백만
2004년 7월, ㈜텍셀에서 ㈜텍셀네트컴으로 상호 변경하였습니다

• 삼영홀딩스 (유가증권 / 004920)

- 컴퓨터 및 주변장치, 소프트웨어 도매업

구분	94	95	96	97	98	99	00	01	02	03	04	05	06	07	08	09	10	11	12
성장률	2.67	4.40	-8.54	45.54	-2.40	0.42	-0.09	1.61	-3.34	-7.04	-14.85	-22.56	13.92	1.73	-12.71	-15.48	-9.76	-12.10	-41.82
EPS	75	103	-138	1,357	-59	22	7	57	-94	-184	-338	-420	301	38	-248	-261	-159	-165	-448
배당금	30	25	0	10	10	10	10	10	0	0	0	0	0	0	0	0	0	0	0
ROE	4.43	5.81	-8.54	45.88	-2.05	0.75	0.25	1.96	-3.34	-7.04	-14.85	-22.56	13.92	1.73	-12.71	-15.48	-9.76	-12.10	-41.82
직원의 수					253	282	265	270	258	162	66	27	21	21	19	10	9	9	12
연봉정보					13	13	14	11	17	17	20	22	32	27	45	33	29	24	26

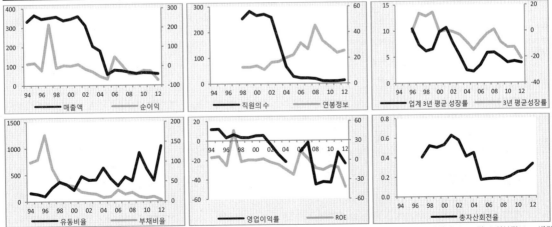

단위 : 성장률, ROE-% / EPS, 주딩배딩금 - 원 / 직원의 수 - 명 / 연봉정보 - 백만
2006년 3월, 삼영모방공업㈜에서 ㈜삼영홀딩스로 상호 변경하였습니다
특이값(2005년 영업이익률)은 그래프에서 제외하였습니다.

• 다우기술 (유가증권 / 023590)
   - 컴퓨터시스템 통합 자문 및 구축 서비스업

구분	94	95	96	97	98	99	00	01	02	03	04	05	06	07	08	09	10	11	12
성장률	15.42	32.33	28.87	6.20	1.01	2.68	-8.67	-18.89	2.41	2.46	1.12	12.06	12.25	16.40	20.44	9.17	11.75	4.91	5.21
EPS	141	361	634	222	29	289	-462	-795	99	106	49	583	742	1,278	1,893	1,035	1,672	615	679
배당금	3	4	4	5	0	100	0	0	0	0	0	0	35	50	75	100	130	130	130
ROE	15.76	32.65	29.03	6.34	1.01	4.10	-8.67	-18.89	2.41	2.46	1.12	12.06	12.86	17.07	21.28	10.15	12.74	6.22	6.44
직원의 수					190	217	244	208	145	145	154	196	218	256	407	404	393	411	474
연봉정보					17	21	32	33	39	38	38	38	43	40	37	39	42	45	44

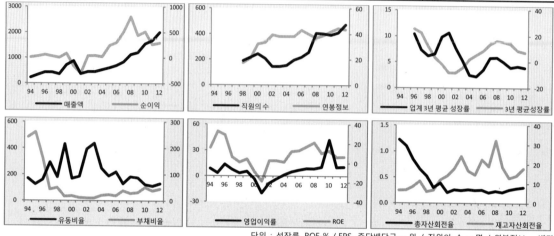

단위 : 성장률, ROE-% / EPS, 주당배당금 - 원 / 직원의 수 - 명 / 연봉정보 - 백만

• 대신정보통신 (코스닥 / 020180)
   - 컴퓨터시스템 통합 자문 및 구축 서비스업

구분	94	95	96	97	98	99	00	01	02	03	04	05	06	07	08	09	10	11	12
성장률		7.62	0.69	-4.43	1.08	8.32	10.74	7.96	-31.77	3.93	6.38	11.49	10.54	6.42	2.87	4.40	5.32	4.59	4.96
EPS		48	4	-27	7	65	26	21	-84	11	19	38	40	26	12	20	26	24	27
배당금		0	0	0	0	0	0	0	0	0	0	0	0	0	0	0	0	0	0
ROE		7.62	0.69	-4.43	1.08	8.32	10.74	7.96	-31.77	3.93	6.38	11.49	10.54	6.42	2.87	4.40	5.32	4.59	4.96
직원의 수					132	133	126	115		107	113	126	139	172	171	181	164	181	184
연봉정보					20	29	32	30		30	26	28	29	15	37	26	40	38	41

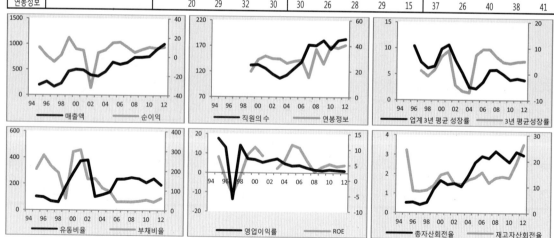

단위 : 성장률, ROE-% / EPS, 주당배당금 - 원 / 직원의 수 - 명 / 연봉정보 - 백만
1992년, ㈜대신전산센타에서 대신정보통신㈜로 상호 변경하였습니다.
특이값(2002년 ROE)은 그래프에서 제외하였습니다.

• 동부CNI (유가증권 / 012030)

- 컴퓨터시스템 통합 자문 및 구축 서비스업

구분	94	95	96	97	98	99	00	01	02	03	04	05	06	07	08	09	10	11	12
성장률	-6.81	-14.46	2.04	0.86	3.18	25.85	22.04	20.70	18.16	13.55	16.42	-1.92	0.31	2.53	12.59	-0.38	-0.72	-2.43	-0.11
EPS	-894	-2,436	453	150	1,038	9,459	7,360	5,377	5,481	5,252	7,117	8	580	1,405	4,241	331	2,814	-563	79
배당금	450	0	100	0	250	500	500	500	750	500	500	500	500	500	250	500	350	150	100
ROE	-4.53	-14.46	2.62	0.86	4.19	27.29	23.64	22.83	21.04	14.97	17.66	0.03	2.28	3.93	13.38	0.75	-0.82	-1.92	0.41
직원의 수					233	307	263	270	263	272	283	301	276	289	275	281	879	1,103	1,055
연봉정보					13	17	27	27	27	29	34	34	46	37	48	45	50	47	56

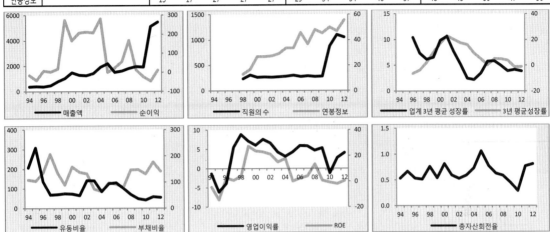

단위 : 성장률, ROE-% / EPS, 주당배당금 - 원 / 직원의 수 - 명 / 연봉정보 - 백만
2010년 동부정밀화학 주식회사에서 동부씨엔아이 주식회사로 상호 변경하였습니다.
동부CNI는 2010년 8월 바이오/작물보호 사업부문을 물적분할 하였으며, 현재 전자재료 및 무역 IT사업을 영위하고 있습니다.
1994년부터 2009년까지는 바이오/작물보호 사업부문 자료입니다.

• 링네트 (코스닥 / 042500)

- 컴퓨터시스템 통합 자문 및 구축 서비스업

구분	94	95	96	97	98	99	00	01	02	03	04	05	06	07	08	09	10	11	12
성장률							20.61	9.21	-2.74	4.09	7.82	9.62	9.08	4.98	-32.32	25.24	13.12	10.10	14.33
EPS							40	222	97	220	299	415	413	245	-338	496	336	172	335
배당금							0	0	150	150	150	200	200	150	0	100	100	0	0
ROE							20.61	9.21	5.01	12.84	15.69	18.57	17.61	12.83	-32.32	31.61	18.67	10.10	14.33
직원의 수							64	65	68	78	93	110	108	115	126	133	158	172	
연봉정보							28	31	34	31	30	35	31	34	27	35	37	39	

단위 : 성장률, ROE-% / EPS, 주당배당금 - 원 / 직원의 수 - 명 / 연봉정보 - 백만

• 신세계I&C (유가증권 / 035510)

- 컴퓨터시스템 통합 자문 및 구축 서비스업

구분	94	95	96	97	98	99	00	01	02	03	04	05	06	07	08	09	10	11	12
성장률					15.14	23.85	12.88	11.95	18.88	20.97	16.25	20.51	20.81	18.40	13.07	12.89	18.57	12.01	9.37
EPS					1,665	2,062	1,626	1,846	3,123	4,191	4,211	6,245	7,791	8,378	7,010	7,827	13,049	9,969	8,726
배당금					0	0	0	500	500	500	750	750	750	750	750	750	750	1,000	1,000
ROE					15.14	23.85	12.88	16.38	22.48	23.81	19.78	23.31	23.03	20.21	14.64	14.26	19.70	13.35	10.58
직원의 수						214	269	334	370	404	407	452	510	539	577	578	519	574	579
연봉정보						23	23	22	31	34	36	36	37	44	47	49	47	49	47

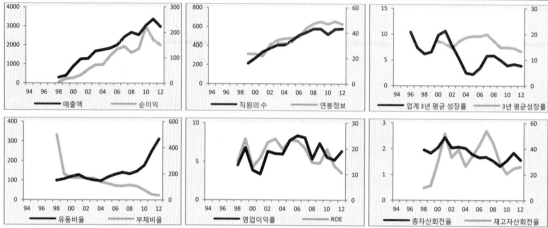

단위 : 성장률, ROE-% / EPS, 주당배당금 – 원 / 직원의 수 – 명 / 연봉정보 – 백만
2008년 11월, 삼성전기와 LED 조명사업 전략적 협력을 위한 MOU를 체결하였습니다.
2010년 3월, 온라인쇼핑몰사업(신세계몰)을 ㈜신세계로 영업 양도하였습니다.
1기(1997년) 자료는 표와 그래프에서 제외하였습니다.

• 오상자이엘 (코스닥 / 053980)

- 컴퓨터시스템 통합 자문 및 구축 서비스업

구분	94	95	96	97	98	99	00	01	02	03	04	05	06	07	08	09	10	11	12
성장률				-15.99	22.45	26.83	17.73	23.10	3.93	-49.10	10.06	8.42	9.90	4.81	2.82	4.33	4.04	-1.14	4.94
EPS				-576	941	2,076	545	497	110	-340	194	234	296	210	81	118	100	-28	126
배당금				0	0	0	0	0	25	0	30	50	50	60	0	0	0	0	0
ROE				-15.99	22.45	26.83	17.73	23.10	5.09	-49.10	11.90	10.70	11.92	6.74	2.82	4.33	4.04	-1.14	4.94
직원의 수							106	87		79	82	92	101	93	98	94	87	85	95
연봉정보							23	30		24	32	29	30	36	36	35	38	39	40

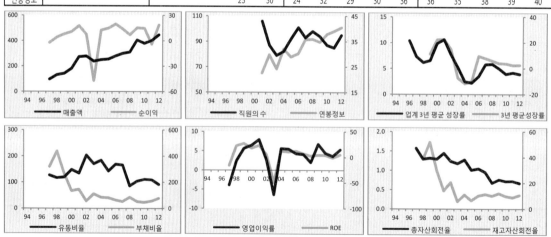

단위 : 성장률, ROE-% / EPS, 주당배당금 – 원 / 직원의 수 – 명 / 연봉정보 – 백만
2009년 7월, ㈜자이엘에서 오상자이엘로 상호 변경하였습니다.

• 오픈베이스 (코스닥 / 049480)
- 컴퓨터시스템 통합 자문 및 구축 서비스업

구분	94	95	96	97	98	99	00	01	02	03	04	05	06	07	08	09	10	11	12
성장률			129.31	35.75	24.62	43.87	10.42	2.02	9.80	2.57	3.12	2.28	2.06	-0.56	0.23	0.71	-7.18	0.43	3.02
EPS			121	178	230	438	402	99	361	152	180	167	64	67	18	10	-93	6	65
배당금			0	0	0	0	0	50	75	75	75	75	25	75	15	0	0	0	25
ROE			129.31	35.75	24.62	43.87	10.42	4.07	12.37	5.08	5.35	4.14	3.38	4.67	1.36	0.71	-7.18	0.43	4.92
직원의 수							66	71	73	87	96	101	130	210	234	223	280	82	85
연봉정보							24	24	30	31	33	36	35	34	35	39	34	36	41

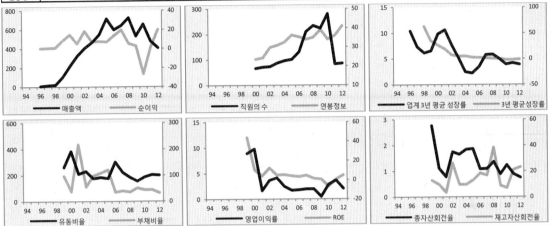

단위 : 성장률, ROE-% / EPS, 주당배당금 - 원 / 직원의 수 - 명 / 연봉정보 - 백만

5기~7기 재무분석자료(1996년~1998년 유동비율, 부채비율, 영업이익률, ROE, 총자산회전율, 재고자산회전율)는 그래프에서 제외하였습니다.

• 인성정보 (코스닥 / 033230)
- 컴퓨터시스템 통합 자문 및 구축 서비스업

구분	94	95	96	97	98	99	00	01	02	03	04	05	06	07	08	09	10	11	12
성장률		53.69	25.20	13.66	18.23	10.78	4.59	-9.23	-54.23	-14.51	2.87	5.95	-4.21	-9.30	-50.40	2.64	-8.45	2.63	5.61
EPS		3,166	1,845	195	366	554	217	-407	-1,503	-378	74	170	31	-243	-792	43	-155	50	112
배당금		0	0	0	0	50	0	0	0	0	0	0	0	0	0	0	0	0	0
ROE		53.69	25.20	13.66	18.23	11.85	4.59	-9.23	-54.23	-14.51	2.87	5.95	-4.21	-9.30	-50.40	2.64	-8.45	2.63	5.61
직원의 수						211	250	214	236	137	312	146	135	139	143	141	158	169	171
연봉정보						18	18	23	23	30	29	30	35	36	28	33	32	33	37

단위 : 성장률, ROE-% / EPS, 주당배당금 - 원 / 직원의 수 - 명 / 연봉정보 - 백만

• 정원엔시스 (코스닥 / 045510)

- 컴퓨터시스템 통합 자문 및 구축 서비스업

구분	94	95	96	97	98	99	00	01	02	03	04	05	06	07	08	09	10	11	12
성장률			자본잠식	1.32	2.35	22.30	12.48	15.72	8.89	11.99	12.89	10.88	7.06	4.57	3.72	-94.63	-28.39	-11.47	2.82
EPS			-656	10	91	252	234	258	166	244	299	302	208	141	118	-1,080	-254	-92	20
배당금			0	0	0	0	0	0	20	20	20	20	20	20	20	20	0	0	0
ROE			자본잠식	1.32	2.35	22.30	12.48	15.72	10.11	13.06	13.82	11.65	7.82	5.33	4.48	-92.91	-28.39	-11.47	2.82
직원의 수							166	184	187	193	231	271	281	288	272	277	212	167	150
연봉정보							19	23	28	27	31	24	35	36	34	37	미공시	35	41

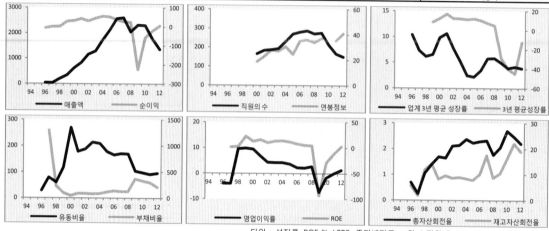

단위 : 성장률, ROE-% / EPS, 주당배당금 – 원 / 직원의 수 – 명 / 연봉정보 – 백만
2011년 4월, ㈜정원엔시스템에서 ㈜정원엔시스로 상호 변경하였습니다.
자본잠식으로 인해, 계산 불가한 값(1996년 부채비율, ROE 및 성장률)은 그래프에서 제외하였습니다.
2010년 연봉정보는 미공시 되었습니다.

• 케이씨에스 (코스닥 / 115500)

- 컴퓨터시스템 통합 자문 및 구축 서비스업

구분	94	95	96	97	98	99	00	01	02	03	04	05	06	07	08	09	10	11	12
성장률									4.08	-7.02	5.91	10.43	15.57	41.29	14.94	12.74	5.17	2.28	3.37
EPS									216	-345	308	607	978	3,488	270	221	60	90	148
배당금									0	0	0	0	0	0	110	70	60	60	100
ROE									4.08	-7.02	5.91	10.43	15.57	41.29	25.21	18.64	5.17	6.85	10.40
직원의 수																	49	31	32
연봉정보																	39	36	48

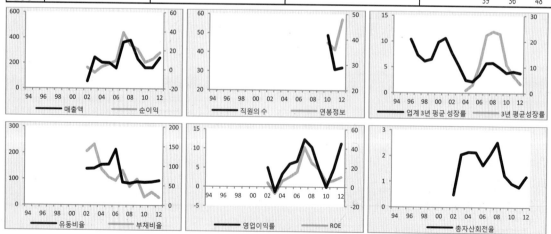

단위 : 성장률, ROE-% / EPS, 주당배당금 – 원 / 직원의 수 – 명 / 연봉정보 – 백만
2002년~2007년 사업보고서 미공시로 인하여 EPS는 감사보고서를 기준으로, 배당금은 0으로 간주해 성장률을 계산하였습니다.
02년~07년 성장률은 업계 3년 평균성장률 계산 과정에서 제외하였습니다.

• 큐로컴 (코스닥 / 040350)

- 컴퓨터시스템 통합 자문 및 구축 서비스업

구분	94	95	96	97	98	99	00	01	02	03	04	05	06	07	08	09	10	11	12
성장률							15.03	6.66	-28.08	자본잠식	-13.75	-44.17	-19.79	-20.05	-57.57	-38.81	0.87	-0.97	1.01
EPS							16	156	-2,513	-16,779	-255	-235	-78	-76	-573	-300	9	-6	9
배당금							0	25	0	0	0	0	0	0	0	0	0	0	0
ROE							15.03	7.93	-28.08	자본잠식	-13.75	-44.17	-19.79	-20.05	-57.57	-38.81	0.87	-0.97	1.01
직원의 수							35	31		34	14	86	81	96	103	36	44	40	34
연봉정보							21	28		28	29	22	43	35	37	40	32	45	56

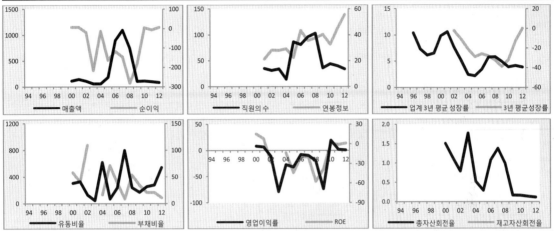

단위 : 성장률, ROE-% / EPS, 주당배당금 – 원 / 직원의 수 – 명 / 연봉정보 – 백만
자본잠식으로 인해, 계산 불가한 값(2003년 부채비율과 ROE)은 그래프에서 제외하였으며, 성장률은 보정하였습니다.
1기(1997년)~3기(1999년) 자료는 표와 그래프에서 제외하였습니다.
2004년 3월, ㈜지앤티웍스에서 ㈜큐로컴으로 상호 변경하였습니다.

• 현대정보기술 (코스닥 / 026180)

- 컴퓨터시스템 통합 자문 및 구축 서비스업

구분	94	95	96	97	98	99	00	01	02	03	04	05	06	07	08	09	10	11	12
성장률			-30.24	-2.09	3.44	3.03	1.64	-31.83	-73.83	-10.02	-22.28	-28.62	-27.09	7.93	3.21	1.27	-20.39	0.65	-12.51
EPS			-431	-16	53	77	32	-447	-598	-73	-129	-132	-60	19	40	20	-246	8	-127
배당금			0	0	0	0	0	0	0	0	0	0	0	0	0	0	0	0	0
ROE			-30.24	-2.09	3.44	3.03	1.64	-31.83	-73.83	-10.02	-22.28	-28.62	-27.09	7.93	3.21	1.27	-20.39	0.65	-12.51
직원의 수					2,716	2,291	2,174			1,730	1,501	1,285	1,123	987	748	722	652	661	709
연봉정보					26	32	26			28	43	42	43	40	47	43	39	41	45

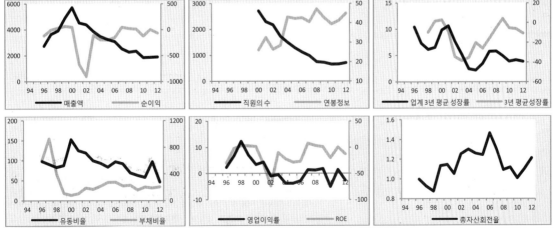

단위 : 성장률, ROE-% / EPS, 주당배당금 – 원 / 직원의 수 – 명 / 연봉정보 – 백만
1993년 8월, 현대알렌브래들리㈜에서 현대정보기술㈜로 상호 변경하였습니다.

• SKC&C (유가증권 / 034730)

- 컴퓨터시스템 통합 자문 및 구축 서비스업

구분	94	95	96	97	98	99	00	01	02	03	04	05	06	07	08	09	10	11	12
성장률		27.42	56.83	39.98	8.78	21.81	36.82	42.18	48.85	33.57	55.49	42.61	31.64	22.67	12.82	10.42	7.67	8.95	7.11
EPS		39	235	271	70	251	793	832	842	895	3,151	4,223	3,877	1,567	1,166	2,887	2,256	3,114	2,727
배당금		0	20	20	20	40	40	40	40	40	40	66	84	48	112	330	700	1,000	1,250
ROE		27.42	62.10	43.17	12.30	25.94	38.78	44.31	51.29	35.13	56.21	43.28	32.34	23.39	14.18	11.77	11.12	13.18	13.12
직원의 수						801	1,115	1,422	1,745	1,809	2,074	2,019	2,415	2,809	3,197	3,298	3,451	3,819	4,013
연봉정보						31	31	30	37	38	48	40	43	52	54	64	61	67	71

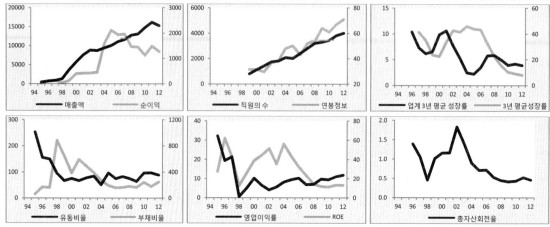

단위 : 성장률, ROE-% / EPS, 주당배당금 – 원 / 직원의 수 – 명 / 연봉정보 – 백만
1998년 12월, 대한텔레콤㈜에서 에스케이씨앤씨㈜로 상호 변경하였습니다.

• 한일네트웍스 (코스닥 / 046110)

- 호스팅 및 관련 서비스업

구분	94	95	96	97	98	99	00	01	02	03	04	05	06	07	08	09	10	11	12
성장률							4.78	7.43	15.95	6.91	8.17	15.00	6.95	-4.70	3.56	1.50	-3.96	2.13	7.10
EPS							35	55	141	146	169	291	291	-118	134	65	-82	56	199
배당금							0	0	0	75	75	75	75	0	35	25	20	0	0
ROE							4.78	7.43	15.95	14.22	14.68	20.20	9.36	-4.70	4.82	2.43	-3.18	2.13	7.10
직원의 수							34	38	49	미공시	73	81	83	98	88	94	99	114	130
연봉정보							33	92	81		23	24	21	26	29	24	27	28	34

단위 : 성장률, ROE-% / EPS, 주당배당금 – 원 / 직원의 수 – 명 / 연봉정보 – 백만
2012년 12월, 주식회사 오늘과 내일에서 한일네트웍스 주식회사로 상호 변경하였습니다.
1기(1998년), 2기(1999년) 자료는 표와 그래프에서 제외하였습니다.
2003년 직원의 수, 연봉정보는 미공시 되었습니다.

• 포스코 ICT (코스닥 / 022100)

- 기타 엔지니어링 서비스업

구 분	94	95	96	97	98	99	00	01	02	03	04	05	06	07	08	09	10	11	12
성장률		7.36	10.90	1.52	2.30	8.82	10.33	10.33	-0.49	3.56	-21.35	-7.44	3.76	1.80	-66.41	-137.8	10.25	11.26	13.33
EPS		40	78	9	35	82	232	210	42	103	16	11	10	61	-966	-874	163	223	293
배당금		0	10	0	25	25	50	50	50	50	50	25	3	25	0	0	0	25	25
ROE		7.36	12.50	1.52	7.84	12.68	13.18	13.56	2.70	6.95	10.05	5.66	5.03	3.06	-66.41	-137.8	10.25	12.69	14.58
직원의 수						792	934	1,044	1,252	1,226	1,145	1,175	1,235	1,350	1,476	1,244	2,230	2,468	2,541
연봉정보						29	33	34	33	30	40	45	46	48	47	45	50	57	56

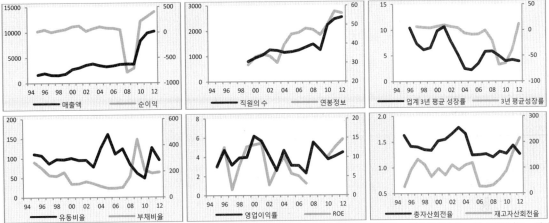

단위 : 성장률, ROE-% / EPS, 주당배당금 – 원 / 직원의 수 – 명 / 연봉정보 – 백만
2009년 12월, 포스데이타 주식회사에서 주식회사 포스코아이씨티로 상호 변경하였습니다.
특이값(2008 년, 2009 년 ROE)은 그래프에서 제외하였습니다.

• 케이엘넷 (코스닥 / 039420)

- 기타 전기 통신업

구 분	94	95	96	97	98	99	00	01	02	03	04	05	06	07	08	09	10	11	12
성장률				-44.73	-21.47	7.92	7.53	12.01	9.33	-25.41	5.94	-5.31	8.00	6.28	5.55	8.63	2.19	2.24	-1.92
EPS				-137	-98	36	54	95	91	-185	47	-40	85	83	67	114	24	24	-21
배당금				0	0	0	0	0	0	0	0	0	18	25	15	25	0	0	0
ROE				-44.73	-21.47	7.92	7.53	12.01	9.33	-25.41	5.94	-5.31	10.14	8.98	7.15	11.05	2.19	2.24	-1.92
직원의 수						96	116	128	121	125	139	158	155	170	170	174	180
연봉정보						24	26	27	27	32	34	30	34	28	30	33	33

단위 : 성장률, ROE-% / EPS, 주당배당금 – 원 / 직원의 수 – 명 / 연봉정보 – 백만
2006년 3월, 한국물류정보통신㈜에서 주식회사 케이엘넷으로 상호 변경하였습니다.

CHAPTER 2.

제조업

• 철강

2012년 철강 상장기업 전체 매출액은 약 82조원(전년대비 7% 감소)이며, 총 당기순이익은 약 3조 6천억원(전년대비 19% 감소)입니다. 평균성장률은 0.8%(전년대비 2.4%p 감소)이며, 07년도 이후로 다소 낮아지는 모습입니다. ROE는 1.6%(전년대비 2.6%p 감소)를 기록하였습니다.
(매출액 및 당기순이익은 단순합계금액이며, 성장률 및 ROE는 단순평균값 입니다)

해당 산업의 직원 수는 약 4만 4천명(전년대비 1.7% 증가)이며, 최근 평균연봉(2012년)은 약 6천 8백만원(전년대비 15%증가)입니다. 성장률과 수익성은 낮아지고 있는 반면에 전체 종업원수와 업계 평균연봉의 흐름은 상반된 모습을 보이고 있습니다. 최근 3년 업계 평균 유동비율은 169.9%이며, 부채비율은 115.3%입니다.

구 분	총매출액	총 당기순이익	평균성장률	평균 ROE	총 직원수	연봉정보
94	13,066	481	6.8	7.9		
95	15,586	922	9.9	12.1		
96	16,442	693	6.8	7.9		
97	18,861	347	2.2	0.0		
98	20,360	855	3.9	9.4	35,718	23
99	20,882	2,641	9.9	13.0	37,388	24
00	23,906	1,355	5.6	7.9	38,884	32
01	24,019	1,097	6.7	7.3	38,530	33
02	26,178	1,601	7.0	8.9	38,503	38
03	30,888	2,977	7.9	5.7	37,980	43
04	41,375	5,718	16.2	21.2	38,417	49
05	44,039	5,940	7.8	11.5	38,367	53
06	42,672	4,282	6.2	9.2	37,579	52
07	49,282	4,923	9.4	10.8	38,138	55
08	69,440	6,361	6.6	8.1	38,965	54
09	58,345	4,745	4.1	5.0	40,328	53
10	72,532	6,053	4.5	5.8	41,218	58
11	88,368	4,471	3.2	4.2	43,314	59
12	82,525	3,655	0.8	1.6	44,085	68

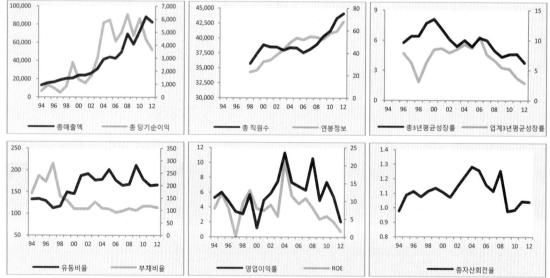

단위 : 총 매출액, 총 당기순이익 – 십억 / 평균 성장률, 평균 ROE - % / 총 직원 수 – 명 / 연봉정보 – 백만
연봉정보는 1 인당 평균 급여액이며, 대상기업들의 연간 총 급여액을 총 직원의 수로 나눈 금액입니다.
업계 3 년 평균 성장률은 철강업종 전체 상장사의 평균이며, 사업보고서에 근거한 자료만으로 만들었습니다.

• 동국제강 (유가증권 / 001230)

- 1차 철강 제조업

구분	94	95	96	97	98	99	00	01	02	03	04	05	06	07	08	09	10	11	12
성장률	3.76	1.82	13.89	8.93	5.16	3.37	-17.27	-0.54	5.04	8.45	25.89	14.42	7.03	7.79	5.19	0.48	3.17	-1.21	-9.80
EPS	1,500	950	3,695	2,202	1,810	586	-2,237	212	1,213	2,273	8,255	5,931	3,491	3,497	2,802	820	2,236	181	-3,717
배당금	600	600	600	300	200	500	250	300	400	500	750	750	750	750	750	600	750	750	500
ROE	6.27	4.95	16.59	10.34	5.80	22.94	-15.54	1.30	7.52	10.84	28.48	16.50	8.95	9.92	7.09	1.79	4.77	0.39	-8.64
직원의 수					1,589	1,581	1,621	1,601	1,584	1,593	1,613	1,673	1,718	1,776	1,810	1,863	1,889	1,906	1,850
연봉정보					25	20	23	25	34	34	48	47	47	52	57	46	58	58	56

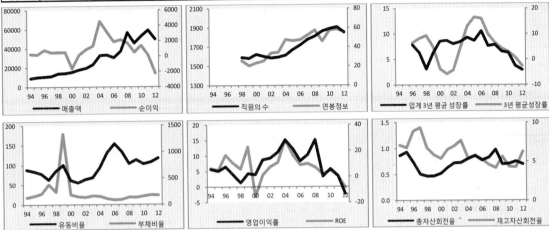

단위 : 성장률, ROE-% / EPS, 주당배당금 – 원 / 직원의 수 – 명 / 연봉정보 – 백만

• 동양철관 (유가증권 / 008970)

- 강관 제조업

구분	94	95	96	97	98	99	00	01	02	03	04	05	06	07	08	09	10	11	12
성장률		1.91	-0.10	-400.99	자본잠식			165.62	-5.75	3.59	6.74	6.49	10.97	6.47	9.54	2.33	6.31	4.34	2.94
EPS		160	45	-3,270	-1,900	-825	-1,858	5,373	-39	24	50	51	97	65	123	29	83	59	41
배당금		50	50	0	0	0	0	0	0	0	0	0	0	0	15	0	0	0	0
ROE		2.78	0.84	-400.99	자본잠식			165.62	-5.75	3.59	6.74	6.49	10.97	6.47	10.86	2.33	6.31	4.34	2.94
직원의 수						258	221	208	190	182	177	174	180	180	182	187	184	185	198
연봉정보						26	20	16	26	25	29	27	30	35	38	35	40	43	51

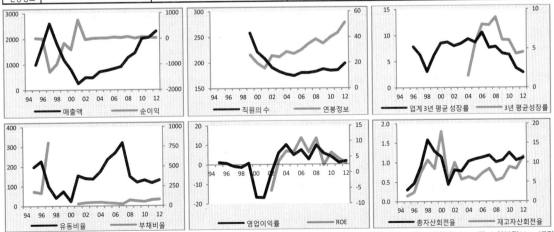

단위 : 성장률, ROE-% / EPS, 주당배당금 – 원 / 직원의 수 – 명 / 연봉정보 – 백만
1983년, 동양철관공업주식회사에서 동양철관주식회사로 상호 변경하였습니다.
2002년 결산 월 변경으로 인하여 31기는 제외하였으며, 30기를 2002년 기준으로 작성하였습니다
자본잠식으로 인해, 계산 불가한 값(1998년~2000년 부채비율, 성장률)은 그래프에서 제외 및 보정하였습니다.
특이값(1994년~2001년 ROE)은 그래프에서 제외하였습니다.

철
강

· 부국철강 (유가증권 / 026940)

- 강관 제조업

구분	94	95	96	97	98	99	00	01	02	03	04	05	06	07	08	09	10	11	12
성장률		18.72	8.68	3.12	25.36	6.86	6.91	10.23	9.80	9.20	14.49	3.60	7.09	4.13	9.62	6.24	8.90	5.88	4.40
EPS		447	206	71	518	292	289	379	406	428	652	210	325	241	466	364	510	370	305
배당금		100	50	25	25	100	75	65	65	75	75	75	75	75	75	75	75	75	75
ROE		24.11	11.47	4.83	26.64	10.44	9.33	12.34	11.67	11.15	16.38	5.60	9.22	6.00	11.47	7.85	10.43	7.38	5.84
직원의 수						82	83	82	79	81	78	75	63	72	63	78	80	82	79
연봉정보						21	25	25	28	28	35	38	42	35	44	36	39	41	44

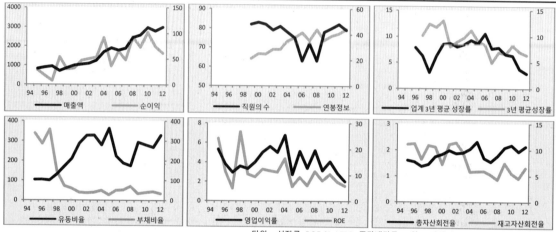

단위 : 성장률, ROE-% / EPS, 주당배당금 – 원 / 직원의 수 – 명 / 연봉정보 – 백만

· 삼강엠앤티 (코스닥 / 100090)

- 강관 제조업

구분	94	95	96	97	98	99	00	01	02	03	04	05	06	07	08	09	10	11	12
성장률										6.95	14.63	35.15	1.33	38.23	15.40	-13.26	3.31	19.99	-1.12
EPS										98	242	895	476	1,066	835	-547	92	1,114	-49
배당금										0	0	0	455	0	0	0	0	0	0
ROE										6.95	14.63	35.15	30.18	38.23	15.40	-13.26	3.31	19.99	-1.12
직원의 수															123	224	224	268	287
연봉정보															30	28	35	33	38

단위 : 성장률, ROE-% / EPS, 주당배당금 – 원 / 직원의 수 – 명 / 연봉정보 – 백만
2007년 12월, 삼강특수공업 주식회사에서 삼강엠앤티 주식회사로 상호 변경하였습니다.
2003년~2005년 사업보고서 미공시로 인하여 EPS는 감사보고서를 기준으로, 배당금은 0으로 간주해 성장률을 계산하였습니다.
03년~05년 성장률은 업계 3년 평균성장률 계산 과정에서 제외하였습니다.

• 세아제강 (유가증권 / 003030)

- 강관 제조업

구 분	94	95	96	97	98	99	00	01	02	03	04	05	06	07	08	09	10	11	12
성장률	2.58	3.72	3.21	1.83	6.90	8.47	1.16	15.10	4.71	3.92	17.74	9.69	5.29	3.09	18.68	1.80	9.82	6.68	4.82
EPS	709	1,965	1,728	996	3,329	4,669	1,230	6,776	3,512	3,087	15,178	9,363	5,773	3,768	20,551	2,315	15,671	12,401	9,536
배당금	250	300	400	250	350	350	500	0	700	600	1,250	1,000	1,000	1,000	1,500	500	1,500	1,500	1,500
ROE	3.99	4.39	4.17	2.44	7.71	9.16	1.95	15.10	5.89	4.86	19.33	10.85	6.40	4.21	20.15	2.30	10.86	7.60	5.72
직원의 수					956	949	928	911	907	891	899	903	897	896	905	874	871	853	879
연봉정보					21	24	26	32	33	37	45	46	46	55	62	46	50	56	57

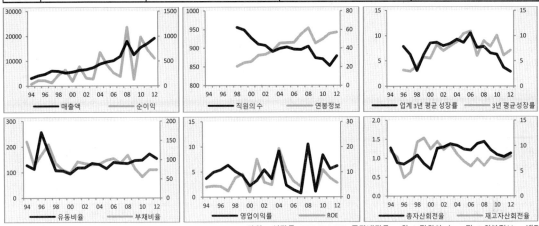

단위 : 성장률, ROE-% / EPS, 주당배당금 – 원 / 직원의 수 – 명 / 연봉정보 – 백만
1960년 10월, 부산철관공업㈜로 설립되어 1975년 2월, ㈜부산파이프로 상호 변경하였습니다.
세아그룹의 출범과 함께 1996년 1월, ㈜세아제강으로 변경하였습니다.

• 스틸플라워 (코스닥 / 087220)

- 강관 제조업

구 분	94	95	96	97	98	99	00	01	02	03	04	05	06	07	08	09	10	11	12
성장률									14.49	-181.10	43.09	46.08	17.41	34.07	20.69	22.06	-7.69	4.15	3.71
EPS									87	-389	294	494	226	1,281	2,880	2,103	-552	476	364
배당금									0	0	0	0	0	0	0	150	0	100	50
ROE									14.49	-181.10	43.09	46.08	17.41	34.07	20.69	23.76	-7.69	5.25	4.30
직원의 수															150	168	196	161
연봉정보															33	34	43	53

단위 : 성장률, ROE-% / EPS, 주당배당금 – 원 / 직원의 수 – 명 / 연봉정보 – 백만
2002년~2006년 사업보고서 미공시로 인하여 EPS는 감사보고서를 기준으로, 배당금은 0으로 간주해 성장률을 계산하였습니다.
02년~06년 성장률은 업계 3년 평균성장률 계산 과정에서 제외하였습니다.

· 하이스틸 (유가증권 / 071090)

- 강관 제조업

구분	94	95	96	97	98	99	00	01	02	03	04	05	06	07	08	09	10	11	12
성장률										5.76	22.02	-3.79	2.94	1.55	2.99	-3.55	-2.12	1.36	1.16
EPS										3,163	11,235	-1,311	1,594	1,019	1,706	-3,193	-1,878	1,370	1,445
배당금										900	500	300	300	300	300	0	0	150	350
ROE										8.05	23.04	-3.08	3.62	2.20	3.63	-3.55	-2.12	1.53	1.54
직원의 수										99	100	97	94	100	109	134	146	196	212
연봉정보										21	24	27	27	27	30	23	27	25	30

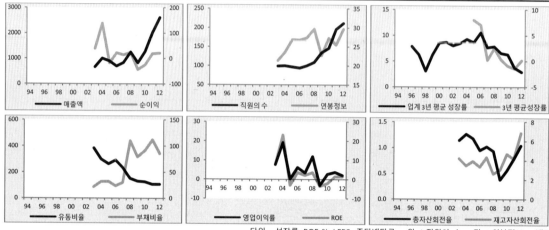

단위 : 성장률, ROE-% / EPS, 주당배당금 – 원 / 직원의 수 – 명 / 연봉정보 – 백만
2003년 1월, 한일철강㈜와 ㈜하이스틸로 기업 분할하였습니다.

· 현대하이스코 (유가증권 / 010520)

- 강관 제조업

구분	94	95	96	97	98	99	00	01	02	03	04	05	06	07	08	09	10	11	12
성장률	1.78	1.28	-5.53	2.57	1.77	-4.85	-9.96	2.00	7.78	4.15	7.06	4.35	0.11	0.99	1.44	3.66	10.19	15.40	12.09
EPS	345	393	-633	247	450	-2,753	-894	181	770	644	1,044	743	115	225	288	684	2,504	3,214	2,899
배당금	150	250	0	0	0	0	0	0	0	200	200	200	100	100	100	150	250	250	250
ROE	3.15	3.51	-5.53	2.57	1.77	-4.85	-9.96	2.00	7.78	6.02	8.73	5.95	0.87	1.79	2.20	4.69	11.32	16.70	13.23
직원의 수					1,267	1,292	1,145	1,124	1,105	1,093	1,108	1,146	1,172	1,189	1,181	1,173	1,214	1,365	1,545
연봉정보					26	27	30	33	39	39	44	49	46	48	54	55	62	57	68

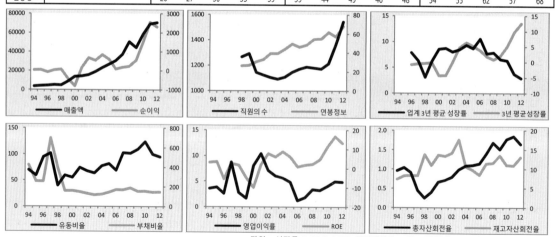

단위 : 성장률, ROE-% / EPS, 주당배당금 – 원 / 직원의 수 – 명 / 연봉정보 – 백만
2001년 2월, 현대강관㈜에서 현대하이스코㈜로 상호 변경하였습니다.
2004년 10월, 한보철강 당진공장을 인수하였습니다.

• 휴스틸 (유가증권 / 005010)

- 강관 제조업

구 분	94	95	96	97	98	99	00	01	02	03	04	05	06	07	08	09	10	11	12
성장률	자본잠식			-83.93	자본잠식			40.92	4.5	10.07	17.00	12.56	5.59	3.90	21.07	-2.13	6.83	6.81	5.70
EPS	-3,543	-1,415	-2,814	-4,678	-16,815	-8,216	-7,706	13,830	1,409	5,141	5,400	4,734	2,727	2,371	10,761	-366	4,440	4,764	4,232
배당금	0	0	0	0	0	0	0	0	500	0	1,000	1,000	1,000	1,000	1,000	1,000	1,000	1,000	1,000
ROE	자본잠식			-83.93	자본잠식			40.92	6.9	10.07	20.86	15.93	8.82	6.75	23.23	-0.73	8.82	8.62	7.46
직원의 수					544	546	532	538	537	543	519	500	506	506	525	521	533	552	569
연봉정보					18	21	22	24	25	28	29	33	37	41	43	41	43	47	50

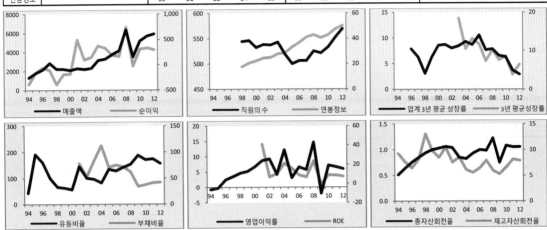

단위 : 성장률, ROE-% / EPS, 주당배당금 - 원 / 직원의 수 - 명 / 연봉정보 - 백만

자본잠식으로 인해, 계산 불가한 값(1994년~1996년, 1998년~2000년 부채비율과 ROE 및 성장률)은 그래프에서 제외 및 보정하였습니다.

2002년 3월, ㈜신호스틸에서 ㈜휴스틸로 상호 변경하였습니다.

• 한국주강 (유가증권 / 025890)

- 강주물 주조업

구 분	94	95	96	97	98	99	00	01	02	03	04	05	06	07	08	09	10	11	12
성장률	15.09	17.71	15.44	8.23	-412.52	자본잠식		176.26	13.4	10.97	30.06	26.33	20.62	41.95	8.92	7.90	4.88	2.17	6.63
EPS	1,972	306	292	254	-1,504	-887	-1,011	3,465	111	99	386	539	550	1,846	530	727	356	144	424
배당금	0	0	0	50	0	0	0	0	0	0	0	50	60	100	120	100	0	0	0
ROE	15.09	17.71	15.44	10.25	-412.52	자본잠식		176.26	13.4	10.97	30.06	29.02	23.14	44.35	11.53	9.16	4.88	2.17	6.63
직원의 수					121	130	151	145	159	150	141	135	129	129	127	122	121	116	111
연봉정보					20	17	21	24	25	31	31	33	36	38	42	40	42	47	49

단위 : 성장률, ROE-% / EPS, 주당배당금 - 원 / 직원의 수 - 명 / 연봉정보 - 백만

자본잠식으로 인해, 계산 불가한 값(1999년~2000년 부채비율, ROE 및 성장률)은 그래프에서 제외 및 보정하였습니다.

특이값(1998년, 2001년 부채비율, ROE)은 그래프에서 제외하였습니다.

• 자원 (코스닥 / 032860)

- 금속 및 비금속 원료 재생업

구분	94	95	96	97	98	99	00	01	02	03	04	05	06	07	08	09	10	11	12
성장률		16.14	17.56	1.98	-7.29	6.62	8.45	5.91	29.66	-76.64	2.11	32.88	7.81	27.17	26.62	9.23	13.94	6.48	-67.59
EPS		512	830	55	-107	-296	837	518	3,726	-323	23	-71	49	-209	-614	-1,705	500	75	-567
배당금		0	50	25	0	25	125	175	125	500	0	0	0	0	0	0	0	0	0
ROE		16.14	18.68	3.66	-7.29	6.11	9.93	8.92	30.69	-30.05	2.11	32.88	7.81	27.17	26.62	9.23	13.94	6.48	-67.59
직원의 수						107	112	124	132	133	74	76	79	135	121	86	106	143	49
연봉정보						18	18	22	21	26	27	23	27	18	40	28	27	25	43

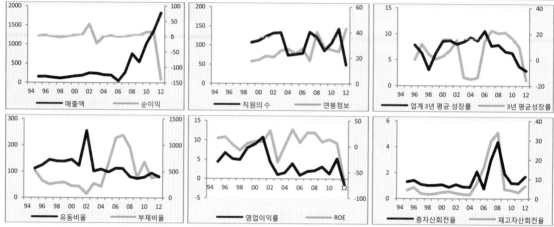

단위 : 성장률, ROE-% / EPS, 주당배당금 – 원 / 직원의 수 – 명 / 연봉정보 – 백만
2010년 10월, ㈜아이니즈에서 ㈜자원으로 상호 변경하였습니다.
2012년 12월, 의류사업부분을 물적분할 하였습니다.

• 제일테크노스 (코스닥 / 038010)

- 금속 조립구조재 제조업

구분	94	95	96	97	98	99	00	01	02	03	04	05	06	07	08	09	10	11	12
성장률		2.83	6.47	10.33	5.22	5.54	2.55	5.58	3.36	10.65	10.40	15.41	13.37	5.09	6.03	13.95	1.05	4.61	3.37
EPS		396	964	2,198	806	853	425	759	576	1,847	2,132	3,631	3,547	1,697	1,954	5,057	646	2,222	1,622
배당금		0	0	0	0	100	0	100	100	150	200	200	200	300	200	250	200	200	100
ROE		2.83	6.47	10.33	5.22	5.54	3.34	5.58	4.06	11.60	11.47	16.31	14.17	6.18	6.72	14.68	1.53	5.07	3.59
직원의 수						74	90	112	138	126	138	156	173	186	199	197	181	195	193
연봉정보						20	20	21	23	30	26	33	31	35	35	38	39	41	45

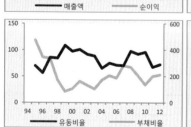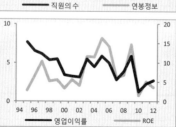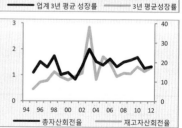

단위 : 성장률, ROE-% / EPS, 주당배당금 – 원 / 직원의 수 – 명 / 연봉정보 – 백만
2000년 3월, 제일중공개발㈜에서 ㈜제일테크노스로 상호 변경하였습니다.

• 동국산업 (코스닥 / 005160)
- 냉간 압연 및 압출 제품 제조업

구분	94	95	96	97	98	99	00	01	02	03	04	05	06	07	08	09	10	11	12
성장률		6.40	-31.14	23.69	4.86	-2.79	-18.76	2.50	7.26	10.71	21.91	3.45	5.15	2.77	-0.41	-4.63	6.62	3.74	0.18
EPS		90	-327	243	378	377	-642	130	343	543	1,344	280	260	214	34	-222	541	367	132
배당금		0	0	0		0	0	50	80	100	140	140	50	120	50	50	120	120	120
ROE		6.40	-31.14	23.69	4.86	-2.79	-18.76	4.07	9.46	13.12	24.45	6.91	6.38	6.32	0.88	-3.78	8.51	5.56	2.02
직원의 수						521	383	291	283	286	238	232	255	273	280	254	270	282	291
연봉정보						19	27	28	29	32	31	31	28	33	38	39	47	50	50

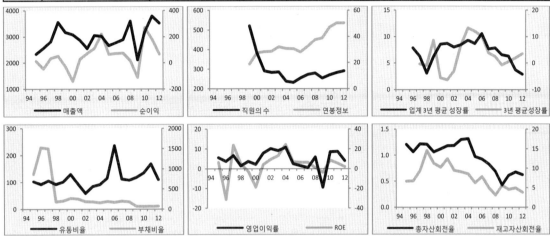

단위 : 성장률, ROE-% / EPS, 주당배당금 – 원 / 직원의 수 – 명 / 연봉정보 – 백만
1986년 7월, 동국선설 합병으로 인하여 ㈜대원사에서 동국산업㈜로 상호 변경하였습니다.

• 동부제철 (유가증권 / 016380)
- 냉간 압연 및 압출 제품 제조업

구분	94	95	96	97	98	99	00	01	02	03	04	05	06	07	08	09	10	11	12
성장률	2.34	5.02	1.56	1.44	1.21	3.48	-4.64	-1.72	4.39	4.20	12.60	0.88	-2.85	2.53	-6.94	2.78	-2.20	-15.24	-3.40
EPS	1,558	3,716	1,383	1,095	943	1,922	-1,359	-123	1,284	1,478	4,583	509	-896	1,132	-3,250	1,492	-564	-4,621	-1,001
배당금	400	400	400	150	150	250	250	250	250	350	500	250	100	250	150	200	150	0	0
ROE	3.15	5.62	2.19	1.67	1.43	4.00	-3.92	-0.57	5.45	5.50	14.14	1.72	-2.56	3.25	-6.64	3.21	-1.74	-15.24	-3.40
직원의 수					1,569	1,343	1,289	1,206	1,195	1,204	1,246	1,357	1,452	1,570	1,753	1,772	1,919	1,809	1,756
연봉정보					15	23	27		미공시		32	35	34	34	36	32	38	51	47

단위 : 성장률, ROE-% / EPS, 주당배당금 – 원 / 직원의 수 – 명 / 연봉정보 – 백만
2008년 3월, 동부제강주식회사에서 동부제철주식회사로 상호 변경하였습니다.
2001년~2003년 연봉정보는 미공시 되었습니다.

• 세아특수강 (유가증권 / 019440)

- 냉간 압연 및 압출 제품 제조업

구분	94	95	96	97	98	99	00	01	02	03	04	05	06	07	08	09	10	11	12
성장률						25.18	19.40	9.58	10.42	14.15	22.17	13.65	12.38	16.80	14.94	0.18	18.16	11.18	6.30
EPS						1,590	1,465	717	871	1,215	2,353	1,446	1,426	2,176	2,189	527	4,504	3,536	2,137
배당금						0	0	0	0	0	0	0	0	0	0	500	1,000	700	600
ROE						25.18	19.40	9.58	10.42	14.15	22.17	13.65	12.38	16.80	14.94	3.60	23.34	13.95	8.76
직원의 수																		293	298
연봉정보																		63	59

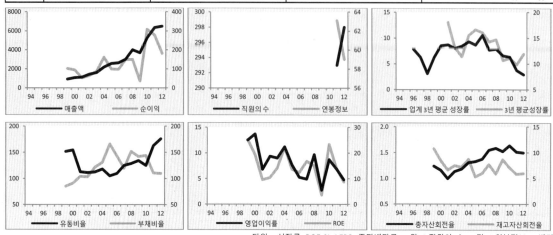

단위 : 성장률, ROE-% / EPS, 주당배당금 – 원 / 직원의 수 – 명 / 연봉정보 – 백만
1999~2008년 사업보고서 미공시로 인하여 EPS는 감사보고서의 데이터 이며, 배당금은 0으로 간주하여 성장률을 계산하였습니다.
업계 3년 평균성장률에는 99~08년의 성장률 값은 포함되지 않았습니다.

• 유니온스틸 (유가증권 / 003640)

- 냉간 압연 및 압출 제품 제조업

구분	94	95	96	97	98	99	00	01	02	03	04	05	06	07	08	09	10	11	12
성장률	2.60	2.90	2.37	-2.30	2.52	2.62	5.39	4.41	5.42	7.19	9.35	-0.29	-0.49	0.40	-2.33	-10.87	6.56	1.15	-6.83
EPS	5,809	7,553	5,539	5,212	6,631	8,433	15,312	14,125	17,197	24,927	8,778	302	160	267	-1,466	-7,470	5,274	1,022	-4,479
배당금	1,000	2,000	1,000	1,000	1,000	1,000	1,000	1,000	1,000	1,000	1,000	500	500	0	100	0	500	200	100
ROE	3.14	3.94	2.89	-2.85	2.96	2.97	5.77	4.75	5.75	7.49	10.55	0.44	0.23	0.40	-2.18	-10.87	7.25	1.44	-6.68
직원의 수					1,244	1,227	1,234	1,166	1,093	1,104	962	1,006	1,002	999	943	882	878	922	940
연봉정보					27	34	35	25	43	45	55	44	42	44	49	45	57	41	55

단위 : 성장률, ROE-% / EPS, 주당배당금 – 원 / 직원의 수 – 명 / 연봉정보 – 백만
2004년 3월, 연합철강공업 주식회사에서 유니온스틸 주식회사로 상호 변경하였습니다.
1977년 2월, 국제그룹으로 편입 되었고 1987년 4월, 동국제강그룹으로 편입 되었습니다.

• TCC동양 (유가증권 / 002710)
- 도금, 착색 및 기타 표면처리강재 제조업

구 분	94	95	96	97	98	99	00	01	02	03	04	05	06	07	08	09	10	11	12
성장률	4.92	4.67	7.81	2.24	3.35	5.61	3.03	3.76	3.23	6.81	11.05	4.88	4.51	0.31	-1.89	6.60	5.48	2.18	1.11
EPS	424	392	638	202	312	515	372	461	413	842	1,459	703	625	86	9	935	963	438	269
배당금	100	100	120	50	80	100	100	100	100	120	150	80	60	50	50	150	180	150	120
ROE	6.43	6.27	9.62	2.98	4.51	6.96	4.15	4.80	4.26	7.94	12.31	5.51	4.98	0.74	0.43	7.86	6.74	3.32	2.01
직원의 수					402	396	390	392	402	391	390	383	348	341	333	322	324	315	319
연봉정보					23	26	27	29	30	34	36	38	43	43	54	53	60	58	57

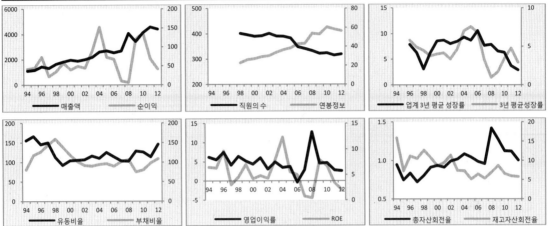

단위 : 성장률, ROE-% / EPS, 주당배당금 – 원 / 직원의 수 – 명 / 연봉정보 – 백만
2010년 3월, 동양석판주식회사에서 주식회사 티씨씨동양으로 상호 변경하였습니다.

• 한국자원투자개발 (코스닥 / 033430)
- 반도체 제조용 기계 제조업

구 분	94	95	96	97	98	99	00	01	02	03	04	05	06	07	08	09	10	11	12
성장률						3.14	-6.55	-10.37	-12.25	-36.66	-131.99	-26.55	-78.28	-93.41	-5.39	-27.64	-44.62	-20.95	-51.19
EPS						14	-107	-148	-152	-303	-445	-147	-149	-606	-42	-288	-279	-102	-170
배당금						0	0	0	0	0	0	0	0	0	0	0	0	0	0
ROE						3.14	-6.55	-10.37	-12.25	-36.66	-131.99	-26.55	-78.28	-93.41	-5.39	-27.64	-44.62	-20.95	-51.19
직원의 수						68	93	67	72	71	88	136	91	67	50	25	15	13	9
연봉정보						15	30	29	22	13	21	22	23	23	34	27	29	27	32

단위 : 성장률, ROE-% / EPS, 주당배당금 – 원 / 직원의 수 – 명 / 연봉정보 – 백만
2009년 5월, ㈜넥사이언에서 한국자원투자개발㈜로 상호 변경하였습니다.
1기(1995년)~4기(1998년) 자료는 표와 그래프에서 제외하였습니다.

철강

• 세아홀딩스 (유가증권 / 058650)

- 비금융 지주회사

구분	94	95	96	97	98	99	00	01	02	03	04	05	06	07	08	09	10	11	12
성장률								7.85	4.17	6.85	13.01	19.98	13.50	9.16	12.46	0.99	0.60	0.26	-0.21
EPS								8,286	4,977	7,196	16,389	29,576	23,590	17,962	27,300	2,370	3,057	2,317	1,307
배당금								750	1,000	750	1,250	1,250	1,500	1,500	1,500	500	1,750	1,750	1,750
ROE								8.63	5.21	7.65	14.08	20.86	14.41	9.99	13.19	1.26	1.40	1.07	0.61
직원의 수								20	19	17	16	14	16	15	18	18	26	33	40
연봉정보								13	33	36	45	47	41	42	39	44	38	57	64

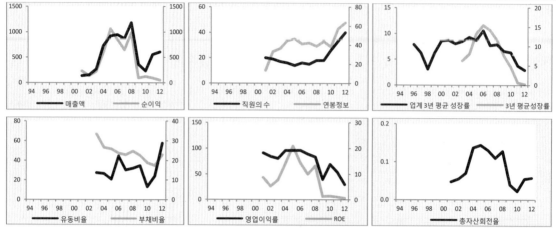

단위 : 성장률, ROE-% / EPS, 주당배당금 – 원 / 직원의 수 – 명 / 연봉정보 – 백만
2001년 7월, 세아제강의 투자사업부문과 임대사업부문이 인적 분할방식으로 신설되었습니다.
특이값(2001년~2002년 유동비율, 부채비율)은 그래프는 제외하였습니다.

• 광진실업 (코스닥 / 026910)

- 열간 압연 및 압출 제품 제조업

구분	94	95	96	97	98	99	00	01	02	03	04	05	06	07	08	09	10	11	12
성장률			1.88	-31.75	3.34	18.57	16.88	12.10	14.36	4.83	14.91	7.89	6.07	5.03	0.63	2.55	11.38	13.85	3.51
EPS			26	-336	37	252	266	213	204	155	413	264	225	202	69	130	515	683	186
배당금			0	0	0	0	0	0	0	50	50	50	50	50	50	50	75	50	25
ROE			1.88	-31.75	3.34	18.57	16.88	12.10	14.36	7.13	16.96	9.73	7.80	6.68	2.27	4.14	13.32	14.95	4.05
직원의 수					72	63	69	70	74	73	79	96	89	94	110	137	123
연봉정보					15	17	19	23	29	27	17	27	22	27	32	40	31

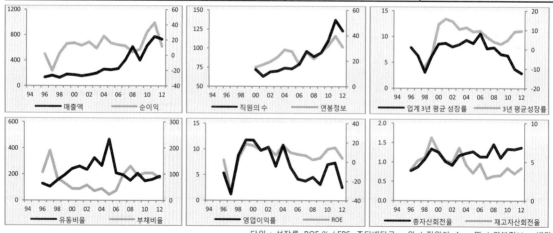

단위 : 성장률, ROE-% / EPS, 주당배당금 – 원 / 직원의 수 – 명 / 연봉정보 – 백만

• 동양에스텍 (코스닥 / 060380)

- 열간 압연 및 압출 제품 제조업

구분	94	95	96	97	98	99	00	01	02	03	04	05	06	07	08	09	10	11	12
성장률				0.23	-7.87	10.58	18.70	6.58	16.09	14.83	27.37	-4.32	2.90	4.74	18.70	-0.99	2.70	-0.60	-10.15
EPS				509	70	271	537	186	587	674	1,775	-77	228	365	1,208	35	259	66	-405
배당금				500	250	0	0	0	75	75	125	100	100	100	100	100	100	100	100
ROE				13.24	3.06	10.58	18.70	6.58	18.45	16.69	29.44	-1.88	5.17	6.53	20.38	0.53	4.40	1.17	-8.14
직원의 수								58	61	67	76	83	84	81	79	76	74	70	65
연봉정보								23	30	24	30	32	34	32	39	39	37	37	36

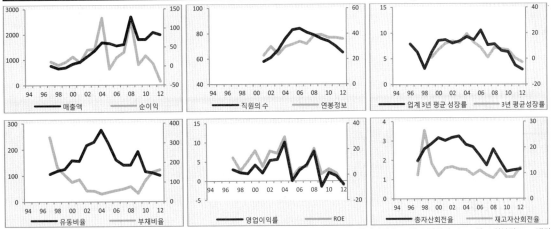

단위 : 성장률, ROE-% / EPS, 주당배당금 - 원 / 직원의 수 - 명 / 연봉정보 - 백만
2001년 4월, ㈜동양철강에서 주식회사 동양에스텍으로 상호 변경하였습니다.

• 동일철강 (코스닥 / 023790)

- 열간 압연 및 압출 제품 제조업

구분	94	95	96	97	98	99	00	01	02	03	04	05	06	07	08	09	10	11	12
성장률		9.08	-14.57	-83.28	-16.75	8.20	8.23	6.21	-9.95	14.57	26.57	7.44	8.98	4.55	6.45	0.04	-0.93	0.51	-12.38
EPS		1,385	-1,939	-6,047	-1,042	561	613	493	-719	1,232	3,061	926	1,227	1,184	1,400	113	135	35	-753
배당금		0	0	0	0	0	0	0	0	0	0	0	0	50	0	100	200	0	0
ROE		9.08	-14.57	-83.28	-16.75	8.20	8.23	6.21	-9.95	14.57	26.57	7.44	8.98	4.75	6.45	0.38	1.93	0.51	-12.38
직원의 수							56	50	54	48	46	44	44	52	46	113	111	118	73
연봉정보							16	17	19	23	26	28	28	29	28	19	36	42	62

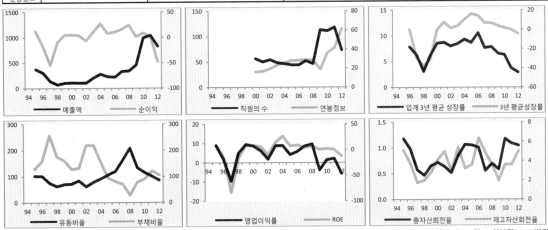

단위 : 성장률, ROE-% / EPS, 주당배당금 - 원 / 직원의 수 - 명 / 연봉정보 - 백만
2009년 6월, ㈜화인스틸과 합병을 결의(존속법인 : 동일철강, 소멸법인 : 화인철강)하였습니다.
2009년 결산 월 변경으로 인하여, 09년도 자료는 9개월(4월~12월)치로 작성되었습니다.

• 제일제강 (코스닥 / 023440)

- 열간 압연 및 압출 제품 제조업

구분	94	95	96	97	98	99	00	01	02	03	04	05	06	07	08	09	10	11	12
성장률		16.36	8.85	-69.11	1.65	3.40	1.78	1.78	21.97	6.50	13.42	0.21	0.00	1.29	-26.26	2.86	-0.33	-0.99	-1.88
EPS		1,247	243	-960	23	52	27	27	445	154	436	76	70	107	-581	164	-18	-55	-103
배당금		0	0	0	0	0	0	0	5	10	70	70	70	70	0	0	0	0	0
ROE		16.36	8.85	-69.11	1.65	3.40	1.78	1.78	22.22	6.95	15.99	2.71	2.50	3.73	-26.26	2.86	-0.33	-0.99	-1.88
직원의 수						40	45	38	32	34	39	41	36	34	23	44	31	42	49
연봉정보						7	13	19	20	21	31	28	31	21	17	22	24	22	38

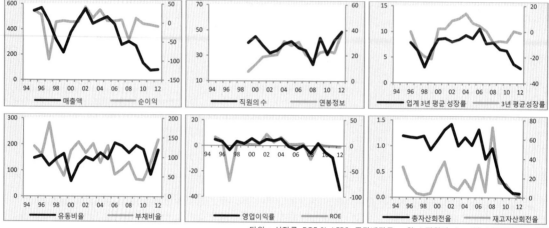

단위 : 성장률, ROE-% / EPS, 주당배당금 - 원 / 직원의 수 - 명 / 연봉정보 - 백만
2009년 4월, ㈜넥스앤스틸을 흡수 합병하였습니다.

• 한국특수형강 (유가증권 / 007280)

- 열간 압연 및 압출 제품 제조업

구분	94	95	96	97	98	99	00	01	02	03	04	05	06	07	08	09	10	11	12
성장률				-155.61	-33.99	31.60	23.91	20.94	7.13	4.37	29.39	18.74	10.53	7.09	4.76	-9.26	-7.31	2.40	2.26
EPS				-9,666	-3,588	6,793	6,687	7,572	3,253	2,485	19,723	15,494	10,002	7,471	7,767	-12,644	-8,132	3,566	3,465
배당금				0	0	650	500	650	650	650	750	750	750	750	500	400	400	750	750
ROE				-155.61	-33.99	34.95	25.85	22.90	8.91	5.92	30.55	19.69	11.38	7.88	5.09	-8.98	-6.97	3.04	2.89
직원의 수					182	193	192	229	263	269	232	237	236	250	318	373	379	414	422
연봉정보					14	21	24	23	28	31	39	38	40	42	41	43	46	49	56

단위 : 성장률, ROE-% / EPS, 주당배당금 - 원 / 직원의 수 - 명 / 연봉정보 - 백만
특이값(1997년 ROE)은 그래프에서 제외하였습니다.

철
강

• KISCO홀딩스 (유가증권 / 001940) / 한국철강 (유가증권 / 104700)

- 열간 압연 및 압출 제품 제조업 / 제철, 제강 및 합금철 제조업

구분	94	95	96	97	98	99	00	01	02	03	04	05	06	07	08	09	10	11	12
성장률	3.04	1.40	0.31	-5.45	0.80	0.004	-4.33	1.07	3.23	16.05	20.32	14.74	8.85	8.22	17.35	8.13	2.32	-5.81	1.49
EPS	668	248	54	-818	224	251	-790	878	1,702	7,629	12,076	10,503	7,418	7,439	20,132	20,552	2,473	-1,082	2,644
배당금	0	0	0	0	0	250	350	500	500	623	750	750	750	900	900	900	900	900	900
ROE	3.04	1.40	0.31	-5.45	0.80	0.91	-3.00	2.48	4.58	17.47	21.66	15.87	9.84	9.35	18.16	8.50	3.64	-3.17	2.27
직원의 수					1,383	1,302	1,214	1,210	1,159	881	818	820	814	819	828	832	806	767	714
연봉정보					21	23	27	30	32	39	47	47	46	59	60	61	55	61	66

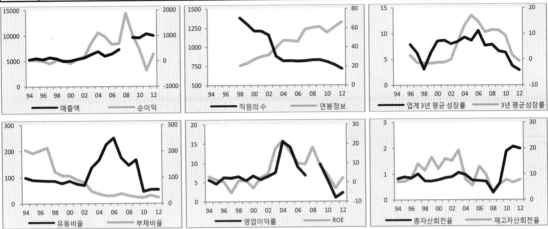

단위 : 성장률, ROE-% / EPS, 주당배당금 - 원 / 직원의 수 - 명 / 연봉정보 - 백만
2008년 KISCO홀딩스가 월간 자료인 관계로, 매출액과 영업이익률은 그래프에서 제외하였습니다.
2008년~2012년 자료는 KISCO홀딩스와 한국철강의 단순합계이며, EPS는 KISCO홀딩스 기준으로 작성하였습니다.
2008년 한국철강과 인적 분할로 인하여, 08년 일부 항목을 제외(매출액, 영업이익률)한 재무제표를 합산해 그래프를 작성하였습니다.
직원의 수, 연봉정보는 KISCO 홀딩스와 한국철강을 단순 합한 수치입니다.

• 고려제강 (유가증권 / 002240)

- 제철, 제강 및 합금철 제조업

구분	94	95	96	97	98	99	00	01	02	03	04	05	06	07	08	09	10	11	12
성장률	13.58	11.17	5.73	2.89	19.87	9.09	3.81	8.92	5.42	6.85	6.45	5.61	2.13	4.71	14.30	9.67	3.93	3.08	8.59
EPS	2,980	2,796	1,971	1,006	7,997	5,925	3,194	6,706	4,215	5,040	3,783	3,504	1,533	2,521	8,505	6,540	2,678	2,228	6,023
배당금	150	170	150	120	200	300	250	300	300	350	350	350	350	350	350	350	350	350	350
ROE	14.30	11.89	6.20	3.28	20.38	9.58	4.14	9.33	5.84	7.36	7.11	6.24	2.77	5.47	14.92	10.22	4.52	3.65	9.12
직원의 수					761	725	737	755	734	716	706	712	710	712	724	765	871	958	1,002
연봉정보					21	24	23	25	27	28	32	32	31	34	35	35	30	35	38

단위 : 성장률, ROE-% / EPS, 주당배당금 - 원 / 직원의 수 - 명 / 연봉정보 - 백만
1969년 8월, 고려상사주식회사에서 고려제강주식회사로 상호 변경하였습니다.

• 대한제강 (유가증권 / 084010)
- 제철, 제강 및 합금철 제조업

구분	94	95	96	97	98	99	00	01	02	03	04	05	06	07	08	09	10	11	12
성장률						0.33	-3.49	1.96	15.14	19.99	28.86	13.37	9.85	7.45	24.49	15.33	3.73	3.29	7.27
EPS						42	-333	191	1,793	3,120	2,522	1,193	910	759	3,637	2,515	702	593	1,387
배당금						0	0	0	0	300	200	150	100	100	760	300	100	100	200
ROE						0.33	-3.49	1.96	15.14	22.11	31.35	15.29	11.07	8.57	30.96	17.41	4.35	3.96	8.50
직원의 수												264	283	391	498	516	558	549	604
연봉정보												40	33	20	48	51	43	41	45

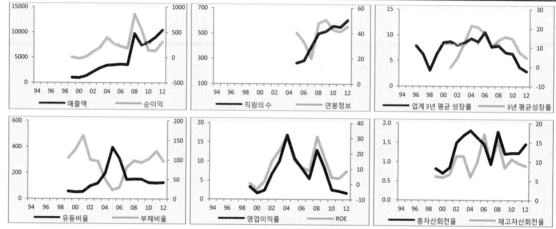

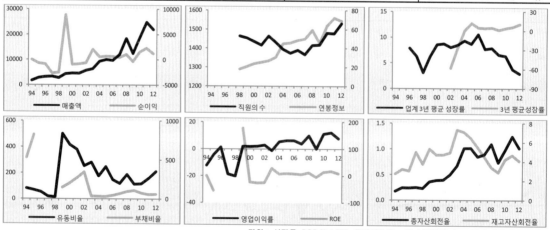

단위 : 성장률, ROE-% / EPS, 주당배당금 - 원 / 직원의 수 - 명 / 연봉정보 - 백만
2007년 결산 월 변경으로 인하여, 55기(07년도)는 9개월(4월~12월)치 자료로 작성되었습니다.
1999년~2002년 사업보고서 미공시로 인하여 EPS는 감사보고서를 기준으로, 배당금은 0으로 간주해 성장률을 계산하였습니다.
99년~02년 성장률은 업계 3년 평균성장률 계산 과정에서 제외하였습니다.

• 세아베스틸 (유가증권 / 001430)
- 제철, 제강 및 합금철 제조업

구분	94	95	96	97	98	99	00	01	02	03	04	05	06	07	08	09	10	11	12
성장률	0.45	-55.52	-188.5	자본잠식		152.66	-65.04	-80.27	-29.26	25.44	4.52	5.65	4.40	1.97	8.39	-6.03	10.32	14.25	6.43
EPS	45	-3,715	-3,319	-9,650	-9,102	36,798	-2,821	-2,583	-37,740	48,481	1,341	1,932	1,679	1,147	2,878	-1,098	4,243	6,317	3,314
배당금	0	0	0			5,000	5,000	5,000	5,000	5,000	500	700	700	700	800	300	1,000	1,200	900
ROE	0.45	-55.52	-188.5	자본잠식		176.67	-23.46	-27.34	-25.84	28.36	7.20	8.86	7.55	5.07	11.62	-4.74	13.50	17.59	8.83
직원의 수				1,465	1,454	1,435	1,416	1,465		1,431	1,395	1,374	1,390	1,367	1,415	1,418	1,481	1,478	1,531
연봉정보				18	21	24	25	27		30	45	46	48	50	59	45	64	72	69

단위 : 성장률, ROE-% / EPS, 주당배당금 - 원 / 직원의 수 - 명 / 연봉정보 - 백만
자본잠식으로 인해, 계산 불가한 값과 특이값(1996년~1998년 부채총계, ROE, 성장률)은 그래프에서 제외 및 보정하였습니다.
2004년, 기아특수강㈜에서 ㈜세아베스틸로 상호 변경하였습니다.

• 현대제철 (유가증권 / 004020)

- 제철, 제강 및 합금철 제조업

구 분	94	95	96	97	98	99	00	01	02	03	04	05	06	07	08	09	10	11	12
성장률	5.91	4.54	1.38	0.23	-0.12	3.81	4.10	1.29	8.18	9.24	15.38	32.46	12.36	11.80	16.16	16.80	10.32	7.63	7.65
EPS	2,525	2,140	911	269	60	1,023	706	362	1,642	2,686	5,785	12,461	5,760	6,192	9,798	13,721	12,085	8,735	9,390
배당금	600	600	500	200	100	300	100	150	150	250	400	500	500	500	500	500	500	500	500
ROE	7.75	6.30	3.05	0.90	0.18	5.39	4.78	2.21	9.00	10.19	16.52	33.82	13.53	12.84	17.03	17.44	10.77	8.09	8.08
직원의 수					2,750	2,705	4,668	4,553	4,413	4,327	5,164	5,148	5,721	6,078	6,686	7,678	8,268	8,468	8,957
연봉정보					28	29	37	39	42	48	49	55	55	59	61	58	70	71	79

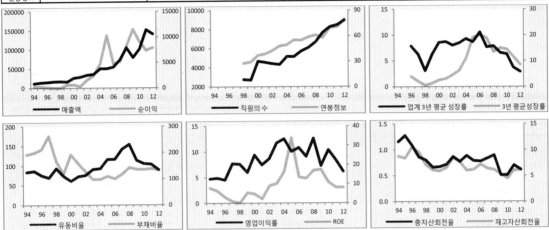

단위 : 성장률, ROE-% / EPS, 주당배당금 – 원 / 직원의 수 – 명 / 연봉정보 – 백만
2006년 3월, 아이앤아이스틸주식회사에서 현대제출주식회사로 상호 변경하였습니다.

• POSCO (유가증권 / 005490)

- 제철, 제강 및 합금철 제조업

구 분	94	95	96	97	98	99	00	01	02	03	04	05	06	07	08	09	10	11	12
성장률	6.10	12.23	8.09	8.85	11.99	15.30	15.10	6.04	7.04	11.51	19.74	17.23	11.83	11.92	13.29	8.27	8.37	6.43	4.80
EPS	4,181	9,155	6,688	7,826	11,968	16,242	19,170	10,043	13,442	24,306	47,331	50,438	40,748	48,444	58,905	41,380	49,127	41,279	32,359
배당금	675	950	1,000	1,000	1,250	1,750	2,500	2,500	3,500	6,000	8,000	8,000	8,000	10,000	10,000	8,000	10,000	10,000	8,000
ROE	7.27	13.65	9.51	10.15	13.39	17.15	17.36	8.04	9.52	15.28	23.75	20.47	14.71	15.02	16.01	10.25	10.51	8.48	6.38
직원의 수					19,263	19,485	19,275	19,193	19,169	19,373	19,337	19,004	17,523	17,307	16,707	16,516	16,390	17,553	17,623
연봉정보					24	25	36	39	45	52	57	64	61	64	57	60	62	65	79

단위 : 성장률, ROE-% / EPS, 주당배당금 – 원 / 직원의 수 – 명 / 연봉정보 – 백만
2002년 3월, 포항종합제철주식회사에서 주식회사 포스코로 상호 변경하였습니다.

철
강

• 한국주철관 (유가증권 / 000970)

- 주철관 제조업

구분	94	95	96	97	98	99	00	01	02	03	04	05	06	07	08	09	10	11	12
성장률	9.21	7.14	10.70	4.12	9.69	8.02	2.28	1.05	2.13	2.16	1.68	3.40	2.48	1.93	1.17	1.28	0.23	0.16	1.78
EPS	412	434	727	293	803	506	407	227	370	331	292	455	381	333	262	274	178	141	354
배당금	0	90	160	90	195	195	195	145	195	145	145	145	150	150	150	150	150	125	175
ROE	9.21	9.01	13.72	5.94	12.80	13.04	4.38	2.91	4.51	3.84	3.34	4.99	4.10	3.51	2.73	2.82	1.45	1.44	3.52
직원의 수					614	660	603	576	491	382	359	303	278	271	252	254	255	260	272
연봉정보					24	24	26	25	27	31	30	32	37	39	35	38	34	38	37

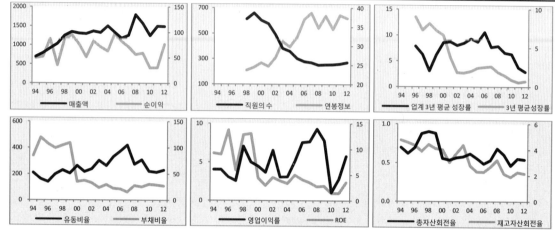

단위 : 성장률, ROE-% / EPS, 주당배당금 – 원 / 직원의 수 – 명 / 연봉정보 – 백만
1961년 12월, 한국기계주물제작 주식회사에서 한국주철관공업주식회사로 상호 변경하였습니다.

• 대호피앤씨 (코스닥 / 021040)

- 철강선 제조업

구분	94	95	96	97	98	99	00	01	02	03	04	05	06	07	08	09	10	11	12
성장률		30.92	11.29	2.83	-13.54	15.80	9.86	-2068.5	8.17	5.31	16.31	9.19	6.68	-0.24	3.57	-18.60	13.16	-7.23	-24.94
EPS		211	86	22	-142	193	177	-1,786	236	39	202	142	121	-2	32	-144	78	-60	-386
배당금		0	0	0	0	15	50	0	0	0	50	50	50	0	0	0	0	0	0
ROE		30.92	11.29	2.83	-13.54	17.13	13.74	-2068.5	8.17	5.31	21.67	14.18	11.38	-0.24	3.57	-18.60	13.16	-7.23	-24.94
직원의 수					94	94	73	89	89	95	109	111	112	100	164	175	181	269
연봉정보					15	18	24	20	25	28	30	29	34	36	27	37	38	28

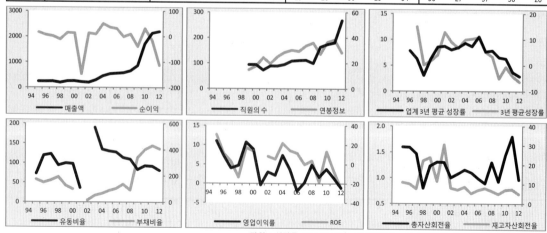

단위 : 성장률, ROE-% / EPS, 주당배당금 – 원 / 직원의 수 – 명 / 연봉정보 – 백만
2010년 3월, 미주소재 주식회사에서 주식회사 대호피앤씨로 상호 변경하였습니다.
특이값(2001년 부채비율과 ROE, 2002년 유동비율)은 그래프에서 제외하였습니다.

• 만호제강 (유가증권 / 001080)

- 철강선 제조업

구분	94	95	96	97	98	99	00	01	02	03	04	05	06	07	08	09	10	11	12
성장률	0.92	1.12	-0.05	0.80	5.48	2.52	1.10	-4.43	3.52	1.24	1.72	-1.20	0.78	3.54	11.04	5.27	6.02	4.08	1.99
EPS	286	296	94	195	936	1,199	593	-1,717	1,618	699	709	-304	401	1,945	6,014	3,132	3,868	2,774	1,449
배당금	120	130	100	100	150	150	130	100	100	150	160	80	150	250	300	250	250	180	150
ROE	1.59	2.01	0.70	1.64	6.52	2.88	1.41	-4.18	3.75	1.58	2.23	-0.95	1.24	4.07	11.62	5.73	6.43	4.36	2.22
직원의 수					682	699	678	685	708	630	640	145	140	155	171	161	201	206	203
연봉정보					20	26	24	25	26	28	27	28	28	35	37	39	32	34	34

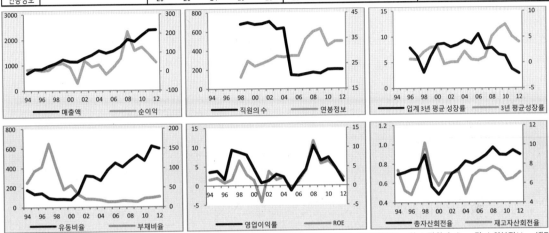

단위 : 성장률, ROE-% / EPS, 주당배당금 – 원 / 직원의 수 – 명 / 연봉정보 – 백만
1993년 8월, 만호제강공업㈜에서 만호제강주식회사로 상호 변경하였습니다.

• 영흥철강 (유가증권 / 012160)

- 철강선 제조업

구분	94	95	96	97	98	99	00	01	02	03	04	05	06	07	08	09	10	11	12
성장률								1.06	-2.34	-8.41	-2.64	9.79	8.62	12.82	14.66	5.61	-8.93	2.04	-0.03
EPS								11	-23	-74	-62	202	193	333	568	136	12	112	39
배당금								0	0	0	0	0	0	0	90	40	40	50	40
ROE								1.06	-2.34	-8.41	-2.64	9.79	8.62	12.82	17.42	7.95	3.69	3.68	1.27
직원의 수															216	245	223	208	
연봉정보															36	28	32	36	

단위 : 성장률, ROE-% / EPS, 주당배당금 – 원 / 직원의 수 – 명 / 연봉정보 – 백만
2011년 4월, KISCO홀딩스에서 세화통운㈜로 최대주주가 변경되었습니다.

철강

· 원일특강 (코스닥 / 012620)
- 철강선 제조업

구 분	94	95	96	97	98	99	00	01	02	03	04	05	06	07	08	09	10	11	12
성장률		2.68	3.39	10.11	5.76	22.85	19.41	14.76	13.24	8.60	21.00	22.99	6.20	14.70	16.13	4.68	10.89	10.80	8.04
EPS		46	55	146	110	528	557	509	490	390	1,150	1,590	491	1,269	1,641	620	1,543	1,725	1,413
배당금		15	15	15	15	25	25	35	4	35	45	50	50	60	60	60	60	70	70
ROE		3.99	4.66	11.26	6.66	23.98	20.32	15.85	13.34	9.45	21.85	23.74	6.91	15.43	16.75	5.18	11.33	11.25	8.46
직원의 수						47	51	53	60	64	63	66	71	83	92	96	110	117	116
연봉정보						27	24	22	24	29	32	28	29	31	29	39	33	39	33

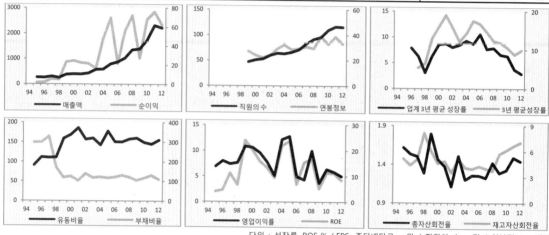

단위 : 성장률, ROE-% / EPS, 주당배당금 - 원 / 직원의 수 - 명 / 연봉정보 - 백만
1985년 9월, 신라산업㈜에서 ㈜원일특강으로 상호 변경하였습니다.

· 한국선재 (코스닥 / 025550)
- 철강선 제조업

구 분	94	95	96	97	98	99	00	01	02	03	04	05	06	07	08	09	10	11	12
성장률						38.21	12.36	9.68	5.15	2.89	10.17	-0.61	8.60	11.83	-23.80	-54.49	8.72	4.92	7.88
EPS						561	247	208	116	66	341	34	325	482	-1,092	-1,307	238	143	245
배당금						0	0	0	0	0	75	50	75	50	0	0	0	0	0
ROE		45.40	1.82	0.38	16.85	38.21	12.36	9.68	5.15	2.89	13.04	1.30	11.18	13.20	-23.80	-54.49	8.72	4.92	7.88
직원의 수						295	294	274	279	242	210	233	237	254	271	248	227	224	230
연봉정보						20	23	25	26	29	34	28	32	33	42	37	33	38	37

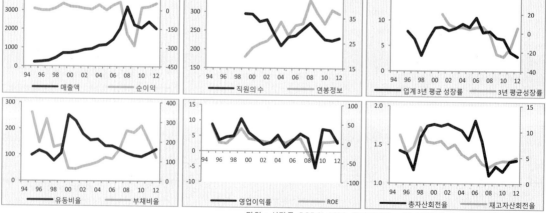

단위 : 성장률, ROE-% / EPS, 주당배당금 - 원 / 직원의 수 - 명 / 연봉정보 - 백만
1990년 8월, 한국선재공업사에서 한국선재주식회사로 상호 변경하였습니다.

• DSR제강 (유가증권 / 069730)

- 철강선 제조업

구 분	94	95	96	97	98	99	00	01	02	03	04	05	06	07	08	09	10	11	12
성장률					8.06	18.82	6.54	18.82	14.09	2.35	9.06	5.94	2.62	12.80	32.90	23.01	12.94	8.99	0.80
EPS					109	71	108	312	272	42	202	148	80	338	1,266	1,145	844	655	86
배당금					0	0	0	0	0	0	25	25	25	25	25	25	25	30	30
ROE			7.35	5.70	8.06	18.82	6.54	18.82	14.09	2.35	10.34	7.15	3.81	13.82	33.56	23.53	13.33	9.42	1.23
직원의 수									228	237	221	182	175	122	121	123	124	130	131
연봉정보									20	23	26	27	28	32	38	32	35	39	41

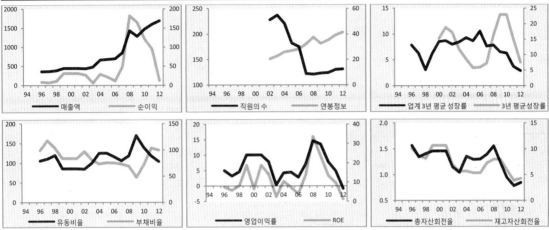

단위 : 성장률, ROE-% / EPS, 주당배당금 - 원 / 직원의 수 - 명 / 연봉정보 - 백만

2000년 5월, 천기제강㈜에서 DSR제강㈜로 상호 변경하였습니다.

철
강

• 자연과환경 (코스닥 / 043910)

- 콘크리트 타일, 기와, 벽돌 및 블록 제조업

구 분	94	95	96	97	98	99	00	01	02	03	04	05	06	07	08	09	10	11	12
성장률									14.89	26.11	21.19	5.48	17.12	4.77	-155.7	2.94	1.00	-65.80	-16.36
EPS									197	464	477	179	3,565	245	-1,482	28	17	-356	-86
배당금									0	0	0	0	0	0	0	0	0	0	0
ROE								3.92	14.89	26.11	21.19	5.48	17.12	4.77	-155.7	2.94	1.00	-65.80	-16.36
직원의 수												51	61	86	93	77	79	67	85
연봉정보												14	25	29	30	35	31	31	31

단위 : 성장률, ROE-% / EPS, 주당배당금 - 원 / 직원의 수 - 명 / 연봉정보 - 백만

2002년 사업보고서 미공시로 인하여 EPS는 감사보고서를 기준으로, 배당금은 0으로 간주해 성장률을 계산하였습니다.

02년 성장률은 업계 3년 평균성장률 계산 과정에서 제외하였습니다.

• 동일산업 (유가증권 / 004890)

- 합금철 제조업

구 분	94	95	96	97	98	99	00	01	02	03	04	05	06	07	08	09	10	11	12
성장률						31.25	19.82	8.44	18.30	14.52	38.04	13.63	4.88	13.17	28.20	10.47	17.47	12.05	8.40
EPS						3,997	2,882	1,471	4,290	4,098	18,979	8,454	3,124	8,470	22,695	10,464	20,264	15,929	12,313
배당금						0	0	0	0	0	750	1,000	750	1,000	1,250	1,250	1,500	1,500	1,250
ROE						31.25	19.82	8.44	18.30	14.52	39.60	15.46	6.42	14.93	29.84	11.89	18.86	13.31	9.35
직원의 수											263	252	258		253	246	249	258	243
연봉정보											43	37	44		47	41	54	55	52

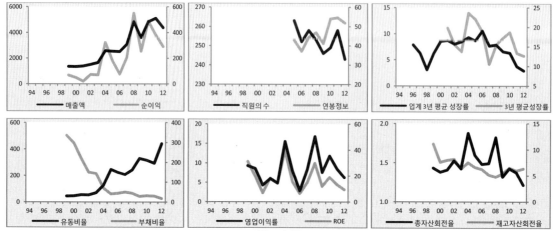

단위 : 성장률, ROE-% / EPS, 주당배당금 – 원 / 직원의 수 – 명 / 연봉정보 – 백만
1999년~2003년 사업보고서 미공시로 인하여 EPS는 감사보고서를 기준으로, 배당금은 0으로 간주해 성장률을 계산하였습니다.
99년~03년 성장률은 업계 3년 평균성장률 계산 과정에서 제외하였습니다.

• SIMPAC METALLOY (코스닥 / 090730)

- 합금철 제조업

구 분	94	95	96	97	98	99	00	01	02	03	04	05	06	07	08	09	10	11	12
성장률								-81.39	자본잠식		133.00	21.43	-18.66	26.10	34.44	6.66	15.79	10.18	6.56
EPS								-46,993	-74,205	-14,100	123,191	18,477	-290	968	4,108	702	1,985	1,436	986
배당금								0		0	0	0	0	193	300	100	200	150	100
ROE								-81.39	자본잠식		133.00	21.43	-18.66	32.60	37.15	7.76	17.56	11.37	7.30
직원의 수															170	165	171	154	161
연봉정보															57	43	48	46	47

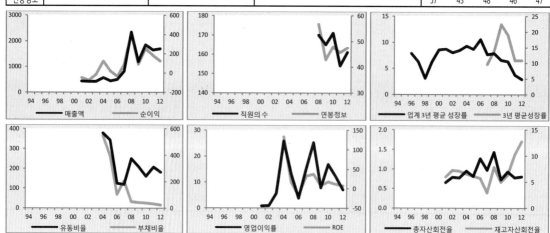

단위 : 성장률, ROE-% / EPS, 주당배당금 – 원 / 직원의 수 – 명 / 연봉정보 – 백만
자본잠식으로 인해, 계산 불가한 값과 특이값(2001년~2003년 유동비율, 부채비율, ROE)은 그래프에서 제외 및 보정하였습니다.
2001년~2005년 사업보고서 미공시로 인하여 EPS는 감사보고서를 기준으로, 배당금은 0으로 간주해 성장률을 계산하였습니다.
01년~05년 성장률은 업계 3년 평균성장률 계산 과정에서 제외하였습니다.

• 경남스틸 (코스닥 / 039240)
- 기타 1차 철강 제조업

구분	94	95	96	97	98	99	00	01	02	03	04	05	06	07	08	09	10	11	12
성장률		27.84	34.71	28.95	33.70	29.81	6.13	8.94	8.24	14.48	21.03	18.28	5.47	7.56	6.34	16.78	19.23	14.98	8.47
EPS		225	391	398	635	920	273	292	329	573	960	1,010	426	689	596	1,631	1,876	1,870	1,268
배당금		0	0	0	0	150	150	100	125	150	175	175	150	200	200	200	200	250	250
ROE		27.84	34.71	28.95	33.70	35.62	13.62	13.60	13.28	19.62	25.72	22.11	8.44	10.66	9.54	19.13	21.52	17.29	10.55
직원의 수						39	45	46	48	48	49	51	51	51	49	48	70	80	88
연봉정보						20	17	21	23	29	33	36	38	미공시	44	46	40	44	44

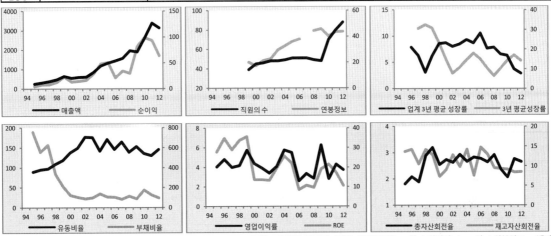

단위 : 성장률, ROE-% / EPS, 주당배당금 – 원 / 직원의 수 – 명 / 연봉정보 – 백만
1995년 6월, 삼현강업㈜에서 경남스틸㈜로 상호 변경하였습니다.
2007년 연봉정보는 미공시 되었습니다.

• 금강철강 (코스닥 / 053260)
- 기타 1차 철강 제조업

구분	94	95	96	97	98	99	00	01	02	03	04	05	06	07	08	09	10	11	12
성장률				22.77	12.72	13.32	5.93	8.46	6.39	7.74	12.09	11.78	6.14	6.22	3.62	7.05	6.65	9.35	6.09
EPS				432	326	559	216	236	209	305	477	517	330	344	235	397	398	564	413
배당금				25	100	25	100	0	75	100	100	100	100	100	100	100	100	100	100
ROE				24.16	18.35	13.94	11.04	8.46	9.97	11.52	15.30	14.61	8.81	8.77	6.30	9.42	8.88	11.36	8.04
직원의 수								75	73	78	77	74	89	97	89	66	62	81	66
연봉정보								24	18	17	19	26	24	23	26	27	25	32	34

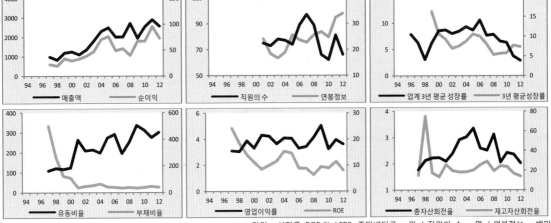

단위 : 성장률, ROE-% / EPS, 주당배당금 – 원 / 직원의 수 – 명 / 연봉정보 – 백만
1977년 1월, 금강철강상사에서 금강철강주식회사로 상호 변경하였습니다.

• 대동스틸 (코스닥 / 048470)

- 기타 1차 철강 제조업

구분	94	95	96	97	98	99	00	01	02	03	04	05	06	07	08	09	10	11	12
성장률				-9.03	-8.95	3.01	7.87	3.31	8.96	14.73	30.36	-8.70	8.01	6.07	22.39	-2.65	3.73	4.11	-1.19
EPS				2	-17	30	229	124	275	495	1,311	-282	376	377	1,448	-126	321	345	-43
배당금				25	0	25	60	30	75	100	125	30	50	60	100	50	75	80	30
ROE				0.79	-8.95	17.49	10.66	4.37	12.32	18.46	33.56	-7.86	9.24	7.22	24.05	-1.90	4.87	5.36	-0.70
직원의 수								61	70	73	76	74	64	57	60	58	53	54	54
연봉정보								23	28	36	42	40	39	43	51	35	42	43	40

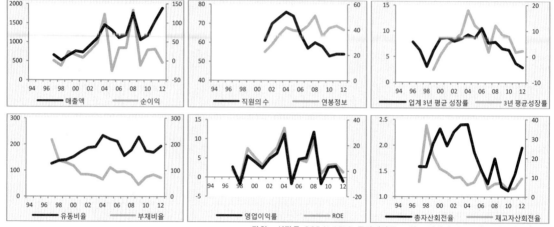

단위 : 성장률, ROE-% / EPS, 주당배당금 – 원 / 직원의 수 – 명 / 연봉정보 – 백만
2000년 8월, 대동강업주식회사에서 주식회사대동스틸로 상호 변경하였습니다.

• 문배철강 (유가증권 / 008420)

- 기타 1차 철강 제조업

구분	94	95	96	97	98	99	00	01	02	03	04	05	06	07	08	09	10	11	12
성장률	17.37	14.13	-0.42	0.41	-9.91	7.27	6.64	0.72	9.95	10.60	19.98	-3.66	5.63	4.84	5.09	-7.18	3.62	2.93	1.95
EPS	450	407	41	44	-193	829	776	220	1,406	333	721	-95	244	254	257	-253	205	173	132
배당금	60	75	50	35	0	150	150	150	300	65	75	20	50	50	50	50	50	50	50
ROE	20.04	17.32	1.82	2.07	-9.91	8.88	8.23	2.26	12.64	13.17	22.30	-3.02	7.08	6.02	6.31	-6.00	4.79	4.12	3.14
직원의 수					88	99	114	114	100	96	89	84	84	85	80	78	76	71	73
연봉정보					18	16	22	23	27	28	27	27	30	32	33	35	35	38	38

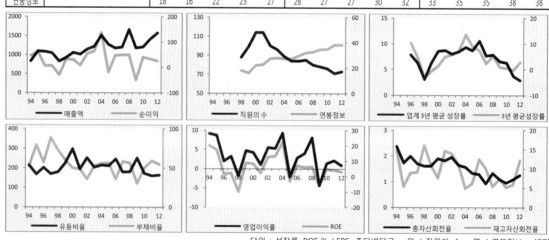

단위 : 성장률, ROE-% / EPS, 주당배당금 – 원 / 직원의 수 – 명 / 연봉정보 – 백만
2001년 2월, 동성철강공업주식회사를 인수(現 ㈜NI스틸)하였습니다.

• 삼현철강 (코스닥 / 017480)

- 기타 1차 철강 제조업

구분	94	95	96	97	98	99	00	01	02	03	04	05	06	07	08	09	10	11	12
성장률			12.00	5.98	-0.86	7.26	11.64	7.16	7.57	8.25	31.37	9.43	14.50	13.59	22.64	5.03	8.50	13.14	5.63
EPS			375	105	-9	80	209	286	221	210	899	344	576	710	1,307	420	667	1,077	549
배당금			125	0	0	0	0	100	100	60	75	75	75	75	100	100	100	125	125
ROE			18.00	5.98	-0.86	7.26	11.64	11.01	13.83	11.55	34.23	12.06	16.67	15.19	24.52	6.60	10.00	14.87	7.29
직원의 수					58	64	60			78	70	86	92	99	99	90	92	154	144
연봉정보					15	17	18			21	24	21	22	24	16	21	23	21	33

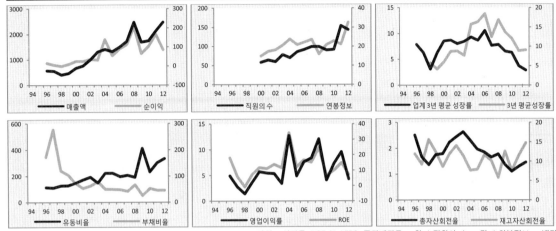

단위 : 성장률, ROE-% / EPS, 주당배당금 – 원 / 직원의 수 – 명 / 연봉정보 – 백만
1984년 1월, 삼현철강상사에서 삼현철강㈜로 상호 변경하였습니다.

• 신화실업 (유가증권 / 001770)

- 기타 1차 철강 제조업

구분	94	95	96	97	98	99	00	01	02	03	04	05	06	07	08	09	10	11	12
성장률	3.08	4.29	47.01	-2.21	2.27	-4.84	0.27	-60.28	8.53	6.12	10.35	6.88	2.01	4.89	20.30	15.10	7.12	1.17	0.52
EPS	660	847	13,032	-416	844	796	327	-9,143	1,868	1,562	2,705	1,912	715	1,531	6,819	5,820	2,955	699	473
배당금	250	250	500	150	250	250	250	0	350	400	500	350	250	350	600	500	350	300	300
ROE	4.95	6.09	48.89	-1.63	3.22	-7.05	1.14	-60.28	10.50	8.23	12.70	8.42	3.10	6.33	22.26	16.52	8.08	2.05	1.43
직원의 수					95	95	95	99	90	92	90	90	86	85	82	83	83	85	85
연봉정보					18	19	19	22	22	24	27	27	28	36	32	31	36	36	39

단위 : 성장률, ROE-% / EPS, 주당배당금 – 원 / 직원의 수 – 명 / 연봉정보 – 백만

• 한일철강 (유가증권 / 002220)

- 기타 1차 철강 제조업

구분	94	95	96	97	98	99	00	01	02	03	04	05	06	07	08	09	10	11	12
성장률	13.38	15.86	4.24	0.75	2.00	8.09	3.03	2.10	5.95	8.43	14.59	-5.93	3.76	-1.02	-24.44	1.65	2.32	0.19	-0.76
EPS	4,346	5,614	1,783	636	1,182	2,057	1,860	1,445	3,323	4,694	8,538	-2,447	2,130	-233	-20,570	1,472	2,274	162	-405
배당금	250	350	400	400	550	550	750	625	750	900	1,250	300	300	300	0	0	250	0	250
ROE	14.19	16.91	5.47	2.01	3.74	11.05	5.08	3.69	7.69	10.43	17.09	-5.28	4.37	-0.44	-24.44	1.65	2.61	0.19	-0.47
직원의 수					158	175	185	189	203	117	115	107	98	99	106	109	112	116	110
연봉정보					16	14	18	20	22	23	28	29	28	28	30	29	34	34	36

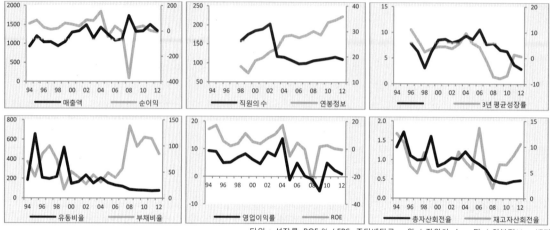

단위 : 성장률, ROE-% / EPS, 주당배당금 – 원 / 직원의 수 – 명 / 연봉정보 – 백만

• NI 스틸 (유가증권 / 008260)

- 기타 1차 철강 제조업

구분	94	95	96	97	98	99	00	01	02	03	04	05	06	07	08	09	10	11	12
성장률	1.06	4.31	-0.37	-188.06	자본잠식			72.80	8.14	10.12	18.76	2.65	5.53	6.96	0.99	0.83	8.78	8.71	8.96
EPS	15	54	27	-241	-11,011	-1,075	-2,668	607	92	119	244	51	97	126	38	39	222	226	248
배당금	5	10	30	0	0	0	0	0	30	35	40	20	30	35	25	25	50	50	50
ROE	1.59	5.30	2.99	-188.06	자본잠식			72.80	12.07	14.34	22.43	4.36	8.00	9.63	2.90	2.31	11.33	11.18	11.22
직원의 수					90	72	69	72	71	72	78	83	90	105	115	115	120	125	130
연봉정보					17	18	18	21	25	33	36	35	30	32	34	34	36	38	41

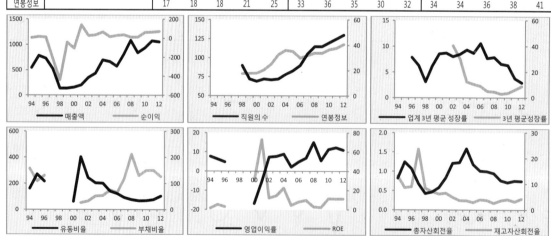

단위 : 성장률, ROE-% / EPS, 주당배당금 – 원 / 직원의 수 – 명 / 연봉정보 – 백만
1999년 결산 월 변경으로 인하여, 99년도 자료는 9개월(4월~12월)치로 작성되었습니다.
1997년~2000년 EPS와 주당배당금이 미공시 되어, 3년 평균성장률 계산과정에서 제외하였습니다.
자본잠식으로 인해, 계산 불가한 값(1997년~2000년 ROE, 부채비율)은 그래프에서 제외하였습니다.
특이값(1994년~2000년 성장률)은 그래프에서 제외하였습니다.

• 나라케이아이씨 (유가증권 / 007460)

- 기타 구조용 금속제품 제조업

구분	94	95	96	97	98	99	00	01	02	03	04	05	06	07	08	09	10	11	12
성장률	18.36	8.68	7.95	8.04	11.60	9.94	1.29	6.35	12.32	10.76	12.40	15.28	19.71	10.94	9.00	3.76	-18.85	-887.3	379.36
EPS	318	187	170	160	268	255	48	174	305	298	444	641	1,007	752	700	290	-1,174	-4,951	-1,162
배당금	50	38	40	20	40	40	20	25	25	35	35	50	50	50	0	0	0	0	0
ROE	21.79	10.86	10.39	9.19	13.64	11.79	2.20	7.42	13.42	12.20	13.46	16.57	20.74	11.72	9.00	3.76	-18.85	-887.3	379.36
직원의 수					198	196	189	183	169	161	156	154	151	141	236	216	223	219	218
연봉정보					24	24	25	26	28	30	9	31	36	35	34	43	39	41	36

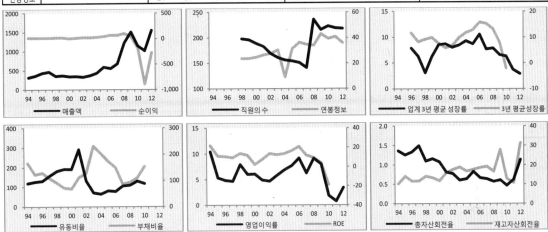

단위 : 성장률, ROE-% / EPS, 주당배당금 – 원 / 직원의 수 – 명 / 연봉정보 – 백만
특이값(2011년~2012년 유동비율, 부채비율, ROE 및 성장률)은 그래프에서 제외하였습니다.
2013년 2월, ㈜케이아이씨에서 ㈜나라케이아이씨로 상호 변경하였습니다.

• EG (코스닥 / 037370)

- 기타 기초무기화학물질 제조업

구분	94	95	96	97	98	99	00	01	02	03	04	05	06	07	08	09	10	11	12
성장률		37.83	28.15	25.59	44.20	14.36	10.97	0.63	0.16	-0.70	-1.17	4.18	1.81	12.50	0.01	3.63	7.33	6.52	9.20
EPS		607	757	868	2,677	718	615	125	107	70	101	287	181	684	51	284	466	458	703
배당금		0	100	100	300	200	150	100	100	100	150	100	100	50	50	50	0	0	0
ROE		37.83	32.44	28.92	49.78	19.90	14.50	3.13	2.50	1.64	2.41	6.41	4.04	13.49	0.62	4.40	7.33	6.52	9.20
직원의 수					141	145	126	143	52	59	63	63	71	110	110	17	70	90	
연봉정보					19	22	23	18	26	30	31	33	35	29	34	31	36	40	

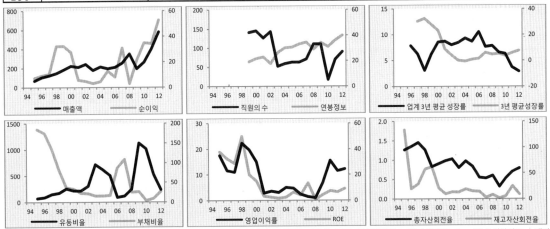

단위 : 성장률, ROE-% / EPS, 주당배당금 – 원 / 직원의 수 – 명 / 연봉정보 – 백만
1999년 9월, 삼양산업 주식회사에서 주식회사 EG로 상호 변경하였습니다.

철
강

• CS홀딩스 (유가증권 / 000590) / 조선선재 (유가증권 / 120030)
- 기타 금속가공제품 제조업

구분	94	95	96	97	98	99	00	01	02	03	04	05	06	07	08	09	10	11	12
성장률	9.49	3.19	-125.5	자본잠식	42.34	13.12	11.71	12.53	7.54	7.41	10.94	8.28	10.55	6.08	15.47	6.62	2.30	7.47	4.47
EPS	1,203	508	-5,792	-6,660	17,849	6,684	6,850	8,581	5,844	5,262	9,967	7,671	10,928	6,877	20,299	12,579	780	1,738	919
배당금	150	150	0	0	0	250	350	600	600	500	500	0	0	0	0	0	500	0	0
ROE	10.84	4.52	-125.5	자본잠식	42.34	13.63	12.35	13.47	8.41	8.19	11.52	8.28	10.55	6.08	15.47	6.62	6.40	7.47	4.47
직원의 수					297	298	298	288	309	289	296	286	291	286	281	274	127	122	122
연봉정보					14	16	18	22	24	26	30	33	34	38	37	34	42	43	46

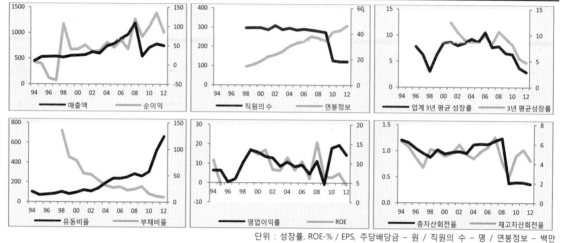

단위 : 성장률, ROE-% / EPS, 주당배당금 – 원 / 직원의 수 – 명 / 연봉정보 – 백만
2010년 조선선재와 인적 분할로 인하여, 10년도의 일부 항목을 제외한 재무제표를 합산해 그래프를 작성하였습니다.
자본잠식으로 인해, 계산 불가한 값(1997년 부채비율, ROE 및 성장률)과 일부 특이 값은 그래프에서 제외하였습니다.
1996년~2000년 3년 평균 성장률은 계산과정에서 제외하였습니다.

• 티플랙스 (코스닥 / 081150)
- 기타 비철금속 제련, 정련 및 합금 제조업

구분	94	95	96	97	98	99	00	01	02	03	04	05	06	07	08	09	10	11	12
성장률										25.55	33.83	26.79	28.42	29.85	15.51	12.24	8.18	8.17	3.88
EPS										5,607	11,362	12,081	17,620	1,474	768	709	311	329	145
배당금										0	0	0	0	50	50	50	60	50	20
ROE										25.55	33.83	26.79	28.42	30.90	16.59	13.17	10.14	9.63	4.50
직원의 수																24	28	39	38
연봉정보																27	38	39	38

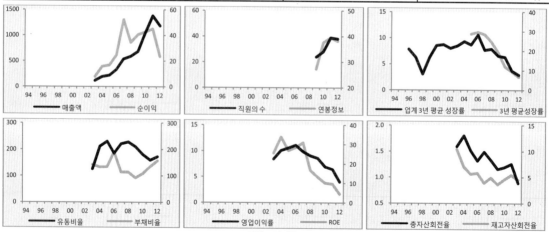

단위 : 성장률, ROE-% / EPS, 주당배당금 – 원 / 직원의 수 – 명 / 연봉정보 – 백만
2003년~2006년 사업보고서 미공시로 인하여, EPS는 감사보고서를 기준으로, 배당금은 0으로 간주해 성장률을 계산하였습니다.
03년~06년 성장률은 업계 3년 평균성장률 계산 과정에서 제외하였습니다.

• 비철금속

2012년 비철금속 상장기업 전체 매출액은 약 16조 5천억원(전년대비 2% 감소)이며, 총 당기순이익은 약 8천 4백억원(전년대비 16% 감소)입니다. 평균성장률은 0.6%(전년대비 3.7%p 감소)로 역성장 하였고, 최근 3년간 낮아지고 있습니다. ROE는 1.6%(전년대비 4.4%p 감소)이며, 98년도 이후로 악화되고 있는 모습입니다.
(매출액 및 당기순이익은 단순합계금액이며, 성장률 및 ROE는 단순평균값 입니다)

해당 산업의 직원 수는 약 1만 3천명(전년대비 3%증가)이며, 최근 평균연봉(2012)은 약 5천 1백만원(전년대비 15% 증가)입니다. 아래 표와 그래프를 통해, 최근 4년(2009년~2012년) 업계 연봉이 꾸준히 상승했음을 알 수 있습니다. 최근 3년간 업계 평균 유동비율은 173.9%, 부채비율은 128.2%입니다.

구 분	총매출액	총 당기순이익	평균성장률	평균 ROE	총 직원수	연봉정보
94	2,416	-2	8.4	10.6		
95	3,363	50	8.0	9.8		
96	3,531	-80	2.7	3.5		
97	3,510	-243	5.4	3.7		
98	4,067	-355	5.0	6.0	9,344	19
99	4,462	260	10.2	10.9	11,425	21
00	4,900	318	6.7	9.4	11,444	20
01	4,977	72	4.1	6.0	11,673	26
02	5,199	395	6.4	8.1	11,806	28
03	5,454	271	3.1	5.0	11,594	31
04	6,644	430	7.6	8.6	11,448	34
05	7,332	214	0.3	1.5	11,682	35
06	9,440	814	6.8	8.2	11,565	37
07	10,767	703	3.9	5.1	11,437	40
08	11,465	3	-0.1	0.9	11,762	35
09	10,782	924	4.6	5.6	11,670	40
10	14,256	996	6.8	8.0	12,717	43
11	16,828	992	4.3	6.0	13,379	44
12	16,586	843	0.6	1.6	13,823	51

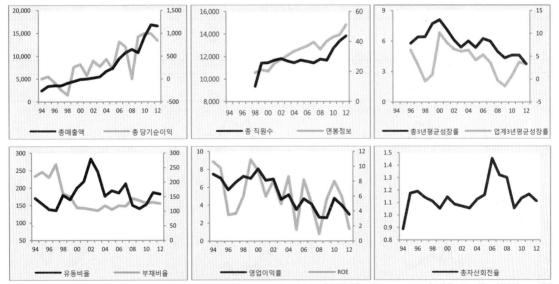

단위 : 총 매출액, 총 당기순이익 – 십억 / 평균 성장률, 평균 ROE - % / 총 직원 수 – 명 / 연봉정보 – 백만
연봉정보는 1 인당 평균 급여액이며, 대상기업들의 연간 총 급여액을 총 직원의 수로 나눈 금액입니다.
업계 3 년 평균 성장률은 비철금속업종 전체 상장사의 평균이며, 사업보고서에 근거한 자료만으로 만들었습니다.

• DS제강 (코스닥 / 009730)

- 강관 제조업

구분	94	95	96	97	98	99	00	01	02	03	04	05	06	07	08	09	10	11	12
성장률		10.56	2.99	-41.09	-37.39	13.26	-6.09	-308.58	5.07	-15.85	-9.08	-11.40	7.87	5.20	-19.12	-32.81	0.94	-50.58	-55.89
EPS		105	30	-291	-192	170	-87	-2,067	29	-76	-40	-45	33	338	-981	-1,539	12	-435	-296
배당금		0	0	0	0	0	0	0	0	0	0	0	0	0	0	0	0	0	0
ROE		10.56	2.99	-41.09	-37.39	13.26	-6.09	-308.58	5.07	-15.85	-9.08	-11.40	7.87	5.20	-19.12	-32.81	0.94	-50.58	-55.89
직원의 수					58	71	65	72		69	62	64	65	92	87	85	139	147	121
연봉정보					19	18	23	21		23	26	27	28	30	23	31	20	20	24

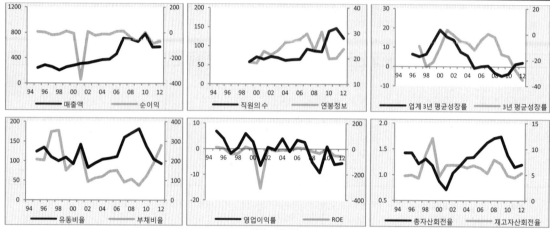

단위 : 성장률, ROE-% / EPS, 주당배당금 – 원 / 직원의 수 – 명 / 연봉정보 – 백만
2009년 3월, 동신에스엔티㈜에서 DS제강 주식회사로 상호 변경하였습니다.
특이값(2001년 성장률)은 그래프에서 보정하였습니다.

• 동국알앤에스 (코스닥 / 075970)

- 구조용 정형내화제품 제조업

구분	94	95	96	97	98	99	00	01	02	03	04	05	06	07	08	09	10	11	12
성장률											10.96	6.85	6.28	5.33	8.49	-0.05	3.92	-12.77	-0.13
EPS											575	440	302	269	325	78	297	20	59
배당금											100	120	100	120	80	80	80	80	80
ROE											13.27	9.42	9.39	9.62	11.26	2.11	5.36	4.26	0.36
직원의 수											63	60	58	75	93	87	90	93	79
연봉정보											31	33	34	32	36	36	44	40	40

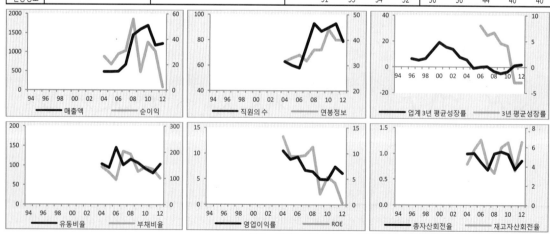

단위 : 성장률, ROE-% / EPS, 주당배당금 – 원 / 직원의 수 – 명 / 연봉정보 – 백만
2004년 1월 1일, 동국내화주식회사라는 사명으로 동국산업㈜로부터 인적분할 후 설립하였습니다.
2008년 1월, 동국내화㈜에서 ㈜동국알앤에스로 상호 변경하였습니다.

· 조선내화 (유가증권 / 000480)
– 구조용 정형내화제품 제조업

구분	94	95	96	97	98	99	00	01	02	03	04	05	06	07	08	09	10	11	12
성장률	8.12	8.68	4.48	-0.70	1.38	5.33	10.41	8.55	10.95	11.54	8.72	8.21	6.36	3.43	0.93	4.72	6.39	6.88	5.31
EPS	2,627	2,685	1,870	95	954	2,539	4,534	4,595	6,852	8,614	8,058	8,432	7,521	6,317	2,812	8,745	7,692	8,991	8,413
배당금	650	700	700	250	500	700	800	800	1,000	1,250	1,300	1,300	1,300	1,800	1,800	2,000	2,500	3,000	3,500
ROE	10.79	11.74	7.16	0.43	2.90	7.36	12.64	10.35	12.82	13.49	10.40	9.70	7.69	4.79	2.59	6.12	9.46	10.32	9.10
직원의 수					733	717	702	693	680	672	655	648	627	606	594	580	553	557	561
연봉정보					23	25	31	34	35	44	46	38	53	40	41	40	48	48	51

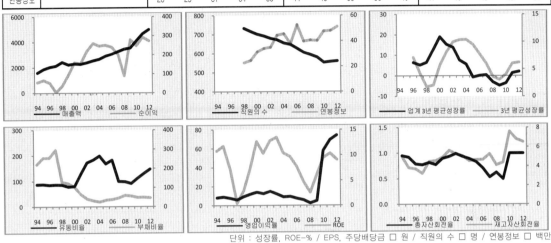

단위 : 성장률, ROE-% / EPS, 주당배당금 □ 원 / 직원의 수 □ 명 / 연봉정보 □ 백만

· 한국내화 (유가증권 / 010040)
– 구조용 정형내화제품 제조업

구분	94	95	96	97	98	99	00	01	02	03	04	05	06	07	08	09	10	11	12
성장률		4.28	8.66	4.80	-0.27	5.32	1.31	-0.87	4.16	4.64	6.53	5.41	6.27	-3.79	-5.89	-11.32	10.26	15.71	10.65
EPS		162	284	176	44	236	27	-15	102	110	174	172	182	-91	-135	-498	111	824	571
배당금		40	60	60	50	100	0	0	30	30	50	50	35	0	0	0	0	100	50
ROE		5.70	10.98	7.29	1.82	9.25	1.31	-0.87	5.89	6.39	9.16	7.62	7.76	-3.79	-5.89	-11.32	10.26	17.88	11.67
직원의 수					202	198	172	159		153	149	146	145	165	228	346	418	481	520
연봉정보					20	21	22	23		26	27	28	28	28	27	24	35	40	44

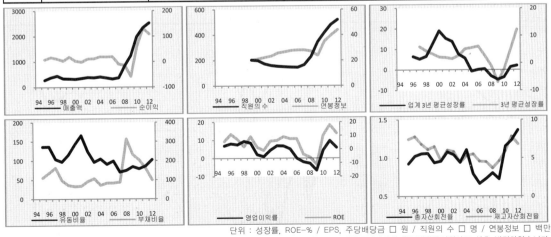

단위 : 성장률, ROE-% / EPS, 주당배당금 □ 원 / 직원의 수 □ 명 / 연봉정보 □ 백만
1995년 1월, 한국특수내화공업사에서 한국내화주식회사로 상호 변경하였습니다.

비 철 금 속

• 씨엔케이인터 (코스닥 / 039530)
- 금·은 및 백금 광업

구분	94	95	96	97	98	99	00	01	02	03	04	05	06	07	08	09	10	11	12
성장률		52.66	44.91	24.73	47.06	24.30	4.56	1.81	-14.55	-50.12	-213.47	-141.87	-101.62	-41.12	-92.39	-42.98	-24.36	-11.56	-26.26
EPS		890	1,207	5,558	4,385	463	242	120	-249	-568	-796	-718	-392	-265	-253	-139	-76	-39	-72
배당금		0	0	4,343	909	175	150	100	0	0	0	0	0	0	0	0	0	0	0
ROE		52.66	44.91	113.17	59.36	39.06	12.00	10.85	-14.55	-50.12	-213.47	-141.87	-101.62	-41.12	-92.39	-42.98	-24.36	-11.56	-26.26
직원의 수						17	31	30	22	22	14	34	34	27	33	16	10	11	11
연봉정보						22	26	26	35	18	25	15	22	26	27	19	39	29	38

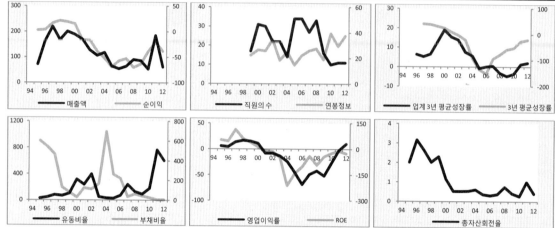

단위 : 성장률, ROE-% / EPS, 주당배당금 – 원 / 직원의 수 – 명 / 연봉정보 – 백만
2011년 3월, 코코엔터프라이즈에서 씨앤케이인터내셔널로 상호 변경하였습니다.

• 케이피티 (코스닥 / 054410)
- 금속 열처리업

구분	94	95	96	97	98	99	00	01	02	03	04	05	06	07	08	09	10	11	12
성장률					13.18	11.06	14.26	25.70	19.05	3.50	10.21	-21.32	18.41	6.33	18.36	4.62	0.59	1.90	0.84
EPS					100	82	133	300	412	66	288	-401	424	168	816	209	65	124	44
배당금					0	0	0	0	0	0	50	0	0	0	0	0	0	0	0
ROE					13.18	11.06	14.26	25.70	19.05	3.50	12.36	-21.32	18.41	6.33	18.36	4.62	0.59	1.90	0.84
직원의 수								51	52	52	44	44	52	45	53	63	59	63
연봉정보								20	17	24	21	21	25	37	35	39	35	37

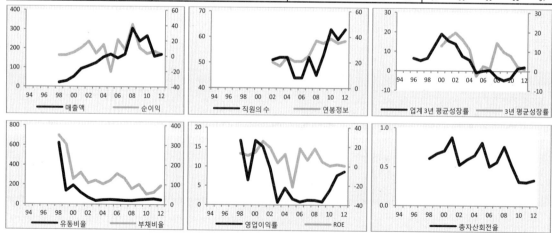

단위 : 성장률, ROE-% / EPS, 주당배당금 – 원 / 직원의 수 – 명 / 연봉정보 – 백만
2007년 2월, 주식회사 케이피티에서 주식회사 케이피티유로 상호 변경하였습니다.

비
철
금
속

• 대양금속 (유가증권 / 009190)

- 냉간 압연 및 압출 제품 제조업

구 분	94	95	96	97	98	99	00	01	02	03	04	05	06	07	08	09	10	11	12
성장률	8.14	4.37	7.43	10.02	9.07	2.70	0.20	-13.79	1.79	3.66	8.90	4.16	5.85	3.62	-41.29	-25.12	-0.40	-192.08	-440.43
EPS	245	188	169	263	261	261	107	14	-377	49	391	192	325	246	-1,439	-662	-8	-18,843	-15,053
배당금	100	100	15	33	50	50	60	0	0	30	100	50	110	100	0	0	0	0	0
ROE	13.75	9.33	8.15	11.43	11.22	3.33	0.46	-13.79	1.79	9.45	11.96	5.62	8.85	6.10	-41.29	-25.12	-0.40	-192.08	-440.43
직원의 수					228	240	210	196	226	247	267	270	262	238	207	211	184	183	157
연봉정보					15	14	19	18	20	23	19	27	27	40	40	32	36	36	34

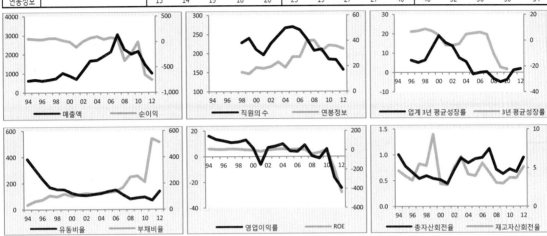

단위 : 성장률, ROE-% / EPS, 주당배당금 - 원 / 직원의 수 - 명 / 연봉정보 - 백만
2004년 결산 월 변경으로 인하여, 32기(04년도)는 9개월(4월~12월)치 자료로 작성되었습니다.
2012년 대규모 적자로 인하여, 2011년~2012년 3년 평균 성장률은 계산과정에서 제외하였습니다.

• 쎄니트 (코스닥 / 037760)

- 냉간 압연 및 압출 제품 제조업

구 분	94	95	96	97	98	99	00	01	02	03	04	05	06	07	08	09	10	11	12
성장률					43.80	23.95	-8.95	-19.06	-0.46	0.86	2.72	-12.53	10.18	-15.01	-77.93	-14.83	-3.60	-11.42	-1.91
EPS					276	200	-60	-106	-3	6	18	-74	72	-153	-327	-812	-69	-198	-33
배당금					0	0	0	0	0	0	0	0	0	0	0	0	0	0	0
ROE					43.80	23.95	-8.95	-19.06	-0.46	0.86	2.72	-12.53	10.18	-15.01	-77.93	-14.83	-3.60	-11.42	-1.91
직원의 수					76	74	80	83	89	83	83	89	70	74	63	54	95		
연봉정보					15	16	17	18	25	23	25	29	34	34	36	36	21		

단위 : 성장률, ROE-% / EPS, 주당배당금 - 원 / 직원의 수 - 명 / 연봉정보 - 백만
2기~3기(1996년~1997년) 자료는 표와 그래프에서 제외하였습니다.
2008년, 화이델SNT㈜에서 ㈜쎄니트로 상호 변경하였습니다.

269

• 현대비앤지스틸 (유가증권 / 004560)

- 냉간 압연 및 압출 제품 제조업

구분	94	95	96	97	98	99	00	01	02	03	04	05	06	07	08	09	10	11	12
성장률	-49.89	-19.41	-145.02	자본잠식			578.61	1.07	30.61	48.87	19.83	-5.01	15.73	6.57	-32.14	14.45	13.23	6.21	4.24
EPS	-2,309	-904	-2,726	-4,197	-7,786	101	44,077	45	1,965	8,813	3,167	-691	2,918	1,285	-3,806	2,005	2,083	1,050	748
배당금	0	0	0	0	0	0	0	0	0	50	250	0	250	250	0	0	0	0	0
ROE	-49.89	-19.41	-145.02	자본잠식			578.61	1.07	30.61	49.14	21.53	-5.01	17.21	8.16	-32.14	14.45	13.23	6.21	4.24
직원의 수					986	957	918	662	548	548	544	532	498	480	445	414	419	451	460
연봉정보					22	24	28	33	35	40	46	39	49	53	57	55	62	62	63

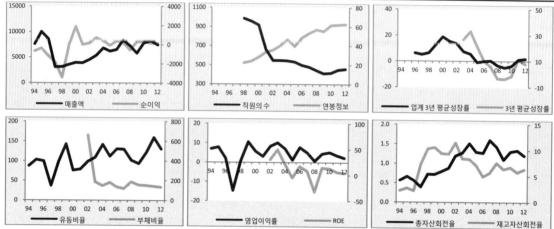

단위 : 성장률, ROE-% / EPS, 주당배당금 – 원 / 직원의 수 – 명 / 연봉정보 – 백만
자본잠식으로 인해, 계산 불가한 값(1997년~1999년 부채비율, ROE 및 성장률)은 그래프에서 제외 및 보정하였습니다.
특이값(1994년~1996년, 2000년~2001년 부채비율, ROE)은 그래프에서 제외하였습니다.

• 대창 (유가증권 / 012800)

- 동 압연, 압출 및 연신제품 제조업

구분	94	95	96	97	98	99	00	01	02	03	04	05	06	07	08	09	10	11	12
성장률	2.42	1.26	-26.63	11.77	-9.06	6.39	4.79	0.83	5.44	5.79	4.27	3.71	8.83	1.01	-43.78	23.02	13.97	-2.33	4.18
EPS	66	15	-247	118	-156	87	74	34	96	104	81	76	163	25	-758	564	390	-52	127
배당금	35	0	0	0	0	25	25	25	30	30	25	25	30	10	0	30	30	0	30
ROE	5.19	1.26	-26.63	11.77	-9.06	8.97	7.25	3.09	7.92	8.16	6.16	5.54	10.82	1.67	-43.78	24.31	15.14	-2.33	5.47
직원의 수					244	297	287	295	300	309	300	285	279	277	283	280	310	312	362
연봉정보					16	17	20	22	24	27	36	34	36	33	35	33	49	44	43

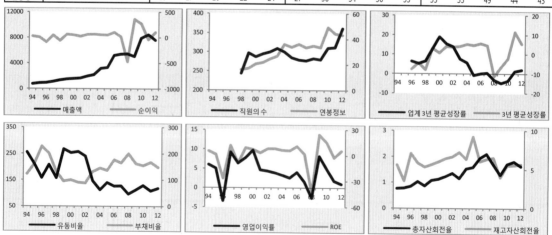

단위 : 성장률, ROE-% / EPS, 주당배당금 – 원 / 직원의 수 – 명 / 연봉정보 – 백만
2010년 2월, 대창공업주식회사에서 ㈜대창으로 상호 변경하였습니다.

• 이구산업 (유가증권 / 025820)
- 동 압연, 압출 및 연신제품 제조업

구분	94	95	96	97	98	99	00	01	02	03	04	05	06	07	08	09	10	11	12
성장률	27.72	10.58	4.50	1.74	2.46	13.28	14.01	8.76	6.75	1.16	8.01	-2.25	4.05	-7.66	-19.74	1.66	3.61	0.14	-7.18
EPS	363	241	94	45	45	338	425	324	253	76	326	-24	175	-138	-566	91	186	35	-250
배당금	0	60	30	20	10	100	80	60	50	40	50	50	35	40	30	40	50	30	0
ROE	27.72	14.09	6.61	3.16	3.16	18.86	15.07	10.75	8.41	2.45	9.46	-0.73	5.06	-5.94	-18.74	2.97	4.94	0.95	-7.18
직원의 수					102	130	136	144	136	144	137	149	160	159	128	133	156	154	148
연봉정보					14	13	16	16	21	21	29	26	27	32	41	35	35	38	35

단위 : 성장률, ROE-% / EPS, 주당배당금 – 원 / 직원의 수 – 명 / 연봉정보 – 백만
1971년 1월, 이구산업사에서 이구산업주식회사로 상호 변경하였습니다.

• 풍산홀딩스 (유가증권 / 005810) / 풍산 (유가증권 / 103140)
- 동 압연, 압출 및 연신제품 제조업 / 1차 비철금속 제조업

구분	94	95	96	97	98	99	00	01	02	03	04	05	06	07	08	09	10	11	12
성장률	4.21	4.63	3.79	-35.71	5.04	8.06	7.28	4.95	7.47	1.98	8.70	3.95	12.49	-1.74	-14.78	14.64	9.01	6.80	4.30
EPS	634	798	544	-3,011	1,905	2,489	2,209	1,748	2,592	1,087	3,208	1,753	5,152	-358	1,810	8,655	7,841	5,512	2,476
배당금	150	250	100	0	400	400	600	600	600	550	600	500	700	250	0	1,200	1,200	850	1,000
ROE	5.52	6.74	4.64	-35.71	6.38	9.60	10.00	7.54	9.73	4.01	10.71	5.52	14.46	-1.02	-14.78	17.00	10.64	8.05	7.22
직원의 수					4,261	4,156	4,063	3,934	3,807	3,646	3,526	3,590	3,561	3,326	3,323	3,491	3,612	3,709	3,790
연봉정보					19	22	15	24	26	29	33	36	37	43	23	44	44	46	59

단위 : 성장률, ROE-% / EPS, 주당배당금 – 원 / 직원의 수 – 명 / 연봉정보 – 백만
2008년 풍산 인적 분할로 인하여, 08년도 이후의 재무제표를 합산해 그래프를 작성하였습니다.
08년도 연봉정보는 6개월(7월~12월)치 풍산 자료로 작성되었습니다.
EPS는 풍산홀딩스 기준입니다.

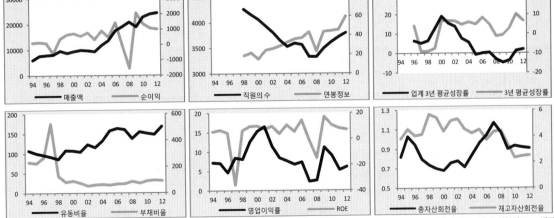

• 서원 (유가증권 / 021050)
- 동주물 주조업

구분	94	95	96	97	98	99	00	01	02	03	04	05	06	07	08	09	10	11	12
성장률	17.24	11.70	7.06	3.16	5.08	11.01	6.67	2.31	5.29	5.18	-6.81	7.07	12.86	7.89	-58.01	37.91	15.56	4.52	7.10
EPS	181	190	132	72	82	153	111	56	97	101	-84	144	303	197	-1,146	1,378	620	199	322
배당금	0	0	30	30	25	25	30	25	25	25	10	30	45	35	0	100	75	50	50
ROE	17.24	11.70	9.14	5.43	7.33	13.16	9.14	4.18	7.14	6.88	-6.08	8.93	15.11	9.60	-58.01	40.87	17.70	5.49	8.40
직원의 수					58	74	93	95	113	157	145	136	132	129	124	119	142	176	190
연봉정보					21	18	19	21	21	24	26	27	33	32	34	31	36	35	42

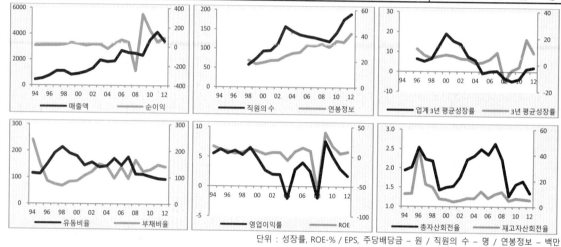

단위 : 성장률, ROE-% / EPS, 주당배당금 – 원 / 직원의 수 – 명 / 연봉정보 – 백만

• 금성테크 (코스닥 / 058370)
- 반도체 제조용 기계 제조업

구분	94	95	96	97	98	99	00	01	02	03	04	05	06	07	08	09	10	11	12
성장률				19.03	5.11	9.86	24.46	21.49	8.43	6.43	10.12	10.31	68.96	31.39	자본잠식	85.15	-78.32	13.41	-1.51
EPS				1,029	1,291	1,623	1,201	593	359	362	550	445	-154	68	-7,168	584	-1,654	91	-10
배당금				0	1,000	1,000	533	117	80	130	140	0	0	0	0	0	0	0	0
ROE				19.03	22.66	25.68	43.97	26.78	10.85	10.03	13.58	10.31	68.96	31.39	자본잠식	85.15	-78.32	13.41	-1.51
직원의 수								19	19	19	19	30	27	35	56	29	32	16	10
연봉정보							20	27	26	30	20	31	32		21	27	23	27	31

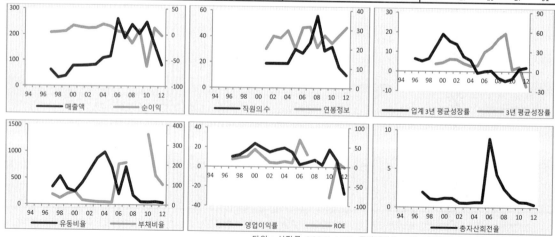

단위 : 성장률, ROE-% / EPS, 주당배당금 – 원 / 직원의 수 – 명 / 연봉정보 – 백만
자본잠식으로 인해, 계산 불가한 값(2008년 부채비율, ROE 및 성장률)은 그래프에서 제외 및 보정하였습니다.
특이값(2009년 부채비율, ROE)은 그래프에서 제외하였습니다.
2010년 12월. ㈜루티즈에서 ㈜금성테크로 상호 변경하였습니다.

• 남선알미늄 (유가증권 / 008350)

- 알루미늄 압연, 압출 및 연신제품 제조업

구분	94	95	96	97	98	99	00	01	02	03	04	05	06	07	08	09	10	11	12
성장률	5.81	43.68	2.27	-28.16	자본잠식		59.35	-21.90	11.49	7.31	-5.77	-24.52	-24.54	-8.18	-37.62	6.65	16.45	33.34	-26.96
EPS	135	1,718	131	-640	-3,016	-627	1,062	-216	29	15	-27	-93	-75	-23	-186	29	64	247	-150
배당금	50	50	50	0															
ROE	9.23	44.99	3.68	-28.16	자본잠식		59.35	-21.90	11.49	7.31	-5.77	-24.52	-24.54	-8.18	-37.62	6.65	16.45	33.34	-26.96
직원의 수					693	697	714	654	578	454	421	403	400	378	669	656	655	670	655
연봉정보					16	17	19	22	25	25	27	28	28	31	37	36	40	42	44

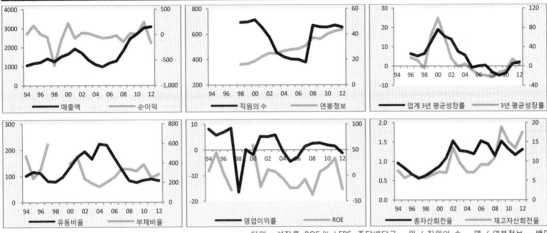

단위 : 성장률, ROE-% / EPS, 주당배당금 – 원 / 직원의 수 – 명 / 연봉정보 – 백만
자본잠식으로 인해, 계산 불가한 값(1998년~1999년 부채비율, ROE)은 그래프에서 제외하였습니다.
특이값(ROE와 성장률, IMF 당시)은 그래프에서 보정하였습니다.
2002년 직원 수는 기업 분할로 인하여 일부 보정된 자료입니다.

• 대호에이엘 (유가증권 / 069460)

- 알루미늄 압연, 압출 및 연신제품 제조업

구분	94	95	96	97	98	99	00	01	02	03	04	05	06	07	08	09	10	11	12
성장률									2.98	2.18	14.09	13.71	6.73	6.73	-95.70	20.16	21.59	19.13	4.95
EPS									17	12	126	160	60	92	-568	221	362	311	85
배당금									0	0	25	30	0	25	0	0	50	0	0
ROE									2.98	2.18	17.57	16.87	6.73	9.25	-95.70	20.16	25.05	19.13	4.95
직원의 수									154	138	141	154	150	149	154	152	155	170	176
연봉정보									50	25	26	27	32	33	34	35	39	44	46

단위 : 성장률, ROE-% / EPS, 주당배당금 – 원 / 직원의 수 – 명 / 연봉정보 – 백만
2002년 10월, 인적 분할로 신설되었으며 ㈜남선알미늄 판재사업부문에서 ㈜대호에이엘로 상호 변경하였습니다.

비
철
금
속

• 동양강철 (유가증권 / 001780)

- 알루미늄 압연, 압출 및 연신제품 제조업

구분	94	95	96	97	98	99	00	01	02	03	04	05	06	07	08	09	10	11	12
성장률		1.03	-10.75	-6.16	자본잠식	231.09	자본잠식		116.40	0.38	5.56	-4.30	5.22	2.26	3.70	2.76	5.93	-1.36	-5.03
EPS		105	-246	-127	-5,616	7,037	-4,372	-2,763	30,816	7	21	-77	99	44	91	68	204	-34	-125
배당금		75	0	0	0	0	0	0	0	0	0	0	0	0	0	0	50	0	0
ROE		3.58	-10.75	-6.16	자본잠식	231.09	자본잠식		116.40	0.38	5.56	-4.30	5.22	2.26	3.70	2.76	7.86	-1.36	-5.03
직원의 수						508	465	352	331	251	미공시			187	127	190	274	343	290
연봉정보						22	20	26	28	37				35	35	32	34	34	45

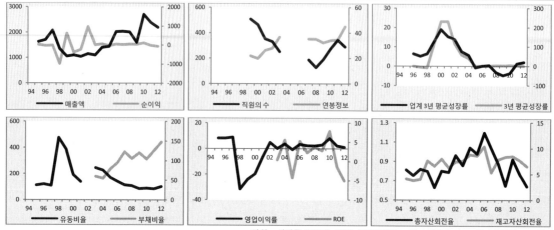

매출액 / 순이익 · 직원의수 / 연봉정보 · 업계 3년 평균성장률 / 3년 평균성장률

유동비율 / 부채비율 · 영업이익률 / ROE · 총자산회전율 / 재고자산회전율

단위 : 성장률, ROE-% / EPS, 주당배당금 - 원 / 직원의 수 - 명 / 연봉정보 - 백만
1992년 3월, 동양강철공업 주식회사에서 주식회사 동양강철로 상호 변경하였습니다.
자본잠식으로 인해, 계산 불가한 값(1998년, 2000년~2001년 부채비율과 ROE 및 성장률)은 그래프에서 제외 및 보정하였습니다.
특이값(2002년 유동비율, 1995년~2002년 부채비율과 ROE)은 그래프에서 제외하였습니다.
2004년~2006년 직원의 수, 연봉정보는 미공시 되었습니다.

• 삼보산업 (코스닥 / 009620)

- 알루미늄 압연, 압출 및 연신제품 제조업

구분	94	95	96	97	98	99	00	01	02	03	04	05	06	07	08	09	10	11	12
성장률		46.80	1.11	-37.57	29.72	22.13	7.15	4.89	15.36	-3.34	10.61	3.66	5.97	-27.57	-237.60	36.93	31.99	8.87	8.78
EPS		2,906	120	-1,682	1,872	2,077	696	605	2,038	-409	1,558	617	1,054	-3,340	-14,074	3,487	5,195	1,570	1,697
배당금		0	50	0	0	75	0	75	75	0	100	75	100	0	0	0	0	0	0
ROE		46.80	1.90	-37.57	29.72	22.95	7.15	5.58	15.94	-3.34	11.33	4.16	6.60	-27.57	-237.62	36.93	31.99	8.87	8.78
직원의 수						56	63	59	66	71	74	80	112	103	92	96	97	110	119
연봉정보						17	18	19	20	24	22	28	28	33	32	28	35	42	46

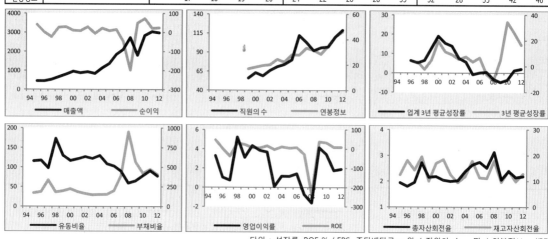

매출액 / 순이익 · 직원의수 / 연봉정보 · 업계 3년 평균성장률 / 3년 평균성장률

유동비율 / 부채비율 · 영업이익률 / ROE · 총자산회전율 / 재고자산회전율

단위 : 성장률, ROE-% / EPS, 주당배당금 - 원 / 직원의 수 - 명 / 연봉정보 - 백만
특이값(2008년 성장률)은 그래프에서 보정하였습니다.

• 삼아알미늄 (유가증권 / 006110)

- 알루미늄 압연, 압출 및 연신제품 제조업

구분	94	95	96	97	98	99	00	01	02	03	04	05	06	07	08	09	10	11	12
성장률	-5.74	8.68	-3.78	2.41	11.09	3.04	5.45	6.50	4.81	2.84	-0.21	-16.40	-15.11	-11.07	21.20	5.78	4.45	1.39	1.77
EPS	-297	635	-281	284	1,158	586	557	690	556	368	1	-1,446	-1,153	-582	1,424	492	511	237	251
배당금	40	75	40	75	75	75	75	75	75	75	25	25	25	25	75	100	100	100	75
ROE	-5.06	9.84	-3.31	3.28	11.86	3.48	6.30	7.30	5.55	3.57	0.01	-16.12	-14.79	-10.61	22.38	7.25	5.54	2.40	2.52
직원의 수					504	480	484	459	451	409	395	385	361	269	259	259	258	257	270
연봉정보					22	25	27	29	31	36	34	34	32	45	39	40	41	41	41

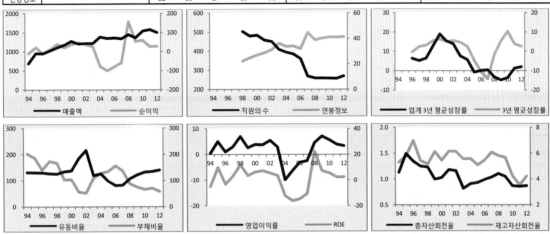

단위 : 성장률, ROE-% / EPS, 주당배당금 – 원 / 직원의 수 – 명 / 연봉정보 – 백만

• 조일알미늄 (유가증권 / 018470)

- 알루미늄 압연, 압출 및 연신제품 제조업

구분	94	95	96	97	98	99	00	01	02	03	04	05	06	07	08	09	10	11	12
성장률	7.84	3.47	3.67	-31.16	-10.15	1.72	-6.97	1.26	14.07	8.02	7.98	6.39	-3.17	0.60	-20.71	9.10	9.11	5.55	4.40
EPS	177	119	116	-415	-127	16	-95	17	229	153	164	154	-20	11	-360	191	224	153	128
배당금	50	50	50	0	0	0	0	0	15	20	20	30	40	0	0	15	20	20	20
ROE	10.94	5.98	6.45	-31.16	-10.15	1.72	-6.97	1.26	15.06	9.22	9.09	7.94	-1.05	0.60	-20.71	9.87	10.00	6.38	5.22
직원의 수					301	341	367	365	398	392	376	362	359	365	362	357	358	343	340
연봉정보					17	19	21	23	25	27	31	32	31	32	36	35	40	45	47

단위 : 성장률, ROE-% / EPS, 주당배당금 – 원 / 직원의 수 – 명 / 연봉정보 – 백만

1985년 7월, 조일알미늄공업사에서 조일알미늄공업㈜로 상호 변경하였습니다.

비철금속

• 고려아연 (유가증권 / 010130)

- 연 및 아연 제련, 정련 및 합금 제조업

구분	94	95	96	97	98	99	00	01	02	03	04	05	06	07	08	09	10	11	12
성장률	4.58	1.60	1.38	0.12	9.82	6.74	-0.04	4.95	11.18	4.34	13.43	7.45	31.14	24.00	13.82	17.24	17.69	17.79	13.25
EPS	1,091	707	482	165	3,237	2,478	489	1,934	4,187	2,248	5,979	4,000	24,177	23,890	15,996	23,406	29,211	38,292	33,742
배당금	500	500	300	150	500	500	500	500	500	500	750	850	2,000	2,000	2,000	2,200	2,500	5,000	5,000
ROE	8.46	5.48	3.65	1.30	11.61	8.45	1.68	6.68	12.69	5.58	15.36	9.46	33.95	26.19	15.79	19.03	19.35	20.46	15.55
직원의 수					865	845	843	843	818	858	817	812	806	841	850	897	950	1,025	1,113
연봉정보					20	21	23	25	26	29	32	35	41	41	45	47	48	52	59

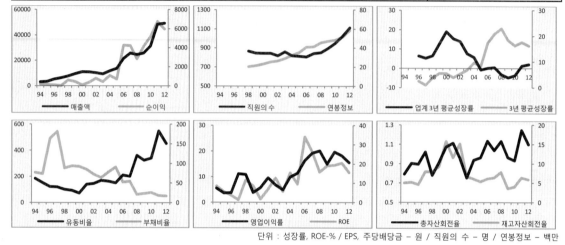

단위 : 성장률, ROE-% / EPS, 주당배당금 - 원 / 직원의 수 - 명 / 연봉정보 - 백만

• 영풍 (유가증권 / 000670)

- 연 및 아연 제련, 정련 및 합금 제조업

구분	94	95	96	97	98	99	00	01	02	03	04	05	06	07	08	09	10	11	12
성장률	11.59	9.66	5.90	2.04	1.50	3.19	-1.60	-2.68	0.58	4.01	9.23	5.14	15.16	18.93	14.60	12.92	4.02	2.75	5.99
EPS	4,556	4,835	3,403	1,463	3,535	10,917	5,410	-6,494	2,589	12,790	28,492	18,768	65,662	95,358	81,562	83,662	35,591	31,786	60,536
배당금	600	750	750	500	750	1,000	1,000	1,000	1,000	1,000	1,000	1,000	2,000	2,000	2,500	2,500	2,500	8,750	7,500
ROE	13.34	11.43	7.57	3.10	1.90	3.51	-1.97	-2.32	0.94	4.35	9.56	5.43	15.64	19.34	15.06	13.31	4.33	3.80	6.84
직원의 수					369	453	482	500	479	469	466	449	420	459	472	455	496	523	555
연봉정보					16	20	17	19	21	23	27	23	25	25	27	29	30	38	33

단위 : 성장률, ROE-% / EPS, 주당배당금 - 원 / 직원의 수 - 명 / 연봉정보 - 백만

1978년 2월, 영풍상사㈜에서 ㈜영풍으로 상호 변경하였습니다.

• 제일연마 (유가증권 / 001560)

- 연마재 제조업

구분	94	95	96	97	98	99	00	01	02	03	04	05	06	07	08	09	10	11	12
성장률						10.64	20.99	13.04	17.50	-0.73	4.91	6.53	7.19	13.06	2.96	9.45	8.46	7.91	7.38
EPS						947	2,260	1,673	2,697	94	94	422	432	834	222	719	712	707	705
배당금						0	0	0	0	100	50	75	100	150	80	150	160	160	160
ROE					1.48	10.64	20.99	13.04	17.50	11.62	10.51	7.95	9.36	15.93	4.63	11.94	10.91	10.22	9.55
직원의 수												186	97	94	95	101	111	103	99
연봉정보												26	30	32	33	33	33	35	37

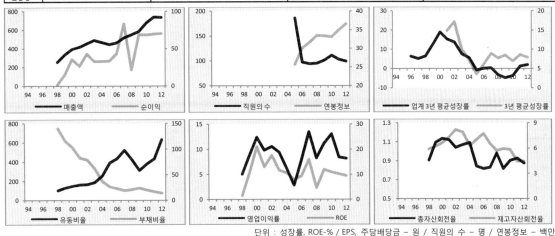

단위 : 성장률, ROE-% / EPS, 주당배당금 – 원 / 직원의 수 – 명 / 연봉정보 – 백만
1999년~2002년 사업보고서 미공시로 인하여 EPS는 감사보고서를 기준으로, 배당금은 0으로 간주해 성장률을 계산하였습니다.
99년~02년 성장률은 업계 3년 평균성장률 계산 과정에서 제외하였습니다.

• 코스온 (코스닥 / 069110)

- 전자부품, 컴퓨터, 영상, 음향 및 통신장비 제조업

구분	94	95	96	97	98	99	00	01	02	03	04	05	06	07	08	09	10	11	12
성장률							51.31	57.18	34.93	-5.27	4.91	-6.36	-50.50	-36.79	-46.02	-44.41	-32.14	0.76	2.38
EPS							219	931	767	-145	116	-162	-784	-592	-384	-256	-234	4	13
배당금							0	0	0	0	0	0	0	0	0	0	0	0	0
ROE							51.31	57.18	34.93	-5.27	4.91	-6.36	-50.50	-36.79	-46.02	-44.41	-32.14	0.76	2.38
직원의 수										69	74	69	56	45	36	24	15	4	4
연봉정보										30	32	34	44	55	54	29	40	58	29

단위 : 성장률, ROE-% / EPS, 주당배당금 – 원 / 직원의 수 – 명 / 연봉정보 – 백만
2011년 11월, 주식회사 쓰리에이치에서 코스온으로 상호 변경하였습니다.

• 샤인 (코스닥 / 065620)

- 철강선 제조업

구분	94	95	96	97	98	99	00	01	02	03	04	05	06	07	08	09	10	11	12
성장률					12.88	8.40	27.51	23.26	5.50	-3.95	9.91	-24.67	4.81	1.44	-36.02	-53.21	-17.38	-6.89	-11.05
EPS					63	43	181	204	71	-47	151	-300	59	19	-447	-563	-223	-77	-139
배당금					0	0	0	0	0	0	0	0	0	0	0	0	0	0	0
ROE					12.88	8.40	27.51	23.26	5.50	-3.95	9.91	-24.67	4.81	1.44	-36.02	-53.21	-17.38	-6.89	-11.05
직원의 수									68	70	74	77	83	75	73	64	62	58	60
연봉정보									21	24	27	29	31	34	35	28	30	32	32

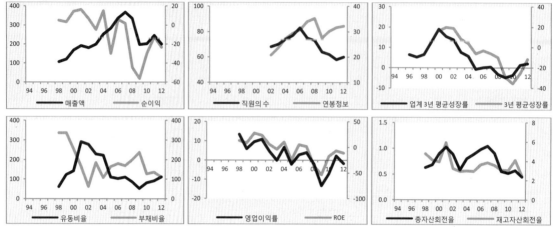

단위 : 성장률, ROE-% / EPS, 주당배당금 - 원 / 직원의 수 - 명 / 연봉정보 - 백만
1999년 12월, ㈜샤인금속에서 ㈜샤인으로 상호 변경하였습니다.

• 황금에스티 (유가증권 / 032560)

- 기타 1차 비철금속 제조업

구분	94	95	96	97	98	99	00	01	02	03	04	05	06	07	08	09	10	11	12
성장률				10.05	-29.84	29.47	27.01	8.37	12.72	19.25	26.46	14.02	14.59	15.61	0.99	14.49	7.56	4.50	2.58
EPS				3,810	1,397	2,096	830	290	484	740	1,552	1,035	1,329	1,505	136	1,584	863	576	329
배당금				25	0	60	60	60	75	0	100	100	200	100	50	100	100	100	50
ROE			15.09	10.11	-29.84	30.34	29.11	10.56	15.06	19.25	28.28	15.52	17.18	16.72	1.56	15.47	8.55	5.44	3.04
직원의 수					35	41	45		45	49	68	73	86	103	107	110	118	119	
연봉정보					24	21	26		31	36	22	30	30	29	33	33	29	37	

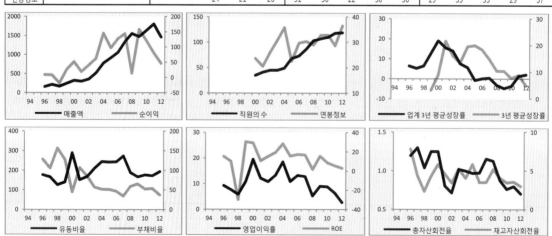

단위 : 성장률, ROE-% / EPS, 주당배당금 - 원 / 직원의 수 - 명 / 연봉정보 - 백만
2003년 결산 월 변경으로 인하여 18기는 제외하였으며, 17기를 2003년 기준으로 작성하였습니다.
1997년, 주식회사 황금스테인레스에서 주식회사 황금에스티로 상호 변경하였습니다.

• 디씨엠 (유가증권 / 024090)

- 기타 1차 철강 제조업

구분	94	95	96	97	98	99	00	01	02	03	04	05	06	07	08	09	10	11	12
성장률		35.89	23.92	27.13	9.21	6.19	3.96	6.27	5.82	6.22	6.98	0.73	7.64	15.12	10.99	11.54	16.34	7.15	5.03
EPS		2,011	928	870	664	322	210	336	341	425	508	562	625	1,295	1,042	1,337	2,222	1,499	1,263
배당금		150	400	100	300	50	50	60	70	100	110	120	125	130	100	200	350	600	600
ROE		38.79	42.06	30.65	16.80	7.32	5.20	7.64	7.33	8.14	8.90	0.93	9.55	16.81	12.15	13.57	19.39	11.92	9.58
직원의 수						76	73	68	76	77	77	91	99	95	118	117	121	125	150
연봉정보						16	17	19	19	22	26	24	28	34	32	33	38	42	38

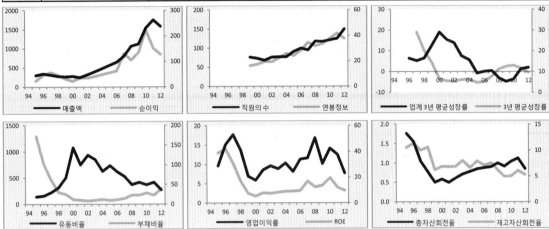

단위 : 성장률, ROE-% / EPS, 주당배당금 - 원 / 직원의 수 - 명 / 연봉정보 - 백만
1972년 3월 대림화학공업사로 설립되어, 1987년 1월 대림으로 법인전환 하였습니다.
1995년 5월, 디씨엠주식회사로 상호 변경하였습니다.

• 포스코강판 (유가증권 / 058430)

- 기타 1차 철강 제조업

구분	94	95	96	97	98	99	00	01	02	03	04	05	06	07	08	09	10	11	12
성장률					20.89	9.13	8.30	6.43	8.17	3.05	8.99	-0.48	-3.11	1.75	-23.74	-8.89	1.39	-12.40	-27.24
EPS					4,513	1,740	2,593	3,702	5,767	2,283	5,706	282	-882	1,551	-8,080	-3,207	1,082	-4,119	-7,907
배당금					1,500	500	750	750	1,650	1,000	1,500	500	500	750	500	500	500	500	0
ROE					31.29	12.81	11.68	8.07	11.44	5.43	12.20	0.62	-1.98	3.38	-22.36	-7.69	2.59	-11.06	-27.24
직원의 수									296	315	336	329	323	321	334	332	330	367	357
연봉정보									33	35	48	47	50	52	56	54	47	45	66

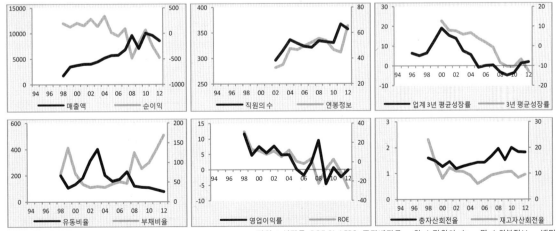

단위 : 성장률, ROE-% / EPS, 주당배당금 - 원 / 직원의 수 - 명 / 연봉정보 - 백만
2008년 4월, 포항강판주식회사에서 포스코강판주식회사로 상호 변경하였습니다.

비
철
금
속

• 포스코엠텍 (코스닥 / 009520)

- 기타 1차 철강 제조업

구분	94	95	96	97	98	99	00	01	02	03	04	05	06	07	08	09	10	11	12
성장률		14.19	9.49	8.59	9.51	13.27	0.55	1.47	1.35	2.61	4.07	15.32	10.96	11.36	-19.89	2.95	3.69	5.72	6.76
EPS		631	226	215	504	316	84	101	101	127	159	450	375	426	-396	154	284	299	354
배당금		65	50	50	50	100	75	75	75	75	75	75	75	75	50	75	75	75	75
ROE		15.82	12.18	11.19	10.56	19.43	5.13	5.70	5.31	6.41	7.73	18.38	13.70	13.79	-17.66	5.73	5.01	7.63	8.58
직원의 수						1,121	1,133	1,082	1,044	1,061	1,083	1,068	1,122	1,057	984	922	955	1,037	1,196
연봉정보						20	23	24	27	29	31	38	39	39	40	40	42	42	44

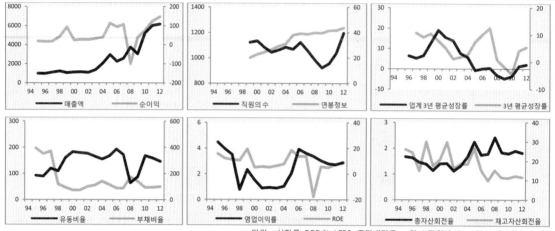

단위 : 성장률, ROE-% / EPS, 주당배당금 - 원 / 직원의 수 - 명 / 연봉정보 - 백만
2005년 7월, POSCO 계열회사로 편입되었습니다.
2011년 3월, 주식회사삼정피앤에이에서 주식회사포스코엠텍으로 상호 변경하였습니다.

• 일진다이아 (유가증권 / 081000)

- 기타 기초무기화학물질 제조업

구분	94	95	96	97	98	99	00	01	02	03	04	05	06	07	08	09	10	11	12
성장률											3.51	5.44	3.78	23.31	12.21	-22.16	21.17	16.04	8.51
EPS											89	191	144	960	376	-161	1,083	983	608
배당금											30	30	30	30	30	0	100	100	100
ROE											5.30	6.45	4.77	24.06	13.26	-22.16	23.33	17.86	10.19
직원의 수											240	252	274	293	297	미공시	425	391	395
연봉정보											미공시	26	28	28	31		27	30	35

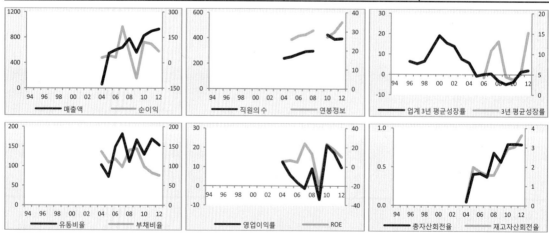

단위 : 성장률, ROE-% / EPS, 주당배당금 - 원 / 직원의 수 - 명 / 연봉정보 - 백만
제1기(2004년)는 한달(12월)간의 인원/인건비 기준입니다.
2009년 직원의 수, 연봉정보는 미공시 되었습니다.

• 포스코켐텍 (코스닥 / 003670)

- 기타 내화요업제품 제조업

구 분	94	95	96	97	98	99	00	01	02	03	04	05	06	07	08	09	10	11	12
성장률				2.02	4.05	7.67	8.77	4.38	5.62	8.52	10.41	11.02	8.20	9.38	13.41	15.65	21.06	26.43	17.46
EPS				223	466	1,076	1,318	1,114	1,261	2,036	2,509	2,811	2,420	2,861	4,263	5,602	9,494	15,641	13,298
배당금				0	0	0	0	400	500	750	750	750	750	750	750	750	1,000	1,000	1,500
ROE				2.02	4.05	7.67	8.77	6.83	9.32	13.49	14.85	15.03	11.88	12.71	16.27	18.07	23.54	28.24	19.68
직원의 수					871	789		794	803	826	855	870			1,021	1,023	1,154	1,332	1,358
연봉정보					34	42		45	49	54	41	44			41	43	54	53	62

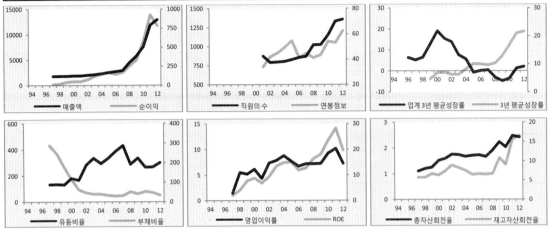

비
철
금
속

단위 : 성장률, ROE-% / EPS, 주당배당금 – 원 / 직원의 수 – 명 / 연봉정보 – 백만
2010년 3월, 포스렉에서 포스코켐텍으로 상호 변경하였습니다.

• 자동차 및 부품

2012년 자동차 및 자동차부품 상장기업 전체 매출액은 약 133조원(전년대비 1.5% 성장)이며, 총 당기순이익은 약 14조 8천억원(전년대비 46% 성장)입니다. 평균성장률은 5.8%(전년대비 1%p 감소)이며, ROE는 6.9%(전년대비 1.4%p 감소)를 기록하였습니다. 2008년 금융위기 이후로 회복한 성장성과 수익성은 2012년에는 다소 주춤하고 있는 상황입니다. (매출액 및 당기순이익은 단순합계금액이며, 성장률 및 ROE는 단순평균값 입니다)

해당 산업의 직원 수는 약 17만 2천명(전년대비 3.6% 증가)이며, 최근 평균연봉(2012년)은 약 7천 5백만원(전년대비 5.6% 증가)입니다. 아래 표와 그래프를 통해, 업계 연봉이 2000년도를 기점으로 꾸준히 상승했음을 알 수 있습니다. 최근 3년간 업계 평균 유동비율은 147.2%, 부채비율은 129.5%입니다.

구 분	총매출액	총 당기순이익	평균성장률	평균 ROE	총 직원수	연봉정보
94	15,234	168	7.0	10.5		
95	24,560	132	7.4	10.4		
96	28,343	-74	8.2	10.1		
97	28,990	-779	4.2	5.6		
98	22,818	-7,588	1.6	3.0	69,437	24
99	33,677	-369	9.1	10.5	123,689	24
00	43,927	984	9.0	10.3	127,053	27
01	52,405	2,512	7.4	9.5	130,309	36
02	59,499	3,499	7.8	10.1	134,595	39
03	61,795	4,551	7.5	9.8	139,175	41
04	71,982	4,213	8.5	11.0	148,394	45
05	76,076	4,790	7.6	9.8	149,097	48
06	79,572	2,839	5.5	7.7	150,439	50
07	84,839	3,411	6.2	8.9	153,361	54
08	88,330	2,218	3.2	4.2	153,093	58
09	88,995	6,556	7.4	8.4	151,357	61
10	111,502	8,315	7.4	8.9	161,441	67
11	131,592	10,119	6.8	8.3	166,350	71
12	133,568	14,836	5.8	6.9	172,353	75

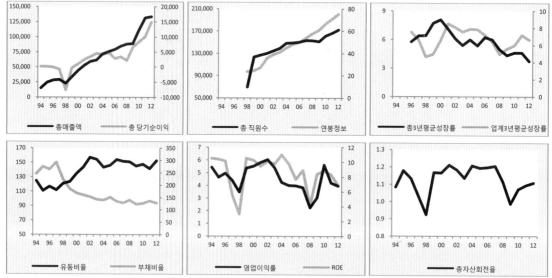

단위 : 총 매출액, 총 당기순이익 – 십억 / 평균 성장률, 평균 ROE - % / 총 직원 수 – 명 / 연봉정보 – 백만
연봉정보는 1 인당 평균 급여액이며, 대상기업들의 연간 총 급여액을 총 직원의 수로 나눈 금액입니다.
업계 3 년 평균 성장률은 자동차 및 부품업종 전체 상장사의 평균이며, 사업보고서에 근거한 자료만으로 만들었습니다.

• S&T 모터스 (유가증권 / 000040)

- 모터사이클 제조업

구분	94	95	96	97	98	99	00	01	02	03	04	05	06	07	08	09	10	11	12
성장률	-5.42	-13.86	3.72	-26.26	-36.41	자본잠식			962.81	9.39	-63.88	2.14	-25.65	24.33	-10.18	-16.81	1.61	2.25	-8.96
EPS	-46	-195	72	-219	-247	-463	-534	-2,024	6,266	366	-252	9	-85	112	-66	-91	10	14	-51
배당금	0	0	15	0	0	0	0	0	0	0	0	0	0	0	0	0	0	0	0
ROE	-5.42	-13.86	4.70	-26.26	-36.41	자본잠식			962.81	9.39	-63.88	2.14	-25.65	24.33	-10.18	-16.81	1.61	2.25	-8.96
직원의 수					550	538	514	474	417	401	430	507	495	386	363	299	275	264	249
연봉정보					13	13	17	18	23	24	25	25	29	29	32	36	31	34	26

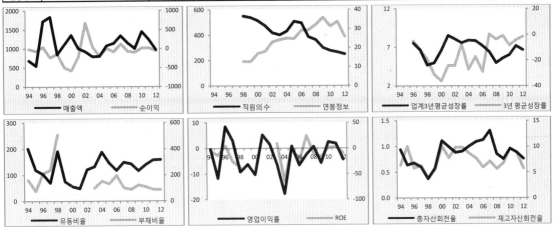

단위 : 성장률, ROE-% / EPS, 주당배당금 - 원 / 직원의 수 - 명 / 연봉정보 - 백만
자본잠식으로 인해, 계산 불가한 값과 특이값(1999년~2002년 부채비율, ROE)은 그래프에서 제외하였습니다.
2007년 3월, S&T그룹으로 편입 및 효성기계공업㈜에서 S&T모터스주식회사로 상호 변경하였습니다.

• 기아차 (유가증권 / 000270)

- 승용차 및 기타 여객용 자동차 제조업

구분	94	95	96	97	98	99	00	01	02	03	04	05	06	07	08	09	10	11	12
성장률		0.87	0.53	-39.08	자본잠식	4.38	10.80	16.28	13.42	13.68	10.87	11.32	0.75	0.27	1.98	18.42	10.99	12.00	12.55
EPS		155	93	-5,077	-87,796	493	743	1,424	1,743	1,947	1,890	1,967	114	39	328	3,949	3,625	4,530	5,278
배당금		0	0	0	0	0	0	0	250	350	350	250	0	0	0	250	500	600	650
ROE		0.87	0.53	-39.08	자본잠식	4.38	10.80	16.28	15.67	16.68	13.34	12.96	0.75	0.27	1.98	19.66	12.74	13.83	14.31
직원의 수						29,937	29,857	29,377	30,070	31,278	32,252	32,745	33,005	32,977	32,720	32,616	32,599	32,411	32,756
연봉정보						26	34	39	42	45	51	52	56	52	64	69	82	85	91

단위 : 성장률, ROE-% / EPS, 주당배당금 - 원 / 직원의 수 - 명 / 연봉정보 - 백만
자본잠식으로 인해, 계산 불가한 값(1998년 순이익, 부채비율, ROE, 영업이익률)은 그래프에서 제외하였습니다.
1990년, 기아산업㈜에서 기아자동차㈜로 상호 변경하였습니다.
1999년 3월, 최대주주가 JP Morgan에서 현대자동차로 변동되었습니다.

• 쌍용차 (유가증권 / 003620)

- 승용차 및 기타 여객용 자동차 제조업

구 분	94	95	96	97	98	99	00	01	02	03	04	05	06	07	08	09	10	11	12
성장률	-37.92	-48.63	-642.7	자본잠식	-47.78	자본잠식		3.72	51.99	48.90	0.93	-9.22	-21.18	1.20	-275.2	-115.2	-4.24	-12.31	-13.13
EPS	-2,592	-2,876	-5,090	-4,528	-7,223	-15,530	-21,828	2,410	2,922	4,881	94	-856	-1,622	96	-5,875	-2,875	-726	-1,000	-867
배당금	0	0	0	0	0	0	0	0	0	0	0	0	0	0	0	0	0	0	0
ROE	-37.92	-48.63	-642.7	자본잠식	-47.78	자본잠식		3.72	51.99	48.90	0.93	-9.22	-21.18	1.20	-275.2	-115.2	-4.24	-12.31	-13.13
직원의 수					5,052	4,959	5,590	6,126	6,936	7,444	7,761	7,699	7,138	7,185	7,154	4,763	4,698	4,318	4,365
연봉정보					29	24	28	32	43	41	46	49	47	50	51	40	43	54	59

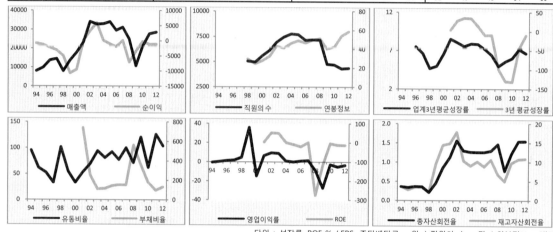

단위 : 성장률, ROE-% / EPS, 주당배당금 – 원 / 직원의 수 – 명 / 연봉정보 – 백만
자본잠식으로 인해, 계산 불가한 값과 특이값(1994년~2000년 부채비율, ROE, 성장률)은 그래프에서 제외 및 보정하였습니다.
1988년 3월, 동아자동차공업㈜에서 쌍용자동차㈜로 상호 변경였습니다.
2010년 8월, 인도의 Mahindra & Mahindra Ltd와 M&A에 관한 양해각서를 체결하였습니다.

• 현대차 (유가증권 / 005380)

- 승용차 및 기타 여객용 자동차 제조업

구 분	94	95	96	97	98	99	00	01	02	03	04	05	06	07	08	09	10	11	12
성장률	7.29	7.78	3.85	2.09	-1.04	4.98	7.09	10.95	11.95	12.19	11.47	13.89	8.15	7.75	6.19	12.02	10.79	13.12	12.85
EPS	3,103	3,597	1,928	1,056	-896	3,697	3,140	5,164	6,355	7,725	7,668	10,815	7,021	6,207	5,325	10,890	12,804	17,456	19,404
배당금	600	600	500	250	0	500	600	750	850	1,000	1,150	1,250	1,000	1,000	850	1,150	1,500	1,750	1,900
ROE	9.04	9.33	5.20	2.74	-1.04	5.76	8.76	12.81	13.80	14.00	13.50	15.71	9.51	9.24	7.37	13.44	12.23	14.58	14.24
직원의 수					37,752	50,984	49,023	48,331	49,855	51,471	53,218	54,115	54,711	55,629	56,020	55,984	56,137	57,105	59,831
연봉정보					26	26	27	43	46	47	49	55	57	67	68	75	80	89	94

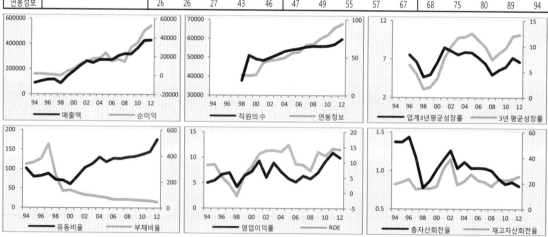

단위 : 성장률, ROE-% / EPS, 주당배당금 – 원 / 직원의 수 – 명 / 연봉정보 – 백만
2000년 8월 최대주주가 현대정공㈜로 변경되었으며, 2000년 10월 현대모비스㈜로 상호 변경하였습니다.
2001년 4월, 현대자동차그룹으로 출범하였습니다.

도이치모터스 (코스닥 / 067990)

- 기타 특수목적용 기계 제조업

구분	94	95	96	97	98	99	00	01	02	03	04	05	06	07	08	09	10	11	12
성장률									31.62	25.05	6.38	-197.10	-3.91	31.12	-61.95	5.66	28.80	12.29	10.08
EPS									290	498	188	-1,169	-696	171	-1,217	61	328	189	173
배당금									0	0	0	0	0	0	0	0	0	0	0
ROE							17.13	12.47	31.62	25.05	6.38	-197.10	-3.91	31.12	-61.95	5.66	28.80	12.29	10.08
직원의 수											72	69	61	15	275	242	335	396	507
연봉정보											28	34	44	미공시	29	27	35	29	29

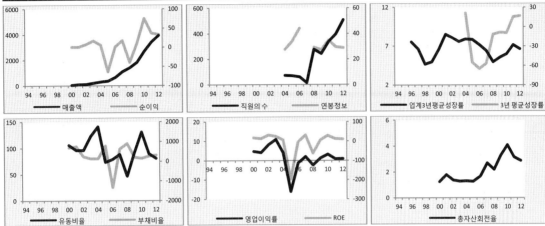

단위 : 성장률, ROE-% / EPS, 주당배당금 - 원 / 직원의 수 - 명 / 연봉정보 - 백만
2008년 11월, ㈜다르앤코에서 도이치모터스㈜로 상호 변경하였습니다.
2007년 연봉정보는 미공시 되었습니다.

현대 EP (유가증권 / 089470)

- 가공 및 재생 플라스틱 원료 생산업

구분	94	95	96	97	98	99	00	01	02	03	04	05	06	07	08	09	10	11	12
성장률							-0.34	7.39	13.54	16.74	16.15	21.64	7.84	5.83	7.72	8.26	5.26	11.72	9.99
EPS							-2	38	70	119	166	295	200	205	249	284	223	468	447
배당금							0	0	0	0	0	0	40	50	60	60	60	60	60
ROE							-0.34	7.39	13.54	16.74	16.15	21.64	9.80	7.70	10.17	10.48	7.20	13.44	11.54
직원의 수													114	212	211	214	311	337	360
연봉정보													39	35	44	43	42	47	46

단위 : 성장률, ROE-% / EPS, 주당배당금 - 원 / 직원의 수 - 명 / 연봉정보 - 백만
2000년~2003년 사업보고서 미공시로 인하여 EPS는 감사보고서를 기준으로, 배당금은 0으로 간주해 성장률을 계산하였습니다.
00년~03년 성장률은 업계 3년 평균성장률 계산 과정에서 제외하였습니다.

• 대동금속 (코스닥 / 020400)

- 강주물 주조업

구분	94	95	96	97	98	99	00	01	02	03	04	05	06	07	08	09	10	11	12
성장률		14.04	3.07	4.35	-22.55	8.86	0.65	-7.12	-13.16	0.53	9.10	9.87	7.14	-15.26	0.97	0.06	4.81	6.45	0.46
EPS		2,403	913	883	-2,432	1,384	72	-727	-1,188	299	1,286	1,461	1,204	-1,350	351	206	1,941	2,731	468
배당금		550	500	300	0	400	0	0	0	250	350	350	350	200	250	200	300	400	300
ROE		18.21	6.79	6.58	-22.55	12.46	0.65	-7.12	-13.16	3.23	12.50	12.98	10.07	-13.29	3.36	1.97	5.68	7.55	1.29
직원의 수						131	127	124	120	119	115	112	112	110	104	101	110	116	118
연봉정보						24	28	29	31	35	39	40	42	47	50	53	52	56	55

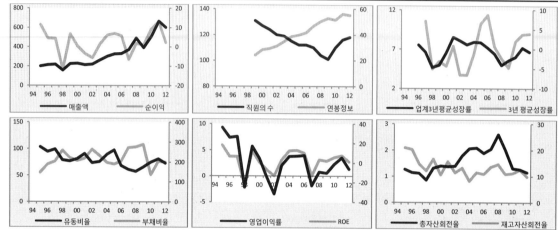

단위 : 성장률, ROE-% / EPS, 주당배당금 - 원 / 직원의 수 - 명 / 연봉정보 - 백만
1993년 5월, 대동INTERMET㈜에서 대동금속㈜로 상호 변경하였습니다.

• 한라비스테온공조 (유가증권 / 018880)

- 공기조화장치 제조업

구분	94	95	96	97	98	99	00	01	02	03	04	05	06	07	08	09	10	11	12
성장률	-6.27	-12.77	0.12	-13.52	17.70	26.80	22.22	20.45	16.96	12.29	14.36	9.79	8.15	9.20	6.69	9.88	7.60	5.90	5.93
EPS	313	242	169	-144	224	529	568	674	762	829	1,068	867	839	940	884	1,418	1,421	1,277	1,386
배당금	374	371	167	0	0	50	58	68	150	293	337	320	300	300	330	520	664	664	716
ROE	32.31	23.83	12.50	-13.52	17.70	29.60	24.73	22.73	21.11	18.99	20.97	15.52	12.68	13.51	10.68	15.59	14.26	12.28	12.27
직원의 수					1,627	1,591	1,595	1,589	1,589	1,598	1,607	1,657	1,642	1,677	1,710	1,715	1,741	1,859	1,868
연봉정보					25	32	37	41	49	54	61	60	61	66	68	68	82	79	89

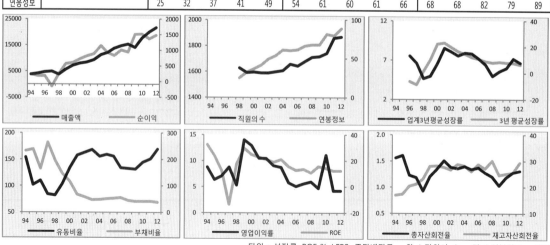

단위 : 성장률, ROE-% / EPS, 주당배당금 - 원 / 직원의 수 - 명 / 연봉정보 - 백만
1986년 3월, 만도와 포드가 합작하여 한라공조㈜를 설립하였습니다.
2013년 3월, 한라공조주식회사에서 한라비스테온공조 주식회사로 상호 변경하였습니다.

• 파나진 (코스닥 / 046210)
- 금속파스너 및 나사제품 제조업

구분	94	95	96	97	98	99	00	01	02	03	04	05	06	07	08	09	10	11	12
성장률			25.91	1.37	29.64	25.14	19.88	8.80	8.65	0.84	5.66	-10.17	-22.70	-19.53	-43.80	-74.89	-24.75	-9.99	-82.28
EPS			212	9	388	439	388	149	160	13	157	-172	-657	-324	-508	-581	-169	-57	-296
배당금			0	0			25	13	15	0	60	0	0	0	0	0	0	0	0
ROE			25.91	1.37	29.64	25.14	21.25	9.64	9.55	0.84	9.16	-10.17	-22.70	-19.53	-43.80	-74.89	-24.75	-9.99	-82.28
직원의 수					78	95	89			110	124	108	67	54	88	80	100	103	77
연봉정보					16	17	20			18	20	21	28	27	18	28	28	32	32

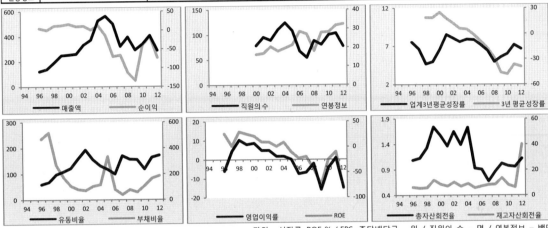

단위 : 성장률, ROE-% / EPS, 주당배당금 – 원 / 직원의 수 – 명 / 연봉정보 – 백만
2002년 결산 월 변경으로 인하여 27기는 제외하였으며, 26기를 2002년 기준으로 작성하였습니다
2009년 1월, 주식회사 코람파나진에서 주식회사 파나진으로 상호 변경하였습니다.

• 풍강 (코스닥 / 093380)
- 금속파스너 및 나사제품 제조업

구분	94	95	96	97	98	99	00	01	02	03	04	05	06	07	08	09	10	11	12
성장률						3.57	10.01	5.60	2.69	1.42	8.09	11.90	21.69	14.00	14.60	5.10	10.84	8.85	11.24
EPS						79	242	150	71	38	236	207	481	617	580	255	546	513	716
배당금						0	0	0	0	0	0	0	0	60	60	60	70	90	100
ROE						3.57	10.01	5.60	2.69	1.42	8.09	11.90	21.69	15.51	16.28	6.66	12.43	10.73	13.07
직원의 수														229	187	186	198	220	231
연봉정보														35	36	29	32	39	39

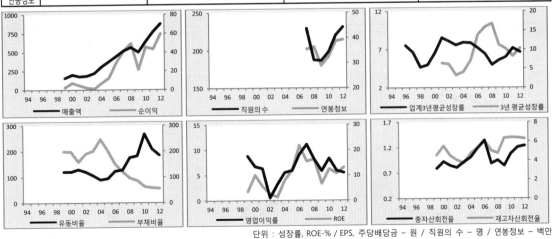

단위 : 성장률, ROE-% / EPS, 주당배당금 – 원 / 직원의 수 – 명 / 연봉정보 – 백만
1999년~2004년 사업보고서 미공시로 인하여 EPS는 감사보고서를 기준으로, 배당금은 0으로 간주해 성장률을 계산하였습니다.
99년~04년 성장률은 업계 3년 평균성장률 계산 과정에서 제외하였습니다.
2001년 12월, 풍강금속공업㈜에서 주식회사 풍강으로 상호 변경하였습니다.

• 백금 T&A (코스닥 / 046310)
- 방송 및 무선 통신장비 제조업

구분	94	95	96	97	98	99	00	01	02	03	04	05	06	07	08	09	10	11	12
성장률						49.30	55.32	42.18	4.71	7.22	-0.04	-12.15	0.09	-0.02	0.54	3.75	7.24	-4.05	-5.65
EPS						1,485	975	1,175	311	393	78	-439	84	79	23	247	423	-133	-236
배당금						0	0	0	100	50	80	80	80	80	0	80	80	80	0
ROE						49.30	55.32	42.18	6.94	8.27	1.64	-10.28	1.97	1.85	0.54	5.54	8.93	-2.95	-5.65
직원의 수								59	61	66	73	79	66	53	62	57	64	62	58
연봉정보								29	36	35	39	46	50	47	45	52	41	46	47

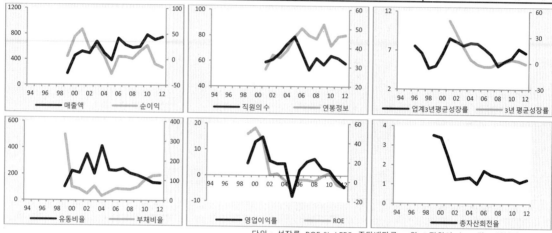

단위 : 성장률, ROE-% / EPS, 주당배당금 – 원 / 직원의 수 – 명 / 연봉정보 – 백만
2006년 12월, ㈜백금정보통신에서 ㈜백금티앤에이로 상호 변경하였습니다.

• 파인디지털 (코스닥 / 038950)
- 방송 및 무선 통신장비 제조업

구분	94	95	96	97	98	99	00	01	02	03	04	05	06	07	08	09	10	11	12
성장률			15.59	12.29	38.64	45.71	4.95	2.64	-4.39	4.15	0.52	0.97	-11.20	-9.54	-5.98	10.54	16.09	2.09	12.08
EPS			116	208	961	955	410	259	-257	373	85	117	-699	-531	-303	620	1,243	199	1,081
배당금			0	0	0	0	100	100	25	100	50	50	50	0	0	0	100	50	100
ROE			15.59	12.29	38.64	45.71	6.54	4.30	-4.00	5.67	1.26	1.69	-10.45	-9.54	-5.98	10.54	17.50	2.80	13.31
직원의 수							120	111	114	94	72	94	91	94	99	85	98	125	132
연봉정보							21	29	28	30	36	31	40	34	32	40	33	33	44

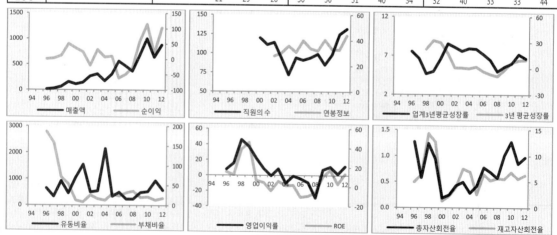

단위 : 성장률, ROE-% / EPS, 주당배당금 – 원 / 직원의 수 – 명 / 연봉정보 – 백만
1999년 9월, ㈜그림전자에서 ㈜파인디지털로 상호 변경하였습니다.

• 평화홀딩스 (유가증권 / 010770) / 평화산업 (유가증권 / 090080)

- 비금융 지주회사 / 기타 자동차 부품 제조업

구 분	94	95	96	97	98	99	00	01	02	03	04	05	06	07	08	09	10	11	12
성장률	12.30	7.75	7.10	6.67	6.14	5.18	2.71	6.61	11.66	12.10	8.56	7.66	1.86	-6.08	-14.44	-4.18	1.76	2.97	0.93
EPS	201	155	182	156	172	275	174	381	733	864	695	727	918	1,111	-1,073	-381	269	432	53
배당금	60	60	60	60	60	60	60	60	75	75	100	100	100	100	100	100	100	100	100
ROE	17.54	12.65	10.60	10.85	9.42	6.62	4.14	7.85	12.99	13.25	9.99	8.88	2.09	-6.68	-13.21	-3.31	2.80	3.87	-1.05
직원의 수					742	748	747	713	730	729	801	796	781	932	545	304	345	328	323
연봉정보					15	18	20	21	23	26	27	28	10	37	42	34	43	40	47

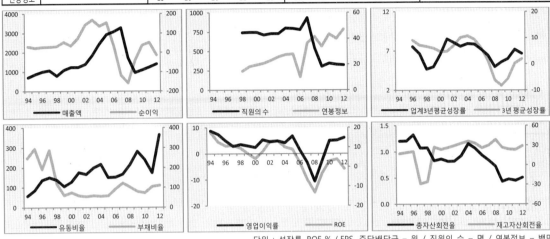

단위 : 성장률, ROE-% / EPS, 주당배당금 – 원 / 직원의 수 – 명 / 연봉정보 – 백만
2006년, 평화홀딩스와 평화산업을 인적 분할하였습니다.
2006년도 이후의 자료는 평화홀딩스와 평화산업의 단순합계이며, EPS는 평화홀딩스 기준입니다.
1기(2006년)는 8개월(5월~12월)치 평화산업 자료입니다.

• S&T 홀딩스 (유가증권 / 036530)

- 비금융 지주회사

구 분	94	95	96	97	98	99	00	01	02	03	04	05	06	07	08	09	10	11	12
성장률		22.79	28.51	18.38	18.05	33.03	40.78	35.63	23.93	17.10	14.00	12.24	12.98	6.09	4.86	3.46	-0.34	-0.06	0.82
EPS		438	572	452	604	969	2,066	3,320	2,795	2,142	2,313	2,471	2,866	1,631	2,000	1,117	312	385	619
배당금		0	0	0	0	0	0	500	250	0	250	300	300	300	300	300	400	400	400
ROE		22.79	28.51	18.38	18.05	33.03	40.78	41.95	26.28	17.10	15.70	13.93	14.50	7.46	5.72	4.73	1.20	1.49	2.32
직원의 수					187	231	223	211	157	141	161	180	176	8	8	9	9	9
연봉정보					15	20	27	25	35	30	31	33	36	14	66	75	65	105

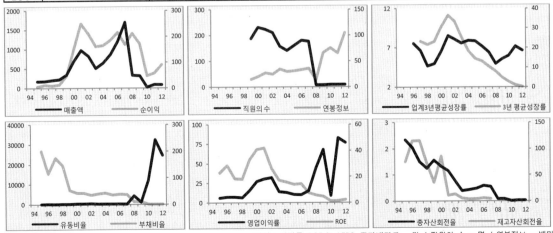

단위 : 성장률, ROE-% / EPS, 주당배당금 – 원 / 직원의 수 – 명 / 연봉정보 – 백만
2008년, S&T홀딩스와 S&TC를 인적 분할하였습니다.
2008년 2월, 주식회사 S&TC에서 주식회사 S&T홀딩스로 상호 변경하였습니다.

· 쌍용머티리얼 (유가증권 / 047400)

- 산업용 도자기 제조업

구분	94	95	96	97	98	99	00	01	02	03	04	05	06	07	08	09	10	11	12
성장률							-5.33	-7.50	-4.77	4.93	9.39	2.91	1.03	7.35	12.53	3.25	4.96	4.91	2.71
EPS							-60	-33	-20	26	50	16	6	44	85	107	145	151	91
배당금							0	0	0	0	0	0	0	0	0	50	50	50	35
ROE							-5.33	-7.50	-4.77	4.93	9.39	2.91	1.03	7.35	12.53	6.13	7.57	7.34	4.40
직원의 수															257	259	263	270	
연봉정보															35	55	38	59	

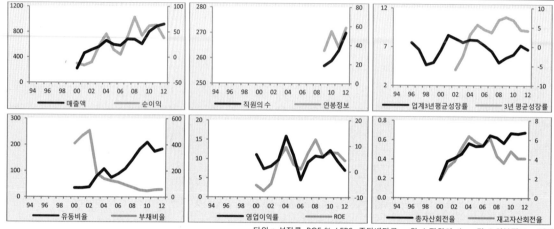

단위 : 성장률, ROE-% / EPS, 주당배당금 – 원 / 직원의 수 – 명 / 연봉정보 – 백만
2000년~2006년 사업보고서 미공시로 인하여 EPS는 감사보고서를 기준으로, 배당금은 0으로 간주해 성장률을 계산하였습니다.
00년~06년 성장률은 업계 3년 평균성장률 계산 과정에서 제외하였습니다.
2000년 6월, 쌍용양회공업㈜의 신소재사업본부를 중심으로 분사해 설립되었습니다.

· 화승알앤에이 (유가증권 / 013520)

- 산업용 비경화고무제품 제조업

구분	94	95	96	97	98	99	00	01	02	03	04	05	06	07	08	09	10	11	12
성장률	13.79	6.58	8.52	12.83	5.29	7.02	7.68	-1.21	6.14	1.01	8.23	-0.35	1.63	6.45	-3.83	0.38	1.77	3.60	2.07
EPS	2,388	1,311	1,982	2,964	985	1,865	2,095	229	1,984	595	2,255	410	378	1,782	-984	386	893	1,602	1,047
배당금	258	250	500	0	0	500	500	500	500	350	500	500	0	250	0	250	250	250	250
ROE	15.46	8.13	11.40	12.83	5.29	9.59	10.08	1.02	8.20	2.44	9.26	1.60	1.63	7.50	-3.83	1.07	2.45	4.27	2.73
직원의 수					1,068	1,128	1,160	905	933	878	935	933	1,012	797	701	687	777	895	1,001
연봉정보					13	16	18	25	25	28	28	30	31	36	33	37	34	40	41

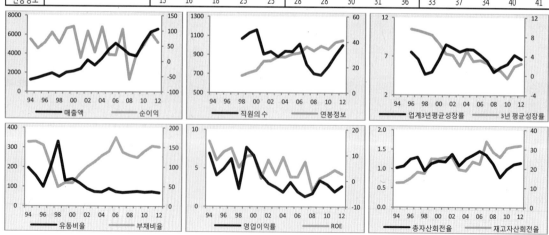

단위 : 성장률, ROE-% / EPS, 주당배당금 – 원 / 직원의 수 – 명 / 연봉정보 – 백만
1998년 2월, 주식회사 화승화학에서 주식회사 화승알앤에이로 상호 변경하였습니다.

• DRB 동일 (유가증권 / 004840)

- 산업용 비경화고무제품 제조업

구 분	94	95	96	97	98	99	00	01	02	03	04	05	06	07	08	09	10	11	12
성장률	3.25	-0.76	2.24	3.29	4.54	14.18	14.17	8.06	5.31	5.04	4.03	3.22	1.07	-1.61	-6.75	3.56	5.95	10.21	15.75
EPS	319	30	146	212	292	900	901	61	357	341	245	185	71	-69	-309	348	529	1,057	1,396
배당금	65	65	50	50	15	10	15	15	15	25	15	5	15	15	10	20	20	30	40
ROE	4.08	0.67	3.41	4.31	4.79	14.34	14.41	10.67	5.55	5.44	4.29	3.31	1.36	-1.33	-6.54	3.78	6.19	10.51	16.22
직원의 수					981	948	921	975	982	984	974	976	954	984	976	888	922	911	284
연봉정보					18	21	23	23	25	28	30	33	34	36	36	38	39	42	109

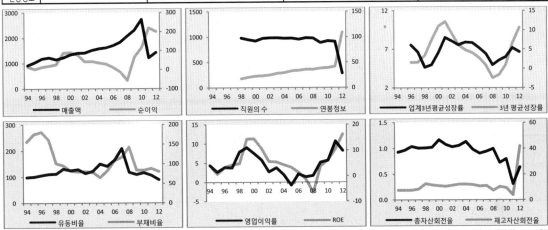

단위 : 성장률, ROE-% / EPS, 주당배당금 - 원 / 직원의 수 - 명 / 연봉정보 - 백만

2012년 10월 회사가 분할(인적분할: 동일고무벨트(주), 물적분할: DRB인터내셔널(주))되었으며, 존속회사는 (주)DRB동일로 상호 변경되었습니다.

• 엔케이 (유가증권 / 085310)

- 설치용 금속탱크 및 저장용기 제조업

구 분	94	95	96	97	98	99	00	01	02	03	04	05	06	07	08	09	10	11	12
성장률						5.87	3.01	12.36	7.40	8.25	10.35	12.30	9.74	20.60	7.59	-11.88	0.02	-0.30	-6.37
EPS						24	13	61	39	242	339	456	404	1,314	750	-814	101	36	-237
배당금						0	0	0	0	0	0	0	0	0	100	100	100	50	50
ROE						5.87	3.01	12.36	7.40	8.25	10.35	12.30	9.74	20.60	8.75	-10.58	2.16	0.78	-5.26
직원의 수														202	146	147	151	183	189
연봉정보														27	25	25	30	26	29

단위 : 성장률, ROE-% / EPS, 주당배당금 - 원 / 직원의 수 - 명 / 연봉정보 - 백만

1999년~2004년 사업보고서 미공시로 인하여 EPS는 감사보고서를 기준으로, 배당금은 0으로 간주해 성장률을 계산하였습니다.

99년~04년 성장률은 업계 3년 평균성장률 계산 과정에서 제외하였습니다.

1998년 11월, 남양산업㈜에서 ㈜엔케이로 상호 변경하였습니다.

• 팅크웨어 (코스닥 / 084730)

- 시스템 소프트웨어 개발 및 공급업

구분	94	95	96	97	98	99	00	01	02	03	04	05	06	07	08	09	10	11	12
성장률											17.21	24.63	27.20	24.30	13.95	13.72	17.52	6.70	4.59
EPS											331	796	1,729	2,400	1,427	1,853	2,683	1,007	769
배당금											0	0	0	0	0	230	260	0	0
ROE									24.43	7.57	17.21	24.63	27.20	24.30	13.95	15.66	19.40	6.70	4.59
직원의 수											283	417	454	457	523	522	569
연봉정보											30	31	37	29	26	35	30

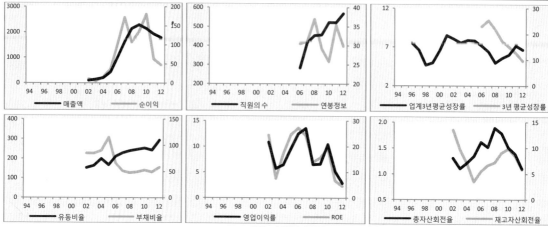

단위 : 성장률, ROE-% / EPS, 주당배당금 – 원 / 직원의 수 – 명 / 연봉정보 – 백만
1999년 11월, 팅크웨어시스템즈㈜에서 팅크웨어㈜로 상호 변경하였습니다.

• 대유신소재 (유가증권 / 000300)

- 알루미늄 압연, 압출 및 연신제품 제조업

구분	94	95	96	97	98	99	00	01	02	03	04	05	06	07	08	09	10	11	12
성장률	-4.80	5.16	2.84	-58.35	-167.4	자본잠식			111.74	-136.9	-70.28	-43.11	-34.99	6.36	0.49	10.39	5.50	-4.11	-11.86
EPS	-65	36	26	-192	-136	-233	-394	-409	1,846	-1,171	-221	-95	-239	50	4	125	91	-36	-152
배당금	0	0	0	0	0	0	0	0	0	0	0	0	0	0	0	0	19	18	0
ROE	-4.80	5.16	2.84	-58.35	-167.4	자본잠식			111.74	-136.9	-70.28	-43.11	-34.99	6.36	0.49	10.39	6.95	-2.74	-11.86
직원의 수					586	607	580	337	344	453	329	391	351	340	339	355	389	449
연봉정보					14	21	23	20	24	23	미공시	18	31	33	26	31	33	34

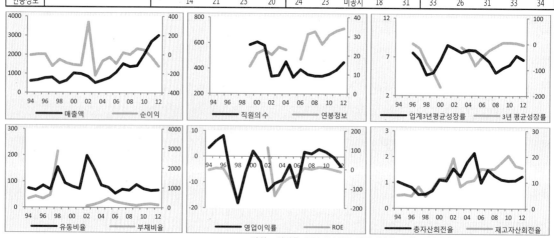

단위 : 성장률, ROE-% / EPS, 주당배당금 – 원 / 직원의 수 – 명 / 연봉정보 – 백만
자본잠식으로 인해, 계산 불가한 값(1999년~2001년 부채비율, ROE 및 성장률)은 그래프에서 제외 및 보정하였습니다.
1999년 결산 월 변경으로 인하여, 34기(99년도)는 9개월(4월~12월)치 자료로 작성되었습니다.
2008년 6월, ㈜엠엔에스에서 ㈜대유신소재로 상호 변경하였습니다.
2005년 직원의 수는 미공시 되었습니다.

자
동
차

및

부
품

• 프리젠 (코스닥 / 060910)
- 액정 평판 디스플레이 제조업

구분	94	95	96	97	98	99	00	01	02	03	04	05	06	07	08	09	10	11	12
성장률							9.43	33.01	18.07	-11.36	1.01	-120.1	-361.5	-47.26	-2,048.3	-44.95	-42.77	-137.8	4.61
EPS							63	272	334	-129	113	-718	-1,155	-452	-739	-397	-705	-834	15
배당금							0	0	0	0	100	0	0	0	0	0	0	0	0
ROE							9.43	33.01	18.07	-11.36	8.77	-120.1	-361.5	-47.26	-2,048.3	-44.95	-42.77	-137.8	4.61
직원의 수							90		95	212	226	355	218	130	95	130	98	74
연봉정보							19		17	16	20	19	20	26	29	26	19	29

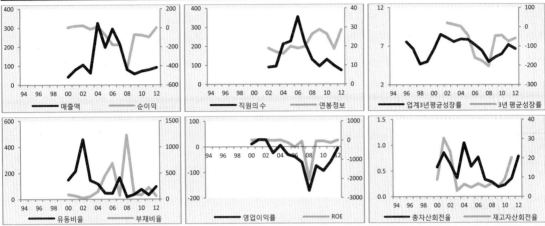

단위 : 성장률, ROE-% / EPS, 주당배당금 - 원 / 직원의 수 - 명 / 연봉정보 - 백만
2012년 2월, 스멕스㈜에서 ㈜오리엔트프리젠으로 상호 변경하였습니다.
특이값(2008년 성장률)은 그래프에서 보정하였습니다.

• 삼원강재 (유가증권 / 023000)
- 열간 압연 및 압출 제품 제조업

구분	94	95	96	97	98	99	00	01	02	03	04	05	06	07	08	09	10	11	12
성장률						15.67	23.36	18.43	17.61	14.75	17.44	15.44	10.17	12.65	23.38	10.60	15.45	12.26	9.48
EPS						18	33	32	37	37	52	55	40	57	133	106	519	590	466
배당금						0	0	0	0	0	0	0	0	0	0	35	110	110	110
ROE						15.67	23.36	18.43	17.61	14.75	17.44	15.44	10.17	12.65	23.38	15.83	19.61	15.07	12.41
직원의 수																		259	271
연봉정보																		65	70

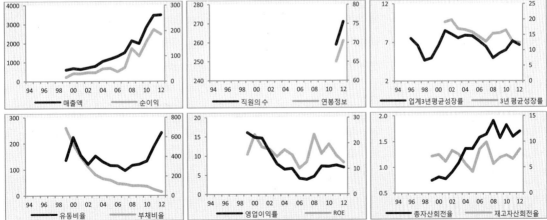

단위 : 성장률, ROE-% / EPS, 주당배당금 - 원 / 직원의 수 - 명 / 연봉정보 - 백만
1999년~2008년 사업보고서 미공시로 인하여 EPS는 감사보고서를 기준으로, 배당금은 0으로 간주해 성장률을 계산하였습니다.
99년~08년 성장률은 입계 3년 평균성장률 계산 과정에서 제외하였습니다.
2008년 3월, 대경특수강에서 삼원강재로 상호 변경하였습니다.

자동차 및 부품

293

• SG&G (코스닥 / 040610)

- 운송장비용 의자 제조업

구분	94	95	96	97	98	99	00	01	02	03	04	05	06	07	08	09	10	11	12
성장률							12.31	5.31	-17.10	0.90	23.62	23.68	-4.56	-7.34	-12.54	14.73	0.92	2.69	4.59
EPS							349	212	-382	76	723	606	-100	-179	-250	346	16	62	116
배당금							0	0	0	0	0	0	0	0	0	0	0	0	0
ROE							12.31	5.31	-17.10	0.90	23.62	23.68	-4.56	-7.34	-12.54	14.73	0.92	2.69	4.59
직원의 수							150	110	112	86	56	48	57	64	54	46	51	47	51
연봉정보							15	21	21	21	29	23	25	21	44	27	29	39	37

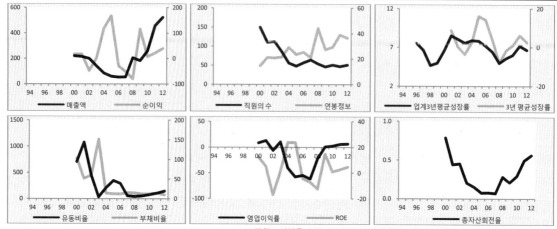

단위 : 성장률, ROE-% / EPS, 주당배당금 – 원 / 직원의 수 – 명 / 연봉정보 – 백만
2008년 3월, ㈜가로수닷컴에서 ㈜SG&G로 상호 변경하였습니다.

• 에이엔피 (유가증권 / 015260)

- 인쇄회로기판 제조업

구분	94	95	96	97	98	99	00	01	02	03	04	05	06	07	08	09	10	11	12
성장률	13.06	17.51	6.86	-6.54	-19.02	-87.63	10.34	-47.20	-59.38	-104.80	자본잠식	29.22	-17.60	-12.60	-2.68	1.37	0.66	-15.88	2.47
EPS	138	237	110	-85	-208	-481	140	-436	-332	-313	-1,586	99	-122	-142	-62	26	13	-270	37
배당금	4	26	25	0	0	0	15	0	0	0	0	0	0	0	0	0	0	0	0
ROE	13.41	19.68	8.89	-6.54	-19.02	-87.63	11.58	-47.20	-59.38	-104.80	자본잠식	29.22	-17.60	-12.60	-2.68	1.37	0.66	-15.88	2.47
직원의 수					171	231	258	250	219	108	205	192	245	228	307	280	331	349	348
연봉정보					15	13	18	20	22	22	11	31	26	30	30	34	28	31	34

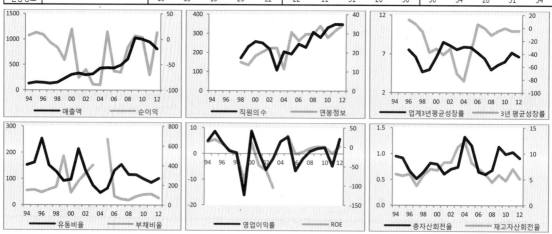

단위 : 성장률, ROE-% / EPS, 주당배당금 – 원 / 직원의 수 – 명 / 연봉정보 – 백만
자본잠식으로 인해, 계산 불가한 값(2004년 부채비율, ROE, 성장률)은 그래프에서 제외 및 보정하였습니다.
2009년 1월, 큐엔텍코리아에서 에이엔피로 상호 변경하였습니다.

• 구영테크 (코스닥 / 053270)

- 자동차 부품 제조업

구분	94	95	96	97	98	99	00	01	02	03	04	05	06	07	08	09	10	11	12
성장률						18.73	14.75	8.12	5.46	11.38	5.06	-0.65	-9.72	-2.17	-51.85	2.82	14.66	3.53	4.27
EPS						573	901	238	171	318	243	-6	-163	65	-885	48	330	83	105
배당금						0	0	100	75	75	150	10	0	100	0	0	0	0	0
ROE				12.64	7.37	18.73	14.75	14.01	9.73	14.89	13.23	-0.24	-9.72	4.04	-51.85	2.82	14.66	3.53	4.27
직원의 수						158	171	178	232	249	270	234	221	203	203	191	216
연봉정보						16	19	22	22	24	22	25	32	29	36	41	34

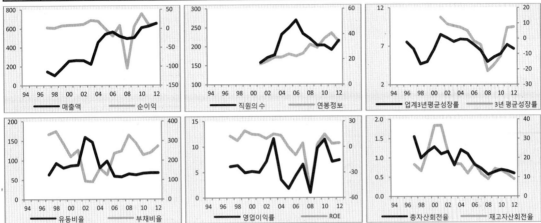

단위 : 성장률, ROE-% / EPS, 주당배당금 – 원 / 직원의 수 – 명 / 연봉정보 – 백만
1999년~2000년 사업보고서 미공시로 인하여 EPS는 감사보고서를 기준으로, 배당금은 0으로 간주해 성장률을 계산하였습니다.
99년~00년 성장률은 업계 3년 평균성장률 계산 과정에서 제외하였습니다.

• 대원강업 (유가증권 / 000430)

- 자동차 부품 제조업

구분	94	95	96	97	98	99	00	01	02	03	04	05	06	07	08	09	10	11	12
성장률	1.59	1.93	2.23	0.71	-24.73	1.13	4.47	1.14	9.23	10.73	9.80	2.91	2.45	2.81	0.96	1.91	7.91	5.86	5.97
EPS	70	89	102	30	-354	21	110	63	258	341	360	167	149	164	108	109	465	418	444
배당금	31	36	53	15	0	0	25	40	50	65	80	80	75	80	60	10	75	110	110
ROE	2.86	3.27	4.60	1.44	-24.73	1.13	5.79	3.13	11.45	13.25	12.60	5.58	4.94	5.48	2.16	2.10	9.44	7.96	7.94
직원의 수					1,536	1,088	1,093	1,089	1,124	1,132	1,151	1,123	1,121	1,103	1,115	1,074	1,081	1,078	1,055
연봉정보					22	30	29	31	35	38	44	47	49	54	52	미공시	55	72	70

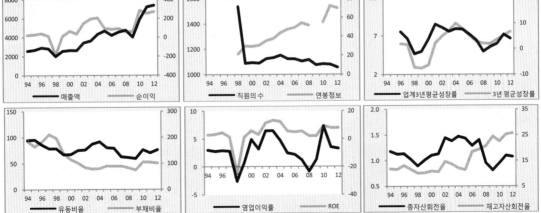

단위 : 성장률, ROE-% / EPS, 주당배당금 – 원 / 직원의 수 – 명 / 연봉정보 – 백만
1961년 1월, 대한철강주식회사에서 대원강업 주식회사로 상호 변경하였습니다.
2009년 연간급여총액(분기자료)은 표와 그래프에서 제외하였습니다.

• 덕양산업 (유가증권 / 024900)

- 자동차 부품 제조업

구분	94	95	96	97	98	99	00	01	02	03	04	05	06	07	08	09	10	11	12
성장률	25.90	23.09	24.98	10.21	0.35	2.03	2.65	5.12	3.96	4.81	4.20	1.68	-8.98	-1.00	1.59	2.38	3.15	-13.16	3.77
EPS	7,554	5,697	5,477	2,852	47	631	918	1,631	1,564	1,870	1,788	822	-1,199	147	577	895	1,036	2,171	1,265
배당금	600	600	600	500	0	350	600	750	850	950	950	490	425	325	290	450	400	4,945	628
ROE	28.13	25.80	28.05	12.38	0.35	4.57	7.64	9.47	8.67	9.77	8.95	4.16	-6.63	0.83	3.20	4.79	5.13	10.30	7.48
직원의 수					510	666	914	965	999	1,021	985	830	798	772	760	726	721	721	714
연봉정보					19	18	25	26	29	37	51	46	45	44	50	49	54	61	68

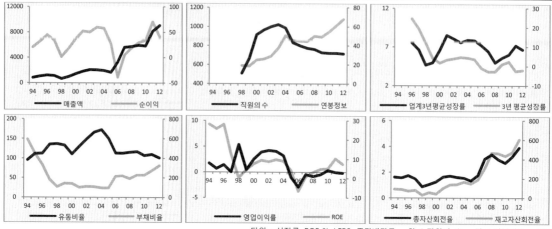

단위 : 성장률, ROE-% / EPS, 주당배당금 – 원 / 직원의 수 – 명 / 연봉정보 – 백만

• 동원금속 (유가증권 / 018500)

- 자동차 부품 제조업

구분	94	95	96	97	98	99	00	01	02	03	04	05	06	07	08	09	10	11	12
성장률	17.94	18.76	6.95	5.88	-1.84	14.49	-18.63	-26.93	-52.89	7.83	-14.99	-9.76	1.97	0.97	-92.60	18.46	20.52	23.51	1.87
EPS	238	336	122	121	-27	418	-288	-332	-426	68	96	113	48	11	-925	191	328	462	82
배당금	38	60	30	10	0	75	0	0	0	0	250	250	25	0	0	50	50	50	50
ROE	21.30	22.84	9.21	6.41	-1.84	17.65	-18.63	-26.93	-52.89	7.83	9.27	7.98	4.12	0.97	-92.60	18.46	24.21	26.37	4.80
직원의 수					700	782	695	658	638	663	696	727	727	724	692	669	684	693	723
연봉정보					16	22	22	24	26	28	28	32	36	40	39	40	42	48	43

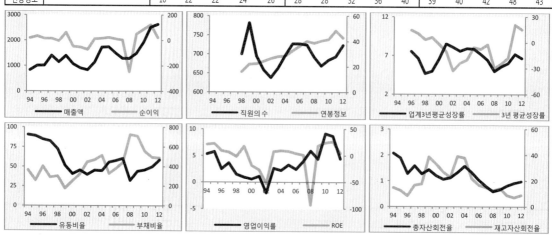

단위 : 성장률, ROE-% / EPS, 주당배당금 – 원 / 직원의 수 – 명 / 연봉정보 – 백만
2006년 7월, 동원금속공업주식회사에서 동원금속 주식회사로 상호 변경하였습니다.

• 모토닉 (유가증권 / 009680)
- 자동차 엔진용 부품 제조업

구분	94	95	96	97	98	99	00	01	02	03	04	05	06	07	08	09	10	11	12
성장률	9.54	6.74	2.57	4.45	-1.26	8.12	7.82	8.53	11.87	10.78	11.10	17.88	18.28	10.96	9.81	14.16	6.90	6.16	5.42
EPS	202	168	104	109	13	175	227	256	470	511	1,114	1,379	1,750	1,249	1,217	1,992	1,262	1,140	1,071
배당금	60	60	60	50	30	60	75	75	100	100	150	150	200	200	200	250	300	250	250
ROE	13.57	10.48	6.09	8.24	1.00	12.34	11.67	12.06	15.08	13.40	12.82	20.06	20.64	13.06	11.74	16.19	9.05	7.90	7.07
직원의 수					292	315	287	250	224	234	238	265	258	269	254	255	266	274	267
연봉정보					29	21	26	30	26	26	32	34	36	40	42	41	42	45	40

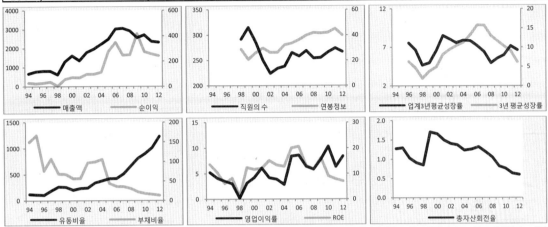

단위 : 성장률, ROE-% / EPS, 주당배당금 – 원 / 직원의 수 – 명 / 연봉정보 – 백만
2002년 3월, 창원기화기공업㈜에서 주식회사 모토닉으로 상호 변경하였습니다.

• 부산주공 (유가증권 / 005030)
- 자동차 엔진용 부품 제조업

구분	94	95	96	97	98	99	00	01	02	03	04	05	06	07	08	09	10	11	12
성장률	4.92	2.29	1.89	-1.50	-43.57	-10.47	7.43	5.74	5.34	1.10	0.51	5.22	9.72	10.20	13.58	0.87	0.93	4.99	-4.90
EPS	127	87	84	-25	-502	-166	323	297	251	39	55	297	549	637	906	82	132	339	-168
배당금	50	50	40	0	0	0	35	50	50	0	35	75	100	125	100	30	80	70	40
ROE	8.12	5.40	3.61	-1.50	-43.57	-10.47	8.33	6.90	6.67	1.10	1.41	6.99	11.89	12.69	15.26	1.38	2.37	6.29	-3.96
직원의 수					274	285	310	328	367	357	347	345	369	360	328	306	325	352	343
연봉정보					12	18	23	23	22	27	28	29	33	38	37	38	41	45	49

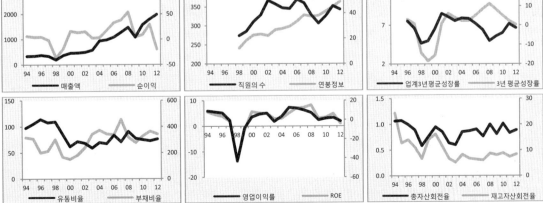

단위 : 성장률, ROE-% / EPS, 주당배당금 – 원 / 직원의 수 – 명 / 연봉정보 – 백만

• 삼성공조 (유가증권 / 006660)

- 자동차 부품 제조업

구분	94	95	96	97	98	99	00	01	02	03	04	05	06	07	08	09	10	11	12
성장률	17.29	13.24	13.59	6.48	12.93	17.52	13.02	12.08	12.13	10.39	7.04	5.73	7.87	-2.26	6.22	3.14	7.01	2.52	2.47
EPS	676	609	707	356	808	1,319	1,268	1,347	1,518	1,475	1,069	913	1,308	-357	1,075	584	1,426	561	561
배당금	25	35	25	10	15	35	30	25	30	30	30	30	30	0	30	30	75	65	60
ROE	17.95	14.05	14.09	6.67	13.18	17.99	13.34	12.31	12.38	10.61	7.24	5.92	8.06	-2.26	6.40	3.31	7.40	2.85	2.77
직원의 수					494	510	590	590	606	630	576	545	495	466	399	386	379	364	355
연봉정보					12	13	13	15	15	16	20	20	23	24	28	23	26	28	29

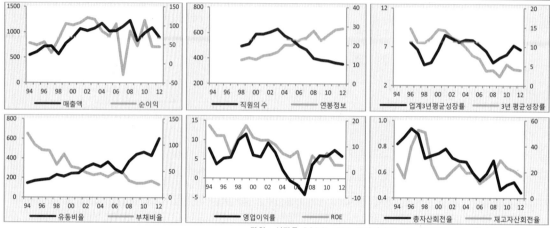

단위 : 성장률, ROE-% / EPS, 주당배당금 - 원 / 직원의 수 - 명 / 연봉정보 - 백만
2000년 6월, 삼성라디에터공업㈜에서 삼성공조㈜ 상호 변경하였습니다.

• 성우하이텍 (코스닥 / 015750)

- 자동차 부품 제조업

구분	94	95	96	97	98	99	00	01	02	03	04	05	06	07	08	09	10	11	12
성장률		17.88	14.71	34.41	11.68	15.70	13.86	10.39	6.27	0.54	21.44	35.75	11.16	12.72	12.85	26.60	13.49	8.20	10.06
EPS		151	144	502	190	632	295	271	185	88	739	1,878	798	1,009	1,227	3,324	3,065	1,022	1,334
배당금		0	0	0	0	5	40	40	40	75	110	150	150	150	100	200	250	200	200
ROE		17.88	14.71	34.41	11.68	15.83	16.03	12.19	8.00	3.67	25.19	38.86	13.74	14.94	13.99	28.30	14.69	10.20	11.84
직원의 수					370	412	410	524	494	600	585	643	692	716	882	1,130	1,167	1,226
연봉정보					12	21	24	22	23	25	31	34	36	40	40	41	48	53

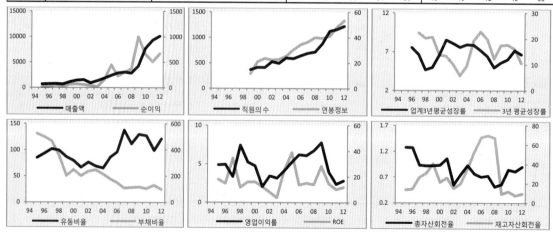

단위 : 성장률, ROE-% / EPS, 주당배당금 - 원 / 직원의 수 - 명 / 연봉정보 - 백만
2000년 3월, 주식회사 성우금속에서 주식회사 성우하이텍으로 상호 변경하였습니다.

· 세원물산 (코스닥 / 024830)

- 자동차 부품 제조업

구분	94	95	96	97	98	99	00	01	02	03	04	05	06	07	08	09	10	11	12
성장률		15.23	17.30	27.87	16.26	7.75	6.87	8.59	12.12	5.27	11.69	17.60	20.47	17.37	0.69	25.39	6.32	6.19	7.64
EPS		263	353	804	559	652	241	286	460	237	587	1,069	1,534	1,577	110	3,012	1,014	1,104	1,538
배당금		0	0	0	0	0	0	0	0	25	50	75	75	75	50	50	50	75	75
ROE		15.23	17.30	27.87	16.26	7.75	6.87	8.59	12.12	5.89	12.78	18.93	21.52	18.24	1.27	25.82	6.65	6.64	8.03
직원의 수						193	193	217	259	275	297	279	299	338	360	365	369	391	436
연봉정보						14	17	16	18	21	24	26	28	29	31	32	35	39	42

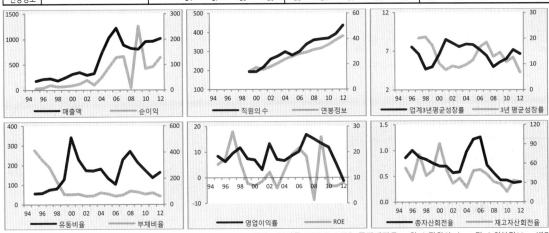

단위 : 성장률, ROE-% / EPS, 주당배당금 – 원 / 직원의 수 – 명 / 연봉정보 – 백만
1994년 12월, ㈜세원에서 ㈜세원물산으로 상호 변경하였습니다.

· 세원정공 (유가증권 / 021820)

- 자동차 부품 제조업

구분	94	95	96	97	98	99	00	01	02	03	04	05	06	07	08	09	10	11	12
성장률	21.86	9.60	7.71	5.98	6.40	12.22	10.52	8.58	11.01	9.98	18.63	16.00	12.86	15.89	12.90	27.92	3.90	5.44	9.35
EPS	264	170	131	87	98	290	351	309	502	505	1,096	1,098	1,018	1,522	1,491	4,296	724	1,052	1,903
배당금	0	0	25	0	0	0	0	0	50	50	50	50	50	50	50	50	100	100	100
ROE	21.86	9.60	9.53	5.98	6.40	12.22	10.52	8.58	12.23	11.07	19.52	16.77	13.52	16.43	13.34	28.25	4.52	6.01	9.87
직원의 수					149	238	239	231	222	234	259	275	267	270	271	254	258	289	300
연봉정보					14	13	17	20	22	21	25	28	29	31	32	34	38	41	44

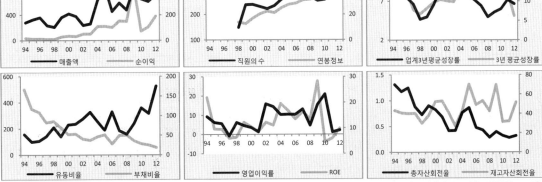

단위 : 성장률, ROE-% / EPS, 주당배당금 – 원 / 직원의 수 – 명 / 연봉정보 – 백만

자동차 및 부품

• 에스엘 (유가증권 / 005850)
- 자동차 부품 제조업

구 분	94	95	96	97	98	99	00	01	02	03	04	05	06	07	08	09	10	11	12
성장률	10.34	10.52	11.14	1.22	13.54	10.10	10.49	15.41	15.69	13.98	15.86	7.60	11.05	5.86	-17.52	23.89	9.24	4.13	3.89
EPS	322	361	407	62	531	527	658	1,103	1,537	1,131	1,463	819	1,250	884	-1,421	2,747	1,426	700	688
배당금	75	75	75	25	50	75	100	100	150	150	150	150	150	150	50	150	200	150	150
ROE	13.47	13.27	13.66	2.05	14.95	11.77	12.37	16.95	17.38	16.12	17.67	9.31	12.56	7.06	-16.92	25.27	10.75	5.26	4.97
직원의 수					700	743	784	789	843	889	918	915	966	1,151	1,134	1,155	1,385	1,400	1,483
연봉정보					12	19	21	23	25	22	30	33	34	35	37	40	40	38	47

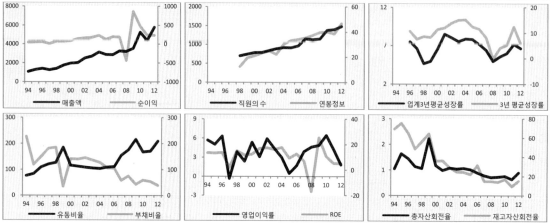

단위 : 성장률, ROE-% / EPS, 주당배당금 – 원 / 직원의 수 – 명 / 연봉정보 – 백만
2011년 결산 월 변경으로 인하여, 44기(11년도)는 9개월(4월~12월)치 자료로 작성되었습니다.
2004년 10월, 삼립산업주식회사에서 에스엘주식회사로 상호 변경하였습니다.

• 에코플라스틱 (코스닥 / 038110)
- 자동차 부품 제조업

구 분	94	95	96	97	98	99	00	01	02	03	04	05	06	07	08	09	10	11	12
성장률		7.50	15.03	9.39	-7.14	8.06	7.37	3.04	4.19	4.65	9.36	14.10	9.98	6.63	4.38	6.37	4.02	5.07	2.27
EPS		321	729	380	-269	239	236	243	297	114	290	520	409	295	222	265	258	320	168
배당금		0	0	0	0	60	75	100	100	0	50	50	50	50	50	0	60	60	50
ROE		7.50	15.03	9.39	-7.14	10.75	10.79	5.17	6.32	4.65	11.31	15.60	11.38	7.99	5.66	6.37	5.24	6.23	3.24
직원의 수					619	638	636	622	632	49	50	617	605	611	598	607	600	613
연봉정보					16	28	27	31	35	95	23	45	58	53	55	63	65	66

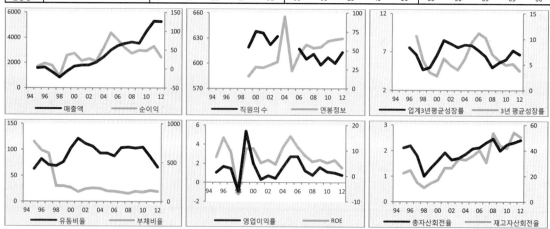

단위 : 성장률, ROE-% / EPS, 주당배당금 – 원 / 직원의 수 – 명 / 연봉정보 – 백만
2004년 11월, 아폴로산업주식회사에서 에코플라스틱주식회사로 상호 변경하였습니다.
특이값(2004년~2005년 직원의 수)은 그래프에서 제외하였습니다.

• 엠에스오토텍 (코스닥 / 123040)

- 자동차 차체용 부품 제조업

구분	94	95	96	97	98	99	00	01	02	03	04	05	06	07	08	09	10	11	12
성장률						19.35	8.76	14.91	5.15	18.24	33.35	20.76	0.44	6.60	5.02	18.93	10.75	26.92	10.64
EPS						184	175	225	82	353	970	732	16	253	303	135	1,338	2,615	1,153
배당금						0	0	0	0	0	0	0	0	0	0	0	75	0	0
ROE						19.35	8.76	14.91	5.15	18.24	33.35	20.76	0.44	6.60	5.02	18.93	11.39	26.92	10.64
직원의 수																	257	315	358
연봉정보																	41	38	45

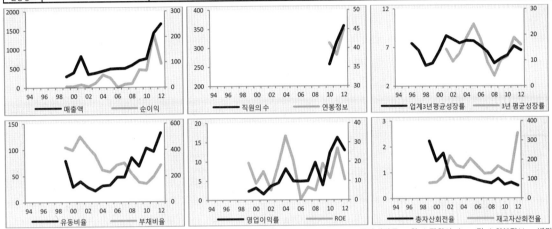

단위 : 성장률, ROE-% / EPS, 주당배당금 - 원 / 직원의 수 - 명 / 연봉정보 - 백만

1999년~2007년 사업보고서 미공시로 인하여 EPS는 감사보고서를 기준으로, 배당금은 0으로 간주해 성장률을 계산하였습니다.
99~07년 성장률은 업계 3년 평균성장률 계산 과정에서 제외하였습니다.

• 영화금속 (유가증권 / 012280)

- 자동차 엔진용 부품 제조업

구분	94	95	96	97	98	99	00	01	02	03	04	05	06	07	08	09	10	11	12
성장률	-7.03	14.38	14.43	-92.95	-53.83	8.89	-4.39	-17.42	-55.65	-10.69	2.01	9.87	12.73	6.68	2.21	-6.73	4.26	6.16	6.16
EPS	-35	94	189	-543	-328	11	-270	-129	-239	-42	8	48	71	60	21	-59	68	85	82
배당금	0	0	50	0	0	0	0	0	0	0	0	0	0	25	0	0	25	25	20
ROE	-7.03	14.38	19.64	-92.95	-53.83	8.89	-4.39	-17.42	-55.65	-10.69	2.01	9.87	12.73	11.44	2.21	-6.73	6.73	8.72	8.14
직원의 수					277	285	279	237	227	197	205	203	194	198	188	170	170	203	193
연봉정보					12	15	17	22	22	26	26	31	32	29	33	35	43	45	50

단위 : 성장률, ROE-% / EPS, 주당배당금 - 원 / 직원의 수 - 명 / 연봉정보 - 백만

• 오리엔트정공 (코스닥 / 065500)

- 자동차 부품 제조업

구분	94	95	96	97	98	99	00	01	02	03	04	05	06	07	08	09	10	11	12
성장률					4.83	4.03	10.44	14.62	10.39	-1.85	4.42	8.18	17.39	21.43	17.67	8.13	-78.26	-695.4	3.19
EPS					45	47	121	201	250	124	221	307	557	857	741	298	-1,416	-8,109	20
배당금					0	0	0	0	75	150	150	150	150	200	100	25	0	0	0
ROE					4.83	4.03	10.44	14.62	14.84	8.84	13.76	16.00	23.81	27.96	20.43	8.87	-78.26	-695.4	3.19
직원의 수									95	143	164	177	203	196	196	180	203	60	57
연봉정보									14	17	15	16	21	25	27	26	33	39	28

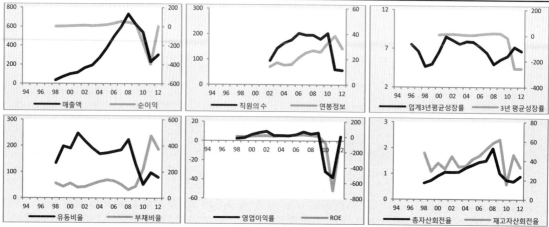

단위 : 성장률, ROE-% / EPS, 주당배당금 - 원 / 직원의 수 - 명 / 연봉정보 - 백만
2011년 8월, 주식회사 넥스텍에서 주식회사 오리엔트정공으로 상호 변경하였습니다.

• 오스템 (유가증권 / 031510)

- 자동차 부품 제조업

구분	94	95	96	97	98	99	00	01	02	03	04	05	06	07	08	09	10	11	12
성장률		18.08	8.67	4.27	4.48	15.63	12.19	5.82	0.50	1.57	14.46	13.62	4.59	12.43	6.96	5.23	13.47	13.09	9.63
EPS		109	56	26	35	144	121	71	5	17	208	330	87	270	161	174	477	500	401
배당금		0	0	0	0	25	2	15	0	0	25	35	25	50	25	40	100	80	60
ROE		18.08	8.67	4.27	4.48	18.92	12.40	7.36	0.50	1.57	16.44	15.24	6.44	15.26	8.24	6.79	17.05	15.58	11.33
직원의 수					386	360	320	330	504	546	574	553	519		529	413	421	446	445
연봉정보					18	미공시	21	25	23	27	31	37	41		37	39	46	46	49

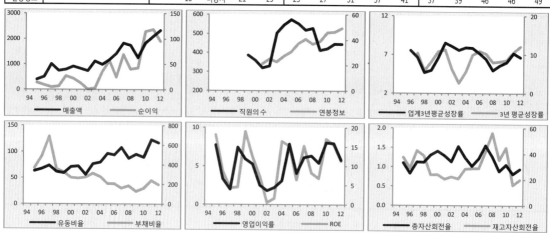

단위 : 성장률, ROE-% / EPS, 주당배당금 - 원 / 직원의 수 - 명 / 연봉정보 - 백만
2005년 3월, ㈜윤영에서 ㈜오스템으로 상호 변경하였습니다.
2000년 연봉정보는 미공시 되었습니다.

자 동 차 및 부 품

• 우수 AMS (코스닥 / 066590)

- 자동차 부품 제조업

구분	94	95	96	97	98	99	00	01	02	03	04	05	06	07	08	09	10	11	12
성장률						20.89	25.26	32.69	27.09	13.45	8.62	5.72	14.54	8.93	-6.06	-4.48	8.27	5.96	1.86
EPS						153	310	552	627	352	175	85	312	143	-98	-69	145	140	34
배당금						0	0	0	0	0	50	0	50	30	0	0	0	30	0
ROE						20.89	25.26	32.69	27.09	13.45	12.07	5.72	17.32	11.30	-6.06	-4.48	8.27	7.58	1.86
직원의 수						145	186	214	266	245	235				234	247	261	240	241
연봉정보						17	16	18	18	23	27				29	24	26	32	33

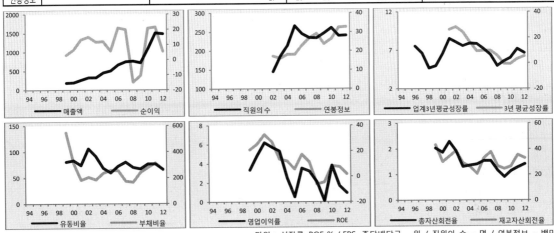

단위 : 성장률, ROE-% / EPS, 주당배당금 – 원 / 직원의 수 – 명 / 연봉정보 – 백만
2007년 3월, 우수기계공업주식회사에서 우수AMS주식회사로 상호 변경하였습니다.

• 유성기업 (유가증권 / 002920)

- 자동차 부품 제조업

구분	94	95	96	97	98	99	00	01	02	03	04	05	06	07	08	09	10	11	12
성장률	5.98	7.03	-0.50	-1.50	0.35	7.09	6.27	2.46	15.41	7.97	7.59	6.10	7.46	7.20	2.60	-1.15	2.89	3.76	4.77
EPS	282	350	21	-25	33	352	272	125	718	449	466	421	517	536	238	-65	283	343	450
배당금	65	75	40	30	20	50	40	30	50	90	90	100	100	100	75	5	100	100	130
ROE	7.77	8.95	0.56	-0.69	0.89	8.26	7.35	3.23	16.57	9.97	9.41	8.00	9.25	8.85	3.80	-1.07	4.46	5.31	6.71
직원의 수					658	673	774	762	755	766	803	802	805	807	799	775	743	710	706
연봉정보					22	24	25	29	29	33	35	38	41	45	48	47	57	54	60

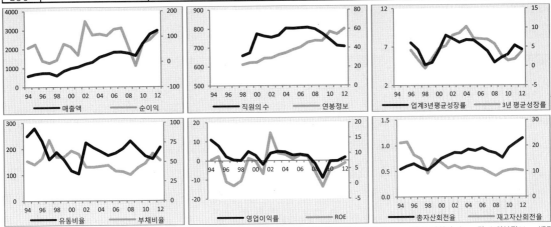

단위 : 성장률, ROE-% / EPS, 주당배당금 – 원 / 직원의 수 – 명 / 연봉정보 – 백만
1960년 3월, 유성기계공업사에서 유성기업주식회사로 상호 변경하였습니다.

자동차 및 부품

• 인지컨트롤스 (유가증권 / 023800)

- 자동차 부품 제조업

구 분	94	95	96	97	98	99	00	01	02	03	04	05	06	07	08	09	10	11	12
성장률	15.87	26.06	24.64	16.28	5.96	10.05	9.88	10.36	9.73	14.68	15.02	17.56	9.09	6.75	2.31	3.44	1.02	4.62	6.52
EPS	253	460	470	414	150	410	469	537	565	847	823	1,221	711	597	266	359	181	479	673
배당금	50	50	50	75	50	150	200	200	200	200	200	200	200	200	100	100	100	100	100
ROE	19.77	29.23	27.57	19.87	8.93	15.84	17.23	16.51	15.06	19.22	19.84	21.00	12.65	10.15	3.70	4.77	2.28	5.84	7.66
직원의 수					207	335	342	347	393	415	502	358	355	342	352	419	429	428	443
연봉정보					14	16	18	20	21	24	25	29	32	32	32	29	30	39	33

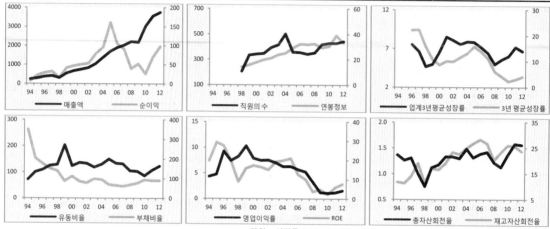

단위 : 성장률, ROE-% / EPS, 주당배당금 – 원 / 직원의 수 – 명 / 연봉정보 – 백만
2001년 1월, 주식회사 공화에서 인지컨트롤스 주식회사로 상호 변경하였습니다.

• 인팩 (유가증권 / 023810)

- 자동차 부품 제조업

구 분	94	95	96	97	98	99	00	01	02	03	04	05	06	07	08	09	10	11	12
성장률		11.10	6.70	7.16	-1.27	6.72	11.80	7.53	6.75	5.80	3.45	6.29	12.81	12.39	11.95	16.50	17.92	13.50	6.03
EPS		141	121	110	23	190	245	223	185	139	103	164	343	399	401	643	899	766	404
배당금		30	50	40	35	75	25	75	75	25	50	60	90	120	60	60	120	120	100
ROE		14.10	11.43	11.24	2.35	11.10	13.14	11.35	11.36	7.07	6.70	9.93	17.37	17.72	14.06	18.20	20.68	16.01	8.02
직원의 수					279	278	280	285	302	363	353	340	344	290	277	333	339	355
연봉정보					14	17	17	20	20	22	20	22	25	29	27	26	32	32

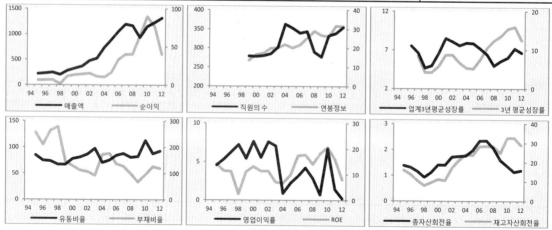

단위 : 성장률, ROE-% / EPS, 주당배당금 – 원 / 직원의 수 – 명 / 연봉정보 – 백만
2004년 3월, 삼영케불주식회사에서 주식회사 인팩으로 상호 변경하였습니다.

• 일지테크 (코스닥 / 019540)

- 자동차 차체용 부품 제조업

구 분	94	95	96	97	98	99	00	01	02	03	04	05	06	07	08	09	10	11	12
성장률				13.20	14.35	6.13	17.40	5.37	5.01	7.81	13.10	12.04	7.62	3.47	-0.04	9.94	11.63	8.43	25.41
EPS				178	225	103	355	116	96	162	311	284	107	182	-1	338	513	398	1,497
배당금				0	0	0	25	0	15	25	40	5	15	30	0	30	30	40	50
ROE				13.20	14.35	6.13	18.71	5.37	5.93	9.24	15.04	12.26	8.87	4.16	-0.04	10.91	12.35	9.37	26.29
직원의 수					271	236	233	229	232	241	245	233	217	217	269	331	384		
연봉정보					17	22	21	26	29	29	26	28	25	26	31	21	26		

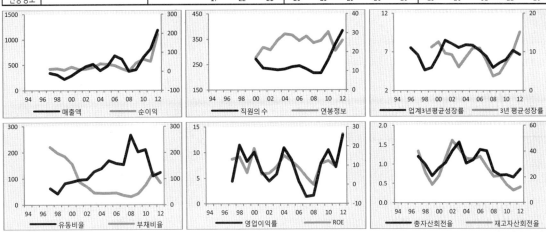

단위 : 성장률, ROE-% / EPS, 주당배당금 - 원 / 직원의 수 - 명 / 연봉정보 - 백만
2004년 결산 월 변경으로 인하여 19기는 제외하였으며, 18기를 2004년 기준으로 작성하였습니다.
1997년 7월, 일지산업㈜에서 ㈜일지테크로 상호 변경하였습니다.

• 지코 (유가증권 / 010580)

- 자동차 엔진용 부품 제조업

구 분	94	95	96	97	98	99	00	01	02	03	04	05	06	07	08	09	10	11	12
성장률	9.13	6.81	3.31	-2.35	-575.6	37.48	-235.1	6.03	-11.51	4.38	7.74	16.48	7.65	3.04	-9.06	1.13	16.05	-6.09	-13.79
EPS	197	152	118	-32	-1,164	63	-1,224	115	-68	27	51	152	80	38	-77	10	138	-47	-93
배당금	50	50	50	0	0	0	0	0	0	0	0	0	0	0	0	0	0	0	0
ROE	12.24	10.15	5.75	-2.35	-575.6	37.48	-235.1	6.03	-11.51	4.38	7.74	17.64	8.75	4.12	-9.06	1.13	16.05	-6.09	-13.79
직원의 수					214	222	267	266	258	278	287	284	287	270	263	246	238	246	199
연봉정보					17	17	18	20	25	23	28	33	31	35	37	23	42	42	49

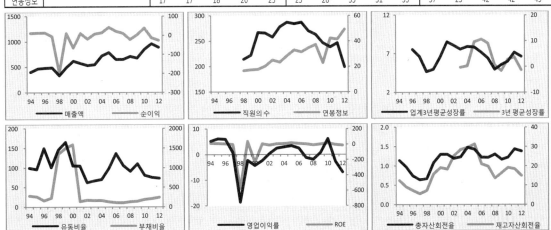

단위 : 성장률, ROE-% / EPS, 주당배당금 - 원 / 직원의 수 - 명 / 연봉정보 - 백만
1998년~1999년 성장률과 일부 특이값은 그래프에서 제외하였습니다.
2001년 4월, 정일공업주식회사에서 주식회사 지코로 상호 변경하였습니다.

자동차 및 부품

305

• 청보산업 (코스닥 / 013720)

- 자동차 부품 제조업

구 분	94	95	96	97	98	99	00	01	02	03	04	05	06	07	08	09	10	11	12
성장률			3.49	5.61	1.55	2.46	5.16	6.93	6.24	6.28	4.46	0.11	0.27	-0.86	-46.17	2.27	9.16	18.45	9.31
EPS			121	167	58	93	144	186	165	164	133	52	55	34	-743	62	237	502	307
배당금			50	50	25	50	50	50	50	50	50	50	50	50	0	50	50	50	50
ROE		3.68	5.96	8.00	2.73	5.36	7.90	9.48	8.96	9.04	7.16	2.82	2.95	1.83	-46.17	3.80	11.61	20.49	11.12
직원의 수						94	101	99	97	101	105	119	131	130	123	120	128	128	129
연봉정보						18	19	18	22	26	23	24	23	25	26	25	28	46	30

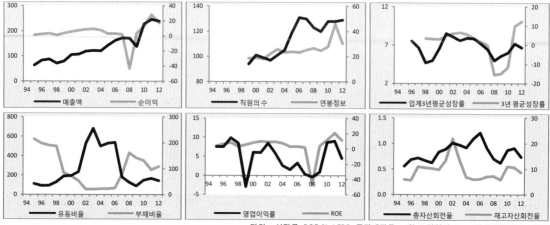

단위 : 성장률, ROE-% / EPS, 주당배당금 - 원 / 직원의 수 - 명 / 연봉정보 - 백만

• 코다코 (코스닥 / 046070)

- 자동차 부품 제조업

구 분	94	95	96	97	98	99	00	01	02	03	04	05	06	07	08	09	10	11	12
성장률						25.02	18.57	19.04	11.09	7.29	13.24	10.58	1.08	4.16	-48.59	-63.67	3.22	4.91	7.03
EPS						281	467	381	368	271	492	505	91	215	-2,060	-1,663	112	120	203
배당금						0	0	50	50	50	50	50	50	50	0	0	0	0	0
ROE						25.02	18.57	21.91	12.83	8.94	14.73	11.75	2.41	5.42	-48.59	-63.67	3.22	4.91	7.03
직원의 수						143	168	185	258	359	430	428	493	278	269	261	265	300	
연봉정보						14	18	19	16	16	17	22	19	25	24	13	25	31	

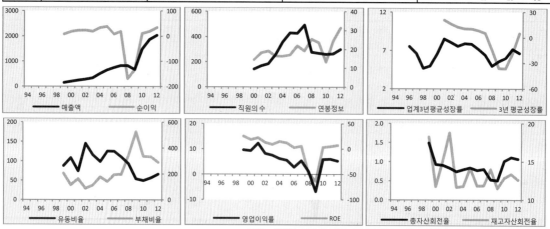

단위 : 성장률, ROE-% / EPS, 주당배당금 - 원 / 직원의 수 - 명 / 연봉정보 - 백만
2000년 5월, 협성다이캐스팅㈜에서 ㈜코다코로 상호 변경하였습니다.

• 태양금속 (유가증권 / 004100)

- 자동차 부품 제조업

구 분	94	95	96	97	98	99	00	01	02	03	04	05	06	07	08	09	10	11	12
성장률	2.88	-0.56	-2.24	1.51	-20.23	1.84	-41.65	3.60	3.86	4.02	4.23	3.58	2.87	4.73	2.07	2.40	2.70	4.24	1.55
EPS	599	184	-533	309	-4,790	419	-8,754	374	434	532	580	646	530	912	586	681	850	1,262	554
배당금	0	250	0	50				50	50	50	50	100	100	100	50	50	150	150	150
ROE	2.88	1.57	-2.24	1.80	-20.23	1.84	-41.65	3.60	3.86	4.44	4.63	4.24	3.53	5.32	2.26	2.59	3.28	4.81	2.12
직원의 수					573	619	620	588	580	567	555	565	571	573	563	535	520	561	593
연봉정보					13	14	22	21	22	30	31	32	32	34	37	33	39	40	40

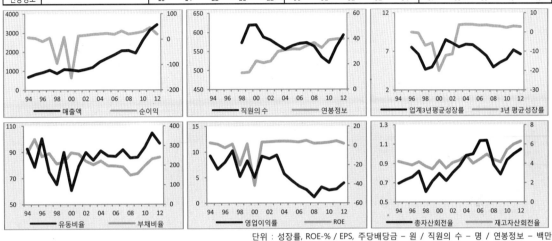

단위 : 성장률, ROE-% / EPS, 주당배당금 - 원 / 직원의 수 - 명 / 연봉정보 - 백만
1964 년 12 월, 태양자전거기업사에서 태양금속공업주식회사로 상호 변경하였습니다.

• 평화정공 (코스닥 / 043370)

- 자동차 부품 제조업

구 분	94	95	96	97	98	99	00	01	02	03	04	05	06	07	08	09	10	11	12
성장률				20.58	5.01	36.18	21.10	12.97	16.75	11.45	9.15	8.33	3.39	4.71	8.13	17.29	11.76	11.59	8.37
EPS				158	62	1,120	681	807	949	637	466	514	338	362	638	1,511	1,185	1,459	1,171
배당금				0	0	0	0	50	100	85	100	110	100	100	100	120	130	140	140
ROE				20.58	5.01	36.18	21.10	13.83	18.72	13.21	11.65	10.60	4.81	6.51	9.64	18.78	13.21	12.82	9.50
직원의 수					328	369	404	361	423	475	500	499	529	573	656	676
연봉정보					28	26	29	36	32	34	35	37	38	40	40	44

단위 : 성장률, ROE-% / EPS, 주당배당금 - 원 / 직원의 수 - 명 / 연봉정보 - 백만
1989년, 평화화성㈜에서 평화정공㈜로 상호 변경하였습니다.

• 한국프랜지 (유가증권 / 010100)

- 자동차 부품 제조업

구분	94	95	96	97	98	99	00	01	02	03	04	05	06	07	08	09	10	11	12
성장률	-24.38	-20.34	6.59	-27.33	-26.96	0.47	4.35	3.37	7.21	9.42	5.55	1.86	1.02	1.47	0.59	2.71	7.06	0.78	0.12
EPS	1,240	1,650	1,183	40	105	683	2,304	2,001	2,896	4,358	2,538	992	770	919	175	272	2,753	496	37
배당금	5,000	5,000	0	5,000	5,000	500	500	500	600	750	1,000	500	500	500	0	0	500	250	0
ROE	8.04	10.02	6.59	0.22	0.58	1.77	5.56	4.49	9.10	11.38	9.15	3.76	2.92	3.22	0.59	2.71	8.63	1.58	0.12
직원의 수					675	569	574	582	602	586	582	569	579	582	573	555	543	530	533
연봉정보					27	25	23	38	42	43	48	53	56	57	60	61	49	76	70

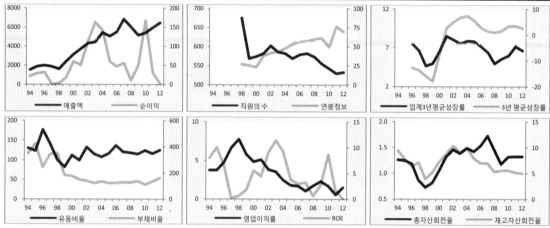

단위 : 성장률, ROE-% / EPS, 주당배당금 – 원 / 직원의 수 – 명 / 연봉정보 – 백만
1976년 3월, 울산철공주식회사에서 한국프랜지공업주식회사로 상호 변경하였습니다.

• 한일이화 (유가증권 / 007860)

- 자동차 부품 제조업

구분	94	95	96	97	98	99	00	01	02	03	04	05	06	07	08	09	10	11	12
성장률	16.45	7.58	-0.45	0.41	0.63	7.43	4.78	7.85	11.01	14.39	14.49	10.99	9.80	5.79	22.21	23.73	19.15	12.75	10.27
EPS	297	177	23	22	-96	258	117	186	268	373	426	390	363	293	1,139	1,501	1,620	1,230	1,266
배당금	60	60	30	15	0	50	50	75	75	75	75	90	90	100	100	120	120	120	150
ROE	20.62	11.47	1.46	1.36	0.63	8.41	8.35	13.15	15.29	18.01	17.59	14.28	13.04	8.79	24.35	25.79	20.68	14.13	11.64
직원의 수					614	694	750	752	747	779	821	819	887	889	854	840	848	906	920
연봉정보					19	24	28	29	34	35	40	44	44	47	52	56	52	57	66

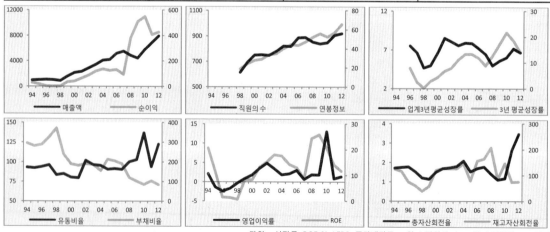

단위 : 성장률, ROE-% / EPS, 주당배당금 – 원 / 직원의 수 – 명 / 연봉정보 – 백만

• 화신 (유가증권 / 010690)

- 자동차 부품 제조업

구분	94	95	96	97	98	99	00	01	02	03	04	05	06	07	08	09	10	11	12
성장률	9.16	2.52	5.35	4.70	-0.38	12.75	4.41	7.19	8.20	10.58	8.77	1.61	12.68	10.73	5.49	20.25	18.41	15.48	7.53
EPS	228	99	130	75	5	254	176	261	304	412	373	135	576	566	351	1,365	1,586	1,427	793
배당금	50	50	55	10	10	60	75	75	75	75	80	80	90	90	75	90	100	100	100
ROE	11.73	5.12	9.26	5.42	0.34	16.69	7.69	10.08	10.88	12.93	11.17	3.94	15.03	12.76	6.98	21.68	19.64	16.64	8.61
직원의 수					613	643	709	642	617	631	606	615	619	629	613	616	690	768	762
연봉정보					18	20	22	24	28	30	31	34	35	38	36	41	42	46	51

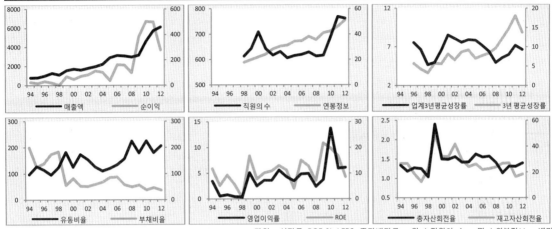

단위 : 성장률, ROE-% / EPS, 주당배당금 – 원 / 직원의 수 – 명 / 연봉정보 – 백만
1995년 3월, ㈜화신제작소에서 ㈜화신으로 상호 변경하였습니다.

• S&T 모티브 (유가증권 / 064960)

- 자동차 부품 제조업

구분	94	95	96	97	98	99	00	01	02	03	04	05	06	07	08	09	10	11	12
성장률									2.63	14.79	19.84	5.52	5.79	23.18	10.42	2.45	6.83	7.94	4.04
EPS									146	1,377	2,218	734	961	3,942	3,241	798	2,947	3,516	2,181
배당금									0	150	150	150	150	200	0	0	400	400	500
ROE									2.63	16.60	21.28	6.93	6.86	24.42	10.42	2.45	7.90	8.96	5.24
직원의 수									1,176	1,178	1,226	1,286	1,221	1,168	1,096	896	927	977	965
연봉정보									30	31	45	49	51	48	46	43	47	51	51

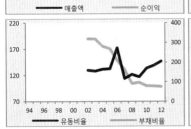
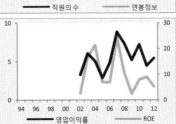
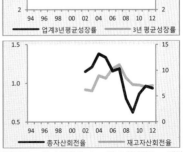

단위 : 성장률, ROE-% / EPS, 주당배당금 – 원 / 직원의 수 – 명 / 연봉정보 – 백만
2002년 2월, 대우통신주식회사로부터 인적분할 방식에 의해 설립되었습니다.
2012년 3월, S&T대우주식회사에서 S&T모티브주식회사로 상호 변경하였습니다.

· S&T 중공업 (유가증권 / 003570)

- 자동차 부품 제조업

구분	94	95	96	97	98	99	00	01	02	03	04	05	06	07	08	09	10	11	12
성장률		-11.33	-57.08	자본잠식			715.31	0.39	-250.4	61.50	10.93	6.34	10.81	8.46	5.62	6.43	6.58	6.56	3.29
EPS		-223	-716	-2,001	-90,489	-45,815	13,411	7	-1,265	3,515	820	595	993	901	1,169	1,468	1,709	1,769	1,007
배당금		0	0				0	0	0	0	125	125	125	150	150	200	400	400	300
ROE		-11.33	-57.08	자본잠식			715.31	0.39	-250.4	61.50	12.90	8.02	12.37	10.15	6.44	7.45	8.59	8.48	4.69
직원의 수						1,495	1,450	1,456	1,431	1,351	1,300	1,208	1,212	1,184	1,198	1,171	1,164	1,115	1,097
연봉정보						21	22	25	28	33	33	32	34	38	41	44	48	55	56

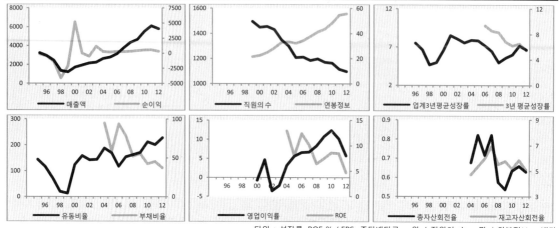

단위 : 성장률, ROE-% / EPS, 주당배당금 – 원 / 직원의 수 – 명 / 연봉정보 – 백만
1994년~2003년 재무분석자료(유동비율, 부채비율, 영업이익률, ROE, 총자산회전율, 재고자산회전율)는 그래프에서 제외하였습니다.
2005년 6월, 통일중공업 주식회사에서 S&T중공업주식회사로 상호 변경하였습니다.

· SJM 홀딩스 (유가증권 / 025530) / SJM (유가증권 / 123700)

- 자동차 부품 제조업

구분	94	95	96	97	98	99	00	01	02	03	04	05	06	07	08	09	10	11	12
성장률	9.73	13.30	16.05	17.86	11.95	13.53	13.14	13.44	10.06	11.92	8.98	9.23	6.74	7.98	10.54	11.32	5.62	8.27	2.69
EPS	803	540	566	586	383	386	502	570	502	559	625	659	506	636	867	1,082	658	647	167
배당금	440	110	142	100	100	100	125	125	125	25	200	175	150	150	150	150	100	150	100
ROE	21.52	16.70	21.40	21.54	16.17	18.26	17.50	17.22	13.39	12.48	13.21	12.57	9.58	10.45	12.75	13.14	6.62	10.77	6.71
직원의 수					339	386	385	366	366	364	360	361	366	368	371	368	365	357	359
연봉정보					23	23	30	31	33	39	44	46	47	55	60	55	61	62	68

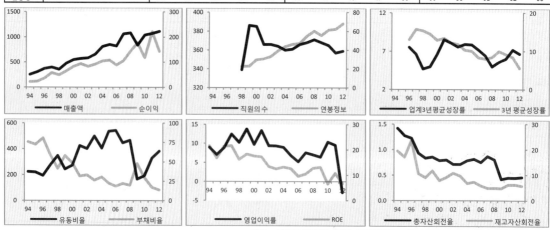

단위 : 성장률, ROE-% / EPS, 주당배당금 – 원 / 직원의 수 – 명 / 연봉정보 – 백만
2010년 이후의 자료는 SJM홀딩스와 SJM의 단순합계이며, EPS는 SJM홀딩스 기준입니다.
2010년, SJM홀딩스와 SJM이 인적 분할하였습니다.
SJM 1기(2010년)는 8개월(5월~12월)치 자료입니다.

• 대동 (코스닥 / 012860)

- 자동차용 전기장치 제조업

구 분	94	95	96	97	98	99	00	01	02	03	04	05	06	07	08	09	10	11	12
성장률		19.15	-2.89	2.43	-20.63	8.11	8.93	3.12	8.11	7.55	10.13	9.73	1.88	5.42	1.78	1.52	0.22	2.09	-13.14
EPS		177	24	20	-311	1,543	1,838	724	238	260	347	374	107	261	99	88	184	129	-400
배당금		0	50	0	0	60	50	50	60	75	75	75	50	75	25	25	50	50	30
ROE		19.15	2.71	2.43	-20.63	8.43	9.18	3.36	10.85	10.61	12.93	12.17	3.53	7.60	2.39	2.12	0.31	3.41	-12.22
직원의 수						695	795	812	845	842	872	922	950	882	807	815	835	1,047	1,055
연봉정보						19	21	21	22	25	29	31	31	35	37	33	41	39	42

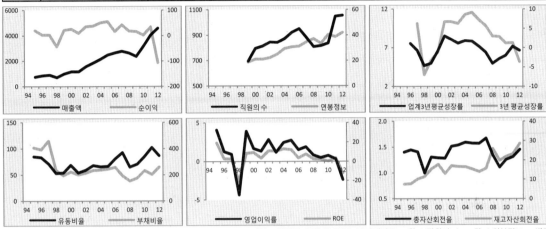

단위 : 성장률, ROE-% / EPS, 주당배당금 – 원 / 직원의 수 – 명 / 연봉정보 – 백만
2012년 8월, ㈜신창전기에서 ㈜대동으로 상호 변경하였습니다.

• 한국단자 (유가증권 / 025540)

- 전기회로 개폐, 보호 및 접속 장치 제조업

구 분	94	95	96	97	98	99	00	01	02	03	04	05	06	07	08	09	10	11	12
성장률	17.97	18.09	15.42	16.54	8.23	15.25	17.60	14.91	14.16	12.33	8.63	8.98	6.58	10.54	5.95	4.17	8.45	7.19	5.20
EPS	804	916	1,051	967	595	1,614	1,942	1,966	2,283	2,340	1,852	2,114	1,715	2,966	1,764	1,467	3,062	2,936	2,197
배당금	102	100	100	100	100	175	200	200	200	200	200	200	200	300	300	300	300	300	300
ROE	20.57	20.31	17.04	18.45	9.90	17.10	19.62	16.60	16.31	14.14	10.30	10.47	7.98	11.73	7.18	5.24	9.37	8.01	6.02
직원의 수					322	321	378	388	482	472	489	556	542	573	572	568	602	679	756
연봉정보					19	23	25	30	31	32	33	27	37	37	41	40	41	42	43

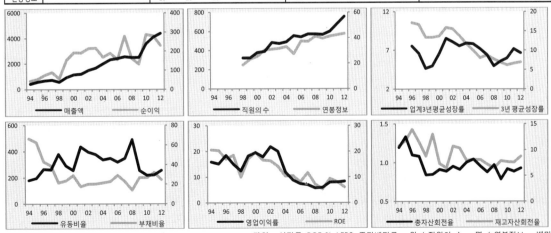

단위 : 성장률, ROE-% / EPS, 주당배당금 – 원 / 직원의 수 – 명 / 연봉정보 – 백만

자동차 및 부품

• 대성엘텍 (코스닥 / 025440)

- 전자부품, 컴퓨터, 영상, 음향 및 통신장비 제조업

구분	94	95	96	97	98	99	00	01	02	03	04	05	06	07	08	09	10	11	12
성장률		10.35	10.87	9.99	5.23	25.75	15.63	10.86	7.70	3.85	12.02	11.69	3.17	4.28	-41.56	-42.23	8.75	-52.69	-1.81
EPS		197	216	180	102	330	312	245	125	47	238	365	57	84	-610	-375	96	-348	-15
배당금		50	50	25	50	0	110	100	15	0	50	150	0	0	0	0	0	0	0
ROE		13.87	14.15	11.60	10.27	25.75	24.14	18.36	8.75	3.85	15.21	19.85	3.17	4.28	-41.56	-42.23	8.75	-52.69	-1.81
직원의 수						621	753	716	641	467	489	692	678	430	324	431	552	497	471
연봉정보						12	14	16	23	24	18	19	20	32	28	26	25	33	35

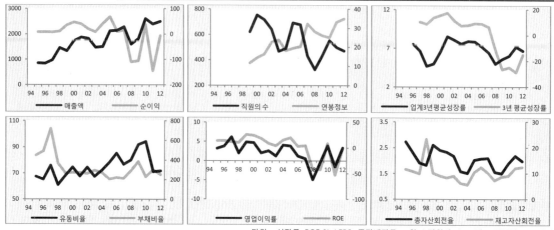

단위 : 성장률, ROE-% / EPS, 주당배당금 – 원 / 직원의 수 – 명 / 연봉정보 – 백만
1999년 11월, 대성정밀㈜에서 주식회사 대성엘텍으로 상호 변경하였습니다.

• 디브이에스 (코스닥 / 046400)

- 전자부품, 컴퓨터, 영상, 음향 및 통신장비 제조업

구분	94	95	96	97	98	99	00	01	02	03	04	05	06	07	08	09	10	11	12
성장률						36.18	31.49	31.60	0.90	-23.32	-80.04	-19.33	-34.33	-105.5	12.53	-69.68	-38.43	자본잠식	3.17
EPS						235	398	496	35	-296	-562	-115	-157	-324	70	-278	-156	-2,318	20
배당금						0	100	50	15	0	0	0	0	0	0	0	0	0	0
ROE						36.18	42.06	35.15	1.57	-23.32	-80.04	-19.33	-34.33	-105.5	12.53	-69.68	-38.43	자본잠식	3.17
직원의 수									104	149	153	128	131	129	132	122	117	101	61
연봉정보									34	27	30	37	37	34	36	41	39	41	46

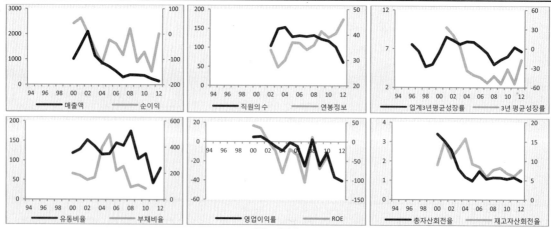

단위 : 성장률, ROE-% / EPS, 주당배당금 – 원 / 직원의 수 – 명 / 연봉정보 – 백만
자본잠식으로 인해, 계산 불가한 값(2011년 부채비율, ROE)은 그래프에서 제외하였습니다.
*美 DVS Inc. 社가 현대전자산업㈜ 미디어사업을 인수하여 디브이에스코리아(주) 를 설립하였습니다.

• 티에이치엔 (유가증권 / 019180)

- 절연 코드세트 및 기타 도체 제조업

구분	94	95	96	97	98	99	00	01	02	03	04	05	06	07	08	09	10	11	12
성장률			11.58	7.08	-27.64	8.98	5.20	-20.90	-20.74	8.52	35.15	8.01	6.54	7.35	3.56	-16.88	5.49	12.16	9.25
EPS			204	114	-224	906	278	-1,125	-172	92	565	202	152	189	104	-328	189	449	370
배당금			50	25	0	0	0	0	0	0	50	50	50	50	35	0	50	55	40
ROE	14.76	20.27	15.34	9.06	-27.64	8.98	5.20	-20.90	-20.74	8.52	38.56	10.65	9.75	9.99	5.36	-16.88	7.47	13.86	10.37
직원의 수					301	377	375	328	258	269	280	271	285	287	262	243	260	284	334
연봉정보					12	11	14	12	18	19	21	28	27	32	35	31	35	37	38

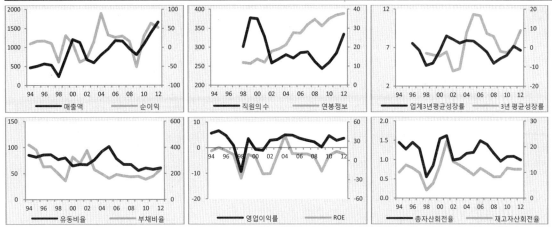

단위 : 성장률, ROE-% / EPS, 주당배당금 – 원 / 직원의 수 – 명 / 연봉정보 – 백만
2008년, 동해전장㈜에서 ㈜티에이치엔으로 상호 변경하였습니다.

• 화신테크 (코스닥 / 086250)

- 주형 및 금형 제조업

구분	94	95	96	97	98	99	00	01	02	03	04	05	06	07	08	09	10	11	12
성장률						15.45	22.64	24.16	35.92	29.40	20.59	17.06	10.13	-1.88	-7.61	6.94	4.91	5.68	5.28
EPS						52	113	182	379	458	415	465	388	5	-185	256	235	278	251
배당금						0	0	0	0	0	40	40	50	50	0	50	50	50	50
ROE					20.85	15.45	22.64	24.16	35.92	29.40	22.79	18.66	11.63	0.21	-7.61	8.63	6.23	6.93	6.59
직원의 수											76	80	80	78	82	99	111		
연봉정보											39	36	34	38	48	47	38		

단위 : 성장률, ROE-% / EPS, 주당배당금 – 원 / 직원의 수 – 명 / 연봉정보 – 백만
1999년~2003년 사업보고서 미공시로 인하여 EPS는 감사보고서를 기준으로, 배당금은 0으로 간주해 성장률을 계산하였습니다.
99년~03년 성장률은 업계 3년 평균성장률 계산 과정에서 제외하였습니다.

• 넥센 (유가증권 / 005720)

- 지주회사 및 경영컨설팅 서비스업

구 분	94	95	96	97	98	99	00	01	02	03	04	05	06	07	08	09	10	11	12
성장률	2.42	8.03	9.81	7.97	15.65	9.16	1.35	13.06	11.21	9.70	9.96	6.22	-3.62	5.94	9.54	18.04	5.32	3.49	3.28
EPS	845	2,055	2,565	2,278	4,871	3,060	824	6,256	6,276	6,024	6,852	4,196	-2,059	3,898	7,720	17,217	5,257	3,670	3,237
배당금	400	500	450	400	400	350	300	350	350	350	350	350	300	350	350	350	350	350	400
ROE	4.60	10.61	11.90	9.67	17.05	10.35	2.13	13.83	11.87	10.30	10.49	6.78	-3.16	6.53	9.99	18.42	5.70	3.86	3.74
직원의 수					838	859	938	896	959	938	951	842	666	523	560	639	750	733	834
연봉정보					16	16	17	20	20	19	22	23	25	28	29	28	29	33	34

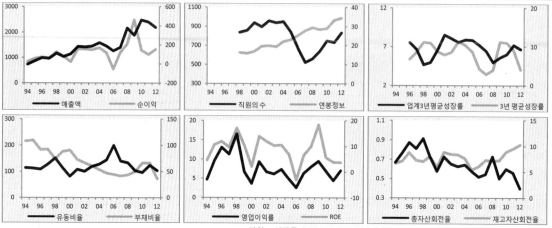

단위 : 성장률, ROE-% / EPS, 주당배당금 - 원 / 직원의 수 - 명 / 연봉정보 - 백만
2002년 8월, 흥아타이어공업주식회사에서 주식회사 넥센으로 상호 변경하였습니다.

• 현대모비스 (유가증권 / 012330)

- 차체 및 특장차 제조업

구 분	94	95	96	97	98	99	00	01	02	03	04	05	06	07	08	09	10	11	12
성장률	5.35	3.64	4.43	1.35	-13.88	3.43	9.64	23.47	23.64	24.58	24.48	22.15	16.39	15.75	18.59	19.13	15.77	13.97	15.43
EPS	871	1,009	873	206	-3,008	135	1,065	3,083	4,243	6,482	8,167	9,275	8,050	9,046	12,728	17,812	25,413	18,258	23,558
배당금	150	500	250	0	0	0	500	600	700	1,250	1,500	1,500	1,250	1,250	1,000	1,250	1,500	1,750	1,900
ROE	6.46	7.21	6.20	1.35	-13.88	3.43	18.18	29.14	28.31	30.45	29.99	26.43	19.40	18.27	20.17	20.58	16.76	15.45	16.78
직원의 수					2,337	4,872	4,794	3,666	3,829	4,102	4,270	4,078	4,586	4,551	6,107	6,244	6,663	7,085
연봉정보					20	30	36	40	42	48	48	51	62	62	65	72	83	85

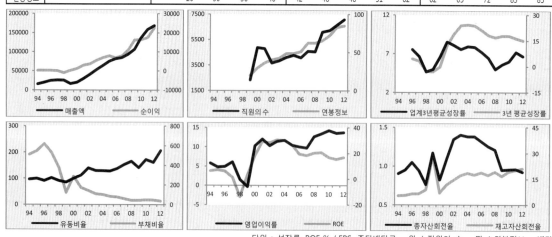

단위 : 성장률, ROE-% / EPS, 주당배당금 - 원 / 직원의 수 - 명 / 연봉정보 - 백만
2000년 10월, 현대정공주식회사에서 현대모비스 주식회사로 상호 변경하였습니다.

세방전지 (유가증권 / 004490)
- 축전지 제조업

구 분	94	95	96	97	98	99	00	01	02	03	04	05	06	07	08	09	10	11	12
성장률	8.18	0.68	2.28	6.60	7.80	5.75	5.85	5.10	1.88	2.18	-1.61	8.24	6.04	9.33	28.56	21.10	20.71	20.49	15.88
EPS	274	68	119	240	686	573	625	581	261	301	-109	992	850	1,343	5,383	5,021	5,658	7,527	6,991
배당금	60	50	60	60	65	75	90	90	75	80	50	100	150	150	250	200	300	350	350
ROE	10.48	2.58	4.58	8.80	8.62	6.61	6.84	6.03	2.63	2.98	-1.10	9.16	7.34	10.50	29.95	21.98	21.87	21.49	16.71
직원의 수					1,241	1,205	1,225	1,212	1,180	1,114	975	786	802	796	790	769	730	764	818
연봉정보					21	23	26	31	34	37	37	55	49	54	63	63	61	65	61

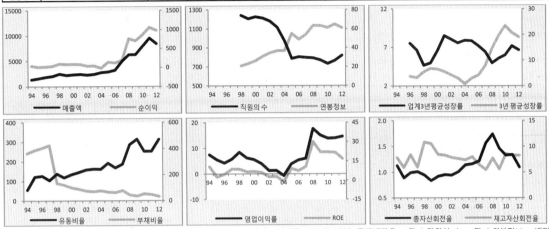

단위 : 성장률, ROE-% / EPS, 주당배당금 – 원 / 직원의 수 – 명 / 연봉정보 – 백만
1978년 9월, 진해전지㈜에서 세방전지㈜로 상호 변경하였습니다.

아트라스 BX (코스닥 / 023890)
- 축전지 제조업

구 분	94	95	96	97	98	99	00	01	02	03	04	05	06	07	08	09	10	11	12
성장률		2.42	0.47	11.47	18.63	12.54	9.29	-6.29	-7.68	-10.77	-7.94	10.34	4.24	7.76	50.69	26.99	23.96	16.53	15.64
EPS		175	75	770	1,438	1,377	656	-383	-433	-549	-374	655	298	544	6,813	5,127	6,075	5,308	5,822
배당금		50	50	100	100	50	50	0	0	0	0	100	60	80	500	500	500	700	700
ROE		3.39	1.38	13.18	20.02	13.01	10.06	-6.29	-7.68	-10.77	-7.94	12.21	5.31	9.09	54.71	29.90	26.11	19.04	17.77
직원의 수					417	466	529	549	504	466	450	430	425	465	474	475	482	524
연봉정보					22	21	20	26	32	30	34	37	38	48	52	56	46	61

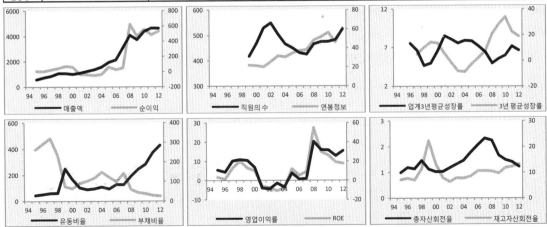

단위 : 성장률, ROE-% / EPS, 주당배당금 – 원 / 직원의 수 – 명 / 연봉정보 – 백만
2004년 3월, 한국전지 주식회사에서 주식회사 아트라스비엑스로 상호 변경하였습니다.

• 유라테크 (코스닥 / 048430)

- 차량용 점화코일, 점화플러그 제조업

구분	94	95	96	97	98	99	00	01	02	03	04	05	06	07	08	09	10	11	12
성장률			9.45	11.77	9.22	35.82	20.48	10.49	9.04	9.30	8.98	8.68	7.59	7.46	3.64	7.90	9.12	4.93	21.74
EPS			5	7	9	41	642	259	251	285	263	209	202	212	144	305	371	258	1,123
배당금			0	0	0	0	0	50	50	50	100	35	40	40	40	50	50	75	100
ROE			9.45	11.77	9.22	36.22	20.48	13.00	11.28	11.27	14.49	10.43	9.46	9.20	5.04	9.44	10.54	6.96	23.87
직원의 수						109	101	139	213	250	259	193	194	201	212	282	267	305
연봉정보						13	14	15	16	20	19	27	30	32	33	31	36	38

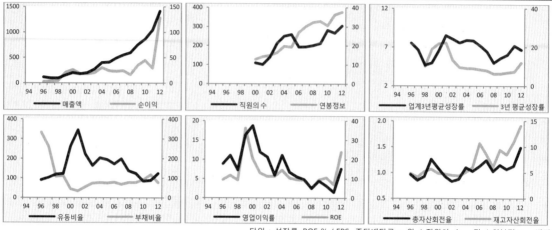

단위 : 성장률, ROE-% / EPS, 주당배당금 - 원 / 직원의 수 - 명 / 연봉정보 - 백만
2007년 12월, 주식회사 세림테크에서 유라테크로 상호 변경하였습니다.

• 금호타이어 (유가증권 / 073240)

- 타이어 및 튜브 제조업

구분	94	95	96	97	98	99	00	01	02	03	04	05	06	07	08	09	10	11	12
성장률										4.52	9.78	5.97	-2.18	-5.12	-22.07	-1,203.69	0.03	15.28	11.93
EPS										997	2,008	1,457	14	-337	-2,862	-11,088	8	1,083	1,057
배당금										500	800	600	300	300	0	0	0	0	0
ROE										9.06	16.25	10.16	0.11	-2.71	-22.07	-1,203.69	0.03	15.28	11.93
직원의 수										5,092	5,297	5,504	5,514	5,511	5,341	4,928	4,949	4,979
연봉정보										52	56	59	61	66	54	62	49	54

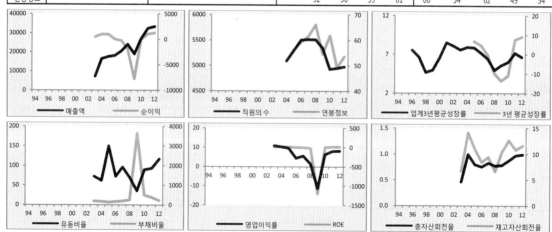

단위 : 성장률, ROE-% / EPS, 주당배당금 - 원 / 직원의 수 - 명 / 연봉정보 - 백만
2003년 6월, 금호산업 타이어사업부 자산·부채의 현물출자 및 영업 양수도를 통하여 설립되었습니다.

• 넥센타이어 (유가증권 / 002350)

- 타이어 및 튜브 제조업

구분	94	95	96	97	98	99	00	01	02	03	04	05	06	07	08	09	10	11	12
성장률	자본잠식			-28.17	79.28	82.23	8.24	11.77	11.59	8.12	11.72	6.98	3.69	10.96	-6.02	27.31	20.66	15.15	17.96
EPS	-919	-541	-1,122	-909	1,438	1,615	155	239	274	219	331	227	136	382	-172	1,219	1,048	908	1,273
배당금	0	0	0	0	0	30	35	40	45	45	45	45	45	45	15	60	45	60	60
ROE	자본잠식			-28.17	79.28	83.79	10.64	14.14	13.87	10.22	13.56	8.71	5.52	12.42	-5.54	28.72	21.59	16.22	18.84
직원의 수					1,263	1,323	1,363	1,400	1,511	1,558	1,807	1,790	1,980	2,081	2,275	2,490	2,676	3,118	3,653
연봉정보					14	22	19	26	26	29	29	35	35	44	41	45	45	45	49

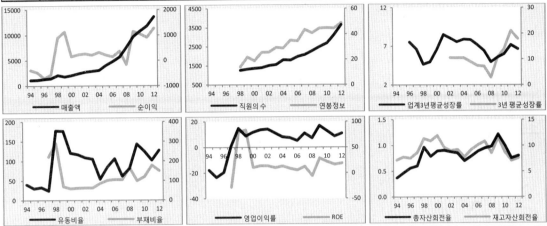

단위 : 성장률, ROE-% / EPS, 주당배당금 – 원 / 직원의 수 – 명 / 연봉정보 – 백만
자본잠식으로 인해, 계산 불가한 값(1994년~1996년 부채비율, ROE)과 일부 특이값은 그래프에서 제외하였습니다.
2000년 2월, 우성타이어주식회사에서 넥센타이어주식회사로 상호 변경하였습니다.

• 동아타이어 (유가증권 / 007340)

- 타이어 및 튜브 제조업

구분	94	95	96	97	98	99	00	01	02	03	04	05	06	07	08	09	10	11	12
성장률	15.83	15.28	13.93	12.27	8.45	7.24	6.33	8.72	9.41	7.62	8.25	4.95	2.86	7.13	10.89	9.48	6.96	6.03	7.05
EPS	620	693	719	691	741	662	622	968	1,161	1,044	1,069	750	481	1,134	1,931	1,891	1,529	1,411	1,723
배당금	10	10	10	8	100	100	100	125	125	125	0	100	100	100	100	100	100	100	75
ROE	16.09	15.51	14.12	12.40	9.77	8.53	7.55	10.01	10.54	8.65	8.25	5.71	3.61	7.82	11.49	10.01	7.45	6.49	7.37
직원의 수					877	1,012	1,078	1,195	1,234	1,378	940	753	596	656	698	833	807	884	968
연봉정보					16	14	15	15	17	18	24	25	26	24	25	25	32	27	29

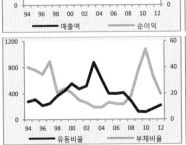
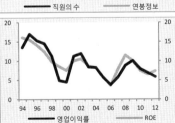
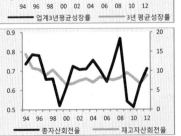

단위 : 성장률, ROE-% / EPS, 주당배당금 – 원 / 직원의 수 – 명 / 연봉정보 – 백만

• 한국타이어월드와이드 (유가증권 / 000240) / 한국타이어 (유가증권 / 161390)
- 타이어 및 튜브 제조업

구분	94	95	96	97	98	99	00	01	02	03	04	05	06	07	08	09	10	11	12
성장률	8.87	3.06	2.27	1.84	2.79	4.39	1.48	2.28	5.85	7.33	10.86	12.85	8.75	7.45	0.19	14.84	11.95	7.56	97.34
EPS	465	219	177	155	303	327	145	210	476	694	1,136	1,462	1,152	1,095	173	2,417	2,472	1,840	30,883
배당금	70	70	70	70	20	50	60	60	75	150	250	250	250	250	150	350	350	400	400
ROE	10.45	4.50	3.76	3.35	2.99	5.18	2.53	3.20	6.94	9.35	13.92	15.51	11.18	9.66	1.46	17.35	13.92	9.65	98.62
직원의 수					5,112	5,094	4,587	4,427	4,425	4,422	4,626	4,769	4,754	5,160	5,512	5,692	6,210	6,510	6,848
연봉정보					23	15	28	27	31	32	39	44	45	45	42	49	51	55	58

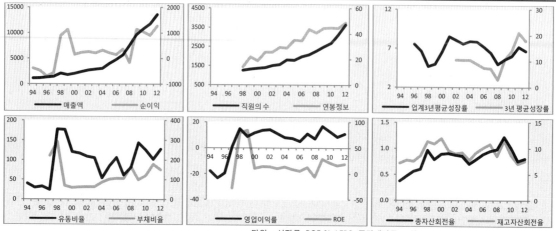

단위 : 성장률, ROE-% / EPS, 주당배당금 – 원 / 직원의 수 – 명 / 연봉정보 – 백만
2012년, 한국타이어월드와이드와 한국타이어가 인적 분할하였습니다.
2012년도는 한국타이어 4개월(9월~12월)치 자료이며, 손익계산서부분을 제외한 재무제표를 합산하여 작성하였습니다.

• 동양기전 (유가증권 / 013570)
- 토목공사 및 유사용 기계장비 제조업

구분	94	95	96	97	98	99	00	01	02	03	04	05	06	07	08	09	10	11	12
성장률	8.09	9.09	7.05	5.71	-10.94	6.20	-14.69	6.00	16.59	14.00	17.96	6.33	7.50	7.73	-7.48	5.82	12.75	7.58	14.58
EPS	213	326	296	141	-252	204	-333	171	581	597	926	403	478	644	-343	425	1,098	770	1,438
배당금	50	60	75	0	0	50	0	25	80	100	130	120	120	130	50	100	200	200	200
ROE	10.57	11.14	9.44	5.71	-10.94	8.21	-14.69	7.03	19.24	16.82	20.90	9.01	10.01	9.68	-6.53	7.61	15.59	10.24	16.94
직원의 수					623	669	685	731	852	941	898	939	958	1,063	1,031	948	1,075	1,179	1,245
연봉정보					20	18	22	23	26	31	33	32	34	36	40	35	41	46	48

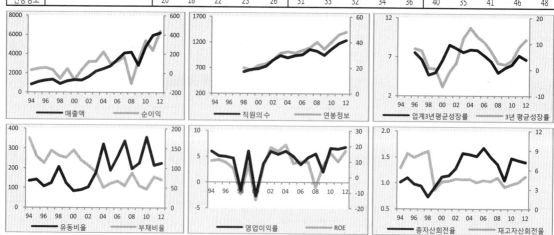

단위 : 성장률, ROE-% / EPS, 주당배당금 – 원 / 직원의 수 – 명 / 연봉정보 – 백만
1988년 8월, 동양유압㈜에서 동양기전㈜로 상호 변경하였습니다.

• 코오롱플라스틱 (유가증권 / 138490)

- 합성수지 및 기타 플라스틱물질 제조업

구분	94	95	96	97	98	99	00	01	02	03	04	05	06	07	08	09	10	11	12
성장률						-28.64	-62.07	-42.93	0.05	-76.36	2.51	-1.63	-0.99	13.62	11.04	25.15	22.98	11.64	7.95
EPS						-200	-267	-129	0	-130	-10	-7	-4	64	91	391	452	451	307
배당금						0	0	0	0	0	0	0	0	0	0	0	0	50	50
ROE						-28.64	-62.07	-42.93	0.05	-76.36	2.51	-1.63	-0.99	13.62	11.04	25.15	22.98	13.09	9.50
직원의 수																		173	203
연봉정보																		47	44

단위 : 성장률, ROE-% / EPS, 주당배당금 - 원 / 직원의 수 - 명 / 연봉정보 - 백만
1999년~2008년 사업보고서 미공시로 인하여 EPS는 감사보고서를 기준으로, 배당금은 0으로 간주해 성장률을 계산하였습니다.
99 년~08 년 성장률은 업계 3 년 평균성장률 계산 과정에서 제외하였습니다.
2008 년 6 월, 케이티피 주식회사에서 코오롱플라스틱 주식회사로 상호 변경하였습니다.

• 영신금속 (코스닥 / 007530)

- 기타 구조용 금속제품 제조업

구분	94	95	96	97	98	99	00	01	02	03	04	05	06	07	08	09	10	11	12
성장률		3.24	2.63	1.29	0.99	-23.12	1.64	1.05	5.55	3.49	-20.14	12.77	14.83	15.07	0.53	8.81	6.16	2.14	1.50
EPS		261	213	107	14	-260	19	12	84	44	-214	157	214	255	9	177	301	108	80
배당금		0	0	0	0	0	0	0	15	0	0	0	0	10	0	15	15	10	10
ROE		3.24	2.63	1.29	0.99	-23.12	1.64	1.05	6.76	3.49	-20.14	12.77	14.83	15.68	0.53	9.62	6.48	2.36	1.72
직원의 수						177	163	164	162	163	187	219	214	221	194	225	253	311	343
연봉정보						14	16	16	19	22	19	22	27	33	32	24	28	33	33

단위 : 성장률, ROE-% / EPS, 주당배당금 - 원 / 직원의 수 - 명 / 연봉정보 - 백만
1971년 12월, 영신 + 字 SCREW 제작소에서 영신금속공업주식회사로 상호 변경하였습니다.

자동차 및 부품

• 헤스본 (코스닥 / 054300)

- 기타 물품취급장비 제조업

구분	94	95	96	97	98	99	00	01	02	03	04	05	06	07	08	09	10	11	12
성장률				11.35	14.68	30.60	27.15	14.14	11.16	-0.78	11.83	6.96	4.90	6.44	-49.67	-41.32	-285.9	-40.69	-44.17
EPS				74	112	336	642	561	339	80	444	339	277	197	-1,298	-617	-5,526	-531	-458
배당금				0	0	0	0	0	0	100	100	120	100	0	0	0	0	0	0
ROE				11.35	14.68	30.60	27.15	14.14	11.16	3.13	15.27	10.78	7.67	6.44	-49.67	-41.32	-285.9	-40.69	-44.17
직원의 수								114	127	143	145	158	167	166	156	145	138	111	102
연봉정보								20	19	21	24	25	15	24	24	22	22	22	25

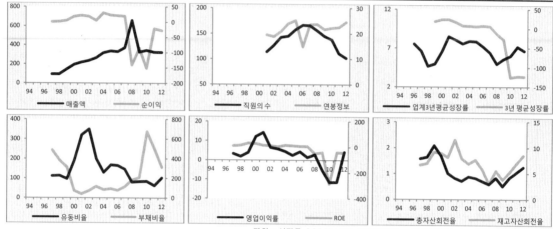

단위 : 성장률, ROE-% / EPS, 주당배당금 - 원 / 직원의 수 - 명 / 연봉정보 - 백만
2000년 2월, 헤스본기계 주식회사에서 헤스본주식회사로 상호 변경하였습니다.

• 대원산업 (코스닥 / 005710)

- 기타 운송장비 제조업

구분	94	95	96	97	98	99	00	01	02	03	04	05	06	07	08	09	10	11	12
성장률		11.83	9.30	-4.65	-29.35	8.89	10.33	15.53	25.97	19.41	12.41	2.66	7.29	4.09	0.18	8.10	15.81	13.13	17.67
EPS		133	146	-70	-340	128	272	471	1,032	970	706	199	484	315	11	621	1,010	1,139	1,722
배당금		0	0	0	0	50	50	75	75	100	75	60	75	75	0	100	100	125	75
ROE		11.83	9.30	-4.65	-29.35	14.57	12.65	18.46	28.75	21.65	13.89	3.81	8.62	5.37	0.18	9.66	17.55	14.75	18.47
직원의 수						456	468	457	489	495	495	493	499	486	482	463	458	475	472
연봉정보						25	26	29	32	37	39	40	44	42	42	42	48	55	57

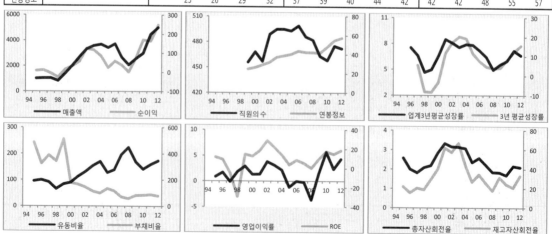

단위 : 성장률, ROE-% / EPS, 주당배당금 - 원 / 직원의 수 - 명 / 연봉정보 - 백만
1990년 3월, 대원시드공업주식회사에서 대원산업주식회사로 상호 변경하였습니다.

자동차 및 부품

• 일정실업 (유가증권 / 008500)
- 기타 섬유제품 제조업

구분	94	95	96	97	98	99	00	01	02	03	04	05	06	07	08	09	10	11	12
성장률	9.81	9.60	8.10	2.51	1.91	19.84	23.64	15.87	16.61	11.69	0.90	6.22	3.21	-9.42	-10.77	-7.94	-11.66	-4.42	5.79
EPS	2,829	2,521	2,239	714	622	5,203	7,808	6,482	8,066	6,667	1,666	4,310	2,856	-3,133	-4,053	-2,526	66	-351	3,441
배당금	750	750	750	250	250	1,000	1,250	1,250	1,250	1,250	1,250	1,250	1,250	1,250	750	750	1,000	1,250	1,250
ROE	13.35	13.67	12.19	3.86	3.19	24.56	28.15	19.66	19.65	14.39	3.61	8.75	5.71	-6.74	-9.09	-6.12	0.82	-0.97	9.09
직원의 수					348	375	351	341	345	383	390	407	283	289	238	165	160	154	148
연봉정보					15	19	21	22	23	25	22	25	27	25	29	28	34	39	41

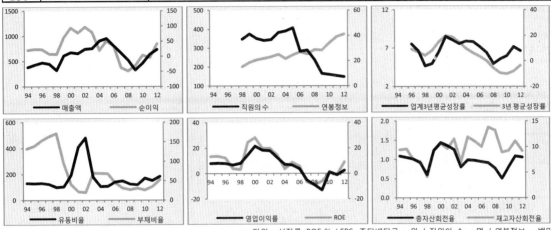

단위 : 성장률, ROE-% / EPS, 주당배당금 - 원 / 직원의 수 - 명 / 연봉정보 - 백만

• 경창산업 (코스닥 / 024910)
- 기타 자동차 부품 제조업

구분	94	95	96	97	98	99	00	01	02	03	04	05	06	07	08	09	10	11	12
성장률		13.07	10.51	5.34	1.96	13.73	16.00	10.99	12.26	6.66	6.83	1.42	1.07	0.74	-11.46	4.39	12.47	5.55	11.05
EPS		136	118	57	21	341	391	280	379	232	249	97	88	21	-393	185	561	284	572
배당금		0	0	0	0	20	50	55	60	50	50	50	50	0	0	30	75	50	55
ROE		13.07	10.51	5.34	1.96	14.59	18.35	13.68	14.56	8.49	8.54	2.93	2.47	0.74	-11.46	5.25	14.39	6.74	12.23
직원의 수					326	357	393	434	435	451	522	561	589	597	627	740	886	904
연봉정보					14	17	18	19	22	24	24	25	27	29	27	32	34	40

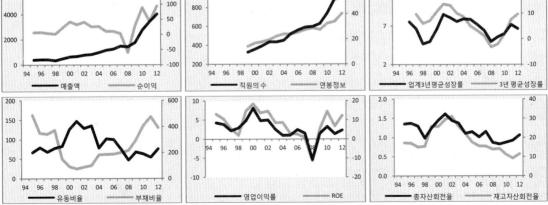

단위 : 성장률, ROE-% / EPS, 주당배당금 - 원 / 직원의 수 - 명 / 연봉정보 - 백만

• 광진윈텍 (코스닥 / 090150)

- 기타 자동차 부품 제조업

구분	94	95	96	97	98	99	00	01	02	03	04	05	06	07	08	09	10	11	12
성장률							13.74	30.47	19.73	22.95	21.91	24.62	12.08	11.19	7.55	5.59	6.93	4.90	7.72
EPS							86	394	204	308	371	554	429	338	248	192	250	192	329
배당금							0	0	0	0	0	0	0	0	0	0	0	0	30
ROE							13.74	30.47	19.73	22.95	21.91	24.62	12.08	11.19	7.55	5.59	6.93	4.90	8.50
직원의 수													152	157	165	127	194	199	218
연봉정보													21	21	14	14	24	33	31

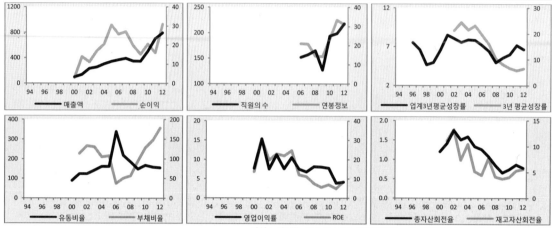

단위 : 성장률, ROE-% / EPS, 주당배당금 – 원 / 직원의 수 – 명 / 연봉정보 – 백만
2004년 4월, 주식회사광진산업에서 주식회사 광진윈텍으로 상호 변경하였습니다.
2000년~2003년 사업보고서 미공시로 인하여 EPS는 감사보고서를 기준으로, 배당금은 0으로 간주해 성장률을 계산하였습니다.
00년~03년 성장률은 업계 3년 평균성장률 계산 과정에서 제외하였습니다.
2000년 재고자산회전율 및 부채비율은 그래프에서 제외하였습니다.

• 넥센테크 (코스닥 / 073070)

- 기타 자동차 부품 제조업

구분	94	95	96	97	98	99	00	01	02	03	04	05	06	07	08	09	10	11	12
성장률					자본잠식	1,607.36	자본잠식	26.56	34.53	20.76	-1.94	9.26	6.99	4.26	5.41	8.31	9.35	7.05	10.80
EPS					-835	328	-962	223	317	240	1	174	198	170	129	204	263	230	353
배당금					0	0	0	0	0	0	25	50	100	100	35	35	50	35	50
ROE					자본잠식	1,607.36	자본잠식	26.56	34.53	20.76	0.08	13.00	14.12	10.35	7.42	10.03	11.55	8.32	12.58
직원의 수										320	295	275	282	307	257	216	214	223	197
연봉정보										15	11	20	26	24	32	31	29	28	32

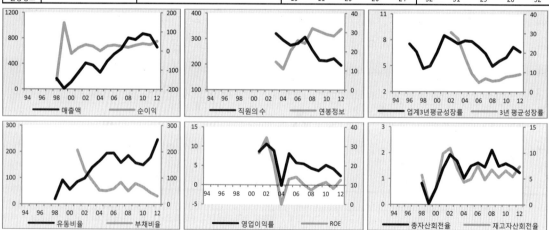

단위 : 성장률, ROE-% / EPS, 주당배당금 – 원 / 직원의 수 – 명 / 연봉정보 – 백만
자본잠식으로 인해, 계산 불가한 값(1998년, 2000년 부채비율, 영업이익률, ROE, 성장률)은 그래프에서 제외 및 보정하였습니다.
2003년 1월, 태흥산업에서 주식회사 넥센테크로 상호 변경하였습니다.

• 대성파인텍 (코스닥 / 104040)

- 기타 자동차 부품 제조업

구분	94	95	96	97	98	99	00	01	02	03	04	05	06	07	08	09	10	11	12
성장률											19.24	18.70	3.95	16.83	12.39	10.47	8.67	14.76	11.64
EPS											664	690	52	794	653	666	426	746	699
배당금											0	0	0	0	0	75	100	100	110
ROE						39.93				20.81	19.24	18.70	3.95	16.83	12.39	11.79	11.33	17.04	13.82
직원의 수															73	75	82	95	104
연봉정보															22	30	33	37	35

단위 : 성장률, ROE-% / EPS, 주당배당금 - 원 / 직원의 수 - 명 / 연봉정보 - 백만

2004년~2005년 사업보고서 미공시로 인하여 EPS는 감사보고서를 기준으로, 배당금은 0으로 간주해 성장률을 계산하였습니다.

04년~05년 성장률은 업계 3년 평균성장률 계산 과정에서 제외하였습니다.

• 대유에이텍 (유가증권 / 002880)

- 기타 자동차 부품 제조업

구분	94	95	96	97	98	99	00	01	02	03	04	05	06	07	08	09	10	11	12
성장률	-3.49	-43.31	-120.96	-4.59	-13.99	-7.59	-160.53	-156.14	-59,108.34	-164.44	-31.89	15.09	-1.45	-24.77	-0.30	-9.06	8.75	6.78	1.01
EPS	6	-459	-556	-353	-1,305	-658	-5,339	-2,027	-193	-485	-197	94	-13	-164	-2	-86	107	89	42
배당금	60	0	0	0	0	0	0	0	0	0	0	0	0	0	0	0	17	20	30
ROE	0.38	-43.31	-120.96	-4.59	-13.99	-7.59	-160.53	-156.14	-59,108.34	-164.44	-31.89	15.09	-1.45	-24.77	-0.30	-9.06	10.41	8.74	3.54
직원의 수					163	169	146	139	61	54	40	97	203	147	110	27	203	283	335
연봉정보					16	16	18	18	14	25	14		16	35	38	42	26	32	43

단위 : 성장률, ROE-% / EPS, 주당배당금 - 원 / 직원의 수 - 명 / 연봉정보 - 백만

2010년 7월, ㈜대유디엠씨에서 ㈜대유에이텍으로 상호 변경하였습니다.

1994년~2005년 재무분석자료(유동비율, 부채비율, 영업이익률, ROE, 총자산회전율, 재고자산회전율)는 그래프에서 제외하였습니다.

특이값(2005년 연봉정보)은 표와 그래프에서 제외하였습니다.

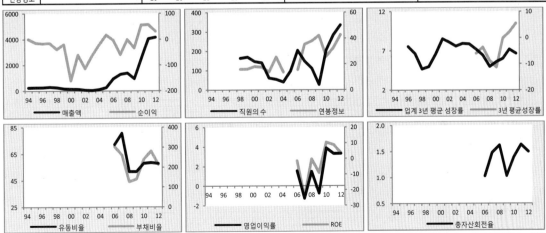

• 동국실업 (유가증권 / 001620)
- 기타 자동차 부품 제조업

구분	94	95	96	97	98	99	00	01	02	03	04	05	06	07	08	09	10	11	12
성장률	0.29	-0.42	-0.16	-7.00	1.17	-2.69	-2.18	3.21	-7.33	-0.16	0.45	0.61	5.35	2.55	15.58	9.56	2.45	8.06	6.23
EPS	16	2	12	-131	54	70	-52	72	-152	46	26	30	156	80	473	332	286	314	273
배당금	10	10	15	0	0	0	0	0	15	50	15	15	15	10	0	25	25	0	0
ROE	0.78	0.08	0.58	-7.00	1.17	-2.69	-2.18	3.21	-6.67	1.93	1.05	1.21	5.92	2.91	15.58	10.34	2.69	8.06	6.23
직원의 수					196	243	267	281	293	276	285	285	283	287	282	304	313	315	331
연봉정보					14	14	17	19	22	25	26	27	27	29	34	34	40	42	46

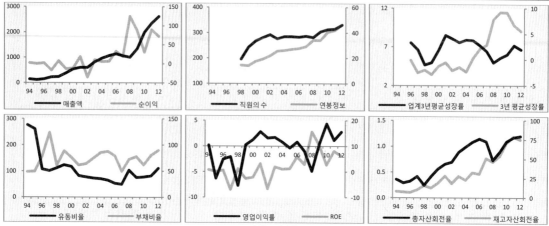

단위 : 성장률, ROE-% / EPS, 주당배당금 – 원 / 직원의 수 – 명 / 연봉정보 – 백만

• 두올산업 (코스닥 / 078590)
- 기타 자동차 부품 제조업

구분	94	95	96	97	98	99	00	01	02	03	04	05	06	07	08	09	10	11	12
성장률						16.01	13.52	22.40	13.83	14.41	8.99	1.48	-1.57	-2.73	-19.11	-433.19	-35.97	40.49	11.58
EPS						310	405	846	701	509	349	126	-47	-79	-546	-2,796	-188	256	84
배당금						0	0	0	0	0	0	80	0	0	0	0	0	0	0
ROE						16.01	13.52	22.40	13.83	14.41	8.99	4.04	-1.57	-2.73	-19.11	-433.19	-35.97	40.49	11.58
직원의 수											144	115	111	124	92	104	114	106	
연봉정보											20	24	25	24	26	27	29	31	

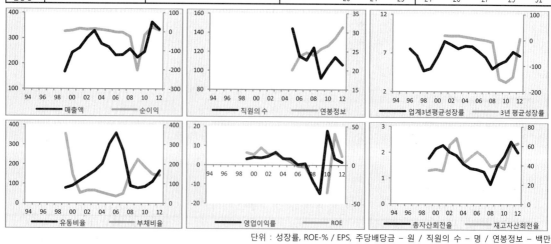

단위 : 성장률, ROE-% / EPS, 주당배당금 – 원 / 직원의 수 – 명 / 연봉정보 – 백만
1999년~2002년 사업보고서 미공시로 인하여 EPS는 감사보고서를 기준으로, 배당금은 0으로 간주해 성장률을 계산하였습니다.
99년~02년 성장률은 업계 3년 평균성장률 계산 과정에서 제외하였습니다.
특이값(2009년, ROE)은 그래프에서 제외하였습니다.

• 디아이씨 (유가증권 / 092200)
- 기타 자동차 부품 제조업

구분	94	95	96	97	98	99	00	01	02	03	04	05	06	07	08	09	10	11	12
성장률								자본잠식	67.91	24.24	28.51	16.63	19.96	9.64	2.73	-4.42	11.06	6.18	3.12
EPS								225	255	459	580	409	601	627	191	-176	715	438	251
배당금								0	0	0	0	0	0	65	50	25	50	50	50
ROE								자본잠식	67.91	24.24	28.51	16.63	19.96	10.75	3.69	-3.87	11.89	6.98	3.89
직원의 수														915	837	722	884	961	933
연봉정보														32	36	41	35	39	41

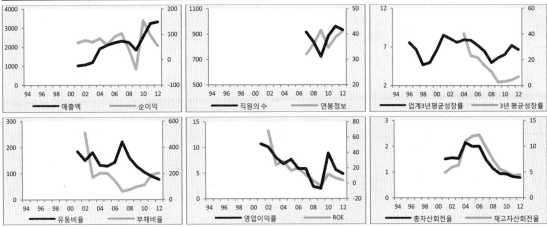

단위 : 성장률, ROE-% / EPS, 주당배당금 – 원 / 직원의 수 – 명 / 연봉정보 – 백만
2001년~2004년 사업보고서 미공시로 인하여 EPS는 감사보고서를 기준으로, 배당금은 0으로 간주해 성장률을 계산하였습니다
01년~04년 성장률은 업계 3년 평균성장률 계산 과정에서 제외하였습니다.
자본잠식으로 인해, 계산 불가한 값(2001년 부채비율, ROE)은 그래프에서 제외하였습니다.

• 디젠스 (코스닥 / 113810)
- 기타 자동차 부품 제조업

구분	94	95	96	97	98	99	00	01	02	03	04	05	06	07	08	09	10	11	12
성장률													35.46	31.40	6.95	3.95	22.39	24.12	2.80
EPS													286	319	72	47	308	430	146
배당금													0	0	0	0	0	0	75
ROE													35.46	31.40	6.95	3.95	22.39	24.12	5.75
직원의 수																			269
연봉정보																			46

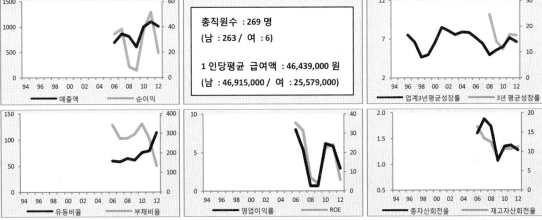

총직원수 : 269 명
(남 : 263 / 여 : 6)

1 인당평균 급여액 : 46,439,000 원
(남 : 46,915,000 / 여 : 25,579,000)

단위 : 성장률, ROE-% / EPS, 주당배당금 – 원 / 직원의 수 – 명 / 연봉정보 – 백만
2006년~2009년 사업보고서 미공시로 인하여 EPS는 감사보고서를 기준으로, 배당금은 0으로 간주해 성장률을 계산하였습니다.
06년~09년 성장률은 업계 3년 평균성장률 계산 과정에서 제외하였습니다.

• 만도 (유가증권 / 060980)

- 기타 자동차 부품 제조업

구분	94	95	96	97	98	99	00	01	02	03	04	05	06	07	08	09	10	11	12
성장률					자본잠식	23.74	21.42	34.27	42.19	20.00	26.79	16.72	21.43	4.57	12.32	7.02	11.97	7.86
EPS						-6,287	3,845	4,355	8,678	10,290	19,059	18,276	11,126	16,239	5,541	6,657	5,476	9,047	6,580
배당금						0	0	0	150	0	7,020	0	0	0	800	0	1,000	1,250	1,000
ROE						-8.34	23.74	21.42	34.87	42.19	31.67	26.79	16.72	21.43	5.34	12.32	8.59	13.88	9.27
직원의 수								3,292	3,350	3,381	3,466		미공시				3,958	4,142	4,192
연봉정보								39	45	51	57						82	69	77

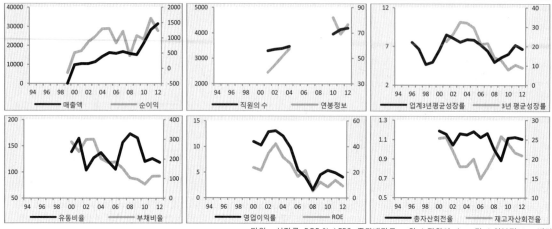

단위 : 성장률, ROE-% / EPS, 주당배당금 – 원 / 직원의 수 – 명 / 연봉정보 – 백만
1999년 재무분석자료(유동비율, 부채비율, 영업이익률, ROE, 총자산회전율, 재고자산회전율)는 그래프에서 제외하였습니다.
2005년~2009년 직원의 수와 연봉정보는 미공시 되었습니다.

• 삼목강업 (코스닥 / 158380)

- 기타 자동차 부품 제조업

구분	94	95	96	97	98	99	00	01	02	03	04	05	06	07	08	09	10	11	12
성장률						자본잠식			146.72	77.23	50.50	28.14	24.42	23.27	3.24	6.81	10.92	-16.40	6.91
EPS							4	4	13	31	39	48	35	39	48	25	56	70	122	705
배당금							0	0	0	0	0	0	0	0	0	0	0	0	300	300
ROE						자본잠식			146.72	77.23	50.50	28.14	24.42	23.27	3.24	6.81	10.92	11.21	12.03
직원의 수																			166
연봉정보																			21

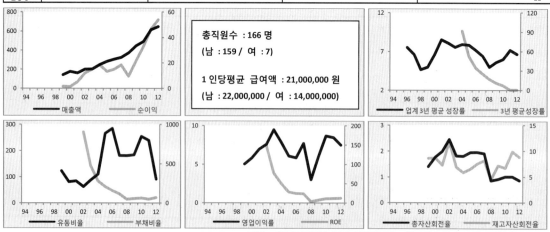

총직원수 : 166 명
(남 : 159 / 여 : 7)
1 인당평균 급여액 : 21,000,000 원
(남 : 22,000,000 / 여 : 14,000,000)

단위 : 성장률, ROE-% / EPS, 주당배당금 – 원 / 직원의 수 – 명 / 연봉정보 – 백만
자본잠식으로 인해, 계산 불가한 값(1999년~2001년 부채비율, ROE)은 그래프에서 제외하였습니다.
1999년~2012년 EPS는 감사보고서, 2011년~2012년 배당금은 2013년 반기보고서 기준으로 작성된 자료입니다.
2012년 직원의 수, 연봉정보는 6개월(2013년 1월~6월)치 자료입니다.

자
동
차

및

부
품

• 삼보모터스 (코스닥 / 053700)

- 기타 자동차 부품 제조업

구분	94	95	96	97	98	99	00	01	02	03	04	05	06	07	08	09	10	11	12
성장률					11.14	19.83	22.20	10.26	1.35	-69.72	23.61	5.29	7.90	-106.0	-139.7	8.70	-19.05	4.36	6.80
EPS					104	236	496	244	26	-953	217	87	169	-1,531	-1,084	600	-1,167	233	437
배당금					0	50	0	0	0	0	0	0	0	0	0	0	0	0	50
ROE					11.14	25.16	22.20	10.26	1.35	-69.72	23.61	5.29	7.90	-106.0	-139.7	8.70	-19.05	4.36	7.68
직원의 수					68	64	55	33	376	50	70	65	34	368	367	391			
연봉정보					22	23	26	26	30	35	32	43	47	44	39	39			

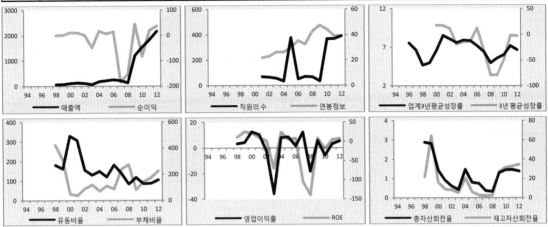

단위 : 성장률, ROE-% / EPS, 주당배당금 - 원 / 직원의 수 - 명 / 연봉정보 - 백만
2012 년, ㈜삼보모터스에서 삼보터스㈜로 상호 변경하였습니다.

• 상신브레이크 (유가증권 / 041650)

- 기타 자동차 부품 제조업

구분	94	95	96	97	98	99	00	01	02	03	04	05	06	07	08	09	10	11	12
성장률				6.69	-10.83	13.80	14.62	9.98	9.45	5.65	9.69	7.38	1.42	5.85	5.91	5.65	8.48	6.46	9.05
EPS				459	-192	278	361	272	284	223	349	299	84	252	285	274	463	348	498
배당금				0	0	80	80	0	80	90	100	110	50	100	110	100	160	120	130
ROE				6.69	-10.83	19.36	18.78	9.98	13.15	9.47	13.59	11.67	3.50	9.70	9.62	8.89	12.95	9.86	12.25
직원의 수								599	601	580	578	571	570	596	619	608	614	635	637
연봉정보								23	24	27	29	31	32	37	38	39	46	49	53

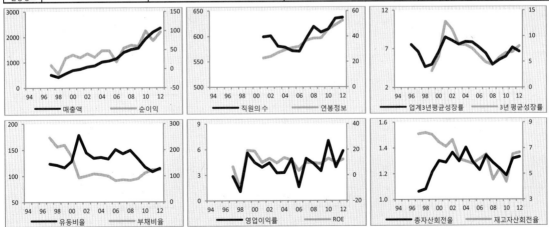

단위 : 성장률, ROE-% / EPS, 주당배당금 - 원 / 직원의 수 - 명 / 연봉정보 - 백만
2002년 3월, 상신브레이크공업㈜에서 상신브레이크㈜로 상호 변경하였습니다.

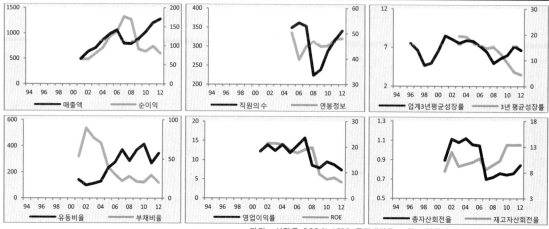

• 새론오토모티브 (유가증권 / 075180)

- 기타 자동차 부품 제조업

구분	94	95	96	97	98	99	00	01	02	03	04	05	06	07	08	09	10	11	12
성장률								18.18	21.40	18.74	17.31	14.92	13.95	15.25	15.96	6.60	4.60	5.17	3.66
EPS								160	227	487	580	742	716	921	932	594	498	531	425
배당금								0	0	60	100	150	150	180	180	180	190	190	180
ROE								18.18	21.40	21.38	20.91	18.71	17.65	18.96	19.78	9.47	7.43	8.05	6.35
직원의 수												349	362	353	224	239	288	317	341
연봉정보												50	40	45	47	45	45	48	48

단위 : 성장률, ROE-% / EPS, 주당배당금 – 원 / 직원의 수 – 명 / 연봉정보 – 백만

2001년~2002년 사업보고서 미공시로 인하여 EPS는 감사보고서를 기준으로, 배당금은 0으로 간주해 성장률을 계산하였습니다.

01년~02년 성장률은 업계 3년 평균성장률 계산 과정에서 제외하였습니다.

• 성창오토텍 (코스닥 / 080470)

- 기타 자동차 부품 제조업

구분	94	95	96	97	98	99	00	01	02	03	04	05	06	07	08	09	10	11	12
성장률										20.33	11.13	15.99	12.30	10.23	5.48	3.73	9.11	11.70	8.34
EPS										356	331	420	554	412	255	200	557	586	471
배당금										0	100	75	90	90	70	70	80	80	80
ROE									20.81	20.33	15.95	19.46	14.68	13.09	7.55	5.74	10.63	13.55	10.05
직원의 수													98	109	113	100	105	137	174
연봉정보													24	27	22	27	26	28	23

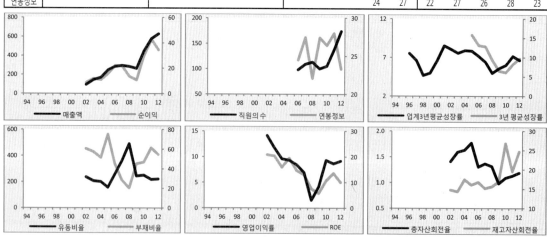

단위 : 성장률, ROE-% / EPS, 주당배당금 – 원 / 직원의 수 – 명 / 연봉정보 – 백만

2003년 사업보고서 미공시로 인하여 EPS는 감사보고서를 기준으로, 배당금은 0으로 간주해 성장률을 계산하였습니다.

03년 성장률은 업계 3년 평균성장률 계산 과정에서 제외하였습니다.

2013년 3월, ㈜성창에어텍에서 ㈜성창오토텍으로 상호 변경하였습니다.

• 세동 (코스닥 / 053060)

- 기타 자동차 부품 제조업

구분	94	95	96	97	98	99	00	01	02	03	04	05	06	07	08	09	10	11	12
성장률				7.98	4.64	4.29	8.55	5.84	6.17	9.30	6.53	0.91	2.14	0.00	-21.52	5.20	10.21	-9.59	2.49
EPS				78	48	76	201	179	186	314	249	51	88	50	-664	163	843	-300	79
배당금				0	0	0	30	25	30	50	50	25	25	50	0	0	20	0	0
ROE				7.98	4.64	4.29	10.05	6.79	7.35	11.06	8.17	1.79	2.99	1.66	-21.52	5.20	10.45	-9.59	2.49
직원의 수					225	237		263	280	278	278	283	280	274	285	302	313		
연봉정보					19	20		21	22	25	28	28	30	29	32	32	35		

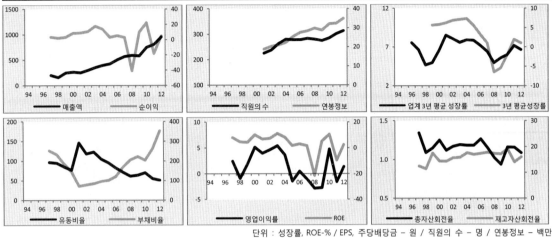

단위 : 성장률, ROE-% / EPS, 주당배당금 - 원 / 직원의 수 - 명 / 연봉정보 - 백만

• 세종공업 (유가증권 / 033530)

- 기타 자동차 부품 제조업

구분	94	95	96	97	98	99	00	01	02	03	04	05	06	07	08	09	10	11	12
성장률		14.27	17.12	9.52	4.18	7.89	9.07	8.20	5.00	7.65	5.08	6.01	8.39	5.36	6.85	18.17	13.90	10.78	5.06
EPS		2,358	1,006	343	194	360	448	520	380	581	446	544	773	628	719	1,957	1,810	1,521	770
배당금		250	60	50	60	75	100	150	150	175	175	175	200	200	175	225	225	225	130
ROE		15.97	18.21	11.15	6.05	9.96	11.68	11.53	8.26	10.95	8.36	8.87	11.31	7.87	9.05	20.53	15.87	12.65	6.09
직원의 수					698	738	727	729	742	735	747	771	771	795	777	800	827	835	
연봉정보					23	27	33	35	39	45	46	50	51	58	57	61	62	70	

단위 : 성장률, ROE-% / EPS, 주당배당금 - 원 / 직원의 수 - 명 / 연봉정보 - 백만

• 세진전자 (코스닥 / 080440)

- 기타 자동차 부품 제조업

구분	94	95	96	97	98	99	00	01	02	03	04	05	06	07	08	09	10	11	12
성장률							-2.68	-47.85	13.74	31.96	-9.66	-12.58	4.36	4.90	1.44	-28.11	-21.06	-9.25	-22.09
EPS							229	-28	-343	115	393	-510	-2,502	-235	-56	-68	102	-1,231	-474
배당금							0	0	0	0	0	0	0	0	0	0	0	0	0
ROE							-2.68	-47.85	13.74	31.96	-9.66	-12.58	4.36	4.90	1.44	-28.11	-21.06	-9.25	-22.09
직원의 수										70	70	70			71	38	293	211	209
연봉정보										30	32	28			28	40	29	34	32

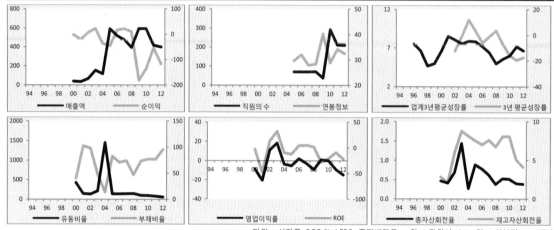

단위 : 성장률, ROE-% / EPS, 주당배당금 – 원 / 직원의 수 – 명 / 연봉정보 – 백만
2000년~2002년 사업보고서 미공시로 인하여 EPS는 감사보고서를 기준으로, 배당금은 0으로 간주해 성장률을 계산하였습니다.
00년~02년 성장률은 업계 3년 평균성장률 계산 과정에서 제외하였습니다.

• 우리산업 (코스닥 / 072470)

- 기타 자동차 부품 제조업

구분	94	95	96	97	98	99	00	01	02	03	04	05	06	07	08	09	10	11	12
성장률						11.47	16.73	12.09	24.77	12.97	13.72	1.81	0.27	4.97	-23.46	1.38	6.40	7.13	5.26
EPS						182	186	158	431	394	402	77	37	164	-660	70	241	281	211
배당금						0	0	0	0	20	50	30	30	30	0	30	30	30	30
ROE						11.47	16.73	12.09	24.77	13.67	15.67	2.96	1.42	6.08	-23.46	2.42	7.31	7.98	6.13
직원의 수										401	339	368	317		246	242	291	294	298
연봉정보										22	28	26	21		31	30	30	36	37

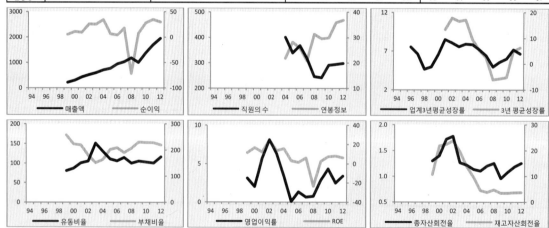

단위 : 성장률, ROE-% / EPS, 주당배당금 – 원 / 직원의 수 – 명 / 연봉정보 – 백만

자동차 및 부품

330

• 유니크 (코스닥 / 011320)
- 기타 자동차 부품 제조업

구분	94	95	96	97	98	99	00	01	02	03	04	05	06	07	08	09	10	11	12
성장률			4.20	-0.38	-1,499.2	자본잠식	-2.93	자본잠식	1.56	2.03	-21.00	7.44	12.66	7.45	8.92	-5.88	11.57	12.09	17.36
EPS			191	69	-1,402	72	-6	-437	38	46	-233	83	157	112	129	-81	281	324	536
배당금			125	75	0	0	0	0	0	0	0	0	0	15	0	0	40	40	50
ROE			12.15	4.33	-1,499.2	자본잠식	-2.93	자본잠식	1.56	2.03	-21.00	7.44	12.66	8.61	8.92	-5.88	13.48	13.80	19.15
직원의 수					556	427	392			330	319	307	307	316	327	318	454	497	524
연봉정보					16	21	18			미공시	23	25	25	30	32	38	37	39	40

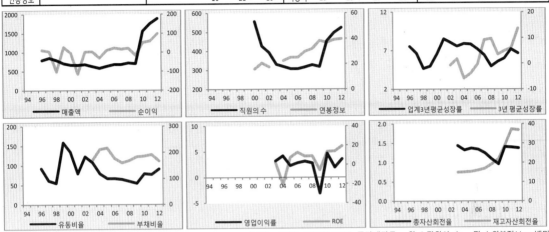

단위 : 성장률, ROE-% / EPS, 주당배당금 – 원 / 직원의 수 – 명 / 연봉정보 – 백만
특이값(96년~02년 부채비율, 영업이익률, ROE, 총자산회전율, 재고자산회전율 / 96년~03년 성장률)은 그래프에서 제외하였습니다.
2009년 결산 월 변경으로 인하여 34기는 제외하였으며, 33기를 2009년 기준으로 작성하였습니다.
2003년 연봉정보는 미공시 되었습니다.

• 이엔드디 (코넥스 / 101360)
- 기타 자동차 부품 제조업

구분	94	95	96	97	98	99	00	01	02	03	04	05	06	07	08	09	10	11	12
성장률													48.92	30.59	6.63	8.43	11.92	3.55	3.24
EPS													503	428	91	128	225	63	60
배당금													0	0	0	0	20	0	0
ROE													48.92	30.59	6.63	8.43	13.08	3.55	3.24
직원의 수																			59
연봉정보																			31

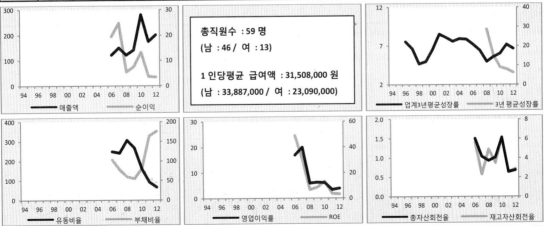

단위 : 성장률, ROE-% / EPS, 주당배당금 – 원 / 직원의 수 – 명 / 연봉정보 – 백만
2006년~2009년 사업보고서 미공시로 인하여 EPS는 감사보고서를 기준으로, 배당금은 0으로 간주해 성장률을 계산하였습니다.
06년~09년 성장률은 업계 3년 평균성장률 계산 과정에서 제외하였습니다.

• 이원컴포텍 (코스닥 / 088290)
- 기타 자동차 부품 제조업

구분	94	95	96	97	98	99	00	01	02	03	04	05	06	07	08	09	10	11	12
성장률								44.80	28.47	19.92	9.33	8.88	17.07	18.93	13.57	8.40	4.90	4.29	-0.67
EPS								697	619	263	164	122	261	361	321	287	146	78	6
배당금								0	0	0	0	0	0	29	40	40	30	20	15
ROE								44.80	28.47	19.92	9.33	8.88	17.07	20.58	15.50	9.76	6.17	5.77	0.45
직원의 수																73	74	84	94
연봉정보																24	28	30	31

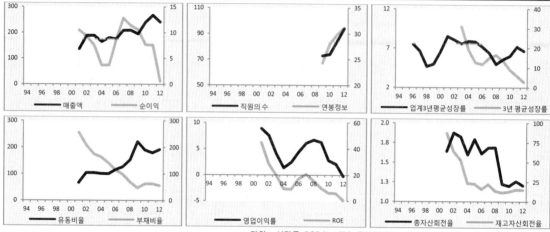

단위 : 성장률, ROE-% / EPS, 주당배당금 - 원 / 직원의 수 - 명 / 연봉정보 - 백만
2001년~2006년 사업보고서 미공시로 인하여 EPS는 감사보고서를 기준으로, 배당금은 0으로 간주해 성장률을 계산하였습니다.
01년~06년 성장률은 업계 3년 평균성장률 계산 과정에서 제외하였습니다.
2000년 8월, 이원산업㈜에서 이원컴포텍㈜로 상호 변경하였습니다.

• 이젠텍 (코스닥 / 033600)
- 기타 자동차 부품 제조업

구분	94	95	96	97	98	99	00	01	02	03	04	05	06	07	08	09	10	11	12
성장률		0.47	6.53	2.76	6.34	53.33	22.25	22.39	17.60	1.19	2.24	4.40	-7.63	-2.88	-2.86	-2.87	3.37	-1.84	-10.34
EPS		3	39	15	36	646	657	564	653	186	116	200	-190	16	-36	-1	266	17	-318
배당금		0	0	0	0	0	100	100	150	150	50	60	25	100	100	100	100	100	100
ROE		0.47	6.53	2.76	6.34	53.33	26.25	27.21	22.85	6.16	3.93	6.29	-6.74	0.55	-0.76	-0.03	5.41	0.38	-7.87
직원의 수					153	284	276	293	283	221	235	246	222	199	185	176	167	157
연봉정보					11	13	20	23	24	22	23	27	30	32	41	41	41	42

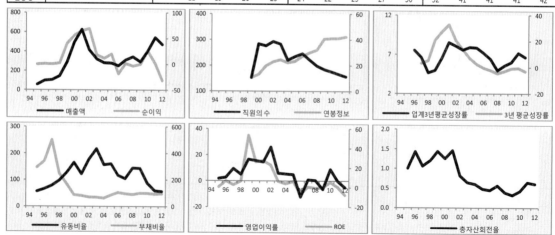

단위 : 성장률, ROE-% / EPS, 주당배당금 - 원 / 직원의 수 - 명 / 연봉정보 - 백만
1999년 12월, 주식회사 조양에서 주식회사 이젠텍으로 상호 변경하였습니다.

• 지엠비코리아 (유가증권 / 013870)

- 기타 자동차 부품 제조업

구분	94	95	96	97	98	99	00	01	02	03	04	05	06	07	08	09	10	11	12
성장률						320.99	10.88	21.77	24.68	21.73	17.89	16.50	15.64	12.88	5.10	4.16	13.77	14.71	7.05
EPS						3,194	1,037	2,596	3,897	1,283	1,144	624	685	754	333	340	1,167	1,397	803
배당금						0	0	0	0	0	0	0	0	100	50	100	150	150	120
ROE						320.99	10.88	21.77	24.68	21.73	17.89	16.50	15.64	14.85	6.00	5.89	15.80	16.48	8.29
직원의 수																609	656	636	
연봉정보																58	69	66	

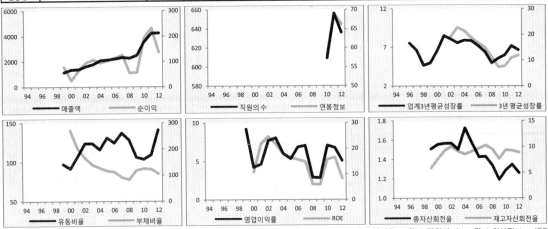

단위 : 성장률, ROE-% / EPS, 주당배당금 – 원 / 직원의 수 – 명 / 연봉정보 – 백만
1999년~2006년 사업보고서 미공시로 인하여 EPS는 감사보고서를 기준으로, 배당금은 0으로 간주해 성장률을 계산하였습니다.
99년~06년 성장률은 업계 3년 평균성장률 계산 과정에서 제외하였습니다.

• 체시스 (유가증권 / 033250)

- 기타 자동차 부품 제조업

구분	94	95	96	97	98	99	00	01	02	03	04	05	06	07	08	09	10	11	12
성장률	38.07	34.53	36.78	19.17	9.72	5.82	-11.59	-11.48	-28.74	-24.75	4.30	-4.06	17.88	14.22	3.91	-2.05	16.71	21.35	3.39
EPS	449	618	845	343	239	169	-145	-126	-240	-163	29	-30	236	231	65	-32	395	492	79
배당금	0	0	0	0	50	60	10	0	0	0	0	0	50	60	0	0	0	0	0
ROE	38.07	34.53	36.78	19.17	12.28	9.02	-10.84	-11.48	-28.74	-24.75	4.30	-4.06	22.69	19.21	3.91	-2.05	16.71	21.35	3.39
직원의 수					255	241	224	212	227	251	246	266	289	331	277	259	274	298	301
연봉정보					18	22	24	23	25	26	28	30	34	35	42	40	39	42	45

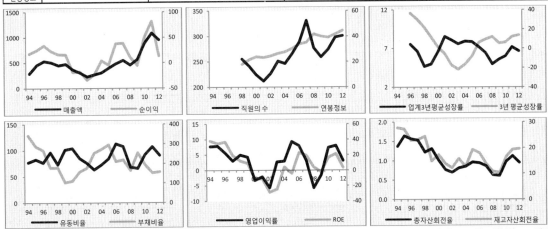

단위 : 성장률, ROE-% / EPS, 주당배당금 – 원 / 직원의 수 – 명 / 연봉정보 – 백만
2002년 12월 GM의 대우자동차 인수로 인하여, 삼립정공 주식회사에서 주식회사 체시스로 상호를 변경하였습니다.

• 태양기계 (코넥스 / 116100)

- 기타 자동차 부품 제조업

구분	94	95	96	97	98	99	00	01	02	03	04	05	06	07	08	09	10	11	12
성장률									18.79	14.95	23.13	6.78	32.93	19.58	1.75	-3.16	6.87	5.46	8.57
EPS									96	98	221	55	446	255	39	-68	161	117	198
배당금									0	0	0	0	0	0	0	0	0	20	30
ROE									18.79	14.95	23.13	6.78	32.93	19.58	1.75	-3.16	6.87	6.59	10.10
직원의 수																			71
연봉정보																			28

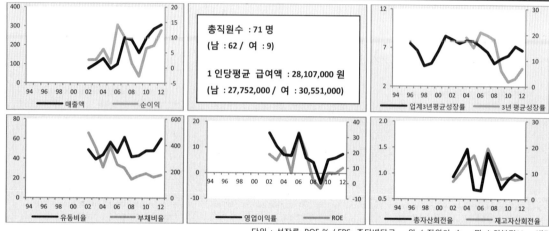

총직원수 : 71 명
(남 : 62 / 여 : 9)

1 인당평균 급여액 : 28,107,000 원
(남 : 27,752,000 / 여 : 30,551,000)

단위 : 성장률, ROE-% / EPS, 주당배당금 – 원 / 직원의 수 – 명 / 연봉정보 – 백만
2002년~2004년 사업보고서 미공시로 인하여 EPS는 감사보고서를 기준으로, 배당금은 0으로 간주해 성장률을 계산하였습니다.
02년~04년 성장률은 업계 3년 평균성장률 계산 과정에서 제외하였습니다.

• 티피씨글로벌 (코스닥 / 130740)

- 기타 자동차 부품 제조업

구분	94	95	96	97	98	99	00	01	02	03	04	05	06	07	08	09	10	11	12
성장률												44.14	35.81	22.48	10.78	16.77	14.52	7.38	8.70
EPS												485	598	611	446	717	814	492	394
배당금												0	0	0	0	0	0	60	30
ROE												44.14	35.81	22.48	10.78	16.77	14.52	8.41	9.42
직원의 수															132	131	140		
연봉정보															29	31	29		

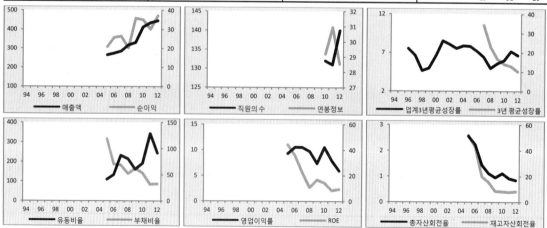

단위 : 성장률, ROE-% / EPS, 주당배당금 – 원 / 직원의 수 – 명 / 연봉정보 – 백만
2005년~2007년 사업보고서 미공시로 인하여 EPS는 감사보고서를 기준으로, 배당금은 0으로 간주해 성장률을 계산하였습니다.
05년~07년 성장률은 업계 3년 평균성장률 계산 과정에서 제외하였습니다.
2002년 5월, 태창정공㈜에서 ㈜티피씨로 상호 변경하였습니다.

• 태원물산 (유가증권 / 001420)

- 기타 자동차 부품 제조업

구분	94	95	96	97	98	99	00	01	02	03	04	05	06	07	08	09	10	11	12
성장률	0.78	1.17	0.87	-1.18	-3.62	1.07	-11.28	3.09	-1.40	1.09	3.02	2.41	3.98	2.58	-0.26	-0.11	1.70	5.52	2.54
EPS	104	124	94	-34	-159	74	-433	137	-42	73	138	138	224	184	-1	36	136	328	207
배당금	65	65	50	25	15	15	15	15	13	30	15	45	60	75	10	40	70	100	100
ROE	2.08	2.45	1.86	-0.68	-3.31	1.34	-11.28	3.47	-1.08	1.84	3.38	3.58	5.43	4.35	-0.02	0.95	3.50	7.94	4.91
직원의 수					200	160	124	98	95	83	82	80	83	84	74	68	74	76	77
연봉정보					21	19	23	22	20	25	24	25	24	27	27	25	27	29	35

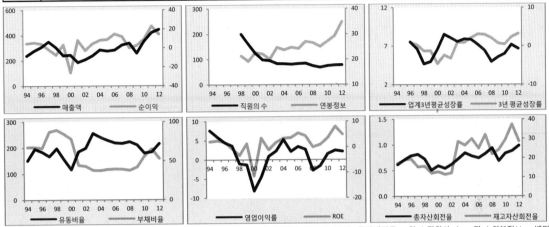

단위 : 성장률, ROE-% / EPS, 주당배당금 - 원 / 직원의 수 - 명 / 연봉정보 - 백만
1968년 2월, 주식회사 삼양상회에서 태원물산주식회사로 상호 변경하였습니다.

• 한일단조 (코스닥 / 024740)

- 기타 자동차 부품 제조업

구분	94	95	96	97	98	99	00	01	02	03	04	05	06	07	08	09	10	11	12
성장률		11.33	12.51	1.31	0.49	5.13	0.51	0.44	0.84	6.06	0.14	8.08	6.49	13.59	11.19	3.25	5.59	3.10	-1.43
EPS		317	361	38	14	175	31	27	25	195	6	456	486	903	677	312	521	313	-67
배당금		0	0	0	0	0	0	0	0	0	0	75	150	80	100	100	100	100	30
ROE		11.33	12.51	1.31	0.49	5.13	0.51	0.44	0.84	6.06	0.14	9.68	9.39	14.91	13.12	4.78	6.91	4.56	-0.99
직원의 수					179	197	175	220	198	197	155	153	152	162	144	195	192	205	
연봉정보					25	24	28	26	27	26	30	32	34	36	45	38	45	45	

단위 : 성장률, ROE-% / EPS, 주당배당금 - 원 / 직원의 수 - 명 / 연봉정보 - 백만
1987년 4월, 한일단조공업 유한회사에서 한일단조공업 주식회사로 상호 변경하였습니다.

• 현대위아 (유가증권 / 011210)
- 기타 자동차 부품 제조업

구분	94	95	96	97	98	99	00	01	02	03	04	05	06	07	08	09	10	11	12
성장률						자본잠식	133.3	83.73	48.23	26.72	24.40	16.05	13.89	8.92	6.13	9.38	10.14	14.84	20.38
EPS						1,262	2,079	7,978	8,878	6,702	8,438	2,966	2,828	1,992	2,135	3,554	4,236	8,586	14,139
배당금						0	0	0	0	0	0	0	0	0	0	0	0	500	500
ROE						자본잠식	133.3	83.73	48.23	26.72	24.40	16.05	13.89	8.92	6.13	9.38	10.14	15.76	21.13
직원의 수												1,866	1,887	1,888	2,006	1,978	2,156	2,328	2,503
연봉정보												50	51	57	59	61	66	69	69

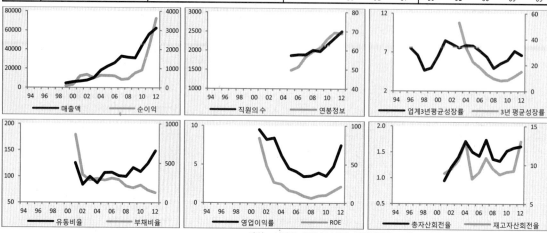

단위 : 성장률, ROE-% / EPS, 주당배당금 – 원 / 직원의 수 – 명 / 연봉정보 – 백만
1999년~2000년 재무분석자료(유동비율, 부채비율, 영업이익률, ROE, 총자산회전율, 재고자산회전율)는 그래프에서 제외하였습니다.
1999년~2001년 사업보고서 미공시로 인하여 EPS는 감사보고서를 기준으로, 배당금은 0으로 간주해 성장률을 계산하였습니다.
99년~01년 성장률은 업계 3년 평균성장률 계산 과정에서 제외하였습니다.

• 화진 (코스닥 / 134780)
- 기타 자동차 부품 제조업

구분	94	95	96	97	98	99	00	01	02	03	04	05	06	07	08	09	10	11	12
성장률						39.64	40.91	30.81	33.03	7.23	9.54	-82.67	2.36	14.56	0.65	11.30	8.44	15.35	16.05
EPS						280	405	370	571	123	160	-744	20	183	86	256	263	674	701
배당금						0	0	0	0	0	0	0	0	0	0	50	75	100	100
ROE						39.64	40.91	30.81	33.03	7.23	9.54	-82.67	2.36	14.56	0.65	14.04	11.80	18.03	18.72
직원의 수																		292	277
연봉정보																		30	38

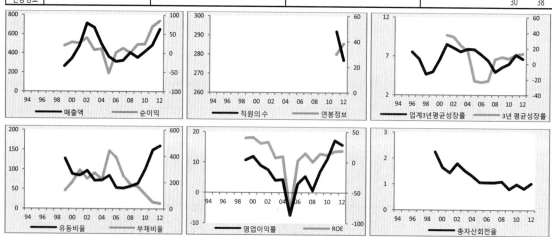

단위 : 성장률, ROE-% / EPS, 주당배당금 – 원 / 직원의 수 – 명 / 연봉정보 – 백만
1999년~2008년 사업보고서 미공시로 인하여 EPS는 감사보고서를 기준으로, 배당금은 0으로 간주해 성장률을 계산하였습니다.
99년~08년 성장률은 업계 3년 평균성장률 계산 과정에서 제외하였습니다.

• KB 오토시스 (코스닥 / 024120)

- 기타 자동차 부품 제조업

구분	94	95	96	97	98	99	00	01	02	03	04	05	06	07	08	09	10	11	12
성장률		5.29	6.80	2.14	3.15	15.65	11.08	11.06	7.52	6.54	7.37	12.35	15.25	24.16	7.35	5.71	4.35	6.06	7.68
EPS		69	95	30	42	259	215	246	214	188	216	362	517	1,059	394	363	276	415	532
배당금		18	25	8	8	50	55	63	63	63	65	70	90	150	50	105	75	115	120
ROE		7.16	9.23	2.92	3.89	19.39	14.89	14.86	10.65	9.84	10.54	15.31	18.46	28.15	8.42	8.03	5.98	8.38	9.91
직원의 수						221	211	193	178	184	205	245	237	236	224	231	224	253	287
연봉정보						14	15	16	17	20	24	23	27	32	32	29	34	33	39

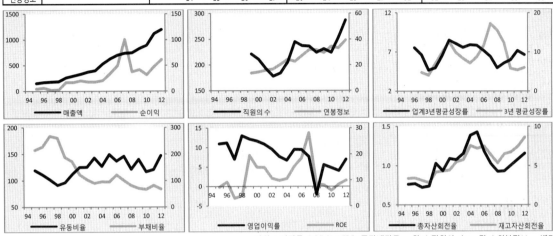

단위 : 성장률, ROE-% / EPS, 주당배당금 - 원 / 직원의 수 - 명 / 연봉정보 - 백만
2009년 12월, 주식회사 한국베랄에서 KB오토시스 주식회사로 상호 변경하였습니다.

• KCW (코스닥 / 068060)

- 기타 자동차 부품 제조업

구분	94	95	96	97	98	99	00	01	02	03	04	05	06	07	08	09	10	11	12
성장률					9.79	58.75	38.72	28.50	17.85	14.69	15.30	5.85	-1.97	1.53	5.75	4.00	9.00	11.09	6.26
EPS					111	920	989	851	547	558	681	297	-76	61	321	242	742	696	443
배당금					0	0	0	0	0	70	90	60	0	0	50	50	100	75	80
ROE					9.79	58.75	38.72	28.50	17.85	16.80	17.63	7.34	-1.97	1.53	6.81	5.04	10.40	12.43	7.64
직원의 수									276	334	356	377	350	332	354	365	376	394	430
연봉정보									19	21	16	23	25	25	28	27	35	38	39

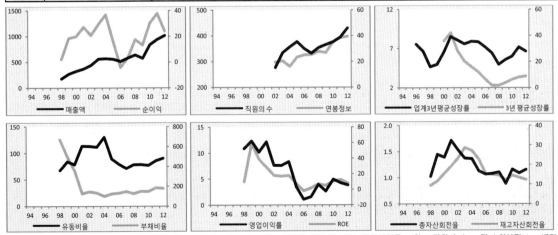

단위 : 성상률, ROE-% / EPS, 주당배당금 - 원 / 직원의 수 - 명 / 연봉정보 - 백만
2001년 12월, 케이씨더블류㈜에서 KCW㈜로 상호 변경하였습니다.

자
동
차
및
부
품

337

• 대우부품 (유가증권 / 009320)
- 기타 전자부품 제조업

구분	94	95	96	97	98	99	00	01	02	03	04	05	06	07	08	09	10	11	12
성장률	3.47	0.00	4.69	0.63	-6.64	-97.10	1.80	1.20	1.61	1.19	-85.49	-50.11	-60.87	-131.1	-605.4	9.35	-21.95	-45.25	-3.50
EPS	52	54	66	11	-95	-621	11	8	11	8	-296	-395	-912	-481	-359	596	-138	-249	-15
배당금	10	5	10	0	0	0	0	0	0	0	0	0	0	0	0	0	0	0	0
ROE	4.30	0.00	5.52	0.63	-6.64	-97.10	1.80	1.20	1.61	1.19	-85.49	-50.11	-60.87	-131.1	-605.4	9.35	-21.95	-45.25	-3.50
직원의 수					930	904	827	729	738	758	721	506	307	207	165	100	95	130	139
연봉정보					19	11	22	20	23	25	26	29	33	37	30	32	31	30	32

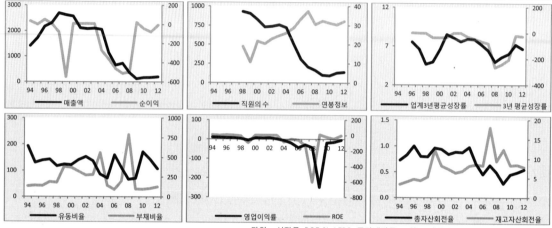

단위 : 성장률, ROE-% / EPS, 주당배당금 - 원 / 직원의 수 - 명 / 연봉정보 - 백만
2006년 3월, 파츠닉㈜에서 대우전자부품㈜로 상호 변경하였습니다.

• 에이스하이텍 (코스닥 / 071930)
- 기타 전자부품 제조업

구분	94	95	96	97	98	99	00	01	02	03	04	05	06	07	08	09	10	11	12
성장률						-89.60	13.94	-107.35	-52.64	10.57	-50.99	-22.32	14.10	-98.10	-1,081.5	-47.55	-45.89	-157.68	1.17
EPS					19	37	10	14	21	315	-681	-105	-457	-5,473	-10,709	-616	-227	-864	6
배당금					0	175	0	100	75	75	30	0	0	0	0	0	0	0	0
ROE						23.82	13.94	17.48	21.09	13.87	-48.84	-22.32	14.10	-98.10	-1,081.5	-47.55	-45.89	-157.68	1.17
직원의 수										349	357	239	233	245	113	61	33	28	20
연봉정보										12	14	10	13	15	28	45	34	22	29

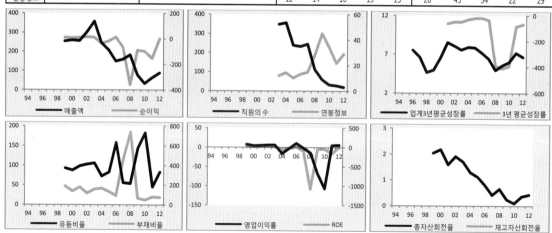

단위 : 성장률, ROE-% / EPS, 주당배당금 - 원 / 직원의 수 - 명 / 연봉정보 - 백만
2008 년 1 월 에이스하이텍(주)와 합병하였으며, 5 월 (주)도들샘에서 에이스하이텍(주)로 상호 변경하였습니다.

• 크린앤사이언스 (코스닥 / 045520)

- 기타 종이 및 판지 제조업

구분	94	95	96	97	98	99	00	01	02	03	04	05	06	07	08	09	10	11	12
성장률			18.40	9.87	23.93	29.39	9.46	12.86	14.3	-2.61	6.17	3.26	-1.39	-4.75	-3.96	5.56	-12.77	6.41	5.79
EPS			95	57	181	359	255	285	356	132	327	249	109	2	42	311	-103	167	159
배당금			0	0	0	50	0	0	0	200	150	150	150	150	150	150	150	0	0
ROE			18.40	9.87	23.93	34.15	9.46	12.86	14.3	5.06	11.40	8.21	3.71	0.06	1.54	10.74	-5.20	6.41	5.79
직원의 수							80	78	84	79	79	80	92	91	102	106	133	150	130
연봉정보							21	19	22	27	27	30	28	34	31	31	30	30	35

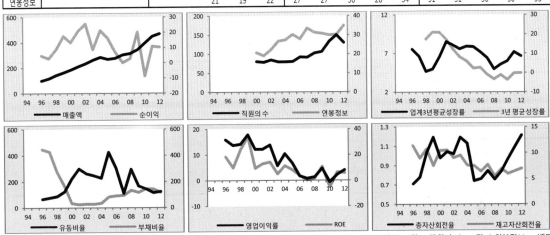

단위 : 성장률, ROE-% / EPS, 주당배당금 - 원 / 직원의 수 - 명 / 연봉정보 - 백만

2000년 7월, ㈜전일여지에서 ㈜크랜앤사이언스로 상호 변경하였습니다.

자동차 및 부품

• 화학

2012년 화학 상장기업의 전체 매출액은 약 72조원(전년대비 0.7% 성장), 총 당기순이익은 약 3조원(전년대비 40% 감소)입니다. 평균성장률은 3.7%(전년대비 1.2%p 감소), ROE는 5.6%(전년대비 1.2%p 감소)를 기록하였습니다. 성장률은 최근 3년간 낮아지고 있는 모습입니다.
(매출액 및 당기순이익은 단순합계금액이며, 성장률 및 ROE는 단순평균값 입니다)

해당 산업의 직원 수는 약 4만 5천명(전년대비 7% 증가)이며, 최근 평균연봉은(2012년)은 약 5천 8백만원(전년대비 5% 증가)입니다. 아래 표와 그래프를 통해, 약 5천 5백만원(2009년~2011년)수준의 연봉이 약 5%(2012년) 상승했음을 알 수 있습니다. 최근 3년 평균 유동비율은 206.7%, 부채비율은 79.11%입니다.

구 분	총매출액	총 당기순이익	평균성장률	평균 ROE	총 직원수	연봉정보
94	8,085	263	1.9	4.9		
95	10,915	401	8.1	10.4		
96	11,325	228	6.2	7.9		
97	12,937	245	4.4	5.6		
98	14,265	446	6.7	8.5	34,124	23
99	13,960	529	6.9	9.8	34,159	23
00	15,734	-241	4.5	6.9	32,305	28
01	20,619	-399	0.4	2.9	38,697	30
02	23,206	540	2.4	4.5	36,485	36
03	24,842	1,075	3.5	4.5	35,701	39
04	29,689	2,023	4.5	7.5	37,373	40
05	31,170	1,918	4.0	6.9	36,412	45
06	33,230	1,297	2.5	5.2	36,779	46
07	35,364	2,186	4.1	7.1	36,337	50
08	47,480	1,497	3.4	4.8	36,507	54
09	51,420	3,374	6.7	9.2	33,578	55
10	62,104	4,913	7.7	9.8	36,397	55
11	71,771	5,047	4.9	6.8	42,622	55
12	72,313	3,045	3.7	5.6	45,795	58

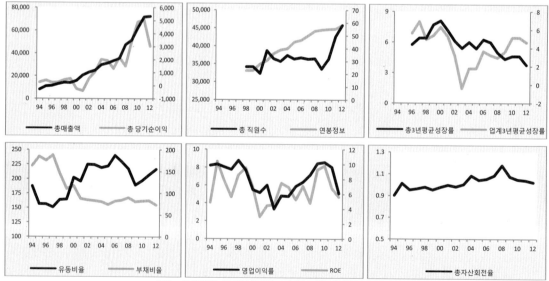

단위 : 총 매출액, 총 당기순이익 – 십억 / 평균 성장률, 평균 ROE - % / 총 직원 수 – 명 / 연봉정보 – 백만
연봉정보는 1 인당 평균 급여액이며, 대상기업들의 연간 총 급여액을 총 직원의 수로 나눈 금액입니다.
업계 3 년 평균 성장률은 화학업종 전체 상장사의 평균이며, 사업보고서에 근거한 자료만으로 만들었습니다.

• 동남합성 (유가증권 / 023450)
- 계면활성제 제조업

구분	94	95	96	97	98	99	00	01	02	03	04	05	06	07	08	09	10	11	12
성장률	2.67	3.22	2.58	0.52	-0.04	3.06	2.36	2.37	6.77	2.67	3.06	6.68	6.27	4.53	5.29	8.80	7.09	3.64	7.54
EPS	1,583	1,476	1,349	486	189	1,212	1,139	1,139	2,366	998	1,369	3,017	2,752	2,170	2,534	4,589	3,249	1,781	3,740
배당금	500	400	400	350	200	400	500	500	375	250	500	600	350	350	300	375	250	200	200
ROE	3.91	4.41	3.67	1.85	0.72	4.57	4.20	4.23	8.04	3.56	4.81	8.34	7.18	5.41	6.00	9.59	7.68	4.09	7.97
직원의 수					75	77	72	74	79	71	63	63	62	58	64	57	59	67	67
연봉정보					16	20	22	15	17	22	24	29	30	34	32	38	38	40	42

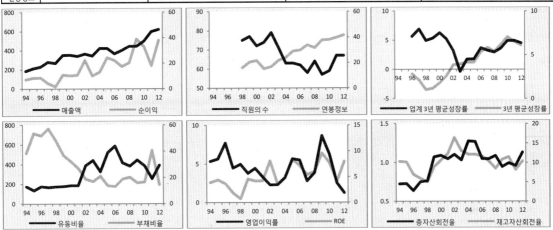

단위 : 성장률, ROE-% / EPS, 주당배당금 – 원 / 직원의 수 – 명 / 연봉정보 – 백만
2004년 3월, 동남합성공업㈜에서 ㈜동남합성으로 상호 변경하였습니다.

화
학

• 한농화성 (유가증권 / 011500)
- 계면활성제 제조업

구분	94	95	96	97	98	99	00	01	02	03	04	05	06	07	08	09	10	11	12
성장률					17.56	14.18	15.26	13.36	12.45	5.35	11.65	14.10	7.17	11.59	11.51	22.09	17.45	11.09	9.94
EPS					232	182	218	227	256	124	256	347	200	338	382	838	801	589	571
배당금					35	45	45	45	60	45	60	70	50	65	70	66	120	100	90
ROE					20.68	18.85	19.22	16.66	16.26	8.40	15.22	17.66	9.56	14.35	14.09	23.98	20.52	13.36	11.80
직원의 수						90				91	104	108	96	94	96	111	124	124	119
연봉정보						24				26	26	30	33	37	38	40	41	44	45

단위 : 성장률, ROE-% / EPS, 주당배당금 – 원 / 직원의 수 – 명 / 연봉정보 – 백만
1985년, 한국유화제㈜에서 ㈜한농화성으로 상호 변경하였습니다.

· KPX 그린케미칼 (유가증권 / 083420)

- 계면활성제 제조업

구 분	94	95	96	97	98	99	00	01	02	03	04	05	06	07	08	09	10	11	12
성장률											7.30	7.54	5.52	7.27	-1.99	10.99	12.23	8.80	8.83
EPS											236	276	194	270	54	434	648	547	585
배당금											75	75	75	100	100	150	150	150	150
ROE											10.71	10.35	9.01	11.54	2.36	16.80	15.92	12.13	11.87
직원의 수											46	47	62	62	67	70	67	78
연봉정보											52	52	54	60	57	64	60	69

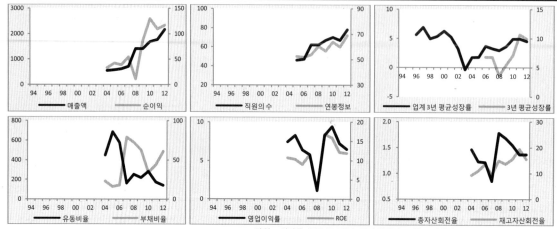

단위 : 성장률, ROE-% / EPS, 주당배당금 - 원 / 직원의 수 - 명 / 연봉정보 - 백만
2008년 9월, ㈜그린소프트 켐에서 KPX그린케미칼㈜로 상호 변경하였습니다.

· 경농 (유가증권 / 002100)

- 농약 제조업

구 분	94	95	96	97	98	99	00	01	02	03	04	05	06	07	08	09	10	11	12
성장률	4.40	14.20	1.99	1.85	0.96	3.02	5.37	6.26	6.01	-0.37	3.66	7.09	9.63	9.71	5.86	9.11	4.06	-0.21	2.64
EPS	194	559	135	102	89	163	280	335	343	27	253	506	755	858	663	970	549	182	381
배당금	65	65	65	35	50	50	40	40	40	45	65	100	150	175	200	200	200	200	150
ROE	6.63	16.07	3.83	2.82	2.19	4.35	6.27	7.11	6.81	0.56	4.92	8.83	12.02	12.19	8.39	11.47	6.39	2.16	4.35
직원의 수					281	287	270	352	308	296	286	307	309	319	355	323	324	308	306
연봉정보					20	21	23	19	30	27	29	28	31	42	39	43	44	48	45

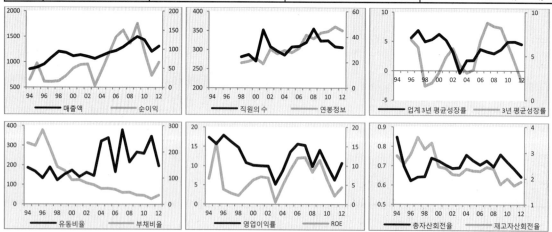

단위 : 성장률, ROE-% / EPS, 주당배당금 - 원 / 직원의 수 - 명 / 연봉정보 - 백만
1982년 10월, ㈜경북농약공업에서 ㈜경농으로 상호 변경하였습니다.

• 동방아그로 (유가증권 / 007590)

- 농약제조업

구분	94	95	96	97	98	99	00	01	02	03	04	05	06	07	08	09	10	11	12
성장률	8.05	5.53	4.16	1.57	-29.13	18.41	16.03	17.14	12.47	6.30	6.06	8.68	8.49	7.57	3.48	7.20	3.72	3.51	2.59
EPS	452	350	289	128	-1,132	787	771	945	823	452	476	703	759	731	440	776	511	503	426
배당금	80	80	80	50	50	50	100	50	125	110	125	150	165	175	175	185	185	185	185
ROE	9.78	7.17	5.75	2.57	-27.90	19.66	18.41	18.10	14.71	8.33	8.21	11.04	10.84	9.96	5.77	9.45	5.84	5.55	4.59
직원의 수					180	183	190	184	190	186	189	189	212	218	221	223	226	234	239
연봉정보					20	20	25	27	27	26	31	35	44	43	50	52	48	49	48

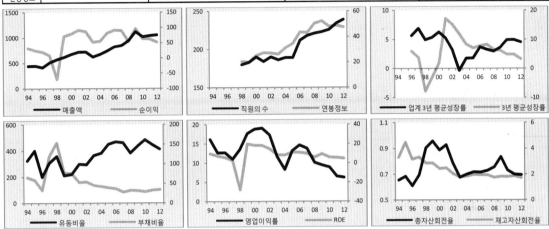

단위 : 성장률, ROE-% / EPS, 주당배당금 – 원 / 직원의 수 – 명 / 연봉정보 – 백만
1990년, 동방농약주식회사에서 ㈜동방아그로 상호 변경하였습니다.

• 성보화학 (유가증권 / 003080)

- 농약 제조업

구분	94	95	96	97	98	99	00	01	02	03	04	05	06	07	08	09	10	11	12
성장률	2.09	1.86	0.28	-0.29	2.43	2.88	2.24	2.12	1.15	0.27	0.79	1.72	2.59	1.93	2.42	1.98	-0.67	0.68	1.11
EPS	1,581	1,509	790	310	1,275	948	1,540	1,551	1,107	518	812	1,446	2,082	1,675	2,160	1,782	222	890	1,485
배당금	750	750	700	400	500	0	400	450	500	400	500	750	1,000	850	1,100	900	500	600	1,000
ROE	3.97	3.70	2.49	1.00	3.99	2.88	3.02	2.99	2.09	1.17	2.07	3.57	4.98	3.91	4.94	3.99	0.54	2.07	3.40
직원의 수					162	163	185	186	193	177	174	169	165	144	142	142	142	139	142
연봉정보					27	25	25	29	31	33	35	40	43	42	41	36	39	41	43

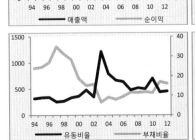
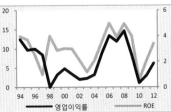
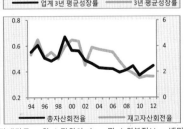

단위 : 성장률, ROE-% / EPS, 주당배당금 – 원 / 직원의 수 – 명 / 연봉정보 – 백만
1990년 1월, 서울농약㈜에서 성보화학㈜로 상호 변경하였습니다.

화
학

• SKC (유가증권 / 011790)

- 마그네틱 광학 매체 제조업

구분	94	95	96	97	98	99	00	01	02	03	04	05	06	07	08	09	10	11	12
성장률	9.58	10.02	9.72	4.91	0.68	5.11	0.83	-26.69	-25.91	7.80	13.09	3.75	16.23	10.01	0.14	0.16	7.84	11.00	5.42
EPS	918	1,067	1,940	1,576	324	1,369	172	-7,350	-2,559	877	1,684	761	2,965	2,175	284	288	2,628	3,881	2,255
배당금	0	0	0	500	200	300	0	0	200	0	0	250	300	350	250	250	400	500	500
ROE	9.58	10.02	9.72	7.19	1.79	6.54	0.83	-26.69	-24.03	7.80	13.09	5.59	18.06	11.93	1.16	1.18	9.25	12.63	6.96
직원의 수					1,991	1,796	1,783	2,222	2,282	2,386	2,447	1,898	1,721	1,257	1,202	1,228	1,325	1,561	1,624
연봉정보					34	33	32	35	37	39	46	57	56	56	65	57	58	57	78

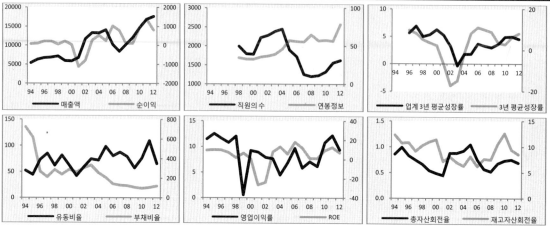

단위 : 성장률, ROE-% / EPS, 주당배당금 - 원 / 직원의 수 - 명 / 연봉정보 - 백만
1987년 1월, 선경화학㈜에서 ㈜SKC로 상호 변경하였습니다.

• 백광산업 (유가증권 / 001340)

- 무기안료 및 기타금속산화물 제조업

구분	94	95	96	97	98	99	00	01	02	03	04	05	06	07	08	09	10	11	12
성장률	2.91	13.03	3.61	0.79	1.17	-0.71	0.34	0.30	1.35	6.64	4.60	7.26	5.92	4.07	4.40	6.50	10.19	3.58	0.36
EPS	12	11	82	135	32	7	8	27	72	217	178	278	249	185	352	541	825	254	40
배당금	0	0	40	25	0	0	0	20	40	50	50	60	60	50	60	25	35	25	15
ROE	2.91	13.03	7.01	0.97	1.17	-0.71	0.34	1.16	3.04	8.62	6.40	9.26	7.80	5.58	5.31	6.82	10.65	3.97	0.57
직원의 수					120	105	100	95	92	92	91	108	89	90	177	177	180	192	232
연봉정보					23	25	27	36	35	26	22	37	46	47	45	47	58	58	56

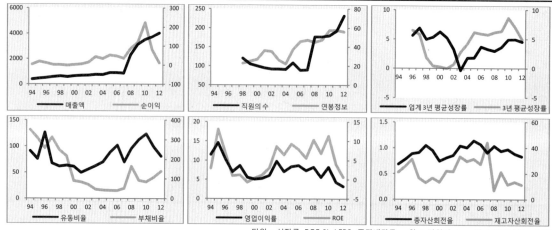

단위 : 성장률, ROE-% / EPS, 주당배당금 - 원 / 직원의 수 - 명 / 연봉정보 - 백만
1990년 2월, 백광화학주식회사에서 백광산업주식회사로 상호 변경하였습니다.

화
학

• 남해화학 (유가증권 / 025860)

- 복합비료 제조업

구분	94	95	96	97	98	99	00	01	02	03	04	05	06	07	08	09	10	11	12
성장률	0.91	3.35	3.60	-0.47	19.12	9.28	0.18	1.17	-18.1	1.52	0.41	0.32	1.09	5.75	27.50	-11.98	4.50	-2.67	-7.72
EPS	216	397	426	95	2,071	888	131	191	-670	169	92	77	150	598	2,958	-876	416	-174	-520
배당금	150	150	150	130	300	200	120	120	60	80	70	60	90	240	500	30	60	30	30
ROE	2.95	5.38	5.56	1.27	22.36	11.97	2.19	3.14	-16.6	2.89	1.71	1.44	2.73	9.61	33.09	-11.58	5.26	-2.28	-7.30
직원의 수					917	905	914	903	687	515	495	509	456	456	456	433	417	403	398
연봉정보					34	37	40	45	47	49	59	53	54	62	65	56	70	62	61

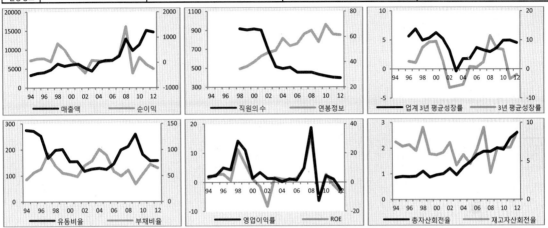

단위 : 성장률, ROE-% / EPS, 주당배당금 - 원 / 직원의 수 - 명 / 연봉정보 - 백만

• 조비 (유가증권 / 001550)

- 복합비료 제조업

구분	94	95	96	97	98	99	00	01	02	03	04	05	06	07	08	09	10	11	12
성장률		2.10	2.46	1.96	-19.88	-11.11	2.96	-0.66	-3.2	-172.8	-19.94	-14.89	-12.53	8.96	-26.64	11.30	-14.29	-113.5	-43.81
EPS		846	745	505	-2,181	-1,710	786	-374	-660	-9,792	-890	-419	-314	460	-4,048	1,937	-2,144	-7,979	-3,956
배당금		550	400	250	0	0	300	0	0	0	0	0	0	0	0	0	0	0	0
ROE		6.00	5.32	3.87	-19.88	-11.11	4.79	-0.66	-3.2	-172.8	-19.94	-14.89	-12.53	8.96	-26.64	11.30	-14.29	-113.5	-43.81
직원의 수					185	176	181	161	149	150	149	147	145	134	133	128	127	115
연봉정보					19	24	26	27	28	33	35	33	35	35	35	36	27	41

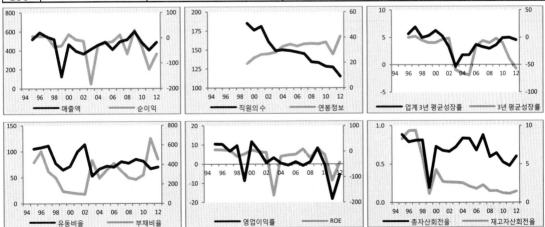

단위 : 성장률, ROE-% / EPS, 주당배당금 - 원 / 직원의 수 - 명 / 연봉정보 - 백만

1998년 결산 월 변경으로 인하여 44기는 제외하였으며, 43기를 98년도 기준으로 작성하였습니다.
1998년도 결산 월 변경으로 인하여, 98년 직원의 수와 연봉정보를 제외하였습니다.
1990년 10월, 조선비료공업주식회사에서 주식회사 조비로 상호 변경하였습니다.

화학

• KPX홀딩스 (유가증권 / 092230)

- 비금융 지주회사

구분	94	95	96	97	98	99	00	01	02	03	04	05	06	07	08	09	10	11	12
성장률													11.55	14.45	4.25	9.19	1.49	0.44	1.06
EPS													9,728	13,154	4,833	10,343	3,172	2,193	3,519
배당금													600	1,500	1,500	1,500	1,750	1,800	2,550
ROE													12.31	16.31	6.16	10.75	3.32	2.48	3.87
직원의 수													4	4	4	7	10	11	13
연봉정보													14	44	46	34	44	42	49

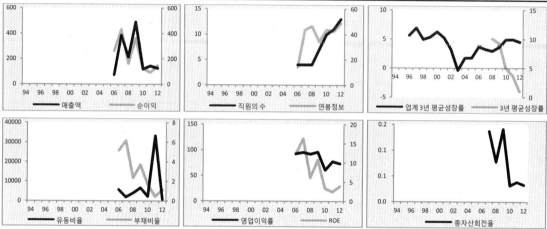

단위 : 성장률, ROE-% / EPS, 주당배당금 – 원 / 직원의 수 – 명 / 연봉정보 – 백만
2008년 9월, ㈜KPC홀딩스에서 KPX홀딩스㈜로 상호 변경하였습니다.

• 태경화학 (유가증권 / 006890)

- 산업용 가스 제조업

구분	94	95	96	97	98	99	00	01	02	03	04	05	06	07	08	09	10	11	12
성장률		29.77	19.55	7.86	-17.98	6.87	7.52	8.65	17.01	5.11	4.25	2.28	2.17	2.79	7.90	12.17	6.40	7.49	6.20
EPS		836	899	160	-276	170	284	352	685	313	289	237	228	265	504	848	546	604	554
배당금		0	75	0	0	50	100	150	150	150	150	150	150	150	150	150	150	150	150
ROE		29.77	21.32	7.86	-17.98	9.72	11.61	15.07	21.78	9.82	8.84	6.21	6.35	6.44	11.24	14.78	8.83	9.96	8.50
직원의 수					58	60	66	76		67	67	63	63	62	62	62	66	79	76
연봉정보					19	20	22	24		25	28	24	27	29	31	31	31	32	33

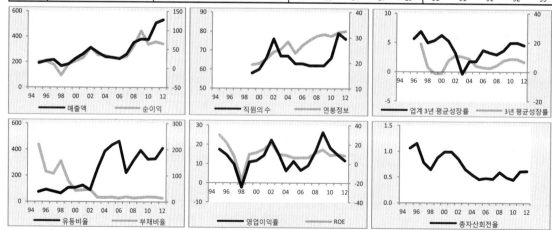

단위 : 성장률, ROE-% / EPS, 주당배당금 – 원 / 직원의 수 – 명 / 연봉정보 – 백만
2000년 3월, 대덕공업주식회사에서 태경화학주식회사로 상호 변경하였습니다.

• 금호석유 (유가증권 / 011780)
- 합성고무 제조업

구 분	94	95	96	97	98	99	00	01	02	03	04	05	06	07	08	09	10	11	12
성장률	-38.59	7.66	6.59	3.08	-3.75	7.81	-4.26	-27.65	2.5	2.99	17.38	12.89	8.46	13.77	-2.84	-114.9	23.10	24.43	3.40
EPS	77	1,474	1,331	736	42	3,555	-1,549	-8,586	720	1,150	7,092	6,025	3,904	6,655	-1,118	-31,003	8,664	14,127	3,615
배당금	500	500	450	350	250	300	300	0	0	250	500	650	700	750	750	0	1,000	2,000	2,000
ROE	7.02	11.59	9.96	5.86	0.76	8.53	-3.57	-27.65	2.5	3.82	18.70	14.44	10.31	15.52	-1.70	-114.9	26.11	28.45	7.60
직원의 수					844	739	760	1,150	952	924	932	916	904	942	1,014	1,006	1,107	1,272	1,358
연봉정보					30	33	33	43	47	44	50	54	60	60	65	66	59	73	82

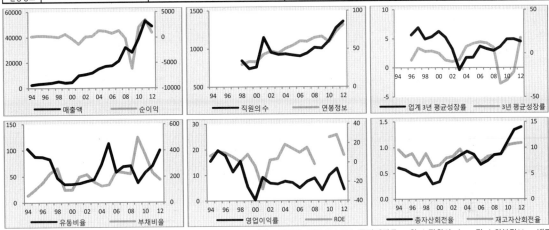

단위 : 성장률, ROE-% / EPS, 주당배당금 – 원 / 직원의 수 – 명 / 연봉정보 – 백만
1985년 6월, 금호석유화학㈜로 상호 변경하였습니다.
특이값(2009년 ROE)은 그래프에서 제외하였습니다.

• 동아화성 (코스닥 / 041930)
- 산업용 비경화고무제품 제조업

구 분	94	95	96	97	98	99	00	01	02	03	04	05	06	07	08	09	10	11	12
성장률					1.56	16.84	12.51	5.51	9.92	4.52	7.19	4.46	1.51	4.26	5.83	1.80	2.73	-5.96	10.28
EPS					65	851	326	182	286	169	275	225	77	132	181	94	126	-110	356
배당금					0	0	0	0	25	40	50	70	40	40	30	40	50	50	60
ROE					1.56	16.84	12.51	5.51	10.87	5.92	8.79	6.47	3.14	6.11	6.99	3.14	4.53	-4.10	12.36
직원의 수					222	289	288	288	277	250	237	206	197	224	241	275
연봉정보						19	17	21	22	25	27	29	31	30	30	30	33

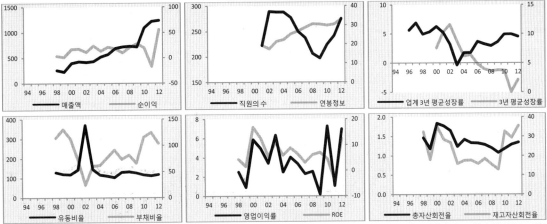

단위 : 성장률, ROE-% / EPS, 주당배당금 – 원 / 직원의 수 – 명 / 연봉정보 – 백만
2000년 1월, 동아화성공업㈜에서 동아화성㈜로 상호 변경하였습니다.

• 삼영무역 (유가증권 / 002810)

- 상품 종합 도매업

구분	94	95	96	97	98	99	00	01	02	03	04	05	06	07	08	09	10	11	12
성장률	10.81	10.09	1.42	7.76	15.43	12.71	6.68	4.48	5.73	7.99	7.03	8.16	6.33	7.49	4.79	8.17	5.06	4.95	8.22
EPS	373	367	59	303	617	600	402	316	408	565	538	667	564	700	512	884	614	575	1,054
배당금	70	60	15	50	25	50	75	75	75	75	75	75	75	75	75	75	100	50	125
ROE	13.29	12.07	1.91	9.29	16.08	13.87	8.21	5.87	7.03	9.22	8.17	9.19	7.30	8.39	5.62	8.93	6.05	5.43	9.33
직원의 수					75	78	82	79	78	76	77	75	81	77	77	78	82	79	80
연봉정보					18	23	23	26	27	28	33	34	34	38	40	41	44	42	41

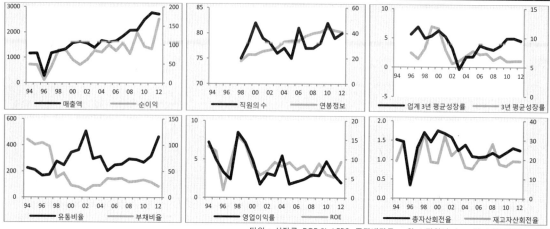

단위 : 성장률, ROE-% / EPS, 주당배당금 - 원 / 직원의 수 - 명 / 연봉정보 - 백만

• 동성하이켐 (코스닥 / 013450)

- 석유화학계 기초화학물질 제조업

구분	94	95	96	97	98	99	00	01	02	03	04	05	06	07	08	09	10	11	12
성장률		3.91	1.24	3.37	21.21	20.88	4.95	7.71	9.35	8.91	7.37	0.52	5.67	6.68	4.68	22.46	13.86	14.17	13.15
EPS		64	40	112	724	420	118	194	521	299	270	64	225	293	214	563	602	694	801
배당금		0	0	0	0	25	25	40	100	75	75	50	60	75	60	100	140	150	170
ROE		3.91	1.24	3.37	21.21	22.20	6.27	9.71	11.58	11.89	10.20	2.36	7.73	8.98	6.50	27.31	18.05	18.08	16.69
직원의 수						192	209	203	203	215	216	207	174	179	180	161	169	185	185
연봉정보						24	26	30	33	35	41	40	45	41	44	50	55	55	52

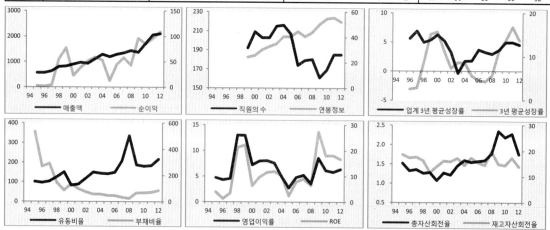

단위 : 성장률, ROE-% / EPS, 주당배당금 - 원 / 직원의 수 - 명 / 연봉정보 - 백만

1999년 11월 호성석유화학(주)에서 호성케멕스(주)로, 2009년 9월 호성케멕스(주)에서 (주)동성하이켐으로 상호 변경하였습니다.

화
학

• 롯데케미칼 (유가증권 / 011170)

- 석유화학계 기초화학물질 제조업

구분	94	95	96	97	98	99	00	01	02	03	04	05	06	07	08	09	10	11	12
성장률	8.92	9.48	3.67	7.31	13.91	3.35	2.86	0.32	5.76	17.80	31.26	22.94	14.66	15.00	-1.90	20.10	14.33	13.61	5.08
EPS	889	1,489	649	864	1,657	1,151	1,094	233	1,869	6,612	16,800	16,052	11,977	14,544	-1,421	25,006	21,559	23,498	10,759
배당금	300	750	350	250	300	300	350	150	250	500	1,000	1,000	750	1,000	250	1,500	1,750	1,750	1,000
ROE	13.46	19.10	7.97	10.29	16.99	4.53	4.20	0.89	6.65	19.26	33.24	24.47	15.64	16.11	-1.62	21.39	15.60	14.71	5.60
직원의 수					960	932	981	961	978	986	937	966	1,005	993	993	1,540	1,557	1,657	2,431
연봉정보					30	34	35	42	48	56	58	60	63	66	60	73	73	73	65

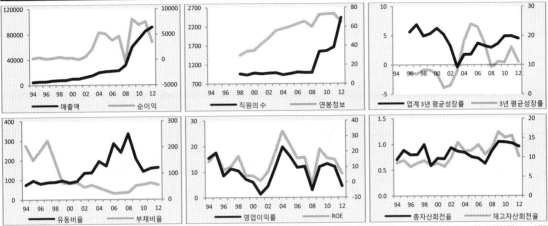

단위 : 성장률, ROE-% / EPS, 주당배당금 - 원 / 직원의 수 - 명 / 연봉정보 - 백만

주식회사 롯데대산유화(2009년 1월), 주식회사 케이피케미칼(2012년 12월)을 흡수 합병하였으며 롯데케미칼 주식회사로 상호 변경하였습니다.

• 이수화학 (유가증권 / 005950)

- 석유화학계 기초화학물질 제조업

구분	94	95	96	97	98	99	00	01	02	03	04	05	06	07	08	09	10	11	12
성장률	3.20	3.10	1.16	6.80	25.01	12.84	3.86	9.45	4.69	-3.46	-0.70	-3.43	-4.63	-5.62	10.16	6.85	8.64	4.41	4.79
EPS	533	529	320	652	4,074	3,765	1,459	3,374	2,122	-412	206	-534	-931	-1,130	3,891	3,287	4,070	2,390	2,322
배당금	200	200	200	0	500	750	500	750	750	600	400	400	250	250	450	500	600	600	450
ROE	5.12	4.99	3.10	6.80	28.51	16.04	5.88	12.15	7.25	-1.41	0.75	-1.96	-3.65	-4.60	11.49	8.08	10.13	5.88	5.94
직원의 수					447	448	445	443	400	379	341	327	307	302	327	329	336	346	360
연봉정보					29	27	34	40	49	50	52	51	54	58	59	65	63	62	69

단위 : 성장률, ROE-% / EPS, 주당배당금 - 원 / 직원의 수 - 명 / 연봉정보 - 백만

1996년, 이수화학공업주식회사에서 이수화학주식회사로 상호 변경하였습니다.

• 한화케미칼 (유가증권 / 009830)

- 석유화학계 기초화학물질 제조업

구분	94	95	96	97	98	99	00	01	02	03	04	05	06	07	08	09	10	11	12
성장률	1.98	5.47	-3.97	1.71	1.10	8.29	-2.01	-15.45	2.91	12.36	19.66	17.92	9.68	8.01	-0.13	10.48	7.58	10.05	2.43
EPS	451	1,094	-476	192	198	-913	-358	-1,666	312	1,585	3,004	3,266	2,047	1,835	325	2,428	2,822	2,910	853
배당금	200	350	0	0	0	0	0	0	0	150	300	350	350	400	350	450	450	450	250
ROE	3.57	8.04	-3.97	1.71	1.10	8.29	-2.01	-15.45	2.91	13.65	21.84	20.07	11.67	10.24	1.75	12.87	9.02	11.88	3.43
직원의 수					3,774	1,920	1,908	1,872	1,815	1,815	1,810	1,834	1,845	1,875	1,945	2,033	2,115	2,319	2,521
연봉정보					23	42	39	45	49	54	61	61	65	61	73	72	73	74	68

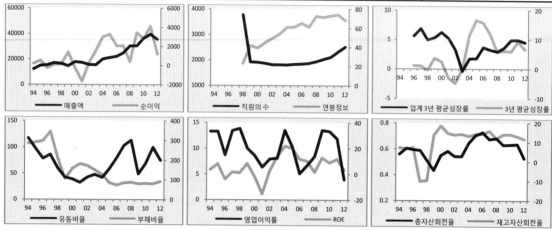

단위 : 성장률, ROE-% / EPS, 주당배당금 – 원 / 직원의 수 – 명 / 연봉정보 – 백만
2010년 3월, 한화석유화학㈜에서 한화케미칼㈜로 상호 변경하였습니다.

• LG 화학 (유가증권 / 051910)

- 석유화학계 기초화학물질 제조업

구분	94	95	96	97	98	99	00	01	02	03	04	05	06	07	08	09	10	11	12
성장률								6.23	15.62	13.47	19.39	12.68	9.30	13.87	16.24	20.02	22.67	19.05	11.24
EPS								1,913	5,152	5,382	7,341	5,501	4,392	9,264	12,022	19,827	26,798	27,578	19,582
배당금								750	1,500	1,750	1,500	1,250	1,000	2,000	2,500	3,500	4,000	4,000	4,000
ROE								10.25	22.03	19.96	24.37	16.41	12.05	17.69	20.50	24.31	26.65	22.29	14.12
직원의 수								7,866	8,323	9,097	9,816	10,063	10,654	10,780	10,698	8,194	9,304	10,722	11,683
연봉정보								28	40	46	36	47	49	57	64	63	62	63	62

단위 : 성장률, ROE-% / EPS, 주당배당금 – 원 / 직원의 수 – 명 / 연봉정보 – 백만
2001년 4월, (주)LG CI를 존속법인으로 하고 (주)LG화학과 (주)LG생활건강을 신설법인으로 하여 분할하였습니다.

화
학

• SK 케미칼 (유가증권 / 006120)
- 석유화학계 기초화학물질 제조업

구분	94	95	96	97	98	99	00	01	02	03	04	05	06	07	08	09	10	11	12
성장률	1.47	2.20	-17.68	1.98	2.96	3.07	4.10	1.85	-18.14	1.55	1.22	11.86	5.51	5.34	0.55	12.79	3.38	2.55	3.38
EPS	1,014	1,299	-4,633	618	1,179	1,695	1,094	715	-3,300	370	524	3,309	1,553	1,636	340	6,931	2,164	1,679	2,162
배당금	500	500	0	0	250	250	350	250	300	0	200	300	250	250	100	500	500	400	400
ROE	2.89	3.58	-17.68	1.98	3.76	3.60	6.03	2.85	-16.63	1.55	1.97	13.04	6.56	6.30	0.78	13.79	4.40	3.34	4.15
직원의 수					2,296	2,068	1,194	1,121	1,181	1,031	1,046	1,236	1,681	1,651	1,543	1,487	1,488	1,592	1,864
연봉정보					19	33	36	42	40	44	47	45	35	48	44	54	46	48	52

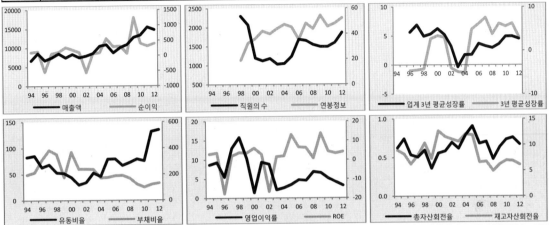

단위 : 성장률, ROE-% / EPS, 주당배당금 - 원 / 직원의 수 - 명 / 연봉정보 - 백만
1998년 3월, (주)선경인더스트리에서 SK케미칼주식회사로 상호 변경하였습니다.

• 한국카본 (유가증권 / 017960)
- 설치용 금속탱크 및 저장용기 제조업

구분	94	95	96	97	98	99	00	01	02	03	04	05	06	07	08	09	10	11	12
성장률	18.69	17.81	13.40	13.49	11.52	8.82	9.28	3.38	1.18	1.74	3.23	6.98	11.85	15.56	21.67	10.72	2.16	1.83	3.23
EPS	669	525	414	424	410	262	308	133	33	80	136	272	499	760	1,304	786	242	207	335
배당금	143	50	51	53	60	60	50	40	0	30	40	50	70	90	110	150	100	80	70
ROE	23.74	19.69	15.30	15.44	13.48	11.44	11.08	4.83	1.18	2.78	4.58	8.55	13.78	17.65	23.66	13.25	3.68	2.98	4.09
직원의 수					208	265	278	241	269	229	276	483	655	666	539	407	378	435	450
연봉정보					14	13	16	19	18	20	18	18	20	22	30	32	28	28	31

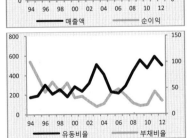
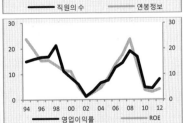
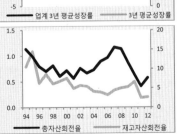

단위 : 성장률, ROE-% / EPS, 주당배당금 - 원 / 직원의 수 - 명 / 연봉정보 - 백만

• 극동유화 (유가증권 / 014530)
- 윤활유 및 그리스 제조업

구분	94	95	96	97	98	99	00	01	02	03	04	05	06	07	08	09	10	11	12
성장률	9.73	7.60	7.24	5.22	8.99	5.71	0.29	2.12	3.83	0.39	2.46	4.47	16.52	3.33	12.63	9.87	8.48	7.40	9.18
EPS	2,230	2,000	2,034	1,719	2,589	2,114	821	703	1,160	566	894	1,357	3,086	1,035	3,232	3,000	2,798	2,765	3,419
배당금	750	750	750	750	750	750	750	250	500	500	500	600	600	500	600	600	600	700	700
ROE	14.66	12.16	11.47	9.26	12.66	8.85	3.39	3.29	6.73	3.33	5.58	8.01	20.51	6.43	15.51	12.34	10.80	9.91	11.54
직원의 수					68	64	113	121	131	131	119	97	99	97	94	101	103	121	127
연봉정보					24	25	24	26	27	33	33	35	39	42	47	44	43	45	51

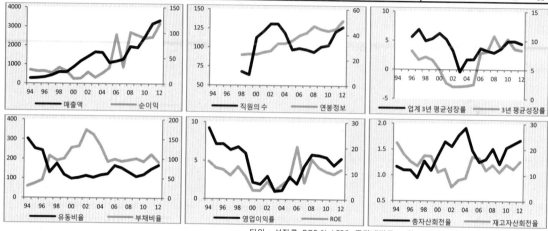

단위 : 성장률, ROE-% / EPS, 주당배당금 – 원 / 직원의 수 – 명 / 연봉정보 – 백만
1985년 1월, 세창산업㈜에서 극동유화㈜로 상호 변경하였습니다.

• 미창석유 (유가증권 / 003650)
- 윤활유 및 그리스 제조업

구분	94	95	96	97	98	99	00	01	02	03	04	05	06	07	08	09	10	11	12
성장률	1.53	0.21	-6.54	-0.15	1.54	9.67	6.93	10.39	13.29	11.10	10.97	7.52	7.57	12.07	19.85	18.88	14.03	11.78	12.33
EPS	547	217	-672	128	477	2,141	1,664	2,763	4,041	3,798	4,232	3,156	3,437	6,235	12,453	14,660	12,842	12,134	14,316
배당금	300	250	350	150	250	500	400	650	800	750	850	650	700	1,200	2,100	2,300	2,000	2,000	2,300
ROE	3.39	-1.37	-4.30	0.90	3.25	12.62	9.13	13.58	16.57	13.83	13.73	9.47	9.51	14.95	23.87	22.40	16.62	14.10	14.69
직원의 수					108	110	105	106	107	104	102	101	92	86	77	76	77	74	74
연봉정보					20	24	24	28	31	33	35	40	42	49	60	62	59	63	67

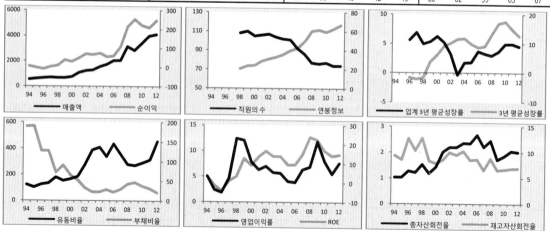

단위 : 성장률, ROE-% / EPS, 주당배당금 – 원 / 직원의 수 – 명 / 연봉정보 – 백만
1963년 12월, 미창석유공업사에서 미창석유공업주식회사로 상호 변경하였습니다.
1978년 11월, 대한정유공업㈜을 흡수 합병하였습니다.

• 한국쉘석유 (유가증권 / 002960)
- 윤활유 및 그리스 제조업

구분	94	95	96	97	98	99	00	01	02	03	04	05	06	07	08	09	10	11	12
성장률	-2.29	7.82	9.05	3.87	29.84	16.01	17.53	9.04	12.48	11.37	5.04	-19.07	1.58	5.54	8.81	7.32	5.02	5.20	6.01
EPS	148	1,385	1,768	998	5,775	5,303	6,438	4,562	6,133	6,459	6,980	7,105	6,521	11,605	9,333	24,097	20,893	20,089	23,977
배당금	600	600	750	575	1,150	2,300	2,450	2,300	2,400	2,500	5,000	15,000	6,000	9,500	6,000	20,000	18,000	17,000	20,000
ROE	0.75	13.79	15.72	9.14	37.26	28.27	28.30	18.24	20.50	18.56	17.77	17.16	19.81	30.53	24.66	43.07	36.23	33.79	36.26
직원의 수					127	129	99	100	126	115	115	116	117	121	122	122	120	120	122
연봉정보					36	40	40	40	40	48	53	59	50	67	60	73	72	73	68

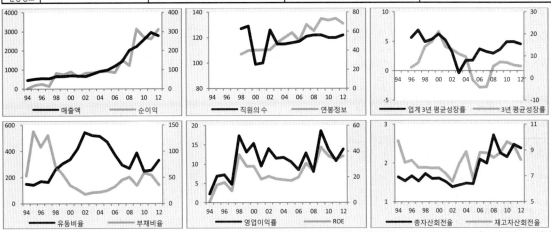

단위 : 성장률, ROE-% / EPS, 주당배당금 - 원 / 직원의 수 - 명 / 연봉정보 - 백만
1987년 12월 극동쉘정유주식회사에서 한국쉘석유주식회사로 상호 변경하였습니다.

• 대정화금 (코스닥 / 120240)
- 의약용 화합물 및 항생물질 제조업

구분	94	95	96	97	98	99	00	01	02	03	04	05	06	07	08	09	10	11	12
성장률						14.90	5.84	16.30	7.92	8.17	13.74	16.36	15.74	11.25	8.87	16.23	6.18	8.24	3.42
EPS						230	105	351	185	208	406	559	619	492	56	1,348	1,271	1,176	632
배당금						0	0	0	0	0	0	0	0	0	4	100	500	400	300
ROE						14.90	5.84	16.30	7.92	8.17	13.74	16.36	15.74	11.25	9.51	17.53	10.19	12.49	6.51
직원의 수															113	122	131		
연봉정보															33	37	41		

단위 : 성장률, ROE-% / EPS, 주당배당금 - 원 / 직원의 수 - 명 / 연봉정보 - 백만
1999년~2007년 사업보고서 미공시로 인하여 EPS는 감사보고서를 기준으로, 배당금은 0으로 간주해 성장률을 계산하였습니다.
99년~07년 성장률은 업계 3년 평균성장률 계산 과정에서 제외하였습니다.

• 원풍 (코스닥 / 008370)

- 인조모피 및 인조모피 제품 제조업

구분	94	95	96	97	98	99	00	01	02	03	04	05	06	07	08	09	10	11	12
성장률		3.48	3.44	2.82	7.53	26.03	3.16	6.01	6.84	5.58	5.52	3.32	9.99	3.27	6.40	11.91	4.91	5.89	4.44
EPS		83	85	78	138	360	101	153	177	176	182	136	331	161	252	580	334	391	319
배당금		30	30	40	50	50	50	50	50	60	60	60	75	75	75	100	110	110	110
ROE		5.46	5.30	5.78	11.82	30.23	6.26	8.93	9.53	8.46	8.24	5.95	12.91	6.13	9.11	14.39	7.32	8.19	6.77
직원의 수						204	188	221	186	188	196	200	171	179	178	193	219	217	207
연봉정보						18	22	21	24	25	27	28	35	29	32	36	25	28	32

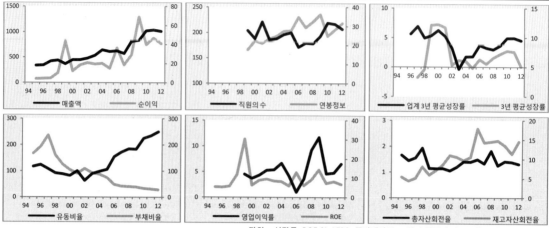

단위 : 성장률, ROE-% / EPS, 주당배당금 - 원 / 직원의 수 - 명 / 연봉정보 - 백만
1990년 3월, 원풍화학주식회사에서 주식회사 원풍으로 상호 변경하였습니다.
95~98년 영업이익 미공시로 인하여 그래프에서 제외 하였습니다.

• 한일화학 (코스닥 / 007770)

- 자동차 차체용 부품 제조업

구분	94	95	96	97	98	99	00	01	02	03	04	05	06	07	08	09	10	11	12
성장률		5.26	14.11	18.91	18.31	15.08	12.63	13.05	10.77	9.29	7.34	7.99	16.87	12.23	8.27	0.35	-0.11	-0.27	0.52
EPS		277	738	1,185	1,458	1,413	1,360	1,593	1,497	1,734	939	1,045	2,505	2,139	1,648	305	223	86	277
배당금		50	50	60	125	125	125	125	125	400	200	230	400	400	350	250	250	150	150
ROE		6.42	15.14	19.92	20.02	16.54	13.91	14.17	11.75	12.08	9.32	10.25	20.07	15.05	10.50	1.96	0.91	0.36	1.13
직원의 수					113	102	74	86	84	86	89	92	98	91	93	98	103	95
연봉정보					22	19	36	25	29	33	33	38	36	38	37	36	37	43

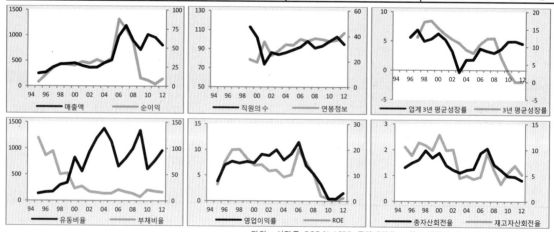

단위 : 성장률, ROE-% / EPS, 주당배당금 - 원 / 직원의 수 - 명 / 연봉정보 - 백만
1999년 4월, 한일아연화공업㈜에서 한일화학공업㈜로 상호 변경하였습니다.

• 오공 (코스닥 / 045060)
- 접착제 및 젤라틴 제조업

구분	94	95	96	97	98	99	00	01	02	03	04	05	06	07	08	09	10	11	12
성장률			10.53	7.80	9.29	12.19	7.56	6.51	7.50	4.57	1.09	0.74	1.14	1.18	-1.95	5.23	2.33	1.20	2.20
EPS			226	125	172	296	272	254	319	181	29	60	81	73	-53	188	138	92	129
배당금			0	18	30	75	100	100	125	60	0	40	50	40	0	0	50	50	50
ROE			10.53	9.07	11.26	16.33	11.95	10.73	12.33	6.84	1.09	2.21	2.97	2.62	-1.95	5.23	3.65	2.62	3.59
직원의 수							120	118	132	133	129	129	134	141	137	122	120	114	115
연봉정보							20	23	23	24	27	27	26	29	33	31	31	36	35

단위 : 성장률, ROE-% / EPS, 주당배당금 - 원 / 직원의 수 - 명 / 연봉정보 - 백만
1996년 11월, 오공산업주식회사에서 주식회사 오공으로 상호 변경하였습니다.

• AK 홀딩스 (유가증권 / 006840) / 애경유화 (유가증권 / 161000)
- 지주회사 및 경영컨설팅 서비스업 / 기타 화학제품 제조업

구분	94	95	96	97	98	99	00	01	02	03	04	05	06	07	08	09	10	11	12
성장률		27.85	13.85	3.52	3.80	3.20	0.94	2.14	8.27	3.82	2.99	0.39	-0.42	7.54	-9.28	-7.80	10.54	7.86	
EPS		33,398	18,850	6,281	2,111	2,084	1,064	1,512	4,558	2,653	2,631	912	581	4,864	-3,191	-2,158	5,990	4,933	
배당금		6,000	4,000	2,500	1,250	750	750	750	1,000	1,000	1,250	750	750	1,500	650	750	1,500	750	
ROE		33.95	17.58	5.85	9.33	5.00	3.20	4.24	10.60	6.13	5.70	2.19	1.43	10.91	-7.71	-5.79	14.06	9.27	
직원의 수					324	309	305	313	313	304	299	225	230	230	220	222	243	260	
연봉정보					29	31	34	39	35	42	44	49	48	43	47	49	45	21	

단위 : 성장률, ROE-% / EPS, 주당배당금 - 원 / 직원의 수 - 명 / 연봉정보 - 백만
1994년 8월, 삼경화성주식회사에서 애경유화주식회사 상호 변경하였습니다.
2012년 애경유화 인적 분할로 인하여, 12년도 재무상태표(매출액, 영업이익, 순이익 항목을 제외)를 합산해 그래프를 작성하였습니다.
직원의 수, 연봉정보는 AK홀딩스와 애경유화를 단순 합한 수치입니다.

• 삼성정밀화학 (유가증권 / 004000)
- 질소, 인산 및 칼리질 비료 제조업

구분	94	95	96	97	98	99	00	01	02	03	04	05	06	07	08	09	10	11	12
성장률	0.65	0.73	0.93	0.59	1.64	3.22	3.24	4.92	4.85	4.36	4.86	4.91	2.39	3.49	8.79	8.21	6.34	5.28	5.59
EPS	260	370	466	241	1,029	1,241	1,170	1,573	1,720	1,655	1,837	1,970	1,255	1,580	3,378	3,426	3,361	2,903	3,193
배당금	0	0	0	0	500	500	500	500	600	600	600	650	600	600	650	650	650	650	650
ROE	0.65	0.73	0.93	0.59	3.18	5.40	5.65	7.21	7.45	6.84	7.22	7.33	4.58	5.62	10.88	10.13	7.86	6.80	7.02
직원의 수					800	797	803	792	791	794	722	739	749	793	886	927	959	1,023	1,099
연봉정보					41	37	41	48	48	51	67	64	63	64	61	43	63	63	82

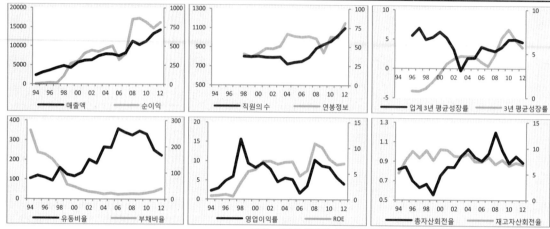

단위 : 성장률, ROE-% / EPS, 주당배당금 – 원 / 직원의 수 – 명 / 연봉정보 – 백만
1994년, 한국비료공업주식회사에서 삼성정밀화학으로 상호 변경하였습니다.

• 폴리비전 (코스닥 / 032980)
- 컴퓨터 및 주변장치, 소프트웨어 도매업

구분	94	95	96	97	98	99	00	01	02	03	04	05	06	07	08	09	10	11	12
성장률		39.07	32.46	20.30	3.75	-1.26	-9.99	-33.16	-19.47	-96.46	-111.0	-29.80	-233.8	-27.26	-7305.3	-15.76	-30.93	0.74	-125.7
EPS		645	793	354	521	10	-128	-427	-190	-423	-954	-279	-718	-1,570	-4,023	-52	-304	6	-642
배당금		75	75	50	0	35	0	0	0	0	0	0	0	0	0	0	0	0	0
ROE		44.21	35.85	23.64	3.75	0.50	-9.99	-33.16	-19.47	-96.46	-111.0	-29.80	-233.8	-27.26	-7305.3	-15.76	-30.93	0.74	-125.7
직원의 수					115	123	114	60		46	26	32	44	57	34	29	33	49	56
연봉정보					33	25	24	53		28	29	25	18	31	28	25	28	20	25

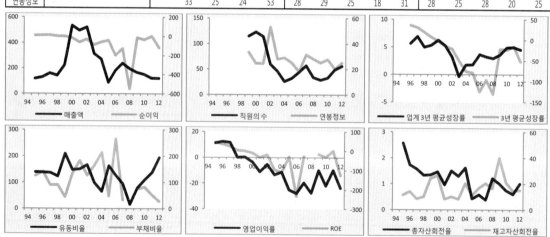

단위 : 성장률, ROE-% / EPS, 주당배당금 – 원 / 직원의 수 – 명 / 연봉정보 – 백만
2007년 결산 월 변경으로 인하여 25기는 제외하였으며, 24기를 2006년 기준으로 작성하였습니다.
2009년 1월, 엔디코프 주식회사에서 폴리비전 주식회사로 상호 변경하였습니다.
특이값(2008년 부채비율, ROE 및 성장률)은 그래프에서 제외 및 보정하였습니다.

• NPC (유가증권 / 004250)

- 포장용 플라스틱 성형용기 제조업

구분	94	95	96	97	98	99	00	01	02	03	04	05	06	07	08	09	10	11	12
성장률	-55.32	23.34	1.82	-0.44	0.59	1.19	6.23	4.71	6.76	5.24	3.87	4.44	5.36	5.65	7.17	8.36	13.74	8.70	7.75
EPS	7	271	29	-5	7	34	129	115	170	147	123	129	153	166	214	268	464	343	333
배당금	0	0	10	0	0	20	45	45	50	50	50	45	50	50	50	55	60	65	65
ROE	-55.32	23.34	2.79	-0.44	0.59	2.95	9.57	7.75	9.59	7.93	6.54	6.83	7.95	8.08	9.35	10.52	15.79	10.74	9.63
직원의 수					188	193	199	197	209	227	224	214	219	208	194	179	243	227	278
연봉정보					17	24	27	33	33	33	32	39	48	47	57	58	64	53	42

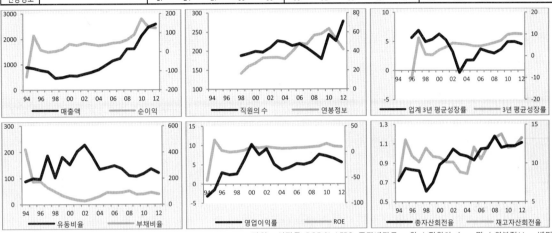

단위 : 성장률, ROE-% / EPS, 주당배당금 – 원 / 직원의 수 – 명 / 연봉정보 – 백만
2011년 3월, 내쇼날푸라스틱주식회사에서 엔피씨주식회사로 상호 변경하였습니다.

• 영보화학 (유가증권 / 014440)

- 플라스틱 발포 성형제품 제조업

구분	94	95	96	97	98	99	00	01	02	03	04	05	06	07	08	09	10	11	12
성장률	8.22	11.32	16.23	12.87	7.38	15.92	5.64	10.48	10.04	7.57	5.04	4.71	8.80	0.24	1.54	10.60	4.40	5.42	4.66
EPS	577	225	389	508	310	375	164	368	305	299	235	244	394	58	78	487	281	281	259
배당금	0	0	0	0	50	50	50	125	50	90	90	100	100	50	25	75	100	50	50
ROE	8.22	11.32	16.23	12.87	8.79	18.37	8.11	15.87	12.01	10.83	8.16	7.98	11.80	1.74	2.26	12.54	6.82	6.59	5.78
직원의 수					238	294	320	309	299	298	287	268	270	265	251	251	259	263	275
연봉정보					19	21	17	23	24	28	32	32	35	38	39	42	42	45	48

단위 : 성장률, ROE-% / EPS, 주당배당금 – 원 / 직원의 수 – 명 / 연봉정보 – 백만
1991년 7월, 영보케미칼주식회사에서 영보화학주식회사로 상호 변경하였습니다.

화
학

• 진양산업 (유가증권 / 003780)

- 플라스틱 발포 성형제품 제조업

구분	94	95	96	97	98	99	00	01	02	03	04	05	06	07	08	09	10	11	12
성장률	-14.51	-1.10	3.17	13.04	2.67	2.28	0.63	3.16	3.24	5.49	1.75	0.53	-0.76	2.79	23.72	11.37	9.60	7.80	2.92
EPS	-330	-25	75	354	68	69	30	93	123	224	99	63	26	166	533	307	388	387	272
배당금	0	0	0	0	0	15	15	0	25	30	35	45	50	75	0	125	150	200	200
ROE	-14.51	-1.10	3.17	13.04	2.67	2.92	1.26	3.16	4.06	6.34	2.72	1.86	0.82	5.08	23.72	19.17	15.66	16.15	11.04
직원의 수					320	369	357	63	59	63	59	60	56	59	54	56	54	56	56
연봉정보					17	15	17	20	18	19	22	22	22	24	24	25	30	31	28

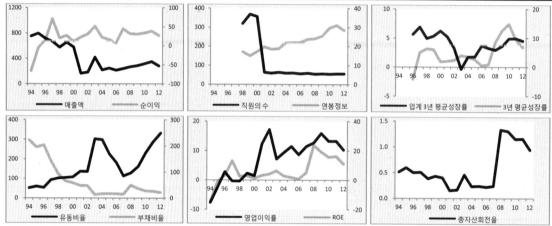

단위 : 성장률, ROE-% / EPS, 주당배당금 – 원 / 직원의 수 – 명 / 연봉정보 – 백만
2007년 3월, ㈜진양에서 진양산업㈜로 상호 변경하였습니다.
2001년 1월, 울산공장이 진양화학주식화로 분할되었습니다.

• 나노켐텍 (코스닥 / 091970)

- 플라스틱 적층, 도포 및 기타 표면처리 제품 제조업

구분	94	95	96	97	98	99	00	01	02	03	04	05	06	07	08	09	10	11	12
성장률											37.27	34.76	26.99	15.27	12.95	15.47	17.06	3.15	3.08
EPS											741	897	815	646	631	953	1,149	139	140
배당금											25	40	100	0	0	100	100	0	0
ROE										5.9	7.01	38.57	36.38	30.77	15.27	12.95	17.29	18.69	3.15	3.08
직원의 수											31	45	60	83	80	106	102
연봉정보											31	30	25	28	23	25	25

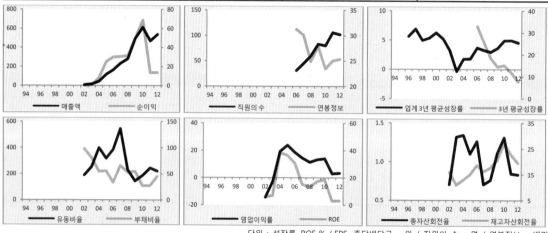

단위 : 성장률, ROE-% / EPS, 주당배당금 – 원 / 직원의 수 – 명 / 연봉정보 – 백만

화
학

• 한국큐빅 (코스닥 / 021650)
- 플라스틱 적층, 도포 및 기타 표면처리 제품 제조업

구분	94	95	96	97	98	99	00	01	02	03	04	05	06	07	08	09	10	11	12
성장률					-8.56	12.16	7.83	15.75	13.79	2.30	2.65	6.22	7.46	12.58	-7.02	8.45	7.60	7.46	4.79
EPS					377	861	363	662	693	235	235	409	487	808	-204	491	346	390	290
배당금					750	450	150	150	150	150	150	150	150	150	100	50	50	75	75
ROE					8.64	25.49	13.33	20.36	17.60	6.36	7.33	9.82	10.78	15.45	-4.71	9.41	8.89	9.24	6.45
직원의 수									181	186	153	174	174	182	143	144	168	164	163
연봉정보									18	17	21	21	22	25	28	22	25	28	27

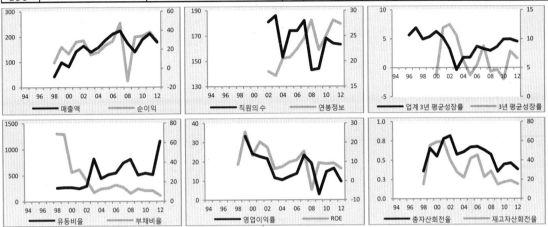

단위 : 성장률, ROE-% / EPS, 주당배당금 - 원 / 직원의 수 - 명 / 연봉정보 - 백만

• 대원화성 (유가증권 / 024890)
- 플라스틱 합성피혁 제조업

구분	94	95	96	97	98	99	00	01	02	03	04	05	06	07	08	09	10	11	12
성장률	15.88	16.40	24.45	5.80	2.15	7.77	2.03	-39.23	-11.26	19.38	-0.09	3.81	6.41	3.29	-17.20	-5.82	-9.44	-27.84	-4.22
EPS	203	206	385	197	86	284	53	-491	-124	270	9	76	120	52	-300	-116	-381	-217	-169
배당금	0	0	0	40	40	75	20	0	0	0	10	20	20	0	0	0	0	0	0
ROE	15.88	16.40	24.45	7.28	4.03	10.55	3.26	-39.23	-11.26	19.38	0.62	5.17	7.69	3.29	-17.20	-5.82	-9.44	-27.84	-4.22
직원의 수					358	356	399	376	313	324	293	306	285	256	217	190	220	253	225
연봉정보					19	22	21	20	23	22	25	26	28	31	26	25	30	30	34

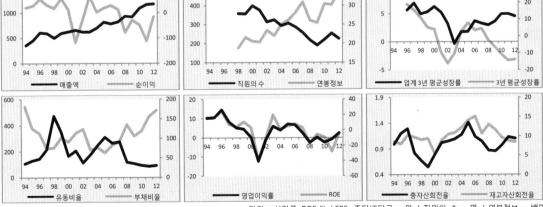

단위 : 성장률, ROE-% / EPS, 주당배당금 - 원 / 직원의 수 - 명 / 연봉정보 - 백만
1974년 8월, 대원화성공업 주식회사에서 대원화성 주식회사로 상호 변경하였습니다.

화
학

• 진양화학 (유가증권 / 051630)

- 플라스틱 합성피혁 제조업

구분	94	95	96	97	98	99	00	01	02	03	04	05	06	07	08	09	10	11	12
성장률								1.39	0.08	5.45	2.15	4.72	22.27	-6.68	13.89	6.09	1.10	2.51	4.58
EPS								41	1	138	68	146	665	32	128	166	71	125	197
배당금								15	0	30	25	45	50	70	0	100	50	75	100
ROE								2.21	0.08	6.97	3.39	6.83	24.08	5.56	13.89	15.31	3.71	6.28	9.31
직원의 수								261	240	198	189	177	176	174	173	178	182	171	159
연봉정보								19	21	25	23	24	25	27	27	27	28	31	32

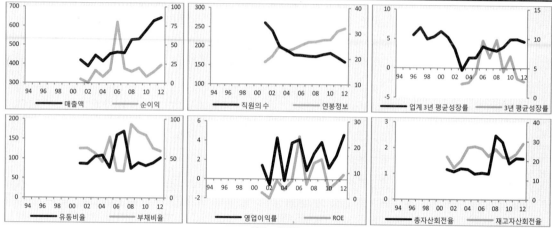

단위 : 성장률, ROE-% / EPS, 주당배당금 - 원 / 직원의 수 - 명 / 연봉정보 - 백만
2001년, ㈜진양으로부터 합성수지 부문을 분할하여 설립되었습니다.

• 대한화섬 (유가증권 / 003830)

- 합성섬유 제조업

구분	94	95	96	97	98	99	00	01	02	03	04	05	06	07	08	09	10	11	12
성장률	7.18	1.41	-14.88	-7.42	18.67	2.42	-7.61	-8.27	-0.16	-17.38	1.46	4.78	-0.87	4.24	3.11	3.22	4.26	3.26	1.02
EPS	10,288	2,557	-15,900	-6,796	25,253	4,209	-20,298	-20,349	344	-37,320	4,013	13,419	-1,504	12,140	9,164	9,961	8,126	10,865	4,048
배당금	1,250	750	600	500	1,000	1,000	750	750	750	500	750	750	750	750	600	750	750	750	750
ROE	8.17	1.99	-14.33	-6.91	19.44	3.18	-7.34	-7.97	0.13	-17.15	1.79	5.06	-0.58	4.52	3.33	3.48	4.69	3.50	1.26
직원의 수					1,155	1,028	1,015	708	495	483	200	177	105	116	129	127	131	153	193
연봉정보					24	31	33	28	29	34	40	42	43	40	42	45	47	46	45

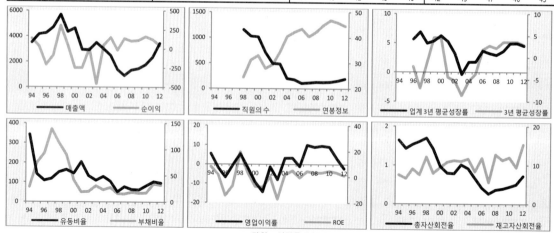

단위 : 성장률, ROE-% / EPS, 주당배당금 - 원 / 직원의 수 - 명 / 연봉정보 - 백만
1968년 5월, 대한합성섬유주식회사에서 대한화섬주식회사로 상호 변경하였습니다.

• 태광산업 (유가증권 / 003240)

- 합성섬유 제조업

구분	94	95	96	97	98	99	00	01	02	03	04	05	06	07	08	09	10	11	12
성장률	15.36	3.07	5.00	2.38	20.59	16.96	1.99	-12.62	3.10	2.36	4.87	1.49	-4.65	2.78	-3.98	20.30	14.69	10.44	-1.59
EPS	76,548	16,373	27,056	13,696	139,006	151,012	33,417	-180,771	46,582	36,858	78,632	25,717	-74,931	48,583	-63,534	407,015	325,310	267,217	-37,994
배당금	1,500	1,000	1,000	1,000	1,500	1,750	1,750	1,750	1,750	1,750	1,750	1,750	1,750	1,750	1,500	1,750	1,750	1,750	1,750
ROE	15.67	3.27	5.20	2.57	20.82	17.16	2.10	-12.50	3.22	2.48	4.98	1.60	-4.54	2.88	-3.89	20.38	14.77	10.51	-1.52
직원의 수					9,421	9,275	7,983	6,499	3,879	2,657	2,469	1,934	1,395	1,364	1,253	1,165	1,230	1,478	1,653
연봉정보					14	15	20	22	29	32	32	36	37	37	39	41	43	41	38

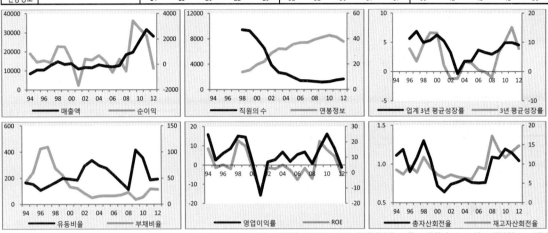

단위 : 성장률, ROE-% / EPS, 주당배당금 – 원 / 직원의 수 – 명 / 연봉정보 – 백만

• 휴비스 (유가증권 / 079980)

- 합성섬유 제조업

구분	94	95	96	97	98	99	00	01	02	03	04	05	06	07	08	09	10	11	12
성장률							0.38	6.86	7.96	0.92	-13.09	-10.45	-63.82	-28.41	-15.96	2.22	9.12	26.26	11.14
EPS							48	921	1,405	135	-1,677	-1,212	-4,939	-1,422	-936	124	546	2,162	1,411
배당금							0	0	225	0	0	0	0	0	0	0	0	0	300
ROE							0.38	6.86	9.48	0.92	-13.09	-10.45	-63.82	-28.41	-15.96	2.22	9.12	26.26	14.14
직원의 수										1,064	1,046	847	844	847	미공시		898	905
연봉정보										39	46	46	46	47			53	59

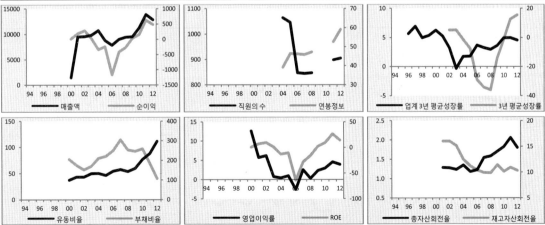

단위 : 성장률, ROE-% / EPS, 주당배당금 – 원 / 직원의 수 – 명 / 연봉정보 – 백만
1기(2000년) 는 2개월(11월 1일~12월 31일)치 자료이며, 1기 총자산 및 재고자산회전율은 그래프에서 제외하였습니다.
2000년~2001년 사업보고서 미공시로 인하여 EPS는 감사보고서를 기준으로, 배당금은 0으로 간주해 성장률을 계산하였습니다.
00년~01년 성장률은 업계 3년 평균성장률 계산 과정에서 제외하였습니다.
2009년, 2010년 연봉정보는 미공시 되었습니다.

• 엔피케이 (코스닥 / 048830)
- 합성수지 및 기타 플라스틱 물질 제조업

구 분	94	95	96	97	98	99	00	01	02	03	04	05	06	07	08	09	10	11	12
성장률			-13.14	-29.39	5.27	13.86	7.79	3.76	5.93	6.99	10.40	9.76	9.40	8.86	-2.03	1.55	1.20	3.68	3.72
EPS			-54	-96	60	190	136	54	100	120	194	206	184	173	-38	40	33	71	104
배당금			0	0	0	50	35	10	25	25	35	40	12	0	0	10	10	0	30
ROE			-13.14	-29.39	5.27	18.81	10.50	4.62	7.90	8.83	12.69	12.11	10.05	8.86	-2.03	2.06	1.72	3.68	5.23
직원의 수						103	128	134	144	147	146	151	151	160	158	153	161	154
연봉정보						26	21	20	25	24	29	29	31	32	35	37	37	35

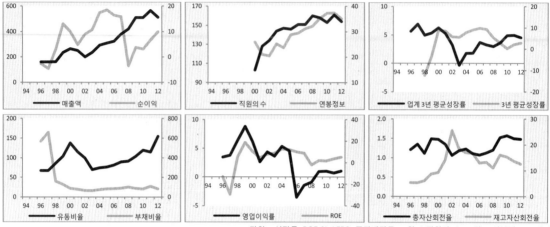

단위 : 성장률, ROE-% / EPS, 주당배당금 – 원 / 직원의 수 – 명 / 연봉정보 – 백만
2002년 2월, ㈜니피코리아에서 ㈜엔피케이로 상호 변경하였습니다.

• 국도화학 (유가증권 / 007690)
- 합성수지 및 기타 플라스틱 물질 제조업

구 분	94	95	96	97	98	99	00	01	02	03	04	05	06	07	08	09	10	11	12
성장률	6.64	6.15	2.42	3.35	3.46	6.03	4.00	2.25	4.64	2.52	5.07	5.15	8.00	4.94	11.64	7.97	7.27	5.84	6.48
EPS	1,638	1,722	851	1,005	1,156	1,673	1,306	1,080	1,666	1,169	1,927	2,188	3,266	2,303	5,027	3,899	4,555	3,768	4,538
배당금	500	600	500	500	500	500	500	600	600	600	600	750	800	800	800	800	900	800	1,000
ROE	9.56	9.43	5.86	6.67	6.10	8.60	6.48	5.07	7.25	5.18	7.36	7.84	10.60	7.57	13.85	10.02	9.05	7.41	8.31
직원의 수					283	311	310	314	312	313	289	187	200	231	264	270	299	319	328
연봉정보					19	23	27	28	30	34	38	43	39	38	40	43	36	43	46

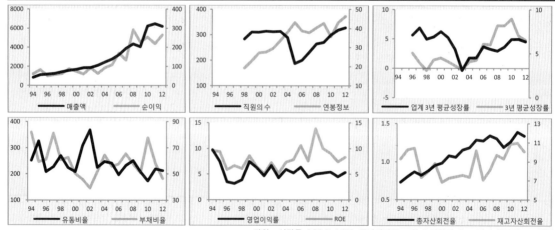

단위 : 성장률, ROE-% / EPS, 주당배당금 – 원 / 직원의 수 – 명 / 연봉정보 – 백만
1999년 4월, 국도화학공업주식회사에서 국도화학주식회사로 상호 변경하였습니다.

• 대한유화 (유가증권 / 006650)

- 합성수지 및 기타 플라스틱 물질 제조업

구분	94	95	96	97	98	99	00	01	02	03	04	05	06	07	08	09	10	11	12
성장률		111.13	42.60	21.15	4.29	3.87	-6.67	-5.97	1.64	2.09	17.78	7.18	9.41	8.39	-21.94	19.08	8.50	2.54	-2.06
EPS		11,630	7,596	4,843	2,131	2,798	-2,733	-2,567	1,218	1,441	10,948	5,303	6,876	7,776	-11,964	15,342	10,898	4,605	-2,436
배당금		0	0	0	0	750	0	0	500	500	1,000	1,000	1,000	2,000	0	2,000	2,000	1,500	0
ROE		111.13	42.60	21.15	4.29	5.28	-6.67	-5.97	2.79	3.20	19.56	8.85	11.01	11.30	-21.94	21.94	10.41	3.77	-2.06
직원의 수						846	764	771	767	776	765	764	759	766	746	720	725	721	737
연봉정보						36	40	41	41	45	55	56	63	63	61	74	70	74	69

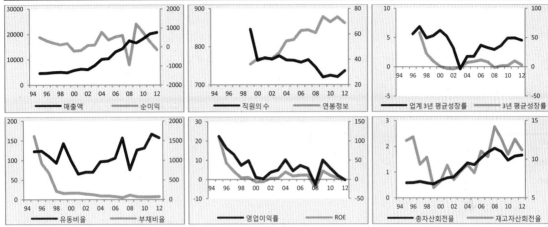

단위 : 성장률, ROE-% / EPS, 주당배당금 – 원 / 직원의 수 – 명 / 연봉정보 – 백만

• 동성화인텍 (코스닥 / 033500)

- 합성수지 및 기타 플라스틱 물질 제조업

구분	94	95	96	97	98	99	00	01	02	03	04	05	06	07	08	09	10	11	12
성장률			9.57	17.75	26.24	33.45	18.94	11.23	15.88	12.45	5.94	0.04	11.34	20.55	-82.93	-67.23	1.56	-14.28	13.68
EPS			140	440	317	607	665	475	918	664	411	152	718	1,364	-3,680	-1,886	49	-345	376
배당금			0	0	0	0	0	100	150	150	150	150	150	150	0	0	0	0	0
ROE			9.57	17.75	26.24	33.45	18.94	14.23	18.98	16.09	9.35	3.42	14.33	23.09	-82.93	-67.23	1.56	-14.28	13.68
직원의 수							126	163	190	246	288	272	306	374	405	320	333	329	385
연봉정보							25	24	28	20	25	32	29	32	33	30	30	31	34

단위 : 성장률, ROE-% / EPS, 주당배당금 – 원 / 직원의 수 – 명 / 연봉정보 – 백만
2004년 결산 월 변경으로 인하여 20기는 제외하였으며, 19기를 2004년 기준으로 작성하였습니다.
2009년 12월, 최대주주가 김흥근에서 주식회사 동성홀딩스로 변경되었습니다.

화학

• 동성화학 (유가증권 / 005190)
- 합성수지 및 기타 플라스틱 물질 제조업

구분	94	95	96	97	98	99	00	01	02	03	04	05	06	07	08	09	10	11	12
성장률	2.97	1.37	2.95	10.20	16.16	1.59	2.82	3.12	10.07	2.41	-6.57	-4.60	2.23	10.29	0.24	1.23	2.21	6.76	6.28
EPS	199	144	227	564	999	270	299	306	855	297	-336	-208	174	2,611	53	113	278	1,130	1,142
배당금	80	80	110	120	180	180	120	100	100	80	60	40	40	80	40	40	40	160	160
ROE	4.97	3.08	5.74	12.96	19.71	4.76	4.72	4.63	11.40	3.30	-5.57	-3.86	2.89	10.61	0.98	1.92	2.58	7.87	7.30
직원의 수					382	322	323	319	303	290	300	204	202	161	147	166	175	187	192
연봉정보					20	26	28	29	33	37	33	35	39	43	45	40	43	40	45

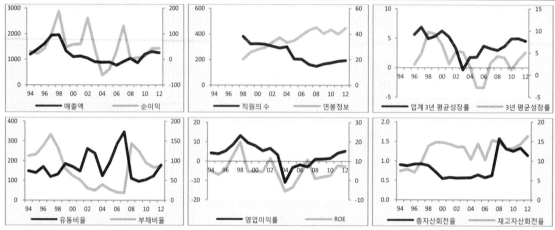

단위 : 성장률, ROE-% / EPS, 주당배당금 - 원 / 직원의 수 - 명 / 연봉정보 - 백만
1994년 3월, 동성화학공업주식회사에서 ㈜동성화학으로 상호 변경하였습니다.

• 유원컴텍 (코스닥 / 036500)
- 합성수지 및 기타 플라스틱 물질 제조업

구분	94	95	96	97	98	99	00	01	02	03	04	05	06	07	08	09	10	11	12
성장률		2.76	13.36	69.46	38.26	16.15	11.20	5.74	-7.50	-5.71	6.83	8.99	0.61	8.19	-11.56	-57.66	-1.04	-5.74	1.64
EPS		13	138	1,291	1,005	891	442	220	-205	-150	246	367	19	275	-364	-1,356	149	-161	45
배당금		0	0	0	0	50	100	50	0	0	50	70	0	0	0	0	0	0	0
ROE		2.76	13.36	69.46	38.26	17.11	14.48	7.42	-7.50	-5.71	8.58	11.11	0.61	8.19	-11.56	-57.66	-1.04	-5.74	1.64
직원의 수					45	61	61	68	80	86	95	102	106	116	129	131	124	83	
연봉정보					16	17	19	24	21	27	28	33	32	33	33	29	38	37	

단위 : 성장률, ROE-% / EPS, 주당배당금 - 원 / 직원의 수 - 명 / 연봉정보 - 백만
1999년 6월, ㈜유원화성에서 ㈜유원컴텍으로 상호 변경하였습니다.

364

화학

• 제일모직 (유가증권 / 001300)
- 합성수지 및 기타 플라스틱 물질 제조업

구 분	94	95	96	97	98	99	00	01	02	03	04	05	06	07	08	09	10	11	12
성장률	6.69	1.78	6.62	0.46	0.45	3.25	4.10	4.31	10.20	5.07	6.35	9.60	8.72	6.67	7.55	4.63	7.67	6.54	6.09
EPS	2,783	1,114	2,420	123	302	1,038	1,098	1,221	2,670	1,600	1,939	3,156	3,156	3,115	3,255	2,654	5,811	5,274	4,124
배당금	600	600	600	0	150	250	500	550	600	650	650	750	750	750	750	750	750	750	750
ROE	8.52	3.85	8.80	0.46	0.89	4.28	7.54	7.85	13.16	8.54	9.55	12.59	11.44	8.79	9.81	6.45	8.80	7.62	7.44
직원의 수					1,803	2,143	2,179	2,171	2,366	2,502	2,494	2,507	2,836	2,852	3,138	3,257	3,853	4,889	5,100
연봉정보					20	26	31	23	41	34	46	49	51	50	55	56	63	60	61

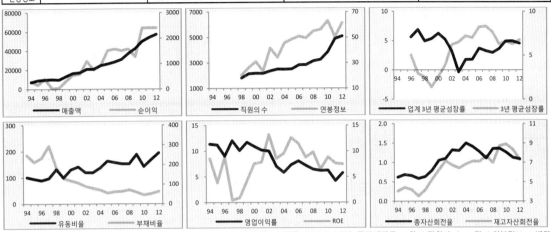

단위 : 성장률, ROE-% / EPS, 주당배당금 - 원 / 직원의 수 - 명 / 연봉정보 - 백만
1976년 2월, 제일모직공업주식회사에서 제일모직주식회사로 상호 변경하였습니다.

화학

• 진양폴리 (코스닥 / 010640)
- 합성수지 및 기타 플라스틱 물질 제조업

구 분	94	95	96	97	98	99	00	01	02	03	04	05	06	07	08	09	10	11	12
성장률	1.13	-1.80	-10.85	11.20	-5.49	2.97	5.02	0.48	5.50	5.97	3.32	5.90	-0.80	-17.36	78.47	0.75	5.19	0.17	-2.03
EPS	43	5	-82	139	-36	60	114	38	145	156	101	173	28	25	587	46	187	153	140
배당금	30	25	20	20	20	30	35	30	50	40	35	45	45	75	0	40	100	150	175
ROE	3.77	0.47	-8.73	13.09	-3.52	5.97	7.25	2.36	8.41	8.04	5.08	7.98	1.30	8.53	78.47	5.76	11.15	8.86	8.11
직원의 수					110	118	118	108	105	111	109	111	103	59	60	51	50	55	48
연봉정보					15	14	16	18	18	20	20	21	23	23	23	28	28	27	31

단위 : 성장률, ROE-% / EPS, 주당배당금 - 원 / 직원의 수 - 명 / 연봉정보 - 백만
2008년 1월, 한국폴리우레탄공업㈜에서 진양폴리우레탄㈜로 상호 변경하였습니다.

• HRS (코스닥 / 036640)

- 합성수지 및 기타 플라스틱 물질 제조업

구분	94	95	96	97	98	99	00	01	02	03	04	05	06	07	08	09	10	11	12
성장률			19.37	15.43	6.65	21.86	14.88	10.65	8.88	10.01	10.02	6.26	11.38	6.83	2.90	6.26	6.08	6.43	5.12
EPS			256	257	110	322	371	242	212	269	304	157	324	188	78	179	439	346	220
배당금			0	0	0	50	65	35	50	60	75	0	0	0	0	0	200	100	20
ROE			19.37	15.43	6.65	25.87	18.04	12.44	11.62	12.88	13.30	6.26	11.38	6.83	2.90	6.26	11.17	9.04	5.63
직원의 수						128	123	127		141	146	139	163	160	148	137	145	162	162
연봉정보						15	17	18		20	23	26	27	33	33	32	34	33	35

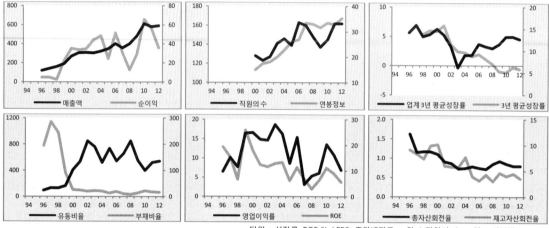

단위 : 성장률, ROE-% / EPS, 주당배당금 - 원 / 직원의 수 - 명 / 연봉정보 - 백만
2004년 결산 월 변경으로 인하여 24기는 제외하였으며, 23기를 2004년 기준으로 작성하였습니다.
2007년 3월, 주식회사 해룡실리콘에서 주식회사 에이치알에스로 상호 변경하였습니다.

• SH 에너지화학 (유가증권 / 002360)

- 합성수지 및 기타 플라스틱 물질 제조업

구분	94	95	96	97	98	99	00	01	02	03	04	05	06	07	08	09	10	11	12
성장률		57.70	1.13	3.10	-23.83	-120.71	-24.04	14.36	16.42	-2.87	-11.55	-5.22	-3.20	4.26	-15.88	6.47	-10.66	4.91	1.66
EPS		377	20	19	-119	-362	-69	122	168	-25	-88	-71	-18	25	-104	41	-34	29	10
배당금		0	10	0	0	0	0	0	0	0	0	0	0	0	0	0	0	0	0
ROE		57.70	2.29	3.10	-23.83	-120.71	-24.04	14.36	16.42	-2.87	-11.55	-5.22	-3.20	4.26	-15.88	6.47	-10.66	4.91	1.66
직원의 수						121	124	124	127	133	130	123	117	113	114	112	111	109	112
연봉정보						16	21	23	27	28	30	32	36	43	14	41	44	42	52

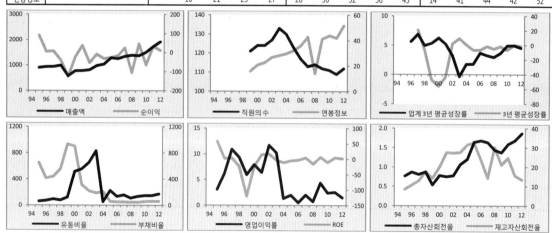

단위 : 성장률, ROE-% / EPS, 주당배당금 - 원 / 직원의 수 - 명 / 연봉정보 - 백만
2005년 결산 월 변경으로 인하여 48기는 제외하였으며, 47기를 2005년 기준으로 작성하였습니다.
2008년 3월, ㈜SH케미칼에서 ㈜SH에너지화학으로 상호 변경하였습니다.

화
학

• 경인양행 (유가증권 / 012610)
- 합성염료, 유연재 및 기타 착색제 제조업

구 분	94	95	96	97	98	99	00	01	02	03	04	05	06	07	08	09	10	11	12
성장률	9.08	3.95	2.63	3.79	4.89	-0.58	2.88	9.32	6.83	3.81	4.94	1.74	-0.24	3.93	11.00	6.51	1.51	0.60	1.62
EPS	262	152	104	119	181	30	105	260	207	146	168	95	30	144	355	312	170	76	121
배당금	50	50	50	40	50	40	50	60	50	50	50	50	35	50	50	50	50	50	50
ROE	11.23	5.89	5.07	5.72	6.76	1.64	5.50	12.12	9.00	5.79	7.04	3.69	1.31	6.02	12.81	7.75	2.14	1.76	2.76
직원의 수					360	322	348	327	325	334	339	325	307	252	264	266	291	378	367
연봉정보					15	21	22	24	27	28	28	29	29	31	35	38	38	39	42

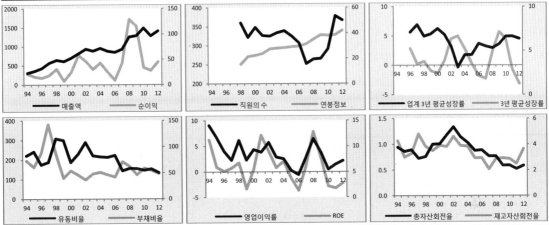

단위 : 성장률, ROE-% / EPS, 주당배당금 – 원 / 직원의 수 – 명 / 연봉정보 – 백만
2006년~2010년 중소기업기준법에 의한 연구원은 인원에서 제외하였습니다.

• 이화산업 (유가증권 / 000760)
- 합성염료, 유연재 및 기타 착색제 제조업

구 분	94	95	96	97	98	99	00	01	02	03	04	05	06	07	08	09	10	11	12
성장률	2.57	-2.95	-0.47	3.08	5.18	1.85	-3.99	-2.79	0.45	-10.46	-20.22	-27.89	-19.66	0.33	-3.15	24.34	15.57	-4.24	9.58
EPS	976	-486	51	827	1,444	687	-757	-617	101	-2,106	-3,385	-3,652	-2,151	36	-336	3,422	2,484	-645	1,592
배당금	400	150	150	150	250	250	150	0	0	0	0	0	0	0	0	0	0	0	0
ROE	4.36	-2.26	0.24	3.77	6.26	2.91	-3.33	-2.79	0.45	-10.46	-20.22	-27.89	-19.66	0.33	-3.15	24.34	15.57	-4.24	9.58
직원의 수					373	361	336	335	311	261	226	94	76	78	74	75	72	72	72
연봉정보					21	19	22	23	23	23	26	26	26	29	33	34	38	44	47

단위 : 성장률, ROE-% / EPS, 주당배당금 – 원 / 직원의 수 – 명 / 연봉정보 – 백만

화
학

• 케이에스씨비 (코스닥 / 065940)
- 합성염료, 유연재 및 기타 착색제 제조업

구분	94	95	96	97	98	99	00	01	02	03	04	05	06	07	08	09	10	11	12
성장률					16.30	19.99	7.97	14.31	13.27	2.79	9.28	0.48	1.29	0.47	-5.65	0.42	2.63	-5.22	-23.15
EPS					0	1,813	678	689	534	105	394	121	158	121	-230	123	262	-210	-800
배당금					0	250	0	0	0	0	0	100	100	100	0	100	100	0	0
ROE					16.30	23.18	7.97	14.31	13.27	2.79	9.28	2.75	3.50	2.72	-5.65	2.25	4.25	-5.22	-23.15
직원의 수						109				94	92	93	87	85	78	67	65	89	76
연봉정보						23				27	27	29	29	29	30	30	32	29	31

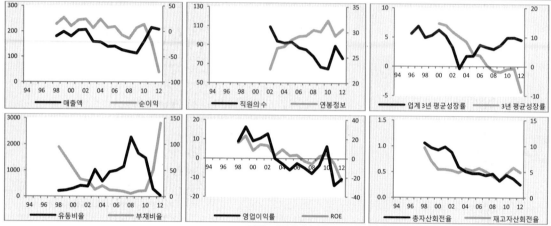

단위 : 성장률, ROE-% / EPS, 주당배당금 – 원 / 직원의 수 – 명 / 연봉정보 – 백만
2011년 5월, 풍경정화 주식회사에서 케이에스씨비주식회사로 상호 변경하였습니다.

• 웅진케미칼 (유가증권 / 008000)
- 화학섬유직물 직조업

구분	94	95	96	97	98	99	00	01	02	03	04	05	06	07	08	09	10	11	12
성장률	1.45	1.43	0.35	-0.85	0.82	-9.41	-271.4	-104.0	-21.8	1.13	4.14	1.47	-32.73	-26.65	0.85	3.81	18.75	1.28	0.87
EPS	104	92	59	29	72	-487	-7,385	-1,167	-365	3	32	12	-194	-126	5	22	127	9	6
배당금	50	50	50	50	25	0	0	0	0	0	0	0	0	0	0	0	0	0	0
ROE	2.80	3.14	2.35	1.17	1.26	-9.41	-271.4	-104.0	-21.8	1.13	4.14	1.47	-32.73	-26.65	0.85	3.81	18.75	1.28	0.87
직원의 수					3,099	2,249	1,979	1,528	1,324	1,191	1,185	1,088	1,130	1,086	1,095	1,047	1,028	1,178	1,102
연봉정보					35	0	37	33	38	30	35	37	38	40	41	47	47	47	56

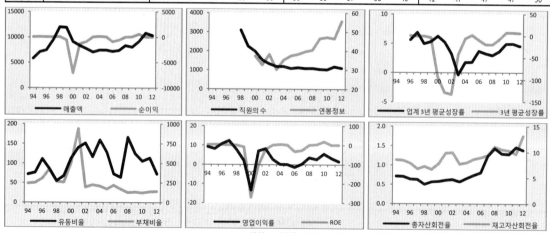

단위 : 성장률, ROE-% / EPS, 주당배당금 – 원 / 직원의 수 – 명 / 연봉정보 – 백만
2008년 3월, 주식회사 새한에서 웅진케미칼주식회사로 상호 변경하였습니다.

• 유니드 (유가증권 / 014830)
-기초무기화학물질 제조업

구 분	94	95	96	97	98	99	00	01	02	03	04	05	06	07	08	09	10	11	12
성장률						28.79	17.64	10.97	14.79	13.19	12.20	9.62	11.07	11.21	21.64	9.79	13.71	10.65	1.07
EPS						3,292	2,367	1,619	3,408	3,455	3,888	2,954	3,575	4,119	9,629	5,345	9,245	7,559	1,457
배당금						0	0	0	750	750	750	750	750	750	1,000	1,000	1,100	750	750
ROE						28.79	17.64	10.97	18.96	16.85	15.11	12.90	14.01	13.71	24.15	12.04	15.56	11.82	2.21
직원의 수										357	349	340	351	352	350	362	410	411	
연봉정보										42	43	44	46	53	50	58	56	55	

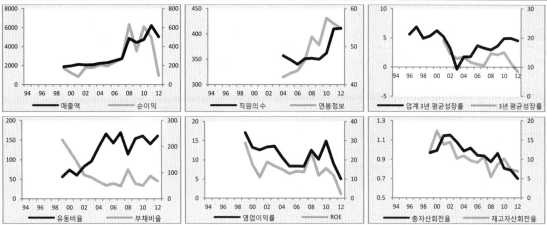

단위 : 성장률, ROE-% / EPS, 주당배당금 - 원 / 직원의 수 - 명 / 연봉정보 - 백만
1999년~2001년 사업보고서 미공시로 인하여 EPS는 감사보고서를 기준으로, 배당금은 0으로 간주해 성장률을 계산하였습니다.
99년~01년 성장률은 업계 3년 평균성장률 계산 과정에서 제외하였습니다.
1995년 8월, 한국카리화학㈜에서 주식회사 유니드로 상호 변경하였습니다.

• 한솔케미칼 (유가증권 / 014680)
- 기초무기화학물질 제조업

구 분	94	95	96	97	98	99	00	01	02	03	04	05	06	07	08	09	10	11	12
성장률	8.10	7.62	5.67	4.23	5.04	1.75	2.60	-47.20	-14.20	-22.02	6.31	6.98	5.94	1.68	-0.05	11.16	7.16	5.68	15.23
EPS	1,960	2,127	1,718	1,218	1,523	629	309	-5,295	-1,358	-2,095	918	1,110	1,026	476	295	1,623	1,404	1,320	2,934
배당금	650	650	650	500	500	200	0	400	400	400	400	400	400	300	300	400	400	500	500
ROE	12.12	10.98	9.12	7.17	7.50	2.57	2.60	-47.20	-14.20	-22.02	10.20	10.92	9.73	4.53	2.93	14.81	10.01	9.15	18.36
직원의 수					408	401	398	387	352	322	328	329	276	286	268	266	281	316	341
연봉정보					24	29	34	34	35	36	37	43	47	38	42	47	45	42	44

단위 : 성장률, ROE-% / EPS, 주당배당금 - 원 / 직원의 수 - 명 / 연봉정보 - 백만
2004년 3월, 한솔케미언스㈜에서 ㈜한솔케미칼로 상호 변경하였습니다.

화학

• 미원상사 (유가증권 / 002840)

- 기초유기화학물질 제조업

구 분	94	95	96	97	98	99	00	01	02	03	04	05	06	07	08	09	10	11	12
성장률		0.71	0.42	0.88	8.74	12.59	12.46	2.06	7.75	5.29	7.05	8.90	8.03	12.92	16.75	18.09	24.11	13.90	17.29
EPS		608	567	745	2,334	4,073	5,042	2,382	5,710	3,543	4,670	4,521	3,904	6,594	9,859	13,012	14,828	15,393	22,728
배당금		500	500	600	800	1,500	2,000	1,500	2,100	2,100	2,500	1,500	1,100	1,200	1,200	1,800	2,000	2,200	1,800
ROE		3.98	3.53	4.54	13.30	19.93	20.65	5.57	12.25	12.98	15.17	13.31	11.18	15.80	19.08	20.99	27.87	16.22	18.78
직원의 수						273	293	291	328	353	398	416	423	410	456	334	359	301	325
연봉정보						22	26	24	25	27	30	31	33	37	42	49	48	43	47

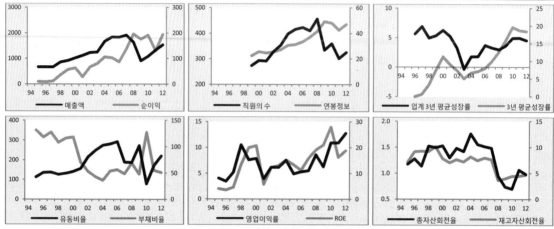

단위 : 성장률, ROE-% / EPS, 주당배당금 – 원 / 직원의 수 – 명 / 연봉정보 – 백만
2008년 결산 월 변경으로 인하여 50기는 제외하였으며, 49기를 2008년 기준으로 작성하였습니다.
2008년 11월, 미원스페셜티케미칼㈜을 분할하였습니다.

• 카프로 (유가증권 / 006380)

- 기초유기화학물질 제조업

구 분	94	95	96	97	98	99	00	01	02	03	04	05	06	07	08	09	10	11	12
성장률	-1.12	17.24	26.94	11.61	-1.29	4.72	1.24	-7.37	-3.79	-23.54	2.23	-8.83	-74.93	-12.75	-18.34	7.80	20.54	22.80	-6.40
EPS	26	730	1,609	1,410	123	734	379	-612	-255	-1,772	127	-223	-1,516	-256	-458	211	2,307	3,924	-481
배당금	60	90	200	250	250	250	250	100	100	0	0	100	0	0	0	0	400	1,000	250
ROE	0.88	19.66	30.76	14.11	1.24	7.15	3.65	-6.33	-2.72	-23.54	2.23	-6.10	-74.93	-12.75	-18.34	7.80	24.85	30.59	-4.21
직원의 수					533	532	524	478	471	429	423	426	419	372	365	357	362	354	345
연봉정보					35	36	41	43	46	45	56	60	56	58	58	60	64	66	65

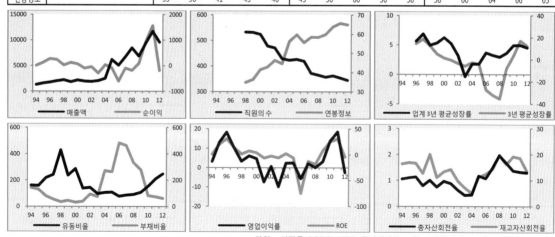

단위 : 성장률, ROE-% / EPS, 주당배당금 – 원 / 직원의 수 – 명 / 연봉정보 – 백만
2001년 2월, 한국카프로락탐 주식회사에서 주식회사 카프로로 상호 변경하였습니다.

• 한국알콜 (코스닥 / 017890)

- 기초유기화학물질 제조업

구분	94	95	96	97	98	99	00	01	02	03	04	05	06	07	08	09	10	11	12
성장률		23.27	18.13	17.75	13.02	11.86	1.95	2.91	6.23	2.73	9.65	5.91	4.79	8.00	13.84	8.53	6.60	5.76	3.80
EPS		1,645	1,447	1,511	1,273	1,346	115	180	429	216	626	417	370	698	942	674	600	524	324
배당금		50	50	0	0	0	0	0	25	50	50	50	50	50	50	50	50	50	0
ROE		24.00	18.77	17.75	13.02	11.86	1.95	2.91	6.61	3.55	10.48	6.72	5.54	8.61	14.62	9.21	7.20	6.37	3.80
직원의 수						162	166	156	153	151	143	131	129	122	118	125	132	146	140
연봉정보						28	27	35	32	36	39	40	42	48	50	49	48	46	52

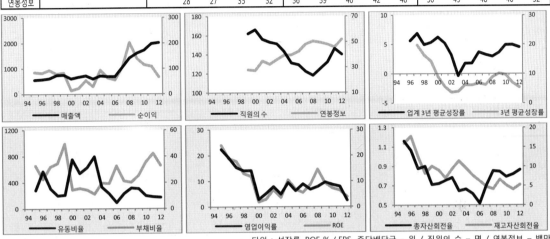

단위 : 성장률, ROE-% / EPS, 주당배당금 – 원 / 직원의 수 – 명 / 연봉정보 – 백만
1987년 3월, ㈜한신에서 한국알콜산업㈜로 상호 변경하였습니다.

• KPX 케미칼 (유가증권 / 025000)

- 기초유기화학물질 제조업

구분	94	95	96	97	98	99	00	01	02	03	04	05	06	07	08	09	10	11	12
성장률	3.65	2.64	5.07	2.39	2.73	11.29	12.28	11.16	11.52	11.76	10.33	10.83	18.73	16.30	10.64	15.81	15.92	13.87	7.00
EPS	1,240	660	1,352	1,532	1,391	3,839	4,790	4,588	5,102	5,968	4,936	5,590	5,652	6,502	5,263	8,170	9,731	9,777	7,635
배당금	650	500	600	600	600	850	1,000	1,100	1,150	1,250	1,250	1,250	1,300	1,500	1,500	1,500	1,500	1,500	3,000
ROE	7.68	10.87	9.11	3.93	4.81	14.50	15.52	14.68	14.87	14.87	13.83	13.95	24.32	21.19	14.88	19.36	18.83	16.39	11.53
직원의 수					266	253	255	251	259	216	213	209	232	232	239	239	228	242	257
연봉정보					28	33	35	39	42	46	52	55	53	58	59	60	68	67	69

단위 : 성장률, ROE-% / EPS, 주당배당금 – 원 / 직원의 수 – 명 / 연봉정보 – 백만
2008년 9월, 한국포리올㈜에서 KPX케미칼㈜로 상호 변경하였습니다.

화
학

• KPX 화인케미칼 (유가증권 / 025850)

- 기초유기화학물질 제조업

구 분	94	95	96	97	98	99	00	01	02	03	04	05	06	07	08	09	10	11	12
성장률	4.37	7.12	11.00	14.72	21.55	6.73	12.48	5.27	2.44	3.80	-3.68	-2.46	6.03	37.38	-1.88	22.02	13.96	-14.75	-7.07
EPS	1,203	1,665	2,038	2,852	4,837	2,242	4,113	2,308	1,421	1,972	-615	-751	1,571	12,700	50	10,077	7,274	-4,813	-2,382
배당금	700	600	600	700	750	1,000	1,000	900	750	800	500	0	750	1,750	500	1,500	1,500	500	0
ROE	10.46	11.12	15.60	19.50	25.50	10.11	16.49	8.65	5.17	6.40	-2.03	-2.46	11.53	43.36	0.21	25.87	17.59	-13.37	-7.07
직원의 수					235	246	247	240	232	226	228	155	99	96	95	96	102	105	102
연봉정보					29	36	40	42	45	53	53	52	63	62	64	66	68	54	61

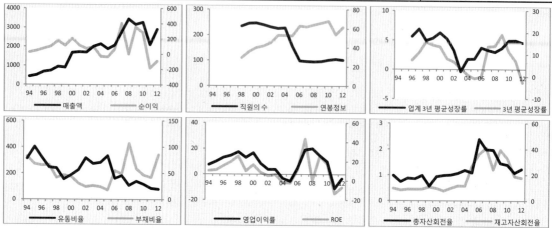

단위 : 성장률, ROE-% / EPS, 주당배당금 – 원 / 직원의 수 – 명 / 연봉정보 – 백만
2008년 8월, 한국화인케미칼㈜에서 KPX화인케미칼 주식회사로 상호 변경하였습니다.

• 금양 (유가증권 / 001570)

- 기타 화학제품 제조업

구 분	94	95	96	97	98	99	00	01	02	03	04	05	06	07	08	09	10	11	12
성장률	-0.09	1.67	0.43	-0.21	12.15	-9.56	-19.27	-8.92	-1,168.86	-48.72	2.40	39.06	3.46	-2.83	4.63	1.36	1.43	3.70	4.38
EPS	28	87	9	36	320	214	-339	-127	-1,092	-170	8	208	18	1	85	41	42	72	94
배당금	30	50	0	40	50	50	0	0	0	0	0	0	0	25	30	25	20	25	35
ROE	1.31	3.94	0.43	1.71	14.40	-12.47	-19.27	-8.92	-1,168.86	-48.72	2.40	39.06	3.46	0.12	7.15	3.48	2.74	5.66	6.98
직원의 수					277	270	222	206	114	111	112	98	93	84	73	72	77	75	79
연봉정보					22	23	27	27	26	26	26	34	31	29	30	30	33	36	37

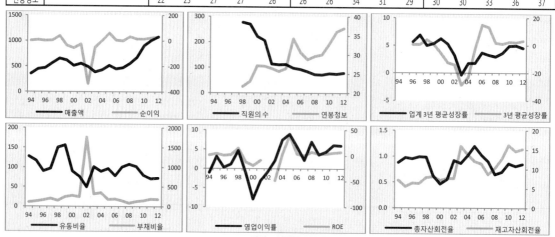

단위 : 성장률, ROE-% / EPS, 주당배당금 – 원 / 직원의 수 – 명 / 연봉정보 – 백만
1978년 7월 금북화학공업주식회사에서 주식회사 금양으로 상호 변경하였습니다.
특이값(2002년 ROE, 성장률)은 그래프에서 조정하였습니다.

• 나노신소재 (코스닥 / 121600)

- 기타 화학제품 제조업

구분	94	95	96	97	98	99	00	01	02	03	04	05	06	07	08	09	10	11	12
성장률									9.66	-61.33	14.84	24.49	18.64	14.55	14.21	26.65	26.99	8.09	-2.38
EPS									110	-421	120	362	426	424	352	900	1,331	676	-191
배당금									0	0	0	0	0	0	0	0	0	0	0
ROE									9.66	-61.33	14.84	24.49	18.64	14.55	14.21	26.65	26.99	8.09	-2.38
직원의 수																	105	134	133
연봉정보																	30	31	31

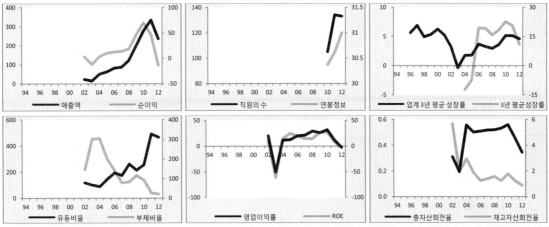

단위 : 성장률, ROE-% / EPS, 주당배당금 - 원 / 직원의 수 - 명 / 연봉정보 - 백만
2002년~2007년 사업보고서 미공시로 인하여 EPS는 감사보고서를 기준으로, 배당금은 0으로 간주해 성장률을 계산하였습니다.
02년~07년 성장률은 업계 3년 평균성장률 계산 과정에서 제외하였습니다.

• 보락 (유가증권 / 002760)

- 기타 화학제품 제조업

	94	95	96	97	98	99	00	01	02	03	04	05	06	07	08	09	10	11	12
성장률	2.41	0.96	0.52	-2.19	0.81	0.35	-14.02	-12.47	-28.27	-15.70	14.87	4.89	1.79	-5.34	0.83	0.44	1.04	0.34	3.74
EPS	245	160	122	-109	155	75	-526	-363	-623	-299	333	115	84	-26	17	39	55	10	160
배당금	120	120	100	0	120	60	0	0	0	0	0	0	40	0	0	30	30	0	40
ROE	4.73	3.83	2.91	-2.19	3.61	1.75	-14.02	-12.47	-28.27	-15.70	14.87	4.89	3.43	-5.34	0.83	1.89	2.29	0.34	4.99
직원의 수					193	191	176	180	179	167	149	127	124	115	123	122	117	119	128
연봉정보					18	21	22	21	23	23	24	29	31	32	35	36	36	37	39

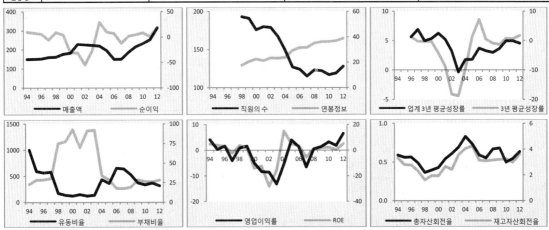

단위 : 성장률, ROE-% / EPS, 주당배당금 - 원 / 직원의 수 - 명 / 연봉정보 - 백만
1989년 3월, 보락향료공업㈜에서 주식회사 보락으로 상호 변경하였습니다.

화
학

• 송원산업 (유가증권 / 004430)

- 기타 화학제품 제조업

구분	94	95	96	97	98	99	00	01	02	03	04	05	06	07	08	09	10	11	12
성장률	7.43	1.27	6.29	1.32	7.39	1.30	5.88	1.50	1.02	-6.52	-2.01	6.57	-9.75	-97.77	-13.00	13.65	6.49	2.38	8.87
EPS	498	132	343	90	361	168	555	180	136	-466	-97	494	-563	-3,024	-873	1,068	770	325	1,147
배당금	70	60	60	40	60	60	60	55	50	40	35	50	35	0	0	60	60	60	80
ROE	8.64	2.33	7.63	2.38	8.86	2.02	6.59	2.15	1.61	-6.00	-1.48	7.31	-9.18	-97.77	-13.00	14.46	7.04	2.92	9.53
직원의 수					379	390	411	391	364	336	334	351	366	382	403	415	436	447	467
연봉정보					19	23	26	29	30	34	33	37	37	38	41	42	48	52	56

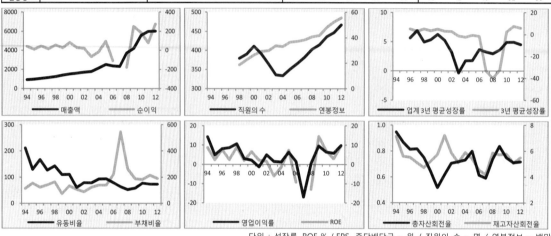

단위 : 성장률, ROE-% / EPS, 주당배당금 - 원 / 직원의 수 - 명 / 연봉정보 - 백만
특이값(2008년 ROE, 순이익)은 그래프에서 제외하였습니다.

• 케이피엠테크 (코스닥 / 042040)

- 기타 화학제품 제조업

구분	94	95	96	97	98	99	00	01	02	03	04	05	06	07	08	09	10	11	12
성장률					0.60	8.12	14.89	14.87	10.30	3.28	6.66	0.72	-5.59	-1.03	0.96	5.50	-10.51	-18.23	-687.1
EPS					36	105	238	257	308	112	221	69	-49	-17	18	140	-216	-314	-1,242
배당금					20	20	15	20	25	50	75	50	50	0	0	0	0	0	0
ROE					1.35	10.03	15.89	16.12	11.21	5.93	10.08	2.62	-2.77	-1.03	0.96	5.50	-10.51	-18.23	-687.1
직원의 수									66	64	74	71	68	71	83	95	118	107	80
연봉정보									21	23	23	29	27	19	16	29	21	27	33

단위 : 성장률, ROE-% / EPS, 주당배당금 - 원 / 직원의 수 - 명 / 연봉정보 - 백만
2000년 4월, 한국도금재료공업㈜에서 ㈜케이피엠테크로 상호 변경하였습니다.

• 코스모화학 (유가증권 / 005420)

- 기타 화학제품 제조업

구 분	94	95	96	97	98	99	00	01	02	03	04	05	06	07	08	09	10	11	12
성장률		1.80	1.85	-1.02	-168.5	자본잠식	197.77	-39.86	-103.4	28.98	-42.84	0.95	-46.02	-46.94	-3.23	1.20	14.06	5.50	-7.48
EPS		636	672	169	-41	-110,346	48,644	-2,903	-2,855	5,290	-3,193	72	-2,355	-1,611	-539	202	2,821	1,167	-1,350
배당금		400	400	0	0	0	0	0	0	0	0	0	0	0	0	0	0	0	0
ROE		4.86	4.57	-1.02	-168.5	자본잠식	197.77	-39.86	-103.4	28.98	-42.84	0.95	-46.02	-46.94	-3.23	1.20	14.06	5.50	-7.48
직원의 수						397	421	412	412	369	326	319	321	260	246	258	267	315	347
연봉정보						15	미공시	18	18	6	21	28	30	31	31	33	35	41	38

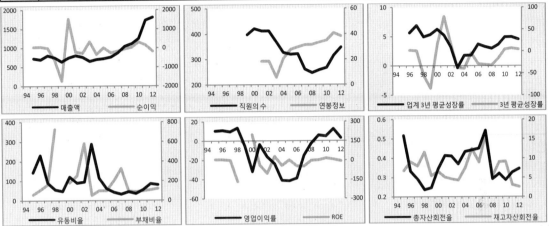

범례(그래프): 매출액 / 순이익 · 직원의수 / 연봉정보 · 업계 3년 평균성장률 / 3년 평균성장률 · 유동비율 / 부채비율 · 영업이익률 / ROE · 총자산회전율 / 재고자산회전율

단위 : 성장률, ROE-% / EPS, 주당배당금 - 원 / 직원의 수 - 명 / 연봉정보 - 백만
2003년 7월, 한국티타늄공업㈜에서 코스모화학㈜로 상호 변경하였습니다.
자본잠식으로 인해, 계산 불가한 값(1999년 부채비율, ROE)은 그래프에서 제외하였습니다.
2000년 연봉정보는 미공시 되었습니다.

• 휴켐스 (유가증권 / 069260)

- 기타 화학제품 제조업

구 분	94	95	96	97	98	99	00	01	02	03	04	05	06	07	08	09	10	11	12
성장률									1.70	6.53	6.64	2.79	5.63	9.23	9.64	12.87	8.98	5.61	5.20
EPS									207	624	716	389	711	1,328	1,953	3,204	1,738	1,310	1,287
배당금									100	180	230	180	260	490	1,000	1,500	800	700	700
ROE									3.29	9.18	9.78	5.20	8.87	14.62	19.75	24.19	16.64	12.05	11.40
직원의 수									228	227	233	254	251	247	210	201	199	220	223
연봉정보									12	52	58	57	64	72	71	75	80	67	85

범례(그래프): 매출액 / 순이익 · 직원의수 / 연봉정보 · 업계 3년 평균성장률 / 3년 평균성장률 · 유동비율 / 부채비율 · 영업이익률 / ROE · 총자산회전율 / 재고자산회전율

단위 : 성장률, ROE-% / EPS, 주당배당금 - 원 / 직원의 수 - 명 / 연봉정보 - 백만
2002년 9월, 남해화학에서 기업 분할방식으로 설립되었습니다.
2010년 12월, 최대주주가 박연차에서 태광실업으로 변경되었습니다.

• 효성오앤비 (코스닥 / 097870)
- 기타 비료 및 질소화합물 제조업

구분	94	95	96	97	98	99	00	01	02	03	04	05	06	07	08	09	10	11	12
성장률						2.78	4.01	9.24	9.51	6.46	20.26	13.43	21.89	9.10	1.09	4.77	12.83	8.81	9.52
EPS						30	33	84	96	70	274	591	654	622	159	413	1,005	775	952
배당금						0	0	0	0	0	0	100	100	100	100	150	200	150	200
ROE						2.78	4.01	9.24	9.51	6.46	20.26	16.17	25.84	10.85	2.93	7.49	16.01	10.92	12.06
직원의 수														51	61	75	74	71	70
연봉정보														23	24	24	30	31	35

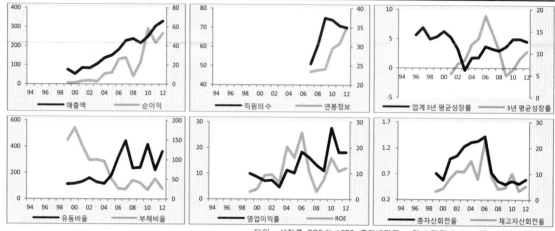

단위 : 성장률, ROE-% / EPS, 주당배당금 – 원 / 직원의 수 – 명 / 연봉정보 – 백만
6월 결산법인으로 인하여, 2013년 6월 기준으로 작성된 사업보고서를 2012년 기준으로 수정하였습니다.
1999년~2004년 사업보고서 미공시로 인하여 EPS는 감사보고서를 기준으로, 배당금은 0으로 간주해 성장률을 계산하였습니다.
99년~04년 성장률은 업계 3년 평균성장률 계산 과정에서 제외하였습니다.
2006년 6월, 효성농산주식회사에서 효성오앤비주식회사로 상호 변경하였습니다.

• KG 케미칼 (유가증권 / 001390)
- 기타 비료 및 질소화합물 제조업

구분	94	95	96	97	98	99	00	01	02	03	04	05	06	07	08	09	10	11	12
성장률	-19.57	-19.56	3.88	-21.00	-474.7	자본잠식	366.57	-168.2	자본잠식	26.15	5.76	8.89	9.75	-4.23	2.06	3.45	0.66	-5.13	-8.61
EPS	-928	-1,022	170	-1,009	-4,969	-1,878	2,355	-403	-1,207	4,100	598	922	1,058	-346	563	821	372	-667	-1,248
배당금	0	0	0	0						0	200	200	200	0	200	200	250	250	150
ROE	-19.57	-19.56	3.88	-21.00	-474.7	자본잠식	366.57	-168.2	자본잠식	26.15	8.65	11.35	12.02	-4.23	3.20	4.57	2.02	-3.73	-7.69
직원의 수					115	106	108	110	109	285	405	393	345	331	283	276	283	252	234
연봉정보					20	19	20	22	23	23	24	29	32		미공시			44	43

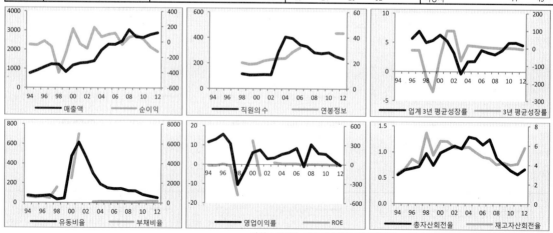

단위 : 성장률, ROE-% / EPS, 주당배당금 – 원 / 직원의 수 – 명 / 연봉정보 – 백만
자본잠식으로 인해, 계산 불가한 값(1999년~2002년 부채비율, ROE)은 그래프에서 제외하였습니다.
2007년~2010년 연봉정보는 미공시 되었습니다.

• 한창산업 (코스닥 / 079170)

- 기타 비철금속 압연, 압출 및 연신제품 제조업

구분	94	95	96	97	98	99	00	01	02	03	04	05	06	07	08	09	10	11	12
성장률						27.87	23.80	19.24	14.51	8.22	6.93	3.97	11.11	5.34	6.06	1.12	1.14	0.16	-0.83
EPS						999	1,080	1,051	1,073	792	710	374	1,049	603	694	292	337	166	68
배당금						0	0	0	125	200	175	120	250	200	200	200	200	150	150
ROE						27.87	23.80	19.24	16.42	10.99	9.20	5.84	14.59	7.99	8.51	3.55	2.81	1.67	0.69
직원의 수											80	69	70	65	64	64	76	85	77
연봉정보											26	32	37	38	37	39	38	40	44

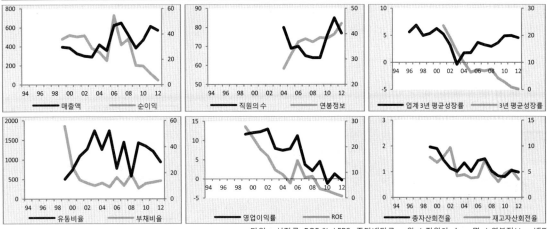

단위 : 성장률, ROE-% / EPS, 주당배당금 – 원 / 직원의 수 – 명 / 연봉정보 – 백만
1999년~2001년 사업보고서 미공시로 인하여 EPS는 감사보고서를 기준으로, 배당금은 0으로 간주해 성장률을 계산하였습니다.
99년~01년 성장률은 업계 3년 평균성장률 계산 과정에서 제외하였습니다.

• 세우글로벌 (유가증권 / 013000)

- 기타 상품 중개업

구분	94	95	96	97	98	99	00	01	02	03	04	05	06	07	08	09	10	11	12
성장률	0.44	0.99	1.81	4.92	2.57	-602.0	-212.6	-242.9	-38.03	2.62	-9.48	-16.05	8.23	3.42	10.13	0.89	4.04	4.08	3.20
EPS	46	44	24	58	29	-439	-194	-657	-215	9	-30	-510	94	40	137	12	65	64	51
배당금	40	29	0	0	0	0	0	0	0	0	0	0	0	0	0	0	0	0	0
ROE	3.56	2.93	1.81	4.92	2.57	-602.0	-212.6	-242.9	-38.03	2.62	-9.48	-16.05	8.23	3.42	10.13	0.89	4.04	4.08	3.20
직원의 수					66	70	38	36	58	83	63	37	41	32	34	22	21	27	25
연봉정보					20	24	36	31	22	29	30	32	25	24	31	32	39	28	28

단위 : 성장률, ROE-% / EPS, 주당배당금 – 원 / 직원의 수 – 명 / 연봉정보 – 백만
특이값(1996년~2003년 평균성장률, 1999년~2001년 부채비율과 ROE)은 그래프에서 제외하였습니다.

화학

• WISCOM (유가증권 / 024070)

- 기타 플라스틱 제품 제조업

구 분	94	95	96	97	98	99	00	01	02	03	04	05	06	07	08	09	10	11	12
성장률	13.31	18.22	11.94	0.90	12.07	9.61	30.98	5.56	8.75	2.93	3.47	2.12	2.42	2.29	4.79	5.21	3.72	4.17	3.04
EPS	1,952	545	514	79	466	584	1,652	443	700	436	502	425	447	443	616	663	545	616	536
배당금	500	100	125	50	100	150	150	150	200	275	300	300	300	300	300	300	300	300	300
ROE	17.90	22.31	15.78	2.43	15.37	12.93	34.07	8.41	12.26	7.93	8.63	7.21	7.35	7.09	9.33	9.51	8.27	8.12	6.91
직원의 수					129	212	255	248	269	277	289	286	284	277	273	267	276	262	261
연봉정보					18	18	22	21	26	29	29	34	34	39	39	41	42	47	48

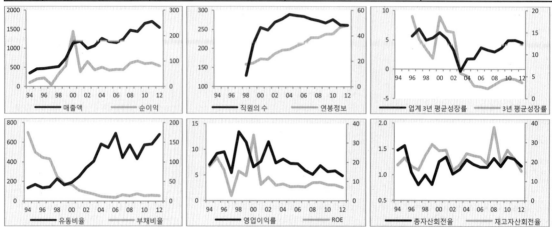

단위 : 성장률, ROE-% / EPS, 주당배당금 – 원 / 직원의 수 – 명 / 연봉정보 – 백만
2000년 8월, 우신산업 주식회사에서 주식회사 WISCOM으로 상호 변경하였습니다.

• 원익큐브 (코스닥 / 014190)

- 기타 화학물질 및 화학제품 도매업

구 분	94	95	96	97	98	99	00	01	02	03	04	05	06	07	08	09	10	11	12
성장률		7.49	17.92	-60.01	38.28	18.33	14.83	11.42	5.02	3.04	8.08	-2.55	2.58	1.90	-2.21	6.90	2.02	1.21	-1.33
EPS		704	360	-501	557	430	427	349	292	96	279	-23	102	187	25	276	195	37	-41
배당금		500	0	0	0	140	141	125	197	40	110	25	50	150	70	130	150	10	0
ROE		25.89	17.92	-60.01	38.28	27.17	22.11	17.79	15.43	5.20	13.34	-1.22	5.06	9.60	1.23	13.03	8.75	1.66	-1.33
직원의 수					46	50	54	70	55	80	93	95	91	100	121	150	162	157	
연봉정보					17	21	23	20	28	31	31	31	31	30	35	27	40	36	

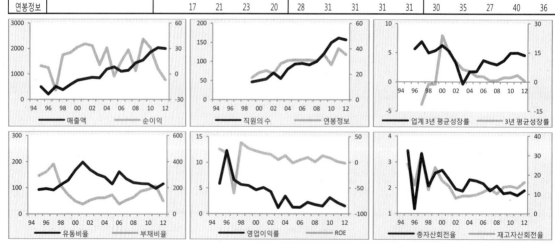

단위 : 성장률, ROE-% / EPS, 주당배당금 – 원 / 직원의 수 – 명 / 연봉정보 – 백만
2013년 8월, ㈜후너스에서 ㈜원익큐브로 상호 변경하였습니다.

• 후성 (유가증권 / 093370)
  - 기타 화학물질 및 화학제품 도매업

구 분	94	95	96	97	98	99	00	01	02	03	04	05	06	07	08	09	10	11	12
성장률													1.92	14.67	19.31	7.00	5.31	11.66	12.18
EPS													91	118	192	87	69	173	213
배당금													0	25	0	0	0	0	0
ROE													1.92	18.61	19.31	7.00	5.31	11.66	12.18
직원의 수													56	62	183	191	255	296	295
연봉정보													43	39	36	34	37	41	42

단위 : 성장률, ROE-% / EPS, 주당배당금 - 원 / 직원의 수 - 명 / 연봉정보 - 백만

2006년 11월 퍼스텍주식회사로부터 인적 분할방식을 통해 설립되었으며, 거래소 재상장시 주식회사 후성으로 상호 변경하였습니다.

· 에너지

2012년 에너지 상장기업의 전체 매출액은 약 48조원(전년대비 5% 성장), 총 당기순이익은 약 6천 3백억원(전년대비 52% 감소)입니다. 평균성장률은 -6.5%(전년대비 17.7%p 감소)으로 역성장 하였으며, ROE는 -5.6%(전년대비 18.8%p 감소)으로 감소하는 모습입니다.
(매출액 및 당기순이익은 단순합계금액이며, 성장률 및 ROE는 단순평균값 입니다)

해당 산업의 직원 수는 약 4천 5백명(전년대비 4% 감소)이며, 최근 평균연봉(2012년)은 약 6천 4백만원(전년대비 23% 증가)입니다. 아래 그래프와 표를 통해, 2012년 전체 매출액과 평균연봉이 증가한 반면에 성장성과 수익성 및 직원의 수는 감소했음을 알 수 있습니다. 최근 3년간 업계 평균 유동비율은 100.1%이며, 부채비율은 114.79% 입니다.

구 분	총매출액	총 당기순이익	평균성장률	평균 ROE	총 직원수	연봉정보
94	3,506	126		11.0		
95	4,948	148		15.1		
96	6,314	146	6.0	8.6		
97	7,764	121	4.7	5.3		
98	9,036	292	6.3	-0.5	4,283	25
99	8,880	331	16.7	19.2	4,541	29
00	12,407	45	14.3	16.4	4,698	30
01	12,002	79	11.6	14.0	4,621	32
02	11,546	286	3.2	6.0	4,572	42
03	12,031	388	1.5	4.6	4,509	45
04	15,414	1,044	3.6	7.2	4,242	54
05	17,116	790	-1.7	1.2	4,349	49
06	20,262	877	10.3	14.1	4,158	50
07	22,331	827	2.8	8.9	4,158	53
08	34,858	549	3.9	6.8	4,255	54
09	27,472	107	-4.8	-2.9	4,285	54
10	31,879	855	-4.0	-2.6	4,339	54
11	45,767	1,303	11.3	13.2	4,676	52
12	48,381	633	-6.4	-5.6	4,529	64

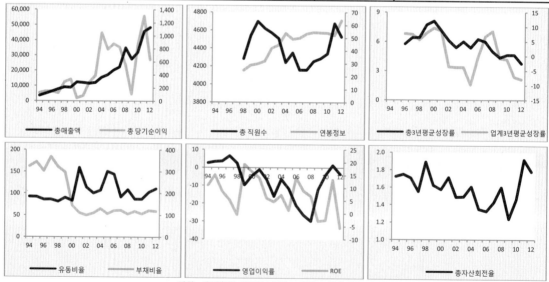

단위 : 총매출액, 총당기순이익 – 십억 / 업계 평균 성장률, ROE-% /직원의 수 – 명 / 연봉정보 – 백만
합계표에서 GS, SK, 대성합동지주, SK이노베이션은 사업부 분할 및 지주사 전환으로 인하여 제외하였습니다.
업계 3 년 평균 성장률은 에너지업종에서 일부 상장사를 제외한 평균이며, 사업보고서에 근거한 자료만으로 만들었습니다.

• E1 (유가증권 / 017940)

- 기체연료 및 관련제품 도매업

구분	94	95	96	97	98	99	00	01	02	03	04	05	06	07	08	09	10	11	12
성장률	3.05	18.29	4.33	6.09	5.13	3.52	3.22	4.61	10.54	14.09	10.21	10.41	11.78	10.88	7.78	-21.32	5.45	5.57	5.96
EPS	703	2,093	1,901	2,300	1,906	2,202	2,463	3,214	5,999	9,212	7,745	8,517	10,640	10,892	8,818	-24,550	10,169	10,838	12,394
배당금	500	500	500	500	550	1,000	1,250	1,250	1,250	1,500	1,500	1,500	1,500	1,500	1,500	1,500	1,500	1,500	1,600
ROE	10.56	24.04	5.88	7.78	7.21	6.44	6.54	7.54	13.32	16.84	12.66	12.64	13.72	12.61	9.37	-20.10	6.40	6.47	6.84
직원의 수					226	218	215	209	211	216	221	218	217	218	209	211	213	242	260
연봉정보					33	40	36	40	59	62	66	70	57	57	57	57	60	57	85

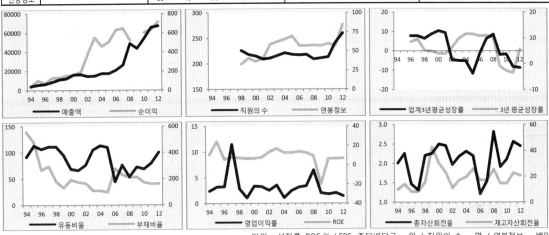

단위 : 성장률, ROE-% / EPS, 주당배당금 - 원 / 직원의 수 - 명 / 연봉정보 - 백만
2004년 3월, LG-Caltex가스㈜에서 주식회사 E1으로 상호 변경하였습니다.
특이값(2009년 순이익)은 그래프에서 제외하였습니다.

• SK가스 (유가증권 / 018670)

- 기체연료 및 관련제품 도매업

구분	94	95	96	97	98	99	00	01	02	03	04	05	06	07	08	09	10	11	12
성장률	9.40	7.71	5.97	4.33	2.71	2.08	3.07	5.08	6.88	14.95	6.79	11.01	16.63	10.22	5.13	-6.98	10.85	9.23	7.58
EPS	2,722	2,280	1,597	1,298	1,353	1,639	2,095	2,861	3,685	7,770	4,553	7,057	11,214	8,439	6,034	-4,301	11,675	11,485	11,269
배당금	1,000	1,000	500	500	550	1,000	1,250	1,250	1,250	1,500	1,500	1,500	1,500	1,500	1,500	1,500	1,500	1,700	1,700
ROE	14.86	13.73	8.69	7.05	4.56	5.34	7.61	9.02	10.40	18.53	10.12	13.98	19.20	12.43	6.83	-5.18	12.45	10.83	8.92
직원의 수					220	213	207	200	200	215	214	205	210	233	266	276	252	268	286
연봉정보					33	43	42	60	57	49	67	59	61	57	53	54	61	53	78

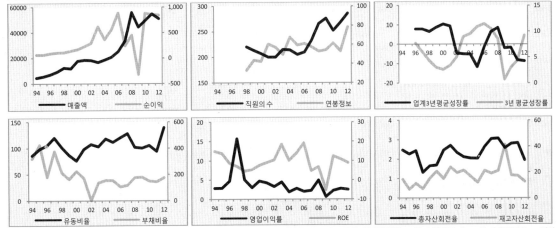

단위 : 성장률, ROE-% / EPS, 주당배당금 - 원 / 직원의 수 - 명 / 연봉정보 - 백만
1998년 3월, ㈜유공가스에서 SK가스로 상호 변경하였습니다.

에
너
지

• GS (유가증권 / 078930)

- 비금융 지주회사

구분	94	95	96	97	98	99	00	01	02	03	04	05	06	07	08	09	10	11	12
성장률											10.07	12.40	12.27	11.64	0.23	9.83	0.21	2.51	-0.68
EPS											2,598	4,075	4,318	3,989	1,096	5,321	1,351	2,585	1,020
배당금											500	1,000	1,000	1,000	500	1,000	1,250	1,350	1,350
ROE											12.47	16.43	15.96	15.54	0.43	12.10	2.83	5.26	2.09
직원의 수											18	22	23	23	23	24	26	25	27
연봉정보											25	82	65	65	69	59	64	69	63

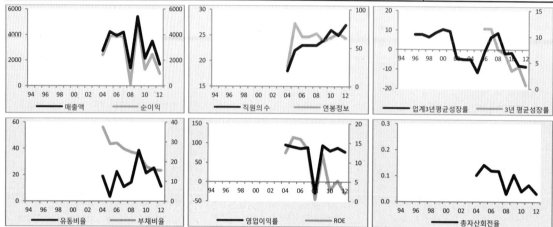

단위 : 성장률, ROE-% / EPS, 주당배당금 – 원 / 직원의 수 – 명 / 연봉정보 – 백만
1기(2004년) 연봉정보는 6개월 치 자료입니다.

• SK (유가증권 / 003600)

- 비금융 지주회사

구분	94	95	96	97	98	99	00	01	02	03	04	05	06	07	08	09	10	11	12
성장률	1.44	3.30	1.24	-0.13	1.97	4.30	1.23	0.38	0.90	-1.53	21.13	17.88	14.53	18.63	3.31	2.87	1.12	4.49	3.42
EPS	1,035	1,773	986	263	1,702	2,797	1,228	790	1,188	119	12,950	13,206	11,680	19,478	7,480	6,998	3,986	10,513	9,264
배당금	550	600	600	300	500	750	600	600	800	750	1,800	1,850	1,900	1,950	1,950	1,950	1,950	1,950	2,500
ROE	3.08	4.99	3.17	0.95	2.79	5.87	2.40	1.60	2.75	0.29	24.54	20.79	17.36	20.70	4.48	3.98	2.19	5.52	4.69
직원의 수					4,541	4,320	4,434	4,842	5,001	4,916	4,984	5,134	5,209	222	279	298	300	145	196
연봉정보					34	39	37	44	58	57	64	66	69	25	51	53	53	57	86

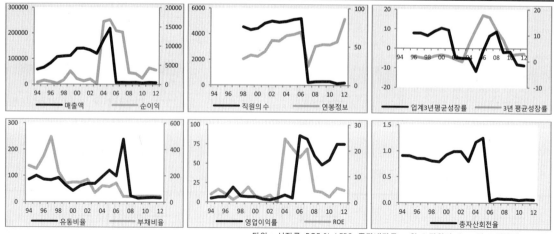

단위 : 성장률, ROE-% / EPS, 주당배당금 – 원 / 직원의 수 – 명 / 연봉정보 – 백만
2007년 지주회사 분할로 인하여, 연봉정보 및 직원 수는 분할 이후의 기준으로 작성하였습니다.

에
너
지

• 대성합동지주 (유가증권 / 005620) / 대성산업 (유가증권 / 128820)
- 액체연료 및 관련제품 도매업

구분	94	95	96	97	98	99	00	01	02	03	04	05	06	07	08	09	10	11	12
성장률	3.90	16.56	1.26	1.16	1.59	5.66	2.73	1.60	6.85	5.00	4.72	6.67	7.51	6.45	2.98	2.24	1.05	-3.40	-5.69
EPS	1,247	3,883	919	769	1,395	5,399	2,997	2,061	7,238	5,419	5,164	8,019	10,206	8,019	10,206	9,357	4,765	3,744	2,928
배당금	600	600	500	500	500	600	600	600	600	600	600	750	1,000	750	1,000	1,100	1,000	1,000	1,000
ROE	7.52	19.58	3.63	3.32	2.48	6.37	3.42	2.26	7.47	5.62	5.35	7.36	8.33	7.12	3.31	2.54	1.33	-4.64	-8.64
직원의 수					1,292	1,267	1,284	1,048	1,095	1,087	892	955	908	909	952	918	946	1,156	911
연봉정보					18	16	22	27	26	30	36	35	38	47	42	40	38	36	43

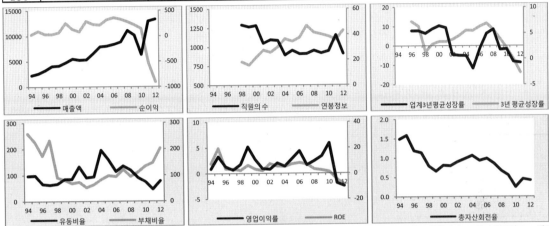

단위 : 성장률, ROE-% / EPS, 주당배당금 - 원 / 직원의 수 - 명 / 연봉정보 - 백만
2010년 대성산업은 대성합동지주로 상호 변경하였으며, 대성합동지주와 대성산업으로 인적 분할하였습니다.
2010년도는 7개월(6월~12월)치 자료이며, EPS는 대성합동지주 기준입니다.
(자료구분: 대성합동지주(1994년~2009년)/ 대성산업과 대성합동지주의 단순합계(2010년~2012년))

• 중앙에너비스 (코스닥 / 000440)
- 액체연료 및 관련제품 도매업

구분	94	95	96	97	98	99	00	01	02	03	04	05	06	07	08	09	10	11	12
성장률			3.15	0.29	6.88	38.17	4.07	4.64	4.74	4.66	3.81	2.56	2.49	2.24	-0.00	0.71	2.11	5.95	2.35
EPS			635	1,076	1,245	7,795	1,879	2,253	2,469	2,684	2,352	1,749	1,743	1,172	350	620	1,348	3,342	1,826
배당금			0	1,000	500	750	275	375	400	400	400	400	400	350	350	350	525	800	800
ROE			3.15	4.17	11.49	42.23	4.76	5.56	5.66	5.48	4.59	3.32	3.23	3.19	0.93	1.63	3.46	7.82	4.18
직원의 수							234	164	170	178	178	158	122	103	102	119	109	119	123
연봉정보							12	14	15	25	26	26	34	38	35	28	31	28	30

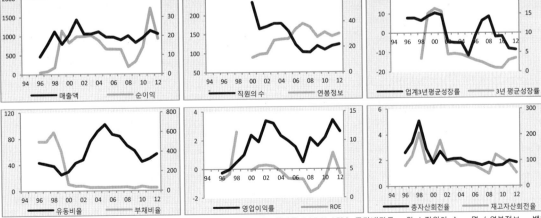

단위 : 성장률, ROE-% / EPS, 주당배당금 - 원 / 직원의 수 - 명 / 연봉정보 - 백만
2003년, 중앙석유주식회사에서 주식회사 중앙에너비스로 상호 변경하였습니다.
특이값(1999년 ROE)은 그래프에서 제외하였습니다.

에
너
지

• 홍구석유 (코스닥 / 024060)

- 액체연료 및 관련제품 도매업

구분	94	95	96	97	98	99	00	01	02	03	04	05	06	07	08	09	10	11	12
성장률		3.77	16.48	12.12	10.35	8.74	2.44	3.55	2.87	-2.79	2.70	2.54	2.62	2.54	3.01	2.94	1.64	1.98	1.56
EPS		146	343	190	179	179	342	465	510	405	444	588	502	501	169	170	120	136	99
배당금		100	100	0	0	0	100	100	200	700	150	300	200	200	50	50	50	50	30
ROE		11.95	23.27	12.12	10.35	8.74	3.45	4.53	4.72	3.84	4.08	5.18	4.35	4.23	4.27	4.16	2.82	3.13	2.24
직원의 수						244	230	203	199	182	173	155	140	146	143	138	139	128	117
연봉정보						10	12	13	14	15	17	19	18	17	22	19	19	21	22

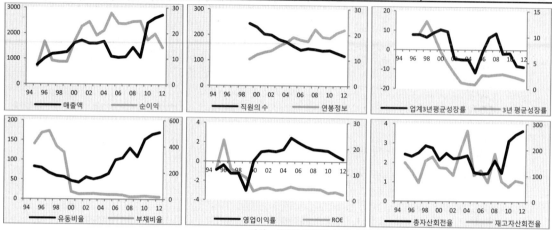

단위 : 성장률, ROE-% / EPS, 주당배당금 – 원 / 직원의 수 – 명 / 연봉정보 – 백만

• SK이노베이션 (유가증권 / 096770)

- 액체연료 및 관련제품 도매업

구분	94	95	96	97	98	99	00	01	02	03	04	05	06	07	08	09	10	11	12
성장률														2.42	9.47	6.26	6.20	11.48	4.95
EPS														3,717	9,555	7,311	9,480	18,278	10,233
배당금														2,100	2,100	2,100	2,100	2,800	3,200
ROE														5.57	12.14	8.78	7.96	13.55	7.20
직원의 수														5,077	5,629	5,582	5,457	1,642	1,881
연봉정보														28	59	58	61	52	73

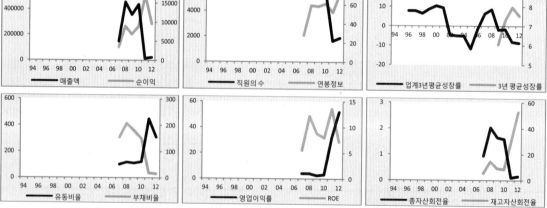

단위 : 성장률, ROE-% / EPS, 주당배당금 – 원 / 직원의 수 – 명 / 연봉정보 – 백만
2009년 10월, SK에너지(존속회사)와 SK루브리컨츠(신설회사)로 물적 분할하였습니다.
2011년 1월, SK이노베이션(존속회사 사명변경)와 SK에너지(신설회사) 및 SK종합화학 (신설회사)로 물적 분할하였습니다.
2007년도는 6개월(7월~12월)치 자료입니다.

• S-Oil (유가증권 / 010950)

- 원유 정제처리업

구분	94	95	96	97	98	99	00	01	02	03	04	05	06	07	08	09	10	11	12
성장률	6.15	3.51	4.90	6.09	8.32	9.91	-8.14	-9.18	2.20	4.97	22.15	8.65	13.94	-17.06	-4.01	2.18	9.30	12.12	5.05
EPS	997	1,057	1,099	845	2,442	2,654	58	246	2,297	3,127	11,144	7,755	8,983	7,042	3,832	1,971	6,098	10,242	4,981
배당금	450	750	650	250	1,250	1,250	1,250	1,875	1,875	2,125	4,750	5,125	5,125	13,425	5,000	1,350	2,500	4,800	2,650
ROE	11.21	12.09	12.00	8.65	17.05	18.73	0.40	1.39	11.96	15.51	38.61	25.49	32.46	18.82	13.15	6.91	15.76	22.82	10.80
직원의 수					2,545	2,467	2,412	2,412	2,377	2,346	2,330	2,437	2,348	2,385	2,418	2,473	2,551	2,622	2,671
연봉정보					27	35	36	36	54	56	66	58	59	60	64	64	63	63	73

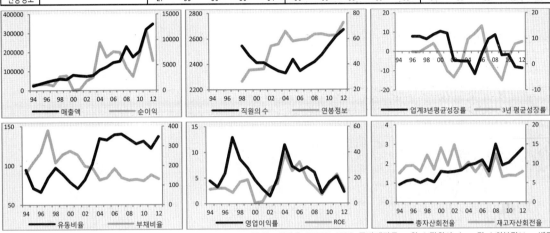

단위 : 성장률, ROE-% / EPS, 주당배당금 - 원 / 직원의 수 - 명 / 연봉정보 - 백만
2000년 3월, 쌍용정유주식회사에서 에쓰-오일주식회사로 상호 변경하였습니다.

에너지

• 쓰리원 (코스닥 / 038340)

- 유류도소매 및 고속도로 휴게·주유소, 캐패시터 제조업

구분	94	95	96	97	98	99	00	01	02	03	04	05	06	07	08	09	10	11	12
성장률				3.09	10.80	19.26	20.93	8.02	17.95	-6.04	0.35	-6.89	17.38	4.01	-16.68	-13.65	-62.34	-126.0	-44.15
EPS				21	77	251	314	222	407	-109	82	-146	394	94	-597	-427	-233	-1,076	-487
배당금				0	0	0	0	25	50	0	75	0	0	0	0	0	0	0	0
ROE				3.09	10.80	19.26	20.93	9.04	20.47	-6.04	4.08	-6.89	17.38	4.01	-16.68	-13.65	-62.34	-126.0	-44.15
직원의 수								261	203	194	178	128	129	114	116	109	101	115	129
연봉정보								13	16	18	17	20	19	22	22	23	26	27	22

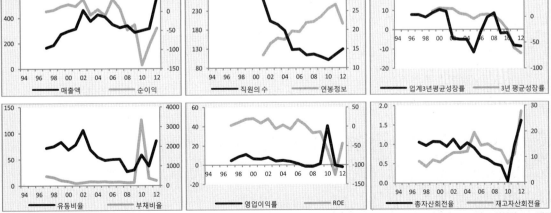

단위 : 성장률, ROE-% / EPS, 주당배당금 - 원 / 직원의 수 - 명 / 연봉정보 - 백만
2012년 7월, 디지털텍에서 쓰리원으로 상호 변경하였습니다.
*특이사항 : 2010년 매각예정비유동자산이 자산 및 부채총계에 포함

• 테라리소스 (코스닥 / 053320)

- 해외자원 개발 및 투자업

구분	94	95	96	97	98	99	00	01	02	03	04	05	06	07	08	09	10	11	12
성장률					4.37	46.17	17.74	10.16	-26.27	-180.8	-22.06	-46.28	-100.8	자본잠식	33.20	0.00	-3.04	0.41	-15.40
EPS					3	53	43	62	-89	-411	-138	-74	-62	-292	44	0	-33	1	-25
배당금					0	0	0	0	0	0	0	0	0	0	0	0	0	0	0
ROE					4.37	46.17	17.74	10.16	-26.27	-180.8	-22.06	-46.28	-100.8	자본잠식	33.20	0.30	-3.04	0.41	-15.40
직원의 수						37	42			26	14	33	22	9	8	21	6	10	7
연봉정보						19	21			23	25	12	11	19	33	16	31	27	21

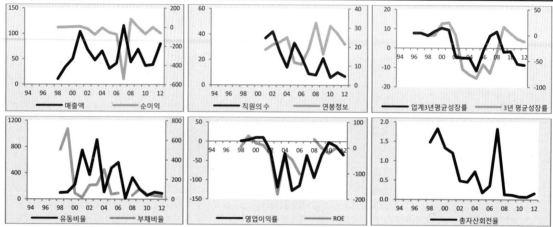

단위 : 성장률, ROE-% / EPS, 주당배당금 - 원 / 직원의 수 - 명 / 연봉정보 - 백만
자본잠식으로 인해, 계산 불가한 값(2007년 부채비율, ROE 및 성장률)은 그래프에서 제외하였습니다.
*2009년 성장률 계산시 EPS(미공시)를 0으로 설정

• 키스톤글로벌 (유가증권 / 012170)

- 기타 구조용 금속제품 제조업

구분	94	95	96	97	98	99	00	01	02	03	04	05	06	07	08	09	10	11	12
성장률						자본잠식	자본잠식	76.22	-357.3	-22.94	-109.2	-3.58	-3710.2	-3590.6	자본잠식	자본잠식	-89.51	58.72	-15.10
EPS						-5,502	-4,093	872	-789	-91	-464	-32	-2,441	-1,356	-1,097	-8,655	-530	752	-190
배당금						0	0	0	0	0	0	0	0	0	0	0	0	0	0
ROE		9.43	3.81	-3.46	-72.99	자본잠식	자본잠식	76.22	-357.3	-22.94	-109.2	-3.58	-3710.2	-3590.6	자본잠식	자본잠식	-89.51	58.72	-15.10
직원의 수						132	116	87	75	65	42	60	62	41	41	20	22	16	25
연봉정보						21	28	22	20	25	45	22	9	41	52	70	50	66	40

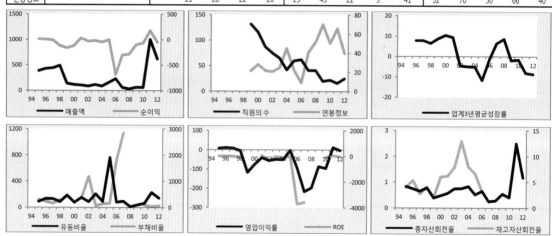

단위 : 성장률, ROE-% / EPS, 주당배당금 - 원 / 직원의 수 - 명 / 연봉정보 - 백만
자본잠식으로 인해, 계산 불가한 값(1999년~2000년, 2008년~2009년 부채비율과 ROE)은 그래프에서 제외하였습니다.
연이은 자본잠식으로 인하여, 3년 평균성장률은 그래프에서 제외하였습니다.

에너지

· 에너지 인프라

2012년 에너지 인프라 상장기업 전체 매출액은 약 14조원(전년대비 0.1% 성장), 총 당기순손실은 약 2천 8백억을 기록하였습니다. 평균성장률은 1.7%(전년대비 0.7%p 감소), ROE는 3.2%(전년대비 1%p 감소)를 기록하였습니다. (매출액 및 당기순이익은 단순합계금액이며, 성장률 및 ROE는 단순평균값 입니다)

해당 산업의 직원수는 약 2만 2천명(전년대비 2% 증가)이며, 최근 평균연봉(2012년)은 약 6천 1백만원(전년대비 3% 증가)입니다. 아래 표와 그래프를 통해, 최근 3년 성장률 및 수익성이 악화된 반면에 총 직원 수와 평균연봉은 3년 연속 증가하는 상반된 흐름을 알 수 있습니다.
최근 3년 업계 평균 유동비율은 179.54%이며, 부채비율은 141.62%입니다.

구 분	총매출액	총 당기순이익	평균성장률	평균 ROE	총 직원수	연봉정보
94	201	3	7.9	9.3		
95	2,465	188	18.1	19.2		
96	3,114	161	8.3	10.1		
97	3,411	64	6.6	7.3		
98	2,751	-75	5.3	5.9		
99	3,001	26	14.8	14.9	8,345	35
00	3,594	37	6.2	9.6	8,850	38
01	3,949	-73	-2.0	5.1	9,324	39
02	4,577	166	7.1	11.5	8,925	42
03	4,074	109	4.3	9.6	7,478	51
04	4,879	223	7.4	9.8	7,519	48
05	6,023	252	9.6	15.9	7,694	52
06	6,609	225	13.4	11.9	8,177	50
07	7,626	511	9.6	10.4	9,965	50
08	11,526	200	13.1	16.7	10,935	53
09	12,046	220	3.5	6.6	13,167	57
10	12,911	947	6.8	7.6	19,158	53
11	14,832	798	2.4	4.2	21,702	59
12	14,853	-287	1.7	3.2	22,222	61

에너지 인프라

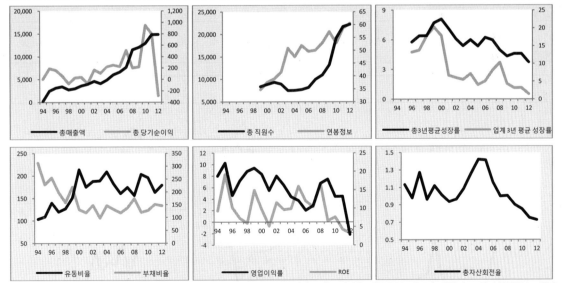

단위 : 총 매출액, 총 당기순이익 – 십억 / 평균 성장률, 평균 ROE – % / 총 직원 수 – 명 / 연봉정보 – 백만
연봉정보는 1 인당 평균 급여액이며, 대상기업들의 연간 총 급여액을 총 직원의 수로 나눈 금액입니다.
업계 3 년 평균 성장률은 에너지인프라업종 전체 상장사의 평균이며, 사업보고서에 근거한 자료만으로 만들었습니다.

• 오르비텍 (코스닥 / 046120)

- 공공관계 서비스업

구분	94	95	96	97	98	99	00	01	02	03	04	05	06	07	08	09	10	11	12
성장률												24.10	19.63	20.50	16.51	26.03	2.54	-6.34	-1.45
EPS												54	168	311	297	666	98	-178	65
배당금												0	0	0	0	0	0	0	100
ROE												24.10	19.63	20.50	16.51	26.03	2.54	-6.34	2.69
직원의 수																521	489	240	
연봉정보																30	27	37	

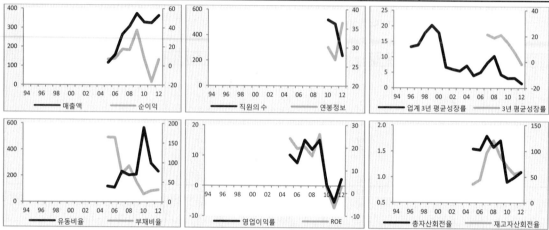

단위 : 성장률, ROE-% / EPS, 주당배당금 – 원 / 직원의 수 – 명 / 연봉정보 – 백만
2005년~2007년 사업보고서 미공시로 인하여 EPS는 감사보고서를 기준으로, 배당금은 0으로 간주해 성장률을 계산하였습니다.
05년~07년 성장률은 업계 3년 평균성장률 계산 과정에서 제외하였습니다.
2013년 3월, 케이엔디티앤아이 주식회사에서 주식회사 오르비텍으로 상호 변경하였습니다.

• 에프티이앤이 (코스닥 / 065160)

- 공기조화장치 제조업

구분	94	95	96	97	98	99	00	01	02	03	04	05	06	07	08	09	10	11	12
성장률						-30.55	19.95	45.16	17.26	17.87	6.89	8.92	-68.74	-7.14	-57.10	-8.49	-8.83	1.49	-1.19
EPS						-554	1,204	418	394	518	304	405	-2,873	-277	-1,729	-159	-150	25	-20
배당금						0	0	0	50	90	80	100	0	0	0	0	0	0	0
ROE						-30.55	19.95	45.16	19.77	21.63	9.36	11.84	-68.74	-7.14	-57.10	-8.49	-8.83	1.49	-1.19
직원의 수									21	27	43	53	52	54	77	72	85	97	75
연봉정보									32	47	42	36	39	39	39	46	42	26	33

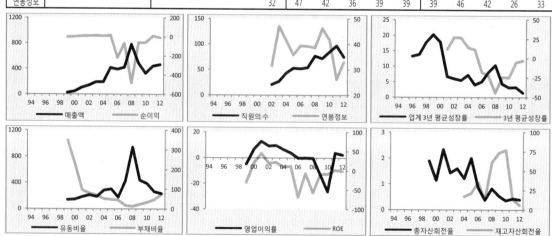

단위 : 성장률, ROE-% / EPS, 주당배당금 – 원 / 직원의 수 – 명 / 연봉정보 – 백만
2008년 12월, ㈜이앤이시스템에서 주식회사 에프티이앤이로 상호 변경하였습니다.

에너지 인프라

• 한국테크놀로지 (코스닥 / 053590)

- 국내외 신재생 에너지 사업

구 분	94	95	96	97	98	99	00	01	02	03	04	05	06	07	08	09	10	11	12
성장률						-180.9	20.18	-33.66	-333.7	-4944.2	-114.3	-9.22	2.37	-60.82	-36.42	-40.88	-9.41	-36.78	-28.59
EPS						336	153	-288	-575	-404	-529	-72	18	-2,752	-1,581	-1,069	-426	-567	-395
배당금						1,250	0	0	0	0	0	0	0	0	0	0	0	0	0
ROE						66.51	20.18	-33.66	-333.7	-4944.2	-114.3	-9.22	2.37	-60.82	-36.42	-40.88	-9.41	-36.78	-28.59
직원의 수						70	34	28	18	25	21	33	32	16	25	76	83		
연봉정보						28	37	29	27	34	21	24	18	29	17	38	29		

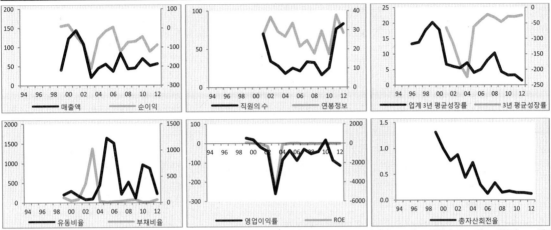

단위 : 성장률, ROE-% / EPS, 주당배당금 – 원 / 직원의 수 – 명 / 연봉정보 – 백만
2012년 3월, ㈜케이앤컴퍼니에서 ㈜한국테크놀로지로 상호 변경하였습니다.
특이값(2003년 성장률)은 3년 평균성장률 그래프에서 보정하였습니다.
1기(1997년), 2기(1998년) 자료는 표와 그래프에서 제외하였습니다.

• 동국 S&C (코스닥 / 100130)

- 금속 조립구조재 제조업

구 분	94	95	96	97	98	99	00	01	02	03	04	05	06	07	08	09	10	11	12
성장률								0.72	1.54	8.24	7.50	13.81	18.09	34.83	10.60	3.15	-5.02	-6.87	1.40
EPS								4	8	51	51	259	521	568	168	248	-88	-271	124
배당금								0	0	0	0	0	84	20	0	70	50	0	70
ROE								0.72	1.54	8.24	7.50	13.81	21.57	36.10	10.60	4.39	-3.20	-6.87	3.21
직원의 수														90	94	89	95	95	97
연봉정보														43	35	56	41	34	45

단위 : 성장률, ROE-% / EPS, 주당배당금 – 원 / 직원의 수 – 명 / 연봉정보 – 백만
2001년~2004년 사업보고서 미공시로 인하여 EPS는 감사보고서를 기준으로, 배당금은 0으로 간주해 성장률을 계산하였습니다.
01년~04년 성장률은 업계 3년 평균성장률 계산 과정에서 제외하였습니다.
2001년 7월 동국산업㈜에서 건설, 철구, 신재생에너지 사업부문이 분할하여 설립되었습니다.

에너지 인프라

• 태웅 (코스닥 / 044490)

- 금속단조제품 제조업

구분	94	95	96	97	98	99	00	01	02	03	04	05	06	07	08	09	10	11	12
성장률				8.27	20.75	14.42	17.59	8.61	6.93	9.34	24.11	28.72	27.73	32.95	20.40	7.88	6.28	3.38	1.79
EPS				386	393	306	313	220	144	214	793	1,319	1,738	3,102	4,508	1,929	1,636	928	500
배당금				0	50	0	0	0	0	0	51	70	70	100	100	100	0	0	0
ROE				8.27	23.77	14.42	17.59	8.61	6.93	9.34	25.76	30.33	28.90	34.05	20.87	8.31	6.28	3.38	1.79
직원의 수								130	128	139	168	172	203	256	292	241	244	259	259
연봉정보								22	26	25	28	30	33	33	37	40	41	44	46

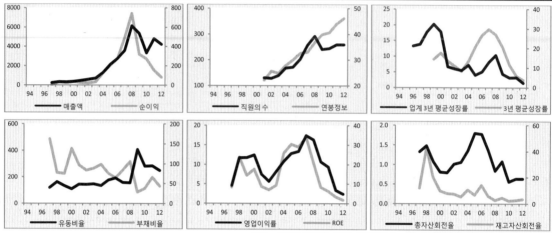

단위 : 성장률, ROE-% / EPS, 주당배당금 – 원 / 직원의 수 – 명 / 연봉정보 – 백만
1989년 8월, 태웅단조공업주식회사에서 주식회사 태웅으로 상호 변경하였습니다.

• 신성솔라에너지 (유가증권 / 011930)

- 반도체 제조용 기계 제조업

구분	94	95	96	97	98	99	00	01	02	03	04	05	06	07	08	09	10	11	12
성장률	14.76	32.37	15.97	14.96	-39.72	5.55	-9.12	-19.38	3.85	13.68	3.28	9.49	3.73	6.58	16.97	-30.38	17.57	-21.69	-96.28
EPS	174	604	411	485	-597	134	-202	-324	83	300	101	307	161	203	444	-1,007	589	-906	-1,823
배당금	0	0	91	30	0	25	0	0	0	0	25	60	60	25	25	0	25	0	0
ROE	14.76	32.37	20.52	15.95	-39.72	6.82	-9.12	-19.38	3.85	13.68	4.36	11.80	5.95	7.50	17.99	-30.38	18.35	-21.69	-96.28
직원의 수					201	260	313	249	143	202	278	331	340	246	113	166	350	411	360
연봉정보					13	21	25	33	24	36	28	38	49	62	96	28	26	28	58

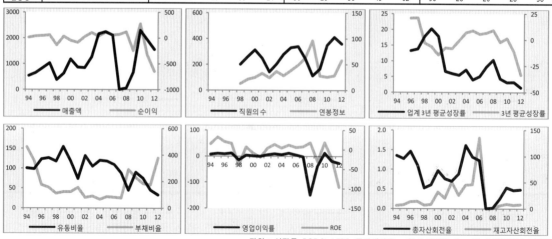

단위 : 성장률, ROE-% / EPS, 주당배당금 – 원 / 직원의 수 – 명 / 연봉정보 – 백만
2011년 3월, 주식회사 신성홀딩스에서 주식회사 신성솔라에너지로 상호 변경하였습니다.

에
너
지

인
프
라

• 에버테크노 (코스닥 / 070480)
- 반도체 제조용 기계 제조업

구분	94	95	96	97	98	99	00	01	02	03	04	05	06	07	08	09	10	11	12
성장률									11.22	6.63	33.44	35.84	24.45	-6.99	19.09	-7.09	24.60	6.91	-101.0
EPS									176	100	760	852	783	-215	903	-285	1,824	468	-3,485
배당금									0	0	0	0	0	50	100	0	150	0	0
ROE									11.22	6.63	33.44	35.84	24.45	-5.67	21.46	-7.09	26.80	6.91	-101.0
직원의 수														295	300	253	445	347	219
연봉정보														33	35	38	29	53	51

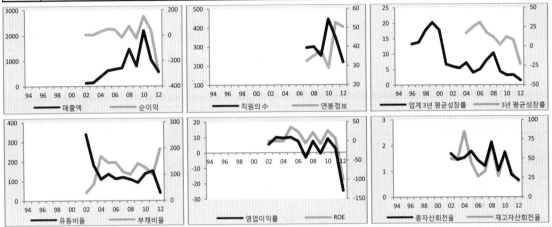

단위 : 성장률, ROE-% / EPS, 주당배당금 - 원 / 직원의 수 - 명 / 연봉정보 - 백만
2002년~2004년 사업보고서 미공시로 인하여 EPS는 감사보고서를 기준으로, 배당금은 0으로 간주해 성장률을 계산하였습니다.
02년~04년 성장률은 업계 3년 평균성장률 계산 과정에서 제외하였습니다.

• 우리기술 (코스닥 / 032820)
- 배전반 및 전기자동제어반 제조업

구분	94	95	96	97	98	99	00	01	02	03	04	05	06	07	08	09	10	11	12
성장률			-9.39	-17.11	11.57	16.20	4.78	3.74	5.87	-13.00	-434.3	-134.6	-2287.3	-37.41	-30.19	-21.97	11.28	9.44	-18.49
EPS			-46	-123	57	267	236	164	273	-599	-852	-684	-341	-475	-317	-190	103	94	-148
배당금			0	0	0	0	0	0	0	0	0	0	0	0	0	0	0	0	0
ROE			-9.39	-17.11	11.57	16.20	4.78	3.74	5.87	-13.00	-434.3	-134.6	-2287.3	-37.41	-30.19	-21.97	11.28	9.44	-18.49
직원의 수							160	186	94	101	79	70	64	72	71	88	98	114	115
연봉정보							22	23	28	25	29	35	35	35	36	40	38	45	45

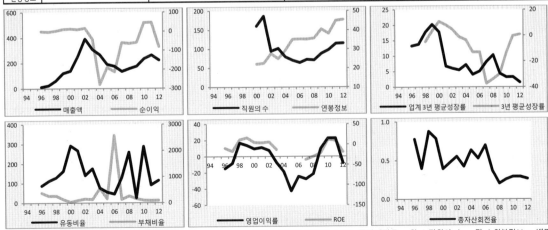

단위 : 성장률, ROE-% / EPS, 주당배당금 - 원 / 직원의 수 - 명 / 연봉정보 - 백만
특이값(2004년~2006년 ROE, 성장률)은 그래프에서 제외 및 보정하였습니다.

에너지 인프라

• 창해에너지어링 (코스닥 / 074150)

- 시스템 소프트웨어 개발 및 공급업

구분	94	95	96	97	98	99	00	01	02	03	04	05	06	07	08	09	10	11	12
성장률										35.38	30.58	16.77	-5.52	-22.10	-31.89	4.33	-13.36	3.20	-1.77
EPS										832	757	832	-220	-1,211	-1,115	147	-409	101	-54
배당금										0	0	0	0	0	0	0	0	0	0
ROE						29.45	29.58			35.38	30.58	16.77	-5.52	-22.10	-31.89	4.33	-13.36	3.20	-1.77
직원의 수										98	107	101	68	59	49	35	28		
연봉정보										38	33	38	43	50	40	52	47		

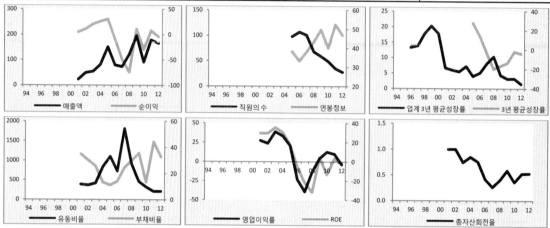

단위 : 성장률, ROE-% / EPS, 주당배당금 - 원 / 직원의 수 - 명 / 연봉정보 - 백만
2003년 사업보고서 미공시로 인하여 EPS는 감사보고서를 기준으로, 배당금은 0으로 간주해 성장률을 계산하였습니다.
2003년 성장률은 업계 3년 평균성장률 계산 과정에서 제외하였습니다.
2008년 5월, 온타임텍㈜에서 ㈜창해에너지어링으로 상호 변경하였습니다.

• 에스아이리소스 (코스닥 / 065420)

- 유연탄 개발 및 채굴, 판매사업

구분	94	95	96	97	98	99	00	01	02	03	04	05	06	07	08	09	10	11	12
성장률					13.03	13.96	9.17	20.60	6.10	1.09	0.64	-80.70	-43.56	-233.5	-371.2	9.43	-28.34	2.72	-5.74
EPS					282	351	158	402	155	20	12	-844	-1,103	-1,136	-6,181	46	-234	19	-23
배당금					0	0	0	0	25	0	0	0	0	0	0	0	0	0	0
ROE					13.03	13.96	9.17	20.60	7.27	1.09	0.64	-80.70	-43.56	-233.5	-371.2	9.43	-28.34	2.72	-5.74
직원의 수									113	110	101	106	102	55	60	53	58	56	52
연봉정보									20	20	22	22	24	20	23	22	21	23	29

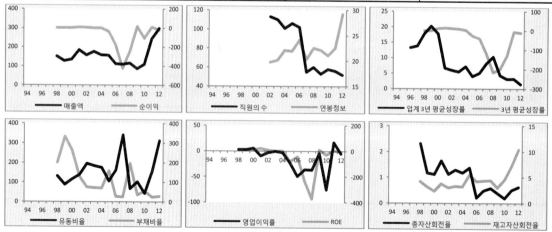

단위 : 성장률, ROE-% / EPS, 주당배당금 - 원 / 직원의 수 - 명 / 연봉정보 - 백만
2010년 10월, ㈜매일상선에서 ㈜에스아이리소스로 상호 변경하였습니다.

• SDN (코스닥 / 099220)

- 전기용 기계장비 및 관련기자재 도매업

구분	94	95	96	97	98	99	00	01	02	03	04	05	06	07	08	09	10	11	12
성장률												40.98	45.46	25.72	21.21	15.69	7.22	6.28	-59.71
EPS												2,519	3,835	902	605	1,016	275	611	-1,177
배당금												0	0	125	125	125	50	125	0
ROE												40.98	45.46	29.86	26.74	17.89	8.82	7.90	-59.71
직원의 수															70	119	94	92	
연봉정보															24	26	27	30	

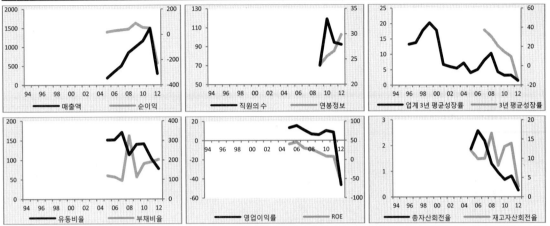

단위 : 성장률, ROE-% / EPS, 주당배당금 - 원 / 직원의 수 - 명 / 연봉정보 - 백만
2005년~2006년 사업보고서 미공시로 인하여 EPS는 감사보고서를 기준으로, 배당금은 0으로 간주해 성장률을 계산하였습니다.
05년~06년 성장률은 업계 3년 평균성장률 계산 과정에서 제외하였습니다.

• 세원셀론텍 (유가증권 / 091090)

- 증류기, 열교환기 및 가스발생기 제조업

구분	94	95	96	97	98	99	00	01	02	03	04	05	06	07	08	09	10	11	12
성장률													8.49	13.37	7.42	0.24	-0.08	-18.47	2.13
EPS													182	387	388	59	47	-590	68
배당금													0	50	100	50	50	0	0
ROE													8.49	15.35	10.00	1.60	1.21	-18.47	2.13
직원의 수													475	481	522	493	503	544	552
연봉정보													16	35	38	37	36	36	38

단위 : 성장률, ROE-% / EPS, 주당배당금 - 원 / 직원의 수 - 명 / 연봉정보 - 백만
2006년 7월, 구 세원셀론텍(주)에서 분할(존속법인: SC엔지니어링(주), 신설법인: 세원셀론텍(주))하여 설립되었습니다.

• 일진에너지 (코스닥 / 094820)
- 증류기, 열교환기 및 가스발생기 제조업

구분	94	95	96	97	98	99	00	01	02	03	04	05	06	07	08	09	10	11	12
성장률										16.99	17.51	25.89	21.85	16.99	35.50	22.11	0.56	5.93	-0.87
EPS										288	384	766	733	742	2,170	1,799	280	506	35
배당금										0	0	0	0	0	0	0	246	125	68
ROE										16.99	17.51	25.89	21.85	16.99	35.50	22.11	4.64	7.87	0.92
직원의 수														361	359	미공시	439	527	553
연봉정보														31			28	33	34

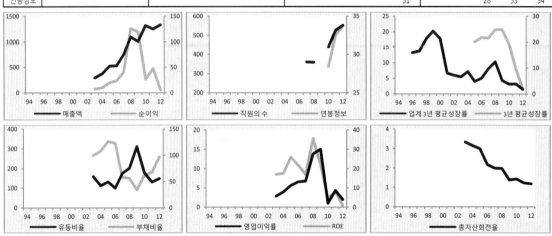

단위 : 성장률, ROE-% / EPS, 주당배당금 – 원 / 직원의 수 – 명 / 연봉정보 – 백만
2003년~2006년 사업보고서 미공시로 인하여 EPS는 감사보고서를 기준으로, 배당금은 0으로 간주해 성장률을 계산하였습니다.
03년~06년 성장률은 업계 3년 평균성장률 계산 과정에서 제외하였습니다.
2008년~2009년 직원의 현황(08년도 직원 수 제외)은 미공시 되었습니다.

• S&TC (유가증권 / 100840)
- 증류기, 열교환기 및 가스발생기 제조업

구분	94	95	96	97	98	99	00	01	02	03	04	05	06	07	08	09	10	11	12
성장률															18.92	18.60	0.34	-2.59	4.18
EPS															4,296	5,273	485	-648	1,282
배당금															400	500	400	0	200
ROE															20.87	20.55	1.91	-2.59	4.96
직원의 수															185	192	180	184	195
연봉정보															34	38	49	51	51

단위 : 성장률, ROE-% / EPS, 주당배당금 – 원 / 직원의 수 – 명 / 연봉정보 – 백만
2008년 2월, 구 S&TC에서 인적 분할(존속회사: (주)S&T홀딩스(지주회사), 신설회사: (주)S&TC(사업회사)) 되었습니다.

• 에스에프씨 (코스닥 / 112240)

- 플라스틱 적층, 도포 및 기타 표면처리 제품 제조업

구 분	94	95	96	97	98	99	00	01	02	03	04	05	06	07	08	09	10	11	12
성장률									18.41	13.65	9.61	13.34	-10.46	3.61	-6.96	43.91	42.75	13.82	7.95
EPS									349	300	234	400	-284	102	229	208	1,879	549	302
배당금									0	0	0	0	0	0	0	0	100	0	25
ROE									18.41	13.65	9.61	13.34	-10.46	3.61	-6.96	43.91	45.15	13.82	8.66
직원의 수																		103	109
연봉정보																		28	28

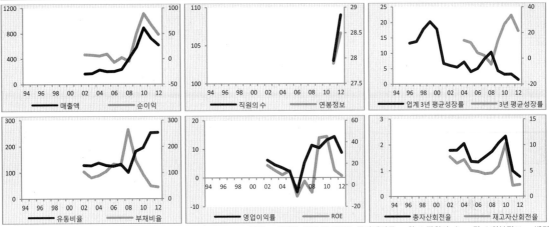

단위 : 성장률, ROE-% / EPS, 주당배당금 - 원 / 직원의 수 - 명 / 연봉정보 - 백만
2002년~2008년 사업보고서 미공시로 인하여 EPS는 감사보고서를 기준으로, 배당금은 0으로 간주해 성장률을 계산하였습니다.
02년~08년 성장률은 업계 3년 평균성장률 계산 과정에서 제외하였습니다.

• 웰크론강원 (코스닥 / 114190)

- 핵반응기 및 증기발생기 제조업

구 분	94	95	96	97	98	99	00	01	02	03	04	05	06	07	08	09	10	11	12
성장률							9.59	2.56	23.25	4.93	-0.52	-30.31	15.49	35.13	26.67	14.49	8.91	20.37	23.43
EPS							133	34	393	88	9	-407	246	738	648	685	325	1,130	873
배당금							0	0	0	0	0	0	0	0	0	0	0	150	50
ROE							9.59	2.56	23.25	4.93	-0.52	-30.31	15.49	35.13	26.67	14.49	8.91	23.49	24.85
직원의 수															94	82	94	101	
연봉정보															35	39	54	60	

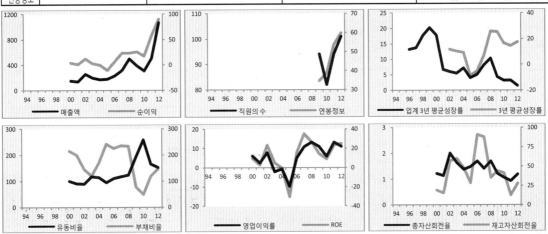

단위 : 성장률, ROE-% / EPS, 주당배당금 - 원 / 직원의 수 - 명 / 연봉정보 - 백만
2011년 결산 월 변경으로 인하여 37기(11년도)는 제외하였으며, 36기를 2011년 기준으로 작성하였습니다.
2000년~2006년 사업보고서 미공시로 인하여 EPS는 감사보고서를 기준으로, 배당금은 0으로 간주해 성장률을 계산하였습니다.
00년~06년 성장률은 업계 3년 평균성장률 계산 과정에서 제외하였습니다.

• 한솔신텍 (코스닥 / 099660)
- 핵반응기 및 증기발생기 제조업

구분	94	95	96	97	98	99	00	01	02	03	04	05	06	07	08	09	10	11	12
성장률										36.83	21.78	-180.5	6.23	-19.68	4.10	26.43			
EPS										312	1,189	987	952	-488	124	1,079			
배당금										0		0	100	100	0				
ROE										30.43	36.83	21.78	-180.5	6.96	-16.33	4.10	26.43		
직원의 수														187	220	336	275		
연봉정보												·		39	54	39	49		

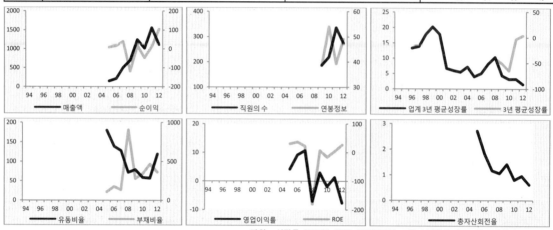

단위 : 성장률, ROE-% / EPS, 주당배당금 – 원 / 직원의 수 – 명 / 연봉정보 – 백만
2006년~2008년 사업보고서 미공시로 인하여 EPS는 감사보고서를 기준으로, 배당금은 0으로 간주해 성장률을 계산하였습니다.
06년~08년 성장률은 업계 3년 평균성장률 계산 과정에서 제외하였습니다.

• 포스코플랜텍 (유가증권 / 051310)
- 기타 구조용 금속제품 제조업

구분	94	95	96	97	98	99	00	01	02	03	04	05	06	07	08	09	10	11	12
성장률						7.95	8.08	33.18	-2.91	1.08	-16.28	16.18	15.10	4.06	-1964.2	-18.53	11.12	-55.91	-22.38
EPS						43	109	672	-57	21	-279	300	453	321	-6,426	-246	535	-1,358	-563
배당금						0	0	0	0	0	0	0	0	120	0	0	0	0	0
ROE						7.95	8.08	33.18	-2.91	1.08	-16.28	16.18	15.10	6.48	-1964.2	-18.53	11.12	-55.91	-22.38
직원의 수														480	548	557	631	672	683
연봉정보														34	37	38	34	36	45

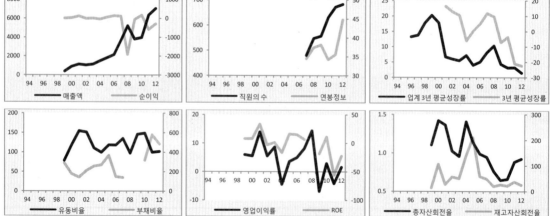

단위 : 성장률, ROE-% / EPS, 주당배당금 – 원 / 직원의 수 – 명 / 연봉정보 – 백만
1999년~2004년 사업보고서 미공시로 인하여 EPS는 감사보고서를 기준으로, 배당금은 0으로 간주해 성장률을 계산하였습니다.
99년~04년 성장률은 업계 3년 평균성장률 계산 과정에서 제외하였습니다.
특이값(2008년 부채비율, ROE 및 성장률)은 그래프에서 제외 및 일부 보정하였습니다.

• 두산중공업 (유가증권 / 034020)

- 기타 기관 및 터빈 제조업

구분	94	95	96	97	98	99	00	01	02	03	04	05	06	07	08	09	10	11	12
성장률		18.34	12.89	3.29	3.93	-0.95	-1.49	0.70	3.89	0.91	7.53	7.06	2.21	11.14	-3.22	-11.21	3.22	2.86	-8.29
EPS		3,326	2,892	869	1,474	508	-240	257	904	318	1,902	1,881	865	3,476	-765	-3,748	2,031	1,912	-2,313
배당금		300	400	200	200	200	0	150	150	150	250	250	350	500	500	500	750	750	750
ROE		20.16	14.96	4.27	4.54	-1.56	-1.49	1.69	4.66	1.72	8.66	8.14	3.70	13.01	-1.95	-9.89	5.10	4.71	-6.26
직원의 수					7,219	7,556	6,322	6,224		4,754	4,834	4,889	4,843	5,143	5,441	5,853	6,328	6,871	7,308
연봉정보					35	39	43	45		44	52	58	58	58	64	62	65	65	70

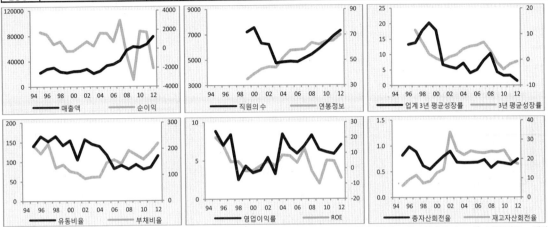

단위 : 성장률, ROE-% / EPS, 주당배당금 – 원 / 직원의 수 – 명 / 연봉정보 – 백만
2001년 3월, 한국중공업 주식회사에서 두산중공업 주식회사로 상호 변경하였습니다.

• 유니슨 (코스닥 / 018000)

- 기타 기관 및 터빈 제조업

구분	94	95	96	97	98	99	00	01	02	03	04	05	06	07	08	09	10	11	12
성장률		9.52	16.76	16.69	17.47	21.55	4.65	4.04	7.68	-0.48	3.97	9.52	2.92	4.58	6.15	-27.41	-77.33	-181.1	1.76
EPS		141	241	256	338	648	173	183	328	82	283	578	232	292	465	-1,283	-2,995	-4,854	47
배당금		0	25	5	10	25	25	50	50	100	125	150	100	100	100	0	0	0	0
ROE		9.52	18.69	17.02	18.00	22.41	5.44	5.56	9.06	2.20	7.10	12.85	5.13	6.97	7.84	-27.41	-77.33	-181.1	1.76
직원의 수					285	250	221	236		218	210	228	216	348	392	257	222	221	239
연봉정보					21	24	28	27		32	30	28	30	25	30	35	35	28	36

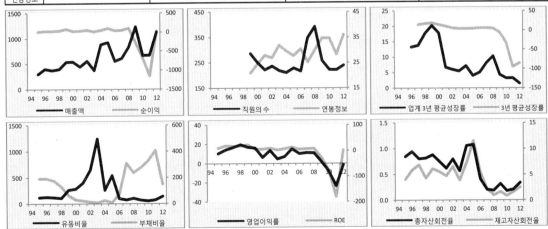

단위 : 성장률, ROE-% / EPS, 주당배당금 – 원 / 직원의 수 – 명 / 연봉정보 – 백만
2003년 3월, 유니슨산업주식회사에서 유니슨주식회사로 상호 변경하였습니다.

에너지 인프라

• OCI (유가증권 / 010060)

- 기타 기초무기화학물질 제조업

구분	94	95	96	97	98	99	00	01	02	03	04	05	06	07	08	09	10	11	12
성장률	1.04	12.33	2.91	9.11	자본잠식	33.00	1.59	-22.87	4.98	4.98	5.20	2.05	6.46	11.07	23.22	23.26	24.83	20.21	1.28
EPS	346	1,538	560	1,347	-20,680	2,456	1,572	-9,406	2,408	2,632	2,852	1,494	3,451	6,845	15,594	18,530	25,724	30,937	2,200
배당금	250	250	250	300	0	600	600	0	500	650	750	650	700	1,000	1,500	2,000	3,250	2,200	400
ROE	3.76	14.73	5.25	11.72	자본잠식	43.67	2.57	-22.87	6.29	6.61	7.06	3.64	8.11	12.96	25.69	26.07	28.42	21.75	1.57
직원의 수					600	581	497	2,074	1,836	1,829	1,720	1,652	1,677	1,796	2,175	2,364	2,594	2,842	2,793
연봉정보					28	31	34	26	39	40	46	48	50	57	62	63	65	69	56

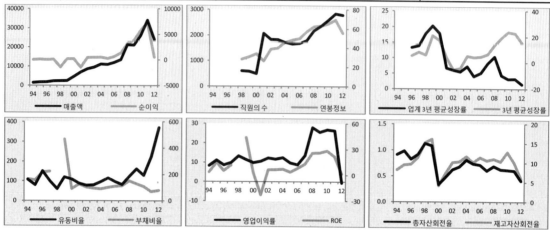

단위 : 성장률, ROE-% / EPS, 주당배당금 – 원 / 직원의 수 – 명 / 연봉정보 – 백만
자본잠식으로 인해, 계산 불가한 값(1998년 부채비율, ROE 및 성장률)은 그래프에서 제외 및 일부 조정하였습니다.
2009년 4월, 동양제철화학주식회사에서 OCI 주식회사로 상호 변경하였습니다.

• 에스에너지 (코스닥 / 095910)

- 기타 발전기 및 전기변환장치 제조업

구분	94	95	96	97	98	99	00	01	02	03	04	05	06	07	08	09	10	11	12
성장률												40.49	27.67	11.10	3.80	14.44	12.60	1.03	12.15
EPS												617	878	932	257	816	765	65	1,003
배당금												25	25	50	0	70	70	0	100
ROE										12.74	44.99	42.20	28.48	11.73	3.80	15.79	13.87	1.03	13.50
직원의 수														52	73	101	149	178	194
연봉정보														24	31	34	31	35	38

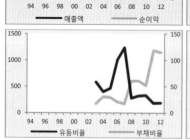
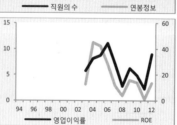
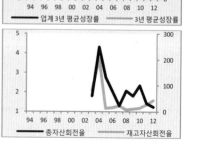

단위 : 성장률, ROE-% / EPS, 주당배당금 – 원 / 직원의 수 – 명 / 연봉정보 – 백만

• 한전산업 (유가증권 / 130660)

- 기타 사업지원 서비스업

구분	94	95	96	97	98	99	00	01	02	03	04	05	06	07	08	09	10	11	12
성장률						11.34	22.18	25.28	19.90	14.08	20.57	24.22	61.88	21.40	2.59	-9.89	28.50	11.47	3.08
EPS						1,553	3,769	5,129	5,029	3,929	5,932	7,459	36,450	7,468	409	188	732	524	88
배당금						0	0	0	0	0	0	0	0	0	362	350	156	261	27
ROE						11.34	22.18	25.28	19.90	14.08	20.57	24.22	61.88	21.40	22.56	11.48	36.22	22.85	4.44
직원의 수																3,141	3,178	3,929	
연봉정보																37	43	35	

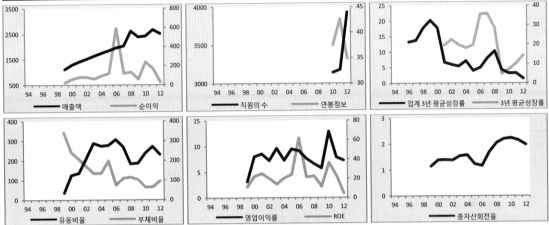

단위 : 성장률, ROE-% / EPS, 주당배당금 - 원 / 직원의 수 - 명 / 연봉정보 - 백만
1999년~2007년 사업보고서 미공시로 인하여 EPS는 감사보고서를 기준으로, 배당금은 0으로 간주해 성장률을 계산하였습니다.
99년~07년 성장률은 업계 3년 평균성장률 계산 과정에서 제외하였습니다.
1996년 1월, 한성종합산업㈜에서 한전산업개발㈜로 상호 변경하였습니다.

• 에너지솔루션 (코스닥 / 067630)

- 기타 엔지니어링 서비스업

구분	94	95	96	97	98	99	00	01	02	03	04	05	06	07	08	09	10	11	12
성장률							19.62	3.04	12.08	15.19	15.25	24.25	21.08	17.21	20.73	-4.90	10.93	-26.41	-123.4
EPS							218	166	130	193	193	391	564	506	877	-217	398	-769	-1,573
배당금							0	0	0	0	0	0	0	0	0	0	0	0	0
ROE							19.62	3.04	12.08	15.19	15.25	24.25	21.08	17.21	20.73	-4.90	10.93	-26.41	-123.4
직원의 수															27	32	27	31	28
연봉정보															39	51	32	22	35

단위 : 성장률, ROE-% / EPS, 주당배당금 - 원 / 직원의 수 - 명 / 연봉정보 - 백만
2000년~2005년 사업보고서 미공시로 인하여 EPS는 감사보고서를 기준으로, 배당금은 0으로 간주해 성장률을 계산하였습니다.
00년~05년 성장률은 업계 3년 평균성장률 계산 과정에서 제외하였습니다.

에너지 인프라

• 한전기술 (유가증권 / 052690)
- 기타 엔지니어링 서비스업

구분	94	95	96	97	98	99	00	01	02	03	04	05	06	07	08	09	10	11	12
성장률						13.54	22.62	23.84	20.43	17.97	5.44	3.44	5.29	5.54	7.84	12.93	14.15	9.18	14.20
EPS						560	1,173	1,310	94	94	279	180	290	462	718	2,162	3,696	3,038	3,514
배당금						0	0	0	0	0	0	0	0	138	216	1,081	1,847	2,126	1,932
ROE						13.54	22.62	23.84	20.43	17.97	5.44	3.44	5.29	7.91	11.20	25.86	28.29	30.58	31.53
직원의 수																1,822	2,036	2,174	2,223
연봉정보																63	73	71	78

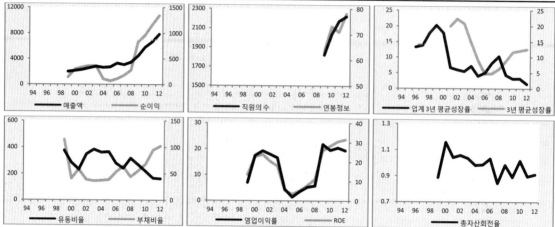

단위 : 성장률, ROE-% / EPS, 주당배당금 – 원 / 직원의 수 – 명 / 연봉정보 – 백만
1999년~2006년 사업보고서 미공시로 인하여 EPS는 감사보고서를 기준으로, 배당금은 0으로 간주해 성장률을 계산하였습니다.
99년~06년 성장률은 업계 3년 평균성장률 계산 과정에서 제외하였습니다.

• 파루 (코스닥 / 043200)
- 기타 특수목적용 기계 제조업

구분	94	95	96	97	98	99	00	01	02	03	04	05	06	07	08	09	10	11	12
성장률			10.76	10.75	10.41	36.22	-5.74	-11.12	-148.4	-89.69	-507.2	-36.50	-69.89	3.82	4.10	3.66	-47.38	-123.1	-39.47
EPS			116	198	77	389	159	-214	-1,147	-562	-1,493	-205	-368	45	24	54	-339	-3,339	-1,052
배당금			0	0	0	0	25	0	0	0	0	0	0	0	0	0	0	0	0
ROE			10.76	10.75	10.41	36.22	-6.81	-11.12	-148.4	-89.69	-507.2	-36.50	-69.89	3.82	4.10	3.66	-47.38	-123.1	-39.47
직원의 수							74	72	96	70	68	70	77	102	106	108	128	115	84
연봉정보							20	16	20	25	21	19	20	22	29	30	26	34	22

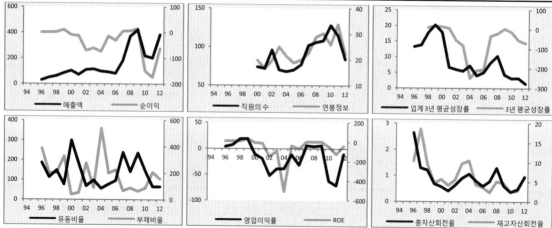

단위 : 성장률, ROE-% / EPS, 주당배당금 – 원 / 직원의 수 – 명 / 연봉정보 – 백만
2002년 3월, 태인테크주식회사에서 주식회사 파루로 상호 변경하였습니다.

CHAPTER 3.

수주산업

・건설

2012년 건설 상장기업의 전체 매출액은 약 93조원(전년대비 5% 성장), 총 당기순손실은 약 1조 2천억원을 기록하였습니다. 평균성장률은 2.1%(전년대비 0.4%p 증가)이며 최근 3년간 3% 이하로 하락하였습니다. ROE는 2.3%(전년대비 0.3%p 증가)이며 2000년대 중반 이후로는 낮아지고 있는 모습입니다.
(매출액 및 당기순이익은 단순합계금액이며, 국내 건설 및 해외건설관련 매출 및 이익도 포함되어 있는 금액입니다. 성장률 및 ROE는 단순평균값 입니다.)

해당 산업의 직원 수는 약 6만 7천명(전년대비 0.01% 감소)이며, 최근 평균연봉(2012년)은 약 6천만원(전년대비 1% 증가)입니다. 업계 평균연봉은 최근 4년간 약 6천만원 수준을 유지하고 있습니다. 최근 3년 업계 평균 유동비율은 170.8%이며, 부채비율은 178.2%입니다.

구 분	총매출액	총 당기순이익	평균성장률	평균 ROE	총 직원수	연봉정보
94	14,139	252	7.8	8.3		
95	20,633	157	6.1	7.3		
96	24,418	193	5.2	6.2		
97	58,493	105	3.9	6.2		
98	61,838	-1,414	5.3	5.4	53,547	24
99	64,971	332	9.0	10.2	64,945	25
00	70,369	-2,927	7.3	8.6	71,425	28
01	67,073	-532	7.4	8.8	69,091	27
02	71,052	1,282	5.5	8.1	48,514	37
03	45,797	1,760	9.0	11.4	40,852	39
04	50,268	1,989	7.6	11.0	43,202	44
05	53,095	2,819	11.4	13.0	44,290	48
06	56,985	3,139	9.9	11.9	45,437	51
07	61,483	3,846	9.4	11.0	47,858	55
08	73,007	2,306	6.0	6.7	51,814	56
09	78,779	-166	6.1	6.8	57,535	58
10	83,073	513	2.3	2.7	61,851	60
11	88,812	235	1.7	2.0	67,873	59
12	93,697	-1,261	2.1	2.3	67,809	60

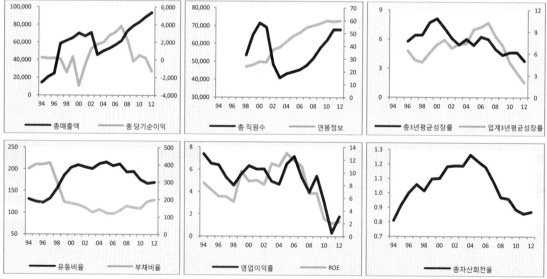

단위 : 총 매출액, 총 당기순이익 – 십억 / 평균 성장률, 평균 ROE – % / 총 직원 수 – 명 / 연봉정보 – 백만
연봉정보는 1 인당 평균 급여액이며, 대상기업들의 연간 총 급여액을 총 직원의 수로 나눈 금액입니다.
업계 3 년 평균 성장률은 건설업종 전체 상장사의 평균이며, 사업보고서에 근거한 자료만으로 만들었습니다.

• 도화엔지니어링 (유가증권 / 002150)

- 건물 및 토목엔지니어링 서비스업

구 분	94	95	96	97	98	99	00	01	02	03	04	05	06	07	08	09	10	11	12
성장률						11.60	8.93	11.66	15.96	18.01	22.20	14.12	22.70	22.84	18.78	18.69	13.89	6.60	-5.18
EPS						183	152	225	361	492	765	559	1,140	1,443	1,610	1,937	2,240	1,040	-523
배당금						0	0	0	0	0	0	0	0	0	150	150	300	150	150
ROE						11.60	8.93	11.66	15.96	18.01	22.20	14.12	22.70	22.84	20.71	20.26	16.04	7.72	-4.03
직원의 수																1,854	2,006	1,994	
연봉정보																58	56	61	

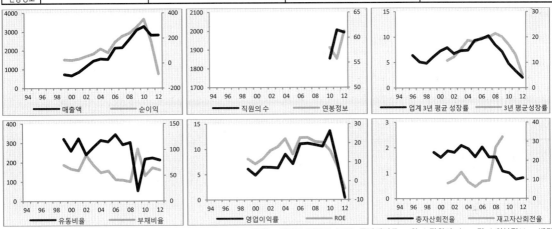

단위 : 성장률, ROE-% / EPS, 주당배당금 - 원 / 직원의 수 - 명 / 연봉정보 - 백만
2011년 3월, 동화종합기술공사에서 주식회사 도화엔지니어링으로 상호 변경하였습니다.
1999년~2007년 사업보고서 미공시로 인하여 EPS는 감사보고서를 기준으로, 배당금은 0으로 간주해 성장률을 계산하였습니다.
99년~07년 성장률은 업계 3년 평균성장률 계산 과정에서 제외하였습니다.

• 한국종합기술 (유가증권 / 023350)

- 건물 및 토목엔지니어링 서비스업

구 분	94	95	96	97	98	99	00	01	02	03	04	05	06	07	08	09	10	11	12
성장률						17.94	17.56	17.58	17.46	19.88	16.10	17.43	14.56	13.89	13.98	11.84	11.52	6.13	0.19
EPS						208	247	296	366	589	572	735	714	802	889	965	1,287	778	121
배당금						0	0	0	0	0	0	0	0	0	0	100	100	100	100
ROE						17.94	17.56	17.58	17.46	19.88	16.10	17.43	14.56	13.89	13.98	13.21	12.49	7.03	1.11
직원의 수																	1,194	1,185	
연봉정보																	56	55	

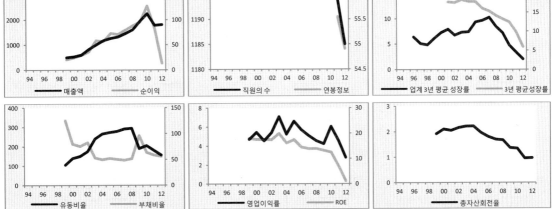

단위 : 성장률, ROE-% / EPS, 주당배당금 - 원 / 직원의 수 - 명 / 연봉정보 - 백만
1999년~2008년 사업보고서 미공시로 인하여 EPS는 감사보고서를 기준으로, 배당금은 0으로 간주해 성장률을 계산하였습니다.
99년~08년 성장률은 업계 3년 평균성장률 계산 과정에서 제외하였습니다.

건
설

· 유신 (코스닥 / 054930)
- 건축설계 및 관련 서비스업

구분	94	95	96	97	98	99	00	01	02	03	04	05	06	07	08	09	10	11	12
성장률				28.21	16.95	22.14	17.41	9.70	5.12	5.82	4.49	4.56	3.86	5.01	5.96	14.33	9.03	-7.59	-6.72
EPS				8,670	2,078	10,376	2,497	3,656	1,750	1,969	1,580	1,636	1,405	1,739	2,067	5,014	3,551	-2,323	-1,933
배당금				0	0	0	0	0	750	750	600	600	500	500	500	600	500		
ROE				28.21	16.95	22.14	17.41	9.70	8.96	9.39	7.23	7.20	5.99	7.04	7.86	16.28	10.51	-7.59	-6.72
직원의 수								1,057	1,034	976	988	996	1,010	1,012	830	1,418	1,438	1,389	1,258
연봉정보								37	37	39	41	47	47	47	54	64	61	63	55

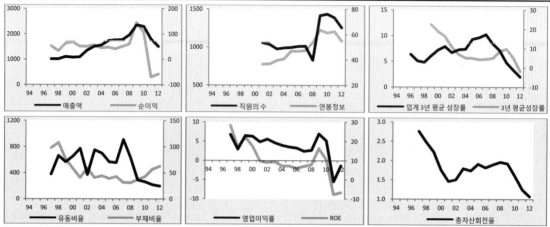

매출액 / 순이익   직원의 수 / 연봉정보   업계 3년 평균 성장률 / 3년 평균성장률
유동비율 / 부채비율   영업이익률 / ROE   총자산회전율

단위 : 성장률, ROE-% / EPS, 주당배당금 – 원 / 직원의 수 – 명 / 연봉정보 – 백만
2010년 3월, ㈜유신코퍼레이션에서 ㈜유신으로 상호 변경하였습니다.

· 한미글로벌 (유가증권 / 053690)
- 건축설계 및 관련 서비스업

구분	94	95	96	97	98	99	00	01	02	03	04	05	06	07	08	09	10	11	12
성장률								50.75	20.23	26.69	23.84	19.02	34.83	30.18	28.58	13.80	15.14	6.33	6.98
EPS								844	422	704	779	717	1,739	1,084	1,212	1,245	1,345	633	763
배당금								0	0	0	0	0	0	100	125	300	300	150	200
ROE								50.75	20.23	26.69	23.84	19.02	34.83	33.25	31.87	18.18	19.49	8.29	9.46
직원의 수																539	570	608	592
연봉정보																72	57	54	45

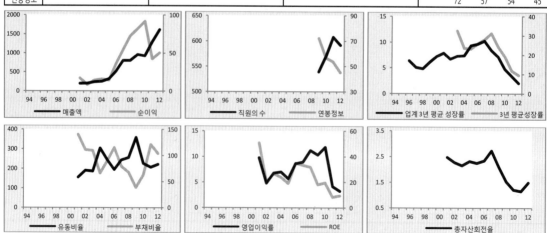

매출액 / 순이익   직원의 수 / 연봉정보   업계 3년 평균 성장률 / 3년 평균성장률
유동비율 / 부채비율   영업이익률 / ROE   총자산회전율

단위 : 성장률, ROE-% / EPS, 주당배당금 – 원 / 직원의 수 – 명 / 연봉정보 – 백만
2011년 3월, 주식회사 한미글로벌건축사무소에서 한미글로벌 주식회사로 상호 변경하였습니다.
2001년~2006년 사업보고서 미공시로 인하여 EPS는 감사보고서를 기준으로, 배당금은 0으로 간주해 성장률를 계산하였습니다.
01년~06년 성장률은 업계 3년 평균성장률 계산 과정에서 제외하였습니다.

건
설

• 희림 (코스닥 / 037440)

- 건축설계 및 관련 서비스업

구 분	94	95	96	97	98	99	00	01	02	03	04	05	06	07	08	09	10	11	12
성장률						22.73	10.95	10.33	1.65	5.35	9.70	10.65	4.40	13.00	21.28	11.23	8.76	-6.41	1.83
EPS						587	325	248	27	135	362	482	346	749	1,249	713	534	-276	81
배당금						100	100	30	20	10	100	150	200	250	300	200	100	0	0
ROE		5.66	6.07	6.31	16.93	27.39	15.81	11.75	6.16	5.78	13.40	15.47	10.42	19.53	28.01	15.61	10.78	-6.41	1.83
직원의 수						233	328	344	400	428	485	624	790	891	1,037	1,060	1,034	905	948
연봉정보						26	28	31	30	36	34	38	40	40	44	50	54	58	54

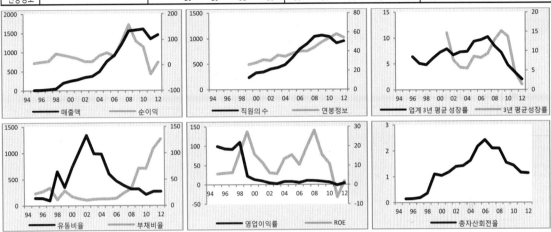

단위 : 성장률, ROE-% / EPS, 주당배당금 - 원 / 직원의 수 - 명 / 연봉정보 - 백만

• 이테크건설 (코스닥 / 016250)

- 공업 및 유사 산업용 건물 건설업

구 분	94	95	96	97	98	99	00	01	02	03	04	05	06	07	08	09	10	11	12
성장률		21.26	20.28	12.85	2.17	6.84	-3.27	1.96	2.52	3.42	1.00	11.42	19.33	12.04	17.45	11.70	-1.49	10.22	5.63
EPS		3,275	3,264	2,347	424	1,060	-395	219	812	930	638	1,724	3,498	3,430	5,396	4,284	3,856	10,380	7,658
배당금		217	0	0	0	0	0	0	500	500	500	0	0	500	500	500	500	500	500
ROE		22.76	20.28	12.85	2.17	6.84	-3.27	1.96	6.55	7.40	4.60	11.42	19.33	14.10	19.24	13.25	-1.72	10.74	6.02
직원의 수						188	201	213	231	239	274	267	306	349	365	377	456	659	738
연봉정보						23	23	24	24	31	31	38	43	48	51	55	49	54	61

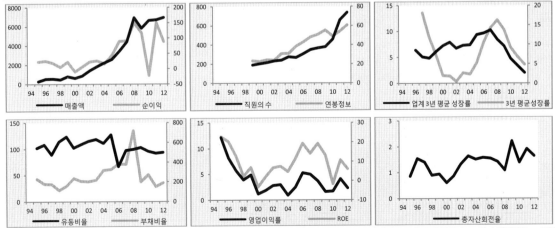

단위 : 성장률, ROE-% / EPS, 주당배당금 - 원 / 직원의 수 - 명 / 연봉정보 - 백만
2005년 4월, ㈜이테크이앤씨에서 ㈜이테크건설로 상호 변경하였습니다.

건
설

• 신일건업 (유가증권 / 014350)

- 단독 및 연립주택 건설업

구분	94	95	96	97	98	99	00	01	02	03	04	05	06	07	08	09	10	11	12
성장률	5.54	3.26	1.27	3.23	3.76	4.30	1.32	4.15	6.66	11.84	8.76	7.16	7.10	6.64	3.82	-6.20	1.51	-3.63	자본잠식
EPS	1,014	685	354	570	670	814	233	756	1,304	2,566	2,005	1,793	1,952	1,956	982	-1,500	519	-1,148	-32,366
배당금	250	250	200	200	200	150	50	150	250	400	250	250	300	300	0	0	0	0	0
ROE	7.35	5.13	2.93	4.98	5.36	5.27	1.68	5.18	8.24	14.03	10.01	8.32	8.39	7.85	3.82	-6.20	1.51	-3.63	자본잠식
직원의 수					276	262	239	270	269	243	195	247	238	257	255	206	146	121	103
연봉정보					19	20	22	22	24	23	29	25	26	33	40	33	30	45	31

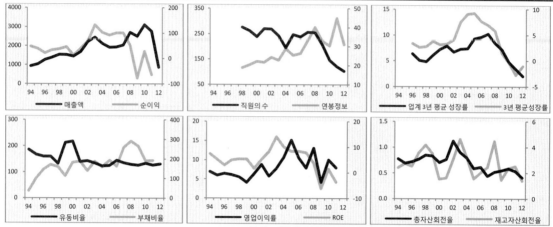

단위 : 성장률, ROE-% / EPS, 주당배당금 – 원 / 직원의 수 – 명 / 연봉정보 – 백만

1979년 12월 합자회사 신일건업을 흡수 합병하였으며, 1980년 1월 주식회사 신일건업으로 상호 변경하였습니다.

자본잠식으로 인해, 계산 불가한 값(2012년 부채비율, 영업이익률, ROE)은 그래프에서 제외하였습니다.

특이값(2012년 순이익: 1806억 적자)은 그래프에서 제외하였습니다.

• 현대산업 (유가증권 / 012630)

- 단독 및 연립주택 건설업

구분	94	95	96	97	98	99	00	01	02	03	04	05	06	07	08	09	10	11	12
성장률	13.86	11.34	5.02	3.33	1.06	3.90	-1.64	-9.64	6.53	12.40	11.03	14.46	12.10	12.96	8.31	0.86	3.34	6.84	-0.20
EPS	2,930	2,411	1,468	975	679	1,351	568	-1,392	1,529	2,805	2,783	4,277	3,880	4,855	3,096	668	1,582	3,077	133
배당금	600	250	300	250	250	600	300	0	500	600	600	900	900	900	500	400	500	700	200
ROE	17.43	12.65	6.31	4.48	1.68	7.01	-3.49	-9.64	9.70	15.78	14.07	18.31	15.25	15.90	9.91	2.15	4.88	8.86	0.39
직원의 수					2,468	2,345	2,302	1,645	1,606	1,585	1,907	1,911	1,906	1,918	1,866	1,792	1,832	1,794	1,724
연봉정보					27	36	31	33	42	49	46	50	54	56	55	56	57	58	61

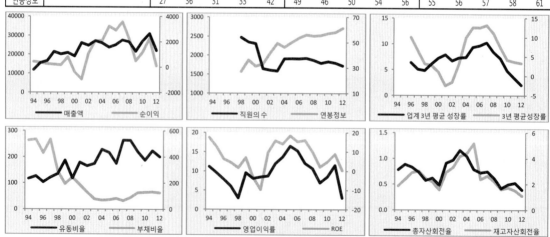

단위 : 성장률, ROE-% / EPS, 주당배당금 – 원 / 직원의 수 – 명 / 연봉정보 – 백만

1986년 11월, 한국도시개발(1976년 3월 설립)과 한라건설(1977년 10월 설립)이 합병하여 현대산업개발주식회사로 탄생하였습니다.

• GS 건설 (유가증권 / 006360)

- 단독 및 연립주택 건설업

구 분	94	95	96	97	98	99	00	01	02	03	04	05	06	07	08	09	10	11	12
성장률	1.53	4.71	0.03	5.40	7.66	12.11	12.58	12.84	10.57	8.59	7.23	13.46	17.34	14.77	11.75	10.10	9.35	9.61	2.77
EPS	693	1,203	944	971	1,619	2,447	2,458	3,199	3,225	3,245	3,134	5,317	7,741	7,995	7,689	7,737	7,813	8,338	2,407
배당금	400	400	400	100	200	350	600	800	1,000	1,250	1,250	1,400	1,550	1,650	500	1,000	1,000	1,000	250
ROE	3.63	7.06	0.05	6.02	8.74	14.13	16.65	17.12	15.33	13.98	12.03	18.27	21.68	18.61	12.57	11.60	10.72	10.91	3.09
직원의 수					2,179	2,957	2,819	2,788	3,017	3,190	3,458	3,778	4,147	4,082	5,378	4,972	5,365	7,053	6,647
연봉정보					29	37	38	42	46	47	45	59	61	68	68	74	70	60	56

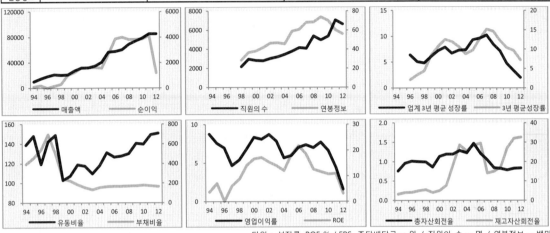

단위 : 성장률, ROE-% / EPS, 주당배당금 - 원 / 직원의 수 - 명 / 연봉정보 - 백만
2005년 3월, LG건설에서 GS건설로 상호 변경하였습니다.

• 고려개발 (유가증권 / 004200)

- 도로 건설업

구 분	94	95	96	97	98	99	00	01	02	03	04	05	06	07	08	09	10	11	12
성장률	69.54	28.55	15.31	24.05	15.09	14.81	11.98	6.10	6.11	8.23	10.84	7.41	13.35	9.49	3.31	0.90	-0.10	-191.21	-2.20
EPS	8,871	4,155	2,581	5,340	5,590	3,718	2,933	1,797	1,890	2,925	2,558	2,397	3,894	2,990	859	199	318	-11,755	-132
배당금	0	0	0	0	0	400	400	400	400	400	600	900	800	600	0	0	0	0	0
ROE	69.54	28.55	15.31	24.05	15.09	16.60	13.88	7.85	7.75	9.53	14.16	11.87	16.81	11.87	3.31	0.90	-0.10	-191.21	-2.20
직원의 수					597	563	563	532	515	530	527	544	542	522	512	390	397	418	400
연봉정보					28	32	37	40	42	44	50	57	65	63	65	58	64	66	65

단위 : 성장률, ROE-% / EPS, 주당배당금 - 원 / 직원의 수 - 명 / 연봉정보 - 백만
특이값(2011년 순이익: 2351억 적자)은 그래프에서 제외하였습니다.

• 남광토건 (유가증권 / 001260)

- 도로 건설업

구분	94	95	96	97	98	99	00	01	02	03	04	05	06	07	08	09	10	11	12
성장률		1.37	1.39	0.92	자본잠식	81.63	73.62	36.49	15.43	35.65	-61.67	6.99	14.55	11.37	-3.89	3.34	-218.3	자본잠식	
EPS		230	240	-2,885	-41,509	1,002	460	874	374	1,365	-4,386	555	1,062	1,166	-325	-325	-5,286	-386,966	-72,986
배당금		50	50	0	0	0	0	0	0	0	0	0	0	0	0	0	0	0	0
ROE		1.75	1.75	0.92	자본잠식	81.63	73.62	36.49	15.43	35.65	-61.67	6.99	14.55	11.37	-3.89	3.34	-218.3	자본잠식	
직원의 수					358	360	380	378	424	421	417	516	569	639	604	618	557	583	379
연봉정보					20	26	30	33	34	42	42	45	58	60	67	55	58	59	73

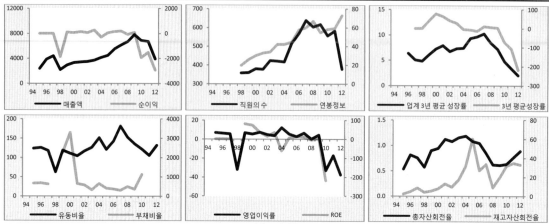

단위 : 성장률, ROE-% / EPS, 주당배당금 – 원 / 직원의 수 – 명 / 연봉정보 – 백만
자본잠식으로 인해, 계산 불가한 값(1998년, 2011년~2012년 부채비율과 ROE 및 성장률)은 그래프에서 제외 및 보정하였습니다.
1954년 8월, 남광토건사에서 남광토건주식회사로 상호 변경하였습니다.

• 동양건설 (유가증권 / 005900)

- 도로 건설업

구분	94	95	96	97	98	99	00	01	02	03	04	05	06	07	08	09	10	11	12
성장률	13.35	3.18	3.95	3.50	2.49	13.31	8.52	13.18	15.18	22.38	22.67	16.50	9.58	6.09	2.09	5.54	5.12	-908.55	-371.8
EPS	2,953	717	839	794	1,194	4,897	2,166	4,211	5,481	10,254	14,111	10,254	8,197	5,639	1,956	4,082	3,176	-292,224	-16,289
배당금	0	0	0	0	250	250	250	350	600	900	1,200	1,250	1,250	1,250	500	500	500	0	0
ROE	13.35	3.18	3.95	3.50	3.14	14.03	9.63	14.38	17.05	24.53	24.78	18.79	11.30	7.82	2.81	6.31	6.07	-908.55	-371.8
직원의 수					947	981	968	999	1,065	1,091	1,051	644	561	648	732	752	740	506	394
연봉정보					24	25	24	26	28	30	33	36	41	41	41	41	39	53	47

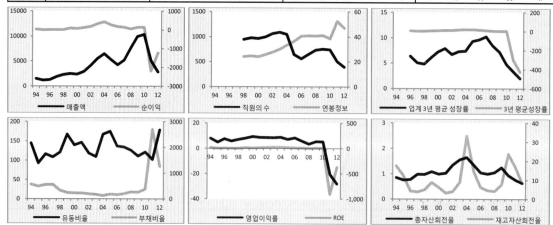

단위 : 성장률, ROE-% / EPS, 주당배당금 – 원 / 직원의 수 – 명 / 연봉정보 – 백만
2011년 4월 서울지방법원에 회생절차 개시신청을 하여, 2012년 2월 회생계획 인가결정을 받았습니다.

• 범양건영 (유가증권 / 002410)

- 도로 건설업

구분	94	95	96	97	98	99	00	01	02	03	04	05	06	07	08	09	10	11	12
성장률	8.33	2.52	0.87	2.08	0.56	4.01	4.26	4.78	1.18	21.77	10.14	2.81	4.10	6.02	4.46	4.99	7.95	-1,538.78	-842.24
EPS	332	-3,546	228	182	50	375	427	506	136	4,493	1,715	782	931	1,342	959	1,193	280	-18,859	-17,531
배당금	400	0	150	0	0	0	0	0	0	1,000	0	300	200	200	100	100	0	0	0
ROE	-40.69	2.52	2.55	2.08	0.56	4.01	4.26	4.78	1.18	28.00	10.14	4.56	5.22	7.07	4.98	5.45	7.95	-1,538.78	-842.24
직원의 수					259	256	260	241	230	212	207	225	237	269	285	337	321	191	77
연봉정보					22	21	23	26	27	28	29	28	32	35	40	31	33	36	35

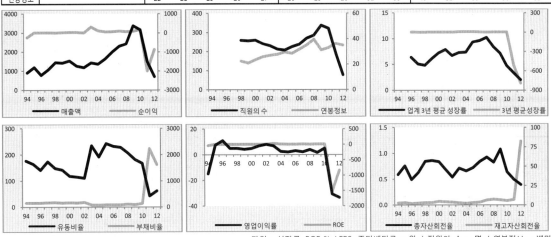

단위 : 성장률, ROE-% / EPS, 주당배당금 – 원 / 직원의 수 – 명 / 연봉정보 – 백만

2012년 6월 19일 서울중앙지방법원에 회생절차 개시신청을 하여, 26일 회생절차 개시결정을 받았습니다.

• 삼부토건 (유가증권 / 001470)

- 도로 건설업

구분	94	95	96	97	98	99	00	01	02	03	04	05	06	07	08	09	10	11	12
성장률	2.19	1.29	-0.13	-0.37	-0.22	0.35	0.16	0.39	0.82	2.18	8.31	7.46	7.47	1.83	0.78	1.85	0.90	-156.57	-93.88
EPS	387	343	77	38	20	191	111	252	465	1,102	4,030	4,038	4,299	1,474	466	1,019	758	-40,253	-12,347
배당금	100	100	100	100	100	50	50	100	150	250	500	650	700	600	100	150	150	0	0
ROE	2.96	1.81	0.45	0.23	0.05	0.47	0.29	0.65	1.20	2.82	9.49	8.89	8.92	3.09	0.99	2.17	1.12	-156.57	-93.88
직원의 수					986	923	718	727	722	705	701	686	633	647	654	672	700	611	577
연봉정보					27	28	39	27	29	39	35	37	42	54	59	60	58	67	64

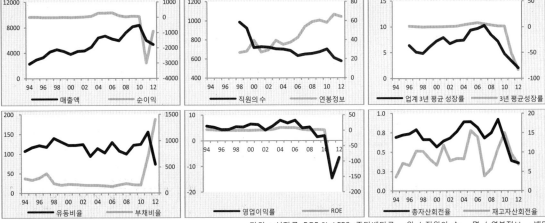

단위 : 성장률, ROE-% / EPS, 주당배당금 – 원 / 직원의 수 – 명 / 연봉정보 – 백만

1959년 3월, 주식회사삼부토건사에서 삼부토건 주식회사로 상호 변경하였습니다.

건설

• 삼호 (유가증권 / 001880)

- 도로 건설업

구분	94	95	96	97	98	99	00	01	02	03	04	05	06	07	08	09	10	11	12
성장률	2.25	0.33	-7.51	4.04	-32.81	4.00	2.43	3.27	4.61	7.03	12.69	10.34	24.25	20.12	-3.28	1.90	-40.40	-60.90	-86.18
EPS	260	34	-712	386	-2,816	506	248	339	482	901	1,772	1,491	2,398	2,999	-367	218	-3,415	-3,222	-2,444
배당금	0	0	0	0	0	0	0	0	0	150	250	350	0	600	0	0	0	0	0
ROE	2.25	0.33	-7.51	4.04	-32.81	4.00	2.43	3.27	4.61	8.44	14.78	13.51	24.25	25.15	-3.28	1.90	-40.40	-60.90	-86.18
직원의 수					370	399	360	334	315	327	355	351	356	358	374	342	307	310	321
연봉정보					16	18	32	31	27	38	49	54	58	63	62	55	56	58	60

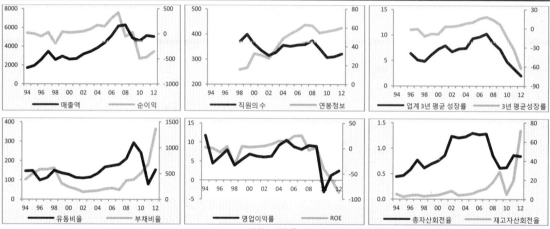

단위 : 성장률, ROE-% / EPS, 주당배당금 - 원 / 직원의 수 - 명 / 연봉정보 - 백만
1981년 12월, 주식회사 삼호주택에서 주식회사 삼호로 상호 변경하였습니다.
1986년 7월, 대림그룹으로 편입되었습니다.

• 삼환기업 (유가증권 / 000360)

- 도로 건설업

구분	94	95	96	97	98	99	00	01	02	03	04	05	06	07	08	09	10	11	12
성장률	1.06	1.01	0.22	4.01	0.34	0.25	0.74	3.15	2.71	3.22	6.00	9.46	7.34	7.01	1.31	1.17	1.01	-20.08	-749.92
EPS	601	578	444	630	66	265	449	1,445	1,369	1,591	2,857	4,512	3,872	3,907	942	865	652	-11,176	-48,439
배당금	400	400	400	0	0	200	250	400	450	450	600	600	600	600	200	200	200	0	0
ROE	3.17	3.29	2.24	4.01	0.34	1.01	1.68	4.36	4.04	4.50	7.60	10.91	8.69	8.28	1.66	1.52	1.46	-20.08	-749.92
직원의 수					973	746	652	617	627	587	596	626	608	597	533	500	503	458	397
연봉정보					28	30	33	35	38	40	39	43	50	51	56	57	55	55	55

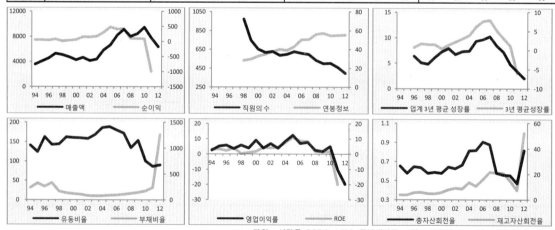

단위 : 성장률, ROE-% / EPS, 주당배당금 - 원 / 직원의 수 - 명 / 연봉정보 - 백만
1952년, 삼환기업공사에서 삼환기업주식회사로 상호 변경하였습니다.
2012년 대규모 적자(-4296억)로 인하여, 순이익과 ROE 및 성장률은 그래프에서 제외하였습니다.

• 성지건설 (유가증권 / 005980)

- 도로 건설업

구분	94	95	96	97	98	99	00	01	02	03	04	05	06	07	08	09	10	11	12
성장률	13.64	-10.92	3.76	5.54	1.93	9.48	8.44	8.47	9.07	-7.17	26.48	21.24	9.80	2.83	0.12	-160.14	자본잠식	114.95	15.83
EPS	1,650	-1,203	414	639	232	1,478	1,346	1,513	1,724	-959	6,343	6,984	3,818	1,483	191	-21,511	-2,032,992	46,469	1,001
배당금	0	0	0	0	0	0	150	150	150	200	250	500	500	500	150	0	0	0	0
ROE	13.64	-10.92	3.76	5.54	1.93	9.48	9.50	9.40	9.93	-5.93	27.57	22.88	11.28	4.26	0.54	-160.14	자본잠식	114.95	15.83
직원의 수					454	368	336	304	280	280	303	296	293	312	319	308	165	140	134
연봉정보					22	24	24	26	27	27	27	31	32	34	35	41	53	36	36

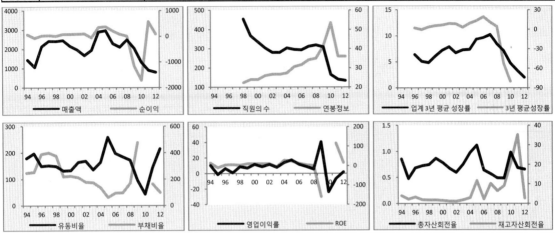

단위 : 성장률, ROE-% / EPS, 주당배당금 - 원 / 직원의 수 - 명 / 연봉정보 - 백만
자본잠식으로 인해, 계산 불가한 값(2010년 부채비율, ROE)은 그래프에서 제외하였습니다.
2010년도 자본잠식으로 인하여, 2010년 이후의 3년 평균 성장률은 그래프에서 제외하였습니다.

• 신한 (유가증권 / 005450)

- 도로 건설업

구분	94	95	96	97	98	99	00	01	02	03	04	05	06	07	08	09	10	11	12
성장률	3.81	3.94	3.51	-53.91	-357.16	자본잠식	297.63	5.08	6.10	-1.89	2.51	5.28	-0.63	0.35	13.84	4.59	-1.16	-9.87	-16.63
EPS	582	499	417	-3,101	-5,523	-25,887	64,346	451	491	96	415	743	329	35	2,837	902	-260	-2,017	-2,426
배당금	250	150	100	0	0	0	0	0	0	250	200	250	390	0	200	0	0	0	0
ROE	6.67	5.63	4.61	-53.91	-357.16	자본잠식	297.63	5.08	6.10	1.18	4.84	7.96	3.39	0.35	14.89	4.59	-1.16	-9.87	-16.63
직원의 수					333	213	198	183	201	187	169	140	134	159	261	296	186	97	71
연봉정보					37	14	26	32	30	40	40	31	38	35	52	56	16	42	33

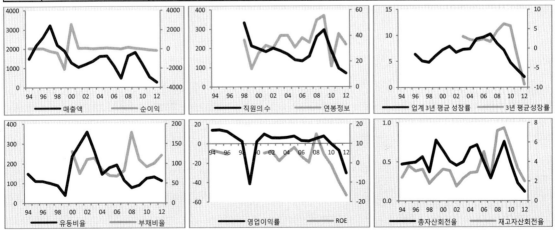

단위 : 성장률, ROE-% / EPS, 주당배당금 - 원 / 직원의 수 - 명 / 연봉정보 - 백만
자본잠식으로 인해, 계산 불가한 값(1999년 ROE, 성장률)은 그래프에서 제외하였습니다.
특이값(1994년~1999년 부채비율과 1997년~2000년의 ROE, 1996년~2003년 평균성장률)은 그래프에서 제외하였습니다.
1991년, 신한기공건설주식회사에서 ㈜신한으로 상호 변경하였습니다.

• 쌍용건설 (유가증권 / 012650)

- 도로 건설업

구분	94	95	96	97	98	99	00	01	02	03	04	05	06	07	08	09	10	11	12
성장률		9.87	1.60	0.62	자본잠식	32.66	자본잠식	661.96	76.60	85.68	17.39	7.87	13.42	8.32	1.54	3.74	5.27	-56.04	자본잠식
EPS		1,005	215	94	-41,440	18	-1,869	592	1,178	7,478	1,752	901	1,772	1,169	206	507	1,479	-4,877	-13,885
배당금		100	50	0				0	0	0	0	50	100	50	0	0	0	0	0
ROE		10.96	2.09	0.62	자본잠식	32.66	자본잠식	661.96	76.60	85.68	17.39	8.33	14.23	8.69	1.54	3.74	5.27	-56.04	자본잠식
직원의 수						1,438	1,314	958	956	1,020	1,059	1,079	1,141	1,220	1,254	1,258	1,296	1,294	1,266
연봉정보						27	31	33	40	42	49	54	56	60	63	61	62	66	60

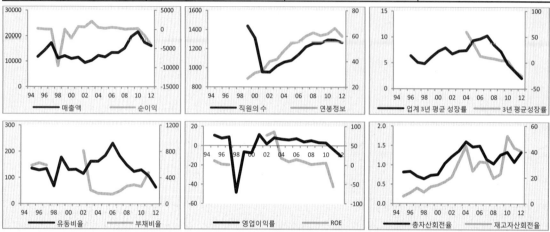

단위 : 성장률, ROE-% / EPS, 주당배당금 – 원 / 직원의 수 – 명 / 연봉정보 – 백만
자본잠식으로 인해, 계산 불가한 값(1998년, 2000년, 2012년 부채비율과 ROE 및 성장률)은 그래프에서 제외하였습니다.
특이값(1998년~2001년 부채비율과 ROE, 1997년~2003년 평균성장률)은 그래프에서 제외하였습니다.

• 울트라건설 (유가증권 / 004320)

- 도로 건설업

구분	94	95	96	97	98	99	00	01	02	03	04	05	06	07	08	09	10	11	12
성장률			35.86	59.16	33.40	자본잠식	4.86	-54.69	-3.78	9.35	-29.02	17.53	12.36	3.50	7.54	10.17	-4.50	-90.42	6.85
EPS			186	1,207	2,680	-4,413	11,712	-8,598	-409	1,108	-2,657	1,943	1,563	457	1,023	1,496	715	-7,758	637
배당금			0	0	0	0	0	0	0	0	0	0	0	0	0	0	0	0	0
ROE			35.86	59.16	33.40	자본잠식	4.86	-54.69	-3.78	9.35	-29.02	17.53	12.36	3.50	7.54	10.17	-4.50	-90.42	6.85
직원의 수						417	279	263	320	401	432	398	355	383	406	426	424	373	359
연봉정보						29	39	36	32	33	39	44	47	47	47	52	52	39	48

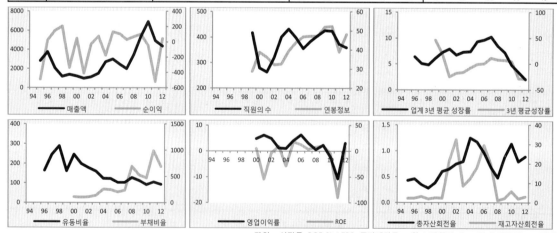

단위 : 성장률, ROE-% / EPS, 주당배당금 – 원 / 직원의 수 – 명 / 연봉정보 – 백만
자본잠식으로 인해, 계산 불가한 값(1995년, 1999년 부채비율과 ROE 및 성장률)은 그래프에서 제외하였습니다.
특이값(1995년~1999년 부채비율 과 ROE 및 영업이익률)은 그래프에서 제외하였습니다.
2001년 유원건설에서 울트라건설 주식회사로 상호 변경하였습니다.

• 일성건설 (유가증권 / 013360)

- 도로 건설업

구 분	94	95	96	97	98	99	00	01	02	03	04	05	06	07	08	09	10	11	12
성장률		-0.26	2.79	-81.35	자본잠식	-46.17	450.28	0.27	19.00	4.92	4.91	6.31	6.10	4.53	5.43	4.37	2.21	1.75	-12.36
EPS		71	369	-4,277	-6,053	-73,616	13,273	19	32,961	1,051	1,227	1,609	1,646	1,364	1,642	1,640	943	759	-3,537
배당금		100	100	0	0	0	0	0	0	150	250	250	250	300	300	300	250	200	150
ROE		0.63	3.83	-81.35	자본잠식	-46.17	450.28	0.27	19.00	5.74	6.16	7.47	7.19	5.80	6.64	5.35	3.00	2.37	-11.86
직원의 수						213	205	145	115	118	135	136	142	133	136	166	189	224	256
연봉정보						19	26	26	34	37	37	43	47	50	51	48	47	38	46

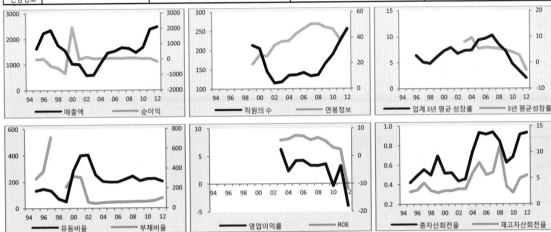

단위 : 성장률, ROE-% / EPS, 주당배당금 – 원 / 직원의 수 – 명 / 연봉정보 – 백만
특이값(1995년~2002년 영업이익률과 ROE, 1997년~2002년 평균성장률)은 그래프에서 제외하였습니다.
자본잠식으로 인해, 계산 불가한 값(1998년 부채비율, ROE, 성장률)은 그래프에서 제외하였습니다.

• 진흥기업 (유가증권 / 002780)

- 도로 건설업

구 분	94	95	96	97	98	99	00	01	02	03	04	05	06	07	08	09	10	11	12
성장률		자본잠식			-13.25	8.87	1.20	3.72	-61.85	5.59	10.05	19.74	5.08	3.77	0.24	-72.16	-98.82	자본잠식	-80.58
EPS	15	19	2	11	-931	658	69	225	-2,237	98	206	469	146	87	-4	-680	-466	-23,410	-1,122
배당금	0	0	0	0	0	0	0	0	0	0	0	0	0	0	0	0	0	0	0
ROE		자본잠식			-13.25	8.87	1.20	3.72	-61.85	5.59	10.05	19.74	5.08	3.77	0.24	-72.16	-98.82	자본잠식	-80.58
직원의 수					494	446	419	404	182	275	286	318	387	394	437	486	489	396	346
연봉정보					17	20	21	21	27	25	36	38	40	46	43	50	54	53	54

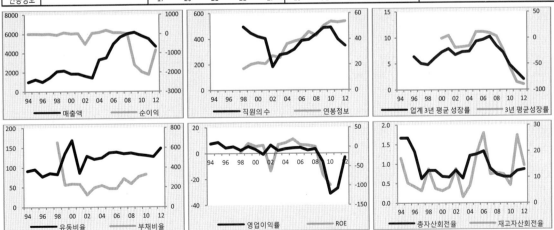

단위 : 성장률, ROE-% / EPS, 주당배당금 – 원 / 직원의 수 – 명 / 연봉정보 – 백만
자본잠식으로 인해, 계산 불가한 값(1994년~1997년, 2011년 부채비율과 ROE 및 성장률)은 그래프에서 제외하였습니다.
2008년 3월, ㈜효성의 계열회사로 편입되었습니다.

건설

• 코오롱글로벌 (유가증권 / 003070)
- 도로 건설업

구분	94	95	96	97	98	99	00	01	02	03	04	05	06	07	08	09	10	11	12
성장률	11.41	4.09	3.09	5.41	-25.74	11.21	0.78	4.49	3.79	3.27	-28.51	24.56	18.66	3.66	5.26	1.02	-21.16	0.32	-6.09
EPS	1,531	648	382	667	-2,474	1,423	60	630	408	349	-2,192	3,387	3,075	621	866	246	-2,133	154	-363
배당금	200	200	0	50	0	250	0	250	100	100	0	600	600	150	150	100	0	100	0
ROE	13.12	5.91	3.09	5.85	-25.74	13.60	0.78	7.44	5.02	4.59	-28.51	29.84	23.18	4.83	6.37	1.72	-21.16	0.91	-6.09
직원의 수					835	790	1,032	889	826	769	819	807	877	878	888	906	945	2,487	2,724
연봉정보					26	27	31	43	45	38	41	48	62	54	56	52	61	32	48

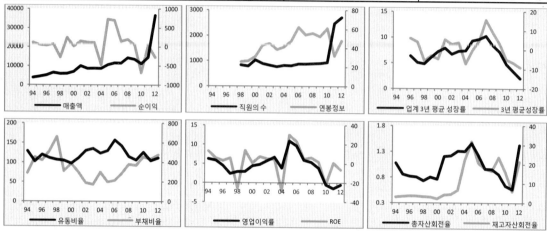

단위 : 성장률, ROE-% / EPS, 주당배당금 – 원 / 직원의 수 – 명 / 연봉정보 – 백만
2011년 12월 코오롱아이넷주식회사와 코오롱비앤에스주식회사를 흡수 합병하여, 코오롱글로벌주식회사로 상호 변경하였습니다.

• 태영건설 (유가증권 / 009410)
- 도로 건설업

구분	94	95	96	97	98	99	00	01	02	03	04	05	06	07	08	09	10	11	12
성장률	6.18	3.80	3.37	3.27	8.83	17.05	14.23	12.85	18.91	11.66	7.40	-0.81	0.40	5.21	6.10	4.94	1.23	1.65	4.00
EPS	1,382	1,053	967	833	2,386	7,223	5,347	6,711	11,190	8,350	6,073	44	129	566	679	630	240	294	592
배당금	500	500	500	400	500	750	750	900	1,000	1,000	1,000	100	100	110	75	90	100	100	100
ROE	9.68	7.23	6.98	6.30	11.17	19.02	16.55	14.84	20.77	13.25	8.86	0.63	1.78	6.47	6.86	5.77	2.11	2.50	4.81
직원의 수					835	707	707	648	658	670	669	672	698	727	816	832	902	1,358	1,436
연봉정보					31	32	41	44	52	52	57	65	53	58	55	56	53	54	52

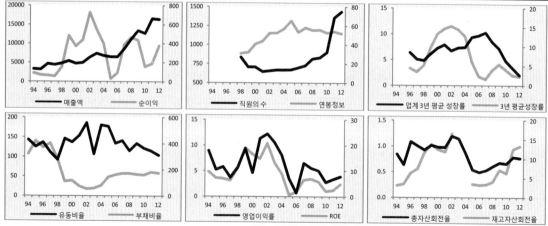

단위 : 성장률, ROE-% / EPS, 주당배당금 – 원 / 직원의 수 – 명 / 연봉정보 – 백만
특이값(2003년~2004년 재고자산회전율)은 그래프에서 제외하였습니다.
2007년 3월, ㈜태영에서 ㈜태영건설에서 상호 변경하였습니다.

• 한라 (유가증권 / 014790)

- 도로 건설업

구분	94	95	96	97	98	99	00	01	02	03	04	05	06	07	08	09	10	11	12
성장률	16.03	14.67	14.38	-74.57	31.23	9.27	4.41	2.07	2.69	7.06	10.71	16.75	8.76	7.05	10.90	13.01	-0.03	-6.47	-65.20
EPS	4,511	5,407	4,427	-10,675	5,449	2,179	811	405	877	1,877	2,920	5,097	3,029	2,710	5,213	7,017	590	-1,001	-8,392
배당금	500	500	550	0	0	0	0	0	350	400	450	500	500	500	500	600	600	600	150
ROE	18.02	16.17	16.42	-74.57	31.23	9.27	4.41	2.07	4.47	8.98	12.66	18.57	10.49	8.65	12.05	14.22	1.79	-4.04	-64.06
직원의 수					666	632	560	586	606	628	650	677	739	772	868	946	1,012	1,067	1,861
연봉정보					27	29	35	34	39	43	45	51	52	54	63	65	68	71	59

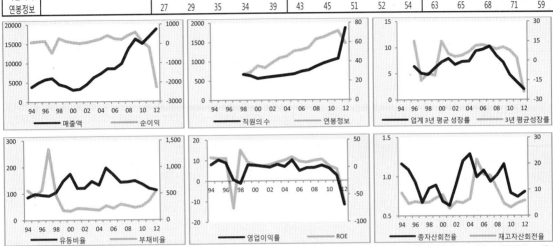

단위 : 성장률, ROE-% / EPS, 주당배당금 – 원 / 직원의 수 – 명 / 연봉정보 – 백만
2013년 9월, 한라건설주식회사에서 주식회사 한라로 상호 변경하였습니다.

• 현대건설 (유가증권 / 000720)

- 도로 건설업

구분	94	95	96	97	98	99	00	01	02	03	04	05	06	07	08	09	10	11	12
성장률	3.25	2.72	2.15	1.12	2.17	5.20	자본잠식	-119.24	3.20	34.40	7.62	24.82	21.81	10.92	10.99	12.89	8.74	10.37	6.45
EPS	529	495	402	258	413	-561	-10,869	-3,225	19,162	4,548	618	2,987	3,595	2,505	3,366	4,110	3,898	4,519	3,116
배당금	0	0	0	0	0	0	0	0	0	0	0	0	0	250	500	600	700	500	500
ROE	3.25	2.72	2.15	1.12	2.17	5.20	자본잠식	-119.24	3.20	34.40	7.62	24.82	21.81	12.13	12.91	15.09	10.66	11.66	7.68
직원의 수					22,787	19,080	24,238	24,197	3,733	3,531	3,446	3,363	3,474	3,688	3,686	3,927	3,795	4,211	7,355
연봉정보					18	19	18	17	52	56	55	58	64	71	57	65	71	70	68

단위 : 성장률, ROE-% / EPS, 주당배당금 – 원 / 직원의 수 – 명 / 연봉정보 – 백만
자본잠식으로 인해, 계산 불가한 값(2000년 부채비율, ROE 및 성장률)은 그래프에서 제외하였습니다.
2011년 4월, 최대주주가 한국정책금융공사에서 현대자동차그룹으로 변경되었습니다.

· KCC건설 (코스닥 / 021320)

- 도로 건설업

구분	94	95	96	97	98	99	00	01	02	03	04	05	06	07	08	09	10	11	12
성장률		6.57	14.19	5.97	13.27	16.45	14.66	16.54	16.56	14.25	13.80	20.11	18.38	14.50	7.58	14.52	10.23	6.53	0.91
EPS		473	1,330	531	1,360	2,046	3,387	4,693	4,057	4,307	4,620	8,189	9,002	8,420	4,875	9,678	7,985	5,727	1,163
배당금		0	0	0	0	0	1,250	1,500	900	1,000	1,000	1,500	1,500	1,500	1,000	1,000	1,000	1,000	500
ROE		6.57	14.19	5.97	13.27	16.45	23.23	24.31	21.28	18.56	17.61	24.62	22.06	17.64	9.54	16.19	11.70	7.91	1.60
직원의 수						581	560	598	642	573	590	614	640	631	732	818	1,024	1,088	1,111
연봉정보						23	25	27	29	38	41	41	44	46	43	50	45	41	43

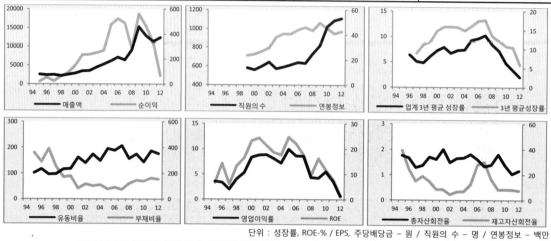

단위 : 성장률, ROE-% / EPS, 주당배당금 - 원 / 직원의 수 - 명 / 연봉정보 - 백만
1989년 1월 ㈜금강에서 건설부문을 분리하여 금강종합건설㈜로 설립하였으며, 2005년 3월 ㈜케이씨씨건설로 상호 변경하였습니다.

· 세보엠이씨 (코스닥 / 011560)

- 배관 및 냉·난방 공사업

구분	94	95	96	97	98	99	00	01	02	03	04	05	06	07	08	09	10	11	12
성장률		17.32	24.37	16.32	5.45	11.01	11.86	8.59	8.28	11.07	25.26	25.56	26.04	14.79	10.90	5.75	7.89	8.23	6.05
EPS		252	467	373	156	39	447	280	292	442	864	1,217	1,291	911	695	423	623	749	588
배당금		0	0	0	25	5	50	50	50	75	100	150	150	150	75	75	100	150	125
ROE		17.32	24.37	16.32	6.48	12.61	13.35	10.46	9.99	13.33	28.56	29.15	29.46	17.71	12.22	6.99	9.39	10.29	7.68
직원의 수						244	241	233	246	258	254	246	249	234	253	272	271	279
연봉정보						19	16	21	25	25	33	33	33	36	24	30	42	43

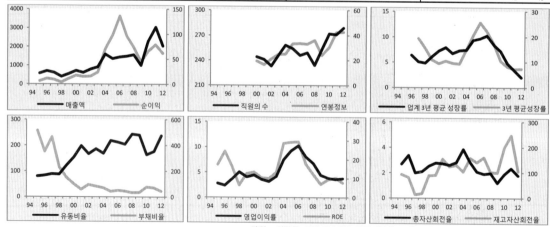

단위 : 성장률, ROE-% / EPS, 주당배당금 - 원 / 직원의 수 - 명 / 연봉정보 - 백만
2000년 3월, 세보기계주식회사에서 ㈜세보엠이씨에서 상호 변경하였습니다.

건
설

· 금화피에스시 (코스닥 / 036190)

- 배관 및 냉·난방 공사업

구분	94	95	96	97	98	99	00	01	02	03	04	05	06	07	08	09	10	11	12
성장률			15.03	17.05	49.92	21.32	19.90	11.50	9.12	6.50	7.10	9.62	8.66	13.48	16.22	14.33	15.58	16.09	16.26
EPS			178	242	1,404	1,363	1,027	517	465	397	454	612	602	1,101	1,543	1,665	2,123	2,618	3,187
배당금			0	0	0	100	100	100	100	110	110	110	110	200	250	300	375	500	600
ROE			15.03	17.05	49.92	23.01	22.05	14.26	11.62	9.00	9.37	11.72	10.60	16.47	19.35	17.48	18.92	19.89	20.03
직원의 수							198	207	209	233	262	290	340	373	373	421	467	523	561
연봉정보							23	23	25	24	26	28	31	31	33	38	38	40	39

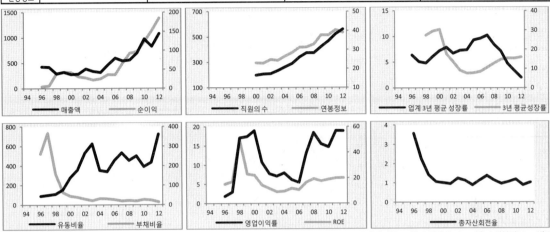

단위 : 성장률, ROE-% / EPS, 주당배당금 - 원 / 직원의 수 - 명 / 연봉정보 - 백만
2000년 7월, ㈜금화기공에서 ㈜금화피에스시로 상호 변경하였습니다.

· 동아지질 (유가증권 / 028100)

- 보링, 그라우팅 및 굴정 공사업

구분	94	95	96	97	98	99	00	01	02	03	04	05	06	07	08	09	10	11	12
성장률						33.59	26.66	11.97	9.09	8.46	10.06	13.05	12.28	15.66	13.06	9.64	11.42	3.27	4.95
EPS						447	468	306	256	257	337	508	637	905	867	1,154	1,425	542	765
배당금						0	0	0	0	0	0	0	0	75	75	125	175	175	175
ROE						33.59	26.66	11.97	9.09	8.46	10.06	13.05	12.28	17.08	14.30	10.81	13.02	4.83	6.42
직원의 수																371	383	365	374
연봉정보																39	42	42	48

단위 : 성장률, ROE-% / EPS, 주당배당금 - 원 / 직원의 수 - 명 / 연봉정보 - 백만
1999년~2006년 사업보고서 미공시로 인하여 EPS는 감사보고서를 기준으로, 배당금은 0으로 간주해 성장률을 계산하였습니다.
99년~06년 성장률은 업계 3년 평균성장률 계산 과정에서 제외하였습니다.

• 특수건설 (코스닥 / 026150)

- 보링, 그라우팅 및 굴정 공사업

구분	94	95	96	97	98	99	00	01	02	03	04	05	06	07	08	09	10	11	12
성장률		18.98	19.93	16.82	24.48	14.48	12.82	23.79	15.88	13.30	12.25	12.80	8.76	11.47	3.60	0.53	0.38	-6.70	1.28
EPS		311	354	306	484	380	366	841	701	679	734	858	693	985	379	148	-182	-425	151
배당금		75	70	50	50	75	75	90	90	90	110	110	130	150	100	100	100	100	50
ROE		25.01	24.86	20.10	27.30	18.04	16.13	26.64	18.22	15.33	14.41	14.68	10.78	13.54	4.89	1.64	0.25	-5.42	1.91
직원의 수						238	236	243	245	245	222	217	234	235	218	203	203	227	237
연봉정보						22	23	25	29	30	30	35	36	37	44	49	49	48	44

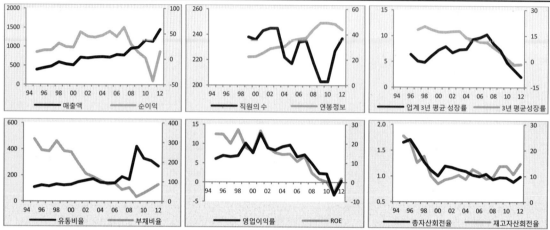

단위 : 성장률, ROE-% / EPS, 주당배당금 – 원 / 직원의 수 – 명 / 연봉정보 – 백만
1998년 3월, 특수건설공업주식회사에서 주식회사 특수건설로 상호 변경하였습니다.

• 엔티피아 (코스닥 / 068150)

- 부직포 및 펠트 제조업

구분	94	95	96	97	98	99	00	01	02	03	04	05	06	07	08	09	10	11	12
성장률						-24.44	-23.94	38.58	43.10	6.67	82.93	22.33	62.29	1.60	-35.36	-37.56	-133.8	-4.93	-7.39
EPS						-63	-19	56	110	315	-525	-707	35	-773	-351	-669	-770	-31	-49
배당금						0	0	0	0	50	0	0	0	0	0	0	0	0	0
ROE						-24.44	-23.94	38.58	43.10	7.92	82.93	22.33	62.29	1.60	-35.36	-37.56	-133.8	-4.93	-7.39
직원의 수										43	45	53	63	45	70	63	39	42	31
연봉정보										37	40	45	47	16	미공시	29	35	30	34

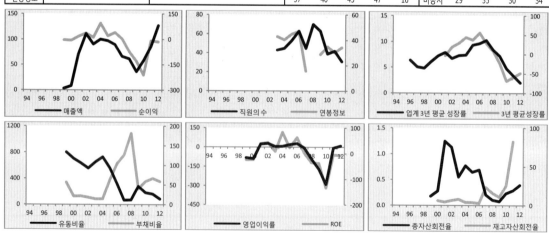

단위 : 성장률, ROE-% / EPS, 주당배당금 – 원 / 직원의 수 – 명 / 연봉정보 – 백만
특이값(2012년 재고자산 회전율)은 그래프에서 제외하였습니다.
2008년 연봉정보는 미공시 되었습니다.
2008년 4월, ㈜엠씨에스로직에서 ㈜엔티피아로 상호 변경하였습니다.

• 계룡건설 (유가증권 / 013580)

- 사무 및 상업용 건물 건설업.

구 분	94	95	96	97	98	99	00	01	02	03	04	05	06	07	08	09	10	11	12
성장률	13.52	7.34	6.69	1.12	4.26	8.80	10.69	15.20	16.15	15.25	13.74	16.06	15.00	11.81	8.10	5.99	0.39	1.02	0.57
EPS	1,221	955	600	108	738	1,506	1,846	2,984	3,546	3,967	4,132	5,575	6,098	5,481	4,163	3,473	499	622	291
배당금	0	0	0	0	250	500	500	550	600	675	700	800	850	850	550	400	300	100	0
ROE	13.52	7.34	6.69	1.12	6.44	13.18	14.66	18.63	19.44	18.37	16.54	18.75	17.43	13.98	9.34	6.77	0.98	1.22	0.57
직원의 수					565	547	513	531	570	569	616	621	646	690	702	739	732	735	956
연봉정보					21	22	27	27	28	33	36	41	48	44	48	48	51	54	57

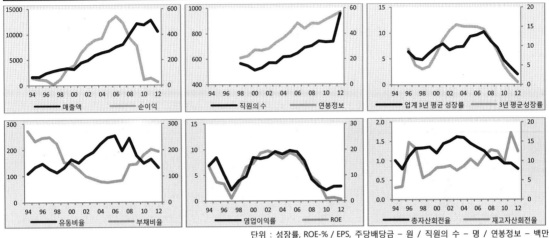

단위 : 성장률, ROE-% / EPS, 주당배당금 – 원 / 직원의 수 – 명 / 연봉정보 – 백만

• 동신건설 (코스닥 / 025950)

- 사무 및 상업용 건물 건설업

구 분	94	95	96	97	98	99	00	01	02	03	04	05	06	07	08	09	10	11	12
성장률		2.13	5.37	9.35	8.95	5.31	4.34	4.80	6.26	19.94	1.68	4.67	18.95	24.68	5.77	7.99	7.34	3.93	3.78
EPS		42	101	191	342	153	131	152	214	726	153	153	891	1,601	441	505	719	384	280
배당금		0	0	0	0	0	0	0	0	0	100	0	100	200	100	0	200	100	0
ROE		2.13	5.37	9.35	8.95	5.31	4.34	4.80	6.26	19.94	4.85	4.67	21.35	28.20	7.46	7.99	10.16	5.32	3.78
직원의 수					101	111	102	94	92	78	92	88	82	93	100	94	445	100	
연봉정보					13	19	21	22	21	25	21	23	29	27	24	25	6	25	

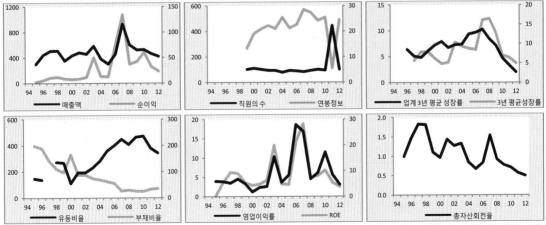

단위 : 성장률, ROE-% / EPS, 주당배당금 – 원 / 직원의 수 – 명 / 연봉정보 – 백만
1973년 6월, 삼풍건설 주식회사에서 동신건설 주식회사로 상호 변경하였습니다.
특이값(1997년 유동비율)은 그래프에서 제외하였습니다.

건설

• 서희건설 (코스닥 / 035890)
- 사무 및 상업용 건물 건설업

구분	94	95	96	97	98	99	00	01	02	03	04	05	06	07	08	09	10	11	12
성장률		32.02	31.98	16.83	16.39	11.80	7.87	6.48	10.41	14.76	16.85	11.05	14.57	10.44	11.27	3.81	-5.70	3.19	-4.54
EPS		217	310	466	341	342	206	151	238	384	432	259	336	296	367	128	-131	101	-83
배당금		0	0	25	25	25	50	41	41	35	35	40	45	50	40	20	15	10	0
ROE		32.02	31.98	17.79	17.69	12.73	10.40	8.90	12.57	16.24	18.34	13.06	16.82	12.56	12.65	4.52	-5.12	3.54	-4.54
직원의 수						233	220	241	211	374	480	561	682	807	1,004	1,133	1,217	1,192	222
연봉정보						23	25	25	26	20	26	29	34	30	41	34	35	41	30

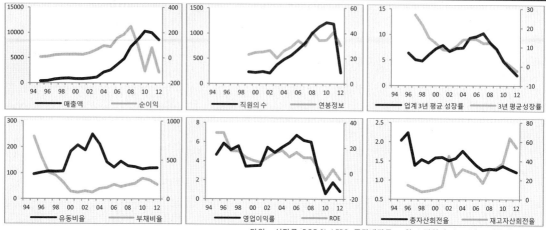

단위 : 성장률, ROE-% / EPS, 주당배당금 - 원 / 직원의 수 - 명 / 연봉정보 - 백만
특이값(1995년 재고자산회전율)은 그래프에서 제외하였습니다.
1994년 9월, 운송업(영대운수(주))에서 건설업으로 업종 전환하였습니다.
2003년 3월, ㈜서희이엔씨에서 ㈜서희건설로 상호 변경하였습니다.

• 신세계건설 (유가증권 / 034300)
- 사무 및 상업용 건물 건설업

구분	94	95	96	97	98	99	00	01	02	03	04	05	06	07	08	09	10	11	12
성장률		24.20	10.09	6.21	8.61	14.75	21.48	21.76	21.15	21.28	16.20	18.22	16.86	15.34	0.07	3.72	4.01	0.98	-0.43
EPS		2,138	1,334	575	696	2,050	2,287	2,958	3,531	4,453	4,307	5,710	6,240	6,634	526	1,910	1,934	897	327
배당금		250	500	0	0	500	600	600	650	750	900	1,000	1,000	1,000	500	500	500	500	500
ROE		27.40	16.14	6.21	8.61	19.51	29.12	27.30	25.92	25.58	20.48	22.09	20.08	18.07	1.45	5.04	5.40	2.20	0.82
직원의 수					349	386	392	413	344	347	364	402	395	376	331	365	414	426
연봉정보					30	33	39	40	59	54	54	55	59	56	57	54	54	54

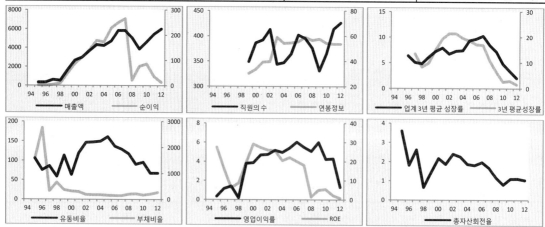

단위 : 성장률, ROE-% / EPS, 주당배당금 - 원 / 직원의 수 - 명 / 연봉정보 - 백만
1997년 5월, ㈜디자인신세계에서 신세계건설로 상호 변경하였습니다.
2011년, 최대주주가 ㈜신세계에서 ㈜이마트로 변경되었습니다.

• 경남기업 (유가증권 / 000800)

- 아파트 건설업

구 분	94	95	96	97	98	99	00	01	02	03	04	05	06	07	08	09	10	11	12
성장률	19.32	6.73	2.07	1.33	0.48	-183.89	8.91	13.21	11.60	3.58	6.66	6.25	6.37	5.97	2.56	4.66	3.37	2.77	-4.19
EPS	3,649	1,396	561	226	67	-7,917	292	1,194	653	2,222	2,194	2,381	2,441	2,573	838	1,448	1,366	1,215	-1,480
배당금	198	192	240	0	0	0	0	0	0	0	0	600	750	750	0	0	0	100	0
ROE	20.43	7.80	3.62	1.33	0.48	-183.89	8.91	13.21	11.60	3.58	6.66	8.35	9.19	8.42	2.56	4.66	3.37	3.02	-4.19
직원의 수					681	654	548	503	449	432	831	834	996	1,013	1,341	987	1,170	1,065	984
연봉정보					32	29	33	26	40	38	36	40	45	51	49	53	52	53	56

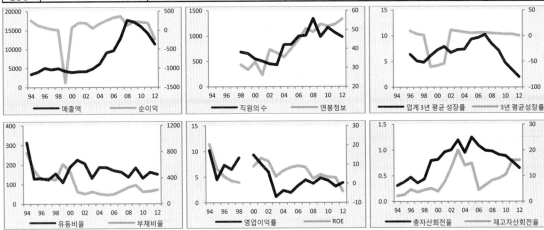

단위 : 성장률, ROE-% / EPS, 주당배당금 – 원 / 직원의 수 – 명 / 연봉정보 – 백만
1954년 5월, 경남토건주식회사에서 경남기업 주식회사로 상호 변경하였습니다.
특이값(1999년 영업이익률, ROE)은 그래프에서 제외하였습니다.

• 금호산업 (유가증권 / 002990)

- 아파트 건설업

구 분	94	95	96	97	98	99	00	01	02	03	04	05	06	07	08	09	10	11	12
성장률	2.35	-25.44	-23.13	-5.82	1.48	3.86	-9.14	-39.38	-15.40	2.28	13.99	7.32	15.38	1.25	1.26	자본잠식	163.48	자본잠식	
EPS	-3,173	-4,513	421	-963	258	2,007	-2,664	-8,152	-2,772	554	3,430	2,075	4,625	751	610	-48,232	1,874	-1,257	-2,743
배당금	0	0	0	0	0	0	0	0	0	100	350	400	450	500	350	0	0	0	0
ROE	2.35	-25.44	-23.13	-5.82	1.48	3.86	-9.14	-39.38	-15.40	2.78	15.58	9.07	17.04	3.73	2.95	자본잠식	163.48	자본잠식	
직원의 수					9,723	9,839	9,387	8,785	3,468	3,551	3,952	3,630	3,854	4,128	4,220	3,788	1,498	1,353	
연봉정보					22	26	30	30	31	33	34	42	44	46	43	44	52	52	

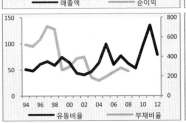
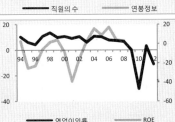
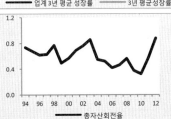

단위 : 성장률, ROE-% / EPS, 주당배당금 – 원 / 직원의 수 – 명 / 연봉정보 – 백만
자본잠식으로 인해, 계산 불가한 값(2009년, 2011년, 2012년 부채비율과 ROE 및 성장률)은 그래프에서 제외 하였습니다.
1999년 2월 금호건설(주)를 흡수 합병하여, 금호타이어㈜에서 금호산업(주)로 상호 변경하였습니다.

• 대우건설 (유가증권 / 047040)

- 아파트 건설업

구분	94	95	96	97	98	99	00	01	02	03	04	05	06	07	08	09	10	11	12
성장률							0.22	10.03	5.58	5.97	9.52	13.27	9.69	25.12	5.08	2.09	-24.99	6.75	4.69
EPS							55	1,136	733	489	730	1,199	1,292	2,774	770	250	-2,535	552	388
배당금							0	0	150	150	150	250	500	500	250	50	0	0	0
ROE							0.22	10.03	7.01	8.61	11.98	16.77	15.80	30.64	7.52	2.62	-24.99	6.75	4.69
직원의 수							2,992	2,887	3,127	3,256	3,273	3,167	3,205	3,420	3,651	4,811	4,954	4,789	5,192
연봉정보							38	40	43	33	52	64	57	65	68	64	66	69	68

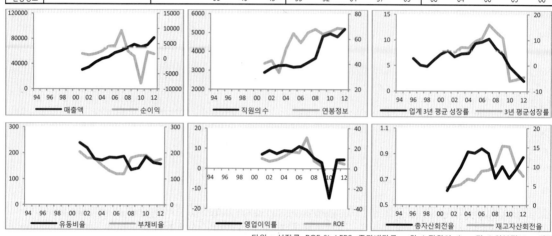

단위 : 성장률, ROE-% / EPS, 주당배당금 - 원 / 직원의 수 - 명 / 연봉정보 - 백만
2000년 12월 ㈜대우의 건설부문이 인적 분할방식을 통하여, ㈜대우건설로 신설되었습니다.
1기(2000년) 자료는 표와 그래프에서 제외하였습니다.

• 동원개발 (코스닥 / 013120)

- 아파트 건설업

구분	94	95	96	97	98	99	00	01	02	03	04	05	06	07	08	09	10	11	12
성장률		-32.89	-68.96	10.70	7.31	2.84	1.76	7.78	3.36	22.84	36.63	19.58	18.98	3.55	2.16	0.30	4.04	7.62	12.74
EPS		-3,845	-3,576	1,039	428	172	108	427	501	2,098	5,183	3,532	4,067	1,162	433	61	854	1,960	3,799
배당금		0	0	0	0	0	0	0	300	300	350	360	400	450	0	0	0	200	400
ROE		-32.89	-68.96	10.70	7.31	2.84	1.76	7.78	8.37	26.66	39.29	21.80	21.05	5.79	2.16	0.30	4.04	8.49	14.24
직원의 수					89	87	79	103	121	113	90	70	58	74	69	76	138	120
연봉정보					15	12	22	22	26	30	36	34	37	31	33	28	36	48

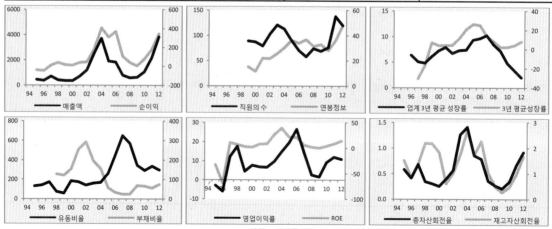

단위 : 성장률, ROE-% / EPS, 주당배당금 - 원 / 직원의 수 - 명 / 연봉정보 - 백만
1978년 11월, ㈜동원주택에서 ㈜동원개발로 상호 변경하였습니다.
특이값(1995년~1997년 부채비율)은 그래프에서 제외하였습니다.

• 두산건설 (유가증권 / 011160)

- 아파트 건설업

구분	94	95	96	97	98	99	00	01	02	03	04	05	06	07	08	09	10	11	12
성장률	12.57	4.31	4.27	4.44	0.60	-5.53	-37.01	-52.14	자본잠식		16.24	2.33	3.30	8.54	3.57	4.63	-0.05	-24.04	-101.6
EPS	1,835	922	691	646	114	-445	-4,199	13,064	-3,324	-105	574	138	229	1,018	569	730	79	-2,040	-3,544
배당금	100	100	100	0	0	0	0	0	0	0	0	0	0	350	150	150	100	0	0
ROE	13.29	4.84	4.99	4.44	0.60	-5.53	-37.01	-52.14	자본잠식		16.24	2.33	3.30	13.01	4.85	5.83	0.18	-24.04	-101.6
직원의 수					1,647	1,362	1,188	848	886	810	1,670	1,419	1,331	1,266	1,320	1,350	1,785	1,822	1,829
연봉정보					23	25	25	21	29	31	49	55	52	64	61	59	46	62	64

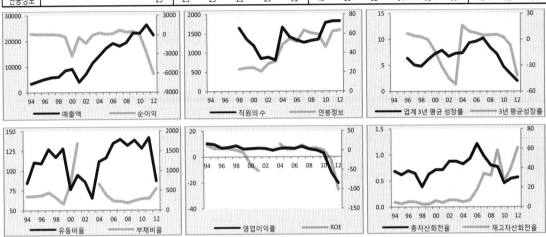

단위 : 성장률, ROE-% / EPS, 주당배당금 – 원 / 직원의 수 – 명 / 연봉정보 – 백만
자본잠식으로 인해, 계산 불가한 값(2002년, 2003년 부채비율과 ROE 및 성장률)은 그래프에서 제외하였습니다.
2007년 3월, 두산산업개발㈜에서 두산건설㈜로 상호 변경하였습니다.

• 벽산건설 (유가증권 / 002530)

- 아파트 건설업

구분	94	95	96	97	98	99	00	01	02	03	04	05	06	07	08	09	10	11	12
성장률	4.57	1.80	0.75	2.18	-1,325.6	45.19	52.15	15.03	8.66	3.06	10.31	8.11	3.16	2.27	-6.75	7.00	-214.2	-357.5	-737.6
EPS	955	609	489	277	-14,950	3,845	6,394	2,678	1,132	377	1,133	1,099	666	518	-895	904	-8,837	-3,183	-32,529
배당금	400	400	400	0	0	0	0	0	100	150	250	300	300	250	0	0	0	0	0
ROE	7.87	5.26	4.15	2.18	-1,325.6	45.19	52.15	15.03	9.50	5.08	13.22	11.16	5.75	4.39	-6.75	7.00	-214.2	-357.5	-737.6
직원의 수					541	496	566	527	609	538	544	576	576	633	641	613	536	397	296
연봉정보					25	27	36	26	34	43	44	52	61	12	58	51	60	65	69

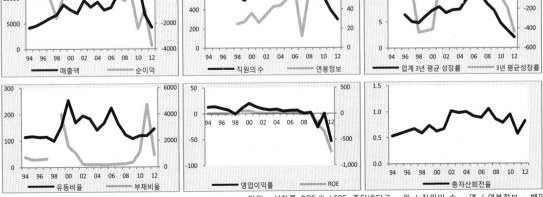

단위 : 성장률, ROE-% / EPS, 주당배당금 – 원 / 직원의 수 – 명 / 연봉정보 – 백만
2012년 6월 회생절차 개시신청 하였으며, 11월 회생계획 인가결정을 받았습니다.
특이값(1998년 부채비율, ROE)은 그래프에서 제외하였습니다.

건설

• 삼환까뮤 (유가증권 / 013700)

- 아파트 건설업

구분	94	95	96	97	98	99	00	01	02	03	04	05	06	07	08	09	10	11	12
성장률	3.21	1.37	0.65	1.70	0.32	0.55	0.30	0.58	-0.16	1.15	2.04	3.35	2.30	1.17	1.59	1.04	0.71	-251.33	-11.39
EPS	561	178	81	193	71	125	68	133	114	414	682	1,063	807	516	827	619	337	-25,651	-1,028
배당금	50	0	0	0	0	0	0	0	150	150	200	200	200	200	200	200	100	0	0
ROE	3.52	1.37	0.65	1.70	0.32	0.55	0.30	0.58	0.51	1.80	2.89	4.12	3.06	1.91	2.10	1.54	1.01	-251.33	-11.39
직원의 수					218	180	152	123	115	109	107	121	143	116	111	239	106	80	80
연봉정보					21	22	25	27	30	32	36	34	35	43	47	34	46	52	47

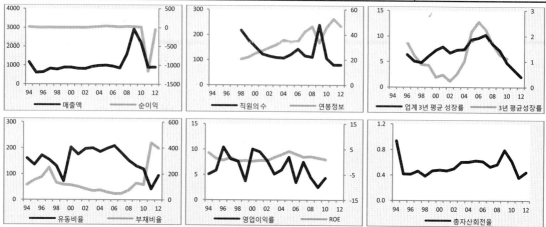

단위 : 성장률, ROE-% / EPS, 주당배당금 - 원 / 직원의 수 - 명 / 연봉정보 - 백만

2012년 7월 채권금융기관협의회의 공동관리절차 개시결정 및 11월 경영정상화계획 이행약정을 체결하여, 현재 워크아웃 진행 중입니다.

특이값(2011~2012년 부채비율과 ROE 및 성장률)은 그래프에서 제외하였습니다.

• 서한 (코스닥 / 011370)

- 아파트 건설업

구분	94	95	96	97	98	99	00	01	02	03	04	05	06	07	08	09	10	11	12
성장률		11.73	7.23	2.21	자본잠식	498.08	자본잠식	2,664.8	-13.60	11.16	5.62	6.67	3.00	9.47	4.05	2.45	3.40	-9.68	5.17
EPS		140	87	26	-2,638	1,379	-7,573	6,785	-578	71	37	46	24	73	35	23	32	-73	40
배당금		0	0	0	0	0	0	0	0	10	5	5	5	5	5	5	5	5	0
ROE		11.73	7.23	2.21	자본잠식	498.08	자본잠식	2,664.8	-13.60	12.99	6.50	7.49	3.79	10.17	4.73	3.13	4.03	-9.06	5.17
직원의 수					246	224	121	70	75	81	94	106	146	137	156	149	141	157	
연봉정보					18	19	35	20	23	27	22	23	33	29	30	32	34	33	

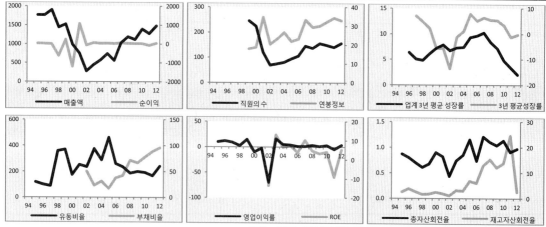

단위 : 성장률, ROE-% / EPS, 주당배당금 - 원 / 직원의 수 - 명 / 연봉정보 - 백만

자본잠식으로 인해, 계산 불가한 값(1998년, 2000년 부채비율과 ROE 및 성장률)은 제외 및 보정하였습니다.

특이값(1995년~2001년 부채비율, ROE)은 그래프에서 제외하였습니다.

1982년, ㈜대구주택에서 ㈜서한으로 상호 변경하였습니다.

건설

• 신원종합개발 (코스닥 / 017000)

- 아파트 건설업

구분	94	95	96	97	98	99	00	01	02	03	04	05	06	07	08	09	10	11	12
성장률		8.99	4.66	0.18	자본잠식	-41.29	-119.51	-71.79	21.22	0.64	1.75	6.07	0.49	1.34	-25.11	-58.37	-32.46	-12.79	3.05
EPS		135	84	4	-8,321	-998	-405	-125	240	8	86	34	17	18	-270	-396	-161	-56	14
배당금		30	30	2	0	0	0	0	0	0	0	0	10	0	0	0	0	0	0
ROE		11.57	7.24	0.32	자본잠식	-41.29	-119.51	-71.79	21.22	0.64	1.75	6.07	1.25	1.34	-25.11	-58.37	-32.46	-12.79	3.05
직원의 수						131	81	66	76	116	123	140	169	156	162	153	131	77	80
연봉정보						24	19	24	24	21	35	36	39	43	41	47	53	59	49

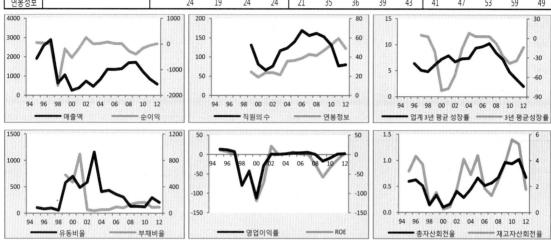

단위 : 성장률, ROE-% / EPS, 주당배당금 - 원 / 직원의 수 - 명 / 연봉정보 - 백만
자본잠식으로 인해, 계산 불가능한 값(1998년 부채비율, ROE 및 성장률)은 그래프에서 제외 및 보정하였습니다.
특이값(1995년~1998년 부채비율, ROE)은 그래프에서 제외하였습니다.

• 한신공영 (유가증권 / 004960)

- 아파트 건설업

구분	94	95	96	97	98	99	00	01	02	03	04	05	06	07	08	09	10	11	12
성장률		-0.37	0.70	자본잠식	263.39	자본잠식			345.64	19.98	10.29	10.91	18.90	8.65	4.48	4.00	1.15	2.51	3.03
EPS		-36	75	145	50,175	-49,100	-44,591	-7,669	75,259	4,220	2,798	3,286	6,132	3,452	1,947	1,872	598	1,149	1,407
배당금		0	0	0	0				750	750	750	750	750	750	500	500	150	150	150
ROE		-0.37	0.70	자본잠식	263.39	자본잠식			349.12	24.30	14.06	14.14	21.54	11.05	6.02	5.46	1.53	2.89	3.39
직원의 수					1,323	1,219	1,089	372	443	562	642	657	639	697	746	739	706	703
연봉정보					19	20	23	31	35	34	33	44	50	49	52	54	56	54

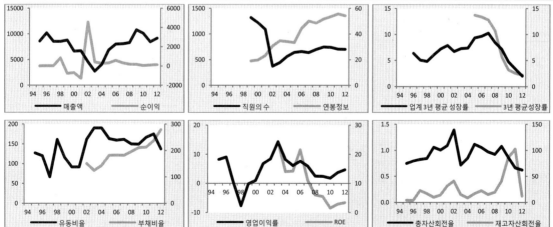

단위 : 성장률, ROE-% / EPS, 주당배당금 - 원 / 직원의 수 - 명 / 연봉정보 - 백만
자본잠식으로 인해, 계산 불가능한 값(1997년, 1999년~2001년 부채비율과 ROE 및 성장률)은 그래프에서 제외 및 보정하였습니다.
특이값(1995년, 1996년, 1998년 부채비율과 ROE, 1997년~2004년 3년 평균 성장률)은 그래프에서 제외하였습니다.

건설

• 화성산업 (유가증권 / 002460)

- 아파트 건설업

구분	94	95	96	97	98	99	00	01	02	03	04	05	06	07	08	09	10	11	12
성장률	15.71	6.19	3.64	1.69	-86.37	13.50	3.01	3.21	5.60	7.41	7.07	5.45	11.44	7.82	1.34	0.65	-22.35	-41.62	4.05
EPS	4,431	2,242	1,317	348	-12,365	2,497	561	795	1,240	1,727	1,886	1,653	3,462	2,655	539	217	-5,980	-8,039	908
배당금	700	700	500	0	0	0	0	150	250	250	250	300	400	400	100	0	0	0	100
ROE	18.66	8.99	5.87	1.69	-86.37	13.50	3.01	3.96	7.02	8.66	8.15	6.66	12.94	9.20	1.65	0.65	-22.35	-41.62	4.55
직원의 수					1,841	1,776	1,639	1,545	1,443	1,200	1,127	1,149	1,087	1,227	1,167	1,085	326	300	538
연봉정보					14	12	15	14	16	24	24	24	26	25	26	24	40	39	30

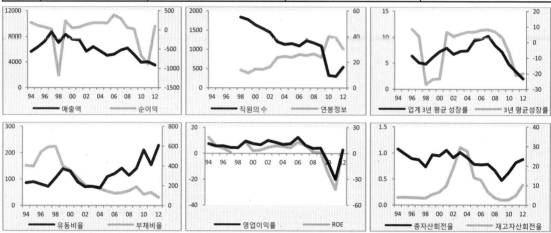

단위 : 성장률, ROE-% / EPS, 주당배당금 – 원 / 직원의 수 – 명 / 연봉정보 – 백만
1960년 삼용사에서 화성산업㈜로 상호 변경하였습니다.
특이값(1998년, ROE)은 제외하였습니다.

• 국보디자인 (코스닥 / 066620)

- 인테리어 디자인업

구분	94	95	96	97	98	99	00	01	02	03	04	05	06	07	08	09	10	11	12
성장률					27.87	13.22	19.45	34.46	21.43	14.69	1.06	8.19	7.45	9.48	7.86	10.29	6.00	10.68	12.25
EPS					607	269	274	768	825	657	35	409	458	640	534	709	558	924	1,158
배당금					0	0	0	0	100	100	0	100	150	200	150	150	200	200	200
ROE					27.87	13.22	19.45	34.46	24.39	17.33	1.06	10.85	11.07	13.79	10.93	13.05	9.36	13.63	14.81
직원의 수									130	154	162	174	220	225	231	246	242	266	265
연봉정보									22	28	26	28	21	30	31	34	46	50	39

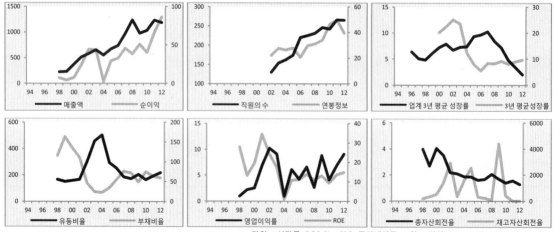

단위 : 성장률, ROE-% / EPS, 주당배당금 – 원 / 직원의 수 – 명 / 연봉정보 – 백만
2002년 1월, 국보씨엔에스에서 국보디자인으로 상호 변경하였습니다.

• 르네코 (코스닥 / 042940)

- 일반 통신 공사업

구분	94	95	96	97	98	99	00	01	02	03	04	05	06	07	08	09	10	11	12
성장률			18.69	24.77	9.48	17.01	-12.34	-3,530.2	-91.50	-130.9	26.15	32.04	17.45	17.54	-4.58	-5.31	-15.74	-118.5	-236.0
EPS			282	553	142	549	-240	-1,544	-1,388	-1,150	155	427	248	303	-68	-98	-177	-700	-2,150
배당금			0	0	0	0	0	0	0	0	0	25	0	25	0	0	0	0	0
ROE			18.69	24.77	9.48	17.01	-12.34	-3,530.2	-91.50	-130.9	26.15	34.04	17.45	19.12	-4.58	-5.31	-15.74	-118.5	-236.0
직원의 수					122	74	95	49	53	63	73	67	60	64	61	50	44
연봉정보					16	17	15	19	31	34	38	40	41	36	39	42	33

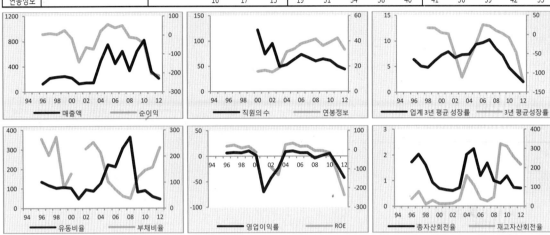

단위 : 성장률, ROE-% / EPS, 주당배당금 - 원 / 직원의 수 - 명 / 연봉정보 - 백만
2005년 5월, 동문정보통신㈜에서 ㈜르네코로 상호 변경하였습니다.
특이값(2001년 부채비율, ROE)은 그래프에서 제외하였습니다.

• KT서브마린 (코스닥 / 060370)

- 일반통신 공사업

구분	94	95	96	97	98	99	00	01	02	03	04	05	06	07	08	09	10	11	12
성장률				-23.65	20.38	18.35	26.68	31.82	6.66	6.56	-2.12	6.83	-13.39	15.39	-0.48	11.36	9.84	5.88	6.96
EPS				-840	1,059	1,248	2,426	4,376	1,178	4,184	-298	-670	-1,552	2,447	185	2,074	1,990	1,630	1,934
배당금				0	0	150	250	500	250	0	0	250	0	250	250	250	250	500	500
ROE				-23.65	20.38	20.86	29.74	35.92	8.45	6.56	-2.12	4.97	-13.39	17.15	1.36	12.92	11.26	8.47	9.38
직원의 수					28	26	30	34	34	39	42	43	46	50	51	64
연봉정보					30	41	50	46	48	34	62	58	54	55	56	58

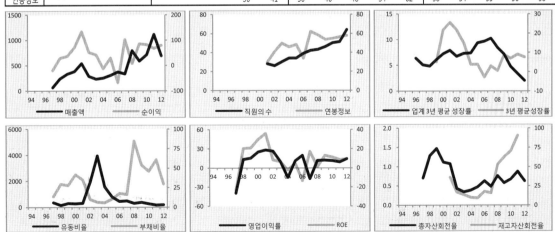

단위 : 성장률, ROE-% / EPS, 주당배당금 - 원 / 직원의 수 - 명 / 연봉정보 - 백만
2002년, 한국해저통신주식회사에서 주식회사 케이티서브마린으로 상호 변경하였습니다.
특이값(2012년 재고자산회전율)은 그래프에서 제외하였습니다.

건설

• 대림산업 (유가증권 / 000210)

- 종합 건설업

구 분	94	95	96	97	98	99	00	01	02	03	04	05	06	07	08	09	10	11	12
성장률	2.27	1.74	1.78	0.34	7.71	10.57	1.38	0.81	6.47	10.36	18.21	12.04	8.03	12.44	3.06	8.94	5.00	9.81	9.75
EPS	650	749	691	78	2,258	4,546	1,081	851	3,437	5,921	13,031	10,001	6,590	11,909	2,624	8,886	9,163	11,170	12,663
배당금	200	250	250	0	150	700	500	500	700	1,300	2,450	2,000	1,350	2,400	100	100	100	100	500
ROE	3.28	2.61	2.78	0.34	8.25	12.49	2.58	1.96	8.12	13.27	22.42	15.05	10.10	15.58	3.18	9.05	5.06	9.90	10.15
직원의 수					3,672	3,499	3,300	3,237	3,193	3,216	3,297	3,335	3,430	3,565	3,778	3,762	4,110	4,876	5,420
연봉정보					33	33	43	43	46	48	56	59	67	66	69	62	70	70	77

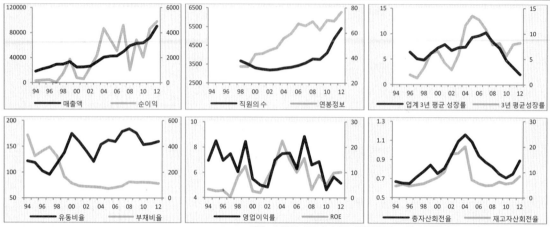

단위 : 성장률, ROE-% / EPS, 주당배당금 - 원 / 직원의 수 - 명 / 연봉정보 - 백만
1947년 6월, 부림상회에서 대림산업주식회사로 상호 변경하였습니다.

• 동부건설 (유가증권 / 005960)

- 종합건설업

구 분	94	95	96	97	98	99	00	01	02	03	04	05	06	07	08	09	10	11	12
성장률	3.14	1.97	0.98	16.13	2.08	0.26	2.98	5.87	8.24	9.29	3.89	6.65	1.17	-9.95	3.83	7.75	2.54	-36.82	1.67
EPS	1,427	780	504	6,153	1,035	304	1,220	1,037	2,381	2,347	1,717	2,021	747	-1,720	1,159	2,609	970	-7,500	306
배당금	500	200	250	150	50	250	500	0	0	0	800	500	500	500	150	250	250	0	0
ROE	4.83	2.65	1.95	16.53	2.18	1.46	5.04	5.87	8.24	9.29	7.29	8.84	3.53	-7.71	4.39	8.57	3.42	-36.82	1.67
직원의 수					1,167	883	1,668	1,663	1,610	1,606	1,633	1,826	1,925	2,294	2,385	2,258	2,304	1,177	1,593
연봉정보					18	24	27	21	30	30	34	36	44	44	49	44	51	62	54

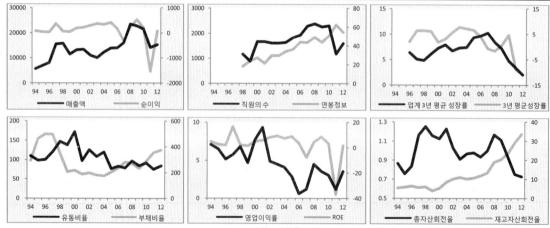

단위 : 성장률, ROE-% / EPS, 주당배당금 - 원 / 직원의 수 - 명 / 연봉정보 - 백만
1989년 3월, 미륭건설㈜에서 동부건설㈜로 상호 변경하였습니다.

건
설

• 삼일기업공사 (코스닥 / 002290)

- 지반조성 건설업

구 분	94	95	96	97	98	99	00	01	02	03	04	05	06	07	08	09	10	11	12
성장률		3.69	1.41	3.73	4.94	11.09	17.53	12.99	9.91	6.34	4.82	7.07	11.13	4.37	3.89	8.90	4.47	3.79	5.81
EPS		764	149	410	622	1,681	2,991	2,585	2,254	1,511	1,237	1,976	3,306	1,348	1,256	3,165	1,674	1,604	2,453
배당금		0	0	0	0	250	250	250	250	150	150	250	250	100	100	250	150	250	250
ROE		3.69	1.41	3.73	4.94	13.03	19.13	14.38	11.14	7.03	5.48	8.10	12.04	4.72	4.23	9.66	4.91	4.49	6.47
직원의 수						50	57	55	54	60	54	61	59	48	47	44	48	57	58
연봉정보						23	32	23	28	28	28	26	35	32	34	45	36	32	42

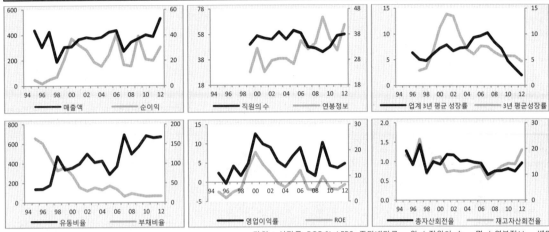

단위 : 성장률, ROE-% / EPS, 주당배당금 – 원 / 직원의 수 – 명 / 연봉정보 – 백만

• 에어파크 (유가증권 / 060900)

- 컴퓨터 및 주변장치, 소프트웨어 도매업

구 분	94	95	96	97	98	99	00	01	02	03	04	05	06	07	08	09	10	11	12
성장률					-1,263.1	20.69	18.55	12.70	1.30	-42.32	-87.06	-1,984.6	-48.30	-3,000.8	-63.11	39.19	-6.76	5.40	-34.74
EPS					-305	169	197	182	21	-533	-516	-1,022	-2,188	-3,356	-2,632	-613	-89	44	-251
배당금					0	0	0	0	0	0	0	0	0	0	0	0	0	0	0
ROE					-1,263.1	20.69	18.55	12.70	1.30	-42.32	-87.06	-1,984.6	-48.30	-3,000.8	-63.11	39.19	-6.76	5.40	-34.74
직원의 수									137	127	110	30	37	24	43	29	16	26	28
연봉정보									19	17	17	23	26	59	26	18	33	31	39

단위 : 성장률, ROE-% / EPS, 주당배당금 – 원 / 직원의 수 – 명 / 연봉정보 – 백만
특이값(1998년 부채비율, 1998년~2001년 재고자산회전율)는 그래프에서 제외하였습니다.
2010년 7월, ㈜트루맥스에서 ㈜에어파크로 상호 변경하였습니다.

• 삼호개발 (유가증권 / 010960)

- 토공사업

구 분	94	95	96	97	98	99	00	01	02	03	04	05	06	07	08	09	10	11	12
성장률					6.96	18.10	25.74	17.05	3.91	2.60	19.22	16.45	16.97	16.19	6.63	14.08	9.54	4.05	6.35
EPS					60	189	519	295	93	64	392	427	531	609	353	652	541	260	425
배당금					0	0	150	0	25	25	30	50	60	75	80	90	90	70	90
ROE					6.96	18.10	36.20	17.05	5.34	4.26	20.82	18.63	19.13	18.46	8.57	16.34	11.45	5.54	8.06
직원의 수									233	239	201	215	231	222	238	226	279	273	295
연봉정보									13	28	33	33	34	40	37	44	40	43	41

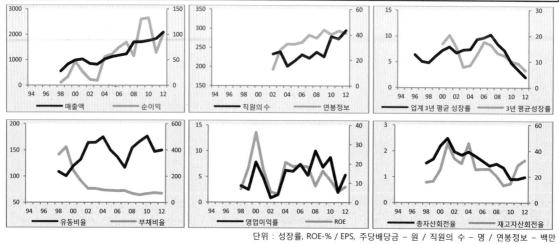

단위 : 성장률, ROE-% / EPS, 주당배당금 – 원 / 직원의 수 – 명 / 연봉정보 – 백만

• 우원개발 (코스닥 / 046940)

- 토공산업

구 분	94	95	96	97	98	99	00	01	02	03	04	05	06	07	08	09	10	11	12
성장률					-28.21	26.65	29.92	20.81	4.70	9.58	-5.78	1.93	-1.88	-43.63	-75.22	-24.15	-9.57	6.93	2.70
EPS					-1,127	165	1,145	741	357	-420	-242	82	75	-1,103	-802	-142	-412	219	90
배당금					0	0	0	0	100	0	0	0	0	0	0	0	0	0	0
ROE					-28.21	26.65	29.92	20.81	6.52	9.58	-5.78	1.93	-1.88	-43.63	-75.22	-24.15	-9.57	6.93	2.70
직원의 수									134	135	153	178	191	227	251	10	210	242	275
연봉정보									39	36	37	39	41	31	13	미공시	41	30	38

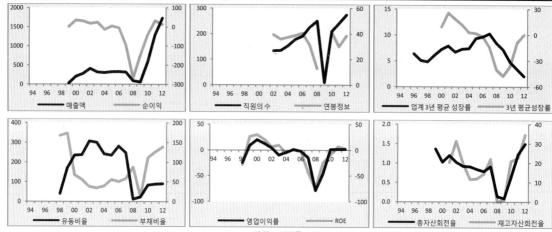

단위 : 성장률, ROE-% / EPS, 주당배당금 – 원 / 직원의 수 – 명 / 연봉정보 – 백만
2010년 8월, 주식회사 우원인프라에서 우원개발 주식회사로 변경하였습니다.
2009년 연봉정보는 미공시 되었고, 직원의 수는 사업보고서에 의거한 자료입니다.

- • 승화프리텍 (코스닥 / 111610)
  - 포장 공사업

구분	94	95	96	97	98	99	00	01	02	03	04	05	06	07	08	09	10	11	12
성장률														27.07	12.96	13.28	15.65	-3.33	-302.5
EPS														457	454	632	685	-403	-2,451
배당금														0	225	0	0	0	0
ROE													4.05	27.07	25.70	13.28	15.65	-3.33	-302.5
직원의 수															63	126	99	69	
연봉정보															61	34	37	60	

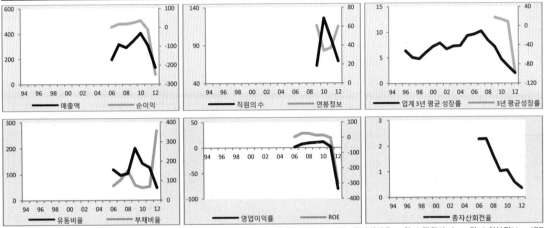

단위 : 성장률, ROE-% / EPS, 주당배당금 – 원 / 직원의 수 – 명 / 연봉정보 – 백만
2013년 5월, 에스에이치투에서 승화프리텍으로 상호 변경하였습니다.

- • 스페코 (코스닥 / 013810)
  - 기타 가공공작기계 제조업

구분	94	95	96	97	98	99	00	01	02	03	04	05	06	07	08	09	10	11	12
성장률		27.83	9.60	5.19	22.44	1.30	1.30	0.96	26.67	15.79	-35.24	13.78	7.49	9.17	7.20	0.48	-3.94	-4.64	12.93
EPS		913	913	829	509	235	41	29	321	193	-298	364	107	172	109	58	-75	-111	292
배당금		0	0	0	0	0	0	0	0	0	0	100	20	25	0	50	0	0	0
ROE	11.92	27.83	9.60	5.19	22.44	1.30	1.30	0.96	26.67	15.79	-35.24	19.01	9.21	10.72	7.20	3.47	-3.94	-4.64	12.93
직원의 수					139	139	158	151		174	124	106	83	85	94	97	104	100	96
연봉정보					15	미공시	25	24		21	27	29	31	34	39	39	41	44	49

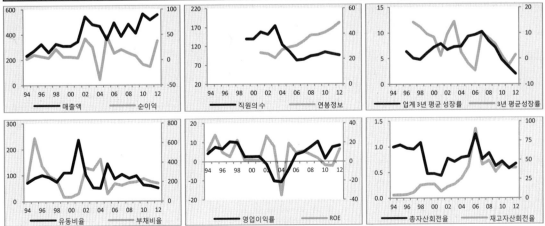

단위 : 성장률, ROE-% / EPS, 주당배당금 – 원 / 직원의 수 – 명 / 연봉정보 – 백만
1997년 9월, 신생플랜트산업㈜에서 ㈜스페코로 상호 변경하였습니다.
2000년 연봉정보는 미공시 되었습니다.

431

• 피에스엔지 (코스닥 / 065180)

- 기타 교육기관

구분	94	95	96	97	98	99	00	01	02	03	04	05	06	07	08	09	10	11	12
성장률						45.99	15.01	12.39	2.71	6.17	5.07	-62.21	-6.51	-149.0	-234.4	4.74	-19.18	-12.56	-29.26
EPS						326	18	174	141	129	-68	-539	-64	-679	-1,021	71	-229	-145	-335
배당금						0	0	0	80	5	0	0	0	0	0	0	0	0	0
ROE						45.99	15.01	12.39	6.25	6.41	5.07	-62.21	-6.51	-149.0	-234.4	4.74	-19.18	-12.56	-29.26
직원의 수									51	46	40	58	45	50	49	39	16	9	26
연봉정보									22	29	30	25	27	23	37	35	25	24	21

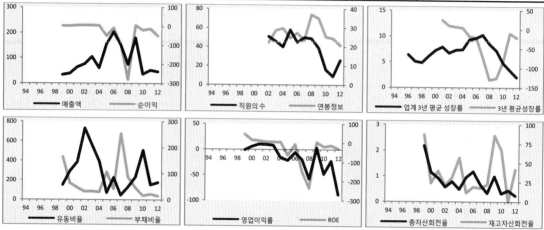

단위 : 성장률, ROE-% / EPS, 주당배당금 – 원 / 직원의 수 – 명 / 연봉정보 – 백만
2009년 8월, ㈜아이젠앤컴퍼니에서 ㈜피에스앤지로 상호 변경하였습니다.

• 삼성물산 (유가증권 / 000830)

- 기타 상품 중개업

구분	94	95	96	97	98	99	00	01	02	03	04	05	06	07	08	09	10	11	12
성장률	0.45	0.63	0.78	1.33	2.22	1.12	1.42	0.15	1.09	0.94	0.87	2.16	2.87	8.41	5.54	3.14	3.34	2.44	2.98
EPS	825	792	656	466	451	495	477	180	492	520	490	551	1,260	3,274	2,340	2,088	2,432	2,012	2,815
배당금	500	500	500	250	0	250	250	150	250	250	250	250	350	500	500	500	500	500	500
ROE	1.14	1.71	3.28	2.88	2.22	2.26	2.99	0.88	2.22	1.82	1.77	3.96	3.98	9.93	7.05	4.13	4.20	3.25	3.63
직원의 수					5,823	4,600	4,740	4,164	4,105	4,231	4,288	4,228	4,343	4,141	4,476	4,665	5,049	7,233	7,860
연봉정보					39	46	56	37	42	46	55	60	54	70	66	68	68	59	71

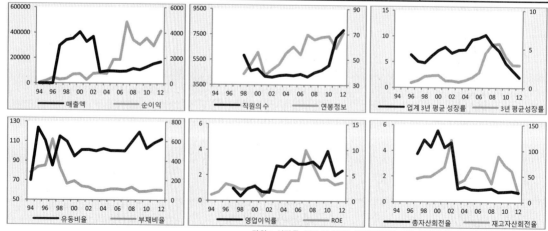

단위 : 성장률, ROE-% / EPS, 주당배당금 – 원 / 직원의 수 – 명 / 연봉정보 – 백만
1994년~ 1996년 총자산회전율, 재고자산회전율은 그래프에서 제외하였습니다.
1995년 12월, 삼성건설㈜를 흡수 합병하였습니다.

• 삼성엔지니어링 (유가증권 / 028050)

- 기타 엔지니어링 서비스업

구 분	94	95	96	97	98	99	00	01	02	03	04	05	06	07	08	09	10	11	12
성장률	30.11	21.60	10.85	2.49	-22.56	5.04	6.13	4.15	1.30	-35.31	9.66	13.05	18.13	21.11	23.32	23.57	26.68	28.15	23.74
EPS	7,681	5,513	4,098	818	-4,182	582	491	505	263	-2,239	952	1,524	2,796	3,992	4,925	6,829	9,377	12,869	14,042
배당금	500	500	1,050	250	0	0	0	150	150	0	250	400	800	1,200	1,500	2,000	2,500	3,000	3,000
ROE	32.20	23.75	14.59	3.58	-22.56	5.04	6.13	5.90	3.03	-35.31	13.10	17.69	25.40	30.19	33.53	33.33	36.38	36.70	30.19
직원의 수					1,320	1,166	968	907	1,229	1,250	1,311	1,626	2,019	2,891	3,459	3,894	4,852	6,294	7,249
연봉정보					27	32	37	42	42	42	56	49	60	60	73	76	81	82	82

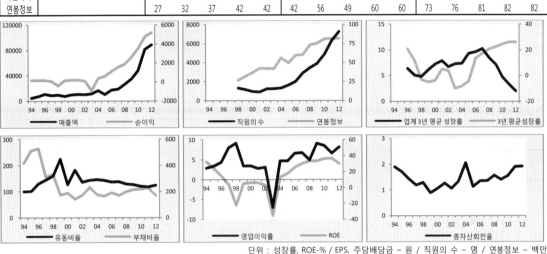

단위 : 성장률, ROE-% / EPS, 주당배당금 – 원 / 직원의 수 – 명 / 연봉정보 – 백만
1991년 1월, 코리아엔지니어링주식회사에서 삼성엔지니어링주식회사로 상호 변경하였습니다.

• 에쓰씨엔지니어링 (유가증권 / 023960)

- 기타 엔지니어링 서비스업

구 분	94	95	96	97	98	99	00	01	02	03	04	05	06	07	08	09	10	11	12
성장률	1.08	7.93	8.54	1.83	4.58	6.31	3.35	2.20	-0.47	2.40	자본잠식	9.70	7.25	8.16	12.08	8.01	0.42	5.03	-9.84
EPS	229	1,840	2,161	966	1,602	212	138	115	37	-306	-442	385	120	384	704	536	111	397	-466
배당금	0	0	0	500	500	50	50	50	50	0	0	0	0	50	100	100	100	100	50
ROE	1.08	7.93	8.54	3.80	6.66	8.26	5.25	3.89	1.34	2.40	자본잠식	9.70	7.25	9.39	14.08	9.85	4.25	6.72	-8.89
직원의 수					255	253	265	272	293	337	330	474	50	70	77	89	92	110	130
연봉정보					23	25	25	23	25	27	31	30	37	34	41	41	46	49	42

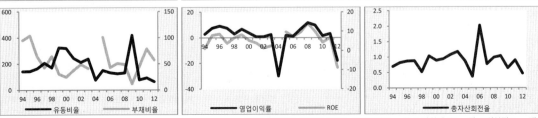

단위 : 성장률, ROE-% / EPS, 주당배당금 – 원 / 직원의 수 – 명 / 연봉정보 – 백만
자본잠식으로 인해, 계산 불가한 값(2004년 부채비율, ROE 및 성장률)은 그래프에서 제외 및 보정하였습니다.
2006년 7월, 세원셀론텍㈜에서 SC엔지니어링㈜로 상호 변경하였습니다.

건
설

• 이화공영 (코스닥 / 001840)

- 기타 토목시설물 건설업

구분	94	95	96	97	98	99	00	01	02	03	04	05	06	07	08	09	10	11	12
성장률		7.09	11.37	14.18	14.48	1.64	8.06	7.35	7.69	8.44	12.57	5.42	3.73	0.58	3.60	2.52	2.61	2.91	3.13
EPS		92	164	237	283	330	176	174	197	310	429	234	190	67	64	62	57	65	72
배당금		0	0	0	0	0	0	0	0	80	90	80	80	50	0	0	0	0	0
ROE		7.09	11.37	14.18	14.48	1.64	8.06	7.35	7.69	11.37	15.90	8.24	6.44	2.29	3.60	2.52	2.61	2.91	3.13
직원의 수						82	85	81	89	98	104	90	91	88	112	105	113	108	129
연봉정보						19	23	26	25	25	32	36	40	44	41	46	45	53	52

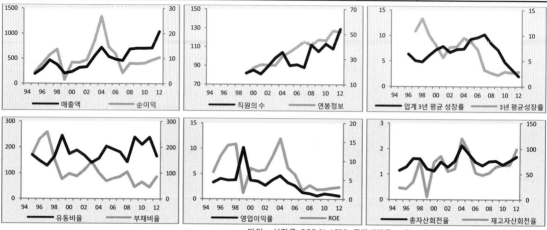

단위 : 성장률, ROE-% / EPS, 주당배당금 – 원 / 직원의 수 – 명 / 연봉정보 – 백만
1971년, 주식회사 동지에서 이화공영주식회사로 상호 변경하였습니다.

• 웰크론한텍 (코스닥 / 076080)

- 기타 특수목적용 기계 제조업

구분	94	95	96	97	98	99	00	01	02	03	04	05	06	07	08	09	10	11	12
성장률										49.27	39.99	39.98	25.78	20.30	12.66	6.94	4.04	5.04	8.97
EPS										1,852	2,106	2,477	664	980	1,027	543	138	254	404
배당금										0	0	0	0	0	130	90	0	50	50
ROE										49.27	39.99	39.98	25.78	20.30	14.50	8.32	4.04	6.28	10.24
직원의 수															51	42	58	80	108
연봉정보															41	33	36	37	38

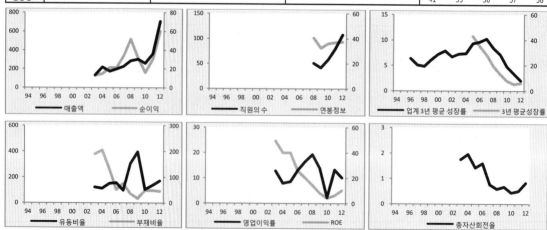

단위 : 성장률, ROE-% / EPS, 주당배당금 – 원 / 직원의 수 – 명 / 연봉정보 – 백만
03~05년 사업보고서 미공시로 인하여 EPS는 감사보고서의 데이터 이며, 배당금은 0으로 간주하여 성장률을 계산하였습니다.
업계 3년 평균성장률에는 03~05년의 성장률 값은 포함되지 않았습니다.
2012년 3월, ㈜한텍엔지니어링에서 ㈜웰크론한텍으로 상호 변경하였습니다.

• 해성산업 (코스닥 / 034810)

- 비주거용 부동산 관리업

구분	94	95	96	97	98	99	00	01	02	03	04	05	06	07	08	09	10	11	12
성장률		5.76	0.91	9.10	7.41	4.17	1.29	2.87	3.68	3.21	2.72	2.81	1.21	1.43	2.14	4.57	2.57	2.65	2.40
EPS		195	116	263	244	212	213	362	450	415	376	393	228	253	335	626	399	430	426
배당금		100	100	100	100	100	100	100	100	100	100	100	100	100	100	100	100	100	100
ROE		11.83	6.63	14.69	12.56	7.90	2.43	3.96	4.73	4.23	3.70	3.77	2.16	2.36	3.05	5.44	3.43	3.46	3.13
직원의 수						126	114	109	105	102	100	90	88	87	87	82	80	75	71
연봉정보						25	22	28	25	29	32	33	33	34	35	37	37	35	37

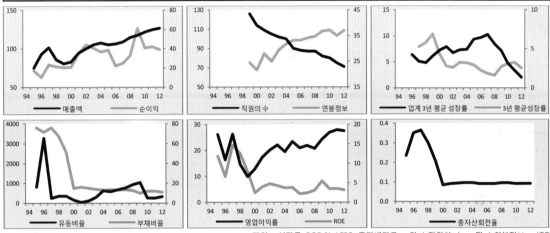

단위 : 성장률, ROE-% / EPS, 주당배당금 - 원 / 직원의 수 - 명 / 연봉정보 - 백만

• 이스타코 (유가증권 / 015020)

- 주거용 건물 개발 및 공급업

구분	94	95	96	97	98	99	00	01	02	03	04	05	06	07	08	09	10	11	12
성장률		-3.00	-0.26	-14.91	-130.85	-13.53	0.89	2.67	16.77	19.69	4.79	-2.16	4.21	0.40	10.38	-9.95	-8.40	-6.80	-14.46
EPS		-38	12	-169	-694	-673	82	182	172	163	-42	-20	66	29	138	117	-127	-69	-91
배당금		15	16	0	0	0	0	0	30	20	0	0	25	25	25	0	0	0	0
ROE		-2.16	0.92	-14.91	-130.85	-13.53	0.89	2.67	20.31	22.45	4.79	-2.16	6.78	2.93	12.68	-9.95	-8.40	-6.80	-14.46
직원의 수						248	262	262	224	63	58	64	68	67	57	43	33	33	30
연봉정보						14	14	14	22	21	27	32	34	36	38	41	39	30	33

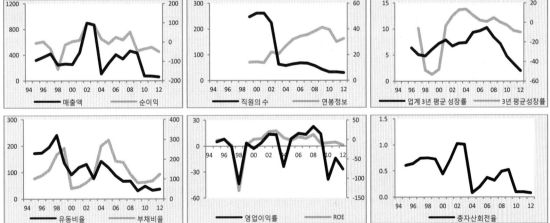

단위 : 성장률, ROE-% / EPS, 주당배당금 - 원 / 직원의 수 - 명 / 연봉정보 - 백만
2006년 10월, 스타코에서 이스타코로 상호 변경하였습니다.

• 건축소재

2012년 건축소재 상장기업의 전체매출액은 약 6조 2천억원(전년대비 11% 성장), 총 당기순손실은 약 980억원입니다. 평균성장률은 1.1%(전년대비 6.7%%p 증가)이며, ROE는 1.5%(전년대비 6.8%p 증가)를 기록하였습니다. 성장률과 ROE는 지난 2년에 비해 양호한 모습을 보이고 있습니다.
(매출액 및 당기순이익은 단순합계금액이며, 성장률 및 ROE는 단순평균값 입니다)

해당 산업의 직원 수는 약 6천 9백명(전년대비 5% 감소)이며, 최근 평균연봉(2012년)은 약 6천만원(전년대비 20% 증가)입니다. 업계 직원 수는 3년 연속 감소하고 있지만, 평균연봉은 증가하는 상반된 모습을 보여주고 있습니다. 최근 3년간 업계 평균 유동비율은 146.2%, 부채비율은 132.7%입니다.

구 분	총매출액	총 당기순이익	평균성장률	평균 ROE	총 직원수	연봉정보
94	2,954	90	2.5	4.3		
95	3,524	87	3.9	5.5		
96	3,935	42	2.8	4.1		
97	4,359	61	4.9	5.9		
98	3,341	-654	0.1	0.4	8,939	23
99	3,910	94	4.0	6.0	8,960	23
00	4,652	-1,082	0.1	1.8	8,239	27
01	4,787	-526	6.9	7.9	7,865	31
02	4,225	312	6.3	7.9	6,552	36
03	4,144	542	8.6	10.2	6,458	39
04	3,839	223	2.7	5.2	6,141	43
05	3,547	-100	-0.6	0.2	6,747	42
06	3,758	53	0.1	0.7	6,898	43
07	3,997	-15	-0.4	0.0	6,911	46
08	4,822	-593	-7.3	-6.7	7,574	43
09	5,404	11	2.6	3.1	6,243	46
10	5,117	-474	-2.3	-2.0	7,333	47
11	5,544	-402	-5.6	-5.3	7,331	50
12	6,206	-98	1.1	1.5	6,967	60

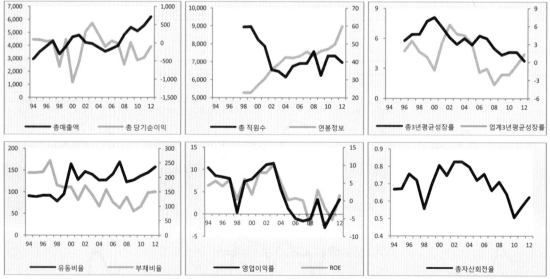

단위 : 총 매출액, 총 당기순이익 – 십억 / 평균 성장률, 평균 ROE - % / 총 직원 수 – 명 / 연봉정보 – 백만
연봉정보는 1인당 평균 급여액이며, 대상기업들의 연간 총 급여액을 총 직원의 수로 나눈 금액입니다.
업계 3년 평균 성장률은 건축소재업종 전체 상장사의 평균이며, 사업보고서에 근거한 자료만으로 만들었습니다.

건축
소재

• 모헨즈 (코스닥 / 006920)

- 레미콘 제조업

구 분	94	95	96	97	98	99	00	01	02	03	04	05	06	07	08	09	10	11	12
성장률		-1.37	0.41	0.00	0.00	-7.87	0.14	-113.92	6.27	5.30	1.34	-13.44	-36.54	11.02	-13.93	3.30	3.13	2.38	4.18
EPS		19	37	60	0	-77	3	-736	45	40	10	-96	-153	62	-56	29	64	19	35
배당금		50	30	60	0	0	0	0	0	0	0	0	0	0	0	0	0	0	0
ROE		0.87	2.14	3.17	-7.05	-7.87	0.14	-113.92	6.27	5.30	1.34	-13.44	-36.54	11.02	-13.93	3.30	3.13	2.38	4.18
직원의 수						85	124	89	71	60	62	61	61	58	55	53	63	68	70
연봉정보						13	13	미공시	21	23	23	27	28	27	34	36	33	33	34

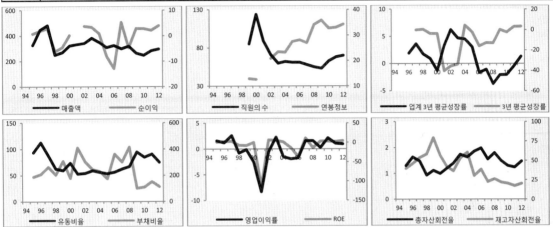

단위 : 성장률, ROE-% / EPS, 주당배당금 – 원 / 직원의 수 – 명 / 연봉정보 – 백만
2000년 9월, 한일홍업 주식회사에서 주식회사 모헨즈로 상호 변경하였습니다.
특이값(2001년 당기순이익)은 그래프에서 제외하였습니다.
2001년 연봉정보는 미공시 되었습니다.
*2008년 성장률 계산시, EPS와 배당금(미공시)을 0으로 설정

• 부산산업 (유가증권 / 011390)

- 레미콘 제조업

구 분	94	95	96	97	98	99	00	01	02	03	04	05	06	07	08	09	10	11	12
성장률	-11.87	-4.41	-8.72	1.12	17.76	-9.19	-2.93	2.52	9.31	12.48	1.26	2.66	8.73	1.97	-14.90	2.05	-7.45	-4.24	3.95
EPS	-1,673	-422	-1,290	161	3,642	-1,562	-459	402	2,164	3,384	1,069	-289	-1,845	-308	-4,000	656	-2,208	-1,197	1,168
배당금	400	300	0	0	500	0	0	0	500	750	800	250	250	150	0	0	0	0	0
ROE	-9.58	-2.58	-8.72	1.12	20.59	-9.19	-2.93	2.52	12.11	16.03	5.01	1.43	7.69	1.33	-14.90	2.05	-7.45	-4.24	3.95
직원의 수					47	48	48	44	45	45	42	43	49	49	50	49	43	43	44
연봉정보					28	18	23	24	30	33	33	39	35	34	36	39	39	34	36

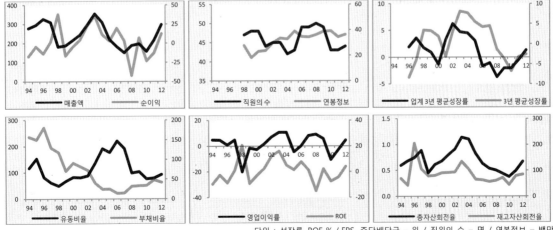

단위 : 성장률, ROE-% / EPS, 주당배당금 – 원 / 직원의 수 – 명 / 연봉정보 – 백만

건축
소재

437

• 서산 (코스닥 / 079650)

- 레미콘 제조업

구분	94	95	96	97	98	99	00	01	02	03	04	05	06	07	08	09	10	11	12
성장률						10.35	15.40	1.69	12.83	13.38	12.33	-2.70	-3.58	8.38	5.37	7.24	-1.46	1.75	11.72
EPS						9,224	15,772	1,788	7,790	9,386	9,912	-1,495	-1,885	1,925	2,097	1,932	-752	1,211	10,032
배당금						0	0	0	0	0	0	0	0	0	750	0	250	0	750
ROE						10.35	15.40	1.69	12.83	13.38	12.33	-2.70	-3.58	8.38	8.37	7.24	-1.10	1.75	12.67
직원의 수										193	181	142	114		125	123	118	135	159
연봉정보										30	30	32	39		32	31	30	28	32

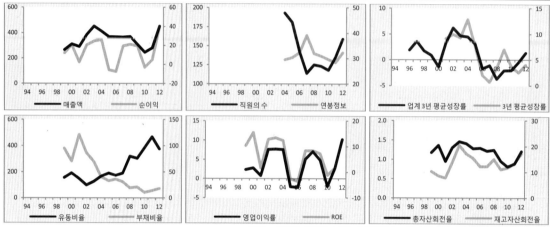

단위 : 성장률, ROE-% / EPS, 주당배당금 – 원 / 직원의 수 – 명 / 연봉정보 – 백만
1999년~2001년 사업보고서 미공시로 인하여 EPS는 감사보고서를 기준으로, 배당금은 0으로 간주해 성장률을 계산하였습니다.
99년~01년 성장률은 업계 3년 평균성장률 계산 과정에서 제외하였습니다.
1998년 1월, 서산콘크리트㈜에서 ㈜서산으로 상호 변경하였습니다.

• 유진기업 (코스닥 / 023410)

- 레미콘 제조업

구분	94	95	96	97	98	99	00	01	02	03	04	05	06	07	08	09	10	11	12
성장률		21.05	27.07	15.03	14.02	-3.41	2.79	8.09	6.77	9.48	15.46	1.89	35.59	2.06	-22.07	-5.88	4.20	-29.85	3.10
EPS		951	1,566	309	292	74	66	260	322	434	646	221	3,988	392	-1,953	-738	330	-2,554	348
배당금		0	0	0	0	100		75	150	150	100	100	250	100	0	0	0	0	100
ROE		21.05	27.07	15.03	14.02	9.70	2.79	11.37	12.67	14.49	18.30	3.46	37.97	2.76	-22.07	-5.88	4.20	-29.85	4.36
직원의 수						115	130	137	154	190	220	543	828	865	1,075	888	969	808	628
연봉정보						20	24	29	29	32	35	40	36	40	37	41	43	65	85

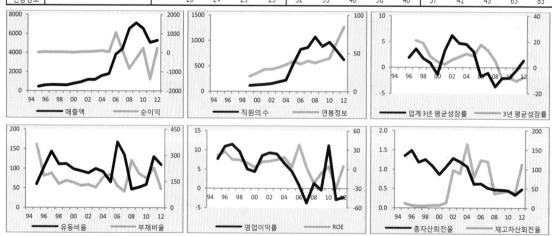

단위 : 성장률, ROE-% / EPS, 주당배당금 – 원 / 직원의 수 – 명 / 연봉정보 – 백만
1989년 8월, 호우물산㈜에서 유진기업㈜로 상호 변경하였습니다.

• 티웨이홀딩스 (유가증권 / 004870)

- 상품 종합 도매업

구분	94	95	96	97	98	99	00	01	02	03	04	05	06	07	08	09	10	11	12
성장률		88.44	-4.07			자본잠식			338.98	21.90	-56.59	38.34	-77.09	-15.89	-100.1	-81.72	-215.1	-100.3	-16.46
EPS		714	-37	-1,117	-4,228	1,390	-344	-448	2,781	225	-390	433	-817	-89	-283	-1,819	-10,209	-1,735	-436
배당금		0	0	0	0	0	0	0	0	0	0	0	0	0	0	0	0	0	0
ROE		88.44	-4.07			자본잠식			338.98	21.90	-56.59	38.34	-77.09	-15.89	-100.1	-81.72	-215.1	-100.3	-16.46
직원의 수						54	50	37	40	63	82	77	96	45	43	37	27	62	59
연봉정보						21	19	19	24	19	23	25	15	19	21	23	18	17	19

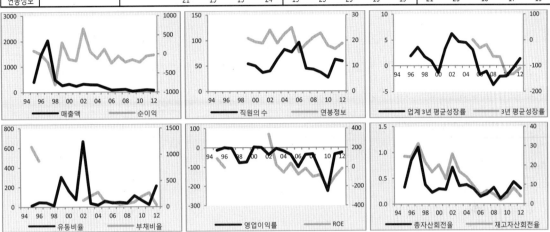

단위 : 성장률, ROE-% / EPS, 주당배당금 – 원 / 직원의 수 – 명 / 연봉정보 – 백만
자본잠식으로 인해, 계산 불가한 값(1997년~2001년 ROE, 성장률)은 그래프에서 제외하였습니다.
2013년 3월, ㈜포켓게임즈에서 ㈜티웨이홀딩스로 상호 변경하였습니다.

• 일신석재 (유가증권 / 007110)

- 석제품 제조업

구분	94	95	96	97	98	99	00	01	02	03	04	05	06	07	08	09	10	11	12
성장률		0.76	0.09	-1.66	-458.41	자본잠식	243.26	1.37	13.83	-3.58	-59.05	-8.33	-14.90	2.18	1.74	3.50	0.74	1.45	1.46
EPS		56	22	-30	-1,579	-13,375	30,553	8	96	-24	-138	-41	-64	9	8	25	6	10	11
배당금		40	20	0	0	0	0	0	0	0	0	0	0	0	0	0	0	0	0
ROE		2.62	1.09	-1.66	-458.41	자본잠식	243.26	1.37	13.83	-3.58	-59.05	-8.33	-14.90	2.18	1.74	3.50	0.74	1.45	1.46
직원의 수						266	229	195	188	180	177	173	129	128	125	95	90	84	75
연봉정보						6	21	23	26	29	29	29	30	32	32	36	41	34	36

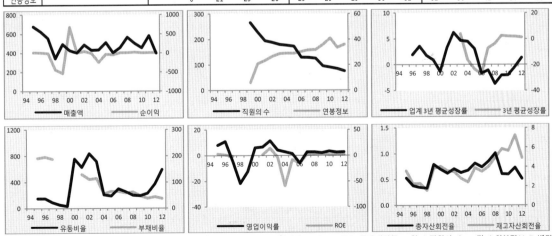

단위 : 성장률, ROE-% / EPS, 주당배당금 – 원 / 직원의 수 – 명 / 연봉정보 – 백만
특이값(1998년, 2000년 부채비율과 ROE, 1997년~2002년 평균성장률)은 그래프에서 제외하였습니다.
자본잠식으로 인해, 계산 불가한 값(1999년 ROE, 성장률)은 그래프에서 제외하였습니다.
1999년 연봉정보는 사업보고서에 의거한 자료입니다.

건축소재

• 동원 (유가증권 / 003580)

- 석탄, 석유 및 천연가스 광업

구분	94	95	96	97	98	99	00	01	02	03	04	05	06	07	08	09	10	11	12
성장률	-10.31	-5.25	-4.94	-26.57	-18.36	0.63	0.41	-4.26	-3.22	4.04	2.43	-160.72	-37.48	-12.62	-12.06	-9.70	-21.86	-24.33	-7.37
EPS	-3,559	-1,766	-1,588	-9,078	-4,297	194	135	-1,338	-84	1,247	798	-20,029	-3,389	-1,129	-1,030	-748	-1,943	-2,049	-856
배당금	0	0	0	0	0	0	0	0	0	0	0	0	0	0	0	0	0	0	0
ROE	-10.31	-5.25	-4.94	-26.57	-18.36	0.63	0.41	-4.26	-3.22	4.04	2.43	-160.72	-37.48	-12.62	-12.06	-9.70	-21.86	-24.33	-7.37
직원의 수					578	532	508	456	438	438	19	53	47	52	53	44	39	46	40
연봉정보					17	18	19	22	23	25	27	17	33	31	31	31	32	27	27

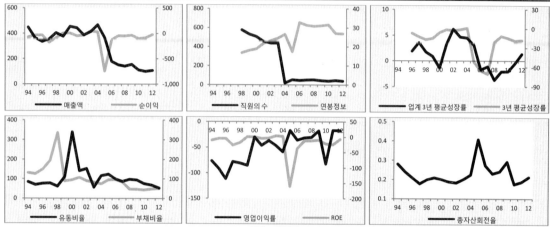

단위 : 성장률, ROE-% / EPS, 주당배당금 – 원 / 직원의 수 – 명 / 연봉정보 – 백만
1992년, 동원탄좌개발주식회사에서 주식회사 동원으로 상호 변경하였습니다.

• 백광소재 (유가증권 / 014580)

- 석회 및 플라스터 제조업

구분	94	95	96	97	98	99	00	01	02	03	04	05	06	07	08	09	10	11	12
성장률	0.66	2.52	0.72	55.65	0.70	1.78	3.02	3.64	4.55	-0.78	1.55	0.91	0.90	-1.27	1.34	6.65	7.06	8.37	5.76
EPS	84	481	106	12,148	665	1,184	1,961	2,246	2,657	714	1,580	1,302	1,256	633	1,391	3,164	3,403	3,970	3,157
배당금	0	150	0	100	500	750	1,000	1,000	1,000	1,000	1,000	1,000	1,000	1,000	1,000	1,000	1,000	1,000	1,000
ROE	0.66	3.66	0.72	56.12	2.82	4.85	6.17	6.56	7.29	1.95	4.22	3.93	4.42	2.18	4.77	9.72	10.00	11.19	8.43
직원의 수					221	205	227	217	222	230	221	256	256	243	249	243	265	297	308
연봉정보					17	17	20	22	25	25	26	27	27	30	29	31	33	34	36

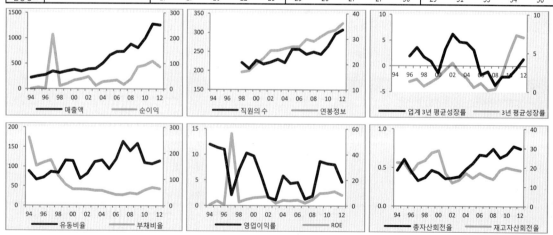

단위 : 성장률, ROE-% / EPS, 주당배당금 – 원 / 직원의 수 – 명 / 연봉정보 – 백만
1990년 11월, 백광광업 주식회사에서 주식회사 백광소재로 상호 변경하였습니다.
2005년 5월, 태경유통㈜를 흡수 합병하였습니다.

• 동양 (유가증권 / 001520)

- 시멘트 제조업

구분	94	95	96	97	98	99	00	01	02	03	04	05	06	07	08	09	10	11	12
성장률	3.00	2.71	1.37	4.09	-12.47	7.56	-20.90	-87.68	-28.04	1.59	-24.55	-49.21	10.13	-7.05	-65.05	-107.6	자본잠식	-23.25	3.53
EPS	177	162	103	220	-594	62	-490	-547	-130	6	-89	-206	52	-39	-238	-112	-206	-314	36
배당금	65	60	55	50	0	5	0	0	0	0	0	0	0	0	0	0	0	0	0
ROE	4.75	4.30	2.96	5.30	-12.47	8.23	-20.90	-87.68	-28.04	1.59	-24.55	-49.21	10.13	-7.05	-65.05	-107.6	자본잠식	-23.25	3.53
직원의 수					1,532	1,578	1,511	1,457	235	190	152	427	460	547	902	902	876	1,219	1,107
연봉정보					25	27	29	33	28	41	47	34	38	35	31	38	34	43	45

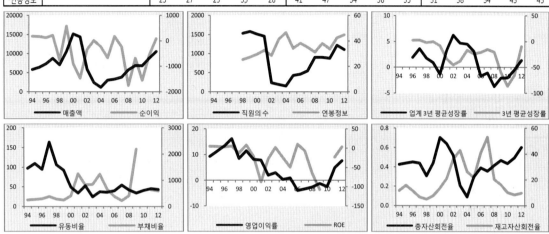

단위 : 성장률, ROE-% / EPS, 주당배당금 - 원 / 직원의 수 - 명 / 연봉정보 - 백만
자본잠식으로 인해, 계산 불가한 값(2010년 부채비율, ROE)은 그래프에서 제외하였습니다.
2008년 5월, (주)한일합섬의 합병에 따른 섬유 사업을 영위하고 있습니다.
2011년 09월, 동양매직(주)를 흡수 합병하여 가전/플랜트 사업을 영위하고 있습니다
2011년 7월, 동양메이저주식회사에서 주식회사 동양으로 상호 변경하였습니다.

건축 소재

• 성신양회 (유가증권 / 004980)

- 시멘트 제조업

구분	94	95	96	97	98	99	00	01	02	03	04	05	06	07	08	09	10	11	12
성장률	5.33	3.39	1.26	1.53	-9.23	-17.85	-25.56	4.53	11.62	16.06	3.98	-5.16	-9.33	-28.87	-19.62	3.86	-24.64	-10.83	0.48
EPS	2,449	1,760	945	853	-12,069	-4,684	-4,923	1,175	3,682	5,927	2,323	-787	-2,085	-5,142	-4,209	786	-4,975	-1,960	82
배당금	650	600	550	400	0	0	0	300	1,000	1,500	1,250	600	0	0	0	0	0	0	0
ROE	7.25	5.14	3.03	2.87	-9.23	-17.85	-25.56	6.08	15.96	21.50	8.61	-2.93	-9.33	-28.87	-19.62	3.86	-24.64	-10.83	0.48
직원의 수					1,227	963	959	960	961	954	921	937	876	864	879	807	744	686	623
연봉정보					24	25	27	31	42	44	49	50	52	46	53	54	53	48	53

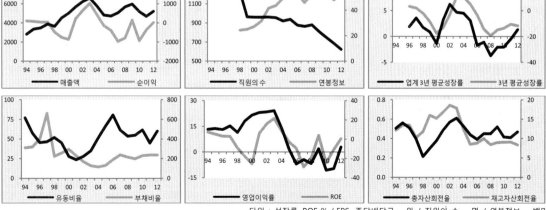

단위 : 성장률, ROE-% / EPS, 주당배당금 - 원 / 직원의 수 - 명 / 연봉정보 - 백만
1977년, 성신화학주식회사에서 성신양회공업주식회사로 상호 변경하였습니다.

• 쌍용양회 (유가증권 / 003410)

- 시멘트 제조업

구분	94	95	96	97	98	99	00	01	02	03	04	05	06	07	08	09	10	11	12
성장률	1.07	0.02	-3.39	1.65	-30.68	6.61	-171.8	-208.5	13.91	18.05	6.95	-3.49	-4.88	0.61	-18.43	-0.28	0.20	-4.30	1.29
EPS	852	608	23	617	-36,202	1,026	-9,357	-3,320	416	1,214	242	-563	-737	74	-2,305	-47	17	590	163
배당금	650	600	500	0	0	0	0	0	0	0	0	0	0	0	0	0	0	0	0
ROE	4.52	1.65	0.16	1.65	-30.68	6.61	-171.8	-208.5	13.91	18.05	6.95	-3.49	-4.88	0.61	-18.43	-0.28	0.20	-4.30	1.29
직원의 수					2,294	2,226	1,594	1,478	1,391	1,321	1,283	1,283	1,256	1,296	1,374	1,159	1,102	1,065	1,015
연봉정보					21	23	28	32	41	44	44	47	49	48	47	45	53	53	54

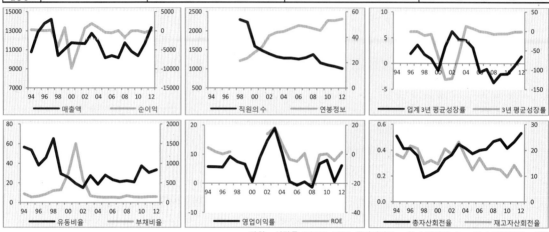

단위 : 성장률, ROE-% / EPS, 주당배당금 – 원 / 직원의 수 – 명 / 연봉정보 – 백만
특이값(1998년, 2000년, 2001년 ROE)은 그래프에서 제외하였습니다.

• 아세아시멘트 (유가증권 / 002030)

- 시멘트 제조업

구분	94	95	96	97	98	99	00	01	02	03	04	05	06	07	08	09	10	11	12
성장률	7.14	3.86	1.83	1.87	0.81	1.85	0.58	5.49	8.43	9.77	0.96	2.07	0.83	6.24	1.41	3.53	-0.08	0.94	1.43
EPS	3,823	2,425	1,442	1,382	1,184	2,374	1,267	6,770	11,256	15,392	2,797	4,138	1,925	11,669	2,874	7,167	410	2,555	3,694
배당금	650	650	600	550	500	650	700	800	1,000	1,250	1,500	1,250	750	800	500	1,000	500	750	1,000
ROE	8.60	5.27	3.14	3.11	1.39	2.55	1.30	6.22	9.25	10.63	2.07	2.96	1.36	6.70	1.70	4.10	0.36	1.33	1.96
직원의 수					642	499	471	477	472	475	481	480	475	468	473	473	477	463	469
연봉정보					25	27	29	35	42	38	51	49	48	54	49	51	52	54	54

단위 : 성장률, ROE-% / EPS, 주당배당금 – 원 / 직원의 수 – 명 / 연봉정보 – 백만
2013년 10월, 아세아시멘트㈜에서 아세아㈜로 상호 변경하였습니다.

• 유니온 (유가증권 / 000910)

- 시멘트 제조업

구분	94	95	96	97	98	99	00	01	02	03	04	05	06	07	08	09	10	11	12
성장률	21.16	22.47	7.86	6.44	1.36	9.07	2.73	11.71	2.47	0.50	0.48	1.71	4.44	1.01	1.64	2.37	3.16	3.41	2.52
EPS	688	523	252	200	81	291	140	592	189	60	161	144	310	215	309	449	709	585	387
배당금	75	75	60	55	50	60	50	75	75	35	40	45	50	60	50	75	50	40	60
ROE	23.75	26.23	10.32	8.90	3.53	11.43	4.24	13.41	4.10	1.20	0.64	2.49	5.29	1.31	2.03	2.85	3.40	3.66	2.99
직원의 수					248	251	266	260	248	247	222	223	235	237	240	241	243	250	252
연봉정보					18	21	22	24	27	28	31	31	32	36	39	39	45	46	45

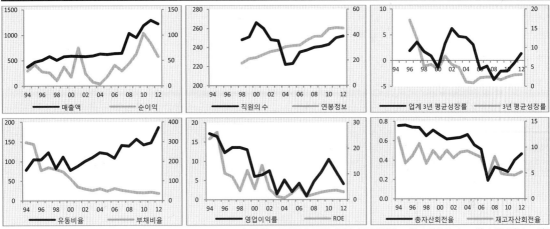

단위 : 성장률, ROE-% / EPS, 주당배당금 - 원 / 직원의 수 - 명 / 연봉정보 - 백만
1977년 7월, 유니온백양회공업주식회사에서 주식회사 유니온으로 상호 변경하였습니다.

• 한일시멘트 (유가증권 / 003300)

- 시멘트 제조업

구분	94	95	96	97	98	99	00	01	02	03	04	05	06	07	08	09	10	11	12
성장률	4.18	3.82	2.13	1.86	0.83	2.27	3.03	4.38	7.26	12.30	11.89	5.51	4.06	4.70	0.92	3.03	0.69	0.50	-6.62
EPS	3,257	3,189	1,979	1,677	1,237	2,649	3,370	4,905	7,955	14,615	14,841	8,065	6,113	8,002	2,024	5,717	2,163	1,876	-10,169
배당금	650	650	600	550	500	650	700	800	1,000	1,250	1,500	1,350	1,250	1,400	800	1,350	1,000	1,000	1,000
ROE	5.22	4.79	3.06	2.77	1.39	3.01	3.82	5.23	8.30	13.45	13.23	6.61	5.10	5.69	1.52	3.97	1.28	1.08	-6.03
직원의 수					855	738	743	736	734	721	716	700	659	634	642	미공시	611	627	634
연봉정보					28	25	29	33	35	43	48	49	49	56	55		56	56	62

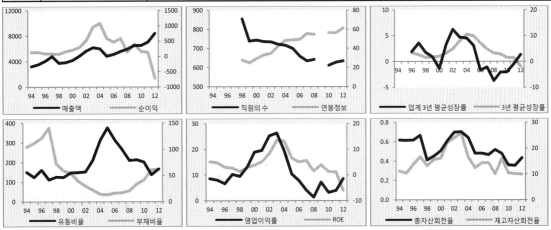

단위 : 성장률, ROE-% / EPS, 주당배당금 - 원 / 직원의 수 - 명 / 연봉정보 - 백만
2002년, 한일시멘트공업주식회사에서 한일시멘트주식회사로 상호 변경하였습니다.
2009년 직원의 수, 연봉정보는 미공시 되었습니다.

건축소재

• 현대시멘트 (유가증권 / 006390)

- 시멘트 제조업

구분	94	95	96	97	98	99	00	01	02	03	04	05	06	07	08	09	10	11	12
성장률	5.94	3.16	2.72	9.67	1.48	3.30	-6.38	1.93	8.14	14.88	4.43	3.26	-0.25	-4.26	-22.38	4.93	-124.26	-70.22	-60.73
EPS	2,459	1,590	1,464	3,929	1,677	2,138	-2,030	1,702	5,801	13,601	5,321	4,190	277	-3,604	-15,190	3,703	-45,958	-15,370	-7,976
배당금	650	600	600	550	500	650	700	800	1,000	1,750	1,500	1,250	500	250	0	250	0	0	0
ROE	8.07	5.07	4.61	11.24	2.10	4.75	-4.74	3.64	9.83	17.08	6.17	4.65	0.31	-3.99	-22.38	5.29	-124.26	-70.22	-60.73
직원의 수					1,095	1,208	1,168	1,158	1,122	1,071	1,062	991	982	963	944	821	606	402	388
연봉정보					21	21	26	33	39	41	45	45	47	52	52	54	50	56	58

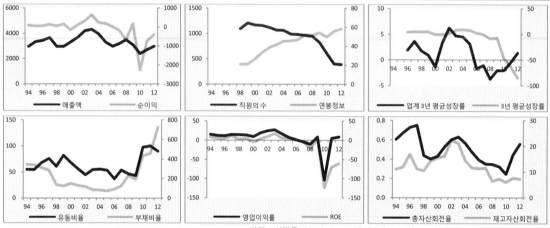

단위 : 성장률, ROE-% / EPS, 주당배당금 – 원 / 직원의 수 – 명 / 연봉정보 – 백만
1969년 12월, 현대건설㈜에서 현대시멘트㈜로 독립하였습니다.

• 한국석유 (유가증권 / 004090)

- 아스콘 제조업

구분	94	95	96	97	98	99	00	01	02	03	04	05	06	07	08	09	10	11	12
성장률	1.61	1.78	-0.23	-2.71	3.72	5.03	5.23	4.24	3.39	3.53	5.34	3.48	4.87	7.81	7.67	13.10	1.66	1.18	2.91
EPS	833	873	453	-255	1,439	1,931	2,107	1,862	1,645	1,736	2,484	1,833	2,463	3,826	4,133	7,880	3,080	2,179	5,009
배당금	500	500	500	500	500	500	500	500	500	500	500	500	500	500	500	750	750	750	750
ROE	4.02	4.17	2.18	-0.92	5.71	6.78	6.85	5.80	4.87	4.96	6.69	4.79	6.12	8.99	8.73	14.47	2.19	1.54	3.43
직원의 수					200	192	174	133	133	125	130	125	126	124	128	134	133	134	128
연봉정보					18	19	25	27	29	31	32	31	37	42	38	39	39	42	46

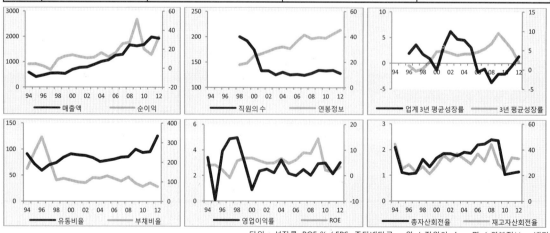

단위 : 성장률, ROE-% / EPS, 주당배당금 – 원 / 직원의 수 – 명 / 연봉정보 – 백만

• 홈센타 (코스닥 / 060560)

- 기타 건축자재 도매업

구 분	94	95	96	97	98	99	00	01	02	03	04	05	06	07	08	09	10	11	12
성장률						56.35	38.66	35.23	17.6	22.08	-2.88	3.92	1.90	1.99	3.24	3.96	4.75	2.91	3.75
EPS						328	458	546	487	690	125	52	109	52	109	123	238	167	171
배당금						0	0	0	100	100	150	0	0	0	0	0	0	0	0
ROE						56.35	38.66	35.23	22.1	25.83	14.39	3.92	1.90	1.99	3.24	3.96	4.75	2.91	3.75
직원의 수									71	119	129	174	199	199	185	144	144	116	119
연봉정보									18	15	17	28	22	22	19	26	25	25	33

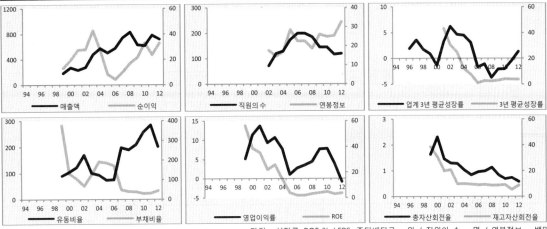

• 동양시멘트 (코스닥 / 038500)

- 기타 비금속 광물제품 제조업

구 분	94	95	96	97	98	99	00	01	02	03	04	05	06	07	08	09	10	11	12
성장률			14.49	-34.89	329.09	41.39	26.18	11.39	11.41	7.10	-150.8	-814.9	-2.31	-4.62	-8.08	0.63	-6.89	-15.35	-14.66
EPS			2,873	-1,697	-6,987	4,374	514	273	206	134	-1,177	-898	-412	-333	-901	-166	-359	-657	-544
배당금			0	0	0	0	0	80	0	0	0	0	0	0	0	0	0	0	0
ROE			14.49	-34.89	329.09	41.39	26.18	16.12	11.41	7.10	-150.8	-814.9	-2.31	-4.62	-8.08	0.63	-6.89	-15.35	-14.66
직원의 수					37	31	27			29	29	20	22	25	32	30	783	826	849
연봉정보					13	19	24			24	17	26	19	30	54	54	54	52	54

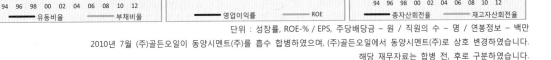

건축소재

• 건축자재

2012년 건축자재 상장기업의 전체 매출액은 약 8조 6천억원(전년대비 0.4% 성장)이며, 총 당기순이익은 약 4천 5백만원(전년대비 9.5% 상승)입니다. 평균 성장률은 2.6%(전년대비 2.1%p 증가), ROE는 3.8%(전년대비 2.2%p 증가)를 기록하였습니다. 특히, 성장률은 2000년대 초반에 두 자릿수로 급격히 상승하였으나, 이후로는 점차 감소하는 모습입니다. (매출액 및 당기순이익은 단순합계금액이며, 성장률 및 ROE는 단순평균값 입니다)

해당 산업의 직원 수는 약 1만 4천명(전년대비 0.4% 증가)이며, 최근 평균연봉(2012년)은 약 4천 9백만원으로 전년대비 비슷한 수준을 유지하고 있습니다. 아래 그래프와 표를 통해, 최근 3년간 총 직원 수와 평균연봉이 증가하였으나 그 수준은 비교적 작은 편임을 알 수 있습니다. 최근 3년 업계 평균 유동비율은 185.7%, 부채비율은 84.9%입니다.

구 분	총매출액	총 당기순이익	평균성장률	평균 ROE	총 직원수	연봉정보
94	1,608	48	0.9	3.0		
95	2,124	68	4.8	5.8		
96	2,203	20	4.1	5.3		
97	2,328	31	2.5	3.4		
98	1,920	-106	6.8	7.7	9,214	20
99	2,290	111	9.7	10.4	9,737	21
00	3,148	133	7.4	7.6	12,083	23
01	3,622	189	11.1	12.3	11,819	26
02	3,819	361	10.7	11.8	12,043	27
03	3,991	325	7.7	9.7	11,884	31
04	4,319	279	6.6	8.6	12,096	32
05	4,263	278	5.6	8.2	11,825	34
06	4,330	245	3.0	5.1	11,508	35
07	4,805	267	0.9	2.6	11,267	38
08	5,363	227	3.0	4.3	11,540	41
09	7,205	498	5.5	6.7	14,125	41
10	8,194	470	3.1	4.3	14,369	45
11	8,660	418	0.5	1.6	14,615	49
12	8,698	458	2.6	3.8	14,675	49

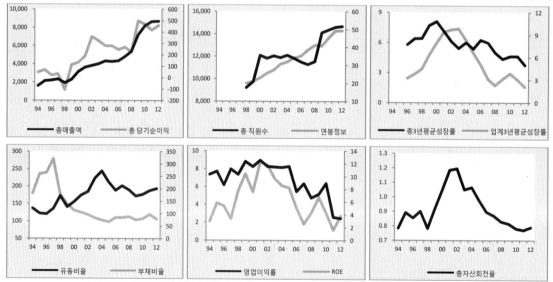

단위 : 총 매출액, 총 당기순이익 – 십억 / 평균 성장률, 평균 ROE - % / 총 직원 수 – 명 / 연봉정보 – 백만
연봉정보는 1 인당 평균 급여액이며, 대상기업들의 연간 총 급여액을 총 직원의 수로 나눈 금액입니다.
업계 3 년 평균 성장률은 건축자재업종 전체 상장사의 평균이며, 사업보고서에 근거한 자료만으로 만들었습니다.

• 금강공업 (유가증권 / 014280)

- 강관 제조업

구분	94	95	96	97	98	99	00	01	02	03	04	05	06	07	08	09	10	11	12
성장률	1.34	1.66	0.57	0.73	자본잠식	-13.43	15.39	42.04	19.7	12.74	12.89	4.05	3.42	0.00	3.25	4.40	1.48	0.50	4.46
EPS	432	449	165	94	-15,954	-396	241	28,553	4,021	3,268	3,735	1,380	1,237	349	1,138	1,652	769	446	2,181
배당금	250	250	100	0	0	0	0	0	500	500	500	350	350	350	250	350	250	250	350
ROE	3.19	3.74	1.44	0.73	자본잠식	-13.43	15.39	42.04	22.4	15.04	14.88	5.42	4.77	1.28	4.16	5.58	2.20	1.15	5.31
직원의 수					309	280	297	297	292	279	278	290	331	339	334	333	343	371	414
연봉정보					17	20	21	23	27	28	30	32	33	33	35	34	36	39	38

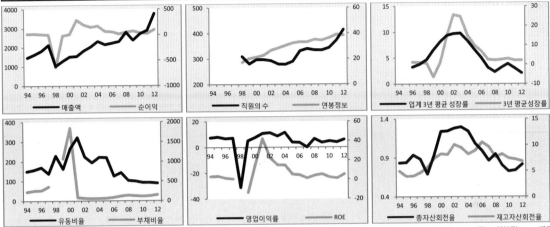

단위 : 성장률, ROE-% / EPS, 주당배당금 – 원 / 직원의 수 – 명 / 연봉정보 – 백만
자본잠식으로 인해, 계산 불가한 값(1998년 부채비율, ROE)은 그래프에서 제외하였습니다.
1980년 12월, 금강철관주식회사에서 금강공업㈜로 상호 변경하였습니다.

건
축
자
재

• LG하우시스 (유가증권 / 108670)

- 건축용 플라스틱제품 제조업

구분	94	95	96	97	98	99	00	01	02	03	04	05	06	07	08	09	10	11	12
성장률																1.79	4.41	4.15	4.37
EPS																2,133	4,153	4,056	4,315
배당금																1,000	1,000	1,000	1,000
ROE																3.37	5.80	5.50	5.69
직원의 수																2,731	2,682	2,696	2,759
연봉정보																39	53	63	62

단위 : 성장률, ROE-% / EPS, 주당배당금 – 원 / 직원의 수 – 명 / 연봉정보 – 백만
2009년 4월, (주)LG화학의 산업재 사업부문이 분할되어 설립되었습니다.

• 이건창호 (코스닥 / 039020)

- 금속 문, 창, 셔터 및 관련제품 제조업

구분	94	95	96	97	98	99	00	01	02	03	04	05	06	07	08	09	10	11	12
성장률			9.48	9.48	3.41	8.62	3.09	-10.49	2.36	12.00	9.83	5.58	6.93	0.48	-0.43	13.15	-6.92	-5.70	0.36
EPS			350	285	210	386	221	-236	195	638	500	378	445	157	36	1,005	-477	-357	76
배당금			0	0	100	100	100	100	120	200	100	140	140	140	60	80	50	50	50
ROE			9.48	9.48	6.50	11.63	5.64	-7.37	6.15	17.48	12.28	8.87	10.10	4.45	0.65	14.28	-6.26	-5.00	1.06
직원의 수							343	354	381	349	356	357	386	411	424	409	388	366	388
연봉정보							17	20	23	27	28	29	32	34	36	38	39	42	40

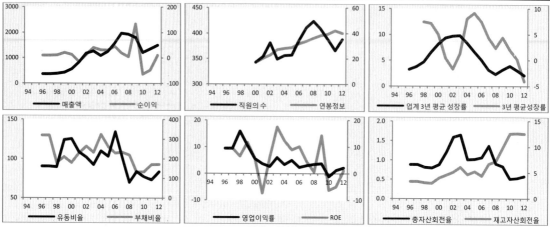

단위 : 성장률, ROE-% / EPS, 주당배당금 – 원 / 직원의 수 – 명 / 연봉정보 – 백만
2006년 결산 월 변경으로 인하여 20기는 제외하였으며, 19기를 2006년 기준으로 작성하였습니다.
2009년 3월, 이건창호시스템에서 이건창호로 상호 변경하였습니다.

• 삼목에스폼 (코스닥 / 018310)

- 금속 조립구조재 제조업

구분	94	95	96	97	98	99	00	01	02	03	04	05	06	07	08	09	10	11	12
성장률		9.61	11.38	1.85	1.82	6.44	7.95	8.82	11.45	21.13	14.03	9.20	12.40	10.72	1.03	7.82	11.13	2.80	4.72
EPS		108	132	19	15	60	134	155	222	471	389	335	471	412	102	478	1,073	311	529
배당금		0	0	0	0	0	50	50	50	75	75	100	100	50	50	50	50	50	50
ROE		9.61	11.38	1.85	1.82	6.44	12.71	13.00	15.69	25.13	17.38	13.12	15.74	12.20	2.02	8.73	11.67	3.34	5.22
직원의 수						106	132	133	126	131	140	157	226	165	169	168	170	175	168
연봉정보						13	17	18	22	23	25	26	22	37	33	31	35	33	39

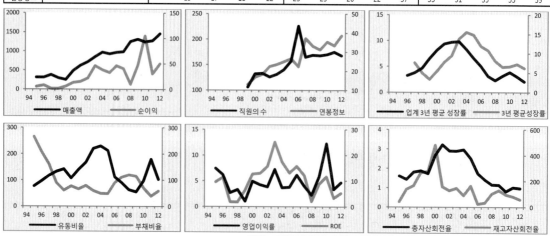

단위 : 성장률, ROE-% / EPS, 주당배당금 – 원 / 직원의 수 – 명 / 연봉정보 – 백만
2012년 4월, 삼목정공㈜에서 삼목에스폼㈜로 상호 변경하였습니다.

• 코리아에스이 (코스닥 / 101670)

- 금속 조립구조재 제조업

구분	94	95	96	97	98	99	00	01	02	03	04	05	06	07	08	09	10	11	12
성장률											18.37	23.49	11.89	17.45	13.12	17.08	8.96	7.06	4.64
EPS											431	696	603	848	548	682	476	432	272
배당금											0	0	200	150	200	150	150	150	80
ROE											18.37	23.49	17.80	21.20	20.66	21.89	13.09	10.81	6.57
직원의 수															47	52	51	55	53
연봉정보															41	47	51	47	43

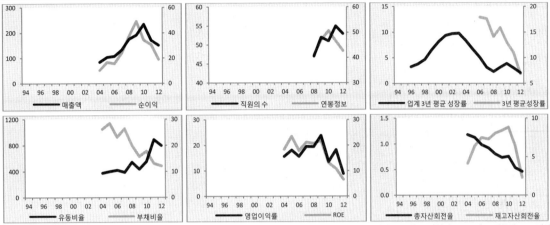

단위 : 성장률, ROE-% / EPS, 주당배당금 - 원 / 직원의 수 - 명 / 연봉정보 - 백만
2004년~2005년 사업보고서 미공시로 인하여 EPS는 감사보고서를 기준으로, 배당금은 0으로 간주해 성장률을 계산하였습니다.
04년~05년 성장률은 업계 3년 평균성장률 계산 과정에서 제외하였습니다.

• 노루홀딩스 (유가증권 / 000320) / 노루페인트 (유가증권 / 090350)

- 비금융 지주회사 / 일반용 도료 및 관련제품 제조업

구분	94	95	96	97	98	99	00	01	02	03	04	05	06	07	08	09	10	11	12
성장률	3.43	3.80	2.00	-3.16	0.97	4.81	4.11	5.21	11.13	5.51	7.17	3.43	4.78	1.51	-1.08	2.19	0.16	0.33	3.29
EPS	210	182	122	-62	174	676	464	755	1,817	1,000	1,435	805	674	426	127	839	439	464	1,373
배당금	75	20	50	50	60	60	100	150	175	175	200	200	0	200	200	300	400	400	350
ROE	5.33	4.27	3.38	-1.75	1.48	5.28	5.23	6.50	12.31	6.68	8.33	4.57	4.78	2.84	1.88	3.41	1.85	2.43	4.42
직원의 수					609	509	552	585	535	558	522	532	512	603	581	570	611	690	725
연봉정보					17	27	28	28	37	32	37	39	31	46	46	45	46	47	55

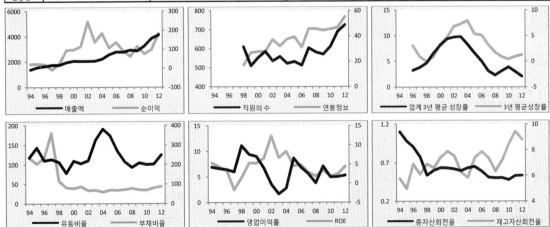

단위 : 성장률, ROE-% / EPS, 주당배당금 - 원 / 직원의 수 - 명 / 연봉정보 - 백만
2006년 노루페인트 인적분할로 인하여, 2006년도 이후의 재무상태표를 합산해 그래프를 작성하였습니다.
EPS는 노루홀딩스 기준입니다.

• 대림 B&Co (유가증권 / 005750)

- 위생용 도자기 제조업

구분	94	95	96	97	98	99	00	01	02	03	04	05	06	07	08	09	10	11	12
성장률	-2.70	-17.71	-46.12	-34.60	52.05	1.79	2.69	7.86	16.15	4.47	1.31	5.81	0.68	3.22	-2.96	-6.08	-0.55	-0.21	-2.73
EPS	-87	-477	-848	-475	1,549	71	139	353	841	331	183	457	147	233	-116	-591	45	79	-258
배당금	0	0	0	0	60	10	50	70	120	120	120	120	120	100	0	0	100	100	0
ROE	-2.70	-17.71	-46.12	-34.60	54.14	2.09	4.19	9.80	18.84	7.02	3.80	7.88	3.68	5.64	-2.96	-6.08	0.45	0.81	-2.73
직원의 수					550	605	643	687	700	717	906	895	799	754	717	516	553	603	638
연봉정보					16	15	17	19	21	27	26	25	31	32	32	38	36	36	36

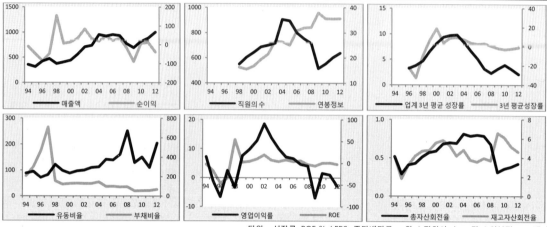

단위 : 성장률, ROE-% / EPS, 주당배당금 - 원 / 직원의 수 - 명 / 연봉정보 - 백만

2008년 3월, 대림요업㈜에서 대림비앤코㈜로 상호 변경하였습니다.

• 건설화학 (유가증권 / 000860)

- 일반용 도료 및 관련제품 제조업

구분	94	95	96	97	98	99	00	01	02	03	04	05	06	07	08	09	10	11	12
성장률	6.82	7.65	7.34	4.28	23.25	5.72	2.63	0.49	6.71	4.32	8.55	4.63	4.77	4.55	2.92	8.64	6.07	6.41	7.81
EPS	841	1,019	1,028	648	3,927	1,371	735	261	2,696	2,695	2,903	1,794	1,924	1,928	1,352	3,803	2,383	2,621	3,374
배당금	120	150	150	120	150	150	150	150	1,000	1,500	320	350	350	350	300	400	400	400	450
ROE	7.96	8.97	8.59	5.26	24.17	6.42	3.30	1.14	10.67	9.74	9.61	5.76	5.83	5.56	3.75	9.66	7.29	7.57	9.01
직원의 수					644	652	640	625	648	684	650	593	604	563	540	524	540	543	551
연봉정보					18	20	22	22	23	24	28	28	30	33	33	33	34	39	40

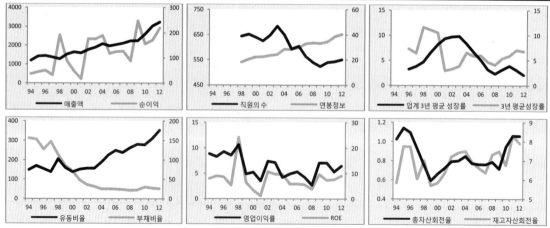

단위 : 성장률, ROE-% / EPS, 주당배당금 - 원 / 직원의 수 - 명 / 연봉정보 - 백만

• 삼화페인트 (유가증권 / 000390)

- 일반용 도료 및 관련제품 제조업

구 분	94	95	96	97	98	99	00	01	02	03	04	05	06	07	08	09	10	11	12
성장률	0.08	1.01	3.81	1.47	4.73	3.53	2.39	2.47	5.96	4.15	4.31	3.21	2.77	1.58	6.23	5.53	1.85	2.63	3.50
EPS	88	122	245	114	284	278	192	222	425	351	395	344	323	236	513	800	379	513	616
배당금	85	85	100	60	100	100	100	125	150	150	175	175	175	150	150	250	175	250	250
ROE	2.40	3.36	6.45	3.09	7.31	5.51	4.99	5.64	9.22	7.24	7.73	6.52	6.04	4.35	8.80	8.05	3.43	5.14	5.88
직원의 수					498	529	585	561	671	590	613	619	689	711	729	742	816	797	824
연봉정보					19	22	23	29	28	31	35	38	36	42	41	44	44	47	48

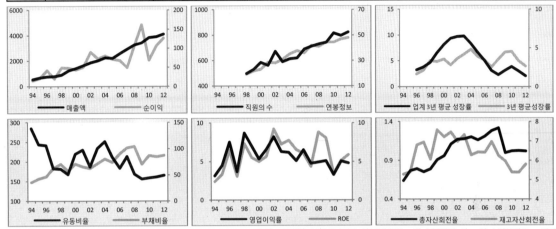

단위 : 성장률, ROE-% / EPS, 주당배당금 – 원 / 직원의 수 – 명 / 연봉정보 – 백만
1964년 7월, 삼화화학공업주식회사에서 삼화페인트공업주식회사로 상호 변경하였습니다.

• 조광페인트 (유가증권 / 004910)

- 일반용 도료 및 관련제품 제조업

구 분	94	95	96	97	98	99	00	01	02	03	04	05	06	07	08	09	10	11	12
성장률	0.56	0.54	0.37	-3.32	0.05	9.52	8.59	4.03	9.90	3.80	-3.30	14.54	7.87	5.12	4.46	18.71	8.24	3.48	0.88
EPS	33	91	81	-159	33	562	491	268	519	273	-30	821	545	421	369	1,427	996	550	275
배당금	30	60	60	25	30	75	75	125	150	120	100	150	150	150	120	150	150	180	180
ROE	6.74	1.58	1.42	-2.87	0.59	10.98	10.14	7.56	13.92	6.77	-0.76	17.79	10.86	7.96	6.61	20.91	9.71	5.18	2.56
직원의 수					332	326	353	348	369	368	356	360	353	362	374	363	363	376	375
연봉정보					21	21	26	28	27	31	32	33	35	37	37	38	39	41	43

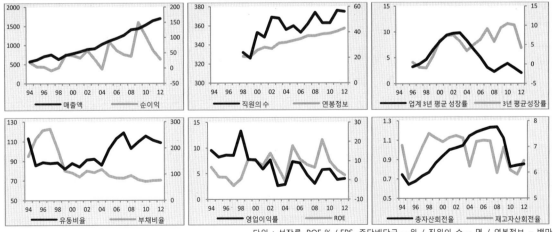

단위 : 성장률, ROE-% / EPS, 주당배당금 – 원 / 직원의 수 – 명 / 연봉정보 – 백만
1995년 3월, 조광페인트공업주식회사에서 조광페인트주식회사로 상호 변경하였습니다.

• 현대피앤씨 (유가증권 / 011720)

- 일반용 도료 및 관련제품 제조업

구분	94	95	96	97	98	99	00	01	02	03	04	05	06	07	08	09	10	11	12
성장률		2.59	-11.38	-29.42		자본잠식			283.99	-7.54	3.12	3.18	1.04	-22.42	-41.53	-1.30	-12.33	-118.3	-199.8
EPS		29	-112	-153	-2,787	-834	-439	-3,513	2,342	-43	19	39	7	-120	-197	14	-110	-476	-268
배당금		0	0	0	0	0	0	0	0	0	0	15	0	0	0	0	0	0	0
ROE		2.59	-11.38	-29.42		자본잠식			283.99	-7.54	3.12	5.18	1.04	-22.42	-41.53	-1.30	-12.33	-118.3	-199.8
직원의 수					173	185	177	177	180	173	186	197	185	171	162	153	138	136
연봉정보					19	20	20	24	25	26	27	31	30	34	28	31	31	33

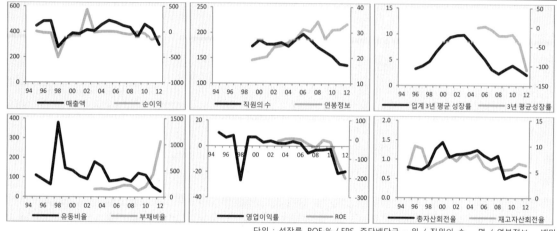

단위 : 성장률, ROE-% / EPS, 주당배당금 - 원 / 직원의 수 - 명 / 연봉정보 - 백만
자본잠식으로 인해, 계산 불가한 값(1998년~2001년 부채비율, ROE 및 성장률)은 그래프에서 제외 및 보정하였습니다.
특이값(1995년~2002년 부채비율과 ROE, 1997년~2004년 평균성장률)은 그래프에서 제외하였습니다.

• KCC (유가증권 / 002380)

- 일반용 도료 및 관련제품 제조업

구분	94	95	96	97	98	99	00	01	02	03	04	05	06	07	08	09	10	11	12
성장률	13.67	12.48	8.04	6.63	2.18	19.67	4.42	7.94	9.74	10.90	4.78	6.13	5.27	2.22	3.31	6.12	4.07	4.32	6.74
EPS	5,796	5,956	4,479	3,735	1,674	13,376	8,562	10,244	17,390	20,636	14,315	19,596	20,487	20,099	18,496	35,640	31,825	29,775	41,502
배당금	1,000	1,000	1,000	750	650	1,250	2,750	300	4,000	500	5,000	5,000	6,000	10,000	7,000	8,000	8,000	8,000	8,000
ROE	16.52	15.00	10.35	8.29	3.57	21.70	6.51	8.18	12.65	11.17	7.34	8.23	7.45	4.42	5.33	7.89	5.44	5.90	8.35
직원의 수					2,468	2,545	4,700	4,588	4,435	4,555	4,634	4,512	4,412	4,449	4,154	4,432	4,620	4,803	4,766
연봉정보					17	20	24	28	30	33	34	37	39	42	49	46	49	52	52

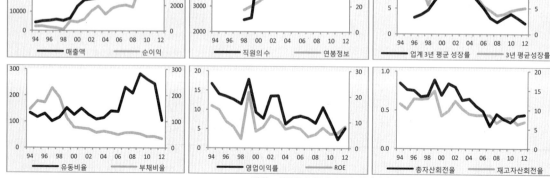

단위 : 성장률, ROE-% / EPS, 주당배당금 - 원 / 직원의 수 - 명 / 연봉정보 - 백만
2005년 2월, ㈜금강고려화학에서 ㈜케이씨씨로 상호 변경하였습니다.

• 와토스코리아 (코스닥 / 079000)
- 저장용 및 위생용 플라스틱제품 제조업

구분	94	95	96	97	98	99	00	01	02	03	04	05	06	07	08	09	10	11	12
성장률									56.38	34.00	23.58	10.96	8.44	9.50	12.01	8.90	9.43	14.91	4.83
EPS									2,451	2,234	1,435	1,238	869	1,055	1,453	1,242	1,357	2,136	777
배당금									0	0	0	50	200	220	250	260	200	180	165
ROE								44.69	56.38	34.00	23.58	11.42	10.96	12.01	14.50	11.25	11.06	16.28	6.13
직원의 수												84	93	87	86	84	81	79	78
연봉정보												21	19	17	18	19	20	22	22

단위 : 성장률, ROE-% / EPS, 주당배당금 - 원 / 직원의 수 - 명 / 연봉정보 - 백만
2002년 사업보고서 미공시로 인하여 EPS는 감사보고서를 기준으로, 배당금은 0으로 간주해 성장률을 계산하였습니다.
02년 성장률은 업계 3년 평균성장률 계산 과정에서 제외하였습니다.

• 아이에스동서 (유가증권 / 010780)
- 타일 및 유사 비내화 요업제품 제조업

구분	94	95	96	97	98	99	00	01	02	03	04	05	06	07	08	09	10	11	12
성장률	-12.66	2.92	0.21	-8.83	-66.97	-55.28	10.86	-4.16	31.94	19.22	0.73	-3.24	-6.97	16.98	-3.51	6.95	1.89	1.48	1.30
EPS	-452	142	47	-198	-1,278	-630	126	-119	1,082	659	23	147	153	147	-749	1,015	975	517	387
배당금	0	50	40	0	0	0	15	0	0	0	0	200	400	0	50	100	700	300	201
ROE	-12.66	4.50	1.41	-8.83	-66.97	-55.28	12.33	-4.16	31.94	19.22	0.73	9.00	4.32	16.98	-3.29	7.71	6.69	3.53	2.70
직원의 수					985	902	894	898	961	922	917	863	846	784	815	861	867	875	951
연봉정보					25	19	20	17	18	23	24	27	32	34	41	35	36	40	39

단위 : 성장률, ROE-% / EPS, 주당배당금 - 원 / 직원의 수 - 명 / 연봉정보 - 백만
2008년 6월, 동서산업㈜에서 아이에스동서㈜로 상호 변경하였습니다.

• 대림통상 (유가증권 / 006570)

- 탭, 밸브 및 유사장치 제조업

구 분	94	95	96	97	98	99	00	01	02	03	04	05	06	07	08	09	10	11	12
성장률	-1.70	-9.19	9.38	14.05	6.18	4.08	4.55	5.23	4.21	-0.80	13.89	0.08	-4.30	0.51	1.72	1.70	-1.77	-1.40	-5.32
EPS	35	-206	384	541	487	407	456	554	489	47	1,311	127	-236	294	334	339	21	-12	-390
배당금	80	30	130	120	100	120	120	130	130	120	140	120	60	260	200	200	200	120	100
ROE	1.30	-8.03	14.19	18.06	7.78	5.79	6.18	6.84	5.74	0.51	15.56	1.43	-3.43	4.42	4.29	4.16	0.21	-0.13	-4.23
직원의 수					1,361	1,359	1,309	1,099	943	787	687	532	468	394	377	380	377	377	358
연봉정보					16	17	18	20	22	23	25	29	28	32	32	30	32	33	36

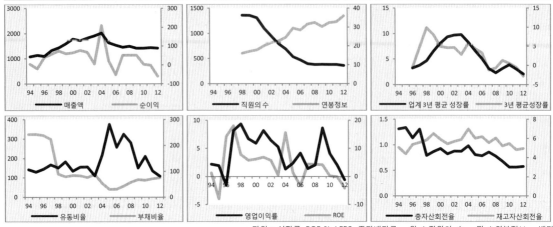

단위 : 성장률, ROE-% / EPS, 주당배당금 – 원 / 직원의 수 – 명 / 연봉정보 – 백만

• 한국유리 (유가증권 / 002000)

- 판유리 제조업

구 분	94	95	96	97	98	99	00	01	02	03	04	05	06	07	08	09	10	11	12
성장률	2.19	2.15	-6.56	3.42	1.77	5.76	2.86	2.47	0.75	2.28	1.65	-1.42	-1.62	-4.91	-2.41	-4.11	3.36	2.58	-18.43
EPS	1,087	1,329	-1,963	1,492	1,016	2,610	2,030	1,936	1,101	2,099	1,795	153	-250	-2,057	-1,116	-2,000	2,423	2,054	-7,054
배당금	300	600	250	350	400	550	600	650	700	750	800	850	900	740	240	95	775	775	777
ROE	3.02	3.93	-5.82	4.47	2.92	7.29	4.06	3.72	2.06	3.55	2.98	0.31	-0.35	-3.61	-1.98	-3.93	4.94	4.15	-16.60
직원의 수					987	798	796	701	790	759	750	730	706	681	661	498	501	495	420
연봉정보					28	33	36	42	39	47	47	48	51	43	36	49	51	61	55

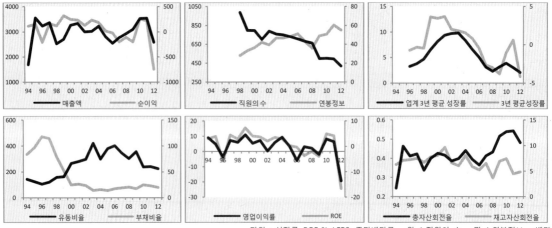

단위 : 성장률, ROE-% / EPS, 주당배당금 – 원 / 직원의 수 – 명 / 연봉정보 – 백만

• 뉴보텍 (코스닥 / 060260)

- 플라스틱 선, 봉, 관 및 호스 제조업

구분	94	95	96	97	98	99	00	01	02	03	04	05	06	07	08	09	10	11	12
성장률				11.03	6.95	39.33	6.77	28.25	14.03	9.16	8.73	-6.12	-339.67	-11.51	7.43	5.47	-12.76	-21.50	2.34
EPS				110	143	1,156	232	673	532	298	141	115	-1,783	-107	57	45	-111	-146	15
배당금				0	0	0	0	0	100	0	0	0	0	0	0	0	0	0	0
ROE				11.03	6.95	39.33	6.77	28.25	17.28	9.16	8.73	-6.12	-339.67	-11.51	7.43	5.47	-12.76	-21.50	2.34
직원의 수								50	62	85	93	97	90	87	86	84	101	90	87
연봉정보								19	19	20	26	24	31	27	27	29	28	26	29

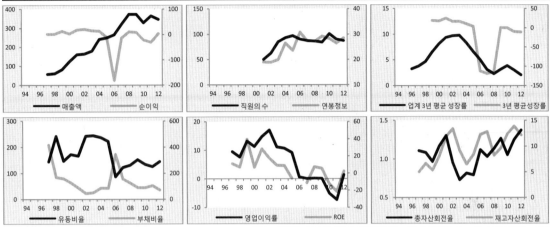

단위 : 성장률, ROE-% / EPS, 주당배당금 – 원 / 직원의 수 – 명 / 연봉정보 – 백만
2000년 4월, ㈜강원프라스틱에서 ㈜뉴보텍으로 상호 변경하였습니다.
특이값(2006년 ROE)은 그래프에서 제외하였습니다.

• 애강리메텍 (코스닥 / 022220)

- 플라스틱 선, 봉, 관 및 호스 제조업

구분	94	95	96	97	98	99	00	01	02	03	04	05	06	07	08	09	10	11	12
성장률		15.28	13.37	18.92	1.61	6.95	2.68	10.88	-12.90	-103.4	46.34	23.47	17.44	-15.84	27.05	-1.30	-58.81	-7.20	15.37
EPS		188	172	294	25	194	48	223	-233	-2,335	618	291	336	-248	548	34	-893	-66	258
배당금		0	0	0	0	0	0	0	0	0	0	0	0	0	5	0	0	0	0
ROE		15.28	13.37	18.92	1.61	6.95	2.68	10.88	-12.90	-103.4	46.34	23.47	17.44	-15.84	27.30	-1.30	-58.81	-7.20	15.37
직원의 수					70	78	89	미공시			91	96	136	148	186	203	198	176	159
연봉정보					13	12	17				22	26	25	30	28	26	33	32	33

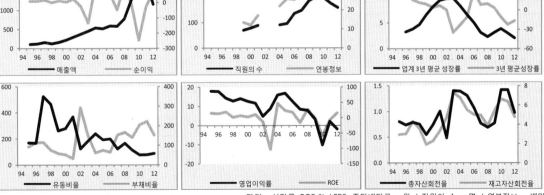

단위 : 성장률, ROE-% / EPS, 주당배당금 – 원 / 직원의 수 – 명 / 연봉정보 – 백만
2008년 9월, 주식회사 애강에서 주식회사 애강리메텍으로 상호 변경하였습니다.
2002년, 2003년 직원의 수와 연봉정보는 미공시 되었습니다.

• 프럼파스트 (코스닥 / 035200)

- 플라스틱 선, 봉, 관 및 호스 제조업

구분	94	95	96	97	98	99	00	01	02	03	04	05	06	07	08	09	10	11	12
성장률				20.73	16.12	19.96	10.78	13.58	12.20	1.80	2.00	1.85	1.80	3.30	4.87	6.49	3.38	3.42	5.73
EPS				2	16	20	14	322	231	57	36	34	33	63	98	167	137	169	210
배당금				0	0	0	0	0	0	25	0	0	0	0	0	25	0	0	0
ROE				20.73	16.12	19.96	10.78	13.58	12.20	3.20	2.00	1.85	1.80	3.30	4.87	7.63	3.38	3.42	5.73
직원의 수								54	63	64	63	67	87	86	90	78	70	72	69
연봉정보								15	19	23	21	24	20	25	28	31	29	22	27

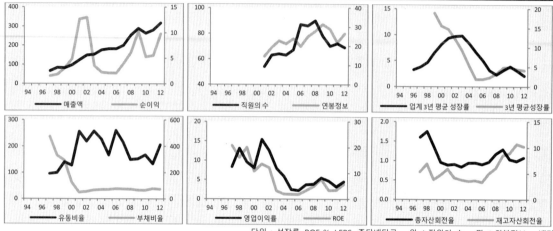

단위 : 성장률, ROE-% / EPS, 주당배당금 – 원 / 직원의 수 – 명 / 연봉정보 – 백만
2001년 3월, ㈜동양프라스틱에서 ㈜프럼파스트로 상호 변경하였습니다.

• 벽산 (유가증권 / 007210)

- 플라스틱 제품 제조업

구분	94	95	96	97	98	99	00	01	02	03	04	05	06	07	08	09	10	11	12
성장률	-1.21	5.72	3.42	-9.58	-43.13	3.22	4.60	6.75	7.24	11.37	11.89	6.74	4.81	3.35	1.87	6.27	10.60	9.73	0.62
EPS	22	131	94	-120	-464	33	49	79	122	220	202	120	106	91	52	158	245	243	147
배당금	40	40	40	0	0	0	0	0	25	45	0	0	15	25	15	25	0	0	130
ROE	1.51	8.24	5.97	-9.58	-43.13	3.22	4.60	6.75	9.11	14.30	11.89	6.74	5.61	4.61	2.63	7.45	10.60	9.73	5.34
직원의 수					471	421	417	419	479	483	479	445	443	425	414	347	327	302	284
연봉정보					31	26	25	28	31	36	37	40	44	48	49	62	63	70	54

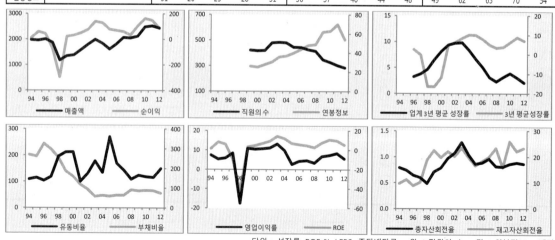

단위 : 성장률, ROE-% / EPS, 주당배당금 – 원 / 직원의 수 – 명 / 연봉정보 – 백만
1983년 2월, 한국스레트공업㈜에서 ㈜벽산으로 상호 변경하였습니다.

• 에스폴리텍 (코스닥 / 050760)

- 플라스틱 제품 제조업

구분	94	95	96	97	98	99	00	01	02	03	04	05	06	07	08	09	10	11	12
성장률							13.09	29.40	-223.5	-205.8	-14.56	-1.41	-27.14	-18.65	-13.42	14.13	20.40	9.53	9.31
EPS						440	204	399	-1,456	-865	79	-8	-512	-303	-210	252	427	242	262
배당금						0	0	0	0	0	0	0	0	0	0	0	0	0	0
ROE							13.09	29.40	-223.5	-205.8	-14.56	-1.41	-27.14	-18.65	-13.42	14.13	20.40	9.53	9.31
직원의 수							40		17	21	20	102	96	96	107	116	121	131	
연봉정보							30		41	19	33	22	23	27	24	28	27	28	

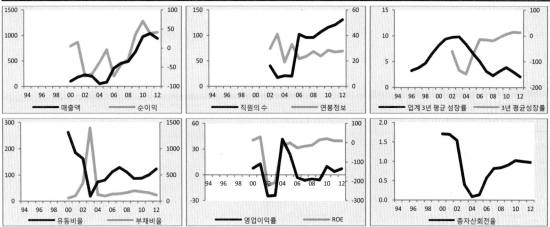

단위 : 성장률, ROE-% / EPS, 주당배당금 - 원 / 직원의 수 - 명 / 연봉정보 - 백만
2006년 4월, 주식회사 유필스에서 주식회사 에스폴리텍으로 상호 변경하였습니다.

• 하츠 (코스닥 / 066130)

- 기타 가정용 전기기기 제조업

구분	94	95	96	97	98	99	00	01	02	03	04	05	06	07	08	09	10	11	12
성장률					14.16	30.52	27.01	23.69	26.05	15.42	10.70	6.04	7.49	7.15	6.18	7.78	10.99	3.13	-4.93
EPS					109	129	63	68	699	620	515	371	446	469	296	407	637	189	-252
배당금					10	15	8	8	100	150	150	150	150	150	25	30	30	10	30
ROE					15.59	34.53	30.64	26.63	30.40	20.35	15.10	10.14	11.29	10.52	6.75	8.39	11.53	3.30	-4.41
직원의 수									277	242	253	250	253	257	253	252	227	202	152
연봉정보									20	25	26	27	29	30	30	37	39	34	42

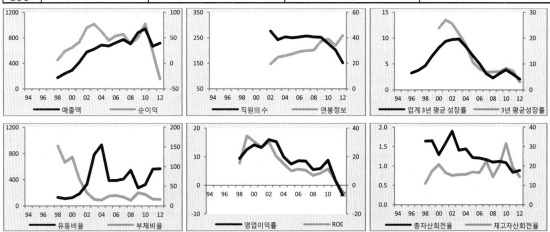

단위 : 성장률, ROE-% / EPS, 주당배당금 - 원 / 직원의 수 - 명 / 연봉정보 - 백만
2000년 12월, ㈜한강상사에서 ㈜하츠로 상호 변경하였습니다.
2008년 6월, 최대주주가 이수문에서 주식회사 벽산으로 변경되었습니다.

• 젠트로 (코스닥 / 083660)

- 기타 건축용 플라스틱 조립제품 제조업

구분	94	95	96	97	98	99	00	01	02	03	04	05	06	07	08	09	10	11	12
성장률								35.60	26.65	41.77	14.13	14.10	10.11	4.78	0.14	-30.56	-19.57	-22.38	-98.33
EPS								407	405	980	386	448	494	350	5	-877	-470	-455	-1,081
배당금								0	0	0	0	0	100	100					
ROE								35.60	26.65	41.77	14.13	14.10	12.68	6.69	0.14	-30.56	-19.57	-22.38	-98.33
직원의 수													111	105	113	108	114	108	91
연봉정보													32	37	37	37	40	44	47

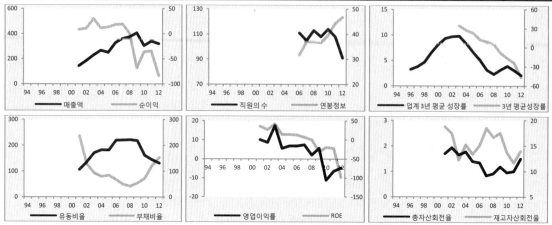

단위 : 성장률, ROE-% / EPS, 주당배당금 - 원 / 직원의 수 - 명 / 연봉정보 - 백만
2001년~2003년 사업보고서 미공시로 인하여 EPS는 감사보고서를 기준으로, 배당금은 0으로 간주해 성장률을 계산하였습니다.
01년~03년 성장률은 업계 3년 평균성장률 계산 과정에서 제외하였습니다.

• 국영지앤엠 (코스닥 / 006050)

- 기타 유리제품 제조업

구분	94	95	96	97	98	99	00	01	02	03	04	05	06	07	08	09	10	11	12
성장률		22.54	9.86	10.88	6.63	15.15	10.58	10.39	-17.79	10.16	7.64	10.11	5.88	-0.20	-4.15	0.78	21.30	-5.35	9.23
EPS		205	99	141	171	479	424	-196	-247	123	128	147	98	46	-57	11	409	-79	164
배당금		0	0	0	0	0	50	0	0	0	25	0	0	50	0	0	25	0	20
ROE		22.54	9.86	10.88	6.63	15.15	12.00	10.39	-17.79	10.16	9.50	10.11	5.88	2.34	-4.15	0.78	22.69	-5.35	10.51
직원의 수					119	148	127	126	107	113	111	108	108	123	121	100	105	98
연봉정보					37	18	20	24	27	27	29	31	46	31	32	35	33	39

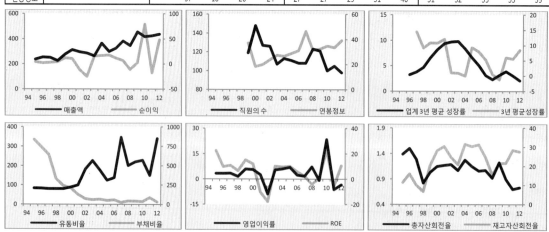

단위 : 성장률, ROE-% / EPS, 주당배당금 - 원 / 직원의 수 - 명 / 연봉정보 - 백만
2001년 3월, 국영유리공업주식회사에서 주식회사 국영지앤엠으로 상호 변경하였습니다.

· 전기장비

2012년 전기장비 상장기업의 전체 매출액은 약 8조 5천억원(전년대비 3% 감소)이며, 총 당기순손실은 약 3천 5백억원으로 손실 폭이 증가하였습니다. 평균 성장률은 -2.9%(전년대비 2.8%p 감소), ROE는 -2.1%(전년대비 2.8%p 감소)를 기록하였습니다. (매출액 및 당기순이익은 단순합계금액이며, 성장률 및 ROE는 단순평균값 입니다)

해당 산업의 직원 수는 약 1만 1천명(전년대비 2.3% 감소)이며, 최근 평균연봉은 약 4천 1백만원(전년대비 7% 증가)입니다. 06년도부터 3천 8백만원 수준이었던 연봉이 12년도에는 7% 증가하였습니다. 반면, 성장성 및 수익성은 최근 4년간 지속적으로 감소하고 있어 상반된 흐름을 보이고 있습니다. 최근 3년 평균 유동비율은 173.1%, 부채비율은 108.3%입니다.

구 분	총매출액	총 당기순이익	평균성장률	평균 ROE	총 직원수	연봉정보
94	3,701	81	6.4	8.3		
95	5,217	109	8.9	9.3		
96	6,141	103	6.7	7.0		
97	6,574	-40	2.0	2.6		
98	6,119	-171	3.0	3.9	22,464	19
99	6,839	60	8.4	9.9	18,304	27
00	5,985	232	7.0	8.7	18,577	23
01	5,959	149	2.6	4.0	15,568	27
02	5,911	147	4.0	5.5	14,596	29
03	6,018	-68	-2.7	3.0	14,048	32
04	7,337	444	3.9	5.5	13,576	33
05	7,557	376	3.9	3.4	12,859	35
06	9,290	431	6.7	8.3	13,252	37
07	9,665	496	3.3	4.7	13,292	38
08	9,875	31	2.9	4.3	9,893	38
09	7,793	189	6.7	7.9	9,938	38
10	8,645	-308	4.8	5.7	10,342	39
11	8,791	-96	-0.1	0.7	12,006	38
12	8,518	-359	-2.9	-2.1	11,732	41

전
기
장
비

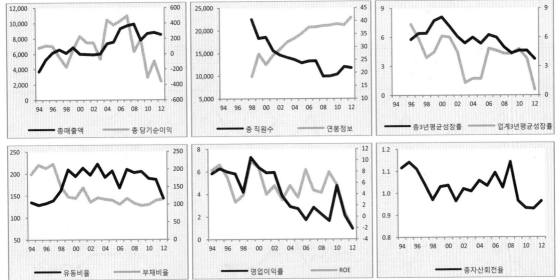

단위 : 총 매출액, 총 당기순이익 – 십억 / 평균 성장률, 평균 ROE - % / 총 직원 수 – 명 / 연봉정보 – 백만
연봉정보는 1 인당 평균 급여액이며, 대상기업들의 연간 총 급여액을 총 직원의 수로 나눈 금액입니다.
업계 3 년 평균 성장률은 전기장비업종 전체 상장사의 평균이며, 사업보고서에 근거한 자료만으로 만들었습니다.

• 광명전기 (유가증권 / 017040)

- 배전반 및 전기자동제어반 제조업

구분	94	95	96	97	98	99	00	01	02	03	04	05	06	07	08	09	10	11	12
성장률	6.21	2.93	0.89	-28.19	자본잠식				2.96	5.82	5.72	9.65	9.25	1.60	-0.87	0.50	-0.44	1.65	-2.84
EPS	73	79	51	-313	-2,412	4,916	-78	241	33	69	68	123	128	22	-12	7	-6	-2	-36
배당금	0	35	38	0	0	0	0	0	0	0	0	0	0	0	0	0	0	0	0
ROE	6.21	5.25	3.34	-28.19	자본잠식				2.96	5.82	5.72	9.65	9.25	1.60	-0.87	0.50	-0.44	1.65	-2.84
직원의 수					202	198	185	165	152	155	175	169	153	159	164	165	154	175	179
연봉정보					18	18	19	16	27	29	27	30	31	30	33	32	37	34	37

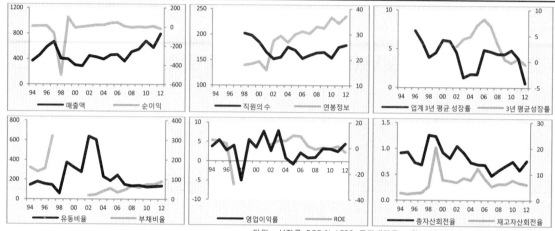

단위 : 성장률, ROE-% / EPS, 주당배당금 – 원 / 직원의 수 – 명 / 연봉정보 – 백만
2001년, 2004년 결산년도 변경으로 20기와 24기는 삭제하였으며 19기를 2001년으로 23기를 2004년으로 작성하였습니다.
자본잠식으로 인해, 계산 불가한 값(1998년~2001년 부채비율, ROE 및 성장률)은 그래프에서 제외 및 보정하였습니다.

• 선도전기 (유가증권 / 007610)

- 배전반 및 전기자동제어반 제조업

구분	94	95	96	97	98	99	00	01	02	03	04	05	06	07	08	09	10	11	12
성장률	3.63	1.60	5.26	6.10	13.49	7.83	4.17	8.01	4.41	5.08	3.11	3.43	1.64	0.28	-1.32	1.74	-0.24	0.82	-1.08
EPS	43	27	100	129	283	187	116	209	135	172	115	135	83	40	-11	80	15	57	-13
배당금	5	10	10	30	30	30	30	30	30	35	35	30	30	30	10	10	25	25	10
ROE	4.11	2.56	5.85	7.94	15.09	9.33	5.62	9.35	5.67	6.38	4.48	4.41	2.58	1.13	-0.69	1.99	0.36	1.46	-0.61
직원의 수					141	168	151	146	137	132	156	143	145	142	142	146	157	155	168
연봉정보					14	14	10	19	25	28	29	36	35	34	33	34	33	37	36

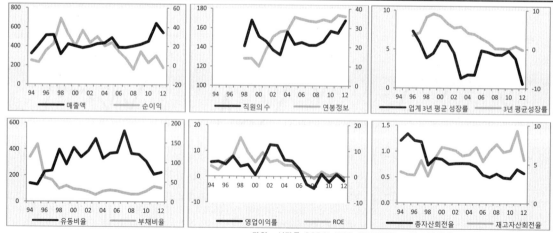

단위 : 성장률, ROE-% / EPS, 주당배당금 – 원 / 직원의 수 – 명 / 연봉정보 – 백만
1987년, 선도기업주식회사에서 선도전기주식회사로 상호 변경하였습니다.

• LS 산전 (유가증권 / 010120)

- 변압기 제조업

구분	94	95	96	97	98	99	00	01	02	03	04	05	06	07	08	09	10	11	12
성장률	11.16	6.48	6.79	2.05	-14.79	-29.11	240.01	-13.82	2.58	-41.20	32.01	22.70	20.97	18.77	13.05	20.54	11.38	5.52	8.77
EPS	2,084	1,706	1,495	634	-3,592	-7,908	1,134	-228	45	-1,844	2,816	2,745	3,320	3,693	3,172	5,787	3,957	2,006	3,440
배당금	500	500	400	300	0	0	0	0	0	0	500	600	750	850	950	1,250	1,150	600	1,000
ROE	14.68	9.16	9.27	3.90	-14.79	-29.11	240.01	-13.82	2.58	-41.20	38.92	29.05	27.10	24.38	18.63	26.20	16.04	7.87	12.36
직원의 수					7,642	3,181	2,991	2,987	2,904	2,858	2,862	2,886	3,025	3,073	3,203	3,292	3,190	3,265	3,338
연봉정보					16	49	27	29	32	38	43	40	45	46	51	46	49	53	56

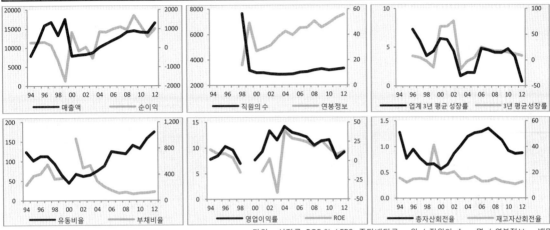

단위 : 성장률, ROE-% / EPS, 주당배당금 - 원 / 직원의 수 - 명 / 연봉정보 - 백만
특이값(1999년 영업이익률, 1999년~2000년 ROE, 2000년 부채비율)은 그래프에서 제외하였습니다.
2005년 3월, LG산전주식회사에서 LS산전주식회사로 상호 변경하였습니다.

• 티이씨엔코 (유가증권 / 008900)

- 비금융 지주회사

구분	94	95	96	97	98	99	00	01	02	03	04	05	06	07	08	09	10	11	12
성장률	8.84	7.39	5.84	-11.96	-762.42	12.16	-47.02	-3.55	3.19	-1.89	-12.58	11.34	4.35	30.38	-38.21	-36.98	-5.80	0.95	-188.7
EPS	401	416	340	-526	-3,813	4,603	-10,279	-832	73	-10	-54	55	22	222	-191	-216	-21	27	-1,402
배당금	13	60	50	0	0	0	0	0	0	0	0	0	0	0	0	0	0	0	0
ROE	9.14	8.63	6.84	-11.96	-762.42	12.16	-47.02	-3.55	3.19	-1.89	-12.58	11.34	4.35	30.38	-38.21	-36.98	-5.80	0.95	-188.7
직원의 수					1,489	1,305	1,232	1,130	1,019	965	598	495	515	467	84	86	53	66	55
연봉정보					11	14	15	14	19	22	31	24	26	28	30	33	33	29	27

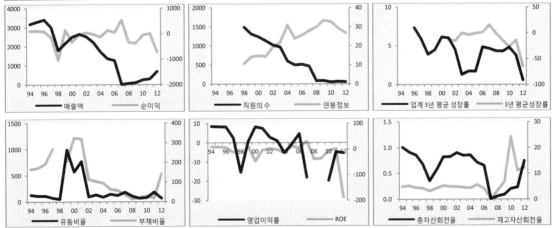

단위 : 성장률, ROE-% / EPS, 주당배당금 - 원 / 직원의 수 - 명 / 연봉정보 - 백만
특이값(1998년 부채비율과 ROE, 2008년~2009년 영업이익률)은 그래프에서 제외하였습니다.

- ## LS (유가증권 / 006260) / LS 전선(비상장)

  - 비금용 지주회사

구분	94	95	96	97	98	99	00	01	02	03	04	05	06	07	08	09	10	11	12
성장률	0.05	1.53	3.54	-0.61	4.15	16.83	7.37	8.05	4.72	3.13	8.01	7.11	14.01	10.47	-17.00	11.28	1.80	-0.15	1.84
EPS	156	659	1,041	22	804	3,457	2,739	3,433	2,456	2,105	4,114	3,842	7,516	6,614	-1,090	7,790	1,718	2,001	2,489
배당금	150	400	500	100	250	600	750	1,000	1,000	1,000	1,000	1,000	1,000	1,000	1,000	1,000	1,000	1,250	1,250
ROE	1.22	3.91	6.81	0.17	6.02	20.36	10.14	11.36	7.96	5.97	10.58	9.61	16.16	12.34	-8.86	12.94	4.30	-0.40	3.70
직원의 수					4,801	3,800	3,606	3,540	3,311	3,266	3,328	2,989	3,229	3,262	1,941	2,163	2,341	2,388	2,295
연봉정보					24	31	29	34	36	41	40	47	46	47	51	46	49	50	54

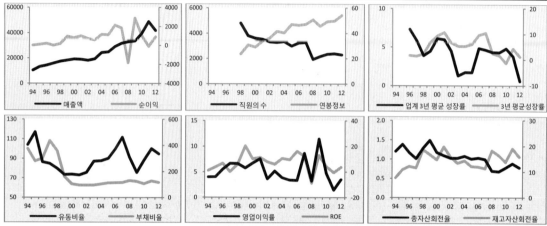

단위 : 성장률, ROE-% / EPS, 주당배당금 – 원 / 직원의 수 – 명 / 연봉정보 – 백만
2008년 LS전선 인적 분할로 인하여, 2008년도 재무제표를 합산해 그래프를 작성하였습니다.
EPS는 LS기준으로 작성하였습니다.

- ## 피에스텍 (코스닥 / 002230)

  - 속도계 및 적산계기 제조업

구분	94	95	96	97	98	99	00	01	02	03	04	05	06	07	08	09	10	11	12
성장률		6.39	7.17	0.96	-13.46	3.83	11.94	15.72	5.28	5.20	2.56	5.39	8.11	8.61	4.09	5.71	3.52	4.28	-0.54
EPS		298	175	29	-340	126	202	370	204	183	68	208	324	378	201	279	196	235	27
배당금		150	0	0	0	0	0	0	60	50	0	50	60	60	50	50	50	50	50
ROE		12.84	7.17	0.96	-13.46	3.83	11.94	15.72	7.49	7.15	2.56	7.10	9.95	10.24	5.44	6.96	4.73	5.44	0.64
직원의 수					1,316	1,377	55	72	103	103	111	108	104		83	73	75	82	89
연봉정보					22	14	15	16	17	17	21	25	26		31	29	31	32	30

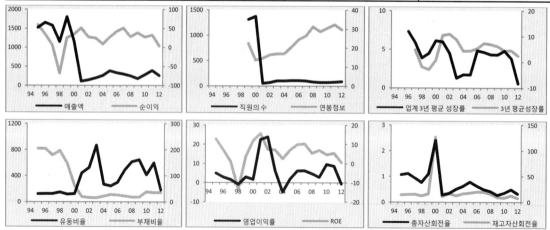

단위 : 성장률, ROE-% / EPS, 주당배당금 – 원 / 직원의 수 – 명 / 연봉정보 – 백만
2000년 8월 풍성전기(주)를 피에스텍(주)로 상호 변경하였으며, 자동차사업부문을 덴소풍성(주)로 기업 분할하였습니다.

• 비츠로테크 (코스닥 / 042370)

- 전기회로 개폐, 보호 및 접속 장치 제조업

구분	94	95	96	97	98	99	00	01	02	03	04	05	06	07	08	09	10	11	12
성장률			6.94	5.14	11.40	13.60	5.73	9.22	9.71	3.95	2.58	-4.88	-58.12	4.05	11.00	14.08	3.68	4.92	5.96
EPS			58	45	113	201	137	230	265	142	62	-111	-984	110	70	227	332	150	178
배당금			0	0	0	0	25	50	50	50	0	0	0	0	0	0	0	0	0
ROE			6.94	5.14	11.40	13.60	7.01	11.78	11.97	6.10	2.58	-4.88	-58.12	4.05	11.00	14.08	3.68	4.92	5.96
직원의 수					155	155	175			188	193	197	176	164	161	184	205	205	242
연봉정보					16	20	23			24	25	28	34	29	31	30	36	36	36

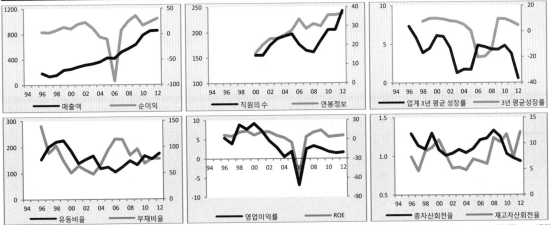

단위 : 성장률, ROE-% / EPS, 주당배당금 – 원 / 직원의 수 – 명 / 연봉정보 – 백만
2007년 결산 월 변경으로 인하여 40기는 제외하였으며, 39기를 2007년 기준으로 작성하였습니다.
2000년 2월, ㈜광명기전에서 ㈜비츠로테크로 상호 변경하였습니다.

• 일진홀딩스 (유가증권 / 015860) / 일진전기 (유가증권 / 103590)

- 전기회로 개폐, 보호 및 접속 장치 제조업 / 절연선 및 케이블 제조업

구분	94	95	96	97	98	99	00	01	02	03	04	05	06	07	08	09	10	11	12
성장률	5.42	9.32	4.84	-0.26	2.24	18.95	1.33	2.84	13.67	-6.42	0.29	9.43	5.88	7.95	-6.62	6.93	-0.70	-0.62	-3.65
EPS	1,114	1,787	1,296	158	956	928	90	152	630	-202	39	424	295	539	59	203	52	126	-66
배당금	500	500	500	200	400	120	50	50	80	80	30	60	60	60	0	60	60	50	30
ROE	9.83	12.93	7.88	0.98	3.85	21.77	3.00	4.23	15.66	-4.60	1.27	10.99	7.38	8.95	-6.62	9.84	4.57	-1.03	-2.51
직원의 수					334	342	480	454	403	560	548	554	655	856	925	885	889	1,033	1,128
연봉정보					20	20	20	23	24	23	29	26	28	21	18	43	39	37	45

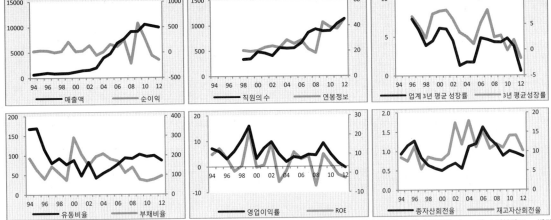

단위 : 성장률, ROE-% / EPS, 주당배당금 – 원 / 직원의 수 – 명 / 연봉정보 – 백만
2008년 일진전기 인적 분할로 인하여, 2008년 이후의 재무제표를 합산해 그래프를 작성하였습니다.

• 제룡전기 (코스닥 / 033100)

- 전동기, 발전기 및 전기변환장치 제조업

구분	94	95	96	97	98	99	00	01	02	03	04	05	06	07	08	09	10	11	12
성장률		41.82	31.36	9.66	7.38	23.07	12.09	6.92	9.81	3.29	5.19	3.22	5.34	8.66	8.90	7.19	4.26	0.22	0.75
EPS		730	788	160	100	493	341	231	307	196	176	154	184	297	278	237	168	54	71
배당금		0	150	0	0	100	100	100	100	120	50	50	50	60	50	50	50	50	50
ROE		41.82	38.74	9.66	7.38	28.93	17.10	12.20	14.56	8.49	7.25	4.77	7.33	10.85	10.86	9.12	6.07	3.01	2.55
직원의 수						106	115	120	118	125	122	122	123	128	137	140	136	88	95
연봉정보						18	18	19	18	23	27	29	30	33	34	30	31	31	32

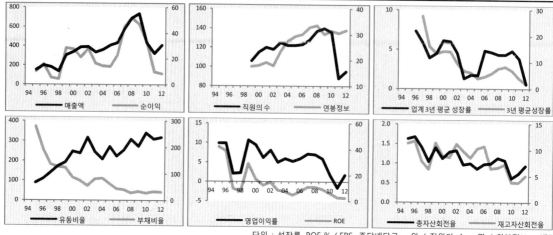

단위 : 성장률, ROE-% / EPS, 주당배당금 – 원 / 직원의 수 – 명 / 연봉정보 – 백만
2011년 11월, 제룡산업㈜에서 제룡전기㈜로 상호 변경하였습니다.

• 뉴인텍 (코스닥 / 012340)

- 전자축전기 제조업

구분	94	95	96	97	98	99	00	01	02	03	04	05	06	07	08	09	10	11	12
성장률		15.00	10.26	6.84	6.15	6.29	6.63	2.61	-14.17	-100.7	24.99	-0.74	-196.4	1.29	-66.02	-4.52	4.08	1.88	-22.60
EPS		235	166	121	116	176	160	55	-261	-918	299	-11	-1,084	7	-471	-311	32	15	-154
배당금		0	0	0	0	25	25	0	0	0	0	0	0	0	0	0	0	0	0
ROE		15.00	10.26	6.84	6.15	7.33	7.85	2.61	-14.17	-100.7	24.99	-0.74	-196.4	1.29	-66.02	-4.52	4.08	1.88	-22.60
직원의 수						233	248	227	287	259	237	174	158	114	127	140	146	156	150
연봉정보						14	17	17	17	17	23	28	26	32	32	31	35	35	38

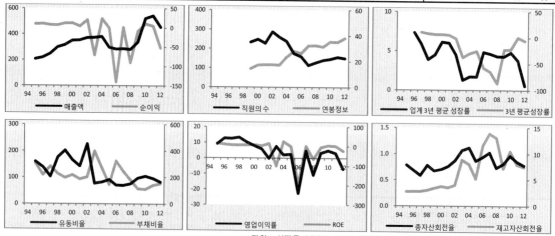

단위 : 성장률, ROE-% / EPS, 주당배당금 – 원 / 직원의 수 – 명 / 연봉정보 – 백만
2000년 3월, 극광전기 주식회사에서 주식회사 뉴인텍으로 상호 변경하였습니다.

• 삼영전자 (유가증권 / 005680)

- 전자축전기 제조업

구 분	94	95	96	97	98	99	00	01	02	03	04	05	06	07	08	09	10	11	12
성장률	13.29	11.02	12.07	8.58	5.46	5.58	9.33	3.49	2.91	4.74	4.97	2.65	-0.68	-0.05	1.39	2.76	3.97	4.12	1.43
EPS	1,154	1,134	1,321	1,047	750	854	1,539	670	605	963	1,044	656	-44	66	466	694	951	990	479
배당금	150	150	150	150	150	100	150	125	125	150	150	150	75	75	200	150	200	200	200
ROE	15.27	12.70	13.62	10.02	6.83	6.32	10.34	4.30	3.67	5.61	5.81	3.44	-0.25	0.37	2.43	3.52	5.03	5.16	2.46
직원의 수					1,153	1,284	1,449	957	1,096	985	935	857	1,015	939	878	863	953	966	909
연봉정보					16	15	18	21	20	23	23	24	23	27	32	32	33	35	34

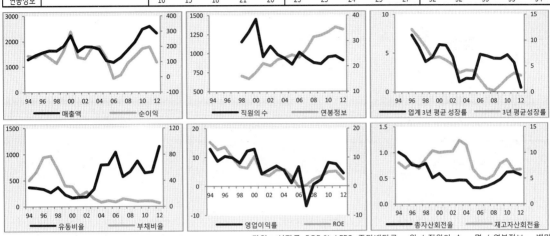

단위 : 성장률, ROE-% / EPS, 주당배당금 – 원 / 직원의 수 – 명 / 연봉정보 – 백만

• 성문전자 (유가증권 / 014910)

- 전자축전기 제조업

구 분	94	95	96	97	98	99	00	01	02	03	04	05	06	07	08	09	10	11	12
성장률	5.71	5.98	1.63	4.98	6.06	8.31	5.44	0.69	2.39	1.71	9.19	-1.09	0.17	-0.22	11.50	4.59	11.38	12.49	-5.28
EPS	90	96	18	76	103	151	98	9	59	45	152	-9	-1	2	244	104	279	356	-125
배당금	25	25	0	15	25	30	25	0	25	20	5	10	10	5	10	10	20	30	5
ROE	7.92	8.09	1.63	6.22	8.01	10.36	7.30	0.69	4.14	3.08	9.51	-0.52	0.02	0.15	12.00	5.08	12.26	13.64	-5.08
직원의 수					149	225	232	199	217	229	229	192	169	149	149	140	151	155	153
연봉정보					17	15	20	23	24	24	26	29	29	31	32	32	35	40	38

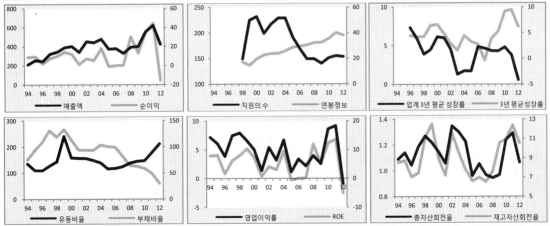

단위 : 성장률, ROE-% / EPS, 주당배당금 – 원 / 직원의 수 – 명 / 연봉정보 – 백만
1990년 6월, 성문전화학㈜에서 성문전자㈜로 상호 변경하였습니다.

• 삼화콘덴서 (유가증권 / 001820)

- 전자축전기 제조업

구분	94	95	96	97	98	99	00	01	02	03	04	05	06	07	08	09	10	11	12
성장률	6.20	0.34	0.06	-5.86	-14.50	7.35	5.73	-8.40	-15.52	-11.47	1.65	-56.97	11.21	27.21	2.99	24.83	13.63	0.81	1.50
EPS	403	96	83	-249	-534	600	408	-218	-404	-257	85	-796	200	686	162	1,148	731	87	120
배당금	120	80	80	0	0	150	150	50	0	0	50	0	30	100	70	100	100	50	50
ROE	8.83	2.08	1.57	-5.86	-14.50	9.80	9.07	-6.83	-15.52	-11.47	4.00	-56.97	13.19	31.85	5.26	27.20	15.79	1.91	2.57
직원의 수					689	610	589	530	387	384	396	306	305	301	290	312	408	408	355
연봉정보					17	22	25	26	27	26	30	36	32	36	35	37	29	32	37

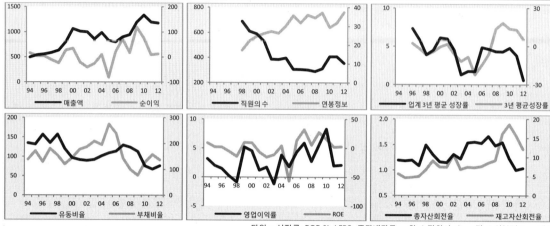

단위 : 성장률, ROE-% / EPS, 주당배당금 - 원 / 직원의 수 - 명 / 연봉정보 - 백만
1968년 8월, 오한실업㈜에서 삼화콘덴서공업㈜로 상호 변경하였습니다.

• 갑을메탈 (코스닥 / 024840)

- 전자코일, 변성기 및 기타 전자유도자 제조업

구분	94	95	96	97	98	99	00	01	02	03	04	05	06	07	08	09	10	11	12
성장률		15.94	9.66	9.57	21.26	16.88	13.80	9.26	6.68	3.36	4.85	0.88	-5.33	-1.30	-1,459.7	자본잠식	14.71	4.43	-7.08
EPS		229	117	101	312	352	297	245	175	102	139	46	-116	-30	-2,088	-3,219	27	27	-34
배당금		50	25	0	25	50	50	50	25	25	25	25	0	0	0	0	0	0	0
ROE		20.39	12.28	9.57	23.11	19.68	16.59	11.63	7.80	4.45	5.91	1.93	-5.33	-1.30	-1,459.7	자본잠식	14.71	4.43	-7.08
직원의 수					122	132	150	132	119	130	120	111	116	243	216	217	208	226
연봉정보					17	18	18	17	18	12	17	20	19	33	31	29	33	39

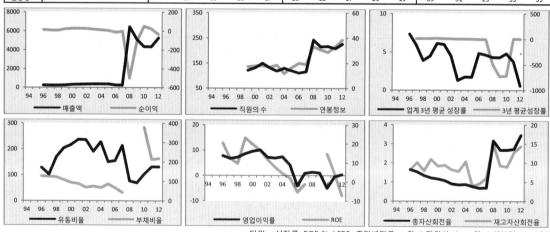

단위 : 성장률, ROE-% / EPS, 주당배당금 - 원 / 직원의 수 - 명 / 연봉정보 - 백만
2004년 결산 월 변경으로 인하여, 19기(04년도)는 8개월(5월~12월)치 자료로 작성되었습니다.
특이값(2008년~2009년 부채비율, ROE)은 그래프에서 제외하였습니다.
2008년 2월, ㈜엠비메탈 흡수 합병하였습니다.
2010년 12월, ㈜엠비성산에서 갑을메탈㈜로 상호 변경하였습니다.

• 서울전자통신 (코스닥 / 027040)
- 전자코일, 변성기 및 기타 전자유도자 제조업

구분	94	95	96	97	98	99	00	01	02	03	04	05	06	07	08	09	10	11	12
성장률		2.47	1.70	6.97	14.57	21.20	21.53	17.30	자본잠식	-30.53	-13.36	-15.61	-47.70	-11.06	24.55	25.85	18.63	-0.49	-26.33
EPS		424	299	817	1,998	3,567	474	476	-2,655	-839	-59	-62	-189	-41	134	192	9	10	-212
배당금		0	0	0	0	50	50	50	0	0	0	0	0	0	0	0	0	15	0
ROE		2.47	1.70	6.97	14.57	21.50	24.07	19.33	자본잠식	-30.53	-13.36	-15.61	-47.70	-11.06	24.55	25.85	18.63	0.99	-26.33
직원의 수					190	167	151	129		105	93	123	123	71	66	75	94	1,374	1,205
연봉정보					16	19	25	11		25	27	27	31	25	33	33	23	12	13

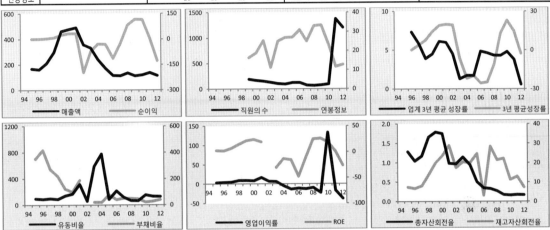

단위 : 성장률, ROE-% / EPS, 주당배당금 - 원 / 직원의 수 - 명 / 연봉정보 - 백만
자본잠식으로 인해, 계산 불가한 값(2002년 부채비율, ROE 및 성장률)은 그래프에서 제외 및 보정하였습니다.
1997년, 서울경기주식회사에서 서울전자통신주식회사로 상호 변경하였습니다.

• 삼화전기 (유가증권 / 009470)
- 축전기 제조업

구분	94	95	96	97	98	99	00	01	02	03	04	05	06	07	08	09	10	11	12
성장률	13.25	5.07	4.24	-1.75	3.08	1.85	11.84	-12.69	3.72	-0.60	2.90	3.42	8.72	2.25	0.30	-50.22	-2.71	-9.50	-0.69
EPS	754	403	365	-87	255	104	693	-490	275	21	236	279	590	231	90	-2,476	-113	-390	19
배당금	120	150	150	0	100	20	150	50	100	50	100	100	100	100	70	30	30	50	50
ROE	15.75	8.07	7.20	-1.75	5.08	2.29	15.10	-11.51	5.84	0.44	5.04	5.33	10.50	3.97	1.34	-49.62	-2.14	-8.42	0.42
직원의 수					1,010	934	979	836	907	785	734	703	709	672	628	609	599	604	606
연봉정보					14	17	18	21	18	24	24	26	27	29	30	30	29	30	32

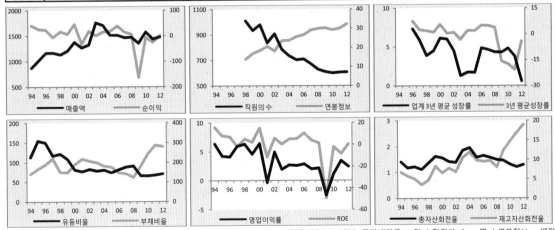

단위 : 성장률, ROE-% / EPS, 주당배당금 - 원 / 직원의 수 - 명 / 연봉정보 - 백만
1974년 11월, 삼화니찌콘주식회사에서 삼화전기주식회사로 상호 변경하였습니다.

• 다원시스 (코스닥 / 068240)
- 기타 발전기 및 전기변환장치 제조업

구 분	94	95	96	97	98	99	00	01	02	03	04	05	06	07	08	09	10	11	12
성장률											24.98	25.40	13.13	6.06	7.62	26.44	11.02	7.88	11.27
EPS											153	210	203	99	135	658	571	365	549
배당금											0	0	0	0	0	0	130	60	60
ROE											24.98	25.40	13.13	6.06	7.62	26.44	14.27	9.43	12.66
직원의 수																	105	155	159
연봉정보																	31	43	46

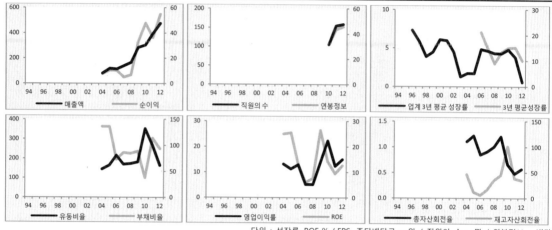

단위 : 성장률, ROE-% / EPS, 주당배당금 - 원 / 직원의 수 - 명 / 연봉정보 - 백만
2004년~2007년 사업보고서 미공시로 인하여 EPS는 감사보고서를 기준으로, 배당금은 0으로 간주해 성장률을 계산하였습니다.
04년~07년 성장률은 업계 3년 평균성장률 계산 과정에서 제외하였습니다.
2001년 5월, 다원산전 주식회사에서 주식회사 다원시스로 상호 변경하였습니다.

• 보성파워텍 (코스닥 / 006910)
- 기타 발전기 및 전기 변환장치 제조업

구 분	94	95	96	97	98	99	00	01	02	03	04	05	06	07	08	09	10	11	12
성장률			9.98	4.30	-9.76	4.17	5.93	4.61	2.30	1.03	-4.83	-0.07	-50.67	4.05	-45.40	7.37	8.45	-8.18	2.81
EPS			99	44	-143	78	95	61	26	32	-34	19	-376	35	-259	46	117	-98	35
배당금			0	0	0	10	10	10	0	20	20	20	0	0	0	0	0	0	0
ROE			9.98	4.30	-9.76	4.78	6.63	5.51	2.30	2.74	-3.04	1.31	-50.67	4.05	-45.40	7.37	8.45	-8.18	2.81
직원의 수					158	161	141	113	153	169	176	176	181	167	190	191	189
연봉정보					19	20	22	26	18	21	23	27	26	27	31	33	34

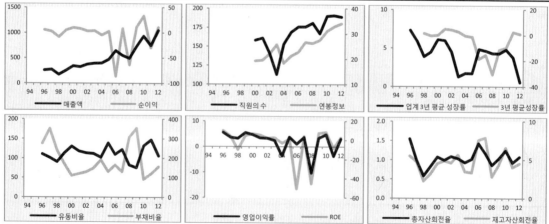

단위 : 성장률, ROE-% / EPS, 주당배당금 - 원 / 직원의 수 - 명 / 연봉정보 - 백만
2008년 결산 월 변경으로 인하여 20기는 제외하였으며, 39기를 2008년 기준으로 작성하였습니다
2000년 1월, 보성중전기㈜에서 보성파워텍㈜로 상호 변경하였습니다.

• 옴니시스템 (코스닥 / 057540)
- 기타 발전기 및 전기변환장치 제조업

구분	94	95	96	97	98	99	00	01	02	03	04	05	06	07	08	09	10	11	12
성장률									9.66	15.30	24.43	3.97	21.94	13.19	1.31	-18.22	-11.88	-20.45	-14.47
EPS									213	354	748	72	478	528	48	-774	-328	-438	-263
배당금									0	0	0	0	0	0	0	0	0	0	0
ROE									9.66	15.30	24.43	3.97	21.94	13.19	1.31	-18.22	-11.88	-20.45	-14.47
직원의 수														85	103	109	157	159	107
연봉정보														34	36	34	23	27	36

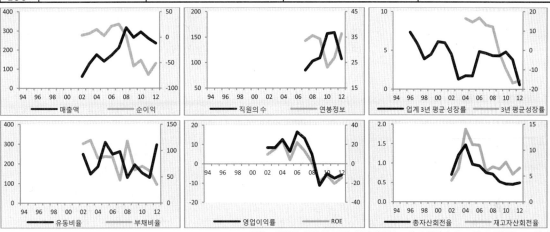

단위 : 성장률, ROE-% / EPS, 주당배당금 - 원 / 직원의 수 - 명 / 연봉정보 - 백만
2002년~2004년 사업보고서 미공시로 인하여 EPS는 감사보고서를 기준으로, 배당금은 0으로 간주해 성장률을 계산하였습니다.
02년~04년 성장률은 업계 3년 평균성장률 계산 과정에서 제외하였습니다.

• 이화전기 (코스닥 / 024810)
- 기타 발전기 및 전기 변환장치 제조업

구분	94	95	96	97	98	99	00	01	02	03	04	05	06	07	08	09	10	11	12
성장률		17.57	8.58	6.85	1.92	0.65	2.60	0.30	2.95	-3.40	4.15	-1.93	-9.27	-27.86	-106.0	-24.67	1.51	1.35	-17.33
EPS		646	862	572	263	58	22	8	20	-18	24	-10	-36	-86	-1,969	-666	16	10	-106
배당금		0	120	0	100	0	0	6	0	0	0	0	0	0	0	0	0	0	0
ROE		17.57	9.97	6.85	3.11	0.65	2.60	1.21	2.95	-3.40	4.15	-1.93	-9.27	-27.86	-106.0	-24.67	1.51	1.35	-17.33
직원의 수					80	245	248	279	277	275	313	270	264	197	194	181	170	65
연봉정보					46	20	20	20	23	23	26	33	30	38	35	39	46	18

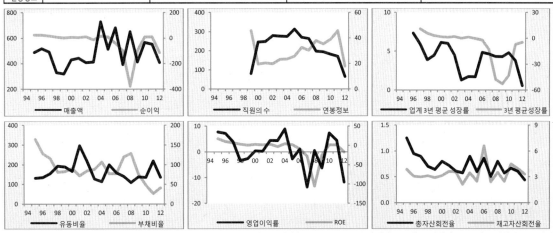

단위 : 성장률, ROE-% / EPS, 주당배당금 - 원 / 직원의 수 - 명 / 연봉정보 - 백만
2003년 3월, ㈜이티아이에서 이화전기공업㈜로 상호 변경하였습니다.

• 세명전기 (코스닥 / 017510)

- 기타 금속가공제품 제조업

구분	94	95	96	97	98	99	00	01	02	03	04	05	06	07	08	09	10	11	12
성장률		17.68	13.82	22.29	5.90	16.77	3.77	1.06	-0.86	0.53	-1.66	0.12	-2.19	3.24	2.44	2.08	2.92	2.53	5.42
EPS		751	693	1,383	129	341	95	56	47	68	26	62	25	126	112	136	163	152	257
배당금		50	60	60	50	60	40	40	60	60	50	60	60	70	70	70	70	70	70
ROE		18.94	15.13	23.30	9.66	20.34	6.51	3.71	3.12	4.50	1.79	3.70	1.57	7.28	6.50	4.29	5.11	4.69	7.44
직원의 수						134	134	136	137	130	117	122	104	119	111	106	106	97	94
연봉정보						15	14	14	17	19	16	20	23	21	25	25	25	26	30

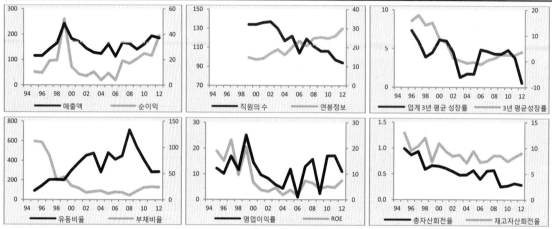

단위 : 성장률, ROE-% / EPS, 주당배당금 – 원 / 직원의 수 – 명 / 연봉정보 – 백만
1984년, 세명전업상사에서 세명전기공업주식회사로 상호 변경하였습니다.

• 삼화전자 (유가증권 / 011230)

- 기타 전자부품 제조업

구분	94	95	96	97	98	99	00	01	02	03	04	05	06	07	08	09	10	11	12
성장률	15.14	10.24	8.48	-1.14	21.93	20.45	10.49	-1.09	-6.62	-42.41	-57.98	-217.8	-297.3	-15.52	-17.76	-34.97	20.65	-2.92	-20.71
EPS	828	682	638	37	4,134	4,827	1,938	-66	-889	-4,219	-3,586	-4,643	-1,928	-130	-555	-759	913	-83	-483
배당금	120	120	150	100	150	200	300	100	50	0	0	0	0	0	0	0	0	0	0
ROE	17.70	12.43	11.08	0.66	22.76	21.33	12.41	-0.44	-6.27	-42.41	-57.98	-217.8	-297.3	-15.52	-17.76	-34.97	20.65	-2.92	-20.71
직원의 수					920	927	1,009	690	683	581	502	365	183	152	155	148	159	169	154
연봉정보					25	25	27	20	31	32	25	38	34	39	33	31	30	32	35

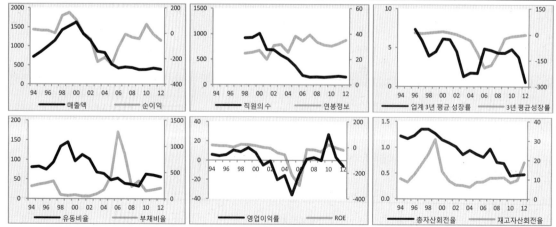

단위 : 성장률, ROE-% / EPS, 주당배당금 – 원 / 직원의 수 – 명 / 연봉정보 – 백만

• 가온전선 (유가증권 / 000500)

- 기타 절연선 및 케이블 제조업

구분	94	95	96	97	98	99	00	01	02	03	04	05	06	07	08	09	10	11	12
성장률	2.35	6.54	3.64	-0.41	-0.10	4.42	2.17	3.55	2.41	2.95	4.53	4.31	9.09	7.95	4.73	9.20	2.45	-5.36	1.68
EPS	660	1,747	1,275	26	70	1,711	1,081	1,762	1,404	1,646	2,511	2,490	5,081	4,861	3,390	5,607	2,281	-3,061	1,749
배당금	216	400	291	100	100	350	400	600	600	600	750	750	1,000	1,000	1,000	500	500	500	600
ROE	3.50	8.49	4.71	0.14	0.23	5.55	3.44	5.38	4.22	4.64	6.46	6.16	11.31	10.01	6.71	10.11	3.14	-4.61	2.56
직원의 수					448	440	434	409	381	369	394	383	392	419	424	389	415	436	446
연봉정보					25	20	27	30	36	32	32	38	32	33	40	36	38	42	46

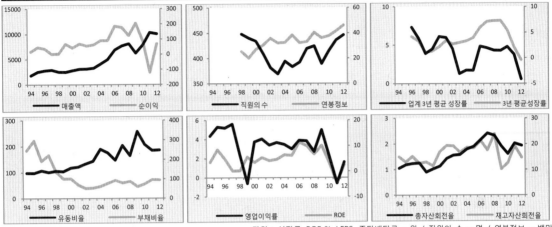

단위 : 성장률, ROE-% / EPS, 주당배당금 – 원 / 직원의 수 – 명 / 연봉정보 – 백만
2004년 9월, 희성전선㈜에서 가온전선㈜로 상호 변경하였습니다.

• 대원전선 (유가증권 / 006340)

- 기타 절연선 및 케이블 제조업

구분	94	95	96	97	98	99	00	01	02	03	04	05	06	07	08	09	10	11	12
성장률		-5.47	-2.48	-3.36	-130.8	-12.94	2.85	3.30	8.46	-5.60	3.16	0.96	6.73	5.72	0.71	2.57	5.11	2.66	3.96
EPS		80	78	534	-7,568	-78	21	25	70	-48	28	9	75	47	6	32	50	27	42
배당금		10	40	0	0	0	0	0	0	0	0	0	10	0	0	10	0	0	0
ROE		-6.25	-5.09	-3.36	-130.8	-12.94	2.85	3.30	8.46	-5.60	3.16	0.96	7.76	5.72	0.71	3.73	5.11	2.66	3.96
직원의 수					151	209	209	192	199	207	190	169	186	252	242	239	224	210	200
연봉정보					14	7	7	19	23	25	26	30	29	29	33	32	36	39	40

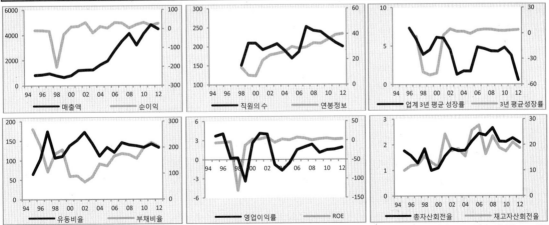

단위 : 성장률, ROE-% / EPS, 주당배당금 – 원 / 직원의 수 – 명 / 연봉정보 – 백만
2000년 결산 월 변경으로 인하여 32기는 제외하였으며, 31기를 2000년 기준으로 작성하였습니다.
1998년 2월, ㈜엔케이전선에서 대원전선㈜로 상호 변경하였습니다.

• 대한전선 (유가증권 / 001440)

- 기타 절연선 및 케이블 제조업

구분	94	95	96	97	98	99	00	01	02	03	04	05	06	07	08	09	10	11	12
성장률	3.79	4.66	0.69	0.62	2.71	1.87	2.80	5.95	7.85	4.14	3.81	13.80	7.78	5.00	5.35	-36.80	-114.48	-61.22	-141.76
EPS	563	639	244	218	569	757	819	1,579	1,990	1,342	1,168	3,624	2,248	1,623	1,490	-5,917	-52,205	-9,989	-15,478
배당금	300	300	200	100	100	375	375	500	500	500	500	500	500	500	500				
ROE	8.12	8.78	3.84	1.15	3.29	3.71	5.18	8.70	10.49	6.60	6.66	16.00	10.01	7.23	8.06	-36.80	-114.48	-61.22	-141.76
직원의 수					2,938	2,113	1,894	1,523	918	808	790	868	886	748	810	876	978	1,097	1,021
연봉정보					21	26	30	36	51	36	32	30	41	36	38	35	35	40	41

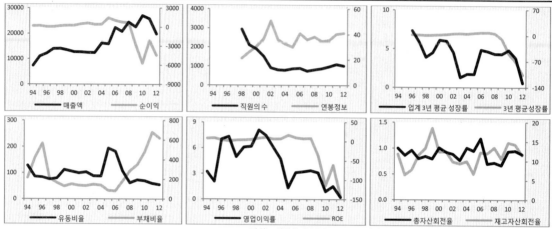

단위 : 성장률, ROE-% / EPS, 주당배당금 – 원 / 직원의 수 – 명 / 연봉정보 – 백만

• JS 전선 (유가증권 / 005560)

- 기타 절연선 및 케이블 제조업

구분	94	95	96	97	98	99	00	01	02	03	04	05	06	07	08	09	10	11	12
성장률	-492.8	-108.0	-38.52			자본잠식					246.77	7.11	16.47	4.81	3.47	10.94	-7.76	-10.28	5.21
EPS	-1,872	-151	-767	-6,646	-2,367	-726	142	-2,479	-2,342	-205,000	1,382,203	470	897	1,150	904	2,356	-436	-1,072	1,104
배당금	0	0	0	0	0	0	0	0	0	0	0	0	0	0	500	900	500	0	500
ROE	-492.8	-108.0	-38.52			자본잠식					246.77	7.11	16.47	8.52	7.76	17.70	-3.62	-10.28	9.52
직원의 수					397	387	406	407	412	345	316	329	336	360	361	345	349	329	343
연봉정보					18	19	22	26	26	31	29	30	40	39	44	44	44	45	49

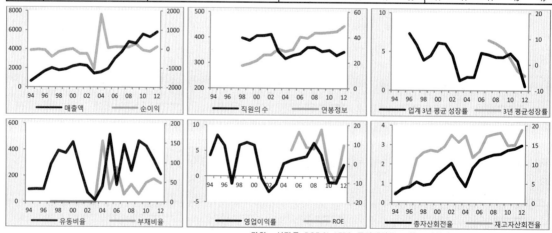

단위 : 성장률, ROE-% / EPS, 주당배당금 – 원 / 직원의 수 – 명 / 연봉정보 – 백만

자본잠식으로 인해, 계산 불가한 값과 특이값(1994년~2004년 부채비율과 ROE, 1996년~2006년 평균성장률)은 그래프에서 제외하였습니다.
2007년 3월, ㈜진로산업에서 제이에스전선㈜로 상호 변경하였습니다.

・용기 및 포장

2012년 용기 및 포장 상장기업의 전체 매출액은 약 2조 9천억원(전년대비 2% 감소), 총 당기순이익은 약 1천 3백억원(전년대비 7% 감소)입니다. 평균 성장률은 2.2%(전년대비 0.3%p 감소)이며, ROE는 3.1%(전년대비 0.6%p 감소)를 기록하였습니다. 아래 표와 그래프를 통해, 최근 4년간 성장률이 지속적으로 하락했음을 알 수 있습니다. (매출액 및 당기순이익은 단순합계금액이며, 성장률 및 ROE는 단순평균값 입니다)

해당 산업의 직원 수는 약 5천 8백명(전년대비 5% 감소)이며, 최근 평균연봉(2012년)은 약 3천 9백만원(전년대비 8% 증가)입니다. 최근 5년의 연봉은 약 3천만원 후반 대를 유지하고 있습니다. 최근 3년 업계 평균 유동비율은 184.4%이며, 부채비율은 78.5%입니다.

구 분	총매출액	총 당기순이익	평균성장률	평균 ROE	총 직원수	연봉정보
94	499	14	2.1	3.9		
95	782	24	3.9	5.2		
96	864	15	3.3	4.3		
97	955	9	2.1	3.2		
98	1,157	34	10.8	11.2	2,687	19
99	1,268	10	10.2	11.5	4,075	19
00	1,394	-23	7.9	9.0	4,748	20
01	1,362	40	7.5	7.6	4,657	23
02	1,474	61	5.6	6.9	5,040	24
03	1,499	117	6.0	5.9	5,108	26
04	1,562	57	4.4	6.3	4,959	29
05	1,545	65	0.4	1.9	4,756	30
06	1,614	54	2.5	3.6	4,826	31
07	1,808	66	0.6	1.6	4,761	32
08	2,195	63	0.8	1.7	5,309	39
09	2,290	157	5.4	6.9	5,161	38
10	2,719	209	5.0	6.4	5,782	34
11	2,991	127	2.5	3.7	6,084	36
12	2,956	137	2.2	3.1	5,810	39

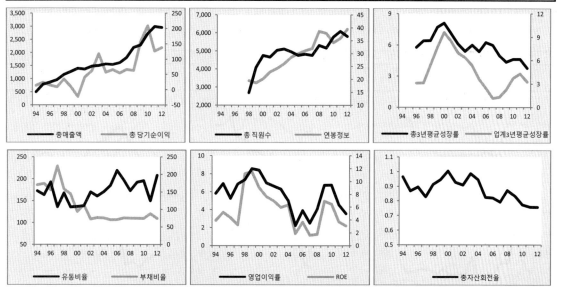

단위 : 총 매출액, 총 당기순이익 – 십억 / 평균 성장률, 평균 ROE – % / 총 직원 수 – 명 / 연봉정보 – 백만
연봉정보는 1 인당 평균 급여액이며, 대상기업들의 연간 총 급여액을 총 직원의 수로 나눈 금액입니다.
업계 3 년 평균 성장률은 용기 및 포장업종 전체 상장사의 평균이며, 사업보고서에 근거한 자료만으로 만들었습니다.

• 원림 (유가증권 / 005820)

- 견직물 직조업

구 분	94	95	96	97	98	99	00	01	02	03	04	05	06	07	08	09	10	11	12
성장률	-16.55	6.66	15.02	19.20	20.23	0.97	1.30	2.55	3.51	-0.30	8.04	5.91	2.95	5.38	5.73	4.39	4.20	3.27	4.76
EPS	-844	364	943	1,520	2,449	610	605	1,015	981	184	1,561	1,851	1,023	1,855	1,911	1,626	1,816	1,346	2,013
배당금	0	0	0	0	350	500	350	500	250	250	300	350	250	350	250	300	300	300	400
ROE	-16.55	6.66	15.02	19.20	23.60	5.39	3.09	5.03	4.71	0.85	9.95	7.29	3.91	6.64	6.59	5.39	5.03	4.21	5.94
직원의 수					128	118	90	64	50	76	71	51	57	51	40	41	31	32	25
연봉정보					17	14	16	22	29	14	18	25	23	27	31	30	30	25	32

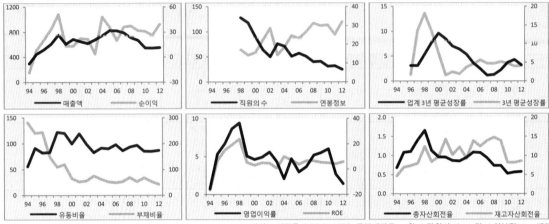

단위 : 성장률, ROE-% / EPS, 주당배당금 - 원 / 직원의 수 - 명 / 연봉정보 - 백만
1989년 2월, 원림상사 주식회사에서 주식회사 원림으로 상호 변경하였습니다.

• 대영포장 (유가증권 / 014160)

- 골판지 및 골판지상자 제조업

구 분	94	95	96	97	98	99	00	01	02	03	04	05	06	07	08	09	10	11	12
성장률	0.09	8.63	1.56	0.49	-51.84	-70.65	자본잠식	-234.68	1.11	-4.28	0.10	-6.12	4.98	-2.38	4.29	5.01	3.74	-1.75	11.02
EPS	1	132	79	46	-481	-325	-570	-2,744	8	-35	0	-35	30	-14	26	49	40	-18	130
배당금	0	0	49	40	0	0	0	0	0	0	0	0	0	0	0	0	0	0	0
ROE	0.09	8.63	4.16	3.77	-51.84	-70.65	자본잠식	-234.68	1.11	-4.28	0.10	-6.12	4.98	-2.38	4.29	5.01	3.74	-1.75	11.02
직원의 수					243	279	252	210	221	229	189	171	194	197	244	251	334	301	300
연봉정보					14	16	16	22	24	27	29	32	29	31	29	31	29	37	36

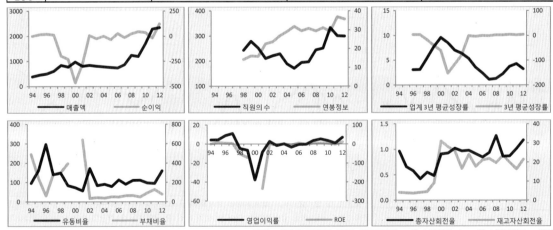

단위 : 성장률, ROE-% / EPS, 주당배당금 - 원 / 직원의 수 - 명 / 연봉정보 - 백만
자본잠식으로 인해, 계산 불가한 값(2000년 부채비율, ROE)은 그래프에서 제외하였습니다.

• 산성앨엔에스 (코스닥 / 016100)
- 골판지 및 골판지상자 제조업

구 분	94	95	96	97	98	99	00	01	02	03	04	05	06	07	08	09	10	11	12
성장률					21.31	19.95	6.47	10.97	14.94	4.16	1.16	0.70	0.96	-9.56	-17.37	1.92	-1.43	30.27	-6.64
EPS					244	282	156	296	475	194	54	29	38	-346	-647	74	-28	894	-170
배당금					0	0	0	0	0	75	0	0	0	0	0	0	0	0	0
ROE					21.31	19.95	6.47	10.97	14.94	6.78	1.16	0.70	0.96	-9.56	-17.37	1.92	-1.43	30.27	-6.64
직원의 수									88	113	87	84	86	92	91	88	87	97	161
연봉정보									22	19	25	26	27	27	29	31	35	34	37

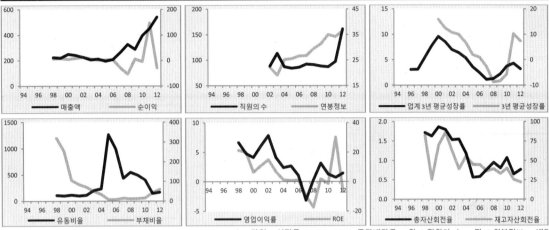

단위 : 성장률, ROE-% / EPS, 주당배당금 – 원 / 직원의 수 – 명 / 연봉정보 – 백만
2011년 11월 리더스코스메틱㈜와 합병하였으며, 주식회사 산성피앤씨에서 주식회사 산성앨엔에스로 상호 변경하였습니다.

• 삼보판지 (유가증권 / 023600)
- 골판지 및 골판지상자 제조업

구 분	94	95	96	97	98	99	00	01	02	03	04	05	06	07	08	09	10	11	12
성장률		23.91	12.06	5.08	15.04	4.39	0.20	-3.12	5.91	1.87	1.49	2.30	6.98	5.18	3.19	6.15	1.28	0.63	3.54
EPS		6,198	2,199	950	3,312	997	94	-1,388	2,790	900	1,032	1,155	3,761	2,944	1,873	4,374	2,314	1,144	6,653
배당금		744	0	0	0	0	0	0	0	0	300	0	0	0	0	500	0	0	0
ROE		27.17	12.06	5.08	15.04	4.39	0.20	-3.12	5.91	1.87	2.10	2.30	6.98	5.18	3.19	6.94	1.28	0.63	3.54
직원의 수					205	236	216	207	220	195	193	223	163	130	160	203	214	218
연봉정보					16	17	20	24	25	28	27	25	29	34	33	29	31	32

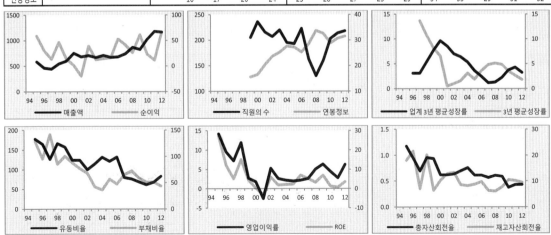

단위 : 성장률, ROE-% / EPS, 주당배당금 – 원 / 직원의 수 – 명 / 연봉정보 – 백만
2006년 3월, 삼보판지㈜에서 ㈜삼보판지로 상호 변경하였습니다.

• 수출포장 (코스닥 / 002200)

- 골판지 및 골판지상자 제조업

구분	94	95	96	97	98	99	00	01	02	03	04	05	06	07	08	09	10	11	12
성장률	7.84	10.69	6.19	-18.64	16.46	6.37	4.85	3.67	3.18	-0.24	-0.36	3.28	-0.34	0.19	1.41	6.01	3.08	3.43	10.73
EPS	1,913	2,529	1,572	-2,410	2,806	1,436	1,782	1,623	1,516	431	-98	1,546	403	555	911	2,358	1,901	2,141	6,492
배당금	750	750	500	0	600	500	500	600	600	500	0	600	500	500	500	500	500	500	750
ROE	12.89	15.20	9.08	-18.64	20.94	9.77	6.74	5.82	5.27	1.51	-0.36	5.36	1.41	1.94	3.13	7.62	4.18	4.48	12.13
직원의 수					359	351	286	280	267	265	242	218	213	267	269	262	275	277	296
연봉정보					17	19	24	25	26	28	34	30	32	28	36	35	33	38	40

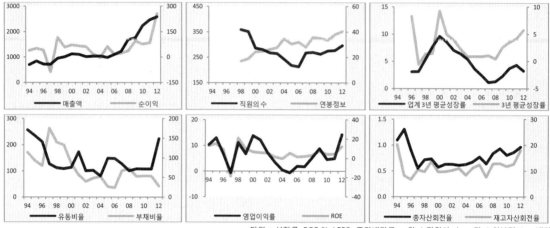

단위 : 성장률, ROE-% / EPS, 주당배당금 - 원 / 직원의 수 - 명 / 연봉정보 - 백만

• 태림포장 (유가증권 / 011280)

- 골판지 및 골판지상자 제조업

구분	94	95	96	97	98	99	00	01	02	03	04	05	06	07	08	09	10	11	12
성장률	3.78	11.50	2.50	0.48	4.22	3.69	0.13	2.75	2.97	0.45	3.38	3.33	6.40	6.24	4.15	4.86	9.75	5.06	9.39
EPS	87	225	82	32	128	92	27	69	74	33	84	86	151	157	100	190	440	243	484
배당금	40	60	40	25	40	25	25	25	25	25	25	25	25	25	15	15	30	20	25
ROE	7.00	15.69	4.89	2.12	6.12	5.06	1.78	4.33	4.50	1.93	4.81	4.69	7.66	7.43	4.88	5.27	10.47	5.51	9.90
직원의 수					280	360	410	424	475	494	482	488	502	575	547	563	620	668	742
연봉정보					16	16	17	17	19	21	24	25	27	27	30	28	29	31	31

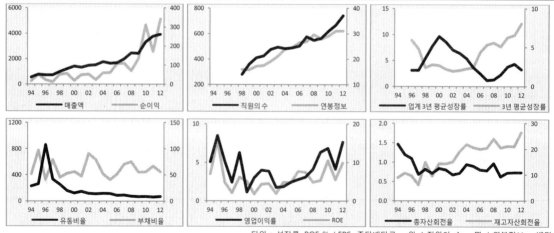

단위 : 성장률, ROE-% / EPS, 주당배당금 - 원 / 직원의 수 - 명 / 연봉정보 - 백만

• 대륙제관 (코스닥 / 004780)
- 금속캔 및 기타 포장용기 제조업

구분	94	95	96	97	98	99	00	01	02	03	04	05	06	07	08	09	10	11	12
성장률		-10.40	4.29	3.51	5.50	7.77	1.75	3.62	8.75	5.77	7.07	8.00	1.24	0.47	1.76	15.56	10.31	6.20	5.21
EPS		-204	55	48	102	186	36	103	250	175	240	241	35	39	73	602	464	272	247
배당금		0	0	0	5	20	0	25	40	30	35	16	0	25	20	60	60	50	50
ROE		-10.40	4.29	3.51	5.79	8.71	1.75	4.78	10.42	6.96	8.28	8.57	1.24	1.33	2.43	17.29	11.84	7.60	6.53
직원의 수						347	332	312	300	298	289	247	253	247	251	258	276	307	352
연봉정보						15	19	21	24	23	25	31	25	29	29	31	33	33	35

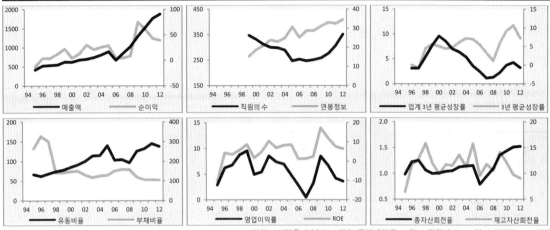

단위 : 성장률, ROE-% / EPS, 주당배당금 – 원 / 직원의 수 – 명 / 연봉정보 – 백만
1989년 4월, 대륙제관공업㈜에서 ㈜대륙제관으로 상호 변경하였습니다.

• 디케이디앤아이 (코스닥 / 033310)
- 금속캔 및 기타 포장용기 제조업

구분	94	95	96	97	98	99	00	01	02	03	04	05	06	07	08	09	10	11	12
성장률		7.27	8.85	6.73	-47.11	자본잠식	2.80	5.14	3.99	-9.87	2.97	8.50	7.38	-23.65	0.86	-45.99	17.05	2.66	22.15
EPS		53	70	46	-927	-2,924	17	39	27	-59	18	57	104	-447	9	-329	153	24	239
배당금		0	0	0	0	0	0	0	0	0	0	0	16	0	0	0	0	0	0
ROE		7.27	8.85	6.73	-47.11	자본잠식	2.80	5.14	3.99	-9.87	2.97	8.50	8.72	-23.65	0.86	-45.99	17.05	2.66	22.15
직원의 수						119	118	107	135	136	141	136	143	80	76	64	62	60	63
연봉정보						18	20	18	17	22	24	25	25	34	37	36	38	47	43

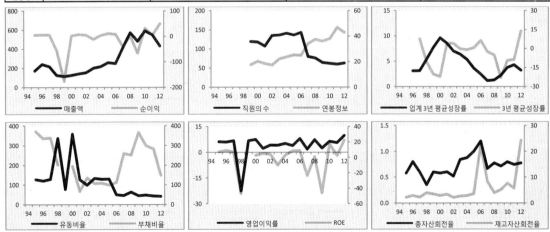

단위 : 성장률, ROE-% / EPS, 주당배당금 – 원 / 직원의 수 – 명 / 연봉정보 – 백만
자본잠식으로 인해, 계산 불가한 값(1999년 부채비율, ROE)은 그래프에서 제외하였습니다.
2007년 2월, 성창철강주식회사에서 주식회사 디케이디앤아이로 상호 변경하였습니다.

• 삼화왕관 (코스닥 / 004450)
- 금속캔 및 기타 포장용기 제조업

구분	94	95	96	97	98	99	00	01	02	03	04	05	06	07	08	09	10	11	12
성장률	11.14	3.62	2.44	-0.45	-1.19	4.10	7.54	4.55	-9.31	11.93	8.65	1.67	2.92	5.74	3.12	10.77	7.10	5.79	5.35
EPS	2,265	1,474	1,404	606	574	1,695	2,232	1,785	-1,504	3,662	2,914	1,176	1,538	2,322	2,070	4,115	4,264	4,146	4,088
배당금	300	300	600	750	1,000	500	500	650	650	750	750	750	750	750	750	750	750	1,100	1,150
ROE	12.84	4.54	4.26	1.91	1.60	5.82	9.72	7.16	-6.50	15.00	11.65	4.62	5.70	8.47	4.89	13.17	8.61	7.88	7.44
직원의 수					247	222	206	194	193	194	193	189	189	182	183	183	180	182	189
연봉정보					37	29	33	37	37	46	51	44	55	44	49	55	58	54	53

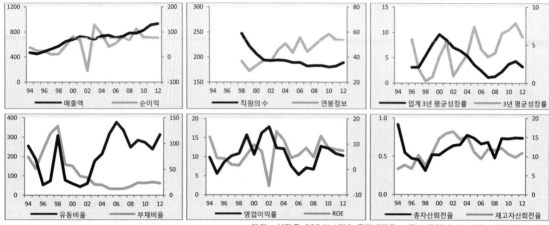

단위 : 성장률, ROE-% / EPS, 주당배당금 – 원 / 직원의 수 – 명 / 연봉정보 – 백만
1966년 1월, 삼화왕관공업사에서 삼화왕관주식회사로 상호 변경하였습니다.

• 승일 (코스닥 / 049830)
- 금속캔 및 기타 포장용기 제조업

구분	94	95	96	97	98	99	00	01	02	03	04	05	06	07	08	09	10	11	12
성장률			8.82	7.89	11.54	14.33	11.79	7.82	5.48	6.47	6.67	5.53	4.33	4.25	6.24	5.20	9.59	4.04	5.61
EPS			113	120	197	315	909	951	714	872	923	780	664	671	840	692	1,609	780	1,107
배당금			0	10	15	50	125	190	155	155	155	132	132	123	85	85	85	85	85
ROE			8.82	8.60	12.49	17.04	13.67	9.78	6.99	7.87	8.02	6.66	5.41	5.20	6.94	5.92	10.12	4.54	6.08
직원의 수					238	235	243	236	284	281	266	271	350	347	390	371	292
연봉정보						19	21	18	15	15	16	23	25	25	31	27	31	41

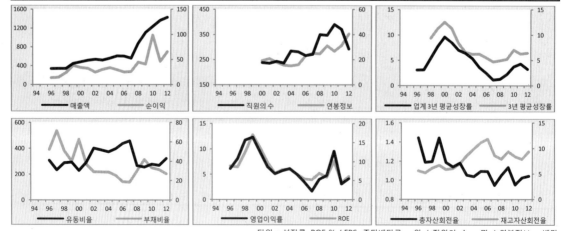

단위 : 성장률, ROE-% / EPS, 주당배당금 – 원 / 직원의 수 – 명 / 연봉정보 – 백만
2007년 3월, 승일제관 주식회사에서 주식회사 승일로 상호 변경하였습니다.

• 지엠피 (코스닥 / 018290)
- 라미네팅관련 기계와 필름 제조업

구분	94	95	96	97	98	99	00	01	02	03	04	05	06	07	08	09	10	11	12
성장률			-94.20	10.72	29.90	11.44	7.70	3.41	-9.26	-39.16	-42.70	-17.88	2.11	-6.45	-45.37	-18.44	-11.49	-32.73	-4.44
EPS			-676	202	819	203	143	65	-161	-476	-369	-119	17	-43	-200	-97	-57	-122	-16
배당금			0	0	0	0	0	0	0	0	0	0	0	0	0	0	0	0	0
ROE			-94.20	10.72	29.90	11.44	7.70	3.41	-9.26	-39.16	-42.70	-17.88	2.11	-6.45	-45.37	-18.44	-11.49	-32.73	-4.44
직원의 수					439	442	409			358	292	272	287	299	288	235	216	231	206
연봉정보					15	18	19			18	25	24	26	24	25	31	35	34	39

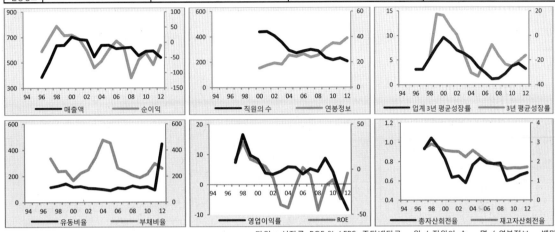

단위 : 성장률, ROE-% / EPS, 주당배당금 – 원 / 직원의 수 – 명 / 연봉정보 – 백만
2009년 결산 월 변경으로 인하여 24기는 제외하였으며, 23기를 2009년 기준으로 작성하였습니다.
1991년 5월, ㈜대산프라스틱 에서 ㈜지엠피로 상호 변경하였습니다.

• 삼륭물산 (코스닥 / 014970)
- 식품 위생용 종이 상자 및 용기 제조업

구분	94	95	96	97	98	99	00	01	02	03	04	05	06	07	08	09	10	11	12
성장률		-11.95	-9.38	-19.26	7.31	19.87	14.80	7.67	10.74	6.92	13.87	8.33	4.20	3.73	-5.53	11.33	9.70	6.44	5.92
EPS		-155	-105	-109	74	251	216	171	246	197	395	268	149	151	-93	379	321	242	237
배당금		0	0	0	0	0	0	50	50	60	75	60	40	50	50	50	50	50	50
ROE		-11.95	-9.38	-19.26	7.31	19.87	14.80	10.83	13.48	9.96	17.12	10.73	5.75	5.57	-3.59	13.05	11.48	8.12	7.51
직원의 수					94	97	94	61		63	58	66	59	66	56	57	65	64	72
연봉정보					15	19	20	23		23	27	23	28	27	31	31	34	30	26

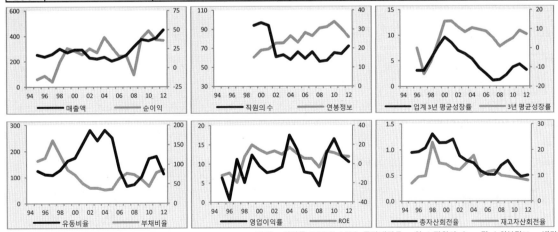

단위 : 성장률, ROE-% / EPS, 주당배당금 – 원 / 직원의 수 – 명 / 연봉정보 – 백만

• 한국팩키지 (코스닥 / 037230)

- 식품 위생용 종이 상자 및 용기 제조업

구분	94	95	96	97	98	99	00	01	02	03	04	05	06	07	08	09	10	11	12
성장률		0.26	0.39	-96.98	24.83	17.37	7.71	5.59	4.51	8.76	16.10	2.93	2.35	0.67	0.67	9.52	10.36	7.25	0.62
EPS		3	2	-293	152	149	73	57	64	113	224	60	43	23	23	162	188	151	25
배당금		0	0	0	0	0	15	13	25	30	35	25	15	15	15	35	40	35	15
ROE		0.26	0.39	-96.98	24.83	17.37	9.71	7.17	7.44	11.94	19.07	5.05	3.63	1.94	1.92	12.14	13.16	9.44	1.56
직원의 수						96	112	118	106	113	109	108	110	107	112	110	113	110	117
연봉정보						20	21	24	28	30	33	34	37	39	38	42	49	50	51

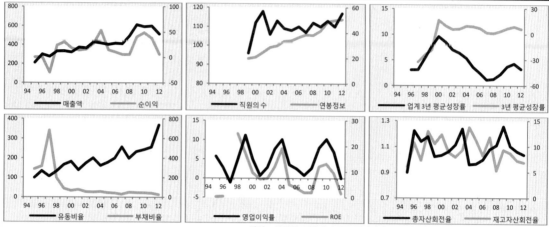

단위 : 성장률, ROE-% / EPS, 주당배당금 – 원 / 직원의 수 – 명 / 연봉정보 – 백만
1993년 11월, 한국제지(주)로부터 분사하여 설립되었습니다.
특이값(1997년 ROE)은 그래프에서 제외하였습니다.

• 고려포리머 (유가증권 / 009810)

- 직물포대 제조업

구분	94	95	96	97	98	99	00	01	02	03	04	05	06	07	08	09	10	11	12
성장률	0.91	0.41	1.66	1.43	-4.81	-133.1	자본잠식	-77.62	-753.8	9.63	-1,085.03	-13.05	-68.34	-3.50	-20.46	-12.86	5.29	-1.24	-16.70
EPS	29	29	32	15	55	-2,159	-2,905	-622	-784	38	-341	-105	-207	-142	-300	-168	233	-19	-217
배당금	15	24	15	0	0	0	0	0	0	0	0	0	0	0	0	0	0	0	0
ROE	1.95	2.52	3.14	1.43	-4.81	-133.1	자본잠식	-77.62	-753.8	9.63	-1,085.03	-13.05	-68.34	-3.50	-20.46	-12.86	5.29	-1.24	-16.70
직원의 수					101	158	154	17	19	22	19	24	25	27	28	38	21	25	19
연봉정보					16	13	15	21	20	27	24	26	34	28	30	20	20	28	31

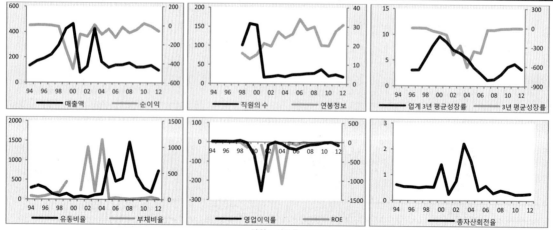

단위 : 성장률, ROE-% / EPS, 주당배당금 – 원 / 직원의 수 – 명 / 연봉정보 – 백만
자본잠식으로 인해, 계산 불가한 값(2000년 부채비율, ROE 및 성장률)은 그래프에서 제외하였습니다.
2007년 3월, ㈜케이피앤엘에서 ㈜고려포리머로 상호 변경하였습니다.

용
기

및

포
장

• 금비 (코스닥 / 008870)

- 포장용 유리용기 제조업

구분	94	95	96	97	98	99	00	01	02	03	04	05	06	07	08	09	10	11	12
성장률		1.42	1.77	3.24	0.10	5.66	13.81	22.44	19.65	17.29	15.40	13.74	6.50	5.76	-0.11	1.74	0.42	-0.28	-1.08
EPS		509	538	780	174	1,853	4,435	9,593	10,781	12,006	12,799	13,478	7,515	7,208	1,048	3,017	1,567	1,036	168
배당금		300	250	250	150	500	600	750	1,000	1,350	1,400	1,600	1,500	1,500	1,150	1,300	1,150	1,300	1,200
ROE		3.45	3.31	4.77	0.72	7.75	15.97	24.35	21.66	19.49	17.30	15.60	8.12	7.28	1.08	3.06	1.60	1.08	0.18
직원의 수						296	296	314	337	341	360	344	333	300	287	290	281	285	261
연봉정보						20	22	24	27	30	31	33	38	37	37	37	39	36	43

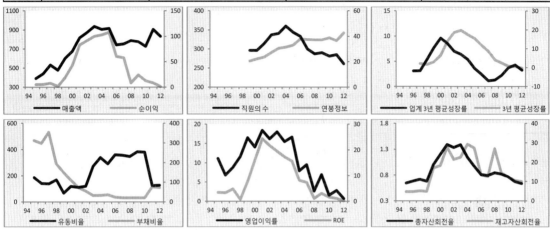

단위 : 성장률, ROE-% / EPS, 주당배당금 – 원 / 직원의 수 – 명 / 연봉정보 – 백만
1992년 4월, 진로유리㈜에서 주식회사 금비로 상호 변경하였습니다.

• 삼광글라스 (유가증권 / 005090)

- 포장용 유리용기 제조업

구분	94	95	96	97	98	99	00	01	02	03	04	05	06	07	08	09	10	11	12
성장률	0.98	0.63	-0.58	-1.20	-6.38	8.14	10.13	8.40	9.08	2.84	1.62	1.65	6.10	7.37	9.91	13.54	12.03	8.45	4.86
EPS	754	348	261	-179	-1,479	2,127	2,085	2,182	2,315	1,109	711	897	2,196	2,702	3,742	5,655	5,935	4,680	3,207
배당금	600	250	350	0	0	0	0	0	200	425	325	500	650	650	700	750	750	750	750
ROE	4.77	2.24	1.70	-1.20	-6.38	8.14	10.13	8.40	9.94	4.61	2.99	3.72	8.66	9.70	12.19	15.62	13.77	10.06	6.35
직원의 수						251	343	354	511	524	550	559	453	474	447	443	434	449	465	437
연봉정보						15	15	17	22	24	25	26	33	30	34	38	40	41	44	47

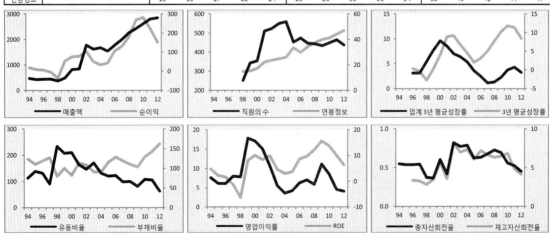

단위 : 성장률, ROE-% / EPS, 주당배당금 – 원 / 직원의 수 – 명 / 연봉정보 – 백만
2013년 3월, 삼광유리주식회사에서 삼광글라스주식회사로 상호 변경하였습니다.
1994년~1995년 재고자산회전율은 그래프에서 제외하였습니다.
(*미공시 자료: 1994년~1995년 당좌자산, 재고자산, 유형자산)

• 율촌화학 (유가증권 / 008730)

- 플라스틱 포대, 봉투 및 유사제품 제조업

구분	94	95	96	97	98	99	00	01	02	03	04	05	06	07	08	09	10	11	12
성장률	4.78	2.46	6.24	13.02	12.00	15.91	12.56	9.34	8.59	34.20	6.05	11.05	2.00	0.98	0.08	2.25	2.97	3.25	3.36
EPS	154	117	229	417	534	735	741	796	797	2,765	1,074	1,528	601	595	508	723	844	886	912
배당금	40	60	75	150	125	125	173	175	175	300	500	500	400	500	500	500	500	500	500
ROE	6.47	5.06	9.27	20.33	15.67	19.17	16.39	11.97	11.00	38.36	11.31	16.42	5.99	6.14	5.23	7.29	7.29	7.46	7.43
직원의 수					800	799	813	809	812	815	846	868	857	837	804	809	839	889	891
연봉정보					23	24	26	29	32	35	37	39	40	42	43	45	46	42	47

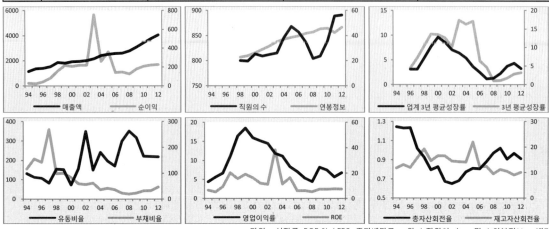

단위 : 성장률, ROE-% / EPS, 주당배당금 - 원 / 직원의 수 - 명 / 연봉정보 - 백만
1988년 4월, 율촌인쇄공업주식회사에서 율촌화학주식회사로 상호 변경하였습니다.

• 삼영화학 (유가증권 / 003720)

- 플라스틱 필름, 시트 및 판 제조업

구분	94	95	96	97	98	99	00	01	02	03	04	05	06	07	08	09	10	11	12
성장률	5.64	1.36	-10.63	2.57	10.55	12.57	2.32	3.84	6.20	5.24	-2.31	-4.62	-16.09	-11.04	-4.94	6.66	6.71	13.23	5.17
EPS	51	-31	-216	55	278	377	105	158	170	155	-64	-123	-346	-223	-107	249	279	667	257
배당금	0	0	0	0	0	0	50	60	0	0	0	0	0	0	0	95	150	150	50
ROE	5.64	1.36	-10.63	2.57	10.55	12.57	4.42	6.20	6.20	5.24	-2.31	-4.62	-16.09	-11.04	-4.94	10.77	14.49	17.07	6.42
직원의 수					278	288	315	310	305	290	265	268	260	262	255	258	269	273	274
연봉정보					13	16	17	19	19	20	21	24	25	24	27	28	28	31	31

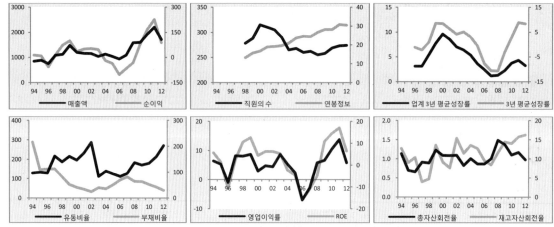

단위 : 성장률, ROE-% / EPS, 주당배당금 - 원 / 직원의 수 - 명 / 연봉정보 - 백만
1963년, 삼영화학공업사에서 삼영화학공업주식회사로 상호 변경하였습니다.

용기 및 포장

• 한진피앤씨 (코스닥 / 061460)

- 플라스틱 필름, 시트 및 판 제조업

구분	94	95	96	97	98	99	00	01	02	03	04	05	06	07	08	09	10	11	12
성장률					6.00	30.78	28.13	29.10	10.54	7.69	-14.36	-28.57	0.47	3.20	2.90	4.24	-15.13	-24.03	-26.49
EPS					72	239	288	490	377	260	-129	-382	8	77	84	161	-558	-681	-749
배당금					0	0	0	60	75	85	150	150	0	0	0	0	0	0	0
ROE					6.00	30.78	28.13	33.16	13.16	11.43	-6.64	-20.51	0.47	3.20	2.90	4.24	-15.13	-24.03	-26.49
직원의 수					288					295	278	295	295	291	302	미공시	304	275	291
연봉정보					20					24	25	24	24	30	33		31	30	33

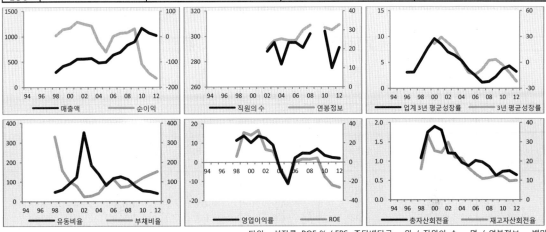

단위 : 성장률, ROE-% / EPS, 주당배당금 – 원 / 직원의 수 – 명 / 연봉정보 – 백만
1998년 12월, 한진인쇄주식회사에서 ㈜한진피앤씨로 상호 변경하였습니다.
2009년 직원의 수, 연봉정보는 미공시 되었습니다.

• 락앤락 (유가증권 / 115390)

- 기타 플라스틱 제품 제조업

구분	94	95	96	97	98	99	00	01	02	03	04	05	06	07	08	09	10	11	12
성장률												37.55	18.93	18.90	23.99	15.32	2.32	1.26
EPS												56	48	64	1,192	1,338	1,007	1,100
배당금												0	0	0	160	160	160	80
ROE											-0.51	37.55	18.93	18.90	27.71	17.40	2.75	1.36
직원의 수															553	713	767	958	604
연봉정보															78	50	24	31	42

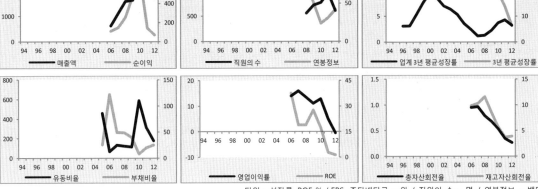

단위 : 성장률, ROE-% / EPS, 주당배당금 – 원 / 직원의 수 – 명 / 연봉정보 – 백만
2006년 12월, (주)비앤비에서 (주)락앤락으로 상호 변경하였습니다.
이후, 舊(주)락앤락과 舊하나코비(주)를 합병하여 현재의 당사가 되었습니다.

·종이 및 목재

2012년 종이 및 목재 상장기업의 전체 매출액은 약 7조원(전년대비 3% 감소)이며, 총 당기순이익은 약 1천 9백만원으로 흑자 전환을 하였습니다. 평균성장률은 1.9%(전년대비 1.5%p 증가), ROE는 2.6%(전년대비 2.6%p 증가)를 기록하였습니다. (매출액 및 당기순이익은 단순합계금액이며, 성장률 및 ROE는 단순평균값 입니다)

해당 산업의 직원 수는 약 7천명(전년대비 0.1% 증가)이며, 최근 평균연봉(2012년)은 약 5천만원(전년대비 6% 증가)입니다. 업계 직원 수는 1999년도 이후로 꾸준히 감소하고 있는 반면, 업계 연봉은 꾸준히 오르면서 최근 5천만원 대에 진입하였습니다. 최근 3년간 업계 평균 유동비율은 130.3%, 부채비율은 139.5%입니다.

구 분	총매출액	총 당기순이익	평균성장률	평균 ROE	총 직원수	연봉정보
94	1,829	-72	7.6	7.6		
95	3,490	146	8.6	9.1		
96	3,746	-80	0.9	2.5		
97	4,158	-93	-2.5	-1.7		
98	4,285	-367	3.3	4.1	5,785	26
99	4,230	-202	2.8	4.8	11,006	23
00	5,011	212	5.3	4.1	10,773	26
01	4,956	-419	1.4	1.8	10,121	29
02	5,262	521	6.7	8.6	9,560	32
03	5,119	154	2.1	2.1	8,948	34
04	5,157	95	1.7	3.1	8,765	37
05	5,009	48	-1.5	-0.8	8,624	38
06	4,967	-128	-0.8	0.3	8,115	41
07	5,089	-116	0.2	1.1	7,657	42
08	6,170	-187	-1.7	-1.1	7,256	42
09	6,172	360	6.5	5.8	7,188	45
10	6,941	132	2.2	2.9	7,167	47
11	7,293	-60	0.4	0.0	7,022	47
12	7,078	195	1.9	2.6	7,030	50

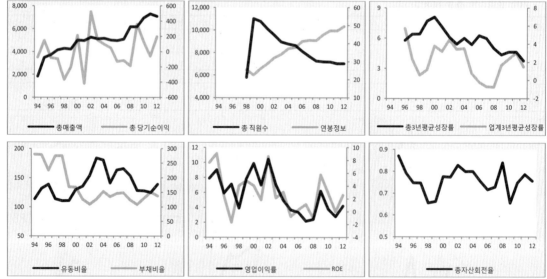

단위 : 총 매출액, 총 당기순이익 – 십억 / 평균 성장률, 평균 ROE - % / 총 직원 수 – 명 / 연봉정보 – 백만
연봉정보는 1 인당 평균 급여액이며, 대상기업들의 연간 총 급여액을 총 직원의 수로 나눈 금액입니다.
업계 3 년 평균 성장률은 종이 및 목재업종 전체 상장사의 평균이며, 사업보고서에 근거한 자료만으로 만들었습니다.

• 한솔홈데코 (유가증권 / 025750)

- 강화 및 재생 목재 제조업

구분	94	95	96	97	98	99	00	01	02	03	04	05	06	07	08	09	10	11	12
성장률		2.11	-89.18	-40.27	-30.79	14.28	14.71	6.86	7.35	5.79	3.22	-26.13	-49.89	-3.01	-9.78	1.85	8.77	7.82	2.09
EPS		27	-957	-276	-784	144	171	85	198	235	152	-538	-796	-52	-141	75	150	145	43
배당금		0	0	0	0	0	0	0	0	60	60	0	0	0	0	0	0	0	0
ROE		2.11	-89.18	-40.27	-30.79	14.28	14.71	6.86	7.35	7.78	5.32	-26.13	-49.89	-3.01	-9.78	1.85	8.77	7.82	2.09
직원의 수					347	358	366	370	388	397	278	214	221	164	162	158	166	165
연봉정보					27	27	33	33	30	30	33	42	40	32	42	46	47	48

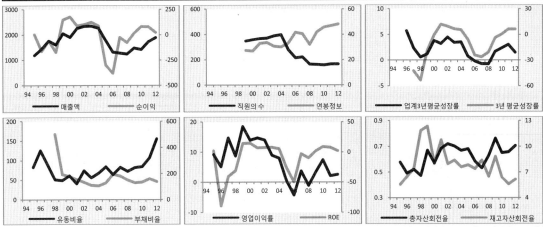

단위 : 성장률, ROE-% / EPS, 주당배당금 - 원 / 직원의 수 - 명 / 연봉정보 - 백만
특이값(1995년~1997년 부채비율)은 그래프에서 제외하였습니다.
2003년, 한솔포렘㈜에서 ㈜한솔홈데코로 상호 변경하였습니다.

• 성창기업지주 (유가증권 / 000180)

- 경영컨설팅업

구분	94	95	96	97	98	99	00	01	02	03	04	05	06	07	08	09	10	11	12
성장률		-0.90	-26.20	-17.61	-103.71	-36.91	17.43	-19.38	10.81	21.98	5.28	-5.25	6.14	-5.76	-41.19	3.08	6.08	6.38	6.69
EPS		187	-4,720	-2,749	-28,600	-7,653	4,445	-2,472	1,546	4,028	1,444	-729	1,523	-902	-4,977	385	783	1,411	988
배당금		400	0	0	0	0	0	0	0	0	400	250	300	0	0	0	0	500	0
ROE		0.79	-26.20	-17.61	-103.71	-36.91	17.43	-19.38	10.81	21.98	7.30	-3.91	7.64	-5.76	-41.19	3.08	6.08	9.88	6.69
직원의 수					798	772	768	763	733	648	599	604	558	47	53	58	69	78
연봉정보					16	18	20	22	26	29	30	30	34	28	41	50	39	49

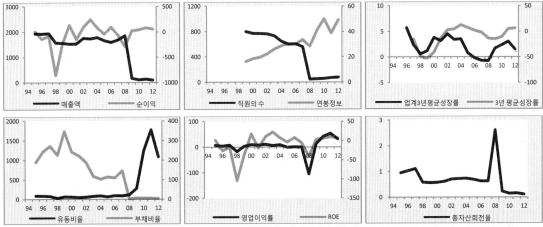

단위 : 성장률, ROE-% / EPS, 주당배당금 - 원 / 직원의 수 - 명 / 연봉정보 - 백만
2007년 결산 월 변경으로 인하여 78기는 제외하였으며, 77기를 2007년 기준으로 작성하였습니다
2008년 성창보드는 비상장 기업으로 인적 분할되었습니다.

· 한솔아트원제지 (유가증권 / 007190)

- 문구용 종이제품 제조업

구분	94	95	96	97	98	99	00	01	02	03	04	05	06	07	08	09	10	11	12
성장률		0.42	2.13	3.54	-63.33	-729.27	978.55	자본잠식	92.98	6.70	3.41	5.50	-9.56	-39.47	-31.15	3.28	-6.03	-64.65	0.30
EPS		250	273	373	-6,169	-29,824	2,411	-9,490	13,887	908	484	787	-1,247	-3,315	-3,269	340	-746	-4,746	20
배당금		200	0	50	0	0	0	0	0	0	0	0	0	0	0	0	0	0	0
ROE		2.10	2.13	4.09	-63.33	-729.27	978.55	자본잠식	92.98	6.70	3.41	5.50	-9.56	-39.47	-31.15	3.28	-6.03	-64.65	0.30
직원의 수					1,104	1,143	1,127	1,061	1,069	1,073	1,192	1,187	825	825	565	548	370	380	
연봉정보					24	22	26	28	32	33	34	37	43	41	50	44	40	41	

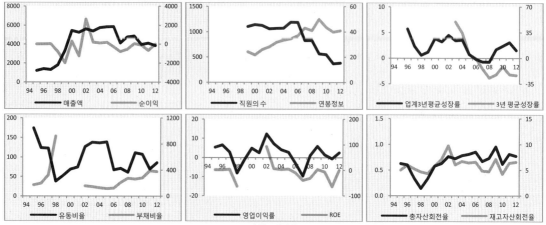

단위 : 성장률, ROE-% / EPS, 주당배당금 – 원 / 직원의 수 – 명 / 연봉정보 – 백만
자본잠식으로 인해, 계산 불가한 값과 특이값(1999년~2001년 부채비율과 ROE, 1997년~2002년 평균성장률)은 그래프에서 제외하였습니다.
2006년 결산 월 변경으로 인하여 사업보고서(접수일자 : 2007.04.30)를 제외하였으며, 2006.06월 사업보고서를 06년도 기준으로 작성하였습니다.
2013년 3월, 아트원제지 주식회사에서 한솔아트원제지 주식회사로 상호 변경하였습니다.

· 선창산업 (유가증권 / 002820)

- 박판, 합판 및 유사적총판 제조업

구분	94	95	96	97	98	99	00	01	02	03	04	05	06	07	08	09	10	11	12
성장률		0.40	-5.64	3.57	-29.18	1.45	0.94	-5.87	0.05	3.82	1.88	5.96	2.10	7.29	-2.55	6.38	1.00	2.67	-0.06
EPS		119	-434	433	-2,104	380	277	-926	88	749	426	1,250	566	1,686	-428	1,565	1,976	840	63
배당금		80	80	100	0	80	80	60	80	100	100	150	170	200	80	200	650	110	80
ROE		1.22	-4.76	4.64	-29.18	1.83	1.32	-5.51	0.54	4.41	2.46	6.77	3.00	8.27	-2.15	7.32	1.49	3.07	0.23
직원의 수					848	828	812	742	739	577	570	549	513	531	500	501	488	492	
연봉정보					19	23	23	28	29	33	33	29	31	37	36	41	40	41	

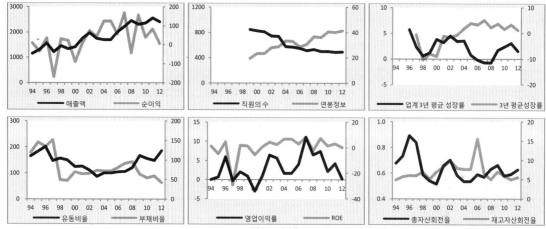

단위 : 성장률, ROE-% / EPS, 주당배당금 – 원 / 직원의 수 – 명 / 연봉정보 – 백만
2007년 결산 월 변경으로 인하여 50기는 제외하였으며, 49기를 2007년 기준으로 작성하였습니다

• 이건산업 (유가증권 / 008250)

- 박판, 합판 및 유사적총판 제조업

구분	94	95	96	97	98	99	00	01	02	03	04	05	06	07	08	09	10	11	12
성장률		2.23	0.02	1.89	-12.49	5.44	1.12	-33.61	19.59	15.10	4.68	-1.54	-28.71	-96.96	-20.75	16.09	-15.85	-4.96	0.65
EPS		702	353	722	-2,912	1,878	533	-5,777	1,291	1,711	807	-142	-2,067	-3,093	-2,800	2,206	-1,849	-542	72
배당금		350	350	350	0	400	250	0	0	0	350	0	0	0	0	0	0	0	0
ROE		4.46	2.02	3.67	-12.49	6.91	2.12	-33.61	19.59	15.10	8.26	-1.54	-28.71	-96.96	-20.75	16.09	-15.85	-4.96	0.65
직원의 수						722	695	610	532	510	448	384	347	316	379	310	300	286	273
연봉정보						18	22	24	25	27	29	30	34	36	36	39	36	38	46

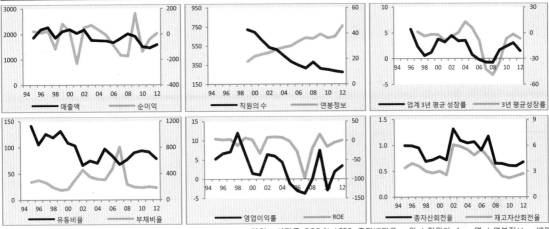

단위 : 성장률, ROE-% / EPS, 주당배당금 – 원 / 직원의 수 – 명 / 연봉정보 – 백만
06년도 결산월 변경으로 인하여 35기를 삭제하고 34기를 06년도 기준으로 작성하였습니다.

• 동화기업 (코스닥 / 025900)

- 강화 및 재생 목재 제조업

구분	94	95	96	97	98	99	00	01	02	03	04	05	06	07	08	09	10	11	12
성장률		10.83	4.15	0.66	1.74	1.70	3.22	5.01	3.23	2.36	4.09	2.94	1.38	0.01	0.53	2.85	-1.74	-2.95	0.32
EPS		156	51	14	186	187	365	598	361	267	545	430	201	17	84	459	-288	-472	51
배당금		0	0	0	0	0	0	0	0	0	0	0	0	0	0	0	0	0	0
ROE		10.83	4.15	0.66	1.74	1.70	3.22	5.01	3.23	2.36	4.09	2.94	1.38	0.01	0.53	2.85	-1.74	-2.95	0.32
직원의 수						583	633	667	699	30	50	47	56	85	83	75	75	73	86
연봉정보						19	23	28	28	39	34	32	29	30	39	39	41	44	50

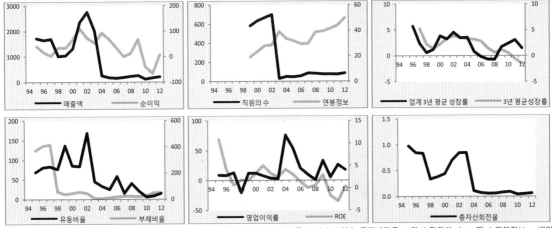

단위 : 성장률, ROE-% / EPS, 주당배당금 – 원 / 직원의 수 – 명 / 연봉정보 – 백만
2003년 9월, 동화홀딩스㈜, 동화기업㈜, 동화케미칼㈜로 기업 분할하였습니다.
2013년 10월, 동화홀딩스㈜에서 동화기업㈜로 상호 변경하였습니다.

• 버추얼텍 (코스닥 / 036620)

- 시스템 소프트웨어 개발 및 공급업

구 분	94	95	96	97	98	99	00	01	02	03	04	05	06	07	08	09	10	11	12
성장률		7.55	5.14	11.22	14.41	6.77	4.13	-11.55	-27.11	-5.15	-13.54	-3.88	8.57	-9.88	-11.63	5.28	-4.98	-39.68	-3.58
EPS		40	33	86	99	328	344	-665	-1,181	-217	-502	-138	326	-327	-350	179	-74	-1,178	-102
배당금		0	0	0	0	0	50	0	0	0	0	0	0	0	0	0	0	0	0
ROE		7.55	5.14	11.22	14.41	6.77	4.83	-11.55	-27.11	-5.15	-13.54	-3.88	8.57	-9.88	-11.63	5.28	-4.98	-39.68	-3.58
직원의 수						37	87	99	57	41	40	14	15	17	14	9	9	8	12
연봉정보						16	22	28	32	32	28	35	37	47	30	52	48	59	55

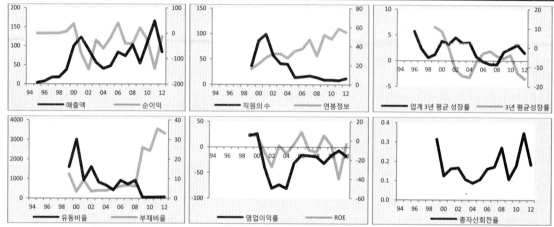

단위 : 성장률, ROE-% / EPS, 주당배당금 - 원 / 직원의 수 - 명 / 연봉정보 - 백만
특이값(1995년~1998년 유동비율, 부채비율, 영업이익률, ROE, 총자산회전율, 재고자산회전율)은 그래프에서 제외하였습니다.
1999년 9월, ㈜버추얼아이오시스템에서 ㈜버추얼텍으로 상호 변경하였습니다.

• 페이퍼코리아 (유가증권 / 001020)

- 신문용지 제조업

구 분	94	95	96	97	98	99	00	01	02	03	04	05	06	07	08	09	10	11	12
성장률	-8.05	3.16	17.44	-13.91	-293.76	자본잠식		504.61	70.03	1.30	1.92	2.81	4.08	-4.42	-5.26	1.46	0.85	-22.20	1.86
EPS	-56	52	44	-188	-1,848	-1,336	306	668	967	1	31	41	73	-31	-147	23	13	-272	23
배당금	0	0	18	0	0	0	0	0	0	0	10	10	25	20	0	0	0	0	0
ROE	-8.05	3.16	28.79	-13.91	-293.76	자본잠식		504.61	70.03	1.30	2.85	3.70	6.20	-2.69	-5.26	1.46	0.85	-22.20	1.86
직원의 수					647	609	537	308	307	353	326	334	339	340	305	280	256	231	211
연봉정보					28	22	26	34	34	31	39	39	46	50	50	53	59	53	57

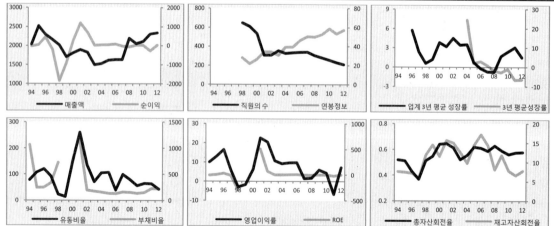

단위 : 성장률, ROE-% / EPS, 주당배당금 - 원 / 직원의 수 - 명 / 연봉정보 - 백만
자본잠식으로 인해, 계산 불가한 값(1999년~2000년 부채비율과 ROE, 1996년~2003년 평균성장률)은 그래프에서 제외하였습니다.
2003년 4월, 주식회사 세풍에서 페이퍼코리아 주식회사로 상호 변경하였습니다.

• 무림페이퍼 (유가증권 / 009200)

- 인쇄용 및 필기용 원지 제조업

구 분	94	95	96	97	98	99	00	01	02	03	04	05	06	07	08	09	10	11	12
성장률	28.37	12.31	12.47	-17.94	2.76	0.19	-6.36	7.81	17.06	7.98	9.70	6.38	1.88	0.00	-10.38	9.93	2.81	-8.41	-9.62
EPS	1,616	1,058	1,053	-1,129	241	-12	-272	362	1,188	702	932	723	341	200	-587	1,175	510	-512	-723
배당금	200	250	250	0	0	0	0	0	200	200	250	250	200	200	200	300	250	200	0
ROE	32.37	16.12	16.36	-17.94	2.76	0.19	-6.36	7.81	20.52	11.16	13.25	9.75	4.55	2.66	-7.74	13.33	5.51	-6.05	-9.62
직원의 수					566	597	593	589	574	570	558	612	578	580	653	618	603	576	559
연봉정보					22	20	28	31	38	37	43	42	48	44	47	60	44	51	45

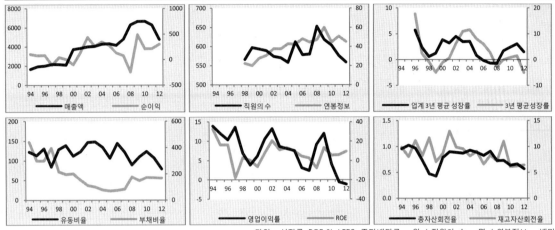

단위 : 성장률, ROE-% / EPS, 주당배당금 – 원 / 직원의 수 – 명 / 연봉정보 – 백만
2006년 8월, 신무림제지 주식회사에서 무림페이퍼 주식회사로 상호 변경하였습니다.

• 무림SP (코스닥 / 001810)

- 인쇄용 및 필기용 원지 제조업

구 분	94	95	96	97	98	99	00	01	02	03	04	05	06	07	08	09	10	11	12
성장률			11.22	-25.75	8.04	0.87	2.08	2.95	17.00	6.86	7.78	8.96	10.30	-1.15	-8.14	10.82	6.32	4.50	5.24
EPS			196	-716	316	71	94	133	725	372	308	469	592	48	-330	756	452	401	447
배당금			0	0	60	40	40	50	100	100	25	100	100	100	100	100	100	100	80
ROE			11.22	-25.75	9.92	2.02	3.63	4.72	19.72	9.39	8.47	11.38	12.39	1.06	-6.25	12.47	8.12	6.00	6.39
직원의 수					277	252	307	250	218	221	231	222	216	226	214	212	204	208
연봉정보					13	29	24	36	43	42	44	47	45	49	56	51	58	57

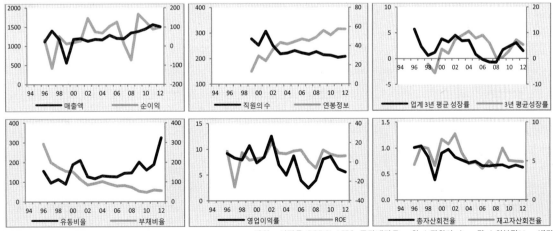

단위 : 성장률, ROE-% / EPS, 주당배당금 – 원 / 직원의 수 – 명 / 연봉정보 – 백만
2006년 8월, 무림제지 주식회사에서 무림에스피 주식회사로 상호 변경하였습니다.

종이
및
목재

• 한국제지 (유가증권 / 002300)

- 인쇄용 및 필기용 원지 제조업

구분	94	95	96	97	98	99	00	01	02	03	04	05	06	07	08	09	10	11	12
성장률	8.22	6.72	5.91	3.02	16.16	0.27	-0.37	5.75	10.29	7.41	8.03	7.13	-1.90	-2.85	-1.67	15.08	3.04	1.25	1.90
EPS	1,855	2,074	1,790	1,115	7,042	515	242	3,513	6,959	5,532	5,912	5,979	-878	-1,563	-770	12,919	3,409	1,607	2,317
배당금	600	600	600	500	600	400	400	750	1,300	1,150	1,200	1,050	400	300	300	1,350	500	400	450
ROE	12.15	9.45	8.89	5.48	17.66	1.22	0.56	7.32	12.66	9.35	10.07	8.65	-1.31	-2.39	-1.20	16.84	3.56	1.66	2.36
직원의 수					530	524	480	480	474	462	465	501	502	498	496	501	483	492	499
연봉정보					28	22	22	26	31	32	34	35	38	40	42	44	51	53	54

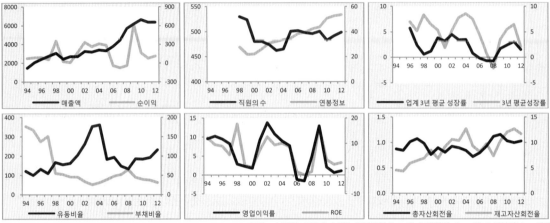

단위 : 성장률, ROE-% / EPS, 주당배당금 – 원 / 직원의 수 – 명 / 연봉정보 – 백만
1966년 12월, 한국특수제지공업주식회사에서 한국제지주식회사로 상호 변경하였습니다.

• 한솔제지 (유가증권 / 004150)

- 인쇄용 및 필기용 원지 제조업

구분	94	95	96	97	98	99	00	01	02	03	04	05	06	07	08	09	10	11	12
성장률	3.70	5.61	5.65	0.80	7.27	-0.63	0.22	-42.89	6.66	-0.42	-0.63	2.51	-23.12	-1.67	0.56	3.95	5.07	0.28	5.06
EPS	1,736	2,850	2,700	541	2,435	234	450	-7,083	1,561	329	297	569	-3,175	-222	70	1,119	1,274	353	1,269
배당금	650	750	600	300	300	500	400	0	400	400	400	150	0	0	0	400	300	300	300
ROE	5.91	7.61	7.26	1.79	8.29	0.56	2.02	-42.89	8.96	1.94	1.82	3.41	-23.12	-1.67	0.56	6.14	6.64	1.89	6.62
직원의 수					1,315	1,301	1,307	1,038	892	1,126	1,127	1,086	949	922	919	909	880	896	890
연봉정보					27	28	32	35	45	44	46	46	49	47	48	51	50	48	53

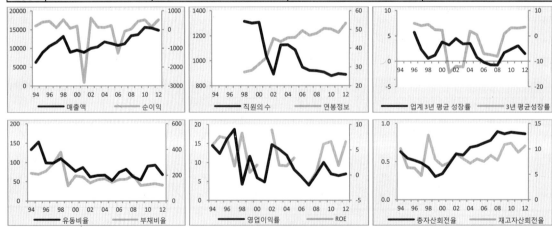

단위 : 성장률, ROE-% / EPS, 주당배당금 – 원 / 직원의 수 – 명 / 연봉정보 – 백만
1992년, 전주제지주식회사에서 한솔제지주식회사로 상호 변경하였습니다.
특이값(2001년, 2006년 ROE)은 그래프에서 제외하였습니다.

• 세하 (유가증권 / 027970)

- 크라프트지 및 상자용 판지 제조업

구 분	94	95	96	97	98	99	00	01	02	03	04	05	06	07	08	09	10	11	12
성장률	43.93	9.39	1.19	6.79	6.96	6.48	1.52	-2.51	7.90	6.26	0.62	-4.40	-13.27	1.50	0.16	-16.12	-184.2	-19.51	51.50
EPS	1,629	386	117	209	430	323	107	-106	527	443	404	-188	-544	59	7	-332	-2,089	-206	1,099
배당금	100	80	80	40	80	30	50	0	150	150	250	0	0	0	0	0	0	0	0
ROE	46.81	11.85	3.81	8.40	8.55	7.14	2.86	-2.51	11.05	9.46	1.62	-4.40	-13.27	1.50	0.16	-16.12	-184.2	-19.51	51.50
직원의 수					343	382	376	307	302	317	329	330	314	311	315	313	297	277	273
연봉정보					27	28	29	39	33	39	41	43	47	45	42	43	51	51	58

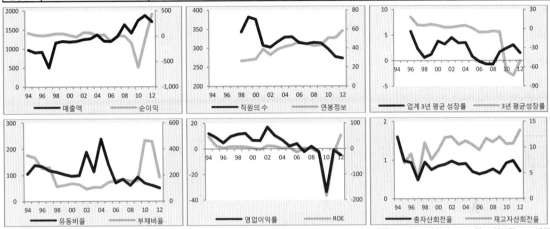

단위 : 성장률, ROE-% / EPS, 주당배당금 - 원 / 직원의 수 - 명 / 연봉정보 - 백만
2007년 3월, 세림제지주식회사에서 세하 주식회사로 상호 변경하였습니다.

• 신풍제지 (유가증권 / 002870)

- 크라프트지 및 상자용 판지제조업

구 분	94	95	96	97	98	99	00	01	02	03	04	05	06	07	08	09	10	11	12
성장률		2.88	-4.56	-1.50	-6.19	-1.07	-1.68	-3.88	4.4	0.70	-20.32	-24.47	-27.04	-17.20	-32.45	61.48	3.86	-6.79	-15.05
EPS		1,296	-2,011	-876	-3,506	792	-10,641	-2,059	2,357	371	-5,620	-7,427	-7,650	-3,028	-4,312	21,215	1,393	-2,394	-4,564
배당금		0	0	0	0	0	0	0	0	0	0	0	0	0	0	0	0	0	0
ROE		2.88	-4.56	-1.50	-6.19	-1.07	-1.68	-3.88	4.4	0.70	-20.32	-24.47	-27.04	-17.20	-32.45	61.48	3.86	-6.79	-15.05
직원의 수					221	207	192	165	167	202	207	181	175	179	229	164	185	206
연봉정보					23	26	25	28	31	30	14	36	40	41	35	46	43	47

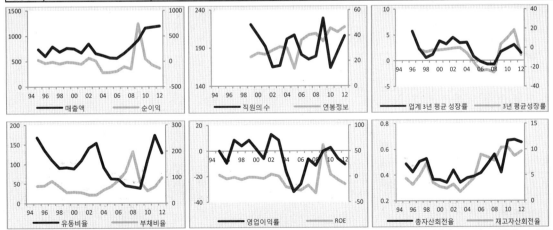

단위 : 성장률, ROE-% / EPS, 주당배당금 - 원 / 직원의 수 - 명 / 연봉정보 - 백만

• 아세아제지 (유가증권 / 002310)
- 크라프트지 및 상자용 판지 제조업

구분	94	95	96	97	98	99	00	01	02	03	04	05	06	07	08	09	10	11	12
성장률	7.32	4.71	-0.65	-19.47	5.58	-1.22	-5.80	3.82	5.68	-1.79	1.48	-0.98	2.81	0.61	1.51	5.36	-1.29	1.07	8.19
EPS	3,648	2,556	103	-5,444	1,637	517	-1,249	1,154	1,864	427	-346	-226	1,077	448	367	2,398	38	686	3,860
배당금	500	600	400	0	0	200	0	300	500	0	0	0	400	300	0	400	500	300	600
ROE	8.48	6.15	0.23	-19.47	5.58	-1.99	-5.80	5.17	7.77	-1.79	1.48	-0.98	4.47	1.85	1.51	6.44	0.11	1.91	9.70
직원의 수					403	353	232	222	220	212	209	201	201	195	195	191	166	175	172
연봉정보					24	28	43	39	45	41	44	47	56	50	50	56	54	52	61

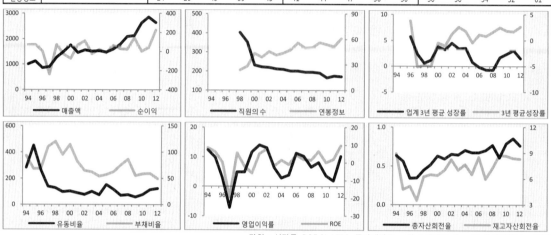

단위 : 성장률, ROE-% / EPS, 주당배당금 – 원 / 직원의 수 – 명 / 연봉정보 – 백만
1987년 1월, 국제제지㈜에서 아세아제지㈜로 상호 변경하였습니다.

• 한창제지 (유가증권 / 009460)
- 크라프트지 및 상자용 판지 제조업

구분	94	95	96	97	98	99	00	01	02	03	04	05	06	07	08	09	10	11	12
성장률	-31.67	8.90	-78.84	24.85	-94.43	160.63	22.81	-49.49	24.82	5.88	6.75	1.41	-14.88	-4.02	-315.3	17.88	19.05	0.95	1.27
EPS	-208	56	-275	163	-800	145	76	-333	256	73	86	15	-135	-35	-3,318	160	156	8	11
배당금	0	0	0	0	0	0	0	0	0	15	15	0	0	0	0	0	0	0	0
ROE	-31.67	8.90	-78.84	24.85	-94.43	160.63	22.81	-49.49	27.51	7.40	8.19	1.41	-14.88	-4.02	-315.3	17.88	19.05	0.95	1.27
직원의 수					329	307	298	315	303	285	279	273	218	229	229	222	222	243	249
연봉정보					25	24	29	33	35	37	48	52	53	41	44	40	43	45	44

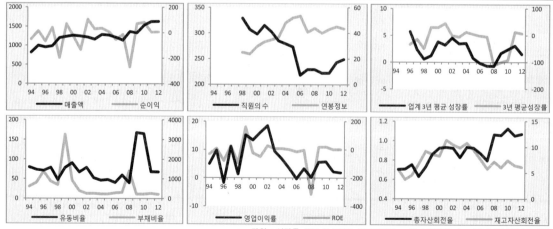

단위 : 성장률, ROE-% / EPS, 주당배당금 – 원 / 직원의 수 – 명 / 연봉정보 – 백만

• 대림제지 (코스닥 / 017650)

- 펄프제조업

구분	94	95	96	97	98	99	00	01	02	03	04	05	06	07	08	09	10	11	12
성장률		29.58	1.37	-10.63	16.69	1.36	43.01	26.43	14.13	-2.67	2.56	1.51	14.76	11.90	7.47	9.35	5.58	4.72	14.99
EPS		400	13	-90	169	15	802	664	413	-76	126	45	518	475	322	444	406	360	1,402
배당금		64	0	0	0	0	0	0	0	0	50	0	0	0	0	0	0	0	50
ROE		35.22	1.37	-10.63	16.69	1.36	43.01	26.43	14.13	-2.67	4.25	1.51	14.76	11.90	7.47	9.35	5.58	4.72	15.54
직원의 수						127	123	123	123	105	92	95	72	75	74	76	74	74	73
연봉정보						16	22	23	25	29	32	29	39	37	39	40	43	44	49

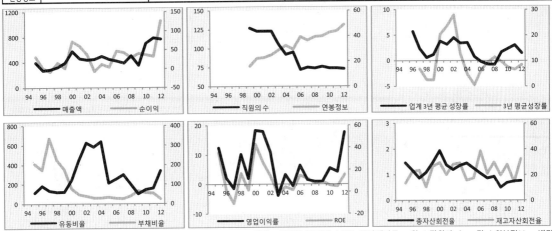

단위 : 성장률, ROE-% / EPS, 주당배당금 - 원 / 직원의 수 - 명 / 연봉정보 - 백만

• 무림 P&P (유가증권 / 009580)

- 펄프 제조업

구분	94	95	96	97	98	99	00	01	02	03	04	05	06	07	08	09	10	11	12
성장률	-642.8	66.24	-3,178.7	자본잠식		108.01	42.45	-13.80	-18.30	-1.26	-7.69	-35.21	21.95	1.55	3.89	1.28	8.96	-0.81	2.25
EPS	-1,019	1,851	-2,469	-2,108	-4,129	2,490	4,026	-1,142	-1,280	33	-480	-1,625	1,166	73	259	101	987	179	450
배당금	0	0	0	0	0	0	0	0	0	0	0	0	0	0	0	0	200	250	250
ROE	-642.8	66.24	-3,178.7	자본잠식		108.01	42.45	-13.80	-18.30	-1.26	-7.69	-35.21	21.95	1.55	3.89	1.28	11.23	2.05	5.07
직원의 수				404	388	402	402	403	392	393	346	303	303	319	316	488	594	614	
연봉정보				23	26	31	33	35	39	41	42	39	40	46	50	60	53	51	

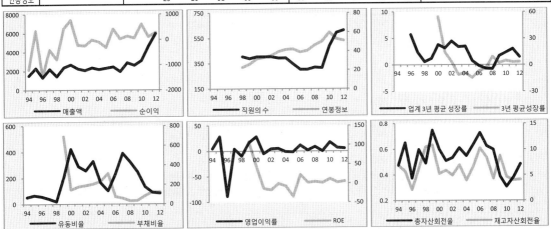

단위 : 성장률, ROE-% / EPS, 주당배당금 - 원 / 직원의 수 - 명 / 연봉정보 - 백만

자본잠식으로 인해, 계산 불가한 값(1997년~1998년 부채비율, ROE 및 성장률)은 그래프에서 제외하였습니다.
특이값(1994년~1996년 부채비율과 ROE, 1996년~1999년 3년 평균성장률)은 그래프에서 제외하였습니다.
2009년, 동해펄프에서 무림P&P로 상호 변경하였습니다.

• 한솔PNS (유가증권 / 010420)

- 기타 상품 전문 도매업

구분	94	95	96	97	98	99	00	01	02	03	04	05	06	07	08	09	10	11	12
성장률	자본잠식	13,063.0	3.50	4.24	1.67	1.35	-2.78	-89.40	-160.8	-27.18	-793.8	60.62	11.70	6.42	7.51	6.46	1.57	11.98	1.35
EPS	-543	573	78	122	55	44	-36	-638	-431	-53	-1,282	106	297	169	156	187	187	8	-187
배당금	0	0	0	40	30	10	0	0	0	0	0	0	30	30	15	30	30	15	15
ROE	자본잠식	13,063.0	3.50	6.30	3.65	1.75	-2.78	-89.40	-160.8	-27.18	-793.8	60.62	13.02	7.80	8.31	7.70	1.87	-13.69	1.25
직원의 수					181	183	251	216	173	168	162	166	187	191	206	263	304	319	243
연봉정보					26	24	32	37	32	37	38	43	44	44	43	미공시	41	29	49

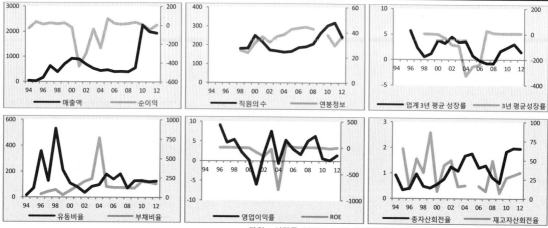

단위 : 성장률, ROE-% / EPS, 주당배당금 - 원 / 직원의 수 - 명 / 연봉정보 - 백만
자본잠식으로 인해, 계산 불가한 값(1994년 부채비율, ROE 및 성장률)은 그래프에서 제외하였습니다.
특이값(1994년~1995년 부채비율, 영업이익률, ROE)은 그래프에서 제외하였습니다.
2009년 연봉정보는 미공시 되었습니다.

• 국일제지 (코스닥 / 078130)

- 기타 종이 및 판지 제조업

구분	94	95	96	97	98	99	00	01	02	03	04	05	06	07	08	09	10	11	12
성장률						31.64	-5.98	19.77	15.35	27.15	8.26	8.91	-22.98	-87.87	-19.50	40.15	8.23	6.99	-18.30
EPS						3,978	-701	2,444	3,396	6,890	3,048	2,459	-3,846	-7,871	-1,900	6,229	1,437	1,297	-2,855
배당금						0	0	0	1,160	1,000	1,000	500	500	0	0	0	0	0	0
ROE						31.64	-5.98	19.77	23.32	31.76	12.29	11.19	-20.33	-87.87	-19.50	40.15	8.23	6.99	-18.30
직원의 수										106	102	105	100	100	96	103	111	123	
연봉정보										41	44	43	42	43	46	50	54	49	

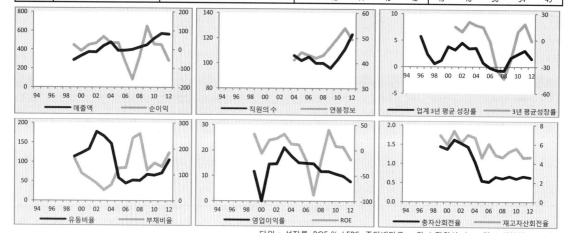

단위 : 성장률, ROE-% / EPS, 주당배당금 - 원 / 직원의 수 - 명 / 연봉정보 - 백만
1999년~2001년 사업보고서 미공시로 인하여 EPS는 감사보고서를 기준으로, 배당금은 0으로 간주해 성장률을 계산하였습니다.
99년~01년 성장률은 업계 3년 평균성장률 계산 과정에서 제외하였습니다.

• 깨끗한나라 (유가증권 / 004540)
- 기타 종이 및 판지 제조업

구분	94	95	96	97	98	99	00	01	02	03	04	05	06	07	08	09	10	11	12
성장률	3.45	1.00	-21.26	1.30	2.00	1.86	-12.14	-727.86	13.99	-18.61	2.60	1.40	-33.98	-83.01	-108.5	-2.92	3.72	1.07	11.99
EPS	1,805	455	-7,398	899	1,600	1,615	-7,860	-30,944	1,169	-2,450	71	40	-715	-2,387	-3,554	-150	158	46	574
배당금	500	0	0	600	150	250	0	0	0	0	0	0	0	0	0	0	0	0	0
ROE	4.77	1.00	-21.26	3.89	2.21	2.20	-12.14	-727.86	13.99	-18.61	2.60	1.40	-33.98	-83.01	-108.5	-2.92	3.72	1.07	11.99
직원의 수					767	721	658	642	619	576	557	583	488	495	494	528	525	543	565
연봉정보					24	25	28	33	35	43	40	40	52	46	51	49	47	50	44

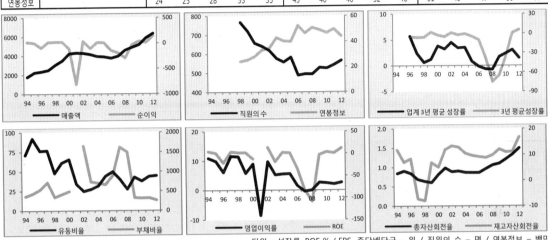

단위 : 성장률, ROE-% / EPS, 주당배당금 - 원 / 직원의 수 - 명 / 연봉정보 - 백만
2011년 3월, ㈜대한펄프에서 깨끗한나라㈜에서 상호 변경하였습니다.
특이값(2001년 부채비율, ROE)은 그래프에서 제외하였습니다.

• 대양제지 (코스닥 / 006580)
- 기타 종이 및 판지 제조업

구분	94	95	96	97	98	99	00	01	02	03	04	05	06	07	08	09	10	11	12
성장률		12.08	-1.24	-140.7	5.67	0.87	14.24	1.07	9.24	-9.11	1.08	-19.44	16.84	8.54	19.92	3.62	4.82	4.40	9.58
EPS		1,506	-117	-6,695	719	184	1,725	888	1,878	-659	257	-1,599	2,118	1,331	3,077	1,677	2,042	1,973	4,034
배당금		250	0	0	0	0	400	800	800	250	150	0	400	400	400	500	500	500	500
ROE		14.48	-1.24	-140.7	5.67	0.87	18.54	10.78	16.10	-6.61	2.60	-19.44	20.76	12.21	22.90	5.16	6.38	5.90	10.94
직원의 수					93	94	89	81		72	69	67	77	71	81	82	97	86	97
연봉정보					27	30	28	34		33	34	35	36	42	41	43	37	45	45

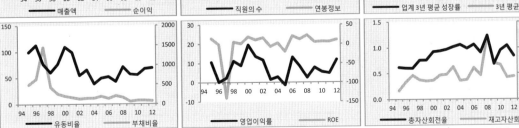

단위 : 성장률, ROE-% / EPS, 주당배당금 - 원 / 직원의 수 - 명 / 연봉정보 - 백만

• 동일제지 (유가증권 / 019300)
- 기타 종이 및 판지 제조업

구분	94	95	96	97	98	99	00	01	02	03	04	05	06	07	08	09	10	11	12
성장률	6.25	26.08	5.26	4.56	7.38	1.61	16.95	6.27	2.89	1.52	6.59	6.05	5.04	5.66	5.45	6.97	6.30	10.80	7.46
EPS	99	468	149	116	153	50	323	145	66	48	155	153	137	158	148	298	242	384	297
배당금	25	60	50	35	40	25	40	35	15	20	25	25	25	25	15	25	50	20	25
ROE	8.35	29.92	7.92	6.52	9.98	3.19	19.35	8.26	3.73	2.61	7.86	7.23	6.17	6.72	6.07	7.61	7.94	11.40	8.15
직원의 수					116	108	104	108	103	108	168	162	170	174	180	187	187	190	205
연봉정보					26	21	26	29	33	28	31	32	33	39	41	40	44	44	46

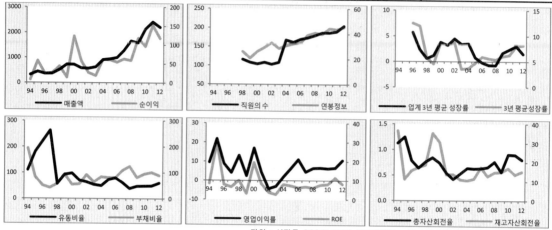

단위 : 성장률, ROE-% / EPS, 주당배당금 - 원 / 직원의 수 - 명 / 연봉정보 - 백만
1988년 6월, 동일공업㈜에서 동일제지㈜로 상호 변경하였습니다.

• 신대양제지 (유가증권 / 016590)
- 기타 종이 및 판지 제조업

구분	94	95	96	97	98	99	00	01	02	03	04	05	06	07	08	09	10	11	12
성장률	11.74	15.84	2.95	-16.26	11.47	0.72	11.38	3.95	7.71	0.28	-0.77	-13.77	9.16	5.78	9.96	4.79	3.58	4.78	8.69
EPS	5,408	4,845	800	-2,221	2,472	520	2,315	1,732	2,582	303	7	-2,246	2,084	1,515	2,522	3,003	2,442	3,217	5,914
배당금	2,500	500	250	0	400	400	500	1,000	1,000	250	150	0	400	400	400	500	500	500	500
ROE	21.83	17.67	4.28	-16.26	13.68	3.10	14.51	9.34	12.58	1.58	0.04	-13.77	11.34	7.86	11.84	5.74	4.51	5.66	9.49
직원의 수					184	180	168	155	160	158	144	132	130	141	143	144	152	147	158
연봉정보					24	23	27	30	32	31	35	37	37	42	42	42	41	47	47

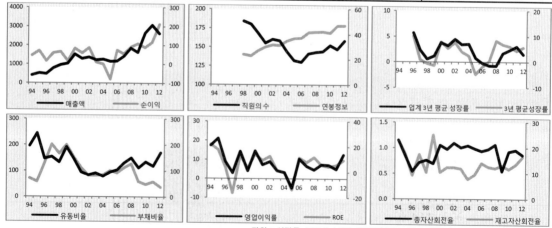

단위 : 성장률, ROE-% / EPS, 주당배당금 - 원 / 직원의 수 - 명 / 연봉정보 - 백만

• 영풍제지 (유가증권 / 006740)

- 기타 종이 및 판지 제조업

구분	94	95	96	97	98	99	00	01	02	03	04	05	06	07	08	09	10	11	12
성장률		21.15	1.41	4.54	-0.52	8.78	18.28	11.72	6.50	4.83	4.05	3.08	6.96	5.01	0.23	4.59	1.07	4.66	4.46
EPS		5,787	972	1,550	122	3,059	3,390	3,943	2,822	2,765	2,623	2,266	4,048	3,285	351	2,460	620	2,616	4,452
배당금		500	500	500	250	600	500	400	600	900	1,000	1,000	1,000	1,000	250	250	100	250	2,000
ROE		23.15	2.90	6.70	0.50	10.92	21.44	13.04	8.26	7.16	6.55	5.51	9.25	7.20	0.78	5.11	1.28	5.15	8.09
직원의 수						196	175	179	187	149	125	112	107	106	99	100	98	104	106
연봉정보						19	19	20	26	32	35	36	37	39	43	40	43	46	50

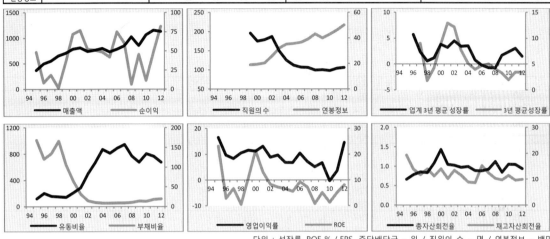

단위 : 성장률, ROE-% / EPS, 주당배당금 – 원 / 직원의 수 – 명 / 연봉정보 – 백만
2002년 결산 월 변경으로 인하여 33기는 제외하였으며, 32기를 2002년 기준으로 작성하였습니다.

· 유틸리티

2012년 유틸리티 상장기업의 전체 매출액은 약 100조원(전년대비 17% 증가)이며, 총 당기순손실은 약 2조 2천억원으로 3년 연속 적자가 이어지고 있습니다. 평균성장률은 5.5%(전년대비 3.9%p 증가), ROE는 7.9%(전년대비 2.9%p 증가)를 기록하며, 3년 연속 성장성과 수익성이 회복되고 있는 모습입니다.
(매출액 및 당기순이익은 단순합계금액이며, 성장률 및 ROE는 단순평균값 입니다)

해당 산업의 직원 수는 약 3만 2천명(전년대비 0.9% 증가)이며, 최근 평균연봉(2012년)은 약 7천 3백만원(전년대비 4.2% 증가)입니다. 업계 직원 수는 최근 6년간 비슷한 수준을 유지하고 있으며, 업계 연봉은 2009년도 이후 매년 약3천만원 이상 증가하고 있는 모습입니다. 최근 3년간 업계 평균 유동비율은 111.5%, 부채비율은 134.3% 입니다.

구 분	총매출액	총 당기순이익	평균성장률	평균 ROE	총 직원수	연봉정보
94	9,568	903	6.6	9.2		
95	12,547	1,154	9.5	12.0		
96	14,873	802	6.1	8.1		
97	17,482	247	-4.2	-2.9		
98	19,615	1,329	3.0	4.4	32,216	23
99	22,443	1,850	5.0	7.9	34,987	24
00	27,804	2,059	8.4	11.8	34,446	26
01	31,333	2,228	4.9	8.4	21,722	30
02	32,537	3,499	5.3	8.5	22,108	41
03	34,357	2,787	5.7	8.7	22,583	44
04	37,978	3,378	4.7	7.5	25,681	47
05	42,673	2,921	3.2	5.6	25,771	53
06	47,273	2,579	6.5	8.9	26,083	55
07	51,239	2,183	6.1	8.7	31,179	59
08	64,220	-2,314	5.9	8.4	31,378	64
09	63,475	840	4.7	6.9	30,616	62
10	73,834	-804	-0.2	1.4	32,162	66
11	85,248	-2,947	1.6	4.0	32,047	70
12	100,193	-2,172	5.5	7.9	32,344	73

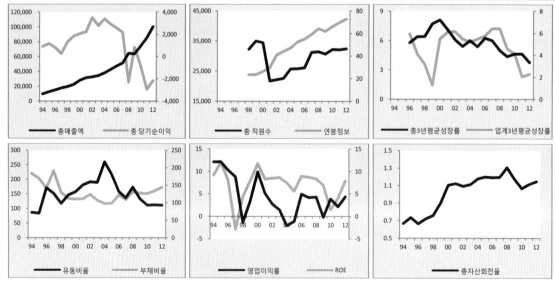

단위 : 총매출액, 총당기순이익 – 십억 / 업계 평균 성장률, ROE-% /직원의 수 – 명 / 연봉정보 – 백만
연봉정보는 1 인당 평균 급여액이며, 대상기업들의 연간 총 급여액을 총 직원의 수로 나눈 금액입니다.
업계 3 년 평균 성장률은 유틸리티업종 전체 상장사의 평균이며, 사업보고서에 근거한 자료만으로 만들었습니다.

• 경남에너지 (유가증권 / 008020)
- 가스 제조 및 배관공급업

구분	94	95	96	97	98	99	00	01	02	03	04	05	06	07	08	09	10	11	12
성장률	4.87	4.51	3.23	4.16	-0.32	-2.82	10.04	4.56	4.35	5.85	3.16	6.66	7.82	7.88	8.22	7.95	6.72	8.86	7.51
EPS	237	176	108	101	35	8	310	226	228	282	201	330	394	421	463	485	625	949	882
배당금	75	75	50	40	40	50	75	100	100	100	100	100	100	100	100	100	100	125	125
ROE	7.13	7.85	6.03	6.87	2.32	0.54	13.25	8.18	7.75	9.06	6.28	9.56	10.49	10.33	10.48	10.02	8.00	10.21	8.75
직원의 수					238	210	180	190	187	196	203	225	220	217	222	222	223	231	244
연봉정보					24	24	28	31	36	41	40	42	43	47	51	52	66	67	64

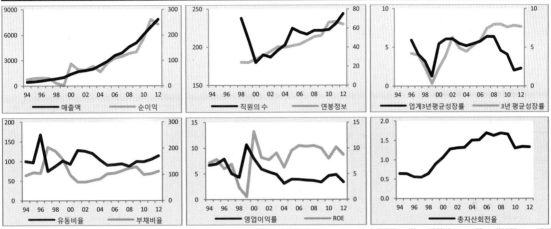

단위 : 성장률, ROE-% / EPS, 주당배당금 – 원 / 직원의 수 – 명 / 연봉정보 – 백만
1972년 7월, 경남연판㈜에서 경남에너지㈜로 상호 변경하였습니다.

• 경동가스 (유가증권 / 012320)
- 가스 제조 및 배관공급업

구분	94	95	96	97	98	99	00	01	02	03	04	05	06	07	08	09	10	11	12
성장률	17.52	15.42	9.78	6.91	6.47	10.00	9.10	10.03	8.53	8.54	7.13	7.57	8.06	8.64	10.47	8.10	10.36	11.19	11.21
EPS	3,995	2,091	2,653	2,049	2,518	3,965	4,094	4,740	4,697	4,924	4,677	5,202	5,885	6,758	8,782	7,629	11,311	14,366	16,337
배당금	750	500	750	500	500	500	750	850	1,000	1,000	1,000	1,000	1,000	1,000	1,000	1,000	1,000	1,100	1,250
ROE	21.57	20.27	13.63	9.14	8.07	11.45	11.14	12.22	10.83	10.72	9.07	9.37	9.70	10.14	11.81	9.32	11.37	12.12	12.14
직원의 수					219	205	234	234	240	238	242	245	234	238	265	266	271	277	284
연봉정보					25	28	28	33	39	39	46	50	59	65	55	63	64	71	75

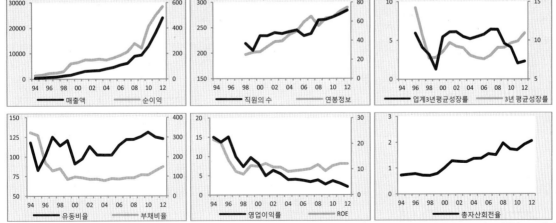

단위 : 성장률, ROE-% / EPS, 주당배당금 – 원 / 직원의 수 – 명 / 연봉정보 – 백만
1996년 2월, 주식회사 울산에너지에서 주식회사 경동도시가스로 상호 변경하였습니다.

• 부산가스 (유가증권 / 015350)
- 가스 제조 및 배관공급업

구분	94	95	96	97	98	99	00	01	02	03	04	05	06	07	08	09	10	11	12
성장률	8.34	8.17	4.57	4.23	4.74	5.34	3.32	4.91	6.15	4.53	4.67	6.02	6.22	5.86	5.30	2.98	5.06	6.06	6.64
EPS	1,191	1,288	1,384	1,359	1,378	1,351	1,548	1,862	1,950	1,938	2,013	2,391	2,406	2,540	2,463	1,856	2,831	3,321	3,727
배당금	500	500	500	500	500	500	1,000	1,000	750	1,000	1,000	1,000	1,000	1,000	1,000	1,000	1,000	1,000	1,000
ROE	14.38	13.36	7.16	6.69	7.44	8.48	9.38	10.61	9.99	9.36	9.29	10.35	10.65	9.67	8.93	6.45	7.82	8.67	9.08
직원의 수					267	263	266	260	254	252	253	253	263	271	274	293	281	331	293
연봉정보					26	36	33	35	40	46	53	59	59	58	55	61	57	54	76

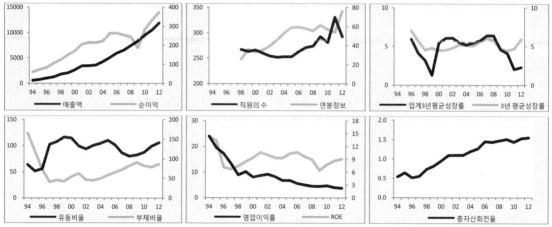

단위 : 성장률, ROE-% / EPS, 주당배당금 – 원 / 직원의 수 – 명 / 연봉정보 – 백만

• 삼천리 (유가증권 / 004690)
- 가스 제조 및 배관공급업

구분	94	95	96	97	98	99	00	01	02	03	04	05	06	07	08	09	10	11	12
성장률	1.12	1.63	2.91	6.55	7.59	6.18	9.04	7.29	8.01	11.14	9.81	7.12	7.96	7.68	6.89	13.86	6.17	2.16	2.56
EPS	904	1,148	1,618	2,359	6,594	6,668	9,549	7,257	9,075	13,586	14,463	11,585	13,631	14,586	13,542	32,271	20,375	9,799	11,284
배당금	500	500	500	500	500	500	750	571	1,000	1,000	1,250	1,250	1,250	1,500	1,500	2,000	2,000	3,000	3,000
ROE	2.50	2.89	4.22	8.31	8.21	6.68	9.82	7.91	9.01	12.02	10.74	7.99	8.76	8.56	7.75	14.78	6.84	3.11	3.48
직원의 수					559	618	786	821	854	892	660	674	706	719	737	766	776	783	788
연봉정보					20	22	23	50	22	31	32	45	46	51	50	55	55	59	58

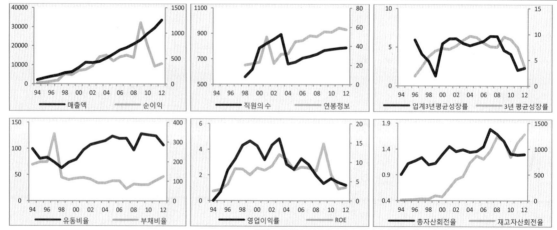

단위 : 성장률, ROE-% / EPS, 주당배당금 – 원 / 직원의 수 – 명 / 연봉정보 – 백만
1984년 10월, 삼천리산업주식회사에서 주식회사 삼천리로 상호 변경하였습니다.

• 서울가스 (유가증권 / 017390)

- 가스 제조 및 배관공급업

구분	94	95	96	97	98	99	00	01	02	03	04	05	06	07	08	09	10	11	12
성장률	3.94	5.83	3.06	4.76	5.55	8.78	6.89	4.44	8.72	9.66	12.32	10.00	13.21	10.40	11.30	6.94	4.46	5.91	7.83
EPS	1,658	2,230	1,474	1,742	2,034	3,226	3,090	2,530	3,387	5,481	8,621	7,752	10,860	10,128	11,679	8,492	12,117	11,098	15,288
배당금	500	500	500	500	1,000	1,000	1,000	1,000	750	1,000	1,000	1,000	1,250	1,250	1,250	1,250	1,250	1,250	1,250
ROE	5.64	7.51	4.63	6.67	7.36	10.39	10.18	7.34	11.20	11.82	13.94	11.49	14.92	11.86	12.65	8.14	4.97	6.67	8.53
직원의 수					492	524	520	543	551	550	557	576	596	615	646	667	626	598	578
연봉정보					23	27	29	40	39	46	51	57	63	67	70	71	76	81	84

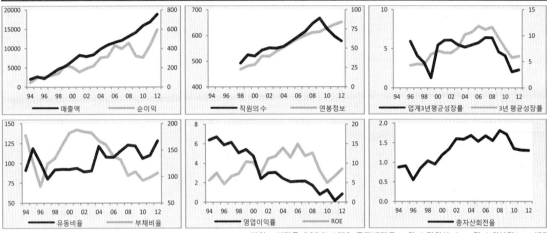

단위 : 성장률, ROE-% / EPS, 주당배당금 – 원 / 직원의 수 – 명 / 연봉정보 – 백만
1983년 11월, 대성산업㈜에서 서울도시가스㈜로 상호 변경하였습니다.

• 예스코 (유가증권 / 015360)

- 가스 제조 및 배관공급업

구분	94	95	96	97	98	99	00	01	02	03	04	05	06	07	08	09	10	11	12
성장률	2.94	5.37	4.30	-31.54	12.70	9.63	6.02	4.17	3.76	7.67	5.17	5.92	4.75	7.93	6.66	2.31	5.50	2.47	2.78
EPS	1,113	1,577	1,848	-3,829	3,746	3,345	2,901	2,293	2,239	4,344	3,517	4,003	3,596	5,458	5,036	3,633	7,213	4,258	4,515
배당금	500	500	500	0	500	500	1,000	900	900	1,250	1,250	1,250	1,250	1,250	1,250	1,250	1,250	1,500	1,350
ROE	5.33	7.86	5.89	-31.54	14.66	11.32	9.18	6.87	6.29	10.77	8.02	8.60	7.28	10.28	8.85	3.52	6.65	3.82	3.96
직원의 수					292	278	280	290	302	324	330	316	336	331	336	344	332	332	327
연봉정보					24	29	30	35	38	42	42	50	55	57	65	61	73	58	76

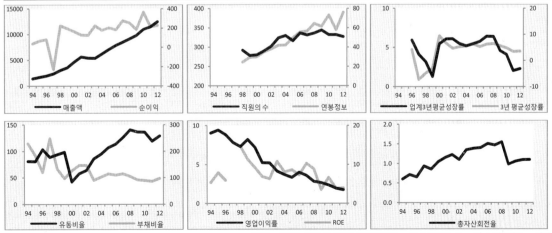

단위 : 성장률, ROE-% / EPS, 주당배당금 – 원 / 직원의 수 – 명 / 연봉정보 – 백만
2006년 3월, 극동도시가스㈜에서 ㈜예스코로 상호 변경하였습니다.
특이값(1997년 ROE)은 그래프에서 제외하였습니다.

유
틸
리
티

• 인천도시가스 (유가증권 / 034590)
- 가스 제조 및 배관공급업

구 분	94	95	96	97	98	99	00	01	02	03	04	05	06	07	08	09	10	11	12
성장률						14.58	15.34	10.58	14.18	10.14	5.13	9.70	5.77	4.66	5.59	2.47	6.19	4.96	3.69
EPS						3,124	2,409	1,740	2,714	2,021	2,077	3,531	3,068	2,398	2,680	1,907	3,245	2,913	2,555
배당금						0	0	0	0	0	1,000	1,250	1,250	1,250	1,250	1,250	1,250	1,250	1,250
ROE						14.58	15.34	10.58	14.18	10.14	9.89	15.01	9.74	9.74	10.47	7.17	10.06	8.68	7.23
직원의 수													176	178	177	179	182	186	190
연봉정보													50	52	57	59	63	63	63

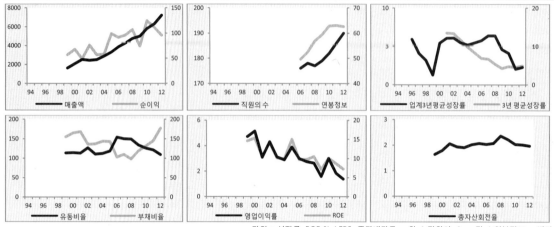

단위 : 성장률, ROE-% / EPS, 주당배당금 - 원 / 직원의 수 - 명 / 연봉정보 - 백만
1983년 3월, 주식회사 경인도시가스공사에서 인천도시가스 주식회사로 상호 변경하였습니다.
1999년~2003년 사업보고서 미공시로 인하여 EPS는 감사보고서를 기준으로, 배당금은 0으로 간주해 성장률을 계산하였습니다.
99년~03년 성장률은 업계 3년 평균성장률 계산 과정에서 제외하였습니다.

• 지에스이 (코스닥 / 053050)
- 가스 제조 및 배관공급업

구 분	94	95	96	97	98	99	00	01	02	03	04	05	06	07	08	09	10	11	12
성장률				6.26	12.31	11.43	16.85	1.08	-2.20	-2.63	-6.46	2.19	3.91	4.48	8.39	9.76	-50.56	7.28	4.30
EPS				359	720	201	320	78	-41	-48	-102	25	110	120	184	219	-512	158	154
배당금				0	25	0	0	50	0	0	0	0	60	60	60	60	25	40	80
ROE				6.26	12.75	11.43	16.85	3.01	-2.20	-2.63	-6.46	2.19	8.61	8.95	12.45	13.45	-48.21	9.75	8.95
직원의 수								16	13	12	37	26	25	26	28	12	55	55	57
연봉정보								15	22	25	15	58	38	37	35	42	52	62	66

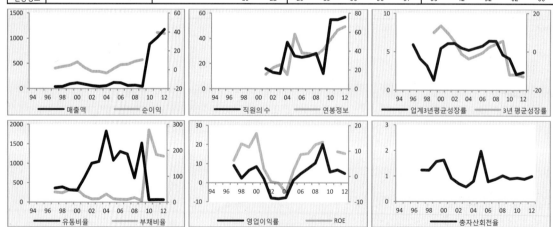

단위 : 성장률, ROE-% / EPS, 주당배당금 - 원 / 직원의 수 - 명 / 연봉정보 - 백만
2010년 3월, ㈜지에스이와 합병하였으며 해당 재무자료는 합병 전, 후로 구분하였습니다.
2010년 6월, ㈜썬텍인포메이션시스템에서 ㈜지에스이로 상호 변경하였습니다.
특이값(2010년 순이익, ROE)은 그래프에서 제외하였습니다.

• 한국가스공사 (유가증권 / 036460)

- 가스 제조 및 배관공급업

구 분	94	95	96	97	98	99	00	01	02	03	04	05	06	07	08	09	10	11	12
성장률		23.88	15.14	-49.06	8.31	9.05	1.92	8.37	6.86	5.73	5.65	3.70	4.59	6.88	6.03	3.53	2.83	2.08	4.85
EPS		5,013	3,798	-6,561	2,644	4,556	1,289	4,231	4,284	4,139	4,579	3,480	3,353	5,065	4,556	3,278	3,448	2,870	6,965
배당금		300	200	0	300	500	675	1,100	1,500	1,650	2,000	1,730	1,100	1,400	1,170	770	620	760	1,640
ROE		25.40	15.98	-49.06	9.37	10.16	4.04	11.31	10.56	9.52	10.03	7.36	6.83	9.51	8.11	4.61	3.45	2.83	6.35
직원의 수						2,389	2,386	2,372	2,441	2,479	2,718	2,700	2,729	2,809	2,806	2,790	2,797	2,815	2,999
연봉정보						29	34	39	44	47	48	54	55	57	62	61	69	78	78

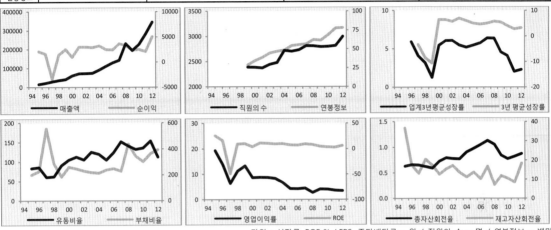

단위 : 성장률, ROE-% / EPS, 주당배당금 – 원 / 직원의 수 – 명 / 연봉정보 – 백만

• 대성홀딩스 (유가증권 / 016710) / 대성에너지 (유가증권 / 117580)

- 비금융 지주회사 / 전기, 가스, 증기 및 공기조절 공급업

구 분	94	95	96	97	98	99	00	01	02	03	04	05	06	07	08	09	10	11	12
성장률		14.67	8.80	20.64	11.41	8.98	9.04	5.56	1.46	2.24	-0.57	7.43	4.31	3.87	6.63	10.39	4.85	0.44	1.68
EPS		1,369	388	781	1,143	1,201	1,060	770	451	331	138	993	564	640	989	2,449	2,449	222	355
배당금		100	100	100	100	100	200	200	300	100	200	200	100	200	200	200	200	200	200
ROE		15.82	11.86	23.67	12.50	9.80	11.15	7.51	4.34	3.21	1.28	9.30	5.24	5.63	8.31	11.31	5.29	4.43	3.85
직원의 수						273	272	319	383	426	453	371	381	394	387	449	432	504	474
연봉정보						22	28	33	32	30	31	41	44	46	49	35	45	46	49

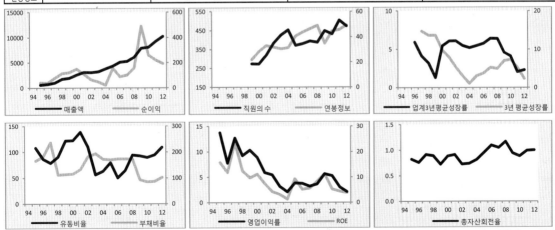

단위 : 성장률, ROE-% / EPS, 주당배당금 – 원 / 직원의 수 – 명 / 연봉정보 – 백만

2009년 대성에너지 인적 분할로 인하여, 2009년 이후의 재무제표를 합산해 그래프를 작성하였습니다.

2009년도는 대성에너지 3개월(10월~12월)치 자료입니다.

EPS는 대성홀딩스 기준입니다.

유
틸
리
티

• 지역난방공사 (유가증권 / 071320)
- 증기, 냉온수 및 공기조절 공급업

구분	94	95	96	97	98	99	00	01	02	03	04	05	06	07	08	09	10	11	12
성장률						4.07	39.36	8.57	8.68	8.47				1.90	1.15	16.78	6.55	0.83	7.07
EPS						5,949	43,438	5,129	5,664	5,957		미공시		1,723	1,047	17,233	8,422	1,360	13,219
배당금						0	0	0	0	0				150	100	425	1,250	350	3,750
ROE						4.07	39.36	8.57	8.68	8.47		4.35	4.44	2.08	1.27	17.20	7.69	1.12	9.86
직원의 수																1,195	1,250	1,335	
연봉정보																61	63	67	

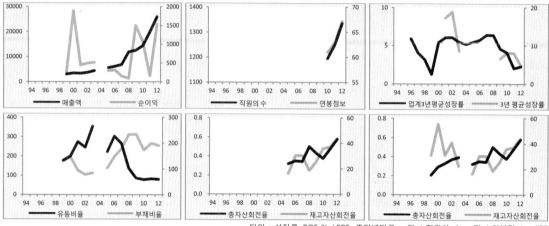

단위 : 성장률, ROE-% / EPS, 주당배당금 – 원 / 직원의 수 – 명 / 연봉정보 – 백만
자료 미공시(2004년 감사보고서, 2005년~2008년 사업보고서)로 인하여, 성장률 계산이 불가합니다.
1992년 5월, ㈜한국지역난방공사에서 한국지역난방공사로 상호 변경하였습니다.

• 에코에너지 (코스닥 / 038870)
- 가스 제조 및 배관공급업

구분	94	95	96	97	98	99	00	01	02	03	04	05	06	07	08	09	10	11	12
성장률				-21.78	-40.42	-15.82	15.77	-0.84	-150.1	-93.71	-82.72	-33.81	-92.01	-62.19	32.75	-26.61	-15.70	-28.08	14.15
EPS				-670	-258	-177	30	-2	-141	-81	-66	-170	-111	-1,965	343	-431	-270	-341	200
배당금				0	0	0	0	0	0	0	0	0	0	0	0	0	0	0	0
ROE				-21.78	-40.42	-15.82	15.77	-0.84	-150.1	-93.71	-82.72	-33.81	-92.01	-62.19	32.75	-26.61	-15.70	-28.08	14.15
직원의 수							43	117	99	27	31	29	10		65	75	84	72	76
연봉정보							17	32	28	38	23	30	82		21	27	30	29	26

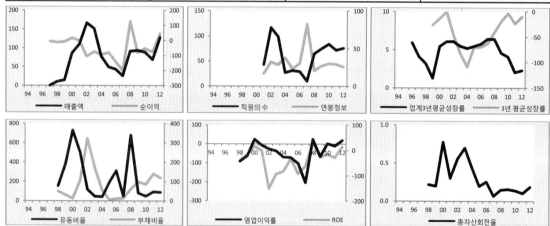

단위 : 성장률, ROE-% / EPS, 주당배당금 – 원 / 직원의 수 – 명 / 연봉정보 – 백만
2007년 11월, 유니보스㈜에서 ㈜에코에너지홀딩스로 상호 변경하였습니다.
2007년 연봉정보는 사업보고서에 의거한 자료입니다.
1기(1997년) 매출은 없습니다.

· 한국전력 (유가증권 / 015760)

- 발전업

구분	94	95	96	97	98	99	00	01	02	03	04	05	06	07	08	09	10	11	12
성장률	7.35	6.47	3.32	2.70	4.92	4.11	4.73	4.28	7.09	4.39	5.35	4.07	3.41	2.48	-7.21	-0.19	-3.07	-7.91	-7.82
EPS	1,447	1,472	952	893	1,777	2,322	2,806	2,783	4,788	3,674	4,574	3,854	3,425	2,504	-4,742	-125	-2,374	-5,642	-5,179
배당금	100	150	58	150	350	350	450	550	800	1,050	1,150	1,150	1,000	750	0	0	0	0	0
ROE	7.90	7.20	3.54	3.25	6.13	4.84	5.63	5.33	8.51	6.15	7.15	5.80	4.82	3.54	-7.21	-0.19	-3.07	-7.91	-7.82
직원의 수					30,149	30,227	29,522	16,634	16,766	17,115	20,201	20,354	20,388	21,004	20,970	20,170	19,927	19,579	19,568
연봉정보					23	23	25	27	41	45	47	53	56	61	66	64	70	71	75

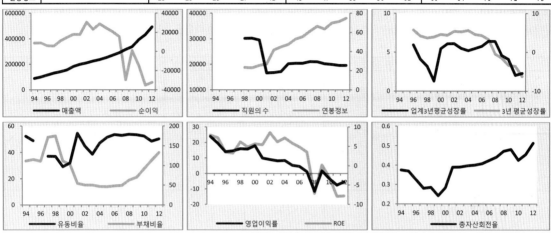

단위 : 성장률, ROE-% / EPS, 주당배당금 – 원 / 직원의 수 – 명 / 연봉정보 – 백만
특이값(1996년 유동비율)은 그래프에서 제외하였습니다.

· 한전KPS (유가증권 / 051600)

- 일반전기 공사업

구분	94	95	96	97	98	99	00	01	02	03	04	05	06	07	08	09	10	11	12
성장률						18.97	22.15	18.48	11.85	14.03	10.53	5.22	9.05	8.65	7.96	10.24	7.39	6.43	9.99
EPS						905	1,317	865	629	834	650	683	1,376	1,417	1,526	2,141	2,186	2,326	2,620
배당금						0	0	0	0	0	0	342	691	700	800	1,070	1,100	1,620	1,440
ROE						18.97	22.15	18.48	11.85	14.03	10.53	10.45	18.18	17.09	16.74	20.47	14.88	21.18	22.18
직원의 수														4,367	4,465	4,383	4,981	5,034	5,131
연봉정보														53	61	62	57	66	68

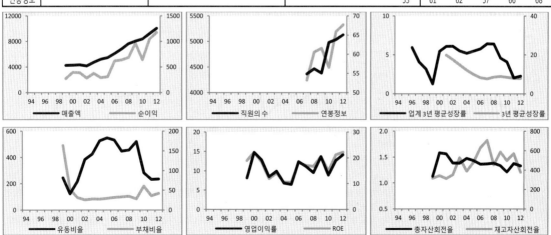

단위 : 성장률, ROE-% / EPS, 주당배당금 – 원 / 직원의 수 – 명 / 연봉정보 – 백만
1999년~2004년 사업보고서 미공시로 인하여 EPS는 감사보고서를 기준으로, 배당금은 0으로 간주해 성장률을 계산하였습니다.
99년~04년 성장률은 업계 3년 평균성장률 계산 과정에서 제외하였습니다.

• 조선

2012년 조선 상장기업의 전체 매출액은 약 66조원(전년대비 2% 감소), 총 당기순이익은 1조 3천억원(전년대비 66% 감소)입니다. 평균성장률은 2.6%(전년대비 2.7%p 감소)이며, ROE는 3.1%(전년대비 4.6%p 감소)를 기록하였습니다. 성장률은 최근 5년 중 가장 낮았으며, 수익성 또한 악화되고 있는 모습입니다. (매출액 및 당기순이익은 단순합계금액이며, 성장률 및 ROE는 단순평균값 입니다)

해당 산업의 직원 수는 약 6만 7천명(전년대비 3% 증가)이며, 최근 평균연봉(2012년)은 약 7천 3백만원(전년대비 2.8% 증가)입니다. 아래 표와 그래프를 통해, 성장성 및 수익성 악화에도 불구하고 업계 연봉은 오히려 높아지는 상반된 현상을 볼 수 있습니다. 최근 3년간 평균 유동비율은 156%, 부채비율은 133.4%입니다.

구 분	총매출액	총 당기순이익	평균성장률	평균 ROE	총 직원수	연봉정보
94	2,689	95	5.5	7.4		
95	7,645	88	7.8	9.1		
96	8,834	-279	-2.4	-2.2		
97	11,092	156	8.3	10.9		
98	12,725	265	9.3	11.6	14,224	28
99	12,714	438	5.5	8.5	42,020	34
00	14,692	-277	5.4	5.7	51,146	36
01	18,862	122	3.3	9.0	52,245	42
02	20,053	140	1.7	8.0	52,671	44
03	21,160	618	4.7	9.4	53,907	46
04	24,733	447	7.9	12.9	55,462	50
05	28,421	472	6.6	11.6	55,932	53
06	34,024	1,432	13.7	15.7	58,400	55
07	43,486	3,606	15.0	18.2	60,361	61
08	58,102	3,636	15.6	15.9	63,314	67
09	63,681	3,848	12.1	13.7	65,258	65
10	63,198	5,365	5.7	10.0	64,672	67
11	67,322	3,858	5.3	7.7	65,680	71
12	66,032	1,315	2.6	3.1	67,740	73

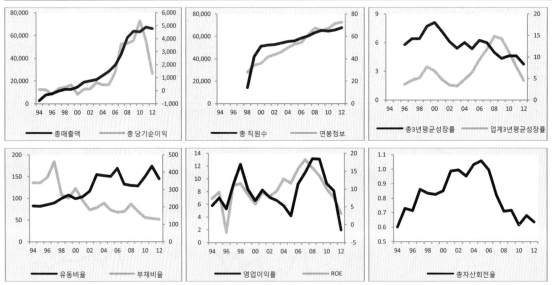

단위 : 총 매출액, 총 당기순이익 – 십억 / 평균 성장률, 평균 ROE - % / 총 직원 수 – 명 / 연봉정보 – 백만
연봉정보는 1 인당 평균 급여액이며, 대상기업들의 연간 총 급여액을 총 직원의 수로 나눈 금액입니다.
업계 3 년 평균 성장률은 조선업종 전체 상장사의 평균이며, 사업보고서에 근거한 자료만으로 만들었습니다.

• 대우조선해양 (유가증권 / 042660)
- 강선 건조업

구분	94	95	96	97	98	99	00	01	02	03	04	05	06	07	08	09	10	11	12
성장률							9.01	20.69	20.63	13.27	9.96	-1.45	0.72	13.66	14.86	14.83	16.46	14.33	1.98
EPS							739	810	1,323	1,321	1,267	40	311	1,704	2,125	3,055	4,127	3,931	725
배당금							0	0	0	350	350	150	250	425	500	500	500	500	250
ROE							9.01	20.69	20.63	18.05	13.77	0.53	3.66	18.20	19.43	17.73	18.73	16.42	3.03
직원의 수							10,267	10,133	9,863	10,552	10,557	10,467	10,677	10,899	11,763	12,192	12,116	12,244	12,781
연봉정보							35	49	44	45	50	57	55	66	67	72	71	72	77

매출액 / 순이익 · 직원의 수 / 연봉정보 · 업계 3년 평균 성장률 / 3년 평균성장률 · 유동비율 / 부채비율 · 영업이익률 / ROE · 총자산회전율 / 재고자산회전율

단위 : 성장률, ROE-% / EPS, 주당배당금 - 원 / 직원의 수 - 명 / 연봉정보 - 백만
2000년 10월, 대우중공업㈜로부터 회사분할에 의해 신설법인으로 설립되었습니다.

• 삼성중공업 (유가증권 / 010140)
- 강선 건조업

구분	94	95	96	97	98	99	00	01	02	03	04	05	06	07	08	09	10	11	12
성장률	8.77	3.93	-36.21	-13.48	4.56	0.45	-13.60	3.20	3.80	5.84	-2.89	2.42	4.37	20.66	22.34	19.78	21.20	16.41	12.10
EPS	1,427	645	-4,157	-1,293	894	46	-981	239	461	652	-142	671	675	2,178	2,899	3,105	4,516	3,989	3,419
배당금	0	0	0	0						150	150	250	250	500	500	500	500	500	500
ROE	8.77	3.93	-36.21	-13.48	4.56	0.45	-13.60	3.20	5.64	7.58	-1.41	3.85	6.93	26.82	26.99	23.58	23.84	18.76	14.18
직원의 수					8,501	8,332	7,257	6,940	6,975	7,918	8,289	8,581	9,996	11,156	12,020	12,623	13,204	13,185	13,504
연봉정보					30	33	36	46	52	48	60	60	55	65	70	65	70	76	77

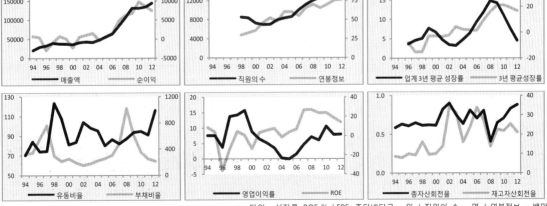

매출액 / 순이익 · 직원의 수 / 연봉정보 · 업계 3년 평균 성장률 / 3년 평균성장률 · 유동비율 / 부채비율 · 영업이익률 / ROE · 총자산회전율 / 재고자산회전율

단위 : 성장률, ROE-% / EPS, 주당배당금 - 원 / 직원의 수 - 명 / 연봉정보 - 백만

조선

• 한진중공업홀딩스 (유가증권 / 003480) / 한진중공업 (유가증권 / 097230)

- 비금융 지주회사 / 강선 건조업

구분	94	95	96	97	98	99	00	01	02	03	04	05	06	07	08	09	10	11	12
성장률	9.29	5.43	0.95	5.33	8.45	7.26	-1.02	-0.48	0.88	0.64	2.42	0.78	5.98	6.09	3.71	0.21	0.09	-0.25	0.28
EPS	1,146	567	103	830	2,274	2,102	168	162	412	411	767	457	1,841	2,249	3,125	281	179	268	389
배당금	0	0	0	250	600	350	350	250	250	300	300	300	400	0	600	250	200	250	250
ROE	9.29	5.43	0.95	7.62	11.48	8.71	0.94	0.89	2.24	2.36	3.98	2.28	7.64	6.09	4.59	1.91	-0.74	-3.74	0.80
직원의 수					2,990	4,908	4,493	4,562	3,709	3,557	3,819	3,939	4,024	3,979	4,260	4,167	3,483	2,797	2,645
연봉정보					21	28	29	31	32	34	38	41	46	22	53	46	45	46	54

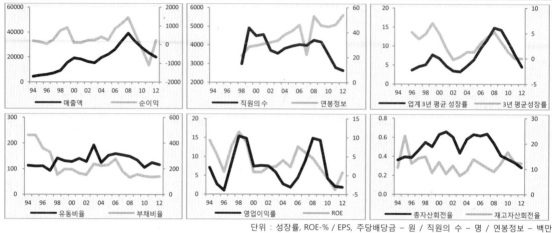

단위 : 성장률, ROE-% / EPS, 주당배당금 – 원 / 직원의 수 – 명 / 연봉정보 – 백만
2007년 한진중공업 인적 분할로 인하여, 2007년 이후의 재무제표를 합산해 그래프를 작성하였습니다.
EPS는 한진중공업홀딩스 기준입니다.

• 현대미포조선 (유가증권 / 010620)

- 강선 건조업

구분	94	95	96	97	98	99	00	01	02	03	04	05	06	07	08	09	10	11	12
성장률	-1.68	2.69	-8.30	8.88	6.92	10.93	-0.44	-24.14	-40.68	12.94	17.58	13.93	15.31	12.46	18.69	12.26	9.19	5.87	2.56
EPS	354	739	-616	1,508	2,508	3,540	645	-4,846	-5,749	2,471	5,426	6,456	11,959	27,357	26,890	19,578	22,703	11,631	5,681
배당금	500	500	0	500	600	600	750	0	0	0	1,250	1,500	2,500	7,500	5,000	3,000	3,500	2,000	1,500
ROE	4.07	8.31	-8.30	13.28	9.09	13.16	2.70	-24.14	-40.68	12.94	22.85	18.15	19.36	17.17	22.96	14.47	10.86	7.09	3.48
직원의 수					2,733	2,739	3,239	3,850	3,877	3,801	3,811	3,669	3,656	3,702	3,675	3,650	3,607	3,649	3,671
연봉정보					29	29	32	32	40	48	46	46	51	58	64	63	64	72	70

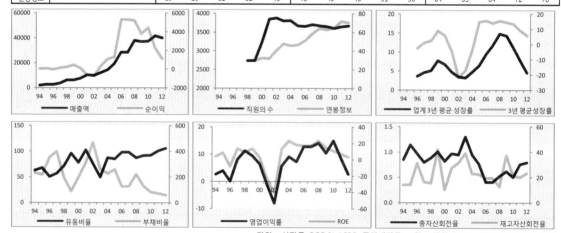

단위 : 성장률, ROE-% / EPS, 주당배당금 – 원 / 직원의 수 – 명 / 연봉정보 – 백만
1994년 2월, ㈜현대미포조선소에서 ㈜현대미포조선으로 상호 변경하였습니다.

조
선

• STX 조선해양 (유가증권 / 067250)
- 강선 건조업

구분	94	95	96	97	98	99	00	01	02	03	04	05	06	07	08	09	10	11	12
성장률					자본잠식	-20.67	-3.96	5.33	7.49	5.22	2.29	-4.64	4.54	17.92	1.84	-1.10	3.55	-2.07	-56.63
EPS					7,375	-8,877	-1,571	498	1,067	986	540	-131	693	2,282	608	-2,198	996	-251	-7,467
배당금					0	0	0	0	625	625	375	250	275	375	250	200	200	200	0
ROE					자본잠식	-20.67	-3.96	5.33	18.08	14.26	7.49	-1.59	7.52	21.45	3.13	-1.01	4.44	-1.15	-56.63
직원의 수									1,403	1,513	1,540	1,683	1,865	1,741	2,177	2,472	2,722	2,996	3,091
연봉정보									36	38	42	44	50	61	67	62	62	60	73

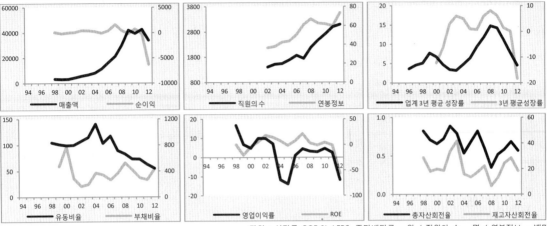

단위 : 성장률, ROE-% / EPS, 주당배당금 - 원 / 직원의 수 - 명 / 연봉정보 - 백만
자본잠식으로 인해, 계산 불가한 값(1998년 성장률, ROE)은 그래프에서 제외하였습니다.
2009년 3월, STX조선㈜에서 STX조선해양㈜로 상호 변경하였습니다.

• 에이치엘비 (코스닥 / 028300)
- 구명정 및 구명정 진수장치 제조 및 판매업

구분	94	95	96	97	98	99	00	01	02	03	04	05	06	07	08	09	10	11	12
성장률		26.46	39.28	19.92	자본잠식		1030.7	124.29	-17.77	-277.2	501.29	-58.61	-48.84	-101.8	-53.86	-33.81	-176.9	-6.32	-12.32
EPS		1	1	0	-35,292	-25,374	12,453	-3,992	-1,944	-4,852	-653	-926	-1,196	-1,314	-703	-130	-2,131	-79	-162
배당금		0	0	0	0	0	0	0	0	0	0	0	0	0	0	0	0	0	0
ROE		26.46	39.28	19.92	자본잠식		1030.7	124.29	-17.77	-277.2	501.29	-58.61	-48.84	-101.8	-53.86	-33.81	-176.9	-6.32	-12.32
직원의 수					102	102	100	88		67	3	91	78	55	21	66	67	60	106
연봉정보					10	20	22	21		17	24	16	37	45	60	121	46	42	45

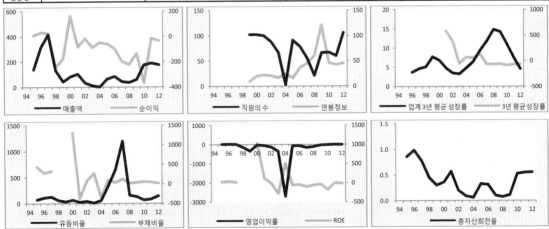

단위 : 성장률, ROE-% / EPS, 주당배당금 - 원 / 직원의 수 - 명 / 연봉정보 - 백만
자본잠식으로 인해, 계산 불가한 값(1998년~1999년 부채비율과 ROE 및 성장률)은 그래프에서 제외하였습니다.
특이값(1997년~2000년 평균성장률)은 그래프에서 제외하였습니다.
*2004년 8월, 전임직원과의 협의를 통해 명예퇴직을 실시(45명 인원 구조조정)

• 현진소재 (코스닥 / 053660)
- 금속단조제품 제조업

구분	94	95	96	97	98	99	00	01	02	03	04	05	06	07	08	09	10	11	12
성장률				16.57	10.64	7.87	19.35	21.11	3.80	-4.80	19.38	31.71	13.61	13.66	4.18	10.13	-11.84	1.81	0.48
EPS				158	13	12	36	455	152	-119	719	1,755	1,584	1,676	508	1,678	-1,550	241	115
배당금				50	2	1	8	75	50	0	100	0	200	200	0	250	0	0	50
ROE				24.23	12.41	8.78	24.46	25.28	5.67	-4.80	22.51	31.71	14.05	15.51	4.18	11.90	-11.84	1.81	0.85
직원의 수							88	61	75	80	111	176	247	295	279	305	332	306	
연봉정보							23	24	26	25	26	27	28	34	40	37	40	47	

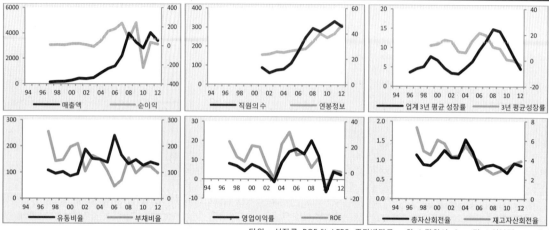

단위 : 성장률, ROE-% / EPS, 주당배당금 – 원 / 직원의 수 – 명 / 연봉정보 – 백만
2000년 4월, 현진공업㈜에서 현진소재㈜로 상호 변경하였습니다.

• 두산엔진 (유가증권 / 082740)
- 내연기관 제조업

구분	94	95	96	97	98	99	00	01	02	03	04	05	06	07	08	09	10	11	12
성장률							20.34	40.86	30.56	11.61	1.22	9.86	16.16	21.13	-1041.3	-319.2	69.64	35.51	8.44
EPS							508	760	960	393	104	704	1,747	3,433	-17,093	-8,014	4,252	3,016	782
배당금							0	0	0	50	0	0	50	50	0	0	0	0	0
ROE							20.34	40.86	30.56	13.30	1.22	9.86	16.63	21.44	-1041.3	-319.2	69.64	35.51	8.44
직원의 수										818	863	1,010	1,286	1,271	1,280	1,283	1,166		
연봉정보										55	63	54	57	58	60	70	77		

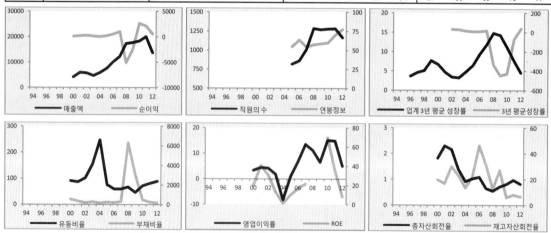

단위 : 성장률, ROE-% / EPS, 주당배당금 – 원 / 직원의 수 – 명 / 연봉정보 – 백만
2005년 3월, HSD엔진 주식회사에서 두산엔진 주식회사로 상호 변경하였습니다.
2000년~2002년 사업보고서 미공시로 인하여 EPS는 감사보고서를 기준으로, 배당금은 0으로 간주해 성장률을 계산하였습니다.
00년~02년 성장률은 업계 3년 평균성장률 계산 과정에서 제외하였습니다.
특이값(2008년~2009년 ROE)은 그래프에서 제외하였습니다.

• 에스엔더블류 (코스닥 / 103230)

- 내연기관 제조업

구 분	94	95	96	97	98	99	00	01	02	03	04	05	06	07	08	09	10	11	12
성장률							0.31	9.03	17.52	-6.77	33.60	30.87	19.42	21.70	8.38	12.65	4.62	-2.47	4.66
EPS							3	99	232	-93	697	926	706	1,060	379	844	449	-178	356
배당금							0	0	0	0	0	0	0	0	0	100	100	0	0
ROE							0.31	9.03	17.52	-6.77	33.60	30.87	19.42	21.70	8.38	14.35	5.94	-2.47	4.66
직원의 수																228	224	244	216
연봉정보																29	29	28	31

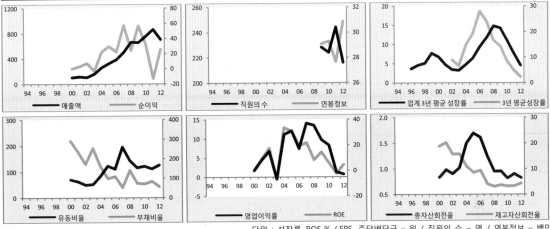

단위 : 성장률, ROE-% / EPS, 주당배당금 - 원 / 직원의 수 - 명 / 연봉정보 - 백만

2000년~2006년 사업보고서 미공시로 인하여 EPS는 감사보고서를 기준으로, 배당금은 0으로 간주해 성장률을 계산하였습니다.
00년~06년 성장률은 업계 3년 평균성장률 계산 과정에서 제외하였습니다.

• 케이에스피 (코스닥 / 073010)

- 내연기관 제조업

구 분	94	95	96	97	98	99	00	01	02	03	04	05	06	07	08	09	10	11	12
성장률							15.86	22.42	11.56	19.06	13.18	17.27	25.73	-2.28	-540.6	72.98	-1.07	8.05	0.59
EPS							95	192	212	249	392	465	638	-57	-5,769	3,340	-107	732	44
배당금							0	0	75	0	125	125	0	0	0	0	0	125	0
ROE							15.86	22.42	17.88	19.06	19.35	23.62	25.73	-2.28	-540.6	72.98	-1.07	9.71	0.59
직원의 수										71	91	85	133	123	86	99	114	103
연봉정보										18	20	23	32	27	30	20	37	29

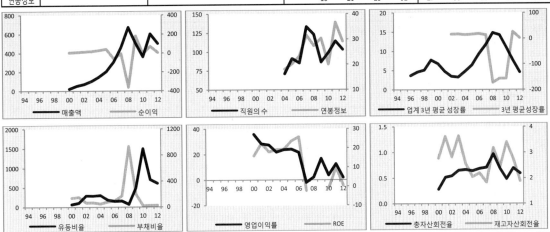

단위 : 성장률, ROE-% / EPS, 주당배당금 - 원 / 직원의 수 - 명 / 연봉정보 - 백만

2000년~2001년 사업보고서 미공시로 인하여 EPS는 감사보고서를 기준으로, 배당금은 0으로 간주해 성장률을 계산하였습니다.
00년~01년 성장률은 업계 3년 평균성장률 계산 과정에서 제외하였습니다.
특이값(2008년~2009년 ROE)은 그래프에서 제외하였습니다.

조선

· STX 엔진 (유가증권 / 077970)

- 내연기관 제조업

구분	94	95	96	97	98	99	00	01	02	03	04	05	06	07	08	09	10	11	12
성장률											3.84	0.39	15.90	23.36	16.17	17.68	6.97	7.19	-8.10
EPS											416	155	1,485	2,820	3,374	4,439	2,035	2,229	-2,045
배당금											250	125	325	375	250	250	250	250	0
ROE											9.62	2.01	20.35	26.94	17.46	18.74	7.94	8.10	-8.10
직원의 수											668	839	854	976	1,137	1,099	1,066	1,035	1,320
연봉정보											9	44	52	53	44	50	56	61	49

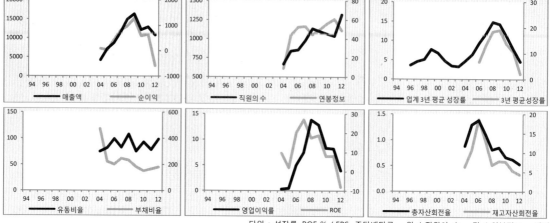

단위 : 성장률, ROE-% / EPS, 주당배당금 – 원 / 직원의 수 – 명 / 연봉정보 – 백만
2004년 4월, 주식회사 STX에서 인적 분할방식으로 설립되었습니다.

· 현대중공업 (유가증권 / 009540)

- 비철금속 선박 및 기타 항해용 선박 건조업

구분	94	95	96	97	98	99	00	01	02	03	04	05	06	07	08	09	10	11	12
성장률	0.53	0.29	8.61	2.62	5.32	16.20	-2.76	-8.92	0.90	-1.21	2.30	12.77	23.26	34.93	19.74	18.43	11.55	6.27	
EPS	630	325	4,163	2,569	5,443	238	-1,376	-4,899	2,068	569	2,842	11,053	27,778	37,340	35,705	46,594	31,751	18,031	
배당금	400	200	600	600	1,000	1,000	0	0	1,500	1,250	1,500	2,500	7,500	5,000	3,500	7,000	4,000	2,500	
ROE	1.45	0.74	10.06	3.42	6.52	-5.06	-2.76	-8.92	3.28	1.01	4.87	16.50	31.87	40.33	21.88	21.69	13.22	7.28	
직원의 수					25,939	25,788	26,090	26,044	25,771	25,958	24,968	25,398	25,308	25,240	24,982	24,222	24,948	26,255	
연봉정보					36	38	41	44	48	51	54	57	67	73	70	73	78	75	

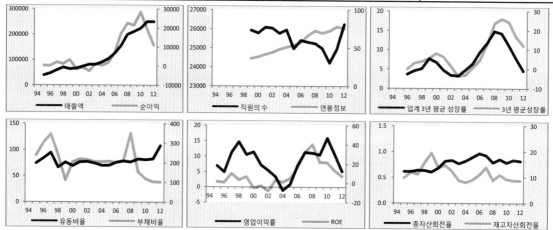

단위 : 성장률, ROE-% / EPS, 주당배당금 – 원 / 직원의 수 – 명 / 연봉정보 – 백만
1978년, 현대조선중공업주식회사에서 현대중공업주식회사로 상호 변경하였습니다.
2001년 6월, 최대주주가 현대상선㈜에서 정몽준으로 변경되었습니다.

조
선

• 대양전기공업 (코스닥 / 108380)

- 선박 구성부분품 제조업

구 분	94	95	96	97	98	99	00	01	02	03	04	05	06	07	08	09	10	11	12
성장률						2.48	2.57	16.62	20.35	8.34	13.77	18.10	24.97	22.25	19.27	18.87	18.75	10.71	11.19
EPS						20	23	159	244	109	209	321	593	694	1,136	1,469	1,719	1,276	1,275
배당금						0	0	0	0	0	0	0	0	0	0	0	0	0	0
ROE						2.48	2.57	16.62	20.35	8.34	13.77	18.10	24.97	22.25	19.27	18.87	18.75	10.71	11.19
직원의 수																		388	385
연봉정보																		39	41

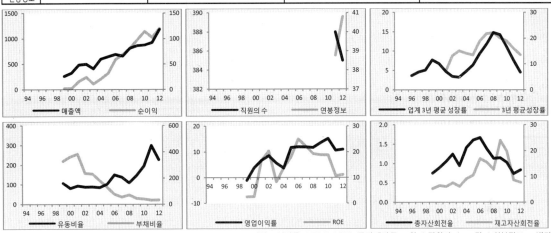

단위 : 성장률, ROE-% / EPS, 주당배당금 - 원 / 직원의 수 - 명 / 연봉정보 - 백만
1999년~2008년 사업보고서 미공시로 인하여 EPS는 감사보고서를 기준으로, 배당금은 0으로 간주해 성장률을 계산하였습니다.
99년~08년 성장률은 업계 3년 평균성장률 계산 과정에서 제외하였습니다.

• 대창솔루션 (코스닥 / 096350)

- 선박 구성부분품 제조업

구 분	94	95	96	97	98	99	00	01	02	03	04	05	06	07	08	09	10	11	12
성장률						2.06	-28.66	7.21	7.16	4.63	23.06	-29.14	23.89	12.00	14.41	13.89	7.07	1.79	-3.52
EPS						22	-237	64	69	47	301	59	732	755	795	902	587	185	-211
배당금						0	0	0	0	0	0	104	100	80	100	120	60	50	50
ROE						2.06	-28.66	7.21	7.16	4.63	23.06	38.19	27.68	13.42	16.48	16.02	7.87	2.45	-2.85
직원의 수										134	175	141	165	160	160				
연봉정보										34	37	43	38	43	42				

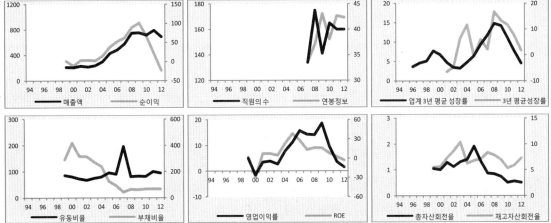

단위 : 성장률, ROE-% / EPS, 주당배당금 - 원 / 직원의 수 - 명 / 연봉정보 - 백만
1999년~2004년 사업보고서 미공시로 인하여 EPS는 감사보고서를 기준으로, 배당금은 0으로 간주해 성장률을 계산하였습니다.
99년~04년 성장률은 업계 3년 평균성장률 계산 과정에서 제외하였습니다.

조선

• 동방선기 (코스닥 / 099410)

- 선박 구성부분품 제조업

구분	94	95	96	97	98	99	00	01	02	03	04	05	06	07	08	09	10	11	12
성장률											29.68	29.48	32.91	19.52	24.68	12.20	4.61	2.05	-5.37
EPS											768	375	521	633	1,588	1,044	288	133	-343
배당금											0	0	0	100	100	100	0	0	0
ROE											29.68	29.48	32.91	23.18	26.34	13.50	4.61	2.05	-5.37
직원의 수																134	129	120	111
연봉정보																20	23	17	22

단위 : 성장률, ROE-% / EPS, 주당배당금 - 원 / 직원의 수 - 명 / 연봉정보 - 백만

• 디엠씨 (코스닥 / 101000)

- 선박 구성부분품 제조업

구분	94	95	96	97	98	99	00	01	02	03	04	05	06	07	08	09	10	11	12
성장률													15.77	22.35	23.12	11.91	-15.03	-62.20	-43.61
EPS													278	508	676	486	-775	-1,313	-636
배당금													0	0	0	0	0	0	0
ROE													15.77	22.35	23.12	11.91	-15.03	-62.20	-43.61
직원의 수																128	144	128	111
연봉정보																34	32	42	41

단위 : 성장률, ROE-% / EPS, 주당배당금 - 원 / 직원의 수 - 명 / 연봉정보 - 백만
2006년~2007년 사업보고서 미공시로 인하여 EPS는 감사보고서를 기준으로, 배당금은 0으로 간주해 성장률을 계산하였습니다.
06년~07년 성장률은 업계 3년 평균성장률 계산 과정에서 제외하였습니다.

조
선

• 소셜미디어 99 (코스닥 / 064820)

- 선박 구성부분품 제조업

구분	94	95	96	97	98	99	00	01	02	03	04	05	06	07	08	09	10	11	12
성장률						25.02	18.31	22.11	24.42	31.48	25.91	22.92	23.12	14.07	-5.52	7.65	0.08	2.33	2.94
EPS						326	505	385	539	1,015	1,084	1,413	1,799	1,947	-508	930	109	365	347
배당금						0	0	0	0	0	0	75	150	150	50	100	100	99	0
ROE						25.02	18.31	22.11	24.42	31.48	25.91	24.21	25.22	15.24	-5.03	8.58	0.98	3.20	2.94
직원의 수														101	139	134	110	113	113
연봉정보														29	40	38	37	50	33

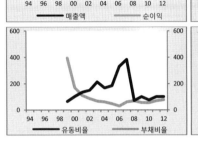
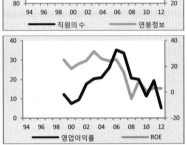
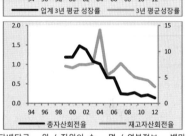

단위 : 성장률, ROE-% / EPS, 주당배당금 - 원 / 직원의 수 - 명 / 연봉정보 - 백만
1999년~2004년 사업보고서 미공시로 인하여 EPS는 감사보고서를 기준으로, 배당금은 0으로 간주해 성장률을 계산하였습니다.
99년~04년 성장률은 업계 3년 평균성장률 계산 과정에서 제외하였습니다.

• 오리엔탈정공 (코스닥 / 014940)

- 선박 구성부분품 제조업

구분	94	95	96	97	98	99	00	01	02	03	04	05	06	07	08	09	10	11	12
성장률				12.35	6.93	7.07	17.35	6.50	7.06	2.12	2.09	2.65	1.16	5.72	8.28	8.41	-2.87	-496.09	자본잠식
EPS				115	187	241	423	256	223	101	102	66	79	228	574	503	-171	-4,735	-15,643
배당금				20	100	150	50	60	60	50	50	0	50	75	100	0	0	0	0
ROE				14.96	14.89	18.72	19.68	8.49	9.65	4.19	4.11	2.65	3.17	8.52	10.02	8.41	-2.87	-496.09	자본잠식
직원의 수							416	406	412	431	435	480	583	663	582	584	635	435
연봉정보							29	30	33	35	38	37	39	42	38	42	42	44

단위 : 성장률, ROE-% / EPS, 주당배당금 - 원 / 직원의 수 - 명 / 연봉정보 - 백만
자본잠식으로 인해, 계산 불가한 값(2012년 부채비율, ROE 및 성장률)은 그래프에서 제외 및 보정하였습니다.
1990년 3월, 오리엔탈휘팅에서 오리엔탈정공으로 상호 변경하였습니다.

• 인화정공 (코스닥 / 101930)

- 선박 구성부분품 제조업

구분	94	95	96	97	98	99	00	01	02	03	04	05	06	07	08	09	10	11	12
성장률										17.10	32.98	50.24	36.38	28.23	32.59	15.30	9.06	8.12	3.93
EPS										427	1,579	4,835	3,237	7,418	5,809	3,311	3,698	1,215	555
배당금										0	0	0	0	0	0	0	1,000	200	50
ROE										17.10	32.98	50.24	36.38	28.23	32.59	15.30	12.42	9.72	4.32
직원의 수																	57	77	76
연봉정보																	32	33	36

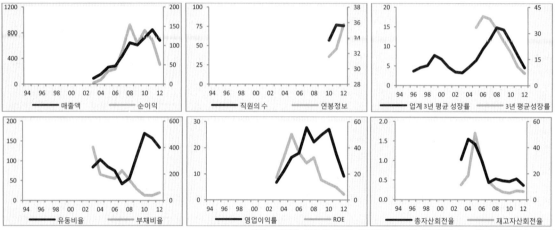

단위 : 성장률, ROE-% / EPS, 주당배당금 - 원 / 직원의 수 - 명 / 연봉정보 - 백만
2003년~2007년 사업보고서 미공시로 인하여 EPS는 감사보고서를 기준으로, 배당금은 0으로 간주해 성장률을 계산하였습니다.
03년~07년 성장률은 업계 3년 평균성장률 계산 과정에서 제외하였습니다.

• 중앙오션 (코스닥 / 054180)

- 선박 구성부분품 제조업

구분	94	95	96	97	98	99	00	01	02	03	04	05	06	07	08	09	10	11	12
성장률						8.39	39.21	6.35	-29.09	-94.69	-895.8	-128.7	-417.2	-183.3	-93.18	6.99	-82.86	-71.35	38.23
EPS						99	602	322	-774	-1,240	-511	-734	-542	-102,395	-24,940	45	-859	-309	270
배당금						0	0	100	0	0	0	0	0	0	0	0	0	0	0
ROE						8.39	39.21	9.21	-29.09	-94.69	-895.8	-128.7	-417.2	-183.3	-93.18	6.99	-82.86	-71.35	38.23
직원의 수							66	76	72	35	26	16	15	12	12	29	25	25
연봉정보							20	33	29	40	29	25	29	46	31	50	42	42

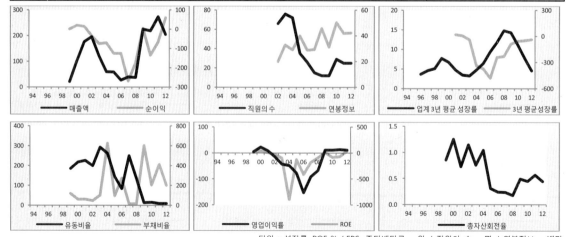

단위 : 성장률, ROE-% / EPS, 주당배당금 - 원 / 직원의 수 - 명 / 연봉정보 - 백만
2007년 결산 월 변경으로 인하여 9기는 제외하였으며, 8기를 2006년 기준으로 작성하였습니다.
2010년 8월, ㈜메가바이온에서 ㈜중앙오션으로 상호 변경하였습니다.

조
선

• 한라 IMS (코스닥 / 092460)

- 선박 구성부분품 제조업

구분	94	95	96	97	98	99	00	01	02	03	04	05	06	07	08	09	10	11	12
성장률											24.24	1.51	27.08	12.62	13.82	12.83	6.77	6.19	6.28
EPS											1,219	974	846	973	853	981	672	557	384
배당금											0	919	0	200	300	300	300	200	0
ROE										24.05	24.24	26.69	27.08	15.88	21.32	18.48	12.24	9.66	6.28
직원의 수														84	96	106	125	139	145
연봉정보														22	30	31	31	34	35

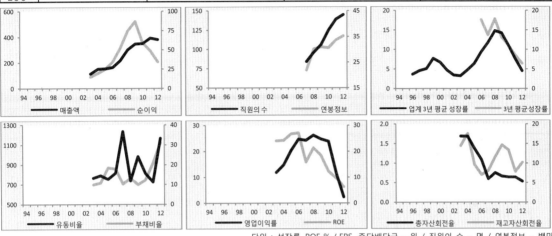

단위 : 성장률, ROE-% / EPS, 주당배당금 – 원 / 직원의 수 – 명 / 연봉정보 – 백만

2004년 사업보고서 미공시로 인하여 EPS는 감사보고서를 기준으로, 배당금은 0으로 간주해 성장률을 계산하였습니다.

04년 성장률은 업계 3년 평균성장률 계산 과정에서 제외하였습니다.

2009년 10월, 한라레벨㈜에서 한라아이엠에스㈜로 상호 변경하였습니다.

• 해덕파워웨이 (코스닥 / 102210)

- 선박 구성부분품 제조업

구분	94	95	96	97	98	99	00	01	02	03	04	05	06	07	08	09	10	11	12
성장률						14.58	22.88	23.24	17.30	14.58	9.90	33.13	35.79	29.03	28.10	15.90	10.48	8.42	8.48
EPS						114	159	301	270	267	201	857	1,273	2,165	1,594	1,845	1,125	885	861
배당금						0	0	0	0	0	0	0	0	0	0	200	200	100	0
ROE						14.58	22.88	23.24	17.30	14.58	9.90	33.13	35.79	29.03	28.10	17.83	12.75	9.49	8.48
직원의 수																103	88	115	96
연봉정보																37	41	38	51

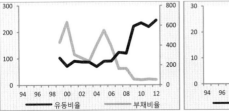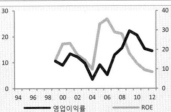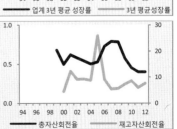

단위 : 성장률, ROE-% / EPS, 주당배당금 – 원 / 직원의 수 – 명 / 연봉정보 – 백만

1999년~2006년 사업보고서 미공시로 인하여 EPS는 감사보고서를 기준으로, 배당금은 0으로 간주해 성장률을 계산하였습니다.

99년~06년 성장률은 업계 3년 평균성장률 계산 과정에서 제외하였습니다.

2010년 3월, 해덕선기㈜에서 ㈜해덕파워웨이로 상호 변경하였습니다.

• 삼영이엔씨 (코스닥 / 065570)

- 선박 전자 장비 제조업

구분	94	95	96	97	98	99	00	01	02	03	04	05	06	07	08	09	10	11	12
성장률					25.03	22.86	48.98	30.83	19.13	3.33	6.58	8.61	2.81	1.90	17.09	15.26	12.73	11.52	10.53
EPS					197	389	635	578	567	245	193	515	293	265	888	923	940	968	984
배당금					0	0	0	0	100	150	0	250	200	200	200	200	200	210	210
ROE					25.03	22.86	48.98	30.83	23.22	8.59	6.58	16.73	8.86	7.76	22.05	19.48	16.18	14.72	13.39
직원의 수						169				169	200	214	232	238	232	246	242	252	252
연봉정보						15				20	19	21	22	23	25	24	26	27	28

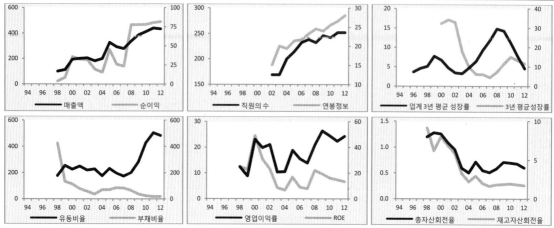

단위 : 성장률, ROE-% / EPS, 주당배당금 – 원 / 직원의 수 – 명 / 연봉정보 – 백만
2001년 1월, 삼영전자공업㈜에서 삼영이엔씨㈜로 상호 변경하였습니다.

• STX중공업 (유가증권 / 071970)

- 기타 기관 및 터빈 제조업

구분	94	95	96	97	98	99	00	01	02	03	04	05	06	07	08	09	10	11	12
성장률								-3.16	1.47	-13.40	6.63	4.35	7.06	19.15	15.38	8.02	1.14	0.92	-0.12
EPS								-535	278	-1,300	502	212	473	1,875	2,559	1,436	287	301	106
배당금								0	0	0	0	0	0	375	375	200	150	150	125
ROE								-3.16	1.47	-13.40	6.63	4.35	7.06	23.94	18.02	9.32	2.39	1.84	0.65
직원의 수																557	604	641	667
연봉정보																46	43	46	43

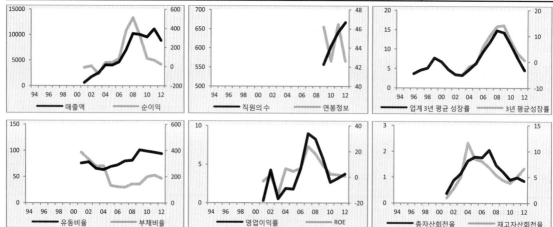

단위 : 성장률, ROE-% / EPS, 주당배당금 – 원 / 직원의 수 – 명 / 연봉정보 – 백만
2001년~2006년 사업보고서 미공시로 인하여 EPS는 감사보고서를 기준으로, 배당금은 0으로 간주해 성장률을 계산하였습니다.
01년~06년 성장률은 업계 3년 평균성장률 계산 과정에서 제외하였습니다.

• 기계

2012년 기계 상장기업의 전체 매출액은 약 15조원(전년대비 2% 성장)이며, 총 당기순이익은 약 3천 2백억원(전년대비 48% 감소)입니다. 평균성장률은 4.6%(전년대비 3.2%p 감소), ROE는 5.8%(전년대비 3.1%p 감소)로 최근 3년간 하락하는 모습을 보였습니다. (매출액 및 당기순이익은 단순합계금액이며, 성장률 및 ROE는 단순평균값입니다)

해당 산업의 총 직원의 수는 약 2만 7천명(전년대비 9% 증가)이며, 최근 평균연봉(2012년)은 약 4천 7백만원(전년대비 6% 증가)입니다. 성장성 및 수익성 악화에도 불구하고, 오히려 직원 수는 5년 연속 증가하였으며 업계 연봉 또한 역대 최고수준을 기록하였습니다. 최근 3년간 평균 유동비율은 210.7%, 부채비율은 104.5%입니다.

구 분	총매출액	총 당기순이익	평균성장률	평균 ROE	총 직원수	연봉정보
94	1,067	25	1.9	4.1		
95	1,715	39	5.0	6.5		
96	2,061	57	6.7	9.6		
97	2,308	-105	6.6	7.6		
98	1,903	-89	7.3	5.7	5,659	20
99	2,563	196	9.4	7.8	9,228	22
00	3,445	24	7.4	8.8	11,198	22
01	4,558	110	6.6	8.6	15,539	25
02	5,102	198	5.9	8.2	16,184	29
03	6,025	319	5.9	8.1	16,559	32
04	7,440	414	7.9	12.2	16,903	36
05	7,886	279	7.4	11.4	17,226	33
06	8,793	465	8.6	12.1	17,839	40
07	10,087	742	8.0	11.4	19,240	42
08	11,676	506	5.3	7.1	18,791	45
09	10,074	-148	4.9	6.5	19,919	43
10	12,751	671	8.4	9.7	22,027	44
11	14,735	624	7.8	8.9	24,957	44
12	15,096	326	4.6	5.8	27,273	47

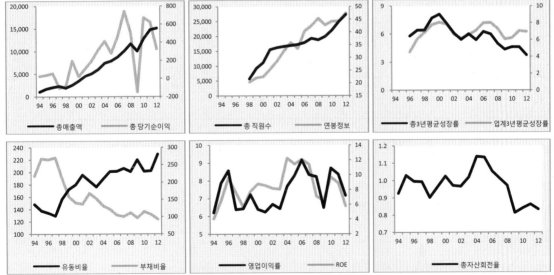

단위 : 총 매출액, 총 당기순이익 – 십억 / 평균 성장률, 평균 ROE - % / 총 직원 수 – 명 / 연봉정보 – 백만
연봉정보는 1인당 평균 급여액이며, 대상기업들의 연간 총 급여액을 총 직원의 수로 나눈 금액입니다.
업계 3년 평균 성장률은 기계업종 전체 상장사의 평균이며, 사업보고서에 근거한 자료만으로 만들었습니다.

• 삼원테크 (코스닥 / 073640)

- 강관 제조업

구분	94	95	96	97	98	99	00	01	02	03	04	05	06	07	08	09	10	11	12
성장률						24.82	25.38	28.68	29.61	17.36	20.51	5.84	10.63	0.93	-10.89	-16.01	2.32	1.38	4.16
EPS						49	76	121	188	1,926	1,613	276	262	-21	-394	-494	71	43	134
배당금						0	0	0	13	220	260	164	27	0	0	0	0	0	0
ROE						24.82	25.38	28.68	31.71	19.60	24.45	14.38	11.85	0.93	-10.89	-16.01	2.32	1.38	4.16
직원의 수										111	109	167	169	69	53	44	57	96	101
연봉정보										17	22	32	21	32	30	36	28	31	33

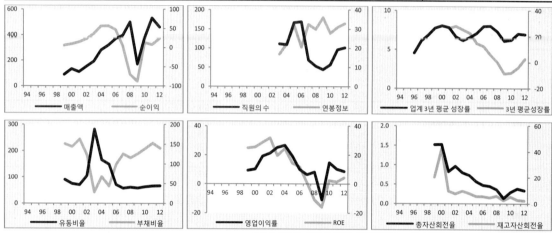

단위 : 성장률, ROE-% / EPS, 주당배당금 – 원 / 직원의 수 – 명 / 연봉정보 – 백만

2000년 3월, 삼원금속㈜에서 삼원테크㈜로 상호 변경하였습니다.

• 성광벤드 (코스닥 / 014620)

- 강관 제조업

구분	94	95	96	97	98	99	00	01	02	03	04	05	06	07	08	09	10	11	12
성장률			47.55	4.28	4.27	6.45	6.78	3.99	5.61	2.87	8.52	15.29	25.70	39.68	33.26	15.07	4.90	5.38	13.88
EPS			717	188	51	83	115	98	126	89	179	338	698	1,791	2,299	1,581	639	715	1,847
배당금			0	0	0	0	0	50	50	50	50	50	50	100	150	150	150	150	150
ROE			47.55	4.28	4.27	6.45	6.78	8.14	9.31	6.54	11.82	17.94	27.68	42.03	35.58	16.65	6.41	6.80	15.11
직원의 수						319	310	305	310	318	318	343	354	350	331	334	351	355
연봉정보						26	25	29	29	33	34	37	39	45	48	50	51	55

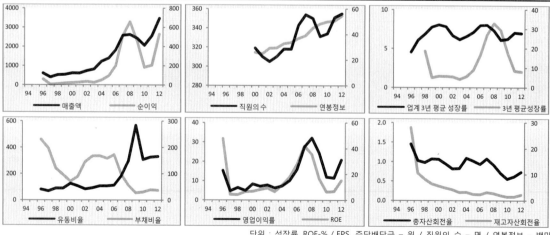

단위 : 성장률, ROE-% / EPS, 주당배당금 – 원 / 직원의 수 – 명 / 연봉정보 – 백만

기
계

• 태광 (코스닥 / 023160)

- 강관 제조업

구분	94	95	96	97	98	99	00	01	02	03	04	05	06	07	08	09	10	11	12
성장률		33.44	27.26	12.08	6.59	5.88	0.69	1.44	12.26	13.24	17.47	12.08	14.64	27.43	33.74	15.38	0.24	7.82	8.58
EPS		2,300	2,614	1,931	1,126	232	48	75	579	668	1,037	737	966	2,163	3,967	1,958	68	1,182	1,380
배당금		500	500	150	150	50	25	25	75	50	50	75	75	0	0	0	0	0	0
ROE		42.73	33.70	13.09	7.60	7.49	1.43	2.16	14.09	14.32	18.35	13.45	15.88	27.43	33.74	15.38	0.24	7.82	8.58
직원의 수						238	266	260	269	308	371	386	410	445	339	359	369	393	439
연봉정보						24	24	25	28	28	29	31	34	38	42	46	46	48	52

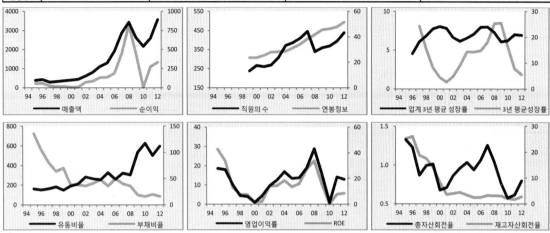

단위 : 성장률, ROE-% / EPS, 주당배당금 – 원 / 직원의 수 – 명 / 연봉정보 – 백만
2001년, 태광벤드공업주식회사에서 주식회사 태광으로 상호 변경하였습니다.

• AJS (코스닥 / 013340)

- 강관 제조업

구분	94	95	96	97	98	99	00	01	02	03	04	05	06	07	08	09	10	11	12
성장률		1.92	10.87	-10.36	-59.71	-14.42	-67.49	-50.15	2.34	15.22	32.61	10.29	12.56	10.11	2.43	-15.71	1.37	4.89	0.45
EPS		42	163	-99	-394	-83	-274	-134	-6	47	151	82	104	93	-23	-173	14	55	6
배당금		22	50	0	0	0	0	0	0	0	0	0	0	0	0	0	0	0	0
ROE		4.12	15.66	-10.36	-59.71	-14.42	-67.49	-50.15	2.34	15.22	32.61	10.29	12.56	10.11	2.43	-15.71	1.37	4.89	0.45
직원의 수						148	132	106	111	113	112	102	97	111	91	87	84	81	86
연봉정보						13	22	22	24	26	25	22	27	24	25	26	27	28	24

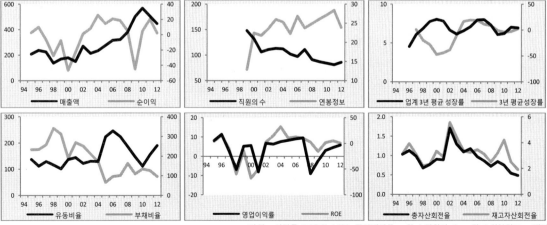

단위 : 성장률, ROE-% / EPS, 주당배당금 – 원 / 직원의 수 – 명 / 연봉정보 – 백만
2005년 12월, 주식회사 아세아조인트에서 주식회사 AJS로 상호 변경하였습니다.

기
계

• 동일금속 (코스닥 / 109860)

- 강주물 주조업

구 분	94	95	96	97	98	99	00	01	02	03	04	05	06	07	08	09	10	11	12
성장률							-32.22	-31.78	8.70	33.37	38.56	8.51	16.20	16.09	40.14	10.56	8.79	14.05	17.56
EPS							-525	-363	114	679	1,314	560	1,053	169	493	1,103	924	1,554	2,328
배당금							0	0	0	0	0	0	0	15	49	110	120	150	200
ROE							-32.22	-31.78	8.70	33.37	38.56	8.51	16.20	17.66	44.57	11.72	10.10	15.55	19.21
직원의 수															54	55	66	74
연봉정보															37	39	45	37

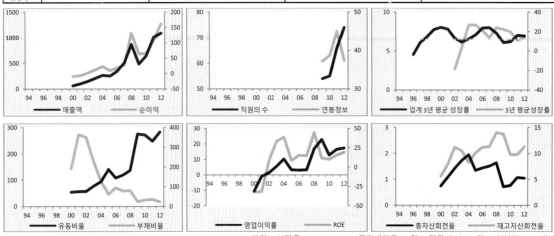

단위 : 성장률, ROE-% / EPS, 주당배당금 – 원 / 직원의 수 – 명 / 연봉정보 – 백만
2000년~2006년 사업보고서 미공시로 인하여 EPS는 감사보고서를 기준으로, 배당금은 0으로 간주해 성장률을 계산하였습니다.
00년~06년 성장률은 업계 3년 평균성장률 계산 과정에서 제외하였습니다.

• 혜인 (유가증권 / 003010)

- 건설, 광업용 기계 및 장비 도매업

구 분	94	95	96	97	98	99	00	01	02	03	04	05	06	07	08	09	10	11	12
성장률	5.56	10.68	9.61	0.89	2.64	-2.58	1.05	2.31	16.89	6.63	2.93	5.83	1.16	4.92	1.94	0.59	3.73	1.80	-9.96
EPS	262	523	526	58	151	-110	46	144	1,030	503	276	506	147	444	268	241	574	311	-900
배당금	45	55	60	15	20	0	0	40	75	85	85	100	70	100	130	100	180	120	50
ROE	6.71	11.94	10.85	1.20	3.05	-2.58	1.05	3.20	18.22	7.98	4.24	7.27	2.22	6.35	3.78	1.01	5.43	2.94	-9.44
직원의 수					319	283	283	271	268	293	314	272	245	248	252	267	285	326	348
연봉정보					19	24	27	26	31	35	35	43	36	45	39	39	39	41	41

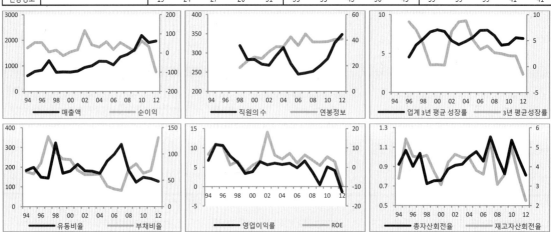

단위 : 성장률, ROE-% / EPS, 주당배당금 – 원 / 직원의 수 – 명 / 연봉정보 – 백만
1986년 5월, 혜인중기㈜에서 ㈜혜인으로 상호 변경하였습니다.

기
계

• 우진플라임 (유가증권 / 049800)

- 고무, 화학섬유 및 플라스틱 성형기 제조업

구 분	94	95	96	97	98	99	00	01	02	03	04	05	06	07	08	09	10	11	12
성장률				21.12	15.93	45.73	34.77	10.38	17.95	4.84	3.92	14.53	-6.79	-0.60	-12.11	2.01	11.11	14.25	11.36
EPS				23	23	92	87	183	746	272	131	575	-200	-18	-643	107	659	981	876
배당금				0	0	0	0	0	100	100	0	100	0	0	0	0	0	0	0
ROE				21.12	15.93	45.73	34.77	10.38	20.73	7.66	3.92	17.59	-6.79	-0.60	-12.11	2.01	11.11	14.25	11.36
직원의 수								135	170	181	190	202	196	218	206	236	260	348	449
연봉정보								23	26	29	29	27	33	30	34	27	35	35	35

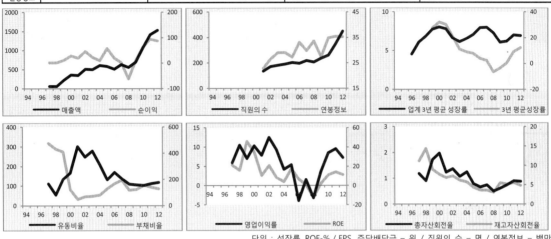

단위 : 성장률, ROE-% / EPS, 주당배당금 - 원 / 직원의 수 - 명 / 연봉정보 - 백만
2012년 3월, ㈜우진세렉스에서 ㈜우진플라임으로 상호 변경하였습니다.

• 3S (코스닥 / 060310)

- 공기조화장치 제조업

구 분	94	95	96	97	98	99	00	01	02	03	04	05	06	07	08	09	10	11	12
성장률				22.04	14.31	5.11	26.54	20.16	-0.64	0.87	-110.4	-11.76	-28.44	-37.27	-32.46	-25.42	13.66	4.81	1.41
EPS				595	90	95	615	420	40	15	-1,130	-650	-1,120	-202	-152	-101	81	38	17
배당금				0	0	65	0	0	50	0	0	0	0	0	0	0	0	0	0
ROE				22.04	14.31	16.19	26.54	20.16	2.55	0.87	-110.4	-11.76	-28.44	-37.27	-32.46	-25.42	13.66	4.81	1.41
직원의 수								31	35	30	35	28	34	43	45	54	67	78	96
연봉정보								17	29	24	21	26	26	20	29	19	33	40	38

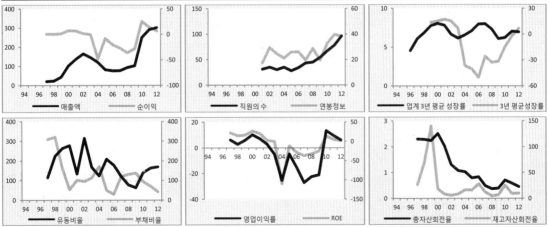

단위 : 성장률, ROE-% / EPS, 주당배당금 - 원 / 직원의 수 - 명 / 연봉정보 - 백만
1999년 4월, 주식회사 쓰리에스코리아에서 주식회사 삼에스코리아로 상호 변경하였습니다.

기
계

• SIMPAC (유가증권 / 009160)

- 금속 성형기계 제조업

구분	94	95	96	97	98	99	00	01	02	03	04	05	06	07	08	09	10	11	12
성장률	-10.85	-24.23	-8.53	-27.12	-3469.5	-20.77	5.01	-17.64	0.37	8.76	13.08	14.41	13.86	15.39	25.46	11.25	8.97	11.87	11.14
EPS	-68	-125	-41	-101	-357	-144	19	-322	4	137	218	343	371	519	1,024	555	557	785	833
배당금	0	0	0	0	0	0	0	0	0	25	25	50	60	70	80	80	100	100	100
ROE	-10.85	-24.23	-8.53	-27.12	-3469.5	-20.77	5.01	-17.64	0.37	10.72	14.77	16.87	16.53	17.79	27.62	13.14	10.94	13.60	12.66
직원의 수					332	215	204	148	146	156	163	189	191	192	208	194	230	257	271
연봉정보						12	21	23	29	29	33	32	35	34	34	38	45	43	55	49

단위 : 성장률, ROE-% / EPS, 주당배당금 – 원 / 직원의 수 – 명 / 연봉정보 – 백만
특이값(1998년 부채비율, ROE)은 그래프에서 제외하였습니다.
2001년, ㈜쌍용정공에서 ㈜SIMPAC으로 상호 변경하였습니다.

• 네오티스 (코스닥 / 085910)

- 금속 절삭기계 제조업

구분	94	95	96	97	98	99	00	01	02	03	04	05	06	07	08	09	10	11	12
성장률									-30.49	-18.42	31.34	44.71	33.56	13.80	7.30	4.11	2.34	3.85	2.22
EPS									-192	-106	278	730	996	945	413	377	237	467	507
배당금									0	0	0	0	0	0	0	120	120	200	350
ROE									-30.49	-18.42	31.34	44.71	33.56	13.80	7.30	6.03	4.75	6.73	7.17
직원의 수														145	118	131	165	199	233
연봉정보														25	26	24	23	24	29

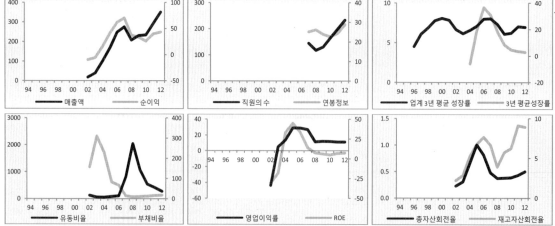

단위 : 성장률, ROE-% / EPS, 주당배당금 – 원 / 직원의 수 – 명 / 연봉정보 – 백만
2002년~2004년 사업보고서 미공시로 인하여 EPS는 감사보고서를 기준으로, 배당금은 0으로 간주해 성장률을 계산하였습니다.

• 넥스턴 (코스닥 / 089140)
- 금속 절삭기계 제조업

구 분	94	95	96	97	98	99	00	01	02	03	04	05	06	07	08	09	10	11	12
성장률								36.68	24.71	21.79	23.04	27.81	16.61	12.65	9.86	4.66	9.50	10.66	7.93
EPS								390	349	422	246	412	616	475	363	196	455	565	473
배당금								0	0	0	0	0	0	80	30	30	80	100	100
ROE								36.68	24.71	21.79	23.04	27.81	16.61	15.21	10.75	5.51	11.53	12.96	10.06
직원의 수													56	52	51	47	52	51	53
연봉정보													25	31	30	28	33	39	40

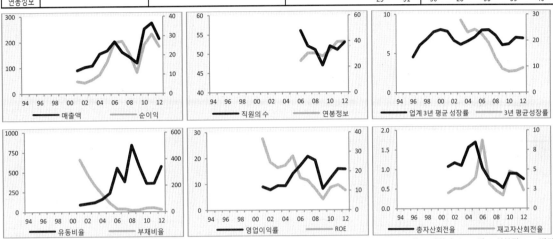

단위 : 성장률, ROE-% / EPS, 주당배당금 - 원 / 직원의 수 - 명 / 연봉정보 - 백만
2004년 4월, ㈜케이엠티에서 ㈜넥스턴으로 상호 변경하였습니다.

• 신진에스엠 (코스닥 / 138070)
- 금속 절삭기계 제조업

구 분	94	95	96	97	98	99	00	01	02	03	04	05	06	07	08	09	10	11	12
성장률												52.93	45.92	37.67	21.59	11.69	26.05	14.71	16.27
EPS												5,153	8,266	10,882	10,708	730	2,175	1,005	1,036
배당금												0	0	0	0	0	0	0	0
ROE												52.93	45.92	37.67	21.59	11.69	26.05	14.71	16.27
직원의 수																		119	165
연봉정보																		32	24

단위 : 성장률, ROE-% / EPS, 주당배당금 - 원 / 직원의 수 - 명 / 연봉정보 - 백만
2005년~2008년 사업보고서 미공시로 인하여 EPS는 감사보고서를 기준으로, 배당금은 0으로 간주해 성장률을 계산하였습니다.
05년~08년 성장률은 업계 3년 평균성장률 계산 과정에서 제외하였습니다.

• 이엠코리아 (코스닥 / 095190)
- 금속 절삭기계 제조업

구분	94	95	96	97	98	99	00	01	02	03	04	05	06	07	08	09	10	11	12
성장률											43.20	25.21	20.66	10.96	11.90	0.78	8.17	5.83	5.30
EPS											42	115	608	754	610	36	295	197	247
배당금											0	50	0	150	0	0	100	0	50
ROE										8.72	43.20	44.63	20.66	13.68	11.90	0.78	12.36	5.83	6.64
직원의 수															141	149	157	174	210	253
연봉정보															35	41	40	45	44	42

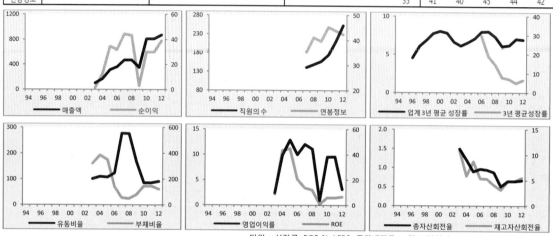

단위 : 성장률, ROE-% / EPS, 주당배당금 – 원 / 직원의 수 – 명 / 연봉정보 – 백만
2004년 사업보고서 미공시로 인하여 EPS는 감사보고서를 기준으로, 배당금은 0으로 간주해 성장률을 계산하였습니다.
04년 성장률은 업계 3년 평균성장률 계산 과정에서 제외하였습니다.

• 한국정밀기계 (코스닥 / 101680)
- 금속 절삭기계 제조업

구분	94	95	96	97	98	99	00	01	02	03	04	05	06	07	08	09	10	11	12
성장률						49.60	24.72	16.74	4.55	11.03	12.89	16.18	19.65	38.40	40.66	15.42	15.23	4.14	1.42
EPS						1,390	1,258	349	97	190	242	416	681	2,693	4,316	3,101	2,861	958	266
배당금						0	0	0	0	0	0	0	0	100	120	200	200	200	0
ROE						49.60	24.72	16.74	4.55	11.03	12.89	16.18	19.65	39.88	41.82	16.49	16.38	5.23	1.42
직원의 수															392	390	443	435	
연봉정보															35	35	32	38	

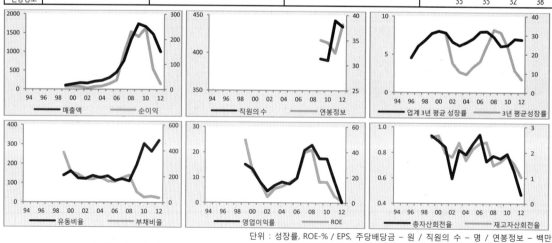

단위 : 성장률, ROE-% / EPS, 주당배당금 – 원 / 직원의 수 – 명 / 연봉정보 – 백만
1999년~2006년 사업보고서 미공시로 인하여 EPS는 감사보고서를 기준으로, 배당금은 0으로 간주해 성장률을 계산하였습니다.
99년~06년 성장률은 업계 3년 평균성장률 계산 과정에서 제외하였습니다.

• 화천기계 (유가증권 / 010660)

- 금속 절삭기계 제조업

구 분	94	95	96	97	98	99	00	01	02	03	04	05	06	07	08	09	10	11	12
성장률	2.46	4.56	-1.66	-0.24	-9.19	0.81	2.10	2.24	2.39	3.12	4.84	5.91	3.15	4.32	6.20	4.46	9.20	13.10	8.82
EPS	759	1,203	51	114	-1,129	411	1,042	1,091	1,254	1,559	2,166	2,788	1,821	2,310	3,157	2,549	5,065	7,939	6,134
배당금	400	500	300	150	100	300	500	500	600	600	600	750	700	700	700	700	800	1,000	1,000
ROE	5.21	7.80	0.34	0.78	-8.44	3.00	4.05	4.13	4.57	5.06	6.70	8.08	5.11	6.20	7.97	6.14	10.93	14.99	10.54
직원의 수					289	289	295	301	297	305	288	288	282	308	318	267	319	309	325
연봉정보					16	21	24	26	27	33	37	39	37	35	38	43	44	51	49

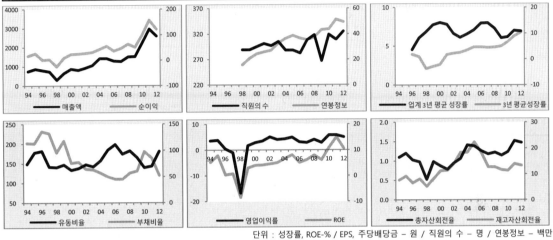

단위 : 성장률, ROE-% / EPS, 주당배당금 – 원 / 직원의 수 – 명 / 연봉정보 – 백만

• 화천기공 (유가증권 / 000850)

- 금속 절삭기계 제조업

구 분	94	95	96	97	98	99	00	01	02	03	04	05	06	07	08	09	10	11	12
성장률		2.08	8.21	7.77	7.43	5.76	2.22	-0.39	-1.07	2.02	6.18	8.59	9.23	11.33	13.09	3.85	6.02	8.37	3.69
EPS		12,420	2,613	2,307	2,261	2,111	1,840	352	97	1,360	2,492	3,910	4,559	5,702	7,367	2,784	5,645	8,802	4,466
배당금		10,000	1,000	500	500	500	1,000	500	500	600	600	1,000	1,000	1,000	1,000	850	1,000	1,250	1,000
ROE		10.69	13.30	9.92	9.54	7.55	4.86	0.94	0.26	3.62	8.13	11.55	11.83	13.74	15.15	5.54	7.32	9.76	4.76
직원의 수					383	384	373	318	311	293	299	289	293	284	291	290	318	329
연봉정보					24	27	26	31	31	40	46	50	46	51	41	63	61	58

단위 : 성장률, ROE-% / EPS, 주당배당금 – 원 / 직원의 수 – 명 / 연봉정보 – 백만
1983년 7월, 화천금속주식회사에서 화천기공㈜로 상호 변경하였습니다.

기계

기
계

• 삼영엠텍 (코스닥 / 054540)
- 금속 조립구조재 제조업

구분	94	95	96	97	98	99	00	01	02	03	04	05	06	07	08	09	10	11	12
성장률				-0.79	9.01	21.73	13.70	5.47	2.62	3.77	15.93	22.84	23.59	11.15	12.39	19.17	8.80	10.69	11.24
EPS				-148	67	213	159	107	24	36	237	496	705	407	556	956	503	637	779
배당금				0	0	0	23	40	0	0	40	80	130	100	80	120	80	100	120
ROE				-0.79	9.01	21.73	16.02	8.73	2.62	3.77	19.17	27.23	28.92	14.78	14.47	21.93	10.46	12.68	13.28
직원의 수								98	93	89	108	117	116	116	142	168	188	195	191
연봉정보								26	25	25	25	25	27	31	28	29	28	37	41

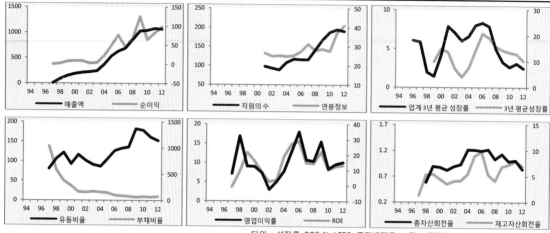

단위 : 성장률, ROE-% / EPS, 주당배당금 – 원 / 직원의 수 – 명 / 연봉정보 – 백만
2001년 4월, ㈜삼영소재산업에서 삼영엠텍㈜로 상호 변경하였습니다.

• 포메탈 (코스닥 / 119500)
- 금속가공제품 제조업

구분	94	95	96	97	98	99	00	01	02	03	04	05	06	07	08	09	10	11	12
성장률						5.97	7.71	0.50	4.99	8.71	17.98	9.94	31.08	20.62	18.77	9.66	11.64	12.25	10.60
EPS						64	81	5	56	104	254	150	660	526	734	425	701	434	377
배당금						0	0	0	0	0	0	0	0	0	124	100	100	100	50
ROE						5.97	7.71	0.50	4.99	8.71	17.98	9.94	31.08	20.62	22.59	12.63	13.58	15.92	12.22
직원의 수																	114	137	122
연봉정보																	39	37	39

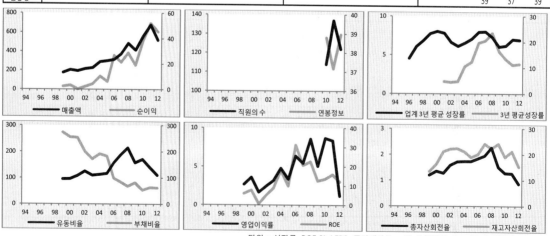

단위 : 성장률, ROE-% / EPS, 주당배당금 – 원 / 직원의 수 – 명 / 연봉정보 – 백만
1999년~2007년 사업보고서 미공시로 인하여 EPS는 감사보고서를 기준으로, 배당금은 0으로 간주해 성장률을 계산하였습니다.
99년~07년 성장률은 업계 3년 평균성장률 계산 과정에서 제외하였습니다.
2009년 12월, 회사상호를 ㈜협진단철에서 ㈜포메탈로 상호 변경하였습니다.

• 용현BM (코스닥 / 089230)

- 금속 단조제품 제조업

구분	94	95	96	97	98	99	00	01	02	03	04	05	06	07	08	09	10	11	12
성장률											31.22	41.47	15.98	5.03	14.95	3.76	-18.44	-29.29	-7.31
EPS											267	1,655	1,115	558	1,489	509	-1,974	-2,423	-568
배당금											0	0	0	50	0	0	0	0	0
ROE									2.30	12.94	31.22	41.47	15.98	5.52	14.95	3.76	-18.44	-29.29	-7.31
직원의 수											53	150	208	184	154	204	165
연봉정보											25	22	34	38	37	30	33

단위 : 성장률, ROE-% / EPS, 주당배당금 - 원 / 직원의 수 - 명 / 연봉정보 - 백만
2006년 3월, 용현금속㈜에서 용현비엠㈜로 상호 변경하였습니다.
2002년, 현진소재㈜에서 물적 분할방식으로 설립되었습니다.

• 케이피에프 (코스닥 / 024880)

- 금속파스너 및 나사제품 제조업

구분	94	95	96	97	98	99	00	01	02	03	04	05	06	07	08	09	10	11	12
성장률		4.30	3.57	4.17	10.77	5.37	-8.90	7.31	6.96	7.27	12.77	9.65	9.59	7.50	15.84	9.08	12.94	6.69	5.87
EPS		184	165	187	458	267	-239	286	290	349	667	595	611	522	1,174	859	1,395	926	925
배당금		50	50	50	60	50	25	50	50	60	75	80	90	90	90	100	150	150	150
ROE		5.91	5.12	5.69	12.39	6.60	-8.06	8.85	8.41	8.78	14.39	11.15	11.24	9.06	17.16	10.28	14.49	7.98	7.00
직원의 수					243	247	219	226	243	283	284	282	296	299	283	292	294	342
연봉정보					19	20	26	28	28	32	33	31	38	39	41	46	46	46

단위 : 성장률, ROE-% / EPS, 주당배당금 - 원 / 직원의 수 - 명 / 연봉정보 - 백만
2006년 1월, 한국볼트공업㈜에서 주식회사 케이피에프로 상호 변경하였습니다.

• 대동기어 (코스닥 / 008830)

- 기어 및 동력전달장치 제조업

구분	94	95	96	97	98	99	00	01	02	03	04	05	06	07	08	09	10	11	12
성장률		-2.90	0.67	-5.84	-8.47	1.38	1.23	-3.13	0.26	8.32	1.85	0.39	0.15	2.39	0.54	-0.36	2.13	1.68	-6.09
EPS		-1,555	611	-2,627	-3,035	580	626	-1,060	386	3,412	1,053	504	309	1,239	458	110	1,938	1,384	-3,209
배당금		0	250	300	0	250	200	0	0	350	350	350	250	300	250	250	300	300	250
ROE		-2.90	1.14	-5.24	-8.47	2.42	1.80	-3.13	1.15	9.27	2.78	1.28	0.79	3.15	1.19	0.29	2.52	2.14	-5.65
직원의 수						214	221	221	210	215	216	214	208	205	199	198	192	191	194
연봉정보						24	28	27	29	30	34	37	38	43	46	51	52	55	53

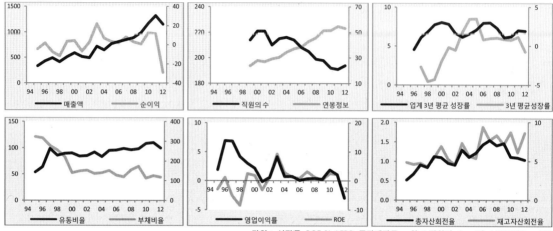

단위 : 성장률, ROE-% / EPS, 주당배당금 – 원 / 직원의 수 – 명 / 연봉정보 – 백만
1983년 6월, 한국기어주식회사에서 대동기어주식회사로 상호 변경하였습니다.

• 대창단조 (유가증권 / 015230)

- 기어 및 동력전달장치 제조업

구분	94	95	96	97	98	99	00	01	02	03	04	05	06	07	08	09	10	11	12
성장률	1.77	4.76	6.01	6.54	-13.69	2.85	2.02	-6.55	-3.66	5.52	11.08	11.48	6.65	6.70	8.02	5.72	19.09	25.88	23.39
EPS	453	960	1,121	1,201	-2,771	852	442	-887	-467	755	2,038	2,386	1,654	1,763	1,995	1,742	5,203	9,767	11,345
배당금	250	400	400	400	0	250	150	0	0	0	300	350	400	400	150	350	500	1,000	1,000
ROE	3.95	8.15	9.34	9.81	-13.69	4.03	3.05	-6.55	-3.66	5.52	12.99	13.46	8.77	8.66	8.67	7.16	21.12	28.83	25.65
직원의 수					173	226	167	133	124	126	121	124	132	131	129	126	139	151	136
연봉정보					18	18	30	26	27	29	31	32	30	33	35	31	36	42	48

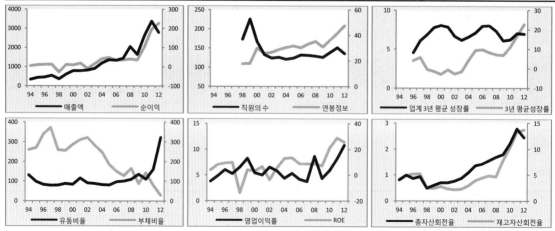

단위 : 성장률, ROE-% / EPS, 주당배당금 – 원 / 직원의 수 – 명 / 연봉정보 – 백만
1981년 1월, 대창 크랑크단조공업사에서 대창단조주식회사로 상호 변경하였습니다.

• 루보 (코스닥 / 051170)

- 기어 및 동력전달장치 제조업

구분	94	95	96	97	98	99	00	01	02	03	04	05	06	07	08	09	10	11	12
성장률				16.57	12.62	17.75	12.32	9.65	4.06	5.50	2.86	5.65	-6.63	-6.83	-9.48	-22.71	-31.37	-0.32	-1.26
EPS				276	241	428	318	233	78	112	59	146	-112	-112	-239	-239	-375	6	-20
배당금				0	0	0	0	0	0	0	0	0	0	0	0	0	0	0	0
ROE				16.57	12.62	17.75	12.32	9.65	4.06	5.50	2.86	5.65	-6.63	-6.83	-9.48	-22.71	-31.37	-0.32	-1.26
직원의 수								143	148	119	122	128	148	141	173	128	150	161	163
연봉정보								20	23	26	28	28	27	31	27	26	25	31	33

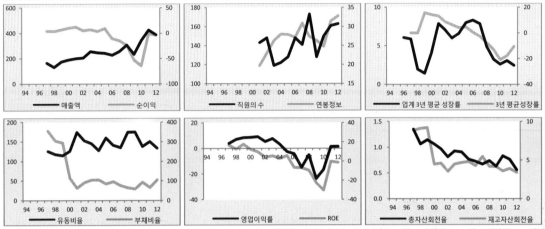

단위 : 성장률, ROE-% / EPS, 주당배당금 – 원 / 직원의 수 – 명 / 연봉정보 – 백만
2011년 3월, 주식회사 제다에서 주식회사 루보로 상호 변경하였습니다.

• 서암기계공업 (코스닥 / 100660)

- 기어 및 동력전달장치 제조업

구분	94	95	96	97	98	99	00	01	02	03	04	05	06	07	08	09	10	11	12
성장률						0.36	4.12	-6.16	2.95	3.21	19.53	16.20	16.48	20.86	21.63	6.21	10.41	12.84	8.61
EPS						46	548	-774	382	430	3,245	2,200	2,642	415	542	164	381	716	434
배당금						0	0	0	0	0	0	0	0	0	0	0	50	75	75
ROE						0.36	4.12	-6.16	2.95	3.21	19.53	16.20	16.48	20.86	21.63	6.21	11.98	14.34	10.40
직원의 수																		127	125
연봉정보																		49	58

단위 : 성장률, ROE-% / EPS, 주당배당금 – 원 / 직원의 수 – 명 / 연봉정보 – 백만
1999년~2008년 사업보고서 미공시로 인하여 EPS는 감사보고서를 기준으로, 배당금은 0으로 간주해 성장률을 계산하였습니다.
99년~08년 성장률은 업계 3년 평균성장률 계산 과정에서 제외하였습니다.
2000년 9월, 화천기어공업㈜에서 서암기계공업㈜로 상호 변경하였습니다.

기
계

• 우림기계 (코스닥 / 101170)

- 기어 및 동력전달장치 제조업

구 분	94	95	96	97	98	99	00	01	02	03	04	05	06	07	08	09	10	11	12
성장률												35.21	45.93	37.35	38.55	14.59	11.47	11.58	5.93
EPS												488	1,155	45	1,580	1,023	877	1,056	573
배당금												0	0	0	0	50	50	100	50
ROE												35.21	45.93	37.35	38.55	15.33	12.17	12.80	6.49
직원의 수																123	108	105	113
연봉정보																32	33	39	40

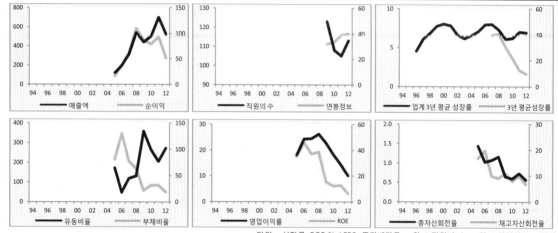

단위 : 성장률, ROE-% / EPS, 주당배당금 – 원 / 직원의 수 – 명 / 연봉정보 – 백만
2005년~2006년 사업보고서 미공시로 인하여 EPS는 감사보고서를 기준으로, 배당금은 0으로 간주해 성장률을 계산하였습니다.
05년~06년 성장률은 업계 3년 평균성장률 계산 과정에서 제외하였습니다.

• TPC (코스닥 / 048770)

- 기어 및 동력전달장치 제조업

구 분	94	95	96	97	98	99	00	01	02	03	04	05	06	07	08	09	10	11	12
성장률			0.03	2.07	8.76	13.36	4.95	2.85	3.78	-3.57	5.66	5.86	1.23	-7.02	-12.10	16.43	22.67	8.19	6.76
EPS			76	93	276	292	150	100	144	-38	163	141	35	-112	-202	403	787	197	178
배당금			75	50	75	75	50	50	75	25	55	25	10	25	25	35	75	25	25
ROE			3.70	4.46	12.03	17.97	7.44	5.73	7.92	-2.15	8.56	7.13	1.74	-5.74	-10.77	18.00	25.06	9.39	7.87
직원의 수					179	167	185			194	221	215	227	229	208	248	297	292	410
연봉정보					8	18	18			21	22	27	24	27	30	27	31	36	26

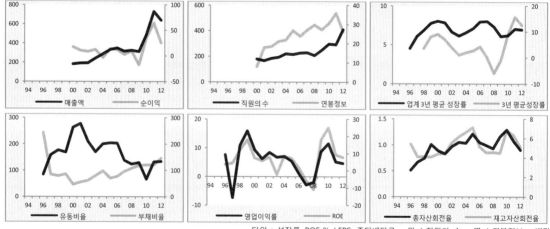

단위 : 성장률, ROE-% / EPS, 주당배당금 – 원 / 직원의 수 – 명 / 연봉정보 – 백만
1999년 12월, 단해공압공업㈜에서 ㈜티피씨메카트로닉스로 상호 변경하였습니다.

· 한신기계 (유가증권 / 011700)

- 기체 펌프 및 압출기 제조업

구 분	94	95	96	97	98	99	00	01	02	03	04	05	06	07	08	09	10	11	12
성장률	2.99	3.37	3.47	-1.98	-2.13	-75.30	5.70	8.00	6.84	1.02	5.33	5.94	10.29	6.68	-3.15	6.82	7.04	7.27	7.09
EPS	61	62	52	13	-21	-494	37	87	89	28	76	90	153	120	-14	122	149	156	158
배당금	28	24	15	36	10	0	0	27	35	20	30	35	45	45	20	40	45	45	45
ROE	5.55	5.54	4.91	1.06	-1.42	-75.30	5.70	11.66	11.25	3.47	8.79	9.69	14.58	10.69	-1.30	10.14	10.09	10.21	9.91
직원의 수					102	111	117	121	114	100	93	86	96	95	95	86	85	91	89
연봉정보					13	18	17	18	23	26	27	30	26	30	32	35	32	38	36

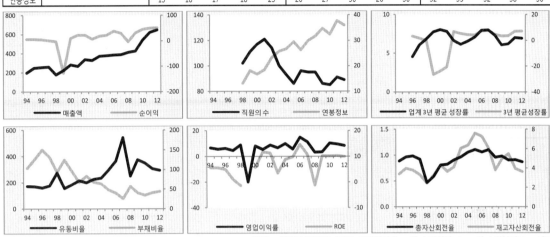

단위 : 성장률, ROE-% / EPS, 주당배당금 - 원 / 직원의 수 - 명 / 연봉정보 - 백만
1976년 11월, 한신기계제작소에서 한신기계공업주식회사로 상호 변경하였습니다.
특이값(1999년 ROE)은 그래프에서 제외하였습니다.

· 대동공업 (유가증권 / 000490)

- 농업 및 임업용 기계 제조업

구 분	94	95	96	97	98	99	00	01	02	03	04	05	06	07	08	09	10	11	12
성장률	5.06	3.76	2.91	0.75	-0.01	3.81	2.67	1.47	-2.26	0.82	1.68	2.17	0.27	4.13	-10.92	1.66	0.62	0.32	0.67
EPS	246	215	181	101	69	360	276	175	-115	140	205	242	90	-226	-654	181	113	83	119
배당금	110	110	100	80	70	90	80	65	50	80	80	80	70	70	70	70	50	50	50
ROE	9.16	7.71	6.48	3.63	1.16	5.09	3.76	2.35	-1.58	1.91	2.76	3.24	1.21	3.16	-9.86	2.71	1.11	0.81	1.16
직원의 수					949	928	905	877	853	785	769	792	793	811	780	787	805	800	807
연봉정보					23	26	27	25	25	33	36	40	41	45	43	43	52	57	58

기계

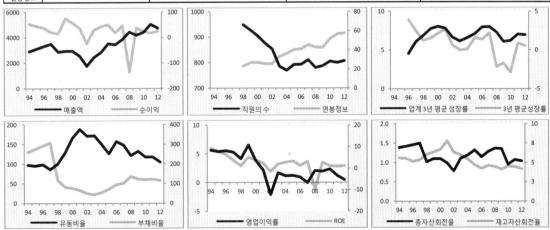

단위 : 성장률, ROE-% / EPS, 주당배당금 - 원 / 직원의 수 - 명 / 연봉정보 - 백만
1966년, 주식회사 대동공업사에서 대동공업주식회사로 상호 변경하였습니다.

• 동양물산 (유가증권 / 002900)
- 농업 및 임업용 기계 제조업

구분	94	95	96	97	98	99	00	01	02	03	04	05	06	07	08	09	10	11	12
성장률	0.84	2.11	2.17	4.68	2.92	8.20	3.08	-8.96	-0.85	0.72	1.55	3.04	2.36	6.83	1.77	4.00	12.15	2.27	1.36
EPS	494	602	659	752	547	2,132	1,037	-1,452	-134	316	455	782	677	1,617	595	948	3,045	694	488
배당금	400	400	450	300	0	500	450	0	0	200	200	250	250	300	250	150	150	150	150
ROE	4.44	6.29	6.84	7.79	2.92	10.72	5.44	-8.96	-0.85	1.97	2.76	4.47	3.73	8.39	3.06	4.75	12.78	2.89	1.96
직원의 수					1,112	1,026	958	741	656	646	670	688	705	709	702	705	676	677	676
연봉정보					19	27	25	31	27	28	32	35	35	37	41	43	47	47	50

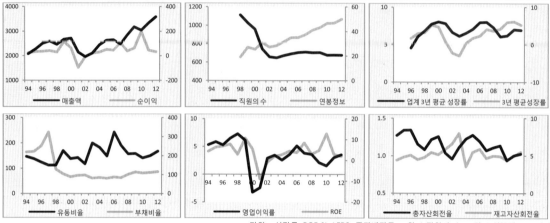

단위 : 성장률, ROE-% / EPS, 주당배당금 – 원 / 직원의 수 – 명 / 연봉정보 – 백만
1962년 7월, 복건기업㈜에서 동양물산기업㈜로 상호 변경하였습니다.

• 아세아텍 (코스닥 / 050860)
- 농업 및 임업용 기계 제조업

구분	94	95	96	97	98	99	00	01	02	03	04	05	06	07	08	09	10	11	12
성장률						1.16	1.12	-169.86	-50.53	8.85	24.06	36.52	28.97	20.96	17.19	9.00	4.55	5.47	6.69
EPS						368	338	-18,888	3,732	716	2,550	609	588	525	520	496	267	319	368
배당금						0	0	0	0	0	0	0	0	0	0	75	75	75	50
ROE						1.16	1.12	-169.86	-50.53	8.85	24.06	36.52	28.97	20.96	17.19	10.61	6.32	7.15	7.74
직원의 수															200	231	235	236
연봉정보															37	35	39	41

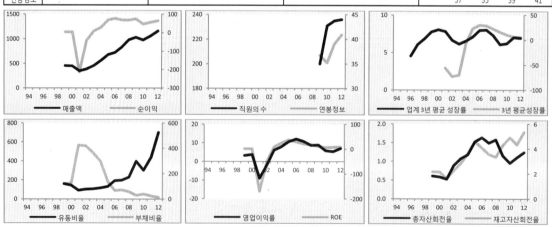

단위 : 성장률, ROE-% / EPS, 주당배당금 – 원 / 직원의 수 – 명 / 연봉정보 – 백만
1999년~2004년 사업보고서 미공시로 인하여 EPS는 감사보고서를 기준으로, 배당금은 0으로 간주해 성장률을 계산하였습니다.
99년~04년 성장률은 업계 3년 평균성장률 계산 과정에서 제외하였습니다.
2007년 2월, 아세아종합기계 주식회사에서 주식회사 아세아텍으로 상호 변경하였습니다.

기
계

• 계양전기 (유가증권 / 012200)

- 동력식 수지공구 제조업

구분	94	95	96	97	98	99	00	01	02	03	04	05	06	07	08	09	10	11	12
성장률	4.51	4.70	1.09	10.08	6.96	9.41	7.29	8.16	7.27	0.15	-0.10	1.37	3.40	5.59	2.47	2.68	2.72	4.91	4.54
EPS	146	150	24	201	136	325	274	337	357	35	12	71	169	284	147	148	155	257	248
배당금	60	60	3	7	5	75	60	70	100	30	15	25	50	75	50	40	45	50	50
ROE	7.66	7.82	1.22	10.42	7.22	12.23	9.34	10.30	10.10	1.03	0.39	2.12	4.83	7.59	3.74	3.68	3.83	6.09	5.68
직원의 수					542	568	543	515	536	504	456	400	390	406	422	432	456	478	502
연봉정보					19	23	23	29	27	30	32	34	36	39	40	46	44	47	50

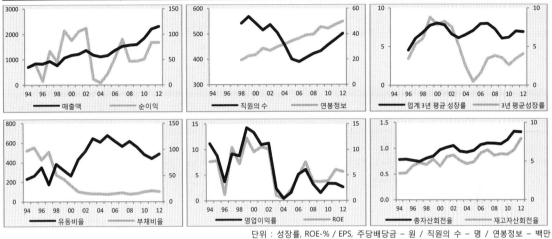

단위 : 성장률, ROE-% / EPS, 주당배당금 – 원 / 직원의 수 – 명 / 연봉정보 – 백만

• 케이엠더블유 (코스닥 / 032500)

- 방송 및 무선 통신장비 제조업

구분	94	95	96	97	98	99	00	01	02	03	04	05	06	07	08	09	10	11	12
성장률		73.52	18.74	40.68	2.90	36.70	1.65	-16.80	-58.59	-18.00	1.29	-21.87	42.04	41.22	-27.97	-12.66	-3.78	-89.83	47.12
EPS		5,417	927	717	53	1,249	70	-579	-1,264	-327	23	-321	1,140	1,854	-965	-460	-145	-1,812	1,793
배당금		0	0	0	0	0	0	0	0	0	0	0	0	0	0	0	0	0	0
ROE		73.52	18.74	40.68	2.90	36.70	1.65	-16.80	-58.59	-18.00	1.29	-21.87	42.04	41.22	-27.97	-12.66	-3.78	-89.83	47.12
직원의 수					367	517	406	390	351	332	321	369	352	355	393	379	395	527
연봉정보					25	21	25	27	26	27	30	29	35	40	35	36	37	34

단위 : 성장률, ROE-% / EPS, 주당배당금 – 원 / 직원의 수 – 명 / 연봉정보 – 백만
1996년 5월, 주식회사 코리아 마이크로웨이브에서 ㈜케이엠더블유로 상호 변경하였습니다.

기
계

• 터보테크 (유가증권 / 032420)
- 방송 및 무선 통신장비 제조업

구분	94	95	96	97	98	99	00	01	02	03	04	05	06	07	08	09	10	11	12
성장률		18.50	-23.13	2.51	8.42	0.85	2.07	-1.88	-1.82	0.78	-2.68	-740.5	-1011.4	-38.76	-45.59	-42.47	-62.96	-17.08	-18.76
EPS		755	774	94	344	171	124	-63	-59	25	-86	-3,438	-757	-171	-232	-167	-237	-47	-80
배당금		0	1,892	0	0	150	50	0	0	0	0	0	0	0	0	0	0	0	0
ROE		18.50	16.00	2.51	8.42	7.05	3.48	-1.88	-1.82	0.78	-2.68	-740.5	-1011.4	-38.76	-45.59	-42.47	-62.96	-17.08	-18.76
직원의 수						243	361	320	359	443	504	258	190	48	43	36	17	33	23
연봉정보						12	20	22	17	18	21	25	24	34	47	41	56	31	58

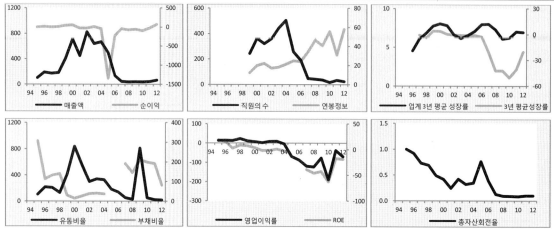

단위 : 성장률, ROE-% / EPS, 주당배당금 - 원 / 직원의 수 - 명 / 연봉정보 - 백만
특이값(2005년~2006년 부채비율과 ROE)은 그래프에서 제외하였습니다.

• 삼익 THK (유가증권 / 004380)
- 볼베어링 및 롤러베어링 제조업

구분	94	95	96	97	98	99	00	01	02	03	04	05	06	07	08	09	10	11	12
성장률	2.78	5.46	5.41	2.79	-0.16	7.23	5.71	4.67	7.26	9.45	10.21	11.72	10.93	2.60	-4.89	7.46	13.64	15.88	3.66
EPS	105	149	152	89	23	181	134	146	244	342	416	521	539	193	-76	432	896	1,189	459
배당금	50	65	65	35	25	40	25	50	90	100	125	150	150	100	90	150	250	300	250
ROE	5.28	9.71	9.44	4.61	1.63	9.29	7.02	7.11	11.51	13.37	14.60	16.46	15.15	5.40	-2.24	11.42	18.91	21.24	8.05
직원의 수					222	286	273	230	252	285	292	348	373	362	361	375	478	478	485
연봉정보					18	18	21	23	29	33	39	37	37	36	39	40	42	47	47

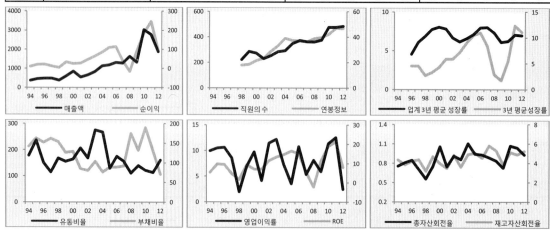

단위 : 성장률, ROE-% / EPS, 주당배당금 - 원 / 직원의 수 - 명 / 연봉정보 - 백만
2006년 4월, 삼익LMS㈜에서 삼익 THK㈜로 상호 변경하였습니다.

• 이엔쓰리 (유가증권 / 074610)

- 분사기 및 소화기 제조업

구 분	94	95	96	97	98	99	00	01	02	03	04	05	06	07	08	09	10	11	12
성장률										4.03	5.27	11.51	-42.00	-137.7	-106.6	-55.40	-15.58	-43.63	-55.15
EPS										3	192	190	-858	-805	-323	-150	-51	-363	-314
배당금										0	25	0	0	0	0	0	0	0	0
ROE										4.03	6.06	11.51	-42.00	-137.7	-106.6	-55.40	-15.58	-43.63	-55.15
직원의 수										161	149	132	94	103	39	36	35	36	37
연봉정보										29	26	20	24	31	37	33	33	35	35

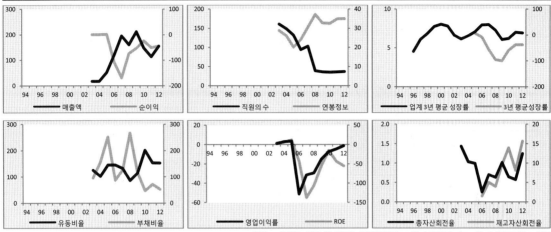

단위 : 성장률, ROE-% / EPS, 주당배당금 – 원 / 직원의 수 – 명 / 연봉정보 – 백만
2005년 재고자산회전율(재고자산=0)은 그래프에서 제외하였습니다.
2006년 5월, 주식회사 스타코넷에서 주식회사 이엔쓰리 상호 변경하였습니다.

• 동부로봇 (코스닥 / 090710)

- 산업용 로봇 제조업

구 분	94	95	96	97	98	99	00	01	02	03	04	05	06	07	08	09	10	11	12
성장률											54.57	36.27	10.31	-23.00	2.03	-16.31	6.94	5.37	-14.90
EPS											1,166	1,603	1,043	-633	67	-459	215	203	-502
배당금											0	0	0	0	0	0	0	0	0
ROE											54.57	36.27	10.31	-23.00	2.03	-16.31	6.94	5.37	-14.90
직원의 수											104	117	105	109	148	161	153
연봉정보											33	27	29	28	32	39	42

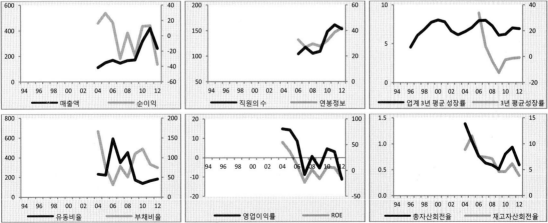

단위 : 성장률, ROE-% / EPS, 주당배당금 – 원 / 직원의 수 – 명 / 연봉정보 – 백만
2011년 3월, ㈜다사로봇에서 ㈜동부로봇으로 상호 변경하였습니다.

기
계

• 로보스타 (코스닥 / 090360)

- 산업용 로봇 제조업

구분	94	95	96	97	98	99	00	01	02	03	04	05	06	07	08	09	10	11	12
성장률											15.27	10.79	11.02	-13.90	-10.21	15.01	43.67	19.20	-14.94
EPS											192	148	208	-231	192	331	1,679	884	-484
배당금											0	0	0	0	0	0	0	50	0
ROE											15.27	10.79	11.02	-13.90	-10.21	15.01	43.67	20.35	-14.94
직원의 수																		245	250
연봉정보																		35	37

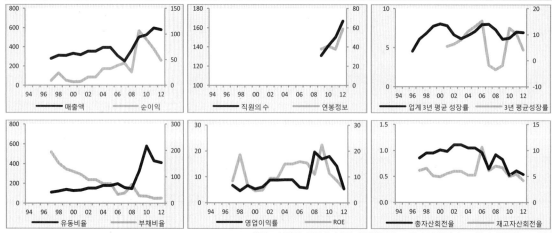

단위 : 성장률, ROE-% / EPS, 주당배당금 – 원 / 직원의 수 – 명 / 연봉정보 – 백만
2004년~2008년 사업보고서 미공시로 인하여 EPS는 감사보고서를 기준으로, 배당금은 0으로 간주해 성장률을 계산하였습니다.
04년~08년 성장률은 업계 3년 평균성장률 계산 과정에서 제외하였습니다.

• 우진 (유가증권 / 105840)

- 산업처리공정 제어장비 제조업

구분	94	95	96	97	98	99	00	01	02	03	04	05	06	07	08	09	10	11	12
성장률						6.84	4.67	4.88	9.49	9.49	15.01	15.01	15.92	-36.11	9.77	20.67	7.15	3.22	1.91
EPS						515	1,631	537	385	419	892	330	392	449	446	1,941	1,345	432	292
배당금						0	0	0	0	0	0	0	0	1,500	50	150	500	270	188
ROE				8.45	18.60	6.84	4.67	4.88	9.49	9.49	15.01	15.01	15.92	15.43	11.01	22.40	11.38	8.60	5.37
직원의 수															131	141	150	167	
연봉정보															38	41	38	59	

단위 : 성장률, ROE-% / EPS, 주당배당금 – 원 / 직원의 수 – 명 / 연봉정보 – 백만
1999년~2004년 사업보고서 미공시로 인하여 EPS는 감사보고서를 기준으로, 배당금은 0으로 간주해 성장률을 계산하였습니다.
99년~04년 성장률은 업계 3년 평균성장률 계산 과정에서 제외하였습니다.
1982년 9월, 주식회사 우진 OSK에서 주식회사 우진으로 상호 변경하였습니다.

• 현대엘리베이터 (유가증권 / 017800)

- 승강기 제조업

구분	94	95	96	97	98	99	00	01	02	03	04	05	06	07	08	09	10	11	12
성장률	16.00	3.27	5.38	5.51	1.83	8.50	7.80	8.28	-30.53	6.45	34.99	24.61	9.96	26.27	4.28	-48.77	14.36	-22.59	-5.84
EPS	5,325	1,460	2,107	2,062	1,169	4,222	2,031	1,582	-7,056	4,188	12,782	13,417	6,667	20,999	4,203	-29,789	11,371	-13,412	-3,899
배당금	750	500	500	500	400	350	500	0	0	1,500	750	400	500	800	500	800	800	500	0
ROE	18.63	4.97	7.06	7.27	2.78	9.26	10.35	8.28	-30.53	10.05	37.17	25.37	10.76	27.31	4.86	-47.49	15.45	-21.78	-5.84
직원의 수					1,321	1,216	1,170	1,162	1,146	1,133	1,143	1,154	1,194	1,185	1,186	1,184	1,179	1,213	1,308
연봉정보					23	25	28	31	33	35	38	41	43	48	50	55	55	61	62

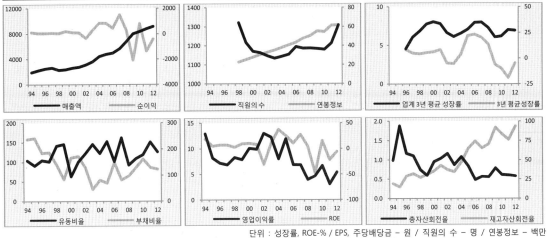

단위 : 성장률, ROE-% / EPS, 주당배당금 - 원 / 직원의 수 - 명 / 연봉정보 - 백만

• 플랜티넷 (코스닥 / 075130)

- 시스템 소프트웨어 개발 및 공급업

구분	94	95	96	97	98	99	00	01	02	03	04	05	06	07	08	09	10	11	12
성장률										75.80	50.80	15.12	10.79	3.38	4.61	1.00	4.85	2.96	4.01
EPS										2,357	3,345	2,201	792	418	512	322	611	529	677
배당금										0	220	220	110	200	200	250	250	300	330
ROE								-89.73	14.73	75.80	54.37	16.80	12.53	6.48	7.57	4.46	8.20	6.84	7.82
직원의 수												121	145	102	86	83	89	91	87
연봉정보												33	29	38	45	39	43	44	48

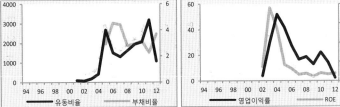
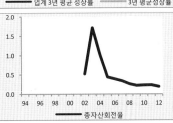

단위 : 성장률, ROE-% / EPS, 주당배당금 - 원 / 직원의 수 - 명 / 연봉정보 - 백만
2001년 매출액은 약 1억원입니다.

• 일경산업개발 (코스닥 / 078940)

- 열간 압연 및 압출 제품 제조업

구분	94	95	96	97	98	99	00	01	02	03	04	05	06	07	08	09	10	11	12
성장률											1.45	1.99	-0.05	-28.72	-14.19	3.78	-22.82	-95.90	-28.89
EPS											67	122	-1	-221	-187	35	-1,460	-3,150	-733
배당금											50	100	0	0	0	0	0	0	0
ROE											5.71	11.02	-0.05	-28.72	-14.19	3.78	-22.82	-95.90	-28.89
직원의 수											105	111	105	84	90	82	95	49	41
연봉정보											16	32	35	49	41	41	37	47	33

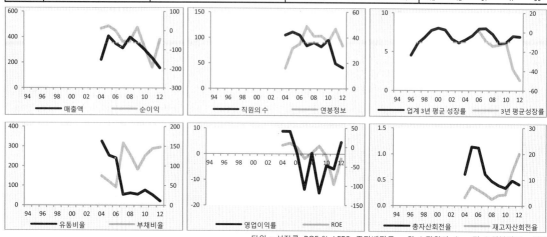

단위 : 성장률, ROE-% / EPS, 주당배당금 – 원 / 직원의 수 – 명 / 연봉정보 – 백만
2010년 3월, 미주레일주식회사에서 일경산업개발주식회사로 상호 변경하였습니다.

• SMEC (코스닥 / 099440)

- 유선 통신장비 제조업

구분	94	95	96	97	98	99	00	01	02	03	04	05	06	07	08	09	10	11	12
성장률												30.16	20.28	27.28	11.04	3.22	17.79	7.72	2.60
EPS												451	645	1,081	553	223	529	284	113
배당금												0	0	0	150	100	0	20	20
ROE												30.16	20.28	27.28	15.14	5.84	17.79	8.30	3.16
직원의 수															91	90	204	216	
연봉정보															47	38	48	49	

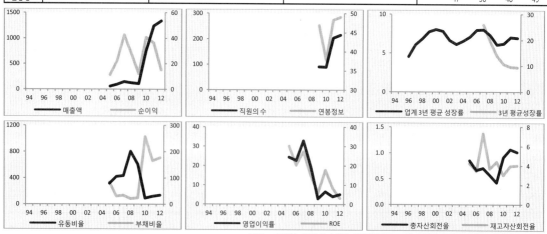

단위 : 성장률, ROE-% / EPS, 주당배당금 – 원 / 직원의 수 – 명 / 연봉정보 – 백만
2005년~2006년 사업보고서 미공시로 인하여 EPS는 감사보고서를 기준으로, 배당금은 0으로 간주해 성장률을 계산하였습니다.
05년~06년 성장률은 업계 3년 평균성장률 계산 과정에서 제외하였습니다.
2011년 7월, ㈜뉴그리드에서 ㈜에스엠이씨로 상호 변경하였습니다.

기
계

• 영풍정밀 (코스닥 / 036560)

- 유압기기 제조업

구 분	94	95	96	97	98	99	00	01	02	03	04	05	06	07	08	09	10	11	12
성장률		14.06	15.72	1.33	1.33	2.30	7.59	2.51	1.87	2.79	12.66	7.39	20.81	19.45	21.14	17.78	8.00	7.08	4.53
EPS		372	402	19	55	95	170	95	82	117	496	319	948	1,086	1,416	1,459	1,031	1,092	829
배당금		160	178	0	25	50	50	50	50	60	60	60	60	70	70	75	80	80	80
ROE		24.65	28.16	1.33	2.45	4.88	10.74	5.30	4.76	5.75	14.40	9.10	22.21	20.79	22.24	18.75	8.68	7.64	5.02
직원의 수						166	173	163	154	150	150	155	158	168	197	174	195	263	272
연봉정보						21	20	23	27	30	29	33	35	30	36	38	39	35	40

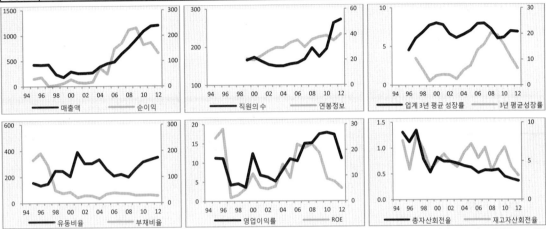

단위 : 성장률, ROE-% / EPS, 주당배당금 – 원 / 직원의 수 – 명 / 연봉정보 – 백만
2000년 3월, 영풍정밀공업주식회사에서 영풍정밀주식회사로 상호 변경하였습니다.

• 카스 (코스닥 / 016920)

- 일반저울 제조업

구 분	94	95	96	97	98	99	00	01	02	03	04	05	06	07	08	09	10	11	12
성장률		2.79	8.43	25.58	26.37	7.00	9.43	10.78	1.53	2.28	5.69	6.02	4.24	11.25	2.37	4.64	0.33	3.57	-0.26
EPS		31	125	413	542	239	299	394	101	130	261	260	214	341	99	201	35	162	42
배당금		0	25	25	0	50	25	50	50	50	50	25	50	50	25	50	50	50	50
ROE		2.79	10.53	27.22	26.37	8.85	10.29	12.35	3.02	3.71	7.04	6.66	5.53	13.18	3.17	6.18	1.16	5.17	1.36
직원의 수						332	338	325	365	301	286	262	273	287	299	300	323	341	329
연봉정보						18	20	20	19	23	26	27	23	26	33	29	29	32	30

단위 : 성장률, ROE-% / EPS, 주당배당금 – 원 / 직원의 수 – 명 / 연봉정보 – 백만

기계

• 에스피지 (코스닥 / 058610)
- 전동기 및 발전기 제조업

구분	94	95	96	97	98	99	00	01	02	03	04	05	06	07	08	09	10	11	12
성장률					18.02	-217.9	52.57	27.33	8.90	9.06	3.04	0.71	-3.60	5.15	15.58	-0.39	6.21	0.54	-1.70
EPS					656	7,886	2,595	1,602	671	629	400	336	-17	277	710	1,350	503	225	123
배당금					0	30,703	0	0	200	200	250	300	150	100	100	1,500	200	200	200
ROE					18.02	75.31	52.57	27.33	12.69	13.29	8.11	6.63	-0.37	8.07	18.13	3.54	10.31	4.87	2.72
직원의 수									209	200	195	195	184	192	197	194	226	256	233
연봉정보									16	17	20	20	30	27	31	29	29	33	36

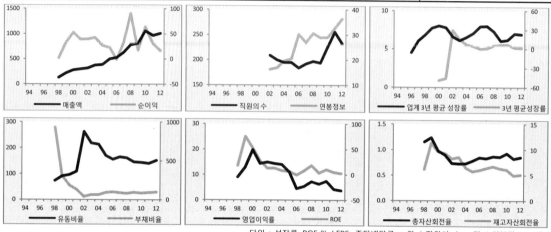

단위 : 성장률, ROE-% / EPS, 주당배당금 – 원 / 직원의 수 – 명 / 연봉정보 – 백만
2000년 1월, 성신정공에서 에스피지로 상호 변경하였습니다.

• 한광 (코스닥 / 044780)
- 전자응용 공작기계 제조업

구분	94	95	96	97	98	99	00	01	02	03	04	05	06	07	08	09	10	11	12
성장률			31.54	14.76	22.14	11.20	15.17	2.25	-21.68	1.30	3.18	10.81	17.12	7.27	-12.07	-19.71	2.94	14.03	16.83
EPS			119	13	-14	7	19	26	-250	15	38	160	240	132	-193	-260	42	258	364
배당금			0	0	0	0	0	0	0	0	0	0	0	25	0	0	0	20	20
ROE			31.54	14.76	22.14	11.20	15.17	2.25	-21.68	1.30	3.18	10.81	17.12	8.97	-12.07	-19.71	2.94	15.21	17.81
직원의 수					65	70	92	92	87	77	88	101	104	98	98	101	117
연봉정보					21	22	23	22	25	26	26	33	33	30	30	34	34

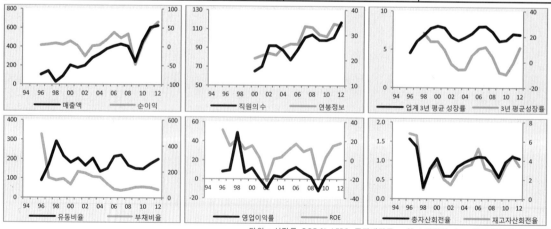

단위 : 성장률, ROE-% / EPS, 주당배당금 – 원 / 직원의 수 – 명 / 연봉정보 – 백만

기
계

• 국제디와이 (코스닥 / 044180)
- 주형 및 금형 제조업

구분	94	95	96	97	98	99	00	01	02	03	04	05	06	07	08	09	10	11	12
성장률			-2.95	2.33	4.62	7.43	10.76	10.46	8.91	-18.14	3.29	1.40	-108.2	-38.34	-407.6	-38.90	-31.53	4.73	-297.0
EPS			-19	11	33	39	43	52	51	-62	12	6	-206	-55	-756	-52	-171	23	-276
배당금			0	0	0	0	0	10	10	0	0	0	0	0	0	0	0	0	0
ROE			-2.95	2.33	4.62	7.43	10.76	12.93	11.07	-18.14	3.29	1.40	-108.2	-38.34	-407.6	-38.90	-31.53	4.73	-297.0
직원의 수							89	107	103	111	138	138	94	95	77	41	45	49	55
연봉정보							13	14	16	18	16	22	30	23	24	49	32	35	32

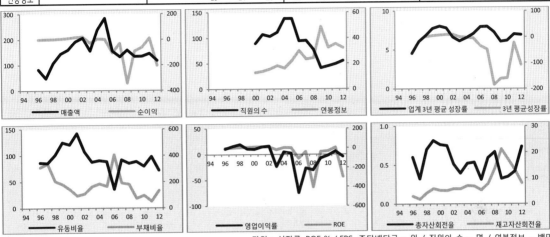

단위 : 성장률, ROE-% / EPS, 주당배당금 - 원 / 직원의 수 - 명 / 연봉정보 - 백만
1999년 8월, 주식회사 대양정밀기계에서 디와이주식회사로 상호 변경하였습니다.

• 기신정기 (유가증권 / 092440)
- 주형 및 금형 제조업

구분	94	95	96	97	98	99	00	01	02	03	04	05	06	07	08	09	10	11	12
성장률						25.57	23.30	21.93	18.13	17.13	16.58	12.19	8.57	6.86	5.40	4.61	6.26	6.27	3.43
EPS						14,771	16,332	18,427	18,609	20,282	22,617	1,279	950	948	761	547	578	603	427
배당금						0	0	0	0	0	0	325	250	225	225	300	200	200	200
ROE						25.57	23.30	21.93	18.13	17.13	16.58	16.35	11.64	8.99	7.66	10.22	9.57	9.38	6.45
직원의 수														316	348	361	391	417	456
연봉정보														29	31	32	32	34	38

단위 : 성장률, ROE-% / EPS, 주당배당금 - 원 / 직원의 수 - 명 / 연봉정보 - 백만
1999년~2004년 사업보고서 미공시로 인하여 EPS는 감사보고서를 기준으로, 배당금은 0으로 간주해 성장률을 계산하였습니다.
99년~04년 성장률은 업계 3년 평균성장률 계산 과정에서 제외하였습니다.

기
계

• 나라엠엔디 (코스닥 / 051490)
- 주형 및 금형 제조업

구 분	94	95	96	97	98	99	00	01	02	03	04	05	06	07	08	09	10	11	12
성장률						51.98	34.00	14.10	9.95	6.53	11.01	4.63	2.10	-0.14	2.42	6.97	6.39	7.17	4.43
EPS						706	653	427	358	269	467	223	135	45	163	410	402	435	326
배당금						50	50	75	100	75	100	60	60	50	70	120	120	120	120
ROE						55.94	36.82	17.10	13.81	9.06	14.01	6.34	3.77	1.28	4.24	9.86	9.11	9.90	7.01
직원의 수						255	275	317	315	263	251	249	223	212	211	233	234	237	
연봉정보						24	25	27	33	33	40	39	44	47	49	50	57	58	

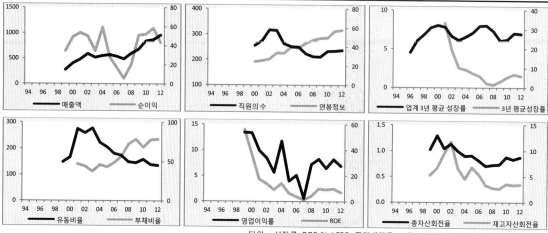

단위 : 성장률, ROE-% / EPS, 주당배당금 – 원 / 직원의 수 – 명 / 연봉정보 – 백만

• 에이테크솔루션 (코스닥 / 071670)
- 주형 및 금형 제조업

구 분	94	95	96	97	98	99	00	01	02	03	04	05	06	07	08	09	10	11	12
성장률								-1.39	15.72	-65.41	28.33	-41.29	15.21	37.33	37.83	18.56	24.44	13.93	-6.76
EPS								-15	185	-475	254	-258	114	48	835	965	1,592	1,082	-440
배당금								0	0	0	0	0	0	0	0	0	0	0	0
ROE								-1.39	15.72	-65.41	28.33	-41.29	15.21	37.33	37.83	20.71	26.08	15.35	-6.76
직원의 수								294	280	240	275	268	270	285	344	470	469	511	
연봉정보								24	32	34	32	32	35	36	35	35	39	38	

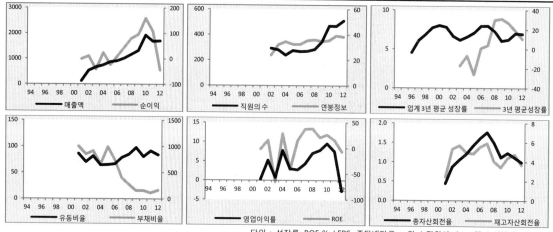

단위 : 성장률, ROE-% / EPS, 주당배당금 – 원 / 직원의 수 – 명 / 연봉정보 – 백만

기
계

• 탑금속 (코스닥 / 019770)

- 주형 및 금형 제조업

구분	94	95	96	97	98	99	00	01	02	03	04	05	06	07	08	09	10	11	12
성장률						7.10	-799.24	61.23	47.43	53.48	47.44	36.36	22.69	21.74	15.07	14.42	19.51	15.85	9.95
EPS						414	-3,721	295	1,013	3,189	3,480	5,534	4,247	5,046	4,021	483	826	912	617
배당금						0	0	0	0	0	0	0	0	0	0	36	75	75	75
ROE						7.10	-799.24	61.23	47.43	53.48	47.44	36.36	22.69	21.74	15.07	15.58	21.45	17.27	11.33
직원의 수																		218	223
연봉정보																		44	47

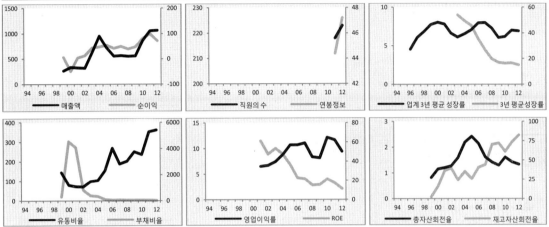

단위 : 성장률, ROE-% / EPS, 주당배당금 – 원 / 직원의 수 – 명 / 연봉정보 – 백만
1999년~2008년 사업보고서 미공시로 인하여 EPS는 감사보고서를 기준으로, 배당금은 0으로 간주해 성장률을 계산하였습니다.
99년~08년 성장률은 업계 3년 평균성장률 계산 과정에서 제외하였습니다.
특이값(1999년~2000년 영업이익률, ROE)은 그래프에서 제외하였습니다.

• 프리엠스 (코스닥 / 053160)

- 중장비 전장품과 자동제어기기 제조 및 판매업

구분	94	95	96	97	98	99	00	01	02	03	04	05	06	07	08	09	10	11	12
성장률				13.58	42.44	12.15	22.13	9.73	0.49	4.40	6.52	5.77	6.53	15.12	13.11	5.54	8.81	7.51	9.91
EPS				12	61	49	269	303	9	144	200	193	224	528	429	300	507	458	675
배당금				0	0	0	0	50	0	50	50	50	50	50	50	50	50	50	50
ROE				13.58	42.44	12.15	22.13	11.65	0.49	6.73	8.69	7.78	8.41	16.70	13.11	6.65	9.77	8.43	10.70
직원의 수						55	75			105	107	113	104	115	103	94	104	116	125
연봉정보						17	22			16	18	19	21	25	21	22	25	25	26

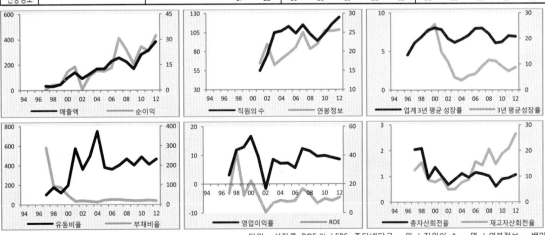

단위 : 성장률, ROE-% / EPS, 주당배당금 – 원 / 직원의 수 – 명 / 연봉정보 – 백만
2000년 11월, ㈜선일프리엠스에서 ㈜프리엠스 상호 변경하였습니다.

기
계

· 대경기계 (유가증권 / 015590)

- 증류기, 열교환기 및 가스발생기 제조업

구분	94	95	96	97	98	99	00	01	02	03	04	05	06	07	08	09	10	11	12
성장률	-10.99	8.57	8.64	7.86	7.08	2.54	2.17	4.43	-7.83	-4.02	2.49	-420.2	35.12	39.18	23.01	23.13	9.41	-34.58	9.27
EPS	-95	95	169	298	270	78	101	152	-155	-75	46	-2,392	151	278	224	306	142	-374	115
배당금	0	15	75	75	75	15	50	50	0	0	0	0	0	0	0	0	0	0	0
ROE	-10.99	10.18	15.53	10.50	9.81	3.15	4.31	6.61	-7.83	-4.02	2.49	-420.2	35.12	39.18	23.01	23.13	9.41	-34.58	9.27
직원의 수					298	318	473	403	432	400	386	339	345	463	445	456	466	506	503
연봉정보					29	24	21	23	22	23	27	31	36	43	42	41	40	43	46

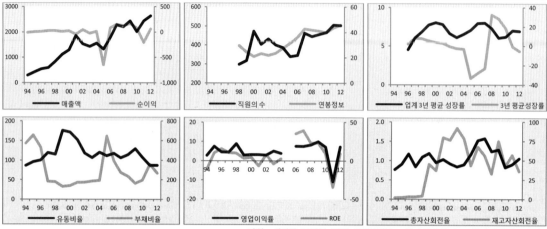

단위 : 성장률, ROE-% / EPS, 주당배당금 - 원 / 직원의 수 - 명 / 연봉정보 - 백만
1987년 2월, 대경정비용역주식회사에서 대경기계기술주식회사로 상호 변경하였습니다.
특이값(2005년 영업이익률, ROE)은 그래프에서 제외하였습니다.

· 비에이치아이 (코스닥 / 083650)

- 증류기, 열교환기 및 가스발생기 제조업

구분	94	95	96	97	98	99	00	01	02	03	04	05	06	07	08	09	10	11	12
성장률								38.27	32.69	24.98	30.34	15.82	12.26	5.62	-17.73	25.13	19.88	7.99	17.08
EPS								471	663	489	194	636	490	207	-693	1,728	1,596	677	2,011
배당금								0	0	0	0	200	100	50	0	180	180	70	210
ROE								38.27	32.69	24.98	30.34	23.07	15.41	7.41	-17.73	28.06	22.41	8.91	19.07
직원의 수											74	100	123	199	247	275	340	477
연봉정보											38	31	42	45	42	55	48	48

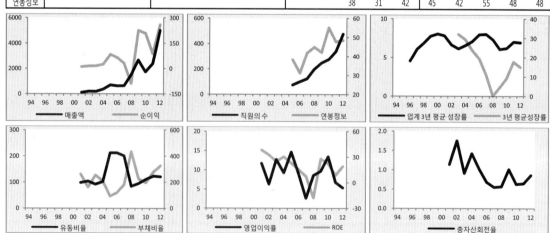

단위 : 성장률, ROE-% / EPS, 주당배당금 - 원 / 직원의 수 - 명 / 연봉정보 - 백만
2001년~2002년 사업보고서 미공시로 인하여 EPS는 감사보고서를 기준으로, 배당금은 0으로 간주해 성장률을 계산하였습니다.
01년~02년 성장률은 업계 3년 평균성장률 계산 과정에서 제외하였습니다.
2009년 3월, 범우이엔지 주식회사에서 비에이치아이 주식회사로 상호 변경하였습니다.

기
계

546

• 광림 (코스닥 / 014200)

- 차체 및 특장차 제조업

구 분	94	95	96	97	98	99	00	01	02	03	04	05	06	07	08	09	10	11	12
성장률		-22.53	23.80	-220.5	-484.0	23.75	1.79	-4.57	-2.23	5.69	4.52	-2.06	2.65	15.47	0.80	-2.21	2.84	3.49	0.92
EPS		-240	293	-3,172	-458	541	21	-51	-50	134	112	-52	120	524	48	-44	143	170	37
배당금		0	0	0	0	0	0	0	0	0	0	0	50	60	24	20	40	40	0
ROE		-22.53	23.80	-220.5	-484.0	23.75	1.79	-4.57	-2.23	5.69	4.52	-2.06	4.54	17.47	1.60	-1.52	3.94	4.56	0.92
직원의 수						223	235	178	172	178	178	180	190	216	178	177	190	199	194
연봉정보						16	20	22	24	27	28	30	34	34	37	34	37	37	37

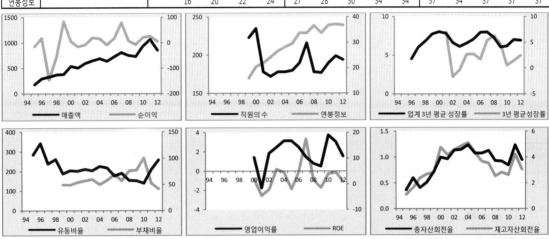

단위 : 성장률, ROE-% / EPS, 주당배당금 – 원 / 직원의 수 – 명 / 연봉정보 – 백만
특이값(1995년~1998년 부채비율, 1995년~1999년 영업이익률과 ROE)은 그래프에서 제외하였습니다.
2003년 3월, 광림특장차㈜에서 ㈜광림으로 상호 변경하였습니다.

• 오텍 (코스닥 / 067170)

- 차체 및 특장차 제조업

구 분	94	95	96	97	98	99	00	01	02	03	04	05	06	07	08	09	10	11	12
성장률							8.92	61.29	35.20	19.19	7.30	9.02	13.54	10.47	8.50	4.74	4.45	2.89	0.25
EPS						79	34	621	600	650	181	228	454	399	301	248	124	122	61
배당금							0	0	0	50	50	50	100	100	50	50	50	0	50
ROE							8.92	61.29	35.20	20.78	10.08	11.55	17.36	13.97	10.19	5.94	7.45	2.89	1.37
직원의 수										45	60	60	64	75	78	77	77	84	90
연봉정보										21	25	24	27	30	28	31	35	34	28

단위 : 성장률, ROE-% / EPS, 주당배당금 – 원 / 직원의 수 – 명 / 연봉정보 – 백만
2000년 7월, 주식회사 셀보오텍에서 주식회사 오텍으로 상호 변경하였습니다.

기
계

• 동양피엔에프 (코스닥 / 104460)
- 컨베이어장치 제조업

구분	94	95	96	97	98	99	00	01	02	03	04	05	06	07	08	09	10	11	12
성장률												35.44	22.40	40.85	44.87	28.52	14.80	9.95	6.08
EPS												1,068	1,007	3,946	6,593	3,179	679	740	326
배당금												0	0	830	350	0	0	200	0
ROE												35.44	22.40	51.74	47.39	28.52	14.80	13.63	6.08
직원의 수																43	81	111	128
연봉정보																28	28	33	35

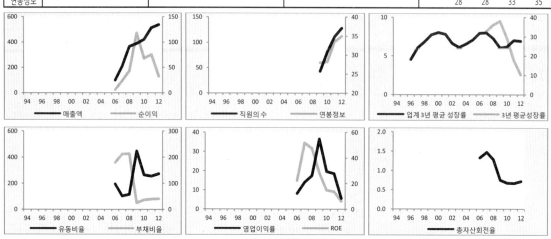

단위 : 성장률, ROE-% / EPS, 주당배당금 – 원 / 직원의 수 – 명 / 연봉정보 – 백만

• 디케이락 (코스닥 / 105740)
- 탭, 밸브 및 유사장치 제조업

구분	94	95	96	97	98	99	00	01	02	03	04	05	06	07	08	09	10	11	12
성장률											14.69	19.61	22.49	28.40	4.25	32.98	11.43	16.33	10.66
EPS											259	429	318	560	97	1,062	952	1,302	1,005
배당금											0	0	0	0	0	0	0	100	100
ROE											14.69	19.61	22.49	28.40	4.25	32.98	11.43	17.69	11.84
직원의 수																184	182	196
연봉정보																29	36	29

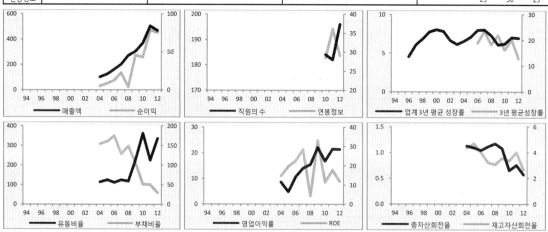

단위 : 성장률, ROE-% / EPS, 주당배당금 – 원 / 직원의 수 – 명 / 연봉정보 – 백만
2004년~2005년 사업보고서 미공시로 인하여 EPS는 감사보고서를 기준으로, 배당금은 0으로 간주해 성장률을 계산하였습니다.
04년~05년 성장률은 업계 3년 평균성장률 계산 과정에서 제외하였습니다.
2010년 1월, 디케이테크㈜에서 디케이락㈜로 상호 변경하였습니다.

• 비엠티 (코스닥 / 086670)
- 탭, 벨브 및 유사장치 제조업

구 분	94	95	96	97	98	99	00	01	02	03	04	05	06	07	08	09	10	11	12
성장률											67.08	25.30	25.00	11.11	10.41	3.89	9.74	9.67	5.24
EPS											143	71	676	691	525	191	627	679	466
배당금											0	0	0	75	50	0	50	50	100
ROE										9.11	67.08	25.30	25.00	12.47	11.51	3.89	10.58	10.44	6.68
직원의 수														91	100	117	153	157	186
연봉정보														20	21	21	25	24	30

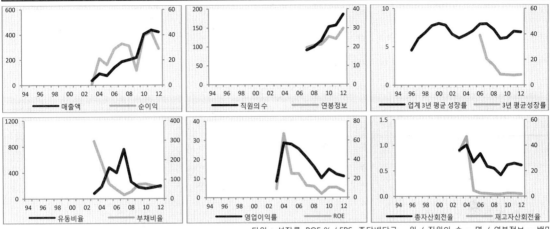

단위 : 성장률, ROE-% / EPS, 주당배당금 – 원 / 직원의 수 – 명 / 연봉정보 – 백만
2004년 사업보고서 미공시로 인하여 EPS는 감사보고서를 기준으로, 배당금은 0으로 간주해 성장률을 계산하였습니다.
04년 성장률은 업계 3년 평균성장률 계산 과정에서 제외하였습니다.
2000년 7월, 경풍기계공업사에서 ㈜비엠티로 상호 변경하였습니다.

• 에너토크 (코스닥 / 019990)
- 탭, 밸브 및 유사장치 제조업

구 분	94	95	96	97	98	99	00	01	02	03	04	05	06	07	08	09	10	11	12
성장률						11.48	11.62	26.60	18.62	8.69	11.68	11.43	3.13	10.04	10.86	19.12	18.63	11.71	11.09
EPS						78	82	200	172	138	184	198	95	210	254	495	616	457	498
배당금						0	0	0	0	50	50	50	50	50	60	70	90	80	100
ROE						11.48	11.62	26.60	18.62	13.62	16.04	15.29	6.62	13.17	14.22	22.27	21.81	14.19	13.87
직원의 수											68	68	71	71	82	90	100	106	
연봉정보											30	30	34	38	37	37	31	41	

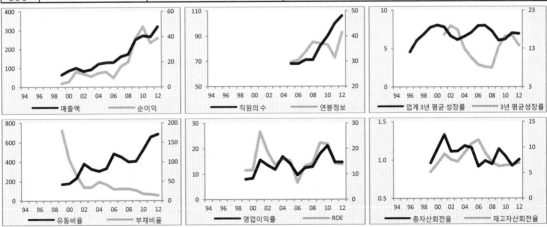

단위 : 성장률, ROE-% / EPS, 주당배당금 – 원 / 직원의 수 – 명 / 연봉정보 – 백만
1999년~2002년 사업보고서 미공시로 인하여 EPS는 감사보고서를 기준으로, 배당금은 0으로 간주해 성장률을 계산하였습니다.
99년~02년 성장률은 업계 3년 평균성장률 계산 과정에서 제외하였습니다.
2011년 3월, 모건코리아 주식회사에서 주식회사 에너토크로 상호 변경하였습니다.

기
계

• 에쎈테크 (코스닥 / 043340)

- 탭, 벨브 및 유사장치 제조업

구분	94	95	96	97	98	99	00	01	02	03	04	05	06	07	08	09	10	11	12
성장률			1.52	2.81	10.15	33.95	10.68	5.08	-0.23	0.84	1.30	-25.87	8.90	4.54	-25.78	4.33	-21.58	-317.2	-28.89
EPS			13	32	165	953	461	152	13	26	55	-695	197	106	-493	114	-332	-1,002	-300
배당금			0	0	0	0	100	0	20	0	14	0	0	0	0	0	0	0	0
ROE			1.52	2.81	10.15	33.95	13.63	5.08	0.42	0.84	1.74	-25.87	8.90	4.54	-25.78	4.33	-21.58	-317.2	-28.89
직원의 수					194	191	198	228	225	215	231	231	218	202	230	229	263
연봉정보					16	17	16	20	24	26	24	24	39	39	41	45	31

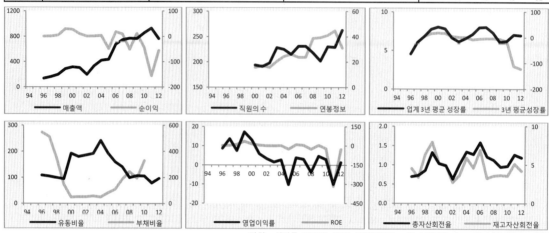

단위 : 성장률, ROE-% / EPS, 주당배당금 – 원 / 직원의 수 – 명 / 연봉정보 – 백만
1999년 12월, 우일금속㈜에서 ㈜에쎈테크로 상호 변경하였습니다.
특이값(2011년 부채비율)은 그래프에서 제외하였습니다.

• 엔에스브이 (코스닥 / 095300)

- 탭, 밸브 및 유사장치 제조업

구분	94	95	96	97	98	99	00	01	02	03	04	05	06	07	08	09	10	11	12
성장률									7.46	17.73	22.57	35.77	15.06	30.60	22.91	16.96	5.44	-8.39	1.59
EPS									25	73	168	463	180	439	426	568	-194	-273	53
배당금									0	0	0	0	0	0	0	0	0	0	0
ROE									7.46	17.73	22.57	35.77	15.06	30.60	22.91	16.96	5.44	-8.39	1.59
직원의 수															123	106	151	165
연봉정보															23	24	23	25

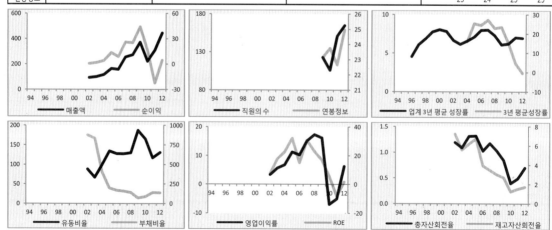

단위 : 성장률, ROE-% / EPS, 주당배당금 – 원 / 직원의 수 – 명 / 연봉정보 – 백만
2002년~2006년 사업보고서 미공시로 인하여 EPS는 감사보고서를 기준으로, 배당금은 0으로 간주해 성장률을 계산하였습니다.
02년~06년 성장률은 업계 3년 평균성장률 계산 과정에서 제외하였습니다.

• 조광ILI (코스닥 / 044060)

- 탭, 벨브 및 유사장치 제조업

구분	94	95	96	97	98	99	00	01	02	03	04	05	06	07	08	09	10	11	12
성장률			18.71	12.90	20.38	21.08	3.16	10.26	6.29	8.05	6.52	5.77	5.21	6.52	0.85	9.24	-0.82	-6.03	-4.07
EPS			152	124	247	456	322	268	275	270	245	196	177	217	78	350	56	-152	-70
배당금			0	0	0	0	250	100	150	100	100	50	50	50	50	50	80	80	80
ROE			18.71	12.90	20.38	21.08	14.12	16.37	13.85	12.79	11.01	7.75	7.26	8.47	2.37	10.78	1.90	-3.95	-1.90
직원의 수							75	73	79	75	76	71	80	93	92	88	92	95	97
연봉정보							12	21	22	28	24	27	24	31	27	29	32	30	32

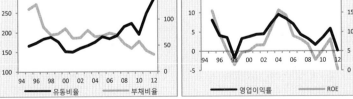

단위 : 성장률, ROE-% / EPS, 주당배당금 - 원 / 직원의 수 - 명 / 연봉정보 - 백만
1999년 12월, 조광공업㈜에서 조광아이엘아이㈜로 상호 변경하였습니다.

• 파라텍 (코스닥 / 033540)

- 탭, 밸브 및 유사장치 제조업

구분	94	95	96	97	98	99	00	01	02	03	04	05	06	07	08	09	10	11	12
성장률		15.46	9.45	5.08	1.48	4.65	5.05	6.52	4.68	8.70	12.81	11.83	7.24	6.47	5.43	1.93	4.21	6.33	0.07
EPS		281	189	98	26	84	96	131	141	259	441	459	309	298	262	137	210	462	14
배당금		0	0	0	0	0	0	0	40	50	80	80	60	60	50	40	40	100	10
ROE		15.46	9.45	5.08	1.48	4.65	5.05	6.52	6.54	10.79	15.65	14.32	8.98	8.10	6.71	2.72	5.20	8.08	0.26
직원의 수						168	170	172	165	163	163	156	170	176	178	161	155	164	173
연봉정보						17	16	20	22	22	26	33	31	33	31	33	28	33	44

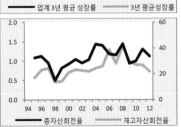

단위 : 성장률, ROE-% / EPS, 주당배당금 - 원 / 직원의 수 - 명 / 연봉정보 - 백만
1997년 12월, 극동스프링크라㈜에서 ㈜파라다이스산업(공시약명:파라텍)으로 상호 변경하였습니다.

기
계

• 하이록코리아 (코스닥 / 013030)

- 탭, 벨브 및 유사장치 제조업

구분	94	95	96	97	98	99	00	01	02	03	04	05	06	07	08	09	10	11	12
성장률		17.88	15.92	15.51	7.79	19.24	19.36	23.51	2.94	7.35	9.16	11.26	14.83	28.71	30.97	19.07	13.25	13.71	13.64
EPS		494	503	444	169	308	329	456	130	213	264	365	510	1,214	1,845	1,626	1,462	1,728	2,087
배당금		100	100	50	75	75	75	75	75	75	75	100	100	100	100	100	150	150	250
ROE		22.42	19.87	17.48	14.03	25.45	25.08	28.14	6.94	11.34	12.80	15.52	18.45	31.29	32.74	20.32	14.77	15.02	15.50
직원의 수						186	210	219	217	234	245	264	299	345	382	366	456	517	534
연봉정보						15	19	21	23	24	27	28	27	29	30	32	33	32	37

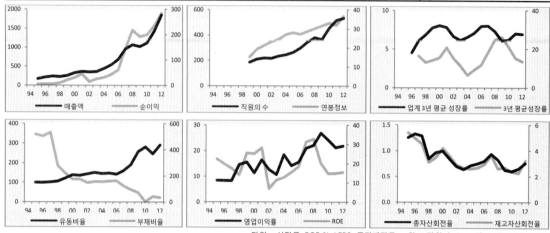

단위 : 성장률, ROE-% / EPS, 주당배당금 - 원 / 직원의 수 - 명 / 연봉정보 - 백만
2000년 7월, 주식회사 협동금속에서 하이록코리아 주식회사로 상호 변경하였습니다.

• 화성 (코스닥 / 039610)

- 탭, 밸브 및 유사장치 제조업

구분	94	95	96	97	98	99	00	01	02	03	04	05	06	07	08	09	10	11	12
성장률		8.21	10.56	19.54	15.33	18.47	19.00	14.84	8.25	4.80	8.00	9.70	9.12	11.96	13.91	17.89	15.94	14.64	13.17
EPS		331	476	1,093	2,028	706	1,058	541	206	99	161	217	224	331	446	730	792	845	875
배당금		0	0	0	0	0	0	50	50	0	0	0	0	0	0	0	0	0	0
ROE		8.21	10.56	19.54	15.33	18.47	19.00	16.35	10.89	4.80	8.00	9.70	9.12	11.96	13.91	17.89	15.94	14.64	13.17
직원의 수						148	164	181	176	151	163	171	174	190	259	208	235	215
연봉정보						11	13	12	14	13	13	15	24	17	13	23	23	26

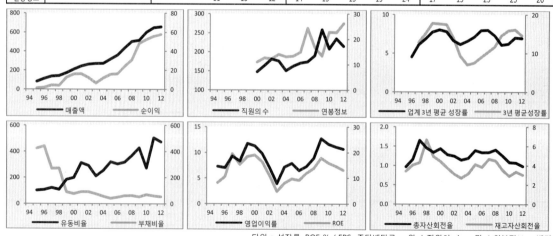

단위 : 성장률, ROE-% / EPS, 주당배당금 - 원 / 직원의 수 - 명 / 연봉정보 - 백만

• 두산인프라코어 (유가증권 / 042670)
- 토목공사 및 유사용 기계장비 제조업

구분	94	95	96	97	98	99	00	01	02	03	04	05	06	07	08	09	10	11	12
성장률								12.86	13.43	17.81	7.76	8.53	7.71	11.32	-9.40	-24.29	13.25	18.58	-5.66
EPS								506	601	978	732	809	881	1,153	-779	-1,981	1,126	1,862	-719
배당금								0	0	0	250	250	350	350	150	0	0	0	0
ROE							-12.29	12.86	13.43	17.81	11.79	12.34	12.79	16.25	-7.88	-24.29	13.25	18.58	-5.66
직원의 수								4,407	4,402	4,377	4,470	4,562	4,814	5,141	4,684	4,529	4,877	5,291	5,647
연봉정보								28	39	46	53	36	59	61	68	59	61	57	68

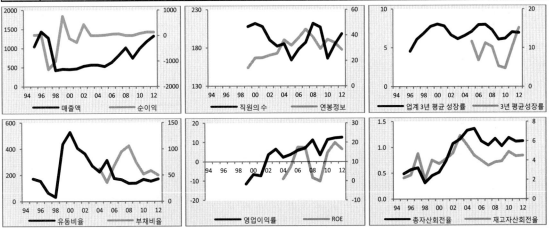

매출액	순이익
직원의 수	연봉정보
업계 3년 평균 성장률	3년 평균성장률
유동비율	부채비율
영업이익률	ROE
총자산회전율	재고자산회전율

단위 : 성장률, ROE-% / EPS, 주당배당금 – 원 / 직원의 수 – 명 / 연봉정보 – 백만
2000년 10월 대우중공업㈜에서 분할하여 대우종합기계㈜로 출범하였으며 2005년 4월 두산인프라코어㈜로 상호 변경하였습니다.
1기(2000년도)는 3개월(10월 1일~12월 31일)치 자료이기에, 그래프에서 제외하였습니다.

• 수산중공업 (유가증권 / 017550)
- 토목공사 및 유사용 기계장비 제조업

구분	94	95	96	97	98	99	00	01	02	03	04	05	06	07	08	09	10	11	12
성장률		2.34	2.74		자본잠식				1540.9	29.36	1.03	4.49	14.96	14.22	1.64	-0.14	12.81	17.93	14.95
EPS		71	73	-2,313	-1,571	3,895	-128	-310	2,315	-27	-6	40	117	138	14	-1	159	261	257
배당금		25	25	0		0	0	0	0	0	0	15	17	25	0	0	20	25	25
ROE		3.62	4.16		자본잠식				1540.9	29.36	1.03	7.19	17.51	17.37	1.64	-0.14	14.66	19.83	16.56
직원의 수					208	212	208	190		182	185	164	178	187	212	207	166	184	198
연봉정보					14	22	22	24		26	36	32	38	45	38	29	37	34	29

매출액	순이익
직원의 수	연봉정보
업계 3년 평균 성장률	3년 평균성장률
유동비율	부채비율
영업이익률	ROE
총자산회전율	재고자산회전율

단위 : 성장률, ROE-% / EPS, 주당배당금 – 원 / 직원의 수 – 명 / 연봉정보 – 백만
특이값(1995년~1996년, 2002년~2003년 부채비율과 ROE / 1995년~1998년 영업이익률 / 1997년~2004년 평균성장률)은 그래프에서 제외하였습니다.
자본잠식으로 인해, 계산 불가한 값(1997년~2001년 부채비율, ROE, 성장률)은 그래프에서 제외하였습니다.

기계

• 에버다임 (코스닥 / 041440)

- 토목공사 및 유사용 기계장비 제조업

구분	94	95	96	97	98	99	00	01	02	03	04	05	06	07	08	09	10	11	12
성장률						97.45	33.52	29.35	26.96	34.13	17.66	10.24	12.87	15.55	14.92	11.62	8.73	12.29	10.58
EPS						562	325	286	319	904	616	445	571	781	827	728	651	1,046	1,160
배당금						0	0	0	0	0	110	110	130	150	170	150	130	210	170
ROE						97.45	33.52	29.35	26.96	34.13	21.50	13.60	16.66	19.24	18.78	14.63	10.90	15.38	12.40
직원의 수											131	179	208	260	275	280	291	336	350
연봉정보											31	27	30	31	41	36	38	38	40

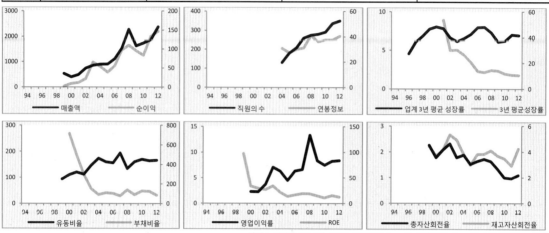

단위 : 성장률, ROE-% / EPS, 주당배당금 - 원 / 직원의 수 - 명 / 연봉정보 - 백만
2007년 3월, 주식회사 한우티엔씨에서 주식회사 에버다임으로 상호 변경하였습니다.

• 진성티이씨 (코스닥 / 036890)

- 토목공사 및 유사용 기계장비 제조업

구분	94	95	96	97	98	99	00	01	02	03	04	05	06	07	08	09	10	11	12
성장률			26.78	32.30	24.95	14.48	7.40	4.50	7.05	14.38	20.88	9.23	12.26	-17.35	-100.9	-7.75	20.88	28.89	7.15
EPS			532	591	390	248	213	147	178	257	436	315	389	-239	-1,055	-68	522	899	333
배당금			75	50	100	50	75	75	90	75	100	100	100	100	50	0	100	100	100
ROE			31.18	35.29	33.55	18.14	11.42	9.19	14.25	20.30	27.09	13.52	16.51	-12.23	-96.32	-7.75	25.82	32.51	10.22
직원의 수							106	113	144	180	180	234	235	249	174	148	165	180	185
연봉정보							17	17	19	23	28	29	31	35	32	31	35	42	45

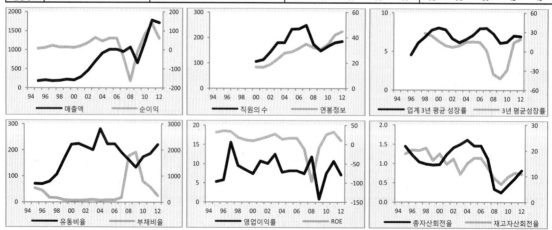

단위 : 성장률, ROE-% / EPS, 주당배당금 - 원 / 직원의 수 - 명 / 연봉정보 - 백만
2000년 1월, 진성산업주식회사에서 주식회사 진성티이씨로 상호 변경하였습니다.

• 흥국 (코스닥 / 010240)

- 토목공사 및 유사용 기계장비 제조업

구분	94	95	96	97	98	99	00	01	02	03	04	05	06	07	08	09	10	11	12
성장률							자본잠식			232.63	79.89	45.48	34.19	28.98	12.33	-3.37	8.93	12.38	4.82
EPS						-751	-644	-16	54	742	1,268	1,280	1,384	984	775	-22	614	886	450
배당금						0	0	0	0	0	0	0	0	0	150	100	150	150	150
ROE							자본잠식			232.63	79.89	45.48	34.19	28.98	15.29	-0.61	11.82	14.91	7.22
직원의 수																65	78	106	105
연봉정보																43	32	29	30

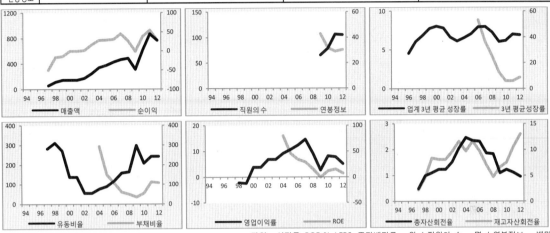

단위 : 성장률, ROE-% / EPS, 주당배당금 - 원 / 직원의 수 - 명 / 연봉정보 - 백만
1999년~2004년 사업보고서 미공시로 인하여 EPS는 감사보고서를 기준으로, 배당금은 0으로 간주해 성장률을 계산하였습니다.
99년~04년 성장률은 업계 3년 평균성장률 계산 과정에서 제외하였습니다.
자본잠식으로 인해, 계산 불가한 값(1999년~2002년 부채비율, ROE 및 성장률)은 그래프에서 제외하였습니다.
특이값(1997년~1998년, 2003년 부채비율과 ROE / 1999년~2005년 평균성장률)은 그래프에서 제외하였습니다.
2005년 11월, 흥국단철㈜에서 ㈜흥국으로 상호 변경하였습니다.

• 와이지-원 (코스닥 / 019210)

- 톱 및 호환성공구 제조업

구분	94	95	96	97	98	99	00	01	02	03	04	05	06	07	08	09	10	11	12
성장률		8.34	16.38	14.94	11.32	13.66	13.51	11.11	-2.94	-0.88	11.92	6.14	6.93	8.68	5.88	-20.14	-2.68	12.03	7.67
EPS		133	188	188	260	541	343	379	27	75	324	284	335	456	355	-678	-47	953	830
배당금		50	0	0	0	75	50	100	100	100	0	0	100	100	100	0	100	200	200
ROE		13.36	16.38	14.94	11.32	15.86	15.81	15.10	1.09	2.64	11.92	9.47	10.80	12.93	8.19	-18.76	-0.86	15.23	10.10
직원의 수					464	595	624	686	742	655	709	638	685	742	715	855	1,105	1,194
연봉정보					14	14	20	12	18	20	21	25	26	27	27	27	28	31

단위 : 성장률, ROE-% / EPS, 주당배당금 - 원 / 직원의 수 - 명 / 연봉정보 - 백만
1999년 10월, 주식회사 양지원공구에서 주식회사 와이지-원으로 상호 변경하였습니다.

기계

• 삼양엔텍 (유가증권 / 008720)

- 펄프 및 종이 가공용 기계 제조업

구분	94	95	96	97	98	99	00	01	02	03	04	05	06	07	08	09	10	11	12
성장률		8.51	5.45	0.09	-19.11	0.56	-23.22	-4.19	1.09	-1.06	-1.37	1.74	2.28	2.33	1.27	-2.95	-2.90	-3.29	3.01
EPS		2,186	1,599	521	-2,885	345	-3,174	-1,690	800	-335	-557	1,110	1,380	1,414	862	-1,285	-1,000	-1,346	1,514
배당금		600	550	500	150	250	0		100			350	350	350	300	0	250	0	250
ROE		11.73	8.31	2.23	-18.16	2.03	-23.22	-4.19	1.94	-0.81	-1.37	2.54	3.06	3.10	1.95	-2.95	-2.32	-3.29	3.61
직원의 수						179	170	156	111	98	97	27	25	34	34	34	31	31	29
연봉정보						23	24	27	32	34	38	48	46	38	42	45	44	46	48

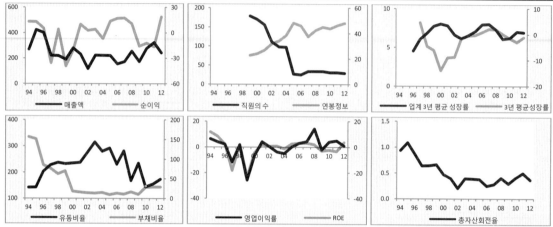

단위 : 성장률, ROE-% / EPS, 주당배당금 – 원 / 직원의 수 – 명 / 연봉정보 – 백만
2002년 결산 월 변경으로 인하여 31기는 제외하였으며, 30기를 2002년 기준으로 작성하였습니다.
2009년 3월, 삼양중기주식회사에서 주식회사 삼양엔텍으로 상호 변경하였습니다.

• 부-스타 (코스닥 / 008470)

- 핵반응기 및 증기발생기 제조업

구분	94	95	96	97	98	99	00	01	02	03	04	05	06	07	08	09	10	11	12
성장률						6.69	19.98	20.10	10.81	25.03	12.26	12.12	8.36	1.53	6.38	10.59	7.76	4.76	5.88
EPS						105	399	497	264	770	419	465	344	63	333	687	540	420	447
배당금						-1	-1	-1	0	0	0	0	0	0	50	150	120	120	100
ROE						6.65	19.95	20.08	10.81	25.03	12.26	12.12	8.36	1.53	7.50	13.54	9.98	6.66	7.57
직원의 수															386	393	378		
연봉정보															26	27	30		

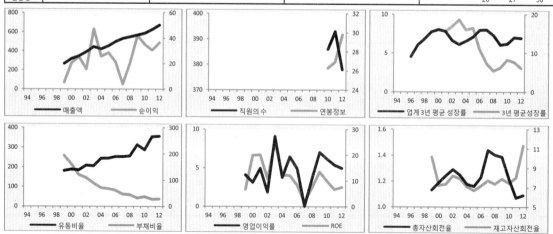

단위 : 성장률, ROE-% / EPS, 주당배당금 – 원 / 직원의 수 – 명 / 연봉정보 – 백만
1999년~2005년 사업보고서 미공시로 인하여 EPS는 감사보고서를 기준으로, 배당금은 0으로 간주해 성장률을 계산하였습니다.
99년~05년 성장률은 업계 3년 평균성장률 계산 과정에서 제외하였습니다.
1999년 7월, 주식회사 부-스타보일러에서 주식회사 부-스타로 상호 변경하였습니다.

• 수성 (코스닥 / 084180)

- 기타 물품취급장비 제조업

구분	94	95	96	97	98	99	00	01	02	03	04	05	06	07	08	09	10	11	12
성장률							10.00	15.79	13.72	12.79	7.76	16.34	21.98	7.49	10.73	4.17	-139.9	19.60	6.38
EPS							66	115	128	145	148	469	640	289	343	279	-2,956	512	250
배당금							0	0	0	0	50	0	50	70	0	70	0	0	70
ROE							10.00	15.79	13.72	12.79	11.71	16.34	23.84	9.88	10.73	5.56	-139.9	19.60	8.86
직원의 수												54	60	67	67	63	66	65	62
연봉정보												33	37	32	33	35	34	39	46

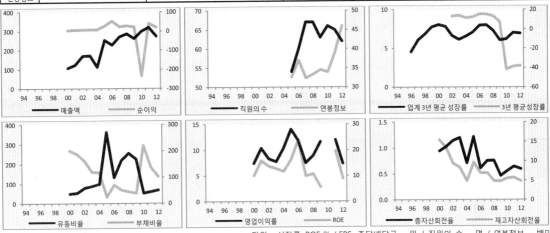

단위 : 성장률, ROE-% / EPS, 주당배당금 – 원 / 직원의 수 – 명 / 연봉정보 – 백만
특이값(2010년 영업이익률, ROE)은 그래프에서 제외하였습니다.
2000년~2002년 사업보고서 미공시로 인하여 EPS는 감사보고서를 기준으로, 배당금은 0으로 간주해 성장률을 계산하였습니다.
00년~02년 성장률은 업계 3년 평균성장률 계산 과정에서 제외하였습니다.

• 신흥기계 (코스닥 / 007820)

- 기타 물품취급장비 제조업

구분	94	95	96	97	98	99	00	01	02	03	04	05	06	07	08	09	10	11	12
성장률						1.82	3.54	5.18	1.23	1.69	18.85	22.45	18.82	26.61	17.65	14.81	20.84	14.83	12.26
EPS						25	50	79	2	14	195	295	296	518	417	490	820	1,022	795
배당금						0	0	0	0	0	0	0	0	0	0	0	0	50	50
ROE						1.82	3.54	5.18	1.23	1.69	18.85	22.45	18.82	26.61	17.65	14.81	20.84	15.59	13.09
직원의 수																		180	204
연봉정보																		26	28

단위 : 성장률, ROE-% / EPS, 주당배당금 – 원 / 직원의 수 – 명 / 연봉정보 – 백만
1999년~2008년 사업보고서 미공시로 인하여 EPS는 감사보고서를 기준으로, 배당금은 0으로 간주해 성장률을 계산하였습니다.
99년~08년 성장률은 업계 3년 평균성장률 계산 과정에서 제외하였습니다.

• 코메론 (코스닥 / 049430)

- 기타 측정, 시험, 항해, 제어 및 정밀기기 제조업

구분	94	95	96	97	98	99	00	01	02	03	04	05	06	07	08	09	10	11	12
성장률			10.87	19.46	36.05	13.21	22.03	15.35	10.8	9.51	6.00	7.71	5.22	6.87	1.29	7.42	8.49	5.15	6.99
EPS			155	295	428	326	185	438	875	742	556	597	385	479	117	583	729	493	635
배당금			0	0	0	77.1	0	100	350	200	200	200	91	100	40	100	115	100	65
ROE			10.87	19.46	36.05	17.30	22.03	19.89	18.0	13.02	9.38	11.59	6.84	8.68	1.97	8.96	10.09	6.46	7.78
직원의 수						149	169	154		141	167	136	105	109	82	72	82	67	89
연봉정보						15	16	18		29	20	24	29	31	39	28	42	45	40

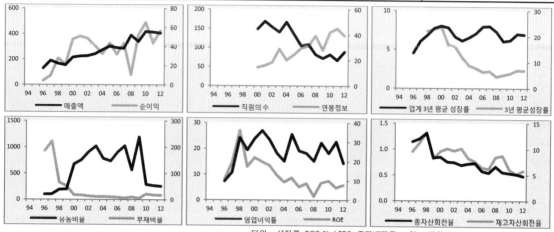

단위 : 성장률, ROE-% / EPS, 주당배당금 – 원 / 직원의 수 – 명 / 연봉정보 – 백만
1990년, ㈜한국도량에서 ㈜코메론으로 상호 변경하였습니다.

• 우신시스템 (유가증권 / 017370)

- 기타 특수목적용 기계 제조업

구분	94	95	96	97	98	99	00	01	02	03	04	05	06	07	08	09	10	11	12
성장률				9.68	4.89	50.95	13.12	17.99	11.3	7.44	11.11	13.67	4.82	3.04	2.27	5.22	7.01	9.06	6.53
EPS				18	5	134	37	471	338	290	434	589	251	148	103	317	444	578	420
배당금				5	0	10	5	65	80	100	120	140	90	30	20	80	100	100	60
ROE				13.40	4.89	55.05	15.17	20.87	14.8	11.35	15.36	17.93	7.52	3.81	2.81	6.98	9.05	10.95	7.62
직원의 수						179		172		183	174	203	205	192	196	209	231	236	230
연봉정보						28		28		29	36	44	34	39	39	37	45	47	47

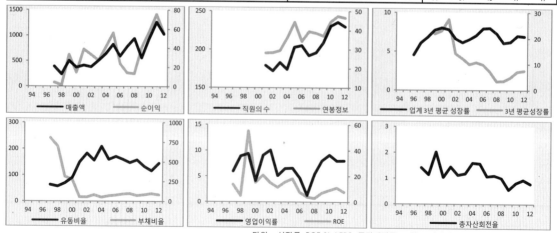

단위 : 성장률, ROE-% / EPS, 주당배당금 – 원 / 직원의 수 – 명 / 연봉정보 – 백만

기
계

• 티에스엠텍 (코스닥 / 066350)

- 기타 특수목적용 기계 제조업

구분	94	95	96	97	98	99	00	01	02	03	04	05	06	07	08	09	10	11	12
성장률					55.63	32.36	39.12	18.10	23.50	14.08	10.67	17.12	17.14	11.18	4.72	-7.48	2.59	9.72	2.16
EPS					163	60	54	47	693	566	736	1,107	1,354	940	420	-669	211	952	192
배당금					0	0	0	0	60	100	120	100	130	100	0	0	0	100	0
ROE					55.63	32.36	39.12	18.10	25.73	17.10	12.74	18.82	18.96	12.51	4.72	-7.48	2.59	10.86	2.16
직원의 수									61	91	117	158	199	230	286	283	282	304	348
연봉정보									31	34	30	39	36	42	40	52	48	32	49

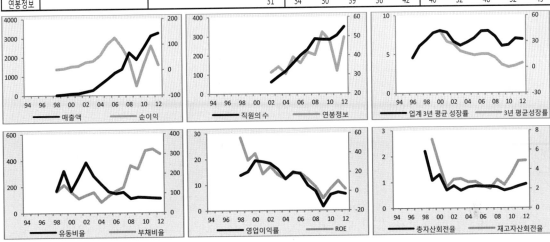

단위 : 성장률, ROE-% / EPS, 주당배당금 – 원 / 직원의 수 – 명 / 연봉정보 – 백만
2001년 4월, ㈜티에스금속에서 ㈜티에스엠텍으로 상호 변경하였습니다.

기
계

CHAPTER 4.

일상소비재

• 통신

2012년 통신 상장기업의 전체 매출액은 약 45조원(전년대비 2% 성장), 총 당기순이익은 1조 9천억원(전년대비 38% 감소)입니다. 평균성장률은 전년대비 1.5%(전년대비 2.3%p 증가)로 역성장에서 벗어났으며, ROE는 4%(전년대비 1.9%p 증가)로 수익성을 회복하고 있는 모습입니다.
(매출액 및 당기순이익은 단순합계금액이며, 성장률 및 ROE는 단순평균값 입니다)

해당 산업의 직원 수는 약 4만 4천명(전년대비 1.5% 증가)이며, 최근 평균연봉(2012년)은 약 6천 4백만원(전년대비 8% 증가)입니다. 90년대 후반부터, 직원 수는 감소하는 반면에 평균 연봉수준은 높아지는 상반된 흐름을 보이고 있습니다. 최근 3년간 평균 유동비율은 97.28%, 부채비율은 130.4%입니다.

구 분	총매출액	총 당기순이익	평균성장률	평균 ROE	총 직원수	연봉정보
94	6,323	756	20.2	22.1		
95	7,740	603	11.2	12.4		
96	9,752	386	9.2	9.9		
97	11,459	186	8.0	5.1		
98	13,512	236	6.7	-1.1	60,064	31
99	15,423	426	1.3	-0.8	53,038	38
00	18,349	1,199	4.1	4.6	52,013	45
01	20,810	2,100	8.3	10.1	50,065	49
02	24,030	3,419	10.3	12.8	50,898	48
03	24,809	2,690	7.3	10.8	45,211	48
04	26,337	2,793	2.7	6.3	45,742	50
05	27,153	3,014	3.6	7.3	45,948	53
06	28,319	2,832	2.6	5.3	45,591	53
07	29,833	2,864	4.9	8.6	45,848	54
08	30,598	1,852	3.2	6.8	43,987	56
09	35,304	1,888	-0.5	2.9	40,195	63
10	43,540	3,687	-0.4	2.5	42,990	59
11	43,855	3,075	-0.8	2.1	43,960	59
12	45,018	1,930	1.5	4.0	44,623	64

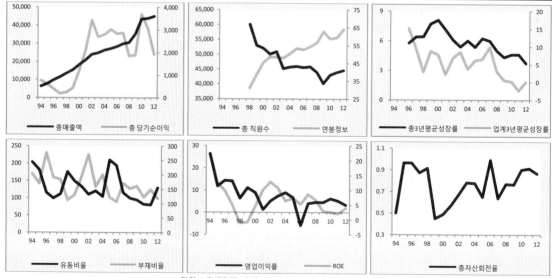

단위 : 총매출액, 총당기순이익 - 십억 / 업계 평균 성장률, ROE-% /직원의 수 - 명 / 연봉정보 - 백만
연봉정보는 1 인당 평균 급여액이며, 대상기업들의 연간 총 급여액을 총 직원의 수로 나눈 금액입니다.
업계 3 년 평균 성장률은 통신업종 전체 상장사의 평균이며, 사업보고서에 근거한 자료만으로 만들었습니다..

• LG 유플러스 (유가증권 / 032640)

- 무선통신업

구분	94	95	96	97	98	99	00	01	02	03	04	05	06	07	08	09	10	11	12
성장률				-5.28	-18.13	-21.95	-220.3	18.96	8.29	8.24	2.94	19.86	15.96	10.83	11.60	10.11	10.48	0.42	-1.67
EPS				-346	-1,561	-1,195	-2,320	739	262	284	105	895	858	993	1,023	1,112	1,305	187	-144
배당금				0	0	0	0	0	0	0	.	0	0	300	200	350	350	150	0
ROE				-5.28	-18.13	-21.95	-220.3	18.96	8.29	8.24	2.94	19.86	15.96	15.53	14.42	14.75	14.32	2.10	-1.67
직원의 수					1,042	1,253	1,207	1,356		1,706	1,981	2,027	1,994	2,167	2,348	2,520	5,497	6,190	6,486
연봉정보					28	32	33	30		25	44	41	47	40	48	53	53	59	64

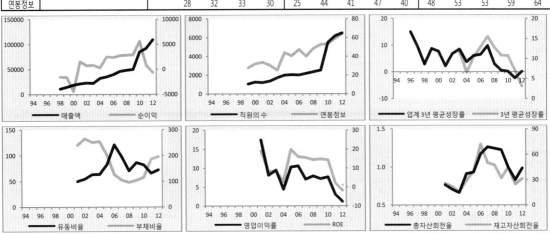

단위 : 성장률, ROE-% / EPS, 주당배당금 – 원 / 직원의 수 – 명 / 연봉정보 – 백만

2기~5기 재무분석자료(1997년~2000년 유동비율, 부채비율, 영업이익률, ROE, 총자산회전율, 재고자산회전율)는 그래프에서 제외하였습니다.

특이값(1999년~2002년 3년 평균성장률)은 그래프에서 제외하였습니다.

2010년 1월, (주)LG텔레콤이 (주)LG데이콤과 (주)LG파워콤을 흡수 합병하였습니다.

*(주)LG텔레콤은 존속, (주)LG데이콤과 (주)LG파워콤은 해산

• SK텔레콤 (유가증권 / 017670)

- 무선통신업

구분	94	95	96	97	98	99	00	01	02	03	04	05	06	07	08	09	10	11	12
성장률	30.31	24.49	17.81	8.22	9.78	7.76	15.15	18.83	24.55	25.75	10.34	14.64	9.24	8.40	5.53	5.41	10.97	8.61	4.75
EPS	2,324	3,181	3,380	1,887	2,363	4,134	10,899	13,176	17,934	25,876	20,307	25,421	19,734	22,607	17,559	17,808	27,063	24,002	17,832
배당금	75	125	125	90	118	185	540	690	1,800	5,500	10,300	9,000	8,000	9,400	9,400	9,400	9,400	9,400	9,400
ROE	31.32	25.50	18.49	8.64	10.30	8.13	15.93	19.87	27.29	32.70	20.97	22.66	15.54	14.37	11.91	11.46	16.81	14.16	10.04
직원의 수					3,464	3,250	2,962	3,082	4,095	4,164	4,249	4,308	4,349	4,542	4,411	4,441	4,421	3,955	4,074
연봉정보					31	38	38	50	50	56	59	61	57	59	62	65	64	60	99

단위 : 성장률, ROE-% / EPS, 주당배당금 – 원 / 직원의 수 – 명 / 연봉정보 – 백만

1997년 3월, 한국이동통신㈜에서 SK텔레콤㈜로 상호 변경하였습니다.

2012년 2월, SK하이닉스(구 : 하이닉스반도체) 주식을 취득하였습니다.

통신

• KT (유가증권 / 030200)

- 전기통신업

구분	94	95	96	97	98	99	00	01	02	03	04	05	06	07	08	09	10	11	12
성장률	10.05	5.47	2.25	0.28	3.67	2.48	7.61	7.32	21.40	4.90	8.37	4.93	9.52	6.42	2.52	0.75	5.98	6.84	1.96
EPS	2,178	1,455	632	277	897	1,268	3,236	3,493	6,657	3,344	5,957	4,877	5,877	4,753	2,217	2,353	5,135	5,299	2,953
배당금	475	475	250	225	150	150	450	720	860	2,000	3,000	3,000	2,000	2,000	1,120	2,000	2,410	2,000	2,000
ROE	12.85	8.12	3.72	1.49	4.40	2.81	8.84	9.22	24.58	12.18	16.86	12.82	14.43	11.08	5.09	4.97	11.26	10.99	6.06
직원의 수					56,600	47,532	46,095	44,094	43,659	37,652	37,703	37,904	37,514	36,913	35,063	30,841	31,155	31,981	32,186
연봉정보					31	39	45	50	51	48	50	53	52	54	55	55	59	60	62

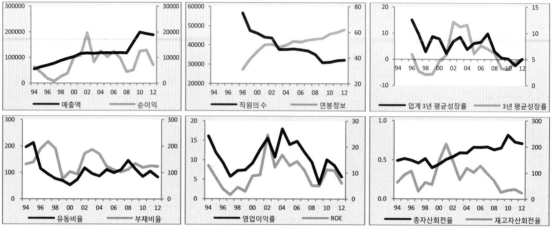

단위 : 성장률, ROE-% / EPS, 주당배당금 – 원 / 직원의 수 – 명 / 연봉정보 – 백만
2002년 3월, 한국전기통신공사에서 주식회사 케이티로 상호 변경하였습니다.
*1994년~1998년 배당금: 정부 배당금

• 전파기지국 (코스닥 / 065530)

- 기타전기 통신업

구분	94	95	96	97	98	99	00	01	02	03	04	05	06	07	08	09	10	11	12
성장률						11.05	11.45	13.51	6.22	4.92	4.54	3.41	7.36	3.94	3.53	0.94	0.89	3.45	9.52
EPS						484	567	1,121	991	859	850	772	1,131	852	786	582	582	702	1,100
배당금						0	0	350	500	500	500	500	500	500	500	500	500	500	500
ROE						11.05	11.45	19.64	12.55	11.77	11.02	9.69	13.19	9.54	9.70	6.65	6.33	11.99	17.45
직원의 수									87	89	101	95	93	90	82	87	96	106	158
연봉정보									33	32	26	43	38	39	44	43	48	42	36

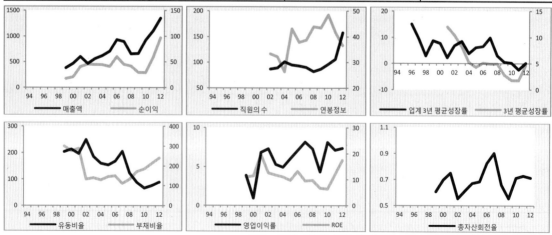

단위 : 성장률, ROE-% / EPS, 주당배당금 – 원 / 직원의 수 – 명 / 연봉정보 – 백만
1999년 사업보고서 미공시로 인하여 EPS는 감사보고서를 기준으로, 배당금은 0으로 간주해 성장률을 계산하였습니다.
99년 성장률은 업계 3년 평균성장률 계산 과정에서 제외하였습니다.
2002년 2월, 한국전파기지국관리㈜에서 한국전파기지국㈜로 상호 변경하였습니다.

통
신

• SK 브로드밴드 (코스닥 / 033630)

- 유선통신업

구분	94	95	96	97	98	99	00	01	02	03	04	05	06	07	08	09	10	11	12
성장률						-4.51	-17.90	-17.08	-8.96	-9.40	0.60	-13.32	-5.76	0.48	-7.00	-13.66	-4.35	1.40	1.92
EPS						-34	-116	-93	-41	-52	2	-90	-37	3	-42	-73	-200	65	89
배당금						0	0	0	0	0	0	0	0	0	0	0	0	0	0
ROE						-4.51	-17.90	-17.08	-8.96	-9.40	0.60	-13.32	-5.76	0.48	-7.00	-13.66	-4.35	1.40	1.92
직원의 수						1,038	1,501	1,519	1,576	1,489	1,532	1,461	1,498	1,615	1,582	1,905	1,462	1,428	1,440
연봉정보						29	41	46	49	42	53	63	59	58	64	53	56	59	62

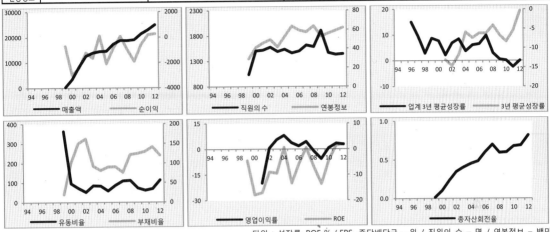

단위 : 성장률, ROE-% / EPS, 주당배당금 – 원 / 직원의 수 – 명 / 연봉정보 – 백만
2008년 9월, 하나로텔레콤주식회사에서 에스케이브로드밴드주식회사로 상호 변경하였습니다.

• 온세텔레콤 (코스닥 / 036630)

- 유선통신업

구분	94	95	96	97	98	99	00	01	02	03	04	05	06	07	08	09	10	11	12
성장률		-132.2	124.07	82.44	-35.54	-0.50	-44.94	-44.94	-146.1	-34.27	-1.63	-7.65	-22.48	-108.1	-89.15	-38.35	-25.10	-20.15	-4.90
EPS		777	2,997	9,698	1,684	294	24	-432	-573	-915	-11	-99	-318	-853	-342	-105	-256	-171	-28
배당금		0	0	3,000	2,846	50	0	0	0	0	0	0	0	0	0	0	0	0	0
ROE		-132.2	124.07	119.37	51.48	-0.60	-44.94	-44.94	-146.1	-34.27	-1.63	-7.65	-22.48	-108.1	-89.15	-38.35	-25.10	-20.15	-4.90
직원의 수						52	53	47	36	29	106	93	87	460	440	363	316	261	236
연봉정보						18	17	24	20	26	28	34	34	52	54	52	52	53	59

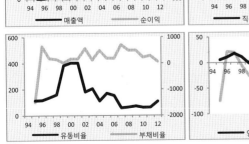

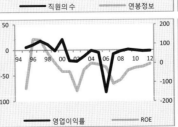

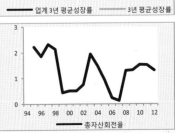

단위 : 성장률, ROE-% / EPS, 주당배당금 – 원 / 직원의 수 – 명 / 연봉정보 – 백만
2007년 11월, ㈜온세통신에서 ㈜온세텔레콤으로 상호 변경하였습니다.

• 아이즈비전 (코스닥 / 031310)

- 기타 통신 판매업

구 분	94	95	96	97	98	99	00	01	02	03	04	05	06	07	08	09	10	11	12
성장률		3.72	7.46	15.59	-39.12	-343.0	-32.37	-228.03	-48.01	9.17	-6.43	78.00	4.53	-0.88	-32.66	-6.65	-1.45	-6.08	-1.14
EPS		105	271	263	-478	-756	-173	-361	-438	121	-80	5,229	413	41	-1,303	-267	-60	-232	-45
배당금		0	0	0	0	0	0	0	0	0	0	100	100	100	0	0	0	0	0
ROE		3.72	7.46	15.59	-39.12	-343.0	-32.37	-228.03	-48.01	9.17	-6.43	79.52	5.98	0.61	-32.66	-6.65	-1.45	-6.08	-1.14
직원의 수					124	149	116	89	82	70	60	56	61	61	38	43	39	43
연봉정보					23	19	23	27	27	32	43	29	45	45	33	29	30	33

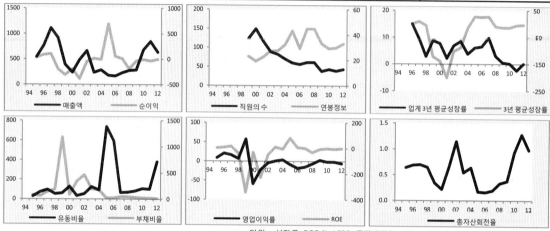

단위 : 성장률, ROE-% / EPS, 주당배당금 - 원 / 직원의 수 - 명 / 연봉정보 - 백만
2000년 3월, 부일이동통신㈜에서 ㈜아이즈비전으로 상호 변경하였습니다.

• 유통업(오프라인)

2012년 유통업 상장기업의 전체 매출액은 약 38조원(전년대비 15% 성장), 총 당기순이익은 1조 9천억원(전년대비 61% 감소)입니다. 평균 성장률은 -1.7%(전년대비 6.9%p 감소)이며 ROE는 5.6%(전년대비 0.4%p 감소)를 기록하였습니다. (매출액 및 당기순이익은 단순합계금액이며, 성장률 및 ROE는 단순평균값 입니다)

해당 산업의 총 직원 수는 약 5만 6천명(전년대비 5.3% 증가)이며, 최근 평균연봉(2012년)은 약 3천 4백만원(전년대비 13% 증가)입니다. 업계 연봉은 최고수준이었던 03년도에 비해 약 3천 7백만원을 회복하지 못하고 있는 상황입니다. 최근 3년간 평균 유동비율은 170.3%, 부채비율은 71.5%입니다.

구 분	총매출액	총 당기순이익	평균성장률	평균 ROE	총 직원수	연봉정보
94	1,362	33	10.5	7.8		
95	4,117	67	6.7	7.6		
96	4,975	75	9.0	9.9		
97	5,619	-15	4.5	9.7		
98	6,291	-227	7.8	8.0	6,267	17
99	8,583	158	15.0	11.1	16,658	17
00	11,597	299	8.2	8.7	19,053	17
01	14,756	538	6.1	6.4	22,722	21
02	12,916	759	10.5	11.5	28,948	24
03	14,882	595	7.8	6.2	21,091	37
04	19,730	788	5.1	5.8	28,003	30
05	21,843	1,278	9.0	10.0	38,217	26
06	23,563	1,552	8.1	11.1	29,059	28
07	24,258	1,541	5.2	9.8	29,022	33
08	26,036	1,585	4.5	4.2	32,234	34
09	29,070	1,751	4.4	3.1	32,192	36
10	40,357	2,626	5.0	5.6	45,392	32
11	33,496	4,962	5.2	6.0	53,229	30
12	38,778	1,945	-1.7	5.6	56,071	34

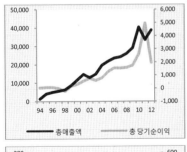

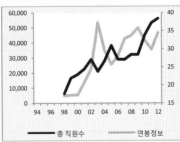

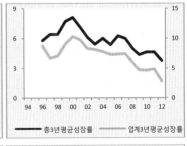

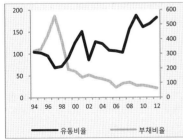

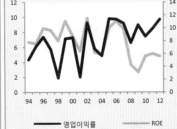

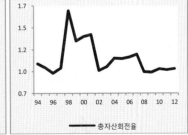

단위 : 총 매출액, 총 당기순이익 – 십억 / 평균 성장률, 평균 ROE - % / 총 직원 수 – 명 / 연봉정보 – 백만
연봉정보는 1 인당 평균 급여액이며, 대상기업들의 연간 총 급여액을 총 직원의 수로 나눈 금액입니다.
업계 3 년 평균 성장률은 유통업종 전체 상장사의 평균이며, 사업보고서에 근거한 자료만으로 만들었습니다.

유통업

567

• 롯데하이마트 (유가증권 / 071840)
- 가전제품 소매업

구분	94	95	96	97	98	99	00	01	02	03	04	05	06	07	08	09	10	11	12
성장률	자본잠식				0.58	6.49	12.27	-5.88	33.89	51.16	35.24	28.67	36.17	17.66	-11.52	5.63	10.66	8.54	4.43
EPS				97	97	764	3,334	-215	7,367	42,393	21,334	24,335	31,871	27,055	-59,764	6,169	10,191	6,821	3,023
배당금				0	0	0	0	500	750	1,500	0	0	0	0				880	250
ROE	자본잠식				0.58	6.49	12.27	-1.77	37.73	53.04	35.24	28.67	36.17	17.66	-11.52	5.63	10.66	9.81	4.83
직원의 수								1,707	1,825	1,770	1,736	1,873			미공시			2,908	3,149
연봉정보								26	31	28	31	35						47	47

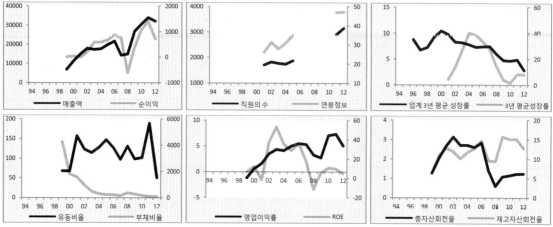

단위 : 성장률, ROE-% / EPS, 주당배당금 - 원 / 직원의 수 - 명 / 연봉정보 - 백만
2006년~2010년 사업보고서 미공시로 인하여 EPS는 감사보고서를 기준으로, 배당금은 0으로 간주해 성장률을 계산하였습니다.
06년~10년 성장률은 업계 3년 평균성장률 계산 과정에서 제외하였습니다.
2012년 10월, 하이마트에서 롯데하이마트로 상호 변경하였습니다.
2006년~2010년 직원의 수와 연봉정보는 미공시 되었습니다.

• 동양네트웍스 (유가증권 / 030790)
- 상품 종합 도매업

구분	94	95	96	97	98	99	00	01	02	03	04	05	06	07	08	09	10	11	12
성장률			20.34	19.93	34.35	13.09	16.86	4.67	6.36	1.13	-11.07	2.20	1.70	4.97	7.45	4.22	0.85	0.57	-87.17
EPS			72	88	230	195	247	88	117	39	-120	57	46	100	146	110	89	35	-850
배당금			0	0	0	0	0	35	40	25	0	30	25	35	40	35	35	25	0
ROE			20.34	19.93	34.35	13.09	16.86	7.77	9.64	3.19	-11.07	4.65	3.72	7.65	10.26	6.19	1.40	1.99	-87.17
직원의 수							662	500	556	564	486	483	493	513	566	597	875	818	860
연봉정보							28	38	35	37	37	40	44	46	50	50	49	53	49

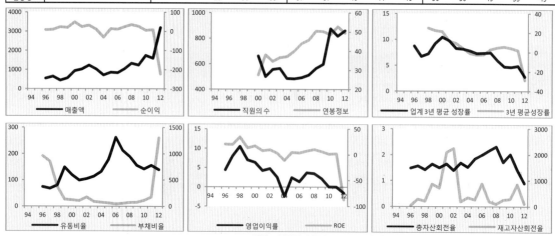

단위 : 성장률, ROE-% / EPS, 주당배당금 - 원 / 직원의 수 - 명 / 연봉정보 - 백만
2012년 7월, 동양시스템즈㈜에서 동양네트웍스㈜로 상호 변경하였습니다.

• GS리테일 (유가증권 / 007070)

- 체인화 편의점

구분	94	95	96	97	98	99	00	01	02	03	04	05	06	07	08	09	10	11	12
성장률		-54.51	15.64	-25.78	4.49	5.28	4.53	5.95	14.90	8.43	3.71	5.27	6.14	4.99	5.01	10.14	29.34	4.79	6.08
EPS		162	603	421	463	1,066	785	1,501	1,064	834	335	453	538	474	675	1,620	5,745	1,186	1,600
배당금		2,000	0	1,000	100	100	100	500	0	300	100	100	100	100	100	320	500	300	400
ROE		4.82	15.64	18.70	5.73	5.83	5.19	8.92	14.90	13.17	5.29	6.77	7.55	6.32	5.88	12.63	32.14	6.41	8.10
직원의 수					4,191	2,133	2,235	3,329	3,568	3,299	3,228	3,226	3,243	3,352	3,565	3,033	3,480	4,453	
연봉정보					18	20	23	23	29	29	29	28	33	37	34	42	39	31	

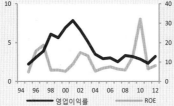
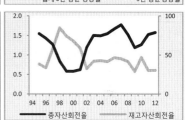

단위 : 성장률, ROE-% / EPS, 주당배당금 – 원 / 직원의 수 – 명 / 연봉정보 – 백만
2005년 3월, ㈜LG유통에서 ㈜GS리테일로 상호 변경하였습니다.

• 로엔케이 (유가증권 / 006490)

- 컴퓨터 및 주변장치, 소프트웨어 도매업

구분	94	95	96	97	98	99	00	01	02	03	04	05	06	07	08	09	10	11	12
성장률	-1.55	-5.24	-1030.6	-0.98	-520.5	-39.62	0.48	-8.74	-36.81	9.66	-73.45	-211.8	-192.2	-59.02	1.08	-27.96	-384.6	-32.18	-61.27
EPS	-23	-41	-1,262	0	-560	-439	5	-91	-275	81	-354	-339	-204	-560	29	-638	-1,250	-96	-200
배당금	0	0	0	0	0	0	0	0	0	0	0	0	0	0	0	0	0	0	0
ROE	-1.55	-5.24	-1030.6	-0.98	-520.5	-39.62	0.48	-8.74	-36.81	9.66	-73.45	-211.8	-192.2	-59.02	1.08	-27.96	-384.6	-32.18	-61.27
직원의 수					93	115	140	131	76	25	23	15	15	15	11	24	34	33	71
연봉정보					11	11	14	20	20	32	36	31	미공시	18	24	13	28	18	15

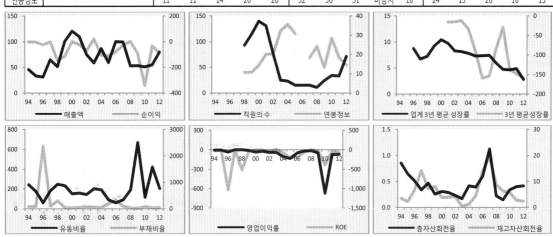

단위 : 성장률, ROE-% / EPS, 주당배당금 – 원 / 직원의 수 – 명 / 연봉정보 – 백만
2006년 연봉정보는 미공시 되었습니다.
특이값(1998년~2000년 평균 성장률)은 그래프에서 제외하였습니다.
2008년 3월, ㈜비티아이에서 ㈜로엔케이로 상호 변경하였습니다.

유
통
업

569

• 피씨디렉트 (코스닥 / 051380)

- 컴퓨터 및 주변장치, 소프트웨어 도매업

구분	94	95	96	97	98	99	00	01	02	03	04	05	06	07	08	09	10	11	12
성장률					14.41	51.39	44.30	16.00	11.72	1.48	5.85	0.98	6.04	3.66	-11.09	5.60	2.57	11.76	6.79
EPS					85	808	943	407	490	48	199	35	283	176	-395	243	120	559	351
배당금					0	0	0	0	100	0	0	0	50	30	0	30	20	40	30
ROE					14.41	51.39	44.30	16.00	14.72	1.48	5.85	0.98	7.33	4.41	-11.09	6.39	3.09	12.66	7.43
직원의 수								42	34	44	41	40	39	44	36	36	68	66	65
연봉정보								29	34	28	27	28	30	33	34	34	21	26	26

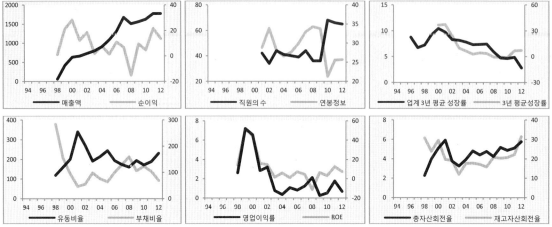

단위 : 성장률, ROE-% / EPS, 주당배당금 – 원 / 직원의 수 – 명 / 연봉정보 – 백만

• 한국정보공학 (코스닥 / 039740)

- 컴퓨터 및 주변장치, 소프트웨어 도매업

구분	94	95	96	97	98	99	00	01	02	03	04	05	06	07	08	09	10	11	12
성장률			1.55	3.85	-114.4	91.46	7.88	2.55	-13.21	-13.87	-19.01	0.69	0.78	-16.50	-4.96	4.91	2.32	0.72	-2.31
EPS			9	40	-324	4,053	918	307	-1,345	-1,294	-1,487	55	62	-1,080	-301	369	226	54	-170
배당금			0	0	0	0	0	0	0	0	0	0	0	0	0	50	50	0	0
ROE			1.55	3.85	-114.4	91.46	7.88	2.55	-13.21	-13.87	-19.01	0.69	0.78	-16.50	-4.96	5.68	2.97	0.72	-2.31
직원의 수					138	143	113			118	141	54	82	67	57	78	89	92	105
연봉정보					21	34	35			30	27	37	37	39	34	33	39	35	37

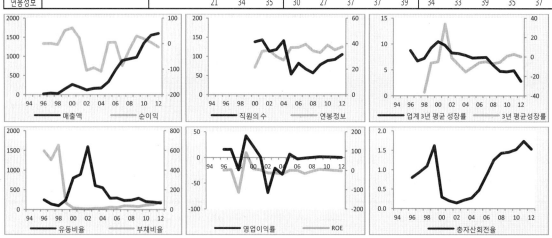

단위 : 성장률, ROE-% / EPS, 주당배당금 – 원 / 직원의 수 – 명 / 연봉정보 – 백만

유통업

• 서울옥션 (코스닥 / 063170)

- 기타 상품 중개업

구분	94	95	96	97	98	99	00	01	02	03	04	05	06	07	08	09	10	11	12
성장률								-7.05	5.33	10.67	4.79	6.59	9.09	42.11	1.21	-2.63	-1.31	-11.46	2.54
EPS								-728	371	861	383	684	118	771	99	-91	-46	-351	132
배당금								0	0	0	0	0	0	0	50	0	0	0	50
ROE								-7.05	5.33	10.67	4.79	6.59	9.09	42.11	2.44	-2.63	-1.31	-11.46	4.10
직원의 수															40	50	42	49	47
연봉정보															34	30	27	31	31

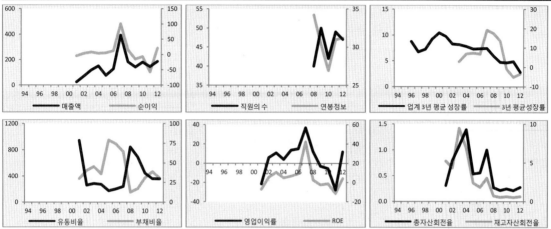

단위 : 성장률, ROE-% / EPS, 주당배당금 - 원 / 직원의 수 - 명 / 연봉정보 - 백만
2001년~2005년 사업보고서 미공시로 인하여 EPS는 감사보고서를 기준으로, 배당금은 0으로 간주해 성장률을 계산하였습니다.
01년~05년 성장률은 업계 3년 평균성장률 계산 과정에서 제외하였습니다.
2001년, 주식회사 서울경매에서 주식회사 서울옥션으로 상호 변경하였습니다.

• 광주신세계 (유가증권 / 037710)

- 백화점업

구분	94	95	96	97	98	99	00	01	02	03	04	05	06	07	08	09	10	11	12
성장률				자본잠식	78.03	40.60	49.55	46.01	27.24	15.66	11.11	14.94	14.50	16.07	15.55	15.58	16.25	16.21	14.32
EPS				33,668	5,351	6,116	9,327	15,710	13,570	9,354	7,669	11,835	13,263	17,115	19,433	22,825	27,576	32,676	33,606
배당금				0	0	0	1,000	750	1,000	1,000	1,000	1,250	1,250	1,250	1,250	1,250	1,250	1,250	1,250
ROE				자본잠식	78.03	40.60	55.50	48.32	29.41	17.53	12.78	16.70	16.01	17.34	16.62	16.48	17.03	16.85	14.87
직원의 수					394	362	322	277	253	331	314	313	314	313	310	292			
연봉정보					20	24	25	27	29	25	27	31	32	33	35	38			

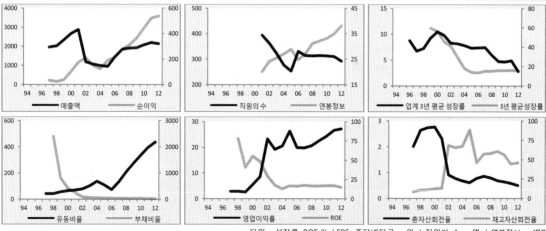

유통업

단위 : 성장률, ROE-% / EPS, 주당배당금 - 원 / 직원의 수 - 명 / 연봉정보 - 백만
자본잠식으로 인해, 계산 불가한 값(1997년 부채비율, ROE 및 성장률)은 그래프에서 제외하였습니다.
2006년 3월, 광주신신세계백화점에서 주식회사 광주신세계로 상호 변경하였습니다.

• 그랜드백화점 (코스닥 / 019010)

- 백화점업

구분	94	95	96	97	98	99	00	01	02	03	04	05	06	07	08	09	10	11	12
성장률		18.97	12.07	6.57	-9.82	47.80	0.93	-3.49	0.60	0.52	-3.55	-0.14	4.49	-1.33	-0.19	-3.45	-18.35	-0.87	-11.45
EPS		4,348	3,459	1,009	-1,067	9,467	290	-919	159	452	-682	760	1,769	134	102	-1,755	-8,269	-390	-4,868
배당금		0	0	0	0	0	0	0	0	300	300	800	500	500	200	0	0	0	0
ROE		18.97	12.07	6.57	-9.82	47.80	0.93	-3.49	0.60	1.55	-2.47	2.73	6.26	0.49	0.19	-3.45	-18.35	-0.87	-11.45
직원의 수						683	713	695	688	718	558	536	504	490	441	381	377	354	169
연봉정보						22	19	21	20	19	27	22	24	25	28	30	29	30	46

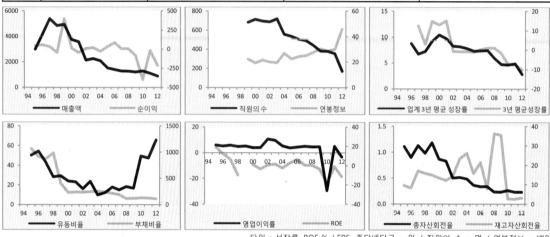

단위 : 성장률, ROE-% / EPS, 주당배당금 - 원 / 직원의 수 - 명 / 연봉정보 - 백만
2000년 1월, 그랜드산업개발㈜에서 그랜드백화점㈜로 상호 변경하였습니다.
특이값(1999년 ROE)은 그래프에서 제외하였습니다.

• 대구백화점 (유가증권 / 006370)

- 백화점업

구분	94	95	96	97	98	99	00	01	02	03	04	05	06	07	08	09	10	11	12
성장률	13.79	-1.34	4.78	3.94	-102.0	21.10	18.75	17.29	10.20	-2.59	3.37	4.78	5.95	6.29	5.50	5.45	6.69	3.54	1.06
EPS	3,027	97	1,282	827	-17,942	4,364	4,127	4,694	3,076	-446	1,189	1,807	2,260	2,540	2,239	2,334	3,170	1,953	869
배당금	350	350	500	200	0	0	300	500	300	250	250	400	400	400	350	350	350	400	400
ROE	15.59	0.51	7.84	5.20	-102.0	21.10	20.22	19.35	11.30	-1.66	4.27	6.14	7.22	7.47	6.52	6.41	7.52	4.46	1.96
직원의 수					972	895	838	765	647	569	469	422	424	406	405	404	418	422	428
연봉정보					13	14	15	17	23	24	24	25	25	26	26	27	27	29	29

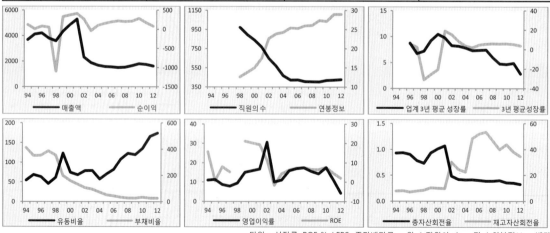

단위 : 성장률, ROE-% / EPS, 주당배당금 - 원 / 직원의 수 - 명 / 연봉정보 - 백만
1969년 12월, 합자회사 대구백화점에서 주식회사 대구백화점으로 상호 변경하였습니다.
특이값(1998년 ROE)은 그래프에서 제외하였습니다.

유통업

• 롯데쇼핑 (유가증권 / 023530)

- 백화점업

구 분	94	95	96	97	98	99	00	01	02	03	04	05	06	07	08	09	10	11	12
성장률		13.60	12.45	6.22	2.04	3.41	8.19	10.63	10.65	3.40	10.88	16.42	9.38	8.02	8.00	5.52	5.93	5.29	6.87
EPS		7,441	7,554	4,245	1,661	2,962	7,489	11,100	12,550	4,563	15,124	27,311	26,494	23,831	25,576	24,667	34,781	25,580	35,058
배당금		500	500	500	89	150	150	350	500	500	500	750	1,250	1,250	1,250	1,250	1,500	1,500	1,500
ROE		14.58	13.33	7.05	2.15	3.59	8.35	10.97	11.09	3.82	11.25	16.88	9.84	8.47	8.41	5.81	6.19	5.62	7.18
직원의 수						4,535	6,976	6,787	7,249	7,754	6,601	16,246	8,404	8,542	9,772	9,081	21,983	24,801	24,976
연봉정보						18	16	22	26	28	33	20	25	36	37	41	28	28	31

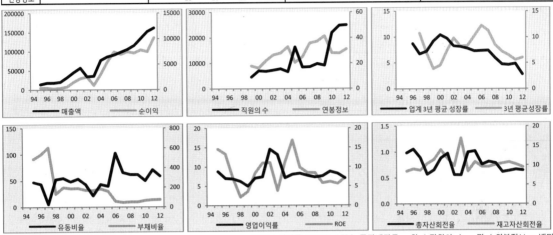

단위 : 성장률, ROE-% / EPS, 주당배당금 – 원 / 직원의 수 – 명 / 연봉정보 – 백만
1979년 11월, 협우실업㈜에서 롯데쇼핑㈜로 상호 변경하였습니다.

• 세이브존 I&C (코스닥 / 067830)

- 백화점업

구 분	94	95	96	97	98	99	00	01	02	03	04	05	06	07	08	09	10	11	12
성장률									1.83	-0.03	0.47	1.46	4.25	1.58	0.19	3.46	5.13	6.05	6.76
EPS									62	49	14	97	139	94	6	211	319	455	514
배당금									0	50	0	50	0	40	0	0	0	50	30
ROE									1.83	1.65	0.47	3.03	4.25	2.75	0.19	3.46	5.13	6.80	7.18
직원의 수									472	528	506	453	426	388	303	296	262	234	245
연봉정보									14	23	30	31	32	33	37	26	40	39	41

단위 : 성장률, ROE-% / EPS, 주당배당금 – 원 / 직원의 수 – 명 / 연봉정보 – 백만
2002년 5월, (주)한신공영의 유통사업부문(舊. 한신코아)을 인적 분할하여 설립되었습니다.
2004년 3월, ㈜유레스에서 ㈜세이브존아이앤씨로 상호 변경하였습니다.

유통업

• 신세계 (유가증권 / 004170) / 이마트 (유가증권 / 139480)

- 백화점업 / 기타 대형 종합 소매업

구분	94	95	96	97	98	99	00	01	02	03	04	05	06	07	08	09	10	11	12
성장률	5.99	3.42	0.67	0.97	0.57	1.67	7.55	15.12	16.4	16.95	16.20	17.29	15.81	14.37	14.27	12.26	14.06	44.67	4.98
EPS	1,942	1,516	821	857	527	1,290	3,940	10,019	13,052	15,982	22,445	23,214	25,099	26,541	30,424	30,118	57,095	17,176	25,050
배당금	700	700	500	400	250	500	100	750	1,000	1,000	1,000	1,250	1,250	1,250	1,250	1,250	2,500	1,500	2,500
ROE	9.37	6.35	1.71	1.82	1.09	2.72	7.75	16.34	17.8	18.09	16.96	18.27	16.63	15.08	14.88	12.79	14.70	48.94	5.54
직원의 수					4,341	5,474	7,066	8,950	9,556	9,703	10,814	11,782	12,489	12,523	14,588	15,643	16,378	18,031	19,290
연봉정보					19	16	17	18	21	23	26	26	27	29	28	32	34	25	35

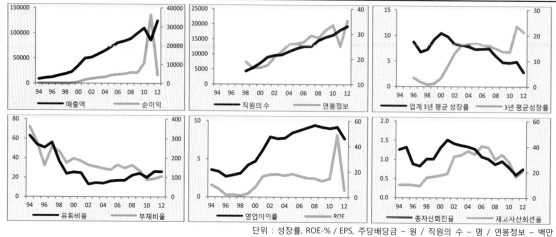

단위 : 성장률, ROE-% / EPS, 주당배당금 - 원 / 직원의 수 - 명 / 연봉정보 - 백만
2001년 3월, 주식회사 신세계백화점에서 주식회사 신세계로 상호 변경하였습니다.
2011년 이마트 인적 분할로 인하여, 2011년 이후의 이마트 재무제표와 합산해 그래프를 작성하였습니다.
2011년도는 5월 1일부터 12월 31일까지의 이마트 자료로 작성되었습니다.
EPS는 신세계 기준으로 작성하였습니다.

• 한화타임월드 (유가증권 / 027390)

- 백화점업

구분	94	95	96	97	98	99	00	01	02	03	04	05	06	07	08	09	10	11	12
성장률	23.83	13.84	10.04	25.57	34.97	-27.43	-27.68	13.16	15.41	10.41	5.08	8.99	11.84	7.57	7.64	7.66	9.95	10.63	14.16
EPS	7,862	3,982	2,215	-4,298	-7,940	-5,164	-5,199	1,551	2,207	1,751	1,131	1,979	2,644	2,014	2,131	2,977	3,884	4,358	6,628
배당금	1,750	750	600	150	0	0	0	250	350	350	400	450	500	500	500	600	600	700	700
ROE	30.65	17.05	13.77	24.71	34.97	-27.43	-27.68	15.69	18.32	13.01	7.87	11.64	14.61	10.07	9.98	9.59	11.77	12.66	15.84
직원의 수					861	744	375	362	350	387	373	348	321	326	321	321	318	310	327
연봉정보					13	17	17	20	21	23	26	26	28	27	32	32	31	36	40

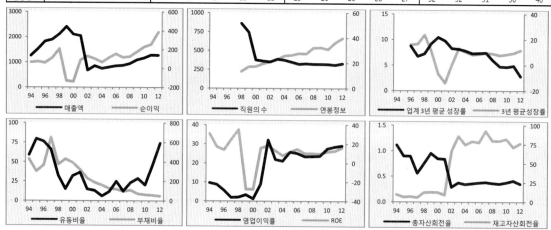

단위 : 성장률, ROE-% / EPS, 주당배당금 - 원 / 직원의 수 - 명 / 연봉정보 - 백만
2007년 1월, ㈜동양백화점에서 ㈜한화타임월드로 상호 변경하였습니다.

• 현대백화점 (유가증권 / 069960)

- 백화점업

구 분	94	95	96	97	98	99	00	01	02	03	04	05	06	07	08	09	10	11	12
성장률									0.23	6.75	7.51	15.00	14.75	13.11	13.93	13.14	9.49	11.39	8.73
EPS									569	2,874	3,373	7,054	8,083	8,217	9,802	10,564	8,427	11,513	9,670
배당금									500	600	600	600	600	600	600	600	600	650	650
ROE									1.88	8.54	9.14	16.39	15.93	14.14	14.84	13.93	10.22	12.08	9.36
직원의 수									3,678	2,254	2,669	2,473	2,292	2,140	2,020	1,387	1,183	1,306	1,586
연봉정보									30	50	37	42	43	41	48	56	60	58	56

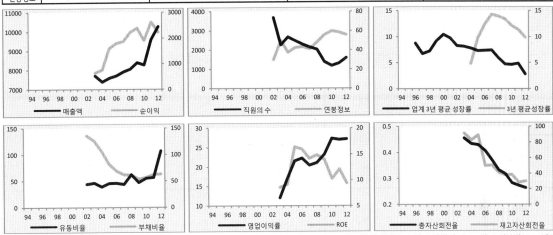

단위 : 성장률, ROE-% / EPS, 주당배당금 – 원 / 직원의 수 – 명 / 연봉정보 – 백만
2002년 11월 회사분할에 따라 신설되었으며, 주식회사 현대백화점으로 상호를 정하였습니다.
2002년 회사 분할로 인하여, 직원 수와 연봉정보는 분할 이후의 자료에 해당합니다.
1기(2002년) 매출액, 순이익, 재무분석자료(유동비율, 부채비율, 영업이익률, ROE, 총자산회전율, 재고자산회전율)는 그래프에서 제외하였습니다.
*1기: 2개월(11월~12월)치 자료

• 온라인쇼핑

2012년 온라인 쇼핑 상장기업의 전체 매출액은 약 3조 2천억원(전년대비 11% 성장)이며, 총 당기순이익은 약 3천 6백억원(전년대비 17% 감소)입니다. 평균성장률은 8.1%(전년대비 2.3%p 감소), 최근 4년간 낮아지고 있는 모습입니다. 반면, ROE는 9.9%(전년대비 0.8%p 증가)로 수익성이 소폭 개선되었습니다. (매출액 및 당기순이익은 단순합계금액이며, 성장률 및 ROE는 단순 평균값입니다.)

해당 산업의 직원 수는 약 2천 9백명(전년대비 1% 감소)이며, 최근 평균연봉(2012년)은 약 4천 7백만원(전년대비 11% 증가)입니다. 아래 표와 그래프를 통해, 2012년 업계 연봉이 최근 5년 중에서 가장 큰 폭으로 상승했음을 알 수 있습니다. 최근 3년간 평균 유동비율은 176%, 부채비율은 73%입니다.

구 분	총매출액	총 당기순이익	평균성장률	평균 ROE	총 직원수	연봉정보
94						
95	3	6	0.1	0.0		
96	33	-11	0.0	0.0		
97	157	-1	8.0	8.0		
98	414	15	11.9	11.9		
99	538	15	14.3	8.4	1,428	16
00	1,062	16	10.9	16.3	1,895	14
01	1,950	45	13.8	6.1	2,651	19
02	3,613	54	18.2	12.7	3,570	22
03	1,327	33	7.9	10.9	2,538	29
04	1,297	101	10.8	16.0	2,054	32
05	1,505	175	14.4	17.6	2,171	34
06	1,747	185	17.8	20.1	1,896	44
07	1,749	138	3.8	10.6	1,911	39
08	1,873	152	4.9	6.5	2,045	42
09	2,207	515	19.1	18.3	2,014	46
10	2,476	302	12.9	13.1	2,642	43
11	2,929	436	10.4	9.1	2,914	42
12	3,265	364	8.1	9.9	2,901	47

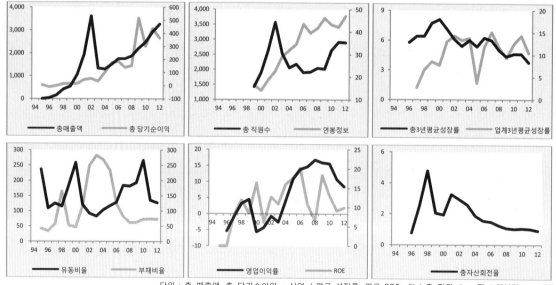

단위 : 총 매출액, 총 당기순이익 – 십억 / 평균 성장률, 평균 ROE - % / 총 직원 수 – 명 / 연봉정보 – 백만
연봉정보는 1 인당 평균 급여액이며, 대상기업들의 연간 총 급여액을 총 직원의 수로 나눈 금액입니다.
업계 3 년 평균 성장률은 온라인쇼핑업종 전체 상장사의 평균이며, <u>사업보고서에 근거한 자료만으로 만들었습니다.</u>

온라인쇼핑

• 예스 24 (코스닥 / 053280)
- 전자상거래업

구 분	94	95	96	97	98	99	00	01	02	03	04	05	06	07	08	09	10	11	12
성장률							-61.06	-107.67	자본잠식	-64.59	2.02	19.13	23.67	44.53	13.99	9.96	5.26	4.84	9.30
EPS							-683	-520	-1,341	326	8	89	152	511	448	412	252	255	426
배당금							0	0	0	0	0	0	0	0	100	100	100	100	100
ROE							-61.06	-107.67	자본잠식	-64.59	2.02	19.13	23.67	44.53	18.01	13.16	8.71	7.96	12.15
직원의 수									163	210	135	157	168	166	322	319	383	417	418
연봉정보									15	15	21	26	32	35	27	31	27	32	36

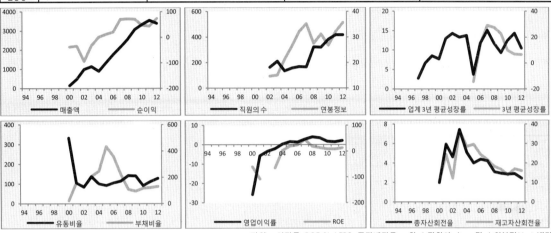

단위 : 성장률, ROE-% / EPS, 주당배당금 - 원 / 직원의 수 - 명 / 연봉정보 - 백만
자본잠식으로 인해, 계산 불가한 값(2002년 부채비율, ROE 및 성장률)은 그래프에서 제외 및 보정하였습니다.
특이값(2002년~2004년 평균성장률)은 그래프에서 제외하였습니다.

• 아이에스이커머스 (코스닥 / 069920)
- 화물운송 중개, 대리 및 관련서비스업

구 분	94	95	96	97	98	99	00	01	02	03	04	05	06	07	08	09	10	11	12
성장률									-18.78	-290.3	118.98	37.93	29.99	8.70	-26.83	-30.07	1.19	-4.75	-12.12
EPS									-219	-337	168	152	41	238	-502	-436	17	-62	-153
배당금									0	0	0	0	0	0	0	0	0	0	0
ROE									-18.78	-290.3	118.98	37.93	29.99	8.70	-26.83	-30.07	1.19	-4.75	-12.12
직원의 수														86	93	107	130	183	131
연봉정보														25	29	26	28	24	34

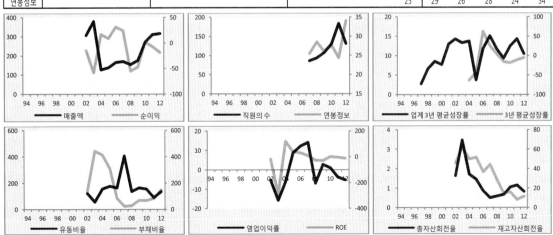

단위 : 성장률, ROE-% / EPS, 주당배당금 - 원 / 직원의 수 - 명 / 연봉정보 - 백만
2002년~2004년 사업보고서 미공시로 인하여 EPS는 감사보고서를 기준으로, 배당금은 0으로 간주해 성장률을 계산하였습니다.
02년~04년 성장률은 업계 3년 평균성장률 계산 과정에서 제외하였습니다.
2009년 3월, 주식회사 위즈위드에서 주식회사 아이에스이커머스로 상호 변경하였습니다.

• 인터파크 (코스닥 / 035080)

- 기타 무점포 소매업

구분	94	95	96	97	98	99	00	01	02	03	04	05	06	07	08	09	10	11	12
성장률						-9.07	-38.15	-27.71	-42.72	-37.43	-31.47	7.50	42.16	-6.12	2.17	72.39	1.14	-1.47	3.53
EPS						-251	-617	-473	-362	-290	-204	64	651	-124	48	4,658	74	-99	328
배당금						0	0	0	0	0	0	0	0	0	0	0	0	0	26
ROE						-9.07	-38.15	-27.71	-42.72	-37.43	-31.47	7.50	42.16	-6.12	2.17	72.39	1.14	-1.47	3.84
직원의 수						131	268	195	189	197	304	342	139	91	55	23	86	59	14
연봉정보						12	17	19	25	27	27	25	95	40	38	49	27	49	46

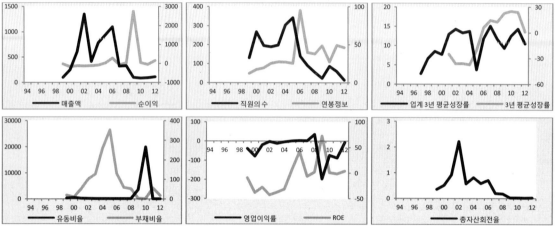

단위 : 성장률, ROE-% / EPS, 주당배당금 - 원 / 직원의 수 - 명 / 연봉정보 - 백만

• 현대홈쇼핑 (유가증권 / 057050)

- 기타 통신 판매업

구분	94	95	96	97	98	99	00	01	02	03	04	05	06	07	08	09	10	11	12
성장률									-139.7	3.21	36.20	49.66	38.05	28.70	22.74	27.98	14.92	15.96	9.31
EPS									2,340	58	1,029	4,866	5,526	5,622	6,564	10,607	13,872	12,659	8,664
배당금									0	0	0	0	0	0	600	600	1,000	1,100	1,100
ROE									-139.7	3.21	36.20	49.66	38.05	28.70	25.02	29.66	16.08	17.48	10.67
직원의 수															361			361	388
연봉정보															60			61	65

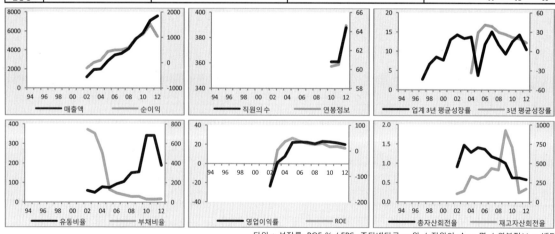

단위 : 성장률, ROE-% / EPS, 주당배당금 - 원 / 직원의 수 - 명 / 연봉정보 - 백만

2002년~2007년 사업보고서 미공시로 인하여 EPS는 감사보고서를 기준으로, 배당금은 0으로 간주해 성장률을 계산하였습니다.

02년~07년 성장률은 업계 3년 평균성장률 계산 과정에서 제외하였습니다.

· CJ오쇼핑 (코스닥 / 035760)

- 기타 통신 판매업

구분	94	95	96	97	98	99	00	01	02	03	04	05	06	07	08	09	10	11	12
성장률		0.13	0.03	8.00	11.91	5.58	5.60	12.40	18.62	12.46	15.42	15.51	7.37	3.18	3.10	14.20	24.60	21.97	23.62
EPS		6	2	567	889	1,095	1,304	2,810	5,571	4,175	5,701	8,236	5,039	2,889	2,691	7,358	8,352	14,699	20,380
배당금		0	0	0	0	250	650	500	500	1,500	1,750	2,300	1,500	1,500	1,250	0	1,200	2,000	2,000
ROE		0.13	0.03	8.00	11.91	7.24	11.17	19.25	29.05	19.45	22.25	21.51	10.50	6.62	5.79	14.20	28.72	25.43	26.18
직원의 수						643	899	1,541	720	731	740	761	756	705	735	698	662	796	851
연봉정보						15	10	17	35	36	36	42	46	43	44	58	47	40	53

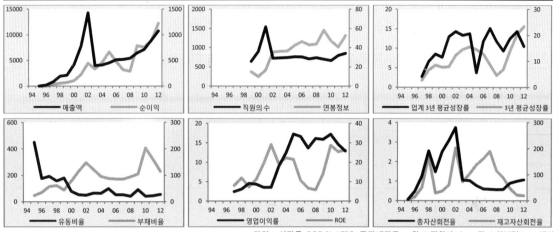

단위 : 성장률, ROE-% / EPS, 주당배당금 - 원 / 직원의 수 - 명 / 연봉정보 - 백만
특이값(1995년~1996년 영업이익률, ROE)은 그래프에서 제외하였습니다.
2000년 5월 최대주주가 ㈜삼구에서 CJ주식회사로 변경되었습니다.
2009년 3월, CJ홈쇼핑에서 CJ오쇼핑으로 상호 변경하였습니다.

· GS 홈쇼핑 (코스닥 / 028150)

- 기타 통신 판매업

구분	94	95	96	97	98	99	00	01	02	03	04	05	06	07	08	09	10	11	12
성장률		64.23	-346.6	자본잠식	110.55	23.04	16.20	15.27	17.81	3.34	14.97	15.30	10.34	9.36	9.90	10.90	18.21	28.06	13.34
EPS		-1,952	-3,277	-1,016	2,370	2,375	4,041	5,839	8,379	3,008	8,196	9,554	8,106	7,759	8,679	9,162	15,350	30,583	17,495
배당금		0	0	0	0	350	1,000	2,500	3,000	2,000	3,000	3,000	3,000	3,000	3,000	3,000	3,000	3,500	3,000
ROE		64.23	-346.6	자본잠식	110.55	27.02	21.52	26.70	27.74	9.95	23.62	22.30	16.42	15.27	15.12	16.21	22.63	31.69	16.10
직원의 수						654	728	915	1,218	1,400	875	911	833	863	840	867	847	890	882
연봉정보						19	18	21	39	28	31	33	35	38	47	44	47	46	45

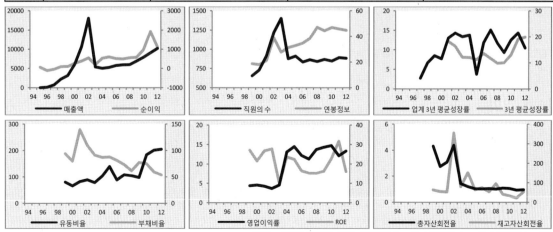

단위 : 성장률, ROE-% / EPS, 주당배당금 - 원 / 직원의 수 - 명 / 연봉정보 - 백만
자본잠식으로 인해 계산 불가한 값(1997년 재무분석자료(유동비율,부채비율,영업이익률,ROE,총자산회전율,재고자산회전율)은 그래프에서 제외하였습니다.
특이값(1995년~1996년, 1998년 재무분석자료 / 1997년~2000년 평균성장률)은 그래프에서 제외하였습니다.
*2002년 직원의 현황: 파견인력 제외

온라인쇼핑

• 생활용품

2012년 생활용품 상장기업의 전체 매출액은 약 2조 8천억원(전년대비 6% 성장)이며, 총 당기순이익은 약 2천 4백억원(전년대비 7% 증가)입니다. 평균성장률은 8.6%(전년대비 4%p 증가), ROE는 10.4%(전년대비 3.7%p 증가)를 기록하였습니다. 특히, 수익성 부분은 2000년대 중반(2003~2007)보다 2000년대 후반(2008~2012)에서 보다 나은 모습을 보이고 있습니다. (매출액 및 당기순이익은 단순합계금액이며, 성장률 및 ROE는 단순평균값 입니다)

해당 산업의 직원 수는 약 5천 3백명(전년대비 7.9% 증가)이며, 최근 평균연봉(2012년)은 약 4천 6백만원(전년대비 4% 증가)입니다. 업계 직원 수는 08년도 이후로 꾸준히 증가하였으며, 연봉 수준 또한 2010년을 제외한 나머지 해에서 비슷한 흐름을 보이고 있습니다. 최근 3년간 평균 유동비율은 199.8%, 부채비율은 69.6%입니다.

구 분	총매출액	총 당기순이익	평균성장률	평균 ROE	총 직원수	연봉정보
94	120	4	5.2	7.1		
95	190	5	6.1	7.6		
96	215	3	6.8	8.9		
97	307	1	9.5	10.6		
98	329	-89	20.7	24.3	737	16
99	373	33	16.9	22.6	1,468	16
00	362	-35	13.0	13.5	1,539	17
01	1,153	124	9.9	23.3	4,547	24
02	1,469	65	4.9	9.8	4,489	30
03	1,436	64	4.7	7.5	4,041	34
04	1,368	51	7.0	9.8	3,624	33
05	1,388	93	5.5	7.7	3,591	33
06	1,472	59	3.4	7.6	3,957	36
07	1,628	82	2.2	5.1	3,925	38
08	1,873	128	9.3	10.9	3,786	38
09	2,068	185	14.3	15.8	4,163	43
10	2,374	193	8.4	10.5	4,605	41
11	2,694	227	4.6	6.7	4,928	44
12	2,866	243	8.6	10.4	5,320	46

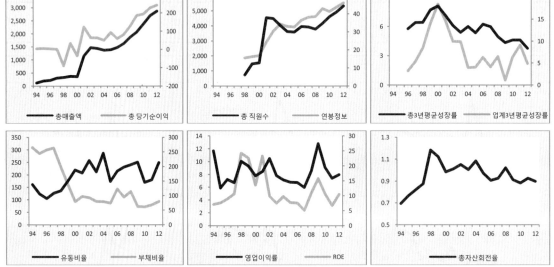

단위 : 총 매출액, 총 당기순이익 – 십억 / 평균 성장률, 평균 ROE - % / 총 직원 수 – 명 / 연봉정보 – 백만
연봉정보는 1 인당 평균 급여액이며, 대상기업들의 연간 총 급여액을 총 직원의 수로 나눈 금액입니다.
업계 3 년 평균 성장률은 생활용품업종 전체 상장사의 평균이며, 사업보고서에 근거한 자료만으로 만들었습니다..

생활용품

• KCI (코스닥 / 036670)

- 계면활성제 제조업

구분	94	95	96	97	98	99	00	01	02	03	04	05	06	07	08	09	10	11	12
성장률		7.00	5.34	12.74	18.61	17.33	12.59	9.15	18.67	11.00	13.54	12.18	10.62	14.97	14.46	9.05	6.52	2.89	4.08
EPS		51	38	105	189	101	130	214	325	232	294	306	300	464	611	300	247	139	182
배당금		0	0	0	0	0	0	100	50	50	50	50	50	50	50	50	50	50	50
ROE		7.00	5.34	12.74	18.61	17.33	12.59	17.18	22.06	14.02	16.32	14.56	12.75	16.77	15.75	10.86	8.17	4.52	5.62
직원의 수						29	30	38	50	46	53	60	59	61	75	84	89	86	97
연봉정보						16	23	20	23	24	24	29	30	36	33	48	46	46	38

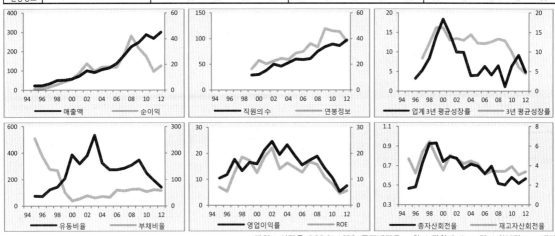

단위 : 성장률, ROE-% / EPS, 주당배당금 – 원 / 직원의 수 – 명 / 연봉정보 – 백만
2000년 1월, ㈜건창에서 ㈜케이씨아이로 상호 변경하였습니다.

• 태양 (코스닥 / 053620)

- 금속캔 및 기타 포장용기 제조업

구분	94	95	96	97	98	99	00	01	02	03	04	05	06	07	08	09	10	11	12
성장률				31.33	33.84	38.85	20.94	10.01	13.89	11.96	7.82	2.17	4.86	0.03	6.35	19.37	10.05	6.33	5.88
EPS				792	1,543	2,782	1,788	656	821	814	572	155	415	2	518	1,937	1,268	928	918
배당금				0	250	500	250	125	170	170	126	32	84	0	65	126	126	100	100
ROE				31.33	40.38	47.37	24.35	12.37	17.52	15.12	10.03	2.73	6.09	0.03	7.26	20.72	11.16	7.10	6.60
직원의 수								288	262	248	253	257	270	250	254	255	242	249	286
연봉정보								18	17	18	19	18	22	25	27	29	29	32	32

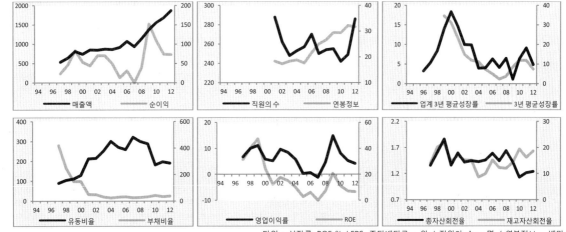

단위 : 성장률, ROE-% / EPS, 주당배당금 – 원 / 직원의 수 – 명 / 연봉정보 – 백만
2012년 8월, 태양산업 주식회사에서 주식회사 태양으로 상호 변경하였습니다.

생활용품

• 모나리자 (유가증권 / 012690)

- 위생용 종이제품 제조업

구분	94	95	96	97	98	99	00	01	02	03	04	05	06	07	08	09	10	11	12
성장률	1.72	2.81	0.35	-14.28	-176.64	자본잠식		88.81	8.49	0.83	2.33	13.00	-15.68	-37.72	-61.53	26.62	11.15	9.75	17.35
EPS	33	32	12	-81	-1,359	2,433	-1,097	1,533	133	67	91	218	-72	-230	-232	213	175	146	257
배당금	20	10	10	0	0	0	0	0	60	60	70	80	70	0	0	0	60	37	25
ROE	4.31	4.09	1.79	-14.28	-176.64	자본잠식		88.81	15.48	7.93	10.09	20.54	-7.95	-37.72	-61.53	26.62	16.97	13.06	19.22
직원의 수					274	278	281	259	203	184	182	192	184	184	179	156	152	162	176
연봉정보					14	16	18	20	23	25	26	29	25	31	26	31	33	34	36

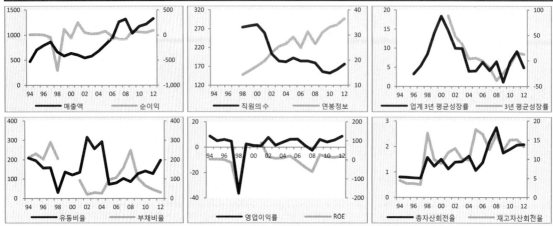

단위 : 성장률, ROE-% / EPS, 주당배당금 – 원 / 직원의 수 – 명 / 연봉정보 – 백만

자본잠식으로 인해, 계산 불가한 값과 특이값(1999년~2000년 부채비율과 ROE, 1996년~2000년 평균성장률)은 그래프에서 제외하였습니다.

• 삼정펄프 (유가증권 / 009770)

- 위생용 종이제품 제조업

구분	94	95	96	97	98	99	00	01	02	03	04	05	06	07	08	09	10	11	12
성장률						41.99	6.58	21.23	21.09	5.89	4.06	7.96	7.17	5.02	0.91	10.13	9.83	11.83	10.75
EPS						5,919	2,427	9,783	12,318	5,102	2,735	5,930	7,146	4,520	1,631	9,066	9,590	10,550	8,432
배당금						0	0	0	0				1,000	1,000	1,000	1,150	800	1,200	800
ROE						41.99	6.58	21.23	21.09	5.89	4.06	7.96	8.33	6.45	2.35	11.60	10.72	13.35	11.87
직원의 수													312	311	312	309	310	323	326
연봉정보													30	34	35	38	39	43	47

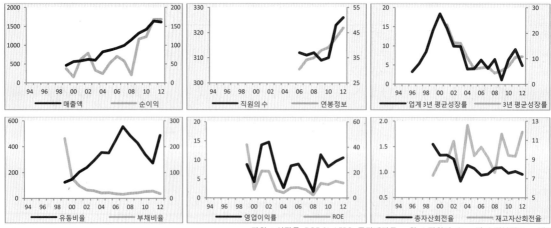

단위 : 성장률, ROE-% / EPS, 주당배당금 – 원 / 직원의 수 – 명 / 연봉정보 – 백만

1999년~2003년 사업보고서 미공시로 인하여 EPS는 감사보고서를 기준으로, 배당금은 0으로 간주해 성장률을 계산하였습니다.

99년~03년 성장률은 업계 3년 평균성장률 계산 과정에서 제외하였습니다.

2002년 9월, 三晶펄프工業 주식회사에서 삼정펄프주식회사로 상호 변경하였습니다.

• 로케트전기 (유가증권 / 000420)

- 일차전지 제조업

구분	94	95	96	97	98	99	00	01	02	03	04	05	06	07	08	09	10	11	12
성장률	8.76	4.98	0.76	-6.06	-71.94	3.17	-4,153.3	79.91	-20.63	2.82	-34.28	-18.06	-121.43	-23.97	-49.46	6.00	13.47	-9.58	-61.32
EPS	1,270	769	228	-737	-8,248	289	-10,518	4,871	-981	129	-1,067	-624	-1,625	-2,906	-2,949	687	858	-74	-340
배당금	150	200	150	0	0	0	0	0	0	0	0	0	0	0	0	0	0	0	0
ROE	9.94	6.73	2.23	-6.06	-71.94	3.17	-4,153.3	79.91	-20.63	2.82	-34.28	-18.06	-121.43	-23.97	-49.46	6.00	13.47	-9.58	-61.32
직원의 수					463	369	343	335	261	228	223	222	223	147	146	141	150	163	170
연봉정보					16	22	21	24	29	28	28	29	33	42	39	37	41	36	33

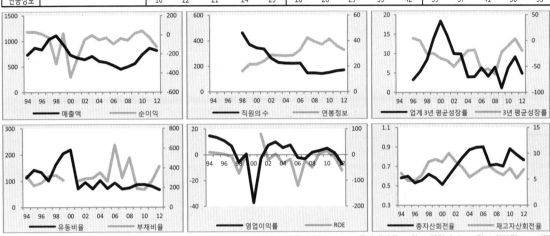

단위 : 성장률, ROE-% / EPS, 주당배당금 – 원 / 직원의 수 – 명 / 연봉정보 – 백만
1982년, 호남전기공업㈜에서 ㈜로케트전기로 상호 변경하였습니다.
특이값(2000년 부채비율, ROE)은 그래프에서 제외하였습니다.

• 우리조명지주 (코스닥 / 037400)

- 전구 및 램프 제조업

구분	94	95	96	97	98	99	00	01	02	03	04	05	06	07	08	09	10	11	12
성장률		7.39	-0.04	20.73	16.24	7.78	-1.38	2.00	-0.13	-6.02	10.67	12.28	10.62	6.45	13.06	12.34	0.84	3.61	0.44
EPS		285	99	1,094	377	228	176	956	47	-144	302	511	495	342	724	881	107	380	50
배당금		100	100	100	50	50	500	500	50	0	25	50	50	50	50	50	50	50	30
ROE		11.39	4.10	22.82	18.72	9.97	0.75	4.20	2.03	-6.02	11.63	13.61	11.81	7.55	14.03	13.08	1.58	4.16	1.10
직원의 수					657	503	405	395	197	59	49	45	28	19	20	82	106	51
연봉정보					13	14	11	14	21	54	39	37	52	40	38	29	22	26

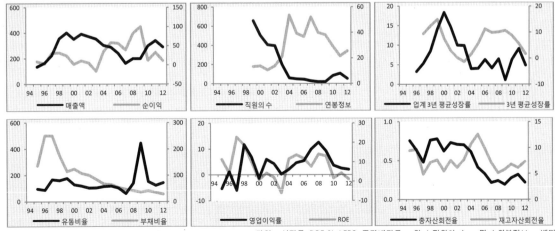

단위 : 성장률, ROE-% / EPS, 주당배당금 – 원 / 직원의 수 – 명 / 연봉정보 – 백만
1997년 7월, 풍우실업주식회사에서 우리조명 주식회사로 상호 변경하였습니다.

• LG 생활건강 (유가증권 / 051900)

- 치약, 비누 및 기타 세제 제조업

구분	94	95	96	97	98	99	00	01	02	03	04	05	06	07	08	09	10	11	12
성장률								15.73	6.93	8.09	7.91	15.31	10.89	14.47	17.95	17.26	15.90	16.55	15.44
EPS								3,423	2,616	2,886	2,057	4,057	3,047	4,809	7,183	10,192	8,884	11,341	12,389
배당금								1,000	1,500	1,500	750	1,000	1,050	1,500	2,000	2,500	2,650	3,500	3,750
ROE								22.23	16.25	16.84	12.44	20.32	16.61	21.03	24.88	22.87	22.66	23.94	22.14
직원의 수								2,808	2,900	2,738	2,458	2,427	2,473	2,593	2,475	2,893	3,131	3,372	3,682
연봉정보								28	36	40	37	37	42	42	38	47	45	49	51

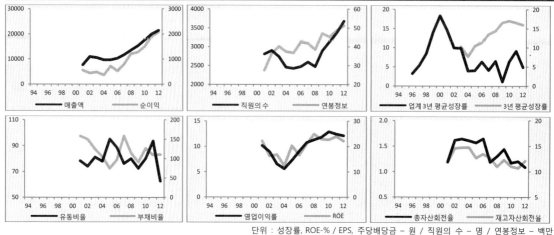

단위 : 성장률, ROE-% / EPS, 주당배당금 - 원 / 직원의 수 - 명 / 연봉정보 - 백만
2001년 4월 LG화학에서 분할 신설되어, 생활용품 및 화장품 등의 제조와 판매를 주요 사업으로 영위하고 있습니다

• 필룩스 (유가증권 / 033180)

- 기타 전자부품 제조업

구분	94	95	96	97	98	99	00	01	02	03	04	05	06	07	08	09	10	11	12
성장률		8.15	17.58	12.73	14.02	17.68	14.48	11.08	2.32	5.52	6.04	6.38	1.76	0.79	2.03	3.74	1.69	-0.70	-0.22
EPS		223	256	182	183	293	241	182	35	104	105	124	47	47	68	99	59	20	27
배당금		16	59	46	50	55	55	45	5	15	15	25	20	35	30	30	35	30	30
ROE		8.78	22.84	17.04	19.29	21.77	18.76	14.72	2.71	6.45	7.04	7.99	3.07	3.08	3.63	5.36	4.15	1.40	1.96
직원의 수					135	162	173	162	135	135	143	156	152	144	144	147	141	142
연봉정보					16	16	22	22	22	23	22	23	27	27	28	27	29	33

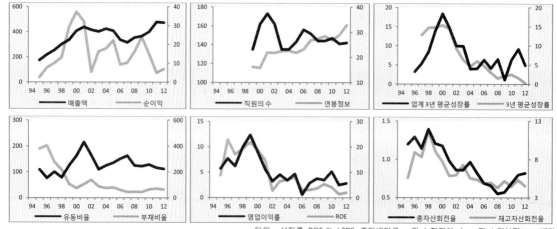

단위 : 성장률, ROE-% / EPS, 주당배당금 - 원 / 직원의 수 - 명 / 연봉정보 - 백만
2000년 4월, 보암산업주식회사에서 주식회사 필룩스로 상호 변경하였습니다.

• 유니더스 (코스닥 / 044480)

- 고무의류 및 기타 위생용 고무제품 제조업

구분	94	95	96	97	98	99	00	01	02	03	04	05	06	07	08	09	10	11	12
성장률			17.06	34.76	33.88	16.72	14.37	10.92	9.94	3.50	3.97	-1.76	-2.69	-0.33	-3.36	5.54	0.81	-8.55	6.63
EPS			245	765	1,177	1,047	550	332	341	130	198	-3	-78	-10	-101	180	-753	-2,156	1,831
배당금			0	0	50	0	0	50	50	25	75	50	0	0	0	0	0	0	0
ROE			17.06	34.76	35.39	16.72	14.37	12.85	11.65	4.34	6.40	-0.10	-2.69	-0.33	-3.36	5.54	0.81	-8.55	6.63
직원의 수					220	241	256			265	261	241	235	199	182	161	159	163	145
연봉정보					15	15	16			18	18	22	22	24	27	26	25	26	28

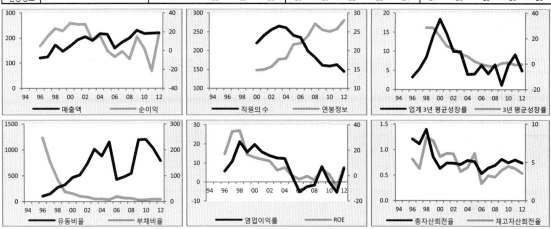

단위 : 성장률, ROE-% / EPS, 주당배당금 - 원 / 직원의 수 - 명 / 연봉정보 - 백만
2000년 4월, 서흥산업주식회사에서 주식회사 유니더스로 상호 변경하였습니다.

• 인터로조 (유가증권 / 119610)

- 광학렌즈 및 광학요소 제조업

구분	94	95	96	97	98	99	00	01	02	03	04	05	06	07	08	09	10	11	12
성장률													20.09	15.11	22.78	32.76	14.05	14.11	16.93
EPS													478	422	1,029	1,510	1,049	648	809
배당금													0	0	0	100	100	130	70
ROE													20.09	15.11	22.78	35.09	15.53	17.65	18.54
직원의 수															143	163	245		
연봉정보															24	22	22		

단위 : 성장률, ROE-% / EPS, 주당배당금 - 원 / 직원의 수 - 명 / 연봉정보 - 백만
2006년~2007년 사업보고서 미공시로 인하여 EPS는 감사보고서를 기준으로, 배당금은 0으로 간주해 성장률을 계산하였습니다.
06년~07년 성장률은 업계 3년 평균성장률 계산 과정에서 제외하였습니다.

생활용품

• 화장품

2012년 화장품 상장기업의 전체 매출액은 약 3조 8천억원(전년대비 6% 성장)이며, 총 당기순이익은 3천 9백억원 (전년대비 0.02% 감소)입니다. 성장률은 7%(전년대비 0.2%p 증가), ROE는 8.4%(전년대비0.1%p 증가)를 기록하였습니다. 아래 표와 그래프를 통해. 성장률과 ROE가 최근 3년 연속 상승으로 호전되고 있음을 알 수 있습니다. (매출액 및 당기순이익은 단순합계금액이며, 성장률 및 ROE는 단순평균값입니다)

해당 산업의 직원 수는 약 7천 2백명(전년대비 6% 증가), 최근 평균연봉(2012년)은 약 4천 5백만원(전년대비 3% 감소)입니다. 직원 수는 증가하고 있지만, 업계 연봉 수준은 3년 연속 감소하는 등 상반된 흐름을 보여주고 있습니다. 최근 3년간 평균 유동비율은 212.5%, 부채비율은 70.1%입니다.

구 분	총매출액	총 당기순이익	평균성장률	평균 ROE	총 직원수	연봉정보
94	705	17	3.9	6.1		
95	938	11	6.2	12.4		
96	1,027	10	6.4	10.8		
97	1,096	15	8.0	10.4		
98	1,105	31	8.9	10.9	4,152	21
99	1,150	68	13.5	15.7	5,172	20
00	1,313	110	10.9	9.5	5,231	24
01	1,577	151	10.9	13.7	5,514	27
02	1,662	140	5.3	6.8	5,524	30
03	1,535	148	-6.2	-1.8	5,308	34
04	1,623	146	1.0	5.0	5,318	34
05	1,724	183	6.4	10.3	5,399	35
06	1,869	159	-1.5	-0.3	5,180	31
07	2,033	220	0.3	1.7	5,236	41
08	2,297	266	8.1	9.8	5,510	41
09	2,734	333	5.3	6.7	5,682	46
10	3,194	339	4.5	6.2	6,236	47
11	3,586	397	6.8	8.3	6,752	46
12	3,811	393	7.0	8.4	7,218	45

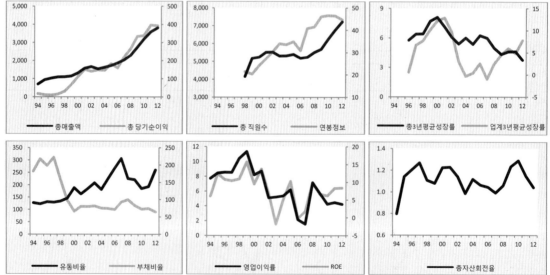

단위 : 총 매출액, 총 당기순이익 – 십억 / 평균 성장률, 평균 ROE - % / 총 직원 수 – 명 / 연봉정보 – 백만
연봉정보는 1인당 평균 급여액이며, 대상기업들의 연간 총 급여액을 총 직원의 수로 나눈 금액입니다.
업계 3년 평균 성장률은 화장품업종 전체 상장사의 평균이며, 사업보고서에 근거한 자료만으로 만들었습니다.

• 아모레 G (유가증권 / 002790) / 아모레퍼시픽 (유가증권 / 090430)

- 비금융지주회사 / 화장품 제조업

구 분	94	95	96	97	98	99	00	01	02	03	04	05	06	07	08	09	10	11	12
성장률	6.48	1.69	1.26	4.65	3.04	8.98	16.74	18.96	18.03	20.38	13.71	13.89	4.23	8.74	8.12	9.73	7.74	8.02	6.71
EPS	1,663	675	571	1,204	1,677	4,650	10,173	13,832	15,966	22,235	17,758	19,484	8,781	29,529	28,225	37,658	41,751	46,212	39,933
배당금	550	400	350	450	550	750	950	1,450	1,850	2,300	2,400	3,000	4,500	5,000	5,000	5,500	6,000	6,500	6,500
ROE	9.69	4.15	3.26	7.42	4.52	10.71	18.46	21.18	20.40	22.73	15.85	16.42	8.68	10.52	9.87	11.39	9.04	9.34	8.02
직원의 수					3,398	3,262	3,276	3,259	3,323	3,314	3,138	3,163	3,274	3,310	3,572	3,770	4,140	4,471	4,779
연봉정보					20	22	27	32	35	39	39	39	30	46	56	52	53	52	52

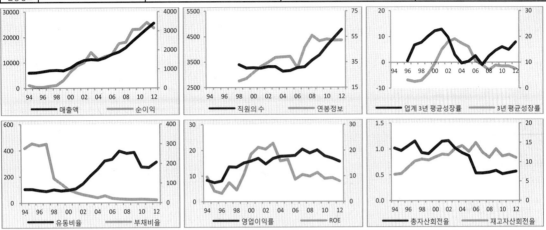

단위 : 성장률, ROE-% / EPS, 주당배당금 - 원 / 직원의 수 - 명 / 연봉정보 - 백만
2011년 3월, ㈜태평양에서 ㈜아모레퍼시픽그룹으로 상호 변경하였습니다.
2006년 아모레퍼시픽 인적 분할로 인하여, 2006년 이후의 아모레퍼시픽 재무제표를 합산해 그래프를 작성하였습니다.
(*EPS : 1994년~2005년 아모레G, 2006년~2012년 아모레퍼시픽)

• 네오팜 (코스닥 / 092730)

- 화장품 제조업

구 분	94	95	96	97	98	99	00	01	02	03	04	05	06	07	08	09	10	11	12
성장률												20.90	42.17	15.20	12.00	5.35	2.99	1.17	0.30
EPS												269	704	777	505	307	174	122	87
배당금												0	0	150	125	80	50	75	75
ROE										17.92	21.11	20.90	42.17	18.83	15.95	7.23	4.20	3.03	2.16
직원의 수														38	42	62	64	66	78
연봉정보														17	38	45	53	39	37

단위 : 성장률, ROE-% / EPS, 주당배당금 - 원 / 직원의 수 - 명 / 연봉정보 - 백만
2005년 사업보고서 미공시로 인하여 EPS는 감사보고서를 기준으로, 배당금은 0으로 간주해 성장률을 계산하였습니다.
05년 성장률은 업계 3년 평균성장률 계산 과정에서 제외하였습니다.
2007년 결산 월 변경으로 인하여 8기는 제외하였으며, 7기를 2007년 기준으로 작성하였습니다.

화장품

• 보령메디앙스 (코스닥 / 014100)

- 화장품 제조업

구 분	94	95	96	97	98	99	00	01	02	03	04	05	06	07	08	09	10	11	12
성장률		4.43	14.42	18.71	16.14	14.11	10.50	0.57	-2.61	-19.24	5.35	0.87	-6.08	4.76	12.19	1.59	3.23	-3.08	2.04
EPS		375	404	425	434	490	509	94	-79	-462	193	45	-3	177	441	69	125	-104	69
배당금		300	175	100	100	150	175	75	0	0	25	15	25	25	25	10	10	0	0
ROE		22.20	25.46	24.47	20.97	20.33	16.01	2.83	-2.61	-19.24	6.15	1.30	-0.65	5.54	12.92	1.86	3.51	-3.08	2.04
직원의 수						189	187	190	173	244	281	270	265	249	250	249	250	238	240
연봉정보						17	22	23	32	23	27	30	34	38	42	37	38	41	39

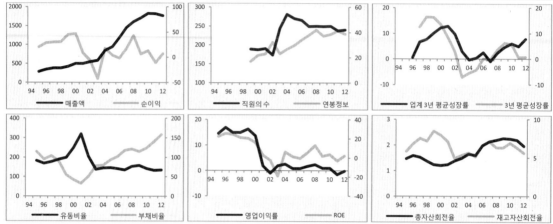

단위 : 성장률, ROE-% / EPS, 주당배당금 - 원 / 직원의 수 - 명 / 연봉정보 - 백만
1998년, 보령장업㈜에서 보령메디앙스㈜로 상호 변경하였습니다.

• 에이블씨엔씨 (유가증권 / 078520)

- 화장품 제조업

구 분	94	95	96	97	98	99	00	01	02	03	04	05	06	07	08	09	10	11	12
성장률									11.90	48.14	54.21	7.65	-43.36	-4.36	18.12	28.96	23.61	21.09	22.23
EPS									77	1,066	5,152	1,098	-3,125	-352	1,155	2,375	2,879	3,040	3,842
배당금									0	0	0	300	0	0	10	10	300	400	500
ROE							-15.61	17.91	11.90	48.14	54.21	10.52	-43.36	-4.36	18.28	29.09	26.35	24.29	25.55
직원의 수										337	519	183	164	179	159	191	211	247
연봉정보										15	17	26	27	28	36	45	49	52

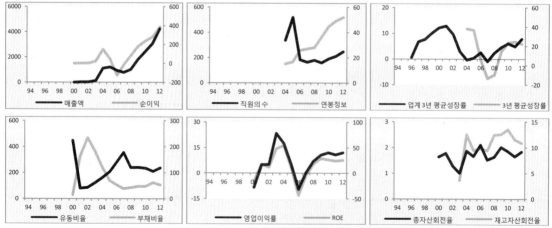

단위 : 성장률, ROE-% / EPS, 주당배당금 - 원 / 직원의 수 - 명 / 연봉정보 - 백만
2003년 5월, 주식회사 에이블씨커뮤니케이션에서 주식회사 에이블씨엔씨로 상호 변경하였습니다.
특이값(2000년~2002년 재고자산회전율)은 그래프에서 제외하였습니다.

• 제닉 (코스닥 / 123330)

- 화장품 제조업

구 분	94	95	96	97	98	99	00	01	02	03	04	05	06	07	08	09	10	11	12
성장률													11.65	-68.72	11.37	48.29	50.62	22.67	11.48
EPS													570	-1,990	371	1,990	2,392	2,744	1,248
배당금													0	0	0	0	0	0	0
ROE													11.65	-68.72	11.37	48.29	50.62	22.67	11.48
직원의 수																		131	144
연봉정보																		30	27

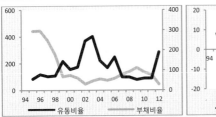

단위 : 성장률, ROE-% / EPS, 주당배당금 - 원 / 직원의 수 - 명 / 연봉정보 - 백만
2006년~2008년 사업보고서 미공시로 인하여 EPS는 감사보고서를 기준으로, 배당금은 0으로 간주해 성장률을 계산하였습니다.
06년~08년 성장률은 업계 3년 평균성장률 계산 과정에서 제외하였습니다.

• 코리아나 (코스닥 / 027050)

- 화장품 제조업

구 분	94	95	96	97	98	99	00	01	02	03	04	05	06	07	08	09	10	11	12
성장률		11.71	8.42	17.27	18.18	14.87	14.83	13.76	0.73	-29.79	-16.55	0.81	-20.66	-23.99	8.08	-18.13	-2.22	2.34	10.07
EPS		358	225	394	511	1,089	601	677	117	-820	-436	54	-496	-457	161	-312	-46	50	237
배당금		75	75	75	100	250	180	180	90	50	25	30	0	0	0	0	0	0	0
ROE		14.81	12.63	21.33	22.60	19.31	21.17	18.74	3.16	-28.08	-15.65	1.81	-20.66	-23.99	8.08	-18.13	-2.22	2.34	10.07
직원의 수					753	832	914	882	638	590	492	484	489		461	395	376	331	344
연봉정보					18	19	21	24	26	27	29	31	32		30	38	32	34	32

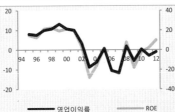
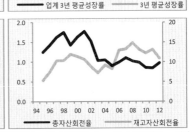

단위 : 성장률, ROE-% / EPS, 주당배당금 - 원 / 직원의 수 - 명 / 연봉정보 - 백만
1989년 1월, ㈜사랑스화장품에서 ㈜코리아나화장품으로 상호 변경하였습니다.

화
장
품

• 코스맥스 (유가증권 / 044820)

- 화장품 제조업

구분	94	95	96	97	98	99	00	01	02	03	04	05	06	07	08	09	10	11	12
성장률				11.26	7.45	26.78	30.46	16.87	6.8	-9.10	6.11	16.21	2.43	1.89	4.66	11.13	12.50	6.76	14.87
EPS				94	60	272	480	320	221	-143	166	553	210	96	193	595	707	484	1,012
배당금				0	0	0	0	0	75	35	60	150	150	50	70	160	200	200	270
ROE				11.26	7.45	26.78	30.46	16.87	10.3	-7.31	9.57	22.25	8.51	3.94	7.31	15.22	17.42	11.52	20.28
직원의 수								210	227	230	219	247	250	270	278	293	316	368	411
연봉정보								18	23	22	25	29	30	32	34	37	40	38	31

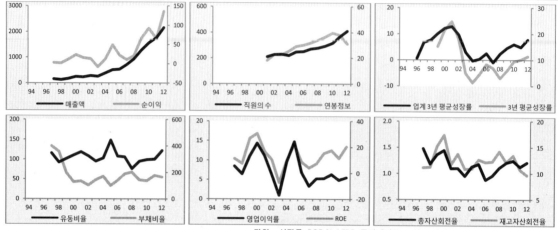

단위 : 성장률, ROE-% / EPS, 주당배당금 – 원 / 직원의 수 – 명 / 연봉정보 – 백만

1994년 1월, 한국 미로토에서 코스맥스㈜로 상호 변경하였습니다.

• 한국콜마홀딩스 (유가증권 / 024720) / 한국콜마 (유가증권 / 161890)

- 화장품 제조업

구분	94	95	96	97	98	99	00	01	02	03	04	05	06	07	08	09	10	11	12
성장률		16.28	12.31	6.55	7.97	18.81	17.80	12.65	3.08	4.77	5.14	4.37	10.88	5.64	5.02	9.35	6.96	7.01	8.51
EPS		245	315	111	140	271	374	410	157	128	142	185	403	267	258	437	395	408	624
배당금		75	75	20	20	8	75	75	75	15	15	75	85	90	90	95	100	105	65
ROE		23.45	16.15	7.98	9.29	19.35	22.26	15.49	5.90	5.40	5.74	7.34	13.78	8.51	7.71	11.95	9.32	9.44	9.50
직원의 수						231	234	278	288	337	340	359	405	405	432	489	642	671	745
연봉정보						14	16	16	17	20	23	26	24	30	29	32	30	30	18

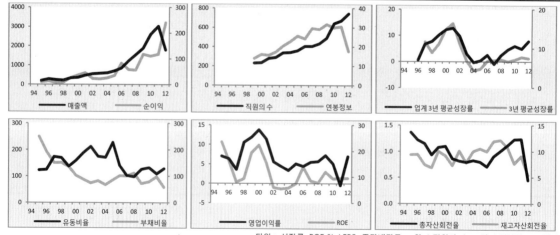

단위 : 성장률, ROE-% / EPS, 주당배당금 – 원 / 직원의 수 – 명 / 연봉정보 – 백만

2012년 한국콜마 인적 분할로 인하여, 2012년 이후의 한국콜마 재무제표와 합산해 그래프를 작성하였습니다.

2012년도는 6개월(12년 10월 1일~13년 3월 31일)치 자료입니다.

· 한국화장품제조 (유가증권 / 003350) / 한국화장품 (유가증권 / 123690)

- 화장품 제조업

구 분	94	95	96	97	98	99	00	01	02	03	04	05	06	07	08	09	10	11	12
성장률	1.36	-3.17	-4.19	-10.18	0.44	-2.42	-5.42	1.77	-0.89	-4.29	-7.83	1.25	-0.07	-5.29	-3.12	-5.47	-18.84	-4.86	-13.47
EPS	113	-116	-158	-381	52	-200	-447	177	104	-353	-597	124	14	-399	-218	-377	-582	-1,706	-1,732
배당금	50	25	20	10	15	15	10	25	25	15	20	20	20	20	20	20	20	0	0
ROE	2.45	-2.61	-3.72	-9.92	0.62	-2.26	-5.30	2.06	-1.18	-4.12	-7.58	1.49	0.17	-5.04	-2.86	-5.20	-18.21	-4.86	-13.47
직원의 수					754	737	702	663	631	545	413	349	319	311	296	265	257	265	230
연봉정보					27	17	20	23	24	28	31	32	31	29	30	30	22	32	34

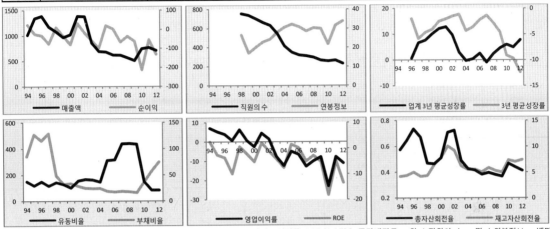

단위 : 성장률, ROE-% / EPS, 주당배당금 - 원 / 직원의 수 - 명 / 연봉정보 - 백만

2010년 한국화장품 인적 분할로 인하여, 2010년 이후의 한국화장품 재무제표와 합산해 그래프를 작성하였습니다.

EPS는 한국화장품제조 기준으로 작성하였습니다.

• 음식료

2012년 음식료 상장기업의 전체 매출액은 약 37조원(전년대비 12% 성장)이며, 총 당기순이익은 1조 4천억원(전년대비 20% 감소)입니다. 성장률은 3.4%(전년대비 1.3%p 감소), ROE는 4.4%(전년대비 1.3%p 감소)를 기록하였습니다. 아래 표와 그래프를 통해, 성장률과 ROE가 4년 연속으로 낮아지고 있음을 알 수 있습니다.
(매출액 및 당기순이익은 단순합계금액이며, 성장률 및 ROE는 단순평균값 입니다)

해당 산업의 직원 수는 6만 5천명(전년대비 3% 증가)이며, 최근 평균연봉(2012년)은 약 4천만원(전년대비 2% 증가)입니다. 특히, 성장성과 수익성 부분은 4년 연속 하락하였으나 전체 직원 수는 늘어나는 등 상반된 흐름을 보이고 있습니다. 최근 3년간 평균 유동비율은 157.8%, 부채비율은 132.9%입니다.

구 분	총매출액	총 당기순이익	평균성장률	평균 ROE	총 직원수	연봉정보
94	7,181	85	6.8	8.4		
95	11,585	143	6.5	8.2		
96	12,949	47	3.1	4.5		
97	14,841	-11	2.9	3.9		
98	16,929	530	8.5	9.7	45,168	19
99	17,344	623	7.3	8.8	63,024	18
00	18,037	621	4.5	5.8	63,739	20
01	19,376	670	5.5	6.6	62,910	22
02	19,738	692	6.3	7.3	57,478	24
03	19,070	832	3.4	4.6	57,988	24
04	20,396	1,095	6.4	8.1	58,089	26
05	20,279	962	4.2	5.4	57,986	28
06	20,787	1,165	4.0	5.2	58,648	31
07	21,983	1,013	4.3	5.5	57,363	31
08	25,467	937	0.5	1.3	56,806	35
09	28,025	1,855	7.5	8.5	52,229	37
10	30,055	2,117	6.6	7.4	58,293	37
11	33,796	1,855	4.7	5.7	63,283	39
12	37,988	1,487	3.4	4.4	65,562	40

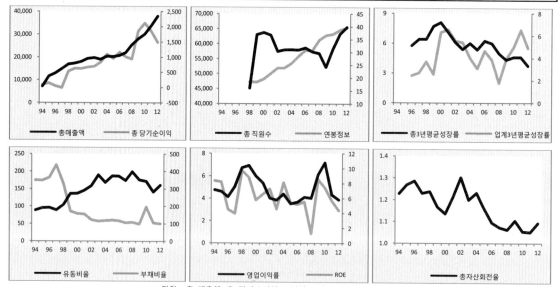

단위 : 총 매출액, 총 당기순이익 – 십억 / 평균 성장률, 평균 ROE – % / 총 직원 수 – 명 / 연봉정보 – 백만
연봉정보는 1 인당 평균 급여액이며, 대상기업들의 연간 총 급여액을 총 직원의 수로 나눈 금액입니다.
업계 3 년 평균 성장률은 음식료업종 전체 상장사의 평균이며, 사업보고서에 근거한 자료만으로 만들었습니다.

• 대한제분 (유가증권 / 001130)
- 곡물 제분업

구 분	94	95	96	97	98	99	00	01	02	03	04	05	06	07	08	09	10	11	12
성장률		5.14	1.90	3.49	2.21	13.10	9.62	0.77	6.09	5.25	8.26	9.59	7.36	5.15	-4.08	9.89	5.45	-0.58	3.29
EPS		2,985	1,529	2,343	1,709	17,528	19,046	2,280	12,878	11,772	18,972	23,900	21,989	17,940	-7,899	32,601	20,721	1,353	13,942
배당금		600	600	600	600	750	1,500	1,000	1,500	1,500	1,750	2,000	2,500	3,000	2,500	3,250	3,250	3,250	2,500
ROE		6.43	3.13	4.69	3.41	13.68	10.44	1.38	6.90	6.02	9.10	10.46	8.31	6.18	-3.10	10.99	6.47	0.42	4.01
직원의 수						373	377	409	383	379	375	371	374	383	381	378	376	377	370
연봉정보						24	23	23	27	34	38	40	35	44	44	41	55	46	59

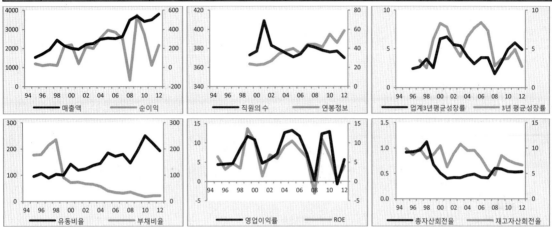

단위 : 성장률, ROE-% / EPS, 주당배당금 – 원 / 직원의 수 – 명 / 연봉정보 – 백만
2005년 결산 월 변경으로 인하여 55기는 제외하였으며, 54기를 2005년 기준으로 작성하였습니다

• 영남제분 (코스닥 / 002680)
- 곡물 제분업

구 분	94	95	96	97	98	99	00	01	02	03	04	05	06	07	08	09	10	11	12
성장률		3.97	3.96	-18.43	16.73	16.21	-0.21	4.25	8.54	5.11	8.74	7.32	-8.94	0.90	-44.93	19.28	6.74	-1.07	6.03
EPS		146	149	-573	142	172	21	88	219	132	230	330	-139	44	-834	466	221	-27	184
배당금		0	0	0	0	25	25	25	75	50	75	150	50	50	0	50	0	0	25
ROE		3.97	3.96	-18.43	16.73	18.97	1.13	5.94	12.98	8.23	12.96	13.42	-6.57	2.09	-44.93	19.28	8.72	-1.07	6.98
직원의 수						170	171	182	173	182	176	180	163	157	149	135	139	154	142
연봉정보						15	15	17	22	22	22	30	26	28	28	31	31	31	31

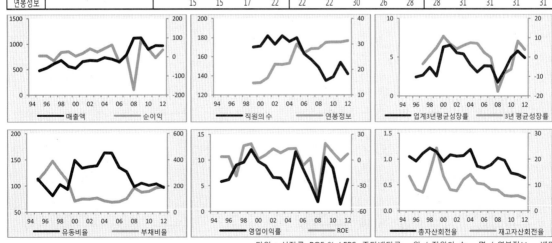

단위 : 성장률, ROE-% / EPS, 주당배당금 – 원 / 직원의 수 – 명 / 연봉정보 – 백만

음식품

• 현대그린푸드 (유가증권 / 005440)

- 과실 및 채소 도매업

구분	94	95	96	97	98	99	00	01	02	03	04	05	06	07	08	09	10	11	12
성장률	4.61	4.02	3.60	4.38	3.48	5.58	9.51	10.41	43.39	9.65	8.28	4.97	5.44	5.82	11.06	6.87	3.04	3.38	3.99
EPS	66	87	103	88	117	206	328	395	403	453	299	418	468	608	1,052	854	591	502	592
배당금	25	35	60	25	35	60	75	75	0	40	40	40	40	40	50	50	50	50	50
ROE	7.44	6.73	8.61	6.13	4.96	7.87	12.32	12.85	43.39	10.58	9.56	5.50	5.94	6.23	11.61	7.30	3.32	3.76	4.35
직원의 수					4,070	3,938	4,653	3,941	501	482	445	449	285	334	356	194	3,534	4,020	3,543
연봉정보					20	21	23	25	22	28	35	37	35	46	49	30	29	28	38

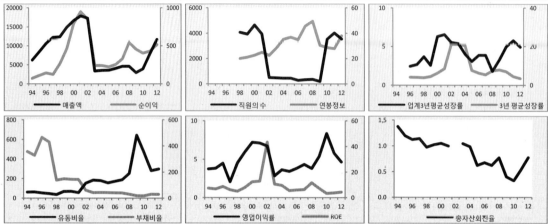

단위 : 성장률, ROE-% / EPS, 주당배당금 - 원 / 직원의 수 - 명 / 연봉정보 - 백만
2002년 인적 분할로 인하여, 해당년도 총자산회전율은 그래프에서 제외하였습니다.
(*자료구분: 94년~02년 현대백화점 자료 포함, 03년~12년 현대그린푸드)
2002~2009년 직원의 수는 사업보고서에 의거한 자료입니다.

• 푸드웰 (코스닥 / 005670)

- 과실, 채소 가공 및 저장 처리업

구분	94	95	96	97	98	99	00	01	02	03	04	05	06	07	08	09	10	11	12
성장률			2.83	-12.69	3.72	10.45	5.29	0.95	0.48	0.30	4.97	0.55	4.58	-0.29	0.97	0.82	1.32	4.40	2.68
EPS			153	-369	135	299	216	140	91	76	549	149	534	48	201	185	153	1,964	1,280
배당금			50	15	45	60	75	60	50	50	100	100	100	75	100	100	100	150	150
ROE			4.21	-12.20	5.59	13.08	8.10	1.66	1.07	0.88	6.07	1.65	5.64	0.50	1.94	1.79	3.82	4.76	3.04
직원의 수					252	254	248			261	254	243	230	226	225	217	205	246	235
연봉정보					18	18	19			20	26	25	26	28	30	30	33	40	30

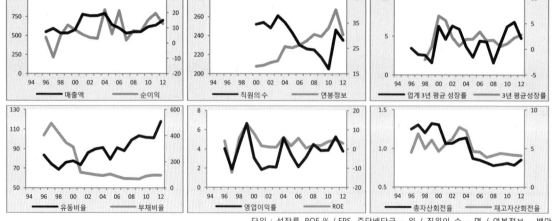

단위 : 성장률, ROE-% / EPS, 주당배당금 - 원 / 직원의 수 - 명 / 연봉정보 - 백만
2006년 결산 월 변경으로 인하여 40기는 제외하였으며, 39기를 2006년 기준으로 작성하였습니다.
2001년 12월, 협성농산 주식회사에서 주식회사 푸드웰로 상호 변경하였습니다.

음식품

· 신세계푸드 (유가증권 / 031440)

- 기관구내식당업

구분	94	95	96	97	98	99	00	01	02	03	04	05	06	07	08	09	10	11	12
성장률				-6.27	-736.10	19.28	22.64	13.96	15.26	22.95	12.00	13.27	15.15	16.16	15.96	17.03	17.45	16.30	12.37
EPS				-820	-8,799	1,680	1,810	2,054	2,174	3,767	2,441	3,264	4,131	5,054	5,704	7,120	8,440	9,128	8,077
배당금				0		0	500	500	500	500	500	750	750	750	750	750	750	750	750
ROE				-6.27	-736.14	19.28	31.28	18.45	19.82	26.46	15.09	17.23	18.51	18.98	18.38	19.03	19.15	17.76	13.64
직원의 수								653	652	804	900	976	1,071	1,117	1,159	1,154	1,168	1,152	1,013
연봉정보								15	24	23	26	26	27	29	31	32	28	34	41

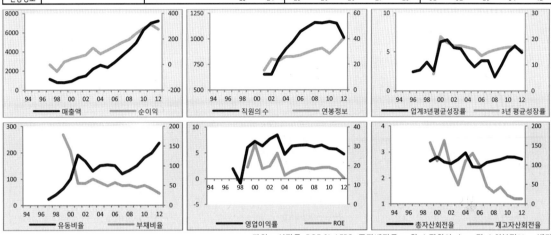

단위 : 성장률, ROE-% / EPS, 주당배당금 - 원 / 직원의 수 - 명 / 연봉정보 - 백만

특이값(1997년~1998년 부채비율, ROE, 총자산회전율, 재고자산회전율 및 성장률)은 그래프에서 제외 및 보정하였습니다.

2006년 3월, 주식회사 신세계푸드시스템에서 주식회사 신세계푸드로 상호 변경하였습니다.

· 동우 (코스닥 / 088910)

- 도축업

구분	94	95	96	97	98	99	00	01	02	03	04	05	06	07	08	09	10	11	12
성장률						11.25	3.62	4.77	3.07	-148.4	50.79	34.19	6.39	2.05	19.07	25.28	20.44	8.50	2.18
EPS						198	51	71	71	51	473	484	148	42	478	850	898	406	105
배당금						0	0	0	0	0	0	0	0	0	0	0	0	0	0
ROE						11.25	3.62	4.77	3.07	-148.4	50.79	34.19	6.39	2.05	19.07	25.28	20.44	8.50	2.18
직원의 수													252	253	262	281	280	311	355
연봉정보													22	26	27	27	31	29	30

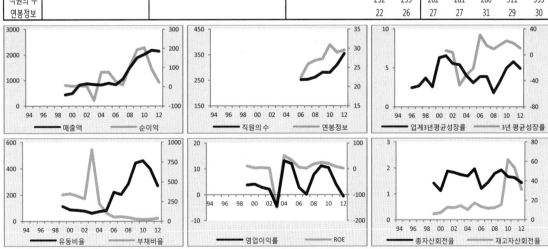

단위 : 성장률, ROE-% / EPS, 주당배당금 - 원 / 직원의 수 - 명 / 연봉정보 - 백만

1999년~2003년 사업보고서 미공시로 인하여 EPS는 감사보고서를 기준으로, 배당금은 0으로 간주해 성장률을 계산하였습니다.

99년~03년 성장률은 업계 3년 평균성장률 계산 과정에서 제외하였습니다.

1997년 1월, 화성식품㈜에서 ㈜동우로 상호 변경하였습니다.

음식품

• 고려산업 (유가증권 / 002140)
- 동물용 사료 및 조제식품 제조업

구분	94	95	96	97	98	99	00	01	02	03	04	05	06	07	08	09	10	11	12
성장률	0.55	1.36	-0.22	-15.11	-21.01	-22.54	3.08	-93.48	-9.63	-30.40	-1.17	6.30	9.52	10.21	-24.11	16.96	11.57	6.32	6.79
EPS	574	788	569	-810	-2,326	-2,320	307	-5,076	-1,111	-1,814	-60	343	573	684	-1,310	1,855	1,336	877	972
배당금	500	600	600	0	0	0	0	0	0	0	0	0	0	0	0	100	100	150	150
ROE	4.23	5.69	4.12	-15.11	-21.01	-22.54	3.08	-93.48	-9.63	-30.40	-1.17	6.30	9.52	10.21	-24.11	17.93	12.50	7.62	8.03
직원의 수					289	258	231	191	170	152	138	124	108	109	103	97	99	86	91
연봉정보					7	16	19	22	26	26	28	32	37	34	37	37	39	46	46

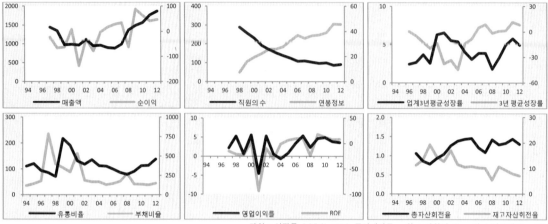

단위 : 성장률, ROE-% / EPS, 주당배당금 – 원 / 직원의 수 – 명 / 연봉정보 – 백만
1976년 11월, 고려건설주식회사에서 고려산업주식회사로 상호 변경하였습니다.
특이값(1994년~1996년 매출액, 영업이익률)은 그래프에서 제외하였습니다.

• 대주산업 (코스닥 / 003310)
- 동물용 사료 및 조제식품 제조업

구분	94	95	96	97	98	99	00	01	02	03	04	05	06	07	08	09	10	11	12
성장률		4.47	2.11	-0.99	-415.4	28.31	-116.9	10.73	4.14	3.51	1.18	0.21	0.35	-6.82	-11.36	3.24	0.95	0.59	-0.28
EPS		54	24	-11	-2,173	304	-419	169	30	26	9	2	3	-51	-132	39	11	7	-4
배당금		0	0	0	0	0	0	0	0	0	0	0	0	0	0	0	0	0	0
ROE		4.47	2.11	-0.99	-415.4	28.31	-116.9	10.73	4.14	3.51	1.18	0.21	0.35	-6.82	-11.36	3.24	0.95	0.59	-0.28
직원의 수					144	139	140	144	132	130	109	104	109	105	97	116	119	129	
연봉정보					13	7	15	5	19	24	22	21	23	23	25	22	23	23	

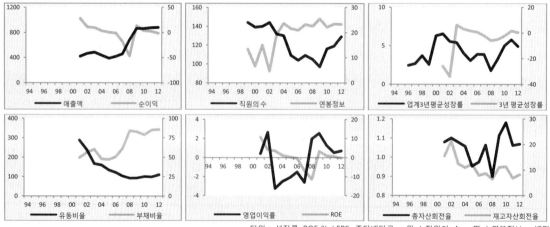

단위 : 성장률, ROE-% / EPS, 주당배당금 – 원 / 직원의 수 – 명 / 연봉정보 – 백만
1979년 11월, 한국축산개발㈜에서 대주산업㈜로 상호 변경하였습니다.
특이값(1995년~2000년 자료)은 그래프에서 제외하였습니다.

음식품

• 대한제당 (유가증권 / 001790)
- 동물용 사료 및 조제식품 제조업

구분	94	95	96	97	98	99	00	01	02	03	04	05	06	07	08	09	10	11	12
성장률	5.95	5.51	2.99	-3.72	2.74	5.18	0.75	0.88	3.36	2.19	5.63	5.42	4.94	3.85	0.78	4.20	0.92	0.90	4.82
EPS	1,375	1,344	791	-602	1,059	1,875	459	517	1,461	1,052	2,466	2,498	2,373	2,018	767	3,554	1,001	901	3,698
배당금	300	300	250	75	200	375	250	250	300	275	400	400	450	475	250	625	500	375	625
ROE	7.62	7.10	4.37	-3.31	3.38	6.47	1.64	1.71	4.23	2.96	6.72	6.46	6.09	5.04	1.16	5.10	1.83	1.54	5.80
직원의 수					786	782	792	742	730	658	639	647	637	643	643	620	607	595	582
연봉정보					23	25	28	30	33	38	39	40	42	43	43	46	45	48	47

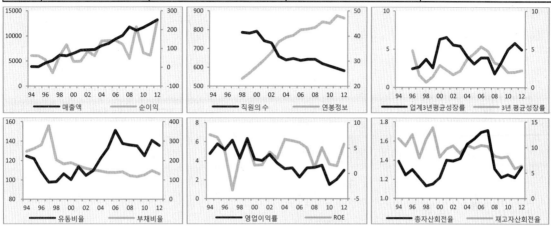

단위 : 성장률, ROE-% / EPS, 주당배당금 - 원 / 직원의 수 - 명 / 연봉정보 - 백만
1969년 8월, 대동제당주식회사에서 대한제당주식회사로 상호 변경하였습니다.

• 동아원 (코스닥 / 008040)
- 동물용 사료 및 조제식품 제조업

구분	94	95	96	97	98	99	00	01	02	03	04	05	06	07	08	09	10	11	12
성장률		8.83	3.42	6.71	-0.21	10.08	8.11	-2.64	3.17	2.02	2.60	8.91	6.66	0.41	-22.30	2.80	2.57	-6.04	4.21
EPS		215	110	171	23	439	395	-42	144	116	139	460	277	51	-915	101	106	-175	172
배당금		65	50	50	30	75	75	25	60	60	65	75	65	40	0	10	20	20	30
ROE		12.65	6.29	9.47	0.72	12.16	10.01	-1.66	5.44	4.18	4.88	10.65	8.71	1.92	-22.30	3.11	3.16	-5.42	5.10
직원의 수					87	84	86	78	77	75	80	80	90	476	433	453	561	565	
연봉정보					20	21	23	27	28	31	29	37	38	36	34	21	36	46	

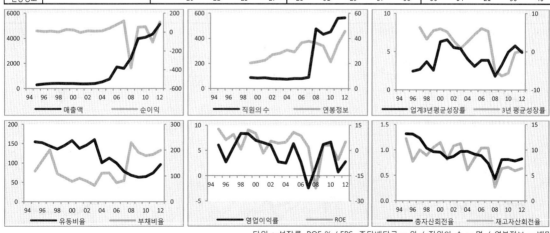

단위 : 성장률, ROE-% / EPS, 주당배당금 - 원 / 직원의 수 - 명 / 연봉정보 - 백만
2007년 결산 월 변경으로 인하여 37기는 제외하였으며, 36기를 2007년 기준으로 작성하였습니다.
2008년 12월 에스씨에프가 동아제분을 흡수 합병하였으며, 2009년 8월 ㈜동아에스에프에서 동아원㈜로 상호 변경하였습니다.
해당 재무자료는 합병 전, 후로 구분하였습니다.

음
식
품

• 우성사료 (유가증권 / 006980)
- 동물용 사료 및 조제식품 제조업

구분	94	95	96	97	98	99	00	01	02	03	04	05	06	07	08	09	10	11	12
성장률	7.35	10.44	10.20	-2.48	8.28	8.78	5.59	5.29	7.82	2.49	0.98	0.61	0.99	0.98	-3.86	8.86	5.00	3.06	3.46
EPS	155	216	231	9	315	400	291	291	441	223	116	92	112	112	-172	565	354	244	274
배당금	50	50	50	50	65	65	65	65	75	65	65	60	60	60	25	65	60	60	60
ROE	10.86	13.58	13.02	0.57	10.44	10.48	7.20	6.81	9.42	3.51	2.23	1.76	2.13	2.10	-3.37	10.01	6.02	4.05	4.43
직원의 수					438	437	442	429	428	417	416	407	404	390	368	360	351	349	345
연봉정보					22	22	21	29	36	37	36	42	41	44	42	49	48	48	49

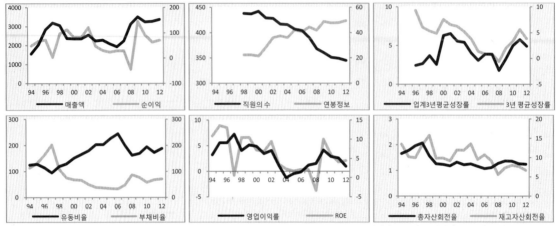

단위 : 성장률, ROE-% / EPS, 주당배당금 - 원 / 직원의 수 - 명 / 연봉정보 - 백만
1985년 2월, 우성실업㈜에서 ㈜우성사료에서 상호 변경하였습니다.

• 이지바이오 (코스닥 / 035810)
- 동물용 사료 및 조제식품 제조업

구분	94	95	96	97	98	99	00	01	02	03	04	05	06	07	08	09	10	11	12
성장률		32.97	31.93	5.02	28.93	23.16	10.88	5.17	3.81	0.37	2.63	9.97	3.35	4.23	0.38	10.48	5.44	1.65	7.30
EPS		696	933	152	400	625	387	214	192	64	147	335	148	163	35	373	234	104	307
배당금		0	0	0	0	25	75	75	75	50	75	50	50	50	25	50	50	50	50
ROE		32.97	31.93	5.02	28.93	24.13	13.49	7.96	6.25	1.70	5.37	11.72	5.06	6.11	1.34	12.10	6.92	3.19	8.72
직원의 수					60	72	82	94	76	65	77	87	85	94	109	125	139	147	
연봉정보					25	22	24	29	38	35	38	37	48	40	41	41	33	46	

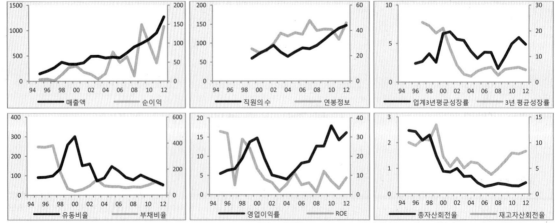

단위 : 성장률, ROE-% / EPS, 주당배당금 - 원 / 직원의 수 - 명 / 연봉정보 - 백만
2011년 직원의 수와 연봉정보는 2011년도 9월 분기보고서의 데이터이며, 이를 일부 보정하였습니다.
2012년 3월, ㈜이지바이오시스템에서 ㈜이지바이오로 상호 변경하였습니다.

음
식
품

• 케이씨피드 (코스닥 / 025880)

- 동물용 사료 및 조제식품 제조업

구 분	94	95	96	97	98	99	00	01	02	03	04	05	06	07	08	09	10	11	12
성장률		5.87	3.64	-12.30	11.69	11.00	3.09	5.47	8.63	6.41	5.98	9.20	8.05	4.46	3.55	10.18	4.75	3.36	7.49
EPS		220	143	-267	363	379	138	230	390	278	202	308	298	183	153	428	235	185	378
배당금		75	50	0	75	75	50	65	90	50	50	50	50	40	35	50	40	40	45
ROE		8.91	5.60	-12.30	14.74	13.71	4.84	7.63	11.21	7.82	7.96	10.98	9.68	5.71	4.61	11.52	5.73	4.29	8.50
직원의 수						104	102	96	90	90	79	78	85	84	75	74	73	78	79
연봉정보						30	30	37	42	43	44	43	42	38	41	33	39	39	41

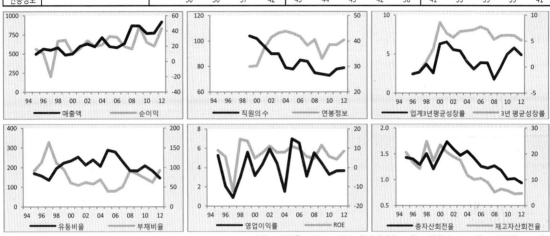

단위 : 성장률, ROE-% / EPS, 주당배당금 – 원 / 직원의 수 – 명 / 연봉정보 – 백만
2007년 3월, 주식회사 경축에서 주식회사 케이씨피드로 상호 변경하였습니다.

• 팜스코 (유가증권 / 036580)

- 동물용 사료 및 조제식품 제조업

구 분	94	95	96	97	98	99	00	01	02	03	04	05	06	07	08	09	10	11	12
성장률						3.68	0.58	3.89	8.68	3.49	3.70	1.98	5.38	-1.33	-7.74	17.31	10.31	9.55	12.73
EPS						130	56	151	305	155	164	138	232	-11	-318	942	639	670	945
배당금						19	40	50	50	50	50	60	60	40	0	0	0	0	0
ROE						4.32	2.05	5.81	10.38	5.15	5.32	3.51	7.26	-0.29	-7.74	17.31	10.31	9.55	12.73
직원의 수						254	244	221	208	192	201	587	542	394	289	292	343	382	501
연봉정보						6	28	30	33	31	33	29	31	38	50	46	45	46	43

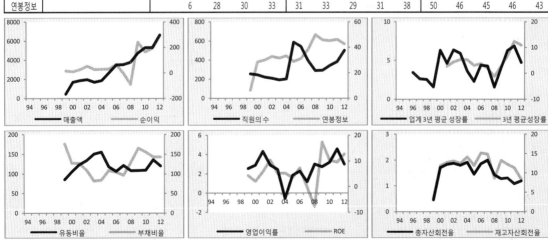

단위 : 성장률, ROE-% / EPS, 주당배당금 – 원 / 직원의 수 – 명 / 연봉정보 – 백만
2009년 3월, 대상팜스코주식회사에서 주식회사 팜스코로 상호 변경하였습니다.

• 팜스토리 (코스닥 / 027710)
- 동물용 사료 및 조제식품 제조업

구분	94	95	96	97	98	99	00	01	02	03	04	05	06	07	08	09	10	11	12
성장률		21.32	14.20	1.49	23.54	18.61	0.79	7.14	15.83	5.37	6.03	5.50	1.16	1.70	-0.49	11.03	1.43	6.71	13.37
EPS		151	200	13	384	346	32	121	242	115	133	154	65	73	-6	219	22	83	189
배당금		0	60	0	60	25	25	50	50	50	50	50	50	50	0	50	0	0	0
ROE		21.32	20.29	1.49	27.90	20.06	3.59	12.16	19.96	9.50	9.67	8.15	5.01	5.38	-0.49	14.30	1.43	6.71	13.37
직원의 수					63	63	64	68	80	86	80	84	91	88	90	103	96	339	446
연봉정보					25	25	27	29	29	25	33	39	41	42	22	42	44	35	27

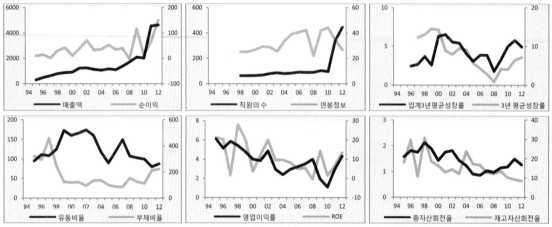

단위 : 성장률, ROE-% / EPS, 주당배당금 - 원 / 직원의 수 - 명 / 연봉정보 - 백만
2012년 3월, ㈜팜스토리한냉에서 ㈜팜스토리로 상호 변경하였습니다.

• 한일사료 (코스닥 / 005860)
- 동물용 사료 및 조제식품 제조업

구분	94	95	96	97	98	99	00	01	02	03	04	05	06	07	08	09	10	11	12
성장률		3.11	2.41	-130.0	9.37	16.23	1.00	5.78	10.90	-0.93	-8.02	-8.11	1.02	-6.31	-23.72	15.71	2.24	1.26	4.85
EPS		95	75	-1,757	65	211	32	72	131	16	-39	-63	8	-36	-275	188	50	39	82
배당금		0	0	0	0	50	25	25	25	25	25	0	0	15	0	25	25	25	25
ROE		3.11	2.41	-130.0	9.37	21.26	4.57	8.85	13.47	1.66	-4.88	-8.11	1.02	-4.46	-23.72	18.12	4.48	3.52	6.97
직원의 수					82	81	84	91	82	86	89	88	90	81	81	79	82	87
연봉정보					20	22	23	25	28	31	34	35	33	40	41	43	44	41

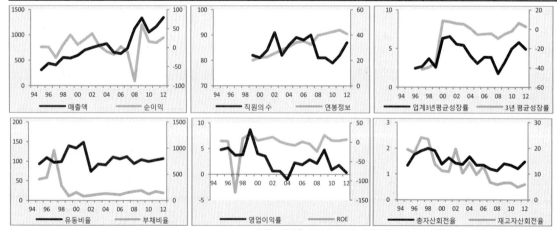

단위 : 성장률, ROE-% / EPS, 주당배당금 - 원 / 직원의 수 - 명 / 연봉정보 - 백만
2001년 9월, 한일사료공업주식회사에서 한일사료주식회사로 상호 변경하였습니다.

음
식
품

• 농심 (유가증권 / 004370)

- 면류, 마카로니 및 유사식품 제조업

구 분	94	95	96	97	98	99	00	01	02	03	04	05	06	07	08	09	10	11	12
성장률		0.19	1.57	13.98	21.81	9.62	11.89	11.06	9.61	12.41	13.73	11.04	9.29	7.83	4.99	8.64	7.99	4.26	-1.59
EPS		716	3,169	5,760	7,924	9,388	10,775	11,264	11,470	16,222	22,273	20,562	18,727	17,870	13,569	22,041	23,874	14,902	36
배당금		700	750	900	1,000	1,000	1,250	1,250	1,500	3,000	4,000	4,000	4,000	4,000	4,000	4,000	4,000	4,000	4,000
ROE		8.45	2.06	16.57	24.96	10.77	13.46	12.44	11.06	15.22	16.73	13.71	11.82	10.09	7.07	10.55	9.60	5.83	0.01
직원의 수					5,015	4,623	4,725	4,710	4,884	4,978	4,941	4,909	4,832	4,684	4,638	4,615	4,556	4,626
연봉정보					22	24	27	30	31	33	34	35	36	39	40	41	44	44

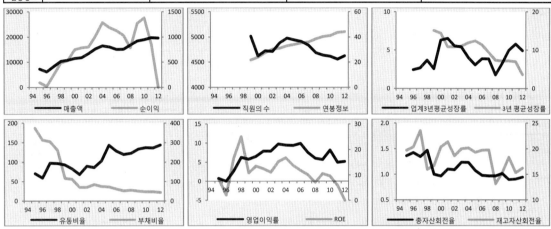

단위 : 성장률, ROE-% / EPS, 주당배당금 - 원 / 직원의 수 - 명 / 연봉정보 - 백만
2001년 결산 월 변경으로 인하여 38기는 제외하였으며, 37기를 2001년 기준으로 작성하였습니다.
1978년 3월, 롯데공업주식회사에서 농심으로 상호 변경하였습니다.

• 삼양식품 (유가증권 / 003230)

- 면류, 마카로니 및 유사식품 제조업

구 분	94	95	96	97	98	99	00	01	02	03	04	05	06	07	08	09	10	11	12
성장률	0.81	-4.75	-53.79	-19.00	-272.68	-145.95	-12.48	-10.29	147.9	1245.43	75.07	44.88	35.79	8.46	24.13	20.15	6.64	5.88	3.89
EPS	949	-1,197	-12,018	-3,425	-13,005	-45,217	-11,072	-2,286	-68,422	8,088	1,954	1,989	2,475	638	2,663	2,857	1,289	1,367	787
배당금	650	500	0	0	0	250	0	0	0	0	0	0	0	0	200	250	100	150	0
ROE	2.56	-3.35	-53.79	-19.00	-272.68	-145.15	-12.48	-10.29	147.9	1245.43	75.07	44.88	35.79	8.46	26.08	22.08	7.20	6.60	3.89
직원의 수					2,080	1,765	1,821	1,816	1,859	1,902	2,021	1,820	1,594	1,533	1,398	1,328	1,263	1,363	1,271
연봉정보					10	11	12	13	13	15	16	21	21	22	27	28	30	32	30

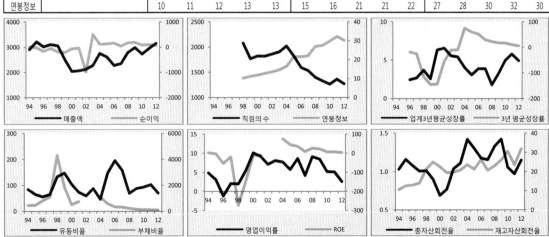

단위 : 성장률, ROE-% / EPS, 주당배당금 - 원 / 직원의 수 - 명 / 연봉정보 - 백만
자본잠식으로 인해, 계산 불가한 값과 특이값(2002년~2003년 부채비율, ROE)은 그래프에서 제외하였습니다.

음
식
품

• 대상홀딩스 (유가증권 / 084690)

- 비금융 지주회사

구 분	94	95	96	97	98	99	00	01	02	03	04	05	06	07	08	09	10	11	12
성장률												1.84	-0.52	5.34	2.70	-0.97	0.59	1.23	0.38
EPS												268	77	630	394	-15	207	272	157
배당금												0	120	150	150	100	150	150	120
ROE												1.84	0.92	7.02	4.37	-0.13	2.13	2.74	1.59
직원의 수												11	10	11	12	14	14	13	11
연봉정보												21	42	45	45	66	55	62	54

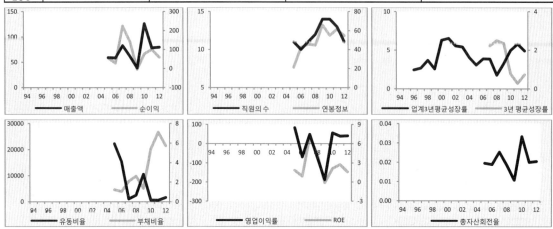

단위 : 성장률, ROE-% / EPS, 주당배당금 – 원 / 직원의 수 – 명 / 연봉정보 – 백만
2005년 8월, 대상㈜에서 인적 분할(사업부문: 대상㈜, 투자부문: 대상홀딩스㈜)방식으로 설립되었습니다.
1기(2005년)는 5개월(8월 1일~12월 31일)치 자료입니다.

• 풀무원홀딩스 (유가증권 / 017810) / 풀무원 식품 (비상장)

- 비금융 지주회사

구 분	94	95	96	97	98	99	00	01	02	03	04	05	06	07	08	09	10	11	12
성장률		10.38	7.06	2.67	4.59	3.72	5.14	9.76	13.94	11.53	6.67	8.13	9.13	11.75	6.37	0.79	1.15	6.90	2.24
EPS		3,020	2,035	967	1,353	780	1,071	2,260	4,045	3,784	2,319	2,962	3,606	5,309	4,508	4,943	1,696	4,641	2,679
배당금		600	600	425	400	0	150	400	800	760	500	600	720	1,070	1,070	1,020	1,020	1,020	1,020
ROE		12.95	10.01	4.76	6.52	3.72	5.97	11.86	17.37	14.43	8.51	10.20	11.41	14.72	8.35	0.99	2.88	8.84	3.61
직원의 수					1,096	1,198	1,293	1,444	1,450	1,293	1,551	1,729	2,037	1,336	1,396	1,436	1,514	1,511
연봉정보					10	14	17	18	17	19	22	19	19	12	29	28	28	33

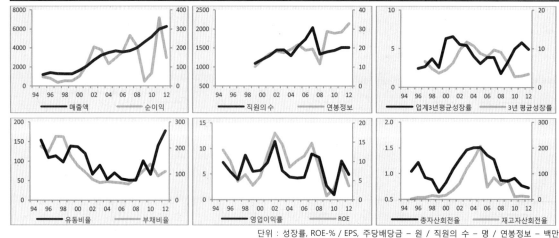

단위 : 성장률, ROE-% / EPS, 주당배당금 – 원 / 직원의 수 – 명 / 연봉정보 – 백만
2008년 풀무원식품(비상장기업) 인적 분할로 인하여, 2008년 이후의 풀무원식품 재무제표와 합산해 그래프를 작성하였습니다.
EPS는 풀무원홀딩스 기준입니다.

음
식
품

• CJ (유가증권 / 001040) / CJ 제일제당 (유가증권 / 097950)

- 비금융 지주회사 / 설탕제조업

구 분	94	95	96	97	98	99	00	01	02	03	04	05	06	07	08	09	10	11	12
성장률	3.07	3.77	2.83	1.16	9.37	6.24	2.57	2.72	5.65	8.59	6.62	6.22	5.95	2.24	7.65	9.98	-1.33	11.48	4.32
EPS	1,009	3,103	2,531	1,078	7,369	4,815	2,197	1,981	3,902	6,216	5,478	4,596	4,769	1,651	10,591	6,192	716	15,758	3,533
배당금	200	200	450	200	500	1,500	1,000	750	1,250	1,750	1,650	1,500	1,500	0	1,500	800	800	650	650
ROE	3.83	4.03	3.44	1.42	10.05	9.06	4.72	4.38	8.32	11.96	9.48	9.23	8.68	2.24	8.91	11.46	11.35	11.98	5.30
직원의 수					4,849	5,952	4,902	4,544	3,506	3,685	3,669	3,845	4,436	4,417	4,585	4,748	4,933	5,684	6,050
연봉정보					26	23	27	31	34	31	25	25	42	17	51	44	52	48	49

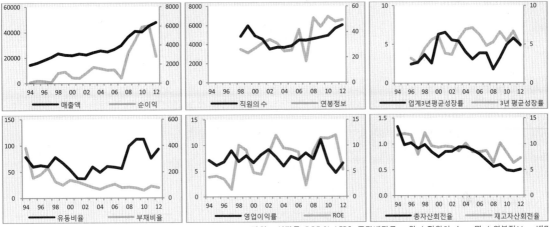

단위 : 성장률, ROE-% / EPS, 주당배당금 – 원 / 직원의 수 – 명 / 연봉정보 – 백만
2002년 10월, 제일제당주식회사에서 CJ주식회사로 상호변경하였습니다.
2007년 CJ제일제당 인적 분할로 인하여, 2007년 이후의 CJ제일제당 재무제표와 합산해 그래프를 작성하였습니다.
EPS는 CJ 기준입니다.

• 삼립식품 (유가증권 / 005610)

- 빵류 제조업

구 분	94	95	96	97	98	99	00	01	02	03	04	05	06	07	08	09	10	11	12
성장률	3.47	-31.29	-11.52	자본잠식		-9.54	-72.89	1.62	38.27	6.80	3.32	4.65	4.36	3.28	2.69	2.19	1.01	1.98	4.52
EPS	1,618	-8,063	-2,511	-27,164	-9,741	-7,656	-34,032	767	26,807	1,045	758	1,063	1,100	960	871	786	566	750	1,270
배당금	0	0	0	0	0	0	0	0	0	50	250	300	350	375	375	375	375	375	375
ROE	3.47	-31.29	-11.52	자본잠식		-9.54	-72.89	1.62	38.27	7.14	4.96	6.48	6.39	5.38	4.73	4.19	2.99	3.95	6.42
직원의 수				1,721	1,608	1,040	1,110	1,031	812	686	619	658	631	642	629	691	863	940
연봉정보				16	16	16	17	20	22	27	30	29	31	33	35	35	35	39

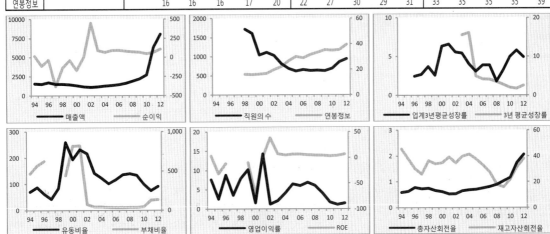

단위 : 성장률, ROE-% / EPS, 주당배당금 – 원 / 직원의 수 – 명 / 연봉정보 – 백만
자본잠식으로 인해, 계산 불가한 값(1997년~1998년 부채비율, ROE, 성장률)은 그래프에서 제외하였습니다.
특이값(1996년~2002년 평균성장률)은 그래프에서 제외하였습니다.

음식품

• 서울식품 (유가증권 / 004410)

- 빵류 제조업

구분	94	95	96	97	98	99	00	01	02	03	04	05	06	07	08	09	10	11	12
성장률	자본잠식	24.51	28.86	2.11	-6.17	-17.93	-14.76	-222.6	-11.75	-41.49	-37.50	-16.39	-19.38	1.13	-11.03	-19.52	40.30	-5.78	5.40
EPS	0	52	80	60	-165	-812	-447	-2,064	-125	-303	-979	-345	-284	21	-312	-472	723	-97	98
배당금	0	0	0	0	0	0	0	0	0	0	0	0	0	0	0	0	0	0	0
ROE	자본잠식	24.51	28.86	2.11	-6.17	-17.93	-14.76	-222.6	-11.75	-41.49	-37.50	-16.39	-19.38	1.13	-11.03	-19.52	40.30	-5.78	5.40
직원의 수					429	363	369	378	323	359	384	332	285	217	227	217	232	139	147
연봉정보					13	14	16	16	19	18	17	21	23	25	26	31	30	33	33

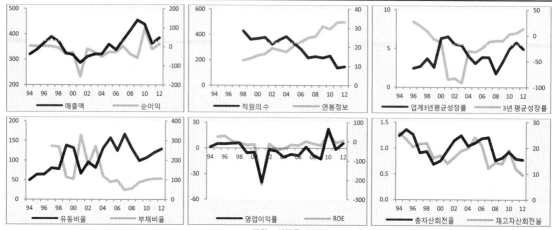

단위 : 성장률, ROE-% / EPS, 주당배당금 – 원 / 직원의 수 – 명 / 연봉정보 – 백만
자본잠식으로 인해, 계산 불가한 값(1994년 부채총계, ROE 및 성장률)은 그래프에서 제외 및 보정하였습니다.
30기(1994년)~32기(1996년) 부채비율은 그래프에서 제외하였습니다.

• 삼양홀딩스 (유가증권 / 000070) / 삼양사 (유가증권 / 145990)

- 비금융 지주회사 / 설탕 제조업

구분	94	95	96	97	98	99	00	01	02	03	04	05	06	07	08	09	10	11	12
성장률		6.24	-8.69	1.18	0.10	1.44	5.07	0.76	9.40	4.45	5.87	3.95	1.86	0.52	-8.71	8.84	3.27	7.77	4.25
EPS		1,796	-2,143	211	290	1,014	2,736	876	7,221	4,371	6,136	4,630	2,685	710	-6,301	9,375	5,497	12,497	7,650
배당금		0	0	0	250	450	700	450	950	1,050	1,150	1,150	1,050	250	500	1,500	1,750	2,000	1,500
ROE		6.24	-8.69	1.18	0.73	2.59	6.82	1.57	10.82	5.86	7.23	5.26	3.05	0.81	-8.07	10.53	4.80	9.24	5.29
직원의 수					2,456	2,362	1,191	1,215	1,191	1,235	1,280	1,252	1,190	1,208	1,182	1,173	1,153	991
연봉정보					27	32	37	38	41	43	48	50	53	45	45	48	32	61

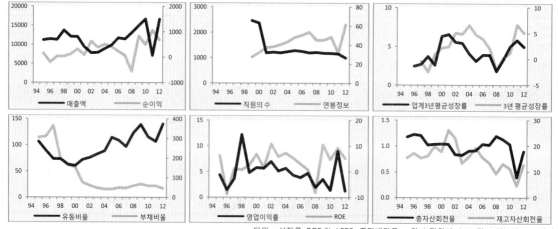

단위 : 성장률, ROE-% / EPS, 주당배당금 – 원 / 직원의 수 – 명 / 연봉정보 – 백만
2002년 결산 월 변경으로 인하여 52기는 제외하였으며, 51기를 2002년 기준으로 작성하였습니다.
2011년 삼양사 인적 분할로 인하여, 2011년 이후의 삼양사 재무제표와 합산해 그래프를 작성하였습니다.
2011년 11월, 주식회사 삼양사에서 주식회사 삼양홀딩스로 상호 변경하였습니다.
EPS는 삼양홀딩스 기준입니다.

• 동원 F&B (유가증권 / 049770)

- 수산동물 훈제, 조리 및 유사 조제식품 제조업

구 분	94	95	96	97	98	99	00	01	02	03	04	05	06	07	08	09	10	11	12
성장률							0.09	6.05	14.67	12.39	8.23	3.88	2.97	2.35	1.72	6.10	7.11	6.78	3.33
EPS							40	4,414	10,065	9,397	7,223	4,044	4,531	2,763	2,021	7,508	9,259	9,114	4,807
배당금							0	1,500	1,500	1,500	1,500	1,250	2,000	1,000	750	1,500	2,000	2,500	1,500
ROE							0.09	9.17	17.24	14.75	10.39	5.62	5.32	3.68	2.74	7.63	9.07	9.35	4.84
직원의 수							1,834	1,802	2,049	2,295	2,030	1,978	1,901	1,874	1,809	미공시	1,882	1,902	1,881
연봉정보							3	19	19	18	24	24	26	27	28		30	33	32

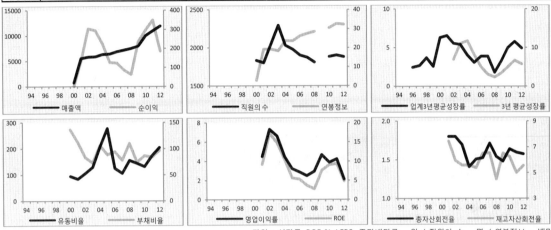

단위 : 성장률, ROE-% / EPS, 주당배당금 – 원 / 직원의 수 – 명 / 연봉정보 – 백만
1기(2000년도)는 2개월(11월 1일~12월 31일)치 자료입니다.
1기 영업이익률, ROE, 총자산회전율, 재고자산회전율은 그래프에서 제외하였습니다.
2009년 직원의 수, 연봉정보는 미공시 되었습니다.

• 사조대림 (유가증권 / 003960)

- 수산동물 훈제, 조리 및 유사 조제식품 제조업

구 분	94	95	96	97	98	99	00	01	02	03	04	05	06	07	08	09	10	11	12
성장률	2.83	2.01	0.60	-92.09	12.54	4.91	-25.51	3.23	-507.1	자본잠식	64.84	49.39	31.83	39.15	15.21	18.47	11.55	4.00	-2.66
EPS	978	749	360	-12,281	6,248	2,219	-7,906	1,090	-78,559	-6,970	336	2,170	2,050	3,717	1,702	3,607	2,607	1,145	-639
배당금	200	200	202	0	370	100	0	50	0	0	0	0	0	0	0	0	0	200	0
ROE	3.56	2.75	1.38	-92.09	13.33	5.15	-25.51	3.38	-507.1	자본잠식	64.84	49.39	31.83	39.15	15.21	18.47	11.55	4.85	-2.66
직원의 수					1,358	1,341	1,219	1,030	1,355	1,469	1,135	1,054	992	1,007	1,064	634	627	626	629
연봉정보					17	24	23	28	19	16	19	21	25	22	17	32	34	32	33

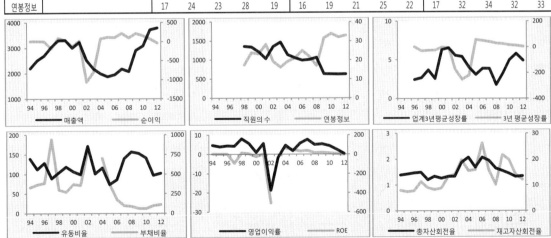

단위 : 성장률, ROE-% / EPS, 주당배당금 – 원 / 직원의 수 – 명 / 연봉정보 – 백만
자본잠식으로 인해, 계산 불가한 값(2003년 부채비율, ROE 및 성장률)은 그래프에서 제외 및 보정하였습니다.
46기(2008년 결산 월 변경)는 9개월(4월 1일~12월 31일)치 자료입니다.

• 한성기업 (유가증권 / 003680)

- 수산동물 훈제, 조리 및 유사 조제식품 제조업

구분	94	95	96	97	98	99	00	01	02	03	04	05	06	07	08	09	10	11	12
성장률	2.11	1.11	0.24	-27.19	5.04	1.47	1.14	1.68	-3.01	-14.92	2.69	-134.7	21.33	5.76	6.69	6.99	9.12	11.26	6.02
EPS	507	362	85	-3,116	582	146	118	168	-282	-1,215	225	-4,786	907	263	613	682	973	1,265	730
배당금	200	200	50	0	0	0	0	0	0	0	0	0	0	0	0	0	0	0	0
ROE	3.49	2.49	0.57	-27.19	5.04	1.47	1.14	1.68	-3.01	-14.92	2.69	-134.7	21.33	5.76	6.69	6.99	9.12	11.26	6.02
직원의 수					694	668	573	538	466	590	614	532	545	567	577	537	557	551	567
연봉정보					21	17	27	28	29	23	24	24	17	25	22	28	26	26	26

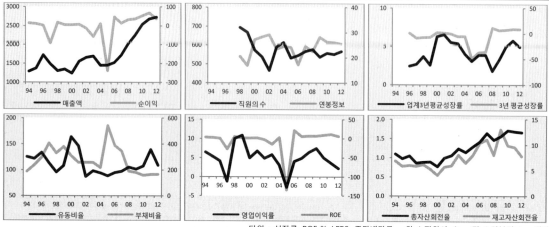

단위 : 성장률, ROE-% / EPS, 주당배당금 – 원 / 직원의 수 – 명 / 연봉정보 – 백만

• 사조씨푸드 (유가증권 / 014710)

- 수산물 가공 및 저장 처리업

구분	94	95	96	97	98	99	00	01	02	03	04	05	06	07	08	09	10	11	12
성장률						5.47	3.17	8.52	11.12	8.29	8.48	8.11	-5.02	1.77	25.61	17.73	10.53	17.07	7.04
EPS						97	52	165	227	182	204	211	-125	38	851	1,183	757	1,356	711
배당금						0	0	0	0	0	0	0	0	0	0	0	0	0	0
ROE						5.47	3.17	8.52	11.12	8.29	8.48	8.11	-5.02	1.77	25.61	17.73	10.53	17.07	7.04
직원의 수																			285
연봉정보																			30

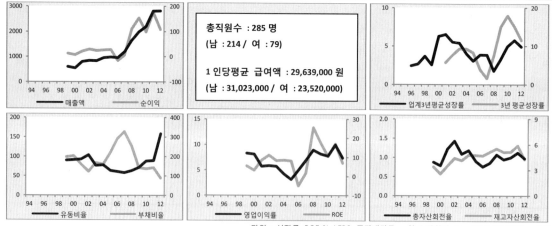

총직원수 : 285 명
(남 : 214 / 여 : 79)

1 인당평균 급여액 : 29,639,000 원
(남 : 31,023,000 / 여 : 23,520,000)

단위 : 성장률, ROE-% / EPS, 주당배당금 – 원 / 직원의 수 – 명 / 연봉정보 – 백만
1999년~2009년 사업보고서 미공시로 인하여 EPS는 감사보고서를 기준으로, 배당금은 0으로 간주해 성장률을 계산하였습니다.
99년~09년 성장률은 업계 3년 평균성장률 계산 과정에서 제외하였습니다.

음식품

• 사조해표 (유가증권 / 079660)
- 식물성 유지 제조업

구분	94	95	96	97	98	99	00	01	02	03	04	05	06	07	08	09	10	11	12
성장률											-0.70	-9.22	4.53	8.91	-25.84	28.23	12.64	0.29	3.78
EPS											46	-552	283	730	-1,644	4,107	1,960	47	622
배당금											0	0	0	0	0	0	0	0	0
ROE											-0.70	-9.22	4.53	8.91	-25.84	28.23	12.64	0.29	3.78
직원의 수											578	508	465	481	501	321	351	361	344
연봉정보											8	32	30	28	29	24	37	40	43

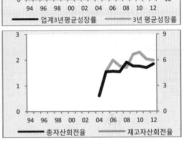

단위 : 성장률, ROE-% / EPS, 주당배당금 – 원 / 직원의 수 – 명 / 연봉정보 – 백만
2008년 3월, 주식회사 사조오앤에프에서 주식회사 사조해표로 상호 변경하였습니다.
1기(2004년)는 4개월(9월 1일~12월 31일)치 자료입니다.

• 롯데푸드 (유가증권 / 002270)
- 아이스크림 및 기타 식용빙과류 제조업

구분	94	95	96	97	98	99	00	01	02	03	04	05	06	07	08	09	10	11	12
성장률	21.47	23.32	-25.62	-155.80	19.69	18.67	20.51	17.93	15.59	12.41	10.71	10.74	7.29	7.35	8.23	10.49	9.71	8.83	9.81
EPS	4,880	6,717	-5,216	-12,489	17,341	12,855	17,559	19,103	19,619	17,916	17,665	19,788	14,679	17,364	21,274	36,252	39,281	31,461	48,316
배당금	400	400	0	0	400	500	650	750	750	750	750	750	750	750	750	1,250	1,250	1,250	1,250
ROE	23.38	24.80	-25.62	-155.89	20.15	19.42	21.30	18.66	16.21	12.95	11.19	11.17	7.68	7.68	8.53	10.86	10.03	9.20	10.07
직원의 수					855	847	859	846	838	906	939	999	831	841	802	874	827	1,179	1,325
연봉정보					12	11	17	19	19	21	23	25	30	30	35	34	39	43	40

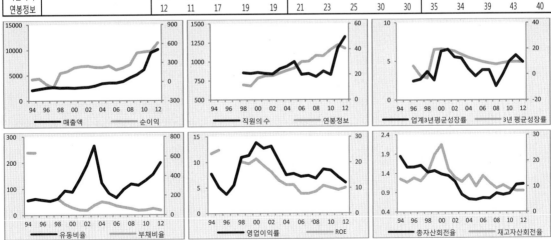

단위 : 성장률, ROE-% / EPS, 주당배당금 – 원 / 직원의 수 – 명 / 연봉정보 – 백만
특이값(1996년~1997년 부채비율, ROE 및 성장률)은 그래프에서 제외 및 보정하였습니다.
2013년 4월, 주식회사 롯데삼강에서 롯데푸드 주식회사로 상호 변경하였습니다.

음식품

• 남양유업 (유가증권 / 003920)
- 액상시유 및 기타 낙농제품 제조업

구분	94	95	96	97	98	99	00	01	02	03	04	05	06	07	08	09	10	11	12
성장률	26.08	23.31	21.78	19.12	17.00	30.81	25.33	17.57	8.78	9.58	8.92	10.35	8.50	9.24	-4.38	14.89	10.86	6.39	6.48
EPS	12,373	14,448	17,015	22,099	36,067	94,485	103,946	87,523	48,316	57,812	60,011	77,446	69,627	83,186	-36,614	150,783	123,745	77,398	83,271
배당금	700	700	700	700	750	850	900	900	850	900	950	950	950	950	950	950	1,000	1,000	1,000
ROE	27.64	24.49	22.71	19.75	17.36	31.09	25.56	17.75	8.94	9.73	9.07	10.48	8.62	9.35	-4.27	14.98	10.94	6.47	6.56
직원의 수					1,957	2,241	2,345	2,535	2,856	2,751	2,861	2,619	2,684	2,440	2,385	2,340	2,448	2,499	2,731
연봉정보					20	18	19	20	21	24	24	28	28	33	36	38	38	38	37

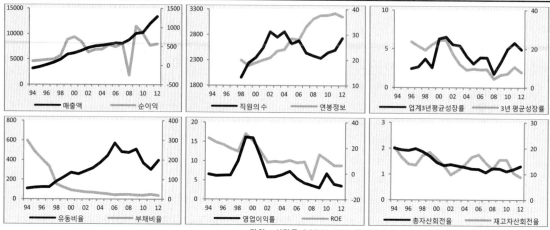

단위 : 성장률, ROE-% / EPS, 주당배당금 - 원 / 직원의 수 - 명 / 연봉정보 - 백만

• 매일유업 (코스닥 / 005990)
- 액상시유 및 기타 낙농제품 제조업

구분	94	95	96	97	98	99	00	01	02	03	04	05	06	07	08	09	10	11	12
성장률		9.95	20.72	42.84	5.88	12.71	16.59	15.30	12.40	10.04	13.95	10.34	13.93	9.71	3.76	6.81	6.53	1.12	5.03
EPS		51	158	701	365	751	1,193	1,323	1,207	1,113	1,846	1,557	2,395	1,881	815	1,450	1,759	396	1,698
배당금		0	0	0	21	0	50	50	50	50	100	125	150	150	125	125	125	125	125
ROE		9.95	20.72	42.84	6.23	12.71	17.31	15.90	12.94	10.51	14.74	11.24	14.86	10.55	4.44	7.45	7.03	1.64	5.43
직원의 수					1,821	1,990	2,059	2,135	1,948	1,839	1,845	1,774	1,737	1,716	1,792	2,127	2,247	2,337	
연봉정보					16	21	22	24	28	29	32	33	39	39	41	40	38	40	

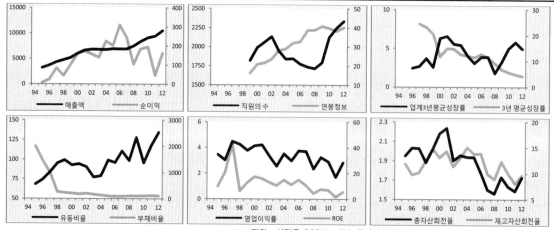

단위 : 성장률, ROE-% / EPS, 주당배당금 - 원 / 직원의 수 - 명 / 연봉정보 - 백만
1980년 3월, 한국낙농유업㈜에서 매일유업㈜로 상호 변경하였습니다.

• 동원산업 (유가증권 / 006040)

- 원양어업

구분	94	95	96	97	98	99	00	01	02	03	04	05	06	07	08	09	10	11	12
성장률	2.98	3.78	-15.86	-23.91	14.66	4.94	5.00	7.80	8.57	21.60	26.12	12.34	10.85	21.54	16.50	20.74	17.08	14.22	15.97
EPS	1,186	1,360	-2,605	-3,262	5,673	2,841	481	3,153	3,187	4,566	7,864	4,865	7,179	12,932	12,784	22,335	23,753	23,081	29,841
배당금	600	600	0	0	1,000	750	0	500	750	0	600	1,000	3,000	2,500	2,500	2,500	3,000	3,000	3,000
ROE	6.03	6.76	-15.86	-23.91	17.80	6.72	5.00	9.27	11.20	21.60	28.28	15.53	18.64	26.70	20.51	23.35	19.55	16.34	17.75
직원의 수					2,809	2,785	825	730	599	531	583	638	753	771	811	775	744	818	843
연봉정보					24	19	34	47	47	25	27	37	43	45	60	59	29	66	44

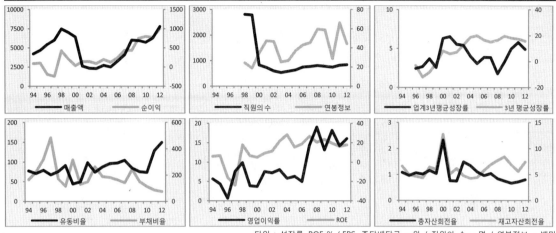

단위 : 성장률, ROE-% / EPS, 주당배당금 - 원 / 직원의 수 - 명 / 연봉정보 - 백만
1996년 4월, 동원그룹으로 공식 출범하였습니다.

• 동원수산 (유가증권 / 030720)

- 원양어업

구분	94	95	96	97	98	99	00	01	02	03	04	05	06	07	08	09	10	11	12
성장률	8.44	2.07	1.89	-120.5	2.46	6.36	0.88	1.05	0.45	-17.53	7.30	1.09	-20.44	-37.01	1.82	5.50	13.07	6.25	4.07
EPS	2,033	881	918	-8,990	376	1,390	581	411	320	-2,279	1,320	404	-2,330	-3,142	165	531	1,495	1,334	792
배당금	500	500	500	0	0	250	450	250	250	0	250	250	0	0	0	0	0	500	250
ROE	11.19	4.80	4.15	-120.5	2.46	7.75	3.91	2.67	2.05	-17.53	9.00	2.86	-20.44	-37.01	1.82	5.50	13.07	10.00	5.95
직원의 수					521	505	482	414	394	315	301	290	281	247	205	541	210	213	214
연봉정보					18	23	26	17	25	27	35	39	31	33	40	23	59	82	55

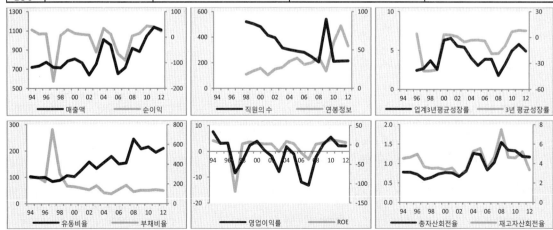

단위 : 성장률, ROE-% / EPS, 주당배당금 - 원 / 직원의 수 - 명 / 연봉정보 - 백만
2009년 직원의 수와 연봉정보는 사업보고서에 의거한 자료입니다.

음식품

• 사조산업 (유가증권 / 007160)

- 원양어업

구분	94	95	96	97	98	99	00	01	02	03	04	05	06	07	08	09	10	11	12
성장률	0.92	-14.39	-19.05	-349.0	32.66	5.72	-6.53	5.35	8.16	-1.53	3.91	-4.36	0.79	2.89	17.07	25.44	10.79	10.54	8.10
EPS	131	-1,736	-1,701	-6,866	3,783	1,037	-936	1,020	1,748	-284	770	-699	124	475	3,251	6,942	4,021	4,340	3,438
배당금	0	0	0	0	0	200	0	200	250	0	0	0	0	0	200	200	200	200	0
ROE	0.92	-14.39	-19.05	-349.0	32.66	7.09	-6.53	6.66	9.52	-1.53	3.91	-4.36	0.79	2.89	17.07	26.19	11.35	11.05	8.10
직원의 수					608	614	1,197	918	935	1,075	787	752	612	527	554	557	857	987	954
연봉정보					24	38	30	28	24	20	20	26	26	33	39	48	38	34	32

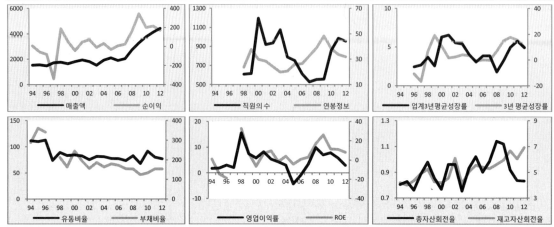

단위 : 성장률, ROE-% / EPS, 주당배당금 – 원 / 직원의 수 – 명 / 연봉정보 – 백만
특이값(1997년 부채비율, ROE 및 성장률)은 그래프에서 제외 및 보정하였습니다.
1971년 11월, ㈜시전사에서 사조산업㈜로 상호 변경하였습니다.

• 신라교역 (유가증권 / 004970)

- 원양어업

구분	94	95	96	97	98	99	00	01	02	03	04	05	06	07	08	09	10	11	12
성장률	6.03	10.55	5.97	10.14	15.14	7.83	1.44	2.93	9.43	0.15	0.45	1.42	4.20	9.27	23.93	12.14	11.82	7.13	16.40
EPS	231	457	261	452	1,460	881	146	297	984	39	68	156	473	1,178	3,553	2,048	2,577	1,726	4,315
배당금	17	43	27	29	84	15	5	7	10	25	25	20	50	75	150	50	200	200	250
ROE	6.51	11.65	6.66	10.83	16.06	7.96	1.49	3.00	9.52	0.42	0.72	1.63	4.69	9.90	24.99	12.44	12.82	8.06	17.41
직원의 수					567	543	464	462	335	489	570	540	538	516	525	505	508	514	561
연봉정보					29	25	22	20	24	26	19	26	31	37	42	40	49	41	49

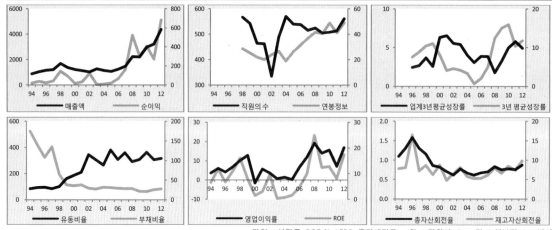

단위 : 성장률, ROE-% / EPS, 주당배당금 – 원 / 직원의 수 – 명 / 연봉정보 – 백만
1969년 10월, 정일산업㈜에서 신라교역㈜로 상호 변경하였습니다.

• MPK (코스닥 / 065150)

- 외식 프랜차이즈사업 및 식자재 유통업

구분	94	95	96	97	98	99	00	01	02	03	04	05	06	07	08	09	10	11	12
성장률												20.99	19.94	12.26	-4.95	-1.68	24.52	17.23	9.84
EPS												117	187	179	-47	6	101	83	59
배당금												0	37	34	0	10	20	20	20
ROE										6.24	28.48	20.99	24.93	15.14	-4.95	2.52	30.57	22.70	14.88
직원의 수														110	97	미공시	306	354	370
연봉정보														21	22		31	30	33

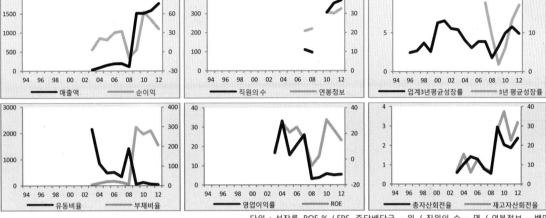

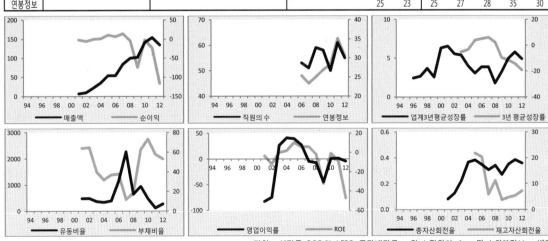

단위 : 성장률, ROE-% / EPS, 주당배당금 – 원 / 직원의 수 – 명 / 연봉정보 – 백만
2009년 직원의 수와 연봉정보는 미공시 되었습니다.

2009년 8월 미스터피자 그룹을 흡수 합병하였으며, 2012년 3월 주식회사 미스터피자에서 주식회사 엠피케이그룹으로 상호 변경하였습니다.
해당 재무자료는 합병 전, 후로 구분하였습니다.

• 오스코텍 (코스닥 / 039200)

- 식품(오일) 판매업

구분	94	95	96	97	98	99	00	01	02	03	04	05	06	07	08	09	10	11	12
성장률								-3.47	-11.98	0.04	1.80	10.09	3.75	4.61	-1.16	-32.15	-1.04	-9.17	-47.31
EPS								-44	-138	29	29	220	139	227	69	-563	27	-149	-652
배당금								0	0	0	0	0	50	50	25	0	0	0	0
ROE								-3.47	-11.98	0.04	1.80	10.09	5.85	5.91	-1.82	-32.15	-1.04	-9.17	-47.31
직원의 수													53	51	59	58	50	61	55
연봉정보													25	23	25	27	28	35	30

단위 : 성장률, ROE-% / EPS, 주당배당금 – 원 / 직원의 수 – 명 / 연봉정보 – 백만
1999년 6월, ㈜오스텍에서 ㈜오스코텍으로 상호 변경하였습니다.
2001년~2003년 사업보고서 미공시로 인하여 EPS는 감사보고서를 기준으로, 배당금은 0으로 간주해 성장률을 계산하였습니다.
01년~03년 성장률은 업계 3년 평균성장률 계산 과정에서 제외하였습니다.

• 큐렉소 (코스닥 / 060280)

- 라면원재료 및 발효유원재료 무역업

구 분	94	95	96	97	98	99	00	01	02	03	04	05	06	07	08	09	10	11	12
성장률					7.60	14.64	18.08	11.04	-9.21	9.54	-44.78	-28.76	-31.41	-3.20	-25.07	-78.39	-29.93	-0.14	-13.11
EPS					156	352	552	379	-382	400	-1,300	-1,476	-630	-51	-383	-667	-196	-3	-319
배당금					0	0	0	0	0	0	0	0	0	0	0	0	0	0	0
ROE					7.60	14.64	18.08	11.04	-9.21	9.54	-44.78	-28.76	-31.41	-3.20	-25.07	-78.39	-29.93	-0.14	-13.11
직원의 수									84	98	92	92	17	24	30	35	39	40	41
연봉정보									33	23	22	20	24	37	41	48	38	34	42

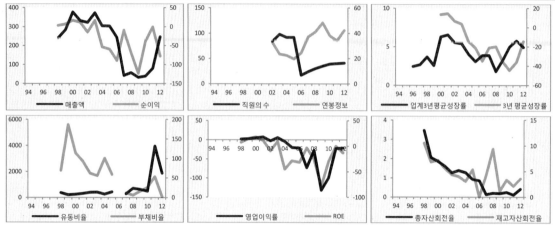

단위 : 성장률, ROE-% / EPS, 주당배당금 - 원 / 직원의 수 - 명 / 연봉정보 - 백만
2006년 11월, 코암나노바이오㈜에서 큐렉소㈜로 상호 변경하였습니다.
특이값(2006년 유동비율, 부채비율)은 그래프에서 제외하였습니다.

• 샘표식품 (유가증권 / 007540)

- 장류 제조업

구 분	94	95	96	97	98	99	00	01	02	03	04	05	06	07	08	09	10	11	12
성장률		-1.39	2.99	6.76	11.93	1.39	0.50	3.41	-0.51	1.39	6.51	1.69	0.82	2.54	2.71	4.11	1.11	2.77	5.99
EPS		68	165	253	419	490	316	1,025	77	593	802	723	117	973	1,046	1,515	609	1,300	2,798
배당금		100	100	100	120	170	200	200	200	250	250	250	250	250	250	250	250	250	300
ROE		2.90	7.57	11.18	16.71	2.12	1.35	4.24	0.32	2.40	9.45	2.58	-0.72	3.41	3.55	4.93	1.89	3.43	6.71
직원의 수					201	239	257	270	282	307	348	390	403	431	471	488	523	551	
연봉정보					18	18	20	24	26	27	29	27	32	35	31	35	35	35	

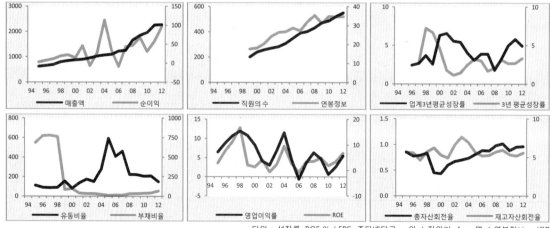

단위 : 성장률, ROE-% / EPS, 주당배당금 - 원 / 직원의 수 - 명 / 연봉정보 - 백만
2004년 결산 월 변경으로 인하여 34기는 제외하였으며, 33기를 2004년 기준으로 작성하였습니다.
1998년 8월, 샘표식품공업주식회사에서 샘표식품주식회사로 상호 변경하였습니다.

음식품

• 삼양제넥스 (유가증권 / 003940)

- 전분제품 및 당류 제조업

구분	94	95	96	97	98	99	00	01	02	03	04	05	06	07	08	09	10	11	12
성장률		15.15	4.13	5.20	4.97	7.57	13.75	10.85	12.55	7.88	7.38	8.60	9.30	3.98	-2.54	3.68	6.02	3.66	4.31
EPS		4,087	1,577	2,000	3,018	4,569	9,130	7,996	10,532	8,418	8,672	10,737	12,514	6,625	59	6,322	12,125	7,704	9,037
배당금		550	500	250	650	800	850	850	950	1,400	1,400	1,400	1,450	1,500	1,100	1,650	2,250	2,000	2,000
ROE		17.51	6.04	5.94	6.34	9.18	15.16	12.14	13.79	9.45	8.80	9.89	10.52	5.14	0.14	4.98	7.39	4.95	5.54
직원의 수						423	418	424	421	409	314	323	329	333	331	337	351	382	341
연봉정보						25	28	34	32	33	51	50	52	53	53	58	56	54	57

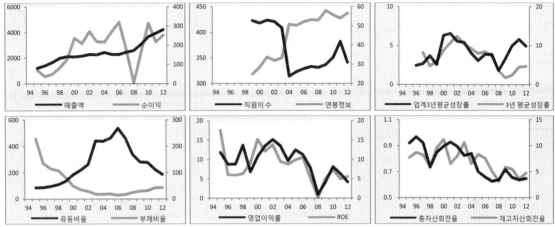

단위 : 성장률, ROE-% / EPS, 주당배당금 – 원 / 직원의 수 – 명 / 연봉정보 – 백만
2002년 결산 월 변경으로 인하여 49기는 제외하였으며, 48기를 2002년 기준으로 작성하였습니다.
1995년 8월, 선일 포도당 주식회사에서 주식회사 삼양제넥스로 상호 변경하였습니다.

• 대상 (유가증권 / 001680)

- 조미료 및 식품 첨가물 제조업

구분	94	95	96	97	98	99	00	01	02	03	04	05	06	07	08	09	10	11	12
성장률	27.53	15.90	17.70	13.73	33.31	5.16	0.63	-2.55	-30.42	3.18	1.73	-16.25	-5.03	1.90	0.41	-1.33	4.64	10.06	11.79
EPS	1,891	1,285	1,239	2,709	12,606	681	88	-375	-4,015	523	328	-1,381	-533	281	38	-175	741	1,532	2,041
배당금	30	100	120	80	100	35	35	30	0	100	100	0	0	100	0	0	150	100	150
ROE	27.97	17.24	19.60	14.14	33.57	5.44	1.04	-2.36	-30.42	3.93	2.49	-16.25	-5.03	2.94	0.41	-1.33	5.82	10.76	12.72
직원의 수					2,954	2,719	2,595	2,702	2,485	2,473	2,421	2,347	3,816	3,047	3,025	3,176	3,513	3,672	3,934
연봉정보					23	25	24	26	25	30	30	32	28	34	34	34	35	38	39

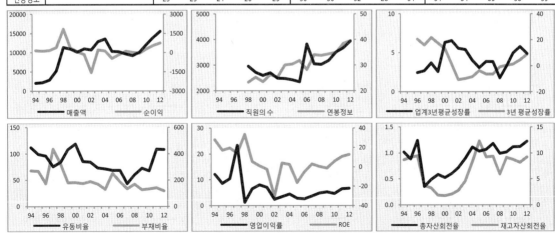

단위 : 성장률, ROE-% / EPS, 주당배당금 – 원 / 직원의 수 – 명 / 연봉정보 – 백만
1997년 10월, 대상공업주식회사에서 대상주식회사로 상호 변경하였습니다.

음
식
품

• 하림홀딩스 (코스닥 / 024660) / 하림 (코스닥 / 136480)

- 지주회사 및 경영컨설팅 서비스업 / 기타 육류 및 저장처리업

구분	94	95	96	97	98	99	00	01	02	03	04	05	06	07	08	09	10	11	12
성장률		18.88	12.73	5.75	0.22	6.03	4.91	6.69	2.77	-130.3	29.57	28.51	16.46	-15.30	-7.58	33.08	24.10	4.55	-2.49
EPS		2,769	1,262	544	31	82	70	98	41	-806	252	464	293	-229	-134	752	830	682	-975
배당금		0	0	0	0	0	0	0	0	0	0	0	0	0	0	0	0	0	0
ROE		18.88	12.73	5.75	0.22	6.03	4.91	6.69	2.77	-130.3	29.57	28.51	16.46	-15.30	-7.58	33.08	24.10	4.55	-2.49
직원의 수						1,868	2,230	2,298	2,255	1,844	1,890	1,890	2,022	2,298	2,028	1,595	1,704	1,785	1,980
연봉정보						14	12	15	18	13	16	21	22	20	24	31	30	32	31

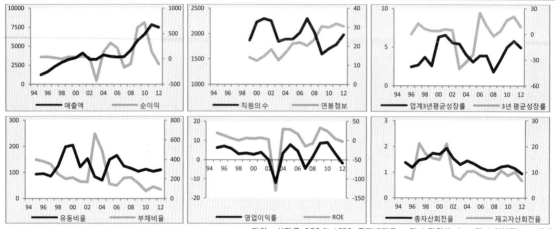

단위 : 성장률, ROE-% / EPS, 주당배당금 – 원 / 직원의 수 – 명 / 연봉정보 – 백만
2011년 하림 인적 분할로 인하여, 2011년 이후의 하림 재무제표를 합산해 그래프를 작성하였습니다.
EPS는 하림홀딩스 기준입니다.

• 롯데제과 (유가증권 / 004990)

- 코코아 제품 및 과자류 제조업

구분	94	95	96	97	98	99	00	01	02	03	04	05	06	07	08	09	10	11	12
성장률	11.82	5.28	9.55	12.06	2.80	8.33	10.37	11.13	14.86	12.07	7.50	7.56	16.31	6.36	9.59	3.74	4.48	4.74	3.49
EPS	6,280	3,185	5,931	7,879	7,577	23,656	33,347	46,346	72,733	68,354	64,917	70,437	211,904	77,441	126,532	67,902	87,170	90,382	73,131
배당금	500	500	500	600	600	750	500	1,500	2,000	2,000	2,000	2,500	2,500	3,000	3,000	3,500	4,000	4,000	4,000
ROE	12.84	6.27	10.62	13.06	3.04	8.60	10.64	11.50	15.28	12.44	7.74	7.83	16.53	6.62	9.82	3.94	4.70	4.96	3.70
직원의 수					5,809	5,549	5,522	5,350	5,273	5,396	5,470	5,518	5,084	4,913	4,687	4,592	4,305	4,022	4,251
연봉정보					15	17	18	20	22	23	25	27	29	31	33	34	33	44	41

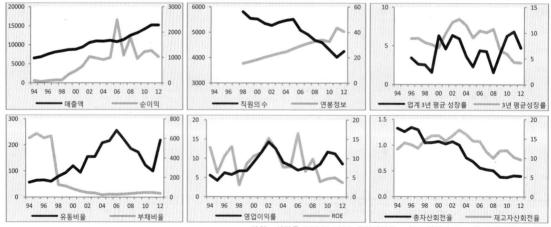

단위 : 성장률, ROE-% / EPS, 주당배당금 – 원 / 직원의 수 – 명 / 연봉정보 – 백만

• 오리온 (유가증권 / 001800)

- 코코아 제품 및 과자류 제조업

구 분	94	95	96	97	98	99	00	01	02	03	04	05	06	07	08	09	10	11	12
성장률	1.44	1.07	3.48	6.68	5.63	10.54	11.37	5.47	11.92	0.54	3.81	8.64	22.86	11.94	-8.64	5.65	22.13	4.14	-1.39
EPS	796	763	1,617	1,804	2,488	4,668	5,238	3,350	7,505	1,331	4,042	7,198	20,536	12,622	-5,542	7,056	31,689	8,751	1,110
배당금	500	500	750	50	500	400	600	750	1,000	1,000	1,500	1,750	2,250	2,250	1,750	2,000	2,250	3,000	3,000
ROE	3.87	3.11	6.49	6.87	7.04	11.53	12.84	7.04	13.76	2.17	6.06	11.41	25.67	14.53	-6.56	7.88	23.82	6.30	0.81
직원의 수					3,126	3,299	3,427	3,348	2,320	2,248	2,165	2,140	2,142	2,076	2,739	1,785	1,786	2,176	2,367
연봉정보					17	16	16	16	30	26	28	30	32	32	29	33	36	33	34

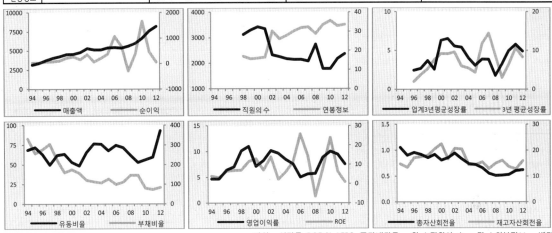

단위 : 성장률, ROE-% / EPS, 주당배당금 - 원 / 직원의 수 - 명 / 연봉정보 - 백만
2003년 8월, 동양제과주식회사에서 주식회사 오리온으로 상호 변경하였습니다.

• 크라운제과 (유가증권 / 005740)

- 코코아 제품 및 과자류 제조업

구 분	94	95	96	97	98	99	00	01	02	03	04	05	06	07	08	09	10	11	12
성장률	-1.12	-1.51	0.20	-235.58	-37.56	-13.88	0.17	11.72	17.56	8.51	9.32	-17.39	-33.64	28.26	0.46	7.69	5.57	6.08	5.68
EPS	326	292	529	-9,809	-17,564	-7,785	84	7,102	13,123	7,573	8,987	-12,730	-21,476	15,110	1,509	7,771	9,185	10,582	10,113
배당금	500	500	500	0	0	0	0	100	750	1,000	1,000	1,000	750	1,000	1,000	1,000	1,000	1,000	1,000
ROE	2.10	2.12	3.66	-235.58	-37.56	-13.88	0.17	11.88	18.63	9.80	10.49	-16.12	-32.50	30.26	1.36	8.83	6.25	6.72	6.30
직원의 수					2,006	1,675	1,999	1,936	1,853	1,898	2,252	2,274	1,945	2,114	2,324	1,590	1,484	1,494	1,517
연봉정보					10	14	16	18	24	24	15	24	29	22	25	34	34	33	33

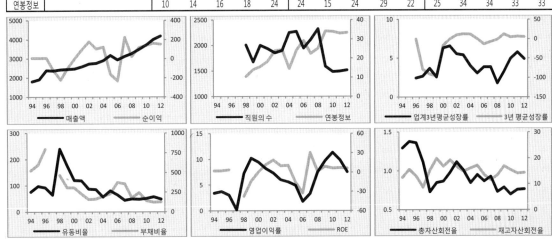

단위 : 성장률, ROE-% / EPS, 주당배당금 - 원 / 직원의 수 - 명 / 연봉정보 - 백만
특이값(1997년 부채비율과 ROE)은 그래프에서 제외하였습니다.

음식품

• 동서 (코스닥 / 026960)

- 기타 가공식품 도매업

구분	94	95	96	97	98	99	00	01	02	03	04	05	06	07	08	09	10	11	12
성장률		6.48	-1.01	5.03	8.59	5.75	7.85	12.17	12.45	12.14	10.52	12.27	9.99	10.78	11.35	11.97	6.94	6.65	6.10
EPS		345	70	466	443	610	837	1,309	1,629	1,812	1,820	2,276	2,175	2,603	3,068	3,670	2,879	3,088	1,657
배당금		200	100	100	200	250	300	350	450	500	550	650	700	800	900	1,050	1,200	1,350	800
ROE		15.41	2.32	6.40	15.66	9.74	12.23	16.61	17.20	16.77	15.08	17.18	14.72	15.57	16.07	16.77	11.90	11.81	11.79
직원의 수						252	271	263	264	258	230	229	227	230	237	233	231	236	257
연봉정보						22	24	28	29	33	38	41	36	38	40	미공시	45	48	55

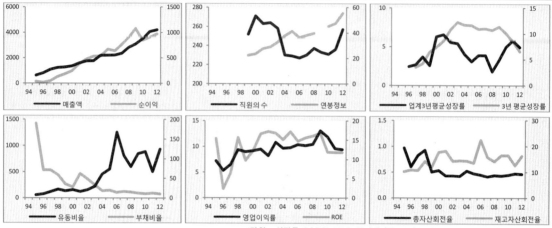

단위 : 성장률, ROE-% / EPS, 주당배당금 – 원 / 직원의 수 – 명 / 연봉정보 – 백만
1996년, 유동기업주식회사에서 주식회사 동서로 상호 변경하였습니다.
2009년 연봉정보는 미공시 되었습니다.

• CJ 프레시웨이 (코스닥 / 051500)

- 기타 가공식품 도매업

구분	94	95	96	97	98	99	00	01	02	03	04	05	06	07	08	09	10	11	12
성장률				1.50	9.29	20.73	9.11	5.72	9.68	-0.62	2.11	5.02	-29.82	0.79	3.85	9.59	9.42	12.87	5.22
EPS				665	775	2,304	1,908	799	1,236	-62	259	678	-2,335	56	390	780	940	1,508	903
배당금				0	0	0	0	200	250	0	50	150	0	0	100	0	100	200	200
ROE				1.50	9.29	20.73	9.11	7.63	12.14	-0.62	2.61	6.44	-29.82	0.79	5.18	9.59	10.54	14.84	6.71
직원의 수								1,211	1,357	1,328	1,278	1,387	1,388	1,248	1,230	1,164	1,163	1,279	1,497
연봉정보								20	17	18	21	24	27	27	27	26	29	34	32

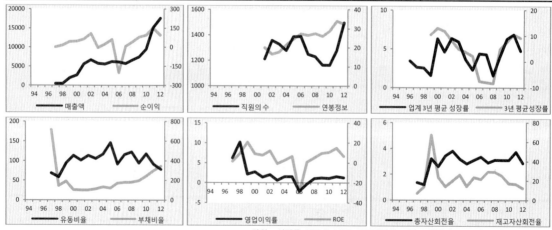

단위 : 성장률, ROE-% / EPS, 주당배당금 – 원 / 직원의 수 – 명 / 연봉정보 – 백만
2008년 3월, 씨제이푸드시스템 주식회사에서 씨제이프레시웨이 주식회사로 상호 변경하였습니다.

음
식
품

• 엔알디 (코스닥 / 065170)
- 기타 비가공식품 도매업

구분	94	95	96	97	98	99	00	01	02	03	04	05	06	07	08	09	10	11	12
성장률					3.78	28.70	33.64	42.21	17.61	8.12	4.92	4.57	1.31	-0.88	-84.87	-46.22	3.78	0.90	-8.96
EPS					16	96	274	820	1,190	497	300	189	49	-35	-1,728	-635	7	11	-93
배당금					0	0	0	0	350	200	120	0	0	0	0	0	0	0	0
ROE					3.78	28.70	33.64	42.21	24.95	13.58	8.20	4.57	1.31	-0.88	-84.87	-46.22	3.78	0.90	-8.96
직원의 수							48	55	59	46	82	87	16	6	7	8	11
연봉정보							26	19	23	30	21	24	59	24	28	36	31

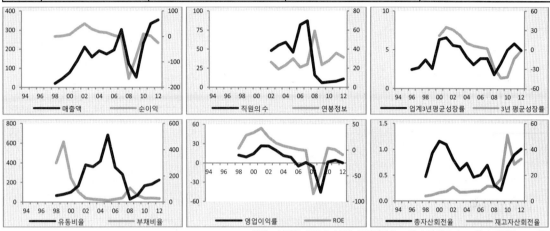

단위 : 성장률, ROE-% / EPS, 주당배당금 – 원 / 직원의 수 – 명 / 연봉정보 – 백만
2008년 7월, ㈜렉스진바이오텍이 물적 분할(존속법인: ㈜엔알디, 신설법인: ㈜렉스진바이오텍) 하였습니다.
2008년 8월, ㈜렉스진바이오텍에서 ㈜엔알디로 상호 변경하였습니다.

• 사조오양 (유가증권 / 006090)
- 기타 수산동물 가공 및 저장처리업

구분	94	95	96	97	98	99	00	01	02	03	04	05	06	07	08	09	10	11	12
성장률		0.62	-22.12	-74.78	8.37	2.15	-20.05	2.49	-47.92	-15.24	4.44	-61.88	-87.47	-45.67	8.60	27.69	30.73	9.59	0.80
EPS		234	-2,400	-4,714	1,232	509	-3,266	519	-5,359	-215	483	-4,006	-3,057	-2,004	572	2,744	4,373	1,496	132
배당금		150	0	0	500	100	0	100	0	0	0	0	0	0	0	0	0	0	0
ROE		1.74	-22.12	-74.78	14.08	2.67	-20.05	3.08	-47.92	-15.24	4.44	-61.88	-87.47	-45.67	8.60	27.69	30.73	9.59	0.80
직원의 수					1,013	891	846	837	791	728	720	632	208	205	180	184	206	174
연봉정보					10	10	21	23	25	23	22	26	23	24	25	38	34	35

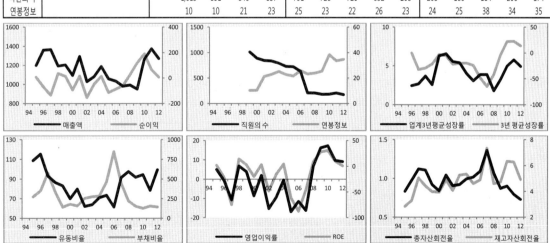

단위 : 성장률, ROE-% / EPS, 주당배당금 – 원 / 직원의 수 – 명 / 연봉정보 – 백만
2009년도 결산년도 변경으로 인해, 41기는 4월 1일부터 12월 31일까지의 자료입니다.
2009년~2012년 연간급여총액은 선원(외국인 제외)포함 금액이며, 평균급여액은 선원을 제외한 평균급여내역입니다.
2009년 6월, 오양수산 주식회사에서 주식회사 사조오양으로 상호 변경하였습니다.

음식품

• 신라에스지 (코스닥 / 025870)

- 기타 수산동물 가공 및 저장처리업

구분	94	95	96	97	98	99	00	01	02	03	04	05	06	07	08	09	10	11	12
성장률		24.58	20.85	21.15	3.07	4.72	1.37	0.28	-1.44	1.50	0.95	0.14	0.96	-2.88	-7.03	1.34	3.27	-6.51	3.49
EPS		929	992	1,248	268	457	102	16	-80	110	54	23	71	-161	-369	75	165	-301	163
배당금		50	50	50	0	20	25	0	0	25	0	15	15	0	0	0	0	0	0
ROE		25.98	21.96	22.03	3.07	4.94	1.81	0.28	-1.44	1.94	0.95	0.41	1.22	-2.88	-7.03	1.34	3.27	-6.51	3.49
직원의 수						171	189	192	184	201	199	248	210	252	238	205	202	176	169
연봉정보						14	12	15	16	16	18	25	21	18	24	22	22	24	26

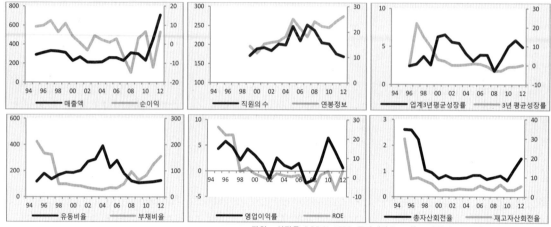

단위 : 성장률, ROE-% / EPS, 주당배당금 - 원 / 직원의 수 - 명 / 연봉정보 - 백만
2010년 3월, 신라수산㈜에서 신라에스지주식회사로 상호 변경하였습니다.

• 빙그레 (유가증권 / 005180)

- 기타 식료품 제조업

구분	94	95	96	97	98	99	00	01	02	03	04	05	06	07	08	09	10	11	12
성장률		5.84	-2.70	3.91	7.06	9.28	2.96	3.91	8.54	11.87	14.26	14.08	9.27	12.23	10.72	11.34	10.08	7.42	8.79
EPS		1,157	-614	915	1,748	2,037	898	1,048	1,930	2,775	3,803	4,263	3,170	4,740	4,728	5,562	5,658	4,513	5,740
배당금		400	0	200	400	500	500	500	600	700	850	950	800	1,100	1,200	1,300	1,400	1,200	1,400
ROE		8.93	-2.70	5.01	9.15	12.30	6.67	7.49	12.39	15.87	18.37	18.11	12.39	15.93	14.37	14.80	13.40	10.11	11.63
직원의 수						2,123	2,266	2,148	1,879	1,755	1,734	1,715	1,561	1,509	1,499	1,502	1,538	1,568	1,548
연봉정보						미공시					25	29	33	36	38	41	42	44	46

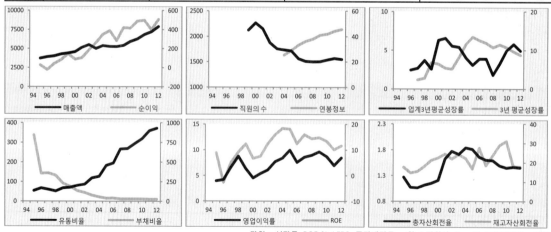

단위 : 성장률, ROE-% / EPS, 주당배당금 - 원 / 직원의 수 - 명 / 연봉정보 - 백만
1982년 2월, 대일유업 주식회사에서 주식회사 빙그레로 상호 변경하였습니다.
2002년 결산 월 변경으로 인하여 37기는 제외하였으며, 36기를 2002년 기준으로 작성하였습니다.
1999년 ~ 2003년 연봉정보는 미공시 되었습니다.

음식품

• CJ씨푸드 (유가증권 / 011150)

- 기타 식료품 제조업

구분	94	95	96	97	98	99	00	01	02	03	04	05	06	07	08	09	10	11	12
성장률				자본잠식					284.55	16.48	2.79	-15.77	-66.66	0.95	2.51	18.63	17.09	12.17	14.60
EPS	-853	-124	133	157	17	-613	203	-358	1,508	85	14	-70	-179	3	15	130	148	113	158
배당금	0	0	0	0	0	0	0	0	0	0	0	0	0	0	0	0	0	0	0
ROE				자본잠식					284.55	16.48	2.79	-15.77	-66.66	0.95	2.51	18.63	17.09	12.17	14.60
직원의 수					625	556	526	435	439	573	655	617	270	238	252	247	264	282	308
연봉정보					14	14	13	19	18	18	16	18	25	32	31	35	36	35	37

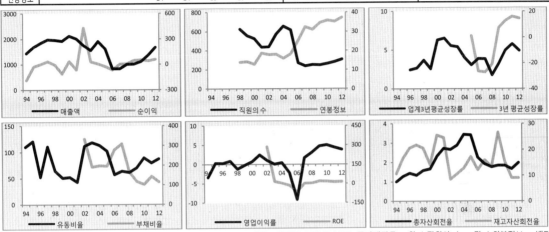

단위 : 성장률, ROE-% / EPS, 주당배당금 – 원 / 직원의 수 – 명 / 연봉정보 – 백만
2010년 3월, 주식회사 삼호F&G에서 CJ씨푸드 주식회사로 상호 변경하였습니다.
자본잠식으로 인해, 계산 불가한 값(1994년~2001년 부채비율, ROE 및 성장률)은 그래프에서 제외 및 보정하였습니다.
특이값(1997년~2003년 3년 평균성장률)은 그래프에서 제외하였습니다.

• 엠에스씨 (코스닥 / 009780)

- 기타 식품 첨가물 제조업

구분	94	95	96	97	98	99	00	01	02	03	04	05	06	07	08	09	10	11	12
성장률		5.40	6.16	7.74	4.07	4.19	6.06	8.14	9.77	3.68	6.13	1.33	8.73	3.32	2.06	3.28	5.52	7.25	8.10
EPS		799	871	1,265	782	1,230	1,786	2,438	3,142	1,510	2,334	866	3,371	1,631	1,203	1,688	2,558	3,419	3,988
배당금		0	0	0	0	400	450	450	450	450	450	450	450	450	450	450	450	450	450
ROE		5.40	6.16	7.74	4.07	6.21	8.11	9.98	11.41	5.25	7.60	2.76	10.08	4.58	3.29	4.47	6.70	8.35	9.13
직원의 수					247	307	338	352	347	348	342	335	341	315	304	317	338	331	
연봉정보					16	18	21	21	24	25	29	30	28	30	29	26	33	34	

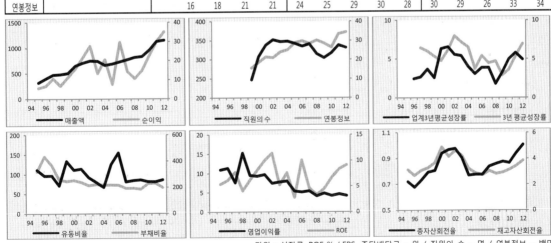

단위 : 성장률, ROE-% / EPS, 주당배당금 – 원 / 직원의 수 – 명 / 연봉정보 – 백만
1997년, 명신화성공업주식회사에서 주식회사MSC로 상호 변경하였습니다.

음
식
품

• 오뚜기 (유가증권 / 007310)

- 기타 식품 첨가물 제조업

구분	94	95	96	97	98	99	00	01	02	03	04	05	06	07	08	09	10	11	12
성장률	11.31	4.36	5.71	9.00	4.59	5.50	5.81	6.13	8.71	10.13	11.22	12.21	9.80	12.37	12.59	12.52	9.66	9.95	9.34
EPS	2,031	1,080	1,254	1,722	2,197	2,807	3,088	3,473	5,221	6,555	8,217	10,292	9,235	9,235	13,362	15,363	17,926	16,053	18,079
배당금	300	500	500	500	500	600	600	650	700	750	1,000	1,250	1,250	1,250	1,500	2,000	2,500	2,500	2,500
ROE	13.27	8.12	9.49	12.69	5.94	7.00	7.21	7.55	10.05	11.44	12.77	13.90	11.33	14.31	14.18	14.39	11.22	11.79	10.84
직원의 수					2,397	2,303	2,271	2,175	2,002	1,951	2,039	1,984	2,020	1,943	2,003	2,008	1,902	2,008	3,145
연봉정보					15	14	16	17	18	22	22	26	25	29	30	31	34	32	28

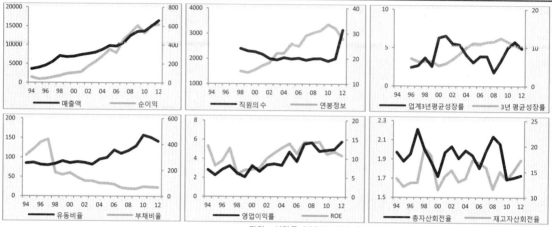

단위 : 성장률, ROE-% / EPS, 주당배당금 - 원 / 직원의 수 - 명 / 연봉정보 - 백만
1996년 5월, 오뚜기식품㈜에서 ㈜오뚜기로 상호 변경하였습니다.

• 조흥 (유가증권 / 002600)

- 기타 식품 첨가물 제조업

구분	94	95	96	97	98	99	00	01	02	03	04	05	06	07	08	09	10	11	12
성장률	-4.47	-20.57	-48.10	10.50	48.43	68.28	15.22	-0.61	-0.03	0.72	1.48	-3.02	-1.89	-0.76	-21.79	6.99	6.52	7.62	6.75
EPS	-891	-4,323	-6,829	4,165	17,396	80,861	23,027	708	1,709	1,849	3,019	-3,476	-2,422	-966	-22,802	10,550	11,341	13,669	13,116
배당금	250	0	0	2,500	2,500	3,000	3,000	1,500	1,750	900	1,000	500	0	0		2,500	2,500	2,500	2,500
ROE	-3.49	-20.57	-48.10	26.26	56.56	70.91	17.50	0.55	1.30	1.40	2.22	-2.64	-1.89	-0.76	-21.79	9.16	8.37	9.32	8.34
직원의 수					96	102	106	132	143	117	148	152	156	167	121	105	115	119	141
연봉정보					21	20	24	21	26	29	27	29	29	29	32	34	35	38	34

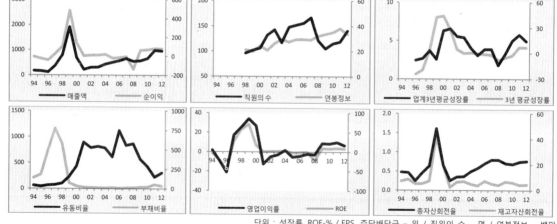

단위 : 성장률, ROE-% / EPS, 주당배당금 - 원 / 직원의 수 - 명 / 연봉정보 - 백만
2004년 9월, 조흥화학공업 주식회사에서 주식회사 조흥으로 상호 변경하였습니다.

음식품

• 마니커 (유가증권 / 027740)
- 기타 육류 가공 및 저장처리업

구분	94	95	96	97	98	99	00	01	02	03	04	05	06	07	08	09	10	11	12
성장률			6.59	6.78	7.62	14.59	8.58	8.09	6.45	-21.23	5.63	12.72	1.37	0.47	1.25	7.96	6.25	-3.65	-21.75
EPS			44	46	48	240	190	165	159	-251	70	16	17	6	20	146	121	-68	-328
배당금			0	0	0	0	0	18	20	0	0	0	0	0	0	0	0	0	0
ROE		10.23	6.59	6.78	7.62	14.59	8.58	9.06	7.38	-21.23	5.63	12.72	1.37	0.47	1.25	7.96	6.25	-3.65	-21.75
직원의 수							328	444	455	608	576	514	555	550	283	353	486	미공시	511
연봉정보							15	14	17	16	18	22	20	23	24	26	23		26

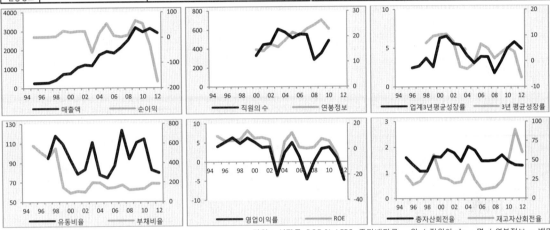

단위 : 성장률, ROE-% / EPS, 주당배당금 - 원 / 직원의 수 - 명 / 연봉정보 - 백만
1998년 10월 대상마니커(대상그룹 계육사업부)를 인수하여, ㈜대연식품에서 ㈜마니커로 상호 변경하였습니다.
2011년 직원의 수, 연봉정보는 미공시 되었습니다.

• 네이처셀 (코스닥 / 007390)
- 기타 비알콜음료 제조업

구분	94	95	96	97	98	99	00	01	02	03	04	05	06	07	08	09	10	11	12
성장률		5.52	5.38	3.65	1.92	3.89	3.45	-28.61	1.85	-70.20	-13.36	7.96	9.09	17.47	-47.73	-90.50	-69.52	-20.29	-22.02
EPS		48	48	34	18	53	52	-168	11	-247	-42	20	36	416	-715	-527	5	-70	-75
배당금		0	0	0	0	15	25	0	0	0	0	0	0	0	0	0	0	0	0
ROE		5.52	5.38	3.65	1.92	5.44	6.64	-28.61	1.85	-70.20	-13.36	7.96	9.09	17.47	-47.73	-90.50	-69.52	-20.29	-22.02
직원의 수						60	75	64	54	56	59	68	81	89	133	135	70	70	69
연봉정보						15	19	20	23	27	24	25	25	29	21	20	31	24	27

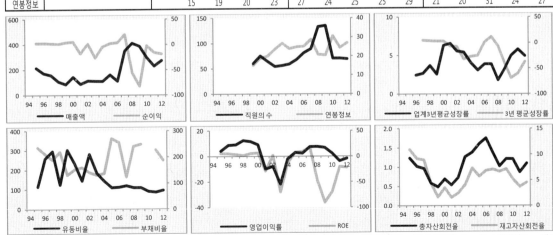

단위 : 성장률, ROE-% / EPS, 주당배당금 - 원 / 직원의 수 - 명 / 연봉정보 - 백만
2013년 3월, ㈜알앤엘삼미에서 ㈜네이처셀로 상호 변경하였습니다.
특이값(2010년 부채비율)은 그래프에서 제외하였습니다.

• 롯데칠성 (유가증권 / 005300)

- 기타 비알콜음료 제조업

구분	94	95	96	97	98	99	00	01	02	03	04	05	06	07	08	09	10	11	12
성장률	22.27	0.39	0.31	19.90	1.39	6.50	18.75	19.56	19.56	16.19	13.41	8.28	4.65	4.17	4.08	0.27	2.79	2.26	3.65
EPS	7,517	410	221	6,405	3,424	16,811	58,574	78,466	97,747	96,998	97,907	65,710	57,953	47,664	43,461	6,462	47,349	38,515	64,730
배당금	500	300	150	250	250	500	850	1,500	2,000	2,000	2,000	2,250	2,250	2,500	2,500	2,500	2,500	3,000	3,500
ROE	23.85	1.47	0.97	20.71	1.50	6.70	19.03	19.94	19.97	16.53	13.69	8.57	4.83	4.41	4.32	0.44	2.95	2.45	3.86
직원의 수					4,061	4,091	4,272	4,378	4,383	4,570	4,555	4,369	4,475	4,696	4,618	4,487	4,243	4,882	5,141
연봉정보					17	18	21	20	24	26	28	30	34	35	38	38	42	44	45

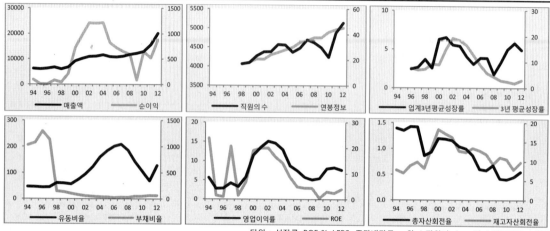

단위 : 성장률, ROE-% / EPS, 주당배당금 - 원 / 직원의 수 - 명 / 연봉정보 - 백만
1974년, 칠성한미음료 주식회사에서 롯데칠성음료 주식회사로 상호 변경하였습니다.

• 주류 및 담배

2012년 주류 및 담배 상장기업 전체 매출액은 약 4조 9천억원(전년대비 20% 성장)이며, 총 당기순이익은 약 1조 1천억원(전년대비 33% 증가)입니다. 성장률은 5.9%(전년대비 0.5%p 감소), ROE는 9.4%(전년대비 0.2%p 증가)를 기록하였습니다.

(매출액 및 당기순이익은 단순합계금액이며, 성장률 및 ROE는 단순평균값 입니다. 1999년 매출액의 감소는 총 매출액에서 소비세 등이 차감된 순매출액이 반영된 값입니다. 이후 매출액은 순매출액 기준으로 작성되었습니다.)

해당 산업의 직원 수는 약 9천명(전년대비 2% 감소)이며, 최근 평균연봉(2012년)은 약 6천 2백만원(전년대비 8% 증가)입니다. 업계 평균 유동비율은 255%이며, 부채비율은 80.7%입니다.

구 분	총매출액	총 당기순이익	평균성장률	평균 ROE	총 직원수	연봉정보
94	888	7	4.4	8.0		
95	4,945	228	-0.1	-0.7		
96	5,798	277	10.7	13.4		
97	6,245	261	12.7	14.2		
98	6,859	309	9.7	10.5		
99	2,956	247	1.1	2.8	9,422	28
00	3,185	459	12.4	11.9	9,193	36
01	3,386	323	4.7	6.1	9,261	35
02	3,583	335	6.5	6.2	9,342	41
03	4,048	-323	12.4	15.6	9,247	43
04	4,640	-610	11.5	14.6	9,153	44
05	4,231	1,155	9.7	13.4	8,970	50
06	4,294	909	8.5	12.3	8,836	52
07	4,499	1,005	8.1	12.9	8,792	54
08	4,373	1,192	4.1	8.2	9,159	52
09	5,016	1,074	9.0	12.8	9,154	57
10	4,890	1,112	9.8	12.0	8,785	58
11	4,149	859	6.4	9.2	9,196	57
12	4,984	1,150	5.9	9.4	9,015	62

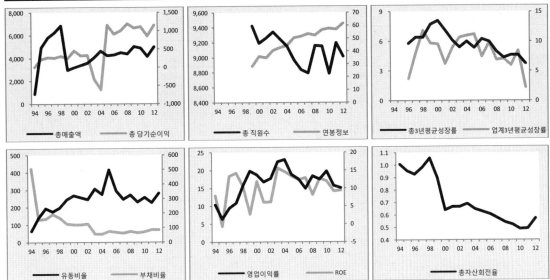

단위 : 총 매출액, 총 당기순이익 – 십억 / 평균 성장률, 평균 ROE - % / 총 직원 수 – 명 / 연봉정보 – 백만
연봉정보는 1인당 평균 급여액이며, 대상기업들의 연간 총 급여액을 총 직원의 수로 나눈 금액입니다.
업계 3년 평균 성장률은 주류 및 담배업종 전체 상장사의 평균이며, 사업보고서에 근거한 자료만으로 만들었습니다.

623

• KT&G (유가증권 / 033780)

- 담배제품 제조업

구 분	94	95	96	97	98	99	00	01	02	03	04	05	06	07	08	09	10	11	12
성장률		2.56	5.14	7.62	10.19	8.69	2.74	5.55	6.58	9.31	7.31	7.69	10.22	9.24	14.04	10.01	12.66	8.17	7.47
EPS		748	867	872	1,610	1,661	1,461	1,858	2,364	3,724	3,183	3,497	4,608	4,992	6,527	5,803	7,317	6,134	6,111
배당금		500	350	150	150	350	1,050	1,050	1,400	1,600	1,600	1,700	2,400	2,800	2,800	2,800	3,000	3,200	3,200
ROE		7.72	8.62	9.20	11.23	11.01	9.76	12.76	16.14	16.33	14.69	14.96	21.33	21.04	24.59	19.33	21.47	17.08	15.67
직원의 수						5,160	4,468	4,426	4,635	4,637	4,550	4,370	4,317	4,367	4,750	4,653	4,214	4,313	4,313
연봉정보						35	48	50	51	53	55	59	60	62	65	62	64	64	67

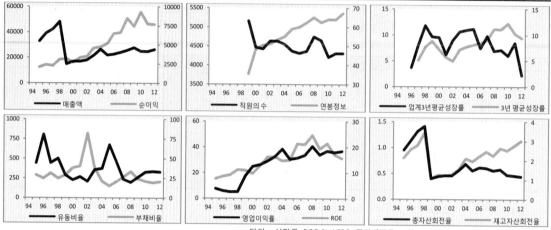

단위 : 성장률, ROE-% / EPS, 주당배당금 - 원 / 직원의 수 - 명 / 연봉정보 - 백만
1999년 이전에는 총매출액으로 공시되었으나, 99년도부터는 총매출액에서 담배소비세 등이 차감된 순매출액으로 표시하였습니다.

• 하이트진로홀딩스 (유가증권 / 000140) / 하이트진로 (유가증권 / 000080)

- 비금융 지주회사 / 소주 제조업

구 분	94	95	96	97	98	99	00	01	02	03	04	05	06	07	08	09	10	11	12
성장률	2.71	3.96	3.30	2.30	-3.37	-14.66	20.70	-9.37	-11.41	자본잠식		34.62	10.39	13.66	16.52	9.89	18.40	2.18	12.86
EPS	436	1,399	1,188	933	1,328	-3,465	7,384	-6,301	-7,652	-60,688	-1,386,432	12,618	3,423	5,180	5,294	2,144	-75	632	5,497
배당금	250	150	200	250	0	350	800	900	1,000	1,100	1,100	1,100	1,100	1,200	300	150	150	150	350
ROE	6.35	4.44	3.97	3.14	-3.37	-13.31	23.22	-8.20	-10.10	230.54	72.02	37.93	15.31	17.78	17.51	10.64	6.10	2.86	13.74
직원의 수					1,541	3,115	3,376	3,593	3,544	3,476	3,518	3,542	3,263	3,277	3,313	3,347	3,354	3,407	3,455
연봉정보					21	19	25	20	33	34	37	46	49	49	40	56	58	59	63

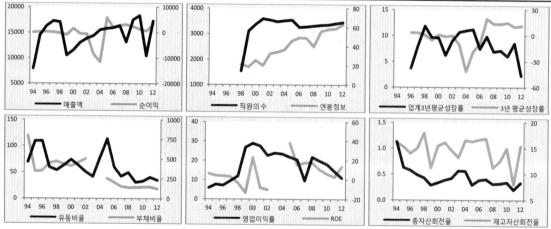

단위 : 성장률, ROE-% / EPS, 주당배당금 - 원 / 직원의 수 - 명 / 연봉정보 - 백만
2004년 하이트진로 결산 월 변경으로 인하여 53기는 제외하였으며, 52기를 2003년 기준으로 작성하였습니다.
자본잠식으로 인해, 계산 불가한 값(2003년~2004년 부채비율, ROE 및 성장률)은 그래프에서 제외 및 보정하였습니다.
EPS는 하이트진로홀딩스와 하이트진로를 단순 평균한 값입니다.
(*자료구분 : 1994년 하이트진로홀딩스 / 1995년~2007년 하이트진로홀딩스, 하이트진로 합본 /
2008년~2010년 하이트진로홀딩스, 하이트진로, 하이트맥주 합본 / 2011년~2012년 하이트진로홀딩스, 하이트진로 합본)

주
류
밀
담
배

• 무학 (유가증권 / 033920)

- 소주 제조업

구분	94	95	96	97	98	99	00	01	02	03	04	05	06	07	08	09	10	11	12
성장률			4.69	9.74	20.54	-23.93	23.56	19.86	14.45	21.08	20.20	11.95	10.30	9.94	-1.68	25.05	13.33	17.64	11.74
EPS			408	435	789	-1,242	1,447	763	647	636	753	586	576	624	36	1,803	1,231	1,654	1,390
배당금			200	180	0	0	0	0	0	40	60	80	100	110	120	130	150	50	50
ROE		-11.88	9.19	16.61	20.54	-23.93	23.56	19.86	14.45	22.50	21.95	13.84	12.46	12.07	0.72	26.99	15.18	18.19	12.18
직원의 수					219	217	192	216	207	227	184	351	245	203	206	204	520	343
연봉정보					18	19	24	19	20	19	25	20	28	35	37	36	21	34

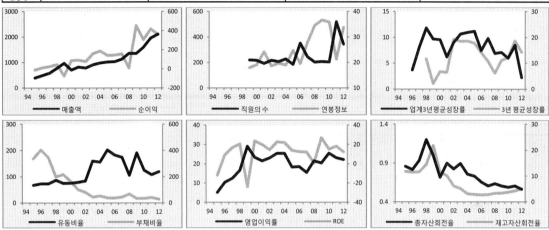

단위 : 성장률, ROE-% / EPS, 주당배당금 - 원 / 직원의 수 - 명 / 연봉정보 - 백만
1998년 1월, 무학주조주식회사에서 주식회사 무학으로 상호 변경하였습니다.

• 보해양조 (유가증권 / 000890)

- 소주 제조업

구분	94	95	96	97	98	99	00	01	02	03	04	05	06	07	08	09	10	11	12
성장률	3.73	-18.76	19.10	20.47	4.68	7.23	0.70	-3.79	-6.08	1.47	3.02	7.71	7.31	6.20	5.99	7.63	-29.96	-77.22	-8.75
EPS	111	-181	342	308	152	378	23	-120	-173	41	88	267	280	274	264	354	-1,211	-1,510	-107
배당금	65	0	100	25	15	50	0	0	0	0	0	25	25	40	25	25	0	0	0
ROE	9.05	-18.76	27.01	22.28	5.19	8.33	0.70	-3.79	-6.08	1.47	3.02	8.51	8.03	7.26	6.61	8.22	-29.96	-77.22	-8.75
직원의 수					684	706	759	648	511	467	420	449	463	481	504	516	474	386	370
연봉정보					19	23	20	21	22	23	25	25	26	30	32	32	34	36	38

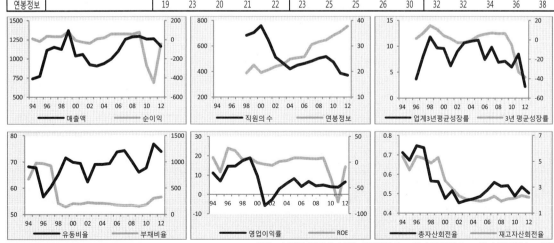

단위 : 성장률, ROE-% / EPS, 주당배당금 - 원 / 직원의 수 - 명 / 연봉정보 - 백만

주
류

및

담
배

• 진로발효 (코스닥 / 018120)
- 주정 제조업

구분	94	95	96	97	98	99	00	01	02	03	04	05	06	07	08	09	10	11	12
성장률		25.24	25.48	25.74	30.22	19.99	14.82	13.01	12.56	14.99	14.11	13.57	14.37	10.04	4.98	3.79	1.33	3.45	15.02
EPS		397	376	511	860	692	530	562	674	1,044	1,178	1,237	2,618	1,431	1,349	1,282	1,108	784	1,924
배당금		0	0	0		0	0	0	50	150	175	325	500	750	1,000	1,000	1,000	500	1,200
ROE		25.24	25.48	25.74	30.22	19.99	14.82	13.01	13.57	17.50	16.57	18.40	17.76	21.10	19.24	17.25	13.68	9.51	31.28
직원의 수						92	87	79	75	72	63	62	61	68	66	66	66	64	58
연봉정보						27	49	33	35	36	35	37	35	40	41	41	42	42	47

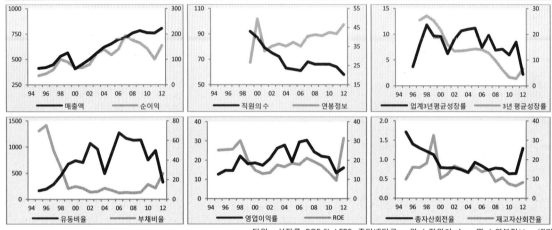

단위 : 성장률, ROE-% / EPS, 주당배당금 – 원 / 직원의 수 – 명 / 연봉정보 – 백만
1992년 4월, 진로식품㈜에서 ㈜진로발효로 상호 변경하였습니다.

• 풍국주정 (코스닥 / 023900)
- 주정 제조업

구분	94	95	96	97	98	99	00	01	02	03	04	05	06	07	08	09	10	11	12
성장률		-18.84	10.11	6.85	22.02	8.24	8.26	5.22	10.56	13.95	13.64	9.60	10.30	7.70	10.38	8.71	7.20	5.24	2.59
EPS		-889	531	386	1,590	1,165	727	585	1,208	1,858	810	664	820	702	956	894	840	691	372
배당금		0	0	0	109	500	0	100	100	150	150	150	200	200	200	200	200	200	125
ROE		-18.84	10.11	6.85	23.64	14.44	8.26	6.30	11.51	15.17	16.73	12.40	13.62	10.76	13.13	11.22	9.45	7.38	3.91
직원의 수						71	76	75	73	74	71	70	69	64	56	54	52	45	47
연봉정보						22	22	23	26	31	34	35	37	38	42	44	45	41	40

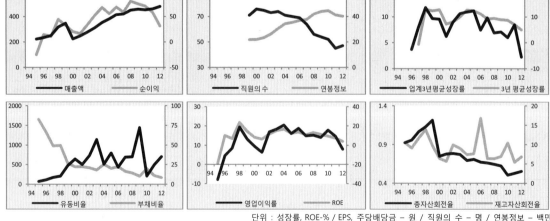

단위 : 성장률, ROE-% / EPS, 주당배당금 – 원 / 직원의 수 – 명 / 연봉정보 – 백만

• MH 에탄올 (유가증권 / 023150)

- 주정 제조업

구분	94	95	96	97	98	99	00	01	02	03	04	05	06	07	08	09	10	11	12
성장률	6.73	5.28	7.09	11.93	4.29	-21.96	2.85	2.66	2.79	8.13	11.56	6.87	1.34	5.66	-18.77	2.92	8.65	5.97	4.38
EPS	238	177	271	279	151	-525	84	83	120	393	562	533	266	496	-923	188	655	479	367
배당금	50	50	60	23	35	0	0	0	30	100	100	200	200	200	0	0	0	0	0
ROE	8.52	7.36	9.10	12.98	5.59	-21.96	2.85	2.66	3.73	10.91	14.06	10.99	5.42	9.48	-18.77	2.92	8.65	5.97	4.38
직원의 수					60	59	57	56	57	58	51	53	57	62	56	58	53	51	52
연봉정보					22	27	26	24	27	32	34	36	41	44	39	41	41	45	46

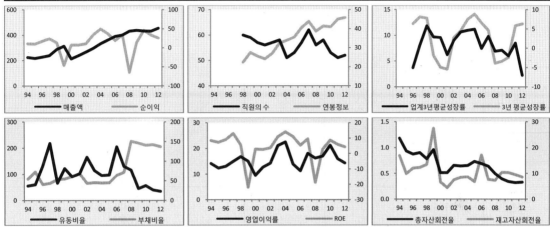

단위 : 성장률, ROE-% / EPS, 주당배당금 – 원 / 직원의 수 – 명 / 연봉정보 – 백만
2008년 3월, 주식회사 무학주정에서 주식회사 MH에탄올로 상호 변경하였습니다.

• 국순당 (코스닥 / 043650)

- 탁주 및 약주 제조업

구분	94	95	96	97	98	99	00	01	02	03	04	05	06	07	08	09	10	11	12
성장률			53.39	17.16	56.46	1.87	25.34	31.82	22.18	17.80	10.79	10.31	3.38	2.68	1.50	4.17	6.81	2.27	1.96
EPS			419	572	850	270	1,931	2,819	3,174	1,632	1,086	1,173	383	310	225	496	999	351	313
배당금			0	0	0	263	400	550	955	490	325	350	115	95	100	120	265	105	90
ROE			53.39	17.16	56.46	78.04	31.96	39.53	31.73	25.44	15.39	14.69	4.83	3.87	2.70	5.50	9.27	3.24	2.75
직원의 수							153	192	231	256	253	240	255	228	211	254	368	410	377
연봉정보							20	22	26	29	25	34	35	40	36	32	30	35	40

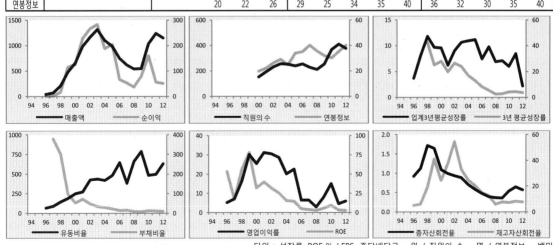

단위 : 성장률, ROE-% / EPS, 주당배당금 – 원 / 직원의 수 – 명 / 연봉정보 – 백만
1992년, ㈜배한산업에서 ㈜국순당으로 상호 변경하였습니다.

주
류

및

담
배

• 섬유 및 의복

2012년 섬유 및 의복 상장기업의 전체 매출액은 약 8조 6천억원(전년대비 0.3% 성장)이며, 총 당기순이익은 1천 4백억원(전년대비 53% 감소)입니다. 성장률은 0.7%(전년대비 2%p 감소), ROE는 1%(전년대비 2.2%p 감소)를 기록 하였습니다. 아래 표와 그래프를 통해, 성장률과 ROE가 최근 3년 연속 하락하여 악화되었음을 알 수 있습니다. (매출액 및 당기순이익은 단순합계금액이며, 성장률 및 ROE는 단순평균값 입니다.)

해당 산업의 직원 수는 약 1만 4천명(전년대비 1% 감소)이며, 최근 평균연봉(2012년)은 3천 2백만원(전년대비 3% 증가)입니다. 성장성 및 수익성 악화에도 불구하고, 업계 연봉 수준은 높아지는 등 상반된 모습을 보이고 있습니다. 최근 3년간 평균 유동비율은 166.7% 부채비율은 85.4%입니다.

구 분	총매출액	총 당기순이익	평균성장률	평균 ROE	총 직원수	연봉정보
94	2,015	24	6.4	7.8		
95	3,134	17	3.7	4.6		
96	3,356	-101	-2.9	1.6		
97	3,830	-169	3.4	3.4		
98	3,656	-342	1.2	2.1	13,279	11
99	3,883	-545	7.4	9.1	16,799	13
00	3,801	842	4.6	4.6	16,167	15
01	4,188	200	4.2	6.4	15,463	19
02	4,559	64	5.7	6.7	15,149	17
03	4,659	139	3.3	4.8	14,483	21
04	4,769	55	4.0	5.9	12,826	23
05	4,355	200	3.3	6.2	11,003	25
06	4,862	265	4.3	5.1	11,657	23
07	5,642	269	3.7	5.3	11,464	28
08	6,255	185	-0.2	1.2	11,382	28
09	6,715	317	4.9	5.7	11,358	28
10	7,575	462	6.8	7.6	12,190	28
11	8,578	305	2.7	3.2	14,232	31
12	8,609	146	0.7	1.0	14,123	32

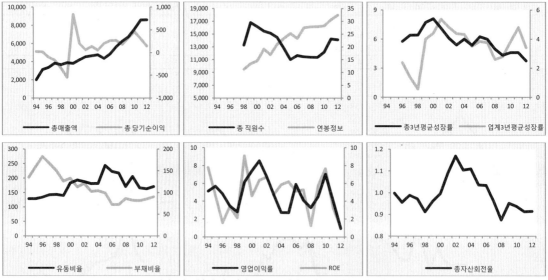

단위 : 총 매출액, 총 당기순이익 – 십억 / 평균 성장률, 평균 ROE - % / 총 직원 수 – 명 / 연봉정보 – 백만
연봉정보는 1 인당 평균 급여액이며, 대상기업들의 연간 총 급여액을 총 직원의 수로 나눈 금액입니다.
업계 3 년 평균 성장률은 섬유 및 의복업종 전체 상장사의 평균이며, 사업보고서에 근거한 자료만으로 만들었습니다.

• SG 세계물산 (유가증권 / 004060)

- 가정용 섬유 및 실 도매업

구분	94	95	96	97	98	99	00	01	02	03	04	05	06	07	08	09	10	11	12
성장률			1.09	-12.58	-1.46	-26.34	자본잠식	147.39	-51.02	-1.03	-3.93	1.76	-10.72	1.42	2.43	6.97	3.96	1.91	1.88
EPS			26	-116	-217	-346	-3,121	6,604	-770	-8	-30	14	-72	10	25	76	41	20	20
배당금			15	0	0	0	0	0	0	0	0	0	0	0	0	0	0	0	0
ROE			2.55	-12.58	-1.46	-26.34	자본잠식	147.39	-51.02	-1.03	-3.93	1.76	-10.72	1.42	2.43	6.97	3.96	1.91	1.88
직원의 수					674	665	622			525	419	351	341	282	242	234	233	234	235
연봉정보					17	18	23			28	31	36	38	41	38	36	42	37	39

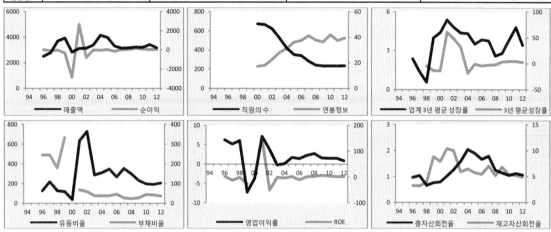

단위 : 성장률, ROE-% / EPS, 주당배당금 – 원 / 직원의 수 – 명 / 연봉정보 – 백만
자본잠식으로 인해, 계산 불가한 값(2000년 부채비율, ROE 및 성장률)은 그래프에서 제외 및 보정하였습니다.
2001년 결산 월 변경으로 인하여 39기는 제외하였으며, 38기를 2001년 기준으로 작성하였습니다
2010년 3월, 주식회사 SG위카스에서 주식회사 SG세계물산으로 상호 변경하였습니다.
*주요브랜드 - BASSO, BASSO home, ab.f.z, ab.plus

• 진도 (유가증권 / 088790)

- 가죽 및 모피제품 도매업

구분	94	95	96	97	98	99	00	01	02	03	04	05	06	07	08	09	10	11	12
성장률													9.23	16.26	-71.76	6.69	18.89	5.80	-7.48
EPS													78	154	-406	38	1,244	746	-509
배당금													0	0	0	0	0	300	0
ROE													9.23	16.26	-71.76	6.69	18.89	9.69	-7.48
직원의 수													200	164	108	192	256	254	264
연봉정보													28	31	33	15	22	26	33

단위 : 성장률, ROE-% / EPS, 주당배당금 – 원 / 직원의 수 – 명 / 연봉정보 – 백만
2010년 3월, 주식회사 진도에프앤에서 ㈜진도로 상호 변경하였습니다.
*주요브랜드 – 진도모피, 엘페

섬유 및 의복

• 베이직하우스 (유가증권 / 084870)

- 근무복, 작업복 및 유사의복 제조업

구분	94	95	96	97	98	99	00	01	02	03	04	05	06	07	08	09	10	11	12
성장률								54.82	90.11	61.21	37.73	17.36	14.23	8.74	-6.37	5.65	4.24	-0.90	-3.32
EPS								607	2,405	3,468	3,644	2,200	1,226	788	-499	428	929	-72	-230
배당금								0	0	0	0	0	0	80	0	0	50	0	0
ROE								54.82	90.11	61.21	37.73	17.36	14.23	9.72	-6.37	5.65	4.48	-0.90	-3.32
직원의 수										300	333	344	313	271	313	305	297
연봉정보										36	34	38	39	36	36	41	44

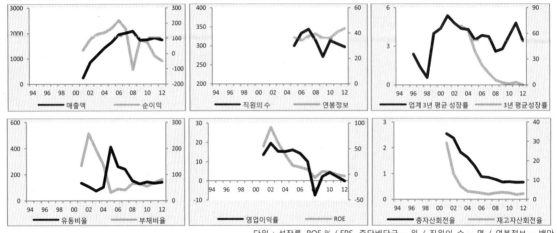

단위 : 성장률, ROE-% / EPS, 주당배당금 – 원 / 직원의 수 – 명 / 연봉정보 – 백만
2001년~2002년 사업보고서 미공시로 인하여 EPS는 감사보고서를 기준으로, 배당금은 0으로 간주해 성장률을 계산하였습니다.
01년~02년 성장률은 업계 3년 평균성장률 계산 과정에서 제외하였습니다.

• 아비스타 (유가증권 / 090370)

- 근무복, 작업복 및 유사의복 제조업

구분	94	95	96	97	98	99	00	01	02	03	04	05	06	07	08	09	10	11	12
성장률									35.26	67.67	26.57	28.22	17.89	11.69	0.47	-7.05	-4.80	0.64	-58.87
EPS									268	1,817	79	1,167	1,333	1,117	170	-412	-259	76	-3,128
배당금									0	0	0	0	0	130	130	130	82	31	31
ROE									35.26	67.67	26.57	28.22	17.89	13.23	2.01	-5.36	-3.65	1.07	-58.29
직원의 수													172	340	693	706	616	608	535
연봉정보													22	20	22	26	19	22	22

단위 : 성장률, ROE-% / EPS, 주당배당금 – 원 / 직원의 수 – 명 / 연봉정보 – 백만
2002년~2003년 사업보고서 미공시로 인하여 EPS는 감사보고서를 기준으로, 배당금은 0으로 간주해 성장률을 계산하였습니다.
02년~03년 성장률은 업계 3년 평균성장률 계산 과정에서 제외하였습니다.

*주요브랜드 – BNX, TANKUS, Kai-aakmann

섬
유
및
의
복

• 엠케이트렌드 (유가증권 / 069640)
- 근무복, 작업복 및 유사의복 제조업

구분	94	95	96	97	98	99	00	01	02	03	04	05	06	07	08	09	10	11	12
성장률							59.68	49.88	21.67	14.33	10.78	16.74	10.62	11.46	1.56	13.35	13.40	8.64	5.47
EPS							7,857	3,328	2,592	1,062	883	1,627	1,143	1,381	188	1,983	2,422	1,920	1,027
배당금							0	0	0	0	0	0	0	0	0	100	200	300	100
ROE							59.68	49.88	21.67	14.33	10.78	16.74	10.62	11.46	1.56	14.06	14.60	10.24	6.06
직원의 수																		365	386
연봉정보																		32	32

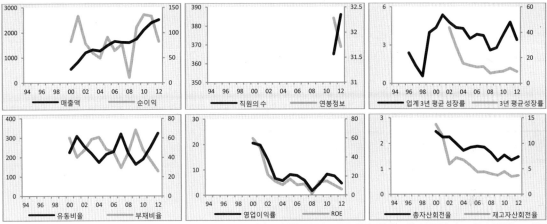

단위 : 성장률, ROE-% / EPS, 주당배당금 - 원 / 직원의 수 - 명 / 연봉정보 - 백만
2000년~2008년 사업보고서 미공시로 인하여 EPS는 감사보고서를 기준으로, 배당금은 0으로 간주해 성장률을 계산하였습니다.
00년~08년 성장률은 업계 3년 평균성장률 계산 과정에서 제외하였습니다.
2000년 12월, 주식회사 티.비.제이에서 주식회사 엠케이트렌드로 상호 변경하였습니다.
*주요브랜드 - TBJ, AnDew, BUCKAROO

• 지엔코 (코스닥 / 065060)
- 근무복, 작업복 및 유사의복 제조업

구분	94	95	96	97	98	99	00	01	02	03	04	05	06	07	08	09	10	11	12
성장률					13.01	38.43	57.96	34.45	9.83	0.46	19.11	9.41	3.26	-35.15	-31.46	-14.20	8.88	11.53	8.01
EPS					90	435	1,327	1,045	618	120	1,200	730	278	-1,491	-1,015	-270	214	302	200
배당금					20	100	125	0	125	100	200	180	85	0	0	0	0	0	0
ROE					16.74	49.89	63.99	34.45	12.33	2.74	22.93	12.49	4.69	-35.15	-31.46	-14.20	8.88	11.53	8.01
직원의 수						102				96	103	137	145	170	198	174	125	124	155
연봉정보						24				29	26	22	19	20	22	24	32	33	29

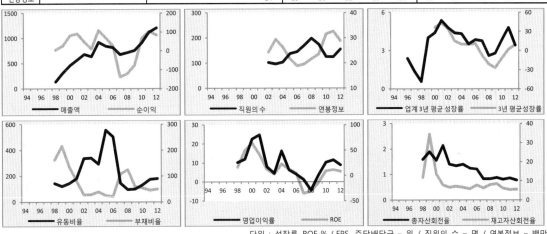

단위 : 성장률, ROE-% / EPS, 주당배당금 - 원 / 직원의 수 - 명 / 연봉정보 - 백만
2000년 5월, 대현양행㈜에서 ㈜지엔코로 상호 변경하였습니다.
*주요브랜드 - Thursday Island, TI FOR MEN, ELOQ

섬유 및 의복

• 원풍물산 (코스닥 / 008290)

- 남자용 정장 제조업

구분	94	95	96	97	98	99	00	01	02	03	04	05	06	07	08	09	10	11	12
성장률		5.67	10.46	-1.15	4.42	3.40	-0.37	192.28	-4.55	-1.42	-1.68	-1.28	-0.32	3.40	-49.87	1.87	3.24	3.71	2.11
EPS		161	332	34	28	94	57	-2	18	37	34	38	47	35	-517	16	23	30	15
배당금		0	0	60	0	60	60	60	60	50	50	50	50	0	0	0	0	0	0
ROE		5.67	10.46	1.50	4.42	9.48	7.90	7.40	2.00	4.01	3.61	3.87	4.70	3.40	-49.87	1.87	3.24	3.71	2.11
직원의 수						198	277	230	61	67	64	53	68	69	64	70	43	40	39
연봉정보						12	13	15	20	22	25	21	16	21	25	22	27	28	32

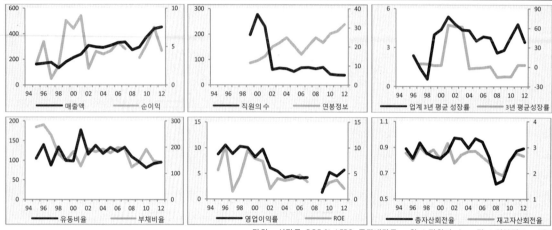

단위 : 성장률, ROE-% / EPS, 주당배당금 – 원 / 직원의 수 – 명 / 연봉정보 – 백만
특이값(2008년 순이익, 영업이익률, ROE)은 그래프에서 제외하였습니다.
*주요 브랜드 - KINLOCH ANDERSON, UNGARO HOMME

• LG패션 (유가증권 / 093050)

- 남자용 정장 제조업

구분	94	95	96	97	98	99	00	01	02	03	04	05	06	07	08	09	10	11	12
성장률													3.41	12.36	12.21	10.73	11.81	11.53	7.62
EPS													536	2,248	2,486	2,447	3,394	3,697	2,759
배당금													100	400	400	400	400	400	400
ROE													4.19	15.03	14.55	12.82	13.38	12.93	8.92
직원의 수													510	551	583	684	743	865	922
연봉정보													10	48	48	42	42	44	44

단위 : 성장률, ROE-% / EPS, 주당배당금 – 원 / 직원의 수 – 명 / 연봉정보 – 백만
2006년 11월 ㈜LG상사로부터 분할 신설되었으며, 2007년 12월 LG계열회사에서 분리되었습니다.
1기(2006년 11월~12월) 자료는 그래프에서 제외하였습니다.

• 남영비비안 (유가증권 / 002070)

- 내의 및 잠옷 제조업

구분	94	95	96	97	98	99	00	01	02	03	04	05	06	07	08	09	10	11	12
성장률		13.67	5.24	3.15	-1.82	-0.57	4.50	4.48	8.6	6.28	-0.82	-12.94	4.02	7.20	4.66	2.40	4.87	4.37	1.17
EPS		3,989	1,641	792	-246	155	863	983	1,592	1,333	167	-1,736	745	1,370	1,025	649	1,328	1,307	520
배당금		400	200	200	200	300	150	200	150	200	100	100	150	200	200	200	250	300	250
ROE		15.19	5.97	4.21	-1.01	0.61	5.45	5.63	10.6	8.11	1.03	-12.23	5.04	8.43	5.79	3.46	6.01	5.67	2.24
직원의 수						1,309	1,408	1,458	1,606	1,539	1,332	604	525	542	590	644	704	761	789
연봉정보						12	14	16	18	20	22	36	25	26	27	26	27	27	29

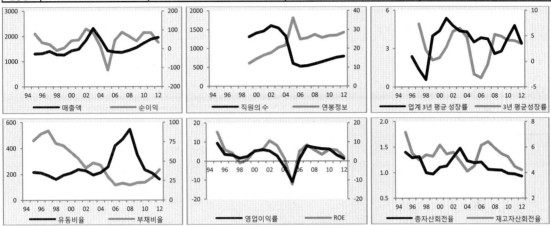

단위 : 성장률, ROE-% / EPS, 주당배당금 – 원 / 직원의 수 – 명 / 연봉정보 – 백만
2008년 결산 월 변경으로 인하여 53기는 제외하였으며, 52기를 2008년 기준으로 작성하였습니다.
2009년 3월, 주식회사 남영L&F에서 주식회사 남영비비안으로 상호 변경하였습니다.
*주요 브랜드 - VIVIEN, SONORE

• 신영와코루 (유가증권 / 005800)

- 내의 및 잠옷 제조업

구분	94	95	96	97	98	99	00	01	02	03	04	05	06	07	08	09	10	11	12
성장률		8.15	4.91	6.89	4.06	3.77	4.61	5.06	6.30	4.41	4.15	3.04	5.49	7.23	6.02	5.46	6.07	5.94	5.04
EPS		11,282	7,507	10,741	6,938	7,226	9,996	12,722	15,838	9,371	9,148	7,240	12,465	17,085	15,282	14,876	17,320	19,120	15,920
배당금		1,000	1,000	1,000	1,000	1,500	2,000	2,000	1,500	1,500	1,500	1,500	1,500	1,500	1,500	1,500	1,500	1,500	1,500
ROE		8.95	5.66	7.60	4.74	4.75	5.76	6.01	6.96	5.25	4.97	3.84	6.24	7.93	6.67	6.08	6.64	6.44	5.56
직원의 수						1,110	1,169	1,208	1,325	1,305	1,129	1,008	1,058	1,074	1,077	1,021	1,052	1,030	900
연봉정보						15	17	18	19	20	22	23	23	25	26	26	27	28	35

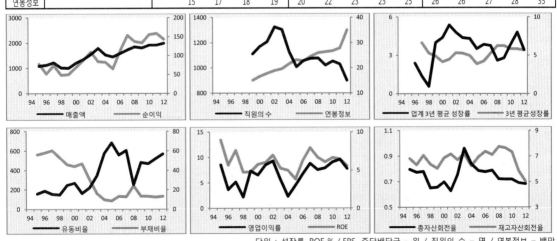

단위 : 성장률, ROE-% / EPS, 주당배당금 – 원 / 직원의 수 – 명 / 연봉정보 – 백만
1994년 6월, 주식회사 신영에서 주식회사 신영와코루로 상호 변경하였습니다.
*주요 브랜드 - 비너스, 와코루, 솔브

섬유 및 의복

• 좋은사람들 (코스닥 / 033340)

- 내의 및 잠옷 제조업

구분	94	95	96	97	98	99	00	01	02	03	04	05	06	07	08	09	10	11	12
성장률		70.07	47.15	39.27	1.55	15.22	14.97	12.03	10.21	1.39	1.55	6.41	7.19	3.57	-6.51	4.30	6.57	1.18	2.91
EPS		498	544	1,477	503	458	532	531	547	107	125	416	484	288	-331	258	392	61	140
배당금		0	125	25	150	50	60	100	125	50	60	125	125	100	0	50	50	0	20
ROE		70.07	61.20	39.94	2.22	17.08	16.88	14.82	13.24	2.61	2.98	9.16	9.69	5.46	-6.51	5.33	7.53	1.18	3.39
직원의 수						420	213	262	276	561	565	516	481	446	427	443	485	500	486
연봉정보						15	29	18	22	18	24	26	28	31	33	31	33	34	35

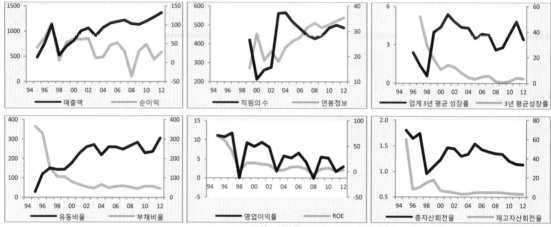

단위 : 성장률, ROE-% / EPS, 주당배당금 - 원 / 직원의 수 - 명 / 연봉정보 - 백만

*주요브랜드 - 보디가드, 섹시쿠키, 예스, 돈앤돈스

• BYC (유가증권 / 001460)

- 내의 및 잠옷 제조업

구분	94	95	96	97	98	99	00	01	02	03	04	05	06	07	08	09	10	11	12
성장률	14.60	10.17	12.09	12.36	4.71	10.81	9.52	7.62	3.96	5.11	3.33	4.93	4.93	3.68	1.87	7.24	7.55	8.69	7.54
EPS	21,457	16,388	21,967	26,051	10,608	29,470	25,683	22,697	12,348	16,739	11,386	17,456	18,412	14,498	7,741	30,571	34,860	43,649	41,209
배당금	0	0	0	500	500	500	500	500	550	650	700	750	750	800	750	800	850	850	850
ROE	14.60	10.17	12.09	12.60	4.94	10.99	9.71	7.79	4.15	5.32	3.54	5.15	5.14	3.90	2.07	7.43	7.74	8.86	7.70
직원의 수					1,274	1,252	1,192	1,041	942	896	746	490	429	459	471	496	485	464	509
연봉정보					13	13	16	18	19	21	29	27	28	25	26	26	27	28	26

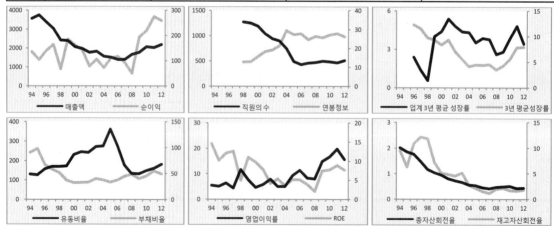

단위 : 성장률, ROE-% / EPS, 주당배당금 - 원 / 직원의 수 - 명 / 연봉정보 - 백만

1996년, 주식회사 백양에서 주식회사 비와이씨로 상호 변경하였습니다.

• 휠라코리아 (유가증권 / 081660)

- 도매 및 상품중개업

구분	94	95	96	97	98	99	00	01	02	03	04	05	06	07	08	09	10	11	12
성장률						10.11	26.94	39.93	31.38	6.61	10.22	31.90	30.89	16.17	46.20	11.08	14.68	12.11	7.60
EPS						3,557	7,942	10,534	12,067	2,721	4,688	2,273	2,829	3,355	11,250	3,238	4,764	4,321	2,920
배당금						0	0	0	0	0				200	200	250	500	250	250
ROE						10.11	26.94	39.93	31.38	6.61	10.22	31.90	30.89	17.20	47.04	12.01	16.40	12.86	8.32
직원의 수																241	266	283	295
연봉정보																41	45	44	45

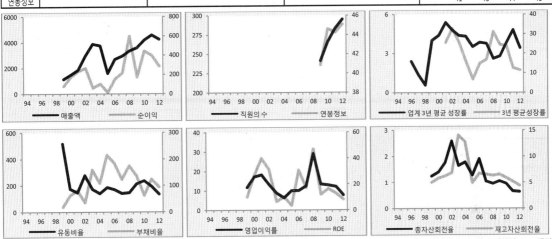

단위 : 성장률, ROE-% / EPS, 주당배당금 - 원 / 직원의 수 - 명 / 연봉정보 - 백만

1999년~2005년 사업보고서 미공시로 인하여 EPS는 감사보고서를 기준으로, 배당금은 0으로 간주해 성장률을 계산하였습니다.

99년~05년 성장률은 업계 3년 평균성장률 계산 과정에서 제외하였습니다.

2005년 매출액, 영업이익, 순이익은 15기와 16기를 합한 자료이며 이외의 재무상태표와 EPS는 16기 자료입니다.

(*15기: 05.01.01~05.4.30/ 16기:05.05.01~05.12.31)

• 가희 (코스닥 / 030270)

- 면 방적업

구분	94	95	96	97	98	99	00	01	02	03	04	05	06	07	08	09	10	11	12
성장률		13.05	6.22	1.04	2.44	7.18	5.44	5.90	16.82	5.19	8.88	2.59	4.34	0.43	-29.24	9.97	7.49	-16.47	-5.17
EPS		1,488	525	88	593	3,036	1,584	1,483	3,785	1,614	2,178	819	1,059	330	-4,585	2,444	1,034	-3,191	-944
배당금		400	0	0	0	750	500	500	500	500	400	300	250	250	0	350	400	0	0
ROE		17.84	6.22	1.04	2.44	9.53	7.95	8.91	19.38	7.52	10.88	4.09	5.68	1.77	-29.24	11.63	12.21	-16.47	-5.17
직원의 수						82	94	101	144	141	148	157	158	147	159	187	186	183	180
연봉정보						15	17	16	20	22	21	23	20	26	26	25	30	24	31

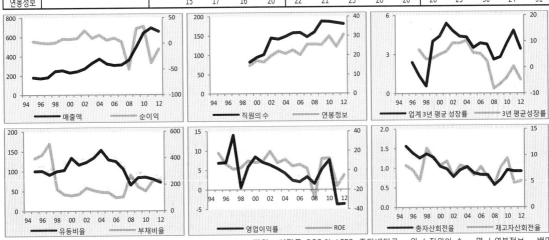

단위 : 성장률, ROE-% / EPS, 주당배당금 - 원 / 직원의 수 - 명 / 연봉정보 - 백만

• 경방 (유가증권 / 000050)

- 면 방적업

구분	94	95	96	97	98	99	00	01	02	03	04	05	06	07	08	09	10	11	12
성장률	5.96	1.18	-9.19	-0.74	5.35	11.14	0.29	-0.19	0.67	-0.08	-2.47	0.20	-4.54	14.37	-3.66	0.86	3.28	-0.27	-1.06
EPS	3,446	1,190	-3,251	-46	2,826	5,858	1,487	-198	1,968	91	-4,578	374	-10,516	29,318	-7,234	3,144	11,560	-884	-3,431
배당금	1,000	700	175	200	900	1,250	750	250	500	250	0	0	0	0	0	0	750	0	0
ROE	8.40	2.88	-8.72	-0.14	7.85	14.16	0.58	-0.08	0.90	0.05	-2.47	0.20	-4.54	14.37	-3.66	0.86	3.50	-0.27	-1.06
직원의 수					1,683	1,683	1,545	1,430	1,466	1,135	1,111	1,057	949	889	626	582	536	593	579
연봉정보					11	14	14	14	13	18	19	20	22	25	28	26	27	27	27

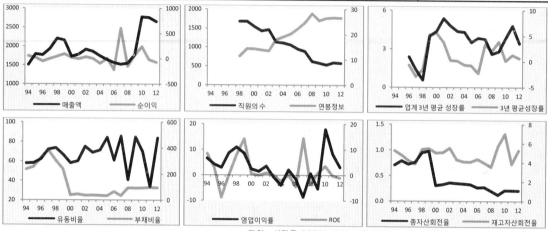

단위 : 성장률, ROE-% / EPS, 주당배당금 - 원 / 직원의 수 - 명 / 연봉정보 - 백만
1970년 7월, 경성방직주식회사에서 주식회사 경방으로 상호 변경하였습니다.

• 대한방직 (유가증권 / 001070)

- 면 방적업

구분	94	95	96	97	98	99	00	01	02	03	04	05	06	07	08	09	10	11	12
성장률		-175.11	-9.29	-13.27	-35.29	-29.71	-244.10	16.20	32.08	18.36	8.49	30.66	-3.71	-9.06	-13.05	-17.24	6.23	-11.65	-11.40
EPS		-11,953	-21,388	-26,963	-52,964	-34,352	-79,181	6,761	19,472	13,680	6,832	36,894	-4,138	-9,366	-12,452	-14,032	6,119	-10,316	-9,069
배당금		0	0	0	0	0	0	0	0	0	0	1,000	0	0	0	0	0	0	0
ROE		-175.11	-9.29	-13.27	-35.29	-29.71	-244.10	16.20	32.08	18.36	8.49	31.52	-3.71	-9.06	-13.05	-17.24	6.23	-11.65	-11.40
직원의 수					1,106	1,098	1,086	1,066	1,009	818	673	683	679	661	681	657	624	620
연봉정보					10	14	6	18	19	25	27	25	26	27	20	30	32	31

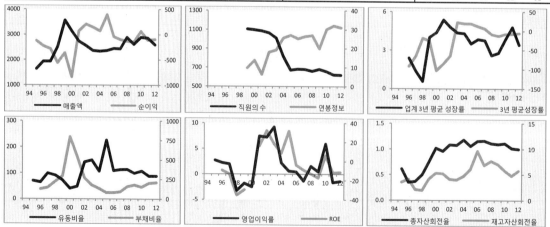

단위 : 성장률, ROE-% / EPS, 주당배당금 - 원 / 직원의 수 - 명 / 연봉정보 - 백만
2000년 결산 월 변경으로 인하여 48기는 제외하였으며, 47기를 2000년 기준으로 작성하였습니다.
특이값(1995년 부채비율, 1995년, 2000년 ROE)은 그래프에서 제외하였습니다.

• 동일방직 (유가증권 / 001530)

- 면 방적업

구분	94	95	96	97	98	99	00	01	02	03	04	05	06	07	08	09	10	11	12
성장률	3.22	-0.16	-4.15	0.39	2.49	3.89	1.21	6.30	7.10	3.42	1.01	1.54	18.73	0.04	0.22	1.02	2.31	-0.28	-2.24
EPS	1,880	441	-3,577	1,024	3,062	5,442	2,354	10,256	11,238	6,566	2,701	3,532	35,278	1,313	1,353	2,858	8,893	718	-5,401
배당금	700	600	500	700	900	1,250	1,000	2,500	1,750	1,750	1,250	1,250	2,500	1,250	1,000	1,250	2,500	1,500	750
ROE	5.13	0.43	-3.64	1.23	3.52	5.05	2.10	8.33	8.41	4.66	1.88	2.39	20.16	0.78	0.86	1.81	3.21	0.25	-1.97
직원의 수					951	860	835	750	751	737	688	612	591	558	558	544	561	602	598
연봉정보					9	11	15	16	18	21	22	23	25	26	23	18	27	30	27

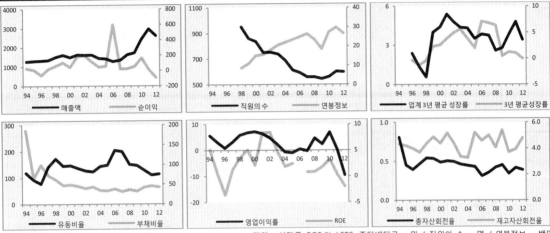

단위 : 성장률, ROE-% / EPS, 주당배당금 – 원 / 직원의 수 – 명 / 연봉정보 – 백만
1966년 1월, 동양방적주식회사에서 동일방직주식회사로 상호 변경하였습니다.
특이값(2006년 ROE)은 그래프에서 제외하였습니다.

• 방림 (유가증권 / 003610)

- 면 방적업

구분	94	95	96	97	98	99	00	01	02	03	04	05	06	07	08	09	10	11	12
성장률		0.12	-10.84	-40.44	-117.70	9.29	16.01	-25.29	4.62	-7.17	-2.34	27.37	1.32	0.34	13.61	1.15	3.24	0.94	3.77
EPS		180	-6,537	-20,131	-20,751	3,822	6,908	-9,838	1,643	-1,983	-633	10,381	734	420	24,300	2,331	1,780	731	2,099
배당금		100	0	0	0	0	0	0	0	0	0	300	250	300	300	300	300	300	300
ROE		0.27	-10.84	-40.44	-117.70	9.29	16.01	-25.29	4.62	-7.17	-2.34	28.19	2.01	1.18	13.78	1.31	3.89	1.59	4.40
직원의 수					1,201	1,058	891	747		757	709	323	309	328	293	276	283	271	294
연봉정보					7	13	19	22		22	24	49	30	30	33	30	34	35	33

단위 : 성장률, ROE-% / EPS, 주당배당금 – 원 / 직원의 수 – 명 / 연봉정보 – 백만
1991년 11월, 방림방적주식회사에서 주식회사 방림으로 상호 변경하였습니다.

• 일신방직 (유가증권 / 003200)

- 면 방적업

구 분	94	95	96	97	98	99	00	01	02	03	04	05	06	07	08	09	10	11	12
성장률	5.91	1.75	-14.27	4.38	1.86	10.20	1.11	1.96	3.64	2.53	2.14	5.46	1.54	0.89	4.90	6.07	8.36	-0.25	-3.00
EPS	4,639	1,914	-6,282	8,696	3,054	15,420	2,558	5,344	7,399	5,890	5,226	10,542	3,902	2,818	10,390	14,711	32,440	474	-5,294
배당금	1,250	900	500	1,500	0	2,500	1,500	2,500	2,000	2,000	1,750	1,250	1,250	1,250	1,500	2,500	3,000	1,000	750
ROE	8.09	3.30	-13.21	5.29	1.86	12.17	2.69	3.68	4.99	3.83	3.21	6.19	2.26	1.60	5.73	7.31	9.21	0.23	-2.62
직원의 수					1,488	1,515	1,421	1,399	1,392	1,337	1,274	846	1,039	1,097	1,038	1,034	1,067	1,096	1,106
연봉정보					1	12	13	14	17	19	18	20	17	20	21	24	27	23	23

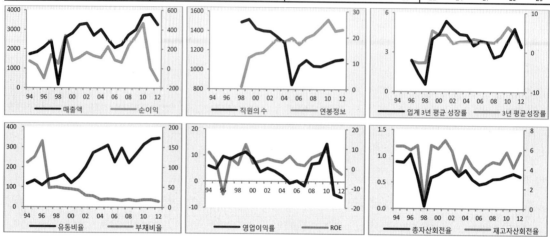

단위 : 성장률, ROE-% / EPS, 주당배당금 – 원 / 직원의 수 – 명 / 연봉정보 – 백만
1998년 결산 월 변경으로 인하여, 41기(98년도)는 1개월(12월)치 자료로 작성되었습니다.
1998년 연봉정보는 사업보고서에 의거한 자료입니다.

• 전방 (유가증권 / 000950)

- 면 방적업

구 분	94	95	96	97	98	99	00	01	02	03	04	05	06	07	08	09	10	11	12
성장률		0.42	-5.44	-2.05	-0.19	5.91	0.67	-3.62	5.31	0.00	1.21	-5.53	1.89	-4.49	-29.33	7.23	4.80	-17.01	-18.48
EPS		1,409	-5,389	-7,704	817	6,414	910	-2,477	5,130	498	2,426	-6,833	2,986	-5,157	-27,845	7,936	12,033	-34,087	-31,245
배당금		500	400	500	1,000	650	250	1,000	0	500	750	400	500	400	0	500	750	0	0
ROE		0.65	-5.06	-1.92	0.85	6.58	0.92	-2.58	5.31	0.37	1.76	-5.22	2.27	-4.17	-29.33	7.71	5.12	-17.01	-18.48
직원의 수					1,470	1,488	1,452	1,468		1,343	1,300	1,146	1,011	860	768	793	885	872	856
연봉정보					13	15	16	18		19	20	21	22	21	23	22	23	24	22

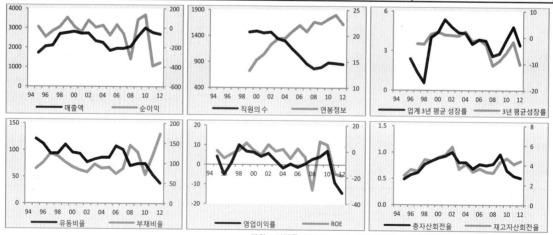

단위 : 성장률, ROE-% / EPS, 주당배당금 – 원 / 직원의 수 – 명 / 연봉정보 – 백만
2002년 결산 월 변경으로 인하여 55기는 제외하였으며, 54기를 2002년 기준으로 작성하였습니다.
1970년 1월, 전남방직㈜에서 전방㈜로 상호 변경하였습니다.

• SG충남방적 (유가증권 / 001380)

- 면 방적업

구 분	94	95	96	97	98	99	00	01	02	03	04	05	06	07	08	09	10	11	12
성장률	0.15	-2.31	-9.76	-32.51	-16.28	-25.63	-8.53	-18.62	-80.38	-22.80	-160.51	-17.49	63.19	-14.84	-7.97	1.67	0.79	1.13	-9.84
EPS	22	-105	-402	-1,007	-433	-472	-487	-470	-2,718	-864	-1,146	-109	961	-262	-88	1	20	29	-229
배당금	15	0	0	0	0	0	0	0	0	0	0	0	0	0	0	0	0	0	0
ROE	0.46	-2.31	-9.76	-32.51	-16.28	-25.63	-8.53	-18.62	-80.38	-22.80	-160.51	-17.49	63.19	-14.84	-7.97	1.67	0.79	1.13	-9.84
직원의 수					1,835	1,656	1,653	1,187	1,031	860	634	374	332	192	148	148	148	230	238
연봉정보					10	9	8	10	11	16	10	19	19	21	24	23	27	22	29

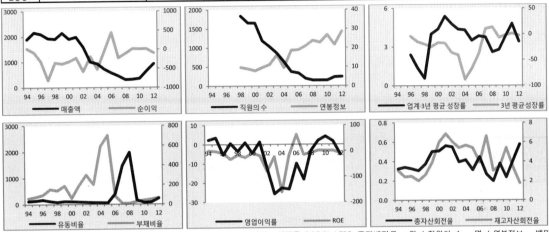

단위 : 성장률, ROE-% / EPS, 주당배당금 - 원 / 직원의 수 - 명 / 연봉정보 - 백만

2010년 3월, ㈜SG글로벌에서 ㈜SG충남방적으로 상호 변경하였습니다.

• 부산방직 (코스닥 / 025270)

- 모직물 직조업

구 분	94	95	96	97	98	99	00	01	02	03	04	05	06	07	08	09	10	11	12
성장률					6.40	3.05	6.37	6.30	8.70	6.97	3.03	0.44	-8.72	1.58	4.24	11.96	5.48	2.51	2.94
EPS					615	467	1,375	1,452	2,198	1,893	847	186	-2,261	414	1,183	3,663	1,787	837	1,009
배당금					0	0	0	0	0	0	0	0	0	0	0	0	0	0	0
ROE		2.58	2.89	-10.56	6.40	3.05	6.37	6.30	8.70	6.97	3.03	0.44	-8.72	1.58	4.24	11.96	5.48	2.51	2.94
직원의 수					207	197	201	196	180	138	62	41	39	38	39	48	51	49
연봉정보					19	13	15	26	28	31	25	27	29	33	32	32	34	26

단위 : 성장률, ROE-% / EPS, 주당배당금 - 원 / 직원의 수 - 명 / 연봉정보 - 백만

2012년 결산 월 변경으로 인하여, 60기(11년도)는 9개월(4월 1일~12월 31일)치 자료로 작성되었습니다.

섬유 및 의복

• 코데즈컴바인 (코스닥 / 047770)
- 봉제의복 제조업

구분	94	95	96	97	98	99	00	01	02	03	04	05	06	07	08	09	10	11	12
성장률				61.91	0.05	22.33	8.37	8.54	3.52	1.73	2.82	-11.36	100.0	28.01	-11.40	13.93	18.89	9.68	-27.23
EPS				151	2	28	11	25	6	3	5	-19	-47	3,041	-295	164	259	138	-303
배당금				0	0	0	0	5	0	0	0	0	0	0	0	0	0	0	0
ROE			79.52	61.91	0.05	22.33	8.37	10.74	3.52	1.73	2.82	-11.36	100.0	28.01	-11.40	13.93	18.89	9.68	-27.23
직원의 수								45	41	45	59	61	77	52	560	518	639	890	695
연봉정보								22	25	23	23	29	21	27	20	22	21	19	20

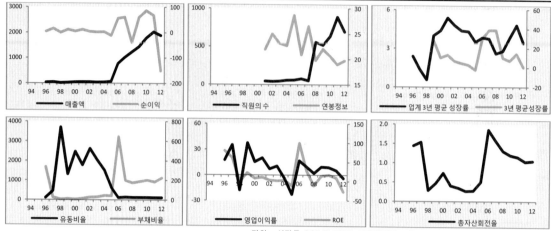

단위 : 성장률, ROE-% / EPS, 주당배당금 – 원 / 직원의 수 – 명 / 연봉정보 – 백만
2010년 12월, 주식회사 예신피제이에서 주식회사 코데즈컴바인으로 상호 변경하였습니다.

• 신성통상 (유가증권 / 005390)
- 상품 종합 도매업

구분	94	95	96	97	98	99	00	01	02	03	04	05	06	07	08	09	10	11	12
성장률	3.12	1.54	-28.41	-16.02	9.22	자본잠식	202.44	6.84	0.83	-3.83	2.22	2.06	3.89	-21.14	4.43	2.72	6.53	5.09	6.66
EPS	27	27	-377	-157	116	-3,085	8,344	174	12	-38	22	21	41	-185	61	37	95	78	18
배당금	0	0	0	0	0	0	0	5	0	0	0	0	0	0	0	0	0	0	0
ROE	3.12	1.54	-28.41	-16.02	9.22	자본잠식	202.44	7.05	0.83	-3.83	2.22	2.06	3.89	-21.14	4.43	2.72	6.53	5.09	6.66
직원의 수					602	452	415	449	460	559	466	492	489	669	596	534	569	638	720
연봉정보					18	19	19	17	25	26	29	30	29	24	34	38	34	41	41

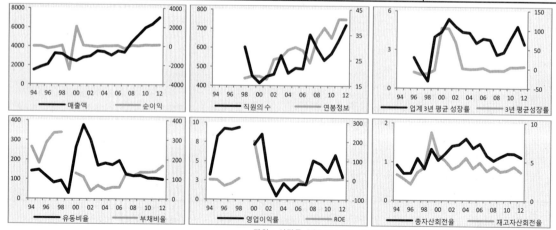

단위 : 성장률, ROE-% / EPS, 주당배당금 – 원 / 직원의 수 – 명 / 연봉정보 – 백만
자본잠식으로 인해, 계산 불가한 값(1999년 부채비율, ROE 및 성장률)은 그래프에서 제외 및 보정하였습니다.
*주요브랜드 - OLZEN, ZIOZIA, UNIONBAY

• LS네트웍스 (유가증권 / 000680)
- 섬유, 의복, 신발 및 가죽제품 중개업

구분	94	95	96	97	98	99	00	01	02	03	04	05	06	07	08	09	10	11	12
성장률	자본잠식	8.88	4.09	-4,384.2	자본잠식		567.40	22.44	45.88	34.53	29.04	2.21	-6.87	4.50	5.21	0.89	1.80	1.90	1.69
EPS	-619	140	74	-1,772	-11,193	-3,404	34,454	315	634	686	836	64	-224	237	293	98	204	211	200
배당금	0	0	0	0	0	0	0	0	0	0	0	0	0	0	0	0	50	50	50
ROE	자본잠식	8.88	4.09	-4,384.2	자본잠식		567.40	22.44	45.88	34.53	29.04	2.21	-6.87	4.50	5.21	0.89	2.38	2.49	2.26
직원의 수					931	820	769	744	715	690	660	634	614	453	297	366	445	565	581
연봉정보					19	18	17	19	23	26	32	31	34	46	45	44	44	41	43

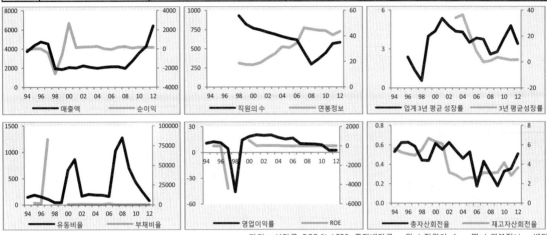

단위 : 성장률, ROE-% / EPS, 주당배당금 – 원 / 직원의 수 – 명 / 연봉정보 – 백만
자본잠식으로 인해, 계산 불가한 값(1994년, 1998년~1999년 부채비율, ROE, 성장률)은 그래프에서 제외하였습니다.
특이값(1996년~2002년 평균성장률)은 그래프에서 제외하였습니다.
*주요 브랜드 - PROSPECS

• 국동 (유가증권 / 005320)
- 셔츠 및 외의 도매업

구분	94	95	96	97	98	99	00	01	02	03	04	05	06	07	08	09	10	11	12
성장률	12.20	14.95	16.25	9.41	14.90	14.57	3.84	3.83	-3.58	6.98	5.47	3.36	-11.71	-14.57	-44.67	-173.8	5.77	-479.9	9.46
EPS	253	364	563	289	354	381	141	146	-79	192	-80	68	-224	-231	-417	-541	123	-3,409	69
배당금	0	0	40	50	50	50	50	50	0	50	25	0	0	0	0	0	0	0	0
ROE	12.20	14.95	17.49	11.37	17.35	16.77	5.94	5.83	-3.58	9.43	4.16	3.36	-11.71	-14.57	-44.67	-173.8	5.77	-479.9	9.46
직원의 수					275	311	264	262	310	385	357	365	306	258	215	87	77	69	60
연봉정보					17	18	19	20	14	21	22	21	26	27	29	30	42	36	43

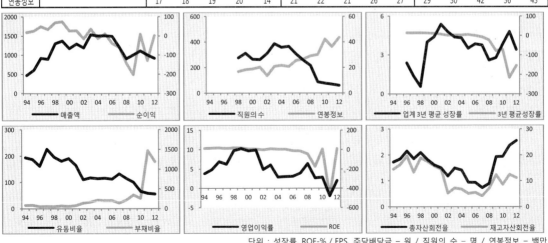

단위 : 성장률, ROE-% / EPS, 주당배당금 – 원 / 직원의 수 – 명 / 연봉정보 – 백만
1983년 8월, 국동기업주식회사에서 주식회사 국동으로 상호 변경하였습니다.

• 신세계인터내셔날 (유가증권 / 031430)
- 셔츠 및 외의 도매업

구분	94	95	96	97	98	99	00	01	02	03	04	05	06	07	08	09	10	11	12
성장률						15.57	-15.39	25.85	26.23	15.84	16.67	18.31	17.46	18.01	15.21	15.29	15.30	11.13	10.58
EPS						457	-1,685	1,708	2,348	1,685	2,128	2,862	3,303	4,152	4,124	5,491	6,829	7,025	6,559
배당금						0	0	0	0	0	0	0	0	0	0	500	500	500	600
ROE						15.57	-15.39	25.85	26.23	15.84	16.67	18.31	17.46	18.01	15.21	16.83	16.51	11.98	11.65
직원의 수																		829	841
연봉정보																		42	48

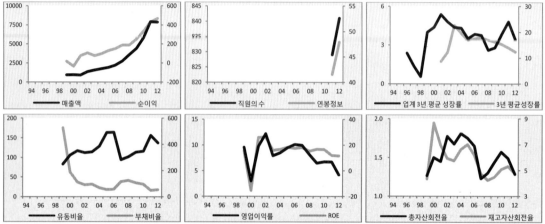

단위 : 성장률, ROE-% / EPS, 주당배당금 - 원 / 직원의 수 - 명 / 연봉정보 - 백만
1999년~2008년 사업보고서 미공시로 인하여 EPS는 감사보고서를 기준으로, 배당금은 0으로 간주해 성장률을 계산하였습니다.
99년~08년 성장률은 업계 3년 평균성장률 계산 과정에서 제외하였습니다.
*주요유통브랜드 - GIORGIO ARMANI, DOLCE & GABBANA, DIESEL, MONCLER, GAP, BANANA REPUBLIC

• 영원무역홀딩스 (유가증권 / 009970) / 영원무역 (유가증권 / 111770)
- 셔츠 및 외의 도매업 / 기타 섬유제품 제조업

구분	94	95	96	97	98	99	00	01	02	03	04	05	06	07	08	09	10	11	12
성장률	6.26	9.07	7.63	23.75	21.44	7.61	8.93	12.40	7.98	10.77	12.65	8.22	11.88	13.09	21.24	17.13	6.27	9.88	5.16
EPS	110	152	149	467	709	309	373	596	432	640	800	565	819	1,108	2,343	3,211	1,772	3,464	1,558
배당금	40	40	50	73	100	70	75	75	75	100	110	100	100	150	200	450	500	500	500
ROE	9.86	12.31	11.50	28.12	24.96	9.83	11.18	14.18	9.65	12.77	14.66	9.98	13.53	15.14	23.22	19.93	8.74	11.55	7.61
직원의 수					266	273	321	345	347	396	422	434	400	373	369	373	396	414	463
연봉정보					20	20	23	24	26	27	29	30	미공시	36	43	23	44	45	44

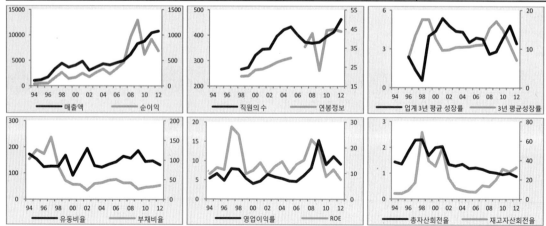

단위 : 성장률, ROE-% / EPS, 주당배당금 - 원 / 직원의 수 - 명 / 연봉정보 - 백만
2009년 7월, 구 (주)영원무역이 회사를 분할하여 지주회사로 존속하였으며 (주)영원무역홀딩스로 상호 변경하였습니다.
2009년 영원무역홀딩스와 영원무역의 인적 분할로 인하여, 2009년 이후의 영원무역홀딩스와 영원무역 재무제표를 합산해 그래프를 작성하였습니다.
2006년 연봉정보는 미공시 되었습니다.

• 월비스 (유가증권 / 008600)

- 셔츠 및 외의 도매업

구분	94	95	96	97	98	99	00	01	02	03	04	05	06	07	08	09	10	11	12
성장률	-0.89	0.70	-9.72	12.73	5.55	6.31	1.48	31.75	-6.26	4.99	-28.72	-29.02	1.74	4.10	2.44	1.20	5.01	2.05	1.16
EPS	8	15	24	324	175	208	118	1,260	-193	194	-623	-595	37	100	88	32	29	62	39
배당금	20	0	240	12	30	15	80	150	0	40	0	0	0	0	20	0	0	0	0
ROE	0.65	0.70	1.07	13.22	6.70	6.81	4.60	36.04	-6.26	6.29	-28.72	-29.02	1.74	4.10	3.16	1.20	5.01	2.05	1.16
직원의 수					89	91	83	118	132	127	121	81	63	71	108	153	159	216	195
연봉정보					25	26	27	39	27	30	32	34	34	34	34	31	31	32	37

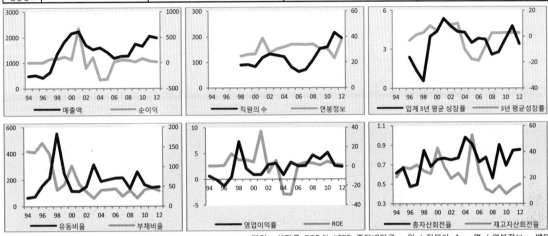

단위 : 성장률, ROE-% / EPS, 주당배당금 – 원 / 직원의 수 – 명 / 연봉정보 – 백만
2009년 3월, 주식회사 미래와사람에서 주식회사 월비스로 상호 변경하였습니다.

• 에스티오 (코스닥 / 098660)

- 셔츠 및 체육복 도매업

구분	94	95	96	97	98	99	00	01	02	03	04	05	06	07	08	09	10	11	12
성장률													64.24	45.62	25.28	9.41	11.52	10.23	8.75
EPS													1,697	1,766	1,261	517	637	747	655
배당금													0	0	0	20	20	100	60
ROE													64.24	45.62	25.28	9.79	11.90	11.82	9.63
직원의 수															96	105	107	112
연봉정보															39	43	41	39

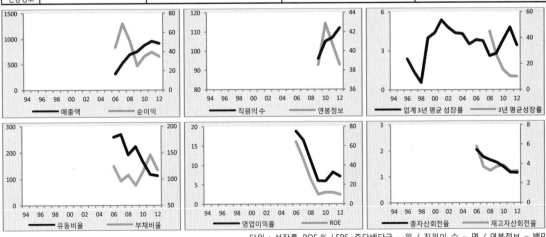

단위 : 성장률, ROE-% / EPS, 주당배당금 – 원 / 직원의 수 – 명 / 연봉정보 – 백만
2006년 사업보고서 미공시로 인하여 EPS는 감사보고서를 기준으로, 배당금은 0으로 간주해 성장률을 계산하였습니다.
06년 성장률은 업계 3년 평균성장률 계산 과정에서 제외하였습니다.
*주요 브랜드 - STCO, VINO

섬
유

및
의
복

643

• 우성I&C (코스닥 / 011080)

- 셔츠 및 체육복 도매업

구분	94	95	96	97	98	99	00	01	02	03	04	05	06	07	08	09	10	11	12
성장률						9.89	-23.54	19.33	26.21	22.88	12.23	14.18	13.02	8.45	-2.53	-0.11	0.57	-27.09	-67.84
EPS						361	-837	618	645	714	589	683	719	312	-46	17	35	-540	-853
배당금						0	0	0	0	0	150	150	160	70	20	20	20	20	0
ROE						9.89	-23.54	19.33	26.21	22.88	16.41	18.17	16.75	10.89	-1.76	0.65	1.33	-26.12	-67.84
직원의 수											291	306	316	310	94	87	103	102	91
연봉정보											15	18	20	21	36	33	34	37	28

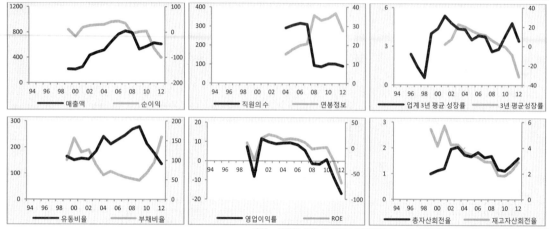

단위 : 성장률, ROE-% / EPS, 주당배당금 – 원 / 직원의 수 – 명 / 연봉정보 – 백만
1999년~2001년 사업보고서 미공시로 인하여 EPS는 감사보고서를 기준으로, 배당금은 0으로 간주해 성장률을 계산하였습니다.
99년~01년 성장률은 업계 3년 평균성장률 계산 과정에서 제외하였습니다.
2000년 4월, ㈜우성어패럴에서 ㈜우성아이앤씨로 상호 변경하였습니다.

• 로만손 (코스닥 / 026040)

- 시계 제조업

구분	94	95	96	97	98	99	00	01	02	03	04	05	06	07	08	09	10	11	12
성장률	25.42	26.65	36.93	33.95	13.14	10.50	13.14	4.05	-5.19	-62.43	12.13	5.15	4.74	1.33	18.55	13.92	8.12	10.88	
EPS	194	218	907	1,076	544	371	343	137	-123	-1,011	230	100	131	28	583	521	336	525	
배당금	0	0	0	0	50	50	50	50	0	0	0	0	35	0	75	75	50	100	
ROE	25.42	26.65	36.93	33.95	14.47	12.14	15.38	6.38	-5.19	-62.43	12.13	5.15	6.47	1.33	21.29	16.26	9.54	13.44	
직원의 수					92	117	142	172	116	167	238	321	349	173	242	298	297	309	
연봉정보					21	24	21	19	31	21	23	22	25	33	29	27	32	41	

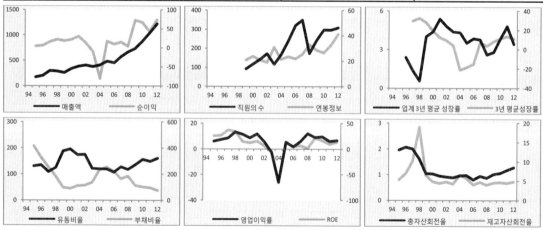

단위 : 성장률, ROE-% / EPS, 주당배당금 – 원 / 직원의 수 – 명 / 연봉정보 – 백만
*주요브랜드 - J.ESTNA

• 대현 (유가증권 / 016090)

- 여자용 정장 제조업

구 분	94	95	96	97	98	99	00	01	02	03	04	05	06	07	08	09	10	11	12
성장률	11.47	9.67	2.40	4.58	-54.14	-180.6	20.16	282.72	37.09	7.02	25.33	9.67	3.95	0.06	0.24	8.43	14.40	7.70	6.12
EPS	260	238	88	106	-697	-978	66	158	376	98	359	199	85	15	15	169	293	188	154
배당금	25	25	40	15	0	0	0	0	40	30	33	50	22	14	11	22	36	22	16
ROE	12.70	10.81	4.40	5.34	-54.14	-180.6	20.16	282.72	41.52	10.12	27.89	12.91	5.33	0.97	0.92	9.70	16.41	8.72	6.83
직원의 수					746	746	472	495	503	486	380	413	468	455	382	375	370	406	454
연봉정보					22	18	24	23	24	26	24	27	28	30	33	35	37	39	39

단위 : 성장률, ROE-% / EPS, 주당배당금 – 원 / 직원의 수 – 명 / 연봉정보 – 백만
*주요브랜드 -BLU PEPE, ZOOC, MOJO.S.PHINE

• 신원 (유가증권 / 009270)

- 여자용 정장 제조업

구 분	94	95	96	97	98	99	00	01	02	03	04	05	06	07	08	09	10	11	12
성장률	11.55	10.11	9.44	-52.82	자본잠식	-573.91	1.57	5.06	-217.51	7.16	-49.67	36.29	10.61	22.66	22.78	18.79	2.55	3.28	-3.24
EPS	333	321	319	-1,045	-12,306	-1,505	1	3	-2,126	79	-361	415	176	409	500	503	122	111	-110
배당금	50	40	40	0	0	0	0	0	0	0	0	0	50	60	50	50	40	0	0
ROE	13.59	11.55	10.79	-52.82	자본잠식	-573.91	1.57	5.06	-217.51	7.16	-49.67	36.29	14.82	26.56	25.31	20.86	3.80	3.28	-3.24
직원의 수					681	975	981	973	775	646	553	552	562	521	499	540	561	581	563
연봉정보					23	16	16	19	27	34	31	33	36	41	43	40	40	41	41

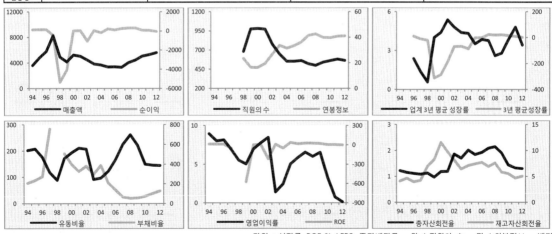

단위 : 성장률, ROE-% / EPS, 주당배당금 – 원 / 직원의 수 – 명 / 연봉정보 – 백만
자본잠식으로 인해, 계산 불가한 값(1998년 부채비율, ROE 및 성장률)은 그래프에서 제외하였습니다.
*주요브랜드 - SIEG, 명품브랜드 브리오니, 씨위

섬유 및 의복

• 에리트베이직 (유가증권 / 093240)

- 여자용 정장 제조업

구분	94	95	96	97	98	99	00	01	02	03	04	05	06	07	08	09	10	11	12
성장률															14.05	10.26	10.85	7.59	3.78
EPS															727	633	697	566	318
배당금															125	125	125	125	125
ROE													23.30	10.17	16.97	12.78	13.22	9.74	6.23
직원의 수																86	94	118	108
연봉정보																38	44	40	46

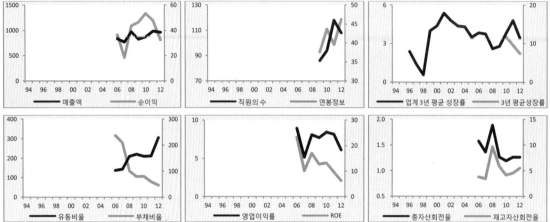

매출액 / 순이익 · 직원의 수 / 연봉정보 · 업계 3년 평균 성장률 / 3년 평균성장률
유동비율 / 부채비율 · 영업이익률 / ROE · 총자산회전율 / 재고자산회전율

단위 : 성장률, ROE-% / EPS, 주당배당금 - 원 / 직원의 수 - 명 / 연봉정보 - 백만
2008년 결산 월 변경으로 인하여 7기는 제외하였으며 6기를 2007년, 8기를 2008년 기준으로 작성하였습니다.

• 인디에프 (유가증권 / 014990)

- 여자용 정장 제조업

구분	94	95	96	97	98	99	00	01	02	03	04	05	06	07	08	09	10	11	12
성장률	14.56	17.60	18.27	-6.23	자본잠식			74.31	55.45	22.10	10.67	9.95	12.17	-22.82	55.48	-3.81	-2.58	-24.76	-9.63
EPS	531	516	598	-140	-8,018	6,339	2,111	1,864	1,574	704	304	279	342	-207	614	-60	-58	-439	-155
배당금	50	52	68	0	0	0	0	0	0										
ROE	16.07	19.83	20.60	-6.23	자본잠식			74.31	55.45	22.10	10.67	9.95	12.17	-22.82	55.48	-3.81	-2.58	-24.76	-9.63
직원의 수					389	355	364	351	362	377	371	383	395	392	579	639	713	474	424
연봉정보					23	19	22	25	25	27	30	31	32	38	34	31	32	49	40

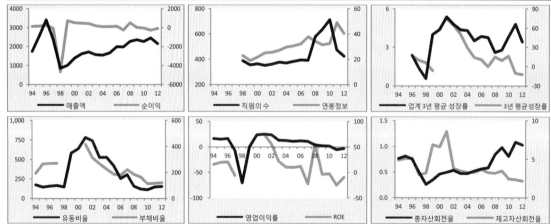

매출액 / 순이익 · 직원의 수 / 연봉정보 · 업계 3년 평균 성장률 / 3년 평균성장률
유동비율 / 부채비율 · 영업이익률 / ROE · 총자산회전율 / 재고자산회전율

단위 : 성장률, ROE-% / EPS, 주당배당금 - 원 / 직원의 수 - 명 / 연봉정보 - 백만
자본잠식으로 인해, 계산 불가한 값(1998년~2000년 부채비율과 ROE, 2000년 평균성장률)은 그래프에서 제외하였습니다.
*주요브랜드 - 예츠, 트루젠, TATE

• 한섬 (유가증권 / 020000)

- 여자용 정장 제조업

구분	94	95	96	97	98	99	00	01	02	03	04	05	06	07	08	09	10	11	12
성장률	14.85	23.49	20.50	14.80	12.93	15.23	23.34	22.86	16.72	15.79	12.44	13.28	11.16	8.62	11.49	9.52	10.98	11.43	8.41
EPS	168	558	632	458	481	618	1,297	1,631	1,573	2,055	1,603	1,911	1,878	1,688	2,423	2,293	3,024	3,666	2,868
배당금	0	0	0	0	0	0	0	0	100	150	150	150	200	200	200	240	380	470	300
ROE	14.85	23.49	20.50	14.80	12.93	15.23	23.34	22.86	17.85	17.03	13.73	14.41	12.49	9.78	12.53	10.64	12.56	13.11	9.39
직원의 수					387	415	533	614	687	1,051	886	898	938	974	886	860	832	542	591
연봉정보					16	18	19	20	22	19	25	27	29	30	33	33	38	49	49

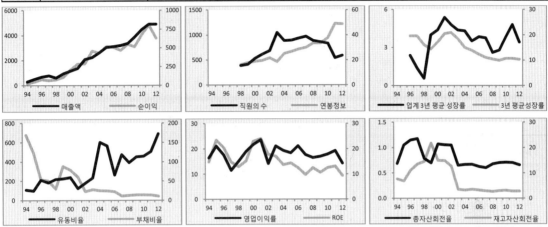

단위 : 성장률, ROE-% / EPS, 주당배당금 - 원 / 직원의 수 - 명 / 연봉정보 - 백만
1998년 결산 월 변경으로 인하여, 8기(98년도)는 10개월(3월~12월)치 자료로 작성하였습니다.
*주요브랜드 - SYSTEM, MINE, TIME, SJSJ

• 삼양통상 (유가증권 / 002170)

- 원피가공 및 가죽 제조업

구분	94	95	96	97	98	99	00	01	02	03	04	05	06	07	08	09	10	11	12
성장률	11.07	6.93	1.64	8.56	7.87	12.69	4.28	10.35	11.26	9.00	4.04	0.21	3.20	0.25	-11.78	8.90	2.25	3.93	1.16
EPS	2,674	1,920	715	2,156	3,669	6,060	2,460	5,622	6,934	6,180	3,239	881	3,093	922	-6,938	6,569	2,233	3,438	1,551
배당금	700	600	400	400	600	750	600	600	750	750	750	750	1,000	750	250	750	750	750	750
ROE	14.99	10.08	3.73	10.51	9.41	14.48	5.66	11.59	12.62	10.24	5.26	1.43	4.74	1.35	-11.37	10.05	3.38	5.03	2.24
직원의 수					533	595	521	485	521	557	580	510	325	255	241	217	220	229	242
연봉정보					16	11	17	18	21	20	23	29	28	28	28	29	30	33	34

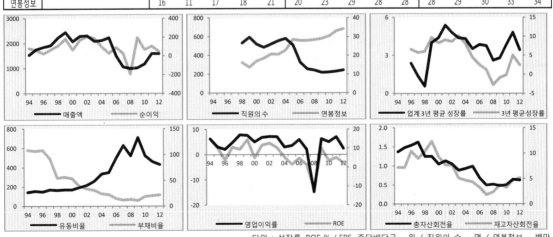

단위 : 성장률, ROE-% / EPS, 주당배당금 - 원 / 직원의 수 - 명 / 연봉정보 - 백만

섬유

및 의복

• 신우 (유가증권 / 025620)
- 원피가공 및 가죽 제조업

구분	94	95	96	97	98	99	00	01	02	03	04	05	06	07	08	09	10	11	12
성장률	13.48	9.32	4.38	-58.62	3.20	-78.67	-244.2	-576.7	1,962.6	35.53	-79.83	-813.4	-55.01	-3.23	1.94	6.47	-34.12	-123.5	-43.95
EPS	50	156	83	-461	38	-705	-1,965	-46,976	2,797	93	-116	-591	-191	-10	14	51	-200	-339	-135
배당금	0	0	30	0	0	0	0	0	0	0	0	0	0	0	0	0	0	0	0
ROE	13.48	9.32	6.88	-58.62	3.20	-78.67	-244.2	-576.7	1,962.6	35.53	-79.83	-813.4	-55.01	-3.23	1.94	6.47	-34.12	-123.5	-43.95
직원의 수					381	미공시	797	365	311	291	262	255	221	219	213	194	168	163	140
연봉정보					13		16	19	22	23	22	24	26	24	28	25	33	25	31

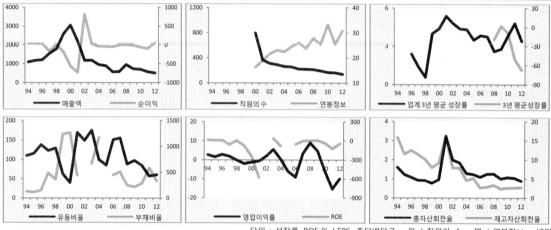

단위 : 성장률, ROE-% / EPS, 주당배당금 – 원 / 직원의 수 – 명 / 연봉정보 – 백만
특이값(2002년, 2005년 부채비율, 2002년 ROE, 1997년~2007년 평균성장률)은 그래프에서 제외하였습니다.
1999년 연봉정보는 미공시 되었습니다.

• 유니켐 (유가증권 / 011330)
- 원피가공 및 가죽 제조업

구분	94	95	96	97	98	99	00	01	02	03	04	05	06	07	08	09	10	11	12
성장률	3.27	-10.02	-13.20	-8.15	-7.56	-98,526.7	-95.16	-39.88	0.91	-17.85	7.48	8.09	2.62	-7.14	-2.81	-1,139.8	32.40	-180.7	-107.0
EPS	36	-86	-100	-62	-46	-722	-166	-173	29	-479	107	117	43	-89	-68	-1,123	109	-643	-315
배당금	5	0	0	0	0	0	0	0	0	0	0	0	0	0	0	0	0	0	0
ROE	3.80	-10.02	-13.20	-8.15	-7.56	-98,526.7	-95.16	-39.88	0.91	-17.85	7.48	8.09	2.62	-7.14	-2.81	-1,139.8	32.40	-180.7	-107.0
직원의 수					98	98	135	96	109	122	172	188	189	180	176	223	181	201	208
연봉정보					17	16	20	18	13	20	24	26	24	26	27	28	29	29	28

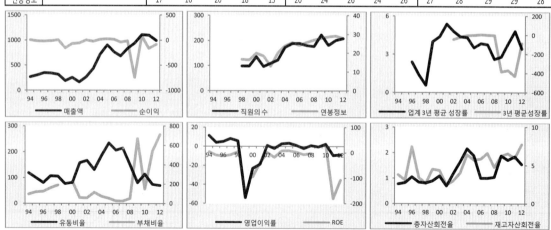

단위 : 성장률, ROE-% / EPS, 주당배당금 – 원 / 직원의 수 – 명 / 연봉정보 – 백만
특이값(1999년 부채비율, 1999년, 2009년 ROE, 1996년~2001년 평균성장률)은 그래프에서 제외하였습니다.
2000년 4월, 신진피혁공업주식회사에서 주식회사 유니켐으로 상호 변경하였습니다.

• 조광피혁 (유가증권 / 004700)

- 원피가공 및 가죽 제조업

구분	94	95	96	97	98	99	00	01	02	03	04	05	06	07	08	09	10	11	12
성장률	11.42	2.58	4.12	-362.5	2.87	3.99	1.15	-2.31	17.76	6.32	5.23	4.81	11.80	5.12	3.57	13.23	12.54	7.23	5.32
EPS	1,655	567	805	-8,784	577	749	218	-235	2,567	1,053	891	836	2,513	1,317	879	4,155	4,445	2,784	2,084
배당금	250	250	300	0	200	200	100	0	400	100	0	0	100	100	0	100	100	100	0
ROE	13.45	4.62	6.57	-362.5	4.39	5.44	2.12	-2.31	21.04	6.99	5.23	4.81	11.80	5.54	3.57	13.56	12.83	7.50	5.32
직원의 수					690	790	760	767	750	767	676	616	550	320	265	254	259	246	241
연봉정보					12	13	15	20	16	22	25	24	25	34	32	27	25	29	29

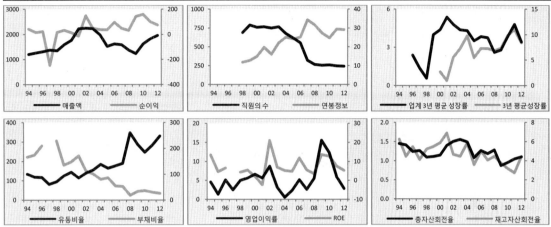

단위 : 성장률, ROE-% / EPS, 주당배당금 – 원 / 직원의 수 – 명 / 연봉정보 – 백만
특이값(1997년 부채비율과 ROE, 1996년~1999년 평균성장률)은 그래프에서 제외하였습니다.
1966년 8월, 조광피혁공업사에서 조광피혁주식회사로 상호 변경하였습니다.

• 아가방컴퍼니 (코스닥 / 013990)

- 유아용 의류 도매업

구분	94	95	96	97	98	99	00	01	02	03	04	05	06	07	08	09	10	11	12
성장률			10.60	5.96	0.09	2.33	8.22	15.27	4.67	-0.11	-1.39	4.29	9.46	9.41	8.29	3.43	6.75	3.25	0.63
EPS			199	29	2	48	172	382	186	32	-7	152	332	354	335	237	455	254	73
배당금			40	0	0	0	0	0	75	35	25	50	80	80	80	80	90	80	40
ROE			13.27	5.96	0.09	2.33	8.22	15.27	7.83	1.39	-0.30	6.39	12.46	12.16	10.89	5.17	8.41	4.75	1.40
직원의 수					397	416	406			352	321	279	265	273	242	245	242	261	249
연봉정보					18	20	23			25	25	26	28	30	31	35	35	38	39

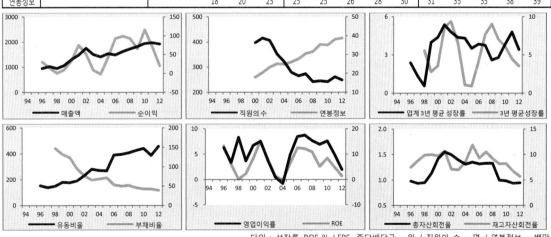

단위 : 성장률, ROE-% / EPS, 주당배당금 – 원 / 직원의 수 – 명 / 연봉정보 – 백만
2007년 3월, 주식회사 아가방에서 주식회사 아가방앤컴퍼니로 상호 변경하였습니다.
*주요 브랜드 - AGABANG, ELLE, DEARBABY

섬유 및 의복

• 아즈텍 WB (코스닥 / 032080)

- 직물 및 편조원단 염색 가공업

구분	94	95	96	97	98	99	00	01	02	03	04	05	06	07	08	09	10	11	12
성장률			15.32	9.38	6.83	16.49	9.91	6.45	5.93	6.32	10.82	11.11	13.76	11.64	-10.80	14.02	12.87	9.87	5.05
EPS			115	77	101	257	181	101	149	111	227	296	403	383	-278	547	569	515	304
배당금			0	0	0	0	0	0	50	0	20	50	50	50	0	50	50	50	50
ROE			15.32	9.38	6.83	16.49	9.91	6.45	8.94	6.32	11.86	13.37	15.71	13.38	-10.80	15.43	14.11	10.93	6.05
직원의 수						189	182	185	138	116	119	90	119	113	112	133	139	126
연봉정보						16	18	21	20	21	20	28	22	28	29	25	29	35

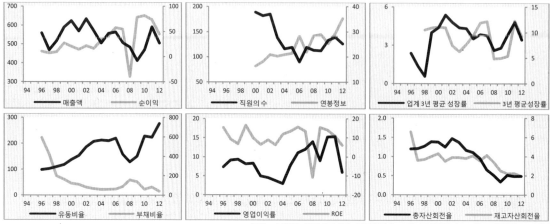

단위 : 성장률, ROE-% / EPS, 주당배당금 - 원 / 직원의 수 - 명 / 연봉정보 - 백만
2000년 4월, 왕별에서 아즈텍WB로 상호 변경하였습니다.

• 데코네티션 (코스닥 / 017680)

- 편조의복 제조업

구분	94	95	96	97	98	99	00	01	02	03	04	05	06	07	08	09	10	11	12
성장률		30.75	26.36	22.76	7.52	6.26	9.38	33.72	16.97	-4.59	5.63	6.61	-13.03	-123.3	11.45	-40.77	-90.41	-6.99	-9.53
EPS		1,523	1,091	1,007	360	367	548	1,485	1,290	-173	365	445	-638	-2,707	283	-718	-120	-51	-63
배당금		0	150	0	0	50	50	60	75	50	75	75	0	0	0	0	0	0	0
ROE		30.75	30.56	22.76	7.52	7.25	10.32	35.14	18.02	-3.56	7.08	7.95	-13.03	-123.3	11.45	-40.77	-90.41	-6.99	-9.53
직원의 수						456	497	534	626	703	688	694	573	250	173	163	374	296	212
연봉정보						12	20	20	19	23	23	26	31	26	32	29	19	33	35

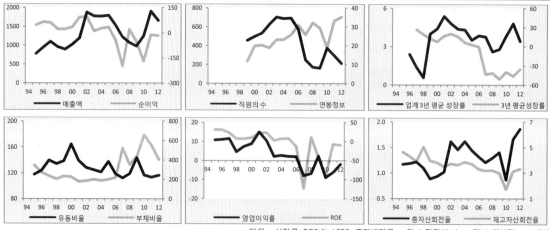

단위 : 성장률, ROE-% / EPS, 주당배당금 - 원 / 직원의 수 - 명 / 연봉정보 - 백만
2010년 9월, ㈜네티션닷컴에서 ㈜데코네티션으로 상호 변경하였습니다.
*주요브랜드 - EnC, 96NY, ANACAPRI

• 화승인더 (유가증권 / 006060)
- 플라스틱 필름, 시트 및 판 제조업

구분	94	95	96	97	98	99	00	01	02	03	04	05	06	07	08	09	10	11	12
성장률				20.83	-36.82	3.75	7.85	-23.34	10.71	6.65	4.22	5.59	0.42	1.70	8.34	6.22	6.49	4.15	1.23
EPS	-280	102	261	399	-782	84	225	-459	277	212	129	203	36	69	233	184	180	124	55
배당금	0	0	50	25	0	0	35	0	50	60	35	50	25	25	50	25	25	25	25
ROE				22.23	-36.82	3.75	9.30	-23.34	13.06	9.27	5.78	7.42	1.39	2.66	10.62	7.20	7.54	5.20	2.26
직원의 수					385	381	379	377	375	372	366	344	337	337	303	299	358	363	299
연봉정보					19	20	22	28	32	33	34	36	38	39	44	44	41	44	50

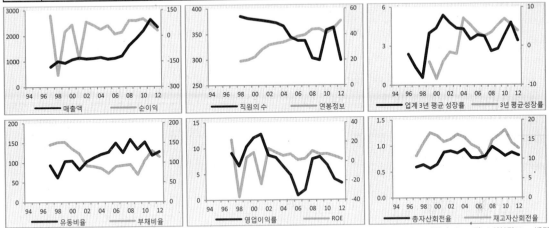

단위 : 성장률, ROE-% / EPS, 주당배당금 – 원 / 직원의 수 – 명 / 연봉정보 – 백만
1995년, ㈜화승실업에서 ㈜화승인더스트리로 상호 변경하였습니다.

• 덕성 (유가증권 / 004830)
- 플라스틱 합성피혁 제조업

구분	94	95	96	97	98	99	00	01	02	03	04	05	06	07	08	09	10	11	12
성장률				11.61	18.05	9.78	6.09	6.87	10.29	2.13	0.82	3.01	1.80	0.13	0.44	5.45	2.05	0.52	4.26
EPS	180	151	107	338	602	296	212	243	380	109	65	136	81	24	35	241	117	39	216
배당금	50	50	45	50	50	50	45	40	40	40	40	40	20	20	20	40	40	20	45
ROE				13.63	19.68	11.76	7.72	8.22	11.50	3.36	2.13	4.26	2.39	0.77	1.03	6.53	3.11	1.06	5.38
직원의 수					252	282	285	254	253	264	243	225	263	208	175	155	148	162	173
연봉정보					15	14	18	20	23	22	25	23	21	26	28	27	30	28	30

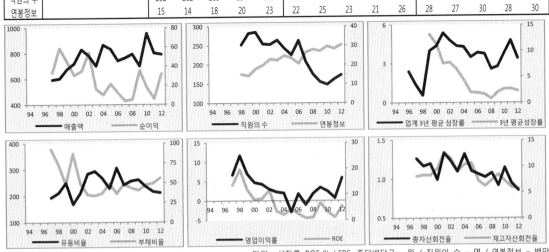

단위 : 성장률, ROE-% / EPS, 주당배당금 – 원 / 직원의 수 – 명 / 연봉정보 – 백만
2000년 3월, 주식회사 덕성에서 덕성화학공업주식회사로 상호 변경하였습니다.
*월드컵 공인구 FEVERNOVA, TEAMGEIST 원단 공급

• 백산 (유가증권 / 035150)

- 플라스틱 합성피혁 제조업

구 분	94	95	96	97	98	99	00	01	02	03	04	05	06	07	08	09	10	11	12
성장률		18.77	11.95	23.41	35.67	9.30	-6.79	-0.39	-4.50	-1.04	-0.08	5.25	3.44	-6.92	-49.43	12.33	8.35	3.48	10.10
EPS		663	357	803	1,004	371	-120	62	-89	-1	18	177	112	-158	-1,158	335	334	199	429
배당금		75	75	150	150	60	50	50	15	25	20	50	25	0	0	0	40	80	60
ROE		21.16	15.12	28.79	41.94	11.09	-4.79	-2.04	-3.85	-0.04	0.73	7.31	4.43	-6.92	-49.43	12.33	9.49	5.81	11.74
직원의 수						293	258	266	252	257	260	274	264	253	249	248	329	318	281
연봉정보						19	20	23	25	26	29	29	28	29	29	29	32	34	38

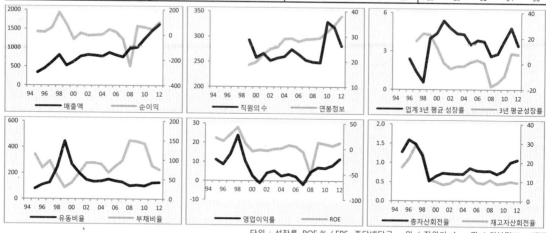

단위 : 성장률, ROE-% / EPS, 주당배당금 – 원 / 직원의 수 – 명 / 연봉정보 – 백만
1994년 4월, ㈜백산화성에서 ㈜백산으로 상호 변경하였습니다.

• 와이비로드 (유가증권 / 010600)

- 피혁원단 가공 및 피혁제품 제조 및 판매업

구 분	94	95	96	97	98	99	00	01	02	03	04	05	06	07	08	09	10	11	12
성장률	9.42	7.60	18.14	2.11	25.12	14.61	5.34	0.27	9.05	6.85	4.62	3.14	2.53	-15.96	-54.57	-33.01	-31.15	5.57	-5.76
EPS	212	168	391	66	451	302	135	20	205	138	101	80	5	-302	-771	-143	-1,129	187	-173
배당금	55	60	30	30	50	30	35	15	30	0	10	15	0	0	0	0	0	0	0
ROE	12.72	11.80	19.64	3.86	28.25	16.23	7.20	1.02	10.61	6.85	5.13	3.87	2.53	-15.96	-54.57	-33.01	-31.15	5.57	-5.76
직원의 수					218	220	209	259	275	290	153	120	106	57	57	39	32	40	34
연봉정보					17	16	19	21	25	26	48	30	27	42	36	15	13	13	40

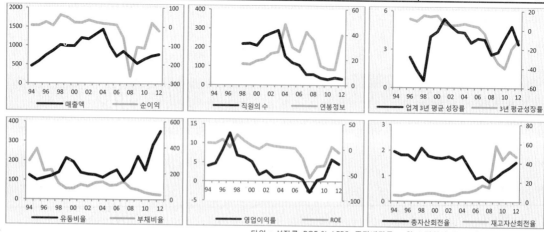

단위 : 성장률, ROE-% / EPS, 주당배당금 – 원 / 직원의 수 – 명 / 연봉정보 – 백만
2009년 11월, 영창실업주식회사에서 주식회사 와이비로드로 상호 변경하였습니다.

• 성안 (유가증권 / 011300)

- 화학섬유직물 직조업

구분	94	95	96	97	98	99	00	01	02	03	04	05	06	07	08	09	10	11	12
성장률	9.71	7.83	4.02	4.09	14.55	2.64	1.61	3.87	1.33	-31.66	6.20	0.57	-26.25	-26.08	2.15	6.64	1.28	2.31	2.36
EPS	195	172	87	81	223	64	20	50	17	-370	77	7	-251	-199	20	79	17	31	32
배당금	50	40	40	40	15	25	0	0	0	0	0	0	0	0	0	0	0	0	0
ROE	13.06	10.21	7.45	8.08	15.61	4.32	1.61	3.87	1.33	-31.66	6.20	0.57	-26.25	-26.08	2.15	6.64	1.28	2.31	2.36
직원의 수					753	718	602	526	531	507	412	326	221	241	212	189	208	192	185
연봉정보					15	16	19	20	19	22	22	22	21	20	21	23	22	22	25

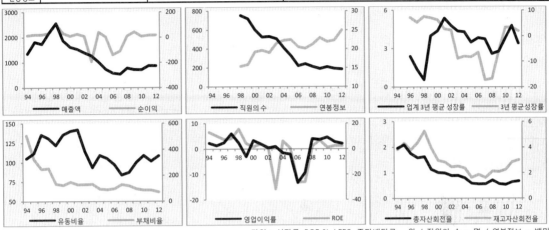

단위 : 성장률, ROE-% / EPS, 주당배당금 – 원 / 직원의 수 – 명 / 연봉정보 – 백만
1989년 11월, 성안섬유공업㈜에서 ㈜성안으로 상호 변경하였습니다.

• 신라섬유 (유가증권 / 001000)

- 화학섬유직물 직조업

구분	94	95	96	97	98	99	00	01	02	03	04	05	06	07	08	09	10	11	12
성장률					0.05	-8.91	-23.62	-5.99	-4.93	-28.94	0.82	-3.16	-15.40	-19.44	-15.84	-27.19	-6.45	-0.79	5.72
EPS					4	-712	-1,525	-365	-286	-1,292	38	-140	-597	-628	-502	-655	-188	-23	177
배당금					0	0	0	0	0	0	0	0	0	0	0	0	0	0	0
ROE		-48.58	자본잠식		0.05	-8.91	-23.62	-5.99	-4.93	-28.94	0.82	-3.16	-15.40	-19.44	-15.84	-27.19	-6.45	-0.79	5.72
직원의 수					334	324	192	175	17	15	14	14	14	14	18	18	18	18	
연봉정보					13	14	16	15	24	20	20	18	21	24	19	21	21	21	

단위 : 성장률, ROE-% / EPS, 주당배당금 – 원 / 직원의 수 – 명 / 연봉정보 – 백만
자본잠식으로 인해, 계산 불가한 값과 특이값(1995년~1997년 부채비율과 ROE, 1997년~1999년 평균성장률)은 그래프에서 제외하였습니다.
1977년 1월, 3사(명화직물,신라염직,신라염직새마을)가 통합하여 신라섬유(주)로 상호 변경하였습니다.

• 한세예스 24 홀딩스 (유가증권 / 016450) / 한세실업 (유가증권 / 105630)

- 기타 상품 중개업 / 기타 봉제의복 제조업

구분	94	95	96	97	98	99	00	01	02	03	04	05	06	07	08	09	10	11	12
성장률		21.69	13.37	15.67	25.56	13.95	8.11	6.25	-1.15	-6.78	5.76	9.84	3.05	10.21	-8.19	25.76	-11.69	-2.21	1.83
EPS		871	584	374	701	562	290	259	26	-292	208	331	123	292	-135	585	38	71	91
배당금		0	0	0	0	60	60	60	60	60	60	60	60	60	60	80	80	80	80
ROE		21.69	13.37	15.67	25.56	15.62	10.22	8.14	0.86	-5.62	8.10	12.02	5.96	12.85	-5.67	28.70	10.58	17.45	15.16
직원의 수						86	122	130	152	205	218	290	359	430	434	483	547	647	718
연봉정보						25	30	25	27	29	37	32	40	42	48	50	48	48	50

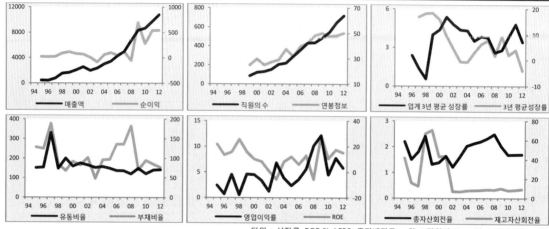

단위 : 성장률, ROE-% / EPS, 주당배당금 – 원 / 직원의 수 – 명 / 연봉정보 – 백만
2008년 한세실업 인적 분할로 인하여, 2008년 이후의 한세실업 재무제표를 합산해 그래프를 작성하였습니다.
EPS 및 배당금은 한세예스24홀딩스 기준으로 작성하였습니다.
(자료구분: 95년~08년 한세예스24홀딩스/ 09년~12년 한세실업과 한세예스24홀딩스의 단순합계)

• VGX인터 (코스닥 / 011000)

- 기타 섬유제품 염색, 정리 및 마무리 가공업

구분	94	95	96	97	98	99	00	01	02	03	04	05	06	07	08	09	10	11	12
성장률	-14.63	-96.82	-796.4	14.02	13.26	19.93	15.33	9.08	8.67	2.58	-2.58	-11.99	-4.89	-8.21	-19.84	-21.18	-26.97	-7.74	-20.51
EPS	-44	-146	-131	25	67	137	126	92	98	38	-21	-89	-90	-90	-235	-229	-212	-60	-128
배당금	0	0	0	0	6	24	24	24	24	16	0	0	0	0	0	0	0	0	0
ROE	-14.63	-96.82	-796.4	14.02	14.56	24.15	18.93	12.31	11.49	4.45	-2.58	-11.99	-4.89	-8.21	-19.84	-21.18	-26.97	-7.74	-20.51
직원의 수					162	158	160	124	115	104	82	30	31	42	35	36	34	27	24
연봉정보					16	14	18	22	22	24	22	23	27	25	29	28	36	36	37

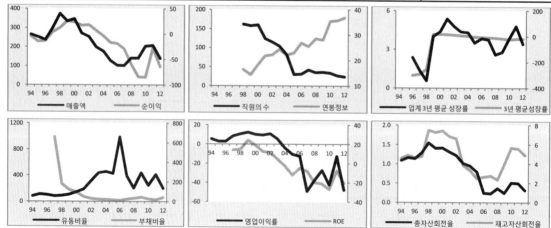

단위 : 성장률, ROE-% / EPS, 주당배당금 – 원 / 직원의 수 – 명 / 연봉정보 – 백만
2005년 11월, 주식회사 동일패브릭에서 브이지엑스 인터내셔널 주식회사로 상호 변경하였습니다.
특이값(1994년~1996년 부채비율, ROE)은 그래프에서 제외하였습니다.

• 태평양물산 (유가증권 / 007980)

- 기타 의복액세서리 제조업

구분	94	95	96	97	98	99	00	01	02	03	04	05	06	07	08	09	10	11	12
성장률	3.26	4.10	8.75	8.74	32.46	6.70	5.76	6.80	-5.54	0.19	-3.90	2.05	4.32	2.67	-1.26	5.27	-0.86	3.39	6.97
EPS	1,587	1,289	2,321	1,996	12,991	3,106	2,299	2,925	-1,218	562	-964	937	1,740	1,242	-144	2,225	-143	2,374	4,597
배당금	600	500	600	300	400	1,000	600	700	600	500	250	300	350	350	300	300	350	400	450
ROE	5.24	6.70	11.80	10.29	33.49	9.88	7.80	8.94	-3.71	1.68	-3.10	3.01	5.41	3.72	-0.41	6.09	-0.25	4.07	7.73
직원의 수					330	350	351	265	272	290	242	194	205	227	231	256	350	454	525
연봉정보					16	17	19	28	29	29	35	38	30	32	37	34	31	36	42

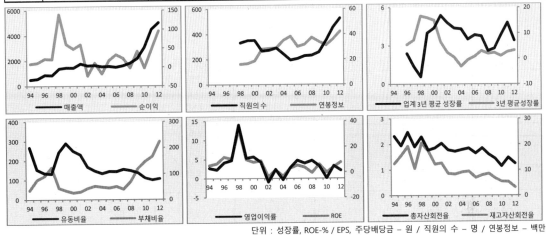

단위 : 성장률, ROE-% / EPS, 주당배당금 - 원 / 직원의 수 - 명 / 연봉정보 - 백만

• F&F (유가증권 / 007700)

- 기타 의복액세서리 제조업

구분	94	95	96	97	98	99	00	01	02	03	04	05	06	07	08	09	10	11	12
성장률		2.91	3.65	6.86	7.51	5.98	26.79	10.83	18.13	7.94	1.56	14.64	14.55	10.44	6.55	10.93	15.83	9.95	3.11
EPS		103	116	191	168	257	1,318	535	643	391	116	896	1,017	844	532	1,020	1,732	1,197	436
배당금		50	50	50	10	50	125	100	100	60	50	150	150	150	75	150	200	150	100
ROE		5.67	6.40	9.29	7.99	7.43	29.60	13.32	21.47	9.38	2.74	17.58	17.06	12.70	7.63	12.81	17.90	11.37	4.04
직원의 수					283	445	397	294	254	246	253	247	240	208	210	246	264	223
연봉정보					16	20	27	37	32	33	38	39	38	50	41	37	39	45

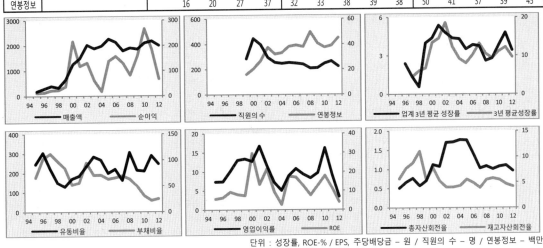

단위 : 성장률, ROE-% / EPS, 주당배당금 - 원 / 직원의 수 - 명 / 연봉정보 - 백만

2000년 결산 월 변경으로 인하여 30기는 제외하였으며, 29기를 2000년 기준으로 작성하였습니다.

*주요브랜드 - MLB, DISCOVERY

· 레져용품

2012년 레져용품 상장기업의 총 매출액은 약 5천 6백억원(전년대비 6% 성장)이며, 총 당기순이익은 150억원(전년대비 2배 이상 증가)입니다. 성장률은 -2.1%(전년대비 0.8%p 감소), ROE는 -1.1%(전년대비 0.9% 감소)를 기록하였습니다. 아래 표와 그래프를 통해, ROE(수익성)가 3년 연속 악화되고 있음을 알 수 있습니다.
(매출액 및 당기순이익은 단순합계금액이며, 성장률 및 ROE는 단순평균값입니다)

해당 산업의 직원 수는 약 1천 2백명(전년대비 1% 증가)이며, 최근 평균연봉(2012년)은 약 3천 7백만원(전년대비 8% 증가)입니다. 성장성 및 수익성 악화에도, 업계 직원 수와 평균연봉은 높아지는 등 상반된 모습을 보이고 있습니다. 최근 3년간 평균 유동비율은 215.9%, 부채비율은 57.9%입니다.

구 분	총매출액	총 당기순이익	평균성장률	평균 ROE	총 직원수	연봉정보
94	195	0	1.0	1.0		
95	317	-10	2.1	9.1		
96	321	-127	12.5	16.0		
97	355	-2	6.0	6.9		
98	336	13	11.8	6.6	2,015	16
99	416	8	4.2	4.5	2,404	18
00	526	-4	3.2	19.7	2,568	19
01	410	-22	-0.8	9.7	2,233	22
02	506	117	11.2	13.6	1,706	28
03	396	17	4.2	5.2	799	33
04	386	-12	-3.7	-2.8	960	27
05	352	-3	1.4	3.1	967	25
06	309	-2	3.7	5.0	1,001	28
07	345	-12	2.3	3.3	884	36
08	405	-33	-5.7	0.6	1,031	28
09	421	7	0.5	1.3	1,003	32
10	495	-1	1.8	3.5	1,117	32
11	533	7	-1.3	-0.2	1,187	34
12	565	15	-2.1	-1.1	1,199	37

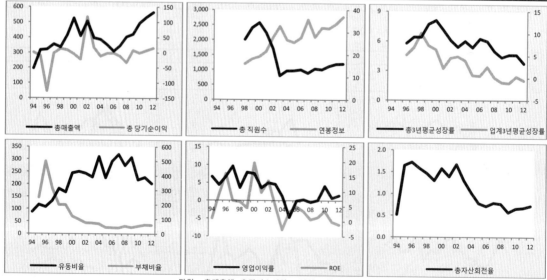

단위 : 총매출액, 총당기순이익 – 십억 / 업계 평균 성장률, ROE-% /직원의 수 – 명 / 연봉정보 – 백만
연봉정보는 1인당 평균 급여액이며, 대상기업들의 연간 총 급여액을 총 직원의 수로 나눈 금액입니다.
업계 3년 평균 성장률은 레져용품업종 전체 상장사의 평균이며, 사업보고서에 근거한 자료만으로 만들었습니다.

레
져
용
품

• 라이브플렉스 (코스닥 / 050120)

- 레저용 텐트 제품 제조 및 판매업

구분	94	95	96	97	98	99	00	01	02	03	04	05	06	07	08	09	10	11	12
성장률					-256.10	34.30	29.97	12.82	6.27	5.09	0.28	-21.00	-13.20	-1.10	-8.68	9.21	-5.15	-7.49	1.30
EPS					-1,378	279	346	270	165	90	8	-743	-313	-29	-167	177	-93	-126	22
배당금					0	0	0	50	25	0	0	0	0	0	0	0	0	0	0
ROE					-256.10	34.30	29.97	15.73	7.39	5.09	0.28	-21.00	-13.20	-1.10	-8.68	9.21	-5.15	-7.49	1.30
직원의 수										17	16	19	17	31	26	55	129	197	237	236
연봉정보										19	22	23	25	33	25	21	27	28	31	33

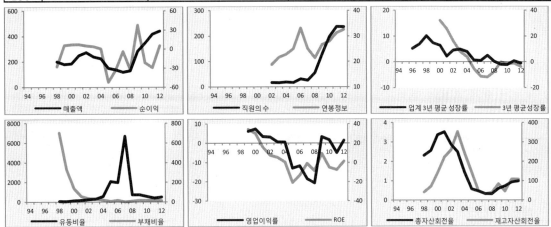

단위 : 성장률, ROE-% / EPS, 주당배당금 - 원 / 직원의 수 - 명 / 연봉정보 - 백만
2004년 결산 월 변경으로 인하여 27기는 제외하였으며, 26기를 2008년 기준으로 작성하였습니다.
특이값(1998년 영업이익률, ROE)은 그래프에서 제외하였습니다.

• 오로라 (코스닥 / 039830)

- 시각 디자인업

구분	94	95	96	97	98	99	00	01	02	03	04	05	06	07	08	09	10	11	12
성장률			68.45	33.20	42.56	18.31	11.27	11.44	11.78	3.75	7.16	6.46	7.24	2.98	0.66	1.16	4.00	4.81	4.68
EPS			34	25	129	45	399	317	474	107	318	418	409	225	87	66	330	425	431
배당금			0	0	0	0	0	50	150	0	100	175	150	100	50	0	75	100	100
ROE			68.45	33.20	42.56	18.31	11.27	13.59	17.24	3.75	10.45	11.11	11.43	5.37	1.55	1.16	5.18	6.29	6.10
직원의 수					104	121	128			92	75	76	87	90	77	88	92	89	92
연봉정보					22	26	34			25	28	27	21	30	33	31	37	37	36

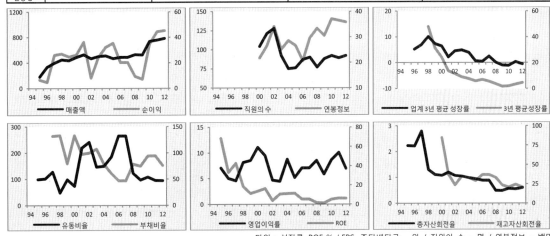

단위 : 성장률, ROE-% / EPS, 주당배당금 - 원 / 직원의 수 - 명 / 연봉정보 - 백만
특이값(1996년, 1997년 부채비율, 1996년~1999년 재고자산회전율)은 그래프에서 제외하였습니다.

• 손오공 (코스닥 / 066910)

- 인형 및 장난감 제조업

구분	94	95	96	97	98	99	00	01	02	03	04	05	06	07	08	09	10	11	12
성장률						43.74	29.68	63.66	37.87	11.23	8.96	-10.66	0.24	0.20	-43.72	-13.00	-67.48	3.64	-17.18
EPS						346	401	2,267	1,523	774	601	-674	15	13	-1,927	-433	-1,118	59	-237
배당금						0	0	0	100	0	0	0	0	0	0	0	0	0	0
ROE						43.74	29.68	63.66	40.53	11.23	8.96	-10.66	0.24	0.20	-43.72	-13.00	-67.48	3.64	-17.18
직원의 수											240	275	257	182	179	150	139	136	118
연봉정보											19	22	19	22	25	22	25	25	29

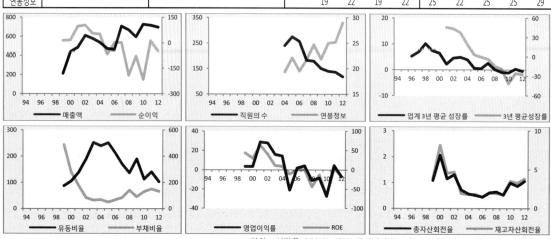

단위 : 성장률, ROE-% / EPS, 주당배당금 – 원 / 직원의 수 – 명 / 연봉정보 – 백만
1999년~2001년 사업보고서 미공시로 인하여 EPS는 감사보고서를 기준으로, 배당금은 0으로 간주해 성장률을 계산하였습니다.
99년~01년 성장률은 업계 3년 평균성장률 계산 과정에서 제외하였습니다.

• 삼천리자전거 (코스닥 / 024950)

- 자전거 및 환자용 차량 제조업

구분	94	95	96	97	98	99	00	01	02	03	04	05	06	07	08	09	10	11	12
성장률		3.98	-97.69	-10.87	2.97	1.63	-51.76	-37.25	26.32	6.20	-4.88	14.74	18.80	14.17	1.11	5.19	3.53	-0.09	7.54
EPS		77	-604	-500	141	87	-1,041	-456	485	132	-86	344	539	447	81	450	302	95	615
배당금		25	0	0	0	0	0	0	35	25	0	35	50	75	50	100	100	100	150
ROE		5.89	-97.69	-10.87	2.97	1.63	-51.76	-37.25	28.37	7.65	-4.88	16.40	20.72	17.03	2.90	6.67	5.28	1.66	9.97
직원의 수						217	227	153	149	144	140	117	127	94	106	106	127	123	129
연봉정보						19	19	25	21	25	27	26	37	44	36	47	34	38	44

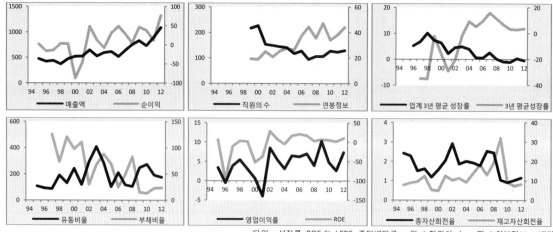

단위 : 성장률, ROE-% / EPS, 주당배당금 – 원 / 직원의 수 – 명 / 연봉정보 – 백만
1979년 3월, 기아산업㈜ 자전거 사업부에서 삼천리자공㈜로 독립하였습니다.
1999년 1월, 삼천리자잔거㈜를 흡수 합병하였습니다.
2004년 3월, 삼천리자전거공업㈜에서 삼천리자전거㈜로 상호 변경하였습니다.

레저용품

• 에이모션 (코스닥 / 031860)
- 자전거 및 환자용 차량 제조업

구분	94	95	96	97	98	99	00	01	02	03	04	05	06	07	08	09	10	11	12
성장률		0.25	12.49	38.86	14.10	4.04	16.17	-153.2	-79.45	-88.42	-37.85	-46.68	-141.3	-42.10	-68.08	7.19	3.95	-18.49	-16.45
EPS		4,760	11,340	43,870	14,540	4,880	2,280	-8,640	-2,420	-1,340	-1,050	-1,920	-2,095	-3,420	-2,960	365	675	-2,670	-413
배당금		4,500	2,500	2,500	0	0	0	0	0	0	0	0	0	0	0	0	0	0	0
ROE		4.49	16.02	41.20	14.10	4.04	16.17	-153.2	-79.45	-88.42	-37.85	-46.68	-141.3	-42.10	-68.08	7.19	3.95	-18.49	-16.45
직원의 수						149	202	130	84	47	95	89	36	32	66	21	21	21	22
연봉정보						23	26	37	39	47	26	35	31	27	19	14	22	44	28

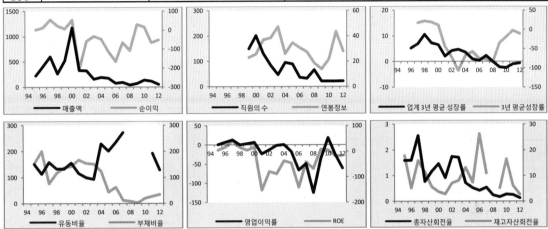

단위 : 성장률, ROE-% / EPS, 주당배당금 - 원 / 직원의 수 - 명 / 연봉정보 - 백만
특이 값(2008년~2010년 유동비율, 2008년 재고자산회전율)은 그래프에서 제외하였습니다.
2008년 9월, 주식회사 리젠에서 주식회사 에이모션으로 상호 변경하였습니다.
2007년 연봉정보는 중도 퇴사자 14명을 포함한 금액입니다.

• 유진로봇 (코스닥 / 056080)
- 장난감 및 취미용품 도매업

구분	94	95	96	97	98	99	00	01	02	03	04	05	06	07	08	09	10	11	12
성장률				22.92	8.77	38.32	29.77	6.25	1.37	-11.77	-26.15	11.20	4.16	-56.91	-37.82	-33.31	0.94	1.63	-17.46
EPS				359	97	628	696	239	33	-239	-472	-85	70	-662	-422	-311	10	19	-171
배당금				0	0	0	0	0	0	0	0	0	0	0	0	0	0	0	0
ROE				22.92	8.77	38.32	29.77	6.25	1.37	-11.77	-26.15	11.20	4.16	-56.91	-37.82	-33.31	0.94	1.63	-17.46
직원의 수						79	71	60	63	46	122	122	122	91	108	117	110		
연봉정보						25	30	26	24	19	29	26	26	33	30	33	36		

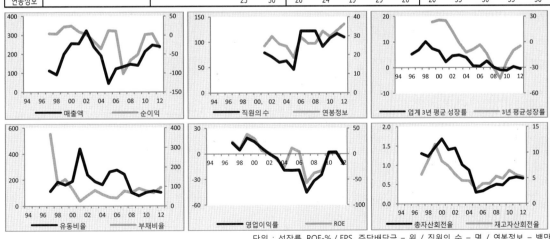

단위 : 성장률, ROE-% / EPS, 주당배당금 - 원 / 직원의 수 - 명 / 연봉정보 - 백만
2005년 10월, ㈜지나월드에서 ㈜유진로봇으로 상호 변경하였습니다.

• TJ미디어 (코스닥 / 032540)

- 전자부품, 컴퓨터, 영상, 음향 및 통신장비 제조업

구분	94	95	96	97	98	99	00	01	02	03	04	05	06	07	08	09	10	11	12
성장률				30.79	21.53	16.01	10.58	2.53	10.28	9.54	-0.28	3.76	5.36	-7.62	5.94	3.93	5.21	1.54	2.02
EPS				844	505	555	436	124	594	536	90	241	312	-272	332	459	802	314	251
배당금				60	45	50	30	30	150	200	100	100	100		100	230	470	220	130
ROE		16.80	56.85	33.15	23.64	17.60	11.36	3.34	13.76	15.22	2.55	6.42	7.89	-7.62	8.50	7.87	12.57	5.13	4.19
직원의 수						101	97	96	119	140	131	173	174	184	164	160	182	197	213
연봉정보						17	19	20	25	24	30	23	33	33	30	32	31	34	37

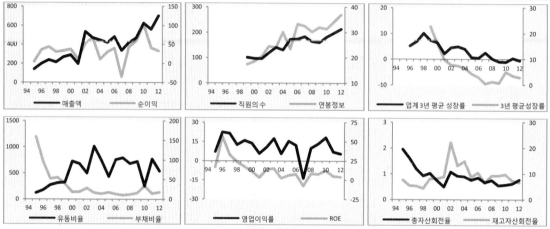

단위 : 성장률, ROE-% / EPS, 주당배당금 – 원 / 직원의 수 – 명 / 연봉정보 – 백만
2005년 1월, 태진미디어㈜에서 TJ미디어㈜로 상호 변경하였습니다.

• 삼익악기 (유가증권 / 002450)

- 피아노 제조업

구분	94	95	96	97	98	99	00	01	02	03	04	05	06	07	08	09	10	11	12
성장률	1.04	-78.86	자본잠식			-19.16	-257.0	자본잠식	84.85	5.43	-10.79	5.13	3.50	2.06	1.29	4.47	-0.44	0.83	2.34
EPS	4	-238	-2,635	-238	1,010	-447	-1,767	-1,765	2,757	92	-161	136	59	35	25	121	18	47	48
배당금	0	0	0	0	0	0	0	0	0	0	0	50	0	0	0	30	30	30	0
ROE	1.04	-78.86	자본잠식			-19.16	-257.0	자본잠식	84.85	5.43	-10.79	8.11	3.50	2.06	1.29	5.95	0.66	2.30	2.34
직원의 수					2,015	1,937	1,938	1,654	1,138	300	197	174	167	125	111	86	90	79	79
연봉정보					16	18	18	20	18	23	23	26	27	39	35	42	39	41	36

단위 : 성장률, ROE-% / EPS, 주당배당금 – 원 / 직원의 수 – 명 / 연봉정보 – 백만
자본잠식으로 인해, 계산 불가한 값과 특이값(1994년~2002년 ROE, 부채비율, 1996년~2002년 3년 평균성장률)은 그래프에서 제외하였습니다.
1990년 3월, 삼익악기제조㈜에서 ㈜삼익악기로 상호 변경하였습니다.

· 참좋은레져 (코스닥 / 094850)

- 자전거 및 기타 운송장비 도매업

구 분	94	95	96	97	98	99	00	01	02	03	04	05	06	07	08	09	10	11	12
성장률														5.74	-2.16	-14.43	4.12	1.93	14.57
EPS														356	-74	-490	122	109	629
배당금														70	0	0	0	50	100
ROE														7.14	-2.16	-14.43	4.12	3.56	17.32
직원의 수														29	151	172	161	188	200
연봉정보														32	15	28	33	32	40

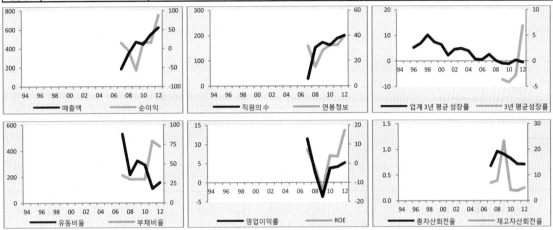

단위 : 성장률, ROE-% / EPS, 주당배당금 – 원 / 직원의 수 – 명 / 연봉정보 – 백만
2007년 2월, 삼천리자전거주식회사에서 분할하여 설립되었습니다.

• 소비재

2012년 소비재 상장기업의 전체 매출액은 약 5조 8천억원(전년대비 0.4% 성장)이며, 총 당기순이익은 약 1천 8백억원(전년대비 44% 감소)입니다. 성장률은 3.9%(전년대비 0.7%p 증가), ROE는 5.1%(전년대비 0.5%p 증가)를 기록하였습니다. (매출액 및 당기순이익은 단순합계금액이며, 성장률 및 ROE는 단순평균값 입니다.)

해당 산업의 직원 수는 약 1만 2천명(전년대비 2% 증가)이며, 최근 평균연봉(2012년)은 약 3천 7백만원(전년대비 2% 증가)입니다. 아래 표와 그래프를 통해, 업계 연봉이 꾸준히 증가했음을 알 수 있습니다. 특히, 직원 수는 두 차례 대폭 상승하였으며 2009년에는 만명 대를 돌파하였습니다. 최근 3년간 평균 유동비율은 198.5%, 부채비율은 74.8%입니다.

구 분	총매출액	총 당기순이익	평균성장률	평균 ROE	총 직원수	연봉정보
94	786	5	14.0	13.9		
95	1,380	38	10.0	8.7		
96	1,455	17	8.3	10.4		
97	1,619	-85	5.6	7.4		
98	1,454	-125	7.0	7.9	4,032	16
99	1,842	0	9.6	12.4	8,539	15
00	2,433	242	6.5	8.7	8,690	17
01	2,909	76	9.6	10.0	8,025	19
02	3,432	142	8.2	9.4	8,442	21
03	3,499	115	8.1	8.0	8,430	23
04	3,680	152	6.6	8.0	7,840	26
05	3,892	149	1.4	3.7	8,475	28
06	4,120	150	2.2	4.7	8,613	29
07	4,354	196	4.9	7.5	8,645	33
08	4,559	256	2.3	3.9	8,386	33
09	4,977	348	5.5	6.7	11,050	34
10	5,346	347	6.2	8.5	12,417	34
11	5,807	332	3.2	4.6	12,646	36
12	5,831	188	3.9	5.1	12,919	37

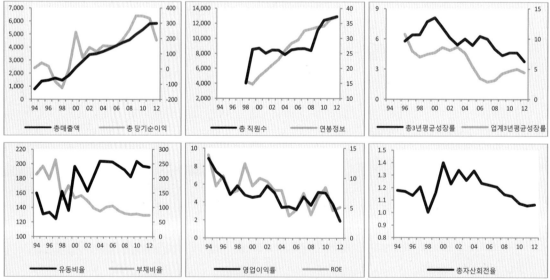

단위 : 총 매출액, 총 당기순이익 – 십억 / 평균 성장률, 평균 ROE - % / 총 직원 수 – 명 / 연봉정보 – 백만
연봉정보는 1 인당 평균 급여액이며, 대상기업들의 연간 총 급여액을 총 직원의 수로 나눈 금액입니다.
업계 3 년 평균 성장률은 소비재업종 전체 상장사의 평균이며, 사업보고서에 근거한 자료만으로 만들었습니다.

• 한샘 (유가증권 / 009240)

- 가정용 가구 도매업

구분	94	95	96	97	98	99	00	01	02	03	04	05	06	07	08	09	10	11	12
성장률		8.97	19.72	18.03	4.97	10.95	6.94	12.47	14.29	6.62	2.23	-0.70	7.26	6.78	8.12	9.10	11.45	13.34	11.94
EPS		264	1,150	1,020	338	506	362	635	1,164	592	328	160	664	768	1,019	1,165	1,512	2,086	2,139
배당금		0	330	150	50	100	100	100	200	200	200	200	200	300	400	400	500	600	600
ROE		8.97	27.65	21.14	5.83	13.65	9.59	14.80	17.26	10.00	5.72	2.79	10.39	11.13	13.37	13.86	17.11	18.73	16.60
직원의 수						972	1,096	1,059	1,219	1,224	1,206	1,109	985	924	905	1,120	1,236	1,411	1,536
연봉정보						18	17	23	25	29	30	30	32	36	32	33	38	39	44

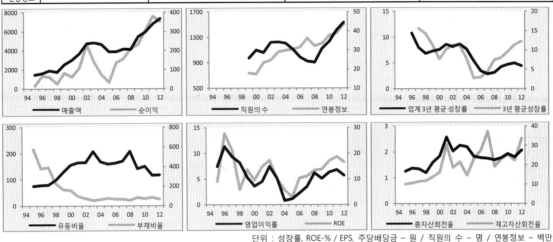

단위 : 성장률, ROE-% / EPS, 주당배당금 – 원 / 직원의 수 – 명 / 연봉정보 – 백만

• 행남자기 (코스닥 / 008800)

- 가정용 및 장식용 도자기 제조업

구분	94	95	96	97	98	99	00	01	02	03	04	05	06	07	08	09	10	11	12
성장률				2.32	0.09	-1.63	1.73	1.82	-1.80	0.37	0.58	-2.58	-8.49	0.92	-2.73	-1.97	0.73	-2.55	4.60
EPS		127	155	224	5	-92	129	136	38	22	35	-152	-461	50	-146	-103	-190	-128	239
배당금		200	0	0	0	0	25	25	150	0	0	0	0	0	0	0	0	0	0
ROE				2.32	0.09	-1.63	2.14	2.23	0.61	0.37	0.58	-2.58	-8.49	0.92	-2.73	-1.97	0.73	-2.55	4.60
직원의 수						894	840	788	626	410	272	239	239	240	232	250	238	221	171
연봉정보						9	12	14	18	21	20	20	21	20	23	20	23	23	23

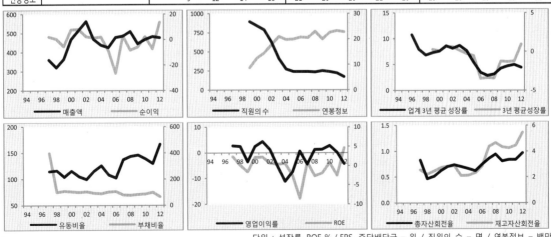

단위 : 성장률, ROE-% / EPS, 주당배당금 – 원 / 직원의 수 – 명 / 연봉정보 – 백만

소
비
재

• 경동나비엔 (유가증권 / 009450)

- 가정용 비전기식 조리 및 난방 기구 제조업

구분	94	95	96	97	98	99	00	01	02	03	04	05	06	07	08	09	10	11	12
성장률	13.11	6.25	4.45	5.63	1.44	8.41	7.05	12.05	16.12	7.55	3.99	3.38	4.08	5.10	4.68	1.82	0.04	5.71	4.08
EPS	783	524	387	403	158	595	546	970	1,515	830	492	449	531	679	672	321	101	751	307
배당금	150	150	150	100	80	100	120	120	120	120	100	100	100	100	100	100	100	100	100
ROE	16.21	8.76	7.27	7.49	2.90	10.11	8.63	13.44	17.51	8.83	5.00	4.35	5.03	5.98	5.50	2.64	4.35	6.59	6.05
직원의 수					531	525	574	549	578	563	571	547	532	577	582	592	654	699	784
연봉정보					20	19	21	22	21	23	23	25	29	29	32	32	37	40	42

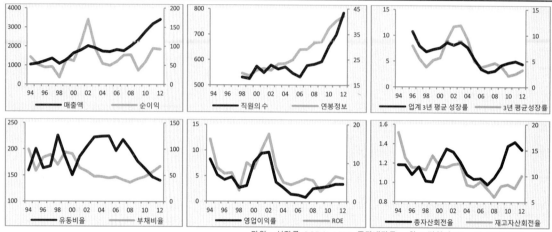

단위 : 성장률, ROE-% / EPS, 주당배당금 – 원 / 직원의 수 – 명 / 연봉정보 – 백만
2006년 9월, ㈜경동보일러에서 ㈜경동나비엔으로 상호 변경하였습니다.

• 듀오백코리아 (코스닥 / 073190)

- 금속 가구 제조업

구분	94	95	96	97	98	99	00	01	02	03	04	05	06	07	08	09	10	11	12
성장률						65.32	59.00	49.54	21.33	26.92	13.71	12.77	11.79	8.94	4.53	3.29	3.68	3.14	-0.25
EPS						107	169	282	230	220	1,409	1,518	1,566	1,331	902	481	560	515	129
배당금						0	0	0	100	50	350	400	410	400	400	200	245	240	150
ROE						65.32	59.00	49.54	37.74	34.83	18.24	17.33	15.97	12.78	8.14	5.63	6.53	5.87	1.51
직원의 수										152	148	168	173	183	153	157	155	151	161
연봉정보										16	15	22	24	25	23	23	23	24	24

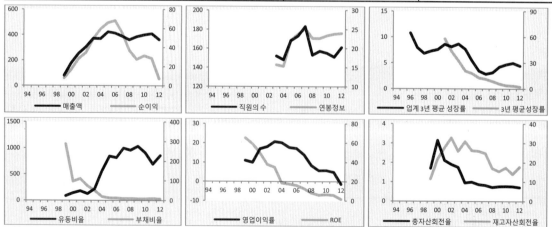

단위 : 성장률, ROE-% / EPS, 주당배당금 – 원 / 직원의 수 – 명 / 연봉정보 – 백만
2002년 11월, 주식회사 해정에서 듀오백코리아㈜로 상호 변경하였습니다.

• 바른손 (코스닥 / 018700)

- 문구 및 생활제품 생산 및 판매업

구분	94	95	96	97	98	99	00	01	02	03	04	05	06	07	08	09	10	11	12
성장률		11.85	11.45	-98.32	자본잠식		-2.19	-135.92	-168.6	2.95	15.05	2.31	-6.52	-21.34	-27.24	-6.70	7.14	-22.08	-49.43
EPS		363	300	-12,988	-28,716	-2,790	-60	-1,866	-403	13	-5	11	-62	-160	-173	-42	227	-460	-629
배당금		0	0	0	0	0	0	0	0	0	0	0	0	0	0	0	0	0	0
ROE		11.85	11.45	-98.32	자본잠식		-2.19	-135.92	-168.6	2.95	15.05	2.31	-6.52	-21.34	-27.24	-6.70	7.14	-22.08	-49.43
직원의 수						104	210	174	177	185	189	187	165	150	138	122	804	776	729
연봉정보						19	15	22	20	22	21	24	21	21	22	25	7	14	13

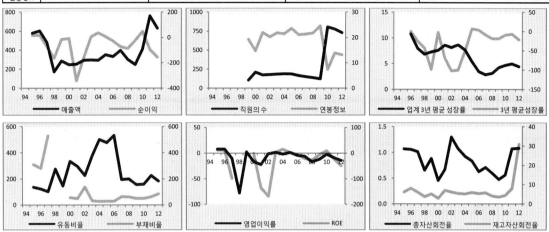

단위 : 성장률, ROE-% / EPS, 주당배당금 – 원 / 직원의 수 – 명 / 연봉정보 – 백만
자본잠식으로 인해 계산 불가한 값(1998년~1999년 부채비율, ROE 및 성장률)은 그래프에서 제외 및 보정하였습니다.
2010년 연봉정보는 사업보고서에 의거한 자료입니다.

• 코아스 (유가증권 / 071950)

- 사무용 가구 및 기기 도매업

구분	94	95	96	97	98	99	00	01	02	03	04	05	06	07	08	09	10	11	12
성장률						24.81	19.63	7.42	23.74	21.65	18.04	12.65	1.81	1.91	-18.38	2.44	2.73	3.07	0.81
EPS						183	213	82	339	373	351	538	300	64	-633	78	79	92	16
배당금						0	0	0	0	0	0	129	250	5	5	5	5	0	0
ROE						24.76	19.60	7.42	23.74	21.65	18.04	16.63	10.87	2.08	-18.24	2.61	2.92	3.07	0.81
직원의 수												270	272	271	250	218	222	244	232
연봉정보												21	25	28	31	31	28	29	33

단위 : 성장률, ROE-% / EPS, 주당배당금 – 원 / 직원의 수 – 명 / 연봉정보 – 백만
1999년~2002년 사업보고서 미공시로 인하여 EPS는 감사보고서를 기준으로, 배당금은 0으로 간주해 성장률을 계산하였습니다.
99년~02년 성장률은 업계 3년 평균성장률 계산 과정에서 제외하였습니다.
2011년 8월, ㈜코아스웰에서 ㈜코아스에서 상호 변경하였습니다.

소
비
재

• 코웨이 (유가증권 / 021240)

- 액체 여과기 제조업

구분	94	95	96	97	98	99	00	01	02	03	04	05	06	07	08	09	10	11	12
성장률		27.03	17.99	-1.44	6.64	3.89	20.33	29.64	31.23	27.11	21.01	11.44	10.37	11.04	10.78	11.34	14.21	13.18	14.92
EPS		694	710	-27	182	306	626	697	1,079	458	635	951	1,019	1,565	1,734	2,034	2,408	2,370	1,614
배당금		125	125	0	50	100	110	125	175	150	250	340	400	780	870	1,010	1,050	1,050	0
ROE		32.96	21.83	-1.44	9.16	5.77	24.67	36.12	37.28	40.31	34.66	17.81	17.08	22.00	21.63	22.52	25.20	23.66	14.92
직원의 수						236	186	346	361	611	654	1,238	1,284	1,450	1,525	4,058	4,174	4,527	4,824
연봉정보						15	31	22	26	21	27	38	44	46	43	38	41	43	42

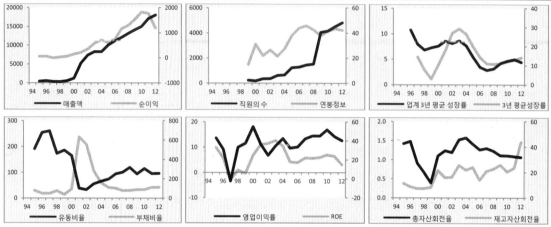

단위 : 성장률, ROE-% / EPS, 주당배당금 - 원 / 직원의 수 - 명 / 연봉정보 - 백만
2012년 11월, 웅진코웨이㈜에서 코웨이㈜로 상호 변경하였습니다.
2013년 1월, ㈜웅진홀딩스에서 코웨이홀딩스㈜로 상호 변경하였습니다.

• 아큐픽스 (코스닥 / 056730)

- 영상 및 음향기기 제조업

구분	94	95	96	97	98	99	00	01	02	03	04	05	06	07	08	09	10	11	12
성장률				49.90	5.81	41.87	14.13	21.26	34.69	33.85	23.84	-13.00	1.00	12.38	2.84	-2.54	21.96	9.82	-12.71
EPS				476	50	358	208	66	-263	33	312	-222	-543	265	136	43	389	171	-198
배당금				0	0	0	0	0	0	0	50	300	0	0	0	0	0	0	0
ROE				49.90	5.81	41.87	14.13	21.26	34.69	33.85	28.38	-5.53	1.00	12.38	2.84	-2.54	21.96	9.82	-12.71
직원의 수								43	39	42	43	188	124	114	104	123	56	57	55
연봉정보								27	31	31	38	42	52	43	40	41	51	60	50

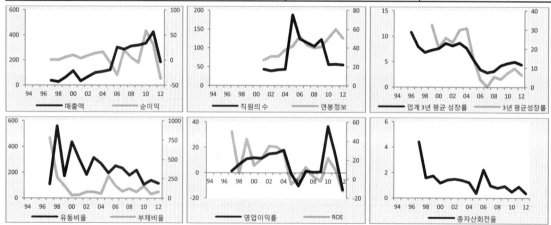

단위 : 성장률, ROE-% / EPS, 주당배당금 - 원 / 직원의 수 - 명 / 연봉정보 - 백만
2011년 1월, ㈜텔로드에서 ㈜아큐픽스로 상호 변경하였습니다.

• 렉스엘이앤지 (코스닥 / 004790)

- 전자부품, 컴퓨터, 영상, 음향 및 통신장비 제조업

구분	94	95	96	97	98	99	00	01	02	03	04	05	06	07	08	09	10	11	12
성장률		7.75	-22.90	-31.44	15.74	5.15	-25.75	-31.23	-119.0	33.06	44.89	11.42	-2.08	-215.6	42.24	-22.70	-43.17	0.82	-236.8
EPS		54	-130	-131	128	75	-291	-293	-509	336	689	174	-53	-1,433	461	-195	-355	4	-1,481
배당금		0	0	0	0	0	0	0	0	0	0	0	0	0	0	0	0	0	0
ROE		7.75	-22.90	-31.44	15.74	5.15	-25.75	-31.23	-119.0	33.06	44.89	11.42	-2.08	-215.6	42.24	-22.70	-43.17	0.82	-236.8
직원의 수						307	282	185	158	186	212	213	203	168	128	119	86	45	34
연봉정보						미공시	21	27	19	26	32	33	31	39	39	37	50	40	34

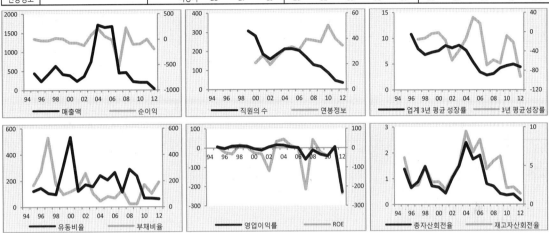

단위 : 성장률, ROE-% / EPS, 주당배당금 – 원 / 직원의 수 – 명 / 연봉정보 – 백만
2013년 9월, 기륭이앤이주식회사에서 주식회사 렉스엘이앤지로 상호 변경하였습니다.
1999년 연봉정보는 미공시 되었습니다.

• 삼본정밀전자 (코스닥 / 111870)

- 전자부품, 컴퓨터, 영상, 음향 및 통신장비 제조업

구분	94	95	96	97	98	99	00	01	02	03	04	05	06	07	08	09	10	11	12
성장률							14.74	16.52	10.22	17.05	20.76	10.10	15.48	21.73	27.19	37.98	18.66	9.36	5.79
EPS							199	267	168	338	492	267	449	808	1,282	2,032	1,860	960	755
배당금							0	0	0	0	0	0	0	0	0	100	150	200	250
ROE							14.74	16.52	10.22	17.05	20.76	10.10	15.48	21.73	27.19	39.95	20.30	11.83	8.66
직원의 수																135	109	65	
연봉정보																27	38	36	

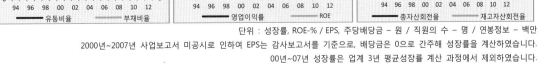

단위 : 성장률, ROE-% / EPS, 주당배당금 – 원 / 직원의 수 – 명 / 연봉정보 – 백만
2000년~2007년 사업보고서 미공시로 인하여 EPS는 감사보고서를 기준으로, 배당금은 0으로 간주해 성장률을 계산하였습니다.
00년~07년 성장률은 업계 3년 평균성장률 계산 과정에서 제외하였습니다.

소
비
재

• 삼진 (코스닥 / 032750)

- 전자부품, 컴퓨터, 영상, 음향 및 통신장비 제조업

구분	94	95	96	97	98	99	00	01	02	03	04	05	06	07	08	09	10	11	12
성장률		7.46	18.16	1.79	5.43	0.79	-0.52	-3.56	1.68	-0.32	7.18	4.86	3.44	3.08	1.60	3.19	16.55	7.41	8.48
EPS		120	356	201	469	94	37	-44	93	42	233	181	143	141	111	170	1,239	568	753
배당금		0	0	175	125	75	50	50	50	50	50	50	50	50	50	50	100	50	100
ROE		7.46	18.16	13.70	7.40	3.89	1.52	-1.66	3.61	1.60	9.14	6.71	5.29	4.78	2.91	4.52	18.01	8.12	9.78
직원의 수						319	355	280	266	249	216	181	171	148	137	149	159	144	158
연봉정보						16	14	16	18	16	18	22	22	24	25	23	29	30	34

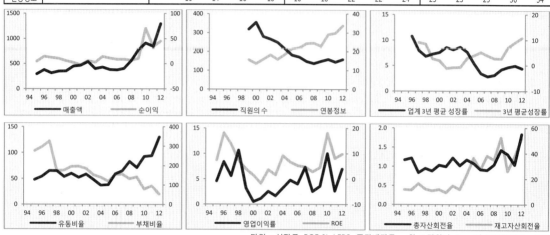

단위 : 성장률, ROE-% / EPS, 주당배당금 - 원 / 직원의 수 - 명 / 연봉정보 - 백만
1989년 10월, 삼진프라스틱주식회사에서 ㈜삼진으로 상호 변경하였습니다.

• 아남전자 (유가증권 / 008700)

- 전자부품, 컴퓨터, 영상, 음향 및 통신장비 제조업

구분	94	95	96	97	98	99	00	01	02	03	04	05	06	07	08	09	10	11	12
성장률	2.20	-12.81	-240.4	자본잠식	자본잠식	자본잠식	3524.4	자본잠식	43.19	-13.65	-52.96	-20.93	5.17	16.82	-16.08	1.59	4.06	9.49	-3.69
EPS	27	-137	-685	-1,401	-3,770	-1,679	2,885	-146	553	-132	-332	-109	215	847	-690	153	-26	94	-36
배당금	0	0	0							0	0	0	0	0	0	50	0	0	0
ROE	2.20	-12.81	-240.4	자본잠식	자본잠식	자본잠식	3524.4	자본잠식	43.19	-13.65	-52.96	-20.93	5.17	16.82	-16.08	2.37	4.06	9.49	-3.69
직원의 수					789	709	787	729	569	487	400	146	138	142	131	134	148	148	145
연봉정보					17	14	15	18	26	27	30	41	36	38	41	37	37	45	41

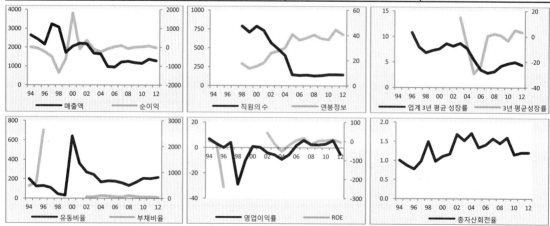

단위 : 성장률, ROE-% / EPS, 주당배당금 - 원 / 직원의 수 - 명 / 연봉정보 - 백만
자본잠식으로 인해, 계산 불가한 값과 특이값(1997년~2001년 부채비율과 ROE, 1996년~2002년 3년 평균성장률)은 그래프에서 제외하였습니다.
1990년, 아남전기산업㈜에서 아남전자㈜로 상호 변경하였습니다.

• 에스텍 (코스닥 / 069510)

- 전자부품, 컴퓨터, 영상, 음향 및 통신장비 제조업

구 분	94	95	96	97	98	99	00	01	02	03	04	05	06	07	08	09	10	11	12
성장률						18.60	37.59	36.01	28.21	18.36	10.34	0.87	1.19	17.00	10.33	20.10	20.56	16.61	9.70
EPS						114	446	773	793	949	350	173	83	766	576	1,389	1,875	1,579	1,076
배당금						0	0	120	75	125	0	150	50	175	125	280	500	300	250
ROE						18.60	37.59	42.62	31.16	21.15	10.34	6.56	2.98	22.03	13.19	25.18	28.04	20.51	12.64
직원의 수									541	381	408	421	354	324	308	295	318	323	321
연봉정보									16	22	32	27	32	36	36	43	43	43	45

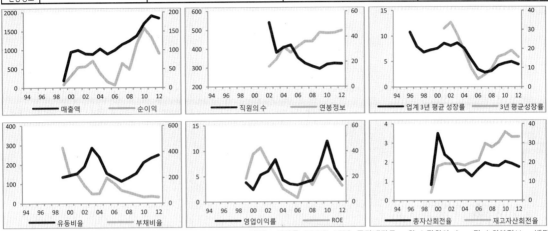

단위 : 성장률, ROE-% / EPS, 주당배당금 – 원 / 직원의 수 – 명 / 연봉정보 – 백만
1999년 9월, LG이노텍(주)로부터 Employee Buy Out방식으로 분사하여 설립되었습니다

• 코원 (코스닥 / 056000)

- 전자부품, 컴퓨터, 영상, 음향 및 통신장비 제조업

구 분	94	95	96	97	98	99	00	01	02	03	04	05	06	07	08	09	10	11	12
성장률						24.81	26.10	27.15	34.96	14.88	20.88	15.18	1.56	11.47	6.98	28.74	10.90	-25.16	-36.97
EPS						1,466	440	588	853	640	1,078	449	44	384	244	1,553	706	-1,096	-1,299
배당금						0	0	0	0	0	100	30	0	20	0	100	50	0	0
ROE						24.81	26.10	27.15	34.96	14.88	23.02	16.27	1.56	12.10	6.98	30.71	11.73	-25.16	-36.97
직원의 수										115	137	175	174	180	187	189	195	163	136
연봉정보										28	22	28	33	33	34	25	36	45	37

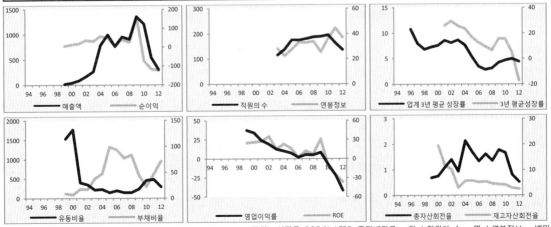

단위 : 성장률, ROE-% / EPS, 주당배당금 – 원 / 직원의 수 – 명 / 연봉정보 – 백만
2005년 3월, 주식회사 거원시스템에서 주식회사코원시스템으로 상호 변경하였습니다.

소
비
재

669

• 에넥스 (유가증권 / 011090)

- 주방용 및 음식점용 목재가구 제조업

구분	94	95	96	97	98	99	00	01	02	03	04	05	06	07	08	09	10	11	12
성장률	29.44	10.50	0.32	0.39	1.90	-7.20	-7.29	5.67	10.31	10.09	1.91	-5.08	0.95	8.79	0.87	-11.34	-42.61	14.42	-37.51
EPS	397	246	45	23	56	-81	-77	75	169	189	45	-72	34	164	14	-168	-458	179	-332
배당금	0	65	40	18	25	0	0	10	35	35	15	0	20	30	0	0	0	0	0
ROE	29.44	14.26	3.02	1.67	3.46	-7.20	-7.29	6.54	13.01	12.37	2.87	-5.08	2.32	10.76	0.87	-11.34	-42.61	14.42	-37.51
직원의 수					767	778	699	628	671	684	653	605	599	582	498	472	438	425	336
연봉정보					16	17	23	21	21	23	25	26	27	31	32	31	30	29	34

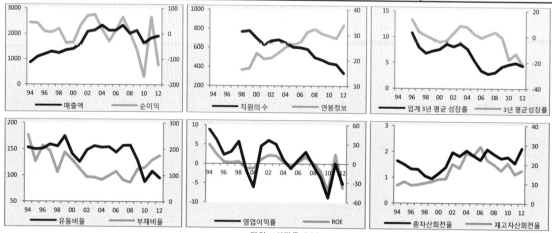

단위 : 성장률, ROE-% / EPS, 주당배당금 – 원 / 직원의 수 – 명 / 연봉정보 – 백만
1992년, 주식회사 오리표씽크에서 주식회사 ENEX로 상호 변경하였습니다.

• 위닉스 (코스닥 / 044340)

- 증류기, 열 교환기 및 가스 발생기 제조업

구분	94	95	96	97	98	99	00	01	02	03	04	05	06	07	08	09	10	11	12
성장률			38.39	15.02	21.12	-10.37	13.54	18.25	16.03	11.43	4.69	-3.22	-5.32	8.08	3.17	9.30	9.28	-8.22	6.63
EPS			1,767	81	145	268	901	1,042	1,271	1,137	296	-79	-153	435	185	559	592	-308	361
배당금			0	0	0	360	35	100	50	250	100	50	50	100	50	100	50	50	50
ROE			38.39	15.02	21.12	30.25	14.09	20.19	16.69	14.65	7.08	-1.97	-4.01	10.49	4.35	11.33	10.14	-7.07	7.69
직원의 수					285	293	336	337	351	271	289	288	289	299	377	351	384		
연봉정보					12	15	17	17	20	24	22	23	27	28	28	29	27		

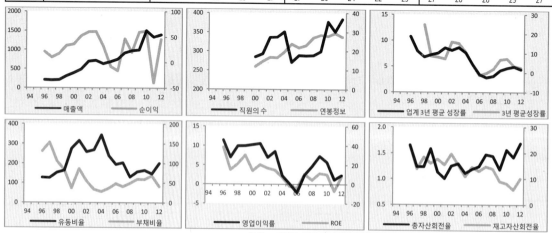

단위 : 성장률, ROE-% / EPS, 주당배당금 – 원 / 직원의 수 – 명 / 연봉정보 – 백만
2000년 4월, 유원산업 주식회사에서 주식회사 위닉스로 상호 변경하였습니다.

소
비
재

• 웰크론 (코스닥 / 065950)
- 특수직물 및 기타직물 직조업

구분	94	95	96	97	98	99	00	01	02	03	04	05	06	07	08	09	10	11	12
성장률						27.17	12.32	8.41	16.28	-8.07	4.94	-29.63	-35.64	-12.12	-15.11	19.02	-0.07	-4.91	-3.51
EPS						587	295	174	321	-156	88	-495	-412	-158	-294	461	-138	-145	-84
배당금						0	0	0	0	0	0	0	0	0	0	0	0	0	0
ROE						27.17	12.32	8.41	16.28	-8.07	4.94	-29.63	-35.64	-12.12	-15.11	19.02	-0.07	-4.91	-3.51
직원의 수										153	163	128	126	139	143	148	168	171	165
연봉정보										22	25	30	30	26	33	33	35	30	31

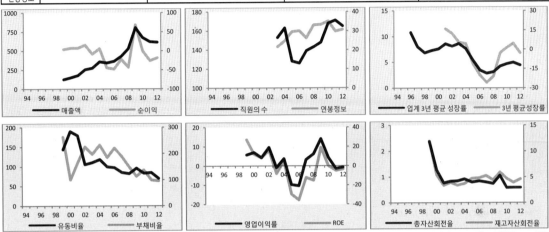

단위 : 성장률, ROE-% / EPS, 주당배당금 – 원 / 직원의 수 – 명 / 연봉정보 – 백만
2007년 12월, 주식회사 은성코퍼레이션에서 주식회사 웰크론으로 상호 변경하였습니다.

• 신성델타테크 (코스닥 / 065350)
- 기타 가정용 전기기기 제조업

구분	94	95	96	97	98	99	00	01	02	03	04	05	06	07	08	09	10	11	12
성장률						41.43	12.80	17.94	12.59	10.65	13.30	12.44	16.03	11.25	10.08	10.42	5.21	-4.11	4.29
EPS						407	140	245	331	322	483	661	770	658	659	760	375	-163	297
배당금						0	0	0	75	75	100	100	125	125	125	125	125	40	50
ROE						41.43	12.80	17.94	16.28	13.89	16.78	14.66	19.14	13.89	12.44	12.47	7.81	-3.30	5.16
직원의 수										359	383	521	556		516	476	609	461	413
연봉정보										20	23	미공시	25		26	28	30	29	30

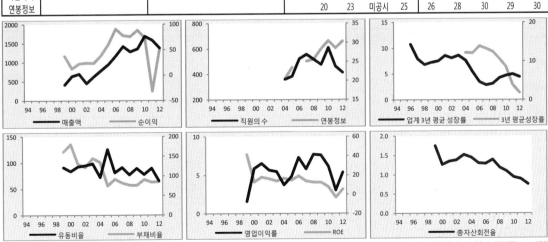

단위 : 성장률, ROE-% / EPS, 주당배당금 – 원 / 직원의 수 – 명 / 연봉정보 – 백만
1999년~2001년 사업보고서 미공시로 인하여 EPS는 감사보고서를 기준으로, 배당금은 0으로 간주해 성장률을 계산하였습니다.
99~01년 성장률은 업계 3년 평균성장률 계산 과정에서 제외하였습니다.
2006년 연봉정보는 미공시 되었습니다.

• 신일산업 (유가증권 / 002700)
- 기타 가정용 전기기기 제조업

구분	94	95	96	97	98	99	00	01	02	03	04	05	06	07	08	09	10	11	12
성장률	0.09	1.28	-7.70	-24.50	1.20	-96.22	11.55	3.79	-99.88	자본잠식		-29.89	-115.3	13.65	-83.54	12.20	5.49	19.37	4.62
EPS	2	221	-1,208	-3,709	152	-6,970	921	314	-3,412	-4,928	158	-1,086	-399	48	-234	49	24	102	26
배당금	0	0	0	0	0	0	0	0	0	0	0	0	0	0	0	0	0	0	0
ROE	0.09	1.28	-7.70	-24.50	1.20	-96.22	11.55	3.79	-99.88	자본잠식		-29.89	-115.3	13.65	-83.54	12.20	5.49	19.37	4.62
직원의 수					490	635	581	516	473	296	120	99	102	85	84	80	82	81	92
연봉정보					10	14	16	18	19	21	40	27	34	42	36	29	31	39	38

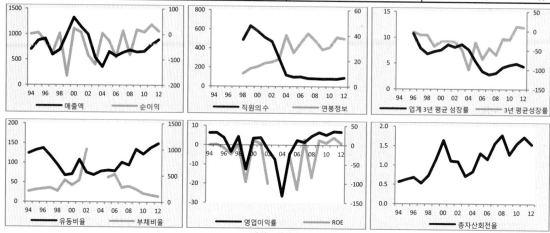

단위 : 성장률, ROE-% / EPS, 주당배당금 – 원 / 직원의 수 – 명 / 연봉정보 – 백만
자본잠식으로 인해, 계산 불가한 값(2003년~2004년 부채비율, ROE 및 성장률)은 그래프에서 제외 및 보정하였습니다.
2004년 결산 월 변경으로 인하여, 46기(04년도)는 9개월(4월~12월)치 자료로 작성되었습니다.

• 파세코 (코스닥 / 037070)
- 기타 가정용 전기기기 제조업

구분	94	95	96	97	98	99	00	01	02	03	04	05	06	07	08	09	10	11	12
성장률		16.57	21.55	20.42	14.11	20.13	21.53	4.72	7.78	4.10	2.50	11.91	-12.73	-14.29	5.29	15.27	2.05	0.63	5.77
EPS		23	36	39	43	598	694	125	317	187	155	453	-182	-176	279	737	183	124	338
배당금		5	5	3	4	50	100	0	100	100	100	150	100	100	100	150	100	100	100
ROE		20.56	24.66	21.83	15.37	21.96	25.15	4.72	11.37	8.81	7.06	17.80	-8.21	-9.11	8.24	19.17	4.52	3.26	8.20
직원의 수					270	350	334	431	422	333	222	191	177	186	252	267	281	288	
연봉정보					15	16	16	19	20	23	24	29	31	30	29	31	33	35	

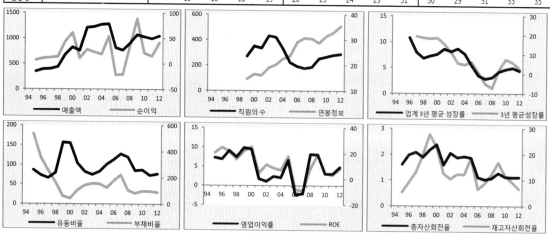

단위 : 성장률, ROE-% / EPS, 주당배당금 – 원 / 직원의 수 – 명 / 연봉정보 – 백만
1999년, ㈜우신전자에서 ㈜파세코로 상호 변경하였습니다.

소
비
재

• 리홈쿠첸 (코스닥 / 014470)

- 기타 대형 종합 소매업

구분	94	95	96	97	98	99	00	01	02	03	04	05	06	07	08	09	10	11	12
성장률			2.17	3.18	7.57	6.21	6.19	2.23	-13.13	-5.34	2.82	-17.84	8.91	-4.03	1.79	11.28	1.58	4.86	5.58
EPS			25	36	95	158	159	70	-253	-97	52	-274	216	-93	44	288	136	195	238
배당금			0	0	0	0	0	0	0	0	0	0	0	0	0	0	50	0	0
ROE			2.17	3.18	7.57	6.21	6.19	2.23	-13.13	-5.34	2.82	-17.84	8.91	-4.03	1.79	11.28	2.49	4.86	5.58
직원의 수						490	439	328		335	325	293	599	618	610	515	621	521	519
연봉정보						14	18	19		18	21	21	21	24	25	28	33	36	36

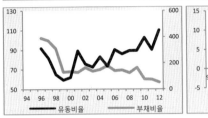
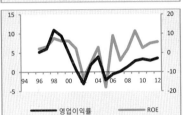
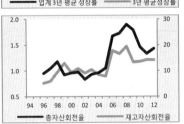

단위 : 성장률, ROE-% / EPS, 주당배당금 - 원 / 직원의 수 - 명 / 연봉정보 - 백만

2005년 결산 월 변경으로 인하여 27기는 제외하였으며, 26기를 2005년 기준으로 작성하였습니다.

2013년 3월 ㈜리홈쿠첸으로 상호 변경하였으며, 2013년 9월 ㈜쿠첸을 합병하였습니다.

• 리바트 (유가증권 / 079430)

- 기타 목재가구 제조업

구분	94	95	96	97	98	99	00	01	02	03	04	05	06	07	08	09	10	11	12
성장률						45.38	56.90	36.12	24.59	23.56	11.72	12.82	9.20	9.72	11.86	11.75	6.82	2.55	1.61
EPS						1,330	2,527	2,125	1,909	2,472	1,447	1,612	756	926	1,064	1,188	1,094	388	243
배당금						0	0	0	0	100	100	200	250	320	230	250	240	100	60
ROE						45.38	56.90	36.12	24.59	24.56	12.59	14.63	13.75	14.85	15.14	14.88	8.74	3.43	2.14
직원의 수										384	354	363			376	361	376	461	480
연봉정보										36	40	41			45	47	40	37	39

단위 : 성장률, ROE-% / EPS, 주당배당금 - 원 / 직원의 수 - 명 / 연봉정보 - 백만

1999년~2002년 사업보고서 미공시로 인하여 EPS는 감사보고서를 기준으로, 배당금은 0으로 간주해 성장률을 계산하였습니다.

99년~02년 성장률은 업계 3년 평균성장률 계산 과정에서 제외하였습니다.

2012년 2월, 현대백화점그룹 계열사로 편입되었습니다.

소
비
재

• 보루네오 (유가증권 / 004740)
- 기타 목재가구 제조업

구 분	94	95	96	97	98	99	00	01	02	03	04	05	06	07	08	09	10	11	12
성장률	-2342.9		자본잠식			19.97	-75.92	25.65	-11.27	-50.85	-1.47	-9.16	-14.66	7.30	4.68	1.94	2.24	-0.81	-55.72
EPS	-366	-56	-28	-966	-300	186	-2,012	669	-95	-283	-7	-42	-59	32	34	14	17	-2	-793
배당금	0	0	0	0	0	0	0	0	0	0	0	0	0	0	0	0	0	0	0
ROE	-2342.9		자본잠식			19.97	-75.92	25.65	-11.27	-50.85	-1.47	-9.16	-14.66	7.30	4.68	1.94	2.24	-0.81	-55.72
직원의 수					1,172	1,138	1,159	906	875	754	303	268	269	247	262	285	301	293	386
연봉정보					16	18	18	18	22	23	25	28	27	33	31	30	28	32	27

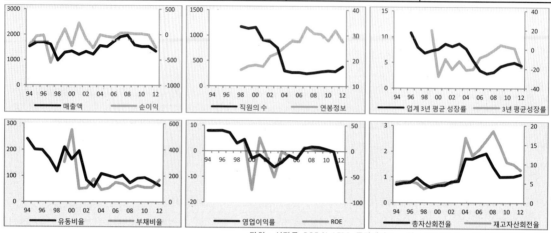

단위 : 성장률, ROE-% / EPS, 주당배당금 - 원 / 직원의 수 - 명 / 연봉정보 - 백만
자본잠식으로 인해, 계산 불가한 값(1995년~1998년 부채비율, ROE 및 성장률)은 그래프에서 제외 및 보정하였습니다.
1987년 1월, 보루네오통상㈜에서 ㈜보루네오가구로 상호 변경하였습니다.

• 에이스침대 (코스닥 / 003800)
- 기타 목재가구 제조업

구 분	94	95	96	97	98	99	00	01	02	03	04	05	06	07	08	09	10	11	12
성장률		29.14	19.85	9.76	3.67	6.99	10.47	10.31	11.43	11.41	8.41	8.88	8.48	9.13	9.36	9.77	13.17	13.60	10.85
EPS		3,814	2,711	1,663	954	3,160	3,539	3,959	5,606	5,944	4,784	6,495	6,922	8,052	9,092	12,021	15,936	19,821	17,941
배당금		0	0	0	0	0	0	0	0	0	0	1,000	1,000	1,000	1,000	1,500	1,500	2,000	2,000
ROE		29.14	19.85	9.76	3.67	6.99	10.47	10.31	11.43	11.41	8.41	10.49	9.91	10.43	10.51	11.17	14.54	15.12	12.21
직원의 수						461	300	297	331	526	501	513	512	515	538	517	558	546	526
연봉정보						11	17	19	19	18	22	22	26	20	26	27	27	30	31

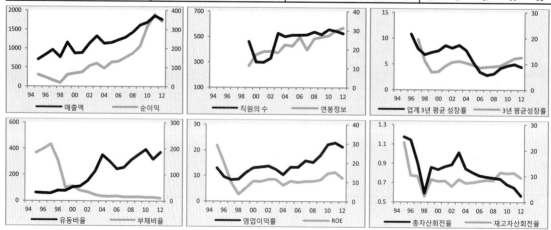

단위 : 성장률, ROE-% / EPS, 주당배당금 - 원 / 직원의 수 - 명 / 연봉정보 - 백만

• 퍼시스 (유가증권 / 016800)

- 기타 목재가구 제조업

구분	94	95	96	97	98	99	00	01	02	03	04	05	06	07	08	09	10	11	12
성장률	23.95	26.40	11.09	10.91	4.85	5.92	15.04	9.38	10.65	9.52	12.12	13.85	10.73	10.54	11.10	8.88	9.65	9.23	7.45
EPS	1,665	1,733	1,308	893	577	758	1,404	1,160	1,407	1,396	1,885	2,518	2,350	2,626	2,967	2,697	3,029	3,405	3,036
배당금	857	675	500	300	300	400	300	300	300	300	300	400	500	600	600	600	700	700	700
ROE	49.39	43.25	17.96	16.42	10.10	12.54	19.12	12.65	13.53	12.13	14.42	16.47	13.63	13.67	13.91	11.42	12.56	11.62	9.69
직원의 수					399	219	247	224	225	211	223	245	234	274	257	266	226	254	304
연봉정보					16	26	17	16	18	22	22	23	28	27	30	29	30	28	34

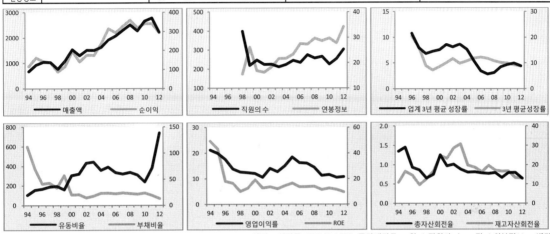

단위 : 성장률, ROE-% / EPS, 주당배당금 - 원 / 직원의 수 - 명 / 연봉정보 - 백만
1995년 3월, 주식회사 한샘퍼시스에서 주식회사 퍼시스로 상호 변경하였습니다.

• 한국가구 (코스닥 / 004590)

- 기타 목재가구 제조업

구분	94	95	96	97	98	99	00	01	02	03	04	05	06	07	08	09	10	11	12
성장률		2.30	3.11	3.07	4.73	7.38	4.73	0.24	0.91	10.17	1.59	0.83	2.93	1.49	0.09	40.97	-3.28	-0.66	0.58
EPS		547	760	783	1,259	1,053	703	36	182	1,773	352	205	830	573	17	13,537	-751	106	880
배당금		0	0	0	0	0	0	0	45	60	80	60	300	300	0	650	250	350	650
ROE		2.30	3.11	3.07	4.73	7.38	4.73	0.24	1.21	10.53	2.05	1.18	4.60	3.12	0.09	43.04	-2.46	0.29	2.22
직원의 수					119	126	96	90	78	46	34	57	49	53	37	35	34	38
연봉정보					19	22	25	25	30	27	25	33	39	37	42	29	36	33

단위 : 성장률, ROE-% / EPS, 주당배당금 - 원 / 직원의 수 - 명 / 연봉정보 - 백만
1985년 11월, 한국가구공업㈜에서 ㈜한국가구로 상호 변경하였습니다.

소비재

• 디피씨 (유가증권 / 026890)
- 기타 발전기 및 전기변환장치 제조업

구분	94	95	96	97	98	99	00	01	02	03	04	05	06	07	08	09	10	11	12
성장률	15.49	7.80	20.69	14.39	30.55	16.80	11.84	7.49	1.21	-11.72	-5.44	0.76	-4.05	1.39	1.21	1.93	2.48	2.30	-0.18
EPS	355	257	418	497	1,072	611	538	398	108	-291	-138	71	-45	82	79	98	90	102	46
배당금	100	100	60	75	125	100	100	100	50	0	0	50	50	50	50	50	50	50	50
ROE	21.58	12.77	24.16	16.95	34.59	20.09	14.54	10.01	2.26	-11.72	-5.44	2.59	-1.92	3.55	3.29	3.94	5.57	4.51	2.03
직원의 수					415	422	322	363	295	192	208	144	98	82	68	70	71	62	53
연봉정보					16	14	17	17	22	26	42	28	29	32	52	28	40	44	48

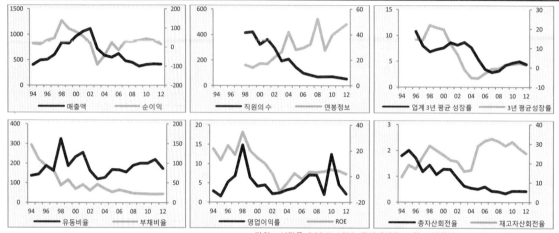

단위 : 성장률, ROE-% / EPS, 주당배당금 – 원 / 직원의 수 – 명 / 연봉정보 – 백만
2000년 3월, 동양전원공업주식회사에서 디피씨주식회사로 상호 변경하였습니다.

• PN 풍년 (코스닥 / 024940)
- 기타 금속가공제품 제조업

구분	94	95	96	97	98	99	00	01	02	03	04	05	06	07	08	09	10	11	12
성장률		6.76	3.60	0.73	-0.49	2.26	-13.27	1.25	-3.35	-0.25	3.27	4.33	4.52	2.11	1.94	-4.08	-4.60	-0.83	1.95
EPS		320	68	13	-9	42	-264	27	-69	-5	88	117	127	68	65	140	128	-9	81
배당금		0	5	0	0	0	15	0	0	0	15	15	15	15	15	250	250	15	25
ROE		6.76	3.89	0.73	-0.49	2.26	-12.56	1.25	-3.35	-0.25	3.95	4.96	5.13	2.71	2.53	5.19	4.83	-0.31	2.83
직원의 수					233	213	218	212	205	201	191	190	188	154	169	181	193	184	
연봉정보					18	20	23	24	23	27	28	36	31	36	35	34	37	41	

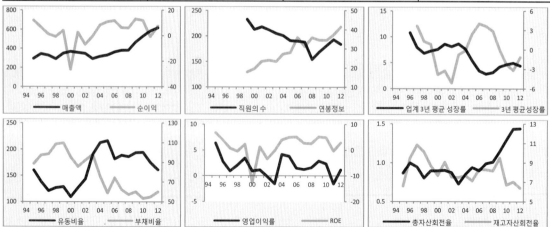

단위 : 성장률, ROE-% / EPS, 주당배당금 – 원 / 직원의 수 – 명 / 연봉정보 – 백만
2009년 3월, 세광알미늄에서 피엔풍년으로 상호 변경하였습니다.

• 의료장비

2012년 의료장비 상장기업 전체 매출액은 약 1조 6천억원(전년대비 7% 성장), 총 당기순이익은 약 450억원(전년대비 40% 증가)입니다. 평균성장률은 -0.6%(전년대비 5.4%p 감소)이며, ROE는 0.6%(전년대비 5.1%p감소)를 기록하였습니다. 아래 표와 그래프를 통해, 성장률과 ROE 부분이 4년 연속 낮아지고 있음을 알 수 있습니다. (매출액 및 당기순이익은 단순합계금액이며, 성장률 및 ROE는 단순평균값 입니다)

해당 산업의 직원 수는 약 6천 4백명(전년대비 14% 증가)이며, 최근 평균연봉(2012년)은 약 3천 4백만원으로 전년대비 유사한 수준입니다. 업계 연봉은 최근 4년 동안 일정한 수준을 유지하고 있습니다. 최근 3년 평균 유동비율은 242.8%, 부채비율은 82.6%입니다.

구 분	총매출액	총 당기순이익	평균성장률	평균 ROE	총 직원수	연봉정보
94	30	1	7.6	8.7		
95	105	5	8.4	8.9		
96	157	11	12.3	14.0		
97	193	13	15.9	18.1		
98	213	16	13.4	16.5	603	19
99	301	41	15.8	17.3	1,164	18
00	339	31	9.0	10.3	1,734	20
01	419	-22	3.4	7.0	2,088	21
02	506	-9	2.4	5.0	2,390	22
03	579	15	3.6	5.3	2,535	25
04	597	3	8.4	8.6	2,587	26
05	679	21	7.7	9.1	2,975	28
06	842	21	8.2	8.8	3,751	29
07	990	-8	6.5	7.2	3,976	31
08	1,073	-44	6.4	7.1	4,413	31
09	1,273	122	10.7	12.0	4,575	34
10	1,414	51	6.1	6.8	5,073	33
11	1,552	32	4.8	5.7	5,587	34
12	1,663	45	-0.6	0.6	6,416	34

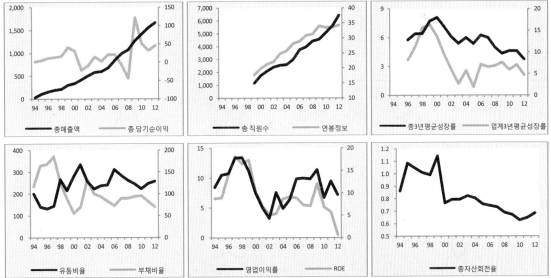

단위 : 총 매출액, 총 당기순이익 – 십억 / 평균 성장률, 평균 ROE - % / 총 직원 수 – 명 / 연봉정보 – 백만
연봉정보는 1 인당 평균 급여액이며, 대상기업들의 연간 총 급여액을 총 직원의 수로 나눈 금액입니다.
업계 3 년 평균 성장률은 의료장비업종 전체 상장사의 평균이며, 사업보고서에 근거한 자료만으로 만들었습니다.

• 차바이오앤 (코스닥 / 085660)

- 공학렌즈 및 광학요소 제조업

구분	94	95	96	97	98	99	00	01	02	03	04	05	06	07	08	09	10	11	12
성장률											12.99	-23.20	-3.56	4.54	9.84	4.42	-5.45	-2.51	1.32
EPS											373	1,079	631	222	263	137	-172	-110	56
배당금											0	0	150	0					
ROE											12.99	-23.20	-4.67	4.54	9.84	4.42	-5.45	-2.51	1.32
직원의 수												90	132	115	141	231	308	279	258
연봉정보												23	29	40	37	34	27	33	37

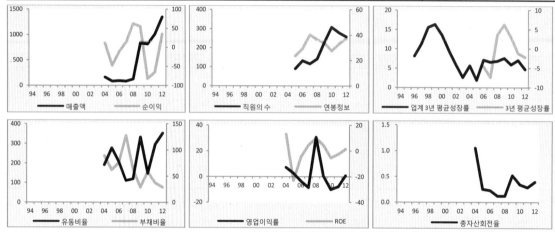

단위 : 성장률, ROE-% / EPS, 주당배당금 – 원 / 직원의 수 – 명 / 연봉정보 – 백만
2009년 2월, ㈜차바이오텍과 합병하였습니다.
2009년 3월, ㈜디오스텍에서 ㈜차바이오앤디오스텍으로 상호 변경하였습니다.

• 바텍 (코스닥 / 043150)

- 산업처리공정 제어장비 제조업

구분	94	95	96	97	98	99	00	01	02	03	04	05	06	07	08	09	10	11	12
성장률							4.18	1.06	7.79	3.37	32.83	24.72	12.22	14.10	9.72	10.31	7.60	5.70	-0.09
EPS							54	13	106	47	688	991	691	779	595	805	820	427	95
배당금							0	0	0	0	0	0	0	0	0	100	150	100	100
ROE							4.18	1.06	7.79	3.37	32.83	24.72	12.22	14.10	9.72	11.77	9.30	7.44	1.73
직원의 수													188	249	341	242	329	195	263
연봉정보													26	27	27	41	32	36	29

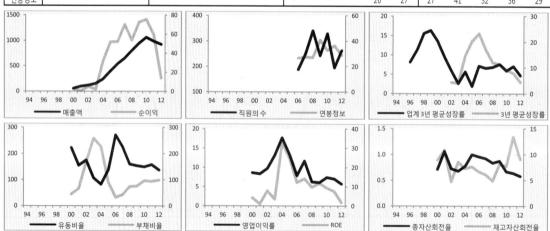

단위 : 성장률, ROE-% / EPS, 주당배당금 – 원 / 직원의 수 – 명 / 연봉정보 – 백만
2000년~2003년 사업보고서 미공시로 인하여 EPS는 감사보고서를 기준으로, 배당금은 0으로 간주해 성장률을 계산하였습니다.
00년~03년 성장률은 업계 3년 평균성장률 계산 과정에서 제외하였습니다.
2002년, ㈜바텍시스템에서 ㈜바텍으로 상호 변경하였습니다.

의료장비

• 인피니트헬스케어 (코스닥 / 071200)

- 소프트웨어 개발 및 공급업

구분	94	95	96	97	98	99	00	01	02	03	04	05	06	07	08	09	10	11	12
성장률									-207.0	4.82	18.97	17.04	2.55	0.50	7.09	15.14	8.13	-3.63	-11.80
EPS									-75	45	214	244	65	6	91	222	224	-77	-225
배당금									0	0	0	0	0	0	0	0	25	0	0
ROE									-207.0	4.82	18.97	17.04	2.55	0.50	7.09	15.14	9.15	-3.63	-11.80
직원의 수															227	248	293	339	
연봉정보															35	37	38	41	

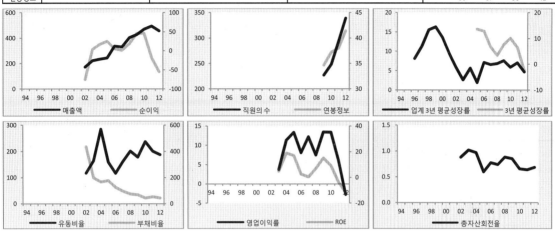

단위 : 성장률, ROE-% / EPS, 주당배당금 – 원 / 직원의 수 – 명 / 연봉정보 – 백만
2002년~2006년 사업보고서 미공시로 인하여 EPS는 감사보고서를 기준으로, 배당금은 0으로 간주해 성장률을 계산하였습니다.
02년~06년 성장률은 업계 3년 평균성장률 계산 과정에서 제외하였습니다.
2002년 12월, 주식회사 메디페이스와 주식회사 쓰리디메드의 신설 합병으로 설립되었습니다.
2009년 9월, ㈜인피니트테크놀로지에서 ㈜인피니트헬스케어로 상호 변경하였습니다.

• 나노엔텍 (코스닥 / 039860)

- 생명공학 및 진단 의료 기기 제조업

구분	94	95	96	97	98	99	00	01	02	03	04	05	06	07	08	09	10	11	12
성장률			21.00	10.44	-49.43	28.16	-7.83	-7.32	-3.99	-6.72	-3.16	-50.55	-48.80	-75.37	-26.51	40.77	-22.29	-40.62	-27.92
EPS			339	170	-540	459	525	-317	-166	306	-107	-1,058	-1,648	-1,053	-314	810	-386	-624	-330
배당금			0	0	0	0	100	0	0	0	0	0	0	0	0	0	0	0	0
ROE			21.00	10.44	-49.43	28.16	-9.67	-7.32	-3.99	-6.72	-3.16	-50.55	-48.80	-75.37	-26.51	40.77	-22.29	-40.62	-27.92
직원의 수					87	137	156	144	103	137	84	35	35	48	58	83	88		
연봉정보					34	30	34	38	34	38	27	25	32	31	33	29	34		

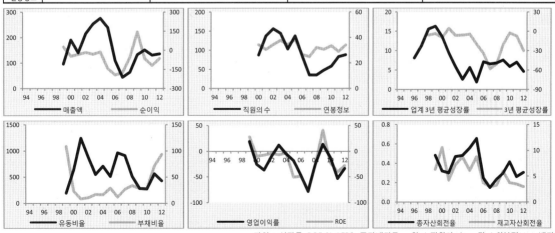

단위 : 성장률, ROE-% / EPS, 주당배당금 – 원 / 직원의 수 – 명 / 연봉정보 – 백만
1996년~1998년 재무분석자료(유동비율, 부채비율, 영업이익률, ROE, 총자산회전율, 재고자산회전율)는 그래프에서 제외하였습니다.
2006년 8월, 주식회사 퓨쳐시스템에서 주식회사 나노엔텍으로 상호 변경하였습니다.

• 비트컴퓨터 (코스닥 / 032850)

- 시스템 소프트웨어 개발 및 공급업

구분	94	95	96	97	98	99	00	01	02	03	04	05	06	07	08	09	10	11	12
성장률		15.34	19.41	19.51	19.51	10.17	2.47	-6.20	-13.42	6.20	-15.50	-0.14	-16.56	-17.44	0.54	20.06	15.46	6.80	0.63
EPS		181	458	273	351	422	130	-128	-306	147	-309	-3	-237	-211	7	300	276	176	12
배당금		0	0	0	40	50	50	50	0	0	0	0	0	0	0	0	0	45	0
ROE		15.34	19.41	19.51	22.02	11.54	4.02	-4.46	-13.42	6.20	-15.50	-0.14	-16.56	-17.44	0.54	20.06	15.46	9.14	0.63
직원의 수						114	141	167	177	154	171	151	158	131	152	142	141	143	145
연봉정보						15	18	19	22	25	23	25	24	27	28	29	31	32	33

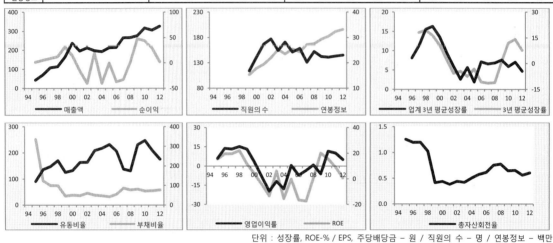

단위 : 성장률, ROE-% / EPS, 주당배당금 – 원 / 직원의 수 – 명 / 연봉정보 – 백만

• 유비케어 (코스닥 / 032620)

- 시스템 소프트웨어 개발 및 공급업

구분	94	95	96	97	98	99	00	01	02	03	04	05	06	07	08	09	10	11	12
성장률		13.04	12.32	7.50	2.97	38.63	11.31	-291.0	-206.6	5.29	-30.01	22.84	32.29	9.06	4.81	6.95	5.52	7.50	3.15
EPS		72	219	105	31	881	347	-2,223	-555	26	-88	93	177	57	48	72	60	88	38
배당금		0	0	40	0	20	0	0	0	0	0	0	0	0	0	0	0	0	0
ROE		13.04	12.32	12.11	2.97	39.53	11.31	-291.0	-206.6	5.29	-30.01	22.84	32.29	9.06	4.81	6.95	5.52	7.50	3.15
직원의 수						76	169	169	134	148	126	112	138	145	176	182	204	245	281
연봉정보						17	19	25	26	23	33	32	32	32	31	38	37	31	38

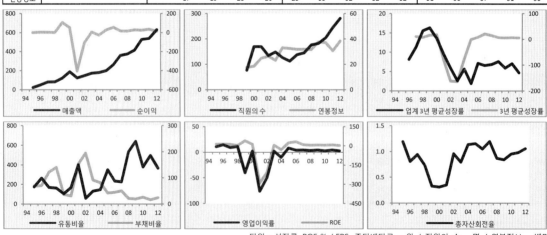

단위 : 성장률, ROE-% / EPS, 주당배당금 – 원 / 직원의 수 – 명 / 연봉정보 – 백만
2004년 4월, ㈜이수유비케어에서 ㈜유비케어로 상호 변경하였습니다.
2008년 6월, SK그룹 계열사에 편입되었습니다.

의료장비

• 디오 (코스닥 / 039840)

- 용기세척, 포장 및 충전기 제조업

구분	94	95	96	97	98	99	00	01	02	03	04	05	06	07	08	09	10	11	12
성장률			4.28	4.63	4.37	20.49	2.11	1.07	4.58	3.73	3.29	14.19	18.91	14.07	1.81	3.60	-24.79	0.95	-4.14
EPS			80	85	91	188	48	68	127	62	56	277	520	441	132	159	-1,166	42	-180
배당금			50	50	50	0	0	50	50	0	0	0	75	75	75	0	0	0	0
ROE			11.41	11.24	9.71	20.49	2.11	4.02	7.55	3.73	3.29	14.19	22.09	16.95	4.18	3.60	-24.79	0.95	-4.14
직원의 수							58	54	67	44	40	101	145	180	233	276	251	267	270
연봉정보							15	17	21	23	27	17	23	24	24	27	26	37	39

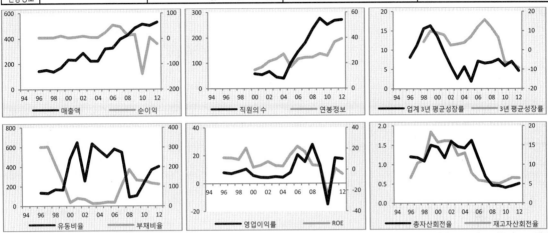

단위 : 성장률, ROE-% / EPS, 주당배당금 - 원 / 직원의 수 - 명 / 연봉정보 - 백만
2008년 7월, 주식회사 디에스아이에서 주식회사 디오로 상호 변경하였습니다.

• 제이브이엠 (코스닥 / 054950)

- 용기세척, 포장 및 충전기 제조업

구분	94	95	96	97	98	99	00	01	02	03	04	05	06	07	08	09	10	11	12
성장률									12.93	21.09	31.01	31.43	16.97	15.21	-3210.2	87.11	10.73	18.24	7.69
EPS									279	438	1,838	1,534	2,165	2,203	-12,842	5,263	964	2,010	967
배당금									0	0	0	0	250	300	0	0	0	0	0
ROE									12.93	21.09	31.01	31.43	19.19	17.60	-3210.3	87.11	10.73	18.24	7.69
직원의 수												183	217	234	273	285	327	332
연봉정보												31	31	29	33	31	33	39

단위 : 성장률, ROE-% / EPS, 주당배당금 - 원 / 직원의 수 - 명 / 연봉정보 - 백만
2002년~2003년 사업보고서 미공시로 인하여 EPS는 감사보고서를 기준으로, 배당금은 0으로 간주해 성장률을 계산하였습니다.
02년~03년 성장률은 업계 3년 평균성장률 계산 과정에서 제외하였습니다.
특이값(2008년 ROE, 부채비율, 성장율)은 그래프에서 제외 및 보정하였습니다.

의
료
장
비

• 서린바이오 (코스닥 / 038070)

- 의료, 정밀 및 과학기기 도매업

구분	94	95	96	97	98	99	00	01	02	03	04	05	06	07	08	09	10	11	12
성장률							16.98	11.66	11.55	9.76	6.88	6.17	8.66	4.12	0.02	8.82	6.93	8.99	11.36
EPS							798	484	361	400	400	586	696	422	131	765	619	818	1,093
배당금							0	0	0	25	30	100	130	150	130	100	100	130	130
ROE						29.18	16.98	11.66	11.55	10.41	7.44	7.44	10.65	6.39	1.97	10.15	8.27	10.69	12.89
직원의 수												57	84	74	71	75	82	86	87
연봉정보												37	31	33	39	35	35	37	41

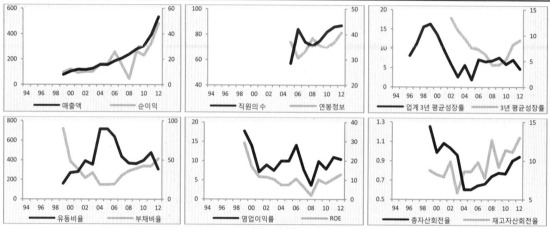

단위 : 성장률, ROE-% / EPS, 주당배당금 – 원 / 직원의 수 – 명 / 연봉정보 – 백만
2000년~2002년 사업보고서 미공시로 인하여 EPS는 감사보고서를 기준으로, 배당금은 0으로 간주해 성장률을 계산하였습니다.
00년~02년 성장률은 업계 3년 평균성장률 계산 과정에서 제외하였습니다.
2000년 4월, ㈜서린과학에서 ㈜서린바이오사이언스로 상호 변경하였습니다.

• 신흥 (유가증권 / 004080)

- 의료, 정밀 및 과학기기 도매업

구분	94	95	96	97	98	99	00	01	02	03	04	05	06	07	08	09	10	11	12
성장률	7.62	6.78	9.98	17.39	16.32	6.22	16.09	13.29	11.38	12.76	14.10	9.95	6.39	3.52	0.00	0.87	4.65	1.77	-1.42
EPS	122	118	183	347	392	699	690	677	657	810	1,004	843	645	456	200	165	478	342	85
배당금	15	15	25	25	35	150	150	175	175	200	200	200	200	200	200	100	100	200	200
ROE	8.69	7.78	11.56	18.74	17.92	7.92	20.57	17.92	15.51	16.95	17.60	13.05	9.26	6.26	2.69	2.22	5.88	4.26	1.05
직원의 수					449	458	465	460	471	471	498	487	506	526	487	448	424	381	350
연봉정보					17	18	22	22	27	28	31	32	32	35	39	37	37	40	40

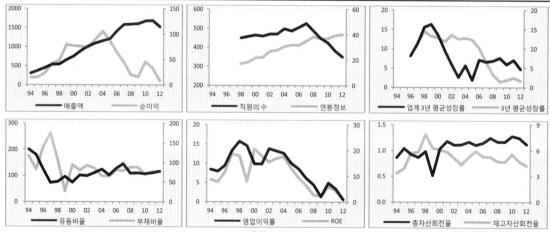

단위 : 성장률, ROE-% / EPS, 주당배당금 – 원 / 직원의 수 – 명 / 연봉정보 – 백만
1981년 7월, 신흥치과산업㈜에서 ㈜신흥으로 상호 변경하였습니다.

• 위노바 (코스닥 / 039790)

- 의료기기 제조 및 판매업

구분	94	95	96	97	98	99	00	01	02	03	04	05	06	07	08	09	10	11	12
성장률			17.48	41.28	48.52	33.27	6.97	-21.61	-13.99	-29.27	-58.10	-18.73	6.37	-3.86	16.61	-1.11	4.35	5.29	-12.89
EPS			412	1,657	3,783	444	192	-499	-450	-465	-425	-133	0	100	137	-14	51	64	-139
배당금			0	0	0	0	0	0	0	0	0	0	0	0	0	0	0	0	0
ROE			17.48	41.28	48.52	33.27	6.97	-21.61	-13.99	-29.27	-58.10	-18.73	6.37	-4.95	16.61	-1.11	4.35	5.29	-12.89
직원의 수						142	216	203	227	243	232	208	182	182	132	99	98	93
연봉정보						20	20	24	26	20	27	24	27	5	18	40	41	35

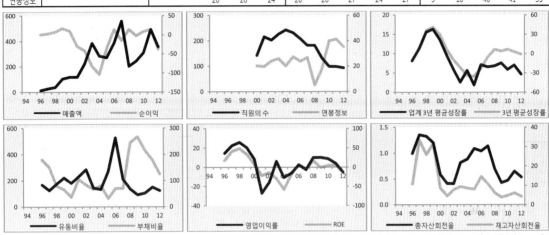

단위 : 성장률, ROE-% / EPS, 주당배당금 - 원 / 직원의 수 - 명 / 연봉정보 - 백만
2009년 8월, ㈜아원에서 ㈜위노바로 상호 변경하였습니다.

• 메타바이오메드 (코스닥 / 059210)

- 의료용품 및 기타 의약관련제품 제조업

구분	94	95	96	97	98	99	00	01	02	03	04	05	06	07	08	09	10	11	12
성장률						14.72	14.05	-6.73	1.49	1.04	9.01	8.78	16.88	33.98	11.35	9.62	4.99	3.76	5.07
EPS						113	112	-75	14	10	94	101	264	820	558	551	56	111	140
배당금						0	0	0	0	0	0	0	0	0	75	100	10	15	15
ROE						14.72	14.05	-6.73	1.49	1.04	9.01	8.78	16.88	33.98	13.11	11.76	6.07	4.35	5.68
직원의 수						46	62	51	57	54	75	82	89	95	109	114	136	149
연봉정보						7	14	19	14	17	19	19	19	20	33	21	24	27

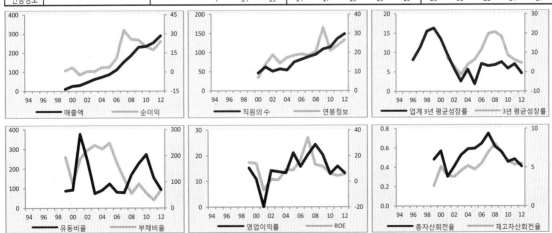

단위 : 성장률, ROE-% / EPS, 주당배당금 - 원 / 직원의 수 - 명 / 연봉정보 - 백만
2001년 6월, ㈜메타치재에서 주식회사 메타바이오메드로 상호 변경하였습니다.

의료장비

683

• 세운메디칼 (코스닥 / 100700)

- 의료용품 및 기타 의약관련제품 제조업

구분	94	95	96	97	98	99	00	01	02	03	04	05	06	07	08	09	10	11	12
성장률							21.10	28.53	17.72	21.32	21.85	11.06	7.96	15.29	2.92	14.60	10.47	6.26	8.86
EPS							320	606	457	664	831	306	200	253	25	138	113	78	114
배당금							0	0	0	0	0	0	40	0	20	14	15	15	16
ROE							21.10	28.53	17.72	21.32	21.85	11.06	9.95	15.29	14.14	16.25	12.08	7.75	10.31
직원의 수															200	193	193	215	212
연봉정보															25	22	23	24	26

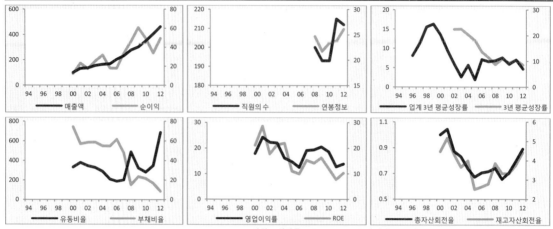

단위 : 성장률, ROE-% / EPS, 주당배당금 - 원 / 직원의 수 - 명 / 연봉정보 - 백만
2000년~2005년 사업보고서 미공시로 인하여 EPS는 감사보고서를 기준으로, 배당금은 0으로 간주해 성장률을 계산하였습니다.
00년~05년 성장률은 업계 3년 평균성장률 계산 과정에서 제외하였습니다.
2005년 1월, 세운메디칼상사에서 주식회사 세운메디칼로 상호 변경하였습니다.

• 케이엠알앤씨 (코스닥 / 066430)

- 의료용품 및 기타 의약관련제품 제조업

구분	94	95	96	97	98	99	00	01	02	03	04	05	06	07	08	09	10	11	12
성장률							28.20	13.08	12.32	1.68	-26.46	-57.74	-32.23	-2,740.9	-26.38	-25.96	-118.74	-215.25	6.31
EPS							1,134	790	663	189	-750	-1,081	-409	-13,564	-324	-412	-517	-1,390	59
배당금							121	250	100	100	0	0	0	0	0	0	0	0	0
ROE							31.56	19.14	14.50	3.57	-26.46	-57.74	-32.23	-2,740.9	-26.38	-25.96	-118.74	-215.25	6.31
직원의 수										156	146	110	109	19	13	18	16	8	9
연봉정보										19	20	22	21	52	20	24	36	23	30

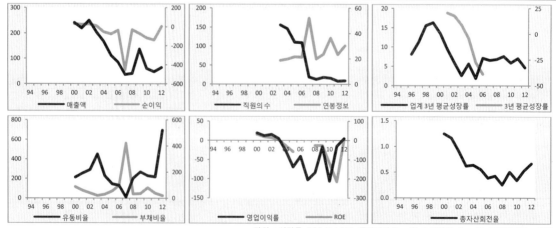

단위 : 성장률, ROE-% / EPS, 주당배당금 - 원 / 직원의 수 - 명 / 연봉정보 - 백만
2006년 결산 월 변경으로 인하여 8기는 제외하였으며, 7기를 2006년 기준으로 작성하였습니다.
특이값(2006년~2007년 ROE, 2007년~2012년 3년 평균성장률)은 그래프에서 제외하였습니다.

• 피제이전자 (코스닥 / 006140)

- 의료용품 및 기타 의약관련제품 제조업

구분	94	95	96	97	98	99	00	01	02	03	04	05	06	07	08	09	10	11	12
성장률		4.70	15.94	10.99	6.96	15.86	17.13	9.11	14.13	16.13	14.95	12.76	9.40	8.25	0.88	10.53	10.24	10.12	10.78
EPS		221	266	196	160	117	728	408	740	999	666	653	559	537	192	708	652	823	955
배당금		54	50	50	60	0	50	75	125	150	150	150	150	150	150	150	150	150	150
ROE		6.22	19.62	14.77	11.13	15.86	18.39	11.17	17.00	18.98	19.31	16.57	12.85	11.44	4.04	13.36	13.30	12.38	12.79
직원의 수						113	124	150	195	201	218	237	253	231	247	238	347	361	380
연봉정보						12	11	14	15	18	22	22	21	26	25	27	26	27	28

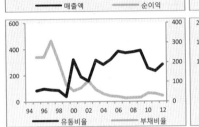
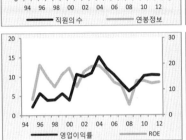
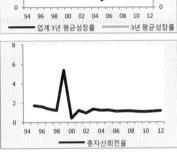

단위 : 성장률, ROE-% / EPS, 주당배당금 – 원 / 직원의 수 – 명 / 연봉정보 – 백만
2000년 2월, ㈜피이제이산업에서 ㈜피제이전자로 상호 변경하였습니다.

• 한스바이오메드 (코스닥 / 042520)

- 의료용품 및 기타 의약관련제품 제조업

구분	94	95	96	97	98	99	00	01	02	03	04	05	06	07	08	09	10	11	12
성장률							14.60	19.84	-11.14	-5.50	-10.76	7.33	7.31	8.71	13.44	12.15	3.00	2.26	4.27
EPS							639	274	173	81	143	105	130	164	292	301	134	115	115
배당금							0	0	0	0	0	0	0	0	0	0	50	50	70
ROE							14.60	19.84	-11.14	-5.50	-10.76	7.33	7.31	8.71	13.44	12.15	4.78	4.00	10.92
직원의 수															77	75	73	95	
연봉정보															33	28	30	26	

단위 : 성장률, ROE-% / EPS, 주당배당금 – 원 / 직원의 수 – 명 / 연봉정보 – 백만
2000년~2006년 사업보고서 미공시로 인하여 EPS는 감사보고서를 기준으로, 배당금은 0으로 간주해 성장률을 계산하였습니다.
00년~06년 성장률은 업계 3년 평균성장률 계산 과정에서 제외하였습니다.
2000년 6월, 한스메디칼 주식회사에서 한스바이오메드 주식회사로 상호 변경하였습니다.

의료장비

• 셀루메드 (코스닥 / 049180)

- 의약용 화합물 및 항생물질 제조업

구분	94	95	96	97	98	99	00	01	02	03	04	05	06	07	08	09	10	11	12
성장률					5.60	7.57	13.29	12.24	3.11	-28.73	-299.9	-76.24	13.74	12.90	4.06	5.46	-16.23	-40.28	1.91
EPS					138	2,223	232	174	49	-326	-900	-590	-566	-335	351	42	-105	-144	9
배당금					0	0	0	0	0	0	0	0	0	0	0	0	0	0	0
ROE					5.60	7.57	13.29	12.24	3.11	-28.73	-299.9	-76.24	13.74	12.90	4.06	5.46	-16.23	-40.28	1.91
직원의 수									93	92	77	77	34	20	28	13	90	76	106
연봉정보									16	16	21	22	35	29	24	55	23	29	25

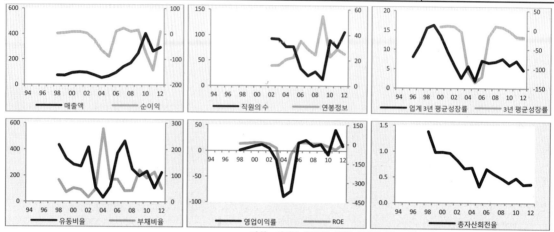

단위 : 성장률, ROE-% / EPS, 주당배당금 – 원 / 직원의 수 – 명 / 연봉정보 – 백만
2013년 3월, ㈜코리아본뱅크에서 주식회사 셀루메드로 상호 변경하였습니다.

• 메디아나 (코넥스 / 041920)

- 전기식 진단 및 요법 기기 제조업

구분	94	95	96	97	98	99	00	01	02	03	04	05	06	07	08	09	10	11	12
성장률						42.43	10.98	11.62	5.01	10.01	6.69	-6.49	19.79	1.30	-12.01	24.96	11.31	3.75	-4.56
EPS						419	181	200	81	179	125	-115	356	30	-318	950	542	84	133
배당금						0	0	0	0	0	0	0	0	0	0	0	0	0	235
ROE						42.43	10.98	11.62	5.01	10.01	6.69	-6.49	19.79	1.30	-12.01	24.96	11.31	3.75	5.94
직원의 수							56	50		45	59	78	93	104	95	미공시	128	162	151
연봉정보							15	18		21	23	22	18	21	22		24	25	28

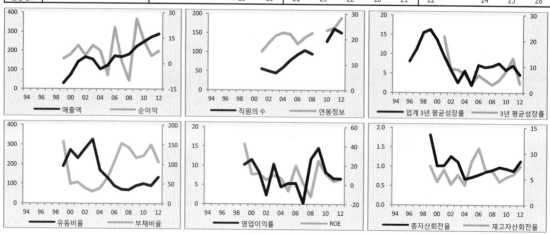

단위 : 성장률, ROE-% / EPS, 주당배당금 – 원 / 직원의 수 – 명 / 연봉정보 – 백만
2009년 직원의 수, 연봉정보는 미공시 되었습니다.

• 원익 (코스닥 / 032940)

- 전자의료기기 판매업

구분	94	95	96	97	98	99	00	01	02	03	04	05	06	07	08	09	10	11	12
성장률		38.21	43.22	19.13	8.71	9.80	12.99	5.47	2.56	11.95	3.47	12.73	6.98	-25.18	-58.49	-44.88	27.93	0.13	-27.78
EPS		309	617	459	277	471	531	286	158	404	194	818	501	-1,371	-2,086	-1,110	881	4	-708
배당금		0	0	25	50	75	75	75	60	60	25	0	50	0	0	0	0	0	0
ROE		38.21	43.22	20.23	10.62	11.66	15.13	7.42	4.13	14.03	3.99	12.73	7.75	-25.18	-58.49	-44.88	27.93	0.13	-27.78
직원의 수					154	154	180	187	196	198	84	65	63	68	83	71	64	68	63
연봉정보					26	26	26	27	29	26	33	39	41	37	38	38	41	43	44

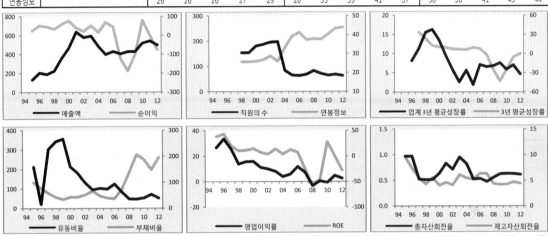

단위 : 성장률, ROE-% / EPS, 주당배당금 - 원 / 직원의 수 - 명 / 연봉정보 - 백만
1998년 7월, 원익석영주식회사에서 주식회사 원익으로 상호 변경하였습니다.

• 솔고바이오 (코스닥 / 043100)

- 정형외과용 및 신체보정용 기기 제조업

구분	94	95	96	97	98	99	00	01	02	03	04	05	06	07	08	09	10	11	12
성장률		2.00	6.52	6.87	10.12	12.86	-2.88	-2.99	3.57	-1.28	-42.04	-9.51	-10.61	0.53	1.34	-2.61	-0.56	-5.73	-28.24
EPS		21	33	38	60	180	69	-56	68	70	-536	-115	-105	5	14	27	-10	-56	-204
배당금		0	0	0	0	0	5	0	0	0	0	0	0	0	0	0	0	0	0
ROE		2.00	6.52	6.87	10.12	12.86	-3.11	-2.99	3.57	-1.28	-42.04	-9.51	-10.61	0.53	1.34	-2.61	-0.56	-5.73	-28.24
직원의 수					249	275	215	209	241	213	209	228	199	193	189	175	176	175
연봉정보					15	17	21	22	25	26	25	24	31	33	33	37	31	35

단위 : 성장률, ROE-% / EPS, 주당배당금 - 원 / 직원의 수 - 명 / 연봉정보 - 백만
2000년 1월, ㈜솔고에서 ㈜솔고바이오메다칼로 상호 변경하였습니다.

• 오스템임플란트 (코스닥 / 048260)

- 치과용 기기 제조업

구분	94	95	96	97	98	99	00	01	02	03	04	05	06	07	08	09	10	11	12
성장률						-50.82	-3.17	24.38	6.71	7.10	13.37	29.55	19.04	-3.72	12.77	4.40	11.56	13.95	17.33
EPS						-1,526	-19	170	50	80	250	1,503	787	-209	759	255	571	736	1,223
배당금						0	0	0	0	0	0	0	0	0	0	0	0	0	0
ROE						-50.82	-3.17	24.38	6.71	7.10	13.37	29.55	19.04	-3.72	12.77	4.40	11.56	13.95	17.33
직원의 수									173	242	359	506	753	974	899	739	744	829	895
연봉정보									미공시	21	25	34	36	34	37	40	39	41	36

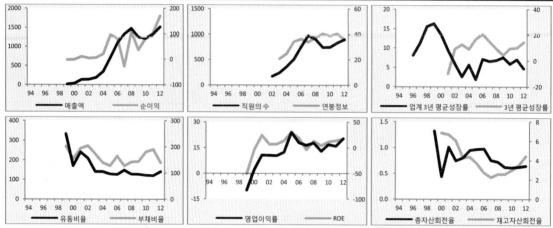

단위 : 성장률, ROE-% / EPS, 주당배당금 - 원 / 직원의 수 - 명 / 연봉정보 - 백만
2006년 3월, ㈜오스템에서 오스템임플란트㈜로 상호 변경하였습니다.
특이값(2002년 재고자산 회전율)은 그래프에서 제외하였습니다.
2002년 연봉정보는 미공시 되었습니다.

• 루트로닉 (코스닥 / 085370)

- 기타 의료용 기기 제조업

구분	94	95	96	97	98	99	00	01	02	03	04	05	06	07	08	09	10	11	12
성장률											26.84	26.68	12.68	17.07	11.51	11.56	4.98	4.45	2.48
EPS											281	368	255	565	488	503	237	200	99
배당금											0	0	0	0	75	50	25	0	0
ROE									16.01	3.37	26.84	26.68	12.68	17.07	13.59	12.83	5.57	4.45	2.48
직원의 수													65	107	158	152	176	181	185
연봉정보													27	25	28	35	33	35	40

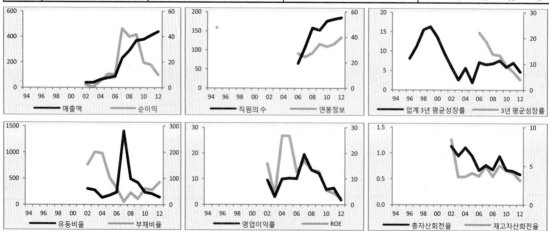

단위 : 성장률, ROE-% / EPS, 주당배당금 - 원 / 직원의 수 - 명 / 연봉정보 - 백만
2006년 9월, ㈜맥스엔지니어링에서 ㈜루트로닉으로 상호 변경하였습니다.

의
료
장
비

• 바이오스페이스 (코스닥 / 041830)

- 기타 의료용 기기 제조업

구분	94	95	96	97	98	99	00	01	02	03	04	05	06	07	08	09	10	11	12
성장률					11.33	24.73	14.54	13.63	17.80	24.48	5.10	8.76	1.62	8.50	21.25	16.05	12.93	11.57	8.42
EPS					38	276	285	296	446	741	174	283	43	301	900	825	385	390	318
배당금					0	0	50	50	50	50	50	50	0	50	80	80	40	40	40
ROE					11.33	24.73	14.54	16.40	20.05	26.25	7.15	10.63	1.62	10.19	23.32	17.77	14.43	12.89	9.63
직원의 수					47	59	69			81	98	94	70	81	88	99	105	129	133
연봉정보					17	21	21			27	17	26	30	29	33	37	35	35	35

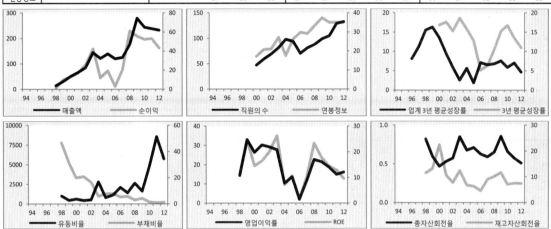

단위 : 성장률, ROE-% / EPS, 주당배당금 - 원 / 직원의 수 - 명 / 연봉정보 - 백만

• 뷰웍스 (코스닥 / 100120)

- 기타 의료용 기기 제조업

구분	94	95	96	97	98	99	00	01	02	03	04	05	06	07	08	09	10	11	12
성장률													30.87	32.85	28.21	14.74	16.00	12.38	11.23
EPS													701	908	1,236	986	1,174	713	722
배당금													0	0	100	100	100	100	100
ROE												56.97	30.87	32.85	30.70	16.40	17.49	14.40	13.04
직원의 수															63	69	88	112	
연봉정보															54	47	46	47	

단위 : 성장률, ROE-% / EPS, 주당배당금 - 원 / 직원의 수 - 명 / 연봉정보 - 백만

2006년 사업보고서 미공시로 인하여 EPS는 감사보고서를 기준으로, 배당금은 0으로 간주해 성장률을 계산하였습니다.

06년 성장률은 업계 3년 평균성장률 계산 과정에서 제외하였습니다.

2006년 10월, ㈜레이시스에서 ㈜뷰웍스로 상호 변경하였습니다.

의료장비

• 인포피아 (코스닥 / 036220)

- 기타 의료용 기기 제조업

구분	94	95	96	97	98	99	00	01	02	03	04	05	06	07	08	09	10	11	12
성장률										58.69	48.11	33.73	48.82	16.89	10.89	10.84	8.98	6.10	-6.68
EPS										193	436	497	1,384	1,891	1,128	785	801	584	-578
배당금										0	0	0	0	200	100	0	100	0	0
ROE									-206.3	58.69	48.11	33.73	48.82	18.88	11.95	10.84	10.26	6.10	-6.68
직원의 수											47	62	114	146	166	180	197	241	241
연봉정보											15	17	24	28	27	26	29	33	31

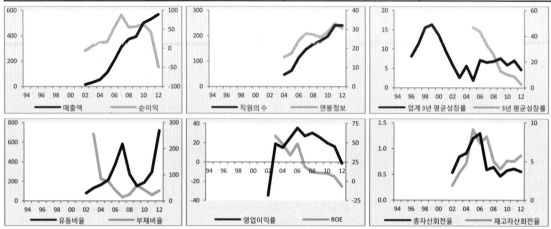

단위 : 성장률, ROE-% / EPS, 주당배당금 – 원 / 직원의 수 – 명 / 연봉정보 – 백만
특이값(2002년 부채비율, ROE)은 그래프에서 제외하였습니다.

• 휴비츠 (코스닥 / 065510)

- 기타 의료용 기기 제조업

구분	94	95	96	97	98	99	00	01	02	03	04	05	06	07	08	09	10	11	12
성장률						5.71	23.22	49.42	24.22	14.59	19.77	11.98	8.42	10.61	15.58	18.93	14.82	12.80	13.72
EPS						60	221	701	431	419	340	265	215	281	467	774	723	801	924
배당금						0	0	0	0	0	50	50	50	50	50	100	100	150	150
ROE						5.71	23.22	49.42	24.22	14.59	23.18	14.77	10.98	12.91	17.45	21.74	17.20	15.75	16.38
직원의 수										80	88	110	106	103	109	124	115	140	175
연봉정보										32	35	30	37	43	44	44	47	32	49

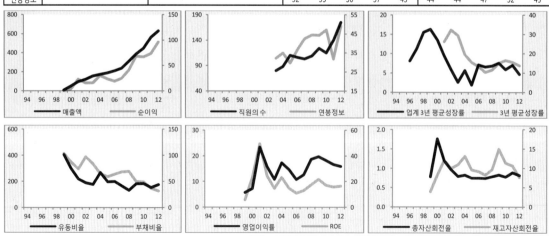

단위 : 성장률, ROE-% / EPS, 주당배당금 – 원 / 직원의 수 – 명 / 연봉정보 – 백만
2002년 8월, 미래광학 주식회사에서 주식회사 휴비츠로 상호 변경하였습니다.

의
료
장
비

· 제약

2012년 제약 상장기업의 전체 매출액은 약 11조 5천억원(전년대비 2% 증가), 총 당기순이익은 약 5천 7백억원 (전년대비 18% 감소)입니다. 평균성장률은 2.7%(전년대비 1.1%p 감소)이며, ROE는 4.1%(전년대비 1%p감소)를 기록하였습니다. 아래 표와 그래프를 통해, 성장률과 ROE 부분이 4년 연속 낮아지고 있음을 알 수 있습니다. (매출액 및 당기순이익은 단순합계금액이며, 성장률 및 ROE는 단순평균값입니다)

해당 산업의 직원 수는 약 3만5천명(전년대비 0.1%p 증가)이며, 최근 평균연봉(2012년)은 약 4천 8백만원(전년대비 2% 증가)입니다. 특히, 성장성과 수익성은 낮아지고 있는 반면에 총 매출액과 직원 수 및 연봉은 높아지는 등 상반된 흐름을 보이고 있습니다. 최근 3년간 평균 유동비율은 282.2%, 부채비율은 63.66%입니다.

구 분	총매출액	총 당기순이익	평균성장률	평균 ROE	총 직원수	연봉정보
94	2,037	43	4.5	6.1		
95	2,524	69	5.6	6.8		
96	2,858	91	7.0	8.6		
97	3,178	71	9.0	10.4		
98	3,243	-134	7.1	7.9	16,462	18
99	3,543	77	7.9	9.9	18,830	20
00	3,858	209	11.0	12.8	20,334	21
01	4,287	383	9.2	11.1	22,270	24
02	4,832	313	9.1	11.7	23,828	26
03	5,198	351	6.8	9.8	24,999	30
04	5,786	409	5.6	8.7	26,153	31
05	6,654	517	7.5	9.0	27,591	35
06	7,268	636	7.9	10.3	29,512	37
07	8,136	592	5.8	7.6	30,624	41
08	9,201	708	5.4	6.8	32,691	42
09	10,310	893	7.8	9.2	33,193	43
10	10,601	890	4.7	7.2	34,940	45
11	11,210	701	3.8	5.1	35,507	47
12	11,513	575	2.7	4.1	35,565	48

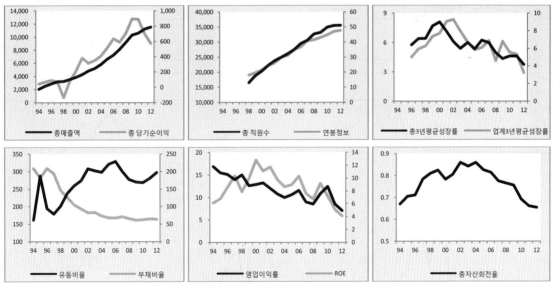

단위 : 총 매출액, 총 당기순이익 – 십억 / 평균 성장률, 평균 ROE - % / 총 직원 수 – 명 / 연봉정보 – 백만
연봉정보는 1 인당 평균 급여액이며, 대상기업들의 연간 총 급여액을 총 직원의 수로 나눈 금액입니다.
업계 3 년 평균 성장률은 제약업종 전체 상장사의 평균이며, 사업보고서에 근거한 자료만으로 만들었습니다.

제약

• 셀트리온제약 (코스닥 / 068760)

- 국내외 완제의약품 제조 및 판매업

구 분	94	95	96	97	98	99	00	01	02	03	04	05	06	07	08	09	10	11	12
성장률										20.53	30.70	33.36	12.47	-7.86	-10.82	1.12	4.23	1.89	2.52
EPS										252	483	1,312	1,041	-726	-707	151	464	279	280
배당금										0	0	0	200	0	0	0	0	0	0
ROE								4.93	6.5	20.53	30.70	33.36	15.44	-7.86	-10.82	1.12	4.23	1.89	2.52
직원의 수											68	66	36		14	237	230	205	325
연봉정보											25	31	49		88	36	40	52	41

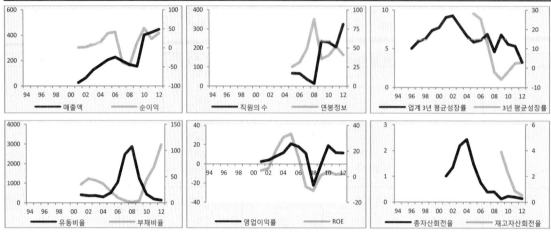

단위 : 성장률, ROE-% / EPS, 주당배당금 - 원 / 직원의 수 - 명 / 연봉정보 - 백만
2009년 7월, ㈜코디너스에서 ㈜셀트리온제약으로 상호 변경하였습니다.
2008년 직원의 수, 연봉정보는 사업보고서에 의거한 자료입니다.

• 진바이오텍 (코스닥 / 086060)

- 동물용 사료 및 조제식품 제조업

구 분	94	95	96	97	98	99	00	01	02	03	04	05	06	07	08	09	10	11	12
성장률										15.13	11.73	22.88	10.52	12.30	0.87	2.34	6.31	2.72	1.64
EPS										154	131	331	335	403	50	122	257	147	89
배당금										0	0	0	50	50	25	50	50	50	30
ROE									16.8	15.13	11.73	22.88	12.36	14.04	1.75	3.96	7.84	4.12	2.47
직원의 수													41	40	32	32	37	39	37
연봉정보													25	30	28	28	30	29	34

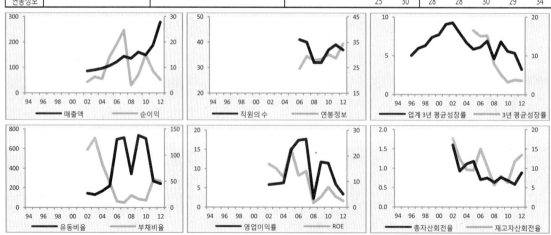

단위 : 성장률, ROE-% / EPS, 주당배당금 - 원 / 직원의 수 - 명 / 연봉정보 - 백만
2003년 사업보고서 미공시로 인하여 EPS는 감사보고서를 기준으로, 배당금은 0으로 간주해 성장률을 계산하였습니다.
03년 성장률은 업계 3년 평균성장률 계산 과정에서 제외하였습니다.

제
약

• 대성미생물 (코스닥 / 036480)
- 동물용 의약품 제조업

구분	94	95	96	97	98	99	00	01	02	03	04	05	06	07	08	09	10	11	12
성장률							23.73	5.77	5.77	2.17	1.80	2.17	3.80	5.67	4.82	3.56	3.22	-3.18	0.62
EPS							11,073	3,174	3,308	1,652	1,514	1,692	2,617	3,617	3,325	2,760	2,631	-810	1,174
배당금							2,000	1,000	1,000	750	750	750	900	900	900	900	900	850	850
ROE				18.11	17.23	26.53	28.96	8.43	8.28	3.97	3.57	3.90	5.79	7.55	6.60	5.29	4.89	-1.55	2.26
직원의 수							131	131	133	128	124	129	128	122	129	126	124	130	132
연봉정보							22	23	24	23	23	25	26	26	30	28	30	33	32

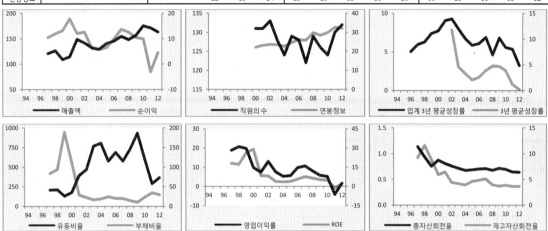

단위 : 성장률, ROE-% / EPS, 주당배당금 - 원 / 직원의 수 - 명 / 연봉정보 - 백만
2000년 결산 월 변경으로 인하여 35기는 제외하였으며 34기를 1999년, 36기를 2000년으로 작성하였습니다
1968년, 주식회사 양송이 센터에서 주식회사 대성미생물연구소로 상호 변경하였습니다.

• 대한뉴팜 (코스닥 / 054670)
- 동물용 의약품 제조업

구분	94	95	96	97	98	99	00	01	02	03	04	05	06	07	08	09	10	11	12
성장률				-912.9	4.36	21.16	22.16	16.40	6.42	3.66	2.64	4.58	4.50	1.00	7.46	0.47	-4.13	0.87	-8.12
EPS				-141	51	307	447	326	229	196	126	189	190	62	446	120	-231	49	-422
배당금				0	0	0	0	0	50	50	50	50	50	0	0	0	0	0	0
ROE				-912.9	4.36	21.16	22.16	16.40	8.21	4.91	4.38	6.23	6.11	1.00	7.46	0.47	-4.13	0.87	-8.12
직원의 수							163	174	234	252	227	251	270		178	180	218	197	209
연봉정보							23	24	24	20	28	30	33		29	34	24	31	29

단위 : 성장률, ROE-% / EPS, 주당배당금 - 원 / 직원의 수 - 명 / 연봉정보 - 백만
2001년 4월, 주식회사 대한신약에서 대한뉴팜 주식회사로 상호 변경하였습니다.
특이값(1997년 부채비율, ROE)은 그래프에서 제외하였습니다.

• 우진비앤지 (코스닥 / 018620)

- 동물용 의약품 제조업

구분	94	95	96	97	98	99	00	01	02	03	04	05	06	07	08	09	10	11	12
성장률					-15.97	14.56	19.72	9.51	6.44	1.25	2.47	5.90	11.45	11.48	2.50	3.68	4.82	2.88	6.88
EPS					-1,246	1,380	1,819	264	160	30	61	152	409	377	156	188	190	199	347
배당금					0	0	0	0	0	0	0	0	75	8	60	60	60	60	0
ROE					-15.97	14.56	19.72	9.51	6.44	1.25	2.47	5.90	14.02	11.71	4.06	5.41	7.05	4.12	6.88
직원의 수															68	70	73	71	80
연봉정보															33	25	36	36	37

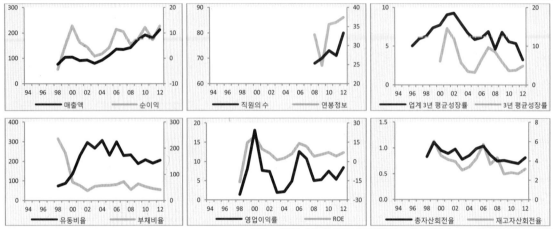

단위 : 성장률, ROE-% / EPS, 주당배당금 - 원 / 직원의 수 - 명 / 연봉정보 - 백만
1998년~2005년 사업보고서 미공시로 인하여 EPS는 감사보고서를 기준으로, 배당금은 0으로 간주해 성장률을 계산하였습니다.
98년~05년 성장률은 업계 3년 평균성장률 계산 과정에서 제외하였습니다.
2001년 3월, ㈜우진에서 우진B&G㈜로 상호 변경하였습니다.

• 유유제약 (유가증권 / 000220)

- 동물용 의약품 제조업

구분	94	95	96	97	98	99	00	01	02	03	04	05	06	07	08	09	10	11	12
성장률	3.87	3.91	2.97	4.29	5.31	3.69	6.15	4.82	6.13	6.58	7.96	14.03	11.03	16.02	-9.34	2.63	1.15	1.92	2.70
EPS	152	157	113	169	222	498	480	442	549	630	801	1,431	1,305	2,082	-1,148	436	228	377	534
배당금	50	50	60	50	60	23	12	160	180	200	210	220	240	300	70	80	100	120	160
ROE	5.77	5.74	6.30	6.08	7.28	3.87	6.31	7.56	9.12	9.64	10.79	16.58	13.52	18.72	-8.81	3.23	2.04	2.82	3.86
직원의 수					238	263	296	295	336	315	318	355	330	313	252	254	249	230	270
연봉정보					15	16	18	23	25	28	30	29	41	41	44	38	42	38	38

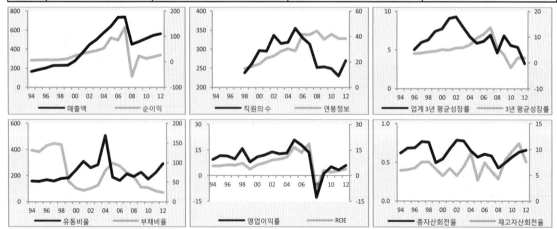

단위 : 성장률, ROE-% / EPS, 주당배당금 - 원 / 직원의 수 - 명 / 연봉정보 - 백만
2008년 5월, 주식회사 유유에서 주식회사 유유제약으로 상호 변경하였습니다.

제
약

694

• 이-글벳 (코스닥 / 044960)

- 동물용 의약품 제조업

구분	94	95	96	97	98	99	00	01	02	03	04	05	06	07	08	09	10	11	12
성장률			12.65	8.24	16.16	13.48	9.63	12.63	4.94	1.71	0.00	1.49	2.33	2.34	0.05	0.85	2.23	2.40	1.62
EPS			396	278	598	143	250	268	192	94	60	90	108	109	31	78	109	114	97
배당금			0	0	0	0	50	60	60	60	60	60	60	60	30	60	60	60	60
ROE			12.65	8.24	16.16	13.48	12.05	16.27	7.18	4.74	3.05	4.47	5.24	5.19	1.51	3.68	4.97	5.06	4.26
직원의 수					65	58	65			65	64	61	55	58	57	55	59	58	63
연봉정보					19	29	26			30	28	34	39	37	39	40	41	43	39

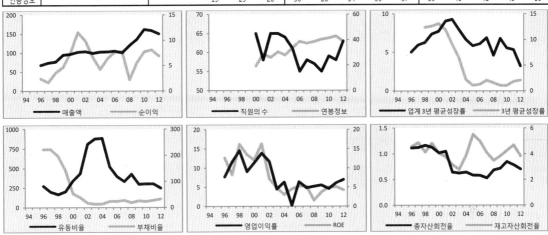

단위 : 성장률, ROE-% / EPS, 주당배당금 - 원 / 직원의 수 - 명 / 연봉정보 - 백만
2000년 6월, 주식회사 이글케미칼에서 ㈜이-글벳으로 상호 변경하였습니다.

• 제일바이오 (코스닥 / 052670)

- 동물용 의약품 제조업

구분	94	95	96	97	98	99	00	01	02	03	04	05	06	07	08	09	10	11	12
성장률				3.92	32.14	18.91	7.22	3.96	2.12	1.44	0.79	-1.07	0.24	-3.04	-7.61	3.20	3.64	3.94	4.55
EPS				44	618	445	1,075	573	77	47	42	10	34	-48	-110	49	57	63	107
배당금				0	85	50	0	0	45	25	30	30	30	0	0	0	0	0	30
ROE				3.92	37.27	21.30	7.22	3.96	5.11	3.09	2.76	0.54	2.06	-3.04	-7.61	3.20	3.64	3.94	6.33
직원의 수					98	96				80	79	68	62	56	48	52	52	58	68
연봉정보					17	19				23	24	25	25	28	29	26	26	18	30

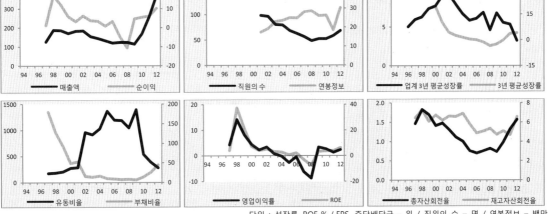

단위 : 성장률, ROE-% / EPS, 주당배당금 - 원 / 직원의 수 - 명 / 연봉정보 - 백만
2000년 6월, 주식회사 제일화학에서 주식회사 제일바이오로 상호 변경하였습니다.

• 코미팜 (코스닥 / 041960)

- 동물용 의약품 제조업

구분	94	95	96	97	98	99	00	01	02	03	04	05	06	07	08	09	10	11	12
성장률				9.89	3.24	4.88	9.45	11.18	6.35	2.14	1.60	-6.54	-4.23	-3.81	-3.64	-12.95	2.86	0.06	0.69
EPS				34	7	11	38	94	45	42	9	-47	-51	-25	-20	-66	20	0	6
배당금				0	0	0	0	20	10	30	0	0	0	0	0	0	0	0	0
ROE				9.89	3.24	4.88	9.45	14.19	8.17	7.58	1.60	-6.54	-4.23	-3.81	-3.64	-12.95	2.86	0.06	0.69
직원의 수								86	94	86	82	71	78	83	85	98	101	107	116
연봉정보								17	18	21	20	24	23	25	26	28	27	30	31

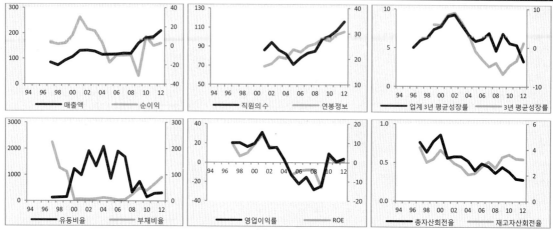

단위 : 성장률, ROE-% / EPS, 주당배당금 - 원 / 직원의 수 - 명 / 연봉정보 - 백만
2004년 9월, ㈜한국미생물연구소에서 ㈜코미팜으로 상호 변경하였습니다.

• 녹십자홀딩스 (유가증권 / 005250)

- 비금융 지주회사

구분	94	95	96	97	98	99	00	01	02	03	04	05	06	07	08	09	10	11	12
성장률	4.81	4.34	4.30	3.22	4.43	6.26	15.33	0.08	1.64	1.13	-0.45	-2.26	-0.46	7.59	6.57	9.28	2.37	1.00	3.30
EPS	270	258	249	210	226	310	1,098	129	225	127	131	51	132	659	598	1,055	1,713	368	861
배당금	60	60	55	65	60	75	150	125	150	75	150	150	150	200	200	250	325	250	450
ROE	6.18	5.66	5.52	4.67	6.02	8.26	17.76	2.56	4.93	2.76	3.05	1.17	3.25	10.90	9.88	12.17	2.92	3.13	6.91
직원의 수					731	357	146	54	54	미공시	43	40	42	71	79	85	90	108
연봉정보					22	33	39	28	31		49	69	68	51	59	80	73	53

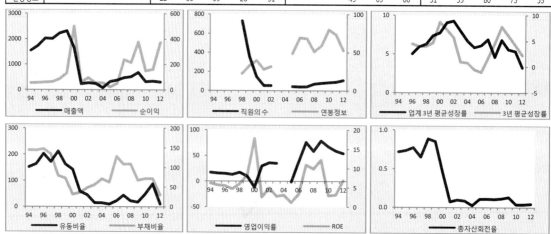

단위 : 성장률, ROE-% / EPS, 주당배당금 - 원 / 직원의 수 - 명 / 연봉정보 - 백만
2004년 9월, 주식회사 녹십자에서 주식회사 녹십자홀딩스로 상호 변경하였습니다.
2003년, 2004년 직원의 수와 연봉정보는 미공시 되었습니다.
특이값(2004년 영업이익률)은 그래프에서 제외하였습니다.

제
약

• JW홀딩스 (유가증권 / 096760)

- 비금용 지주회사

구 분	94	95	96	97	98	99	00	01	02	03	04	05	06	07	08	09	10	11	12
성장률														-5.03	-3.28	1.94	-12.09	0.49	-7.73
EPS														-1,077	-97	110	23	56	-201
배당금														0	0	60	40	40	25
ROE														-5.03	-3.28	4.26	16.36	1.71	-6.88
직원의 수														91	100	97	107	112	118
연봉정보														27	56	59	59	62	59

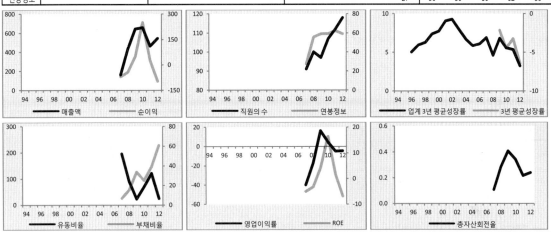

단위 : 성장률, ROE-% / EPS, 주당배당금 – 원 / 직원의 수 – 명 / 연봉정보 – 백만
2007년 7월, JW중외제약으로부터 투자사업부문과 해외사업부문 등을 인적 분할하여 설립되었습니다.
1기(2007년)는 6개월(7월~12월)치 자료입니다.

• 메디톡스 (코스닥 / 086900)

- 생물학적 제제 제조업

구 분	94	95	96	97	98	99	00	01	02	03	04	05	06	07	08	09	10	11	12
성장률											-26.13	12.04	10.86	25.59	32.69	24.35	13.97	23.05	
EPS											-241	315	326	1,018	1,785	1,935	1,354	2,842	
배당금											0	0	0	0	0	300	300	500	
ROE										-71.03	-26.13	12.04	10.86	25.59	32.69	28.82	17.94	27.97	
직원의 수														52	61	81	98	122	
연봉정보														33	41	34	42	40	

단위 : 성장률, ROE-% / EPS, 주당배당금 – 원 / 직원의 수 – 명 / 연봉정보 – 백만
2005년~2006년 사업보고서 미공시로 인하여 EPS는 감사보고서를 기준으로, 배당금은 0으로 간주해 성장률을 계산하였습니다.
05년~06년 성장률은 업계 3년 평균성장률 계산 과정에서 제외하였습니다.
특이값(2004년~2005년 영업이익률, ROE)은 그래프에서 제외하였습니다.
2000년 7월, ㈜앤디소스에서 ㈜메디톡스로 상호 변경하였습니다.

제
약

• 중앙백신 (코스닥 / 072020)

- 생물학적 제제 제조업

구분	94	95	96	97	98	99	00	01	02	03	04	05	06	07	08	09	10	11	12
성장률						8.10	2.68	5.19	23.12	6.47	3.47	3.55	12.74	12.84	15.00	14.55	11.04	4.99	9.08
EPS						63	22	51	348	164	110	115	361	498	644	725	626	323	597
배당금						0	0	0	0	0	40	40	50	50	50	50	50	50	50
ROE						8.10	2.68	5.19	23.12	6.47	5.45	5.44	14.78	14.27	16.26	15.63	12.00	5.91	9.91
직원의 수										95	95	94	96	92	95	95	105	114	117
연봉정보										20	21	22	23	22	29	27	28	31	33

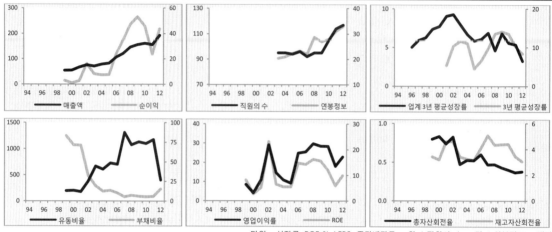

단위 : 성장률, ROE-% / EPS, 주당배당금 – 원 / 직원의 수 – 명 / 연봉정보 – 백만
2003년 1월, 주식회사 중앙가축전염병연구소에서 주식회사 중앙백신연구소로 상호 변경하였습니다.

• LG 생명과학 (유가증권 / 068870)

- 생물학적 제제 제조업

구분	94	95	96	97	98	99	00	01	02	03	04	05	06	07	08	09	10	11	12
성장률									-4.69	1.73	4.10	-0.39	2.44	7.10	5.46	9.37	6.69	2.35	3.22
EPS									-562	236	639	-55	353	1,103	902	1,627	978	345	483
배당금									0	0	0	0	0	0	0	0	0	0	0
ROE									-4.69	1.73	4.10	-0.39	2.44	7.10	5.46	9.37	6.69	2.35	3.22
직원의 수									979	976	1,042	1,114	1,080	1,068	1,148	1,194	1,227	1,359	1,441
연봉정보									13	36	39	50	49	48	51	57	52	54	53

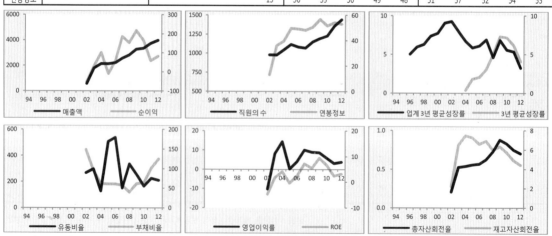

단위 : 성장률, ROE-% / EPS, 주당배당금 – 원 / 직원의 수 – 명 / 연봉정보 – 백만
2002년 8월, (주)LG (구, LGCI)의 생명과학사업부문이 분할되어 설립되었습니다.

제약

• 경동제약 (코스닥 / 011040)

- 완제 의약품 제조업

구분	94	95	96	97	98	99	00	01	02	03	04	05	06	07	08	09	10	11	12
성장률		20.92	17.02	15.50	17.03	24.80	22.73	19.83	11.92	13.39	10.70	9.42	9.34	8.43	4.50	6.06	9.50	8.73	1.34
EPS		1,111	1,096	590	932	2,483	2,179	2,273	1,697	2,272	1,249	1,508	1,396	1,291	915	1,128	1,604	1,710	674
배당금		150	0	0	150	400	400	400	400	500	500	700	600	500	500	500	500	600	500
ROE		24.19	17.02	15.50	20.30	29.56	27.84	24.06	15.59	17.16	17.84	17.59	16.38	13.76	9.92	10.89	13.81	13.45	5.17
직원의 수						253	258	288	305	301	330	338	361	359	372	420	435	453	465
연봉정보						13	19	20	24	27	24	33	35	35	37	41	43	44	45

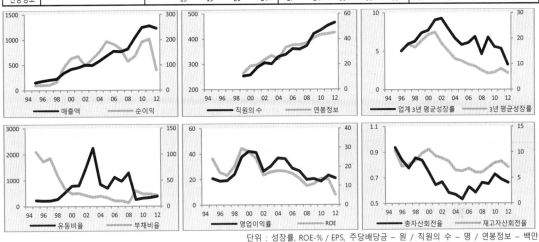

단위 : 성장률, ROE-% / EPS, 주당배당금 – 원 / 직원의 수 – 명 / 연봉정보 – 백만

• 고려제약 (코스닥 / 014570)

- 완제 의약품 제조업

구분	94	95	96	97	98	99	00	01	02	03	04	05	06	07	08	09	10	11	12
성장률			12.74	10.08	5.20	8.93	12.12	7.70	7.61	6.25	5.61	7.62	7.50	9.22	6.47	5.18	5.93	6.42	1.55
EPS			177	155	84	166	354	204	219	197	183	262	275	366	289	254	297	344	137
배당금			0	0	0	0	15	40	40	40	40	50	50	60	60	60	70	70	70
ROE			12.74	10.08	5.20	8.93	12.65	9.58	9.31	7.85	7.18	9.42	9.16	11.03	8.17	6.78	7.76	8.06	3.16
직원의 수						183	183	197	200	210	228	227	249	221	243	267	271	252	247
연봉정보						21	21	21	24	25	24	25	26	28	33	30	31	34	36

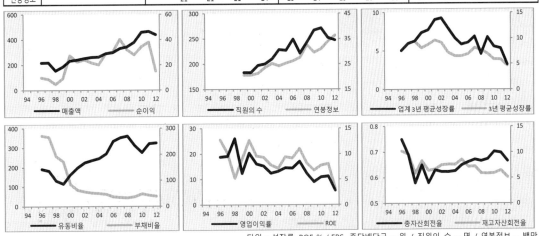

단위 : 성장률, ROE-% / EPS, 주당배당금 – 원 / 직원의 수 – 명 / 연봉정보 – 백만

제약

• 국제약품 (유가증권 / 002720)

- 완제 의약품 제조업

구분	94	95	96	97	98	99	00	01	02	03	04	05	06	07	08	09	10	11	12
성장률	0.17	3.01	-10.51	6.13	2.31	2.80	1.66	1.85	-0.46	7.74	8.86	8.08	9.12	10.35	9.76	9.02	5.18	0.81	-34.51
EPS	24	93	-189	147	117	144	119	124	54	367	465	448	106	522	562	556	330	63	-1,321
배당금	20	30	0	30	40	50	60	60	70	80	100	100	20	10	30	30	30	20	0
ROE	1.00	4.45	-10.51	7.70	3.51	4.29	3.35	3.59	1.53	9.91	11.30	10.40	11.23	10.55	10.12	9.53	5.70	1.18	-34.51
직원의 수					375	347	367	373	375	387	442	409	412	415	496	485	467	448	444
연봉정보					12	16	22	32	31	38	37	42	45	46	42	41	44	31	40

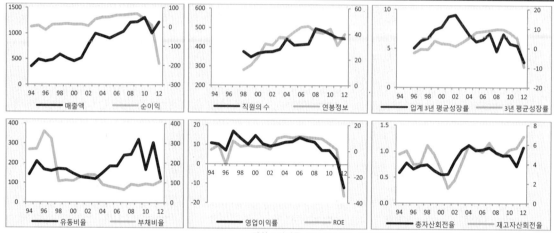

단위 : 성장률, ROE-% / EPS, 주당배당금 – 원 / 직원의 수 – 명 / 연봉정보 – 백만
2011년 결산 월 변경으로 인하여, 54기(11년도)는 9개월(4월 1일~12월 31일)치 자료로 작성되었습니다.

• 녹십자 (유가증권 / 006280)

- 완제 의약품 제조업

구분	94	95	96	97	98	99	00	01	02	03	04	05	06	07	08	09	10	11	12
성장률	4.12	2.29	2.16	-8.10	-669.91	자본잠식		69.07	14.28	22.12	8.27	17.44	15.48	15.07	14.98	19.33	17.80	6.32	6.21
EPS	494	393	252	-1,614	-13,751	-130,633	-12,708	154,496	1,004	1,584	1,542	3,382	4,009	5,041	5,525	9,021	11,344	5,415	5,393
배당금	0	0	0	0	0	0	0	0	0	0	0	500	750	1,000	1,000	1,250	1,750	1,500	1,250
ROE	4.12	2.29	2.16	-8.10	-669.91	자본잠식		69.07	14.28	22.12	8.27	20.47	19.04	18.80	18.29	22.44	21.05	8.74	8.09
직원의 수					434	422	410	413	128	251	835	976	1,039	1,195	1,285	1,341	1,374	1,335	1,457
연봉정보					11	19	21	21	18	24	14	34	42	47	49	47	55	54	47

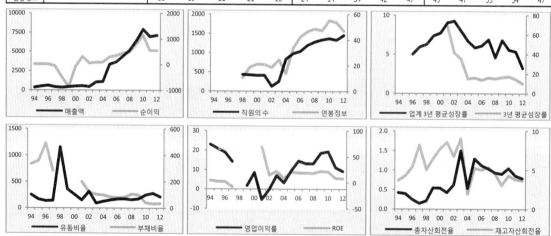

단위 : 성장률, ROE-% / EPS, 주당배당금 – 원 / 직원의 수 – 명 / 연봉정보 – 백만
자본잠식으로 인해, 계산 불가한 값(1999~2000년 부채비율, ROE, 3년 평균성장률)은 그래프에서 제외하였습니다.
특이값(1998년 부채비율, 영업이익률, ROE)은 그래프에서 제외하였습니다.
2004년 10월, 주식회사 녹십자상아에서 주식회사 녹십자로 상호 변경하였습니다.

• 대웅 (유가증권 / 003090) / 대웅제약 (유가증권 / 069620)

- 완제 의약품 제조업 / 의약용 화합물 및 항생물질 제조업

구분	94	95	96	97	98	99	00	01	02	03	04	05	06	07	08	09	10	11	12
성장률	7.66	4.99	6.38	3.96	2.27	4.42	8.26	10.22	7.6	6.77	9.64	12.04	17.74	20.85	8.65	12.41	3.23	5.22	6.61
EPS	1,690	1,046	1,455	849	661	1,000	1,837	2,364	1,878	2,288	1,672	2,104	4,348	4,592	4,266	3,954	2,380	1,181	2,586
배당금	175	175	375	175	175	250	375	625	500	375	375	400	450	350	500	550	420	550	550
ROE	8.55	6.00	8.60	4.99	3.08	5.89	10.38	13.89	10.3	8.10	12.42	14.86	19.79	22.57	9.80	14.41	3.93	9.78	8.39
직원의 수					720	714	805	931	927	992	1,061	1,195	1,448	1,460	1,500	1,440	1,467	1,656	1,573
연봉정보					19	21	23	26	14	31	34	29	36	50	53	53	43	63	64

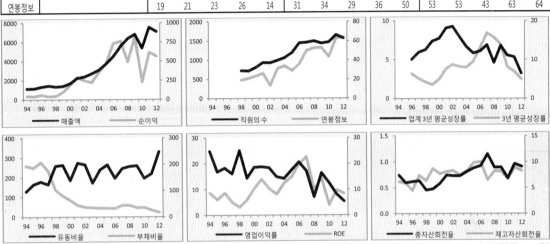

단위 : 성장률, ROE-% / EPS, 주당배당금 - 원 / 직원의 수 - 명 / 연봉정보 - 백만

2002 년 10 월 사업전문부문을 분할하여 신설법인인 ㈜대웅제약을 설립하였으며, 의약생산 및 판매 사업부문 등이 ㈜대웅제약으로 이전되었습니다.
2002 년 대웅제약 인적 분할로 인하여, 2002 년 이후의 대웅제약 재무제표와 합산해 그래프를 작성하였습니다.
2010 년 결산 월 변경으로 인하여, 51 기(10 년도)는 9 개월(4 월~12 월)치 자료로 작성되었습니다.

• 대원제약 (유가증권 / 003220)

- 완제 의약품 제조업

구분	94	95	96	97	98	99	00	01	02	03	04	05	06	07	08	09	10	11	12
성장률		6.73	10.65	11.92	13.53	22.85	21.43	17.65	9.74	3.44	3.06	9.21	8.85	10.91	10.05	10.21	11.16	8.72	7.86
EPS		119	182	209	275	1,646	1,388	1,269	406	185	159	404	509	681	688	896	1,107	763	681
배당금		0	0	0	0	120	80	150	65	60	50	65	105	140	140	180	195	50	50
ROE		6.73	10.65	11.92	13.53	24.65	22.74	20.01	11.60	5.09	4.48	10.98	11.15	13.73	12.62	12.78	13.54	9.33	8.48
직원의 수					257	253	296	326	294	297	334	367	409	436	488	531	535	523	
연봉정보					17	22	24	23	32	32	31	33	41	42	50	52	51	52	

단위 : 성장률, ROE-% / EPS, 주당배당금 - 원 / 직원의 수 - 명 / 연봉정보 - 백만
1964년 5월, 대원제약사에서 대원제약주식회사로 상호 변경하였습니다.

제약

701

• 대한약품 (코스닥 / 023910)

- 완제 의약품 제조업

구 분	94	95	96	97	98	99	00	01	02	03	04	05	06	07	08	09	10	11	12
성장률		4.71	2.62	1.65	1.94	3.00	4.53	6.68	3.73	2.28	-0.92	-0.47	3.30	1.47	1.93	3.37	5.35	9.23	13.73
EPS		391	60	38	46	177	225	329	248	204	93	34	171	105	114	196	428	755	1,217
배당금		50	0	0	0	100	100	125	125	125	125	50	50	50	40	60	80	100	120
ROE		5.40	2.62	1.65	1.94	6.89	8.16	10.77	7.52	5.88	2.66	0.99	4.67	2.80	2.97	4.86	6.57	10.64	15.23
직원의 수						311	325	339	365	376	386	386	389	374	386	391	430	446	502
연봉정보						16	18	20	21	24	26	28	31	30	31	33	31	34	34

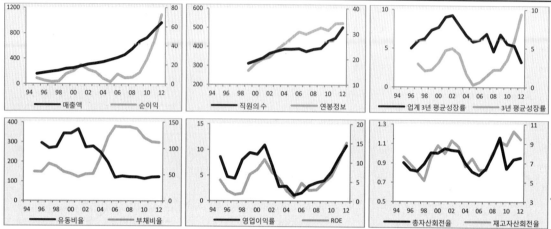

단위 : 성장률, ROE-% / EPS, 주당배당금 - 원 / 직원의 수 - 명 / 연봉정보 - 백만
1985년 2월, 대한약품공업주식회사로 상호 변경하였습니다.
1995년 유동비율은 그래프에서 제외하였습니다.

• 대화제약 (코스닥 / 067080)

- 완제 의약품 제조업

구 분	94	95	96	97	98	99	00	01	02	03	04	05	06	07	08	09	10	11	12
성장률						14.16	20.13	40.57	32.49	14.14	4.65	6.10	4.41	4.92	1.62	4.99	6.29	1.80	1.47
EPS						147	270	607	720	451	219	269	259	249	153	282	320	163	132
배당금						0	0	0	0	100	100	100	100	100	100	100	100	100	80
ROE					8.92	14.16	20.13	40.57	32.49	18.17	8.56	9.71	7.19	8.23	4.67	7.73	9.15	4.66	3.72
직원의 수										208	242	259	336	335	335	324	346	321	300
연봉정보										25	22	24	24	27	32	33	35	38	39

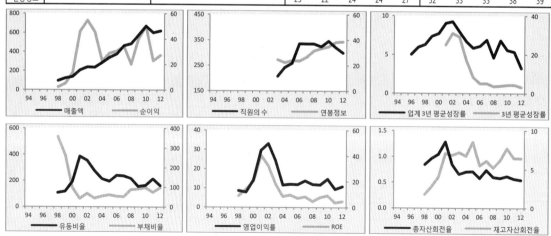

단위 : 성장률, ROE-% / EPS, 주당배당금 - 원 / 직원의 수 - 명 / 연봉정보 - 백만

• 동국제약 (코스닥 / 086450)

- 완제 의약품 제조업

구분	94	95	96	97	98	99	00	01	02	03	04	05	06	07	08	09	10	11	12
성장률						17.80	5.78	16.39	12.20	13.05	14.44	12.20	10.80	8.60	7.97	10.28	11.97	12.87	12.83
EPS						727	374	677	934	986	1,170	1,308	1,395	1,289	1,147	1,462	1,958	2,291	2,529
배당금						0	0	0	0	0	0	251	299	410	375	300	380	380	380
ROE						17.80	5.78	16.39	12.20	13.05	14.44	15.09	13.75	12.61	11.84	12.93	14.85	15.43	15.10
직원의 수														365	414	422	431	485	601
연봉정보														34	36	40	42	43	39

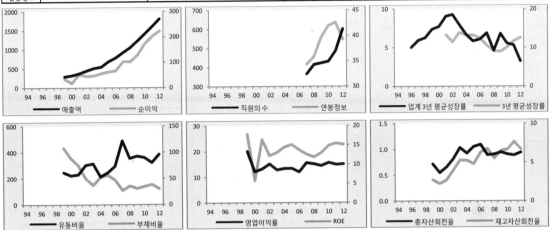

단위 : 성장률, ROE-% / EPS, 주당배당금 - 원 / 직원의 수 - 명 / 연봉정보 - 백만

1999년~2004년 사업보고서 미공시로 인하여 EPS는 감사보고서를 기준으로, 배당금은 0으로 간주해 성장률을 계산하였습니다.
99년~04년 성장률은 업계 3년 평균성장률 계산 과정에서 제외하였습니다.
1982년, 주식회사 U.E.C에서 동국제약 주식회사로 상호 변경하였습니다.

• 동성제약 (유가증권 / 002210)

- 완제 의약품 제조업

구분	94	95	96	97	98	99	00	01	02	03	04	05	06	07	08	09	10	11	12
성장률	9.41	10.25	10.53	10.74	4.60	1.69	1.97	-39.40	10.20	0.96	0.46	2.19	5.70	4.62	4.59	0.03	-14.20	2.03	4.19
EPS	389	470	584	515	245	95	101	-818	275	54	42	88	209	153	201	31	-436	106	171
배당금	35	50	100	40	40	30	30	0	30	30	30	30	40	30	30	30	30	30	30
ROE	10.34	11.47	12.71	11.64	5.50	2.48	2.81	-39.40	11.45	2.17	1.63	3.33	7.05	5.76	5.39	0.84	-13.29	2.83	5.08
직원의 수					306	323	316	331	333	318	271	254	261	266	296	297	290	296	296
연봉정보					15	15	17	19	22	21	23	24	29	28	26	27	30	29	32

단위 : 성장률, ROE-% / EPS, 주당배당금 - 원 / 직원의 수 - 명 / 연봉정보 - 백만

• 동아쏘시오홀딩스 (유가증권 / 000640)
- 완제 의약품 제조업

구분	94	95	96	97	98	99	00	01	02	03	04	05	06	07	08	09	10	11	12
성장률	2.67	3.84	4.07	5.82	1.29	5.16	8.33	12.89	14.61	7.93	8.22	6.90	6.49	-3.10	10.33	9.67	8.21	6.80	7.64
EPS	573	780	866	716	1,273	1,797	2,638	3,995	5,188	2,960	3,172	2,828	2,951	-325	4,510	6,634	6,332	5,578	6,326
배당금	250	300	350	350	708	600	600	600	600	600	600	600	750	750	750	750	1,000	1,000	1,000
ROE	4.73	6.25	6.83	11.39	2.90	7.74	10.78	15.17	16.52	9.95	10.13	8.76	8.70	-0.94	12.39	10.91	9.75	8.28	9.08
직원의 수					1,545	1,634	1,628	1,810	1,845	1,895	1,921	1,986	2,074	2,091	2,169	2,226	2,281	2,303	2,365
연봉정보					22	25	24	30	37	37	39	43	45	51	43	52	59	57	62

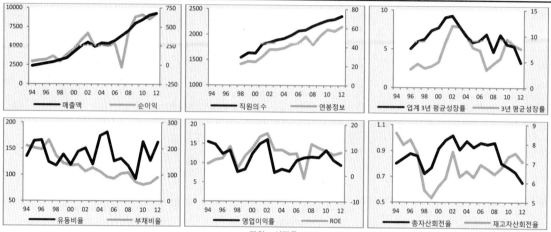

단위 : 성장률, ROE-% / EPS, 주당배당금 - 원 / 직원의 수 - 명 / 연봉정보 - 백만
2013년 3월, 회사를 분할하여 동아제약(주)에서 동아쏘시오홀딩스(주)로 상호 변경하였으며,
신설법인인 동아에스티(주)와 동아제약(주)를 설립하였습니다.

• 동화약품 (유가증권 / 000020)
- 완제 의약품 제조업

구분	94	95	96	97	98	99	00	01	02	03	04	05	06	07	08	09	10	11	12
성장률	2.76	0.62	1.39	0.73	16.89	-6.84	2.11	3.48	4.11	2.15	3.07	3.13	2.93	9.82	11.85	0.02	3.78	6.48	-0.41
EPS	189	82	126	75	1,014	-288	151	248	311	213	266	274	289	770	1,021	240	394	633	47
배당금	100	61	81	40	40	40	50	80	100	100	100	100	120	140	150	100	100	100	80
ROE	5.85	2.42	3.91	1.57	17.58	-6.00	3.15	5.14	6.06	4.06	4.91	4.92	5.01	12.00	13.89	0.04	5.07	7.70	0.58
직원의 수					800	740	764	828	843	808	802	819	828	825	890	858	813	810	812
연봉정보					18	21	23	24	27	31	32	34	35	48	46	32	50	46	45

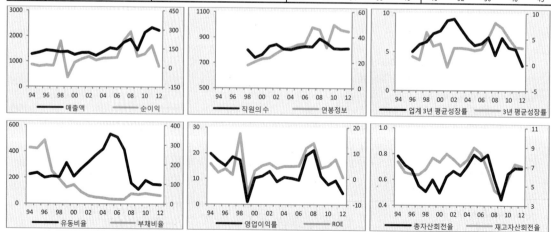

단위 : 성장률, ROE-% / EPS, 주당배당금 - 원 / 직원의 수 - 명 / 연봉정보 - 백만
2009년 결산 월 변경으로 인하여, 81기(09년도)는 4월 1일부터 12월 31일까지의 자료로 작성되었습니다.
1962년 2월, 주식회사 동화약방에서 동화약품공업주식회사로 상호 변경하였습니다.

제약

• 명문제약 (유가증권 / 017180)

- 완제 의약품 제조업

구 분	94	95	96	97	98	99	00	01	02	03	04	05	06	07	08	09	10	11	12
성장률						1.39	-148.7	-3.26	20.81	47.18	37.45	28.90	29.43	25.57	7.91	4.34	5.49	5.86	-16.46
EPS						11	-488	-10	83	358	455	622	72	930	552	294	391	357	-685
배당금						0	0	0	0	0	0	0	0	0	50	40	40	30	0
ROE						1.39	-148.7	-3.26	20.81	47.18	37.45	28.90	29.43	25.57	8.70	5.02	6.11	6.40	-16.46
직원의 수															425	451	444	464	440
연봉정보															39	38	21	43	46

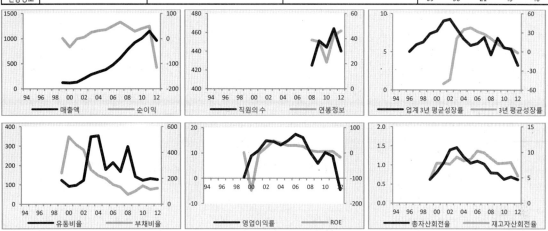

단위 : 성장률, ROE-% / EPS, 주당배당금 - 원 / 직원의 수 - 명 / 연봉정보 - 백만
1999년~2005년 사업보고서 미공시로 인하여 EPS는 감사보고서를 기준으로, 배당금은 0으로 간주해 성장률을 계산하였습니다.
99년~05년 성장률은 업계 3년 평균성장률 계산 과정에서 제외하였습니다.

• 바이넥스 (코스닥 / 053030)

- 완제 의약품 제조업

구 분	94	95	96	97	98	99	00	01	02	03	04	05	06	07	08	09	10	11	12
성장률				17.64	2.44	13.80	12.66	9.36	15.08	11.12	10.84	7.29	8.23	7.55	6.35	-2.82	-5.80	4.96	-9.09
EPS				109	13	88	95	99	153	125	130	248	249	248	220	-139	-234	203	-377
배당금				0	0	0	0	0	0	0	0	50	50	50	50	0	0	0	0
ROE				17.64	2.44	13.80	12.66	9.36	15.08	11.12	10.84	9.13	10.30	9.46	8.22	-2.82	-5.80	4.96	-9.09
직원의 수								135	137	152	139	163	163	172	197	236	293	292	319
연봉정보								17	16	18	21	24	27	28	26	26	26	35	34

단위 : 성장률, ROE-% / EPS, 주당배당금 - 원 / 직원의 수 - 명 / 연봉정보 - 백만
2000년 4월, ㈜순천당제약에서 ㈜바이넥스로 상호 변경하였습니다.
특이값(1997년 부채비율)은 그래프에서 제외하였습니다.

• 부광약품 (코스닥 / 003000)

- 완제 의약품 제조업

구분	94	95	96	97	98	99	00	01	02	03	04	05	06	07	08	09	10	11	12
성장률	11.84	11.95	7.77	20.60	5.74	16.90	7.54	6.07	8.19	8.32	8.94	11.34	9.91	13.65	13.49	7.65	7.32	0.64	1.62
EPS	211	230	197	490	163	616	332	305	401	434	586	685	824	1,294	1,179	1,056	1,054	247	619
배당금	10	10	50	0	0	125	100	100	100	100	210	200	300	400	300	500	500	200	500
ROE	12.43	12.49	10.41	20.60	5.74	21.20	10.80	9.04	10.91	10.81	13.93	16.02	15.58	19.76	18.10	14.53	13.92	3.35	8.41
직원의 수					522	495	500	491	453	496	519	496	508	543	554	569	553	528	536
연봉정보					20	20	22	22	32	31	32	38	38	41	39	40	45	32	39

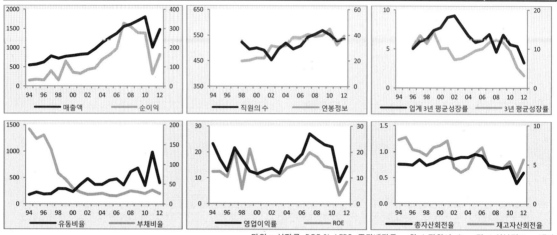

단위 : 성장률, ROE-% / EPS, 주당배당금 – 원 / 직원의 수 – 명 / 연봉정보 – 백만

2011년 결산 월 변경으로 인하여, 52기(11년도)는 9개월(4월 1일~12월 31일)치 자료로 작성되었습니다.

1962년 3월, 부광상사주식회사에서 부광약품공업주식회사로 상호 변경하였습니다.

• 삼성제약 (유가증권 / 001360)

- 완제 의약품 제조업

구분	94	95	96	97	98	99	00	01	02	03	04	05	06	07	08	09	10	11	12
성장률	0.54	0.99	0.30	-224.0	59.32	37.35	-70.52	-117.7	32.96	-1.43	-0.95	-38.71	-54.10	-11.88	1.86	3.71	-3.14	-5.23	-9.02
EPS	81	74	56	-898	440	-253	-392	-300	222	13	-6	-169	-206	-31	8	17	-14	-230	-389
배당금	72	59	52	0	0	0	0	0	0	0	0	0	0	0	0	0	0	0	0
ROE	4.91	4.82	4.27	-224.0	59.32	37.35	-70.52	-117.7	32.96	-1.43	-0.95	-38.71	-54.10	-11.88	1.86	3.71	-3.14	-5.23	-9.02
직원의 수					283	301	292	283	287	289	271	238	236	240	237	197	220	231	232
연봉정보					12	12	12	21	23	23	27	24	27	30	31	32	31	35	34

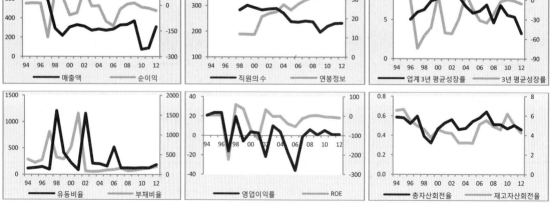

단위 : 성장률, ROE-% / EPS, 주당배당금 – 원 / 직원의 수 – 명 / 연봉정보 – 백만

1963년 1월, 삼성제약소에서 삼성제약공업주식회사로 상호 변경하였습니다.

• 삼아제약 (코스닥 / 009300)

- 완제 의약품 제조업

구 분	94	95	96	97	98	99	00	01	02	03	04	05	06	07	08	09	10	11	12
성장률			24.18	11.77	5.38	12.86	8.28	12.72	11.20	4.88	2.83	7.34	4.83	3.45	4.69	3.24	21.36	7.78	8.84
EPS			10,924	3,850	1,857	5,099	893	1,208	1,284	699	498	1,034	778	629	703	574	3,769	1,609	1,958
배당금			0	0	0	0	200	200	250	200	200	200	200	200	100	150	200	200	200
ROE			24.18	11.77	5.38	12.86	10.67	15.24	13.90	6.84	4.73	9.10	6.50	5.06	5.47	4.39	22.56	8.88	9.85
직원의 수							255	262	257	270	270	271	261	298	320	284	295	290	328
연봉정보							21	22	24	27	29	33	34	33	30	34	37	40	38

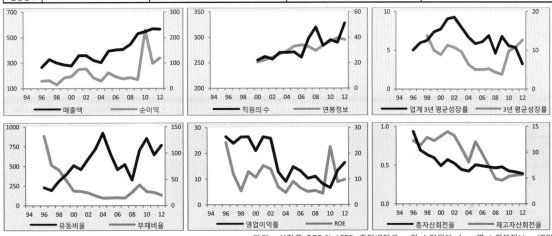

단위 : 성장률, ROE-% / EPS, 주당배당금 – 원 / 직원의 수 – 명 / 연봉정보 – 백만
2002년 결산 월 변경으로 인하여 30기는 제외하였으며, 29기를 2002년 기준으로 작성하였습니다.
1998년, 삼아약품공업주식회사에서 삼아약품주식회사로 상호 변경하였습니다.

• 삼일제약 (유가증권 / 000520)

- 완제 의약품 제조업

구 분	94	95	96	97	98	99	00	01	02	03	04	05	06	07	08	09	10	11	12
성장률	-0.65	4.60	12.40	8.24	5.19	16.54	31.72	22.08	17.96	11.19	9.38	12.09	11.80	5.96	1.02	8.58	1.19	-8.21	-7.65
EPS	55	161	397	275	194	582	1,576	1,402	1,446	1,130	1,065	1,502	1,628	1,007	318	1,307	372	-1,300	-556
배당금	70	50	60	41	41	20	100	150	200	250	250	300	300	300	200	200	200	150	150
ROE	2.36	6.67	14.60	9.67	6.58	17.13	33.86	24.73	20.84	14.37	12.26	15.10	14.46	8.49	2.75	10.13	2.57	-7.36	-6.02
직원의 수					273	264	278	300	299	310	311	340	360	411	480	450	459	366	375
연봉정보					17	21	21	22	28	30	31	34	35	33	39	44	44	50	48

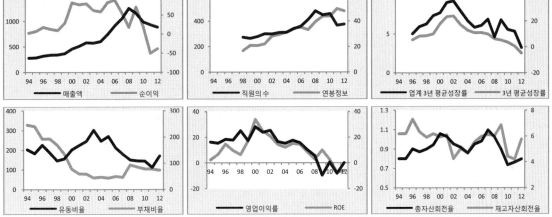

단위 : 성장률, ROE-% / EPS, 주당배당금 – 원 / 직원의 수 – 명 / 연봉정보 – 백만

• 삼진제약 (코스닥 / 005500)

- 완제 의약품 제조업

구 분	94	95	96	97	98	99	00	01	02	03	04	05	06	07	08	09	10	11	12
성장률	4.40	1.33	1.84	2.37	0.50	0.49	6.73	8.59	9.86	8.64	9.32	8.56	7.24	5.33	6.18	6.09	9.79	3.50	5.97
EPS	100	101	114	114	56	65	384	512	663	697	760	788	832	517	541	566	919	542	817
배당금	0	70	70	40	40	50	80	100	120	150	150	170	180	100	30	30	50	220	300
ROE	4.40	4.33	4.76	3.66	1.78	2.13	8.50	10.68	12.04	11.01	11.61	10.92	9.24	6.61	6.54	6.43	10.36	5.89	9.44
직원의 수					417	378	416	417	453	464	456	482	489	482	511	544	576	571	564
연봉정보					14	17	21	25	27	29	33	35	44	47	47	47	50	52	53

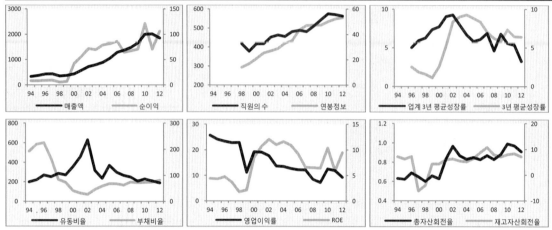

단위 : 성장률, ROE-% / EPS, 주당배당금 - 원 / 직원의 수 - 명 / 연봉정보 - 백만
1972년, 11월 삼진상사에서 삼진제약주식회사로 상호 변경하였습니다.

• 삼천당제약 (코스닥 / 000250)

- 완제 의약품 제조업

구 분	94	95	96	97	98	99	00	01	02	03	04	05	06	07	08	09	10	11	12
성장률			-33.67	26.93	19.44	33.51	27.43	19.62	8.53	12.15	9.11	6.84	2.24	5.85	7.17	4.35	5.14	5.59	0.44
EPS			-78	85	117	403	557	471	291	423	364	324	123	300	317	272	250	293	69
배당금			0	0	0	0	0	60	100	100	100	100	50	100	50	100	100	50	50
ROE			-33.67	26.93	19.44	33.51	27.43	22.48	12.99	15.91	12.56	9.90	3.77	8.77	8.52	6.88	8.57	6.74	1.59
직원의 수					214	235	237	256	276	272	293	275	312	301	344	323	304		
연봉정보					19	25	28	29	28	29	31	33	33	37	35	39	40		

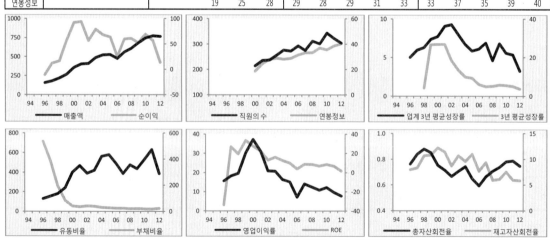

단위 : 성장률, ROE-% / EPS, 주당배당금 - 원 / 직원의 수 - 명 / 연봉정보 - 백만
1986년 2월, ㈜삼천당에서 삼천당제약㈜로 상호 변경하였습니다.

• 서울제약 (코스닥 / 018680)

- 완제 의약품 제조업

구 분	94	95	96	97	98	99	00	01	02	03	04	05	06	07	08	09	10	11	12
성장률			11.13	8.20	7.55	20.98	8.73	2.22	7.32	9.96	7.03	1.18	0.22	-17.39	3.59	5.12	5.44	4.70	18.61
EPS			89	74	116	287	286	346	226	311	266	62	36	-402	87	189	198	213	810
배당금			0	0	0	0	150	300	60	60	75	30	30	0	0	40	50	60	60
ROE			11.13	8.20	7.55	20.98	18.39	16.85	9.97	12.35	9.79	2.28	1.34	-17.39	3.59	6.49	7.28	6.54	20.10
직원의 수					145	153	155			176	186	194	180	179	176	177	172	186	217
연봉정보					18	16	21			22	21	29	27	28	28	30	32	34	34

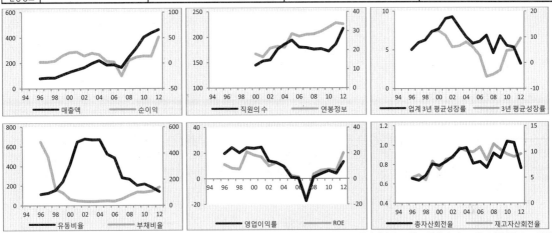

단위 : 성장률, ROE-% / EPS, 주당배당금 – 원 / 직원의 수 – 명 / 연봉정보 – 백만
1985년, 서울신약공업사에서 주식회사 서울제약으로 상호 변경하였습니다.

• 서흥캅셀 (유가증권 / 008490)

- 완제 의약품 제조업

구 분	94	95	96	97	98	99	00	01	02	03	04	05	06	07	08	09	10	11	12
성장률		9.88	10.90	14.64	14.18	1.49	2.04	2.61	6.06	5.08	3.74	8.64	1.36	8.90	7.29	7.93	6.55	7.07	-8.03
EPS		337	410	529	669	210	195	290	588	520	444	1,001	264	1,066	994	1,138	1,262	1,415	-1,010
배당금		90	100	35	125	125	75	125	175	150	150	225	150	225	230	250	280	280	150
ROE		13.48	14.41	15.68	17.43	3.69	3.32	4.59	8.63	7.14	5.66	11.15	3.14	11.28	9.48	10.16	8.42	8.82	-6.99
직원의 수					384	400	426	446	485	471	486	538	529	537	539	556	564	598	163
연봉정보					22	22	26	22	24	28	29	29	33	33	37	38	40	43	31

단위 : 성장률, ROE-% / EPS, 주당배당금 – 원 / 직원의 수 – 명 / 연봉정보 – 백만
1980년 1월, 서흥화공업주식회사에서 주식회사 서흥캅셀로 상호 변경하였습니다.
2012년 직원의 수, 연봉정보는 사업보고서에 의거한 자료입니다.

제약

• 슈넬생명과학 (유가증권 / 003060)

- 완제 의약품 제조업

구분	94	95	96	97	98	99	00	01	02	03	04	05	06	07	08	09	10	11	12
성장률		자본잠식				자본잠식		57.53	28.11	-73.76	-168.3	-43.91	-28.70	-103.7	-29.92	-32.37	0.03	-6.42	-39.05
EPS		-194	-704	109	-177	-452	-292	2,365	119	-180	-177	-192	-91	-339	-117	-1,318	-472	-142	-235
배당금		0	0	0	0	0	0	0	0	0	0	0	0	0	0	0	0	0	0
ROE		자본잠식				자본잠식		57.53	28.11	-73.76	-168.3	-43.91	-28.70	-103.7	-29.92	-32.37	0.03	-6.42	-39.05
직원의 수						150	141	142	153	146	113	126	144	144	169	199	208	183	154
연봉정보						17	18	13	22	25	27	22	22	27	15	25	9	37	39

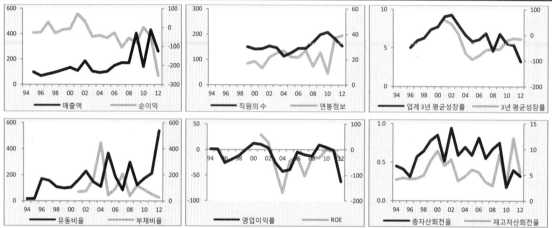

단위 : 성장률, ROE-% / EPS, 주당배당금 - 원 / 직원의 수 - 명 / 연봉정보 - 백만
자본잠식으로 인해, 계산 불가한 값(1994년~2000년 부채비율, ROE 및 성장률)은 그래프에서 제외 및 보정하였습니다.
2011년 결산 월 변경으로 인하여, 42기(11년도)는 9개월(1월 1일~9월 30일)치 자료로 작성되었습니다.
2010년 결산 월 변경으로 인하여 52기는 제외하였으며, 51기를 2010년 기준으로 작성하였습니다.
2009년 10월, 한국슈넬제약㈜에서 슈넬생명과학㈜로 상호 변경하였습니다.

• 신일제약 (코스닥 / 012790)

- 완제 의약품 제조업

구분	94	95	96	97	98	99	00	01	02	03	04	05	06	07	08	09	10	11	12
성장률		1.01	1.42	4.35	8.51	7.36	9.07	10.74	13.43	12.40	8.73	9.00	5.72	6.86	6.74	7.02	6.89	4.84	6.98
EPS		21	29	94	201	192	265	351	493	529	431	494	354	435	453	500	535	415	592
배당금		0	0	0	0	25	30	35	40	50	60	70	70	70	70	70	80	80	80
ROE		1.01	1.42	4.35	8.51	8.46	10.22	11.93	14.62	13.69	10.14	10.49	7.13	8.18	7.98	8.16	8.10	5.99	8.07
직원의 수					182	184	204	223	250	171	250	282	293	302	274	260	295	291	
연봉정보					12	14	16	18	20	33	25	26	27	29	33	31	34	35	

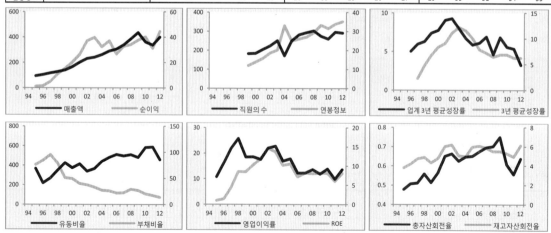

단위 : 성장률, ROE-% / EPS, 주당배당금 - 원 / 직원의 수 - 명 / 연봉정보 - 백만
1995년 6월, 신일제약공업㈜에서 신일제약㈜로 상호 변경하였습니다.

제약

• 신풍제약 (유가증권 / 019170)

- 완제 의약품 제조업

구 분	94	95	96	97	98	99	00	01	02	03	04	05	06	07	08	09	10	11	12
성장률		2.39	6.35	2.23	자본잠식			87.10	24.36	13.28	0.43	10.71	18.97	6.18	8.17	12.94	12.39	12.81	6.40
EPS		67	123	33	-3,702	154	337	1,792	542	358	34	309	590	251	348	600	628	688	382
배당금		35	35	0	0	0	0	0	50	50	25	35	45	50	50	60	60	60	60
ROE		5.02	8.87	2.23	자본잠식			87.10	26.84	15.44	1.59	12.08	20.54	7.72	9.54	14.37	13.70	14.04	7.60
직원의 수					538	617	697	755		789	772	770	833	868	885	880	912	874	835
연봉정보					7	17	20	22		27	29	32	32	35	37	39	41	47	46

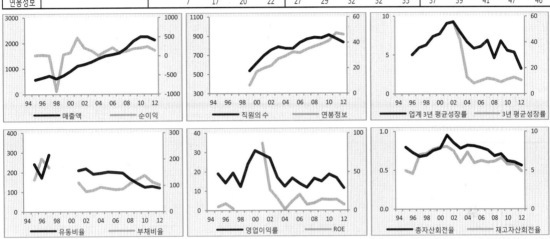

단위 : 성장률, ROE-% / EPS, 주당배당금 – 원 / 직원의 수 – 명 / 연봉정보 – 백만

자본잠식으로 인해, 계산 불가한 값(1998년~2000년 유동비율과 부채비율 및 ROE, 1997년~2001년 3년 평균성장률)은 그래프에서 제외하였습니다.

• 안국약품 (코스닥 / 001540)

- 완제 의약품 제조업

구 분	94	95	96	97	98	99	00	01	02	03	04	05	06	07	08	09	10	11	12
성장률		9.06	6.57	5.05	3.23	11.01	10.40	13.30	18.11	18.33	16.88	16.05	11.97	11.27	4.91	12.20	13.70	5.07	2.42
EPS		85	68	78	103	218	295	373	617	757	852	966	836	836	890	391	1,512	663	398
배당금		0	0	0	0	0	60	75	85	100	100	100	100	100	100	100	100	100	125
ROE		9.06	6.57	5.05	3.23	11.01	13.06	16.65	21.00	21.12	19.13	17.91	13.60	12.80	5.53	16.40	14.67	5.97	3.53
직원의 수					186	211	251	250		259	301	280	312	333	354	407	416	450	463
연봉정보					17	15	21	27		27	26	33	35	35	34	42	39	40	45

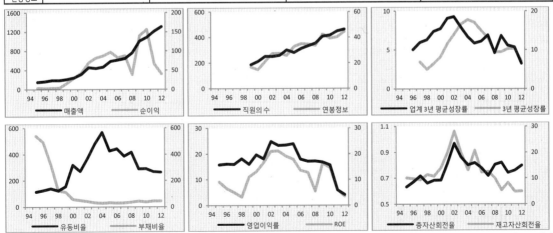

단위 : 성장률, ROE-% / EPS, 주당배당금 – 원 / 직원의 수 – 명 / 연봉정보 – 백만

1955년, 근화항생약품에서 안국약품㈜로 상호 변경하였습니다.

제약

• 영진약품 (유가증권 / 003520)

- 완제 의약품 제조업

구분	94	95	96	97	98	99	00	01	02	03	04	05	06	07	08	09	10	11	12
성장률	1.20	1.03	1.86	-97.59	자본잠식		-473.9	11.10	5.33	-18.26	-4.40	-17.65	-45.40	-30.93	-9.13	-7.14	-2.58	2.87	1.97
EPS	46	13	24	-484	-842	-542	-5,514	114	52	-171	47	3	-73	-147	-49	-37	-16	15	10
배당금	31	0	5	0	0	0	0	0	0	0	0	0	0	0	0	0	0	0	0
ROE	3.69	1.03	2.35	-97.59	자본잠식		-473.9	11.10	5.33	-18.26	-4.40	-17.65	-45.40	-30.93	-9.13	-7.14	-2.58	2.87	1.97
직원의 수					684	664	584	531	524	547	526	606	666	525	525	미공시	504	530	574
연봉정보					13	14	16	18	27	29	32	32	35	38	36		41	42	41

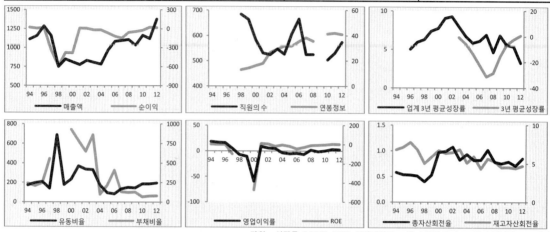

단위 : 성장률, ROE-% / EPS, 주당배당금 - 원 / 직원의 수 - 명 / 연봉정보 - 백만
자본잠식으로 인해, 계산 불가한 값(1998년~1999년 부채비율과 ROE, 1996년~2002년 3년 평균성장률)은 그래프에서 제외하였습니다.
2009년 직원의 수, 연봉정보는 미공시 되었습니다.

• 우리들제약 (유가증권 / 004720)

- 완제 의약품 제조업

구분	94	95	96	97	98	99	00	01	02	03	04	05	06	07	08	09	10	11	12
성장률		-5.68	3.78	1.69	-37.29	4.51	-4.86	-11.02	-9.51	-4.53	-40.07	7.69	7.53	-0.52	-32.50	-7.19	-14.48	-48.47	-19.39
EPS		-42	29	13	-210	30	43	-71	62	-26	-240	39	40	-3	-158	-28	-63	-153	-71
배당금		0	0	0	0	0	0	0	0	0	0	0	0	0	0	0	0	0	0
ROE		-5.68	3.78	1.69	-37.29	4.51	-4.86	-11.02	-9.51	-4.53	-40.07	7.69	7.53	-0.52	-32.50	-7.19	-14.48	-48.47	-19.39
직원의 수					150	162	175	178	180	188	222	213	222	218	232	185	171	190	
연봉정보					14	20	23	22	24	25	27	29	28	30	41	35	50	40	

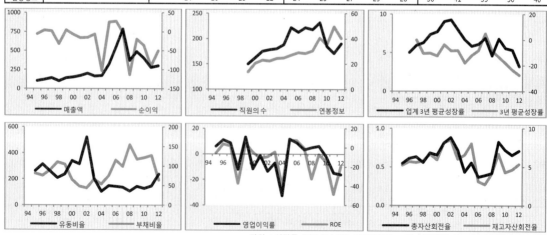

단위 : 성장률, ROE-% / EPS, 주당배당금 - 원 / 직원의 수 - 명 / 연봉정보 - 백만
2004년 결산 월 변경으로 인하여 39기는 제외하였으며, 38기를 2004년 기준으로 작성하였습니다.
2009년 12월, 우리들제약과 우리들생명과학으로 인적 분할하였습니다.

제약

· 유나이티드제약 (유가증권 / 033270)

- 완제 의약품 제조업

구 분	94	95	96	97	98	99	00	01	02	03	04	05	06	07	08	09	10	11	12
성장률		11.64	10.19	13.67	21.70	17.80	21.46	2.91	8.51	0.65	-0.67	0.33	8.25	10.96	15.04	16.61	16.17	16.94	11.26
EPS		104	109	123	297	396	551	103	277	67	33	58	272	380	603	951	1,145	1,462	1,186
배당금		0	30	0	30	60	60	30	45	50	50	50	50	50	60	75	100	110	120
ROE		11.64	14.07	13.67	24.14	20.97	24.09	4.10	10.16	2.55	1.30	2.38	10.11	12.62	16.70	18.03	17.72	18.32	12.53
직원의 수						291	319	331	299	318	329	303	376	244	277	597	650	663	661
연봉정보						16	17	20	23	25	28	30	28	32	37	41	35	43	39

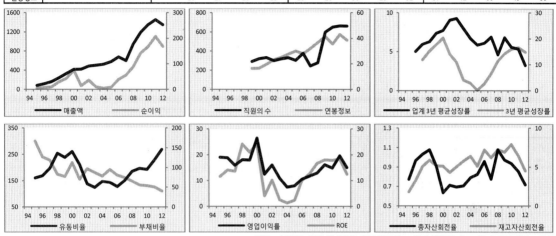

단위 : 성장률, ROE-% / EPS, 주당배당금 - 원 / 직원의 수 - 명 / 연봉정보 - 백만
2007년 결산 월 변경으로 인하여, 21기(07년도)는 9개월(4월~12월)치 자료로 작성되었습니다.

· 일동제약 (유가증권 / 000230)

- 완제 의약품 제조업

구 분	94	95	96	97	98	99	00	01	02	03	04	05	06	07	08	09	10	11	12
성장률	5.75	4.98	4.50	1.75	-525.1	9.02	11.75	9.58	12.67	12.27	5.47	11.86	13.03	10.66	8.25	10.49	7.20	6.72	4.52
EPS	348	314	256	119	-3,799	342	496	486	711	760	486	822	954	934	789	1,308	767	1,024	745
배당금	40	40	50	40	0	0	0	100	100	100	140	160	160	160	140	180	140	180	150
ROE	6.50	5.70	5.59	2.63	-525.1	9.02	11.75	12.06	14.75	14.13	7.69	14.73	15.65	12.87	10.02	12.16	8.80	8.16	5.66
직원의 수					631	656	765	791	855	912	953	996	1,094	1,112	1,175	1,217	1,242	1,342	1,341
연봉정보					20	22	22	24	26	32	34	37	39	41	43	43	37	48	54

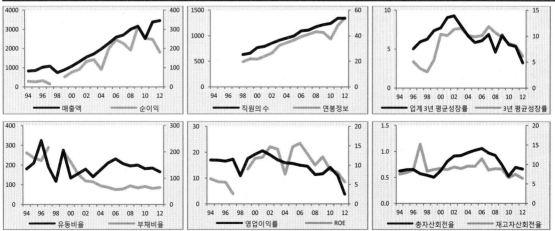

단위 : 성장률, ROE-% / EPS, 주당배당금 - 원 / 직원의 수 - 명 / 연봉정보 - 백만
2010년 결산 월 변경으로 인하여, 68기(11년도)는 9개월(4월 1일~12월 31일)치 자료로 작성되었습니다.
특이값(1998년 순이익, 부채비율 및 ROE)은 그래프에서 제외하였습니다.
1942년 5월, 극동제약 주식회사에서 일동제약주식회사로 상호 변경하였습니다.

제약

• 일성신약 (유가증권 / 003120)

- 완제 의약품 제조업

구분	94	95	96	97	98	99	00	01	02	03	04	05	06	07	08	09	10	11	12
성장률	7.81	13.36	13.15	13.72	-29.33	9.76	20.15	18.33	13.90	10.46	10.47	15.43	16.15	4.09	13.37	2.28	1.58	10.36	11.33
EPS	1,097	1,918	2,096	2,235	-3,387	2,201	5,352	5,741	5,197	4,296	5,385	10,589	14,485	6,700	14,046	4,215	4,040	24,122	26,405
배당금	250	250	350	400	0	350	500	500	500	300	400	400	500	500	500	500	500	500	300
ROE	10.11	15.36	15.78	16.71	-29.33	11.61	22.22	20.08	15.38	11.25	11.31	16.03	16.73	4.42	13.86	2.58	1.80	10.58	11.46
직원의 수					181	199	241	250	247	275	288	309	336	326	282	269	270	264	247
연봉정보					17	18	15	20	26	24	22	28	28	31	35	33	36	39	41

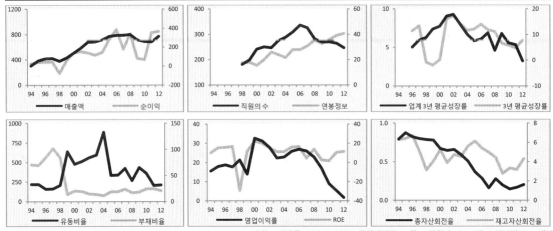

단위 : 성장률, ROE-% / EPS, 주당배당금 - 원 / 직원의 수 - 명 / 연봉정보 - 백만
1972년 2월, ㈜일성신약에서 일성신약주식회사로 상호 변경하였습니다.

• 조아제약 (코스닥 / 034940)

- 완제 의약품 제조업

구분	94	95	96	97	98	99	00	01	02	03	04	05	06	07	08	09	10	11	12
성장률			44.12	42.38	13.55	-27.48	-23.10	-5.74	-30.26	-160.1	9.03	2.31	-5.62	-7.51	-1.41	-2.40	6.02	3.34	2.61
EPS			395	626	273	375	15	-106	-442	-1,032	61	33	-74	-115	-21	-36	100	40	45
배당금			0	48	59	1,000	500	0	0	0	0	0	0	0	0	0	0	0	0
ROE			44.12	45.86	17.31	16.49	0.71	-5.74	-30.26	-160.1	9.03	2.31	-5.62	-7.51	-1.41	-2.40	6.02	3.34	2.61
직원의 수					248	214	228	213	188	192	208	233	224	230	230	233	247	252
연봉정보					19	23	21	21	25	24	27	28	33	34	37	38	40	43

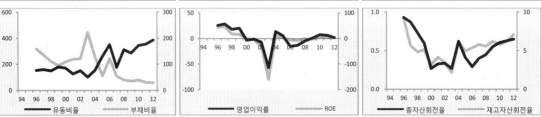

단위 : 성장률, ROE-% / EPS, 주당배당금 - 원 / 직원의 수 - 명 / 연봉정보 - 백만
1995년 6월, 삼강제약에서 조아제약으로 상호 변경하였습니다.

• 종근당 (유가증권 / 001630)

- 완제 의약품 제조업

구 분	94	95	96	97	98	99	00	01	02	03	04	05	06	07	08	09	10	11	12
성장률	1.29	0.52	2.49	2.33	1.73	1.54	1.00	1.25	-99.65	10.11	10.89	17.72	13.63	10.71	8.84	9.52	10.98	11.76	4.80
EPS	379	362	1,001	634	520	904	290	192	-7,389	839	1,364	2,177	1,906	1,648	1,641	2,024	3,220	4,008	2,110
배당금	250	250	450	103	104	237	125	0	0	0	300	100	100	100	250	350	500	700	700
ROE	3.78	1.69	4.52	2.78	2.16	2.08	1.76	1.25	-99.65	10.11	13.96	18.58	14.38	11.40	10.43	11.50	13.00	14.25	7.18
직원의 수					927	994	1,118	858	884	830	952	1,010	1,075	1,291	1,385	1,451	1,454	1,473	1,499
연봉정보					21	23	25	35	29	31	30	32	38	38	40	43	50	50	52

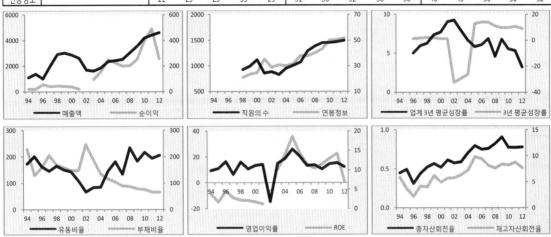

단위 : 성장률, ROE-% / EPS, 주당배당금 - 원 / 직원의 수 - 명 / 연봉정보 - 백만
특이값(2002년 순이익, ROE)은 그래프에서 제외하였습니다.

• 진양제약 (코스닥 / 007370)

- 완제 의약품 제조업

구 분	94	95	96	97	98	99	00	01	02	03	04	05	06	07	08	09	10	11	12
성장률			8.07	20.79	5.19	10.43	12.72	15.48	16.32	12.86	-20.94	6.44	1.04	-3.62	-0.05	10.20	4.22	-0.15	2.45
EPS			97	234	77	245	446	539	530	489	41	357	136	-21	98	571	305	93	221
배당금			0	0	0	60	100	100	100	100	100	100	100	100	100	100	100	100	100
ROE			8.07	20.79	5.19	13.82	16.40	19.00	20.11	16.16	14.55	8.95	3.93	-0.63	2.36	12.36	6.28	1.93	4.48
직원의 수						150	156	169		177	193	214	250	260	264	272	256	226	217
연봉정보						17	23	26		31	25	28	29	28	32	35	36	31	33

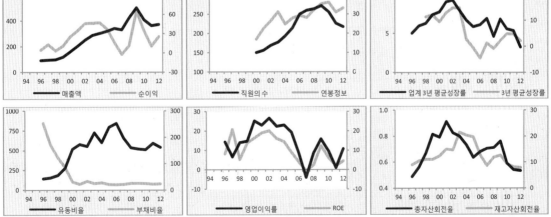

단위 : 성장률, ROE-% / EPS, 주당배당금 - 원 / 직원의 수 - 명 / 연봉정보 - 백만

제·약

• 코오롱생명과학 (코스닥 / 102940)

- 완제 의약품 제조업

구분	94	95	96	97	98	99	00	01	02	03	04	05	06	07	08	09	10	11	12
성장률												-63.53	17.71	20.64	31.25	17.88	15.56	15.20	14.38
EPS												-213	821	1,054	2,313	2,311	2,221	2,653	3,988
배당금												0	0	0	0	5	5	5	750
ROE												-63.53	17.71	20.64	31.25	17.92	15.59	15.23	17.72
직원의 수															114	127	138	305	
연봉정보															47	51	55	41	

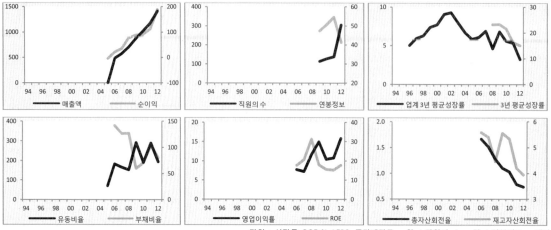

단위 : 성장률, ROE-% / EPS, 주당배당금 – 원 / 직원의 수 – 명 / 연봉정보 – 백만
2005년~2006년 사업보고서 미공시로 인하여 EPS는 감사보고서를 기준으로, 배당금은 0으로 간주해 성장률을 계산하였습니다.
05년~06년 성장률은 업계 3년 평균성장률 계산 과정에서 제외하였습니다.
특이값(2005년 부채비율, 영업이익률, ROE, 총자산회전율, 재고자산회전율)은 그래프에서 제외하였습니다.
2006년 1월, 티슈진아시아주식회사에서 코오롱생명과학으로 상호 변경하였습니다.

• 한독 (유가증권 / 002390)

- 완제 의약품 제조업

구분	94	95	96	97	98	99	00	01	02	03	04	05	06	07	08	09	10	11	12
성장률	5.68	4.14	3.31	1.66	-0.21	1.03	2.15	4.99	6.44	9.75	5.97	6.70	6.98	7.06	2.60	6.08	5.40	4.29	1.40
EPS	396	352	346	159	37	113	332	631	1,034	1,763	1,128	1,371	1,559	1,653	588	1,552	1,770	1,429	497
배당금	87	116	145	58	50	50	125	125	325	550	350	430	500	500	160	465	530	400	150
ROE	7.29	6.18	5.70	2.61	0.61	1.84	3.45	6.23	9.39	14.17	8.66	9.77	10.28	10.12	3.57	8.68	7.71	5.95	2.01
직원의 수					629	468	539	569	568	566	550	597	603	677	680	712	741	766	750
연봉정보					24	23	23	27	35	40	46	50	49	50	62	52	60	54	54

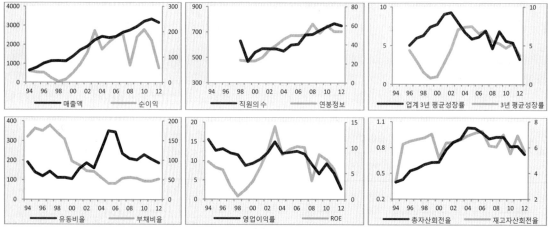

단위 : 성장률, ROE-% / EPS, 주당배당금 – 원 / 직원의 수 – 명 / 연봉정보 – 백만

• 한미사이언스 (유가증권 / 008930) / 한미약품 (유가증권 / 128940)

- 완제 의약품 제조업

구 분	94	95	96	97	98	99	00	01	02	03	04	05	06	07	08	09	10	11	12
성장률	2.67	3.86	2.90	27.85	5.41	5.54	11.87	12.93	13.03	8.80	15.97	17.93	24.58	14.47	17.97	10.81	-1.93	-3.41	1.40
EPS	57	74	92	604	175	197	352	586	665	492	769	1,046	1,817	1,268	1,696	1,169	212	-60	55
배당금	16	15	50	60	25	25	25	100	125	100	100	125	125	125	125	125	0	0	0
ROE	3.75	4.82	6.36	30.93	6.31	6.35	12.77	15.59	16.04	11.04	18.36	20.37	26.39	16.05	19.40	12.10	-1.93	-3.41	1.40
직원의 수					638	722	845	1,044	1,057	1,282	1,360	1,414	1,528	1,720	1,843	1,918	1,915	1,992	1,806
연봉정보					15	17	20	23	31	31	35	45	39	47	47	50	49	43	46

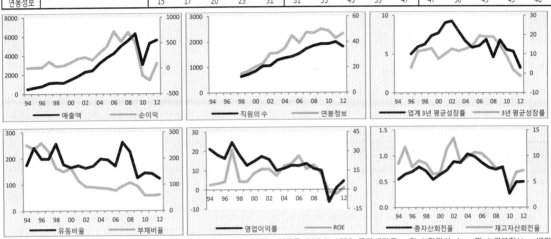

단위 : 성장률, ROE-% / EPS, 주당배당금 - 원 / 직원의 수 - 명 / 연봉정보 - 백만
2010년 한미약품 인적 분할로 인하여, 2010년 이후의 한미약품 재무제표와 합산해 그래프를 작성하였습니다.

• 한올바이오파마 (유가증권 / 009420)

- 완제 의약품 제조업

구 분	94	95	96	97	98	99	00	01	02	03	04	05	06	07	08	09	10	11	12
성장률	3.05	2.90	0.77	18.46	1.07	2.74	11.10	15.67	4.58	3.01	2.94	1.34	0.17	-1.98	2.28	1.10	1.46	-28.68	-3.79
EPS	51	44	27	226	27	47	185	264	97	74	69	28	13	-30	34	17	23	-410	-81
배당금	15	15	20	23	15	30	40	50	25	25	20	5	10	0	0	0	0	0	0
ROE	4.32	4.41	2.94	20.50	2.40	7.52	14.16	19.34	6.16	4.55	4.14	1.63	0.74	-1.98	2.28	1.10	1.46	-28.68	-3.79
직원의 수					305	297	300	314	349	370	457	442	443	448	492	448	446	435	405
연봉정보					15	19	23	29	26	27	27	35	35	38	38	39	42	46	49

단위 : 성장률, ROE-% / EPS, 주당배당금 - 원 / 직원의 수 - 명 / 연봉정보 - 백만
2010년 3월, 한올제약주식회사에서 한올바이오파마주식회사로 상호 변경하였습니다.

제약

717

• 환인제약 (유가증권 / 016580)

- 완제 의약품 제조업

구 분	94	95	96	97	98	99	00	01	02	03	04	05	06	07	08	09	10	11	12
성장률	17.18	15.45	9.93	7.60	11.35	12.28	12.28	14.91	13.26	9.34	13.09	12.23	6.43	8.61	8.30	9.82	9.76	7.79	7.21
EPS	276	227	185	120	196	310	395	500	547	503	686	844	575	729	736	954	954	1,244	968
배당금	0	0	0	0	0	50	75	100	100	125	125	150	200	200	200	250	250	250	250
ROE	17.18	15.45	9.93	7.60	11.35	14.64	15.16	18.65	16.23	12.44	16.00	14.88	9.86	11.87	11.40	13.31	13.23	9.75	9.72
직원의 수					287	290	314	309	321	319	317	331	319	345	380	393	400	410	399
연봉정보					17	20	21	26	27	33	37	34	37	42	41	41	45	49	51

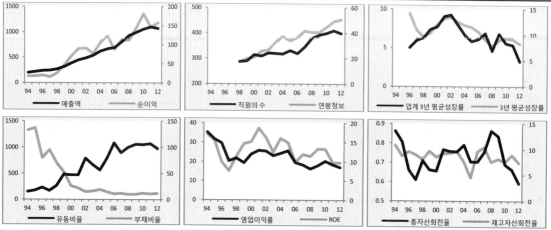

단위 : 성장률, ROE-% / EPS, 주당배당금 – 원 / 직원의 수 – 명 / 연봉정보 – 백만

• 휴온스 (코스닥 / 084110)

- 완제 의약품 제조업

구 분	94	95	96	97	98	99	00	01	02	03	04	05	06	07	08	09	10	11	12
성장률						-3.76	8.19	28.12	18.08	13.17	26.05	25.25	17.42	16.24	17.03	8.65	-4.48	2.91	5.47
EPS						-138	274	1,310	503	385	687	1,031	1,371	1,522	1,434	841	-219	553	761
배당금						0	0	0	0	0	0	0	100	100	30	40	100	100	150
ROE						-3.76	8.19	28.12	18.08	13.17	26.05	25.25	18.79	17.38	17.39	9.09	-3.07	3.56	6.82
직원의 수											278	315	363	372	350	371	417
연봉정보											31	32	28	37	41	43	42

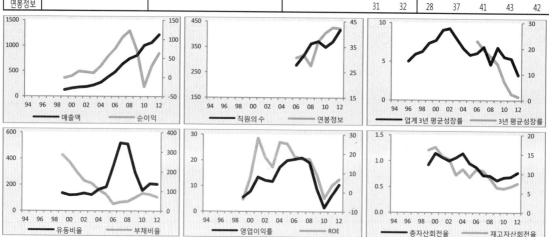

단위 : 성장률, ROE-% / EPS, 주당배당금 – 원 / 직원의 수 – 명 / 연봉정보 – 백만

1999년~2003년 사업보고서 미공시로 인하여 EPS는 감사보고서를 기준으로, 배당금은 0으로 간주해 성장률을 계산하였습니다.

99년~03년 성장률은 업계 3년 평균성장률 계산 과정에서 제외하였습니다.

2003년 3월, 광명제약 주식회사에서 주식회사 휴온스로 상호 변경하였습니다.

제
약

• JW중외제약 (유가증권 / 001060)

- 완제 의약품 제조업

구분	94	95	96	97	98	99	00	01	02	03	04	05	06	07	08	09	10	11	12
성장률	3.94	1.66	2.04	4.52	2.99	8.21	5.33	6.24	6.71	5.92	6.26	7.73	4.36	1.77	2.02	4.29	0.65	-7.07	-13.81
EPS	701	446	445	467	460	1,102	718	957	1,040	1,085	1,216	1,335	918	403	672	1,150	575	-950	-1,937
배당금	300	300	275	100	100	25	125	250	200	325	350	250	250	300	300	300	300	200	125
ROE	6.89	5.08	5.36	5.75	3.82	8.41	6.45	8.45	8.31	8.45	8.80	9.51	5.99	6.91	3.65	5.81	1.37	-5.84	-12.97
직원의 수					904	969	973	1,069	1,100	1,114	1,126	1,227	1,269	1,274	1,343	1,211	1,145	1,092	1,003
연봉정보					17	20	24	25	29	32	36	36	38	42	43	43	45	47	46

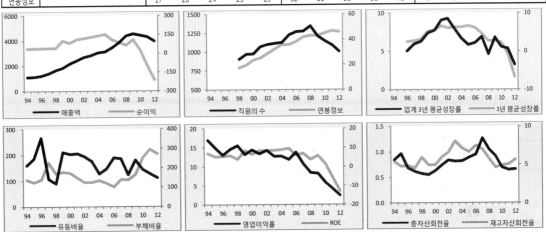

단위 : 성장률, ROE-% / EPS, 주당배당금 - 원 / 직원의 수 - 명 / 연봉정보 - 백만
2011년 3월, ㈜중외제약에서 제이더블유중외제약 주식회사로 상호 변경 하였습니다.

• 경남제약 (코스닥 / 053950)

- 의약용 화합물 및 항생물질 제조업

구분	94	95	96	97	98	99	00	01	02	03	04	05	06	07	08	09	10	11	12
성장률						85.25	21.92	9.13	5.81	17.15	14.14	-4.00	-53.96	-677.6	6.75	-5.57	-17.15	-20.17	0.02
EPS						361	231	135	72	300	312	-82	-668	-4,003	45	-56	-135	-121	0
배당금						0	0	0	0	25	40	0	0	0	0	0	0	0	0
ROE						85.25	21.92	9.13	5.81	18.71	16.22	-4.00	-53.96	-677.6	6.75	-5.57	-17.15	-20.17	0.02
직원의 수						92	157			188	246	298	307	91	138	164	274	265	243
연봉정보						12	14			17	16	20	20	11	28	39	32	30	29

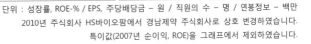

단위 : 성장률, ROE-% / EPS, 주당배당금 - 원 / 직원의 수 - 명 / 연봉정보 - 백만
2010년 주식회사 HS바이오팜에서 경남제약 주식회사로 상호 변경하였습니다.
특이값(2007년 순이익, ROE)을 그래프에서 제외하였습니다.

· 근화제약 (유가증권 / 002250)

- 의약용 화합물 및 항생물질 제조업

구 분	94	95	96	97	98	99	00	01	02	03	04	05	06	07	08	09	10	11	12
성장률	자본잠식			141.33	17.03	20.07	21.38	18.74	7.35	7.30	0.04	5.96	16.53	13.27	4.96	3.74	3.51	2.26	-1.41
EPS	-3,632	-1,476	-1,118	6,447	1,832	1,867	2,972	3,045	1,504	1,379	505	1,384	3,284	3,304	1,693	1,436	1,382	1,115	-394
배당금	0	0	0	0	0	0	500	500	500	500	500	500	600	600	600	600	600	600	0
ROE	자본잠식			141.33	17.03	20.07	25.71	22.42	11.00	11.45	4.29	9.33	20.23	16.21	7.69	6.43	6.21	4.90	-1.41
직원의 수					255	268	292	310	301	299	299	326	376	352	357	344	327	333	354
연봉정보					19	23	27	24	29	33	37	33	35	39	40	40	46	55	57

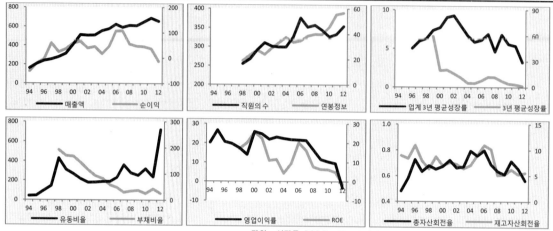

단위 : 성장률, ROE-% / EPS, 주당배당금 – 원 / 직원의 수 – 명 / 연봉정보 – 백만
자본잠식으로 인해, 계산 불가한 값(1994년~1996년 부채비율, ROE 및 성장률)은 그래프에서 제외하였습니다.
1971년 4월, 근화제약주식회사로 상호 변경하였습니다.

· 대봉엘에스 (코스닥 / 078140)

- 의약용 화합물 및 항생물질 제조업

구 분	94	95	96	97	98	99	00	01	02	03	04	05	06	07	08	09	10	11	12
성장률									14.94	13.78	15.90	11.69	8.20	9.13	11.35	14.71	9.85	4.34	5.41
EPS									242	309	405	562	381	393	530	779	779	348	227
배당금									0	50	50	50	100	50	50	50	50	125	50
ROE									14.94	16.45	18.13	12.83	11.12	10.47	12.53	15.71	10.53	6.77	6.94
직원의 수										40	48	52	51	48	61	72	69		
연봉정보										24	25	25	29	28	29	28	25		

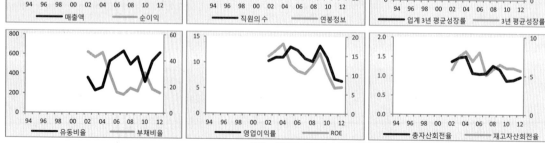

단위 : 성장률, ROE-% / EPS, 주당배당금 – 원 / 직원의 수 – 명 / 연봉정보 – 백만
2002년 사업보고서 미공시로 인하여 EPS는 감사보고서를 기준으로, 배당금은 0으로 간주해 성장률을 계산하였습니다.
02년 성장률은 업계 3년 평균성장률 계산 과정에서 제외하였습니다.
2000년 4월, 주식회사 대봉에서 대봉엘에스 주식회사로 상호 변경하였습니다.

제약

• 보령제약 (유가증권 / 003850)

- 의약용 화합물 및 항생물질 제조업

구분	94	95	96	97	98	99	00	01	02	03	04	05	06	07	08	09	10	11	12
성장률	2.92	5.13	3.09	4.61	1.56	3.54	7.20	13.82	8.42	4.83	7.00	2.01	1.41	5.93	3.31	3.18	9.01	3.98	5.75
EPS	294	385	457	405	243	515	1,144	2,516	1,797	1,093	1,646	543	390	1,380	838	834	2,095	906	1,387
배당금	75	75	250	75	75	50	125	300	300	200	250	150	125	250	200	200	300	100	150
ROE	3.93	6.37	6.83	5.66	2.25	3.92	8.09	15.69	10.11	5.91	8.25	2.77	2.08	7.24	4.35	4.18	10.52	4.48	6.45
직원의 수					568	568	555	662	822	738	772	796	867	815	891	950	954	1,041	1,015
연봉정보					16	20	22	22	21	28	31	32	33	38	39	38	42	41	43

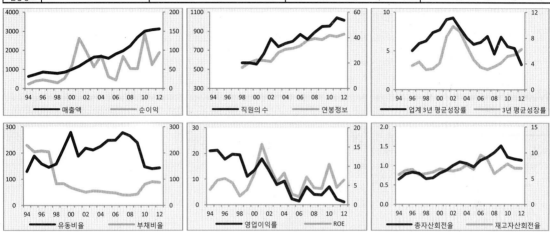

단위 : 성장률, ROE-% / EPS, 주당배당금 - 원 / 직원의 수 - 명 / 연봉정보 - 백만
1966년 2월, 동영제약㈜에서 보령제약㈜로 상호 변경하였습니다.

• 에스텍파마 (코스닥 / 041910)

- 의약용 화합물 및 항생물질 제조업

구분	94	95	96	97	98	99	00	01	02	03	04	05	06	07	08	09	10	11	12
성장률						42.43	9.96	8.51	27.26	21.21	10.92	7.20	3.33	5.74	2.14	2.92	9.99	15.66	15.25
EPS						363	88	83	365	379	297	244	162	229	102	163	487	919	1,018
배당금						0	0	0	0	15	50	50	50	50	25	50	90	75	75
ROE						42.43	9.96	8.51	27.26	22.09	13.13	9.06	4.82	7.35	2.84	4.21	12.26	17.05	16.46
직원의 수										49	69	69	71	77	82	93	107	130	133
연봉정보										21	22	30	32	34	35	33	36	35	41

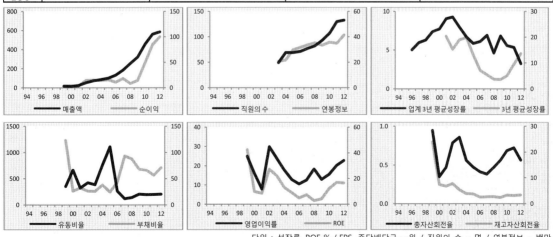

단위 : 성장률, ROE-% / EPS, 주당배당금 - 원 / 직원의 수 - 명 / 연봉정보 - 백만
2001년 1월, 주식회사 에스텍에서 주식회사 에스텍파마로 상호 변경하였습니다.

제약

• 유한양행 (유가증권 / 000100)
- 의약용 화합물 및 항생물질 제조업

구분	94	95	96	97	98	99	00	01	02	03	04	05	06	07	08	09	10	11	12
성장률	3.69	1.85	1.60	1.82	6.96	9.94	9.08	9.26	9.39	10.05	8.27	9.12	8.62	10.89	13.33	11.44	11.43	6.39	4.90
EPS	1,291	1,439	1,220	1,285	3,982	7,008	6,070	6,434	6,751	7,589	6,262	7,344	7,367	9,518	11,758	11,368	12,142	7,655	6,625
배당금	500	500	500	500	600	900	750	1,000	1,000	1,000	1,000	1,000	1,000	1,000	1,000	1,000	1,000	1,250	1,250
ROE	6.02	2.84	2.72	2.98	8.20	11.59	10.36	10.96	11.02	11.58	9.84	10.55	9.98	12.17	14.56	12.54	12.46	7.64	6.03
직원의 수					1,128	1,048	1,106	1,042	1,113	1,157	1,156	1,191	1,238	1,401	1,530	1,469	1,511	1,511	1,538
연봉정보					19	26	25	32	33	33	38	51	51	58	61	68	64	62	55

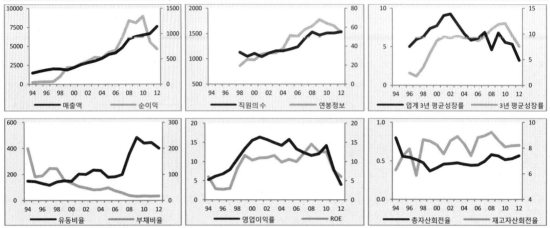

단위 : 성장률, ROE-% / EPS, 주당배당금 – 원 / 직원의 수 – 명 / 연봉정보 – 백만

• 일양약품 (유가증권 / 007570)
- 의약용 화합물 및 항생물질 제조업

구분	94	95	96	97	98	99	00	01	02	03	04	05	06	07	08	09	10	11	12
성장률	2.96	1.92	1.70	0.37	0.37	1.53	-0.52	-44.09	-6.03	0.12	0.67	2.44	1.99	-0.50	-13.46	0.87	0.62	0.78	0.21
EPS	522	425	234	138	138	151	85	-2,553	-317	82	136	265	238	72	-1,216	81	159	83	122
배당금	250	250	100	100	100	25	125	0	0	75	100	125	125	100	0	0	100	0	100
ROE	5.68	4.68	2.97	1.33	1.34	1.83	1.08	-44.09	-6.03	1.51	2.56	4.62	4.19	1.27	-13.46	0.87	1.68	0.78	1.14
직원의 수					773	777	731	717	707	641	629	647	695	694	652	613	653	607	574
연봉정보					16	16	17	22	25	26	27	29	31	35	38	40	38	42	38

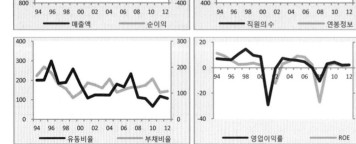
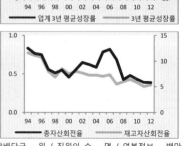

단위 : 성장률, ROE-% / EPS, 주당배당금 – 원 / 직원의 수 – 명 / 연봉정보 – 백만
1991년 5월, 일양약품공업㈜에서 일양약품㈜로 상호 변경하였습니다.
특이값(2001년 ROE)은 그래프에서 제외하였습니다.

제
약

• 제일약품 (유가증권 / 002620)
- 의약용 화합물 및 항생물질 제조업

구분	94	95	96	97	98	99	00	01	02	03	04	05	06	07	08	09	10	11	12
성장률	2.79	9.28	9.47	11.66	11.27	8.77	11.93	14.08	15.08	8.79	15.07	9.26	7.47	8.78	10.77	14.52	11.90	11.16	4.30
EPS	83	195	214	261	273	357	559	777	1,010	694	1,336	947	810	1,023	1,312	2,096	1,961	2,022	842
배당금	40	40	40	25	16	20	50	70	100	100	110	115	100	105	60	100	100	90	60
ROE	5.42	11.67	11.64	12.90	11.95	9.29	13.11	15.47	16.74	10.27	16.42	10.55	8.52	9.78	11.29	15.24	12.54	11.67	4.63
직원의 수					517	521	547	589	656	720	690	739	783	827	821	851	955	983	1,003
연봉정보					17	17	21	22	23	24	33	35	38	41	44	44	44	47	47

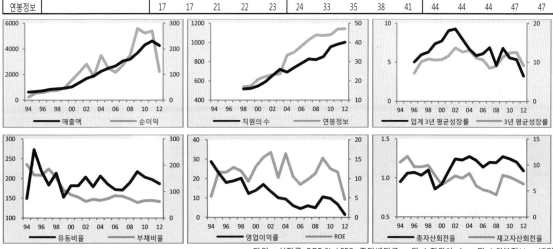

단위 : 성장률, ROE-% / EPS, 주당배당금 – 원 / 직원의 수 – 명 / 연봉정보 – 백만
1976년 7월, 제일약품산업주식회사에서 제일약품주식회사로 상호 변경하였습니다.

• 종근당바이오 (유가증권 / 063160)
- 의약용 화합물 및 항생물질 제조업

구분	94	95	96	97	98	99	00	01	02	03	04	05	06	07	08	09	10	11	12
성장률								0.43	-1.39	0.30	2.12	-31.62	0.95	-7.98	15.12	15.03	12.97	7.67	4.27
EPS								115	-127	42	291	-3,310	91	-626	1,671	3,095	3,159	2,129	1,384
배당금								50	0	0	0	0	0	0	250	300	400	350	350
ROE								0.76	-1.39	0.30	2.12	-31.62	0.95	-7.98	17.78	16.65	14.85	9.18	5.72
직원의 수								280	289	272	268	259	252	245	252	248	266	267	265
연봉정보								31	35	40	41	43	47	47	50	52	52	53	55

단위 : 성장률, ROE-% / EPS, 주당배당금 – 원 / 직원의 수 – 명 / 연봉정보 – 백만
2001년 11월 ㈜종근당으로부터 원료사업부문을 분할하여, 신설법인인 종근당바이오㈜를 설립하였습니다.

제약

• 하이텍팜 (코스닥 / 106190)
- 의약용 화합물 및 항생물질 제조업

구분	94	95	96	97	98	99	00	01	02	03	04	05	06	07	08	09	10	11	12
성장률								5.56	16.17	19.74	13.11	11.14	15.60	18.26	37.39	42.35	21.30	13.49	8.14
EPS								18	64	97	74	72	118	169	100	1,968	2,268	1,479	1,085
배당금								0	0	0	0	0	0	0	0	0	70	140	200
ROE								5.56	16.17	19.74	13.11	11.14	15.60	18.26	37.39	42.35	21.98	14.90	9.98
직원의 수																	61	66	59
연봉정보																	36	38	45

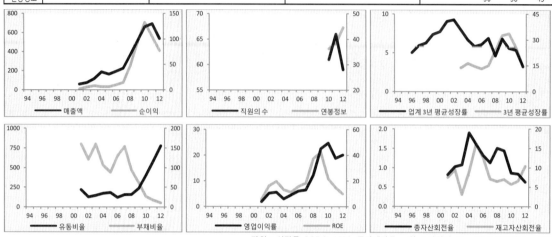

단위 : 성장률, ROE-% / EPS, 주당배당금 – 원 / 직원의 수 – 명 / 연봉정보 – 백만
2000년~2007년 사업보고서 미공시로 인하여 EPS는 감사보고서를 기준으로, 배당금은 0으로 간주해 성장률을 계산하였습니다.
00년~07년 성장률은 업계 3년 평균성장률 계산 과정에서 제외하였습니다.

• 현대약품 (유가증권 / 004310)
- 의약용 화합물 및 항생물질 제조업

구분	94	95	96	97	98	99	00	01	02	03	04	05	06	07	08	09	10	11	12
성장률		9.18	8.70	10.28	3.28	4.06	10.97	9.20	8.67	4.29	4.64	5.33	5.05	7.42	1.89	0.48	2.04	0.02	-5.77
EPS		246	249	260	94	80	194	300	315	188	212	250	272	353	131	68	124	42	-207
배당금		60	55	20	26	10	10	65	70	60	65	70	75	75	65	50	45	40	37
ROE		12.15	11.17	11.14	4.55	4.64	11.57	11.75	11.15	6.30	6.70	7.40	6.97	9.42	3.75	1.80	3.21	0.45	-4.90
직원의 수					395	395	402	455	506	520	460	457	490	507	523	455	468	478	421
연봉정보					22	22	23	27	28	37	39	37	36	40	38	45	43	46	44

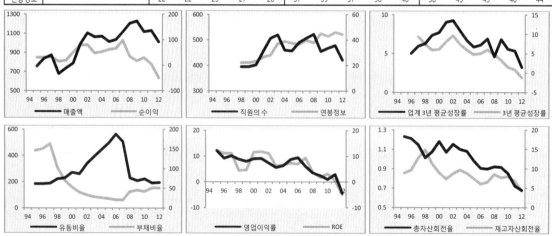

단위 : 성장률, ROE-% / EPS, 주당배당금 – 원 / 직원의 수 – 명 / 연봉정보 – 백만
1973년 11월, 현대소독 화학공업㈜에서 현대약품공업 주식회사로 상호 변경하였습니다.

제약

• 화일약품 (코스닥 / 061250)
- 의약용 화합물 및 항생물질 제조업

구분	94	95	96	97	98	99	00	01	02	03	04	05	06	07	08	09	10	11	12
성장률					29.38	26.61	10.27	21.80	8.06	6.51	7.42	8.06	6.32	7.26	8.32	6.99	4.80	5.23	4.90
EPS					1,260	1,570	1,225	1,831	771	696	795	480	419	453	476	397	400	449	472
배당금					0	0	550	0	300	300	300	150	150	150	100	0	100	100	100
ROE					29.38	26.61	18.63	21.80	13.19	11.44	11.92	11.73	9.84	10.85	10.53	6.99	6.40	6.73	6.22
직원의 수									53	56	57	68	70	76	76	86	102	93	98
연봉정보									31	30	35	31	40	35	39	36	46	38	41

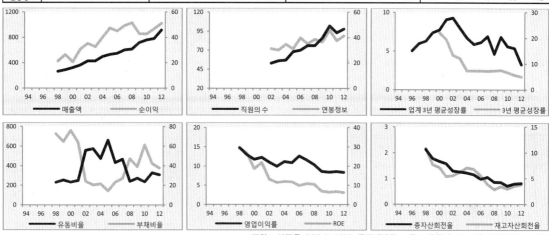

단위 : 성장률, ROE-% / EPS, 주당배당금 – 원 / 직원의 수 – 명 / 연봉정보 – 백만

1981년, 제일약품에서 화일약품주식회사로 상호 변경하였습니다.

• KPX 생명과학 (코스닥 / 114450)
- 의약용 화합물 및 항생물질 제조업

구분	94	95	96	97	98	99	00	01	02	03	04	05	06	07	08	09	10	11	12
성장률												5.07	3.72	4.81	19.15	9.32	3.16	-0.24	-10.79
EPS												185	142	390	1,322	694	331	215	162
배당금												0	0	200	200	200	200	225	600
ROE												5.07	3.72	9.88	22.56	13.09	7.99	5.19	3.99
직원의 수																54	60	65	65
연봉정보																66	76	63	67

단위 : 성장률, ROE-% / EPS, 주당배당금 – 원 / 직원의 수 – 명 / 연봉정보 – 백만

2005년~2006년 사업보고서 미공시로 인하여 EPS는 감사보고서를 기준으로, 배당금은 0으로 간주해 성장률을 계산하였습니다.

05년~06년 성장률은 업계 3년 평균성장률 계산 과정에서 제외하였습니다.

2008년 9월, ㈜엠엔에이치래버러토리즈에서 KPX라이프사이언스주식회사로 상호 변경하였습니다.

제약

• 씨티씨바이오 (코스닥 / 060590)

- 의약품 도매업

구분	94	95	96	97	98	99	00	01	02	03	04	05	06	07	08	09	10	11	12
성장률				34.90	62.61	64.98	29.27	21.01	10.25	3.51	5.05	4.06	2.54	2.60	-2.09	4.42	1.69	-1.29	11.11
EPS				45	213	692	109	594	364	134	234	264	148	153	-31	316	105	-50	502
배당금				0			13	0	0	0	50	50	50	50	50	100	0	0	0
ROE				34.90	62.61	64.98	33.27	21.01	10.25	3.51	6.43	5.01	3.84	3.86	-0.80	6.46	1.69	-1.29	11.11
직원의 수								35	46	66	62	82	92	106	120	135	139	145	176
연봉정보								28	30	23	34	30	36	38	40	43	39	49	50

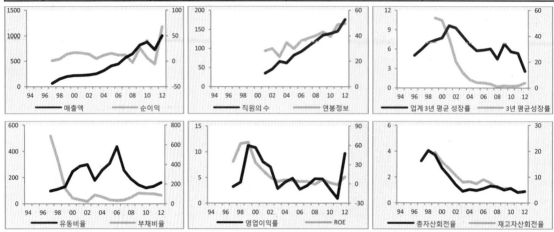

단위 : 성장률, ROE-% / EPS, 주당배당금 - 원 / 직원의 수 - 명 / 연봉정보 - 백만
2000년 9월, ㈜세출에서 ㈜씨티씨바이오로 상호 변경하였습니다.

• 이연제약 (유가증권 / 102460)

- 의약품 제조업

구분	94	95	96	97	98	99	00	01	02	03	04	05	06	07	08	09	10	11	12
성장률						-0.37	-43.91	8.56	28.16	28.30	31.71	30.40	27.45	18.27	16.27	25.41	20.26	16.31	11.40
EPS						-37	-3,068	651	2,315	4,365	7,160	9,865	12,537	607	650	1,331	1,657	1,533	1,317
배당금						0	0	0	0	0	0	0	0	0	75	90	200	200	200
ROE						-0.37	-43.91	8.56	28.16	28.30	31.71	30.40	27.45	18.27	18.39	27.26	23.04	18.75	13.45
직원의 수															346	318	312		
연봉정보															38	53	40		

단위 : 성장률, ROE-% / EPS, 주당배당금 - 원 / 직원의 수 - 명 / 연봉정보 - 백만
1991년 3월, 이연합성약품공업주식회사에서 이연제약주식회사로 상호 변경하였습니다.
1999년~2007년 사업보고서 미공시로 인하여 EPS는 감사보고서를 기준으로, 배당금은 0으로 간주해 성장률을 계산하였습니다.
99년~07년 성장률은 업계 3년 평균성장률 계산 과정에서 제외하였습니다.

제약

• CMG제약 (코스닥 / 058820)

- 의약품 제조업

구 분	94	95	96	97	98	99	00	01	02	03	04	05	06	07	08	09	10	11	12
성장률								1.26	-34.50	1.71	-151.3	-74.81	-48.32	-4.30	-20.18	-193.1	-37.74	-6.91	-21.81
EPS								110	-2,254	110	-395	-214	-724	-74	-369	-1,164	-301	-29	-143
배당금								0	0	0	0	0	0	0	0	0	0	0	0
ROE								1.26	-34.50	1.71	-151.3	-74.81	-48.32	-4.30	-20.18	-193.1	-37.74	-6.91	-21.81
직원의 수								120	68	23	15	18	8	112	134	129	129	135	134
연봉정보								8	24	36	30	23	7	25	25	24	24	22	31

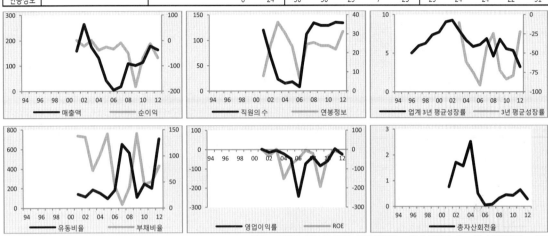

단위 : 성장률, ROE-% / EPS, 주당배당금 - 원 / 직원의 수 - 명 / 연봉정보 - 백만
2001년 8월, 애머슨퍼시픽㈜에서 기업(인적)분할방식으로 재 설립되었습니다.
2013년 3월, ㈜스카이뉴팜에서 ㈜CMG제약으로 상호 변경하였습니다.

• JW 중외신약 (유가증권 / 067290)

- 의약품 제조업

구 분	94	95	96	97	98	99	00	01	02	03	04	05	06	07	08	09	10	11	12
성장률					41.29	21.66	9.81	19.86	5.00	1.95	-12.74	1.38	-7.02	-9.99	71.57	1.49	-49.90	0.18	2.79
EPS					3,076	2,111	1,060	1,888	404	149	-274	31	-189	-271	-545	67	6	28	73
배당금					0	0	0	333	150	100	0	0	0	0	0	35	35	25	25
ROE					41.29	21.66	9.81	24.11	7.95	5.94	-12.74	1.38	-7.02	-9.99	71.57	3.13	10.33	1.65	4.24
직원의 수										234	175	172	187	174	168	245	253	258	244
연봉정보										18	23	21	20	20	13	41	43	41	41

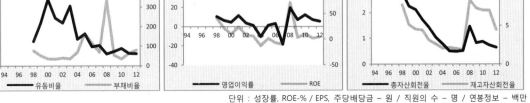

단위 : 성장률, ROE-% / EPS, 주당배당금 - 원 / 직원의 수 - 명 / 연봉정보 - 백만
2009년 5월 ㈜크레아젠홀딩스를 합병 법인, ㈜중외신약을 피합병 법인으로 하는 합병을 완료하였습니다.(확인완료)
해당 재무자료는 합병 전, 후로 구분하였습니다.

제약

• 광동제약 (유가증권 / 009290)
- 한의약품 제조업

구분	94	95	96	97	98	99	00	01	02	03	04	05	06	07	08	09	10	11	12
성장률	3.82	3.67	3.92	1.68	0.91	-2.36	-56.34	3.65	3.36	4.11	12.70	13.00	9.98	12.63	10.46	10.34	10.67	10.94	9.24
EPS	94	100	94	78	43	-72	-1,045	69	66	102	326	411	355	489	447	497	574	663	640
배당금	10	10	10	10	0	0	0	0	0	20	30	50	50	60	50	50	50	50	60
ROE	4.27	4.08	4.39	1.93	0.91	-2.36	-56.34	3.65	3.36	5.11	13.99	14.81	11.62	14.39	11.78	11.49	11.69	11.83	10.19
직원의 수					612	607	551	594	570	560	631	674	713	715	777	724	728	727	749
연봉정보					17	17	24	23	27	28	28	28	32	35	33	36	42	50	52

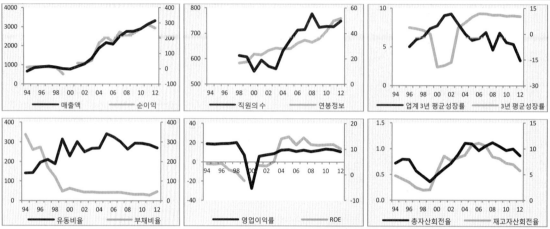

단위 : 성장률, ROE-% / EPS, 주당배당금 – 원 / 직원의 수 – 명 / 연봉정보 – 백만
1973년 9월, 광동제약사에서 광동제약주식회사로 상호 변경하였습니다.
특이값(2000년 순이익, ROE)은 그래프에서 제외하였습니다.

• 팜스웰바이오 (코스닥 / 043090)
- 기타 의료용 기기 제조업

구분	94	95	96	97	98	99	00	01	02	03	04	05	06	07	08	09	10	11	12
성장률				21.57	15.48	15.19	12.98	6.00	4.08	-3.60	-9.04	17.93	25.78	-25.75	-48.97	0.48	-15.83	-54.74	-69.12
EPS				1,991	897	1,137	683	607	349	-261	-598	-153	71	447	-1,147	7	-181	-444	-332
배당금				200	0	100	0	50	50	0	0	0	0	0	0	0	0	0	0
ROE				23.98	15.48	16.66	12.98	6.54	4.76	-3.60	-9.04	17.93	25.78	-25.75	-48.97	0.48	-15.83	-54.74	-69.12
직원의 수								42	54	51	51	43	51	36	50	35	28	20	21
연봉정보								16	24	25	26	19	26	28	24	26	34	35	36

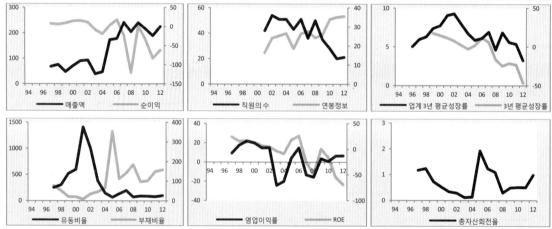

단위 : 성장률, ROE-% / EPS, 주당배당금 – 원 / 직원의 수 – 명 / 연봉정보 – 백만
2008년 5월, 코바이오텍㈜에서 ㈜팜스웰바이오로 상호 변경하였습니다.

제약

• 바이오

2012년 바이오 상장기업 전체 매출액은 약 7천 7백억원(전년대비 17% 증가)이며, 총 당기순이익은 약 1천 7백억
원(전년대비 4% 증가)입니다. 평균성장률은 1%(전년대비 1.3%p 증가), ROE는 1.5%(전년대비 1.2%p 증가)를 기록
하였습니다. (매출액 및 당기순이익은 단순합계금액이며, 성장률 및 ROE는 단순평균값 입니다)

해당 산업의 직원 수는 약 3천 3백명(전년대비 16.6%p 증가)이며, 최근 평균연봉(2012년)은 약 3천 9백만원(전년
대비 8% 증가)입니다. 아래 표와 그래프를 통해, 업계 직원 수와 연봉 수준이 2000년대 초반부터 꾸준히 증가하
고 있음을 알 수 있습니다. 최근 3년 업계 평균 유동비율은 323.5%, 부채비율은 61%입니다.

구 분	총매출액	총 당기순이익	평균성장률	평균 ROE	총 직원수	연봉정보
94	105	6	6.1	7.0		
95	102	6	6.1	6.9		
96	101	5	5.2	6.0		
97	80	-10	-4.1	-4.1		
98	82	-20	5.7	5.7	374	14
99	94	1	23.2	23.2	422	13
00	55	10	6.4	6.2	493	10
01	79	5	3.5	5.6	698	18
02	111	4	-2.6	0.7	901	22
03	150	1	-3.3	1.6	894	22
04	177	4	2.3	2.3	839	21
05	194	-10	3.9	4.3	1,192	26
06	215	-5	2.8	3.5	1,297	28
07	258	47	2.0	3.4	1,670	27
08	314	-3	1.8	3.8	1,906	32
09	440	100	9.1	9.7	2,024	33
10	507	116	4.1	4.8	2,391	36
11	659	165	-0.3	0.3	2,851	36
12	776	173	1.0	1.5	3,326	39

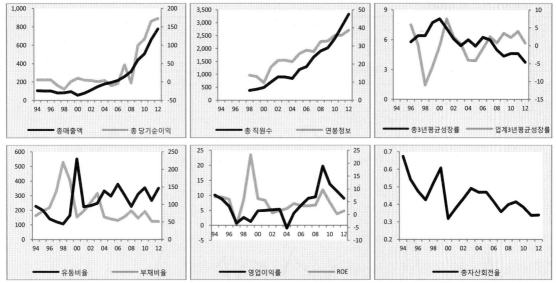

단위 : 총 매출액, 총 당기순이익 – 십억 / 평균 성장률, 평균 ROE - % / 총 직원 수 – 명 / 연봉정보 – 백만
연봉정보는 1 인당 평균 급여액이며, 대상기업들의 연간 총 급여액을 총 직원의 수로 나눈 금액입니다.
업계 3 년 평균 성장률은 바이오업종 전체 상장사의 평균이며, 사업보고서에 근거한 자료만으로 만들었습니다.

• 일신바이오 (코스닥 / 068330)
- 산업용 냉장 및 냉동 장비 제조업

구분	94	95	96	97	98	99	00	01	02	03	04	05	06	07	08	09	10	11	12
성장률										7.45	10.02	15.92	14.65	13.33	10.15	14.66	9.13	4.14	7.24
EPS										138	204	378	437	721	232	383	303	116	198
배당금										0	0	0	25	30	15	30	30	0	0
ROE										7.45	10.02	15.92	15.54	13.90	10.85	15.90	10.13	4.14	7.24
직원의 수														78	76	62	67	71	61
연봉정보														16	21	17	16	22	20

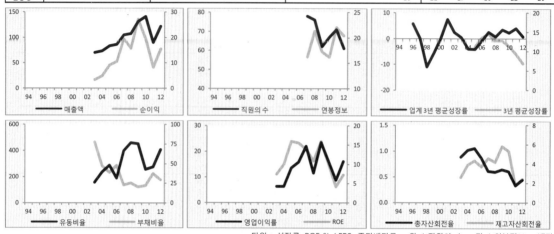

단위 : 성장률, ROE-% / EPS, 주당배당금 – 원 / 직원의 수 – 명 / 연봉정보 – 백만
2003년~2004년 사업보고서 미공시로 인하여 EPS는 감사보고서를 기준으로, 배당금은 0으로 간주해 성장률을 계산하였습니다.
03년~04년 성장률은 업계 3년 평균성장률 계산 과정에서 제외하였습니다.

• 오리엔트바이오 (유가증권 / 002630)
- 생명과학 관련 연구개발업

구분	94	95	96	97	98	99	00	01	02	03	04	05	06	07	08	09	10	11	12
성장률	1.38	0.00	-0.08	-7.67	-15.15	3.61	-3.24	3.82	0.61	1.90	4.50	-34.76	1.17	-12.94	-1.14	2.04	4.26	-10.36	1.10
EPS	252	51	40	-498	-556	168	-826	-467	4	17	35	-365	11	-93	-9	14	34	-134	11
배당금	50	50	50	0	0	0	0	0	0	0	0	0	0	0	0	0	0	0	0
ROE	1.72	0.35	0.29	-7.67	-15.15	3.61	-3.24	3.82	0.61	1.90	4.50	-34.76	1.17	-12.94	-1.14	2.04	4.26	-10.36	1.10
직원의 수					303	372	374	268	158	181	141	99	90	90	97	94	71	77	57
연봉정보					13	12	9	17	20	19	30	28	25	25	26	27	27	33	30

단위 : 성장률, ROE-% / EPS, 주당배당금 – 원 / 직원의 수 – 명 / 연봉정보 – 백만
2005년 7월, 주식회사 오리엔트에서 주식회사 오리엔트바이오로 상호 변경하였습니다.

• 메디포스트 (코스닥 / 078160)

- 생물학적 제제 제조업

구분	94	95	96	97	98	99	00	01	02	03	04	05	06	07	08	09	10	11	12
성장률									70.67	45.31	7.14	-13.56	-5.39	4.54	0.52	-0.05	3.52	3.59	1.85
EPS									1,508	1,697	293	-961	-449	377	43	-160	327	649	306
배당금									0	0	0	0	0	0	0	0	0	0	0
ROE									70.67	45.31	7.14	-13.56	-5.39	4.54	0.52	-0.05	3.52	3.59	1.85
직원의 수										75	81	81			94	88	97	117	142
연봉정보										36	34	41			41	46	42	44	46

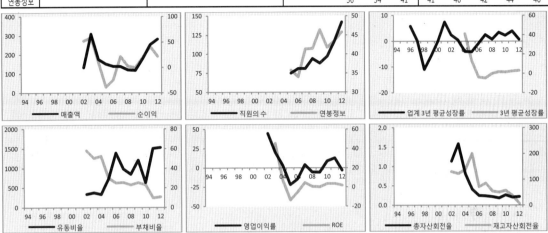

단위 : 성장률, ROE-% / EPS, 주당배당금 - 원 / 직원의 수 - 명 / 연봉정보 - 백만
2002년 사업보고서 미공시로 인하여 EPS는 감사보고서를 기준으로, 배당금은 0으로 간주해 성장률을 계산하였습니다.
02년 성장률은 업계 3년 평균성장률 계산 과정에서 제외하였습니다.

• 바이오니아 (코스닥 / 064550)

- 생물학적 제제 제조업

구분	94	95	96	97	98	99	00	01	02	03	04	05	06	07	08	09	10	11	12
성장률				9.15	4.93	-30.05	1.54	-3.61	-7.80	-17.47	-12.10	0.66	-16.50	-17.76	-10.27	13.25	-3.03	-9.12	-15.44
EPS				1,003	569	-2,439	612	-135	-272	-518	-319	35	-609	-559	-314	487	-112	-300	-435
배당금				0	0	0	0	0	0	0	0	0	0	0	0	0	0	0	0
ROE				9.15	4.93	-30.05	1.54	-3.61	-7.80	-17.47	-12.10	0.66	-16.50	-17.76	-10.27	13.25	-3.03	-9.12	-15.44
직원의 수								206	196	165	97	109	150	155	188	220	279	305	279
연봉정보								18	20	21	20	25	22	22	26	27	29	28	29

단위 : 성장률, ROE-% / EPS, 주당배당금 - 원 / 직원의 수 - 명 / 연봉정보 - 백만
1996년 7월, ㈜한국 생공에서 ㈜바니오니아로 상호 변경하였습니다.

• 파미셀 (유가증권 / 005690)
- 생물학적 제제 제조업

구분	94	95	96	97	98	99	00	01	02	03	04	05	06	07	08	09	10	11	12
성장률	10.83	12.18	10.55	-13.91	-39.82	-37.60	4.34	-13.94	-8.30	-14.12	-6.76	5.23	-4.11	-6.04	-71.90	-28.66	-162.5	-20.01	-16.43
EPS	516	644	628	-637	-919	-631	78	-219	-121	-180	-81	66	-50	-69	-265	-258	-659	-634	-446
배당금	60	60	60	0	0	0	0	0	0	0	0	0	0	0	0	0	0	0	0
ROE	12.26	13.43	11.67	-13.91	-39.82	-37.60	4.34	-13.94	-8.30	-14.12	-6.76	5.23	-4.11	-6.04	-71.90	-28.66	-162.5	-20.01	-16.43
직원의 수					71	50	48	60	65	77	76	76	76	94	50	29	54	102	100
연봉정보					17	20	17	17	13	19	20	18	16	14	26	44	39	32	40

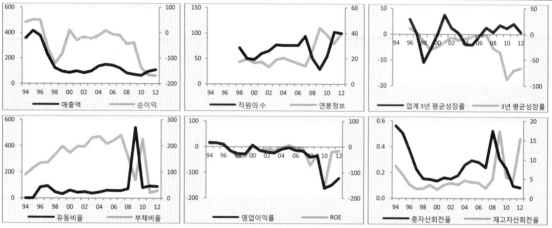

단위 : 성장률, ROE-% / EPS, 주당배당금 – 원 / 직원의 수 – 명 / 연봉정보 – 백만
2011년 9월, 주식회사 에프씨비투웰브에서 파미셀주식회사로 상호 변경하였습니다.

• 쎌바이오텍 (코스닥 / 049960)
- 액상시유 및 기타 낙농제품 제조업

구분	94	95	96	97	98	99	00	01	02	03	04	05	06	07	08	09	10	11	12
성장률					16.51	4.46	1.82	6.39	11.14	12.98	11.95	2.02	1.20	4.38	7.30	14.22	10.93	12.98	13.53
EPS					66	49	28	92	215	224	238	57	29	206	286	553	531	670	777
배당금					0	0	0	0	0	0	0	0	0	100	100	100	150	150	150
ROE					16.51	4.46	1.82	6.39	11.14	12.98	11.95	2.02	1.20	8.52	11.22	17.35	15.23	16.72	16.76
직원의 수									42	36	36	49	47	63	65	67	71	74	80
연봉정보									19	24	28	22	27	23	28	27	31	35	34

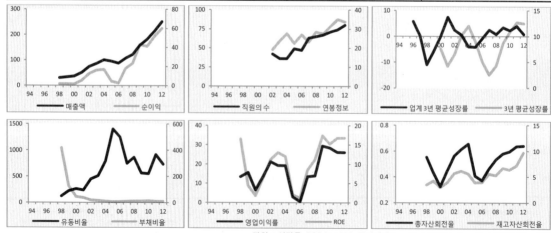

단위 : 성장률, ROE-% / EPS, 주당배당금 – 원 / 직원의 수 – 명 / 연봉정보 – 백만

• 이수앱지스 (코스닥 / 086890)

- 의료용품 및 기타 의약관련제품 제조업

구분	94	95	96	97	98	99	00	01	02	03	04	05	06	07	08	09	10	11	12
성장률											-26.26	-57.66	-65.14	-28.18	-91.54	-34.20	-33.61	-36.70	-44.38
EPS											-323	-720	-789	-614	-1,041	-910	-630	-521	-567
배당금											0	0	0	0	0	0	0	0	0
ROE											-26.26	-57.66	-65.14	-28.18	-91.54	-34.20	-33.61	-36.70	-44.38
직원의 수															88	90	96	91	100
연봉정보															38	20	41	44	48

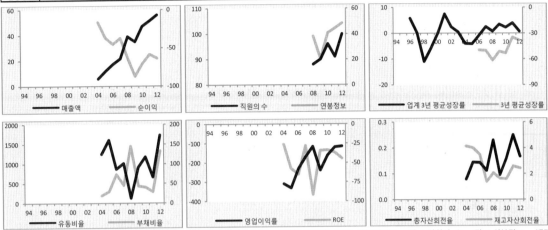

단위 : 성장률, ROE-% / EPS, 주당배당금 - 원 / 직원의 수 - 명 / 연봉정보 - 백만
2004년~2005년 사업보고서 미공시로 인하여 EPS는 감사보고서를 기준으로, 배당금은 0으로 간주해 성장률을 계산하였습니다.
04년~05년 성장률은 업계 3년 평균성장률 계산 과정에서 제외하였습니다.
2004년 11월, 주식회사 페타젠에서 이수앱지스로 상호 변경하였습니다.

• 바이오랜드 (코스닥 / 052260)

- 의약용 화합물 및 항생물질 제조업

구분	94	95	96	97	98	99	00	01	02	03	04	05	06	07	08	09	10	11	12
성장률						35.42	26.18	12.22	7.85	7.55	10.09	13.97	12.32	9.31	9.57	14.13	11.81	11.33	7.26
EPS						393	424	391	339	277	476	797	785	858	853	1,465	853	904	688
배당금						50	0	100	100	75	150	200	200	200	200	300	200	200	200
ROE						40.59	26.18	16.42	11.14	10.35	14.73	18.65	16.54	12.14	12.50	17.77	15.43	14.55	10.23
직원의 수							43	52		49	87	103	117	126	142	159	179	195	199
연봉정보							16	22		23	26	31	33	35	36	41	45	43	45

단위 : 성장률, ROE-% / EPS, 주당배당금 - 원 / 직원의 수 - 명 / 연봉정보 - 백만

바이오

• 랩지노믹스 (코넥스 / 084650)

- 의학 및 약학 연구개발업

구분	94	95	96	97	98	99	00	01	02	03	04	05	06	07	08	09	10	11	12
성장률												17.36	18.07	24.16	21.02	23.64	-10.85	9.56	9.53
EPS												116	235	418	469	764	-303	297	326
배당금												0	0	0	0	0	0	0	0
ROE												17.36	18.07	24.16	21.02	23.64	-10.85	9.56	9.53
직원의 수																			142
연봉정보																			28

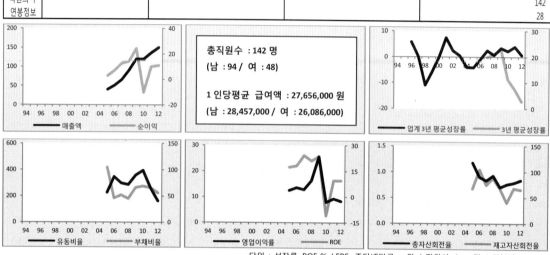

총직원수 : 142 명
(남 : 94 / 여 : 48)

1 인당평균 급여액 : 27,656,000 원
(남 : 28,457,000 / 여 : 26,086,000)

단위 : 성장률, ROE-% / EPS, 주당배당금 – 원 / 직원의 수 – 명 / 연봉정보 – 백만
2005년~2010년 사업보고서 미공시로 인하여 EPS는 감사보고서를 기준으로, 배당금은 0으로 간주해 성장률을 계산하였습니다.
05년~10년 성장률은 업계 3년 평균성장률 계산 과정에서 제외하였습니다.

• 바이로메드 (코스닥 / 084990)

- 의학 및 약학 연구개발업

구분	94	95	96	97	98	99	00	01	02	03	04	05	06	07	08	09	10	11	12
성장률							5.05	6.58	-0.42	10.53	15.55	4.29	-3.93	-3.05	-13.85	0.31	-3.22	-20.33	-7.19
EPS							323	141	-7	-174	-214	-258	-173	-148	-566	16	-146	-864	-347
배당금							0	0	0	0	0	0	0	0	0	0	0	0	0
ROE							5.05	6.58	-0.42	10.53	15.55	4.29	-3.93	-3.05	-13.85	0.31	-3.22	-20.33	-7.19
직원의 수													51	56	64	60	62	57	50
연봉정보													36	35	43	31	30	33	30

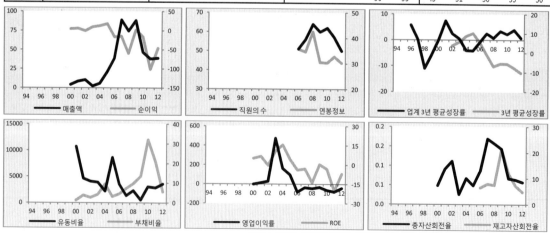

단위 : 성장률, ROE-% / EPS, 주당배당금 – 원 / 직원의 수 – 명 / 연봉정보 – 백만
2000년~2003년 사업보고서 미공시로 인하여 EPS는 감사보고서를 기준으로, 배당금은 0으로 간주해 성장률을 계산하였습니다.
00년~03년 성장률은 업계 3년 평균성장률 계산 과정에서 제외하였습니다.

• 바이오톡스텍 (코스닥 / 086040)

- 의학 및 약학 연구개발업

구분	94	95	96	97	98	99	00	01	02	03	04	05	06	07	08	09	10	11	12
성장률									-38.94	-169.8	-913.1	13.49	13.75	1.00	-114.8	28.90	2.36	17.22	6.31
EPS									264	659	389	93	86	27	-1,154	498	40	383	144
배당금									0	0	0	0	0	0	0	0	0	0	0
ROE									-38.94	-169.8	-913.1	13.49	13.75	1.00	-114.8	28.90	2.36	17.22	6.31
직원의 수														126	140	152	162	170	177
연봉정보														26	27	22	26	28	31

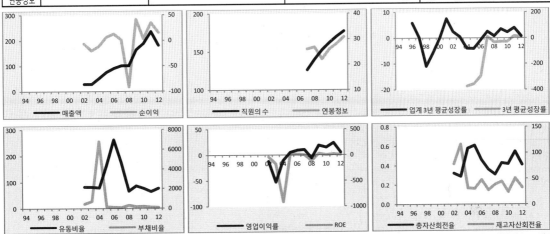

단위 : 성장률, ROE-% / EPS, 주당배당금 - 원 / 직원의 수 - 명 / 연봉정보 - 백만
2002년~2004년 사업보고서 미공시로 인하여 EPS는 감사보고서를 기준으로, 배당금은 0으로 간주해 성장률을 계산하였습니다.
02년~04년 성장률은 업계 3년 평균성장률 계산 과정에서 제외하였습니다.

• 제넥신 (코스닥 / 095700)

- 의학 및 약학 연구개발업

구분	94	95	96	97	98	99	00	01	02	03	04	05	06	07	08	09	10	11	12
성장률											-1.13	0.85	5.50	-3.26	-8.99	-1.28	-17.81	-28.28	-4.88
EPS											-15	17	105	-64	-204	-146	-1,018	-1,487	-426
배당금											0	0	0	0	0	0	0	0	0
ROE											-1.13	0.85	5.50	-3.26	-8.99	-1.28	-17.81	-28.28	-4.88
직원의 수															30	45	48	77	
연봉정보															26	42	36	33	

단위 : 성장률, ROE-% / EPS, 주당배당금 - 원 / 직원의 수 - 명 / 연봉정보 - 백만
2004년~2006년 사업보고서 미공시로 인하여 EPS는 감사보고서를 기준으로, 배당금은 0으로 간주해 성장률을 계산하였습니다.
04년~06년 성장률은 업계 3년 평균성장률 계산 과정에서 제외하였습니다.

바
이
오

• 진매트릭스 (코스닥 / 109820)
- 의학 및 약학 연구개발업

구분	94	95	96	97	98	99	00	01	02	03	04	05	06	07	08	09	10	11	12
성장률											-6.18	4.59	1.29	15.82	16.29	13.32	3.36	-6.86	-16.24
EPS											-22	16	11	192	263	539	117	-241	-496
배당금											0	0	0	0	0	0	0	0	0
ROE											-6.18	4.59	1.29	15.82	16.29	13.32	3.36	-6.86	-16.24
직원의 수															25	27	29	31
연봉정보															21	19	33	31

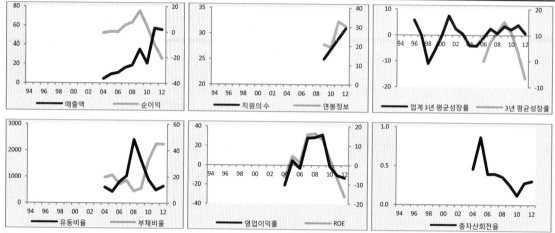

단위 : 성장률, ROE-% / EPS, 주당배당금 - 원 / 직원의 수 - 명 / 연봉정보 - 백만
2004년~2006년 사업보고서 미공시로 인하여 EPS는 감사보고서를 기준으로, 배당금은 0으로 간주해 성장률을 계산하였습니다.
04년~06년 성장률은 업계 3년 평균성장률 계산 과정에서 제외하였습니다.

• 크리스탈 (코스닥 / 083790)
- 의학 및 약학 연구개발업

구분	94	95	96	97	98	99	00	01	02	03	04	05	06	07	08	09	10	11	12
성장률									8.67	-12.18	-25.11	-36.96	-9.07	-8.93	-17.42	7.28	-31.78	-27.31	-52.38
EPS									154	-191	-440	-482	-485	-409	-748	326	-526	-572	-667
배당금									0	0	0	0	0	0	0	0	0	0	0
ROE								-49.42	8.67	-12.18	-25.11	-36.96	-9.07	-8.93	-17.42	7.28	-31.78	-27.31	-52.38
직원의 수											43	43	42	45	34	35	62	55
연봉정보											28	37	41	32	49	49	34	41

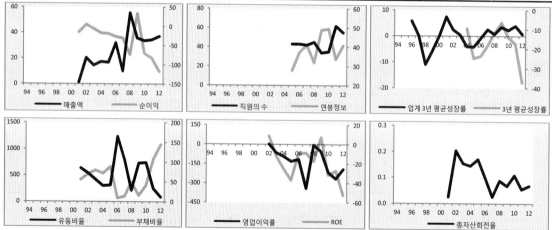

단위 : 성장률, ROE-% / EPS, 주당배당금 - 원 / 직원의 수 - 명 / 연봉정보 - 백만
2002년 사업보고서 미공시로 인하여 EPS는 감사보고서를 기준으로, 배당금은 0으로 간주해 성장률을 계산하였습니다.
02년 성장률은 업계 3년 평균성장률 계산 과정에서 제외하였습니다.

바이오

• 농우바이오 (코스닥 / 054050)

- 종자 및 묘목 생산업

구분	94	95	96	97	98	99	00	01	02	03	04	05	06	07	08	09	10	11	12
성장률					16.49	40.62	30.20	22.27	9.94	3.52	3.72	-1.04	3.03	13.18	5.75	5.72	6.98	6.87	9.07
EPS					219	888	668	652	474	155	376	151	348	997	581	602	792	873	1,180
배당금					0	0	0	0	0	0	200	200	200	250	200	200	250	250	250
ROE					16.49	40.62	30.20	22.27	9.94	3.52	7.95	3.20	7.13	17.59	8.77	8.56	10.19	9.62	11.51
직원의 수									261	238	247	257	278	354	294	287	304	329	358
연봉정보									27	25	30	26	27	26	35	35	35	36	33

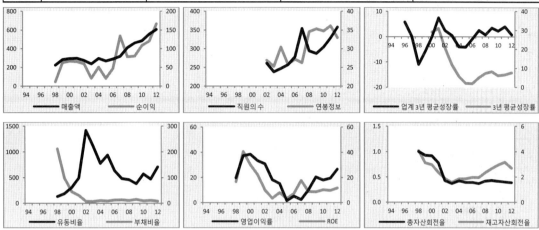

단위 : 성장률, ROE-% / EPS, 주당배당금 – 원 / 직원의 수 – 명 / 연봉정보 – 백만
2012년 결산 월 변경으로 인하여, 23기(12년도)는 11개월(11.11.01~12.09.30)치 자료로 작성되었습니다.

• 마크로젠 (코스닥 / 038290)

- 기타 전문 과학 및 기술 서비스업

구분	94	95	96	97	98	99	00	01	02	03	04	05	06	07	08	09	10	11	12
성장률							0.55	0.55	-16.62	-8.42	-14.34	-3.31	-8.50	-7.16	0.55	9.22	2.95	6.20	6.73
EPS							102	60	-1,557	-721	-1,051	-242	-565	-456	35	653	75	498	622
배당금							0	0	0	0	0	0	0	0	0	0	0	0	0
ROE							0.55	0.55	-16.62	-8.42	-14.34	-3.31	-8.50	-7.16	0.55	9.22	2.95	6.20	6.73
직원의 수							34	80	95	120	114	136	148	166	162	203	168	188	205
연봉정보							8	25	22	24	23	20	25	24	27	28	34	31	41

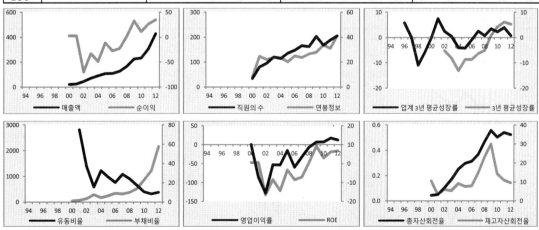

단위 : 성장률, ROE-% / EPS, 주당배당금 – 원 / 직원의 수 – 명 / 연봉정보 – 백만
2009년 결산 월 변경으로 인하여 14기는 제외하였으며, 13기를 2009년 기준으로 작성하였습니다.
특이값(2000년 유동비율)은 그래프에서 제외하였습니다.
2000년 연봉정보는 사업보고서에 의거한 자료입니다.

바
이
오

• 셀트리온 (코스닥 / 068270)

- 기타 화학제품 제조업

구 분	94	95	96	97	98	99	00	01	02	03	04	05	06	07	08	09	10	11	12
성장률								16.65	16.35	23.36	32.07	14.48	6.88	25.16	6.63	20.49	12.96	16.92	16.09
EPS								39	32	53	107	77	38	44	148	573	990	980	993
배당금								0	0	0	0	0	5	0	0	0	75	100	15
ROE								16.65	16.35	23.36	32.07	14.48	7.92	25.16	6.63	20.49	14.03	18.85	16.34
직원의 수												202	159	173	340	365	493	655	865
연봉정보												22	30	29	45	43	43	42	51

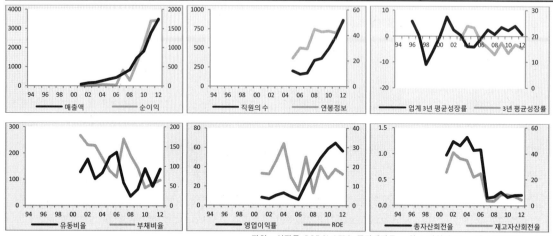

단위 : 성장률, ROE-% / EPS, 주당배당금 – 원 / 직원의 수 – 명 / 연봉정보 – 백만
2001년~2003년 사업보고서 미공시로 인하여 EPS는 감사보고서를 기준으로, 배당금은 0으로 간주해 성장률을 계산하였습니다.
01년~03년 성장률은 업계 3년 평균성장률 계산 과정에서 제외하였습니다.

• 인트론바이오 (코스닥 / 048530)

- 기타 화학제품 제조업

구 분	94	95	96	97	98	99	00	01	02	03	04	05	06	07	08	09	10	11	12
성장률						61.62	-10.22	0.65	-17.30	-60.36	0.88	4.14	10.52	2.97	1.47	17.05	8.04	3.24	-9.93
EPS						803	-146	5	-110	-240	4	19	55	16	8	145	70	36	-131
배당금						0	0	0	0	0	0	0	0	0	0	0	0	0	0
ROE						61.62	-10.22	0.65	-17.30	-60.36	0.88	4.14	10.52	2.97	1.47	17.05	8.04	3.24	-9.93
직원의 수						37	41	32	28	41	43	57	66	61	59	76	83	81
연봉정보						10	22	29	24	23	23	23	21	미공시	35	19	20	25

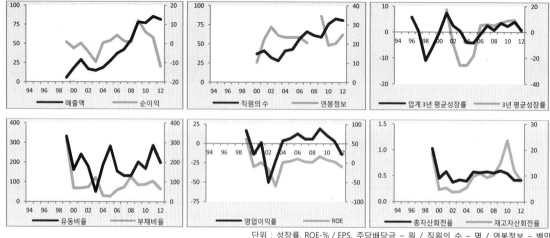

단위 : 성장률, ROE-% / EPS, 주당배당금 – 원 / 직원의 수 – 명 / 연봉정보 – 백만
2008년 연봉정보는 미공시 되었습니다.

CHAPTER 5.

서비스

• 육상운송

2012년 육상운송 상장기업의 전체 매출액은 약 15조원(전년대비 16% 증가)이며, 총 당기순이익은 약 5천억원(전년대비 39% 증가)입니다. 평균 성장률은 4.7%(전년대비 2.4%p 증가), ROE는 5.5%(전년대비 2.4%p 증가)를 기록하였습니다. (매출액 및 당기순이익은 단순합계금액이며, 성장률 및 ROE는 단순평균값 입니다)

해당 산업의 직원 수는 약 1만명(전년대비 0.4%증가)이며, 최근 평균연봉(2012년)은 약 4천만원(전년대비 10% 감소)입니다. 업계 직원 수는 4년 연속 증가하였으며, 연봉 또한 2012년을 제외하고는 10년 간 꾸준히 올랐습니다. 최근 3년 평균 유동비율은 135.9%, 부채비율은 120.9%입니다.

구 분	총매출액	총 당기순이익	평균성장률	평균 ROE	총 직원수	연봉정보
94	1,025	17	7.5	9.6		
95	1,365	24	6.6	7.9		
96	1,629	18	3.2	4.1		
97	2,118	0	4.2	4.3		
98	2,035	-76	3.7	4.5	10,375	21
99	2,245	37	9.5	10.1	11,003	20
00	2,462	40	5.6	6.5	10,910	24
01	2,652	34	2.6	5.8	10,538	23
02	3,056	99	7.0	9.6	10,683	25
03	3,182	87	1.1	4.5	10,570	27
04	3,661	170	7.1	8.7	10,437	26
05	4,462	181	6.2	8.4	11,054	28
06	4,964	-228	3.1	5.2	10,241	30
07	5,862	190	3.0	4.7	9,925	32
08	7,154	162	4.7	6.3	10,493	37
09	7,299	236	7.2	8.2	9,607	39
10	10,816	338	4.1	5.1	9,652	41
11	12,940	358	2.3	3.1	10,636	44
12	15,054	501	4.7	5.5	10,685	40

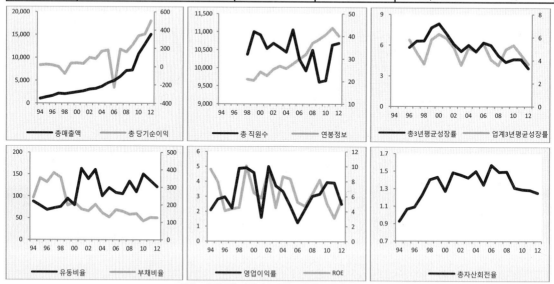

단위 : 총매출액, 총당기순이익 – 십억 / 업계 평균 성장률, ROE-% /직원의 수 – 명 / 연봉정보 – 백만
연봉정보는 1 인당 평균 급여액이며, 대상기업들의 연간 총 급여액을 총 직원의 수로 나눈 금액입니다.
업계 3 년 평균 성장률은 육상운송업종 전체 상장사의 평균이며, 사업보고서에 근거한 자료만으로 만들었습니다.

• 동양고속 (유가증권 / 084670)

- 시외버스 운송업

구분	94	95	96	97	98	99	00	01	02	03	04	05	06	07	08	09	10	11	12
성장률												0.49	2.17	5.58	6.91	10.74	11.08	1.95	0.82
EPS												420	1,664	2,980	3,563	5,213	4,824	2,026	1,581
배당금												250	1,500	1,250	1,500	1,500	1,500	1,250	1,250
ROE												1.21	3.95	9.61	11.93	15.08	16.09	5.09	3.90
직원의 수												486	777	758	743	758	731	724	722
연봉정보												17	32	39	40	39	42	46	45

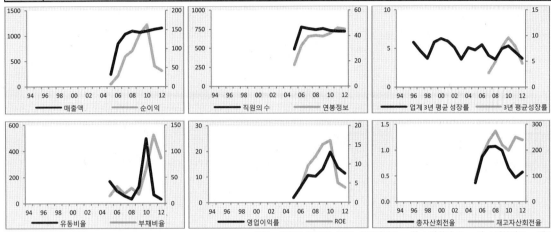

단위 : 성장률, ROE-% / EPS, 주당배당금 – 원 / 직원의 수 – 명 / 연봉정보 – 백만
2005년 7월, ㈜동양고속건설로부터 분할되었습니다.
(존속법인: ㈜동양건설산업, 신설법인: ㈜동양고속운수)

• 천일고속 (유가증권 / 000650)

- 시외버스 운송업

구분	94	95	96	97	98	99	00	01	02	03	04	05	06	07	08	09	10	11	12
성장률	25.48	15.73	1.08	2.03	4.31	8.00	3.38	10.74	10.84	1.74	1.35	4.09	10.11	11.09	10.21	9.57	7.29	6.55	4.42
EPS	3,766	2,786	652	263	680	1,220	563	1,653	1,757	253	199	631	1,846	2,132	1,952	2,024	1,615	1,885	1,276
배당금	500	500	500	0	100	100	100	100	100	0	0	0	100	100	0	0	400	0	0
ROE	29.38	19.17	4.64	2.03	5.05	8.72	4.12	11.43	11.49	1.74	1.35	4.09	10.69	11.64	10.21	9.57	9.68	6.55	4.42
직원의 수					706	670	677	665	607	586	517	509	491	479	479	451	444	427	439
연봉정보					21	19	22	24	27	28	16	31	40	34	34	37	39	39	42

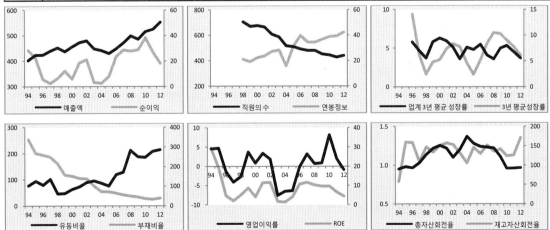

단위 : 성장률, ROE-% / EPS, 주당배당금 – 원 / 직원의 수 – 명 / 연봉정보 – 백만
1983년 11월, 천일여객자동차주식회사에서 주식회사 천일고속으로 상호 변경하였습니다.

• 국보 (유가증권 / 001140)

- 일반 화물자동차 운송업

구분	94	95	96	97	98	99	00	01	02	03	04	05	06	07	08	09	10	11	12
성장률	3.38	2.22	2.30	1.33	0.21	-0.55	3.66	0.34	2.59	-0.03	2.69	0.22	-2.74	0.55	-1.92	1.59	1.63	-0.67	-6.21
EPS	590	440	324	149	23	437	895	69	545	294	591	47	-581	269	-402	490	708	-175	-1,902
배당금	200	200	72	0	0	500	150	0	0	300	0	0	0	150	0	150	150	50	50
ROE	5.11	4.08	2.95	1.33	0.21	3.79	4.39	0.34	2.59	1.36	2.69	0.22	-2.74	1.25	-1.92	2.29	2.07	-0.52	-6.05
직원의 수					207	192	208	214	190	230	234	214	190	193	199	193	193	192	176
연봉정보					22	25	28	27	31	29	29	30	33	34	35	36	38	37	40

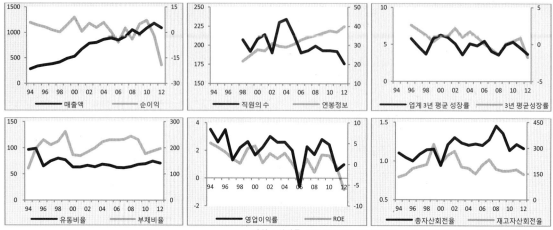

단위 : 성장률, ROE-% / EPS, 주당배당금 - 원 / 직원의 수 - 명 / 연봉정보 - 백만
1978년 11월, 국보운수 주식회사에서 주식회사 국보로 상호 변경하였습니다.

• 승화산업 (코스닥 / 052300)

- 일반 화물자동차 운송업

구분	94	95	96	97	98	99	00	01	02	03	04	05	06	07	08	09	10	11	12
성장률				자본잠식	102.69	27.42	38.08	-8.69	-116.3	-27.02	422.99	-1869.2	10.57	-18.24	-50.51	-255.0	-23.99	-13.90	-35.66
EPS				-280	797	785	406	-172	-850	-156	-758	-480	5,305	-895	-250	-805	-725	-65	-172
배당금				0	0	0	0	0	0	0	0	0	0	0	0	0	0	0	0
ROE				자본잠식	102.69	27.42	38.08	-8.69	-116.3	-27.02	422.99	-1869.2	10.57	-18.24	-50.51	-255.0	-23.99	-13.90	-35.66
직원의 수						55	48		42	13	22	14	134	129	121	53	22	41
연봉정보						21	21		24	31	26	25	33	37	34	27	63	22

단위 : 성장률, ROE-% / EPS, 주당배당금 - 원 / 직원의 수 - 명 / 연봉정보 - 백만
자본잠식으로 인해, 계산 불가한 값(1997년 부채비율, ROE)은 그래프에서 제외하였습니다.
특이값(2012년 재고자산회전율)은 그래프에서 제외하였습니다.
2010년 12월, 엠앤엠㈜에서 승화산업㈜로 상호 변경하였습니다.

· 유성티엔에스 (코스닥 / 024800)

- 일반 화물자동차 운송업

구분	94	95	96	97	98	99	00	01	02	03	04	05	06	07	08	09	10	11	12
성장률		18.42	19.97	23.08	21.68	18.82	20.75	8.01	11.73	23.42	15.56	2.65	2.00	2.91	4.87	-3.68	5.26	-0.09	-2.25
EPS		298	344	515	616	2,124	886	434	668	1,684	1,432	304	243	344	587	-379	478	21	-165
배당금		0	0	0	0	50	100	100	100	110	110	70	60	70	60	40	50	30	10
ROE		18.42	19.97	23.08	21.68	19.27	23.39	10.41	13.80	25.06	16.86	3.45	2.66	3.65	5.43	-3.33	5.87	0.20	-2.12
직원의 수						381	399	393	420	457	477	537	416	436	455	439	553	624	620
연봉정보						19	18	21	25	22	28	25	31	35	33	35	33	36	40

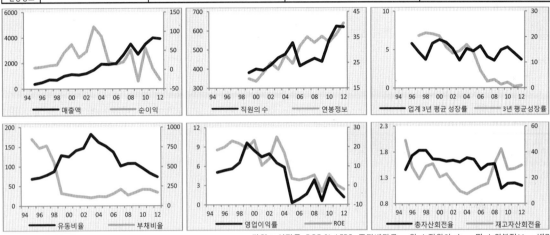

단위 : 성장률, ROE-% / EPS, 주당배당금 – 원 / 직원의 수 – 명 / 연봉정보 – 백만
2000년 3월, ㈜유성에서 ㈜유성티엔에스로 상호 변경하였습니다.

· 인터지스 (유가증권 / 129260)

- 일반 화물자동차 운송업

구분	94	95	96	97	98	99	00	01	02	03	04	05	06	07	08	09	10	11	12
성장률						7.09	30.07	23.99	24.23	25.16	23.15	24.04	21.27	13.62	13.87	4.24	10.25	6.65	5.34
EPS						1,185	1,137	1,453	2,021	3,164	4,234	4,661	3,365	4,403	5,227	171	1,702	1,585	950
배당금						0	0	0	0	0	0	0	0	0	0	120	60	100	120
ROE						7.09	30.07	23.99	24.23	25.16	23.15	24.04	21.27	13.62	13.87	14.26	10.63	7.10	6.11
직원의 수																		561	592
연봉정보																		42	43

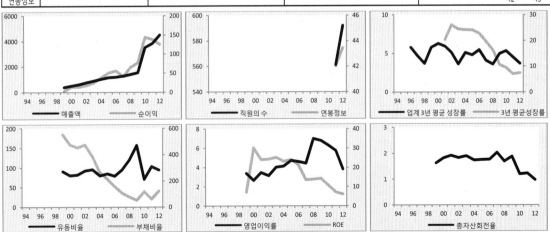

단위 : 성장률, ROE-% / EPS, 주당배당금 – 원 / 직원의 수 – 명 / 연봉정보 – 백만
1999년~2008년 사업보고서 미공시로 인하여 EPS는 감사보고서를 기준으로, 배당금은 0으로 간주해 성장률을 계산하였습니다.
99년~08년 성장률은 업계 3년 평균성장률 계산 과정에서 제외하였습니다.
2010년 1월, 동국통운주식회사에서 인터지스주식회사로 상호 변경하였습니다.

• 한익스프레스 (유가증권 / 014130)

- 일반 화물자동차 운송업

구분	94	95	96	97	98	99	00	01	02	03	04	05	06	07	08	09	10	11	12
성장률	5.27	2.00	-2.79	0.90	-58.77	-143.7	12.01	-95.84	17.22	57.47	44.32	9.21	17.73	16.18	19.84	19.92	23.91	-40.97	22.74
EPS	1,301	634	-532	173	-7,104	-7,083	629	-1,170	167	2,440	2,895	663	1,551	1,607	2,451	3,186	4,840	-5,752	4,075
배당금	250	250	0	0	0	0	0	0	0	0	0	0	0	0	0	0	0	0	0
ROE	6.52	3.30	-2.79	0.90	-58.77	-143.7	12.01	-95.84	17.22	57.47	44.32	9.21	17.73	16.18	19.84	19.92	23.91	-40.97	22.74
직원의 수					255	238	236	248	247	198	183	185	132	111	115	122	232	233	244
연봉정보					21	20	20	20	25	30	31	28	29	30	36	38	31	44	42

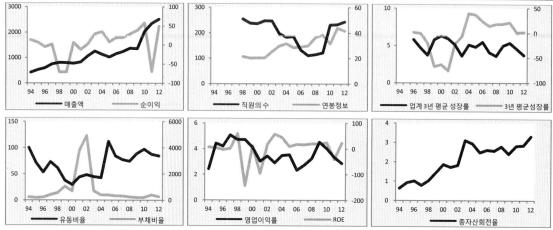

단위 : 성장률, ROE-% / EPS, 주당배당금 - 원 / 직원의 수 - 명 / 연봉정보 - 백만
1997년 9월, 삼희통운 주식회사에서 주식회사 한익스프레스 상호 변경하였습니다.

• KCTC (유가증권 / 009070)

- 일반 화물자동차 운송업

구분	94	95	96	97	98	99	00	01	02	03	04	05	06	07	08	09	10	11	12
성장률	4.57	4.58	5.12	7.80	38.91	5.04	0.70	1.36	1.03	2.02	3.62	2.56	0.80	12.06	3.91	2.06	-1.54	1.10	2.60
EPS	2,505	2,594	2,919	3,821	28,396	4,676	2,029	3,775	3,132	5,527	9,757	7,352	417	4,852	1,559	1,032	-582	725	1,525
배당금	750	750	750	450	1,250	900	500	750	750	750	900	900	150	250	25	200	150	200	250
ROE	6.53	6.45	6.89	8.84	40.70	6.25	0.93	1.70	1.35	2.34	3.99	2.91	1.26	12.71	3.97	2.56	-1.23	1.52	3.11
직원의 수					686	618	550	497	491	517	495	450	439	428	432	473	449	445	464
연봉정보					21	25	26	29	31	32	36	39	39	42	43	39	44	46	47

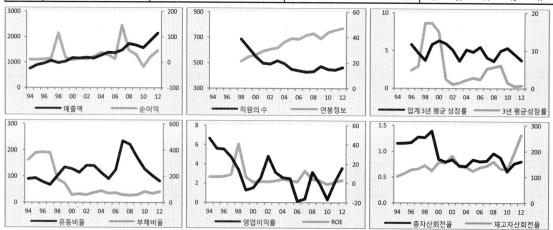

단위 : 성장률, ROE-% / EPS, 주당배당금 - 원 / 직원의 수 - 명 / 연봉정보 - 백만
2002년 3월, 고려종합운수㈜에서 ㈜케이씨티시로 상호 변경하였습니다.

744

• CJ대한통운 (유가증권 / 000120)

- 항공 및 육상 화물 취급업

구분	94	95	96	97	98	99	00	01	02	03	04	05	06	07	08	09	10	11	12
성장률	4.53	1.66	2.12	0.74	-16.38	2.78	3.28	6.77	5.84	4.94	2.42	5.76	-56.80	11.13	2.88	0.36	3.04	2.39	3.14
EPS	1,562	1,434	1,581	621	-6,175	769	622	7,774	4,496	3,789	1,805	4,321	-24,732	4,754	3,905	295	3,839	3,062	4,133
배당금	600	600	500	250	0	0	0	0	0	0	0	0	0	0	0	0	0	0	0
ROE	7.35	2.85	3.10	1.23	-16.38	2.78	3.28	6.77	5.84	4.94	2.42	5.76	-56.80	11.13	2.88	0.36	3.04	2.39	3.14
직원의 수					5,158	5,594	5,360	5,226	5,535	5,519	5,570	5,284	4,725	4,363	5,029	4,173	4,013	4,088	4,094
연봉정보					21	19	25	19	23	24	28	30	33	33	35	38	44	48	34

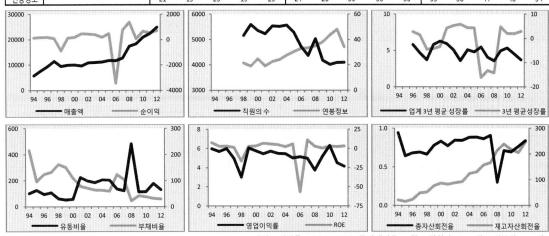

단위 : 성장률, ROE-% / EPS, 주당배당금 - 원 / 직원의 수 - 명 / 연봉정보 - 백만
2012년 3월, 대한통운㈜에서 씨제이대한통운㈜로 상호 변경하였습니다.

• 한솔CSN (유가증권 / 009180)

- 화물운송 중개, 대리 및 관련서비스업

구분	94	95	96	97	98	99	00	01	02	03	04	05	06	07	08	09	10	11	12
성장률	자본잠식		-0.28	17.03	8.42	2.56	0.22	-56.20	1.11	-32.72	6.15	14.68	-5.88	0.13	3.24	15.35	-2.93	3.83	6.56
EPS	-984	-128	-3	164	128	105	-4	-758	16	-410	119	282	-63	22	64	331	-39	97	165
배당금	0	0	0	0	40	20	0	0	0	0	40	40	30	20	15	20	20	20	20
ROE	자본잠식		-0.28	17.03	12.23	3.16	0.22	-56.20	1.11	-32.72	9.27	17.11	-3.98	1.41	4.23	16.33	-1.93	4.82	7.46
직원의 수					257	243	325	345	305	275	198	305	341	344	319	286	309	310	316
연봉정보					23	24	25	27	30	31	41	34	12	37	37	42	40	42	41

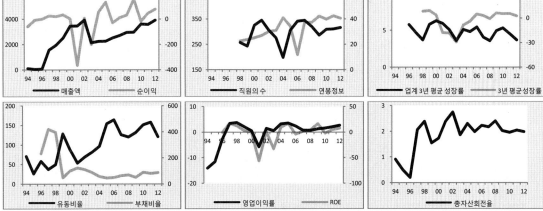

단위 : 성장률, ROE-% / EPS, 주당배당금 - 원 / 직원의 수 - 명 / 연봉정보 - 백만
자본잠식으로 인해, 계산 불가한 값(1994년~1995년 부채비율, ROE)은 그래프에서 제외하였습니다.
1998년 3월, 한솔씨에스엔주식회사에서 한솔CSN주식회사로 상호 변경하였습니다.

• 현대글로비스 (유가증권 / 086280)

- 화물운송 중개, 대리 및 관련서비스업

구분	94	95	96	97	98	99	00	01	02	03	04	05	06	07	08	09	10	11	12
성장률								19.90	52.66	-73.56	17.61	20.13	13.93	11.99	15.78	20.14	18.22	17.20	19.65
EPS								1,380	3,863	404	232	2,647	1,778	2,161	3,138	5,061	6,216	8,058	10,829
배당금								1,000	1,000	1,000	150	150	150	500	500	600	700	1,500	1,500
ROE								72.27	71.05	49.86	49.74	21.34	15.21	15.60	18.77	22.85	20.53	21.14	22.81
직원의 수												313	355	387	426	448	524	646	734
연봉정보												39	45	46	43	52	54	50	62

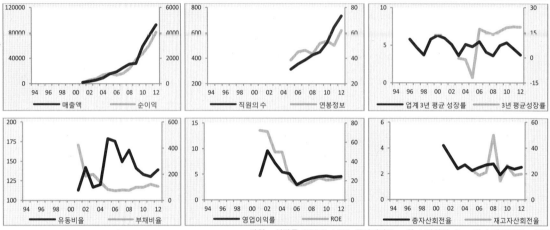

단위 : 성장률, ROE-% / EPS, 주당배당금 – 원 / 직원의 수 – 명 / 연봉정보 – 백만
2001년~2002년 사업보고서 미공시로 인하여 EPS는 감사보고서를 기준으로, 배당금은 0으로 간주해 성장률을 계산하였습니다.
01년~02년 성장률은 업계 3년 평균성장률 계산 과정에서 제외하였습니다.
2011년 3월, 글로비스 주식회사에서 현대글로비스 주식회사로 상호 변경하였습니다.

• 삼일 (코스닥 / 032280)

- 기타 도로화물 운송업

구분	94	95	96	97	98	99	00	01	02	03	04	05	06	07	08	09	10	11	12
성장률		6.39	5.85	1.46	5.89	16.90	6.09	1.43	9.46	3.50	2.17	1.40	-22.07	-18.10	6.33	-2.01	1.03	5.56	0.75
EPS		234	87	25	77	296	227	88	382	157	138	95	-592	-416	129	-40	19	109	15
배당금		0	0	0	0	0	50	50	100	50	70	50	0	0	0	0	0	0	0
ROE		6.39	5.85	1.46	5.89	16.90	7.81	3.30	12.82	5.13	4.41	2.96	-22.07	-18.10	6.33	-2.01	1.03	5.56	0.75
직원의 수						236	259	230	188	184	191	198	194	175	146	137	121	112	132
연봉정보						22	22	23	26	27	29	30	29	30	40	32	35	35	34

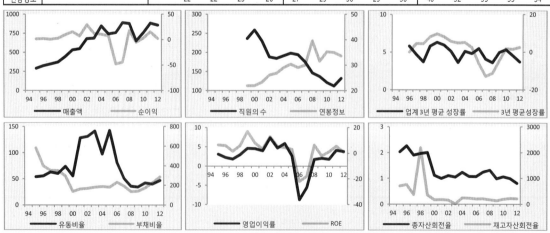

단위 : 성장률, ROE-% / EPS, 주당배당금 – 원 / 직원의 수 – 명 / 연봉정보 – 백만
1984년 1월, 삼일운수㈜에서 주식회사 삼일로 상호 변경하였습니다.
특이값(1998년 재고자산회전율)은 그래프에서 제외하였습니다.

• 한진 (유가증권 / 002320)

- 기타 도로화물 운송업

구분	94	95	96	97	98	99	00	01	02	03	04	05	06	07	08	09	10	11	12
성장률	1.96	1.94	-4.45	-16.77	1.80	4.57	0.67	1.19	3.59	0.38	12.49	6.74	7.25	0.17	-20.26	0.08	-0.53	-3.03	-0.76
EPS	493	493	-554	-2,205	652	1,769	583	870	1,695	506	5,144	3,234	3,603	322	-10,732	446	-16	-1,565	-101
배당금	142	150	155	0	250	250	400	500	500	400	500	500	500	250	400	400	400	400	400
ROE	2.75	2.79	-3.47	-16.77	2.91	5.32	2.13	2.79	5.09	1.80	13.83	7.97	8.41	0.75	-19.53	0.78	-0.02	-2.42	-0.15
직원의 수					3,106	2,831	2,896	2,665	2,652	2,562	2,559	2,551	2,167	2,117	2,021	2,006	2,030	2,252	2,111
연봉정보					16	18	24	27	24	31	33	34	34	30	40	38	41	37	40

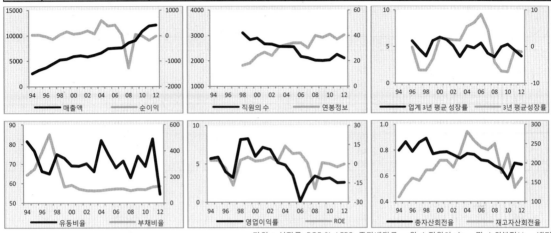

단위 : 성장률, ROE-% / EPS, 주당배당금 - 원 / 직원의 수 - 명 / 연봉정보 - 백만
1972년 4월, 한진상사주식회사에서 주식회사 한진으로 상호 변경하였습니다.

• 항공운송

2012년 항공운수 상장기업의 전체 매출액은 약 17조 6천억원(전년대비 6% 증가)이며, 총 당기순이익은 약 3천 1백억으로 흑자 전환하였습니다. 평균성장률은 약 7.3%(전년대비 13.1%p 증가), ROE는 5.6%(전년대비 11.3%p 증가)를 기록하였습니다. (매출액 및 당기순이익은 단순합계금액이며, 성장률 및 ROE는 단순평균값 입니다)

해당 산업의 직원 수는 약 3만1천명(전년대비 2% 증가), 최근 평균연봉(2012년)은 약 5천9백만원(전년대비 2% 감소)입니다. 업계 직원 수는 2000년대 중반 이후로 꾸준하게 증가하고 있으나, 연봉수준은 3년 연속 하락하는 모습입니다. 최근 3년 평균 유동비율은 117%, 부채비율은 446.9%입니다.

구 분	종매출액	총 당기순이익	평균성상률	평균 ROE	총 식원수	연봉성보
94	3,133	36	-2.4	-1.1		
95	4,371	127	5.7	8.4		
96	4,973	-262	-5.3	-4.0		
97	5,760	4	22.6	24.0		
98	6,217	160	22.4	24.0	16,674	25
99	6,186	374	6.7	7.1	24,191	29
00	7,303	-616	-9.4	-8.8	25,447	36
01	7,668	-864	-10.8	-9.9	25,915	38
02	8,403	660	14.6	15.1	25,715	41
03	8,435	-268	-2.2	-2.0	24,772	43
04	9,805	813	14.7	15.3	25,041	51
05	10,345	258	7.3	7.8	25,328	49
06	11,134	538	10.0	11.2	25,689	52
07	12,052	134	4.3	5.6	26,246	57
08	14,238	-2,146	-10.0	-9.7	26,402	57
09	13,239	-395	-8.4	-8.1	26,662	56
10	15,636	671	20.6	21.1	28,679	62
11	16,649	-299	-5.8	-5.7	30,271	60
12	17,654	312	7.3	5.6	31,027	59

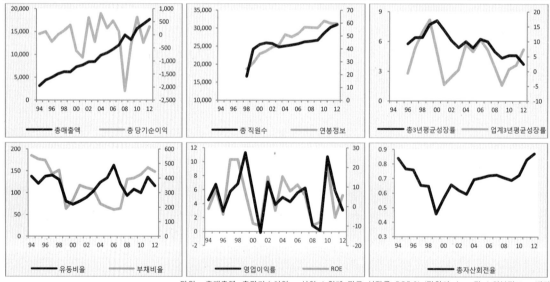

단위 : 총매출액, 총당기순이익 – 십억 / 업계 평균 성장률, ROE-% /직원의 수 – 명 / 연봉정보 – 백만
연봉정보는 1 인당 평균 급여액이며, 대상기업들의 연간 총 급여액을 총 직원의 수로 나눈 금액입니다.
업계 3 년 평균 성장률은 항공운송업종 전체 상장사의 평균이며, 사업보고서에 근거한 자료만으로 만들었습니다.

• 대한항공(유가증권 / 003490)
- 정기 항공 운송업

구분	94	95	96	97	98	99	00	01	02	03	04	05	06	07	08	09	10	11	12
성장률	4.86	10.76	-22.60	53.98	25.41	5.40	-11.55	-17.37	13.18	-7.18	13.19	4.39	8.60	-0.52	-68.80	-3.24	13.47	-13.77	10.94
EPS	826	2,095	-4,212	-7,983	4,756	5,516	-7,035	-10,559	7,142	-3,607	7,765	2,989	5,725	180	-28,762	-1,464	6,837	-4,458	3,844
배당금	150	500	0	0	250	301	0	0	250	0	250	350	100	500	0	0	500	0	0
ROE	5.94	14.13	-22.60	53.98	26.82	5.71	-11.55	-17.37	13.66	-7.18	13.63	4.97	8.75	0.29	-68.80	-3.24	14.54	-13.77	10.94
직원의 수					13,813	13,922	14,484	15,148	15,304	15,070	14,898	14,942	14,755	14,890	15,158	15,734	17,146	18,191	18,374
연봉정보					27	33	42	40	45	46	60	54	59	63	60	59	63	62	60

단위 : 성장률, ROE-% / EPS, 주당배당금 – 원 / 직원의 수 – 명 / 연봉정보 – 백만
1969년 3월, 국영에서 민영으로 전환하였습니다.

• 아시아나항공 (유가증권 / 020560)
- 정기 항공 운송업

구분	94	95	96	97	98	99	00	01	02	03	04	05	06	07	08	09	10	11	12
성장률		52.84	-266.6	134.23	-58.62	10.48	-18.36	-56.21	29.04	-6.51	30.55	3.44	10.27	7.25	-28.90	-36.39	29.88	2.03	5.41
EPS		443	-1,143	-5,690	-2,021	1,157	-1,080	-2,423	1,061	-232	1,570	178	746	607	-1,297	-1,520	1,372	91	261
배당금		0	0	0	0	0	0	0	0	0	0	0	150	150	0	0	0	0	0
ROE		52.84	-266.6	134.23	-58.62	10.48	-18.36	-56.21	29.04	-6.51	30.55	3.44	12.85	9.62	-28.90	-36.39	29.88	2.03	5.41
직원의 수					5,813	6,547	6,834	6,929	6,427	6,991	7,117	7,767	8,200	8,303	8,139	8,580	9,073	9,595	
연봉정보					27	32	44	42	43	42	47	46	55	58	59	67	62	65	

단위 : 성장률, ROE-% / EPS, 주당배당금 – 원 / 직원의 수 – 명 / 연봉정보 – 백만
1997년 1월, ㈜아시아나항공에서 아시아나항공㈜로 상호 변경하였습니다.

• 한국공항(유가증권 / 005430)

- 기타 항공 운송지원 서비스업

구분	94	95	96	97	98	99	00	01	02	03	04	05	06	07	08	09	10	11	12
성장률	-9.62	0.61	12.08	22.64	19.48	4.16	1.80	-4.25	1.43	6.97	16.22	14.15	11.16	6.14	8.96	-13.55	18.47	-5.65	5.46
EPS	-1,136	387	2,369	4,466	5,266	2,382	1,037	-715	843	6,266	8,438	8,723	7,904	4,960	7,835	-9,759	18,550	-6,612	-61
배당금	200	300	400	250	400	500	500	500	400	500	400	500	500	500	500	500	500	500	500
ROE	-8.18	2.73	14.54	23.98	21.08	5.26	3.47	-2.50	2.72	7.58	17.02	15.01	11.91	6.83	9.57	-12.89	18.99	-5.26	0.59
직원의 수					2,861	4,456	4,416	3,933	3,482	3,275	3,152	3,269	3,167	3,156	2,941	2,789	2,953	3,007	3,058
연봉정보					15	18	20	23	26	27	29	30	31	32	35	35	36	38	38

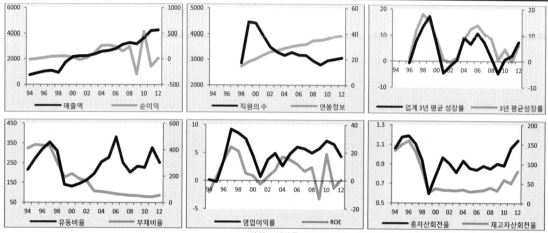

단위 : 성장률, ROE-% / EPS, 주당배당금 – 원 / 직원의 수 – 명 / 연봉정보 – 백만

• 해상운송

2012년 해상운송 상장기업의 전체 매출액은 약 24조 2천억원(전년대비 5% 증가), 총 당기순손실은 약 2조 5천억원입니다. 평균성장률은 -1.3%(전년대비 7.1% 증가)이며, ROE는 -1%(전년대비 6.9% 증가)를 기록하였습니다. (매출액 및 당기순이익은 단순합계금액이며, 성장률 및 ROE는 단순평균값 입니다)

해당 산업의 직원 수는 약 7천 3백명(전년대비 1% 증가), 최근 평균연봉(2012년)은 약 5천 5백만원(전년대비 1% 증가)입니다. 2008년을 기준으로, 총 매출액과 순이익은 감소한 반면에 업계 직원 수 및 연봉은 상승하는 등 상반된 모습을 보이고 있습니다. 최근 3년간 평균 유동비율은 94.8%, 부채비율은 310.8%입니다.

구 분	총매출액	총 당기순이익	평균성장률	평균 ROE	총 직원수	연봉정보
94	3,365	69	-1.4	-1.4		
95	4,101	61	-7.3	-7.3		
96	4,942	10	2.7	2.7		
97	6,744	-77	5.1	6.7		
98	9,450	86	6.3	10.3	4,500	23
99	9,762	199	4.0	7.3	8,888	30
00	10,444	-483	-12.3	-11.9	6,916	32
01	13,052	-401	-13.2	-7.7	6,548	32
02	11,733	211	3.9	12.9	5,202	33
03	12,674	318	13.0	14.0	5,693	33
04	15,660	1,529	52.0	20.3	5,433	37
05	15,347	1,255	22.4	24.5	4,830	46
06	15,304	786	10.0	12.3	4,630	46
07	19,434	1,164	3.4	5.9	6,018	52
08	29,882	1,911	6.4	8.2	6,754	49
09	13,719	-2,812	-0.3	0.4	6,855	45
10	26,138	990	11.8	13.1	6,590	55
11	23,012	-2,658	-8.4	-7.9	7,199	54
12	24,258	-2,596	-1.3	-1.0	7,342	55

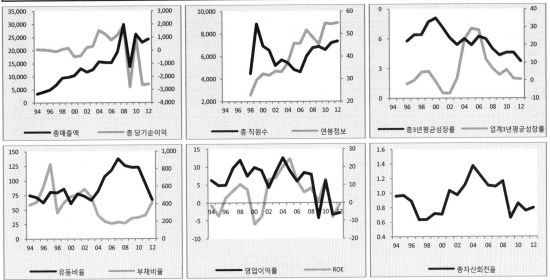

단위 : 총매출액, 총당기순이익 – 십억 / 업계 평균 성장률, ROE-% /직원의 수 – 명 / 연봉정보 – 백만
연봉정보는 1 인당 평균 급여액이며, 대상기업들의 연간 총 급여액을 총 직원의 수로 나눈 금액입니다.
업계 3 년 평균 성장률은 해상운송업종 전체 상장사의 평균이며, 사업보고서에 근거한 자료만으로 만들었습니다.

• 한진해운홀딩스(유가증권 / 000700) / 한진해운(유가증권 / 117930)

- 비금융 지주회사 / 해상 운송업

구분	94	95	96	97	98	99	00	01	02	03	04	05	06	07	08	09	10	11	12
성장률	91.79	35.76	2.39	-11.30	6.45	2.61	-12.31	-13.21	0.24	25.93	37.69	21.60	15.45	3.53	8.78	-63.87	16.21	-37.14	-53.56
EPS	5,791	5,685	764	-3,198	1,860	1,667	-1,184	-1,265	279	4,442	10,055	7,519	7,141	2,097	4,317	111	3,950	-6,803	-5,130
배당금	100	150	0	0	0	500	500	350	250	750	1,000	1,000	1,000	750	500	0	250	0	0
ROE	93.40	36.73	2.39	-11.30	6.45	3.72	-8.66	-10.35	2.34	31.20	41.85	24.91	17.97	5.50	9.93	-63.87	17.31	-37.14	-53.56
직원의 수						3,319	2,117	2,051	1,959	2,031	1,699	1,641	1,582	1,473	1,505	1,427	1,521	1,692	1,890
연봉정보						37	30	32	32	37	47	50	48	58	60	51	67	69	65

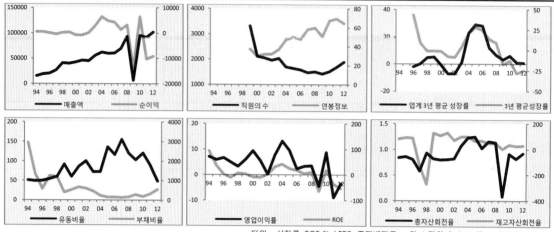

단위 : 성장률, ROE-% / EPS, 주당배당금 - 원 / 직원의 수 - 명 / 연봉정보 - 백만
1988년 12월, 주식회사 대한상선에서 주식회사 한진해운으로 상호 변경하였습니다.
2008년 한진해운홀딩스와 한진해운으로 분할되었습니다.
(자료구분: 94년~08년 한진해운홀딩스 / 09년~12년 한진해운+한진해운홀딩스)

• 대한해운 (유가증권 / 005880)

- 외항 화물 운송업

구분	94	95	96	97	98	99	00	01	02	03	04	05	06	07	08	09	10	11	12
성장률	-9.08	-28.96	-61.50	-133.5	3.66	10.66	-142.6	-205.8	78.95	25.49	58.45	20.52	20.10	52.22	31.40	-84.94	-65.57	-1,146.7	자본잠식
EPS	-1,816	-4,354	-3,269	-7,170	1,116	1,626	-7,684	-3,731	6,741	3,308	21,505	9,125	11,855	35,775	33,432	-56,609	-27,657	-228,113	-15,213
배당금	0	0	0	0	0	50	0	0	0	250	1,000	750	750	2,500	500	0	0	0	0
ROE	-9.08	-28.96	-61.50	-133.5	3.66	11.00	-142.6	-205.8	78.95	27.57	61.30	22.36	21.45	56.14	31.88	-84.94	-65.57	-1,146.7	자본잠식
직원의 수					269	267	277	270	258	259	267	291	303	328	369	369	345	307	308
연봉정보					24	27	28	28	33	35	32	45	45	50	50	52	51	61	70

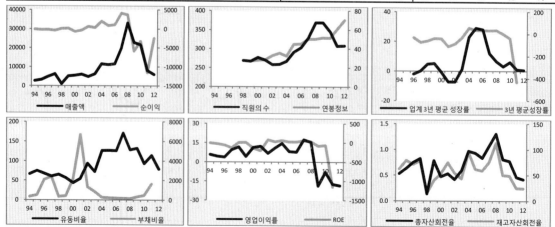

단위 : 성장률, ROE-% / EPS, 주당배당금 - 원 / 직원의 수 - 명 / 연봉정보 - 백만
자본잠식으로 인해, 계산 불가한 값(2012년 부채비율, ROE, 3년 평균성장률)은 그래프에서 제외하였습니다.
1981년 7월, 코리아라인㈜에서 대한해운㈜로 상호 변경하였습니다.

• 현대상선(유가증권 / 011200)

- 외항 화물 운송업

구분	94	95	96	97	98	99	00	01	02	03	04	05	06	07	08	09	10	11	12
성장률	7.92	7.28	6.09	1.06	2.18	4.30	-45.84	-69.03	7.56	-12.50	50.69	23.51	2.61	5.18	21.40	-39.11	19.67	-27.84	-113.6
EPS	1,131	1,237	685	302	1,694	2,132	-3,558	-3,799	479	-236	4,390	3,749	904	1,252	5,176	-6,256	4,158	-3,316	-7,046
배당금	0	0	0	150	500	500	500	500	500	500	500	500	500	500	500	500	500	0	0
ROE	7.92	7.28	6.09	2.11	3.09	5.62	-45.84	-69.03	7.56	-12.50	50.69	27.13	5.85	8.63	23.68	-36.21	22.36	-27.84	-113.6
직원의 수					3,566	4,638	3,889	3,533	2,278	2,677	2,710	2,088	1,983	1,976	2,076	2,038	2,036	1,978	1,621
연봉정보					24	25	36	34	38	32	34	48	50	53	56	55	57	60	71

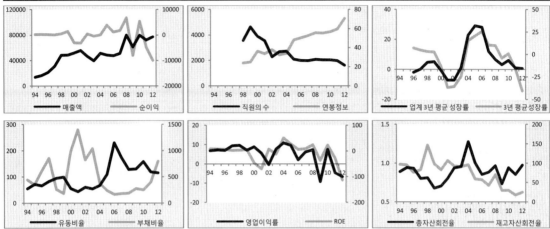

단위 : 성장률, ROE-% / EPS, 주당배당금 – 원 / 직원의 수 – 명 / 연봉정보 – 백만
1983년 8월, 아세아상선㈜에서 현대상선㈜로 상호 변경하였습니다.

• 흥아해운 (유가증권 / 003280)

- 외항 화물 운송업

구분	94	95	96	97	98	99	00	01	02	03	04	05	06	07	08	09	10	11	12
성장률		자본잠식			13.04	-1.69	자본잠식	112.8	77.25	-29.97	51.97	23.73	-3.77	-16.89	30.05	-12.58	11.14	-22.06	11.81
EPS	282	14	20	-2,253	496	-97	-2,377	570	1,650	-490	1,444	749	-74	-394	1,353	-314	227	-329	199
배당금	0	0	0	0	0	0	0	0	0	0	75	50	35	25	15	7	15	7	7
ROE		자본잠식			13.04	-1.69	자본잠식	112.8	77.25	-29.97	54.82	25.43	-2.56	-15.89	30.39	-12.31	11.93	-21.60	12.24
직원의 수					665	664	633	694	707	726	757	810	762	718	697	703	708	688	714
연봉정보					16	25	18	23	24	25	24	32	30	32	27	30	34	36	38

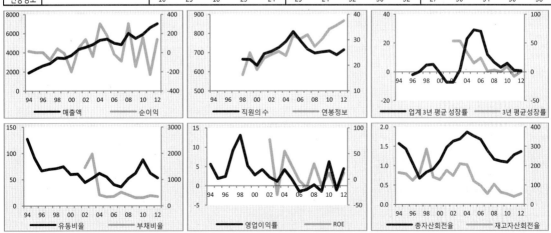

단위 : 성장률, ROE-% / EPS, 주당배당금 – 원 / 직원의 수 – 명 / 연봉정보 – 백만
자본잠식으로 인해, 계산 불가한 값과 특이값(1994년~2001년 부채비율과 ROE, 1996년~2001년 3년 평균성장률)은 그래프에서 제외하였습니다.

• KSS해운(유가증권 / 044450)

- 외항 화물 운송업

구분	94	95	96	97	98	99	00	01	02	03	04	05	06	07	08	09	10	11	12
성장률						18.08	-15.19	15.38	28.88	29.02	20.26	21.73	17.95	4.52	-21.34	13.74	8.39	17.27	8.63
EPS						614	437	514	1,109	1,539	1,333	1,888	1,918	674	-1,692	1,446	891	2,153	1,147
배당금						0	0	0	0	0	0	60	75	150	75	100	85	90	90
ROE				10.53	25.33	18.08	-15.19	15.38	28.88	29.02	20.26	22.45	18.68	5.82	-20.43	14.76	9.28	18.03	9.36
직원의 수														286	170	183	195	185	191
연봉정보														35	50	51	50	54	57

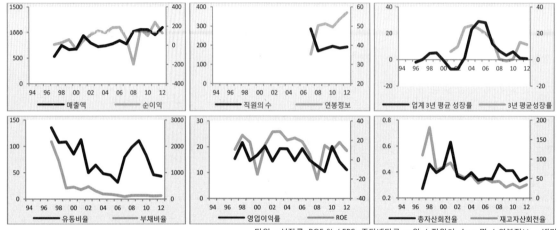

단위 : 성장률, ROE-% / EPS, 주당배당금 – 원 / 직원의 수 – 명 / 연봉정보 – 백만
1999년~2004년 사업보고서 미공시로 인하여 EPS는 감사보고서를 기준으로, 배당금은 0으로 간주해 성장률을 계산하였습니다.
99년~04년 성장률은 업계 3년 평균성장률 계산 과정에서 제외하였습니다.

• STX 팬오션 (유가증권 / 028670)

- 외항 화물 운송업

구분	94	95	96	97	98	99	00	01	02	03	04	05	06	07	08	09	10	11	12
성장률								자본잠식	34.00	11.92	50.02	23.51	7.74	20.53	16.91	-1.94	3.57	-0.81	-24.48
EPS									432	168	1,395	1,640	590	2,390	2,656	-135	536	-22	-2,230
배당금									0	0	0	500	220	460	365	100	100	80	0
ROE								자본잠식	34.00	11.92	50.02	33.82	12.35	25.42	19.61	-1.12	4.38	-0.18	-24.48
직원의 수														1,237	1,937	2,135	1,785	2,349	2,618
연봉정보														58	40	36	51	44	41

단위 : 성장률, ROE-% / EPS, 주당배당금 – 원 / 직원의 수 – 명 / 연봉정보 – 백만
2002년~2004년 사업보고서 미공시로 인하여 EPS는 감사보고서를 기준으로, 배당금은 0으로 간주해 성장률을 계산하였습니다.
02년~04년 성장률은 업계 3년 평균성장률 계산 과정에서 제외하였습니다.
자본잠식으로 인해, 계산 불가한 값(2001년 부채비율, ROE)은 그래프에서 제외하였습니다.
2004년 11월, 범양상선㈜에서 STX팬오션㈜로 상호 변경하였습니다.

• 기타운송업

2012년 기타운송업 상장기업의 전체 매출액은 약 1조 5천억원(전년대비 4% 증가)이며, 총 당기순이익은 약 520억원(전년대비 47% 감소)입니다. 평균성장률은 2.8%(전년대비 1.4%p 증가), ROE는 3.5%(전년대비 1.8%p 증가)를 기록하였습니다. 특히, 성장률과 ROE 부분은 최근 하락세(2009년도~2011년도)에서 벗어났습니다. (매출액 및 당기순이익은 단순합계금액이며, 성장률 및 ROE는 단순평균값 입니다)

해당 산업의 직원 수는 약 3천명(전년대비 0.01% 감소)이며, 최근 평균연봉(2012년)은 약 4천 9백만원(전년대비 2% 증가)입니다. 최근 3년 평균 유동비율은 279.2%, 부채비율은 60.6%입니다.

구 분	총매출액	총 당기순이익	평균성장률	평균 ROE	총 직원수	연봉정보
94	274	5	2.9	4.0		
95	377	8	5.9	6.3		
96	451	2	-0.4	0.1		
97	484	5	3.7	4.1		
98	493	-16	13.2	14.0	2,438	25
99	533	10	1.6	1.8	2,409	26
00	638	-18	0.8	2.9	2,198	31
01	691	24	8.9	10.8	2,045	30
02	756	29	7.3	5.9	2,185	33
03	795	37	7.6	9.2	2,063	34
04	829	43	8.5	10.3	2,143	36
05	891	32	6.9	8.8	2,164	38
06	1,004	47	5.3	7.5	2,342	39
07	1,145	52	4.8	7.9	2,808	38
08	1,370	78	3.5	5.1	2,899	44
09	1,370	93	8.4	9.3	2,788	45
10	1,432	71	5.1	5.8	2,927	43
11	1,463	97	1.4	1.7	3,083	48
12	1,522	52	2.8	3.5	3,080	49

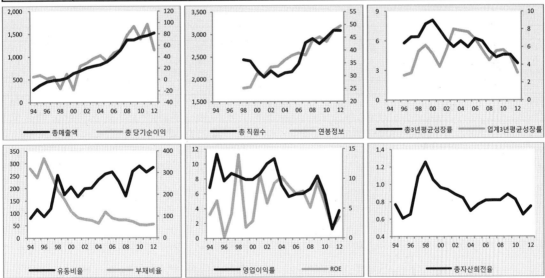

단위 : 총매출액, 총당기순이익 - 십억 / 업계 평균 성장률, ROE-% /직원의 수 - 명 / 연봉정보 - 백만
연봉정보는 1 인당 평균 급여액이며, 대상기업들의 연간 총 급여액을 총 직원의 수로 나눈 금액입니다.
업계 3 년 평균 성장률은 기타운송업종 전체 상장사의 평균이며, 사업보고서에 근거한 자료만으로 만들었습니다.

• 동아에스텍 (유가증권 / 058730)

- 구조용 금속판제품 및 금속공작물 제조업

구분	94	95	96	97	98	99	00	01	02	03	04	05	06	07	08	09	10	11	12
성장률						43.94	36.35	38.57	29.84	18.07	12.97	14.34	13.14	8.45	-3.97	10.80	0.00	4.48	9.98
EPS						473	502	524	965	483	531	608	657	508	-104	604	50	273	613
배당금						0	0	0	50	0	100	125	135	100	50	125	50	50	75
ROE						43.94	36.35	38.57	31.47	18.07	15.98	18.06	16.54	10.52	-2.68	13.62	1.12	5.49	11.37
직원의 수											64	61	60	64	108	115	119	131	153
연봉정보											32	42	41	45	31	44	39	42	39

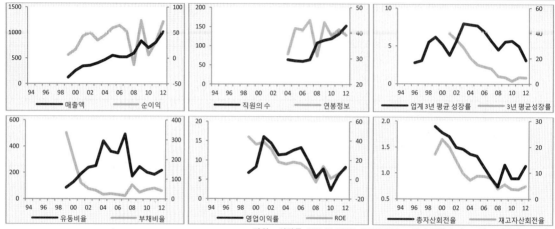

단위 : 성장률, ROE-% / EPS, 주당배당금 - 원 / 직원의 수 - 명 / 연봉정보 - 백만
1999년~2001년 사업보고서 미공시로 인하여 EPS는 감사보고서를 기준으로, 배당금은 0으로 간주해 성장률을 계산하였습니다.
99년~01년 성장률은 업계 3년 평균성장률 계산 과정에서 제외하였습니다.
2001년 12월, 동아기공주식회사에서 동아에스텍주식회사로 상호 변경하였습니다.

• 서호전기 (코스닥 / 065710)

- 배전반 및 전기자동제어반 제조업

구분	94	95	96	97	98	99	00	01	02	03	04	05	06	07	08	09	10	11	12
성장률					16.57	12.25	15.13	16.08	5.45	2.18	12.99	19.06	13.75	8.17	39.73	10.57	-0.83	0.81	0.87
EPS					580	317	688	602	296	130	596	1,100	914	695	4,054	1,282	211	113	185
배당금					0	0	250	250	150	75	200	300	300	300	650	300	300	0	100
ROE					16.57	12.25	23.77	27.51	11.04	5.16	19.55	26.20	20.47	14.37	47.32	13.80	1.96	0.81	1.89
직원의 수									73	63	80	85	86	90	101	98	97	106	106
연봉정보									30	32	34	33	36	34	39	37	34	35	37

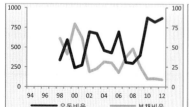
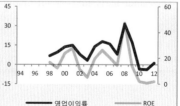
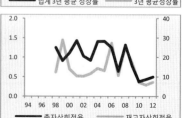

단위 : 성장률, ROE-% / EPS, 주당배당금 - 원 / 직원의 수 - 명 / 연봉정보 - 백만

• 선광 (코스닥 / 003100)

- 수상 화물 취급업

구 분	94	95	96	97	98	99	00	01	02	03	04	05	06	07	08	09	10	11	12
성장률		2.53	-17.64	1.94	23.62	3.76	2.57	3.85	11.90	11.12	17.03	6.49	0.71	5.72	8.90	6.85	11.41	25.28	5.18
EPS		57	-726	81	1,298	543	360	548	1,845	1,959	3,584	1,549	329	1,491	2,478	2,055	4,881	11,097	2,711
배당금		0	0	0	0	90	80	100	200	200	220	200	180	220	300	250	400	400	400
ROE		2.53	-17.64	1.94	23.62	4.51	3.30	4.71	13.35	12.39	18.14	7.45	1.57	6.71	10.12	7.79	12.43	26.22	6.08
직원의 수						158	167	166	163	157	159	221	224	337	357	365	354	359	351
연봉정보						24	24	27	31	35	35	29	35	30	48	44	48	56	51

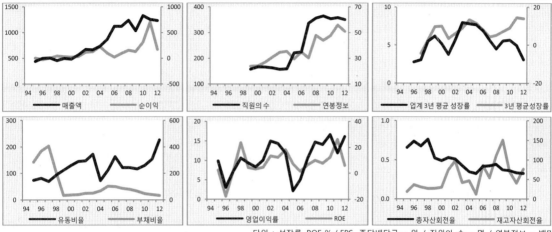

단위 : 성장률, ROE-% / EPS, 주당배당금 - 원 / 직원의 수 - 명 / 연봉정보 - 백만
2000년 3월, 주식회사 선광공사에서 주식회사 선광으로 상호 변경하였습니다.

• 대아티아이 (코스닥 / 045390)

- 시스템 소프트웨어 개발 및 공급업

구 분	94	95	96	97	98	99	00	01	02	03	04	05	06	07	08	09	10	11	12
성장률				32.67	17.34	32.93	44.44	14.24	6.71	64.54	-50.98	-2635.7	-94.32	33.92	4.07	5.44	12.38	6.00	3.88
EPS				58	47	129	185	84	28	-162	-226	-186	-56	428	24	42	88	46	32
배당금				0	0	25	0	10	0	0	0	0	0	20	0	0	0	0	0
ROE				32.67	17.34	40.87	44.44	16.16	6.71	64.54	-50.98	-2635.7	-94.32	35.58	4.07	5.44	12.38	6.00	3.88
직원의 수						90	97	81	84	51	118	320	188	225	225	189	174
연봉정보						26	31	36	35	21	14	27	33	33	34	41	38

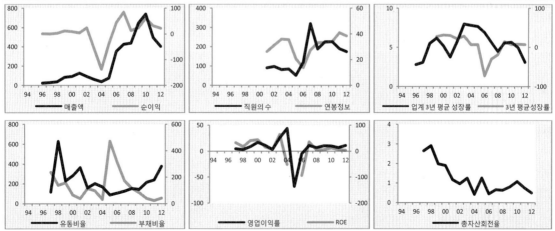

단위 : 성장률, ROE-% / EPS, 주당배당금 - 원 / 직원의 수 - 명 / 연봉정보 - 백만
특이 값(2005년 ROE)은 그래프에서 제외하였습니다.
2006년 결산 월 변경으로 인하여 12기는 제외하였으며, 11기를 2006년 기준으로 작성하였습니다.
2007년 10월, ㈜코마스인터렉티브에서 대아티아이㈜로 상호 변경하였습니다.

• 위즈정보기술 (코스닥 / 038620)
- 시스템 소프트웨어 개발 및 공급업

구 분	94	95	96	97	98	99	00	01	02	03	04	05	06	07	08	09	10	11	12
성장률			48.34	52.16	-31.63	43.31	5.47	2.62	1.14	-34.72	1.65	0.17	1.30	5.88	0.45	16.40	5.71	-13.78	1.66
EPS			60	92	36	148	677	155	61	-1,291	42	2	19	85	6	289	100	-233	23
배당금			0	0	100	0	250	0	0	0	0	0	0	0	0	25	6	0	0
ROE			48.34	52.16	17.87	43.31	8.67	2.62	1.14	-34.72	1.65	0.17	1.30	5.88	0.45	17.95	6.10	-13.78	1.66
직원의 수					132	109	110	59	38	21	19	19	35	26	32	39	25		
연봉정보					23	39	36	38	46	29	25	22	24	30	29	17	28		

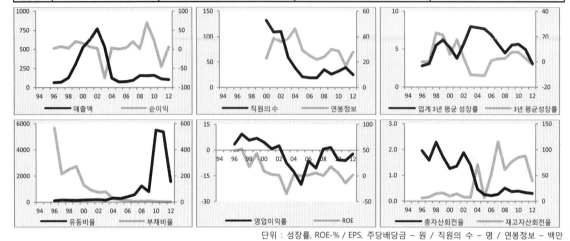

단위 : 성장률, ROE-% / EPS, 주당배당금 – 원 / 직원의 수 – 명 / 연봉정보 – 백만

• 토탈소프트 (코스닥 / 045340)
- 시스템 소프트웨어 개발 및 공급업

구 분	94	95	96	97	98	99	00	01	02	03	04	05	06	07	08	09	10	11	12
성장률					51.97	76.16	31.59	29.35	5.64	57.99	-46.44	4.41	3.51	-45.01	-8.05	4.97	6.34	-16.07	-33.10
EPS					243	916	125	981	550	-16	-819	84	70	-615	-102	67	88	-241	-341
배당금					0	50	10	0	200	0	0	0	0	0	0	0	0	0	0
ROE					51.97	80.56	34.34	29.35	8.87	14.06	-46.44	4.41	3.51	-45.01	-8.05	4.97	6.34	-16.07	-33.10
직원의 수									78	84	96	115	132	132	129	142	140	138	113
연봉정보									31	31	30	27	30	22	33	33	36	37	40

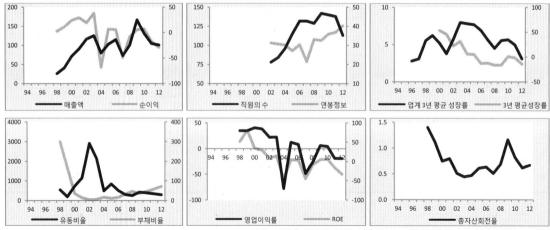

단위 : 성장률, ROE-% / EPS, 주당배당금 – 원 / 직원의 수 – 명 / 연봉정보 – 백만

• 동방 (유가증권 / 004140)

- 일반 화물자동차 운송업

구분	94	95	96	97	98	99	00	01	02	03	04	05	06	07	08	09	10	11	12
성장률	1.87	2.79	1.72	0.28	-33.79	2.75	-2.47	-3.61	4.85	6.99	7.29	5.11	1.91	-0.21	-4.77	2.16	0.87	1.79	1.00
EPS	115	170	112	46	-1,595	122	-100	-143	201	318	402	313	80	190	-298	176	72	145	97
배당금	50	50	50	30	0	0	0	0	0	0	60	60	60	200	30	30	30	30	30
ROE	3.32	3.95	3.10	0.80	-33.79	2.75	-2.47	-3.61	4.85	6.99	8.57	6.32	7.70	3.98	-4.33	2.61	1.49	2.26	1.45
직원의 수					1,042	1,007	899	793	791	774	777	780	847	942	988	895	880	895	931
연봉정보					22	22	33	30	34	34	36	37	40	43	47	49	38	50	52

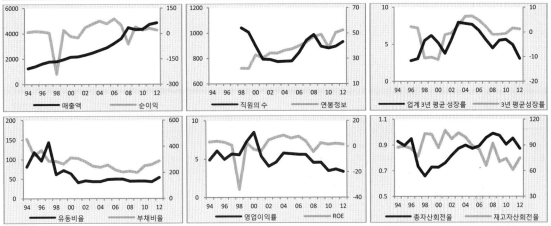

단위 : 성장률, ROE-% / EPS, 주당배당금 – 원 / 직원의 수 – 명 / 연봉정보 – 백만
1982년 2월, 동방운수창고㈜에서 ㈜동방으로 상호 변경하였습니다.

• 세방 (유가증권 / 004360)

- 일반 화물자동차 운송업

구분	94	95	96	97	98	99	00	01	02	03	04	05	06	07	08	09	10	11	12
성장률	3.99	4.14	0.46	1.56	0.38	1.45	-12.04	2.97	2.91	5.65	5.98	5.41	7.50	5.07	11.23	10.64	3.65	3.58	3.67
EPS	409	434	95	195	125	407	-2,681	686	682	1,378	1,558	912	1,455	960	1,903	2,040	2,230	959	1,007
배당금	65	65	60	60	60	60	40	75	75	100	125	150	150	150	150	175	175	175	175
ROE	4.74	4.87	1.26	2.26	0.74	1.70	-11.86	3.33	3.27	6.09	6.50	6.26	8.36	6.01	12.20	11.64	3.96	4.38	4.44
직원의 수					1,396	1,228	984	869	859	828	824	809	832	880	970	855	876	819	790
연봉정보					28	29	32	30	33	32	38	44	44	43	45	50	54	56	63

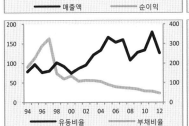
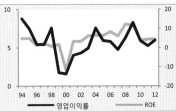
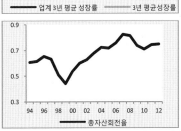

단위 : 성장률, ROE-% / EPS, 주당배당금 – 원 / 직원의 수 – 명 / 연봉정보 – 백만

• 서부 T&D (코스닥 / 006730)

- 차량용 주유소 운용업

구분	94	95	96	97	98	99	00	01	02	03	04	05	06	07	08	09	10	11	12
성장률		13.95	13.77	11.21	8.11	-12.14	-4.16	6.06	-2.30	1.85	1.55	0.35	0.23	0.19	0.06	0.11	-0.25	0.11	0.07
EPS		1,459	1,916	556	108	-381	-220	343	-127	104	89	70	13	10	15	26	-59	19	13
배당금		0	0	0	0	0	0	0	0	0	0	50	0	0	0	0	0	0	0
ROE		13.95	13.77	11.21	8.11	-12.14	-4.16	6.06	-2.30	1.85	1.55	1.22	0.23	0.19	0.06	0.11	-0.25	0.11	0.07
직원의 수						16	16	18	14	17	21	21	24	24	23	67	88	89	109
연봉정보						26	22	22	21	21	22	22	23	26	30	24	25	28	28

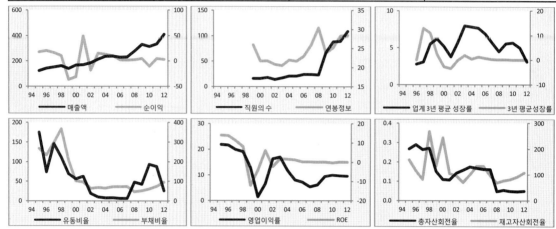

단위 : 성장률, ROE-% / EPS, 주당배당금 - 원 / 직원의 수 - 명 / 연봉정보 - 백만
2010년 6월, ㈜서부트럭터미날에서 ㈜서부티엔디로 상호 변경하였습니다.

• 무역

2012년 무역 상장기업의 전체 매출액은 약 34조 4천억원(전년대비 9% 감소)이며, 총 당기순이익은 약 7천억원(전년대비 19% 증가)입니다. 매출액은 전년대비 감소하였지만, 순이익은 증가하는 상반된 흐름을 보이고 있습니다. 평균 성장률은 10.6%(전년대비 1.1%p 감소), ROE는 12.1%(전년대비 1.3%p감소)를 기록하였습니다.
(매출액 및 당기순이익은 단순합계금액이며, 성장률 및 ROE는 단순평균값 입니다)

해당 산업의 직원 수는 약 3천 6백명(전년대비 1% 감소)이며, 최근 평균연봉(2012년)은 약 6천 3백명(전년대비 50% 증가)입니다. 특히, 2012년 업계 연봉이 여타 산업에 비해 높은 수준으로 인상되었습니다. 최근 3년 평균 유동비율은 100.2%, 부채비율은 274.7%입니다.

구 분	총매출액	총 당기순이익	평균성장률	평균 ROE	총 직원수	연봉정보
94	21,885	18	2.5	4.8		
95	32,435	30	4.0	6.4		
96	42,315	38	1.7	4.7		
97	49,451	-77	-7.7	-6.8		
98	60,879	-181	2.0	3.8	4,399	27
99	62,554	52	1.3	2.4	3,414	28
00	63,617	-92	-4.6	-3.2	6,778	22
01	53,893	-457	2.1	5.6	4,341	28
02	12,702	239	16.3	19.9	4,241	28
03	12,500	-132	6.9	10.6	4,172	31
04	15,136	255	11.7	15.1	3,446	37
05	14,925	343	13.5	15.7	3,605	37
06	14,949	292	14.6	18.0	2,745	41
07	17,153	290	16.1	17.9	3,015	41
08	23,538	200	10.1	6.0	3,080	45
09	21,421	29	6.5	1.2	2,992	46
10	29,961	205	9.3	11.6	3,571	49
11	37,629	592	11.7	13.4	3,648	42
12	34,476	707	10.6	12.1	3,637	63

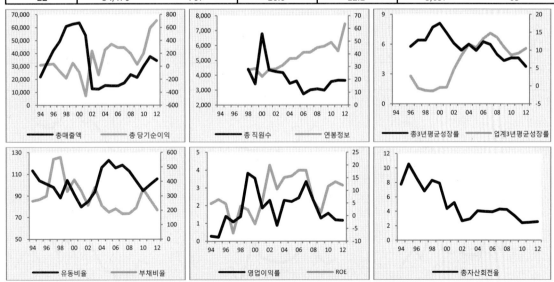

단위 : 총매출액, 총당기순이익 – 십억 / 업계 평균 성장률, ROE-% /직원의 수 – 명 / 연봉정보 – 백만
연봉정보는 1 인당 평균 급여액이며, 대상기업들의 연간 총 급여액을 총 직원의 수로 나눈 금액입니다.
업계 3 년 평균 성장률은 무역업종 전체 상장사의 평균이며, 사업보고서에 근거한 자료만으로 만들었습니다.

• 현대상사 (유가증권 / 011760)

- 상품 종합 도매업

구분	94	95	96	97	98	99	00	01	02	03	04	05	06	07	08	09	10	11	12
성장률	5.48	9.50	4.75	1.36	0.92	2.95	-24.44	-587.36	자본잠식	-524.59	47.04	25.99	33.82	23.38	5.13	-35.83	19.62	17.26	15.90
EPS	1,505	1,839	1,397	609	364	452	-1,132	-4,565	-1,363	-20,611	1,504	2,135	2,179	1,967	465	-2,354	1,930	3,026	3,216
배당금	500	150	550	400	250	200	0	0	0	0	0	0	0	0	0	0	250	500	500
ROE	8.20	10.34	7.84	3.96	2.94	5.29	-24.44	-587.36	자본잠식	-524.59	47.04	25.99	33.82	23.38	5.13	-35.83	22.54	20.68	18.83
직원의 수					660	561	464	408	386	373	386	472	267	271	241	236	290	361	361
연봉정보					37	38	42	37	34	35	33	30	47	48	53	57	49	59	64

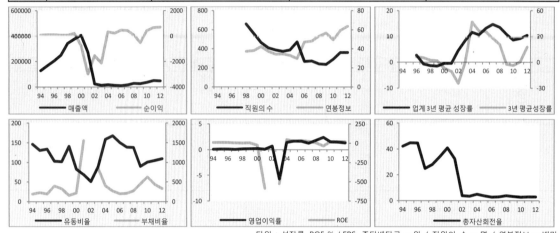

단위 : 성장률, ROE-% / EPS, 주당배당금 – 원 / 직원의 수 – 명 / 연봉정보 – 백만
자본잠식으로 인해, 계산 불가한 값(2002년 부채총계, ROE 및 성장률)은 그래프에서 제외 및 보정하였습니다.

• STX (유가증권 / 011810)

- 상품 종합 도매업

구분	94	95	96	97	98	99	00	01	02	03	04	05	06	07	08	09	10	11	12
성장률			0.92	-36.20	-118.05	0.31	3.02	2.02	18.26	-1.02	7.82	8.51	10.93	17.59	1.34	-20.34	-0.83	6.10	-2.77
EPS	63	47	45	-1,287	-3,681	11	89	140	1,196	199	643	943	1,160	2,553	648	-4,312	182	1,557	-408
배당금	0	0	0	0	0	0	0	75	300	250	250	300	300	375	300	0	250	250	125
ROE			0.92	-36.20	-118.05	0.31	3.02	4.35	24.38	3.93	12.79	12.49	14.74	20.62	2.50	-20.34	2.22	7.27	-2.12
직원의 수					1,022	885	852	572	585	616	39	250	270	504	544	571	643	392	375
연봉정보					23	25	29	38	34	35	38	52	47	46	48	43	49	47	55

단위 : 성장률, ROE-% / EPS, 주당배당금 – 원 / 직원의 수 – 명 / 연봉정보 – 백만
1976년 12월, 쌍용중기 주식회사로 설립되었습니다.
2001년 1월 쌍용그룹 계열에서 분리하였으며, 5월 주식회사 STX로 출발하였습니다.
2004년 직원의 수는 사업보고서에 의거한 자료입니다.

• 대우인터내셔널 (유가증권 / 047050)

- 상품 종합 도매업

구 분	94	95	96	97	98	99	00	01	02	03	04	05	06	07	08	09	10	11	12
성장률							0.92	-33.63	17.70	10.43	14.46	17.74	9.27	6.85	7.76	8.60	-1.35	9.18	12.88
EPS							138	-2,747	1,847	578	1,202	1,814	1,188	1,042	899	1,237	22	1,558	2,812
배당금							0	0	0	0	250	250	300	350	50	50	200	200	300
ROE							0.92	-33.63	17.70	10.43	18.26	20.57	12.40	10.32	8.22	8.97	0.17	10.53	14.42
직원의 수							2,292	2,187	2,104	2,059	1,867	1,659	1,503	1,494	1,486	1,412	1,796	1,968	1,991
연봉정보							23	20	23	27	37	33	37	38	40	41	49	34	58

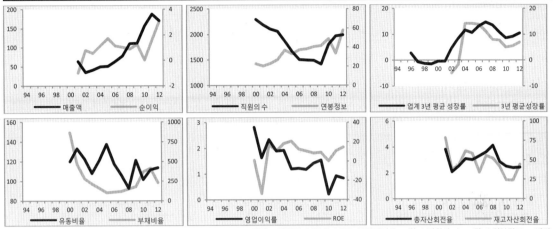

단위 : 성장률, ROE-% / EPS, 주당배당금 - 원 / 직원의 수 - 명 / 연봉정보 - 백만
2000년 12월, ㈜대우의 무역부문의 인적 분할을 통해 설립되었습니다

• GS글로벌 (유가증권 / 001250)

- 기타 상품 중개업

구 분	94	95	96	97	98	99	00	01	02	03	04	05	06	07	08	09	10	11	12
성장률	0.89	0.45	-0.34	0.48	-193.41	-2.12	-217.77	자본잠식	390.54	-144.55	17.35	3.68	26.37	25.77	29.42	23.66	13.22	6.53	5.01
EPS	334	284	175	36	-7,085	-70	-1,535	-2,772	4,076	-5,411	1,255	211	438	899	1,635	2,234	1,578	882	691
배당금	250	250	200	0	0	0	0	0	0	0	0	0	0	0	500	500	500	125	125
ROE	3.54	3.74	2.41	0.48	-193.41	-2.12	-217.77	자본잠식	390.54	-144.55	17.35	3.68	26.37	25.77	42.37	30.48	19.35	7.61	6.12
직원의 수					429	385	369	237	220	224	221	226	178	178	158	150	187	221	240
연봉정보					21	22	28	32	29	26	29	30	33	30	48	48	42	48	49

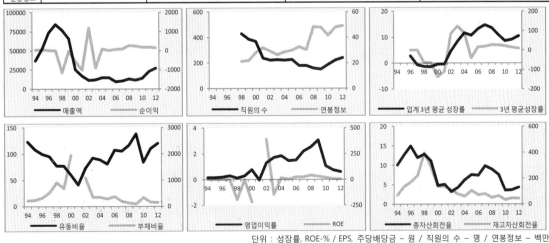

단위 : 성장률, ROE-% / EPS, 주당배당금 - 원 / 직원의 수 - 명 / 연봉정보 - 백만
자본잠식으로 인해, 계산 불가한 값(2001년 부채비율, ROE 및 성장률)은 그래프에서 제외 및 보정하였습니다.
2009년 7월 대주주가 ㈜GS로 변경되었습니다.
2009년 7월 주식회사 쌍용에서 주식회사 지에스글로벌로 상호 변경하였습니다.

• LG 상사 (유가증권 / 001120)

- 기타 상품 중개업

구분	94	95	96	97	98	99	00	01	02	03	04	05	06	07	08	09	10	11	12
성장률	1.09	1.95	1.55	-24.85	3.03	4.08	1.93	2.21	13.06	11.41	6.99	11.35	13.94	6.89	7.08	13.96	13.49	19.35	21.75
EPS	261	641	813	-1,878	433	783	546	576	1,534	1,750	1,196	1,795	1,554	1,295	1,321	2,698	3,438	6,766	8,783
배당금	150	400	650	0	150	250	400	400	400	600	500	500	500	350	200	200	350	500	500
ROE	2.56	5.18	7.72	-24.85	4.64	5.99	7.20	7.25	17.67	17.36	12.02	15.73	20.55	9.45	8.35	15.08	15.02	20.89	23.06
직원의 수					2,288	1,583	2,801	937	946	900	933	998	527	568	651	623	655	706	670
연봉정보					28	29	16	34	34	38	39	44	50	47	50	55	52	54	91

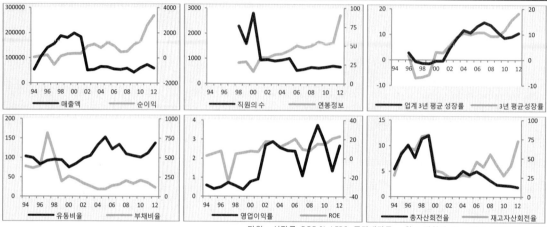

단위 : 성장률, ROE-% / EPS, 주당배당금 - 원 / 직원의 수 - 명 / 연봉정보 - 백만

1995년 2월, 럭키금성상사㈜에서 주식회사 LG상사로 상호 변경하였습니다.

• 호텔 및 레져

2012년 호텔 및 레져 상장기업의 전체 매출액은 약 5조 8천억원(전년대비 11% 증가)이며, 총 당기순이익은 약 6천 6백억원(전년대비 2% 증가)입니다. 평균성장률은 6.1%(전년대비 0.6%p 증가), ROE는 10.3%(전년대비 1.5% 증가)를 기록하였습니다. (매출액 및 당기순이익은 단순합계금액이며, 성장률 및 ROE는 단순평균값 입니다)

해당 산업의 직원 수는 약 1만 3천명(전년대비 3% 증가)이며, 최근 평균연봉(2012년)은 약 4천 6백만원(전년대비 12% 증가)입니다. 아래 표와 그래프를 통해, 업계 직원 수와 연봉 수준이 2000년대 중반 이후로 꾸준히 증가했음을 알 수 있습니다. 최근 3년간 평균 유동비율은 171%, 부채비율은 124%입니다.

구 분	총매출액	총 당기순이익	평균성장률	평균 ROE	총 직원수	연봉정보
94						
95	424	22	10.7	12.6		
96	440	-2	7.2	8.0		
97	498	-4	5.4	6.3		
98	590	48	6.7	12.3	1,617	20
99	720	55	11.0	12.6	2,831	26
00	939	108	10.9	30.5	4,755	17
01	1,364	286	0.3	10.9	4,787	26
02	1,407	274	0.5	5.7	5,202	30
03	1,565	294	1.7	3.3	6,343	31
04	1,765	367	7.0	7.5	6,943	34
05	2,006	389	9.6	7.7	7,941	34
06	2,310	331	3.7	6.4	9,414	34
07	2,969	394	5.1	10.2	10,072	35
08	3,662	380	4.4	9.1	10,615	37
09	4,166	608	3.2	7.3	11,269	40
10	4,887	723	6.6	10.7	12,417	41
11	5,270	645	5.5	8.8	13,257	41
12	5,894	661	6.1	10.3	13,749	46

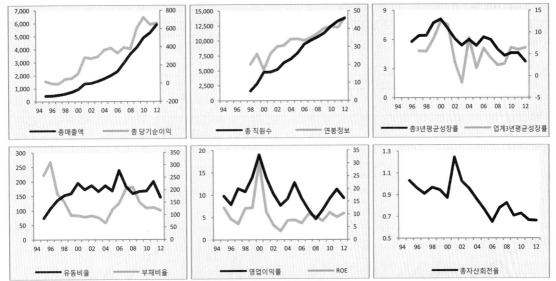

단위 : 총 매출액, 총 당기순이익 – 십억 / 평균 성장률, 평균 ROE - % / 총 직원 수 – 명 / 연봉정보 – 백만
연봉정보는 1 인당 평균 급여액이며, 대상기업들의 연간 총 급여액을 총 직원의 수로 나눈 금액입니다.
업계 3 년 평균 성장률은 호텔 및 레져업종 전체 상장사의 평균이며, 사업보고서에 근거한 자료만으로 만들었습니다.

• 에머슨퍼시픽 (코스닥 / 025980)

- 골프장 운영업

구분	94	95	96	97	98	99	00	01	02	03	04	05	06	07	08	09	10	11	12
성장률		6.86	7.04	-449.2	22.18	16.84	4.04	-28.46	16.51	-8.20	7.21	-86.54	33.81	-38.73	-9.50	9.81	16.73	-16.79	8.23
EPS		198	122	-865	248	219	37	-224	155	-69	67	-481	419	-318	-253	283	598	-514	-232
배당금		0	0	0	0	0	0	0	0	0	0	0	0	0	0	0	0	0	0
ROE		6.86	7.04	-449.2	22.18	17.65	4.04	-28.46	16.51	-8.20	7.21	-86.54	33.81	-38.73	-9.50	9.81	16.73	-16.79	8.23
직원의 수						203	251	65	71	45	45	128	169	194	269	181	198	187	180
연봉정보						12	15	37	18	25	18	5	21	26	27	28	23	24	26

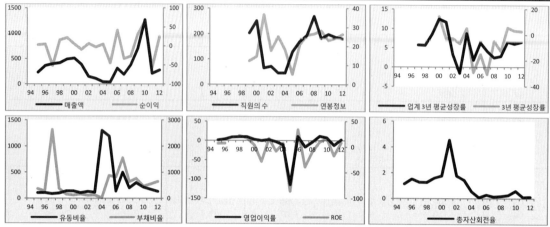

단위 : 성장률, ROE-% / EPS, 주당배당금 – 원 / 직원의 수 – 명 / 연봉정보 – 백만
2004년 1월, ㈜엠씨타운에서 에머슨퍼시픽㈜로 상호 변경하였습니다.
특이값(1997년 ROE)은 그래프에서 제외하였습니다.

• 시공테크 (코스닥 / 020710)

- 교시용 모형 제조업

구분	94	95	96	97	98	99	00	01	02	03	04	05	06	07	08	09	10	11	12
성장률		17.75	10.07	8.01	12.36	14.09	4.71	2.75	-20.03	-6.81	9.62	13.23	8.99	2.15	3.56	0.08	24.55	15.20	8.65
EPS		394	177	240	203	585	182	109	-328	-128	246	320	262	100	110	32	899	657	419
배당금		0	0	0	0	200	0	0	0	0	50	50	60	50	30	30	60	60	50
ROE		17.75	10.07	8.01	12.36	21.42	4.71	2.75	-20.03	-6.81	12.07	15.68	11.66	4.30	4.89	1.35	26.31	16.72	9.82
직원의 수						104	171	148	134	128	131	144	140	152	150	165	173	185	173
연봉정보						19	19	29	27	29	29	36	34	33	33	34	36	36	42

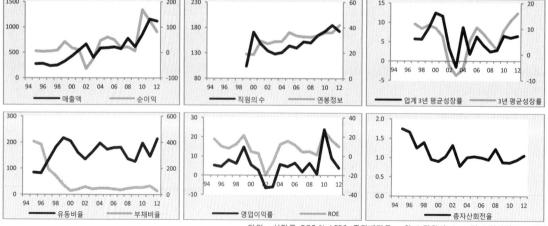

단위 : 성장률, ROE-% / EPS, 주당배당금 – 원 / 직원의 수 – 명 / 연봉정보 – 백만

• 이월드 (유가증권 / 084680)

- 유원지 및 테마파크 운영업

구 분	94	95	96	97	98	99	00	01	02	03	04	05	06	07	08	09	10	11	12
성장률												-3.30	0.26	0.51	-322.3	-11.36	-10.33	-6.38	-7.21
EPS												-454	36	14	-2,114	-268	-155	-92	-97
배당금												0	0	0	0	0	0	0	0
ROE												-3.30	0.26	0.51	-322.3	-11.36	-10.33	-6.38	-7.21
직원의 수												249	198	171	199	203	199	199	207
연봉정보												11	23	25	24	25	29	30	32

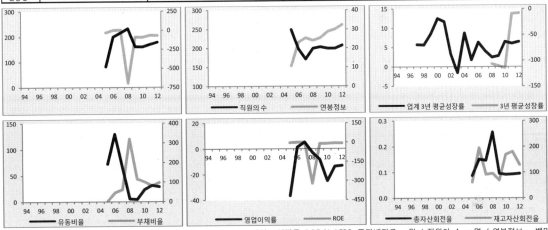

단위 : 성장률, ROE-% / EPS, 주당배당금 – 원 / 직원의 수 – 명 / 연봉정보 – 백만
2005년~2007년 사업보고서 미공시로 인하여 EPS는 감사보고서를 기준으로, 배당금은 0으로 간주해 성장률을 계산하였습니다.
05년~07년 성장률은 업계 3년 평균성장률 계산 과정에서 제외하였습니다.
2011년 3월, ㈜우방랜드에서 이월드로 상호 변경하였습니다.

• 레드캡투어 (코스닥 / 038390)

- 일반 및 국외 여행사업

구 분	94	95	96	97	98	99	00	01	02	03	04	05	06	07	08	09	10	11	12
성장률			23.11	16.52	-27.88	13.01	23.07	6.98	-6.13	-8.51	2.06	5.93	20.97	-42.14	8.16	7.63	8.39	15.79	9.89
EPS			15	21	18	147	1,002	441	-305	-399	99	1,918	2,106	-3,041	618	827	1,077	2,265	1,763
배당금			0	0	40	0	75	50	0	0	0	1,500	500	0	0	180	300	500	550
ROE			23.11	16.52	22.58	13.01	24.93	7.87	-6.13	-8.51	2.06	27.20	27.49	-42.14	8.16	9.76	11.63	20.27	14.37
직원의 수					14	28	22	25	29	30	37	41	289	339	289	355	371	403	
연봉정보					15	8	15	11	13	12	12	16	31	25	35	32	35	37	

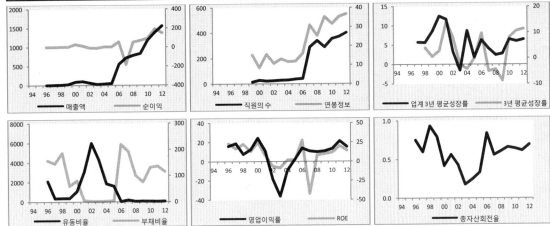

단위 : 성장률, ROE-% / EPS, 주당배당금 – 원 / 직원의 수 – 명 / 연봉정보 – 백만
2007년 2월, ㈜레드캡투어(구 범한여행)을 흡수 합병하였습니다.
2007년 3월, 미디어솔루션에서 레드캡투어로 상호 변경하였습니다.

· 롯데관광개발 (유가증권 / 032350)

- 일반 및 국외 여행사업

구분	94	95	96	97	98	99	00	01	02	03	04	05	06	07	08	09	10	11	12
성장률						자본잠식	189.04	81.86	36.16	25.32	17.09	14.40	3.34	3.47	-6.23	-1.59	-15.31	-12.12	-1,329.7
EPS						257	1,405	3,354	2,321	2,176	1,525	654	440	388	-556	-138	-1,383	-967	-7,360
배당금						0				0	250	143	135	100	0	0	0	0	0
ROE						자본잠식	189.04	81.86	36.16	25.32	20.44	18.43	4.82	4.68	-6.23	-1.59	-15.31	-12.12	-1,329.7
직원의 수													447	489	436	321	327	384	335
연봉정보													24	25	28	24	30	28	26

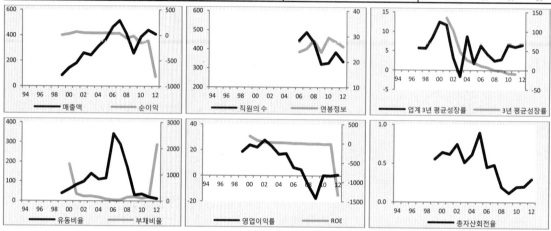

단위 : 성장률, ROE-% / EPS, 주당배당금 - 원 / 직원의 수 - 명 / 연봉정보 - 백만
1999년~2003년 사업보고서 미공시로 인하여 EPS는 감사보고서를 기준으로, 배당금은 0으로 간주해 성장률을 계산하였습니다.
99년~03년 성장률은 업계 3년 평균성장률 계산 과정에서 제외하였습니다.
자본잠식으로 인해, 계산 불가한 값(1999년 부채비율, ROE)은 그래프에서 제외하였습니다.
특이값(2012년 3년 평균성장률)은 그래프에서 제외하였습니다.

· 모두투어 (코스닥 / 080160)

- 일반 및 국외 여행사업

구분	94	95	96	97	98	99	00	01	02	03	04	05	06	07	08	09	10	11	12
성장률										31.53	47.75	17.48	14.13	15.52	0.92	1.62	16.99	10.03	14.35
EPS										290	841	780	1,058	1,360	75	151	1,991	1,083	1,411
배당금										0	0	100	180	290	20	50	600	500	450
ROE								33.63	84.03	31.53	47.75	20.05	17.03	19.72	1.26	2.42	24.31	18.64	21.06
직원의 수												464	607	841	895	767	908	941	930
연봉정보												22	22	23	25	24	28	34	33

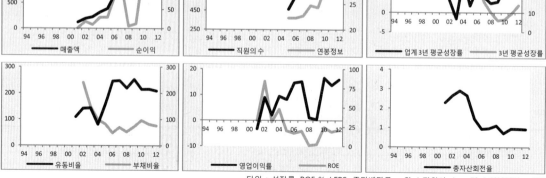

단위 : 성장률, ROE-% / EPS, 주당배당금 - 원 / 직원의 수 - 명 / 연봉정보 - 백만
특이값(2001년 부채비율)은 그래프에서 제외하였습니다.

• 세중 (코스닥 / 039310)
- 일반 및 국외 여행사업

구 분	94	95	96	97	98	99	00	01	02	03	04	05	06	07	08	09	10	11	12
성장률			-122.49	-80.76	30.95	66.48	4.90	3.72	-24.52	-14.10	-63.34	23.09	6.25	-23.83	13.53	4.50	9.50	8.83	10.18
EPS			-32	-24	10	61	556	441	-1,456	-694	-1,907	653	314	-441	289	204	283	359	436
배당금			0	0	0	0	177	177	0	0	0	0	100	0	0	100	100	100	100
ROE			-122.49	-80.76	30.95	66.48	7.19	6.21	-24.52	-14.10	-63.34	23.09	9.17	-23.83	13.53	8.82	14.69	12.24	13.20
직원의 수							98	116	112	86	69	98	538	662	400	362	366	383	376
연봉정보							19	33	33	29	32	30	26	13	40	31	30	37	40

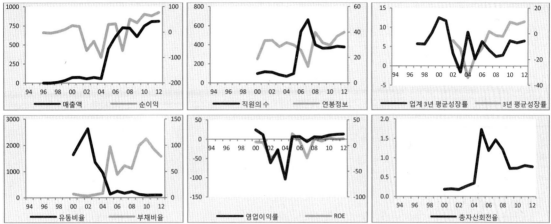

단위 : 성장률, ROE-% / EPS, 주당배당금 – 원 / 직원의 수 – 명 / 연봉정보 – 백만

2기~5기 재무분석자료(1996년~1999년 유동비율, 부채비율, 영업이익률, ROE, 총자산회전율, 재고자산회전율)는 그래프에서 제외하였습니다.

특이값(1998년~2001년 3년 평균성장률)은 그래프에서 제외하였습니다.

1995년 12월 주식회사 한컴리서치를 설립했으며, 2006년 04월 (주)세중여행과 합병하였습니다.

(*상호변경: 97년 9월 (주)나모 인터렉티브→ 06년 5월 (주)세중나모여행→ 11년 7월 (주)세중)

• 하나투어 (유가증권 / 039130)
- 일반 및 국외 여행사업

구 분	94	95	96	97	98	99	00	01	02	03	04	05	06	07	08	09	10	11	12
성장률			8.27	2.10	9.79	45.26	31.81	34.70	36.17	21.91	23.87	24.90	16.64	16.69	-3.86	-11.27	11.78	8.70	12.38
EPS			7	2	6	98	908	1,001	1,791	932	1,092	1,632	2,215	2,352	445	-447	2,005	1,789	2,714
배당금			0	0	0	10	150	200	350	350	400	600	750	900	750	500	850	900	1,000
ROE			8.27	2.10	9.79	50.41	38.11	43.37	44.95	35.09	37.67	39.38	25.16	27.04	5.63	-5.32	20.45	17.51	19.60
직원의 수							481	535	721	800	931	1,100	1,304	1,502	1,489	1,397	1,646	1,709	1,861
연봉정보							14	16	18	17	26	23	26	26	28	23	28	28	29

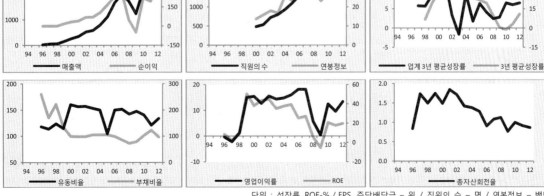

단위 : 성장률, ROE-% / EPS, 주당배당금 – 원 / 직원의 수 – 명 / 연봉정보 – 백만

2012년 3월, ㈜하나비즈니스트래블에서 ㈜하나투어비즈니스로 상호 변경하였습니다.

• SM C&C (코스닥 / 048550)

- 일반 및 국외 여행사업

구분	94	95	96	97	98	99	00	01	02	03	04	05	06	07	08	09	10	11	12
성장률			4,168.8	87.75	9.76	30.01	20.21	-0.10	1.14	1.05	0.42	-10.69	-22.27	-8.43	-190.6	-25.14	12.30	4.50	-26.23
EPS			341	59	69	284	243	49	12	11	4	-127	-307	-128	-803	-139	67	26	-229
배당금			0	0	0	0	50	0	0	0	0	0	0	0	0	0	0	0	0
ROE			4,168.8	87.75	9.76	30.01	20.21	4.92	1.14	1.05	0.42	-10.69	-22.27	-8.43	-190.6	-25.14	12.30	4.50	-26.23
직원의 수							147	141	141	140	142	147	124	105	184	184	253	179	201
연봉정보							16	16	15	16	20	21	21	20	13	23	26	27	31

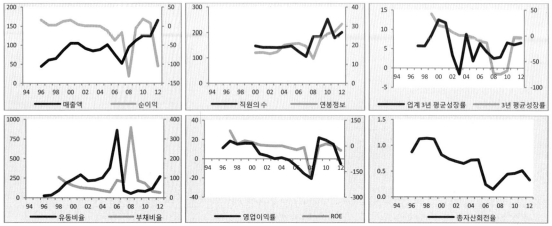

단위 : 성장률, ROE-% / EPS, 주당배당금 – 원 / 직원의 수 – 명 / 연봉정보 – 백만
특이값(1996년~1997년 부채비율, 1996년 ROE, 1998년 3년 평균성장률)은 그래프에서 제외하였습니다.
2012년 5월, 주식회사 비티앤아이 여행그룹에서 주식회사 에스엠컬처앤콘텐츠로 상호 변경하였습니다.

• AJ렌터카 (유가증권 / 068400)

- 자동차 임대업

구분	94	95	96	97	98	99	00	01	02	03	04	05	06	07	08	09	10	11	12
성장률						44.53	32.77	41.05	30.03	28.90	13.46	12.65	12.03	10.12	0.75	4.98	10.44	10.54	9.92
EPS						217	324	510	614	717	542	499	540	545	36	259	682	739	860
배당금						0	0	0	75	0	0	0	0	0	0	0	0	0	0
ROE						44.53	32.77	41.05	34.21	28.90	13.46	12.65	12.03	10.12	0.75	4.98	10.44	10.54	9.92
직원의 수										41	42	52	48		435	345	350	336	354
연봉정보										54	54	49	55		33	31	30	31	34

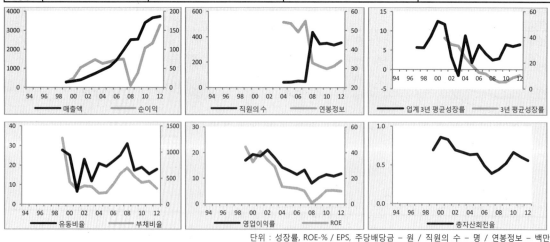

단위 : 성장률, ROE-% / EPS, 주당배당금 – 원 / 직원의 수 – 명 / 연봉정보 – 백만
1999년~2001년 사업보고서 미공시로 인하여 EPS는 감사보고서를 기준으로, 배당금은 0으로 간주해 성장률을 계산하였습니다.
99년~01년 성장률은 업계 3년 평균성장률 계산 과정에서 제외하였습니다.
2011년 5월, 아주오토렌탈주식회사에서 에이제이렌터카주식회사로 상호 변경하였습니다.

• 강원랜드 (유가증권 / 035250)

- 기타 갬블링 및 베팅업

구 분	94	95	96	97	98	99	00	01	02	03	04	05	06	07	08	09	10	11	12
성장률					2.81	1.22	13.25	43.11	25.28	18.81	16.43	14.80	10.27	10.16	9.68	10.44	11.22	9.15	6.01
EPS					289	19	206	1,091	1,033	1,077	1,273	1,408	1,171	1,383	1,472	1,902	2,128	1,935	1,461
배당금					0	0	30	97	227	320	450	530	500	630	720	940	970	910	755
ROE					2.81	1.22	15.51	47.32	32.39	26.76	25.41	23.74	17.93	18.66	18.96	20.64	20.61	17.27	12.44
직원의 수						80	861	1,017	1,123	2,420	2,858	2,920	3,135	3,055	3,123	3,166	3,079	3,145	3,184
연봉정보						37	101	22	30	32	34	40	39	45	49	50	52	54	60

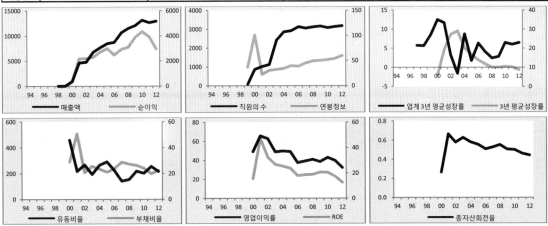

단위 : 성장률, ROE-% / EPS, 주당배당금 - 원 / 직원의 수 - 명 / 연봉정보 - 백만
특이값(1998년~1999년 유동비율, 부채비율, 영업이익률, ROE, 총자산회전율)은 그래프에서 제외하였습니다.
2000년 연봉정보는 사업보고서에 의거한 자료입니다.

• 파라다이스 (코스닥 / 034230)

- 기타 갬블링 베팅업

구 분	94	95	96	97	98	99	00	01	02	03	04	05	06	07	08	09	10	11	12
성장률		18.07	-2.79	11.12	24.17	17.23	15.61	14.94	11.25	7.80	11.31	4.90	1.20	3.03	2.63	3.79	3.05	2.13	7.13
EPS		861	102	790	437	330	419	490	582	481	716	447	128	267	277	301	465	301	749
배당금		200	200	250	50	50	75	100	125	200	225	225	75	125	150	150	250	150	200
ROE		23.54	2.88	16.27	27.29	20.31	19.01	18.78	14.33	13.34	16.49	9.87	2.90	5.69	5.74	7.56	6.60	4.25	9.73
직원의 수					811	887	930	965	907	954	940	879	900	947	935	1,016	1,096	1,235	
연봉정보					35	13	37	40	43	46	48	49	52	48	52	56	57	61	

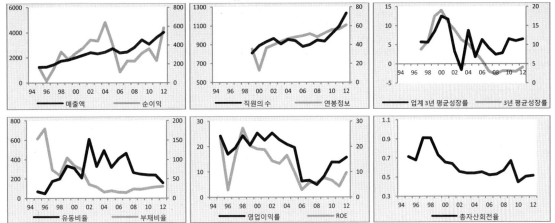

단위 : 성장률, ROE-% / EPS, 주당배당금 - 원 / 직원의 수 - 명 / 연봉정보 - 백만
1997년 10월, 파라다이스투자개발 주식회사에서 주식회사 파라다이스로 상호 변경하였습니다.

• GKL (유가증권 / 114090)

- 기타 갬블링 및 베팅업

구분	94	95	96	97	98	99	00	01	02	03	04	05	06	07	08	09	10	11	12
성장률												-23.96	12.77	30.82	29.50	25.73	18.52	14.29	20.75
EPS												-305	117	686	1,003	1,676	1,194	1,023	2,329
배당금												0	0	333	517	860	620	512	1,217
ROE												-23.96	12.77	59.90	60.89	52.85	38.53	28.60	43.46
직원의 수															1,510	1,622	1,644	1,630	
연봉정보															42	45	44	49	

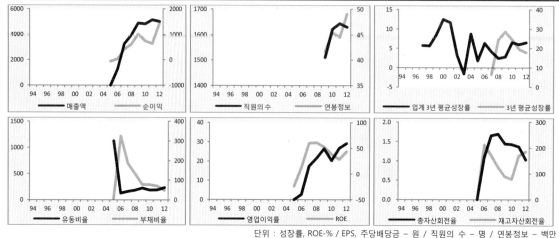

단위 : 성장률, ROE-% / EPS, 주당배당금 – 원 / 직원의 수 – 명 / 연봉정보 – 백만
2005년~2006년 사업보고서 미공시로 인하여 EPS는 감사보고서를 기준으로, 배당금은 0으로 간주해 성장률을 계산하였습니다.
05년~06년 성장률은 업계 3년 평균성장률 계산 과정에서 제외하였습니다.
1기(2005년) 매출은 없습니다.

• 호텔신라 (유가증권 / 008770)

- 기타 상품 전문 소매업

구분	94	95	96	97	98	99	00	01	02	03	04	05	06	07	08	09	10	11	12
성장률		0.23	-3.25	-7.68	3.43	3.51	1.23	0.50	0.15	0.98	1.42	2.85	2.13	1.51	3.47	4.13	6.65	7.40	13.05
EPS	312	276	-371	-816	579	405	382	252	166	258	361	541	458	439	640	806	1,263	1,425	2,576
배당금	250	250	0	0	0	0	250	200	150	150	200	200	200	250	200	250	300	300	300
ROE		2.39	-3.25	-7.68	3.43	3.51	3.56	2.41	1.53	2.33	3.19	4.53	3.79	3.50	5.05	5.98	8.72	9.37	14.77
직원의 수					1,617	1,619	1,760	1,740	1,861	1,742	1,691	1,641	1,743	1,577	1,693	1,396	1,892	2,038	2,074
연봉정보					20	23	24	26	31	30	35	35	34	37	36	50	44	31	46

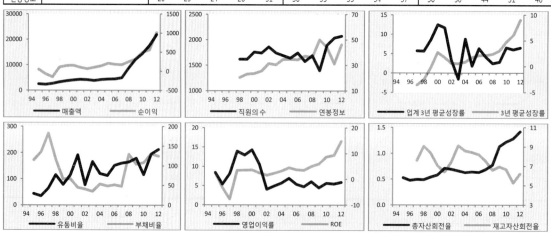

단위 : 성장률, ROE-% / EPS, 주당배당금 – 원 / 직원의 수 – 명 / 연봉정보 – 백만
1973년 11월, ㈜임피리얼에서 ㈜호텔신라로 상호 변경하였습니다.

• 태창파로스 (코스닥 / 039850)

- 기타 비가공 식품 도매업

구분	94	95	96	97	98	99	00	01	02	03	04	05	06	07	08	09	10	11	12
성장률			8.12	2.30	0.82	10.81	10.90	1.73	-58.8	-23.46	-25.96	-30.19	31.24	-1567.1	-355.9	-46.22	-25.10	2.23	-47.82
EPS			58	37	11	20	373	31	-705	-241	-197	-172	-866	-10,937	-1,222	-263	-80	11	-137
배당금			0	0	0	0	125	0	0	0	0	0	0	0	0	0	0	0	0
ROE			8.12	2.30	0.82	10.81	16.39	1.73	-58.8	-23.46	-25.96	-30.19	31.24	-1567.1	-355.9	-46.22	-25.10	2.23	-47.82
직원의 수							71	73	49	46	51	31	37	87	56	48	33	20	43
연봉정보							34	27	33	29	31	44	11	26	34	30	29	28	13

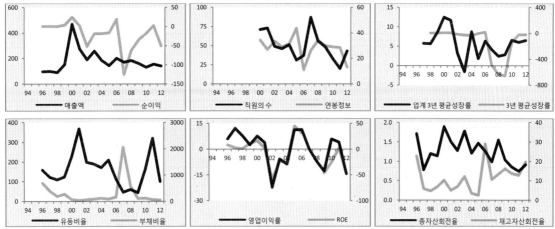

단위 : 성장률, ROE-% / EPS, 주당배당금 – 원 / 직원의 수 – 명 / 연봉정보 – 백만
특이값(2007년~2008년 ROE)은 그래프에서 제외하였습니다.

·방송 및 엔터

2012년 방송 및 엔터 상장기업의 전체 매출액은 약 5조 7천억원(전년대비 14.2% 증가)이며, 총 당기순이익은 약 4천 5백억원(전년대비 15% 증가)입니다. 평균 성장률은 3.7%(전년대비 2.2%p 감소), ROE는 4.8%(전년대비 2.3%p 감소)를 기록하였습니다. (매출액 및 당기순이익은 단순합계금액이며, 성장률 및 ROE는 단순평균값 입니다)

해당 산업의 직원 수는 약 1만 1천명(전년대비 10% 증가)이며, 최근 평균연봉(2012년)은 약 5천 2백만원(전년대비 유사)입니다. 업계 직원 수는 2000년대 중반 이후 꾸준히 늘어나고 있으며, 연봉은 2007년 이후로 5천만원 안팎의 수준을 유지하고 있습니다. 최근 3년간 평균 유동비율은 221.1%, 부채비율은 63.8%입니다.

구 분	총매출액	총 당기순이익	평균성장률	평균 ROE	총 직원수	연봉정보
94	278	-18	-6.4	-4.9		
95	965	43	5.6	7.3		
96	1,269	11	6.3	7.8		
97	1,299	-44	3.6	4.3		
98	1,018	-110	8.5	7.6	1,190	25
99	1,333	111	10.1	12.5	3,266	36
00	1,946	182	11.2	11.5	5,175	35
01	2,057	123	4.8	5.8	5,202	38
02	2,493	41	5.2	7.3	5,420	40
03	2,627	33	6.1	9.4	5,636	44
04	2,751	-72	3.9	5.4	5,566	43
05	2,832	54	3.9	4.6	5,592	45
06	3,090	145	0.7	4.7	6,009	46
07	3,253	141	1.7	4.3	6,375	48
08	3,585	150	1.3	3.1	6,200	52
09	3,784	322	5.3	7.0	7,496	48
10	4,411	277	5.0	6.5	7,798	50
11	5,052	391	5.9	7.1	9,241	52
12	5,771	452	3.7	4.8	10,173	52

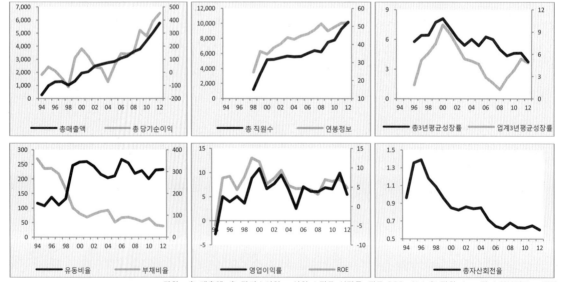

단위 : 총 매출액, 총 당기순이익 – 십억 / 평균 성장률, 평균 ROE - % / 총 직원 수 – 명 / 연봉정보 – 백만
연봉정보는 1 인당 평균 급여액이며, 대상기업들의 연간 총 급여액을 총 직원의 수로 나눈 금액입니다.
업계 3 년 평균 성장률은 방송 및 엔터업종 전체 상장사의 평균이며, 사업보고서에 근거한 자료만으로 만들었습니다.

• 오리콤 (코스닥 / 010470)

- 광고 대행업

구분	94	95	96	97	98	99	00	01	02	03	04	05	06	07	08	09	10	11	12
성장률		3.73	0.30	-21.76	-18.71	6.31	5.62	-4.18	-50.07	13.99	-2.24	2.29	-1.98	5.92	3.80	3.28	7.15	10.10	6.55
EPS		312	36	-1,022	-572	376	310	-144	-1,150	491	39	165	44	329	245	230	435	603	461
배당금		50	0	0	0	0	70	0	0	100	100	100	100	150	100	100	150	150	150
ROE		4.44	0.30	-21.76	-18.71	6.31	7.26	-4.18	-50.07	17.57	1.43	5.80	1.58	10.88	6.42	5.80	10.92	13.45	9.71
직원의 수						198	220	174	144	157	154	150	149	141	270	254	256	264	285
연봉정보						31	42	39	31	49	66	62	80	60	50	50	53	54	57

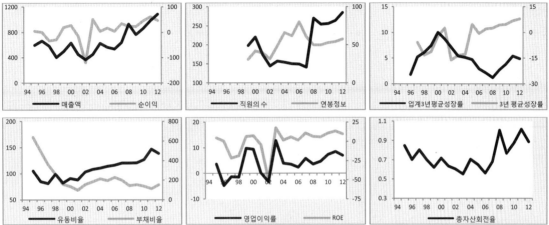

단위 : 성장률, ROE-% / EPS, 주당배당금 – 원 / 직원의 수 – 명 / 연봉정보 – 백만
1979년 7월, 동양전산기술㈜에서 ㈜오리콤으로 상호 변경하였습니다.

• 제일기획 (유가증권 / 030000)

- 광고 대행업

구분	94	95	96	97	98	99	00	01	02	03	04	05	06	07	08	09	10	11	12
성장률	8.99	2.61	5.35	4.41	19.68	13.88	16.87	14.26	13.32	11.27	7.62	8.20	9.61	7.40	10.33	9.55	7.85	9.22	9.34
EPS	570	187	99	71	256	307	363	318	385	419	399	481	638	545	806	837	800	725	535
배당금	24	24	24	24	24	40	60	60	80	120	160	200	280	240	320	340	340	160	0
ROE	9.38	2.99	7.07	6.68	21.72	15.95	20.20	17.57	16.82	15.80	12.72	14.03	17.12	13.23	17.14	16.09	13.66	11.83	9.34
직원의 수					744	744	771	730	747	737	711	695	704	791	805	801	889	1,014	1,262
연봉정보					31	42	45	47	37	59	62	62	61	65	75	76	72	75	70

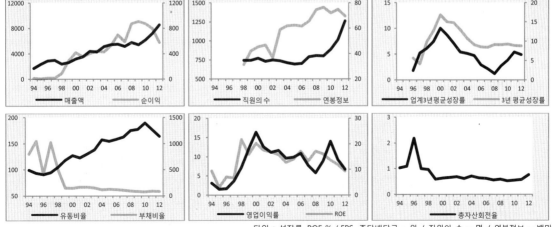

단위 : 성장률, ROE-% / EPS, 주당배당금 – 원 / 직원의 수 – 명 / 연봉정보 – 백만

• 휘닉스컴 (유가증권 / 037270)

- 광고 대행업

구분	94	95	96	97	98	99	00	01	02	03	04	05	06	07	08	09	10	11	12
성장률						47.65	18.13	20.10	27.26	4.95	6.72	4.30	4.39	3.88	-14.91	-19.68	-6.62	1.65	-7.92
EPS						635	238	330	616	376	405	345	397	411	-314	-500	-197	101	-223
배당금						0	0	0	0	200	200	200	240	260	150	0	0	50	0
ROE						47.65	18.13	20.10	27.26	10.59	13.27	10.24	11.12	10.57	-10.09	-19.68	-6.62	3.28	-7.92
직원의 수										181	200	158	155	168	132	68	54	58	59
연봉정보										43	46	45	49	51	50	41	43	43	47

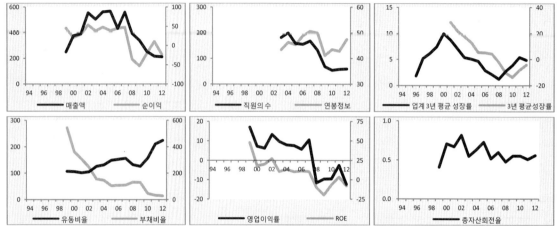

단위 : 성장률, ROE-% / EPS, 주당배당금 – 원 / 직원의 수 – 명 / 연봉정보 – 백만

• 에스엠 (코스닥 / 041510)

- 기록매체 복제업

구분	94	95	96	97	98	99	00	01	02	03	04	05	06	07	08	09	10	11	12
성장률					79.60	57.37	9.48	13.51	-7.99	-11.29	-51.74	4.12	-7.93	-13.04	7.32	7.06	26.75	15.21	17.51
EPS					9,188	1,609	446	703	-554	-633	-2,012	118	-314	-479	266	278	1,504	909	1,865
배당금					0	0	0	0	0	0	0	0	0	0	0	0	0	0	0
ROE					79.60	57.37	9.48	13.51	-7.99	-11.29	-51.74	4.12	-7.93	-13.04	7.32	7.06	26.75	15.21	17.51
직원의 수							77	72	91	46	68	89	137	151	148	147	170	193	256
연봉정보							9	16	13	16	13	15	20	24	28	29	29	27	30

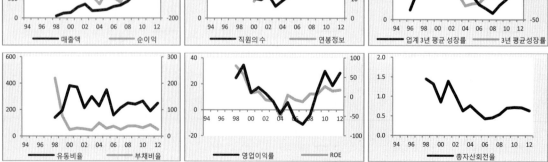

단위 : 성장률, ROE-% / EPS, 주당배당금 – 원 / 직원의 수 – 명 / 연봉정보 – 백만
2기(1996년), 3기(1997년) 자료는 표와 그래프에서 제외하였습니다.

• 케이디미디어 (코스닥 / 063440)

- 기타 인쇄업

구분	94	95	96	97	98	99	00	01	02	03	04	05	06	07	08	09	10	11	12
성장률						63.58	25.83	19.19	12.40	10.87	20.54	1.66	3.67	-5.86	1.34	-9.88	-33.64	1.39	-20.61
EPS						923	483	348	439	438	845	160	125	-196	45	-352	-955	42	-489
배당금						50	50	50	120	150	150	100	0	0	0	0	0	0	0
ROE						67.23	28.82	22.41	17.07	16.53	24.98	4.43	3.67	-5.86	1.34	-9.88	-33.64	1.39	-20.61
직원의 수							102	104	113	118	128	130	70	80	79	74	73	76
연봉정보							27	30	24	24	25	26	30	28	29	29	27	35

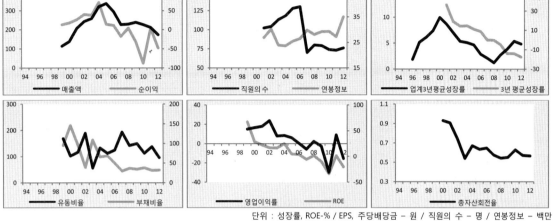

단위 : 성장률, ROE-% / EPS, 주당배당금 – 원 / 직원의 수 – 명 / 연봉정보 – 백만
2001 년 5 월, ㈜대한매일문화정보에서 ㈜케이디미디어로 상호 변경하였습니다.

• 네오위즈인터넷 (코스닥 / 104200)

- 데이터베이스 및 온라인정보 제공업

구분	94	95	96	97	98	99	00	01	02	03	04	05	06	07	08	09	10	11	12
성장률														-408.7	27.51	16.03	29.16	18.32	-10.41
EPS														-9,622	396	593	849	569	-292
배당금														0	0	0	0	0	0
ROE												-84.37	23.61	-408.7	27.51	16.03	29.16	18.32	-10.41
직원의 수															68	135	206	174	
연봉정보															32	35	34	50	

단위 : 성장률, ROE-% / EPS, 주당배당금 – 원 / 직원의 수 – 명 / 연봉정보 – 백만
특이값(2007년 ROE)은 그래프에서 제외하였습니다.
2009년 3월, (주)아인스디지탈에서 (주)네오위즈벅스로 상호 변경하였습니다.
2010년 4월 구 (주)네오위즈인터넷을 흡수 합병하였으며 (주)네오위즈벅스에서 (주)네오위즈인터넷으로 상호 변경하였습니다.

• 디지틀조선 (코스닥 / 033130)

- 데이터베이스 및 온라인정보 제공업

구분	94	95	96	97	98	99	00	01	02	03	04	05	06	07	08	09	10	11	12
성장률			7.34	4.43	-166.1	16.91	9.56	-9.81	-8.41	-13.72	8.49	6.54	7.56	-3.81	0.16	-5.85	4.26	5.13	9.03
EPS			103	45	-467	132	130	-122	-97	-132	92	120	140	-38	12	-50	70	96	169
배당금			0	0	0	0	0	0	0	0	0	40	40	10	10	20	20	30	40
ROE			7.34	4.43	-166.1	16.91	9.56	-9.81	-8.41	-13.72	8.49	9.81	10.58	-3.02	0.98	-4.18	5.96	7.46	11.83
직원의 수						227	186	159		135	133	139	199	225	236	231	254	235	241
연봉정보						28	25	24		24	29	33	29	30	36	35	36	34	38

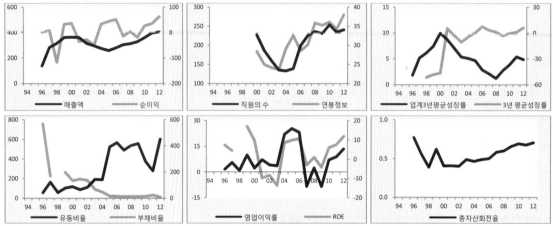

단위 : 성장률, ROE-% / EPS, 주당배당금 – 원 / 직원의 수 – 명 / 연봉정보 – 백만
2003년 결산 월 변경으로 인하여 9기는 제외하였으며, 8기를 2003년 기준으로 작성하였습니다.
특이값(1998년 부채비율, ROE)은 그래프에서 제외하였습니다.

• 레드로버 (코스닥 / 060300)

- 데이터베이스 및 온라인정보 제공업

구분	94	95	96	97	98	99	00	01	02	03	04	05	06	07	08	09	10	11	12
성장률					10.85	37.91	20.58	-12.45	-7.65	-81.53	-11.24	-50.28	12.55	-17.89	-74.92	18.52	7.43	-8.37	-21.54
EPS					7	50	497	628	-211	-1,225	-132	-276	200	-220	47	407	462	-357	-586
배당금					0	0	0	0	0	0	0	0	0	0	0	0	0	0	0
ROE					10.85	37.91	20.58	-12.45	-7.65	-81.53	-11.24	-50.28	12.55	-17.89	-74.92	18.52	7.43	-8.37	-21.54
직원의 수						109	114			121	110	151	149	245	206	152	74	81	81
연봉정보						23	26			26	27	27	23	25	31	27	28	43	46

단위 : 성장률, ROE-% / EPS, 주당배당금 – 원 / 직원의 수 – 명 / 연봉정보 – 백만
2007년 11월, ㈜세븐데이타에서 ㈜레드로버로 상호 변경하였습니다.

778

• iMBC (코스닥 / 052220)

- 데이터베이스 및 온라인정보 제공업

구분	94	95	96	97	98	99	00	01	02	03	04	05	06	07	08	09	10	11	12
성장률							-2.91	-11.89	2.82	17.88	18.84	13.11	15.11	13.14	3.15	-3.80	5.77	7.69	4.72
EPS							-14	-52	13	97	171	236	281	291	81	-63	149	205	142
배당금							0	0	0	0	35	65	55	55	30	0	45	55	45
ROE							-2.91	-11.89	2.82	17.88	23.69	18.10	18.79	16.21	5.01	-3.80	8.27	10.52	6.91
직원의 수											75	82	84	118	122	100	95	101	103
연봉정보											38	38	46	33	38	44	43	40	40

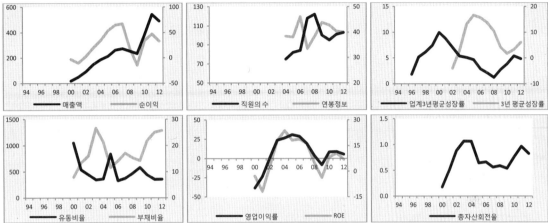

단위 : 성장률, ROE-% / EPS, 주당배당금 - 원 / 직원의 수 - 명 / 연봉정보 - 백만
2000년~2001년 사업보고서 미공시로 인하여 EPS는 감사보고서를 기준으로, 배당금은 0으로 간주해 성장률을 계산하였습니다.
00년~01년 성장률은 업계 3년 평균성장률 계산 과정에서 제외하였습니다.
2005년, 주식회사 인터넷엠비씨에서 주식회사 아이엠비씨로 상호 변경하였습니다.

• 웰메이드 (코스닥 / 036260)

- 매니저업

구분	94	95	96	97	98	99	00	01	02	03	04	05	06	07	08	09	10	11	12
성장률			6.46	6.44	10.70	17.75	-6.38	-1.94	3.51	2.15	3.00	-8.97	-41.27	-334.4	-30.42	-40.30	-227.1	-32.34	-43.48
EPS			60	68	118	251	-161	-49	167	133	129	-199	-596	-1,673	-129	-119	-663	-101	-156
배당금			10	15	20	20	0	0	75	75	50	0	0	0	0	0	0	0	0
ROE			7.75	8.29	12.90	19.28	-6.38	-1.94	6.40	4.93	4.89	-8.97	-41.27	-334.4	-30.42	-40.30	-227.1	-32.34	-43.48
직원의 수							46	39	39	37	46	49	39	13	35	8	5	5	5
연봉정보							18	20	24	20	18	24	27	22	38	23	미공시	18	26

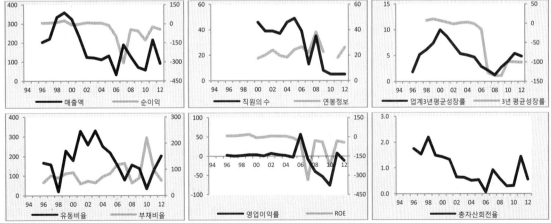

단위 : 성장률, ROE-% / EPS, 주당배당금 - 원 / 직원의 수 - 명 / 연봉정보 - 백만
2007년 5월 텐트·의류사업을 (주)티엔지로 물적 분할하였으며, 2007년 11월 매각하여 엔터테인먼트·매니지먼트사업을 주 사업으로 전환하였습니다.
2010년 연봉정보는 미공시 되었습니다.

• IHQ (유가증권 / 003560)

- 매니저업

구분	94	95	96	97	98	99	00	01	02	03	04	05	06	07	08	09	10	11	12
성장률	자본잠식		-36.45		자본잠식			26.31	-22.14	143.18	-2.81	15.27	-12.54	-2.59	-47.34	-15.59	-41.03	3.39	23.10
EPS	-1,418	40	-44	-211	-632	-256	-2,833	504	-74	426	-47	177	-144	37	-420	-121	-233	20	198
배당금	0	0	0	0	0	0	0	0	0	0	0	0	0	0	0	0	0	0	0
ROE	자본잠식		-36.45		자본잠식			26.31	-22.14	143.18	-2.81	15.27	-12.54	-2.59	-47.34	-15.59	-41.03	3.39	23.10
직원의 수					159	150	146	140	47	42	73	85	106	115	105	94	89	93	95
연봉정보					11	13	16	18	52	38	10	27	30	22	28	31	27	27	31

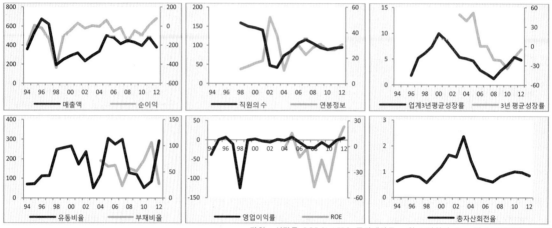

매출액　순이익　／　직원의 수　연봉정보　／　업계3년평균성장률　3년 평균성장률　／　유동비율　부채비율　／　영업이익률　ROE　／　총자산회전율

단위 : 성장률, ROE-% / EPS, 주당배당금 – 원 / 직원의 수 – 명 / 연봉정보 – 백만

자본잠식으로 인해, 계산 불가한 값과 특이값(1994년~2003년 부채비율과 ROE, 1996년~2003년 3년 평균성장률)은 그래프에서 제외하였습니다.

2003년 11월, 주식회사 라보라에서 주식회사 아이에이치큐로 상호 변경하였습니다.

• JYP Ent. (코스닥 / 035900)

- 매니저업

구분	94	95	96	97	98	99	00	01	02	03	04	05	06	07	08	09	10	11	12
성장률					6.45	4.94	4.88	12.64	-6.32	-48.92	-122.1	-234.8	83.59	자본잠식	-196.4	-38.51	-137.4	1.35	-54.57
EPS					3	53	66	112	-94	-453	-6,973	-1,808	275	-1,060	-2,715	-695	-735	14	-400
배당금					0	0	0	0	0	0	0	0	0	0	0	0	0	0	0
ROE					6.45	4.94	4.88	12.64	-6.32	-48.92	-122.1	-234.8	83.59	자본잠식	-196.4	-38.51	-137.4	1.35	-54.57
직원의 수					75	57	75	57	37	39	66	44			36	4	4	6	64
연봉정보					30	30	30	30	39	17	15	38			20	27	37	24	21

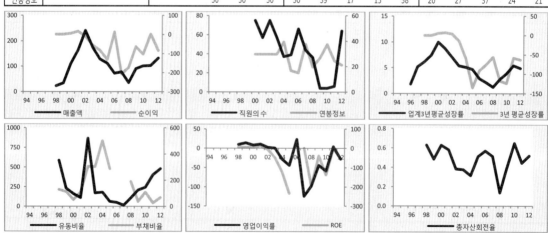

매출액　순이익　／　직원의 수　연봉정보　／　업계3년평균성장률　3년 평균성장률　／　유동비율　부채비율　／　영업이익률　ROE　／　총자산회전율

단위 : 성장률, ROE-% / EPS, 주당배당금 – 원 / 직원의 수 – 명 / 연봉정보 – 백만

자본잠식으로 인해, 계산 불가한 값(2006년~2007년 부채비율, ROE 및 성장률)은 그래프에서 제외 및 보정하였습니다.

2006년 결산 월 변경으로 인하여 11기는 제외하였으며, 10기를 2005년 기준으로 작성하였습니다.

2011년 결산 월 변경으로 인하여 17기는 제외하였으며, 16기를 2011년 기준으로 작성하였습니다.

2011년 2월, 제이튠엔터테인먼트에서 제이와이피엔터테인먼트로 상호 변경하였습니다.

• 초록뱀 (코스닥 / 047820)

- 방송 프로그램 제작업

구 분	94	95	96	97	98	99	00	01	02	03	04	05	06	07	08	09	10	11	12
성장률					14.43	10.30	4.76	9.85	4.23	1.50	-3293.7	-30.77	-49.83	-105.2	-16.15	-95.04	-61.90	3.60	6.00
EPS					36	35	21	29	150	38	-1,915	-455	-199	-329	-88	-1,306	-318	35	61
배당금					0	0	0	0	0	0	0	0	0	0	0	0	0	0	0
ROE					14.43	10.30	4.76	9.85	4.23	1.50	-3293.7	-30.77	-49.83	-105.2	-16.15	-95.04	-61.90	3.60	6.00
직원의 수									55	54	50	70	70	77	22	17	17	17	18
연봉정보									19	18	미공시	22	27	9	37	35	36	35	44

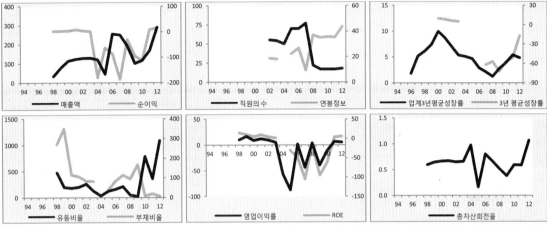

단위 : 성장률, ROE-% / EPS, 주당배당금 – 원 / 직원의 수 – 명 / 연봉정보 – 백만
1998년 5월에 설립하였으며, 2008년 5월 31일 부직포사업 부문을 물적 분할하였습니다.
2005년 9월, 주식회사 코닉테크에서 ㈜초록뱀미디어로 상호 변경하였습니다.
특이값(2004년 부채비율과 ROE, 2004년~2006년 3년 평균성장률)은 그래프에서 제외하였습니다.
2004년 연봉정보는 미공시 되었습니다.

• 팬엔터테인먼트 (코스닥 / 068050)

- 방송 프로그램 제작업

구 분	94	95	96	97	98	99	00	01	02	03	04	05	06	07	08	09	10	11	12
성장률											37.03	24.54	14.91	-0.15	-0.93	1.90	0.52	1.24	0.33
EPS											1,198	1,026	985	92	-19	106	17	63	21
배당금											0	0	0	100	30	0	0	0	0
ROE									34.31	21.67	37.03	24.54	14.91	1.72	-0.36	1.90	0.52	1.24	0.33
직원의 수											22	34	33	32	26	33	35		
연봉정보											25	22	28	23	27	26	31		

단위 : 성장률, ROE-% / EPS, 주당배당금 – 원 / 직원의 수 – 명 / 연봉정보 – 백만
2001년 1월, ㈜이닛엔터테인먼트에서 ㈜팬 엔터테인먼트로 상호 변경하였습니다.

• GIIR (유가증권 / 035000)

- 비금융 지주회사

구분	94	95	96	97	98	99	00	01	02	03	04	05	06	07	08	09	10	11	12
성장률		32.97	20.06	3.28	10.54	20.38	22.49	7.29	-1.72	2.00	-1.53	-2.36	-2.23	-3.36	-4.48	0.51	4.04	-0.82	1.15
EPS		2,937	1,354	222	540	1,570	1,760	1,037	859	1,165	877	806	821	738	-181	78	392	150	271
배당금		250	250	100	100	200	230	500	1,000	1,000	1,000	1,000	1,000	1,000	200	50	150	200	200
ROE		36.04	24.61	5.95	12.94	23.36	25.88	14.09	10.49	14.15	10.88	9.82	10.21	9.46	-2.13	1.42	6.55	2.46	4.40
직원의 수						486	521	490	474	429	57	37	40	36	35	65	68	66	64
연봉정보						41	37	45	52	49	46	65	57	65	54	48	56	63	79

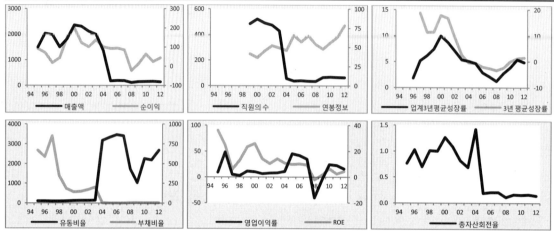

단위 : 성장률, ROE-% / EPS, 주당배당금 – 원 / 직원의 수 – 명 / 연봉정보 – 백만
1984년 5월 LG애드로 설립되었으며, 2004년 8월 지투알과 주식회사 엘지애드로 분할되었습니다.

• 삼성출판사 (유가증권 / 068290)

- 서적 출판업

구분	94	95	96	97	98	99	00	01	02	03	04	05	06	07	08	09	10	11	12
성장률									3.80	9.58	10.62	3.35	6.28	3.16	7.27	12.35	5.31	5.04	1.90
EPS									168	459	574	193	391	229	466	824	453	430	227
배당금									40	100	125	50	100	80	100	100	120	100	100
ROE									4.99	12.25	13.58	4.52	8.43	4.85	9.25	14.05	7.22	6.56	3.40
직원의 수									145	151	135	149	146	148	145	159	166	156	175
연봉정보									14	29	32	29	35	36	37	36	36	41	38

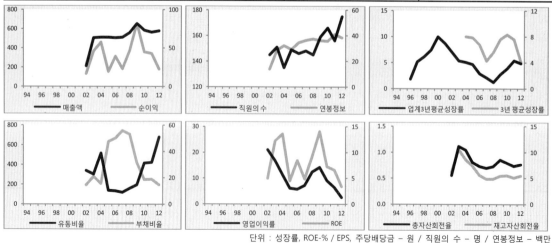

단위 : 성장률, ROE-% / EPS, 주당배당금 – 원 / 직원의 수 – 명 / 연봉정보 – 백만
2002년 7월 기업분할로 인하여, ㈜엔에스에프에서 존속법인은 ㈜에프앤에프로 상호 변경하고 신설법인 ㈜삼성출판사를 설립하였습니다.

· 예림당 (코스닥 / 036000)

- 서적출판업

구 분	94	95	96	97	98	99	00	01	02	03	04	05	06	07	08	09	10	11	12
성장률		0.69	18.58	6.82	17.03	26.26	12.63	-3.28	-10.74	8.25	7.95	-2.92	-6.42	-23.41	64.36	17.79	15.51	13.58	9.66
EPS		387	1,261	76	262	703	572	181	-323	538	451	-106	-218	2,351	13,534	672	584	540	471
배당금		0	0	0	0	0	100	75	0	250	150	0	0	0	0	150	150	150	150
ROE		0.69	18.58	6.82	17.03	26.26	15.31	-5.60	-10.74	15.41	11.91	-2.92	-6.42	-23.41	64.36	22.91	20.87	18.81	14.17
직원의 수						71	88	79	65	69	77	53	56	54	6	84	124	138	144
연봉정보						15	10	22	25	27	27	35	24	25	38	30	32	34	42

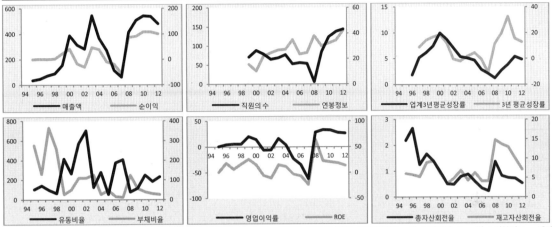

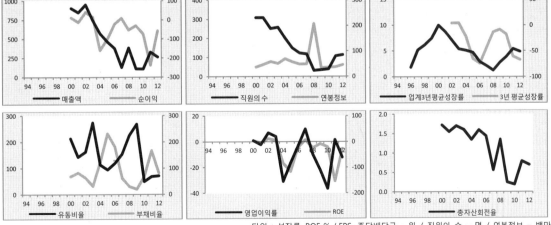

단위 : 성장률, ROE-% / EPS, 주당배당금 – 원 / 직원의 수 – 명 / 연봉정보 – 백만
2009년 6월 합병으로 인하여, 주식회사 웨스텍코리아에서 주식회사 예림당으로 상호 변경하였습니다.
2008 직원의 수는 사업보고서에 의거한 자료입니다.

· 스포츠서울 (코스닥 / 039670)

- 신문 발행업

구 분	94	95	96	97	98	99	00	01	02	03	04	05	06	07	08	09	10	11	12
성장률						0.14	3.76	-3.96	11.90	4.31	-83.88	-116.3	-23.20	6.57	-24.03	-8.22	-20.81	-153.7	-27.58
EPS						1	20	-20	68	26	-240	-818	397	234	-217	-102	-170	-529	-100
배당금						0	0	0	0	0	0	0	0	0	0	0	0	0	0
ROE						0.14	3.76	-3.96	11.90	4.31	-83.88	-116.3	-23.20	6.57	-24.03	-8.22	-20.81	-153.7	-27.58
직원의 수							308	308	251	258	201	149	122	117	31	34	39	107	113
연봉정보							36	47	58	51	69	57	48	49	207	33	35	37	46

단위 : 성장률, ROE-% / EPS, 주당배당금 – 원 / 직원의 수 – 명 / 연봉정보 – 백만
1999년 12월, 서울신문사로부터 물적 분할방식으로 설립되었습니다.
2008년 물적 분할로 인하여, 해당년도 직원현황에서 신문사업부문의 인원 수가 제외되었습니다.
1기(1999년) 자료는 표와 그래프에서 제외하였습니다.

• 대원미디어 (코스닥 / 048910)
- 애니메이션 영화 및 비디오물 제작업

구분	94	95	96	97	98	99	00	01	02	03	04	05	06	07	08	09	10	11	12
성장률				16.61	자본잠식	130.33	16.84	9.97	7.26	0.62	-4.96	-57.84	1.79	19.50	12.51	13.44	0.51	-2.92	1.56
EPS				384	-608	1,302	85	762	495	44	-338	-2,491	231	829	533	869	33	-185	98
배당금				0	0	0	0	0	0	0	0	0	140	100	0	0	0	0	0
ROE				16.61	자본잠식	130.33	16.84	9.97	7.26	0.62	-4.96	-57.84	4.55	22.18	12.51	13.44	0.51	-2.92	1.56
직원의 수							44	55	55	50	63	67	73	76	96	110	127	149	
연봉정보							24	20	31	미공시	25	36	32	41	31	34	37	35	

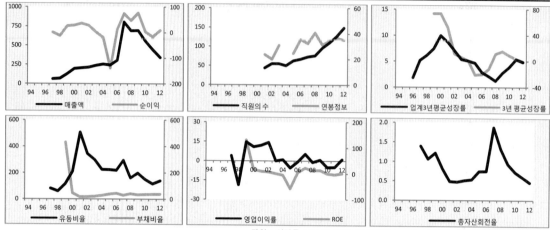

단위 : 성장률, ROE-% / EPS, 주당배당금 - 원 / 직원의 수 - 명 / 연봉정보 - 백만
2007년 3월, 대원씨앤에이홀딩스㈜에서 대원미디어㈜로 상호 변경하였습니다.
자본잠식으로 인해, 계산 불가한 값(1998년 부채비율, ROE 및 성장률)은 그래프에서 제외하였습니다.
2004년 연봉정보는 미공시 되었습니다.

• 미디어플렉스 (코스닥 / 086980)
- 영화, 비디오물 및 방송프로그램 배급업

구분	94	95	96	97	98	99	00	01	02	03	04	05	06	07	08	09	10	11	12
성장률							9.11	13.20	20.28	-0.89	11.16	20.96	4.01	40.96	-22.45	3.88	-5.81	-9.69	-4.80
EPS							49	-26	195	-8	103	195	73	1,003	-473	-83	-12	-192	-79
배당금							0	0	0	0	0	0	0	0	0	0	0	0	0
ROE							9.11	13.20	20.28	-0.89	11.16	20.96	4.01	40.96	-22.45	3.88	-5.81	-9.69	-4.80
직원의 수													46	58	47	40	42	44	43
연봉정보													34	78	63	48	51	58	58

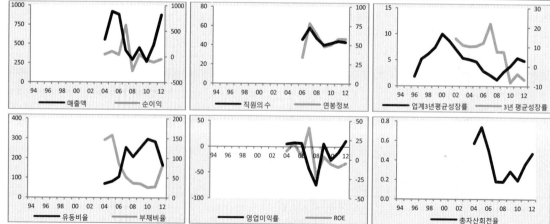

단위 : 성장률, ROE-% / EPS, 주당배당금 - 원 / 직원의 수 - 명 / 연봉정보 - 백만
2000년~2003년 재무분석자료(유동비율, 부채비율, 영업이익률, ROE, 총자산회전율)는 그래프에서 제외하였습니다.
2000년~2003년 사업보고서 미공시로 인하여 EPS는 감사보고서를 기준으로, 배당금은 0으로 간주해 성장률을 계산하였습니다.
00년~03년 성장률은 업계 3년 평균성장률 계산 과정에서 제외하였습니다.

• 제이웨이 (코스닥 / 058420)

- 영화, 비디오물 및 방송프로그램 배급업

구분	94	95	96	97	98	99	00	01	02	03	04	05	06	07	08	09	10	11	12
성장률				11.54	24.69	56.39	24.08	14.26	21.99	11.57	-37.94	1.02	67.22	-191.0	-105.8	-11.87	-80.97	-43.70	-30.97
EPS				7	22	342	256	269	451	429	-534	632	2,855	-4,130	-396	-62	-634	-272	-158
배당금				0	0	0	0	0	50	75	0	0	0	0	0	0	0	0	0
ROE				11.54	24.69	56.39	24.08	14.26	24.74	14.02	-37.94	1.02	67.22	-191.0	-105.8	-11.87	-80.97	-43.70	-30.97
직원의 수								55	75	73	71	46	49	19	47	66	54	59	47
연봉정보								16	34	38	46	28	42	26	31	30	27	36	32

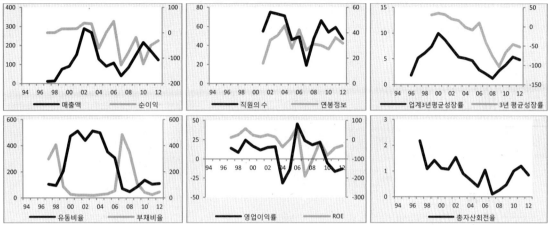

단위 : 성장률, ROE-% / EPS, 주당배당금 - 원 / 직원의 수 - 명 / 연봉정보 - 백만
2011년 5월, 주식회사 에스큐엔에서 주식회사 제이웨이로 상호 변경하였습니다.

• 삼화네트웍스 (코스닥 / 046390)

- 영화, 비디오물 및 방송프로그램 제작 관련 서비스업

구분	94	95	96	97	98	99	00	01	02	03	04	05	06	07	08	09	10	11	12
성장률			37.13	40.68	23.36	16.85	17.68	6.24	-40.80	-93.07	-799.9	-210.6	-103.2	-10.94	7.28	5.04	0.61	-4.61	-11.00
EPS			78	20	122	361	251	47	-178	-1,268	-1,840	-89	-998	-110	53	41	5	-40	-85
배당금			0	0	0	0	0	0	0	0	0	0	0	0	0	0	0	0	0
ROE			37.13	40.68	23.36	16.85	17.68	6.24	-40.80	-93.07	-799.9	-210.6	-103.2	-10.94	7.28	5.04	0.61	-4.61	-11.00
직원의 수					184	183	205	201	25	32	11	33	40	33	24	24	24		
연봉정보					22	21	22	23	11	33	16	31	28	23	29	33	30		

단위 : 성장률, ROE-% / EPS, 주당배당금 - 원 / 직원의 수 - 명 / 연봉정보 - 백만
특이값(2004년~2006년 영업이익률과 ROE)은 그래프에서 제외하였습니다.
2006년 10월, ㈜이즈온에서 ㈜삼화네트웍스로 상호 변경하였습니다.
2007년 삼화네트웍스와 삼화프로덕션 주식회사가 합병하였습니다.

• 세기상사 (유가증권 / 002420)

- 영화관 운영업

구분	94	95	96	97	98	99	00	01	02	03	04	05	06	07	08	09	10	11	12
성장률	-28.20	0.82	-25.31	4.11	13.29	-23.80	-31.51	-26.49	20.95	7.57	12.36	6.47	5.85	0.12	-1.91	-3.30	-3.39	-2.22	-1.96
EPS	-3	99	-2,406	406	1,502	-2,352	-2,430	-2,015	6,176	3,080	5,466	3,428	3,366	1,047	259	-236	-2,584	-1,659	-1,431
배당금	0	0	0	0	0	0	0	0	500	800	1,000	1,000	1,000	1,000	1,000	1,000	0	0	0
ROE	-28.20	0.82	-25.31	4.11	13.29	-23.80	-31.51	-26.49	22.80	10.23	15.12	9.13	8.32	2.59	0.67	-0.63	-3.39	-2.22	-1.96
직원의 수					38	28	21	24	72	78	74	72	77	75	56	48	45	43	44
연봉정보					6	10	13	8	15	19	21	22	21	23	26	28	27	27	27

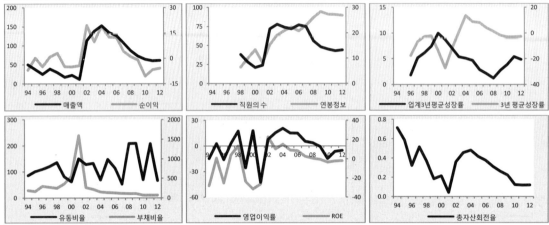

단위 : 성장률, ROE-% / EPS, 주당배당금 – 원 / 직원의 수 – 명 / 연봉정보 – 백만
1959년 12월, 한국흥행㈜에서 세기상사㈜로 상호 변경하였습니다.

• 제이콘텐트리 (코스닥 / 036420)

- 영화관 운영업

구분	94	95	96	97	98	99	00	01	02	03	04	05	06	07	08	09	10	11	12
성장률		15.82	9.58	-6.55	16.95	10.01	9.75	1.31	-130.1	-31.36	-127.8	-77.31	-16.27	0.41	-11.89	-48.65	-294.6	3.74	0.60
EPS		779	366	-289	569	329	248	73	-2,069	-289	-406	-846	-142	6	-158	-450	-917	58	8
배당금		175	77	0	75	50	60	0	0	0	0	0	0	0	0	0	0	0	0
ROE		20.41	12.14	-6.55	19.53	11.81	12.87	1.31	-130.1	-31.36	-127.8	-77.31	-16.27	0.41	-11.89	-48.65	-294.6	3.74	0.60
직원의 수					35	34	237	230	241	165	74	89	91		89	55	59	256	240
연봉정보					19	14	22	41	40	43	63	44	43		50	49	47	32	47

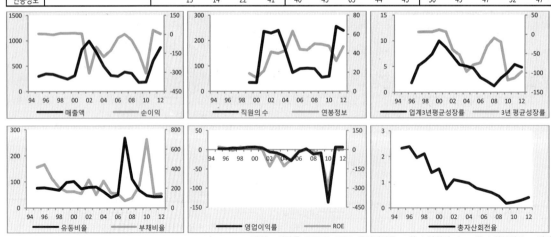

단위 : 성장률, ROE-% / EPS, 주당배당금 – 원 / 직원의 수 – 명 / 연봉정보 – 백만
2000년 결산 월 변경으로 인하여, 14기(00년도)는 9개월(4월~12월)치 자료로 작성되었습니다.
2011년, 주식회사 아이에스플러스코프에서 주식회사 제이콘텐트리로 상호 변경하였습니다.

• CJ CGV (코스닥 / 079160)

- 영화관 운영업

구분	94	95	96	97	98	99	00	01	02	03	04	05	06	07	08	09	10	11	12
성장률							12.11	30.66	20.30	27.42	11.71	9.60	8.29	2.75	7.63	15.41	11.91	10.03	16.86
EPS							308	764	533	1,893	1,963	1,152	1,109	589	972	1,972	1,965	1,873	3,528
배당금							0	0	234	834	883	400	400	350	250	250	250	300	350
ROE							12.11	30.66	36.15	48.98	21.29	14.71	12.97	6.77	10.27	17.64	13.65	11.94	18.72
직원의 수											499	633	826	799	752	758	841	981	1,076
연봉정보											20	21	29	37	38	39	39	30	33

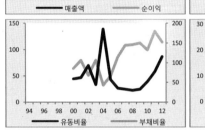
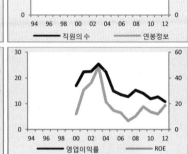
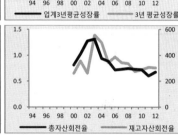

단위 : 성장률, ROE-% / EPS, 주당배당금 – 원 / 직원의 수 – 명 / 연봉정보 – 백만
2002년 10월, 씨지브이 주식회사에서 씨제이씨지브이 주식회사로 상호 변경하였습니다.
2000년~2001년 사업보고서 미공시로 인하여 EPS는 감사보고서를 기준으로, 배당금은 0으로 간주해 성장률을 계산하였습니다.
00년~01년 성장률은 업계 3년 평균성장률 계산 과정에서 제외하였습니다.

• 스카이라이프 (코스닥 / 053210)

- 위성 및 기타 방송업

구분	94	95	96	97	98	99	00	01	02	03	04	05	06	07	08	09	10	11	12
성장률								-3.96	-59.28	-124.4	-149.8	-135.4	5.71	24.38	10.03	23.87	33.60	10.77	11.36
EPS								-142	-968	-1,403	-969	-580	-31	202	181	710	1,020	702	1,178
배당금								0	0	0	0	0	0	0	0	0	100	0	350
ROE								-3.96	-59.28	-124.4	-149.8	-135.4	5.71	24.38	10.03	23.87	37.25	10.77	16.16
직원의 수								227	288	302	285	280	271	277	279	276	283	286	290
연봉정보								32	38	45	38	43	44	48	49	52	54	58	73

단위 : 성장률, ROE-% / EPS, 주당배당금 – 원 / 직원의 수 – 명 / 연봉정보 – 백만
2011년 3월, 한국디지털위성방송주식회사에서 주식회사 케이티스카이라이프로 상호 변경하였습니다.
1기(2001년) 매출은 없습니다.

• 케이디씨 (코스닥 / 029480)

- 유선 통신장비 제조업

구분	94	95	96	97	98	99	00	01	02	03	04	05	06	07	08	09	10	11	12
성장률		34.33	15.65	13.74	2.43	8.25	5.67	1.07	-18.53	2.42	-207.9	1.15	-25.85	3.88	3.33	3.71	-1.24	-109.6	-41.39
EPS		609	455	265	48	125	140	-24	-350	50	-999	-8	-148	20	19	27	-185	-5,417	-1,199
배당금		0	0	0	0	0	0	0	0	0	0	0	0	0	0	0	0	0	0
ROE		34.33	15.65	13.74	2.43	8.25	5.67	1.07	-18.53	2.42	-207.9	1.15	-25.85	3.88	3.33	3.71	-1.24	-109.6	-41.39
직원의 수						294	325	99	79	65	96	120	117	121	137	124	147	152	132
연봉정보						17	21	22	26	29	34	25	28	30	31	36	34	45	43

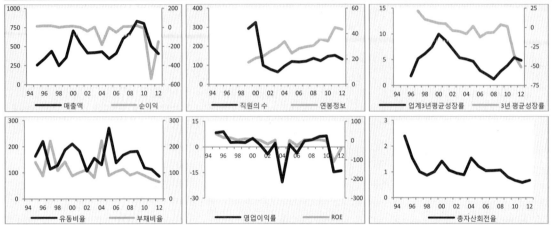

단위 : 성장률, ROE-% / EPS, 주당배당금 - 원 / 직원의 수 - 명 / 연봉정보 - 백만
2011년 3월, 케이디씨정보통신주식회사에서 케이디씨주식회사로 상호 변경하였습니다.

• 씨씨에스 (코스닥 / 066790)

- 유선방송업

구분	94	95	96	97	98	99	00	01	02	03	04	05	06	07	08	09	10	11	12
성장률						4.39	3.31	10.31	11.10	8.87	0.87	-11.89	2.56	7.37	0.79	-33.22	0.47	-18.14	1.67
EPS						25	19	67	81	72	7	-81	18	56	6	-190	3	-88	11
배당금						0	0	0	0	0	0	0	0	0	0	0	0	0	0
ROE						4.39	3.31	10.31	11.10	8.87	0.87	-11.89	2.56	7.37	0.79	-33.22	0.47	-18.14	1.67
직원의 수										67	70	36	33	30	32	40	47	47	35
연봉정보										25	22	36	34	34	38	43	39	27	36

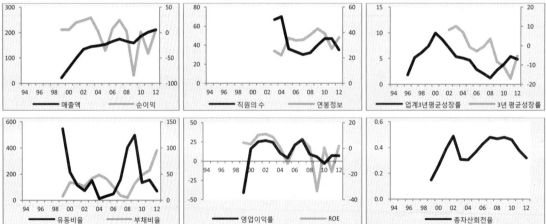

단위 : 성장률, ROE-% / EPS, 주당배당금 - 원 / 직원의 수 - 명 / 연봉정보 - 백만
1999년 사업보고서 미공시로 인하여 EPS는 감사보고서를 기준으로, 배당금은 0으로 간주해 성장률을 계산하였습니다.
99년 성장률은 업계 3년 평균성장률 계산 과정에서 제외하였습니다.
2009년 11월, 주식회사 씨씨에스로에서 ㈜씨씨에스충북방송으로 상호 변경하였습니다.

• CJ헬로비전 (유가증권 / 037560)

- 유선방송업

구 분	94	95	96	97	98	99	00	01	02	03	04	05	06	07	08	09	10	11	12
성장률						4.83	7.22	12.37	20.41	20.25	4.37	3.12	5.56	-0.91	2.98	9.68	14.43	12.84	8.52
EPS						79	127	248	514	639	677	270	320	100	220	738	967	1,256	1,107
배당금						0	0	0	0	0	0	0	0	138	69	69	138	138	138
ROE						4.83	7.22	12.37	20.41	20.25	4.37	3.12	5.56	2.43	4.34	10.68	16.83	14.42	9.73
직원의 수															1,095	781	828	1,070	
연봉정보																35	37	52	45

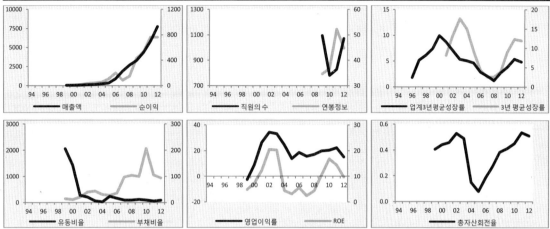

단위 : 성장률, ROE-% / EPS, 주당배당금 – 원 / 직원의 수 – 명 / 연봉정보 – 백만
2008년 6월, ㈜씨제이케이블넷에서 ㈜씨제이헬로비전으로 상호 변경하였습니다.
1999년~2006년 사업보고서 미공시로 인하여 EPS는 감사보고서를 기준으로, 배당금은 0으로 간주해 성장률을 계산하였습니다.
99년~06년 성장률은 업계 3년 평균성장률 계산 과정에서 제외하였습니다.

• 로엔 (코스닥 / 016170)

- 음악 및 기타 오디오물 출판업

구 분	94	95	96	97	98	99	00	01	02	03	04	05	06	07	08	09	10	11	12
성장률			4.89	8.00	3.80	6.27	9.48	9.23	-5.03	-0.08	-3.15	-8.82	-1.80	-20.14	2.05	5.82	9.67	15.89	14.88
EPS			394	697	140	125	306	211	-99	23	-74	-264	-43	-399	83	194	468	882	943
배당금			0	0	0	0	25	0	25	25	0	0	0	0	0	39	167	170	189
ROE			4.89	8.00	3.80	6.27	10.32	9.23	-4.02	0.92	-3.15	-8.82	-1.80	-20.14	2.05	7.28	15.03	19.68	18.61
직원의 수						119	104	91	110	118	121	141	137	82	98	131	162	179	
연봉정보						18	24	20	20	22	22	24	31	43	36	41	37	61	

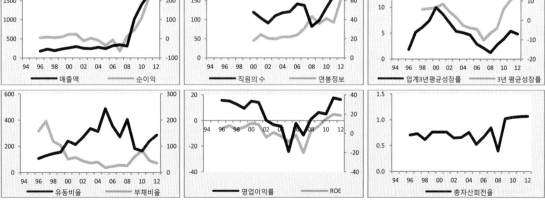

단위 : 성장률, ROE-% / EPS, 주당배당금 – 원 / 직원의 수 – 명 / 연봉정보 – 백만
2008년 3월, ㈜서울음반에서 ㈜로엔엔터테인먼트로 상호 변경하였습니다.

• 와이지엔터테인먼트 (코스닥 / 122870)

- 음악 및 기타 오디오물 출판업

구분	94	95	96	97	98	99	00	01	02	03	04	05	06	07	08	09	10	11	12
성장률													8.90	5.78	20.29	40.60	42.33	16.02	15.32
EPS													187	129	400	1,030	2,218	3,023	1,847
배당금													0	0	0	0	0	0	300
ROE													8.90	5.78	20.29	40.60	42.33	16.02	18.29
직원의 수																		113	138
연봉정보																		25	24

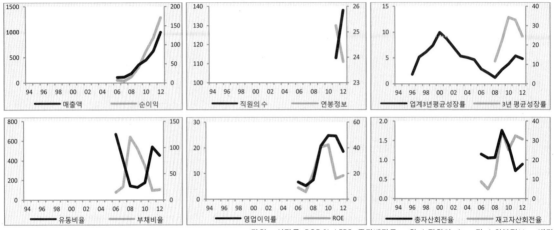

단위 : 성장률, ROE-% / EPS, 주당배당금 – 원 / 직원의 수 – 명 / 연봉정보 – 백만
1998년 2월, ㈜양군기획에서 ㈜와이지엔터테인먼트로 상호 변경하였습니다.
2006년~2008년 사업보고서 미공시로 인하여 EPS는 감사보고서를 기준으로, 배당금은 0으로 간주해 성장률을 계산하였습니다.
06년~08년 성장률은 업계 3년 평균성장률 계산 과정에서 제외하였습니다.

• 캔들미디어 (코스닥 / 066410)

- 일반 영화 및 비디오물 제작업

구분	94	95	96	97	98	99	00	01	02	03	04	05	06	07	08	09	10	11	12
성장률									26.79	10.20	-28.30	-7.03	-21.21	-17.27	-35.59	-43.65	-98.88	-31.49	-30.60
EPS									447	322	-530	-140	-662	-250	-448	-1,109	-1,865	-171	-172
배당금									0	0	0	0	0	0	0	0	0	0	0
ROE						74.27	9.75	17.03	26.79	10.20	-28.30	-7.03	-21.21	-17.27	-35.59	-43.65	-98.88	-31.49	-30.60
직원의 수										36	38	38	52	39	16	34	50	79	51
연봉정보										32	34	28	32	40	28	35	39	39	45

단위 : 성장률, ROE-% / EPS, 주당배당금 – 원 / 직원의 수 – 명 / 연봉정보 – 백만
2010년 프리지엠이 스카이온과 합병하였으며, 2011년 캔들미디어로 상호 변경하였습니다.
해당 재무자료는 합병 전, 후로 구분하였습니다.

• 대구방송 (코스닥 / 033830)

- 지상파 방송업

구 분	94	95	96	97	98	99	00	01	02	03	04	05	06	07	08	09	10	11	12
성장률					-18.99	4.73	12.14	6.50	12.53	11.37	10.31	9.11	12.95	7.21	5.52	4.27	3.82	3.79	4.01
EPS					-581	147	521	301	664	680	671	629	996	579	456	582	595	505	452
배당금					0	0	0	0	0	0	0	0	0	0	0	204	215	150	60
ROE					-18.99	4.73	12.14	6.50	12.53	11.37	10.31	9.11	12.95	7.21	5.52	6.57	5.97	5.40	4.63
직원의 수															144	141	137		
연봉정보															68	81	76		

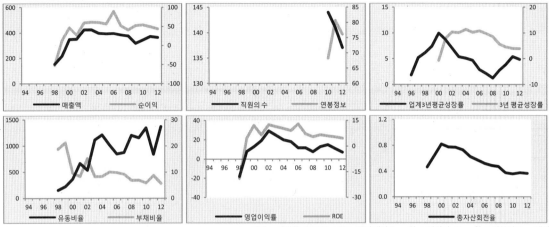

단위 : 성장률, ROE-% / EPS, 주당배당금 – 원 / 직원의 수 – 명 / 연봉정보 – 백만
1998년~2007년 사업보고서 미공시로 인하여 EPS는 감사보고서를 기준으로, 배당금은 0으로 간주해 성장률을 계산하였습니다.
98년~07년 성장률은 업계 3년 평균성장률 계산 과정에서 제외하였습니다.

• KNN (코스닥 / 058400)

- 지상파 방송업

구 분	94	95	96	97	98	99	00	01	02	03	04	05	06	07	08	09	10	11	12
성장률						8.15	33.63	14.01	14.58	13.23	8.29	6.52	4.64	3.93	3.84	3.86	3.57	3.96	13.68
EPS						290	1,782	811	986	980	633	788	651	606	556	568	640	637	1,961
배당금						0	0	0	0	0	0	250	250	250	200	200	250	225	300
ROE						8.15	33.63	14.01	14.58	13.23	8.29	9.55	7.53	6.69	6.00	5.96	5.85	6.12	16.15
직원의 수														153	152	149	149	149	150
연봉정보														66	63	50	67	68	70

단위 : 성장률, ROE-% / EPS, 주당배당금 – 원 / 직원의 수 – 명 / 연봉정보 – 백만
1999년~2004년 사업보고서 미공시로 인하여 EPS는 감사보고서를 기준으로, 배당금은 0으로 간주해 성장률을 계산하였습니다.
99년~04년 성장률은 업계 3년 평균성장률 계산 과정에서 제외하였습니다.
2006년 5월, 부산방송 주식회사에서 주식회사 케이엔엔으로 상호 변경하였습니다.
2009년 4월, 최대주주가 ㈜넥센으로 변경되었습니다.

• SBS (유가증권 / 034120)
- 지상파 방송업

구분	94	95	96	97	98	99	00	01	02	03	04	05	06	07	08	09	10	11	12
성장률		15.80	10.62	6.35	-17.90	14.00	13.49	9.19	15.00	11.11	3.85	3.41	5.34	5.33	1.72	3.10	-0.03	8.32	3.27
EPS		1,455	1,438	639	-1,330	2,076	2,724	2,002	3,820	3,294	1,555	1,496	2,125	2,079	395	1,301	-7	3,180	1,583
배당금		250	500	75	0	250	1,000	650	1,250	1,000	750	750	850	750	0	500	0	750	600
ROE		19.07	16.29	7.19	-17.90	15.92	21.32	13.60	22.30	15.95	7.45	6.85	8.90	8.34	1.72	5.03	-0.03	10.88	5.26
직원의 수						1,015	1,150	894	884	920	931	949	947	981	1,023	960	996	961	868
연봉정보						47	46	57	72	64	63	72	75	71	66	69	71	97	92

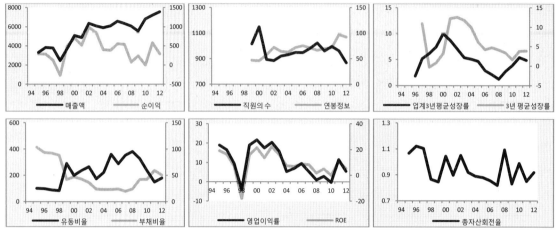

단위 : 성장률, ROE-% / EPS, 주당배당금 – 원 / 직원의 수 – 명 / 연봉정보 – 백만
2000년 3월, 주식회사 서울방송에서 주식회사 에스비에스로 상호 변경하였습니다.

• 키이스트 (코스닥 / 054780)
- 통합 엔터테인먼트업

구분	94	95	96	97	98	99	00	01	02	03	04	05	06	07	08	09	10	11	12
성장률						27.90	23.25	14.35	13.47	-154.5	자본잠식		-30.27	-232.0	-43.81	52.13	-53.51	12.20	13.97
EPS						703	186	128	139	-591	-1,055	-373	-1,772	-2,705	-406	750	-533	142	281
배당금						0	0	0	0	0	0	0	0	0	0	0	0	0	0
ROE						27.90	23.25	14.35	13.47	-154.5	자본잠식		-30.27	-232.0	-43.81	52.13	-53.51	12.20	13.97
직원의 수										13	5	5	33	28	21	49	49	55	58
연봉정보										22	11	52	9	31	31	20	24	16	25

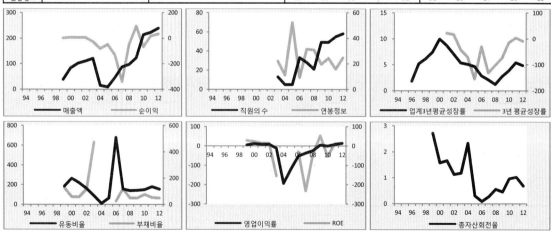

단위 : 성장률, ROE-% / EPS, 주당배당금 – 원 / 직원의 수 – 명 / 연봉정보 – 백만
자본잠식으로 인해, 계산 불가한 값(2004~2005년 부채비율, ROE 및 성장률)은 그래프에서 제외하였습니다.
* 상　　호 변경: 한국툰붐 → 오토윈테크 → 키이스트
* 최대주주 변동: 김형식　→ (주)우리기술 → 배용준

• SBS콘텐츠허브 (코스닥 / 046140)

- 포털 및 기타 인터넷 정보 매개 서비스업

구분	94	95	96	97	98	99	00	01	02	03	04	05	06	07	08	09	10	11	12
성장률						1.29	12.88	3.12	26.09	15.42	9.89	5.94	13.38	11.86	10.70	11.41	21.38	17.86	14.31
EPS						65	80	23	266	352	370	159	400	415	420	724	1,045	1,063	1,009
배당금						0	0	0	0	130	0					150	150	150	150
ROE						1.29	12.88	3.12	26.09	15.42	15.25	5.94	13.38	11.86	10.70	14.39	24.96	20.79	16.81
직원의 수							82	86	74	78	78	84	91	96	97	124	137	128	153
연봉정보							18	28	26	27	37	39	40	40	40	37	43	41	46

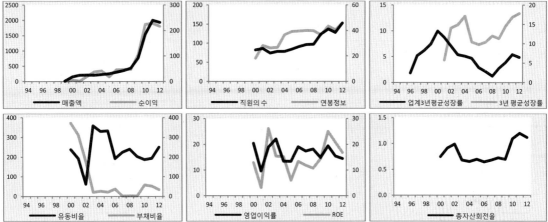

단위 : 성장률, ROE-% / EPS, 주당배당금 – 원 / 직원의 수 – 명 / 연봉정보 – 백만

1기 재무분석자료(1999년 유동비율, 부채비율, 영업이익률, ROE, 총자산회전율)은 그래프에서 제외하였습니다.

2009년 9월, ㈜에스비에스아이에서 ㈜에스비에스콘텐츠허브로 상호 변경하였습니다.

• 한국경제 TV (코스닥 / 039340)

- 프로그램 공급업

구분	94	95	96	97	98	99	00	01	02	03	04	05	06	07	08	09	10	11	12
성장률						-7.11	-77.28	1.88	15.10	21.14	12.49	14.70	10.34	17.30	1.90	20.43	16.63	8.47	6.28
EPS						-42	-431	12	112	201	198	245	203	356	83	524	514	290	240
배당금						0	0	0	0	0	40	50	60	60	60	60	60	50	50
ROE						-7.11	-77.28	1.88	15.10	21.14	15.65	18.47	13.72	20.46	4.78	23.07	-18.82	10.24	7.94
직원의 수									172	185	155	155	155	161	170	171	184	216	205
연봉정보									24	23	31	39	43	47	44	51	50	40	49

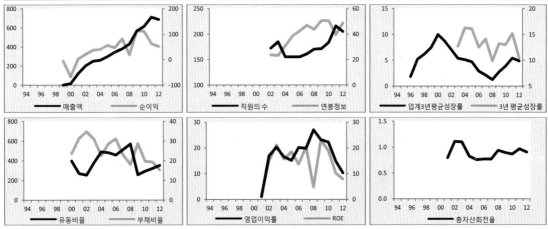

단위 : 성장률, ROE-% / EPS, 주당배당금 – 원 / 직원의 수 – 명 / 연봉정보 – 백만

1기~2기 재무분석자료(1999년~2001년 유동비율, 부채비율, 영업이익률, ROE, 총자산회전율, 재고자산회전율)는 그래프에서 제외하였습니다.

1999년~2001년 사업보고서 미공시로 인하여 EPS는 감사보고서를 기준으로, 배당금은 0으로 간주해 성장률을 계산하였습니다.

99년~01년 성장률은 업계 3년 평균성장률 계산 과정에서 제외하였습니다.

특이값(2001년~2002년 3년 평균성장률)은 그래프에서 제외하였습니다.

방송 및 엔터

• YTN (코스닥 / 040300)

- 프로그램 공급업

구분	94	95	96	97	98	99	00	01	02	03	04	05	06	07	08	09	10	11	12
성장률			자본잠식		-264.0	27.89	0.86	-0.55	-5.45	1.84	1.25	1.11	5.10	6.18	4.54	14.34	2.86	5.50	2.56
EPS				-1,536	-1,211	37	5	-3	-29	49	34	31	176	221	175	583	126	252	118
배당금					0	0	0	0	0	0	0	0	25	26	25	30	15	25	10
ROE			자본잠식		-264.0	27.89	0.86	-0.55	-5.45	1.84	1.25	1.11	5.95	7.00	5.30	15.11	3.24	6.10	2.80
직원의 수							570	580	578	594	584	603	596	624	630	629	623	621	641
연봉정보							33	39	32	42	46	49	52	54	57	58	63	65	66

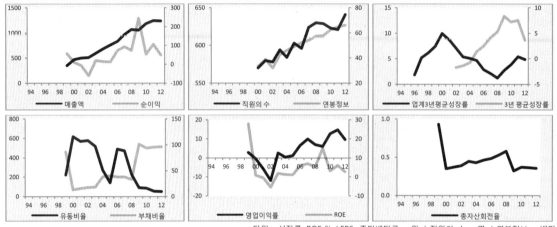

매출액 / 순이익 · 직원의 수 / 연봉정보 · 업계3년평균성장률 / 3년평균성장률
유동비율 / 부채비율 · 영업이익률 / ROE · 총자산회전율

단위 : 성장률, ROE-% / EPS, 주당배당금 – 원 / 직원의 수 – 명 / 연봉정보 – 백만
4기~6기 재무분석자료(1996년~1998년 유동비율, 부채비율, 영업이익률, ROE, 총자산회전율)는 그래프에서 제외하였습니다.
자본잠식으로 인해, 계산 불가한 값과 특이값(1998년~2001년 3년 평균성장률)은 그래프에서 제외하였습니다.
1999년 2월, 연합텔레비전뉴스에서 와이티엔으로 상호 변경하였습니다.

• 스타플렉스 (코스닥 / 115570)

- 플라스틱 필름, 시트 및 판 제조업

구분	94	95	96	97	98	99	00	01	02	03	04	05	06	07	08	09	10	11	12
성장률								31.67	53.32	35.22	19.12	30.05	22.87	10.87	14.50	21.71	10.21	8.38	-12.17
EPS								5,031	10,615	9,610	5,629	14,191	12,629	673	1,051	2,009	1,472	1,520	-1,520
배당금								0	0	0	0	0	0	0	0	0	0	200	200
ROE								31.67	53.32	35.22	19.12	30.05	22.87	10.87	14.50	21.71	10.21	9.65	-10.75
직원의 수															205	235	219	237	
연봉정보															28	26	30	32	

매출액 / 순이익 · 직원의 수 / 연봉정보 · 업계3년평균성장률 / 3년평균성장률
유동비율 / 부채비율 · 영업이익률 / ROE · 총자산회전율 / 재고자산회전율

단위 : 성장률, ROE-% / EPS, 주당배당금 – 원 / 직원의 수 – 명 / 연봉정보 – 백만
2001년~2007년 사업보고서 미공시로 인하여 EPS는 감사보고서를 기준으로, 배당금은 0으로 간주해 성장률을 계산하였습니다.
01년~07년 성장률은 업계 3년 평균성장률 계산 과정에서 제외하였습니다.
2006년 6월, 강우상사에서 스타플렉스로 상호 변경하였습니다.

• IB 월드와이드 (유가증권 / 011420)

- 기타 오락관련 서비스업

구분	94	95	96	97	98	99	00	01	02	03	04	05	06	07	08	09	10	11	12
성장률	-0.10	-0.27	2.45	-8.75	-0.08	-40.30	6.32	5.88	-24.55	-20.30	1.56	자본잠식		28.52	-15.78	8.67	5.81	12.23	0.89
EPS	39	28	53	-49	29	-305	77	51	-165	-112	-14	-1,146	-1,784	226	-186	101	67	153	11
배당금	40	30	30	30	30	0	25	0	0	0	0	0	0	0	0	0	0	0	0
ROE	4.10	3.02	5.70	-5.43	2.58	-40.30	9.34	5.88	-24.55	-20.30	1.56	자본잠식		28.52	-15.78	8.67	5.81	12.23	0.89
직원의 수					249	245	211	183	145	49	48	48	56	41	33	32	33	37	40
연봉정보					16	16	22	24	33	55	31	23	23	49	49	54	48	80	63

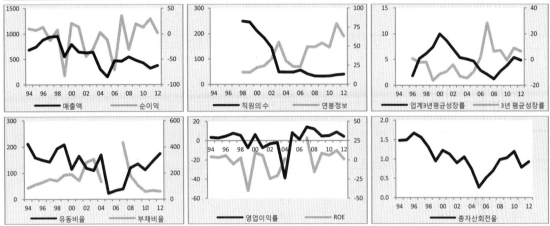

단위 : 성장률, ROE-% / EPS, 주당배당금 - 원 / 직원의 수 - 명 / 연봉정보 - 백만

자본잠식으로 인해, 계산 불가한 값(2005년~2006년 부채비율, ROE 및 성장률)은 그래프에서 제외 및 보정하였습니다.

2006년 10월, 주식회사 상림에서 주식회사 아이비스포츠로 상호 변경하였습니다.

방
송

및

엔
터

795

· 게임

2012년 게임 상장기업의 전체 매출액은 약 1천 6백억원(전년대비 0.7% 증가)이며, 총 당기순이익은 약 1천 4백억원(전년대비 58%감소)입니다. 평균성장률은 4.2%(전년대비 6.5%p 감소), ROE는 4.5%(전년대비 7%p 감소)를 기록하였습니다. (매출액 및 당기순이익은 단순합계금액이며, 성장률 및 ROE는 단순평균값 입니다)

해당 산업의 직원 수는 약 7천 3백명(전년대비 6% 감소)이며, 최근 평균연봉(2012년)은 약 4천 5백만원(전년대비 4% 증가)입니다. 아래 표와 그래프를 통해 2000년대를 접어들면서 직원 수 및 연봉수준의 꾸준하게 상승하고 있습니다. 최근 3년간 평균 유동비율은 301%, 부채비율은 48.1%입니다.

구 분	총매출액	총 당기순이익	평균성장률	평균 ROE	총 직원수	연봉정보
94						
95	37	1	1.4	1.4		
96	55	1	13.0	13.0		
97	81	2	14.5	14.5		
98	108	3	13.1	13.1		
99	178	17	14.6	14.1	542	11
00	313	27	11.5	12.6	748	15
01	341	-34	8.6	10.1	1,118	28
02	403	71	5.9	8.0	1,562	25
03	509	27	4.8	-0.1	1,992	30
04	606	105	4.3	7.1	2,584	32
05	595	43	3.2	5.4	3,480	30
06	720	13	2.9	3.7	3,653	36
07	786	80	10.0	10.2	4,117	36
08	1,013	102	11.6	10.5	5,095	38
09	1,420	313	7.7	8.3	6,429	43
10	1,515	214	4.4	5.0	7,198	43
11	1,686	349	10.7	11.5	7,716	43
12	1,698	148	4.2	4.5	7,330	45

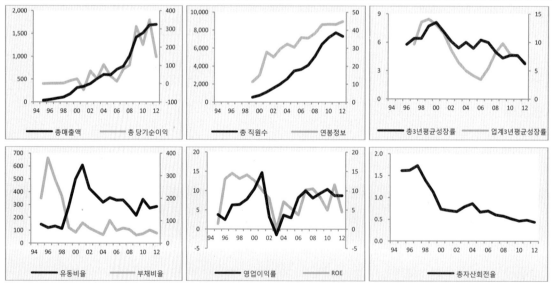

단위 : 총 매출액, 총 당기순이익 – 십억 / 평균 성장률, 평균 ROE - % / 총 직원 수 – 명 / 연봉정보 – 백만
연봉정보는 1 인당 평균 급여액이며, 대상기업들의 연간 총 급여액을 총 직원의 수로 나눈 금액입니다.
업계 3 년 평균 성장률은 게임업종 전체 상장사의 평균이며, 사업보고서에 근거한 자료만으로 만들었습니다.

• 드래곤플라이 (코스닥 / 030350)
- 게임 소프트웨어 개발 및 공급업

구분	94	95	96	97	98	99	00	01	02	03	04	05	06	07	08	09	10	11	12
성장률		37.48	27.45	16.88	17.48	12.38	-34.13	-125.23	-31.39	-171.9	-37.08	66.99	47.62	27.89	21.56	-11.29	7.41	9.04	-10.24
EPS		1,556	1,286	384	36	468	-691	-12,776	-635	-1,413	-204	-4,257	-301	1,981	2,206	-660	639	802	-491
배당금		0	0	0	0	25	0	0	0	0	0	0	0	0	200	200	200	200	100
ROE		37.48	27.45	16.88	17.48	13.08	-34.13	-125.23	-31.39	-171.9	-37.08	66.99	47.62	27.89	23.71	-8.67	10.78	12.04	-8.50
직원의 수						381	498	90	240	180	142	195	260	117	39	229	204	285	282
연봉정보						10	15	39	10	21	20	17	19	19	18	20	54	44	51

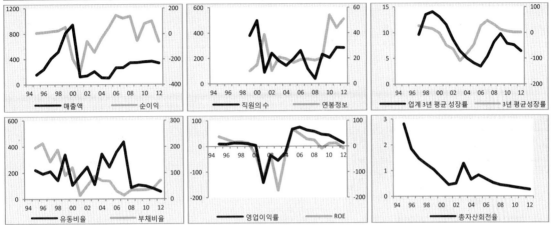

단위 : 성장률, ROE-% / EPS, 주당배당금 – 원 / 직원의 수 – 명 / 연봉정보 – 백만
2009년 7월, ㈜위고글로벌에서 ㈜드래곤플라이로 상호 변경하였습니다.
*주요게임 – 스페셜포스

• 플레이위드 (코스닥 / 023770)
- 게임 소프트웨어 개발 및 공급업

구분	94	95	96	97	98	99	00	01	02	03	04	05	06	07	08	09	10	11	12
성장률		1.41	6.61	-0.94	4.99	28.33	17.06	-273.1	-62.03	1.54	4.89	-125.9	-23.63	-149.5	-11.61	-39.44	-22.09	-37.22	-174.9
EPS		22	112	-16	88	846	412	-4,434	-344	17	53	-7,168	-1,511	-4,323	-787	-1,882	125	-1,034	-1,585
배당금		0	0	0	0	0	75	0	0	0	0	0	0	0	0	0	0	0	0
ROE		1.41	6.61	-0.94	4.99	32.13	20.86	-273.1	-62.03	1.54	4.89	-125.9	-23.63	-149.5	-11.61	-39.44	-22.09	-37.22	-174.9
직원의 수						120	115	57	29	33	47	47	39	39	35	66	75	78	63
연봉정보						11	11	18	33	29	34	37	44	48	47	28	33	36	33

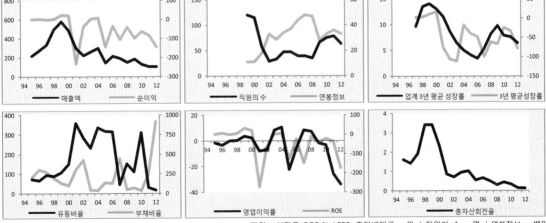

단위 : 성장률, ROE-% / EPS, 주당배당금 – 원 / 직원의 수 – 명 / 연봉정보 – 백만
2013년 3월, ㈜와이앤케이코리아에서 ㈜플레이위드로 상호 변경하였습니다.
*주요게임 – 로한, 씰온라인, 스팅

• 네오위즈홀딩스 (코스닥 / 042420) / 네오위즈게임즈 (코스닥 / 095660)

- 비금융 지주회사 / 온라인·모바일 게임 소프트웨어 개발 및 공급업

구분	94	95	96	97	98	99	00	01	02	03	04	05	06	07	08	09	10	11	12
성장률						80.64	14.97	9.01	7.93	14.47	1.73	6.80	7.17	-6.62	7.13	11.27	11.75	20.46	4.70
EPS						5,550	3,413	2,507	2,626	2,047	204	1,095	1,204	-4,657	-135	840	1,024	2,832	2,565
배당금						0	100	500	500	276	0	366	167	50	0	100	50	0	0
ROE						80.64	15.42	11.25	9.79	16.73	1.73	10.22	8.32	-6.55	7.13	12.79	12.36	20.46	4.70
직원의 수								145	187	301	455	352	350	446	560	696	934	1,214	925
연봉정보								25	38	32	34	42	32	26	47	60	31	49	73

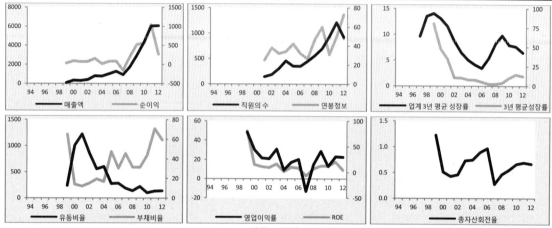

단위 : 성장률, ROE-% / EPS, 주당배당금 – 원 / 직원의 수 – 명 / 연봉정보 – 백만
2007년 네오위즈홀딩스에서 네오위즈로 인적 분할 되었으며, 네오위즈는 네오위즈게임즈로 상호변경 되었습니다.
2007년 이후 자료는 네오위즈홀딩스와 네오위즈의 단순합계액이며, EPS는 네오위즈홀딩스 기준입니다.
1기(1997년), 2기(1998년) 자료는 표와 그래프에서 제외하였습니다.

• 와이디온라인 (코스닥 / 052770)

- 시스템 소프트웨어 개발 및 공급업

구분	94	95	96	97	98	99	00	01	02	03	04	05	06	07	08	09	10	11	12
성장률							53.45	40.08	7.98	67.09	38.15	-23.08	21.24	26.35	24.99	3.77	-92.12	-1086.8	-15.21
EPS							30	671	432	-559	341	-337	366	762	756	125	-1,640	-669	-116
배당금							0	0	100	0	0	0	0	0	0	0	0	0	0
ROE							53.45	40.08	10.38	67.09	38.15	-23.08	21.24	26.35	24.99	3.77	-92.12	-1086.8	-15.21
직원의 수									121	129	99	223	179	214	224	210	143	166	152
연봉정보									19	26	28	13	18	25	31	33	36	39	30

단위 : 성장률, ROE-% / EPS, 주당배당금 – 원 / 직원의 수 – 명 / 연봉정보 – 백만
특이값(2011년 부채비율, ROE, 성장률)은 그래프에서 제외 및 보정하였습니다.
2기(1998년), 3기(1999년) 자료는 표와 그래프에서 제외하였습니다.
*주요게임 - 오디션, 프리스톤테일1, 에다전설

• 게임빌 (코스닥 / 063080)
- 온라인·모바일 게임 소프트웨어 개발 및 공급업

구분	94	95	96	97	98	99	00	01	02	03	04	05	06	07	08	09	10	11	12
성장률											28.85	23.00	13.03	10.46	36.49	30.65	26.56	22.82	23.06
EPS											326	785	446	211	1,157	2,358	2,682	2,933	4,081
배당금											0	0	0	0	0	0	0	0	0
ROE											28.85	23.00	13.03	10.46	36.49	30.65	26.56	22.82	23.06
직원의 수															100	121	143	178	
연봉정보															34	38	42	40	

단위 : 성장률, ROE-% / EPS, 주당배당금 – 원 / 직원의 수 – 명 / 연봉정보 – 백만
2004년~2006년 사업보고서 미공시로 인하여 EPS는 감사보고서를 기준으로, 배당금은 0으로 간주해 성장률을 계산하였습니다.
04년~06년 성장률은 업계 3년 평균성장률 계산 과정에서 제외하였습니다.
*주요게임 – 프로야구, 제노니아, 정통맞고

• 게임하이 (코스닥 / 041140)
- 온라인·모바일 게임 소프트웨어 개발 및 공급업

구분	94	95	96	97	98	99	00	01	02	03	04	05	06	07	08	09	10	11	12
성장률			5.02	27.51	16.79	20.91	8.84	1.92	-6.31	-2087.4	자본잠식		-156.7	44.64	0.36	1.15	-69.03	4.14	21.21
EPS			1	16	10	387	361	112	-173	-2,720	-871	-699	-1,051	138	2	32	-1,010	69	454
배당금			0	0	0	0	50	50	0	0	0	0	0	0	0	0	0	0	0
ROE			5.02	27.51	16.79	20.91	10.27	3.46	-6.31	-2087.4	자본잠식		-156.7	44.64	0.36	1.15	-69.03	4.14	21.21
직원의 수					54	74	49			49	21	67	30	24	468	422	198	196	248
연봉정보					19	24	33			미공시	19	19	21	15	23	32	36	36	

단위 : 성장률, ROE-% / EPS, 주당배당금 – 원 / 직원의 수 – 명 / 연봉정보 – 백만
2008년 7월 게임하이와 대유베스퍼 합병으로 인하여, 14기(2006년) 이전 자료는 대유베스퍼에 해당되겠습니다.
자본잠식으로 인해, 계산 불가한 값과 특이값(2003년~2005년 부채비율, ROE, 3년 평균성장률)은 그래프에서 제외하였습니다.
2003년 연봉정보는 미공시 되었습니다.
* 주요게임 - 서든어택, 데카론

799

• 바른손게임즈 (코스닥 / 035620)
- 온라인·모바일 게임 소프트웨어 개발 및 공급업

구분	94	95	96	97	98	99	00	01	02	03	04	05	06	07	08	09	10	11	12
성장률						8.20	-20.15	-425.2	-211.0	-119.6	-1.88	-6.10	-147.0	-47.39	-255.5	-43.97	29.19	7.71	8.37
EPS						177	-329	-1,560	-1,772	-1,255	-46	-316	-2,679	-519	-746	-246	77	62	80
배당금						0	0	0	0	0	0	0	0	0	0	0	0	0	0
ROE						8.20	-20.15	-425.2	-211.0	-119.6	-1.88	-6.10	-147.0	-47.39	-255.5	-43.97	29.19	7.71	8.37
직원의 수						41	81	35	23	27	23	98	130	135	277	181	174	192	161
연봉정보						16	15	27	19	25	22	24	22	22	20	33	33	34	35

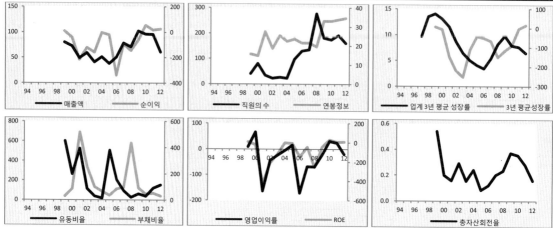

단위 : 성장률, ROE-% / EPS, 주당배당금 - 원 / 직원의 수 - 명 / 연봉정보 - 백만
1기(1997년), 2기(1998년) 자료는 표와 그래프에서 제외하였습니다.
2009년 3월, ㈜티엔터테인먼트에서 ㈜바른손게임즈로 상호 변경하였습니다.
*주요게임 - 라그하임, 라스트카오스

• 소프트맥스 (코스닥 / 052190)
- 온라인·모바일 게임 소프트웨어 개발 및 공급업

구분	94	95	96	97	98	99	00	01	02	03	04	05	06	07	08	09	10	11	12
성장률						3.35	18.47	4.79	-6.89	-24.89	-66.80	18.00	-3.17	-7.08	-3.56	6.79	21.28	17.22	11.00
EPS						539	392	244	-239	-755	-1,188	392	-76	-15	-77	159	637	617	443
배당금						500	0	25	0	0	0	0	0	0	0	0	0	0	0
ROE						46.34	18.47	5.33	-6.89	-24.89	-66.80	18.00	-3.17	-7.08	-3.56	6.79	21.28	17.22	11.00
직원의 수								82	91	143	120	73	81	91	109	120	133	150	158
연봉정보								15	23	23	25	24	24	27	26	26	28	33	32

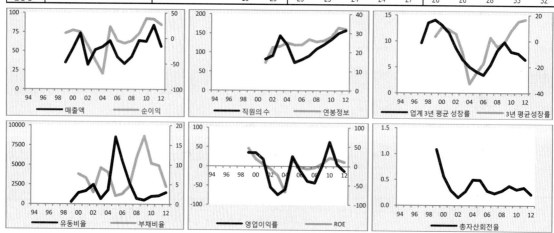

단위 : 성장률, ROE-% / EPS, 주당배당금 - 원 / 직원의 수 - 명 / 연봉정보 - 백만
*주요게임 - SD건담 캡슐파이터, 던전앤파이터XBLA

• 액토즈소프트 (코스닥 / 052790)

- 온라인·모바일 게임 소프트웨어 개발 및 공급업

구 분	94	95	96	97	98	99	00	01	02	03	04	05	06	07	08	09	10	11	12
성장률							16.56	11.56	2.94	28.39	17.70	2.40	2.45	16.21	11.58	1.64	7.22	12.74	9.66
EPS							563	676	146	1,331	1,020	127	148	1,183	940	147	204	1,310	1,105
배당금							0	0	0	0	0	0	0	0	0	0	0	0	0
ROE							16.56	11.56	2.94	28.39	17.70	2.40	2.45	16.21	11.58	1.64	7.22	12.74	9.66
직원의 수							135	186	186	150	193	279	311	375	411	340	112	126	
연봉정보							14	18	20	18	11	22	24	27	37	38	43	44	

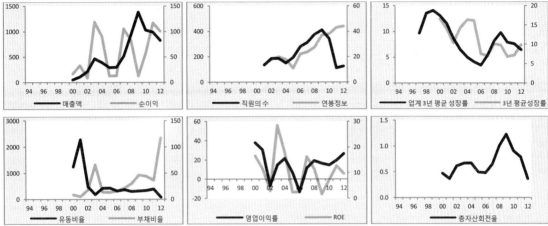

단위 : 성장률, ROE-% / EPS, 주당배당금 – 원 / 직원의 수 – 명 / 연봉정보 – 백만
2 기(1997 년)~4 기(1999 년) 자료는 표와 그래프에서 제외하였습니다.
*주요게임 - 미르, 라테일,

• 엔씨소프트 (유가증권 / 036570)

- 온라인·모바일 게임 소프트웨어 개발 및 공급업

구 분	94	95	96	97	98	99	00	01	02	03	04	05	06	07	08	09	10	11	12
성장률						45.57	25.00	8.84	27.47	14.56	23.22	16.95	9.16	10.14	-0.19	27.24	20.89	17.12	5.47
EPS						1,043	5,950	2,513	2,828	1,418	3,879	3,324	1,905	2,259	1,429	9,468	9,116	8,938	3,455
배당금						0	375	0	0	0	0	0	0	0	1,470	500	600	600	600
ROE						45.57	26.69	8.84	27.47	14.56	23.22	16.95	9.16	10.14	6.57	28.76	22.36	18.35	6.62
직원의 수							338	478	642	938	1,356	1,498	1,571	1,662	1,882	2,402	2,773	2,288	
연봉정보							37	31	42	47	40	47	45	51	63	51	52	71	

단위 : 성장률, ROE-% / EPS, 주당배당금 – 원 / 직원의 수 – 명 / 연봉정보 – 백만
1 기(1997 년), 2 기(1998 년) 자료는 표와 그래프에서 제외하였습니다.
*주요게임 - 리니지, 아이온, 블레이드앤소울, 길드워2

• 엠게임 (코스닥 / 058630)

- 온라인·모바일 게임 소프트웨어 개발 및 공급업

구분	94	95	96	97	98	99	00	01	02	03	04	05	06	07	08	09	10	11	12
성장률								14.47	4.00	-26.95	9.73	14.84	26.43	27.46	22.18	7.99	-21.68	2.90	-0.32
EPS								589	154	-455	238	411	1,109	1,771	1,986	607	-1,327	185	-21
배당금								0	0	0	0	0	0	0	0	0	0	0	0
ROE								14.47	4.00	-26.95	9.73	14.84	26.43	27.46	22.18	7.99	-21.68	2.90	-0.32
직원의 수														357	339	398	387	223	185
연봉정보														27	26	23	31	29	32

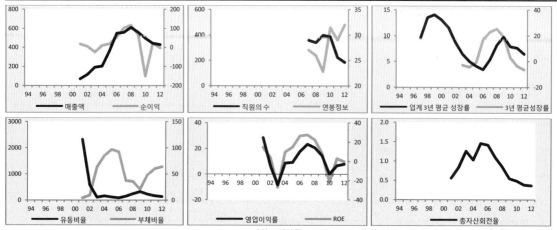

단위 : 성장률, ROE-% / EPS, 주당배당금 - 원 / 직원의 수 - 명 / 연봉정보 - 백만
2001년~2004년 사업보고서 미공시로 인하여 EPS는 감사보고서를 기준으로, 배당금은 0으로 간주해 성장률을 계산하였습니다.
01년~04년 성장률은 업계 3년 평균성장률 계산 과정에서 제외하였습니다.
*주요게임 - 열혈강호, 나이트, 영웅

• 웹젠 (코스닥 / 069080)

- 온라인·모바일 게임 소프트웨어 개발 및 공급업

구분	94	95	96	97	98	99	00	01	02	03	04	05	06	07	08	09	10	11	12
성장률									81.82	17.49	8.67	-7.38	-20.74	-6.76	11.99	0.26	-15.68	9.54	-0.61
EPS									1,999	3,528	1,626	-1,051	-2,576	-774	-1,191	27	-260	381	-26
배당금									0	0	250	0	0	0	0	0	0	0	0
ROE									81.82	17.49	10.24	-7.38	-20.74	-6.76	11.99	0.26	-15.68	9.54	-0.61
직원의 수										172	415	679	642	473	324	322	532	522	495
연봉정보										20	18	25	34	41	49	34	33	32	31

단위 : 성장률, ROE-% / EPS, 주당배당금 - 원 / 직원의 수 - 명 / 연봉정보 - 백만
2010년 4월 웹젠은 엔에이치엔게임스 주식회사와 합병하였습니다.
2002년~2009년도는 엔에이치엔게임스 합병 이전의 자료입니다.
*주요게임 - 뮤, 썬, R2, 아크로드

• 위메이드 (코스닥 / 112040)

- 온라인·모바일 게임 소프트웨어 개발 및 공급업

구분	94	95	96	97	98	99	00	01	02	03	04	05	06	07	08	09	10	11	12
성장률									78.13	1.18	93.33	6.38	2.16	51.69	15.65	17.56	7.36	4.01	2.88
EPS									4,397	67	20,047	1,219	419	1,785	4,802	8,861	1,551	1,683	520
배당금									0	0	0	0	0	0	2,500	357	371	991	0
ROE									78.13	1.18	93.33	6.38	2.16	51.69	32.65	18.29	9.67	9.76	2.88
직원의 수															408	455	491	803	
연봉정보																40	35	33	32

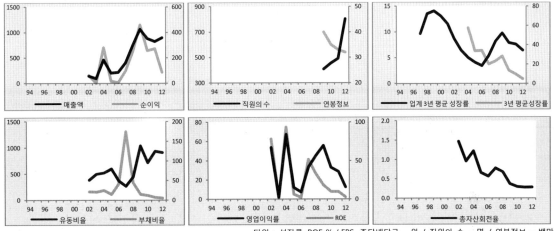

단위 : 성장률, ROE-% / EPS, 주당배당금 – 원 / 직원의 수 – 명 / 연봉정보 – 백만
2002년~2006년 사업보고서 미공시로 인하여 EPS는 감사보고서를 기준으로, 배당금은 0으로 간주해 성장률을 계산하였습니다.
02년~06년 성장률은 업계 3년 평균성장률 계산 과정에서 제외하였습니다.
*주요게임 - 미르의전설2, 미르의전설3

• 조이맥스 (코스닥 / 101730)

- 온라인·모바일 게임 소프트웨어 개발 및 공급업

구분	94	95	96	97	98	99	00	01	02	03	04	05	06	07	08	09	10	11	12
성장률														66.70	56.14	16.84	9.21	3.83	-9.54
EPS														3,550	3,408	2,652	1,302	553	-1,268
배당금														0	0	150	0	0	0
ROE													85.69	66.70	56.14	17.85	9.21	3.83	-9.54
직원의 수															242	217	225	251	
연봉정보																32	28	33	31

단위 : 성장률, ROE-% / EPS, 주당배당금 – 원 / 직원의 수 – 명 / 연봉정보 – 백만
*주요게임 - 실크로드온라인

• 조이시티 (코스닥 / 067000)

- 온라인·모바일 게임 소프트웨어 개발 및 공급업

구 분	94	95	96	97	98	99	00	01	02	03	04	05	06	07	08	09	10	11	12
성장률									21.66	-11.42	6.66	46.36	40.66	20.45	-9.42	11.56	4.50	11.11	8.04
EPS									211	-102	56	728	1,518	870	-485	760	278	783	603
배당금									0	0	0	0	250	80	0	50	50	100	100
ROE									21.66	-11.42	6.66	46.36	48.68	22.53	-9.42	12.37	5.49	12.74	9.64
직원의 수															272	270	294	314	363
연봉정보															30	32	30	32	30

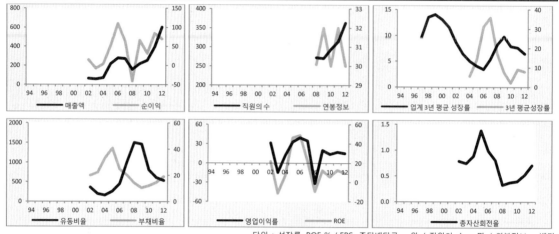

단위 : 성장률, ROE-% / EPS, 주당배당금 – 원 / 직원의 수 – 명 / 연봉정보 – 백만
2002년~2005년 사업보고서 미공시로 인하여 EPS는 감사보고서를 기준으로, 배당금은 0으로 간주해 성장률을 계산하였습니다.
02년~05년 성장률은 업계 3년 평균성장률 계산 과정에서 제외하였습니다.

• 컴투스 (코스닥 / 078340)

- 온라인·모바일 게임 소프트웨어 개발 및 공급업

구 분	94	95	96	97	98	99	00	01	02	03	04	05	06	07	08	09	10	11	12
성장률										56.55	1.47	6.36	17.31	14.63	15.68	10.29	7.86	7.14	22.08
EPS										819	21	165	463	717	832	626	436	432	2,115
배당금										0	0	0	0	0	0	0	0	0	0
ROE										56.55	1.47	6.36	17.31	14.63	15.68	10.29	7.86	7.14	22.08
직원의 수														152	215	248	311	404	534
연봉정보														34	33	37	34	33	33

단위 : 성장률, ROE-% / EPS, 주당배당금 – 원 / 직원의 수 – 명 / 연봉정보 – 백만
2003년~2004년 사업보고서 미공시로 인하여 EPS는 감사보고서를 기준으로, 배당금은 0으로 간주해 성장률을 계산하였습니다.
03년~04년 성장률은 업계 3년 평균성장률 계산 과정에서 제외하였습니다.
*주요게임 - 미니게임천국 시리즈, 컴투스프로야구 시리즈

• 한빛소프트 (코스닥 / 047080)

- 온라인·모바일 게임 소프트웨어 개발 및 공급업

구분	94	95	96	97	98	99	00	01	02	03	04	05	06	07	08	09	10	11	12
성장률							37.64	15.36	8.12	-17.75	-24.43	3.36	-7.59	-12.79	-90.28	2.82	-28.08	-125.6	-12.75
EPS							2,029	2,440	1,046	-1,019	-871	129	-303	-445	-1,691	56	-367	-732	-99
배당금							100	100	100	0	0	0	0	0	0	0	0	0	0
ROE							39.59	16.02	8.98	-17.75	-24.43	3.36	-7.59	-12.79	-90.28	2.82	-28.08	-125.6	-12.75
직원의 수								162	158	130	174	197	165	187	196	224	278	228	118
연봉정보								26	25	27	23	25	33	30	30	30	31	36	52

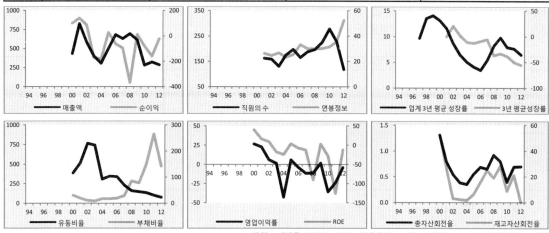

단위 : 성장률, ROE-% / EPS, 주당배당금 – 원 / 직원의 수 – 명 / 연봉정보 – 백만

*게임 포털사이트 한빛온(http://www.hanbiton.com) 운영

*주요 게임 - 그라나도 에스파다, 헬게이트

• 교육

2012년 교육 상장기업의 전체 매출액은 약 3조원(전년대비 6% 감소)이며, 총 당기순이익은 약 1천 1백억원(전년대비 44% 감소)입니다. 평균 성장률은 -0.5%(전년대비 3.3%p 감소)이며, ROE는 1.7%(전년대비 4%p 감소)를 기록하였습니다. 아래 표와 그래프를 통해, 성장성과 수익성이 4년 연속 감소하고 있음을 알 수 있습니다.
(총 매출액, 당기순이익은 단순합계액이며, 성장률 및 ROE는 단순평균값입니다)

해당 산업의 직원 수는 약 1만명(전년대비 8% 감소)이며, 최근 평균연봉(2012년)은 약 3천 6백만원(전년대비 2% 증가)입니다. 업계 직원 수는 3년간 만 명 수준을 유지하고 있으며, 연봉 수준은 3년 연속 상승하였습니다. 최근 3년간 평균 유동비율은 315% 부채비율은 55.3%입니다.

구 분	총매출액	총 당기순이익	평균성장률	평균 ROE	총 직원수	연봉정보
94	163	6	12.2	14.1		
95	212	7	17.5	14.1		
96	288	10	12.6	13.1		
97	356	11	7.6	10.0		
98	331	7	9.2	9.5	552	32
99	953	56	9.3	10.0	1,063	20
00	1,126	57	6.3	7.2	1,704	19
01	1,264	25	13.2	15.3	1,922	23
02	1,417	29	4.6	6.6	3,236	22
03	1,485	103	6.9	8.8	7,035	27
04	1,604	106	7.9	11.4	6,834	28
05	1,739	166	10.1	13.7	9,668	26
06	1,895	115	7.5	10.6	7,488	30
07	2,160	157	3.4	5.7	7,957	29
08	2,504	43	3.4	4.0	8,809	35
09	2,840	210	7.7	11.0	9,413	37
10	3,006	227	6.1	9.8	10,199	33
11	3,188	199	2.8	5.7	10,861	34
12	3,021	112	-0.5	1.7	10,011	36

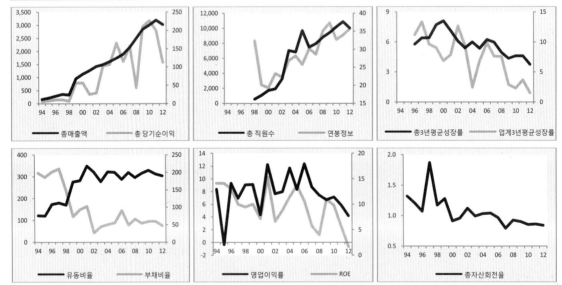

단위 : 총 매출액, 총 당기순이익 – 십억 / 평균 성장률, 평균 ROE - % / 총 직원 수 – 명 / 연봉정보 – 백만
연봉정보는 1인당 평균 급여액이며, 대상기업들의 연간 총 급여액을 총 직원의 수로 나눈 금액입니다.
업계 3년 평균 성장률은 교육업종 전체 상장사의 평균이며, 사업보고서에 근거한 자료만으로 만들었습니다.
(*2012년 총 당기순이익 계산 과정에서, 웅진홀딩스 순이익은 제외)

• 디지털대성 (코스닥 / 068930)

- 교육관련 자문 및 평가업

구 분	94	95	96	97	98	99	00	01	02	03	04	05	06	07	08	09	10	11	12
성장률							15.64	25.82	31.57	5.42	5.27	6.04	7.19	-2.58	-3.79	0.81	1.19	5.05	2.60
EPS							15	37	622	433	405	327	328	-69	-89	20	54	132	173
배당금							0	0	0	250	250	200	150	0	0	0	0	0	100
ROE							15.64	25.82	31.57	12.83	13.76	15.56	13.25	-2.58	-3.79	0.81	1.19	5.05	6.17
직원의 수										98	102	128	111	161	152	138	132	228	224
연봉정보										27	34	30	39	28	33	36	36	32	33

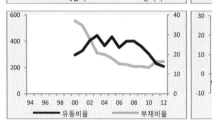
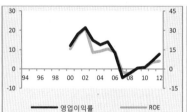
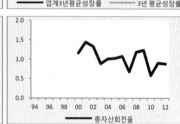

단위 : 성장률, ROE-% / EPS, 주당배당금 - 원 / 직원의 수 - 명 / 연봉정보 - 백만
2000년 3월, ㈜대성인터넷에서 ㈜디지털대성으로 상호 변경하였습니다.

• YBM 시사닷컴 (코스닥 / 057030)

- 데이터베이스 및 온라인 정보 제공업

구 분	94	95	96	97	98	99	00	01	02	03	04	05	06	07	08	09	10	11	12
성장률							-7.67	17.63	41.33	48.26	14.49	18.36	14.22	5.97	3.31	9.69	3.73	0.98	-0.13
EPS							-36	99	368	831	764	989	920	882	762	960	640	436	244
배당금							0	0	0	0	150	250	300	600	600	600	500	400	250
ROE							-7.67	17.63	41.33	48.26	18.03	24.57	21.10	18.68	15.55	25.84	17.07	11.84	5.36
직원의 수							27	62	107	156	189	2,801	257	249	269	282	952	869	750
연봉정보							9	12	16	18	20	20	22	26	27	26	25	27	22

단위 : 성장률, ROE-% / EPS, 주당배당금 - 원 / 직원의 수 - 명 / 연봉정보 - 백만
2000년 8월, ㈜와이비엠시사닷컴에서 ㈜와이비엠닷컴으로 상호 변경하였습니다.
2005년 직원의 수는 사업보고서에 의거한 자료입니다.

교 육

• 대교 (유가증권 / 019680)

- 방문 교육 학원

구분	94	95	96	97	98	99	00	01	02	03	04	05	06	07	08	09	10	11	12
성장률						17.44	19.81	10.30	8.61	16.72	11.80	7.82	5.36	4.08	2.49	5.43	4.71	5.73	2.59
EPS						813	775	357	326	723	637	581	493	467	210	595	527	658	434
배당금						90	100	90	100	125	150	165	180	210	80	250	220	260	210
ROE						19.62	22.74	13.78	12.41	20.22	15.44	10.92	8.44	7.42	4.03	9.37	8.09	9.48	5.03
직원의 수										3,624	3,293	3,392	3,440	3,233	3,181	3,155	3,067	3,171	2,668
연봉정보										31	31	29	32	35	38	48	34	37	39

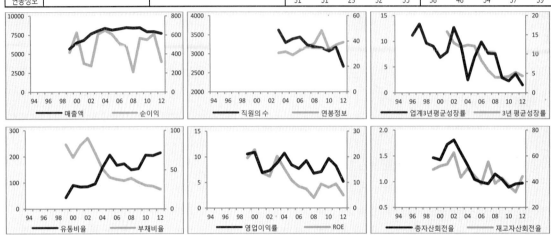

단위 : 성장률, ROE-% / EPS, 주당배당금 - 원 / 직원의 수 - 명 / 연봉정보 - 백만
1991년 1월, ㈜대교문화에서 ㈜대교로 상호 변경하였습니다.

• 능률교육 (코스닥 / 053290)

- 서적 출판업

구분	94	95	96	97	98	99	00	01	02	03	04	05	06	07	08	09	10	11	12
성장률					12.86	21.79	24.23	13.98	17.42	19.26	17.20	13.45	3.06	8.64	-1.05	6.51	5.22	7.01	-0.42
EPS					21	58	46	29	636	692	784	744	186	599	64	400	316	442	-16
배당금					0	0	0	0	50	100	160	150	50	100	100	120	110	140	0
ROE					12.86	21.79	24.23	13.98	18.91	22.52	21.62	16.84	4.18	10.37	1.86	9.30	8.01	10.26	-0.42
직원의 수									110	135	158	163	167	193	205	202	231	301	288
연봉정보									22	24	27	30	32	33	37	39	35	33	35

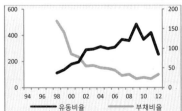
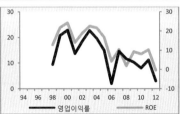
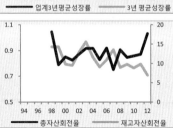

단위 : 성장률, ROE-% / EPS, 주당배당금 - 원 / 직원의 수 - 명 / 연봉정보 - 백만
2004년 3월, 주식회사 능률영어사에서 주식회사 능률교육으로 상호 변경하였습니다.
2009년 8월, 최대주주가 ㈜한국야쿠르트로 변경되었습니다.

• 비상교육 (유가증권 / 100220)

- 서적출판업

구분	94	95	96	97	98	99	00	01	02	03	04	05	06	07	08	09	10	11	12
성장률											44.99	44.19	47.62	30.43	4.96	9.44	9.32	9.35	7.04
EPS											1,537	2,646	2,889	2,587	998	1,260	1,177	1,314	1,004
배당금											0	0	200	75	400	175	200	220	199
ROE											44.99	44.19	51.16	31.34	8.28	10.96	11.23	11.23	8.79
직원의 수															333	380	416	520	471
연봉정보															31	32	39	36	38

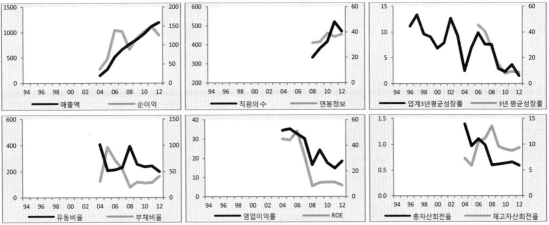

단위 : 성장률, ROE-% / EPS, 주당배당금 - 원 / 직원의 수 - 명 / 연봉정보 - 백만
2004년~2005년 사업보고서 미공시로 인하여 EPS는 감사보고서를 기준으로, 배당금은 0으로 간주해 성장률을 계산하였습니다.
00년~02년 성장률은 업계 3년 평균성장률 계산 과정에서 제외하였습니다.
2009년 3월, ㈜비유와 상장에서 ㈜비상교육으로 상호 변경하였습니다.

• 에듀박스 (코스닥 / 035290)

- 서적, 잡지 및 기타 인쇄물 출판업

구분	94	95	96	97	98	99	00	01	02	03	04	05	06	07	08	09	10	11	12
성장률			9.12	3.71	14.97	1.80	-34.39	-55.25	-49.47	1.83	6.66	7.77	-6.25	4.09	0.23	1.34	-40.85	4.86	-22.99
EPS			41	27	173	47	-518	-502	-262	10	39	46	-38	26	1	9	-181	21	-112
배당금			0	0	0	0	0	0	0	0	0	0	0	0	0	0	0	0	0
ROE			9.12	3.71	14.97	1.80	-34.39	-55.25	-49.47	1.83	6.66	7.77	-6.25	4.09	0.23	1.34	-40.85	4.86	-22.99
직원의 수					77	149	117	450	466	473	519	572	506	558	191	177	161	157
연봉정보					16	24	27	17	17	17	16	17	20	20	31	32	30	38

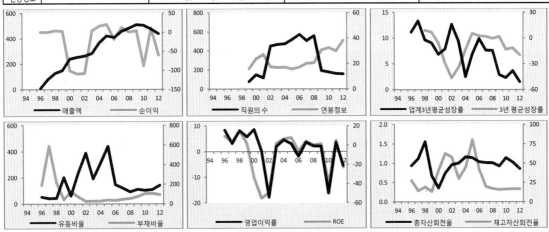

단위 : 성장률, ROE-% / EPS, 주당배당금 - 원 / 직원의 수 - 명 / 연봉정보 - 백만
2002년 3월, ㈜코네스에서 ㈜에듀박스로 상호 변경하였습니다.
1995년 자료는 표와 그래프에서 제외하였습니다.

• G 러닝 (코스닥 / 032800)

- 영재교육사업

구분	94	95	96	97	98	99	00	01	02	03	04	05	06	07	08	09	10	11	12
성장률		26.75	13.62	2.81	1.24	-27.31	-17.85	-81.32	-128.8	-65.78	-51.02	-70.66	-2835.1	-41.22	-24.19	-15.91	-5.04	2.84	-6.07
EPS		375	519	100	51	-715	-417	-1,001	-593	-329	-161	-197	-717	-900	-409	-137	-76	22	-44
배당금		50	50	30	25	0	0	0	0	0	0	0	0	0	0	0	0	0	0
ROE		30.86	15.07	4.02	2.42	-27.31	-17.85	-81.32	-128.8	-65.78	-51.02	-70.66	-2835.1	-41.22	-24.19	-15.91	-5.04	2.84	-6.07
직원의 수						68	67	52	44	39	57	133	94	23	24	156	170	160	163
연봉정보						20	28	29	27	27	27	11	28	27	24	19	25	26	14

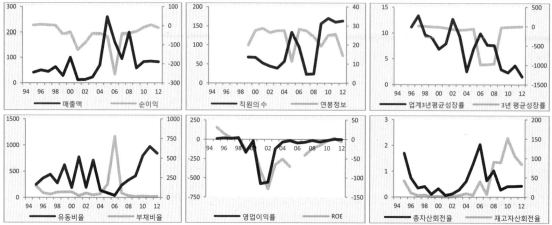

단위 : 성장률, ROE-% / EPS, 주당배당금 – 원 / 직원의 수 – 명 / 연봉정보 – 백만
2009년 2월, 주식회사 나래원에서 지러닝 주식회사로 상호 변경하였습니다.
특이값(2006년 ROE)은 그래프에서 제외하였습니다.

• 메가스터디 (코스닥 / 072870)

- 온라인 교육 학원

구분	94	95	96	97	98	99	00	01	02	03	04	05	06	07	08	09	10	11	12
성장률									65.14	58.16	22.80	18.16	18.19	21.63	27.09	22.92	17.25	11.65	8.32
EPS									146	3,234	3,115	3,464	4,345	7,290	8,169	10,938	10,093	10,175	7,718
배당금									0	0	0	750	900	1,800	1,000	2,300	2,300	4,000	3,000
ROE							2.07	24.16	65.14	58.16	22.80	23.18	22.94	28.72	30.87	29.02	22.34	19.20	13.61
직원의 수											144	216	387	515	586	549	610	660	661
연봉정보											22	28	22	30	32	38	33	35	36

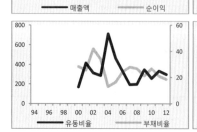
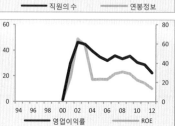
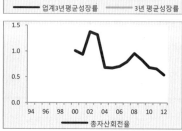

단위 : 성장률, ROE-% / EPS, 주당배당금 – 원 / 직원의 수 – 명 / 연봉정보 – 백만
1기(2000년)의 매출은 없습니다.

• 아이넷스쿨 (코스닥 / 060240)
- 온라인 교육 학원

구분	94	95	96	97	98	99	00	01	02	03	04	05	06	07	08	09	10	11	12
성장률				39.14	13.86	28.12	30.10	15.04	12.25	-4.71	-4.38	19.87	5.27	2.87	18.32	-177.2	-94.37	-88.33	-13.85
EPS				97	39	64	345	405	345	-91	-80	261	190	47	-111	-1,356	-310	-202	212
배당금				0	0	0	0	0	91	0	0	0	100	0	0	0	0	0	0
ROE				39.14	13.86	28.12	30.10	15.04	16.64	-4.71	-4.38	19.87	11.13	2.87	18.32	-177.2	-94.37	-88.33	-13.85
직원의 수								51	59	63	51	50	69	66	60	118	134	94	73
연봉정보								18	25	24	31	27	31	33	31	24	21	18	24

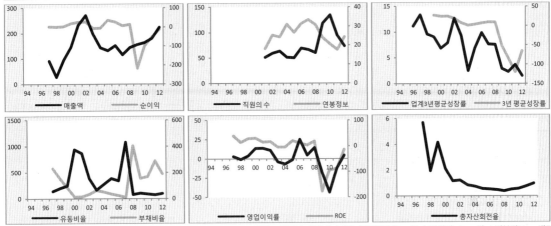

단위 : 성장률, ROE-% / EPS, 주당배당금 – 원 / 직원의 수 – 명 / 연봉정보 – 백만
2009년 3월, 디지탈온넷에서 아이넷스쿨로 상호 변경하였습니다.

• 청담러닝 (코스닥 / 096240)
- 외국어학원

구분	94	95	96	97	98	99	00	01	02	03	04	05	06	07	08	09	10	11	12
성장률											21.82	44.15	18.49	18.85	16.55	3.64	-5.62	10.13	7.78
EPS											181	991	1,795	1,562	2,263	583	111	1,765	1,559
배당금											0	0	5	5	400	200	200	500	500
ROE											21.82	44.15	18.54	18.91	20.10	5.54	7.01	14.14	11.45
직원의 수															367	441	427	345	330
연봉정보															35	39	46	42	49

단위 : 성장률, ROE-% / EPS, 주당배당금 – 원 / 직원의 수 – 명 / 연봉정보 – 백만
2004년~2005년 사업보고서 미공시로 인하여 EPS는 감사보고서를 기준으로, 배당금은 0으로 간주해 성장률을 계산하였습니다.
04년~05년 성장률은 업계 3년 평균성장률 계산 과정에서 제외하였습니다.
2008년 9월, 씨디아이홀딩스에서 ㈜청담러닝으로 상호 변경하였습니다.

• 정상제이엘에스 (코스닥 / 040420)

- 일반 교습 학원

구분	94	95	96	97	98	99	00	01	02	03	04	05	06	07	08	09	10	11	12
성장률			12.54	10.30	12.00	20.13	6.46	5.49	-18.00	5.30	0.56	3.46	7.02	-19.17	7.93	16.91	13.67	5.50	4.52
EPS			8	15	10	87	624	287	-666	261	22	193	251	-585	257	807	921	609	600
배당금			0	8	0	0	300	50	0	50	0	50	50	0	120	315	400	400	420
ROE			12.54	20.88	12.00	20.13	12.43	6.64	-18.00	6.56	0.56	4.67	8.77	-19.17	14.87	27.73	24.17	16.04	15.06
직원의 수							69	70	66	67	74	80	78	251	197	242	278	263	264
연봉정보							14	25	23	23	20	26	26	28	32	26	28	31	31

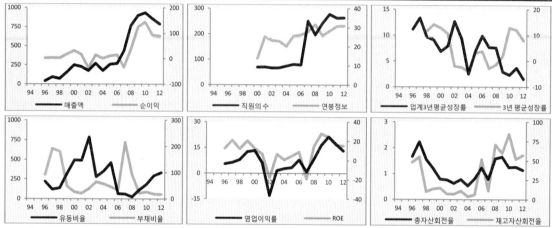

단위 : 성장률, ROE-% / EPS, 주당배당금 - 원 / 직원의 수 - 명 / 연봉정보 - 백만
2007년 12월, ㈜정상어학원에서 ㈜정상제이엘에스로 상호 변경하였습니다.
2007년 12월, ㈜우리별텔레콤과 합병하였습니다.

• 이디 (코스닥 / 033110)

- 전자기 측정, 시험 및 분석기구 제조업

구분	94	95	96	97	.98	99	00	01	02	03	04	05	06	07	08	09	10	11	12
성장률		16.16	16.03	13.46	8.40	3.12	3.39	3.41	-4.18	1.82	1.50	-1.74	-1.46	-2.21	-7.00	-30.32	3.73	-29.02	-3.79
EPS		73	68	20	188	96	63	69	-85	39	73	-39	-30	-49	-175	-566	22	-405	-57
배당금		0	0	0	30	0	0	0	0	0	40	0	0	0	0	0	0	0	0
ROE		16.16	16.03	13.46	8.40	4.54	3.39	3.41	-4.18	1.82	3.33	-1.74	-1.46	-2.21	-7.00	-30.32	3.73	-29.02	-3.79
직원의 수						124	98	82	71	79	90	91	97	100	112	90	84	80	70
연봉정보						16	23	26	23	22	23	27	37	30	28	32	30	35	40

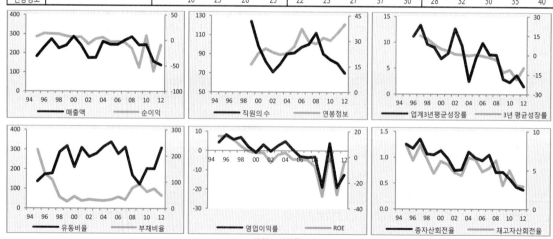

단위 : 성장률, ROE-% / EPS, 주당배당금 - 원 / 직원의 수 - 명 / 연봉정보 - 백만
1996년 12월, 이디엔지니어링에서 주식회사 ED로 상호 변경하였습니다.

• 크레듀 (코스닥 / 067280)

- 직원훈련기관

구분	94	95	96	97	98	99	00	01	02	03	04	05	06	07	08	09	10	11	12
성장률									30.66	32.75	30.67	29.74	12.84	13.69	6.89	5.88	4.31	4.73	4.38
EPS									467	735	1,117	1,572	1,884	1,959	1,039	955	802	855	878
배당금									0	0	100	150	200	300	150	150	150	150	200
ROE									30.66	32.75	33.69	32.87	14.37	16.17	8.05	6.97	5.30	5.74	5.67
직원의 수													149	214	247	233	194	216	284
연봉정보													37	37	35	37	44	43	40

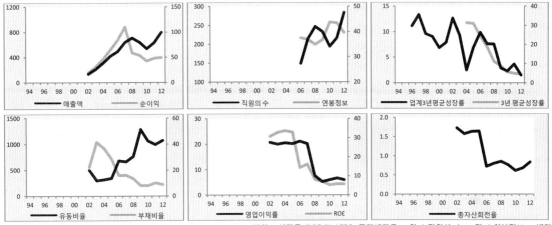

단위 : 성장률, ROE-% / EPS, 주당배당금 - 원 / 직원의 수 - 명 / 연봉정보 - 백만
2002년~2003년 사업보고서 미공시로 인하여 EPS는 감사보고서를 기준으로, 배당금은 0으로 간주해 성장률을 계산하였습니다.
02년~03년 성장률은 업계 3년 평균성장률 계산 과정에서 제외하였습니다.
2000년 5월, 삼성 인력개발원에서 분사하여 설립되었습니다.

• 영인프런티어 (코스닥 / 036180)

- 기타 기계 및 장비 도매업

구분	94	95	96	97	98	99	00	01	02	03	04	05	06	07	08	09	10	11	12
성장률		자본잠식	99.03	5.18	12.12	8.56	-239.2	-322.9	자본잠식	10.60	-34.74	-22.42	-80.21	-11.99	-199.8	5.79	0.50	1.31	-17.97
EPS		-50	23	20	76	158	-1,036	-15,351	-16,844	132	-117	-70	-206	-118	-1,571	51	9	12	-143
배당금		0	0	0	0	0	0	0	0	0	0	0	0	0	0	0	0	0	0
ROE		자본잠식	99.03	5.18	12.12	8.56	-239.2	-322.9	자본잠식	10.60	-34.74	-22.42	-80.21	-11.99	-199.8	5.79	0.50	1.31	-17.97
직원의 수						68	39	66	22	15	25	27	25	19	82	69	71	87	77
연봉정보						16	41	21	31	39	22	30	31	22	20	32	29	32	40

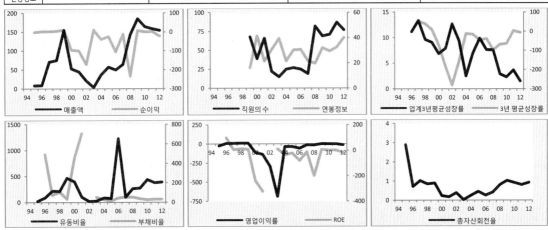

단위 : 성장률, ROE-% / EPS, 주당배당금 - 원 / 직원의 수 - 명 / 연봉정보 - 백만
자본잠식으로 인해, 계산 불가한 값(1995년, 2002년 부채비율과 ROE, 1995년, 2002년 3년 평균성장률)은 그래프에서 제외 및 보정하였습니다.
2007년 8월, 유젠텍㈜에서 영인프런티어㈜로 상호 변경하였습니다.

교육

• 웅진홀딩스 (유가증권 / 016880) / 웅진씽크빅 (유가증권 / 095720)

- 기타 인쇄물 출판업

구분	94	95	96	97	98	99	00	01	02	03	04	05	06	07	08	09	10	11	12
성장률	12.24	9.44	11.82	9.95	4.43	10.35	6.23	13.90	11.35	5.69	3.56	21.10	9.42	-0.24	-4.49	6.05	6.59	2.70	자본잠식
EPS	447	324	353	360	161	53	295	532	697	459	344	1,521	930	184	-1,402	109	457	158	-23,283
배당금	60	70	25	75	25	10	100	100	125	125	150	245	385	200	0	0	0	0	0
ROE	14.14	12.04	12.73	12.56	5.25	12.75	9.43	17.12	13.83	7.82	6.31	25.15	16.07	2.73	-4.49	6.05	6.59	2.70	자본잠식
직원의 수					552	726	1,255	1,422	2,307	2,293	2,178	2,068	2,042	2,427	2,436	3,167	3,256	3,660	3,303
연봉정보					32	22	18	23	23	24	27	30	31	21	38	31	37	33	36

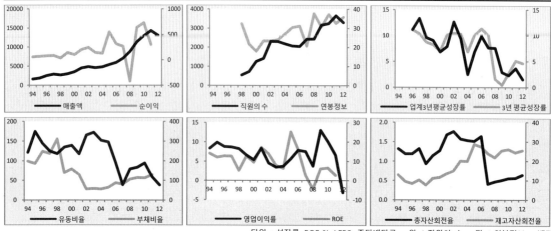

단위 : 성장률, ROE-% / EPS, 주당배당금 – 원 / 직원의 수 – 명 / 연봉정보 – 백만
자본잠식으로 인해, 계산 불가한 값(2012년 부채비율, ROE 및 성장률)은 그래프에서 제외 및 보정하였습니다.
특이값(2012년 순이익)은 그래프에서 제외하였습니다.
2007년 웅진씽크빅 인적 분할로 인하여, 07년도 이후의 자료는 웅진씽크빅과 웅진홀딩스 재무제표를 합산해 그래프를 작성하였습니다.
EPS와 배당금은 웅진홀딩스 기준입니다.

• 기타서비스

2012년 기타서비스 상장기업의 전체 매출액은 약 1조원(전년대비 9% 증가)이며, 총 당기순이익은 약 4천 7백억원(전년대비 24% 감소)입니다. 평균성장률은 6.5%(전년대비 1.2%p 감소), ROE는 8.5%(전년대비 1.3%p 감소)를 기록하였습니다. (매출액 및 당기순이익은 단순합계금액이며, 성장률 및 ROE는 단순평균값 입니다)

해당 산업의 총 직원 수는 약 4만 7천명(전년대비 6% 증가)이며, 최근 평균연봉(2012년)은 약 2천 7백만원(전년대비 7% 감소)입니다. 업계 직원 수는 꾸준히 증가하고 있는 반면, 연봉은 08년도 이후로 감소하면서 2천만원 수준을 유지하고 있습니다. 최근 3년간 평균 유동비율은 185.8%, 부채비율은 73.8%입니다.

구 분	총매출액	총 당기순이익	평균성장률	평균 ROE	총 직원수	연봉정보
94	1,084	14	5.7	8.2		
95	1,507	10	2.2	3.8		
96	1,793	-54	4.8	5.6		
97	2,186	7	10.3	10.6		
98	2,344	-56	6.6	6.8	10,050	19
99	2,396	-110	4.5	5.6	8,504	25
00	3,011	-43	6.8	9.2	9,059	30
01	4,213	-69	5.5	5.6	13,718	22
02	5,107	127	9.1	11.5	17,820	25
03	4,787	127	4.5	8.1	19,459	28
04	5,378	104	10.5	14.6	20,939	30
05	6,001	265	10.8	13.9	24,322	28
06	6,996	249	11.1	12.1	27,273	29
07	6,321	441	8.1	12.8	30,977	32
08	7,158	275	5.4	7.5	31,399	33
09	7,853	492	10.3	12.7	37,356	26
10	9,017	528	8.5	9.8	39,038	23
11	9,542	616	7.7	9.8	44,665	29
12	10,414	470	6.5	8.5	47,570	27

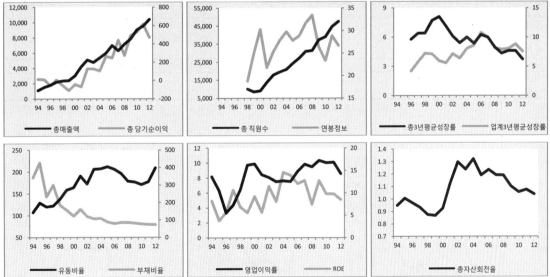

단위 : 총 매출액, 총 당기순이익 - 십억 / 평균 성장률, 평균 ROE - % / 총 직원 수 - 명 / 연봉정보 - 백만
연봉정보는 1인당 평균 급여액이며, 대상기업들의 연간 총 급여액을 총 직원의 수로 나눈 금액입니다.
업계 3년 평균 성장률은 기타서비스업종 전체 상장사의 평균이며, 사업보고서에 근거한 자료만으로 만들었습니다.

• 인선이엔티 (코스닥 / 060150)

- 건설 폐기물 처리업

구분	94	95	96	97	98	99	00	01	02	03	04	05	06	07	08	09	10	11	12
성장률									9.29	12.29	13.00	1.46	0.48	9.02	10.75	4.86	-1.68	0.32	-3.52
EPS									937	1,004	957	192	111	334	479	329	-76	14	-154
배당금									485	271	308	155	100	100	0	100	0	0	0
ROE					2.06	42.09	38.62	49.46	19.26	16.83	19.17	7.56	4.84	12.88	10.75	6.99	-1.68	0.32	-3.52
직원의 수									109	148	169	237	208	273	323	322	379	384	296
연봉정보									23	22	26	23	28	31	33	36	36	34	39

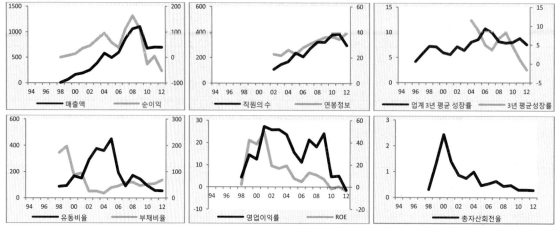

단위 : 성장률, ROE-% / EPS, 주당배당금 – 원 / 직원의 수 – 명 / 연봉정보 – 백만
2001년 6월, 인선기업 주식회사에서 인선이엔티 주식회사로 상호 변경하였습니다.

• 누리플랜(코스닥 / 069140)

- 구조용 금속판제품 및 금속공작물 제조업

구분	94	95	96	97	98	99	00	01	02	03	04	05	06	07	08	09	10	11	12
성장률								16.83	4.05	6.53	11.29	10.55	10.39	3.58	15.47	18.06	13.27	13.09	-4.94
EPS								594	93	160	311	325	340	116	905	1,147	1,044	911	-313
배당금								0	0	0	0	0	0	0	0	214	70	70	0
ROE								16.83	4.05	6.53	11.29	10.55	10.39	3.58	15.47	22.20	14.22	14.18	-4.94
직원의 수																139	120	102	
연봉정보																32	35	39	

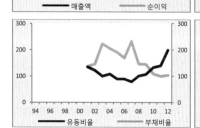
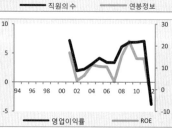
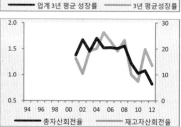

단위 : 성장률, ROE-% / EPS, 주당배당금 – 원 / 직원의 수 – 명 / 연봉정보 – 백만
2001년~2007년 사업보고서 미공시로 인하여 EPS는 감사보고서를 기준으로, 배당금은 0으로 간주해 성장률을 계산하였습니다.
01년~07년 성장률은 업계 3년 평균성장률 계산 과정에서 제외하였습니다.
2001년 7월, ㈜대산강건에서 ㈜누리플랜으로 상호 변경하였습니다.

기
타
서
비
스

• 케이티스 (유가증권 / 058860)

- 데이터베이스 및 온라인정보 제공업

구 분	94	95	96	97	98	99	00	01	02	03	04	05	06	07	08	09	10	11	12
성장률								9.54	13.28	19.87	24.78	9.67	18.58	21.89	14.04	16.40	17.98	15.76	11.92
EPS								53	85	159	261	141	298	450	344	474	669	619	532
배당금								0	0	0	0	25	25	35	35	35	50	70	100
ROE								9.54	13.28	19.87	24.78	11.77	20.28	23.74	15.63	17.70	19.43	17.77	14.69
직원의 수								1,689	1,698	2,098	2,559	2,789	2,768	2,772	2,954	6,619	7,364	8,013	9,197
연봉정보								미공시	19	17		미공시		17	19		미공시		

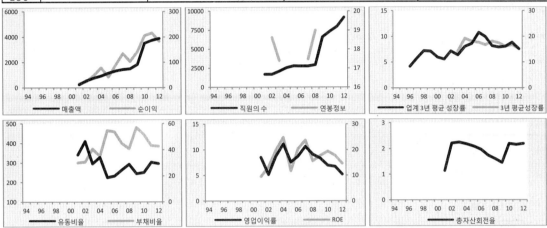

단위 : 성장률, ROE-% / EPS, 주당배당금 - 원 / 직원의 수 - 명 / 연봉정보 - 백만
2009년 10월, 한국인포서비스 주식회사에서 주식회사 케이티스로 상호 변경하였습니다.
2001년, 2004년~2006년, 2009년~2012년 연봉정보는 미공시 되었습니다.

• KTcs (유가증권 / 058850)

- 데이터베이스 및 온라인정보 제공업

구 분	94	95	96	97	98	99	00	01	02	03	04	05	06	07	08	09	10	11	12
성장률								7.44	21.54	23.90	24.94	12.84	12.55	8.00	-0.02	13.29	13.63	14.01	11.00
EPS								40	148	216	300	205	226	175	25	307	391	430	423
배당금								0	0	0	0	24	24	34	25	35	35	70	100
ROE								7.44	21.54	23.90	24.94	14.55	14.05	9.93	1.40	15.00	14.97	16.74	14.41
직원의 수								2,806	3,145	3,492	3,953	4,041	4,592	4,202	3,166	6,773	8,916	8,902	9,838
연봉정보													미공시						

단위 : 성장률, ROE-% / EPS, 주당배당금 - 원 / 직원의 수 - 명 / 연봉정보 - 백만
2009년 10월, 한국인포데이타 주식회사에서 주식회사 케이티씨에스로 상호 변경하였습니다.
연봉정보는 미공시 되었습니다.

· NICE 평가정보 (코스닥 / 030190)

- 데이터베이스 및 온라인정보 제공업

구분	94	95	96	97	98	99	00	01	02	03	04	05	06	07	08	09	10	11	12
성장률			3.62	3.60	1.31	11.98	6.88	12.83	2.37	5.03	5.89	10.71	7.72	8.18	9.01	11.23	0.40	11.34	6.52
EPS			32	33	12	128	210	470	196	395	413	647	438	498	567	805	40	496	390
배당금			0	0	0	0	50	100	132	240	228	260	146	160	160	160	30	160	180
ROE			3.62	3.60	1.31	11.98	9.03	16.29	7.26	12.79	13.14	17.92	11.58	12.05	12.55	14.01	1.56	16.73	12.10
직원의 수							147	146	158	178	183	187	1,250	1,200	1,285	998	348	406	425
연봉정보							44	53	41	60	73	74	28	32	33	42	23	82	88

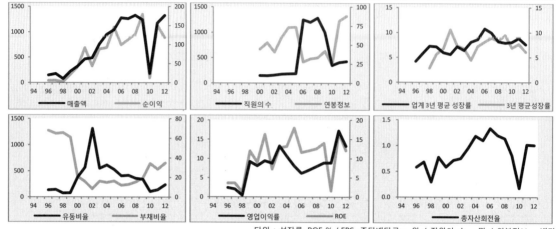

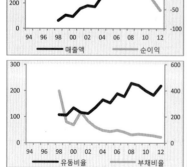

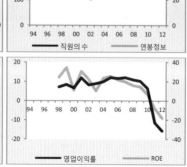

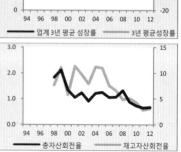

단위 : 성장률, ROE-% / EPS, 주당배당금 – 원 / 직원의 수 – 명 / 연봉정보 – 백만
2010년, 한국신용평가정보 주식회사에서 NICE신용평가정보 주식회사로 상호 변경하였습니다.

· 빅텍 (코스닥 / 065450)

- 방산기술 개발 및 생산 판매업

구분	94	95	96	97	98	99	00	01	02	03	04	05	06	07	08	09	10	11	12
성장률					24.24	34.38	11.05	30.50	22.26	0.00	16.65	8.44	1.25	-0.40	8.76	10.19	4.34	-8.18	-18.13
EPS					17	63	65	178	99	50	138	75	76	78	177	269	112	-107	-223
배당금					0	0	0	0	0	50	40	50	72	80	80	80	40	0	0
ROE					24.24	34.38	11.05	30.50	22.26	10.31	23.45	25.46	21.68	19.76	15.99	14.50	6.74	-8.18	-18.13
직원의 수									115	123	137	155	168	189	193	196	203	188	162
연봉정보									21	26	26	32	32	36	38	40	36	38	40

단위 : 성장률, ROE-% / EPS, 주당배당금 – 원 / 직원의 수 – 명 / 연봉정보 – 백만

• 비츠로시스 (코스닥 / 054220)

- 배전반 및 전기자동제어반 제조업

구 분	94	95	96	97	98	99	00	01	02	03	04	05	06	07	08	09	10	11	12
성장률					18.61	15.78	10.80	11.69	9.20	6.45	7.30	7.58	8.43	0.80	1.31	2.85	2.55	1.47	4.86	2.06
EPS					222	223	284	251	263	194	225	252	301	24	36	97	89	54	172	73
배당금					0	0	0	0	0	50	50	50	50	0	0	0	0	0	0	0
ROE					18.61	15.78	10.80	11.69	9.20	8.69	9.39	9.46	10.11	0.80	1.31	2.85	2.55	1.47	4.86	2.06
직원의 수								90	99	119	117	159	149	146	140	123	230	207	216
연봉정보								26	31	28	26	31	40	43	41	36	33	41	45

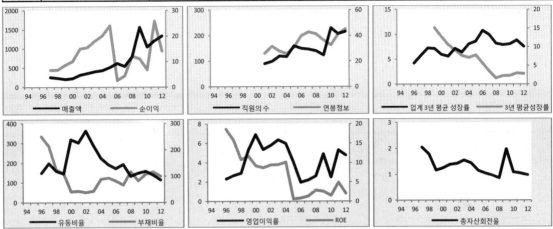

단위 : 성장률, ROE-% / EPS, 주당배당금 – 원 / 직원의 수 – 명 / 연봉정보 – 백만
2006년 결산 월 변경으로 인하여 18기는 제외하였으며, 17기를 2005년, 19기를 2006년 기준으로 작성하였습니다.
2000년 7월, 광명제어에서 비츠로시스로 상호 변경하였습니다.

• 에스원 (유가증권 / 012750)

- 보안시스템 서비스업

구 분	94	95	96	97	98	99	00	01	02	03	04	05	06	07	08	09	10	11	12
성장률	7.37	5.17	3.88	5.99	4.90	4.94	4.79	6.30	9.43	10.09	10.78	11.47	12.73	14.21	13.76	9.21	10.62	10.53	6.72
EPS	222	170	347	403	366	379	492	640	958	1,337	1,598	2,067	2,374	3,034	3,337	2,804	3,215	3,479	2,728
배당금	60	60	137	40	35	15	150	150	200	400	600	800	900	1,050	1,100	1,150	1,200	1,250	1,250
ROE	10.10	7.98	6.42	6.65	5.42	5.14	6.89	8.22	11.92	14.40	17.26	18.72	20.50	21.73	20.52	15.61	16.94	16.43	12.40
직원의 수					2,802	2,914	3,052	3,104	3,255	3,326	3,706	3,949	4,462	4,387	4,756	4,983	4,879	4,902	5,152
연봉정보					21	25	31	35	27	41	44	44	47	53	56	56	64	65	55

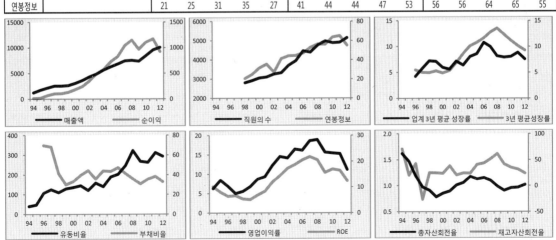

단위 : 성장률, ROE-% / EPS, 주당배당금 – 원 / 직원의 수 – 명 / 연봉정보 – 백만

• KC 그린홀딩스 (유가증권 / 009440)

- 비금융 지주회사

구분	94	95	96	97	98	99	00	01	02	03	04	05	06	07	08	09	10	11	12
성장률	12.73	0.89	1.13	0.24	1.69	-8.36	-21.47	-21.15	4.64	-5.01	-9.34	16.70	-6.57	16.33	7.01	11.52	-0.41	3.41	4.77
EPS	406	45	90	47	46	-237	-527	-423	103	171	-195	533	755	757	482	816	38	203	296
배당금	75	15	50	40	0	0	0	0	0	50	0	100	1,000	170	120	180	60	50	70
ROE	15.62	1.32	2.54	1.69	1.69	-8.36	-21.47	-21.15	4.64	-7.08	-9.34	20.56	20.26	21.06	9.33	14.78	0.71	4.52	6.25
직원의 수					210	168	166	138	141	158	171	168	178	175	222	204	22	24	26
연봉정보					19	19	21	25	28	30	33	33	37	49	56	49	40	51	44

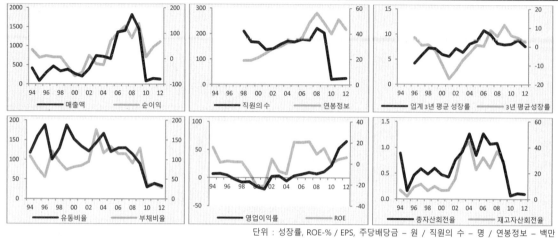

단위 : 성장률, ROE-% / EPS, 주당배당금 – 원 / 직원의 수 – 명 / 연봉정보 – 백만
2008년 3월, 한국코트렐주식회사에서 케이씨코트렐주식회사로 상호 변경하였습니다.
2010년 1월, 존속법인인 구 케이씨코트렐 주식회사가 인적 분할하여 케이씨그린홀딩스 주식회사로 상호 변경하였습니다.

• 삼성테크윈 (유가증권 / 012450)

- 사진기, 영사기 및 관련장비 제조업

구분	94	95	96	97	98	99	00	01	02	03	04	05	06	07	08	09	10	11	12
성장률	0.85	0.49	-14.91	1.58	-2.33	-29.14	5.52	-16.28	6.85	7.28	2.21	8.91	15.02	16.07	3.97	8.46	10.67	13.18	5.21
EPS	549	459	-2,168	220	542	-2,827	-437	-1,138	512	588	337	1,128	2,068	2,657	960	2,309	3,121	4,203	1,937
배당금	350	350	0	0	150	0	0	0	0	0	150	300	400	500	400	700	800	500	500
ROE	2.35	2.07	-14.91	1.58	-3.22	-29.14	5.52	-16.28	6.85	7.28	3.98	12.14	18.63	19.79	6.81	12.14	14.34	14.96	7.03
직원의 수					6,248	4,407	4,125	3,669	3,697	3,915	4,144	4,396	4,831	5,082	5,371	4,299	4,932	4,977	5,023
연봉정보					16	27	32	34	39	41	46	44	47	53	57	61	61	75	70

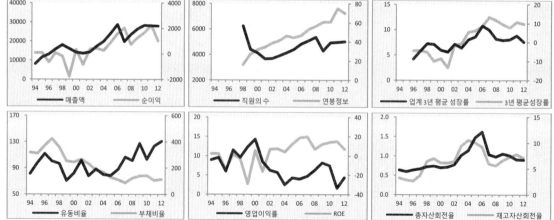

단위 : 성장률, ROE-% / EPS, 주당배당금 – 원 / 직원의 수 – 명 / 연봉정보 – 백만
2000년 3월, 삼성항공산업주식회사에서 삼성테크윈주식회사로 상호 변경하였습니다.

• 아이마켓코리아 (유가증권 / 122900)

- 상품 종합 도매업

구분	94	95	96	97	98	99	00	01	02	03	04	05	06	07	08	09	10	11	12
성장률							-2.28	-6.91	17.27	19.31	23.16	22.83	26.22	21.12	15.28	20.21	9.54	9.51	9.35
EPS							-12	-32	136	180	263	353	521	518	493	784	1,008	961	1,078
배당금							0	0	0	0	0	0	0	0	50	50	200	200	250
ROE							-2.28	-6.91	17.27	19.31	23.16	22.83	26.22	21.12	17.00	21.58	11.90	12.01	12.18
직원의 수																	362	391	430
연봉정보																	49	47	49

매출액 / 순이익

직원의수 / 연봉정보

업계 3년 평균 성장률 / 3년 평균성장률

유동비율 / 부채비율

영업이익률 / ROE

총자산회전율 / 재고자산회전율

단위 : 성장률, ROE-% / EPS, 주당배당금 – 원 / 직원의 수 – 명 / 연봉정보 – 백만
2000년~2007년 사업보고서 미공시로 인하여 EPS는 감사보고서를 기준으로, 배당금은 0으로 간주해 성장률을 계산하였습니다.
00년~07년 성장률은 업계 3년 평균성장률 계산 과정에서 제외하였습니다.
1기(2000년) 자료는 그래프에서 제외하였습니다.

• 한국기업평가 (코스닥 / 034950)

- 신용조사 및 추심 대행업

구분	94	95	96	97	98	99	00	01	02	03	04	05	06	07	08	09	10	11	12
성장률				1.40	7.99	5.93	6.17	6.16	0.98	4.27	3.65	4.98	5.85	5.80	3.66	0.01	5.32	1.51	3.50
EPS				245	804	818	1,022	1,357	604	961	1,003	1,366	1,720	1,816	1,038	1,127	2,246	1,960	2,780
배당금				100	350	450	650	1,000	500	500	600	750	1,006	1,036	572	1,125	1,460	1,726	2,197
ROE				2.36	14.15	13.18	16.95	23.40	5.70	8.91	9.08	11.03	14.09	13.50	8.15	8.07	15.20	12.63	16.71
직원의 수								192	178	175	170	168	161	169	169	167	162	158	164
연봉정보								49	53	62	67	72	75	83	53	97	96	76	81

매출액 / 순이익

직원의수 / 연봉정보

업계 3년 평균 성장률 / 3년 평균성장률

유동비율 / 부채비율

영업이익률 / ROE

총자산회전율

단위 : 성장률, ROE-% / EPS, 주당배당금 – 원 / 직원의 수 – 명 / 연봉정보 – 백만
1987년 11월, 한국경영컨설팅㈜에서 한국기업평가㈜로 상호 변경하였습니다.
2008년 결산 월 변경으로 인하여 26기(2008년)는 9개월(1월~9월)치 자료입니다.
2012년 결산 월 변경으로 인하여 31기는 제외하였으며, 30기를 2012년 기준으로 작성하였습니다.

• NICE (유가증권 / 034310)

- 신용조사 및 추심 대행업

구분	94	95	96	97	98	99	00	01	02	03	04	05	06	07	08	09	10	11	12
성장률						11.75	11.69	10.40	7.50	1.24	5.32	5.80	9.21	10.22	8.91	4.03	2.98	1.76	4.29
EPS						841	1,405	1,299	1,225	653	1,216	1,394	2,052	2,436	2,258	1,551	2,820	2,148	5,768
배당금						100	250	300	350	300	500	600	600	700	600	600	1,500	650	1,300
ROE						13.34	14.22	13.52	10.50	2.28	9.04	10.18	13.02	14.34	12.13	6.57	6.37	2.52	5.54
직원의 수										837	836	950	912	913	844	1,015	32	38	41
연봉정보										29	37	35	40	41	36	34	77	85	80

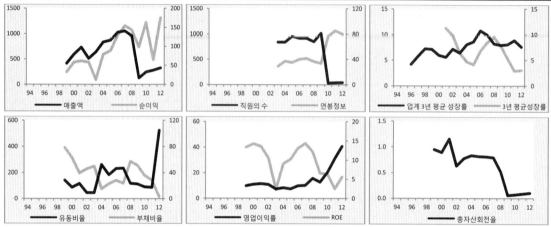

단위 : 성장률, ROE-% / EPS, 주당배당금 – 원 / 직원의 수 – 명 / 연봉정보 – 백만
2010년 11월, 투자사업부문과 신용조회사업부문을 인적 분할,
투자사업부문을 존속법인으로 하여 한국신용평가정보(주)로부터 인적분할된 투자사업부문을 흡수 합병,
한국신용정보 주식회사에서 주식회사 NICE홀딩스로 상호 변경하였습니다.

• 와이제이브릭스 (코스닥 / 053330)

- 액체 여과기 제조업

구분	94	95	96	97	98	99	00	01	02	03	04	05	06	07	08	09	10	11	12
성장률				17.35	8.59	6.06	23.26	13.25	4.72	-31.29	-103.8	-227.3	-77.28	-30.58	-36.22	-70.86	-70.86	-43.93	-29.46
EPS				534	289	269	730	803	132	-299	-583	-534	-303	-100	-1,122	-393	-205	-622	-1,057
배당금				0	0	0	0	20	0	0	0	0	0	0	0	0	0	0	0
ROE				17.35	8.59	6.06	23.26	13.59	4.72	-31.29	-103.8	-227.3	-77.28	-30.58	-36.22	-70.86	-70.86	-43.93	-29.46
직원의 수								47	48	43	28	25	24	24	15	36	51	43	43
연봉정보								15	14	24	32	34	31	29	46	17	23	30	36

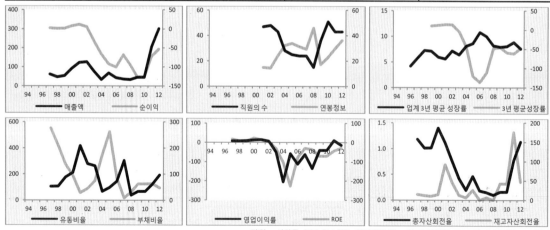

단위 : 성장률, ROE-% / EPS, 주당배당금 – 원 / 직원의 수 – 명 / 연봉정보 – 백만
2013년 10월, ㈜영진인프라에서 ㈜와이제이브릭스로 상호 변경하였습니다.

• 효성ITX (유가증권 / 094280)

- 인력공급업

구 분	94	95	96	97	98	99	00	01	02	03	04	05	06	07	08	09	10	11	12
성장률								-11.83	31.84	50.27	46.91	23.16	16.24	5.83	-39.05	2.05	12.50	19.13	14.80
EPS								-152	588	1,871	3,287	372	360	236	-916	36	212	332	357
배당금								0	0	0	0	0	0	0	0	0	0	0	25
ROE								-11.83	31.84	50.27	46.91	23.16	16.24	5.83	-39.05	2.05	12.50	19.13	15.92
직원의 수														3,362	3,584	3,621	5,484	5,692	5,911
연봉정보														17	9	14	17	19	19

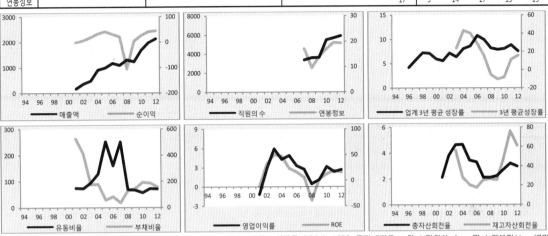

단위 : 성장률, ROE-% / EPS, 주당배당금 – 원 / 직원의 수 – 명 / 연봉정보 – 백만
2001년~2004년 사업보고서 미공시로 인하여 EPS는 감사보고서를 기준으로, 배당금은 0으로 간주해 성장률을 계산하였습니다.
01년~04년 성장률은 업계 3년 평균성장률 계산 과정에서 제외하였습니다.

• 아이씨케이 (코스닥 / 068940)

- 전자카드 제조업

구 분	94	95	96	97	98	99	00	01	02	03	04	05	06	07	08	09	10	11	12
성장률								26.75	3.16	-13.75	-161.0	자본잠식	45.26	14.76	6.63	21.03	16.95	21.75	17.80
EPS								259	59	-225	-1,009	-1,498	354	145	66	245	377	534	429
배당금								0	0	0	0	0	0	0	0	0	50	70	0
ROE								26.75	3.16	-13.75	-161.0	자본잠식	45.26	14.76	6.63	21.03	19.55	25.03	17.80
직원의 수															119	113	120	116	151
연봉정보															19	21	23	27	29

단위 : 성장률, ROE-% / EPS, 주당배당금 – 원 / 직원의 수 – 명 / 연봉정보 – 백만
2001년~2005년 사업보고서 미공시로 인하여 EPS는 감사보고서를 기준으로, 배당금은 0으로 간주해 성장률을 계산하였습니다.
01년~05년 성장률은 업계 3년 평균성장률 계산 과정에서 제외하였습니다.
자본잠식으로 인해, 계산 불가한 값(2005년 부채비율, ROE, 성장률)은 그래프에서 제외하였습니다.
특이값(2003년~2007년 3년 평균성장률)은 그래프에서 제외하였습니다.

• 와이엔텍 (코스닥 / 067900)

- 지정 폐기물 처리업

구분	94	95	96	97	98	99	00	01	02	03	04	05	06	07	08	09	10	11	12
성장률						9.81	10.50	12.15	25.84	5.52	28.29	15.16	7.14	5.22	-6.16	4.58	5.40	6.27	6.36
EPS						926	1,107	1,697	318	153	481	497	228	192	-177	182	232	288	311
배당금						0	0	0	0	0	0	0	50	50	0	0	0	0	0
ROE						9.81	10.50	12.15	25.84	5.52	28.29	15.16	9.14	7.06	-6.16	4.58	5.40	6.27	6.36
직원의 수											93	91	88		167	163	171	173	167
연봉정보											26	32	28		26	29	29	32	35

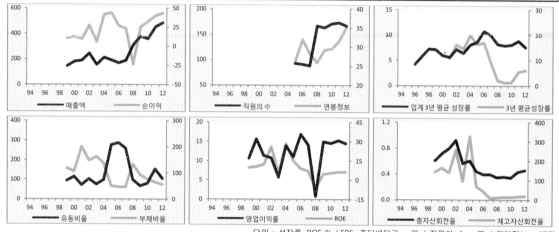

단위 : 성장률, ROE-% / EPS, 주당배당금 – 원 / 직원의 수 – 명 / 연봉정보 – 백만
1999년~2003년 사업보고서 미공시로 인하여 EPS는 감사보고서를 기준으로, 배당금은 0으로 간주해 성장률을 계산하였습니다.
99년~03년 성장률은 업계 3년 평균성장률 계산 과정에서 제외하였습니다.
2001년 11월, 주식회사 여산에서 주식회사 와이엔텍으로 상호 변경하였습니다.

• 코엔텍 (코스닥 / 029960)

- 지정 외 폐기물 처리업

구분	94	95	96	97	98	99	00	01	02	03	04	05	06	07	08	09	10	11	12
성장률						2.74	0.95	1.02	12.95	12.68	11.21	10.78	6.62	5.31	3.45	0.44	3.45	7.45	11.92
EPS						28	5	6	93	109	143	147	96	80	47	5	39	90	162
배당금						0	0	0	10	15	40	45	30	25	10	0	0	0	0
ROE						2.74	0.95	1.02	14.51	14.71	15.56	15.54	9.63	7.72	4.38	0.44	3.45	7.45	11.92
직원의 수											69	69	69	68	67	64	61	60	61
연봉정보											36	37	38	42	45	43	45	49	51

단위 : 성장률, ROE-% / EPS, 주당배당금 – 원 / 직원의 수 – 명 / 연봉정보 – 백만
1999년~2001년 사업보고서 미공시로 인하여 EPS는 감사보고서를 기준으로, 배당금은 0으로 간주해 성장률을 계산하였습니다.
99년~01년 성장률은 업계 3년 평균성장률 계산 과정에서 제외하였습니다.
2000년 3월, 울산환경개발주식회사에서 주식회사 코엔텍으로 상호 변경하였습니다.

• 퍼스텍 (유가증권 / 010820)
- 컴퓨터 및 주변장치 제조업

구 분	94	95	96	97	98	99	00	01	02	03	04	05	06	07	08	09	10	11	12
성장률	4.35	3.10	1.95	-158.0	자본잠식			318.13	13.59	-1.35	-46.72	8.13	4.80	2.42	5.08	0.21	10.70	2.28	0.91
EPS	68	66	43	-876	-2,515	2,932	-621	1,334	85	36	-226	44	12	16	34	3	143	31	43
배당금	15	25	15	0	0	0	0	0	0	50	0	0	0	0	0	0	0	0	30
ROE	5.58	5.01	2.98	-158.0	자본잠식			318.13	13.59	3.47	-46.72	8.13	4.80	2.42	5.08	0.21	10.70	2.28	3.02
직원의 수					292	278	272	260	289	361	357	358	343	293	332	미공시		351	352
연봉정보					24	20	20	20	37	29	34	39	40	38	37			47	46

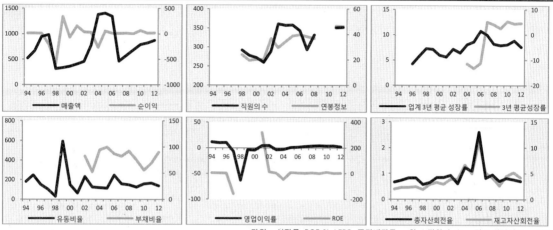

단위 : 성장률, ROE-% / EPS, 주당배당금 – 원 / 직원의 수 – 명 / 연봉정보 – 백만
자본잠식으로 인해, 계산 불가한 값과 특이값(94년~01년 부채비율, 98년~00년 ROE, 96년~03년 3년 평균성장률)은 그래프에서 제외하였습니다.
2009년~2010년 연봉정보는 미공시 되었습니다.
2002년 2월, 제일정밀공업주식회사에서 퍼스텍주식회사로 상호 변경하였습니다.

• 엠피씨 (코스닥 / 050540)
- 콜센터 및 텔레마케팅 서비스업

구 분	94	95	96	97	98	99	00	01	02	03	04	05	06	07	08	09	10	11	12
성장률						66.55	13.36	-0.97	-2.10	13.60	19.62	10.20	5.09	-0.05	0.91	-3.12	-14.61	7.80	6.12
EPS						694	280	-17	-36	272	488	547	309	-3	35	-116	-407	163	166
배당금						0	0	0	0	0	0	100	150	0	0	0	0	0	0
ROE						66.55	13.36	-0.97	-2.10	13.60	19.62	12.49	9.90	-0.05	0.91	-3.12	-14.61	7.80	6.12
직원의 수											2,372	2,755	3,376	3,254	3,225	3,433	4,097	4,250
연봉정보											18	18	14	14	13	12	14	21

단위 : 성장률, ROE-% / EPS, 주당배당금 – 원 / 직원의 수 – 명 / 연봉정보 – 백만
1999년~2002년 사업보고서 미공시로 인하여 EPS는 감사보고서를 기준으로, 배당금은 0으로 간주해 성장률을 계산하였습니다.
99년~02년 성장률은 업계 3년 평균성장률 계산 과정에서 제외하였습니다.
1996년 4월, ㈜마케팅파이오니아에서 ㈜엠.피.씨로 상호 변경하였습니다.

• 쎄트렉아이 (코스닥 / 099320)

- 항공기, 우주선 및 보조장치 제조업

구 분	94	95	96	97	98	99	00	01	02	03	04	05	06	07	08	09	10	11	12
성장률													14.98	34.21	9.61	10.00	3.92	9.55	9.46
EPS													51	1,813	1,122	1,168	453	1,161	1,319
배당금													0	0	180	200	100	200	260
ROE											15.00	1.61	14.98	34.21	11.45	12.07	5.04	11.53	11.79
직원의 수															108	125	139	141	162
연봉정보															48	46	39	47	48

단위 : 성장률, ROE-% / EPS, 주당배당금 – 원 / 직원의 수 – 명 / 연봉정보 – 백만

• 한국항공우주 (유가증권 / 047810)

- 항공기용 부품 제조업

구 분	94	95	96	97	98	99	00	01	02	03	04	05	06	07	08	09	10	11	12
성장률						0.10	-62.25	-20.56	5.46	3.34	2.21	0.35	-25.63	0.97	4.19	16.41	12.70	6.80	6.13
EPS						19	-1,970	-853	165	87	44	15	-2,293	32	219	1,049	983	828	759
배당금						0	0	0	0	0	0	0	0	0	0	0	100	200	200
ROE						0.10	-62.25	-20.56	5.46	3.34	2.21	0.35	-25.63	0.97	4.19	16.41	14.14	8.97	8.33
직원의 수									3,270	3,083	2,916	2,730	2,724	2,775	2,857	2,928	미공시	3,001	2,970
연봉정보									34	36	49	42	47	50	53	58		76	77

단위 : 성장률, ROE-% / EPS, 주당배당금 – 원 / 직원의 수 – 명 / 연봉정보 – 백만
2010년 직원의 수, 연봉정보는 미공시 되었습니다.

• 한국전자금융 (코스닥 / 063570)

- 기타 사업지원 서비스업

구분	94	95	96	97	98	99	00	01	02	03	04	05	06	07	08	09	10	11	12
성장률							1.63	20.06	15.31	-16.45	11.79	-115.5	8.42	12.82	10.64	17.38	7.78	5.12	3.54
EPS							19	155	187	-146	232	203	241	377	330	510	289	221	141
배당금							0	0	0	0	100	1,250	100	125	100	100	80	80	40
ROE							1.63	20.06	15.31	-16.45	20.75	22.39	14.40	19.18	15.27	21.62	10.75	8.02	4.95
직원의 수							402	508	514	519	509	526	539	487	428	435	489	550	
연봉정보							20	20	미공시	26	29	32	33	25	28	35	31	28	

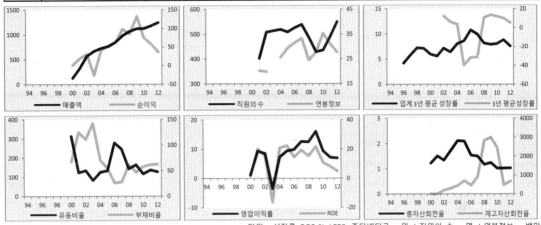

단위 : 성장률, ROE-% / EPS, 주당배당금 – 원 / 직원의 수 – 명 / 연봉정보 – 백만
2003년 연봉정보는 미공시 되었습니다.

• 모나미 (유가증권 / 005360)

- 기타 상품 전문 도매업

구분	94	95	96	97	98	99	00	01	02	03	04	05	06	07	08	09	10	11	12
성장률	1.66	-49.12	6.13	10.69	3.17	2.11	2.72	4.80	1.43	-0.29	5.20	1.92	13.54	-0.02	-24.35	6.22	-19.02	-0.51	-0.37
EPS	153	-836	118	335	126	111	137	199	96	32	238	130	624	56	-197	385	429	26	35
배당금	100	0	0	80	30	50	50	50	50	42	48	56	68	56	40	65	50	50	50
ROE	4.81	-49.12	6.13	14.04	4.16	3.84	4.28	6.42	2.99	0.94	6.51	3.38	15.20	6.63	-20.23	7.49	-21.53	0.56	0.86
직원의 수					498	510	510	518	404	294	300	288	311	288	307	289	203	182	167
연봉정보					19	15	18	20	23	28	23	24	19	23	26	29	36	34	35

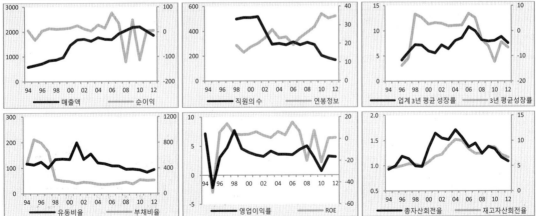

단위 : 성장률, ROE-% / EPS, 주당배당금 – 원 / 직원의 수 – 명 / 연봉정보 – 백만
1974년 3월, 모나미 화학공업주식회사에서 주식회사 모나미로 상호 변경하였습니다.

기
타
서
비
스

• 양지사 (코스닥 / 030960)

- 기타 인쇄업

구 분	94	95	96	97	98	99	00	01	02	03	04	05	06	07	08	09	10	11	12
성장률			14.75	11.03	7.53	8.39	24.82	8.19	16.06	12.67	18.70	12.47	9.61	10.84	8.50	11.77	24.11	6.94	1.28
EPS			391	329	115	91	174	177	238	219	360	299	262	318	280	411	1,172	361	208
배당금			0	0	0	0	0	100	50	50	50	50	50	50	50	50	50	50	150
ROE			14.75	11.03	7.53	8.39	24.82	18.90	20.33	16.42	21.72	14.98	11.88	12.87	10.35	13.41	25.19	8.05	4.58
직원의 수							294	278	314	306	313	305	323	321	333	317	324	337	358
연봉정보							15	18	20	22	23	23	25	22	24	25	26	25	27

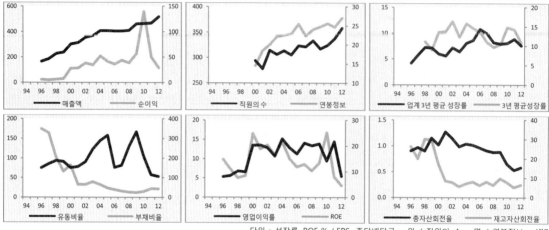

단위 : 성장률, ROE-% / EPS, 주당배당금 - 원 / 직원의 수 - 명 / 연봉정보 - 백만
2000년 결산 월 변경으로 인하여 21기는 제외하였으며, 20기를 2000년 기준으로 작성하였습니다

• 나이스정보통신 (코스닥 / 036800)

- 기타 전기 통신업

구 분	94	95	96	97	98	99	00	01	02	03	04	05	06	07	08	09	10	11	12
성장률			자본잠식	-41.08	1.98	7.21	4.46	8.30	14.98	11.74	5.58	12.67	13.63	13.27	12.62	20.53	18.57	21.09	15.58
EPS			-340	-104	9	50	45	85	206	217	187	388	447	481	522	761	944	1,199	1,091
배당금			0	0	0	0	0	0	25	50	100	150	150	150	150	150	200	200	200
ROE			자본잠식	-41.08	1.98	7.21	4.46	8.30	17.05	15.25	11.99	20.66	20.52	19.29	17.71	25.57	23.56	25.32	19.07
직원의 수							65	72	82	81	88	92	95	110	132	135	140	140	153
연봉정보							20	21	29	43	38	39	39	39	28	55	55	62	43

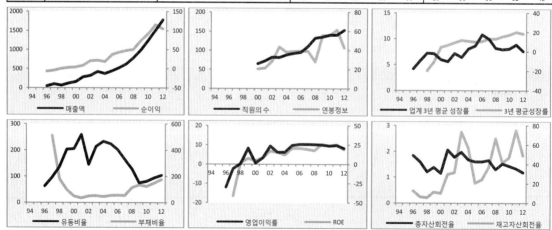

단위 : 성장률, ROE-% / EPS, 주당배당금 - 원 / 직원의 수 - 명 / 연봉정보 - 백만
자본잠식으로 인해, 계산 불가한 값(1996년 부채비율, ROE 및 성장률)은 그래프에서 제외하였습니다.
2000년 8월, 나이스카드정보㈜에서 나이스정보통신㈜로 상호 변경하였습니다.

• 한국정보통신 (코스닥 / 025770)

- 기타 전기 통신업

구분	94	95	96	97	98	99	00	01	02	03	04	05	06	07	08	09	10	11	12
성장률		40.17	22.23	26.25	10.63	24.78	1.92	-2.10	-60.85	-263.4	-4309.4	11.50	10.16	3.29	-67.52	46.89	15.44	17.20	13.75
EPS		6,276	4,314	3,181	1,352	381	100	-106	-1,917	-2,438	-2,693	107	118	33	-407	538	197	263	242
배당금		0	300	200	0	0	0	0	0	0	0	0	0	0	0	0	0	0	0
ROE		40.17	23.89	28.01	10.63	24.78	1.92	-2.10	-60.85	-263.4	-4309.4	11.50	10.16	3.29	-67.52	46.89	15.44	17.20	13.75
직원의 수						227	236	274	248	157	152	140	159	143	144	145	155	164	180
연봉정보						15	21	28	26	30	26	30	35	35	36	48	52	57	62

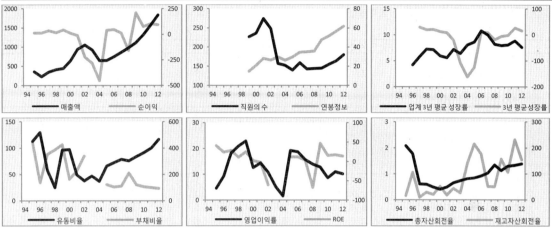

단위 : 성장률, ROE-% / EPS, 주당배당금 – 원 / 직원의 수 – 명 / 연봉정보 – 백만
특이 값(2003년~2004년 부채비율, ROE 및 성장률)은 그래프에서 제외 및 조정하였습니다.

• 한네트 (코스닥 / 052600)

- 기타 전기 통신업

구분	94	95	96	97	98	99	00	01	02	03	04	05	06	07	08	09	10	11	12
성장률					2.21	5.60	31.40	18.88	7.72	2.79	6.35	7.28	6.37	3.26	4.02	9.05	11.39	2.62	-1.97
EPS					120	35	293	338	182	99	243	333	344	276	162	463	597	176	45
배당금					0	0	0	0	50	50	120	180	200	200	70	220	250	100	100
ROE				0.32	2.21	5.60	31.40	18.88	10.64	5.64	12.55	15.84	15.21	11.83	7.08	17.25	19.60	6.07	1.61
직원의 수						47	65	56	54	149	166	82	72	73	72	74	73
연봉정보					미공시	25	29	30	20	26	28	29	35	37	35	34

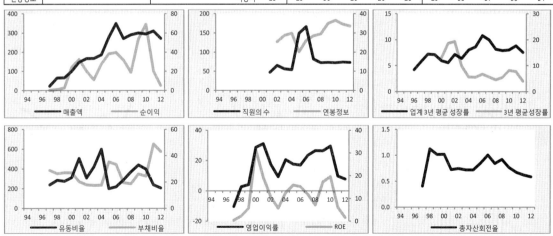

단위 : 성장률, ROE-% / EPS, 주당배당금 – 원 / 직원의 수 – 명 / 연봉정보 – 백만
1999년 7월, 주식회사 한컴기술연구소에서 주식회사 한네트로 상호 변경하였습니다.
2001년 연봉정보는 미공시 되었습니다.
1990년 한국컴퓨터(주) VAN 사업부로 출발하여 민간업체로서는 국내최초로 점외 현금자동인출기를 설치하고,
연중무휴 365일 24시간 현금서비스를 제공하고 있습니다.

• 기타

2012년 기타 상장기업의 전체 매출액은 약 47조 2천억원(전년대비 2% 감소)이며, 총 당기순이익은 약 6천 6백억원(전년대비 19% 감소)입니다. 평균성장률은 1.5%(전년대비 2.4%p 증가), ROE는 2.9%(전년대비 2.6%p증가)를 기록하였습니다. (매출액 및 당기순이익은 단순합계금액이며, 성장률 및 ROE는 단순평균값 입니다)

해당 산업의 직원 수는 약 2만 3천명(전년대비 4% 증가)이며, 최근 평균연봉(2012년)은 약 5천 4백명(전년대비 3% 증가)입니다. 아래 표와 그래프를 통해, 업계 직원 수는 변동이 잦은 반면에 연봉수준은 꾸준히 증가하고 있음을 알 수 있습니다. 최근 3년 평균 유동비율은 123.1%, 부채비율은 132.3%입니다.

구 분	총매출액	총 당기순이익	평균성장률	평균 ROE	총 직원수	연봉정보
94	9,650	64	-0.6	0.9		
95	11,874	23	5.2	6.8		
96	13,102	-43	4.0	5.7		
97	16,078	116	3.1	3.9		
98	18,084	-127	2.2	2.7	33,297	24
99	27,179	2,616	11.6	13.6	32,731	28
00	39,323	550	2.4	3.5	35,440	30
01	45,416	-410	-2.4	5.9	23,696	33
02	29,406	-4,535	0.2	1.8	21,625	35
03	22,747	1,947	4.2	5.3	19,931	37
04	24,746	1,158	-1.1	0.0	18,414	38
05	25,393	1,193	3.6	6.1	18,037	41
06	26,039	1,267	6.2	8.9	17,950	42
07	30,863	2,012	10.0	12.6	18,363	45
08	38,327	1,660	6.3	8.7	17,609	49
09	37,059	1,560	5.1	9.7	18,052	49
10	42,791	1,030	1.1	2.5	21,839	49
11	48,177	816	-0.9	0.3	22,769	52
12	47,218	665	1.5	2.9	23,684	54

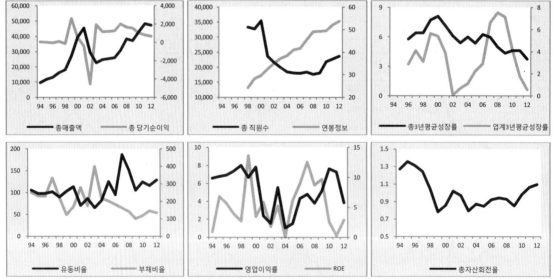

단위 : 총 매출액, 총 당기순이익 – 십억 / 평균 성장률, 평균 ROE – % / 총 직원 수 – 명 / 연봉정보 – 백만
연봉정보는 1인당 평균 급여액이며, 대상기업들의 연간 총 급여액을 총 직원의 수로 나눈 금액입니다.
업계 3년 평균 성장률은 기타업종 전체 상장사의 평균이며, 사업보고서에 근거한 자료만으로 만들었습니다.

• LG (유가증권 / 003550)

- 비금융 지주회사

구분	94	95	96	97	98	99	00	01	02	03	04	05	06	07	08	09	10	11	12
성장률	5.13	4.56	-1.04	0.12	2.29	48.89	9.41	10.49	8.68	-1.50	15.47	14.01	7.50	15.68	12.53	1.33	3.52	3.06	3.14
EPS	1,239	1,140	18	68	676	3,906	3,385	2,812	4,636	-76	2,672	3,694	2,291	5,383	5,207	1,508	2,400	2,249	2,321
배당금	500	500	100	50	250	750	750	250	400	250	250	500	500	750	750	1,000	1,000	1,000	1,000
ROE	8.60	8.13	0.23	0.45	3.63	60.51	12.09	11.52	9.49	-0.35	17.07	16.20	9.59	18.21	14.64	3.95	6.04	5.51	5.51
직원의 수					11,654	11,423	12,257	950	974	72	61	64	70	73	64	72	72	82	96
연봉정보					26	31	32	34	19	48	44	53	50	48	55	53	61	57	65

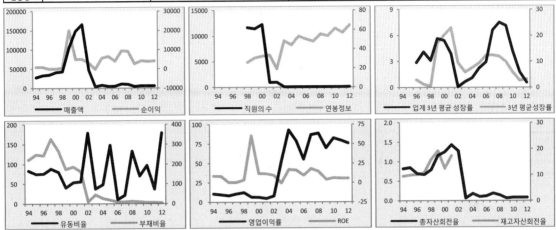

단위 : 성장률, ROE-% / EPS, 주당배당금 - 원 / 직원의 수 - 명 / 연봉정보 - 백만
2001년 4월, (주)LG화학이 (주)LG CI를 존속법인으로 하고 (주)LG 화학과 (주)LG생활건강을 신설법인으로 하여 분할하였습니다.
2002년 연봉정보는 LG생명과학 분할 이전의 6개월(1월~7월)분이 계산된 금액입니다.

• SK네트웍스 (유가증권 / 001740)

- 상품 종합 도매업

구분	94	95	96	97	98	99	00	01	02	03	04	05	06	07	08	09	10	11	12
성장률	1.65	1.82	0.33	0.26	2.02	1.22	1.55	-80.69	자본잠식	759.11	70.89	45.93	37.34	36.13	2.91	0.67	3.74	3.22	-4.09
EPS	278	280	189	156	171	570	308	-2,760	-926,504	22,883	1,870	1,840	1,918	2,422	385	210	616	556	-346
배당금	150	113	163	138	0	0	0	0	0	0	0	0	0	0	100	125	150	150	150
ROE	3.58	3.04	2.37	2.27	2.02	1.22	1.55	-80.69	자본잠식	759.11	70.89	45.93	37.34	36.13	3.93	1.64	4.95	4.41	-2.85
직원의 수					969	1,306	2,412	2,485	2,312	1,803	1,805	2,139	2,196	2,193	2,439	2,069	3,852	4,085	3,912
연봉정보					32	28	22	34	39	47	37	44	44	47	46	52	43	41	55

단위 : 성장률, ROE-% / EPS, 주당배당금 - 원 / 직원의 수 - 명 / 연봉정보 - 백만
자본잠식으로 인해, 계산 불가한 값(2002년 부채총계, ROE 및 성장률)은 그래프에서 제외 및 보정하였습니다.
특이값(2003년 ROE)은 그래프에서 제외하였습니다.
2003년, SK글로벌 주식회사에서 SK네트웍스 주식회사로 상호 변경하였습니다.

• 동원시스템즈 (유가증권 / 014820)

- 유선 통신장비 제조업

구분	94	95	96	97	98	99	00	01	02	03	04	05	06	07	08	09	10	11	12
성장률	11.10	12.24	13.87	6.97	1.67	3.99	11.66	-125.7	-105.9	3.93	-11.58	3.46	8.89	16.10	0.88	-9.02	-5.60	-27.31	-0.04
EPS	264	435	570	374	57	440	689	-2,869	-1,222	36	-94	131	177	267	60	-89	-85	-216	-8
배당금	55	125	150	100	0	75	125	0	0	0	0	100	100	100	50	0	0	0	0
ROE	14.03	17.17	18.83	9.52	1.67	4.82	14.25	-125.7	-105.9	3.93	-11.58	14.63	20.44	25.74	5.26	-9.02	-5.60	-27.31	-0.04
직원의 수					477	515	646	389	207	171	154	522	565	655	613	530	550	566	617
연봉정보					23	24	24	46	51	34	34	29	30	34	39	31	36	27	37

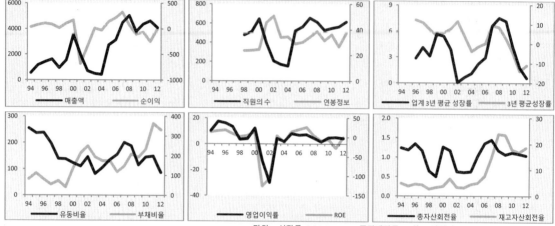

단위 : 성장률, ROE-% / EPS, 주당배당금 – 원 / 직원의 수 – 명 / 연봉정보 – 백만
2005년 2월, 이스텔시스템즈(주)에서 동원시스템즈㈜로 상호 변경하였습니다.

• 두산 (유가증권 / 000150)

- 지주회사 및 경영컨설팅 서비스업

구분	94	95	96	97	98	99	00	01	02	03	04	05	06	07	08	09	10	11	12
성장률	-28.37	-106.18	-689.83	28.89	-3.19	12.78	1.16	-2.51	-36.46	1.49	-6.55	0.67	3.35	3.43	-0.50	-16.90	3.00	4.47	0.27
EPS	-16,871	-29,162	-23,660	16,699	-3,071	8,900	566	-1,329	-12,742	406	-2,868	201	933	1,077	933	1,077	4,730	6,914	3,737
배당금	0	0	0	250	0	0	0	0	0	0	0	0	0	0	1,000	2,500	2,500	3,000	3,500
ROE	-28.37	-106.18	-689.83	29.33	-3.19	12.78	1.16	-2.51	-36.46	1.49	-6.55	0.67	3.35	3.43	7.01	12.79	6.37	7.89	4.22
직원의 수					4,066	4,036	4,426	5,255	5,490	5,618	5,104	4,732	4,472	4,025	2,751	1,995	2,782	3,078	3,363
연봉정보					25	22	24	25	29	31	38	44	48	52	70	59	60	66	61

단위 : 성장률, ROE-% / EPS, 주당배당금 – 원 / 직원의 수 – 명 / 연봉정보 – 백만
특이값(1994년~1997년 부채비율과 ROE, 1996년~1998년 3년 평균성장률)은 그래프에서 제외하였습니다.
1998년 9월, 오비맥주㈜에서 ㈜두산으로 상호 변경하였습니다.

• 솔본 (코스닥 / 035610)

- 컴퓨터 및 주변장치 제조업

구분	94	95	96	97	98	99	00	01	02	03	04	05	06	07	08	09	10	11	12
성장률		31.93	11.95	-18.39	28.46	1.32	-6.38	-35.45	-22.52	1.08	-15.56	1.77	6.56	12.34	-7.17	3.31	-12.82	1.43	3.98
EPS		263	185	-235	101	104	-615	-2,751	-1,374	69	-829	83	364	-583	-325	159	-543	63	186
배당금		0	0	0	0	50	0	0	0	0	0	0	0	0	0	0	0	0	0
ROE		31.93	11.95	-18.39	28.46	2.54	-6.38	-35.45	-22.52	1.08	-15.56	1.77	6.56	12.34	-7.17	3.31	-12.82	1.43	3.98
직원의 수						54	161	155	81	86	13	17	25	18	15	15	13	11	15
연봉정보						12	20	30	37	31	49	41	36	34	41	50	61	81	42

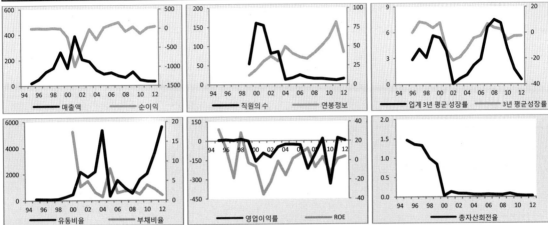

단위 : 성장률, ROE-% / EPS, 주당배당금 - 원 / 직원의 수 - 명 / 연봉정보 - 백만
2004년 3월, 주식회사 새롬기술에서 주식회사 솔본으로 상호 변경하였습니다.
특이값(1995년~1999년 부채비율)은 그래프에서 제외하였습니다.

• 코오롱 (유가증권 / 002020) / 코오롱인더 (유가증권 / 120110)

- 합성섬유 제조업

구분	94	95	96	97	98	99	00	01	02	03	04	05	06	07	08	09	10	11	12
성장률	3.56	3.91	1.26	0.66	3.38	15.41	-0.02	3.23	2.14	12.69	-28.78	1.30	-5.47	1.95	14.71	23.18	-0.78	-0.22	-0.36
EPS	1,337	1,491	798	193	1,721	9,171	292	2,255	1,147	-6,110	-10,522	457	-1,831	709	5,930	5,835	4,705	572	963
배당금	100	100	400	0	50	500	300	400	400	250	0	0	0	0	250	450	500	500	500
ROE	3.85	4.19	2.53	0.66	3.48	16.30	0.66	3.92	3.28	12.19	-28.78	1.30	-5.47	1.95	15.36	25.11	-0.87	-1.72	-0.74
직원의 수					3,348	3,049	3,071	3,104	3,080	3,049	2,092	2,087	1,960	2,402	2,150	2,960	3,145	3,479	3,653
연봉정보					31	32	35	42	44	44	43	41	44	48	52	42	51	56	59

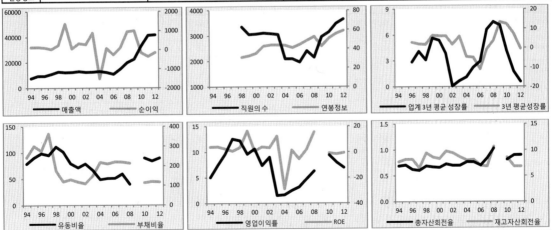

단위 : 성장률, ROE-% / EPS, 주당배당금 - 원 / 직원의 수 - 명 / 연봉정보 - 백만
코오롱인더스트리 인적분할(2009년)로 인하여, 2009년도 이후의 재무상태표를 합산하여 그래프를 작성하였습니다.
매출액, 영업이익, 순이익은 2009년 합산과정에서 이중계산 문제가 있는 관계로 제외하였습니다.
(*직원의 수, 연봉정보: 코오롱과 코오롱인더스트리의 단순 합/ EPS: 코오롱 기준)

기
타

• 효성 (유가증권 / 004800)

- 화학섬유 방적업

구분	94	95	96	97	98	99	00	01	02	03	04	05	06	07	08	09	10	11	12
성장률	1.86	2.44	1.91	2.29	-7.41	3.57	2.75	2.94	2.65	2.52	5.22	-4.48	4.92	9.25	4.54	11.17	5.94	2.60	5.21
EPS	1,273	1,516	937	-475	-11,309	5,825	2,039	2,059	1,779	1,198	2,835	-1,829	2,535	5,011	4,099	10,187	6,328	3,248	5,784
배당금	550	550	200	150	0	350	150	50	100	100	450	0	500	750	750	1,000	1,250	1,000	1,000
ROE	3.28	3.83	2.43	1.74	-7.41	3.80	2.97	3.01	2.81	2.75	6.21	-4.48	6.13	10.88	5.56	12.38	7.41	3.75	6.29
직원의 수					7,842	7,271	7,257	7,250	6,334	6,207	6,165	5,440	5,656	5,920	6,340	7,047	7,786	7,614	7,932
연봉정보					19	27	30	33	38	39	39	40	41	43	43	50	50	55	56

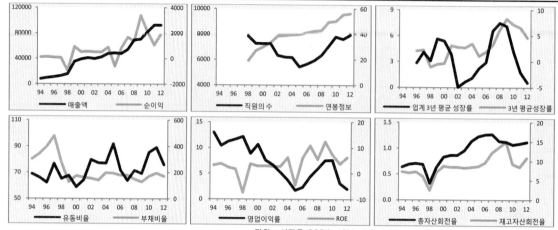

단위 : 성장률, ROE-% / EPS, 주당배당금 - 원 / 직원의 수 - 명 / 연봉정보 - 백만
1998년 9월, ㈜효성티앤씨에서 ㈜효성으로 상호 변경하였습니다.

• 한화 (유가증권 / 000880)

- 화약 및 불꽃제품 제조업

구분	94	95	96	97	98	99	00	01	02	03	04	05	06	07	08	09	10	11	12
성장률	0.81	1.69	2.56	1.85	-9.36	12.62	-4.06	-38.67	-35.64	8.16	19.46	9.33	19.81	13.84	14.87	22.42	3.44	1.49	1.46
EPS	151	269	455	227	-2,639	3,555	1,511	-4,536	-3,052	1,090	3,612	1,650	3,946	3,122	4,218	8,072	1,867	1,000	996
배당금	50	50	100	0	0	300	300	0	0	250	350	350	450	500	500	600	600	450	450
ROE	1.21	2.08	3.28	1.85	-9.36	13.79	-5.06	-38.67	-35.64	10.59	21.54	11.84	22.36	16.48	16.87	24.22	5.06	2.70	2.66
직원의 수					4,941	4,855	4,974	3,840	2,887	2,667	2,766	2,775	2,796	2,877	3,031	3,164	3,422	3,642	3,840
연봉정보					22	29	30	31	32	34	36	39	33	43	46	50	49	48	40

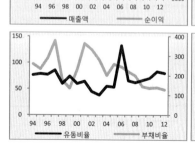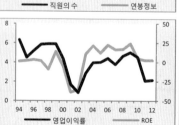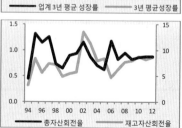

단위 : 성장률, ROE-% / EPS, 주당배당금 - 원 / 직원의 수 - 명 / 연봉정보 - 백만
1993년 3월, 한국화약 주식회사에서 주식회사 한화로 상호 변경하였습니다.

• 태경산업 (유가증권 / 015890)

- 기타 기초무기화학물질 제조업

구분	94	95	96	97	98	99	00	01	02	03	04	05	06	07	08	09	10	11	12
성장률		9.41	1.44	5.02	2.01	7.59	5.11	6.89	10.22	7.10	13.50	2.70	4.35	7.67	13.69	9.93	9.37	2.88	4.11
EPS		149	65	135	84	208	208	304	426	347	618	243	307	447	766	648	624	299	372
배당금		0	40	50	50	75	100	150	150	150	150	150	150	150	150	150	150	150	150
ROE		9.41	3.71	7.96	4.99	11.87	9.84	13.61	15.77	12.51	17.83	7.05	8.51	11.55	17.02	12.92	12.33	5.77	6.88
직원의 수						222	236	268	260	258	254	261	210	200	206	200	217	212	256
연봉정보						17	18	21	25	22	24	25	27	26	29	30	29	29	27

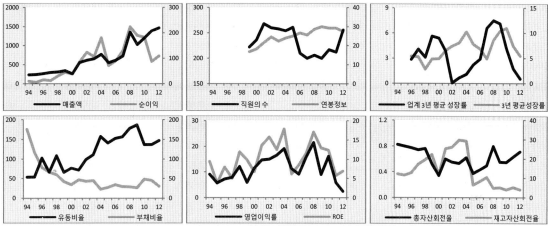

단위 : 성장률, ROE-% / EPS, 주당배당금 – 원 / 직원의 수 – 명 / 연봉정보 – 백만
2000년 결산 월 변경으로 인하여 20기는 제외했으며, 19기를 1999년으로 작성하였습니다.
1988년 10월, 한록식품㈜에서 태경산업 주식회사로 상호 변경하였습니다.

기
타

· 0~9

3S	523

· ㄱ

가비아	212
가온미디어	194
가온전선	471
가희	635
갑을메탈	466
강원랜드	771
갤럭시아컴즈	213
건설화학	450
게임빌	799
게임하이	799
경남기업	421
경남스틸	259
경남에너지	499
경남제약	719
경농	342
경동가스	499
경동나비엔	664
경동제약	699
경방	636
경원산업	113
경인양행	367
경인전자	149
경창산업	321
계룡건설	419
계양전기	535
고려개발	407
고려반도체	67
고려산업	596
고려아연	276
고려제강	251
고려제약	699
고려포리머	480
고영	131
광동제약	728
광림	547
광명전기	460
광전자	129
광주신세계	571

광진실업	248
광진원텍	322
구영테크	295
국도화학	362
국동	641
국보	742
국보디자인	426
국순당	627
국영지앤엠	458
국일제지	494
국제디와이	543
국제약품	700
국제엘렉트릭	68
그랜드백화점	572
극동유화	352
근화제약	720
금강공업	447
금강철강	259
금비	481
금성테크	272
금양	372
금호산업	421
금호석유	347
금호전기	44
금호타이어	316
금화피에스시	417
기산텔레콤	159
기신정기	543
기아차	283
깨끗한나라	495

· ㄴ

나노신소재	373
나노엔텍	679
나노캠텍	358
나노트로닉스	140
나라엠앤디	544
나라케이아이씨	263
나이스정보통신	828
남광토건	408
남선알미늄	273
남성	132

남양유업	608
남영비비안	633
남해화학	345
네오아레나	160
네오위즈인터넷	777
네오위즈홀딩스/네오위즈게임즈	798
네오티스	524
네오팜	587
네이처셀	621
네패스	94
네패스신소재	90
넥센	314
넥센타이어	317
넥센테크	322
넥스지	197
넥스턴	525
넥스트칩	190
노루홀딩스/노루페인트	449
녹십자	700
녹십자셀	176
녹십자홀딩스	696
농심	601
농우바이오	737
누리텔레콤	198
누리플랜	816
뉴보텍	455
뉴인텍	464
뉴프렉스	134
능률교육	808

· ㄷ

다날	210
다믈멀티미디어	86
다산네트웍스	167
다스텍	122
다우기술	228
다우데이타	206
다우인큐브	226
다원시스	468
다원텍	47
다음	216

대경기계	546
대교	808
대구방송	791
대구백화점	572
대덕전자	134
대덕GDS	135
대동	311
대동공업	533
대동금속	286
대동기어	530
대동스틸	260
대동전자	141
대륙제관	477
대림산업	428
대림제지	493
대림통상	454
대림B&Co	450
대명엔터프라이즈	188
대봉엘에스	720
대상	613
대상홀딩스	602
대성미생물	693
대성엘텍	312
대성파인텍	323
대성합동지주/대성산업	383
대성홀딩스/대성에너지	503
대신정보통신	228
대아티아이	757
대양금속	269
대양전기공업	513
대양제지	495
대영포장	474
대우건설	422
대우부품	338
대우인터내셔널	763
대우조선해양	507
대웅/대웅제약	701
대원강업	295
대원미디어	784
대원산업	320
대원전선	471
대원제약	701

대원화성	359
대유신소재	292
대유에이텍	323
대정화금	353
대주산업	596
대주전자재료	150
대진디엠피	182
대창	270
대창단조	530
대창솔루션	513
대한광통신	158
대한뉴팜	693
대한방직	636
대한약품	702
대한유화	363
대한전선	472
대한제강	252
대한제당	597
대한제분	593
대한항공	749
대한해운	752
대한화섬	360
대현	645
대호에이엘	273
대호피앤씨	254
대화제약	702
더존비즈온	207
덕산하이메탈	27
덕성	651
덕양산업	296
데코네티션	650
도이치모터스	285
도화엔지니어링	403
동국산업	245
동국실업	324
동국알앤에스	266
동국제강	239
동국제약	703
동국S&C	389
동남합성	341
동방	759
동방선기	514

동방아그로	343	동일방직	637	**· ㄹ**		메디아나	686	백광소재	440

동방아그로	343	동일방직	637	**· ㄹ**		메디아나	686	백광소재	440
동부건설	428	동일산업	258	라온시큐어	205	메디톡스	697	백금T&A	288
동부라이텍	56	동일제지	496	라이브플렉스	657	메디포스트	731	백산	652
동부로봇	537	동일철강	249	락앤락	483	메디프론	182	백산OPC	175
동부제철	245	동진쎄미켐	91	랩지노믹스	734	메타바이오메드	683	버추얼텍	488
동부하이텍	86	동화약품	704	레드로버	778	멜파스	122	범양건영	409
동부CNI	229	동화기업	487	레드캡투어	767	명문제약	705	베이직하우스	630
동서	616	두산	832	레이젠	37	모나리자	582	벽산	456
동성제약	703	두산건설	423	렉스엘이앤지	667	모나미	827	벽산건설	423
동성하이켐	348	두산엔진	510	로만손	644	모두투어	768	보락	373
동성화인텍	363	두산인프라코어	553	로보스타	538	모린스	123	보령메디앙스	588
동성화학	364	두산중공업	397	로엔	789	모베이스	105	보령제약	721
동신건설	419	두올산업	324	로엔케이	569	모아텍	151	보루네오	674
동아쏘시오홀딩스	704	듀오백코리아	664	로체시스템즈	36	모토닉	297	보성파워텍	468
동아에스텍	756	드래곤플라이	797	로케트전기	583	모헨즈	437	보해양조	625
동아엘텍	45	디브이에스	312	롯데관광개발	768	무림페이퍼	489	부광약품	706
동아원	597	디스플레이텍	111	롯데쇼핑	573	무림P&P	493	부국철강	240
동아지질	417	디씨엠	279	롯데제과	614	무림SP	489	부산가스	500
동아타이어	317	디아이	84	롯데칠성	622	무학	625	부산방직	639
동아화성	347	디아이디	37	롯데케미칼	349	문배철강	260	부산산업	437
동양	441	디아이씨	325	롯데푸드	607	미디어플렉스	784	부산주공	297
동양강철	274	디에스케이	48	롯데하이마트	568	미래나노텍	51	부-스타	556
동양건설	408	디에이피	115	루멘스	28	미래산업	97	뷰웍스	689
동양고속	741	디엔프	92	루미마이크로	28	미래컴퍼니	31	브리지텍	220
동양기전	318	디엠씨	514	루보	531	미원상사	370	블루콤	115
동양네트웍스	568	디오	681	루트로닉	688	미창석유	352	비상교육	809
동양물산	534	디오텍	204	르네코	427	미코	81	비아이이엠티	68
동양시멘트	445	디올메디바이오	188	리노공업	94			비에스이	132
동양에스텍	249	디이엔티	31	리노스	166	**· ㅂ**		비에이치	135
동양이엔피	149	디젠스	325	리바트	673	바른손	665	비에이치아이	546
동양철관	239	디지아이	178	리홈쿠첸	673	바른손게임즈	800	비엠티	549
동양피엔에프	548	디지탈아리아	205	링네트	229	바른전자	62	비츠로셀	138
동우	595	디지탈옵틱	101			바이넥스	705	비츠로시스	819
동원	440	디지털대성	807	**· ㅁ**		바이로메드	734	비츠로테크	463
동원개발	422	디지텍시스템	146	마니커	621	바이오니아	731	비트컴퓨터	680
동원금속	296	디지틀조선	778	마이크로컨텍솔	83	바이오랜드	733	비티씨정보	178
동원산업	609	디케이디앤아이	477	마크로젠	737	바이오스마트	145	빅솔론	179
동원수산	609	디케이락	548	만도	326	바이오스페이스	689	빅텍	818
동원시스템즈	832	디피씨	676	만호제강	255	바이오톡스텍	735	빙그레	618
동원F&B	605			매일유업	608	바텍	678	빛과전자	159
동일금속	522			매커스	81	방림	637		
동일기연	150			메가스터디	810	백광산업	344		

· ㅅ							
사조대림	605	삼원강재	293	서울전자통신	467	세이브존I&C	573	신성솔라에너지	390
사조산업	610	삼원테크	520	서울제약	709	세종공업	329	신성에프에이	98
사조씨푸드	606	삼익악기	660	서원	272	세중	769	신성이엔지	61
사조오양	617	삼익THK	536	서원인텍	105	세진전자	330	신성통상	640
사조해표	607	삼일	746	서한	424	세진티에스	38	신세계 I&C	230
산성앨엔에스	475	삼일기업공사	429	서호전기	756	세코닉스	101	신세계/이마트	574
삼강엠앤티	240	삼일제약	707	서화정보통신	161	세하	491	신세계건설	420
삼광글라스	481	삼정펄프	582	서흥캅셀	709	셀루메드	686	신세계인터내셔날	642
삼륭물산	479	삼지전자	160	서희건설	420	셀트리온	738	신세계푸드	595
삼립식품	603	삼진	668	선광	757	셀트리온제약	692	신양	102
삼목강업	326	삼진엘앤디	53	선도전기	460	소리바다	209	신영와코루	633
삼목에스폼	448	삼진제약	708	선창산업	486	소셜미디어99	515	신우	648
삼보모터스	327	삼천당제약	708	성광벤드	520	소프트맥스	800	신원	645
삼보산업	274	삼천리	500	성도이엔지	78	소프트포럼	198	신원종합개발	425
삼보판지	475	삼천리자전거	658	성문전자	465	손오공	658	신일건업	406
삼본정밀전자	667	삼현철강	261	성보화학	343	솔고바이오	687	신일산업	672
삼부토건	409	삼호	410	성신양회	441	솔본	833	신일제약	710
삼성공조	298	삼호개발	430	성안	653	솔브레인	99	신진에스엠	525
삼성물산	432	삼화네트웍스	785	성우전자	106	솔브레인이엔지	32	신풍제약	711
삼성엔지니어링	433	삼화왕관	478	성우테크론	95	송원산업	374	신풍제지	491
삼성전기	136	삼화전기	467	성우하이텍	298	수산중공업	553	신한	411
삼성전자	116	삼화전자	470	성지건설	411	수성	557	신화실업	261
삼성정밀화학	356	삼화콘덴서	466	성창기업지주	485	수출포장	476	신화인터텍	51
삼성제약	706	삼화페인트	451	성창오토텍	328	슈넬생명과학	710	신흥	682
삼성중공업	507	삼환기업	410	성호전자	144	슈프리마	191	신흥기계	557
삼성출판사	782	삼환까뮤	424	세기상사	786	스카이라이프	787	실리콘웍스	29
삼성테크윈	820	상보	38	세동	329	스타플렉스	794	실리콘화일	119
삼성SDI	139	상신브레이크	327	세명전기	470	스틸플라워	241	심텍	131
삼아알미늄	275	상신이디피	146	세미텍	62	스페코	431	쌍용건설	412
삼아제약	707	상아프론테크	151	세방	759	스포츠서울	783	쌍용머티리얼	290
삼양식품	601	새로닉스	53	세방전지	315	승일	478	쌍용양회	442
삼양엔텍	556	새론오토모티브	328	세보엠이씨	416	승화산업	742	쌍용정보통신	221
삼양제넥스	613	샘표식품	612	세아베스틸	252	승화프리텍	431	쌍용차	284
삼양통상	647	샤인	278	세아제강	241	시공테크	766	써니전자	129
삼양홀딩스/삼양사	604	서린바이오	682	세아특수강	246	시그네틱스	63	쎄니트	269
삼영무역	348	서부T&D	760	세아홀딩스	248	시노펙스	123	쎄트렉아이	826
삼영엠텍	528	서산	438	세우글로벌	377	신대양제지	496	쎌바이오텍	732
삼영이엔씨	518	서암기계공업	531	세우테크	183	신도리코	192	쏠리드	161
삼영전자	465	서울가스	501	세운메디칼	684	신라교역	610	쓰리원	385
삼영홀딩스	227	서울반도체	29	세원물산	299	신라섬유	653	씨그널정보통신	171
삼영화학	482	서울식품	604	세원셀론텍	393	신라에스지	618	씨씨에스	788
		서울옥션	571	세원정공	299	신성델타테크	671	씨앤비텍	187

씨앤케이인터	268	아프리카TV	214
씨티씨바이오	726	안국약품	711
씨티엘	130	안랩	199

에쎈테크 550
에쓰씨엔지니어링 433
에어파크 429

연이정보통신 46
영남제분 593
영보화학 357

와이즈파워 116
와이지엔터테인먼트 790
와이지-원 555

ㅇ

알에프세미 103
알에프텍 107

에이디칩스 82
에이모션 659

영신금속 319
영우통신 163

와토스코리아 453
용현BM 529

아가방컴퍼니 649
애강리메텍 455
에이블씨엔씨 588
영원무역홀딩스/영원무역 642
우노앤컴퍼니 147

아남전자 668
액토즈소프트 801
에이스침대 674
영인프런티어 813
우리기술 391

아남정보기술 221
액트 136
에이스테크 162
영진약품 712
우리넷 167

아라온테크 39
양지사 828
에이스하이텍 338
영풍 276
우리들제약 712

아로마소프트 213
어보브반도체 63
에이엔피 294
영풍정밀 541
우리산업 330

아리온 195
에너지솔루션 399
에이치엘비 509
영풍제지 497
우리이티아이 54

아모레G/아모레퍼시픽 587
에너토크 549
에이테크솔루션 544
영화금속 301
우리조명지주 583

아모텍 152
에넥스 670
에이텍 181
영흥철강 255
우림기계 532

아미노로직스 191
에듀박스 809
에임하이 103
예림당 783
우성사료 598

아바코 32
에리트베이직 646
에코에너지 504
예스24 577
우성I&C 644

아비스타 630
에머슨퍼시픽 766
에코프로 148
예스코 501
우수AMS 303

아비코전자 145
에버다임 554
에코플라스틱 300
오공 355
우신시스템 558

아세아시멘트 442
에버테크노 391
에프알텍 162
오디텍 64
우원개발 430

아세아제지 492
에스넷 171
에프앤가이드 220
오뚜기 620
우전앤한단 117

아세아텍 534
에스맥 107
에프에스티 69
오로라 657
우주일렉트로닉스 54

아시아나항공 749
에스씨디 148
에프티이앤이 388
오르비텍 388
우진 538

아이넷스쿨 811
에스아이리소스 392
엑사이엔씨 79
오리엔탈정공 515
우진비앤지 694

아이디스홀딩스 189
에스앤더블류 511
엔씨소프트 801
오리엔트바이오 730
우진플라임 523

아이디에스 106
에스앤에스텍 95
엔알디 617
오리엔트정공 302
울트라건설 412

아이디엔 217
에스에너지 398
엔에스브이 550
오리온 615
웅진케미칼 368

아이리버 177
에스에이엠티 82
엔케이 291
오리콤 775
웅진홀딩스/웅진씽크빅 814

아이마켓코리아 821
에스에이티 158
엔텔스 222
오상자이엘 230
원림 474

아이씨디 33
에스에프씨 395
엔티피아 418
오성엘에스티 52
원익 687

아이씨케이 823
에스에프에이 57
엔피케이 362
오스코텍 611
원익큐브 378

아이앤씨 119
에스엔유 57
엘비세미콘 30
오스템 302
원익IPS 70

아이에스동서 453
에스엘 300
엘앤에프 133
오스템임플란트 688
원익QnC 93

아이에스이커머스 577
에스엠 776
엘엠에스 27
오텍 547
원일특강 256

아이에이 78
에스원 819
엘오티베큠 70
오픈베이스 231
원풍 354

아이엠 128
에스이티아이 87
엘컴텍 121
온세텔레콤 565
원풍물산 632

아이즈비전 566
에스코넥 104
엠게임 802
옴니시스템 469
웨이브일렉트로 163

아이컴포넌트 39
에스텍 669
엠씨넥스 111
옴니텔 215
웰덱스 61

아이크래프트 222
에스텍파마 721
엠에스씨 619
옵트론텍 128
웰메이드 779

아이텍반도체 91
에스티아이 69
엠에스오토텍 301
와이디온라인 798
웰크론 671

아즈텍WB 650
에스티오 643
엠케이전자 64
와이비로드 652
웰크론강원 395

아진엑스텍 143
에스티큐브 147
엠케이트렌드 631
와이엔텍 824
웰크론한텍 434

아큐픽스 666
에스폴리텍 457
엠텍비전 87
와이제이브릭스 822
웹젠 802

아트라스BX 315
에스피지 542
엠피씨 825
와이제이브릭스 822
위노바 683

위닉스	670	이글루시큐리티	199	인천도시가스	502	전파기지국	564	중앙오션	516
위메이드	803	이노와이어리스	164	인탑스	109	정상제이엘에스	812	지아이블루	183
위즈정보기술	758	이노칩	152	인터로조	585	정원엔시스	232	지어소프트	224
위지트	49	이녹스	153	인터엠	141	제넥신	735	지에스이	502
원팩	65	이니텍	200	인터지스	743	제닉	589	지에스인스트루	170
원포넷	185	이디	812	인터파크	578	제룡전기	464	지엔코	631
월비스	643	이라이콤	124	인터플렉스	137	제우스	98	지엠비코리아	333
유나이티드제약	713	이랜텍	108	인테그레이티드에너지	192	제이브이엠	681	지엠피	479
유니더스	585	이루온	223	인텍플러스	67	제이비어뮤즈먼트	193	지역난방공사	504
유니드	369	이미지스	120	인트론바이오	738	제이씨현	180	지코	305
유니셈	71	이상네트웍스	217	인팩	304	제이엠아이	41	진도	629
유니슨	397	이수앱지스	733	인포바인	218	제이엠티	55	진로발효	626
유니온	443	이수페타시스	137	인포뱅크	201	제이웨이	785	진매트릭스	736
유니온스틸	246	이수화학	349	인포피아	690	제이콘텐트리	786	진바이오텍	692
유니켐	648	이스타코	435	인프라웨어	202	제이티	73	진성티이씨	554
유니퀘스트	83	이스트소프트	200	인피니트헬스케어	679	제일기획	775	진양산업	358
유니크	331	이씨에스	226	인화정공	516	제일모직	365	진양제약	715
유니테스트	71	이엔디디	331	일경산업개발	540	제일바이오	695	진양폴리	365
유라테크	316	이엔쓰리	537	일동제약	713	제일약품	723	진양화학	360
유비벨록스	80	이엔에프테크놀로지	93	일성건설	413	제일연마	277	진흥기업	413
유비케어	680	이엘케이	104	일성신약	714	제일제강	250		
유비쿼스	168	이엠코리아	526	일신바이오	730	제일테크노스	244	**· ㅊ**	
유비프리시젼	33	이엠텍	117	일신방직	638	제주반도체	120	차바이오앤	678
유성기업	303	이연제약	726	일신석재	439	젠트로	458	참엔지니어링	34
유성티엔에스	743	이오테크닉스	72	일야	114	젬백스	73	참좋은레져	661
유신	404	이원컴포텍	332	일양약품	722	조광페인트	451	창해에너지어링	392
유아이디	40	이월드	767	일정실업	321	조광피혁	649	천일고속	741
유아이엘	108	이젠텍	332	일지테크	305	조광ILI	551	청담러닝	811
유양디앤유	143	이지바이오	598	일진다이아	280	조비	345	청보산업	306
유엔젤	223	이큐스앤자루	156	일진디스플레이	41	조선내화	267	청호컴넷	175
유원컴텍	364	이크레더블	210	일진머티리얼즈	153	조아제약	714	체시스	333
유유제약	694	이테크건설	405	일진에너지	394	조이맥스	803	초록뱀	781
유진기업	438	이트론	201	일진홀딩스/일진전기	463	조이시티	804		
유진로봇	659	이필름	113	잉크테크	177	조일알미늄	275	**· ㅋ**	
유진테크	72	이화공영	434			조흥	620	카스	541
유한양행	722	이화산업	367	**· ㅈ**		종근당	715	카프로	370
율촌화학	482	이화전기	469	자연과환경	257	종근당바이오	723	캔들미디어	790
이건산업	487	인디에프	646	자원	244	좋은사람들	634	캠시스	124
이건창호	448	인선이엔티	816	자화전자	142	주성엔지니어링	90	컴투스	804
이구산업	271	인성정보	231	잘만테크	179	주연테크	181	케이디미디어	777
이그잭스	59	인지디스플레이	40	재영솔루텍	109	중앙백신	698	케이디씨	788
이-글 벳	695	인지컨트롤스	304	전방	638	중앙에너비스	383	케이맥	30

명칭	쪽	명칭	쪽	명칭	쪽	명칭	쪽	명칭	쪽
케이씨에스	232	코위버	169	텔레칩스	88	포메탈	528	하이스틸	242
케이씨텍	80	코콤	186	텔레필드	169	포비스티앤씨	206	하이쎌	43
케이씨티	180	코텍	36	텔코웨어	203	포스코 ICT	235	하이텍팜	724
케이씨피드	599	콤텍시스템	164	토비스	46	포스코강판	279	하이트론	189
케이에스씨비	368	큐렉소	612	토탈소프트	758	포스코엠텍	280	하이트진로홀딩스/하이트진로	624
케이에스피	511	큐로컴	233	토필드	195	포스코켐텍	281	하츠	457
케이엔더블유	52	큐로홀딩스	85	톱텍	58	포스코플랜텍	396	한광	542
케이엘넷	235	큐브스	202	투비소프트	203	포인트아이	224	한국가구	675
케이엠	99	큐에스아이	65	트레이스	125	폴리비전	356	한국가스공사	503
케이엠더블유	535	크라운제과	615	특수건설	418	푸드웰	594	한국경제TV	793
케이엠알앤씨	684	크레듀	813	티씨케이	92	푸른기술	176	한국공항	750
케이티스	817	크로바하이텍	154	티에스엠텍	559	풀무원홀딩스/풀무원식품	602	한국기업평가	821
케이피에프	529	크루셜엠스	114	티에스이	85	풍강	287	한국내화	267
케이피엠테크	374	크리스탈	736	티에이치엔	313	풍국주정	626	한국단자	311
케이피티	268	크린앤사이언스	339	티엘아이	47	풍산홀딩스/풍산	271	한국사이버결제	214
켐트로닉스	154	키스톤글로벌	386	티웨이홀딩스	439	프럼파스트	456	한국석유	444
코나아이	133	키이스트	792	티이씨앤코	461	프로텍	74	한국선재	256
코닉글로리	172			티플랙스	264	프롬써어티	75	한국쉘석유	353
코다코	306	· ㅌ		티피씨글로벌	334	프리엠스	545	한국알콜	371
코데즈컴바인	640	탑금속	545	팅크웨어	292	프리젠	293	한국유리	454
코디에스	84	탑엔지니어링	49			플랜티넷	539	한국자원투자개발	247
코렌	102	태경산업	835	· ㅍ		플레이위드	797	한국전력	505
코리아나	589	태경화학	346	파나진	287	플렉스컴	156	한국전자금융	827
코리아써키트	130	태광	521	파라다이스	771	피델릭스	121	한국전자홀딩스/KEC	66
코리아에스이	449	태광산업	361	파라텍	551	피씨디렉트	570	한국정밀기계	526
코맥스	185	태림포장	476	파루	400	피앤텔	110	한국정보공학	570
코메론	558	태산엘시디	42	파미셀	732	피에스앤지	432	한국정보통신	829
코미팜	696	태양	581	파세코	672	피에스엠씨	96	한국제지	490
코스맥스	590	태양금속	307	파워로직스	139	피에스케이	75	한국종합기술	403
코스모신소재	174	태양기계	334	파인디앤씨	42	피에스텍	462	한국주강	243
코스모화학	375	태양기전	110	파인디지털	288	피엘에이	43	한국주철관	254
코스온	277	태영건설	414	파캔OPC	174	피제이전자	685	한국카본	351
코아로직	140	태웅	390	파트론	125	필룩스	584	한국컴퓨터	55
코아스	665	태원물산	335	팜스웰바이오	728	필링크	225	한국콜마홀딩스/한국콜마	590
코아크로스	168	태창파로스	773	팜스코	599	필코전자	144		
코엔텍	824	태평양물산	655	팜스토리	600			한국큐빅	359
코오롱/코오롱인더	833	터보테크	536	팬엔터테인먼트	781	· ㅎ		한국타이어드월드와이드/한국타이어	318
코오롱글로벌	414	테라리소스	386	퍼스텍	825	하나마이크론	88		
코오롱생명과학	716	테라세미콘	34	퍼시스	675	하나투어	769	한국테크놀로지	389
코오롱플라스틱	319	테라젠이텍스	35	페이퍼코리아	488	하림홀딩스/하림	614	한국특수형강	250
코원	669	테스	74	평화정공	307	하이록코리아	552	한국팩키지	480
코웨이	666	텍셀네트컴	227	평화홀딩스/평화산업	289	하이소닉	126		

기업명	페이지	기업명	페이지	기업명	페이지	기업명	페이지	기업명	페이지
한국프랜지	308	한일화학	354	현대홈쇼핑	578	AJS	521	JS전선	472
한국항공우주	826	한전기술	400	현대EP	285	AK홀딩스/애경유화	355	JW중외신약	727
한국화장품제조/한국화장품	591	한전산업	399	현우산업	138	AP시스템	35	JW중외제약	719
한글과컴퓨터	197	한전KPS	505	현진소재	510	AST젯텍	77	JW홀딩스	697
한네트	829	한진	747	혜인	522	BYC	634	JYP Ent.	780
한농화성	341	한진중공업홀딩스/한진중공업	508	호텔신라	772	CJ CGV	787	KB오토시스	337
한독	716	한진피앤씨	483	홈센타	445	CJ/CJ제일제당	603	KC그린홀딩스	820
한라	415	한진해운홀딩스/한진해운	752	홈캐스트	194	CJ대한통운	745	KCC	452
한라비스테온공조	286	한창	165	화성	552	CJ씨푸드	619	KCC건설	416
한라IMS	517	한창산업	377	화성산업	426	CJ오쇼핑	579	KCI	581
한미글로벌	404	한창제지	492	화승알앤에이	290	CJ프레시웨이	616	KCTC	744
한미반도체	76	한화	834	화승인더	651	CJ헬로비전	789	KCW	337
한미사이언스/한미약품	717	한화케미칼	350	화신	309	CMG제약	727	KG모빌리언스	211
한빛소프트	805	한화타임월드	574	화신테크	313	CS	166	KG이니시스	215
한샘	663	해덕파워웨이	517	화일약품	725	CS홀딩스/조선선재	264	KG케미칼	376
한섬	647	해성산업	435	화진	336	CU전자	155	KH바텍	126
한성기업	606	행남자기	663	화천기계	527	DMS	58	KISCO홀딩스/한국철강	251
한세예스24홀딩스/한세실업	654	헤스본	320	화천기공	527	DRB동일	291	KJ프리텍	112
한솔신텍	396	현대건설	415	환인제약	718	DS제강	266	KNN	791
한솔아트원제지	486	현대그린푸드	594	황금에스티	278	DSR제강	257	KPX그린케미칼	342
한솔인티큐브	225	현대글로비스	746	효성	834	E1	381	KPX생명과학	725
한솔제지	490	현대모비스	314	효성오앤비	376	EG	263	KPX케미칼	371
한솔케미칼	369	현대미포조선	508	효성ITX	823	EMW	118	KPX홀딩스	346
한솔테크닉스	45	현대백화점	575	후성	379	F&F	655	KPX화인케미칼	372
한솔홈데코	485	현대비앤지스틸	270	휘닉스소재	56	G II R	782	KSS해운	754
한솔CSN	745	현대산업	406	휘닉스컴	776	G러닝	810	KT	564
한솔PNS	494	현대상사	762	휠라코리아	635	GemTech	112	KT&G	624
한스바이오메드	685	현대상선	753	휴니드	165	GKL	772	KT뮤직	209
한신공영	425	현대시멘트	444	휴맥스홀딩스/휴맥스	193	GS	382	KT서브마린	427
한신기계	533	현대아이비티	48	휴바이론	190	GS건설	407	KTcs	817
한양디지텍	89	현대약품	724	휴비스	361	GS글로벌	763	KTH	216
한양이엔지	76	현대엘리베이터	539	휴비츠	690	GS리테일	569	LG	831
한올바이오파마	717	현대위아	336	휴스틸	243	GS홈쇼핑	579	LG디스플레이	44
한익스프레스	744	현대정보기술	233	휴온스	718	GST	77	LG상사	764
한일네트웍스	234	현대제철	253	휴켐스	375	GT&T	172	LG생명과학	698
한일단조	335	현대중공업	512	흥구석유	384	HB테크놀러지	50	LG생활건강	584
한일사료	600	현대차	284	흥국	555	HRS	366	LG유플러스	563
한일시멘트	443	현대통신	187	흥아해운	753	IB월드와이드	795	LG이노텍	142
한일이화	308	현대피앤씨	452	희림	405	IHQ	780	LG전자	118
						iMBC	779	LG패션	632
				· A~Z		ISC	96	LG하우시스	447
한일철강	262	현대하이스코	242	AJ렌터카	770	ITX시큐리티	186	LG화학	350

LIG에이디피	50	OCI머티리얼즈	79	SG세계물산	629	SK컴즈	212	STX조선해양	509
LS/LS전선	462	PN풍년	676	SG충남방적	639	SK케미칼	351	STX중공업	518
LS네트웍스	641	POSCO	253	SGA	207	SK텔레콤	563	STX팬오션	754
LS산전	461	S&K폴리텍	155	SH에너지화학	366	SK하이닉스	66	TCC동양	247
MDS테크	204	S&T모터스	283	SIMPAC	524	SKC	344	TJ미디어	660
MH에탄올	627	S&T모티브	309	SIMPAC METALLOY	258	SKC 솔믹스	97	TPC	532
MPK	611	S&T중공업	310	SJM홀딩스/SJM	310	SM C&C	770	VGX인터	654
NAVER	211	S&T홀딩스	289	SK	382	SMEC	540	WISCOM	378
NI스틸	262	S&TC	394	SK C&C	234	SNH	170	YBM시사닷컴	807
NICE	822	SBS	792	SK가스	381	S-Oil	385	YTN	794
NICE평가정보	818	SBS콘텐츠허브	793	SK네트웍스	831	STS반도체	89		
NPC	357	SDN	393	SK브로드밴드	565	STX	762		
OCI	398	SG&G	294	SK이노베이션	384	STX엔진	512		

좋은기업 나쁜기업 이상한기업
ⒸFinancial Advice of Management Printed in Seoul
(김태형, 이동한, 정윤호, 정종윤)

초판발행 2014년 01월 23일
지은이 정윤호
발행인 박찬우
편집인 우 현
디자인 전이림

펴낸곳 파랑새미디어
등록번호 제313-2006-000085호
주소 서울특별시 마포구 서교동 357-1 서교프라자 318
전화 02-333-8311
팩스 02-333-8326
E-mail adam3838@naver.com

가격 32,000원
ISBN 978-89-93693-96-6 03320

Financial Advice of Management
주소 경기도 성남시 분당구 장미로 148번지 3-4
전화 070-7719-6646
홈페이지 www.fam-korea.com
E-mail fam_master@fam-korea.com